中国社会科学年鉴

中国边疆学

年鉴
2016

CHINESE BORDERLAND STUDIES YEARBOOK

中国社会科学院中国边疆研究所 编

中国社会科学出版社

图书在版编目（CIP）数据

中国边疆学年鉴.2016／中国社会科学院中国边疆研究所编.—北京：中国社会科学
出版社，2016.11

ISBN 978 - 7 - 5161 - 8006 - 8

Ⅰ.①中…　Ⅱ.①中…　Ⅲ.①疆界—中国—2016—年鉴　Ⅳ.①K928.1 - 54

中国版本图书馆 CIP 数据核字(2016)第 290760 号

出 版 人	赵剑英
责任编辑	孙铁楠
责任校对	林福国
责任印制	张雪娇

出　　　版	中国社会科学出版社
社　　　址	北京鼓楼西大街甲 158 号
邮　　　编	100720
网　　　址	http://www.csspw.cn
发 行 部	010 - 84083685
门 市 部	010 - 84029450
经　　　销	新华书店及其他书店

印刷装订	三河市东方印刷有限公司
版　　　次	2016 年 11 月第 1 版
印　　　次	2016 年 11 月第 1 次印刷

开　　　本	787×1092　1/16
印　　　张	54.75
插　　　页	8
字　　　数	1362 千字
定　　　价	278.00 元

王伟光同志视察中国边疆史地研究中心（2011年1月）

新疆维吾尔自治区领导接见中国边疆研究所有关同志（2013年4月）

第一届中国边疆史地学术讨论会（1988 年 10 月）

第三届中国边疆史地学术研讨会（2006 年 8 月）

首届新疆智库论坛（2015 年 10 月）

"中国南海研究协同创新中心"培育启动仪式（南京大学，2012年10月）

"国家领土主权与海洋权益协同创新中心"揭牌仪式（武汉大学，2012年12月）

纪念好太王碑建碑 1600 周年国际学术会议（2014 年 10 月）

亚信非政府论坛首次年会"一带一路"与地区共同发展研讨会圆桌会议（2015 年 5 月）

国际学术交流活动（2014 年 10 月）

国际学术交流活动（2014 年 10 月）

边疆调研（云南，2006 年 8 月）

边疆调研（吉林，2007 年 10 月）

边疆调研（海南，2013 年 12 月）

边疆调研（内蒙古，2015 年 6 月）

边疆调研（西藏，2015 年 8 月）

边疆调研（新疆，2015 年 12 月）

中国边疆研究所主要科研成果（一）

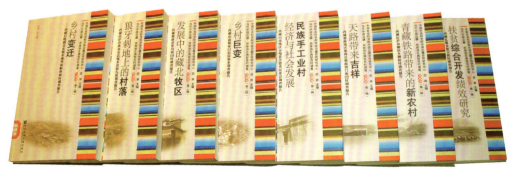

中国边疆研究所主要科研成果（二）

中国边疆研究所主办的学术期刊

中国边疆研究所主办的学术辑刊

中国边疆研究所主持整理的边疆档案（一）

中国边疆研究所主持整理的边疆档案（二）

吴丰培文库部分藏书

贺《中国边疆学年鉴》出版

马大正

《中国边疆学年鉴》付梓在即，得此佳音，兴奋备至，欣然命笔，聊表贺意！

学人皆知，中国边疆史地研究作为重要学术研究领域，在中国有着悠远的历史、优良的传统。19世纪以来，中国边疆史地研究出现了两次研究高潮：第一次是19世纪中叶至19世纪末，西北史地学的兴起是此次研究高潮的标志；第二次是20世纪20年代至40年代，在民族危机激发下出现的研究高潮，边政学的提出与展开，以现代学术研究新视角与新方法对中国边疆进行全方位研究是这次高潮的突出成就。两次研究高潮的实践与成果，为中国边疆史地研究从传统中国史学研究到现代多学科相结合综合研究的转变准备了条件、积累了经验。进入20世纪80年代，中国边疆研究迎来了又一次研究发展的勃兴期，也可以视之为进入近代以来中国边疆研究第三次高潮，其重要标志是中国边疆史地研究实现了两个突破：一是突破了以往仅仅研究近代边界问题的狭窄范围，开始形成了以中国疆域史、中国近代边界沿革史和中国边疆研究史三大研究系列为研究重点的研究格局，促成了中国边疆史地研究的大发展；二是突破了史地研究的范围，将中国边疆历史与现状相结合，形成了贴近现实，多学科相结合的特点。承载着千年积累、百年探索、三十年创新的中国边疆研究，今日面临着新的跨越——构筑中国边疆学，这是学科发展的必然趋势，也是建设中国特色社会主义的需要。

中国边疆学是一门探究中国疆域形成和发展规律、中国边疆治理理论和实践的综合性专门学科；中国边疆学又是一门考察中国边疆历史发展轨迹、探究当代中国边疆可持续发展与长治久安现实和未来极具中国特色的战略性专门学科；中国边疆学还是一门具有强大生命力的新兴的交叉学科。

随着学科研究不断的深化，以及中国边疆面临挑战多元化现状，中国边疆学颇有成为显学之潜质。社会各界认识边疆的需求日益紧迫，业界也迫切希望有一册纪录中国边疆学学科发展演进历程的年鉴面世。

《中国边疆学年鉴》出版，是业界和社会各界双需求的必然产物，可谓正当其时矣。我相信《中国边疆学年鉴》一定能完成自己肩负的历史使命。

我还希盼《中国边疆学年鉴》的出版，将为推动中国边疆学屹立于社会科学学科分类一级学科之林成为现实的报春喜鸟！

是为贺！

2016年8月26日

北京自乐斋

《中国边疆学年鉴·2016》
学术指导委员会

主任委员

邢广程　中国社会科学院中国边疆研究所所长、研究员

副主任委员

李国强　中国社会科学院中国边疆研究所党委书记、副所长、研究员

编　　委（按姓名汉语拼音排序）

安介生（复旦大学历史地理研究中心研究员）

车明怀（西藏社会科学院党委书记、研究员）

范丽君（内蒙古社会科学院俄罗斯与蒙古国研究所副所长、研究员）

傅崐成（厦门大学南海研究院院长、教授）

孔令杰（武汉大学中国边界与海洋研究院副院长、教授）

李乐营（通化师范学院历史与地理学院院长、高句丽研究院院长、教授）

李星良（海南省社会科学院副院长、博士）

林文勋（云南大学校长、教授）

刘信君（吉林省社会科学院副院长、研究员）

田卫疆（新疆社会科学院原副院长、研究员）

王文成（云南省社会科学院副院长、研究员）

王　欣（陕西师范大学中国西部边疆研究院院长、教授）

魏存成（吉林大学高句丽渤海研究中心教授）

吴楚克（中央民族大学民族学与社会学学院教授）

吴士存（中国南海研究院院长、研究员）

张　云（中国藏学研究中心历史研究所所长、研究员）

朱　泓（吉林大学边疆考古研究中心教授）

《中国边疆学年鉴·2016》
编委会

目　录

第四篇　刊物介绍

第五篇　论著撷英

第六篇　研究机构概况

第七篇　中国边疆研究大事记（1980—2015） ········· （609）

附　录

Contents

Chapter I: Special Articles

Chapter II: Review on China's Borderlands Studies (2010 – 2015)

Chapter III: Academic Trends

Chapter IV: Journal Introduction and Articles Viewpoint

Chapter V: Works Abstract

Chapter VI：Introduction to Institutions

Chapter VII: China's Borderlands Research Events (1980 – 2015)

第一篇

本刊特载

60 年来中国历史疆域问题研究

刘清涛[*]

刘清涛[*]

20 世纪三四十年代，面对外敌入侵、国土残缺不保的局面，怀有爱国主义热情的学者开始对中国疆域史进行研究，使国人面对国土沦亡的局面不至于"数典忘祖，随声附和"。[1] 这一时期先后出版了几部疆域史著作，如顾颉刚、史念海合撰《中国疆域沿革史》[2]，夏威著《中国疆域拓展史》[3]，童书业著《中国疆域沿革略》[4]，等等。这些重要著作可谓开拓了近代中国历史疆域研究的先河，但缺少从多民族国家角度来看待中国历史疆域问题的视角，基本上往往以历代王朝疆域为限来论述历史上的中国疆域。

1949 年新中国成立之后，学界开始了对我国统一多民族国家历史疆域问题的探讨，并取得了长足的进步。初期阶段，历史疆域问题研究仅是对中国历史疆域范围确定原则问题的探讨，但自 20 世纪 90 年代起，在前期探讨的基础上，历史疆域问题研究的重点开始转向对中国统一多民族国家历史疆域构筑及形成规律等方面的研究，并出版了几部中国疆域史著作，可谓成果丰富。以下分阶段就历史疆域问题探讨与研究进行一番回顾和评述。

一 20 世纪 50 年代到 60 年代初

历史上的中国仅仅是指汉族政权吗？是将中原王朝周边的民族政权视为外国，还是将今日我国境内各民族在历史上的活动范围都视为中国的历史疆域范围呢？这是新中国成立初期困扰学者们的一个大问题。学界关注统一多民族国家的历史疆域问题研究正是从探讨如何确定历史上中国的疆域范围开始的。早在 1951 年，白寿彝先生就在《光明日报》发表了《论历史上祖国国土问题的处理》[5] 一文，认为如何处理历史上的国土范围是历史研究与教学中急需提出来的问题。因为"一直到现在，我们历史工作者对这个问题的处理，似乎都还在历代皇朝的疆域里兜圈子"。作者认为，"以历代皇朝的疆域为历代国土的范围，因皇权统治范围的不同而历代国土有所变更或伸缩"的观点是

* 刘清涛：中国社会科学院中国边疆研究所《中国边疆史地研究》编辑部副主任、编辑。

① 顾颉刚、史念海：《中国疆域沿革史》，第一章《序论》，商务印书馆 1999 年版。

② 顾颉刚、史念海：《中国疆域沿革史》，商务印书馆 1938 年版。

③ 夏威：《中国疆域拓展史》，文化供应社 1941 年版。

④ 童书业：《中国疆域沿革略》，上海开明书店 1946 年版。

⑤ 白寿彝：《论历史上祖国国土问题的处理》，《光明日报》1951 年 5 月 5 日。该文后来被收入国家民族事务委员会政策研究室编《中国民族关系史论文集》（上），民族出版社 1982 年版。

错误的，而"用中华人民共和国的国土范围来处理历史上的国土问题是正确的办法"。这就是说要以新中国的疆域范围上溯到历史时期，作为历史上的中国疆域，此范围以外的便不作为中国的历史疆域。白先生此文，可谓一石激起千层浪，引发了几十年的历史疆域范围问题大讨论。

对于白先生的观点，有很多学者发文表示赞同。何兹全先生于 1959 年在《光明日报》发表的《中国古代史教学中存在的一个问题》① 一文指出，以今天中华人民共和国的疆域为范围来处理中国史这一原则没有任何问题，但在历史撰述和教学中很多人却往往背离了这一原则。何先生还就此问题做了自我批评，指出在他自己的著作中就有"匈奴侵略中国"的例子，在其他同志的著述中也每每出现"契丹族侵扰中国""中国人民坚持抗击金人的侵略""蒙古人侵入中国"之类的叙述，还是把匈奴、契丹和我国、中国对称，把这些民族放在中国以外，说成是外族对中国的入侵。何先生认为造成这种情况的原因是，对中国史范围的概念仍然模糊不清，往往不自觉地以汉族史代替了中国史，而过去中国史著述中根深蒂固的王朝史体系，助长了这种模糊认识。

但也有学者对白寿彝先生的观点提出了鲜明的反对意见。孙祚民于 1961 年在《文汇报》发表了《中国古代史中有关祖国疆域和少数民族的问题》② 一文，认为以中华人民共和国的国土范围来处理历史上中国疆域的方法忽略了一个国家的疆域发展过程，"任何一个国家和民族都有其形成和发展的历史，而不是、也不可能是从一开始出现就成为一个永远不变的'定型'"。因此，他主张以我国历史上历代皇朝的疆域为历代国土的范围，因皇朝统治范围不同而国土有所变更伸缩。但孙祚民的皇朝观仍然站在汉人主体民族立场上，他认为，以宋代为例，把女真侵略宋朝说成"女真侵略中国"是可以的，"'以汉族代替中国'或'以宋朝代替中国'，乃是客观历史的必然结果"。

很多著名学者都参与了这场大讨论，其中多数人的观点与白寿彝先生的观点较为一致。翦伯赞、范文澜两位学者也针对这一问题撰写了文章，但都在 20 世纪 70 年代末以后才得以发表。翦伯赞在《关于处理中国史上的民族关系问题》③ 一文中，反驳了在边疆民族并入汉族王朝以前不视其为中国人的观点，指出："在中国这块土地上除了汉族以外，还有很多民族……他们的祖先自古以来就生活在中国这块土地上，怎么能说它们和汉族王朝发生从属关系以前不算中国人呢？"范文澜先生在《中国历史上的民族斗争与融合》④ 一文中认为，历史上"作为敌对的民族或国家，经常残酷地进行过斗争，今天看来，却是兄弟阋墙，家里打架。我们不能否认它们当时是敌对民族或敌国，但也不能强调不同的民族或国家而有所偏袒"。方国瑜《论中国历史发展的整体性》⑤ 指出，

---

① 何兹全：《中国古代史教学中存在的一个问题》，《光明日报》1959 年 7 月 5 日。该文后来被收入国家民族事务委员会政策研究室编《中国民族关系史论文集》（上集），民族出版社 1982 年版。

② 孙祚民：《中国古代史中有关祖国疆域和少数民族的问题》，《文汇报》1961 年 11 月 4 日。该文后来被收入国家民族事务委员会政策研究室编《中国民族关系史论文集》（上集），民族出版社 1982 年版。

③ 该文 1960 年初稿，1962 年 6 月 5 日修订，1979 年《中央民族学院学报》第 1、2 期发表。

④ 此文 1962 年夏交给《历史研究》编辑部，发表于《历史研究》1980 年第 1 期。

⑤ 方国瑜：《论中国历史发展的整体性》，载《方国瑜文集》第一辑，云南教育出版社 2001 年版。原文载《学术研究》1963 年第 9 期。

"王朝的疆域，并不等于中国的疆域"，如果以历代王朝疆域为国土范围，强调变更伸缩，"将至某些地区的历史，有时在中国历史之内，有时在中国历史之外，岂不把这些地区的历史斩断，如何能作系统的阐述呢？""总之，中国历史，既是生活在这块土地上各族人民的历史，就应该包括他们的全体历史，不能'变更伸缩'。"吕振羽《论我国历史上民族关系的基本特点》① 认为，"有的史学家把历史上早已成为祖国的组成成员的某些兄弟民族看作'外国'，把国内各民族间的关系作为敌国的关系处理。这基本上是承袭了某些地主阶级历史家的大汉族主义观点"。赵华富《为正确阐明我国历史上的民族关系而斗争》② 批判了一些学术著作中将中国等同于中原/汉族王朝的观点，指出这是一种封建正统主义和大汉族主义的表现，强调历史研究的"古为今用"，"今天这个中国除了汉族以外，还有五十多个少数民族。因此，中国古代和中世纪就应该包括这些民族"。此外，这一时期参与讨论的学者还有吴晗、岑家梧、刘大年等。③

　　毋庸讳言，近代以来中国在构建现代民族国家（nation - state）的过程中，在对历史的认识上，往往以汉族历史为中国历史。这样一种汉族主义史观与中国多民族国家现实并不协调。早在1936年吴玉章先生就指出，"我们讲中国历史，应该是包括全中国各民族的历史；而事实上，所有的旧历史材料和历来的习惯，都以汉族的历史为中国的历史"。④ 传统的汉族主义史观可谓根深蒂固，这一状况在新中国成立以后并未改变。白寿彝先生从历史上的国土处理切入问题，目的就是打破这种汉族主义史观，将边疆少数民族纳入中国历史中去。他主张，以中华人民共和国的国土作为历史上的中国疆域范围，也就是将历史上生活在这一范围内的汉族与边疆少数民族全部视为中国，没有了中外之分；否则，如果坚持皇朝疆域视为历史上的中国范围，则是受传统皇朝历史观的支配，容易陷入大汉族主义的偏向。⑤ 因此可以说，当时提出的历史疆域问题与历史上的民族关系问题是"一个硬币的两个面"，是对同一问题的不同表述。历史疆域问题作为"历史上的民族关系"大讨论的一部分，其主旨与历史上的民族关系、民族斗争、民族融合等主题是相关的。⑥ 有关这些主题的讨论，这里不再赘述。

　　① 吕振羽：《论我国历史上民族关系的基本特点》，《学术月刊》1961年第6期。此文后来被收入国家民族事务委员会政策研究室编《中国民族关系史论文集》（上）。

　　② 赵华富：《为正确阐明我国历史上的民族关系而斗争》，《山东大学学报》1959年第1期。此文后来被节选收入国家民族事务委员会政策研究室编《中国民族关系史论文集》（上）。

　　③ 参见《关于中国历史上民族关系问题的讨论情况简介》，《历史教学》1963年第7期。

　　④ 吴玉章：《中国历史教程序论》，新华书店1949年排印本，第94页。转引自方国瑜《论中国历史发展的整体性》，载《方国瑜文集》第一辑，云南教育出版社2001年版，原文载《学术研究》1963年第9期。

　　⑤ 参见白寿彝《论历史上祖国国土问题的处理》，《光明日报》1951年5月5日。

　　⑥ 当时一些参与讨论的学者即是这样看待这场讨论的，如赵华富《为正确阐明我国历史上的民族关系而斗争》一文即是分为历史疆域、民族斗争、民族关系的性质等专题分别加以论述；一些综述性文章也是这样分专题看待这场讨论的（参见《关于中国历史上民族关系问题的讨论情况简介》，《历史教学》1963年第7期）。在以后的一些有关"历史上民族关系"或"民族关系史讨论"的综述性文章中，往往也是历史疆域问题与民族关系、民族斗争等并举。

20 世纪 50 年代到 60 年代初，可以看作中国历史疆域问题讨论的第一阶段。[1] 对于如何处理历史疆域范围问题，可以归结为两种相对的观点：一种是以今天的国土范围为框架，以此上溯去框定整个历史时期我国的疆域范围；另一种则强调我国疆域有一个历史发展过程，是不断变化的，各历史时期的中国疆域只能以当时的皇朝统治范围来确定。[2] 前者体现了多民族国家历史疆域的视角，得到了多数学者的认同，但其有些问题仍有待于进一步讨论。

二　20 世纪 70 年代末到 80 年代末

"文革"结束后，中国历史疆域范围问题随着历史上民族关系讨论的再次开展而展开。在继续上一阶段讨论的基础上，对于中国历史疆域范围的确定原则，学者们思考的角度与深度都大为发展，最终形成了有关中国历史疆域范围确定原则的几种代表性的主张。另外，这一时期出现了一些通史类著作，亦将历史疆域范围确定原则的讨论成果吸收进去。

1981 年在北京香山召开了"中国民族关系史研究学术座谈会"，"怎样理解历史上的中国和什么是民族关系的主流等问题"成了会上讨论的重点[3]，白寿彝、谭其骧、翁独健等著名学者都对历史疆域问题发表了讲话，形成了一些有重要影响的主张。之后，学者们对这一问题继续积极讨论，直到 20 世纪 80 年代末，这一时期可以看作历史疆域问题讨论的第二个阶段。此阶段，学者们在前一阶段的"中华人民共和国疆域说"和"汉族王朝疆域说"的基础上，又提出了"1840 年前的清朝疆域说""各民族共同活动范围说"和"中原统一王朝疆域说"等主张，因而可把此阶段看作历史疆域问题讨论充分展开的阶段。由于参与讨论的学者众多，这里只述及有影响力的代表性主张。

在 1981 年 5 月的"中国民族关系史研究学术座谈会"上，谭其骧先生提出了在历史疆域问题处理上的另一有重要影响的主张。谭其骧先生指出："新中国的学者不能再学杨守敬的样儿仅仅以中原王朝的版图作为历史上中国的范围。我们伟大的祖国是各族人民包括边区各族所共同缔造的，不能把历史上的中国同中原王朝等同起来。"这与白

---

[1]　以往论者也按照时间将该讨论大致分为 20 世纪 50 年代到 60 年代初、70 年代末到 80 年代末、90 年代至今这样三个阶段。如有学者谈到这一大讨论经历了"50 年代末到 60 年代初"和"'文革'后十几年"两次高潮，进入 20 世纪 90 年代后，讨论的重点转移到中华民族的形成问题，参见陈克进《历史上中国和中华民族的形成与发展问题讨论述略》，《云南社会科学》2003 年第 4 期。也有学者认为疆域问题探讨经历了三次高潮，进入 20 世纪 90 年代后的第三次高潮探讨的是疆域归属问题，参见孙进己《我国历史上疆域形成、变迁的理论研究》，《中南民族大学学报》2003 年第 2 期。本文也按照这样的阶段划分对此问题进行回顾，但认为在 20 世纪 90 年代至 2009 年的第三阶段，历史疆域问题探讨的重点已由疆域范围的确定原则转为统一多民族国家历史疆域形成理论的探讨。

[2]　也有学者使用"上溯法""下叙法"来区分，参见陈玉屏《关于我国古代民族关系史的一个重要理论问题》，《烟台大学学报》2005 年第 4 期；芈一之：《从实际出发研讨中国民族关系史中几个问题》，《中国民族关系史研究》，中国社会科学出版社 1984 年版。

[3]　翁独健将座谈会闭幕会的讲话整理为《民族关系史研究中的几个问题》，发表于《中央民族大学学报》1981 年第 4 期。

寿彝先生的基调是一致的，但鉴于近代以来帝国主义对中国领土大面积侵占，谭先生并没有采取以中华人民共和国国土范围作为中国历史疆域的主张，而是主张："我们是拿清朝完成统一后，帝国主义侵入中国以前的清朝版图，具体说，就是从 18 世纪 50 年代到 19 世纪 40 年代鸦片战争以前这个时期的中国版图作为我们历史时期的中国的范围。所谓历史时期的中国，就以此为范围。不管是几百年也好，几千年也好，在这个范围之内活动的民族，我们都认为是中国史上的民族；在这个范围之内所建立的政权，我们都认为是中国史上的政权。"谭其骧先生特别强调历史上的中国不能等同于中原王朝，甚至也没必要与中原王朝扯上关系。"有些同志总觉得只有这么一条不够，总想找到第二条、第三条，想要加一两条跟中原王朝的关系，总觉得应该跟中原王朝有一点什么关系，如果没有关系，怎么能说是历史上的中国？""实际上，很对不起，还是大汉族主义。这个思想一定要坚决打破。""我们只能认为吐蕃、匈奴、突厥、回纥是历史上中国的一部分，但不能说它们是汉唐王朝的一部分。"谭其骧先生指出，这样一个范围是历史上自然形成的，并能反映近代失去的领土。① 此外，陈连开《论中国历史上的疆域和民族》也认为，首先，"1840 年以前的疆域是中国确定无疑的历史疆域"，他从马克思列宁主义关于殖民地民族解放理论出发，认为各国都是"将资本帝国主义破坏其独立以前的疆域确定其历史疆域的，中国自然也应该如此"。其次，中国在遭受帝国主义侵略以前是有明确疆域和边界的统一国家。其主权和疆域的完整性受到马列主义创始人的关注。最后，当西方各国形成统一民族国家的时候，他们便称中国为"中国"或"中华帝国"。② 陈梧桐《论中国的历史疆域与古代民族战争》也认为，中国的历史疆域不仅包括中原王朝的疆域，1840 年西方资本主义国家侵略中国以前的清朝疆域，就是中国确定无疑的历史疆域。③ 陈梧桐在论证过程中也引证了马克思主义原理和国际惯例。

有些学者虽不主张将中国历史疆域固定化，但强调中国的历史疆域应当包括我国各民族在历史上的活动范围，可称之为"多民族共同范围说"。④ 在 1981 年的香山座谈会上，翁独健先生谈道，"历史上的中国包含什么？我们认为，不能把历史上的中国与历代封建王朝划等号，更不能与汉族王朝划等号"。"关于疆域问题，我们是一个统一的多民族国家，我们国家的历史是各族人民共同缔造的，各族人民的历史，不管他们在历史上处于什么地位，也不论处于什么情况，属于中原王朝一部分也好，独立于中原王朝之外也好，都应该是中国历史的组成部分。是否也可以说，各族人民在历史上曾活动过的地区，都可以算是我国不同时期的疆域范围。"并指出蒙古时期稍有不同，由此可见历史上的疆域不是固定不变的。翁独健先生认为，"这应该成为我们理解我国历史上疆域的总的原则"。⑤ 也有学者以今天国内各族人民在历史上的活动范围为中国的历史疆域，并强调，历史上这些边疆民族政权疆域的变更就是中国历

---

① 谭其骧先生的讲话后来以《历史上的中国和中国历代疆域》为题发表于《中国边疆史地研究》1991 年第 1 期。

② 陈连开：《论中国历史上的疆域和民族》，《中央民族大学学报》1981 年第 4 期。

③ 陈梧桐：《论中国的历史疆域与古代民族战争》，《求是学刊》1982 年第 4 期。

④ 以往论者往往忽略了这一主张。

⑤ 翁独健：《民族关系史研究中的几个问题》，《中央民族大学学报》1981 年第 4 期。

代疆域的变更。①

孙祚民先生以汉族王朝代表历史上的中国的观点遭到了绝大多数人的反对，但其主张我国多民族国家疆域有一个历史发展过程的观点得到了很多学者的认可。在此基础上，有学者提出了以中原统一王朝代表历史上的中国的"中原统一王朝疆域说"，这里的中原王朝既可以是汉族建立的，也可以是少数民族建立的。如杨建新《历史上中国的疆域问题》认为，以今天我国的疆域范围确定历史上中国疆域的范围是有局限性的。首先，这不能反映历史上中国的疆域变化，有削足适履之弊。其次，历史上有些少数民族领地并不局限于今天中国疆域之内，因此这种方法也不能反映出由多民族国家结合而成的国家的历史。第三，不能反映沙俄侵占的中国领土。他由此提出两个原则：一是"历史上中国疆域范围问题主要是从它的形成和发展来说的，必须把这个问题与中国历史的研究对象的范围，即中国史这门学科研究的空间范围问题，加以区别"。今天国境内的各民族或历史上各民族都是中国史的研究对象，但中国的历史疆域却是有一个发展过程的。二是要把历史疆域范围与现在领土主权问题加以严格区分。历史疆域只是"弄清历史事实的问题"，不能与今天的领土主权相等同。杨建新由此提出三项原则来确定历史上中国的疆域范围：一是以秦、汉、隋、唐、元、明、清这些统一王朝为基础；二是以行政管辖区域来确定历史上的疆域范围，但行政管辖不能仅仅拘泥于某些形式；三是既然古代缺少明确边界，就应以边疆游牧民族长期固定的传统游牧地为准。此文强调了中国疆域的历史发展过程，但摒弃了以汉族王朝代表中国的狭隘观点，主张以任何中原统一王朝的疆域为当时中国的疆域范围。② 杨建新先生的另一篇文章《再论中国历史上的疆域问题》③ 进一步指出，确定和认识中国历史上的疆域应当从当前中国的疆域出发，且从多民族国家的事实出发，并要尊重历史实际，承认少数民族政权的存在与地位，舍弃汉人主体民族的观念。但他仍然强调行政管辖的标准，并认为拿现在中国的疆域标准去套历史上的中国疆域有片面性。

周伟洲《历史上的中国及其疆域、民族问题》也持以中原统一王朝代表中国的观点。周伟洲先生认为，以今天或近来某一时期的国土范围来套历史上的中国疆域范围，否定了今天中国的疆域是历史上中国疆域发展而来的事实。"如果世界上各个国家都采用这个办法去确定他们历史上各个时期的疆域（边界）……那将会产生什么情况？"他指出，"历史上的祖国不是一片相当于今天的地域，而是同今天中国一样是一个国家；或者是统一的国家（统一时期），或者是由这个统一的国家分裂为几个国家（分裂时期）……那种以地域和文化的概念调换国家概念的论证方法是不能令人信服的"。进而指出，历史上的中国应指历史上我国统一的多民族国家，当时汉族或其他民族建立的统一多民族政权即是中国。当这一政权分裂时，分裂出的民族和地区政权仍是中国，同时还应兼顾中国历史发展的整体性。确定某一民族或地区是否属于历史上的中国，只能用

---

① 参见赵永春、王松龄《关于处理中国历史上民族政权之间关系的几点看法》，《四平师院学报》1981 年第 4 期。

② 原文的题目为《沙俄最早侵占的中国领土和历史上中国的疆域问题》，收入《中俄关系史论文集》，甘肃人民出版社 1979 年版。本文中所用的题目为原文的节选题目，收入国家民族事务委员会政策研究室编《中国民族关系史论文集》（上）。

③ 杨建新：《再论中国历史上的疆域问题》，《兰州学刊》1986 年第 1 期。

行政管辖的标准。譬如，"只有在南匈奴降汉以后，这部分匈奴人及所居的漠南地区才属于当时的中国"。①

经过历史疆域范围问题的大讨论，学者们对多民族国家疆域问题的认识更加清楚，讨论的成果也体现在相关学术著作中。如白寿彝先生主编《中国通史》②的出版，体现了多民族国家疆域问题的讨论成果在通史中的应用。白先生在该书第一卷中又明确阐述了其所主张的原则，即中华人民共和国的疆域是我国境内各民族及其先民活动的历史舞台，是通史所贯串的历史疆域范围，必须摆脱皇朝疆域的圈子，不能将少数民族的历史排挤出去，等等。此外，翁独健先生主编《中国民族关系史纲要》③一书更是将多民族国家历史疆域范围讨论的一些成果吸收进去，摒弃汉族国家中心论。

总之，"文革"结束后到20世纪80年代末这段时间，历史疆域范围确定原则的讨论得到了极大丰富与发展，并将一些主张体现到一些学术著作中，这些都是历史疆域问题探讨的重要成果。

三 1990年至今

进入20世纪90年代，有关中国历史疆域范围确定原则的讨论大为减少，④但历史疆域的研究并没有停止，除了在前两个阶段讨论的基础上，出版了几部有关中国古代疆域史的著作外，学者们已开始将研究重点转向对多民族国家的历史疆域形成理论的探讨。此外，还出现了围绕历史上某些具体边疆民族及其政权归属问题的讨论。

在前期讨论的基础上，20世纪90年代以后出版了几部中国疆域史著作，这些著作吸收并阐述了中国历史疆域问题的一些原则，将其贯穿到写作内容中去，是多民族国家历史疆域研究的重要成果。刘宏煊先生《中国疆域史》⑤一书赞同将鸦片战争前的疆域界定为正式形成的中国历史疆域，将中国历史疆域范围界定在"上下6000年，方圆1300多万平方公里的历史时限和地理空间内"，凡是在此范围内生活过的民族都是中华民族先民，存在过的政权所统治区域都是中国疆域。该书没有采用中国疆域是由中原"墨迹发散式"的发展观，而是体现了多民族国家的历史疆域立场，是一项较为重要的历史疆域研究成果。葛剑雄先生《中国历代疆域的变迁》⑥一书是一本普及性的著作，但书中强调了中国历史疆域的一些原则问题，例如，谈历史上的中国应该以"清朝所达到的稳定的最大疆域为范围"，因为这一范围全面反映了中国疆域的发展结果。该书所论的中国疆域变迁就是以这样一个历史中国为基本范围的。该书还阐述了疆域与现代领土观念的区别，认为疆域并不是指一个国家，中国历史上存在的地区性、民族性政治

---

① 周伟洲：《历史上的中国及其疆域、民族问题》，《云南社会科学》1989年第2期。

② 上海人民出版社1989年版。

③ 翁独健主编：《中国民族关系史纲要》，中国社会科学出版社1990年版。

④ 参见孙进己《我国历史上疆域形成、变迁的理论研究》，《中南民族大学学报》2003年第2期。

⑤ 刘宏煊：《中国疆域史》，武汉出版社1995年版。

⑥ 葛剑雄：《中国历代疆域的变迁》，中共中央党校出版社1991年版。

实体及其范围都是中国疆域。葛剑雄先生在《统一与分裂——中国历史的启示》① 和《历史上的中国：中国疆域的变迁》② 中也表达了类似的主张。马大正先生主编的《中国边疆通史丛书》③ 分设《东北通史》《北疆通史》《西域通史》《西藏通史》《西南通史》《中国海疆通史》，论述了多民族国家历史疆域的发展过程。这种以地区为别的边疆通史，避免了以朝代为序的疆域史著作对边疆地区的忽略，这套丛书也是中国疆域史研究的重要成果。由林荣贵先生主编的《中国古代疆域史》④ 一书，是我国疆域史研究最新成果，也是目前我国疆域史研究的集大成者，全书共分为上、中、下三卷，分装4册，共2127页，计161万字，是自民国以来，篇幅最长、内容最为翔实的疆域史著作，堪称皇皇巨著，具有划时代的意义。该书注重边疆地区，打破以往疆域史类同王朝沿革地理的局限；注重疆域构成的不同层次，将边疆民族纳入历代疆域范围之内，打破了大汉族主义的藩篱；站在多民族国家的立场上，强调中国古代疆域的"发展"而非"扩展"；从现代领土观念出发，将海疆纳入疆域史研究中去。从该书所阐述的各项有关历史疆域的原则和翔实的内容来看，该书体现了新中国成立60年来中国多民族国家历史疆域研究的新成就。

进入20世纪90年代以后，仍有学者不断对中国历史疆域范围如何确定的问题进行探讨，不过在成果数量上无法与前期相比。赵永春《关于中国历史上疆域问题的几点认识》⑤ 认为，今天中国疆域所包括的民族以及历史上在此疆域内曾经存在的民族其活动的地区及建立政权的疆域也都是历史上中国疆域的组成部分。这是赵永春对自己20多年前观点的一个更加完整的重述。⑥ 陈玉屏《关于我国古代民族关系的一个重要理论问题》⑦ 认为，西方的现代民族国家先后形成时，中华各族这个事实上的"天下"也最终定型，形成了空前大一统的国家，这就是1840年的中国。在这一历史疆域内的各民族的先民当时在中华大地上所建立的与中原政权并立的政权，和中原政权一样，都是中国的一部分。于逢春《论中国疆域最终奠定的时空坐标》⑧ 认为，近代以来中国在逐渐成为世界民族国家体系中的一员的过程中，其疆域才得以最终奠定。于逢春就清朝对其疆域最终形成的学理与法理确认、外国对清朝疆域最终形成的法律确认两个方面展开论证，认为中国疆域最终奠定的时间为1820年，空间为《嘉庆重修大清一统志》所包含的范围。田澍、杨军辉《古代西北疆域研究若干问题的思考》⑨ 认为，研究历史上的中国疆域，必须承认其不断消长变化的过程，历史上的中国就是指占据中原地区的各个政权。

---

① 葛剑雄：《统一与分裂——中国历史的启示》，生活·读书·新知三联书店1994年版。
② 葛剑雄：《历史上的中国：中国疆域的变迁》，上海画报出版社2007年版。
③ 马大正主编：《中国边疆通史丛书》，中州古籍出版社2003年版。
④ 林荣贵主编：《中国古代疆域史》，黑龙江教育出版社2007年版。
⑤ 赵永春：《关于中国历史上疆域问题的几点认识》，《中国边疆史地研究》2002年第3期。
⑥ 参见赵永春、王松龄《关于处理中国历史上民族政权之间关系的几点看法》，《四平师院学报》1981年第4期。
⑦ 陈玉屏：《关于我国古代民族关系的一个重要理论问题》，《烟台大学学报》2005年第4期。
⑧ 于逢春：《论中国疆域最终奠定的时空坐标》，《中国边疆史地研究》2006年第1期。
⑨ 田澍、杨军辉：《古代西北疆域研究若干问题的思考》，《中国边疆史地研究》2006年第3期。

随着中国边疆史地研究的深入开展，在进入 21 世纪后，我国学者开始将重点转向对统一多民族国家历史疆域形成理论的研究。这一时期"疆域形成理论研究侧重于古代，主要发起者是中国社会科学院边疆史地研究中心，课题涉及古代天下观，治边观，华夷观，大一统观，羁縻政策，宗藩观，宗藩体制，朝贡册封体制，以及国外学界关于中国边疆理论研讨等等"。① 值得关注的是，对古代疆域理论的探讨已不再停留于如何确定中国历史疆域范围的原则讨论上，而是开始探讨多民族国家历史疆域的形成规律，是我国学者开展历史疆域问题研究的新变化。

在中国社会科学院中国边疆史地研究中心的推动下，主要以《中国边疆史地研究》杂志为依托，推出了一批历史疆域问题研究的优秀成果。马大正《中国疆域的形成与发展》② 认为，中国疆域形成经历了数千年的时间，可分为秦汉时期中国疆域的形成、隋唐至元时期中国疆域的发展、清代中国疆域的奠定、19 世纪中叶以后至民国时期中国疆域的变迁四个阶段；从宏观角度看，中国边疆在历史发展的长河中，随着统一多民族国家由局部的小统一到全国的大一统，广大边疆地区日益成为统一多民族国家的重要组成部分。杨建新《"中国"一词和中国疆域形成再探讨》③ 认为，"中国"一词的含义在历史上经历一个演变过程，而中国疆域的发展也经历了一个演变过程。该文提出，中国疆域以中原地区为中心，以"开拓式"和"嵌入式"两种模式在历史的长期发展中逐渐扩展。厉声《先秦国家形态与疆域四土刍见——以殷商国家叙述为主》④ 对先秦时期的疆域结构、形成特点以及历史影响进行了论述，指出先秦的分封制对以后边疆形态与制度产生了影响。于逢春《构筑中国疆域的文明板块类型及其统合模式序说》⑤ 认为，中国疆域由大漠游牧文明板块、泛中原农耕文明板块、东北渔猎耕牧文明板块、雪域牧耕板块、海上文明板块这 5 大文明板块构成，在历史长河中，这些文明板块先后相互统合在一起，最终构成了中国疆域，造成这一统合的原因是中国固有的人文地理条件与文化传统。李方《试论唐朝的"中国"与"天下"》⑥ 从"中国"与"天下"两词的含义入手，探讨了唐朝的疆域构筑情况。毕奥南《历史语境中的王朝中国疆域概念辨析——以天下、四海、中国、疆域、版图为例》⑦ 以中国古代五个疆域概念为例，探讨了中国古代疆域的构筑情况。李大龙《传统夷夏观与中国疆域形成》⑧《不同藩属体系的重组与王朝疆域的形成——以西汉时期为中心》⑨《"中国"与"天下"的重合：

① 张永江：《近年来清代边疆民族史研究的进展和新趋势》，《清史研究》2008 年第 2 期。

② 马大正：《中国疆域的形成与发展》，《中国边疆史地研究》2004 年第 3 期。

③ 杨建新：《"中国"一词和中国疆域形成再探讨》，《中国边疆史地研究》2006 年第 2 期。

④ 厉声：《先秦国家形态与疆域四土刍见——以殷商国家叙述为主》，《中国边疆史地研究》2006 年第 3 期。

⑤ 于逢春：《构筑中国疆域的文明板块类型及其统合模式序说》，《中国边疆史地研究》2006 年第 3 期。

⑥ 李方：《试论唐朝的"中国"与"天下"》，《中国边疆史地研究》2007 年第 2 期。

⑦ 毕奥南：《历史语境中的王朝中国疆域概念辨析——以天下、四海、中国、疆域、版图为例》，《中国边疆史地研究》2006 年第 2 期。

⑧ 李大龙：《传统夷夏观与中国疆域形成》，《中国边疆史地研究》2004 年第 3 期。

⑨ 李大龙：《不同藩属体系的重组与王朝疆域的形成——以西汉时期为中心》，《中国边疆史地研究》2006 年第 1 期。

古代中国疆域形成的历史轨迹》①《中国古代藩属体制的几个问题》② 等系列论文以及专著《汉唐藩属体制研究》③ 则从民族观、边疆民族对"中国"的认同、藩属体制形成和发展的角度，对统一多民族国家疆域的形成规律进行了探讨，提出了一些新的看法，其中对藩属问题的探讨值得关注。

此外，20 世纪 90 年代后，我国学者开始围绕历史上某些具体边疆民族及其政权归属问题展开探讨，特别是高句丽问题。对如何确定某一民族及其政权的归属原则的探讨，也可以视为历史疆域问题研究的一类成果。张博泉《论古代边疆民族与疆域研究问题》④ 一文认为，研究中国古代边疆民族、国家与疆域，应以不同历史时期的国家一体结构大小及所管辖的民族、疆域的实际为依据，以马克思主义有关理论为依据，树立在民族、国家与疆域研究中的同一性史观。孙进己《当前研究高句丽归属的几个问题》⑤ 一文反驳了以民族起源、文化类型、文化起源来确定古代某一民族政权归属的理论，而强调要根据高句丽对中国中央皇朝的隶属关系和高句丽主要在我国传统疆域内来确定归属。焦润明《关于历史疆域归属若干理论问题的研究》⑥ 一文，主要反驳了一些外国学者"以原始先民活动范围判定历史疆域归属""以统治阶级族属判定国家归属""以现代居民的祖先族属来判定国家历史疆域归属"的理论。值得指出的是，围绕具体边疆民族政权归属的讨论使前述为划定历史上中国疆域范围的各种主张受到了检验。多数学者对将中国历史疆域范围用某一时期的版图固定化的做法提出了异议，而更强调当时中原王朝对边疆民族地区的行政管辖对确定我国历史疆域范围的重要性。因此，不少学者对前述谭其骧先生的主张提出异议，而主张以不同时期的实际版图范围来界定当时中国的疆域范围。⑦

总之，20 世纪 90 年代至今，对中国历史疆域范围如何确定问题的一般性探讨显得零零散散，就数量和新观点而言，无法与前两个阶段相比。但此时期出现了对我国古代疆域形成规律和具体边疆民族归属的讨论，并提出了新的理论，这些理论是站在前期多民族国家疆域范围讨论基础上的，是历史疆域问题研究的新发展。

四 结语

通过对 60 年来中国历史疆域问题研究的回顾可以看到，这一问题缘起于社会主义新中国成立后特定背景下学界对传统汉族中心主义历史观的反思，以及不再将今日境内边疆民族历史视作历史上的"中国"之外的观念转变。不论是以今日中国领土范围，

① 李大龙：《"中国"与"天下"的重合：古代中国疆域形成的历史轨迹》，《中国边疆史地研究》2007 年第 3 期。

② 李大龙：《中国古代藩属体制的几个问题》，《学习与探索》2007 年第 4 期。

③ 李大龙：《汉唐藩属体制研究》，中国社会科学出版社 2006 年版。

④ 张博泉：《论古代边疆民族与疆域研究问题》，《吉林大学社会科学学报》1999 年第 3 期。

⑤ 孙进己：《当前研究高句丽归属的几个问题》，《东疆学刊》2001 年第 3 期。

⑥ 焦润明：《关于历史疆域归属若干理论问题的研究》，《中国边疆史地研究》2003 年第 2 期。

⑦ 参见邢玉林《1989—1998 年中国古代疆域理论问题研究综述》，《中国边疆史地研究》2001 年第 3 期。

还是以鸦片战争前清朝疆域，抑或以各民族大致共同活动范围来作为历史上中国的疆域范围，其用意皆在于此。然而在一些学者强调历史疆域的多民族构成性的同时，另一些学者却强调国家共同体的历史演变过程。因此，经历了几十年的探讨，虽然狭隘的汉族主义已被逐渐摒弃，可是在如何阐述统一多民族国家的历史疆域问题上，却始终未能达成一致，对这一问题的认识仍有待于进一步完善。但通过对历史疆域范围问题的长期探讨，有助于打破"大汉族主义"史观，将周边民族纳入历史上的中华共同体中去，从而促进了中国疆域史、民族史、疆域形成理论等领域研究的开展。正是在前期探讨的基础上，我国古代疆域史与疆域形成理论研究才取得了重要的成绩和新的发展，特别是疆域理论研究现在正处于方兴未艾的阶段。如何站在多民族国家的立场上，将历史疆域问题研究进一步拓展下去，有待于今后学者们的继续努力。

（原载《中国边疆史地研究》2009 年第 3 期）

新中国成立 60 年来北部边疆研究评述

吕文利[*]

从历史主义的角度看，边疆是不断变化的。一般而言，现代的中国边疆研究是以中华人民共和国领土中与邻国相接壤的一片特定区域为研究对象，北部边疆的研究对象即为今天的内蒙古地区。当然，这只是泛泛的划分，还有很多不同的看法，本文的主旨并非在于如何界定"北部边疆"的研究范畴，而是大体根据这一范围，对新中国成立 60 年来北部边疆的研究进行梳理，试图构建一个北部边疆研究的学术史脉络，对今后北部边疆研究的学术走向进行展望。本文拟以时间为经，以各个时期研究的主要问题为纬，对 60 年来北部边疆研究做简要评述，不当之处，敬请不吝赐教。

一 1949 年至 1965 年

这一时期的研究特点是马克思主义史学一枝独秀，其基本要义是以五种社会形态为历史发展层递的基本脉络，以阶级斗争为历史发展的动力和主线，生产力与生产关系、经济基础与上层建筑这两对概念及其对立统一的关系，则成为解释历史发展的根据。这一时期的史学研究多不出此窠臼，北部边疆研究当然也不例外。这一时期重点探讨了在北部边疆生存和繁衍过的民族的社会性质、社会形态、民族之间的战争性质、部族史、历史人物等方面的问题。

新中国成立后，研究和撰写少数民族史成为史学界的重要任务。1950 年，吕振羽出版了《中国民族简史》（增订本）[①]，这是在他 1948 年由光华出版社出版的《中国民族简史》基础上增改而成的，成为新中国成立后出版的第一部以马克思主义理论为指导撰写的民族通史著作，在很长一段时期内成为民族史研究的入门读物。1951 年，李有义发表了《史学界的一个新任务——写少数民族史》[②]，白寿彝在《光明日报》上发表了《论关于少数民族历史和社会状况的宣传及学习》[③]，这些都有力推动了学术界对少数民族及边疆地区的研究。1956 年，《史学译丛》发表了苏联《历史问题》编辑部的《论游牧民族的宗法封建关系》（讨论总结）[④] 一文，引发了国内关于少数民族社会

---

* 吕文利：中国社会科学院中国边疆研究所副研究员。

① 吕振羽：《中国民族简史》（增订本），生活·读书·新知三联书店 1950 年版。

② 李有义：《史学界的一个新任务——写少数民族史》，《历史教学》1951 年第 3 期。

③ 白寿彝：《论关于少数民族历史和社会状况的宣传及学习》，《光明日报》1951 年 9 月 26 日。

④ 同年《学习译丛》还刊发了《苏联〈历史问题〉编辑部对游牧民族宗法封建关系的讨论作出总结》一文。

性质的讨论。同年，费孝通在《人民日报》上发表了《关于少数民族社会性质的研究》① 一文，全面论述了这一问题。1961 年，赵华富发表了《论十三世纪初蒙古社会性质》②，重学在 1962 年发表了《十三世纪前蒙古族的社会过渡问题》③，亦邻真（林沉）亦在同年发表了其成名作《成吉思汗与蒙古民族共同体的形成》，④ 周清澍发表了《蒙古社会如何向封建制度过渡的问题》⑤，贾敬颜发表了《游牧民族宗法封建关系的本质是什么》⑥，陈永龄发表了《试论解放前我国少数民族封建游牧部落的几个特点》，⑦ 杨建新发表了《关于十二世纪蒙古族社会的性质》⑧，周清澍随后发表了《对〈关于十二世纪蒙古族社会的性质〉一文的几点商榷》⑨，等等。这些讨论不但深化了对游牧民族社会性质及社会形态的认识，对游牧民族的族源、社会制度也多有探讨，大大推进了对这些问题的研究。

这一时期，民族战争的性质问题也成为讨论的焦点。1956 年，黄元起出版了《中国历史上民族战争的评判问题》⑩ 一书，特别阐述此问题。在内蒙古史学界，关于汉与匈奴的战争性质问题⑪以及昭君出塞的性质问题⑫展开了长达几年的大讨论，1963 年 2 月 12 日《内蒙古日报》的编辑还就这两个问题的讨论发表了《关于王昭君问题和西汉与匈奴战争问题的讨论小结》。这两次带有鲜明时代印记的讨论，深化了对此类问题的认识，并推动了匈奴史的研究。

关于清末的移民实边问题，在内蒙古史学界也引起过争论。具体来说，有两种意见：一种意见认为，清末移民实边客观上符合历史发展的趋势，反映了蒙、汉等各族人民要求共同抵抗帝国主义侵略的爱国主义热情。⑬ 另一种意见认为，清末移民实边政策，给蒙古人民带来了极大的灾难，从而产生蒙汉摩擦，日、俄帝国主义利用蒙汉纠纷，加强了对内蒙古的侵略。所以，清末移民实边政策的推行，便利了帝国主义的侵略。⑭ 这次讨

---

① 费孝通：《关于少数民族社会性质的研究》，《人民日报》1956 年 8 月 14 日。

② 赵华富：《论十三世纪初蒙古社会性质》，《山东大学学报》1961 年第 2 期。

③ 重学：《十三世纪前蒙古族的社会过渡问题》，《历史研究》1962 年第 6 期。

④ 亦邻真：《成吉思汗与蒙古民族共同体的形成》，《内蒙古大学学报》1962 年第 1 期。

⑤ 周清澍：《蒙古社会如何向封建制度过渡的问题》，《民族团结》1962 年 9 月号。

⑥ 贾敬颜：《游牧民族宗法封建关系的本质是什么》，《民族团结》1963 年 1 月号。

⑦ 陈永龄：《试论解放前我国少数民族封建游牧部落的几个特点》，《民族团结》1963 年 5 月号。

⑧ 杨建新：《关于十二世纪蒙古族社会的性质》，《民族团结》1963 年 6 月号。

⑨ 周清澍：《对〈关于十二世纪蒙古族社会的性质〉一文的几点商榷》，《内蒙古大学学报》1964 年第 2 期。

⑩ 黄元起：《中国历史上民族战争的评判问题》，上海人民出版社 1956 年版。

⑪ 1960 年，朱葆珊发表了《试论西汉与匈奴的战争性质和作用——兼评汉武帝对匈奴的用兵》（《内蒙古大学学报》1960 年第 2 期），由此引发了这次大讨论，冯作典、高景新、尚一、高甫弘、林斡等人都参与了讨论。

⑫ 1961 年 2 月 5 日，翦伯赞在《光明日报》上发表了《从西汉的和亲政策说到昭君出塞》，引发了这次大讨论，洁芒、李廷先、余尚、林斡、朱葆珊、侯广峰等人参与了讨论。

⑬ 参见何志《我对清末"移民实边"政策的一些看法》，《内蒙古日报》1962 年 1 月 23 日。

⑭ 参见留金锁《略谈清末"移民实边"政策的作用》，《内蒙古日报》1962 年 11 月 3 日。此后黄时鉴亦有相似的观点，见黄时鉴《论清末清政府对内蒙古的"移民实边"政策》，《内蒙古大学学报》1964 年第 2 期。

论没有结果，但是却促使更多的学者对这个问题进行关注。

1957 年，马长寿的《突厥人和突厥汗国》① 出版。随后，岑仲勉的《突厥集史》（二册）② 出版。这两部著作是两位作者积铢累之功完成的力作，填补了我国关于突厥史研究的空白。1962 年，马长寿的《北狄与匈奴》③《乌桓与鲜卑》④ 出版，同样是填补空白之作。1963 年，陈述的《契丹社会经济史稿》⑤ 出版，这是作者继 1948 年出版《契丹史论证稿》之后，关于契丹史的又一力作。这些著作在国内外都产生了广泛影响。

新中国成立后，我国学者热衷于撰写中国通史，地方史与族别史不显。但在这一时期，在北部边疆地区，出版了两部地方史著作，一是陶克涛的《内蒙古发展概述（上）》，⑥ 一是余元庵的《内蒙古历史概要》。⑦ 这两部著作都是简明扼要的内蒙古通史，为以后的深入研究打下了良好的基础。尤其是《内蒙古历史概要》，影响深远。此书以时间为序，分为蒙古帝国形成以前时期，蒙古帝国的形成、发展及其崩溃，14 世纪至 17 世纪的蒙古，清朝统治下的内蒙古，鸦片战争至五四运动时期的内蒙古等五大部分，每一部分都有作者独特的见解。从一定意义上说，该书具有开创之功，用作者的话说，该书主要意图是把内蒙古历史的架子搭起来，为以后写出一部比较完备的、学术水平较高的内蒙古自治区历史打下基础。⑧

1958 年，林伯渠在《人民日报》发表了《内蒙古随笔》⑨ 一文。1961 年，老舍先后在《人民日报》和《人民文学》上发表了《内蒙风光》⑩ 和《内蒙古东部纪游》。⑪ 同年 12 月 13 日，著名史学家翦伯赞亦在《人民日报》上发表《内蒙访古》一文，并在 1963 年出版《内蒙访古》⑫ 一书，这是一部文字优美的散文体访古游记。这些著述对调查研究内蒙古的风俗、历史遗迹以及考古等工作起到了推动作用。

1956 年，根据党中央的指示，在全国人大民委和国家民委的领导下，组成八个省（区）的社会历史调查组，到少数民族地区进行社会历史调查。1958 年，在中国科学院民族研究所具体主持下，一面进行调查工作，一面开始编写各少数民族的简史和简志。在这个背景下，内蒙古少数民族社会历史调查组进行了卓有成效的蒙古族社会历史调查工作，发现了大量有价值的材料，并撰写了有分量的调查报告。在此基础上，1959 年底，写出《蒙古族简史》初稿，1963 年由民族研究所将书稿付印，广泛征求意见。《蒙古族简史》是第一部蒙古族通史，探讨了蒙古族的起源和形成、蒙古国和元朝时期的

---

① 马长寿：《突厥人和突厥汗国》，上海人民出版社 1957 年版。
② 岑仲勉：《突厥集史》（二册），中华书局 1958 年版。
③ 马长寿：《北狄与匈奴》，生活·读书·新知三联书店 1962 年版。
④ 马长寿：《乌桓与鲜卑》，上海人民出版社 1962 年版。
⑤ 陈述：《契丹社会经济史稿》，生活·读书·新知三联书店 1963 年版。
⑥ 陶克涛：《内蒙古发展概述（上）》，上海人民出版社 1958 年版。
⑦ 余元庵：《内蒙古历史概要》，上海人民出版社 1958 年版。
⑧ 同上书，第 185 页。
⑨ 林伯渠：《内蒙古随笔》，《人民日报》1958 年 7 月 11 日。
⑩ 老舍：《内蒙风光》，《人民日报》1961 年 10 月 13 日
⑪ 老舍：《内蒙古东部纪游》，《人民文学》1961 年 11 月号。
⑫ 翦伯赞：《内蒙访古》，文物出版社 1963 年版。

蒙古族、明代的蒙古族、清代的蒙古族、民国时期的蒙古族，这对于蒙古族历史的研究有筚路蓝缕之功。

1954 年，成吉思汗的灵柩由青海迁回内蒙古，由此很多学者开始关注成吉思汗的研究。1962 年是成吉思汗诞辰 800 周年，内蒙古大学召开了成吉思汗诞辰 800 周年学术讨论会，这是新中国成立后召开的第一届全国性的蒙古史研讨会，不但促进了研究北部边疆学者之间的交流，也发现了一批有潜力的学术新人，具有标志性的意义。翁独健、邵循正、马长寿、杨志玖等著名专家皆参加了会议。这一年发表了一批关于成吉思汗研究的高水平论文，如邵循正《成吉思汗生年问题》、① 韩儒林《论成吉思汗》、② 周清澍《成吉思汗生年考》、③ 亦邻真《成吉思汗与蒙古民族共同体的形成》、周良霄《关于成吉思汗》、④ 杨志玖《关于成吉思汗的历史地位》、⑤ 刘孝瑜《成吉思汗与蒙古各部的统一》、⑥ 杨国宜《一代天骄——纪念成吉思汗诞辰八百周年》，⑦ 等等。这些文章利用马克思主义的理论和方法，对成吉思汗进行了全方位研究。这一阶段还形成了研究忽必烈、明安图等人物的热潮。

综上所述，新中国成立后至"文革"前的北部边疆研究虽然存在着教条化以及以论代史的倾向，但总的来说这一时期的学术争论深化了对相关问题的研究，涌现出一批具有潜力的中青年学者，出现了很多填补空白的著作，为以后的深入研究打下了坚实的基础。

二　1966 年至 1976 年

"文革"开始后，学术刊物大部分停刊，一些学者苦心研究的论文无法发表，正常的学术研究被迫中断。但这一时期在北部边疆研究领域仍有很多方面有所进展。

1969 年发生了珍宝岛事件，中苏两国军队进行了正面冲突。以后在中苏长长的边界线上，发生了多起流血事件。我国学术界在这一时期掀起了一股研究沙俄侵华史的高潮，出版了多种沙俄侵华史的著作。

中苏边界主要是在我国的东北、北部及西北地区，合称三北地区。三北地区学术界也积极行动起来，研究沙俄侵华史。内蒙古成立了《沙俄侵略我国蒙古地区简史》编写组，成员有特布信、郝维民、张植华、包文汉、荣丽贞、涛海、张若达、陈国干、白拉都格其、辛廉等。从 1975 年 9 月到 1977 年 5 月，初稿撰写完成，1977 年 8 月印发内部书稿。在征求各方面意见后，经过修改，于 1979 年由内蒙古人民出版社出版。该书利用了大量的中、俄文资料，力求用史实说话，是当时学术水准比较高的一部著作。

内蒙古大学蒙古史研究室发表的《谎言改变不了历史——驳苏修篡改我国准噶尔

① 邵循正：《成吉思汗生年问题》，《历史研究》1962 年第 2 期。
② 韩儒林：《论成吉思汗》，《历史研究》1962 年第 3 期。
③ 周清澍：《成吉思汗生年考》，《内蒙古大学学报》1962 年第 1 期。
④ 周良霄：《关于成吉思汗》，《历史研究》1962 年第 4 期。
⑤ 杨志玖：《关于成吉思汗的历史地位》，《历史教学》1962 年第 12 期
⑥ 刘孝瑜：《成吉思汗与蒙古各部的统一》，《江汉学报》1962 年第 8 期。
⑦ 杨国宜：《一代天骄——纪念成吉思汗诞辰八百周年》，《文汇报》1962 年 7 月 17 日。

部历史的无耻谰言》①，在当时引起了强烈反响。相关文章还有杨若薇的《论康熙平定噶尔丹叛乱——斥苏修对平定噶尔丹叛乱的污蔑》② 等。

这一时期除了和现实政治有关的文章之外，还有几篇学术性很强的文章，如侯仁之、俞伟超的《乌兰布和沙漠的考古发现和地理环境的变迁》，③ 通过对乌兰布和沙漠的古城废墟和古墓群进行研究，揭示了该地区古今河湖水道的变迁以及流沙的形成过程，对汉代的烽燧遗迹也进行了研究，并发现了鸡鹿塞。

校点二十四史，是"文革"后期开始的一项浩大的工程。与北方边疆研究有关的《宋史》《辽史》《金史》《元史》《明史》以及《清史稿》等，都是由当时国内的一流专家进行校点工作，如参加校点《元史》的专家就有翁独健、邵循正、周清澍、亦邻真等，都是极一时之选的学者。这个不需要发表议论的工程，不但保护了一批专家，而且培养了一批年轻学者。这批点校本校点极精，这是一项嘉惠后学的工程，为以后的边疆史地研究打下了坚实的基础。

总之，"文革"期间无法开展正常的学术活动，北部边疆研究陷于停滞状态，幸好，还有很多学者在此期间仍潜心于学术，这也是改革开放后井喷式地发表论著的一大原因。

三　1977 年至 2009 年

1977 年，学术期刊纷纷复刊，同时一些学术团体如中国蒙古史学会、中国民族史学会等先后成立，又创办了很多学术刊物，北部边疆研究逐渐走上正轨。尤其是1983 年中国边疆史地研究中心（下简称"边疆中心"）的成立，成为边疆研究领域的标志性事件。此后，很多学者才真正有意识地从边疆的角度进行研究。中国边疆史地研究中心创办了《中国边疆史地研究导报》，出版《中国边疆史地研究》杂志，成为发表边疆史地研究文章的重要平台。1988 年，边疆中心在北京召开了第一届全国边疆史地研究学术研讨会，1999 年在浙江召开了第二届全国边疆史地研究学术研讨会，这两次会议大大推动了边疆史地研究。目前，很多大学和科研机构都成立了以边疆史地为研究内容的研究机构。边疆中心先后组织出版了五套丛书和丛刊，分别是"中国边疆史地研究丛书""边疆史地丛书""中国边疆史地文库""中国边疆史地研究资料丛书""中国边疆史地资料丛刊"，这些丛书里都涵盖了北部边疆研究的内容，推进了北部边疆的研究。尤其是资料丛书和丛刊，方便了学者们对相关问题的研究，这些资料是可永传后世的。

改革开放 30 年来，有关北部边疆研究的著作层出不穷，笔者拟分为几类进行分析：

1. 北疆通史

中国边疆史地研究中心成立后，即着手组织全国的专家进行相关专题的研究。其

①　内蒙古大学蒙古史研究室：《谎言改变不了历史——驳苏修篡改我国准噶尔部历史的无耻谰言》，《历史研究》1976 年第 2 期。

②　杨若薇：《论康熙平定噶尔丹叛乱——斥苏修对平定噶尔丹叛乱的污蔑》，《辽宁大学学报》1976 年第 2 期。

③　侯仁之、俞伟超：《乌兰布和沙漠的考古发现和地理环境的变迁》，《考古》1973 年第 2 期。

中，撰写边疆通史被纳入研究日程，而北部边疆由于在历史上和中原王朝的特殊关系，且资料较多，北疆通史就成为研究的重中之重。马大正、华立《古代中国的北部边疆》一书，虽是以普及读物《内蒙古历史文化丛书》之一种出版的，但在事实上，是真正以北部边疆命名的第一部通史类著作。从全书内容以及详细的脚注来看，与其说是一本普及读物，不如说是一本研究专著。此书明确了北部边疆的所指，即从广义上说，是指东北、北方、西北三大块；从狭义上说，主要指北方地区，范围"应根据历代封建王朝实际管辖和古代各民族相对稳定的活动地域的实际情况进行历史考察"。古代中国的北部边疆，"显然不能与今天内蒙古自治区简单画等号，而是至少应该包括大漠南北和贝加尔湖一带的广大地域"。① 这一定义所指为后来的研究提供了思路，此后的学术著作很少再把北部边疆泛指为三北地区，而是"大体上东至大兴安岭，西至阿尔泰山，南至河北、山西北部和河套南部，北至外兴安岭以西，循漠北向西伸延至阿尔泰山一带"。现代意义上的北疆，指的是"北方靠近国界的内蒙古地区"。② 循此思路，边疆史地研究中心也设立了北部边疆研究方向，研究的大体区域即为内、外蒙古地区。

1995 年，刘宏煊的《中国疆域史》由武汉出版社出版，这是新中国成立后首部名副其实的中国疆域史专著，对北部疆域也多有探讨。

此后，马大正总主编的《中国边疆通史丛书》2002 年由中州古籍出版社出版，其中赵云田主编了《北疆通史》。该书以王朝为序，共分八编，每一编又分为各王朝对北部边疆的治理、北部边疆的经济和文化等内容，详细地勾勒了历朝历代北部边疆的政治、经济、文化发展等情况，这是迄今为止从边疆研究的角度切入的最为翔实的北疆通史著作。

2007 年，由林荣贵主编的《中国古代疆域史》三卷本由黑龙江教育出版社出版，这是多位专家历十几年而成的专著，主要是以王朝为序，叙述历代疆域格局的沿革，历代王朝（或政权）对其辖区的治理，以及边疆经略的继承和发展情况。因为历史上北部边疆的匈奴和蒙古等强势民族对中原王朝的影响，故对北部边疆的治理及边疆政策亦是此书论述的重点。

另外，从地方史的角度来撰写的北部边疆的通史类著作，还有曹永年主编的《内蒙古通史》。③ 这部书是在 17 位作者的努力下，历十几年之功撰写而成的，是第一部翔实的内蒙古地方的通史。该书的特点是以今天的内蒙古区域为准上溯至古代，历朝历代有关内蒙古的政治、军事、经济、文化等全部涉及，这是地方史编纂体例的特点，但历史上的内蒙古并不一定是一个单独的行政单元，这样容易割裂史实，当然，这也是所有地方通史类著作的普遍性缺点。

2. 北疆民族史研究

这一时期，北疆民族史研究逐渐活跃起来，林幹先后出版了《匈奴史》④ 和《东胡

---

① 马大正、华立：《古代中国的北部边疆》，中国社会科学出版社 1993 年版，第 3 页。
② 赵云田主编：《北疆通史》，中州古籍出版社 2003 年版，第 1 页。
③ 曹永年主编：《内蒙古通史》，内蒙古大学出版社 2007 年版。
④ 林幹：《匈奴史》，内蒙古人民出版社 1977 年版。

史》① 等著作，张正明的《契丹史略》、② 薛宗正的《突厥史》③ 等，都是相关族别史领域中的力作。

关于蒙古族族源问题，亦邻真发表了《中国北方民族与蒙古族族源》④ 一文，这是一篇影响深远的文章。作者除了利用历史文献之外，还利用了语文学、人类学、民族学和考古学等多学科的研究手段进行研究。历史上的蒙古族由于在欧亚大陆上的广泛影响，其族源问题曾是19世纪下半叶至20世纪上半叶很多中外史家感兴趣的课题。P. 帕拉斯、比丘林、白鸟库吉、伊什札姆茨、王国维、方壮猷、马长寿等都有过研究。针对中外学者对蒙古族族源的各种说法，亦邻真在这篇文章中都一一分析并做出自己的判断。尤其对蒙古族来源于匈奴这一说法，作者以其深厚的语言学、考古学和人类学知识，有理有据地瓦解了这一观点。在语言学上，作者反对"用信手拈来的现代语言和方言同匈奴语作跨语系跨语族的比附"，由此驳斥了白鸟库吉、伊什札姆茨等人用这种方法建构起来的匈奴—蒙古说；在考古学和人类学资料上，作者主张审慎地对待，不能随心所欲地解释，对于有学者根据在匈奴时期墓葬中骨殖的发掘以及匈牙利境内匈人的发掘而得出蒙古人来源于匈奴人一说，作者一一剖析，最后得出结论："对匈奴人的人类学特征还不能做出最后的定论，尤其不好说同蒙古族一定有什么必然的联系。"因此，通过前人利用语言学、考古学、人类学等研究方法得出的蒙古族来源于匈奴一说，亦邻真亦利用这些方法予以一一瓦解，有理有据，这是一种高明的方法，非有各学科坚实的基本功不能掌握。在这篇文章的后半部分，作者亦通过语言学、考古学、人类学等方法，说明了蒙古族来源于东胡，并最后得出结论："形成蒙古民族的核心部落是原蒙古人—室韦—达怛人。蒙古语是在室韦—达怛人的语言的基础上经过突厥化而成的。就地域而言，原蒙古人是从东胡后裔历史民族区（主要是内蒙古东部地区）向整个蒙古高原扩散，同突厥铁勒人和其他各民族结合，固定在蒙古高原的。就人类学因素而言，蒙古民族在形成过程中吸收各种外族人口，其中包括一部分非蒙古人种居民。在民族文化方面，畏吾儿体蒙古文成了民族文字，产生了独特的文学和艺术。就经济生活而言，游牧经济一直到晚近，几乎是整个蒙古民族的主要生产专业。"自从亦邻真发表这篇文章后，中外学者鲜有再发表不同意见者，从这个意义上说，此文是对百多年来聚讼纷纭的蒙古族族源问题的定论之作，影响深远。

关于蒙古族历史研究，重点提及的应是义都合西格主编的五卷本《蒙古民族通史》。⑤ 这部著作是按照时间顺序记述蒙古民族从形成到1947年内蒙古自治区成立时的历史。第一卷记述1271年忽必烈建立元朝之前蒙古族及其先世的历史，第二卷记述元王朝统治时期蒙古族的历史，第三卷是明代蒙古史，第四卷是清代蒙古史，第五卷是近代蒙古史。《蒙古民族通史》各卷的作者都是相关领域的专家，学风严谨，功力深厚，吸收和利用了最新成果。如蒙古族族源持东胡说以及很多史实的叙述来源于日本学者和田清的考证等，这种尊重和利用前人研究的科学治学态度贯穿《蒙古民族通史》五卷

① 林幹：《东胡史》，内蒙古人民出版社1989年版。
② 张正明：《契丹史略》，中华书局1979年版。
③ 薛宗正：《突厥史》，中国社会科学出版社1992年版。
④ 亦邻真：《中国北方民族与蒙古族族源》，《内蒙古大学学报》1979年第3、4期。
⑤ 义都合西格主编：《蒙古民族通史》，内蒙古大学出版社2002年版。

本的始终，决定了该书是目前这一领域的代表之作。

3. 北部边疆政策及边疆管理研究

这一时期，对北部边疆政策的研究不乏其文。其中，马大正主编的《中国古代边疆政策研究》① 是国内系统论述历代王朝边疆政策的开山之作，对历代王朝的边疆政策、传统治边思想、古代边疆管理机构以及具体的和亲政策、土司制度与改土归流等都有专门的研究。在历朝历代中，因清代奠定了今天中国边疆的基础，故学者们对清代的边疆政策关注较多。由马汝珩、马大正主编的《清代的边疆政策》② 一书堪称是这方面的代表作。其中不仅有边疆政策的基本内容与历史评估、理藩院、近代北部边疆危机与边疆政策的变化等综论性研究，也有北部边疆的盟旗制度、满蒙联姻等具体制度的研究，这为以后的深入研究打下了基础。在满蒙联姻方面，应特别提及的是杜家骥的《清朝满蒙联姻研究》③ 一书，该书是作者积近 20 年之功而撰写的著作。作者按所收集到的资料统计得出满蒙联姻共 595 人次，其中出嫁给蒙古的公主、格格达 432 人，娶蒙古王公之女 163 人。这些统计数字现在成为满蒙联姻研究中比较权威的数据。该书分为三编，上编为"蒙古各部与清廷联姻史事"，中编为"满蒙联姻诸制度及相关史事"，下编为"满蒙联姻的作用和影响"，对清代制度性的满蒙联姻政策进行了全方位的探讨。

在边疆管理机构研究方面，主要成果是赵云田的《中国边疆民族管理机构沿革史》④ 一书。该书全面论述了中央对边疆地区的管理机构，包括理藩院、理藩部，中华民国时期的蒙藏事务局、蒙藏院、蒙藏委员会等机构对边疆地区的管理。

4. 北疆开发和社会发展研究

这一时期，研究北部边疆开发的论著较多，对历朝历代的北部边疆开发都有专文探讨。从秦汉对北部边郡的开发，⑤ 到对辽、夏、金各朝经济发展状况的探讨，⑥ 元朝时期岭北地区的治理和开发，⑦ 再到清代的边疆开发，⑧ 最后到近代的西部开发，⑨ 等等。但是至今还没有一部完整的边疆开发通史问世，而且由于经济历史资料的匮乏，很多论题很难深入，比如历朝历代蒙古族的人口数量问题，现在还没有定论。

5. 北部边疆专题研究

北部边疆幅员辽阔，需要研究的专题有很多。在历史地理方面，《内蒙古历史地

①　马大正主编：《中国古代边疆政策研究》，中国社会科学出版社 1990 年版。

②　马汝珩、马大正主编：《清代的边疆政策》，中国社会科学出版社 1994 年版。

③　杜家骥：《清朝满蒙联姻研究》，人民出版社 2003 年版。

④　赵云田：《中国边疆民族管理机构沿革史》，中国社会科学出版社 1993 年版。

⑤　代表作有肖瑞玲《秦汉对北部边郡的开发》，《中国边疆史地研究》1996 年第 4 期。

⑥　代表作有漆侠等著《辽夏金经济史》（河北大学出版社 1994 年版）和林荣贵《辽朝经营与开发北疆》（中国社会科学出版社 1995 年版）。

⑦　代表作有高文德《蒙元时期岭北地区的治理和开发》，《中国边疆史地论集》，黑龙江教育出版社 1991 年版。

⑧　代表作有马汝珩、马大正主编《清代边疆开发研究》，中国社会科学出版社 1990 年版。

⑨　代表作有戴逸、张世明主编《中国西部开发与近代化》，广东教育出版社 2006 年版。

理》① 是一部很有影响的著作。该书 30 余万字，时间断限是从石器时代一直到 1992 年 12 月，对近百万年内蒙古地区的历史地理沿革进行了全面探讨。该书运用了大量的文献、考古及调查资料，充分吸收了已有的研究成果，是一部具有很高学术价值和现实意义的力作。在政教制度方面，赵云田的《清代蒙古政教制度》② 吸收了以往的研究成果，在很多方面都有自己的创见。另外，郝维民主编的《内蒙古近代简史》、③ 卢明辉的《清代蒙古史》④ 都是一定时期内的代表作，产生了很大的影响。

6. 边界研究

新中国成立后，边界研究在很长一段时间成为禁区，尤其是北部边界，因为涉及我国和苏联的关系问题，学者们只能望而却步。改革开放后，学者们冲破禁区，发表了很多著作。

在唐努乌梁海的研究中，吕一燃发其端，⑤ 樊明方接其续。⑥ 尤其是樊明方的《唐努乌梁海》⑦ 一书是首部全面研究该地区的专门性著作，探讨了唐努乌梁海地区的地理环境、族源、社会生活，就中国历代政府对唐努乌梁海地区的管辖、俄国对此地区的种种侵略活动、中俄关于唐努乌梁海问题的交涉、俄国以"保护"的名义侵占唐努乌梁海地区、苏联正式宣布兼并唐努乌梁海地区的史事，做了系统研究和论述，对俄国侵略者歪曲历史的谬论予以有力驳斥，填补了这一领域研究空白。此后，樊明方又编写了《唐努乌梁海历史资料汇编》，⑧ 方便了学者们对此问题的研究。

目前，关于我国北部边疆边界问题比较权威的著作是吕一燃主编的《中国近代边界史》中的"中国与俄国的边界""唐努乌梁海问题"及"中国与蒙古国的边界"等部分。"唐努乌梁海问题"由樊明方所写，基本观点与其上述著作一致；"中国与蒙古国的边界"的主要内容是从清政府在外蒙古地区实行的"新政"讲起，按照沙俄策划外蒙古"独立"、中俄交涉与外蒙古自治地位的确定、外蒙古取消自治、外蒙古第二次宣告"独立"和中苏为外蒙古问题进行的交涉等历史线索进行叙述，一直到 1949 年中华人民共和国成立后中国与蒙古国边界的划定，文后并附《中华人民共和国政府和蒙古人民共和国政府边界条约》节略本。这部分内容是由吕一燃执笔的，作者利用了大量的第一手资料，对中蒙边界的历史做了细致梳理，这是到目前为止比较详尽的中蒙边界研究论著。

改革开放以后，很多西方的史学理论和方法传入我国史学界，引起了很多学者的关注，如后现代主义、后殖民主义、全球化等。后现代主义的主要思想是反对用来组织历

① 周清澍主编，亦邻真、张久和、张言梦、周清澍、王雄、王玉海、金海合著，内蒙古大学出版社 1994 年版。

② 赵云田：《清代蒙古政教制度》，中华书局 1989 年版。

③ 郝维民主编：《内蒙古近代简史》，内蒙古人民出版社 1990 年版。

④ 卢明辉：《清代蒙古史》，天津古籍出版社 1990 年版。

⑤ 吕一燃发表了《清政府对阿勒坦诺尔乌梁海的管辖》、《阿勒坦诺尔乌梁海历任总管考略》，《中国北部边疆史研究》，黑龙江教育出版社 1990 年版。

⑥ 樊明方：《中国历代政府对唐努乌梁海的管辖》，《中国边疆史地研究报告》1992 年第 1、2 期。

⑦ 樊明方：《唐努乌梁海》，台湾"蒙藏委员会"1996 年版。

⑧ 樊明方：《唐努乌梁海历史资料汇编》，西北大学出版社 1999 年版。

史的"元叙事",主张历史的偶然性和地方化的遭遇,强调人们要从关注宏大叙事转到关注历史细节。在后现代主义者看来,除了解释之外,事实是无法接近的,因为文本(如历史文献)是由一个个具有主体思想的人写作的,从这个意义上说,历史文本同文学文本没有什么两样。而且,由于文本本身所传递的含义不是清晰的,这就意味着有多少读者就有多少种解读。这些思想在西方学界风靡一时,在我国则出现了两种倾向,一种是以一些老学者为代表,不屑于后现代主义的这些观点,或者根本不关注这些观点;一种是以中青年学者为主,对后现代主义学说趋之若鹜,在大学的历史读书课上,很多后现代主义的著作被要求重点学习。受这种思潮的影响,最近几年的新社会史、新文化史、医疗史、妇女史的研究逐渐发展起来。在内蒙古学界,最近几年,很多博士论文的选题都是一旗之社会史研究,地方性的研究取向明显。在北部边疆研究方面,张世明利用一些西方理论做了一些有益的研究尝试。[①]

四　结语

综上所述,新中国成立以来北部边疆研究取得了很大的成绩,从"文革"前关注的几个理论问题到"文革"后关注政治、经济、文化等诸方面的问题,从理论和方法单一到现在各种理论和方法纷至沓来,都极大地发展和充实了北部边疆研究。但是,还有很多问题需要深入研究:

第一,要厘清北部边疆研究的内容和对象。何谓北部边疆?以何时的北部边疆为准上溯及下延进行研究?这恐怕是见仁见智的问题,但在认识上要尽量取得大体的统一。北部边疆研究的对象主要是在这片区域内的政治、经济、军事、文化等方方面面的内容。

第二,要下大力气发掘新史料。由于内蒙古地区是一个广阔的区域,历史上有很多民族在此生息繁衍,留下了很多遗迹。新中国成立以来,发掘了大量的遗址,出土了很多文物,对内蒙古历史及民族的认识有很多突破。但是,仍有很多问题有待解决,这就需要我们下大力气发掘新史料,包括历代的遗迹、出土的文物,以及档案、书报等。

第三,如何有效地吸纳国外的理论,如何创新,是摆在我们面前的新课题。现在有的学者随便炒作从国外传进来的理论、概念,其结果是以中国的历史为国外的理论做了鲜活的注脚,以证明其理论的合理性。这种倾向要不得,但是我们又要大胆借鉴吸收国外的史学理论为我所用,大胆创新。尤其是在边疆史地研究方面,多年的政治性习惯,致使很多研究方向仍然被视为禁区,不敢突破,这就造成了理论创新的困难。笔者认为,现在很多学者尤其是中青年学者外语水平很高,要充分利用这个条件,与外国同行广泛地交流,在很多理论问题上要参与进去,勇于回应,这样才能有所创新。如美国学界最近几年讨论热闹的"新清史",中国学者鲜有回应者。"新清史"的大讨论主要由

---

① 张世明:《清代边疆开发不平衡性:一个从人口经济学角度的考察》,《清史研究》1998年第2期;《另类社会空间:中国边疆移民社会主要特殊性透视(1644—1949)》,《中国边疆史地研究》2006年第1期;《从游牧社会发现历史:清代卫拉特蒙古政治地理空间观念表象史研究》,《清史研究》2007年第4期等。

何柄棣和罗斯基（Evelyn SakakidaRawski）两位学者关于清朝是否汉化的讨论而发端的。[①] 事实上，西方的历史学家一直在试图跳脱"大汉族主义"的倾向，寻找非汉他者。"新清史"的基本要义就是强调要重视清朝的"满洲"因素，要重视满文档案。其基本的核心问题有两个：一是"满洲人"何以以那么少的人口统治了这么多年？二是清朝的统治又对现代中国有何影响？从这两个问题引申出来的问题有很多，如我们如何看待民族认同问题？如何看待满蒙联盟？甚至还有西方学者提出清朝是否是殖民帝国的问题，这些都是与我们边疆研究有莫大关联性的问题，值得我们思考，需要我们深入研究，并勇于回应。

在边疆研究的方法论方面，我们要兼收并蓄多种学科的理论和研究方法。如蒙古法制史研究，要结合法学的研究方法来研究；如要确立历史上藩部的法律性地位，则要仔细研究国际法当中的时际法原则，等等。

第四，一些重大问题还有待突破。如跨界民族问题，蒙古族主要分布在我国和蒙古国，如何共同利用传统的历史文化资源，成为一个现实的课题；再如外蒙古问题，除了叙述事实之外，从理论上探讨其原因是必要的，但是现在很多文章是用民族国家的理论来阐释的，但却不能解释为什么内蒙古就能够统合在多元一体的中华民族内。笔者认为，从长时段的视角来研究，即从成吉思汗建立大蒙古国以后，来观察蒙古民族的认同，以及内蒙古与外蒙古的共性与差异，或许有助于解释这个问题。

第五，从边疆的角度对北部边疆进行研究还有待深化。边疆研究不是一个民族、一个地区的研究，但又包括这些民族、地区的研究。如何从边疆的治理、边疆的统治政策、边疆社会等角度对北部边疆进行研究，还有待于深化。

总之，随着社会的发展以及新的研究方法的涌现，对北部边疆的研究视角和研究取向也会和原来不同，很多新的问题会不断出现，需要修正甚至重写原来书写的历史，北部边疆研究将会大有可为。

（原载《中国边疆史地研究》2009 年第 3 期）

---

① 参见张勉励《再观清代在中国历史上的重要性——介绍一篇西方研究清史问题的论文》，《清史研究》1999 年第 2 期；何柄棣著、张勉励译：《捍卫汉化：驳伊芙琳·罗斯基之"再观清代"》，《清史研究》2000 年第 1、3 期。

60 年来东北边疆研究论衡

于逢春[*]

从学术史的视角对东北边疆史[①]研究成果进行评述，早在 20 年前就有学者进行，傅朗云、马大正、赵云田、李治亭、厉声、刘信君等均有此方面的论说。[②] 但这些论文大都着眼于某一时段或某一专题，比较全面地对新中国成立 60 年来的东北地方史研究成果进行学术史梳理的当推李治亭先生。本文拟在参考李治亭等先行研究成果的基础上，从基础研究、[③] 考古研究、档案文献典籍整理及翻译、研究机构及相关杂志等方面入手，对 60 年来东北边疆研究成果予以概述，对今后予以展望。

一 基础研究

1949—1969 年的 20 年，东北边疆研究显得异常沉寂。1960 年，吉林人民出版社出版了中国科学院吉林省分院历史研究所等单位编写的《近代东北人民革命运动史》。这是一部从近代东北地区人民反帝反封建斗争的视角立论的著述，是 20 世纪 60 年代硕果仅存的东北地方史专著。同期，1958 年龙门联合书局出版蒙文通《周秦少数民族研究》，1962 年上海人民出版社出版马长寿《乌桓与鲜卑》，均涉及东北古代民族。另外，

* 于逢春：2009 年该文发表时为中国社会科学院中国边疆史地研究中心研究员。

① 作为地理概念上的"东北"一词出现较晚，清代及清代以前大都将今日东北地方称为"辽东"，1820 年伴随着《嘉庆重修一统志》及所附"皇舆全图"将清朝领域予以确定，东北边疆也被最终奠定。本文所指称的东北边疆，即以 1820 年的疆域为基础，同时鉴于东北边疆有一个动态的变化过程，本文在评介相关研究成果时，既会将该区域历史上溯到元代以前，也会下追到中俄《瑷珲条约》与《北京条约》签订后的东北疆域。

② 傅朗云：《东北古文献整理研究四十年》，《古籍整理研究学刊》1988 年第 5 期；马大正：《1978 年以来中国近代边疆问题研究述评》，《中国边疆史地研究》1994 年第 3 期；马大正：《东北边疆历史研究的回顾与思考》，《北华大学学报》2005 年第 1 期；赵云田：《50 年来的中国近代边疆史研究》，《近代史研究》2000 年第 4 期；李治亭：《东北地方史研究的回顾与展望》，《中国边疆史地研究》2001 年第 4 期；李治亭：《东北地方史研究的回顾与思考——写在建国 60 周年》，《云南师范大学学报》2009 年第 2 期；厉声、李国强主编：《中国边疆史地研究综述（1989—1998 年）》，黑龙江教育出版社 2002 年版；刘信君：《改革开放三十年中国东北地方史研究述评》，《社会科学战线》2008 年第 8 期。

③ 这里的"基础研究"是指除考古、现状调研、档案文献典籍整理及翻译等之外，利用人文社会科学与自然科学方法对东北边疆进行全方位研究的成果。

丁名楠等《帝国主义侵华史》第 1 卷①等专著，也涉及东北边疆史。当时，边疆作为敏感的地区，事涉外交、民族等重要问题，事实上是研究禁区。

随着 20 世纪 60 年代末中苏两国交恶，边境冲突迭起，从 1970 年开始，我国学术界掀起了揭发、声讨与研究沙俄侵华的高潮，东北边疆史研究借隙而生。1976 年，人民出版社出版了中国科学院近代史研究所等编写的《沙俄侵华史》，此外，北京大学编写了《沙皇俄国侵略扩张简史》②，施达青撰写了《从瑷珲条约到北京条约》③，北京师范大学编写了《一六八九年的中俄尼布楚条约》④，复旦大学编写了《沙俄侵华史》⑤。在东三省，1976 年吉林人民出版社出版了吉林师范学院编写的《沙俄侵华史简编》等；辽宁省则就沙俄侵略旅大的历史展开研究，1978 年中华书局出版了辽宁师范学院编写的《沙俄侵占旅大的七年》等；黑龙江省则翻译了大量沙俄侵华文献、论著。六七年间出版的有关沙俄侵华的论著也不乏高水平的学术著作，中科院近代史所撰写的《沙俄侵华史》至今仍是研究中俄关系史的必读书，达到了很高的学术水准。

改革开放以后的 30 年，如同东北社会发生巨变一样，东北边疆史研究也出现了前所未有的繁荣局面。大凡人们能想得到的研究领域大都有人在耕耘，研究幅度之广、程度之深、队伍之庞大、成果之丰盛，前所未有。以下拟从研究成果、研究工程与产生原因等三个大的方面予以简述。

（一）研究成果

1. 通史及断代史研究

张博泉《东北地方史稿》⑥ 系国内第一部完整的有关东北区域史的专著，对东北历史在中国历史上的地位、东北民族封建化的类型与途径等问题进行了阐述。嗣后，董万仑《东北史纲要》⑦、薛虹等主编《中国东北通史》⑧、佟冬主编《中国东北史》⑨、宁梦辰《东北地方史》⑩、程妮娜主编《东北史》⑪、李治亭主编《东北通史》⑫ 等先后出版。其中影响最著者，当为佟冬主编之书。该书计 6 卷 430 万字，上起原始社会，下迄新中国成立。该书最大的特点是对东北的历史地位和东北各民族的历史作用，均给予比较充分的肯定，可谓集 20 世纪 90 年代以前国内外东北史研究百年成果之大成，初步形成了一个相对完整的区域史理论体系。

经过多年的蓄积，自 20 世纪 80 年代中期以降，断代史专著相继出版。其中较有影

---

① 丁名楠等：《帝国主义侵华史》第 1 卷，人民出版社 1958 年版。

② 北京大学编：《沙皇俄国侵略扩张简史》，人民出版社 1976 年版。

③ 施达青：《从瑷珲条约到北京条约》，中华书局 1977 年版。

④ 北京师范大学编：《一六八九年的中俄尼布楚条约》，人民出版社 1977 年版。

⑤ 复旦大学编：《沙俄侵华史》，上海人民出版社 1975 年版。

⑥ 张博泉：《东北地方史稿》，吉林大学出版社 1985 年版。

⑦ 董万仑：《东北史纲要》，黑龙江人民出版社 1987 年版。

⑧ 薛虹等主编：《中国东北通史》，吉林文史出版社 1993 年版。

⑨ 佟冬主编：《中国东北史》，吉林文史出版社 1998 年版。

⑩ 宁梦辰：《东北地方史》，辽宁大学出版社 1999 年版。

⑪ 程妮娜主编：《东北史》，吉林大学出版社 2001 年版。

⑫ 李治亭主编：《东北通史》，中州古籍出版社 2003 年版。

响的有王魁喜等《近代东北史》①、李健才《明代东北》②、常城等《现代东北史》③、辽宁省社会科学院历史所编著《清代东北史》④、王绵厚《秦汉东北史》⑤ 等。这些论著普遍质量较高，既填补了相关领域的学术空白，又为东北地方史的进一步研究打下基础。

2. 东北疆域及地理演化史研究

1981 年吉林人民出版社出版的张博泉等《东北历代疆域史》，首次比较系统地研究了自先秦时代至 17 世纪末期中俄《尼布楚条约》签订后东北疆域的变迁问题。嗣后，1982 年中州书画社出版了杨暘等《明代奴儿干都司及其卫所研究》，1990 年吉林人民出版社出版了田志和等《吉林建置沿革概述》，1995 年和 2003 年中国社会科学出版社出版了林荣贵《辽朝经营与开发北疆》、马大正主编《中国东北边疆研究》，1997 年吉林大学出版社出版张博泉等主编《东北古代民族·考古与疆域》。另外，有关历史地理方面的专著，如李健才《东北史地考略》（后有续集、第三集）⑥、孙进己等主编《东北历史地理》（一、二卷）⑦、姜维公等《东北历史地理简论》⑧、王绵厚《东北古代交通》⑨ 等，亦纷纷登场。同时，不少学者用自然科学方法研究东北的地理、气候问题，取得显著成绩，如 2007 年由科学出版社出版的中国工程院重大咨询项目——《东北地区有关水土资源配置、生态与环境保护和可持续发展的若干战略问题研究》，洋洋 4 大卷、数百万字。类似成果还有很多，恕不一一赘举。

3. 兴起于东北地方的各类政权和民族史研究

杨树森《辽史简编》⑩、张博泉《金史简编》⑪、王承礼《渤海简史》⑫、周远廉《清朝兴起史》⑬、王鸿宾主编《张作霖与奉系军阀》⑭、李殿福等《高句丽简史》⑮、王慎荣等《东夏史》⑯、魏国忠《渤海国史》⑰ 等，皆为较有分量的学术著作。

东北民族史研究一直是改革开放后东北史学界用力最多的领域，其成果可谓量最

① 王魁喜等：《近代东北史》，黑龙江人民出版社 1984 年版。

② 李健才：《明代东北》，辽宁人民出版社 1986 年版。

③ 常城等：《现代东北史》，黑龙江教育出版社 1986 年版。

④ 辽宁省社会科学院历史所编著：《清代东北史》，辽宁教育出版社 1989 年版。

⑤ 王绵厚：《秦汉东北史》，辽宁人民出版社 1994 年版。

⑥ 李健才：《东北史地考略》（后有续集、第三集），吉林文史出版社 1986、1995、2001 年版。

⑦ 孙进己等主编：《东北历史地理》（一、二卷），黑龙江人民出版社 1989 年版。

⑧ 姜维公等：《东北历史地理简论》，吉林文史出版社 1990 年版。

⑨ 王绵厚：《东北古代交通》，沈阳出版社 1990 年版。

⑩ 杨树森：《辽史简编》，辽宁人民出版社 1984 年版。

⑪ 张博泉：《金史简编》，辽宁人民出版社 1984 年版。

⑫ 王承礼：《渤海简史》，黑龙江人民出版社 1984 年版。

⑬ 周远廉：《清朝兴起史》，吉林文史出版社 1986 年版。

⑭ 王鸿宾主编：《张作霖与奉系军阀》，河南人民出版社 1989 年版。

⑮ 李殿福等：《高句丽简史》，韩国三省出版社 1990 年版。

⑯ 王慎荣等：《东夏史》，天津古籍出版社 1990 年版。

⑰ 魏国忠：《渤海国史》，中国社会科学出版社 2006 年版。

多、质亦较高。自傅朗云等《东北民族史略》① 初步梳理了东北古代各民族在各个时期的发展与演变的简单线条之后，孙秀仁等《室韦史研究》②、干志耿等《黑龙江古代民族史纲》③、编写组《朝鲜族简史》④、孙进己等《东北民族源流》⑤ 与《东北民族史研究》⑥ 及《女真史》⑦、蒋秀松等《东北民族史纲》⑧、张博泉《鲜卑新论·女真新论》⑨、魏存成《高句丽考古》⑩ 及《渤海考古》⑪、黄凤岐《契丹史研究》⑫、张碧波《东北民族与疆域论稿》⑬ 等，先后出版。其中，《东北民族源流》专门探索东北民族的起源和流向，这是一部倾注作者十多年心血，展现作者研究功力，颇具影响力而又引起广泛争鸣的专著。朱学渊《中国北方诸族的源流》⑭ 是继孙氏之后，又一部研究北方民族源流的力作，其着眼点在于通过民族语言学与人类学的方法来判断族源问题，虽然不无缺陷，但却突破了以往主要靠史料与历史学、民族学等方法来探索错综复杂民族源流问题的局限，使人大开眼界。

4. 中俄边界史与中俄关系研究

中俄东段边界史与中俄关系研究，成为边疆史研究中成就最为卓著的领域。其中，人民出版社 1976—1990 年出版的余绳武等《沙俄侵华史》、黑龙江人民出版社 1981 年出版的黑龙江社科院编《关于江东六十屯问题》、吉林文史出版社 1985 年出版的佟冬主编《沙俄与东北》、中国社会科学出版社 1993 年出版的刘远图《早期中俄东段边界研究》和 2003 年出版的张凤鸣《中国东北与俄国（苏联）经济关系史》、山东教育出版社 1997 年出版的张维华等《清前期中俄关系》、中央文献出版社 2007 年出版的姜长斌《中俄国界东段的演变》等十数部专著，与中华书局 1979 年出版的故宫博物院编《清代中俄关系档案史料选编》、黑龙江教育出版社 1992 年出版的刘民生等编《十七世纪沙俄侵略黑龙江流域史料》、四川人民出版社 2002 年出版的薛衔天等主编《中俄关系中文文献目录（17—20 世纪）》等数部资料集与工具书，以及以《学习与探索》1992 年第 3 期发表的张宗海《试论中俄最初边界的形成及特点》，为代表的百余篇论文，莫不彰显一时研究之盛，成果之丰。

5. 中朝边界史与中朝关系研究

关于中朝边界问题，杨昭全、刁书仁等用功较多。吉林文史出版社 1993 年、1994

① 傅朗云等：《东北民族史略》，吉林人民出版社 1983 年版。

② 孙秀仁等：《室韦史研究》，《北方文物》杂志社 1985 年版。

③ 干志耿等：《黑龙江古代民族史纲》，黑龙江人民出版社 1986 年版。

④ 朝鲜族简史编写组：《朝鲜族简史》，延边人民出版社 1986 年版。

⑤ 孙进己等：《东北民族源流》，黑龙江人民出版社 1987 年版。

⑥ 孙进己等：《东北民族史研究》，中州古籍出版社 1995 年版。

⑦ 孙进己等：《女真史》，吉林文史出版社 1987 年版。

⑧ 蒋秀松等：《东北民族史纲》，辽宁教育出版社 1993 年版。

⑨ 张博泉：《鲜卑新论·女真新论》，吉林文史出版社 1993 年版。

⑩ 魏存成：《高句丽考古》，吉林大学出版社 1994 年版。

⑪ 魏存成：《渤海考古》，文物出版社 2008 年版。

⑫ 黄凤岐：《契丹史研究》，内蒙古科技出版社 1999 年版。

⑬ 张碧波：《东北民族与疆域论稿》，黑龙江教育出版社 2002 年版。

⑭ 朱学渊：《中国北方诸族的源流》，中华书局 2004 年版。

年先后出版了杨氏《中朝边界史》与《中朝边界沿革及界务交涉史料汇编》等专著，产生了良好的社会影响。刁氏先后发表了《明前期中朝东段边界的变化》①、《论元末明初中国与高丽、朝鲜的边界之争》② 等论文，出版了《中朝关系史研究论文集》③、《明清中朝日关系史研究》④ 等专著。另外，吉林文史出版社 2006 年出版了刘国石主编《中朝疆界与民族关系研究》，《中国边疆史地研究》1997 年第 3 期发表的王冬芳《关于明代中朝边界形成的研究》，多有可参考之处。《中国边疆史地研究》2007 年第 2 期刊载的李花子《朝鲜王朝的长白山认识》等相关论文，以李氏朝鲜的史料为主，辅之以中国史料、日本研究成果，论证有力，多发前人所未发。《中国边疆史地研究》2009 年第 2 期发表的于逢春《图们、土门与豆满、豆漫之词源与译音考》，从音韵学与词源学的视角，证明了"豆满""图们"等词源均来自于女真语"万"字的写音，从而证明女真人及其祖先世居图们江、鸭绿江流域，当李朝占领该地时女真人业已在此居住了至少 500 年以上。

中朝边界史研究多集中于穆克登长白山审视碑与"间岛"问题。先后有徐德源《穆克登碑的性质及其凿立地点与位移述考》⑤、杨昭全《清代穆克登查边及中朝两次勘界》⑥ 等近百篇论著面世。至于中朝关系，中国文史出版社 2005 年出版了王臻《朝鲜前期与明建州女真关系研究》、中国社会科学出版社 2003 年出版了拜根兴《七世纪中叶唐与新罗关系研究》、吉林文史出版社 2006 年出版了赵兴元《清代中朝关系研究》、世界知识出版社 2008 年出版了权赫秀《近代中韩关系史料选编》等。这些专著或资料集，皆据实而作，颇多发微之处。吉林人民出版社 1996 年出版的编写组编《中朝关系通史》，洋洋 110 万字，对先秦至 1994 年的中朝关系予以概括性描述。

6. 经济史研究

四川人民出版社 1986 年出版的孔经纬《东北经济史》，为首开全面研究东北区域经济史先河之专著。该书占有了丰富的史料，论证比较有力。嗣后，不同经济领域的开山之作或填补空白之作，纷至沓来。吉林文史出版社 1990 年出版衣保中《东北农业近代化研究》和乌廷玉等《东北土地关系史研究》、1993 年出版刁书仁《东北旗地研究》，中华书局 1990 年出版苏崇民《满铁史》，辽宁人民出版社 1992 年出版赵铎《清开国经济发展史》，河北大学出版社 1994 年出版漆侠等《辽夏金经济史》、社会科学文献出版社 1999 年出版韩茂莉《辽金农业地理》等专著，以及《清史研究》1993 年第 4 期刊载的陈桦《清代东北地区经济的发展与特点》等论文，均是相关领域的代表之作。

7. 军事史研究

人民出版社 1991 年出版的编写组《东北抗日联军斗争史》、辽宁人民出版社 2005 年出版的孙文良《明清战争史略》、吉林人民出版社 2006 年出版的刘炬等《唐征高句

---

① 刁氏：《明前期中朝东段边界的变化》，《史学集刊》2000 年第 2 期。

② 刁氏：《论元末明初中国与高丽、朝鲜的边界之争》，《北华大学学报》2001 年第 2 期。

③ 刁氏：《中朝关系史研究论文集》，吉林文史出版社 1995 年版。

④ 刁氏：《明清中朝日关系史研究》，吉林文史出版社 2001 年版。

⑤ 徐德源：《穆克登碑的性质及其凿立地点与位移述考》，《中国边疆史地研究》1997 年第 1 期。

⑥ 杨昭全：《清代穆克登查边及中朝两次勘界》，《社会科学战线》1991 年第 3 期。

丽史》等著作，朴文一《论 1231—1260 年间蒙丽战争与外交之争》①、蒋秀松《女真与高丽间的"曷懒甸之战"》② 等近百篇学术论文，皆为相关领域的代表之作。

8. 文化教育研究

教育史研究在东北边疆史研究领域起步较晚，但其重要性日益为学人所知，近年来出版了一些有分量的论著。辽宁教育出版社 1987 年出版的樊期曾《东北农业教育史》，是一部较早的研究东北教育的专著，描述了晚清至 1985 年东北农业教育发展的历史。其后，辽宁教育出版社 1992 年出版王鸿宾等主编《东北教育通史》、辽宁大学出版社 1994 年出版陶增骈等《东北民族教育史》和 2003 年出版齐红深《满族的教育文化》、黑龙江教育出版社 2006 年出版于逢春《中国国民国家构筑与国民统合之历程——以 20 世纪上半叶东北边疆民族国民教育为主》等论著。其中，《满族的教育文化》是我国第一部研究满族教育文化的专著；《中国国民国家构筑与国民统合之历程》是国内第一部从国民（民族）国家的视角，探讨近代中国的国民（民族）国家是如何在一个多民族国家框架中构筑、如何从国民教育入手铸造"国民"的专著。文化研究虽然也起步较晚，但进展较快。春风文艺出版社 1992 年出版的孙进己《东北各民族文化交流史》，可谓东北文化史研究的开山之作。辽宁教育出版社 1998 年出版的李治亭等《关东文化》，从区域文化出发，论述了关东文化，进而建构了东北区域文化研究的理论框架。黑龙江人民出版社 2001 年出版的张碧波等主编《中国古代北方民族文化史》则全方位地叙述了北方民族文化的发展历程。2003 年内蒙古教育出版社出版的穆鸿利等主编《松辽文化》，在确立了"松辽文化"内涵的同时，阐述了该文化的地位。

此外，与东北边疆有关的人物传记也已出版了不少，吉林教育出版社 1991 年出版的李锡厚《耶律阿保机传》、吉林人民出版社 1995 年出版的王德忠《萧太后传》和 1983 年出版的李治亭等《清太宗全传》、北京出版社 1986 年出版的阎崇年《努尔哈赤传》、吉林文史出版社 2004 年出版的周远廉《皇父摄政王：多尔衮传》、辽宁人民出版社 1980 年出版的常城主编《张作霖》等，是其中的代表作。

（二）相关研究项目（工程）

东北边疆研究领域的项目很多，但起突出作用、影响较大的当首推"东北边疆历史与现状系列研究工程"。这个由中国社会科学院中国边疆史地研究中心主持的研究工程于 2002 年立项，2006 年底完成，为时 5 年。"东北边疆历史与现状系列研究工程"子项目分为四类：第一类为基础研究，共有 73 项，目前已经出版了十几种专著。第二类是档案文献整理，重点整理近 12 万件"珲春衙门"档案，该档案收录了清乾隆二年（1737）到宣统三年（1911）珲春副都统衙门所留下的绝大多数档案，其中大部分是汉文的，少部分是满文的，还有一小部分是满、汉文合璧的，整理后的档案 16 开本，500 页一册，共计 238 册；另外整理出版了《清代东北边疆档案选辑》，共 150 册。此两种书皆由广西师范大学出版社出版。第三类是翻译，主要翻译俄、朝（韩）、日文资料，相关成果将陆续出版。第四类是数据信息库建设。总体而言，伴随着该研究工程的立项、完成及成果的陆续出版，各地一批相应的研究机构相继成立，许多承担此工程任务

---

① 朴文一：《论 1231—1260 年间蒙丽战争与外交之争》，《延边大学学报》1997 年第 1 期。

② 蒋秀松：《女真与高丽间的"曷懒甸之战"》，《民族研究》1994 年第 1 期。

的中青年科研人员脱颖而出，有力地推动了东北边疆研究。

（三）改革开放以来边疆史地领域繁荣的原因

究其要者，大致可归结为以下几个方面：（1）学术研究自由的理念日益深入人心，并得到国家相关政策的支持。学术著作出版自由政策也逐步得到落实。（2）史学研究方法日趋多元化，研究对象日趋下移，以往以中国通史、断代史或专门史、世界通史为史学研究"正宗"的局面逐渐被打破，东北边疆研究业已成为一个学科门类，并与断代史或专门史并驾齐驱，从而使得许多学者将东北边疆史作为自己的志业或专业，或教学，或研究，大批"东北边疆史学者"应运而生。（3）随着"盛世修志"热潮的展开，东三省均设置了省、市（地区）、县三级"方志办"，各个专业部门也设立"专业志办"，由各级政府配备大量人力，配置相对充裕的物力与财力，提供方便的档案查阅与调研条件，极大地促进了东北边疆史的研究。（4）改革开放初期，东北地方的各级档案馆向学者开放，为后来的研究打下良好基础。（5）随着地域意识的觉醒与强化，特别是受国外学者研究趋向的刺激，中国学者也开始向东北边疆史的各个领域进军。

二　考古研究

20世纪20年代末，近代考古学在东北边疆落地生根，但东北地区考古工作的全面展开与重大考古发现大都始于新中国建立以降。20世纪五六十年代，东北地区的考古机构日趋健全，考古队伍日渐壮大，大规模的田野考古调查和发掘有计划地开展起来。改革开放前30年的社会环境虽然对正常的考古工作有相当大的冲击，但远比基础研究为轻，并且承袭了一些新中国成立前的考古基础及成果。1966—1968年的"文革"鼎盛期，曾使得考古工作大体上停顿下来，但在"文革"中后期文物考古研究又受到了空前的重视。

就史前考古而言，东北地区先后发现了20余处旧石器时代的遗址，分布地点几乎涵盖了全域。其中，属于旧石器早期的遗址主要有三处：辽宁本溪市庙后山、营口市金牛山与藏山遗址。[①] 旧石器中期遗址也发现了三处：辽宁喀左县鸽子洞、吉林蛟河市拉法乡新乡砖场、黑龙江阿城市（今哈尔滨市阿城区）交界镇。[②] 至于旧石器晚期的遗存，几乎星罗棋布全域。除了新中国成立前发现的札赉诺尔和顾乡屯遗址外，新中国成立后在辽、吉、黑境内分别发现了海城市小孤山、安图县明月沟、五常市学田等数十处遗址。[③]

东北地方的新石器时代遗址遍及全境。其中主要的有辽宁与内蒙古赤峰及吉林、黑

[①]　参见陈恩志《中国化石古人类和旧石器文化考古发现与研究（1901—2000）》，科学出版社2004年版；崔德文《辽宁营口藏山洞穴地点试掘报告》，《人类学学报》1994年第3期。

[②]　参见陈恩志《中国化石古人类和旧石器文化考古发现与研究（1901—2000）》，科学出版社2004年版。

[③]　同上。

龙江境内的红山文化、珲春大六道沟遗址、昂昂溪遗址等。①

需要说明的是，查海遗址发现了中国考古学上最早的玉器、最早的龙纹陶片，出土了"中华第一龙"。凌源牛河梁的红山文化坛、庙、冢是中华文明曙光的象征。这些充分说明东北文明是有独立产生、发展之路的，绝不是中原文明的附庸或延长。

东北地区青铜文化的起步绝不晚于中原，大体可以分为两个大的系统，即：（1）以辽西地区的夏家店下层文化和商周青铜文化为代表，属于黄河流域古代青铜文化，特点是较大型礼器较多，多发现于辽西地区；（2）以青铜短剑和矛、斧、链等兵器为主要特征，分布地区相对偏北，具有代表性的文化类型有夏家店上层文化、西团山文化等。②

至于铁器时代以降直至清代的东北考古，也是成绩斐然。此不赘述。

经过60年的积累，人们已经能够比较系统地描绘出东北地区的历史文化面貌，为东北疆域形成史与东北边疆史研究，提供了鲜活而可靠的学术支撑。如史前与中古及近世考古，必然与肃慎、挹娄、勿吉、靺鞨、渤海、女真、秽貊、夫余、沃沮、高句丽、东胡、山戎、乌桓、鲜卑、匈奴、室韦、契丹、孤竹等古族、古国相联系。而这些问题的提出或回答，有助于人们认识东北古代民族或国家的历史文化面貌，从而有助于人们了解东北疆域奠定者的历史脉络。又如长城考古，考古工作者已经把东北境内及东北亚地区的战国秦汉与金、明等不同时期的长城走向和起讫点搞清，有助于史学工作者厘清东北疆域的演变过程；高句丽考古明确了其与东北土著民族及汉文明的密切关系；渤海考古明确回答了渤海国是由粟末靺鞨发展而来的问题等。诸如此类，不一而足。

三　档案文献典籍整理、翻译与出版

东北三省及内蒙古东四盟（市）的各级档案馆藏有丰富的档案文献，尤以辽宁省档案馆所藏明代档案与清代满文档案价值最高。据统计，仅辽宁省档案馆收藏的三姓副都统衙门档就有2万余件。此外，还有一部分满文老档。东北三省的档案文献整理及翻译始于新中国建立初期。1958—1961年，东北地区还曾出现过一股研究古文献的小高潮。"文革"初期，相关工作虽受到过一定的冲击，但没有彻底停顿下来。从"文革"后期开始，档案文献典籍整理及翻译工作随之又开展了起来，为改革开放后档案文献典籍整理及翻译高潮的到来奠定了坚实的基础。

（一）档案整理及翻译

东北档案文献的整理与研究工作，起步于汉文档案。1984年，辽沈书社出版了辽宁省档案馆于20世纪五六十年代相继汇编的《忠义军抗俄斗争档案史料》，大都为盛京将军衙门档案。1980年，该馆从所藏明档中挑选出585份有价值的案卷，编成《明代辽东档案汇编》，90余万字，由辽沈书社1985年出版。该馆所藏的盛京宫中崇谟阁

---

① 参见张星海《红山文化研究》，中国社会科学出版社2005年版；宋玉彬《图们江流域青铜时代的几个问题》，《北方文物》2002年第4期；黄慰文等《黑龙江昂昂溪的旧石器》，《人类学学报》1984年第3期。

② 参见邓辉《燕北地区两种对立青铜文化的自然环境透视》，《北京大学学报》1997年第1期。

的满文老档，金梁等人于 1918 年开始汉译，其《满洲老档秘录》1929 年铅印自刊，《满洲秘档》1933 年印行，《汉译满洲老档拾零》由《故宫周刊》连载（1933—1935年）。其后，金毓黻继续翻译，1944 年出版《盛京崇谟阁满文老档译本》（国立东北大学印行）。日本学者从 1933 年开始日译，1955 年至 1963 年陆续出版。1959 年，王钟翰先生对这部分满文老档用罗马字母译音，并加以利用；1974—1977 年间，李林先生始用汉字译文，并详加校勘，于 1978 年铅印《重译满文老档》（太祖朝）。辽宁大学 1979年刊印《汉译满文旧档》。另外，该馆还编译了汉满文《盛京内务府粮庄档案汇编》（全国图书馆文献缩微中心，1994 年）等。

至于吉林省档案馆，1981 年便选编汉文档案，辑成《清代吉林档案史料选编》（1981 年内部印行）一书。黑龙江省档案馆也于 1980 年内部编印了《档案史料选编》。1986 年，该馆又与其他单位合编了满、汉文兼收的《清代黑龙江历史档案选编》，由黑龙江人民出版社出版。

由中国边疆史地研究中心整理出版的《珲春副都统衙门档案》与《清代东北边疆档案选辑》已见前述。

（二）资料选辑

20 世纪 50 年代中期，中央民族学院部分师生协助内蒙古少数民族社会历史调查组从《清实录》中摘录有关资料，按年代顺序编排整理成《达斡尔、鄂温克、鄂伦春、赫哲史料摘抄（清实录）》一书，由内蒙古人民出版社 1962 年出版。20 世纪 60 年代初，吴晗先生编选了《朝鲜李朝实录中的中国史料》①。迨至 20 世纪 80 年代，《明实录》《清实录》中的东北史地资料类编也陆续问世。

（三）档案文献研究

贾敬颜先生长于辑佚疏证，撰成《五代宋金元人边疆行记十三种疏证稿》，由中华书局 2004 年出版。李澍田于 1983 年编印了 40 万言的《东北史志文献要略》，是首部研究东北典籍文献的专著。1984 年，郝瑶甫《东北地方志考略》由辽宁人民出版社出版。

（四）文献典籍的搜集与整理

东北古代典籍文献的搜集与整理工作始于新中国成立初期。1953 年，傅乐焕等在内蒙古呼盟（今呼伦贝尔市）莫力达瓦旗征集到一部清代满文书籍《外五城图》及一部满文家谱《勤勇公纪恩录》。此后，又先后征访到一批满文的族谱家乘。20 世纪 70年代，傅乐焕等又发现了一部达斡尔族的《舞春》，颇具史料价值和文学价值。

20 世纪 80 年代，东北地区的文献征访工作盛行。其中，尤以 1981 年发现于黑龙江省富裕县三家子屯满族唐姓的《他塔喇氏家谱》、1983 年在辽宁省海城县发现的尚可喜编修《尚氏宗谱》、1984 年在吉林省永吉县发现的乌拉哈萨虎贝勒后辈档册与满文图谱等著名。另外，上海图书馆收藏的《宁古塔山水记》《域外集》均孤本传世，先后被发现。戏剧剧本《龙沙剑传奇》的发现，填补了东北地方文献的空白。

---

① 吴晗：《朝鲜李朝实录中的中国史料》，中华书局 1980 年版。

（五）档案文献典籍的出版

在李澍田先生主持下，先后整理了 36 种典籍，计约 600 万字，冠以《长白丛书》之名由吉林文史出版社出版，嘉惠学界，功效卓著。嗣后，刁书仁先生等继续编辑，今已达 200 余种。

就档案馆整理、出版工作而言，辽宁省档案馆非常出色，已先后将 30 余种成果贡献给社会，与东北边疆有关的有《盛京内务府粮庄档案汇编》①、《编修地方志档案选编》②、《兴京旗人档案史料》③、《一宫三陵档案史料选编》④、《东北义和团档案史料》⑤、《三姓副都统衙门档案译编》⑥ 等。另外，吉林省档案馆、黑龙江省档案馆也根据馆藏，整理、编辑与出版了数量较大的档案。

（六）金石、考古文献的整理研究

钟民岩《历史的见证——明代奴儿干永宁寺碑文考释》⑦ 一文，实为两块永宁寺碑汉文碑铭的释补。1975 年，蒙古文释补并标出音值的永宁寺碑铭文发表。同时，女真文也采取同样方式整理发表。⑧ 20 世纪 80 年代初，吉林省考古研究所对好太王碑所记历史事实，逐条考释，成果斐然。与此同时，金代吉林三碑——大金得胜陀颂碑、完颜希尹碑、完颜娄室碑——的整理和研究成果也纷纷问世。⑨

随着考古发掘和田野考古的进展，金石文献也相伴现身。1980 年，在呼盟鄂伦春旗阿里河镇西北的嘎仙洞内发现了北魏太平真君四年（443）石刻祝文，曾轰动一时。辽阳市文物管理所分别于 1976 年、1978 年编印《辽阳碑志选》第 1、2 编，共收录 62 通志文。

四　各类研究机构及相关杂志

中国边疆史地研究中心（以下简称"边疆中心"）成立于 1983 年，是中国社会科学院直属的开放性研究机构，主要任务是以马克思主义理论为指导，继承和弘扬中国边疆史地研究的优秀遗产，组织和协调本单位及全国边疆史地领域的学术研究。自 2002 年以降，边疆中心先后主持了"东北历史与现状系列研究工程""新疆历史与现状系列研究"两个重大研究项目，使两地的边疆研究愈益深入。自 1990 年以来，由边疆中心

---

① 辽宁省档案馆编：《盛京内务府粮庄档案汇编》，辽沈书社 1993 年版。

② 辽宁省档案馆编：《编修地方志档案选编》，辽沈书社 1983 年版。

③ 辽宁省档案馆编：《兴京旗人档案史料》，辽宁民族出版社 2001 年版。

④ 辽宁省档案馆编：《一宫三陵档案史料选编》，辽海书社 2003 年版。

⑤ 辽宁省档案馆编：《东北义和团档案史料》，辽宁人民出版社 1981 年版。

⑥ 辽宁省档案馆编：《三姓副都统衙门档案译编》，辽沈书社 1984 年版。

⑦ 钟民岩：《历史的见证——明代奴儿干永宁寺碑文考释》，《历史研究》1974 年第 1 期。

⑧ 《考古学报》1975 年第 2 期。

⑨ 刘凤翥等：《女真文字〈大金得胜陀颂〉校勘记》，《民族语文论集》，中国社会科学出版社 1981 年版；张博泉：《金完颜希尹碑史事考辨》，《吉林大学社会科学学报》1987 年第 5 期；张英：《金代完颜娄室碑文考——兼谈娄室葬地》，《北方文物》1988 年第 2 期。

主编的《边疆史地丛书》连续出版近 20 年而不辍，现已有 70 余种专著问世，不久将出齐百种，有力地推动了边疆研究。经过近 30 年的科研活动，随着大量科研成果陆续面世与学术论著出版发表平台的搭建，边疆中心对中国边疆史地学科的建设发挥了积极的推动作用，使中国边疆史地研究的学术框架更加丰满。

随着边疆研究的深入，我国许多重点大学、几乎所有边疆省份的地方大学、省（区）社科院与省（区）民族研究所都设置了相关研究机构，数量当以百计，与东北边疆有关的有北京大学韩国学研究中心、复旦大学韩国研究中心、中国人民大学韩国研究中心、吉林大学东北亚研究中心、吉林大学边疆考古研究中心、东北师范大学东北民族与疆域研究中心、黑龙江大学东北亚研究中心、吉林大学朝鲜·韩国研究中心、吉林省东北亚研究中心、长春师范学院萨满文化与东北民族研究中心、辽宁社科院边疆史地研究中心、辽宁大学边疆史地研究中心等。

就东北三省与内蒙古自治区（市）而言，研究机构可以分成几种类型：（1）省（区）、个别地（市、盟、州）级社会科学院；（2）高校相关院（系、室）、研究所、研究中心；（3）省、地二级博物馆、考古（文物）研究所；（4）省级（个别市级）档案馆；（5）省级（个别市级）图书馆；（6）省级民委所属的民族研究所；（7）省、地二级地方志办公室与专业志办公室；（8）省级党校；（9）党政军警系统的政策研究室、调研室；（10）其他。凡此种种，各类研究、调研与服务机构数百家，相关从业人员数千人。

各类研究、调研机构大体上都办有相应的报刊。边疆中心主办的《中国边疆史地研究》（季刊）已经成为我国边疆史地研究的重要学术园地。东北地区比较有名的杂志是三省社科院分别主办的《社会科学战线》《社会科学辑刊》《学习与探索》。文博系统的《北方文物》《辽海文物丛刊》《沈阳故宫博物院院刊》，以及民研所系统的《满族研究》《北方民族》等，都以发表东北历史、政治、经济、文化方面的成果为己任。直接以区域与研究对象命名的杂志《东北史地》（又名《学问》），近年来异军突起，颇受瞩目。许多大学的相关研究所或研究中心出版相关杂志，如东北师范大学东北民族与疆域研究中心主办的《东北民族与疆域研究动态》，东三省的综合高校学报大都设有关于东北边疆史研究的栏目。

五　总体评价与展望

60 年来，特别是改革开放 30 年来，有关东北边疆的研究成果，无论是数量，还是质量，都取得了前所未有的历史性突破。大体说来，这些成果呈现出如下几个方面的特点：（1）文物考古事业走在前面。新中国成立以来，特别是改革开放以降，东北地区的考古工作有序展开，考古机构健全，考古队伍齐整，有影响的考古发现频出，在中国乃至于国际考古界都占有举足轻重的地位。经过长时间的田野调查和考古发掘，积累了丰富的考古资料。现在，人们已经能够比较系统地描绘出东北边疆的历史面貌与发展路径。（2）档案文献典籍整理、翻译与出版事业成就斐然。经过档案与图书、古籍系统以及其他机构人员 60 年的努力，东北边疆档案整理、开放与出版，各类典籍、金石、报刊的编辑与出版，规模宏大，远远超过其他区域。（3）改革开放 30 年来的史地研究，不但成果丰硕，而且使人们能够据此厘清东北边疆的基本轮廓与发展趋向。

（4）基础研究中的民族学、人类学、社会学、经济学与地理学类等研究成果，亦获得前所未有的成果。

尽管60年来特别是近30年来取得了辉煌的成就，但我们不得不承认，从某种意义上说，在起点较低乃至于负数基础上构建起来的东北边疆研究领域，与国外相比还是存在着一些不足。分析产生这些不足的原因，大致有以下几点：（1）基础研究与考古成果脱节。新中国成立后的东北考古学界取得了杰出的成就，但由于历史研究者大都不懂或不太懂考古学，致使诸多重大成果被弃置南山，加之一些考古工作者不太熟悉史料，二者几乎互不搭界，各说各话。（2）历史研究与现状研究脱节。受一些传统思维定式的影响，不少史学工作者不屑于从事现状研究。而一些现状研究人员由于缺乏历史感，对许多问题的看法或许缺乏深度。（3）人文社会科学研究与自然科学成果脱节。从自然科学的角度对东北边疆的气候、地理环境与植被演变等问题进行研究的成果已经积累很多，但鲜有历史工作者去充分地利用。（4）历史研究的方法、理论与中国传统及国际上通行的范式脱节。（5）边疆研究缺乏国际法与政治学基础。今日之东北边疆态势，是300多年来国际政治与国内政治相互博弈的产物。如果不从国际法与政治学的视角予以探索的话，许多问题是无法厘清的。

应该说，60年来特别是近30年来，东北边疆研究的量的积累业已完成。以后，量的增加已经没有太多实际的意义，质的提高问题已摆在我们面前，再也无法回避。就域内研究而言，研究者既需要突破东北边疆历史研究中的难点问题，又要研究社会发展中的现实紧要问题。所谓难点应包括以下几点：（1）从学术的角度清除改革开放以前在"左"的思潮影响下，一些学者对中国边疆历史叙述人为造成的混乱；（2）肃清"中原中心主义"的影响；（3）突破个别非学术因素对研究的制约；（4）正确处理学术研究与政府决策之间的关系。所谓紧要问题主要体现在东北老工业基地振兴过程中所面临或出现的问题，它涉及各方面的利益，东北边疆政治稳定与经济发展中的许多问题大都与此相关联。就域外（周边）研究来说，中国与周边国家程度不同地存在一个进一步"理顺关系"的问题。历史上中国与周边国家大多是藩属关系，进入20世纪50年代以后，周边国家在用近代民族主义理论编纂本国历史、建构本民族谱系过程中，如何看待和界定历史上与中国的关系，对于双方来说都有一个"理顺关系"的问题。同时，不能否认，新中国成立以来，中国对周边国家的政策也是经常变化的。不同阶段的外交政策对中国与周边国家关系产生了不同反应，对于双方来说，也有一个"理顺关系"的问题。这些问题的解决，有待于属国形态、羁縻政策、所谓"中华的世界秩序"、朝贡制度、册封体制、共主制、民族国家建构、民族主义与领土等疆域理论问题研究的突破。对这些问题的探索，既是边疆研究由量的增长到质的飞跃的必由之路，也是突破边疆研究瓶颈的出发点。

（原载《中国边疆史地研究》2009年第3期）

新中国海疆史研究 60 年

李国强[*]

新中国成立 60 年来，中国海疆史研究始终处于成长和发展的进程当中。随着中国边疆史地研究的不断深入、随着相关学科领域研究的不断繁荣，我国大陆学术界在海疆史研究方面取得了前所未有的成绩，学术成果大量问世，研究的内容、研究的层面、研究的深度、研究的广度以及史料的挖掘、整理、利用等，均超过了以往任何一个时期。不仅在传统研究领域涌现新的观点、取得新的突破，而且研究领域得以大大拓宽。

与陆地边疆史研究有所不同的是，60 年来中国海疆史的学术研究不仅因循学术发展的规律、助力哲学社会科学的不断繁荣，而且与社会发展的现实紧密相关。其一，我国重视海洋，致力于发展海洋事业，海洋日益成为我国社会经济体系中不可或缺的重要环节之一，从而促使海疆史研究呈现出蓬勃发展的局面和强劲的上升势头；其二，我国海洋领土主权、海洋权益始终面临着严峻挑战，海上安全、海上划界问题直接影响着地区稳定和双边关系，这一现实一方面给海疆史的理论研究提出了诸多命题，另一方面极大地推动了海疆史研究不断深化。

中国海疆史研究的范围至少包括三个方面：我国拥有主权的海域；我国拥有主权或管辖权的岛屿；沿我主权海域的陆地部分，即海岸线部分。中国海疆史研究的学术范畴大体上包括历代海疆疆域史、历代海洋政策与海洋思想史、历代海防史、历代海上丝绸之路和海上贸易史，等等。其中以历代海疆疆域史所涉及的内容最为多样，不仅包括历代海疆疆域的通史性研究，而且包括南海、钓鱼岛、海南、台湾、香港、澳门等专题性历史研究。

一 海疆史研究的开创时期

1949 年至 20 世纪 60 年代，是新中国海疆史研究的开创时期。学术界以马克思主义史学观为指导，摒弃旧时代史学观念的桎梏，就海疆史所涉及的主要学术范畴进行了初步研究，特别是在一些专题性研究上开展了有益探索。这一时期的突出特点有二：其一，关于海疆史的基本概念和学术框架尚未提出，海疆史的研究尚未从地方史和传统史学体系中剥离出来；其二，关于海疆史研究的若干重大理论问题尚未展开充分研究，但某些专题领域的研究取得了突出成绩。尽管这一时期所开展的海疆史研究，带有较为浓重的时代特征和政治色彩，但这些研究大都具有开创性或奠基意义，学者们所阐述的学术观点甚至影响至今。这一时期研究较集中的是海上贸易史、台湾史、南海诸岛史等。

* 李国强：中国社会科学院中国边疆研究所研究员。

先后出版了丁又《香港初期史话》①、介子《葡萄牙侵占澳门史料》②、鞠继武《祖国的南海诸岛》③、朱宏富等《台湾》④、王芸生《台湾史话》⑤、刘大年《台湾历史概述》⑥、吴壮达《台湾的开发》⑦、朱契《中国人民开发台湾反抗侵略斗争史略》⑧、万克家《台湾人民斗争史略》⑨、张雁深《美国侵略台湾史》⑩、近代史资料编辑组《台湾战争记》⑪、张宗洽等《郑成功收复台湾》⑫ 等专著。在海上交通史研究方面，章巽在《地理知识》1955 年第 11 期至 1956 第 2 期连续发表了《中国古代的海上交通》《秦汉三国时代的海上交通》《隋唐时代的海上交通》《宋元时代的海上交通》多篇论文，方楫在《文史哲》1957 年第 9 期发表了《明代的海运与造船工业》，等等。在海外贸易史研究方面，主要成果有卢苇《宋代海外贸易的发展表现在哪些方面》⑬、刘勉之《元代的民间海外贸易》⑭、田汝康《十五至十八世纪中国海外贸易发展缓慢的原因》⑮、韩振华《1650—1662 年郑成功时代的海外贸易和海外贸易商的性质》⑯ 等。

在南海诸岛史研究方面的主要成果有王斤役在《新史学通讯》1956 年第 11 期发表的《唐代以来西沙群岛已是中国的领土》、在《史学月刊》1958 年第 1 期发表的《南沙群岛史》，朱契在《光明日报》1956 年 6 月 7 日发表的《南沙群岛和东、西、中沙群岛一向是中国的领土》，等等。对台湾史的研究，是学术界着力较多的领域，成果相对丰富，代表性论文有丁名楠《台湾历史概述》⑰、荣孟源《台湾设巡检司时间》⑱、王芸生《台湾自古以来是中国的领土》⑲、刘大年《1874 年英国与日本合作进攻台湾的经过》⑳、王绳祖《1874 年日本侵占我国领土台湾和英国的"调停"》㉑、余绳武《美帝早

① 丁又：《香港初期史话》，生活·读书·新知三联书店 1958 年版。
② 介子：《葡萄牙侵占澳门史料》，上海人民出版社 1961 年版。
③ 鞠继武：《祖国的南海诸岛》，上海知识出版社 1954 年版。
④ 朱宏富等：《台湾》，江西人民出版社 1955 年版。
⑤ 王芸生：《台湾史话》，中国青年出版社 1955 年版。
⑥ 刘大年：《台湾历史概述》，生活·读书·新知三联书店 1956 年版。
⑦ 吴壮达：《台湾的开发》，科学出版社 1958 年版。
⑧ 朱契：《中国人民开发台湾反抗侵略斗争史略》，湖北人民出版社 1955 年版。
⑨ 万克家：《台湾人民斗争史略》，江西人民出版社 1958 年版。
⑩ 张雁深：《美国侵略台湾史》，人民出版社 1956 年版。
⑪ 近代史资料编辑组：《台湾战争记》，中华书局 1962 年版。
⑫ 张宗洽等：《郑成功收复台湾》，福建人民出版社 1962 年版。
⑬ 卢苇：《宋代海外贸易的发展表现在哪些方面》，《历史教学》1963 年第 12 期。
⑭ 刘勉之：《元代的民间海外贸易》，《人民日报》1959 年 2 月 1 日。
⑮ 田汝康：《十五至十八世纪中国海外贸易发展缓慢的原因》，《新建设》1964 年第 8—9 期。
⑯ 韩振华：《1650—1662 年郑成功时代的海外贸易和海外贸易商的性质》，《厦门大学学报》1962 年第 1 期。
⑰ 丁名楠：《台湾历史概述》，《光明日报》1954 年 9 月 2 日。
⑱ 荣孟源：《台湾设巡检司时间》，《历史研究》1955 年第 1 期。
⑲ 王芸生：《台湾自古以来是中国的领土》，《世界知识》1954 年第 15 期。
⑳ 刘大年：《1874 年英国与日本合作进攻台湾的经过》，《新建设》1951 年第 3 期。
㉑ 王绳祖：《1874 年日本侵占我国领土台湾和英国的"调停"》，《南京大学学报》1962 年第 2 期。

期的侵台阴谋》① 等。在台湾史的研究中，关于郑成功收复台湾的问题成为研究热点，代表性成果有朱杰勤《郑成功收复台湾事迹》②、刘经发《郑成功收复台湾》③、陈国强《郑成功收复台湾的时间问题》④ 等。涉及澳门史、海南史、中琉关系史的代表性成果有洪启翔《明季葡萄牙对中国的侵略和它对我澳门的窃据》⑤、郭沫若《说儋耳》⑥、谭其骧《李德裕谪崖州》⑦、张一纯《谈海南岛历史的二三事》⑧、董蔡时《琉球与中国的历史关系》⑨ 等。

二　海疆史研究的艰难探索时期

20 世纪 70 年代至 80 年代初期，是海疆史研究艰难探索的时期。总体上看，这一时期海疆史研究面临诸多困境，一方面学术界对海疆史的认识依然没有大的改观，构建海疆史学科体系仍然没有提到应有的高度；另一方面存在种种学术外因素的干扰。因此，除台湾史、南海诸岛史等专题领域外，海疆史研究基本上呈现低迷的状态。不可否认的是，尽管关于海疆史的基础理论研究既不系统也不完善，但依然具有突出的特点：其一，学术研究紧扣时代要求，在对台湾史、南海诸岛史持续研究的基础上，对海上交通史、海上贸易史、钓鱼岛及中琉关系史的研究不断进行探索；其二，出版或发表了一批理论价值高、实践意义强的学术成果和学术资料，理论研究的深度和广度又取得突破性进展。

这一时期出版的论著数量不多，主要有北京出版社 1979 年出版的编写组《中国人民保卫海疆斗争史》、福建人民出版社 1980 年出版的施联朱《台湾史略》、中华书局 1981 年出版的韩振华《南海诸岛史地考证论集》等。台湾史的研究是这个时期取得成果最多的领域，无论是成果的数量还是质量，都有相当大的进展。在台湾历史地理、郑成功收复台湾以及台湾建省等问题上，还展开了热烈的讨论和学术争鸣。代表性成果有周维衍《台湾历史地理中的几个问题》⑩、商鸿逵《论康熙收复台湾及其善后措施》⑪、黄盛璋《有关郑成功收复台湾的几个问题新证》⑫、施联朱《郑成功收复台湾及其对高山族的政策》⑬、黄志中《台湾最先设立行政机构始于何时》⑭ 等。关于南海诸岛历史

①　余绳武：《美帝早期的侵台阴谋》，《大公报史学》1951 年第 13 期。
②　朱杰勤：《郑成功收复台湾事迹》，《中山大学学报》1955 年第 2 期。
③　刘经发：《郑成功收复台湾》，《历史教学问题》1958 年第 10 期。
④　陈国强：《郑成功收复台湾的时间问题》，《厦门大学学报》1962 年第 1 期。
⑤　洪启翔：《明季葡萄牙对中国的侵略和它对我澳门的窃据》，《华南师院学报》1960 年第 3 期。
⑥　郭沫若：《说儋耳》，《人民日报》1950 年 4 月 2 日。
⑦　谭其骧：《李德裕谪崖州》，《文汇报》1962 年 6 月 30 日。
⑧　张一纯：《谈海南岛历史的二三事》，《史学月刊》1964 年第 10 期。
⑨　董蔡时：《琉球与中国的历史关系》，《历史教学》1955 年第 4 期。
⑩　周维衍：《台湾历史地理中的几个问题》，《历史研究》1978 年第 10 期。
⑪　商鸿逵：《论康熙收复台湾及其善后措施》，《中国史研究》1980 年第 4 期。
⑫　黄盛璋：《有关郑成功收复台湾的几个问题新证》，《中国史研究》1981 年第 1 期。
⑬　施联朱：《郑成功收复台湾及其对高山族的政策》，《中央民族学院学报》1982 年第 3 期。
⑭　黄志中：《台湾最先设立行政机构始于何时》，《福建论坛》1982 年第 3 期。

的研究也较为集中。一方面围绕南海诸岛历史开展研究，另一方面从新的角度对我国南海诸岛主权进行论证，代表性成果有谭其骧《七洲洋考》①、韩振华《七洲洋考》②、史棣祖《南海诸岛自古就是我国领土》③、林金枝《南海诸岛范围线画法的由来演变》④、劳祖德《清末关于东沙岛的一次中日交涉》⑤、韩振华《西方史籍上的帕拉塞尔不是我国西沙群岛》⑥、张鸿增《从国际法看中国对西沙群岛和南沙群岛的主权》⑦、戴可来《漏洞百出，欲盖弥彰》⑧ 等。此外，学术界还就海上交通史、海上贸易史、钓鱼岛及中琉关系史进行了研究，代表性成果有李成林《公元前后的中西古航线试探》⑨、于豪亮《我国古代海上交通中几个地名的考释》⑩、洪建新《我国古代海上交通述略》⑪、陈佳荣《古代南海交通史上的"海""洋"考释》⑫ 等。

三 海疆史研究的蓬勃发展时期

20 世纪 80 年代初期到现在，是海疆史研究蓬勃发展的时期。首先，海疆作为我国疆域的有机组成部分，海疆史研究成为不可或缺的学术领域，日益为学术界所关注已成必然。其次，人们对海洋的认识水平和重视程度超过了以往任何一个时期，科学探索中国海疆形成、演变的历史规律，着重解决海疆历史上的疑点问题、海疆理论上的难点问题以及海疆现实中的热点问题，是社会发展的必然要求。最后，我国在海疆方面与一些邻国的争端、纠纷明显加剧，领土主权、国家安全和海洋权益面临着严重威胁，加强和深化海疆史研究成为学术界的责任。应该指出的是 1983 年中国社会科学院中国边疆史地研究中心的成立，是这一时期海疆史研究得到大大推进的重要因素之一。中国边疆史地研究中心明确提出中国海疆史是中国边疆史的重要组成部分，在多年的科研实践中不断推广和深化这一认识，由此推动了海疆史学术体系、学术框架的探索和构建。2001年《中国边疆史地研究》第 2 期刊载了一组关于海疆史研究的学术论文，围绕"海疆"的定义、海疆史研究的性质和任务、海疆史研究的学术内涵和外延等问题集中进行了讨论。在科研组织方面，中国边疆史地研究中心精心遴选课题、整合国内学术力量，集中力量开展海疆史研究，出版了多部著作，如黑龙江教育出版社分别于 1992 年、1995年、1996 年、1999 年、2003 年出版了吕一燃主编《南海诸岛：地理·历史·主权》和《中国海疆历史与现状研究》、韩振华《南海诸岛史地研究》、安京《中国海疆史纲》、

---

① 谭其骧：《七洲洋考》，《中国史研究动态》1979 年第 6 期。
② 韩振华：《七洲洋考》，《南洋问题》1981 年第 3 期。
③ 史棣祖：《南海诸岛自古就是我国领土》，《地理知识》1975 年第 9 期。
④ 林金枝：《南海诸岛范围线画法的由来演变》，《南洋问题》1979 年第 4 期。
⑤ 劳祖德：《清末关于东沙岛的一次中日交涉》，《历史与文物资料》1979 年第 3 期。
⑥ 韩振华：《西方史籍上的帕拉塞尔不是我国西沙群岛》，《光明日报》1980 年 4 月 5 日。
⑦ 张鸿增：《从国际法看中国对西沙群岛和南沙群岛的主权》，《红旗》1980 年第 4 期。
⑧ 戴可来：《漏洞百出，欲盖弥彰》，《光明日报》1980 年 6 月 9 日。
⑨ 李成林：《公元前后的中西古航线试探》，《学术月刊》1980 年第 3 期。
⑩ 于豪亮：《我国古代海上交通中几个地名的考释》，《文物》1978 年第 11 期。
⑪ 洪建新：《我国古代海上交通述略》，《历史教学问题》1982 年第 6 期。
⑫ 陈佳荣：《古代南海交通史上的"海""洋"考释》，《厦门大学学报》1981 年增刊。

李国强《南中国海研究：历史与现状》，中州古籍出版社 2003 年出版了张炜、方堃主编《中国海疆通史》，等等。

在学术界的共同努力下，海疆史研究持续深入，可以说近 30 年是中国海疆史研究硕果累累的时期，研究内容的全方位、研究成果的创新性都得到大大提高，逐步形成了基础研究与应用研究有机结合的基本学术体系。据不完全统计，20 世纪 80 年代初期以来，我国出版的有关海疆史研究的专著、译著有上百种，各种论文集、资料集、工具书 100 多种，发表专题学术论文达数千篇、研究报告近千篇，几乎涵盖了海疆历史和现实问题研究的各个领域。

这一时期最突出的特点是，在传统学术领域不断延伸和推进的同时，关于海疆史基础理论的研究日益深入；在专题研究不断深化的同时，关于中国海疆历史演进规律的探索逐步展开。在新史料和考古资料广泛利用的基础上，随着研究手段和研究方法的推陈出新，海疆史跨学科、整合性研究的趋势日益明显，从而在诸多重大理论问题上取得了创新性成果。由于此一时期海疆史研究所涉及的面十分宽泛，所以分述如下。

（一）关于历代海疆思想、海疆政策及海防问题的研究

从历代海疆思想和海疆政策的角度，探讨我国治理海疆的历史规律，无疑是揭示海疆历史演进极为重要的途径。学者们围绕不同时期的海疆政策及其思想根源展开了探索，并引起越来越多的关注。代表性成果有孙海峰《略论明朝的海洋政策》[1]、何瑜《清代海疆政策思想探源》[2]、李德元《海疆迷失：对中国传统海疆观念的反思》[3]、庄国土《论中国海洋史上的两次发展机遇与丧失的原因》[4] 等。

肇始于元代的"海禁"政策对中国历史的进程产生重大影响，这一时期对该问题的研究取得了较大进展。邓端本《试论元代的海禁》[5]、李宪堂《大一统秩序下的华夷之辨、天朝想象与海禁政策》[6]、卢建一《明代海禁政策与福建海防》[7]、李金明《论明初的海禁与朝贡贸易》[8] 和《明代后期部分开放海禁对我国社会经济发展的影响》[9]、叶萍《明清海禁立法之比较》[10] 等是代表性的成果。在历代海防思想、古代海军的发展等问题的研究中，清代和近代海防问题、"海防"与"塞防"之争等成为重点。张铁

① 孙海峰：《略论明朝的海洋政策》，《河南大学学报》2003 年第 2 期。

② 何瑜：《清代海疆政策思想探源》，《清史研究》1998 年第 2 期。

③ 李德元：《海疆迷失：对中国传统海疆观念的反思》，《厦门大学学报》2006 年第 2 期。

④ 庄国土：《论中国海洋史上的两次发展机遇与丧失的原因》，《南洋问题研究》2006 年第 1 期。

⑤ 邓端本：《试论元代的海禁》，《海交史研究》1990 年第 1 期。

⑥ 李宪堂：《大一统秩序下的华夷之辨、天朝想象与海禁政策》，《齐鲁学刊》2005 年第 4 期。

⑦ 卢建一：《明代海禁政策与福建海防》，《福建师范大学学报》1992 年第 2 期。

⑧ 李金明：《论明初的海禁与朝贡贸易》，《福建论坛》2006 年第 7 期。

⑨ 李金明：《明代后期部分开放海禁对我国社会经济发展的影响》，《海交史研究》1990 年第 1 期。

⑩ 叶萍：《明清海禁立法之比较》，《法制与社会》2008 年第 32 期。

牛、高晓星《中国古代海军史》①、张晞海《中国海权报告（古、近代部分）》②、王宏斌《清代前期海防：思想与制度》③ 和《晚清海防：思想与制度研究》④、戚其章《晚清海军兴衰史》⑤、秦天等主编《中国海权史论》⑥、许毓良《清代台湾的海防》⑦、海军军事学术研究所和中国军事科学学会办公室编《甲午海战与中国海防》⑧ 等，均是历代海防研究中的重要成果。论文方面，董丛林《湘、淮派系因素与晚清海军、海防》⑨、戚其章《晚清海防思想的发展及其历史地位》⑩、何平立《略论晚清海防思想与战略》⑪ 等具有一定代表性。对清末以来历史人物的海防思想进行深入研究，是这一时期的又一个特点。代表性成果有王生怀《刘铭传对沈葆桢筹划台湾海防的继承与发展》⑫、闫存庭《文祥与近代中国的海防和塞防之争》⑬、苏小东《林则徐、魏源海防战略思想之异同及其影响》⑭、戚其章《姚莹的海防思想与海国研究》⑮、史滇生《李鸿章和北洋海防》⑯ 等。

（二）关于海上丝绸之路及海上贸易史的研究

由于宋代至明清是我国古代海上贸易发展、变化较为剧烈的时期，所以深受学术界的重视，研究内容涉及有关政策、制度等方面。余思伟《中外海上交通与华侨》⑰，李金明、廖大珂《中国古代海外贸易史》⑱ 是海外贸易史研究中有代表性的成果。与陆地丝绸之路一样，海上丝绸之路一直为国际学术界所重视。20 世纪 80 年代以后，我国学术界对"海上丝绸之路"的研究逐步展开，并逐渐形成热潮。1980 年陈炎先生在国内学术界较早论述了"西南丝路""西北丝路"与"海上丝路"的关系，并出版了《陆

① 张铁牛、高晓星：《中国古代海军史》，八一出版社 1993 年版。

② 张晞海：《中国海权报告（古、近代部分）》，海潮出版社 2000 年版。

③ 王宏斌：《清代前期海防：思想与制度》，社会科学文献出版社 2002 年版。

④ 王宏斌：《晚清海防：思想与制度研究》，商务印书馆 2005 年版。

⑤ 戚其章：《晚清海军兴衰史》，人民出版社 1998 年版。

⑥ 秦天等主编：《中国海权史论》，国防大学出版社 2000 年版。

⑦ 许毓良：《清代台湾的海防》，社会科学文献出版社 2003 年版。

⑧ 海军军事学术研究所和中国军事科学学会办公室编：《甲午海战与中国海防》，海军出版社 1995 年版。

⑨ 董丛林：《湘、淮派系因素与晚清海军、海防》，《军事历史》1991 年第 5 期。

⑩ 戚其章：《晚清海防思想的发展及其历史地位》，《鸦片战争与中国现代化》，中国社会科学出版社 1991 年版。

⑪ 何平立：《略论晚清海防思想与战略》，《上海大学学报》1992 年第 3 期。

⑫ 王生怀：《刘铭传对沈葆桢筹划台湾海防的继承与发展》，《安庆师范学院学报》（社会科学版）2003 年第 5 期。

⑬ 闫存庭：《文祥与近代中国的海防和塞防之争》，《石河子大学学报》（哲学社会科学版）2007 年第 6 期。

⑭ 苏小东：《林则徐、魏源海防战略思想之异同及其影响》，《史学集刊》1995 年第 3 期。

⑮ 戚其章：《姚莹的海防思想与海国研究》，《安徽史学》1994 年第 1 期。

⑯ 史滇生：《李鸿章和北洋海防》，《安徽史学》1992 年第 3 期。

⑰ 余思伟：《中外海上交通与华侨》，暨南大学出版社 1991 年版。

⑱ 李金明、廖大珂：《中国古代海外贸易史》，广西人民出版社 1995 年版。

上和海上丝绸之路》①　和《海上丝绸之路与中外文化交流》②　两部著作。1991 年，福建省社会科学院成立"中国与海上丝绸之路研究中心"。同年，海洋出版社出版陈高华、吴泰、郭松义编《海上丝绸之路》；1995 年福建人民出版社陆续出版《中国与海上丝绸之路论文集》（上、下卷）、《海上丝绸之路与福建》、《海上丝绸之路与伊斯兰文化》等著作；1998 年浙江人民出版社出版《丝路文化》陆上篇和海上篇；1998 年汕头大学出版社出版《海上丝绸之路与潮汕文化》；1999 年福建人民出版社出版《海上丝绸之路研究》。此外还发表了大量论文，如唐嘉弘、张建华《海上丝绸之路疏证》③、刘重日《明代海上丝绸之路与澳门》④　等。

　　进入 21 世纪后，关于海上丝绸之路的研究依然蓬勃开展，呈现两个特点：一是研究的深度和广度大大扩展，学术专著和论文大量涌现；二是社会关注度大大提升，除学术界外，各级政府和社会各界热情参与，并将这一研究与各地社会经济的发展联系起来，举办的学术讨论会难以计数，而有关海上丝绸之路始发地点的讨论更是成为重点。主要成果有陈良伟《丝绸之路河南道》⑤、黄启臣主编《广东海上丝绸之路史》⑥、泉州港务局和泉州港口协会主编《泉州港与海上丝绸之路——纪念郑和下西洋六百周年论文集》⑦、王元林《国家祭祀与海上丝路遗迹——广州南海神庙研究》⑧、李庆新《海上丝绸之路》⑨、宁波市文物保护管理所等编著《宁波与海上丝绸之路》⑩、吴传钧主编《海上丝绸之路研究》⑪、刘凤鸣《山东半岛与东方海上丝绸之路》⑫、顾涧清等《广东海上丝绸之路研究》⑬、合浦县人民政府与北海市地方志办公室合编《北海合浦海上丝绸之路史》⑭　等。

（三）关于海疆区域地方史的研究

1. 海南史研究

　　就海南省历史开展的区域性研究在学术界始终未曾间断，1983 年海南建省之后，这一领域的研究有了新的进展，以谭其骧先生与杨武泉先生的学术论辩为先导，海南史

---

① 陈炎：《陆上和海上丝绸之路》，北京大学出版社 1989 年版。

② 陈炎：《海上丝绸之路与中外文化交流》，北京大学出版社 1996 年版。

③ 唐嘉弘、张建华：《海上丝绸之路疏证》，《南方文物》1997 年第 2 期。

④ 刘重日：《明代海上丝绸之路与澳门》，《东岳论丛》1999 年第 5 期。

⑤ 陈良伟：《丝绸之路河南道》，中国社会科学出版社 2002 年版。

⑥ 黄启臣主编：《广东海上丝绸之路史》，广东经济出版社 2003 年版。

⑦ 泉州港务局和泉州港口协会主编：《泉州港与海上丝绸之路——纪念郑和下西洋六百周年论文集》，中国社会科学出版社 2005 年版。

⑧ 王元林：《国家祭祀与海上丝路遗迹——广州南海神庙研究》，五洲传播出版社 2006 年版。

⑨ 李庆新：《海上丝绸之路》，中华书局 2006 年版。

⑩ 宁波市文物保护管理所等编著：《宁波与海上丝绸之路》，科学出版社 2006 年版。

⑪ 吴传钧主编：《海上丝绸之路研究》，科学出版社 2006 年版。

⑫ 刘凤鸣：《山东半岛与东方海上丝绸之路》，人民出版社 2007 年版。

⑬ 顾涧清等：《广东海上丝绸之路研究》，广东人民出版社 2008 年版。

⑭ 合浦县人民政府与北海市地方志办公室合编：《北海合浦海上丝绸之路史》，广西人民出版社 2008 年版。

的研究不断向纵深发展，呈现出新的局面。尽管有关海南历史研究的通史类专著有所欠缺，但断代史的研究成果颇丰。主要成果有谭其骧《自汉至唐海南岛历史政治地理》[①]、杨武泉《西汉晚期至萧齐海南岛不在大陆王朝版图之外——与谭其骧先生商榷》[②]、谭其骧《再论海南岛建置沿革——答杨武泉同志驳难》[③]、林漫宙《汉珠崖郡史话》[④]、曾昭璇《先秦至隋海南省行政区划史研究》[⑤]、房建昌《关于日本侵略海南岛的考察》[⑥]等。这些成果对不同历史时期海南的行政建置和政治史进行了研究。海南开发史一直是海南史研究中的一个重要环节，代表性成果有纪宗安《古代移民和海南的早期开发》[⑦]、符玉川《海南古代移民与海南方言》[⑧]、黄进先《海南开发史略》（一、二）[⑨] 等。

马援、鉴真、海瑞等人物对海南不同时期的历史进程产生了较大影响，李勃《马援至琼考略》[⑩]、陈世民和文山《鉴真与他羁旅海南期间的事迹》[⑪]、韩敏《李德裕后裔化黎辨》[⑫] 等对此进行了探讨。在海南史研究中，研究者对海南地名也十分关注，力图通过这一研究来揭示海南历史发展中的诸多人文因素。主要成果有刘剑三《海南地名的史料价值》[⑬]、周伟民《试论海南省地名的特点和地名标准化问题》[⑭]、李勃《"海南"考释》[⑮] 和 《"亶洲"不是海南岛》[⑯] 等。

2. 台湾史研究

海峡两岸关系经历从对立到缓和的漫长过程，期间大陆学术界对台湾史的研究从未中断，尽管受两岸关系的制约，不同时期的研究都带有明显的时代特征，但依然不乏理论的创新和推进。这一时期，大陆学术界在台湾史的研究上取得了前所未有的成就，一批高水平的学术著作先后问世，如陈孔立《台湾通史辨误》[⑰] 《台湾历史纲要》[⑱] 和

---

① 谭其骧：《自汉至唐海南岛历史政治地理》，《历史研究》1988 年第 5 期。

② 杨武泉：《西汉晚期至萧齐海南岛不在大陆王朝版图之外——与谭其骧先生商榷》，《历史研究》1990 年第 6 期。

③ 谭其骧：《再论海南岛建置沿革——答杨武泉同志驳难》，《历史研究》1990 年第 6 期。

④ 林漫宙：《汉珠崖郡史话》，《海南大学学报》1997 年第 3 期。

⑤ 曾昭璇：《先秦至隋海南省行政区划史研究》，《中国边疆史地研究》1993 年第 2 期。

⑥ 房建昌：《关于日本侵略海南岛的考察》，《中国边疆史地研究》1998 年第 3 期。

⑦ 纪宗安：《古代移民和海南的早期开发》，《暨南学报》1990 年第 4 期。

⑧ 符玉川：《海南古代移民与海南方言》，《海南大学学报》1996 年第 2 期。

⑨ 黄进先：《海南开发史略》（一、二），《海南师院学报》1995 年第 4 期、1996 年第 2 期。

⑩ 李勃：《马援至琼考略》，《海南史志》1994 年第 2 期。

⑪ 陈世民和文山：《鉴真与他羁旅海南期间的事迹》，《海南师院学报》1996 年第 1 期。

⑫ 韩敏：《李德裕后裔化黎辨》，《海南大学学报》1992 年第 2 期。

⑬ 刘剑三：《海南地名的史料价值》，《海南史志》1993 年第 2 期。

⑭ 周伟民：《试论海南省地名的特点和地名标准化问题》，《海南史志》1995 年第 1 期。

⑮ 李勃：《"海南"考释》，《中国历史地理论丛》1997 年第 1 期。

⑯ 李勃：《"亶洲"不是海南岛》，《中国历史地理论丛》1994 年第 3 期。

⑰ 陈孔立：《台湾通史辨误》，江西人民出版社 1990 年版。

⑱ 陈孔立：《台湾历史纲要》，北京九州图书出版社 1996 年版。

《清代台湾移民社会研究》①，周文顺《台陆关系通史》②，杨彦杰《荷据时代台湾史》③、陈在正《台湾海疆史研究》④ 等。此外还有大批高质量的学术论文，这些论文从不同方面对台湾历史进行了研究，如徐晓望《论晚明对台湾、澎湖的管理及设置郡县的计划》⑤、王政尧《简论清初收复台湾》⑥、李祖基《清代台湾行政区划的变迁与台湾历史》⑦、安京《清朝消极治台政策与台湾行政区划的设置》⑧ 等。

3. 香港史研究

20 世纪 80 年代初，随着中英两国就香港问题展开谈判，关于香港史的研究在内地学术界受到极大重视，大量论著相继面世，包括余绳武和刘存宽主编《十九世纪的香港》⑨、关礼雄《日占时期的香港》⑩、萧国健《香港古代史》⑪、余绳武和刘蜀永主编《20 世纪的香港》⑫、刘蜀永《香港的历史》⑬、侯书森《百年沧桑：香港的过去、现在和未来》⑭、李宏《香港大事记：公元前 214 年—公元 1997 年》⑮、刘存宽《香港史论丛》⑯、彭琪瑞等《香港、澳门地区地理》⑰ 等分别从香港地方史、香港与内地关系史等多个方面进行了研究，成为香港史研究中具有较高学术水平的专著。

此外学者们还发表了大量论文，其中有关香港近代史研究的成果最多，代表性有邓聪《古代香港历史的新发现》⑱、郭双林《晚清香港设领问题初探》⑲、刘存宽《英国强占香港岛与所谓"穿鼻条约"》⑳ 等。囿于文献、史料的匮乏，有关香港古代、特别是宋代以前经济活动问题始终是香港历史研究中的难点，汤开建《宋代香港地区的盐业生产及盐

①　陈孔立：《清代台湾移民社会研究》，厦门大学出版社 1990 年版。

②　周文顺：《台陆关系通史》，中州古籍出版社 1991 年版。

③　杨彦杰：《荷据时代台湾史》，江西人民出版社 1992 年版。

④　陈在正：《台湾海疆史研究》，厦门大学出版社 2003 年版。

⑤　徐晓望：《论晚明对台湾、澎湖的管理及设置郡县的计划》，《中国边疆史地研究》2004 年第 3 期。

⑥　王政尧：《简论清初收复台湾》，《清史研究》1995 年第 3 期。

⑦　李祖基：《清代台湾行政区划的变迁与台湾历史》，《中国方域——行政区划与地名》1995 年第 1 期。

⑧　安京：《清朝消极治台政策与台湾行政区划的设置》，《中国边疆史地研究》2008 年第 3 期。

⑨　余绳武和刘存宽主编：《十九世纪的香港》，中华书局 1994 年版。

⑩　关礼雄：《日占时期的香港》，生活·读书·新知三联书店 1995 年版。

⑪　萧国健：《香港古代史》，中华书局 1995 年版。

⑫　余绳武和刘蜀永主编：《20 世纪的香港》，香港麒麟书业公司、中国大百科全书出版社 1995 年版。

⑬　刘蜀永：《香港的历史》，新华出版社 1996 年版。

⑭　侯书森：《百年沧桑：香港的过去、现在和未来》，中国文联出版公司 1996 年版。

⑮　李宏：《香港大事记：公元前 214 年—公元 1997 年》，人民日报出版社 1988 年版。

⑯　刘存宽：《香港史论丛》，香港麒麟书业公司 1998 年版。

⑰　彭琪瑞等：《香港、澳门地区地理》，商务印书馆 1991 年版。

⑱　邓聪：《古代香港历史的新发现》，《历史研究》1997 年第 3 期。

⑲　郭双林：《晚清香港设领问题初探》，《近代史研究》1998 年第 6 期。

⑳　刘存宽：《英国强占香港岛与所谓"穿鼻条约"》，《世界历史》1997 年第 2 期。

的走私》①、徐日彪《近代香港华商的崛起（1841 年—1900 年)》②、郭卫东《香港开埠初期与内地贸易研究：以〈虎门条约〉第十三款为案例》③ 等进行了有益的探索。

4. 澳门史研究

新中国成立之后相当长的时期里，内地学术界对澳门史的研究较为薄弱，20 世纪 80 年代之前仅有为数不多的学术论文发表，而从 80 年代以后，对澳门历史和现状的研究日益受到关注，相关论著不断发表，其中葡萄牙占据澳门的时间及经过、明清对澳门的管理、澳门对外贸易史、澳门历史人物、文化思想、史实考订等均成为研究热点。

继 1984 年中国社会科学出版社出版戴裔煊《〈明史·佛郎机传〉笺证》之后，费成康《澳门四百年》④、唐思编著《澳门风物志》⑤、黄鸿钊《澳门史纲要》⑥、《中国边疆史地研究》1999 年第 2 期"澳门专号"、林子升《十六至十八世纪澳门与中国之关系》⑦、黄启臣《澳门历史（自远古—1840 年)》⑧、汤开建《明清士大夫与澳门》⑨ 等论著从不同侧面展开研究。张海鹏主编《中葡关系史资料集》⑩ 收入大量中、葡、英、法、日文档案资料，是至今关于澳门史最全面的资料汇编。黄启臣等合编《澳门港史资料汇编（1553—1986 年)》⑪ 为深入研究澳门史提供了珍贵史料。

除上述多部重要著作外，还发表了大量学术论文，研究内容集中在政治史、葡澳关系史、经济史等方面。代表性成果有赵立人《葡萄牙人入居澳门的再研究》⑫、张德信《葡萄牙人初寓壕镜澳的历史考察》⑬、郑炜民《从有关条约看澳门"附属地"问题》⑭ 等。

（四）关于海疆专题史的研究

1. 关于南海诸岛历史的研究

我国学术界对南海诸岛历史的研究一直持续不断，成为海疆史研究中学术连续性最强、学术成果最丰富的研究领域之一。自 20 世纪 80 年代起，围绕南海诸岛历史所开展的研究相对十分活跃，学术界在宏观上对我国拥有南海诸岛主权的历史依据、基本史实进行了更加深入的剖析，在微观上则涉及地名考证、史料辨析等更多的方面，一批具有

---

① 汤开建：《宋代香港地区的盐业生产及盐的走私》，《暨南学报》1995 年第 2 期。

② 徐日彪：《近代香港华商的崛起（1841 年—1900 年)》，《中国边疆史地研究》1993 年第 3 期。

③ 郭卫东：《香港开埠初期与内地贸易研究：以〈虎门条约〉第十三款为案例》，《中国经济史研究》1997 年第 2 期。

④ 费成康：《澳门四百年》，上海人民出版社 1988 年版。

⑤ 唐思编著：《澳门风物志》，中国友谊出版公司 1998 年版。

⑥ 黄鸿钊：《澳门史纲要》，福建人民出版社 1990 年版。

⑦ 林子升：《十六至十八世纪澳门与中国之关系》，澳门基金会 1998 年版。

⑧ 黄启臣：《澳门历史（自远古—1840 年)》，澳门基金会 1998 年版。

⑨ 汤开建：《明清士大夫与澳门》，广东人民出版社 1991 年版。

⑩ 张海鹏主编：《中葡关系史资料集》，四川人民出版社 1999 年版。

⑪ 黄启臣等合编：《澳门港史资料汇编（1553—1986 年)》，福建人民出版社 1991 年版。

⑫ 赵立人：《葡萄牙人入居澳门的再研究》，《学术研究》1998 年第 8 期。

⑬ 张德信：《葡萄牙人初寓壕镜澳的历史考察》，《东岳论丛》1998 年第 2 期。

⑭ 郑炜民：《从有关条约看澳门"附属地"问题》，《中国边疆史地研究》1992 年第 2 期。

较高学术质量的专著先后面世，如陈史坚和钟晋樑《南海诸岛志略》①、韩振华《南海诸岛史地考证论集》② 和《南海诸岛史地研究》③、林金枝和吴凤斌《祖国的南疆》④、刘南威《中国南海诸岛地名论稿》⑤、李金明《中国南海疆域研究》⑥、吴士存《南沙争端的由来与发展》⑦ 和《纵论南沙争端》⑧、陈克勤主编《中国南海诸岛》⑨ 等从历史、地理等多个层面进行了综合性研究，在学术界产生较大影响。此外，出版了多种资料集、论文集，如广东地名委员会《南海诸岛地名资料汇编》⑩、韩振华《我国南海诸岛史料汇编》⑪、戴可来和童力合编《越南关于西南沙群岛主权归属问题文件资料汇编》⑫、吴士存等合编《南海资料索引》⑬ 和《南海问题文献汇编》⑭、吴士存和朱华友主编《聚焦南海——地缘政治、资源、航道》⑮ 等。

这一时期，学术界从我国拥有南海诸岛主权的历史脉络和演进历程的高度，不断发表重要的学术论文，如戴可来和于向东《〈抚边杂录〉与所谓"黄沙""长沙"问题》⑯、黄盛璋《南海诸岛历来是中国领土的历史证据》⑰、陈启汉《中国渔民是开发南海诸岛的主人》⑱、李金明《我国史籍中有关南海疆域的记载》⑲、林琳《汉代以前中国人民对南海诸岛的开发和经营》⑳、吕一燃《近代中国政府和人民维护南海诸岛主权概论》㉑、李国强《民国政府与南沙群岛》㉒、林荣贵和李国强《南沙群岛史地问题的综合研究》㉓ 等。随着南海诸岛历史研究的不断深入以及学科间相互交叉不断加强，对南海

---

① 陈史坚和钟晋樑：《南海诸岛志略》，海南人民出版社 1989 年版。

② 韩振华：《南海诸岛史地考证论集》，中华书局 1981 年版。

③ 韩振华：《南海诸岛史地研究》，社会科学文献出版社 1996 年版。

④ 林金枝和吴凤斌：《祖国的南疆》，上海人民出版社 1985 年版。

⑤ 刘南威：《中国南海诸岛地名论稿》，科学出版社 1996 年版。

⑥ 李金明：《中国南海疆域研究》，福建人民出版社 1999 年版。

⑦ 吴士存：《南沙争端的由来与发展》，海洋出版社 1999 年版。

⑧ 吴士存：《纵论南沙争端》，海南出版社 2005 年版。

⑨ 陈克勤主编：《中国南海诸岛》，海南国际新闻出版中心 1996 年版。

⑩ 广东地名委员会：《南海诸岛地名资料汇编》，广东地图出版社 1987 年版。

⑪ 韩振华：《我国南海诸岛史料汇编》，东方出版社 1988 年版。

⑫ 戴可来和童力合编：《越南关于西南沙群岛主权归属问题文件资料汇编》，河南人民出版社 1991 年版。

⑬ 吴士存等合编：《南海资料索引》，海南出版社 1998 年版。

⑭ 吴士存等合编：《南海问题文献汇编》，海南出版社 2001 年版。

⑮ 吴士存和朱华友主编：《聚焦南海——地缘政治、资源、航道》，中国经济出版社 2009 年版。

⑯ 戴可来和于向东：《〈抚边杂录〉与所谓"黄沙""长沙"问题》，《国际问题研究》1989 年第 3 期。

⑰ 黄盛璋：《南海诸岛历来是中国领土的历史证据》，《东南文化》1996 年第 4 期。

⑱ 陈启汉：《中国渔民是开发南海诸岛的主人》，《广东社会科学》1993 年第 6 期。

⑲ 李金明：《我国史籍中有关南海疆域的记载》，《中国边疆史地研究》1996 年第 3 期。

⑳ 林琳：《汉代以前中国人民对南海诸岛的开发和经营》，《北京社会科学》1995 年第 4 期。

㉑ 吕一燃：《近代中国政府和人民维护南海诸岛主权概论》，《近代史研究》1997 年第 3 期。

㉒ 李国强：《民国政府与南沙群岛》，《近代史研究》1992 年第 6 期。

㉓ 林荣贵和李国强：《南沙群岛史地问题的综合研究》，《中国边疆史地研究》1991 年第 1 期。

诸岛问题的研究已不局限于单纯对历史问题的研究，而是将历史研究与法律研究或与其他学科相结合，拓展南海诸岛问题研究的空间，这是这一时期该领域研究十分显著的特点。如林金枝《外国确认中国拥有西沙和南沙群岛主权的论据》①、王丽玉《初论中国发现和有效占有南海诸岛的国际法意义》②、李金明《从国际法看菲律宾对我国南沙群岛的侵占》③、李国强《对解决南沙群岛主权争议几个方案的解析》④、马涛《从国际法看南沙群岛的主权归属问题》⑤ 多篇论文都是从国际法的角度进行研究。

2. 关于北部湾历史的研究

对北部湾历史的研究集中在两个方面：其一，北部湾及其海域的历史问题；其二，北部湾海域或岛屿名称的问题。代表性成果有肖德浩《中越两国从未划分北部湾海界》⑥ 和《北部湾海上通道概说》⑦、沈固朝《关于中法勘界斗争中的北部湾海域问题》⑧、周定国《"北部湾"称谓质疑》⑨、刘文宗《是"海上分界线"还是岛屿分界线》⑩、安京《北部湾与中国近代海界问题》⑪ 等。2000 年中越两国关于北部湾划界协议签署之后，学术界开展了相应研究，从不同角度进行了深入分析和总结，主要成果有于向东《北部湾边界：海域划界的成功实践》⑫、张植荣《中越北部湾划界谈判及其对解决海疆争端的启示》⑬、覃翊《北部湾划界问题成功解决的意义》⑭、陈真波《中越北部湾划界的国际法分析》⑮ 等。

3. 关于钓鱼岛历史及中琉关系的研究

钓鱼岛主权是中日两国之间一直悬而未决的问题，同时也是中国海疆史研究中较为传统的研究领域，20 世纪 80 年代初期以来，该领域研究持续开展并有近百篇学术论文和多部学术专著先后问世。该研究领域最引人关注的成果是吴天颖《甲午战前钓鱼列

① 林金枝：《外国确认中国拥有西沙和南沙群岛主权的论据》，《厦门大学学报》1992 年第 2 期。

② 王丽玉：《初论中国发现和有效占有南海诸岛的国际法意义》，《海洋与海岸带开发》第 8 卷第 4 期，1991 年版。

③ 李金明：《从国际法看菲律宾对我国南沙群岛的侵占》，《中国东南亚研究会通讯》1997 年第 2、3 期合刊。

④ 李国强：《对解决南沙群岛主权争议几个方案的解析》，《中国边疆史地研究》2000 年第 3 期。

⑤ 马涛：《从国际法看南沙群岛的主权归属问题》，《东南亚研究》1998 年第 5 期。

⑥ 肖德浩：《中越两国从未划分北部湾海界》，《中国边疆史地研究报告》1992 年第 3—4 期。

⑦ 肖德浩：《北部湾海上通道概说》，《学术论坛》1993 年第 1 期。

⑧ 沈固朝：《关于中法勘界斗争中的北部湾海域问题》，《中国边疆史地研究》1995 年第 1 期。

⑨ 周定国：《"北部湾"称谓质疑》，《海洋世界》1993 年第 3 期。

⑩ 刘文宗：《是"海上分界线"还是岛屿分界线》，《中国边疆史地研究报告》第 4 辑，1989 年。

⑪ 安京：《北部湾与中国近代海界问题》，《中国边疆史地研究》2001 年第 2 期。

⑫ 于向东：《北部湾边界：海域划界的成功实践》，《东南亚纵横》2005 年第 1 期。

⑬ 张植荣：《中越北部湾划界谈判及其对解决海疆争端的启示》，《国际论坛》2005 年第 2 期。

⑭ 覃翊：《北部湾划界问题成功解决的意义》，《东南亚纵横》2006 年第 5 期。

⑮ 陈真波：《中越北部湾划界的国际法分析》，《贵阳学院学报》（社会科学版）2008 年第 2 期。

屿归属考》① 和鞠德源《日本国窃土源流：钓鱼列屿主权辨》② 两部专著。学术界的研究主要集中在以下方面：

一是关于中国拥有钓鱼列屿主权的历史依据研究。代表性成果有何慈毅《从几则历史资料看钓鱼岛等岛屿的归属》③、王春良《略论钓鱼列岛是中国固有领土》④、司徒尚纪《关于钓鱼岛群岛历史地理的若干问题》⑤、吕一燃《历史资料证明：钓鱼岛列岛的主权属于中国》⑥、陈亚洲《钓鱼岛，中国领土的又一佐证》⑦、陈本善《关于钓鱼岛归属问题的初步意见》⑧、刘江永《论钓鱼岛的主权归属问题》⑨、钟严《论钓鱼岛主权归属》⑩、周兆锐《钓鱼岛等岛屿问题的来龙去脉》⑪ 等。这些研究证明钓鱼岛主权归属中国是毋庸置疑的。

二是关于中国拥有钓鱼列屿主权的法理依据研究。代表性成果有刘文宗《从历史和法律依据论钓鱼岛主权属性》⑫、邹晓翔《钓鱼岛主权与划界分离论》⑬、王翰灵《中国对钓鱼岛拥有主权法律依据充分》⑭、谭晓虎和汪开明《从国际公法角度论钓鱼岛主权归属》⑮、鞠德源《从地图看钓鱼岛列岛的主权归属》⑯、尹立杰《试论钓鱼岛领土争端》⑰、李清川《国际法视角下的钓鱼岛问题》⑱ 等。学者们以国际法的原始发现、行政管辖、经济活动、自然延伸等原则为基础，进一步论证了钓鱼诸岛主权属于中国是符合国际法原则的。

三是关于钓鱼岛与中日两国关系的研究。代表性成果有陈本善《日本政治右倾化和钓鱼岛问题》⑲、李晔《钓鱼岛问题与中日关系》⑳、苏崇民《关于钓鱼岛问题的思考》㉑、刘文宗《石油资源与钓鱼岛争端》㉒、张良福《中国政府对钓鱼岛主权争端和东

---

① 吴天颖：《甲午战前钓鱼列屿归属考》，社会科学文献出版社 1998 年版。
② 鞠德源：《日本国窃土源流：钓鱼列屿主权辨》，首都师范大学出版社 2001 年版。
③ 何慈毅：《从几则历史资料看钓鱼岛等岛屿的归属》，《东南文化》1993 年第 1 期。
④ 王春良：《略论钓鱼列岛是中国固有领土》，《烟台大学学报》1998 年第 2 期。
⑤ 司徒尚纪：《关于钓鱼岛群岛历史地理的若干问题》，《岭南文史》1997 年第 1 期。
⑥ 吕一燃：《历史资料证明：钓鱼岛列岛的主权属于中国》，《抗日战争研究》1996 年第 4 期。
⑦ 陈亚洲：《钓鱼岛，中国领土的又一佐证》，《中学地理教学参考》1996 年第 11 期。
⑧ 陈本善：《关于钓鱼岛归属问题的初步意见》，《现代日本经济》1995 年第 1 期。
⑨ 刘江永：《论钓鱼岛的主权归属问题》，《日本学刊》1996 年第 6 期。
⑩ 钟严：《论钓鱼岛主权归属》，《人民日报》1996 年 10 月 18 日。
⑪ 周兆锐：《钓鱼岛等岛屿问题的来龙去脉》，《武汉师范学院学报》1978 年第 2—3 期。
⑫ 刘文宗：《从历史和法律依据论钓鱼岛主权属性》，《海洋开发与管理》1997 年第 1 期。
⑬ 邹晓翔：《钓鱼岛主权与划界分离论》，《现代日本经济》1995 年第 1 期。
⑭ 王翰灵：《中国对钓鱼岛拥有主权法律依据充分》，《法制日报》2005 年 6 月 10 日。
⑮ 《西北第二民族学院学报》2003 年第 4 期。
⑯ 鞠德源：《从地图看钓鱼岛列岛的主权归属》，《地图》2004 年第 1 期。
⑰ 尹立杰：《试论钓鱼岛领土争端》，《中国政法大学学报》2002 年第 1 期。
⑱ 李清川：《国际法视角下的钓鱼岛问题》，《党政论坛》2003 年第 12 期。
⑲ 陈本善：《日本政治右倾化和钓鱼岛问题》，《东北亚论坛》1997 年第 1 期。
⑳ 李晔：《钓鱼岛问题与中日关系》，《日本学论坛》1998 年第 2 期。
㉑ 苏崇民：《关于钓鱼岛问题的思考》，《现代日本经济》1995 年第 1 期。
㉒ 刘文宗：《石油资源与钓鱼岛争端》，《中国边疆史地研究》2002 年第 1 期。

海划界问题的基本立场和政策》① 等。

中琉关系史在钓鱼岛归属问题研究上有特殊意义，随着一批重要的档案资料不断被发掘，大大地推进了中琉关系的研究。这一时期的主要研究内容包括明清时期中国对琉球的册封、清代琉球对中国的朝贡、清代中琉贸易问题等。同时，学术界还对新近发现的有关史料进行了研究。代表性成果有米庆余《琉球历史研究》②、王晓云《明代中国、日本、琉球关系之研究》③、柳岳武《明朝时期中、日、琉球关系研究》④ 等。关于清末中、日交涉琉球的问题，十余年来深受学术界关注，从"琉球案"本身的交涉到宗藩关系的解体，研究者都展开了富有成效的探讨，代表性成果有戚其章《日本吞并琉球与中日关于琉案的交涉》⑤ 和《李鸿章与中日琉球交涉》、⑥ 马钰《日本吞并琉球与清政府对日交涉》⑦、王瑛《李鸿章与琉球宗主权的丧失》⑧、王营《日本吞并琉球与清代中琉宗藩关系的终结》⑨ 等。除上述之外，这个时期在海疆史学术领域，学术界对史料、海图的研究都有了新的推进。如汪家君著《近代历史海图研究》⑩、由《中国边疆史志集成》编委会编辑《中国边疆史志集成——海疆史志》（52 册）⑪ 等都是值得关注的成果。

四 海疆史研究展望

在海疆史研究取得显著进展的同时，也应看到该领域仍然存在一些不足，主要表现在：

第一，海疆理论的研究在哲学社会科学研究中的地位有待进一步提高，研究领域有待进一步拓宽。由于受历史上"重陆轻海"思想的长期影响，我国海疆史研究在相当长的时期内未受到应有的重视，从整体上看海疆史研究仍然十分薄弱，在我国哲学社会科学体系中的地位亟待提高，研究理论和研究方法亟待创新，与陆疆历史研究相比成果的总量和质量都有待提高。海疆史研究的现状，与我国数千年海疆开发、管理的历史和拥有辽阔海洋国土的现状相比极不相称，与社会的发展很不适应，更不能满足维护领土主权、维护海洋权益和加强海疆管理的现实需要。

第二，海疆史研究尚未形成完善的学术规范和完整的学术体系。这主要反映在海疆史研究缺乏学科建设的整体规划，没有可供因循的自成一体的学术规范，各相关领域、

① 张良福：《中国政府对钓鱼岛主权争端和东海划界问题的基本立场和政策》，《太平洋学报》2005 年第 8 期。

② 米庆余：《琉球历史研究》，天津人民出版社 1998 年版。

③ 王晓云：《明代中国、日本、琉球关系之研究》，《福建师范大学学报》2004 年第 4 期。

④ 柳岳武：《明朝时期中、日、琉球关系研究》，《安徽史学》2006 年第 4 期。

⑤ 戚其章：《日本吞并琉球与中日关于琉案的交涉》，《济南教育学院学报》2000 年第 5 期。

⑥ 戚其章：《李鸿章与中日琉球交涉》，《历史教学（高校版）》2007 年第 3 期。

⑦ 马钰：《日本吞并琉球与清政府对日交涉》，《文史精华》2002 年第 8 期。

⑧ 王瑛：《李鸿章与琉球宗主权的丧失》，《云梦学刊》2006 年第 1 期。

⑨ 王营：《日本吞并琉球与清代中琉宗藩关系的终结》，《东北师范大学学报》2006 年第 10 期。

⑩ 汪家君：《近代历史海图研究》，测绘出版社 1992 年版。

⑪ 《中国边疆史志集成》编委会编辑：《中国边疆史志集成——海疆史志》（52 册），全国图书馆缩微复制中心 2005 年版。

专题研究自身或相互之间尚未形成有机联系的学科体系，关于历代海疆治理思想、历代海疆政策等重大基础性理论问题的研究依然十分薄弱。

第三，对涉及领海主权、海洋权益的重大问题，缺乏系统、全面、深入的研究；对侵犯我领海主权和权益的突发事件，缺乏必要的历史总结、预案研究和对策研究。

第四，研究力量分散，没有形成集团优势。目前学术界对海疆史研究既缺乏总体规划和相互协调，又没有一个专门从事海疆史研究的科研机构，使得学术交流和沟通渠道不畅通，研究力量各自为"战"，研究课题重复，不仅造成学术资源的浪费，而且研究成果的学术水平普遍不高，学术创新能力受到严重制约。由于研究经费匮乏，诸多重大课题，特别是跨省市、跨学科的综合性研究课题无法开展，一批珍贵的历史文献无法整理、出版，不少重要的国外研究成果不能及时地翻译、出版。

第五，令人担忧的是，目前正值我国海疆史研究队伍处于新老交替的时期，研究队伍人才外流、后继乏人已日益严重，年龄结构的不合理、知识结构的失衡，导致海疆史研究的学术发展步履维艰，原本实力较强的一些科研单位也出现人才断层现象，并呈现日益恶化的态势。近年来，一些院校在系所调整时将部分相关研究机构拆分、解散，既不利于海疆史研究的深化，也不利于后备人才的培养、科研队伍的建设，对学科建设和发展产生严重制约。

第六，在海疆史研究中，史料的使用、借鉴国外最新研究成果等方面也存在着明显欠缺：一是国内相关机构保存了大量档案文献，特别是清末民国时期的档案涉及海域管理、岛屿开发、经济社会变迁等多个方面，这些档案不仅是珍贵的历史文化遗产，而且对于海疆史的研究有重要史料价值。但是，这些档案至今未得到充分利用，以此为基础开展海疆史研究的成果更是鲜见，甚至在国家级历史档案馆和沿海省市档案馆等部门所藏的相关档案不仅尚未得到有效整理，而且还面临着保护不善、损坏严重的窘境。而外国保存的有关中国海疆历史的中文和外文文献、资料、档案更是难以问津，甚至难窥其貌。文献、资料、档案的欠缺已经成为海疆史研究中的"瓶颈"问题。二是多年以来国外研究我国海疆史的成果颇为丰富，特别是以英文、法文、日文和东南亚各国文字发表的成果较多，但其中大多数成果仍未为我国学术界翻译、利用。这一现象不利于我国海疆史研究水平的进一步提高，不利于中外学术界的交流。

综观60年来中国海疆史研究发展的历程，可以简单概括为：学术成果丰硕，学术体系薄弱；专题性研究突出，系统性研究欠缺；史实类研究显著，理论类研究滞后。与中国边疆史其他学术领域的理论研究相比较，中国海疆史的研究可谓任重道远。值得欣慰的是，老一代学者的卓越成就，奠定了海疆史研究的坚实基础，并形成了以马克思主义唯物史观为指导，以维护海洋领土主权、民族团结、社会发展为己任，以重大现实问题为主攻方向，以求真务实、开拓创新为治学之道的优良学术传统。新一代研究者的孜孜以求、坚持不懈，成为不断开创海疆史研究崭新局面的希望所在。随着哲学社会科学事业的日益繁荣，中国海疆史的研究必将取得更大发展。

（原载《中国边疆史地研究》2009年第3期）

西南边疆史研究60年的回顾与展望

方 铁[*]

今云南、广西两省区，是历史上西南边疆范围的主体部分。[①] 1949年以来，众多研究者对上述地区的边疆史进行了多方面的探讨，并取得粲然可观的成绩。根据研究发展的大体轨迹，以及截至2009年面世的相关阶段性总结[②]，同时为了叙述便利，本文将1949年以来的西南边疆史研究分为前40年、之后的10年和近10年三个阶段。现就这三个阶段研究取得的成绩，以及对今后发展的建议及展望，做简要叙述，望识者不吝指教。

一 西南边疆史研究前40年阶段

1949年至1989年的40年，是西南边疆史研究领域初步形成并取得第一批重要成果的时期。1949年以前对西南边疆史虽然有过一些研究，但是大致仍是零散及不连贯的。新中国成立后百废俱兴，尤其是受到对少数民族大规模调研活动的推动，西南边疆史遂形成相对独立的研究领域，并逐渐为人们所重视。

对西南边疆少数民族的历史和状况进行全面调查，是这一时期取得的一项重要成就。1950年至1952年，中央政府派出多个民族访问团慰问边疆的少数民族。从1953年开始，我国政府重点在边疆各省区组织了大规模的民族识别调查。1956年大规模识别调查结束（相关工作延续至1979年）。1956年后约用3年的时间，在组织调研少数民族语言的同时，组织了对少数民族社会历史情况的调查，西南边疆各省区是重点调查的地区。上述调查活动的成果，集中反映于国家民委主编的五套丛书，即各少数民族的语言简志、简史、社会历史调查资料、自治地方简况以及综合性著作《中国少数民族》。此次调查是中央政府正式组织，邀请众多的民族学、社会学、历史学等学科的学

---

* 方铁：云南大学西南边疆少数民族研究中心教授，博士生导师。

① 根据大部分人的意见，历史上的西南边疆，包括云南、贵州、广西和四川的西南部，研究古代的某些时段，还包括中南半岛北部的一些地区。因篇幅所限，本文主要阐述对云南、广西两省区的研究，少量内容亦涉及与之毗连的地区。

② 参见方铁的以下论著：《40年来我国西南民族史研究情况综述》（上、下），分别载《民族研究动态》1990年第3—4期；《中国西南边疆史地研究综述（1989—1998年）》，载厉声等主编《中国边疆史地研究综述（1989—1998年）》，黑龙江教育出版社2002年版；《西南边疆史地研究》，载郑晓云主编《云南哲学社科发展与研究前沿报告》，云南大学出版社2005年版；《云南边疆学的现状与展望》，载郑晓云、靳昆萍主编《云南省哲学社科学科现状与建设报告》，云南大学出版社2007年版。

者参加，同时大量吸收各级干部和大学生参加的一次广泛调查活动。其规模之大，持续时间之长与调研之深入，前所未有，代表了当时中国社会调查的较高水平。调查资料的整理出版虽受到"文革"的干扰，但五套丛书和相关论著的发表，为中央政府划分民族和制定民族政策提供了依据，也为以后的研究者所重视并经常引用。但是，此次调查具有明显的时代特征。如调查的主旨是为政府划分民族与制定民族政策服务，调查的重点是少数民族的政治地位、经济生活与阶级关系，边疆问题未受到重视，也不是调查的重点。此外，20 世纪 60 年代以后，一些学术组织和研究机构也组织过对西南边疆少数民族的调研，如中国西南民族研究学会组织了对六江流域的调研，云南大学组织了对云南边疆少数民族村寨的调研。

以西南边疆少数民族史为中心，这一时期进行了多方面且较深入的研究，并取得不少重要成果。研究大致集中在以下方面：

西南少数民族的源流、群体及其重要活动，包括西南少数民族起源问题，较重要的著作有尤中《中国西南的古代民族》[①]；对氐羌、百越与西南夷等的研究，值得重视的著作有马长寿《氐与羌》、余天炽等《古南越国史》、方国瑜《彝族史稿》、江应樑《傣族史》、郭大烈《纳西族史》等。[②]

少数民族社会形态研究是 1949 年后新开辟的领域。研究内容大致包括不同时期诸少数民族的社会性质、阶级关系、政治经济制度与社会发展分期等问题，探讨最多的是彝族、傣族与壮族。因受人类社会必经 6 个发展阶段理论的影响，人们就古代或 1949 年以前少数民族的社会，是属奴隶社会抑或封建社会而争论不休；关于社会发展阶段划分、社会阶级关系的分析也长盛不衰。

自 20 世纪 80 年代初始，古代民族关系成为研究者关注的领域，探讨较多的有历代王朝在西南边疆的民族治策。一般认为秦汉较好地处理了边疆民族问题，三国中以蜀的治策最成功而吴最失败，两晋的民族治策在蜀汉的基础上倒退了；唐前期的民族治策应予肯定，但后期的做法与前期差距甚大。对宋朝于大理国的治策看法不一，大致有两种看法：宋封大理国主为大理国王，继续与云南地区进行经济文化交流；宋朝视大理国为外藩，严重影响了两者的关系。对元朝对西南边疆的治策，研究者大都持肯定的意见。

土官土司制度与改土归流也是讨论的热点。前半期重点探讨土官土司制度的内容、建置时间、实行原因与历史地位，后半期较关注各省区、各民族土官土司制度推行的情形，以及改土归流的原因、实施过程及其评价。关于实行土官土司制度的原因，大致有两种意见：统治者欲显示国势之盛，土司制度以封建领主制经济为基础；统治者欲在边疆地区建立稳固统治，土司制度并无同一的经济基础。对土司制度形成的时间，大致有形成于元代，完备于明代、清初，和历代的羁縻制、土官制与土司制大同小异两种见解。对土官土司制度的评价，也有应彻底否定、基本上肯定和前后期的地位作用不同等观点。关于改土归流众说纷纭，改流的原因、如何评价清廷使用武力及改流的作用是争论的焦点。热议的问题还有西南边疆诸民族之间的关系，主要研究了西南少数民族之间

———————————

①　尤中：《中国西南的古代民族》，云南人民出版社 1979 年版。

②　马长寿：《氐与羌》，上海人民出版社 1984 年版；余天炽等：《古南越国史》，广西人民出版社 1988 年版；方国瑜：《彝族史稿》，四川民族出版社 1984 年版；江应樑：《傣族史》，云南人民出版社 1982 年版；郭大烈：《纳西族史》，四川民族出版社 1985 年版。

的关系、少数民族与汉族移民的关系。

20世纪80年代研究较多的问题还有以宗教、文学、艺术、文字为主要对象的少数民族传统文化，探讨较多的民族是壮族、傣族、白族和彝族。

以少数民族史为中心的探讨，除以上较为兴盛的领域外，关注较多的还有少数民族历史人物，如侬智高、杜文秀、赛典赤·赡思丁、奢香、张秀眉等；还有少数民族反对封建主义压迫与帝国主义侵略的斗争，如明代广西瑶民起义，清代云南杜文秀及李文学起义，清代苗民大起义等。一些研究者关注分布于云南、广西和与之毗连的境外地区的跨境民族，主要探讨跨境民族的含义，以及西南跨境民族的种类、分布及其经济文化等问题。以边疆史为对象的研究，最重要的成果是编纂《中国历史地图集》的西南边疆部分。20世纪70年代，谭其骧主编的《中国历史地图集》问世。《中国历史地图集》是在中央领导同志的直接关怀下，在众多学者的共同努力下完成的。云南大学的方国瑜、尤中、朱惠荣等人承担了西南边疆部分的研究。《中国历史地图集》不仅画出秦至清历代王朝边疆的政区，而且标明南诏、大理国等地方政权的辖地，汇集包括历史地名、古代通道、重要城镇和族群分布等诸多信息，被学界称为新中国成立后史学研究的重大基础性工程，也为今后的研究创造了良好条件。研究边疆史地的重要著作，还有方国瑜《中国西南历史地理考释》、黄体荣《广西历史地理》等。[①]

二　西南边疆史研究1990年到1999年阶段

1990年至1999年，为西南边疆史研究前40年之后的10年。这一时期对西南边疆史的研究，已大致摆脱20世纪50年代至70年代前期"左"倾思想的影响，开拓了包括边疆史地在内一些新的研究领域，而呈现较为繁荣的局面。研究较集中的问题有：

西南部疆域的变迁与历代设治。尤中先后出版《中国西南边疆变迁史》与《云南地方沿革史》，前者在《中国历史地图集》中清代云南文字说明的基础上写成，阐述了清代西南边疆变迁的过程；后者具体探讨汉至清历朝在云南地区设治的情形。徐建新《西南研究论》与李寿等《云南历史人文地理》，也研究了云南的疆域与设治问题。张声震主编《壮族通史》与覃延欢等主编《广西史稿》，叙述了历史时期广西疆域的变化与历代的设治。张荣芳等《南越国史》考证了南越国的疆域与设治。谭其骧等也撰文探讨隋南宁州总管府与唐剑南道管辖范围等问题。[②] 这一时期研究者主要关注政区设置、疆域演变等问题，对边疆的经营与开发，内地与边疆、边疆各地以及边疆内外区域的政治、经济文化联系等则注意不多。

历代对西南边疆的治理。马大正主编《中国古代边疆政策研究》，研究了古代各

---

① 方国瑜：《中国西南历史地理考释》，中华书局1987年版；黄体荣：《广西历史地理》，广西民族出版社1985年版。

② 尤中：《中国西南边疆变迁史》，云南教育出版社1987年版；尤中：《云南地方沿革史》，云南人民出版社1990年版；徐建新：《西南研究论》，云南教育出版社1992年版；李寿等：《云南历史人文地理》，云南大学出版社1996年版；张声震主编：《壮族通史》，民族出版社1997年版；覃延欢等主编：《广西史稿》，广西师范大学出版社1998年版；张荣芳等：《南越国史》，广东人民出版社1995年版；谭其骧：《关于隋南宁州总管府唐剑南道的南界》，《复旦大学学报》1996年第2期。

个时期中央王朝的边疆政策与边疆治理，并从纵向发展的视角，分析了传统治边思想、古代边疆管理机构的演变等问题。马汝珩等主编《清代的边疆政策》阐述了清朝的边疆政策。郑汕主编《中国边防史》，研究了我国历代的边防与边疆经营问题。横向研究的有李大龙《两汉时期的边政与边吏》与刘统《唐代羁縻府州研究》。上述著作均以不同的篇幅，探讨了有关历代中央王朝治理西南边疆的问题。马曜主编《云南民族工作40年》，叙述了1950年至1992年云南边疆进行民主改革和实行民族区域自治的情形。谢本书等《云南近代史》，叙述了鸦片战争至1949年云南历史发展的过程。①

　　另外，有多篇论文探讨了历代王朝在西南边疆设治与经营方面的问题。这一时期的探讨，关于古代的较多而近现代的较少；对各朝代治边政策与民族治策的研究较多，对长时段范围的治边思想与治边政策以及边疆开发与社会治理思想的关注则较少。较深入地研究了西南边疆与徼外地区的关系，是这一时期取得的一项重要成果，表明我国学者已摆脱讳言中国与邻国历史纷争的桎梏。南诏并非泰族建立的国家，是我国学者的一致意见，但国外研究者仍有不同看法。陈吕范《泰族起源问题研究》阐述了中国学者的看法，就这一问题撰文的还有黄惠焜、贺圣达等人。贺圣达《缅甸史》与《东南亚文化发展史》、申旭《老挝史》和王民同主编《东南亚史纲》，探讨了中国尤其是云南与中南半岛诸国的历史关系。申旭《中国西南对外关系研究》以西南丝绸之路为中心，探讨了云南与中南半岛历史上的经济、文化交流。吕昭义《英属印度与中国西南边疆》，研究了18世纪后期至20世纪初英属印度与中国西南边疆的关系。马曜主编《云南简史》修订版，增加了古代云南与东南亚关系的内容。②

　　关于近代西南边界史的研究有较大进展。钮钟勋、张振鹍、吕一燃、余绳武、张植荣、谢本书、秦和平等撰文，阐述了中缅边界的历史沿革、中缅两国的边界交涉与相关谈判等问题。尤中《云南地方沿革史》叙述清代中、越两国的边界交涉与边界变动的情形。中国社会科学院历史研究所《古代中越关系史资料选编》，汇编古代至近代与中越边界有关的中外史料，并撰写简要的内容说明。类似的资料集还有《清代中国与东南亚各国关系档案汇编》（第一册）。中法战争与中越边界问题有密切联系。刘庆、黄振南、罗素珍等撰文，叙述中法战争中清廷的对策、中法战争对中越边界的影响等问题。尤中、李国强研究了中老边界的形成过程。为捍卫祖国领土，云南各民族进行了坚

　　①　马大正主编：《中国古代边疆政策研究》，中国社会科学出版社1990年版；马汝珩等主编：《清代的边疆政策》，中国社会科学出版社1994年版；郑汕主编：《中国边防史》，社会科学文献出版社1995年版；李大龙：《两汉时期的边政与边吏》，黑龙江教育出版社1996年版；刘统：《唐代羁縻府州研究》，西北大学出版社1998年版；马曜主编：《云南民族工作40年》，云南民族出版社1994年版；谢本书等：《云南近代史》，云南人民出版社1993年版。

　　②　陈吕范：《泰族起源问题研究》，国际文化出版公司1990年版；贺圣达：《缅甸史》，人民出版社1992年版；贺圣达：《东南亚文化发展史》，云南人民出版社1996年版；申旭：《老挝史》，云南大学出版社1990年版；王民同主编：《东南亚史纲》，云南大学出版社1994年版；申旭：《中国西南对外关系研究》，云南美术出版社1994年版；吕昭义：《英属印度与中国西南边疆》，中国社会科学出版社1996年版；马曜主编：《云南简史》，云南人民出版社1991年版。

决斗争。于乃仁等《马嘉理事件始末》阐述了相关的史实。① 中国与越南、缅甸、老挝的陆地边界问题，近年已通过划界得以解决。今后研究的重点，应是历史疆域的形成和演变，以及边界的形成及对边界谈判的总结等问题。西南边疆开发史研究也得到长足的发展。如果说疆域史与政治史、制度史、政区沿革史等有较多的联系，主要体现了政治关系的话，边疆开发史则主要反映人与自然环境的关系，与资源、经济和人口等问题的联系更为密切。20 世纪 80 年代以前，学术界对边疆开发的研究还不多，之后此类研究逐渐成为热点，迄今仍呈方兴未艾之势。这一时期研究的主要问题，是历代王朝对西南边疆的治理、经营边疆的措施，以及农业、矿冶业、交通业、畜牧业等经济部门的发展，边疆各民族在边疆开发过程中的贡献等。相关著作主要有李珪主编《云南近代经济史》、杨毓才《云南各民族经济发展史》、蓝勇《南方丝绸之路》与《历史时期西南经济开发与生态变迁》、方铁等《中国西南边疆开发史》、陆韧《云南对外交通史》、吴兴南《云南对外贸易》、夏光辅等《云南科学技术史稿》、张荣芳等《南越国史》、钟文典主编《广西近代圩镇研究》、周宏伟《清代两广农业地理》、马汝珩等主编《清代边疆开发研究》等。② 从这些研究成果看，今后还应深入研究以下问题：对西南边疆自然资源的认识与开发的过程，资源开发类型的多样性与相关的地方性知识，西南边疆经济开发的特点及规律，矿冶业、交通业等经济部门在经济整体发展中的重要作用，经济开发与西南部疆域形成、巩固之间的关系，多类型经济与文化多样性之间的联系等。

探讨较多的领域还有：

历代王朝的边疆民族政策。土官土司制度与改土归流问题仍受重视，这一时期的探讨，已不限于就内容、意义和影响等做一般性讨论，除较有深度的总体研究外，还出现就其在各地区的施行与结合具体问题研讨的趋势。还有文章探讨近代云南边疆改土归流的问题。杨兆钧主编《云南回族史》与荆德新《杜文秀起义》，探讨了杜文秀政权的民族政策。③ 蛮夷治策是治边政策的一个部分，应将其放在更大的历史背景下，联系更多的因素考察，但这一时期似乎还未注意到这一点。另外，对土官土司制度的深远影响及其文化形态，也值得进一步研究。

西南边疆的民族关系。尤中《云南民族史》和《中国西南的古代民族》（续编）、

---

① 尤中：《云南地方沿革史》，云南人民出版社 1990 年版；中国社会科学院历史研究所：《古代中越关系史资料选编》，中国社会科学出版社 1982 年版；中国第一历史档案馆：《清代中国与东南亚各国关系档案史料汇编》（第一册），国际文化出版公司 1998 年版；于乃仁等：《马嘉理事件始末》，德宏民族出版社 1992 年版。

② 李珪主编：《云南近代经济史》，云南民族出版社 1995 年版；杨毓才：《云南各民族经济发展史》，云南民族出版社 1989 年版；蓝勇：《南方丝绸之路》，重庆大学出版社 1992 年版；蓝勇：《历史时期西南经济开发与生态变迁》，云南教育出版社 1992 年版；方铁等：《中国西南边疆开发史》，云南人民出版社 1997 年版；陆韧：《云南对外交通史》，云南民族出版社 1997 年版；吴兴南：《云南对外贸易史》，云南大学出版社 2002 年版；夏光辅等：《云南科学技术史稿》，云南科技出版社 1992 年版；张荣芳等：《南越国史》，广东人民出版社 1995 年版；钟文典主编：《广西近代圩镇研究》，广西师范大学出版社 1998 年版；周宏伟：《清代两广农业地理》，湖南教育出版社 1998 年版；马汝珩等主编：《清代边疆开发研究》，中国社会科学出版社 1990 年版。

③ 杨兆钧主编：《云南回族史》，云南民族出版社 1994 年版；荆德新：《杜文秀起义》，云南民族出版社 1991 年版。

苍铭《云南民族迁徙文化研究》，阐述了古代云南的民族关系，尤其是汉族与本地民族的关系。葛剑雄等《简明中国移民史》与翁俊雄《唐朝鼎盛时期政区与人口》，从人口史的角度，研究了包括西南边疆在内古代各地的人口问题。钱宗范等《广西各民族宗法制度研究》，探讨广西历史上的民族关系与宗法制度。① 但对外来移民与西南本地民族关系发展的过程，是哪些因素影响了这一地区民族关系格局的形成，以及对近现代民族关系的研究还不多。20 世纪 80 年代以来，美国人类学界的中国研究，经历了从华北、东南至西南以及从汉人社区向边疆少数民族的转变，一些研究涉及少数民族史方面的问题。②

　　对西南边疆跨境民族的研究继续深入。这一时期的特点是将西南跨境民族放在全国的背景下考察，同时注重跨境民族的现状与现实影响，对跨境民族的界定也提出新的看法。较有分量的著作，有金春子等《中国跨界民族》与赵廷光主编《云南跨境民族研究》。朱德普《泐史研究》探讨了傣族与境外相关民族的关系。③ 封建王朝施行羁縻治策的范围，涵盖了疆域内外较大的地域，对上述地区的民族似可称为"古代边疆民族"。跨境民族则是现代的概念。对涵盖现今跨境民族的古代边疆民族，也应做全面和深入的研究。

　　回顾与总结西南边疆的研究史与学术史，是研究得以深入的必要条件。这一时期出版的若干著作，如马大正等的《二十世纪的中国边疆研究》与《中国古代边疆政策研究》、王建民《中国民族学史（下卷）》以及相关的一些论文，均涉及西南边疆的研究史与学术史。④ 但总体上来看，这一方面的研究尚待拓展。

三　西南边疆史研究 2000 年至 2009 年阶段

　　2000 年至 2009 年，西南边疆史研究无论是研究的广度、深度抑或新方法及新视角的应用，均有明显进步。对西南边疆史整体的研究，在这一时期有较大进展。马大正主编《中国边疆经略史》研究秦汉至清历代治边的理论与实践，对西南边疆的研究占有一定比例；方铁主编《西南通史》以 100 万字篇幅，阐述远古至 1840 年西南边疆（今滇、桂、黔、川西南与中南半岛北部）演变的历史，包括各时期西南边疆的政治状况、

　　① 尤中：《云南民族史》，云南大学出版社 1994 年版；尤中：《中国西南的古代民族》（续编），云南人民出版社 1989 年版；苍铭：《云南民族迁徙文化研究》，云南民族出版社 1997 年版；葛剑雄等：《简明中国移民史》，福建人民出版社 1993 年版；翁俊雄：《唐朝鼎盛时期政区与人口》，首都师范大学出版社 1995 年版；钱宗范等：《广西各民族宗法制度研究》，广西师范大学出版社 1997 年版。

　　② 彭文斌等：《20 世纪 80 年代以来美国人类学界的中国西南研究》，《西南民族大学学报》2007 年第 11 期。

　　③ 金春子等：《中国跨界民族》，民族出版社 1994 年版；赵廷光主编：《云南跨境民族研究》，云南民族出版社 1998 年版；朱德普：《泐史研究》，云南人民出版社 1993 年版。

　　④ 马大正等：《二十世纪的中国边疆研究》，黑龙江教育出版社 1997 年版；马大正主编：《中国古代边疆政策研究》，中国社会科学出版社 1990 年版；王建民：《中国民族学史（下卷）》，云南教育出版社 1998 年版。

社会经济、民族关系、文化交流与社会生活等内容。① 后者由作者所撰 8 篇纵论，叙述历代治理西南边疆的思想与治策等大问题。该书重视发掘及诠释相关史料并积极吸收前人成果，注意微观研究与宏观探讨相结合，大致能反映学术界目前研究的水平。这两部著作的出版，改变了过去研究相对零散、总体探讨薄弱的情形，促进人们从全国的视野和中长历史时段的视角审视边疆历史。另外，这两部著作读后仍使人感到意犹未尽，表明对该领域的探讨尚有较大空间。

对跨境民族的研究获得长足进步。范宏贵《华南与东南亚相关民族》、周建新《中越中老跨国民族及其族群关系研究》与黄兴球《老挝族群论》，深入探讨中国与越南、老挝相连地区的跨境民族。和以往研究不同，上述论著探讨不仅较深入，着重叙述邻国跨境民族的情形，而且阐述越南、老挝对跨境民族的政策，甚至对邻国跨境民族做过调研。何平《从云南到阿萨姆——傣泰民族历史再考与重构》与《中南半岛民族的渊源与流变》系统梳理中外相关史料，对云南与中南半岛及印度阿萨姆地区古代民族的来源与流变做新的解释。余定邦《中缅关系史》是我国研究中缅历史关系的首部著作。②

对清代及近现代西南边疆史和开发史的研究取得重大突破。较有分量的著作，有孙宏年《清代中越宗藩关系研究》、朱昭华《中缅边界问题研究》、吕昭义《英帝国与中国西南边疆》、秦和平《西南民族地区的毒品危害及其对策》、杨煜达《清代云南季风气候与天气灾害研究》、陈征平《云南工业史》、林荃《杜文秀起义研究》与刘树生等主编《当代云南简史》。吴小凤《明清广西商品经济史研究》弥补了广西开发史的薄弱环节。③

在 1999 年出版的《云南宗教史》的基础上，杨学政主编《云南宗教系列专史》。《云南宗教系列专史》包括已出版的《云南天主教史》《云南伊斯兰教史》《云南道教史》与《云南基督教史》④，而《云南佛教史》《云南原始宗教史》将于近期推出。以上著作阐述较有影响的宗教在云南地区传播的情形，有填补学术空缺的意义。

西南边疆的人口史与移民史有新的成绩。路遇等《中国人口通史》与葛剑雄主编

① 马大正主编：《中国边疆经略史》，中州古籍出版社 2002 年版；方铁主编：《西南通史》，中州古籍出版社 2003 年版。

② 范宏贵：《华南与东南亚相关民族》，民族出版社 2004 年版；周建新：《中越中老跨国民族及其族群关系研究》，民族出版社 2002 年版；黄兴球：《老挝族群论》，民族出版社 2006 年版；何平：《从云南到阿萨姆——傣泰民族历史再考与重构》，云南大学出版社 2001 年版；何平：《中南半岛民族的渊源与流变》，民族出版社 2006 年版；余定邦：《中缅关系史》，光明日报出版社 2000 年版。

③ 孙宏年：《清代中越宗藩关系研究》，黑龙江教育出版社 2006 年版；朱昭华：《中缅边界问题研究》，黑龙江教育出版社 2007 年版；吕昭义：《英帝国与中国西南边疆》，中国藏学出版社 2001 年版；秦和平：《西南民族地区的毒品危害及其对策》，四川民族出版社 2005 年版；杨煜达：《清代云南季风气候与天气灾害研究》，复旦大学出版社 2006 年版；陈征平：《云南工业史》，云南大学出版社 2007 年版；林荃：《杜文秀起义研究》，云南民族出版社 2006 年版；刘树生等主编：《当代云南简史》，当代中国出版社 2004 年版；吴小凤：《明清广西商品经济史研究》，民族出版社 2005 年版。

④ 杨学政主编：《云南宗教史》，云南人民出版社 1999 年版；刘鼎寅等：《云南天主教史》，云南大学出版社 2005 年版；姚继德等：《云南伊斯兰教史》，云南大学出版社 2005 年版；萧霁虹等：《云南道教史》，云南大学出版社 2007 年版；肖耀辉等：《云南基督教史》，云南大学出版社 2007 年版。

《中国人口史》，详细阐述历史时期西南边疆的人口问题。研究历代移民的著作，则有陆韧《明代云南汉族移民研究》与苍铭《云南边地移民史》。①

其他的重要著作还有：厉声等主编《中国边疆史地研究综述（1989—1998 年）》，系统总结 1989—1998 年中国边疆史地研究的情形，其中西南边疆部分长达 6 万余字。尤中《中国西南民族地区沿革史（先秦至汉晋时期）》，探讨先秦至汉晋时期西南边疆的政区沿革。方慧主编《云南法制史》，阐述了云南历代的法律制度及其管理。龚荫《中国民族政策史》，将中国古代分为 4 个时期，分别叙述各时期中央王朝的民族政策，西南地区所占篇幅较大。②

这一时期研究队伍迅速扩大，学术交流与合作明显增强，除学术专著增多外，还发表了较多数量的研究论文。

2000 年，云南大学成立西南边疆少数民族研究中心，随后被批准为教育部人文社科重点研究基地，重点是开展西南边疆民族问题与西南边疆史的研究。该中心在全国范围组织研究与交流，至 2005 年换届时共主办重要会议 11 届，其中国际会议 3 届；出版专兼职研究人员著作 69 部，获教育部重点研究基地重大项目 11 项，教育部重大攻关项目、国家社科基金重点项目各 1 项；该中心还与本省的一些地州以及西南、中南五省区的高校合作，建立了 21 处调研工作站，初步建成全国性的学术平台。

2008 年，云南大学与中国社会科学院中国边疆史地研究中心合作，在云南大学历史学科下设中国边疆学博士生培养方向，已招生两届共 8 人。云南大学涵盖西南边疆史的博士生、硕士生培养单位，计有中国边疆学、专门史、历史地理学、中国古代史、中国近现代史、中国少数民族史、民族学、民族政治、民族社会学、世界民族与民族问题等 10 余个专业。2007 年，云南大学"211 工程"三期历史学重点学科建设项目"西南边疆史创新性研究"启动，下设边疆学理论、云南边疆民族史、云南省与周边国家关系史三个研究方向；经过数年建设，将在人才培养、成果产出和学术交流方面做出贡献。

广西民族大学、广西师范大学与广西社会科学院十分重视对西南边疆史的研究。近年广西民族大学、广西社科院均设壮学研究中心，前者还设立瑶学研究中心。广西民族大学的壮学研究中心与瑶学研究中心是自治区人文社科重点研究基地。广西民族大学与泰国朱拉隆功大学、越南社科院等学术机构建立了学术联系。

2008 年，经全国社科规划办批准，作为国家社科基金特别委托项目的西南边疆历史与现状综合研究项目正式启动。该项目重点研究西南边疆历史与现状中的重要理论与现实问题，为西南边疆地区社会发展及国家长治久安提供理论和对策支持。其招标课题仅限云南、广西、西藏三省区申报。该项目的启动，对西南边疆史的研究将发挥重要的推动作用。

---

① 路遇等：《中国人口通史》，山东人民出版社 2000 年版；葛剑雄主编：《中国人口史》（多卷本），复旦大学出版社 2002 年版；陆韧：《明代云南汉族移民研究》，云南教育出版社 2001 年版；苍铭：《云南边地移民史》，民族出版社 2004 年版。

② 厉声等主编：《中国边疆史地研究综述（1989—1998 年）》，黑龙江教育出版社 2002 年版；尤中：《中国西南民族地区沿革史（先秦至汉晋时期）》，民族出版社 2005 年版；方慧主编：《云南法制史》，中国社会科学出版社 2005 年版；龚荫：《中国民族政策史》，四川人民出版社 2006 年版。

2009 年 7 月，第 16 届人类学与民族学世界大会将在昆明召开，会议的主会场设在云南大学。届时有来自全球的 4000 余名学者参会，围绕"人类、发展与文化多样性"主题进行广泛研讨。大会所设 150 个专题，有一些与中国西南边疆有关。该会议的召开，将对西南边疆史的研究产生积极的促进作用。

近 10 年来，《中国边疆史地研究》发表了不少高质量的研究西南边疆史的论文，其他刊物也注意刊载此类稿件。云南大学西南边疆少数民族研究中心成立后，自 2001 年连续出版《西南边疆民族研究》，迄今出版 6 辑。在 20 世纪 80 年代出版 3 辑《民族学报》的基础上，2006 年云南民族大学恢复《民族学报》，现已出版第 7 辑，从 2009 年起一年将推出两辑。2003 年广西民族大学壮学中心出版《中国壮学》，迄今出版 3 辑。自 2003 年起广西民族大学主办了 3 届中国与东南亚民族论坛国际会议，出版了 3 辑会议论文集。上述几种文集中，有一些论文探讨西南边疆史方面的问题。2008 年《云南师范大学学报》开辟"中国边疆学研究"专栏，迄今发表北京、云南等地学者的论文约 20 篇，产生了较大反响，有 3 篇论文被《新华文摘》全文转载。

北京等地与云南、广西两省区的合作研究，近 10 年也有较大的发展。中国社科院与云南大学、广西民族大学合作，先后建立两处中国边疆历史与社会研究工作站，并开展多次联合调研。2006 年，中国社科院中国边疆史地研究中心与云南大学西南边疆少数民族研究中心在昆明联合召开第三届中国边疆史地学术研讨会。会议紧扣疆域理论这一主题，围绕中国历史疆域的形成、历史上的疆域观与治边思想、藩属与宗藩的关系、边疆的治理与开发与边疆学科建设等展开讨论。近 10 年来，西南边疆的研究呈现出繁荣的景象。但也应指出，相关成果中有不少研究的是民族学或现状方面的问题，即便是探讨西南边疆史的论著，有较高水平的仅占较小的比例。随着 20 世纪 80 年代毕业的一批学者陆续退休，人才断层的现象将渐趋突出。此外，如何规划并组织研究的力量，不与当前难得的发展机遇失之交臂，也是应予重视的问题。

四　西南边疆史研究成果总结

新中国成立 60 年来西南边疆史研究取得的成绩是有目共睹的，大致可以从以下方面进行总结：

一是以下一些观点成为研究者的共识：在长期的历史发展过程中，内地和边疆结成相互依存的整体，共同构成统一多民族的国家；为中华文明与中华民族的形成和发展，内地与边疆的各民族均做出不可磨灭的贡献；中国边疆地区发展演变的历史，与中国整体史及中国内地史相比，既有相同之处也有其差异；由于特殊的自然环境以及边疆民族种类及文化上表现出多样性等原因，西南边疆历史层次丰富的程度以及所研究问题复杂的程度均较突出，为研究者提供了较大的探讨空间。

二是不少学者长期执着探索西南边疆史，深入研究了诸多的领域。由于历史形成的原因，新中国成立后的前 40 年研究的重点是西南边疆的少数民族，尤其注重其社会状况的调查，以及边疆少数民族的渊源、历史活动、社会形态、民族治策及古代民族关系等方面。编纂《中国历史地图集》西南边疆部分，是这一时期的一个突出亮点。之后 10 年间的探索，在继续研究民族关系、跨境民族等的同时，重视探讨西南边疆的疆域史、政区史、治理史、边界史与开发史等内容。这一时期的两个特点，是研究者的思想逐步解放和研究领域的明显扩大。近10年学术界的探讨，在前两个时期的基础上有更大发展，尤其是注意采用新视角与新方法，注重研究西南边疆历史的整体性以及重大、深层方面的问题，并重视相互间的交流与合作等。

三是研究队伍不断扩大，并逐渐形成多学科合作的可喜局面。新中国成立之初关注西南边疆史的研究，主要是有关高校的历史系和一些民族工作者。20世纪80年代，中国社科院尤其是中国边疆史地中心迅速崛起并成为研究重镇，云南、广西的社科院也成为不可忽视的研究力量。近十余年来，云南大学、云南民族大学与广西民族大学等高校，分别建立相关的多个研究所或中心，并积极发展西南边疆史相关的专业，培养了大量的本科生与研究生。人类学、民族学、社会学、政治学、国际关系学等学科，也积极探讨与西南边疆史有关的问题，现已实现多学科的合作研究，并诞生了中国边疆学边缘学科。

四是相关研究取得长足进展，研究成果的重要价值日益彰显，对西南边疆史的研究得到社会和政府的积极支持。近二三十年获准的国家级、省部级资助项目中，均有相当比例的西南边疆史研究项目。云南省、广西壮族自治区政府十分重视西南边疆史的研究，通过学科建设、人才培养与资助课题等途径加以扶持。2008年启动的西南边疆历史与现状综合研究项目，对西南边疆史的研究进行总体规划，分步骤实施，有力地推动了云南、广西等省区的研究，并把诸多相关学科凝聚在西南边疆史周围，实施这一项目所产生的深远影响，在今后数年将进一步显现。

五是推出数量众多的研究成果，其中大部分有重要的学术价值。如对西南边疆30余个民族的历史进行了程度不同的研究，其中以对壮族、白族、彝族、傣族等人数较多民族的探讨居多。相关研究较集中的领域，有土官土司制度、改土归流、历代边疆治策、跨境民族等。边疆历史地理研究也取得丰硕成果，尤以疆域变迁史、政区沿革史、边界史、交通史、开发史、对外交流史等方面的研究成绩较为突出。60年来研究所取得的成绩，不仅超过以往的任何时期，而且解决了不少素有争议的问题，并深入过去未曾涉及的一些领域，为今后研究的进一步开展奠定了坚实的学术基础。

研究中也存在一些问题和不足。如60年的大部分时段，研究主要关注西南边疆的少数民族，较少研究边疆史地。又如微观视角、细小问题、重复研究的选题较多，至于重大及深层的问题以及边疆形成发展理论等方面的研究则相对薄弱。此外，不少研究者的学术视角与探讨方法较为陈旧。导致研究的领域相对狭小，研究方法比较单一，研究总体水平的提高也较慢。

就西南边疆史研究今后的发展，笔者提出以下建议：

继续发掘和整理历史研究所需的资料。近10年来，学术界披露了不少有关西南边疆史的新资料，表明这一方面仍有较大的拓展空间。20世纪前半期，国民政府在云南等边疆省份组织过相当规模的调研，形成一些调研报告与治理方案。目前虽有论著介绍上述调研及相关资料保存的情形，但对资料的正式整理尚未进行。19世纪，一些西方人在云南和广西探险考察，撰写了调查报告和见闻录。目前虽出版了其中的一些著作，但分藏于中国与西方国家图书馆的不少材料（包括手稿）仍亟待整理。在古代史方面，除常见的正史与专门史籍外，云、桂两省区的地方志、文集和手稿中也汇集了不少宝贵资料。保存至今的明清的云南省志有10种，各地府州县志近1000种，但标点出版的仅10余种。相关文集亦有上百种，迄今出版的仅数种。地方志与相关文集等包含诏令、奏疏与施政记录等方面的内容，涉及政治军事、边疆事务、邦交关系、财政经济、民族关系、社会生活等诸多方面，有很高的史料利用价值。

拓展研究领域，提倡深度研究。西南边疆相关的民族史、政区沿革史、治理史与开发史，是目前人们较为关注的研究领域。但这些研究领域仍可扩展，如在边疆民族史方面，还可研究西南边疆的社会史、人口史、文化与传统史、民族观念史、族群演变史等；在政区沿革史方面，可探讨疆域形成史、地名史、政区制度史、城镇史、地缘政治史、历史地理信息数字化问题等；研究西南边疆治理史，可扩展至治边思想史、边疆治策史、治边实践史、治边制度史与治边经验探讨等；研究西南边疆开发史，还可探讨经济类型史、经济结构变迁史、境内外共同开发史、经济格局变迁史、资源利用与环境变迁史、开发个案史等。对探讨过的问题，提倡进行深度拓展的研究。如近期有研究者认为，元代土官制度的内容、结构与施行范围，与前代的羁縻之制有较大差异；元朝在南部边疆全面推行这一制度，开创了封建王朝施行蛮夷治策南北有别的时期；元朝在南部边疆推行土官制度，在北部草原等地继续实行万户制度，有其种族观、治边观、行事特点等方面的原因。[①] 倘此说成立，对元朝治边的特点及其历史影响，土官土司制度有无共同的经济基础，以及统治者的观念、行事习惯等对治边产生的影响等问题，均可做新的思考与辨析。

采用新的研究视角与新的研究方法。相对全国史及大部分断代史而言，西南边疆史研究的选题不多，史料亦较缺乏。在这一领域采用新的视角与方法，可以扩大选题的范围，解决某些方面史料不足的问题。更重要的是采用新的视角与方法，将使我们的视野更开阔，透视更清晰，便于从多维的视角审视，更准确地分析诸多要素之间的复杂联系，取得"柳暗花明又一村"的效果。笔者认为，系统分析方法、中长时段方法与比较方法，较适用于西南边疆史的研究。[②] 以上三种方法的共同特点，是较重视历史发展过程中的动态变化，以及不同时段的分析比较，同时注重研究对象与其他因素的关联。显然，上述研究方法对探讨复杂多样的西南边疆史有明显的优势。另外，研究专门史的学者，多注重某一方面的系统发掘和深入剖析，关注研究对象与其他因素的复杂联系，并擅长进行贯通时段的思考；历史地理学的研究者，重视人类社会活动与自然环境及资源利用的关系，注意借鉴地理学等自然科学的方法。这两个学科采用的视角与研究方法，均值得我们借鉴。

重视对重大问题、复杂问题与西南边疆整体史的研究。此前西南边疆史领域的研究，以较小区域、较短时段以及细小问题一类的选题居多。笔者认为，鉴于前期研究已有必要的积累，同时中国现实迫切需要探索复杂问题、深层问题方面的成果，所以今后应加强对重大问题、复杂问题的研究，积极探讨西南边疆整体发展史。这方面的选题如：历代治理西南边疆的理论与实践，以西南边疆为研究对象的历史疆域发展理论，西南边疆历史上的地缘政治及其嬗变，西南边疆历史上的热点及敏感问题，西南边疆治理与开发史，中央与地方政府治边关系史，西南边疆整体发展史，西南边疆居民观念变迁史，西南边疆治边研究史，西南部边界沿革与谈判史，西南边疆与邻邦关系史，西南边

---

① 参见方铁《论元朝的土官制度》，载方铁、邹建达主编《中国蒙元史学术研讨会暨方龄贵教授 90 华诞庆祝会文集》，民族出版社 2009 年版。

② 方铁：《试论中国边疆学的研究方法》，《云南师范大学学报》2008 年第 5 期。

疆历代地方性知识等。

借鉴相关学科研究的成果与方法，提倡多学科的合作研究。近年来人类学、社会学、政治学、经济学、法学、生态学等学科的学者，积极关注西南边疆历史与现状方面的问题，并取得了令人欣喜的成果，多学科的合作研究迈上新台阶，也为传统的西南边疆史研究注入新鲜血液。例如：人类学的宗旨是全面研究人及其文化，强调研究中的全貌观、整体观与适应性变化观，重视探讨研究对象内部的文化要素及其变化过程。相比较而言，历史学家主要是根据史料复原史实，而较少关注深藏其内的文化及其变化机制。历史研究若引入人类学方法，相关探讨将由表及里，有助于探究历史发展的内因与深层关联。社会学主要研究社会良性运行以及协调发展的条件和机制问题。社会学家关注重大社会问题，选题注重提出和解决问题，并重视收集和分析事实的治学特点，对西南边疆史的研究者有启示作用。政治学研究的核心问题是国家问题。中国政治学界近年热衷探讨的国家理论、政治发展、政治文化、政治参与与政治稳定等问题，给西南边疆史的研究者以有益启发。政治学或国际关系学萌生的地缘政治学分支，为剖析历史上与地缘有关的西南边疆政治关系，提供了有效的方法论武器。

可以说，上述建议言及的一些内容，已有同人身体力行，并取得可喜的成绩。如王明珂应用历史人类学等方法，成功探讨羌族等边疆民族的历史活动，以及这些边疆民族与汉族和封建王朝的互动关系。[①] 近年类似的研究逐渐增多，研究水平也不断提高，表明已形成值得重视的发展趋势。目前，中国的学术研究环境处于新中国成立以来最好的时期。笔者充分相信，在大家的辛勤劳动与共同努力下，可以产出更多、更好的研究成果，西南边疆史研究领域将更趋繁荣，而无愧于我们伟大的时代。

（原载《中国边疆史地研究》2009 年第 3 期）

[①]　王明珂：《华夏边缘：历史记忆与族群认同》，社会科学文献出版社 2006 年版；《羌在汉藏之间：一个华夏边缘的历史人类学研究》，中华书局 2008 年版；《游牧者的抉择：面对汉帝国的北亚游牧民族》，广西师范大学出版社 2009 年版。

边疆史视野下西藏研究60年

近代以来，中国学界渐与西方学界接轨，摒弃了传统的志略体，开始用现代方法来研究中国的疆域史。在1949年以前，在民族救亡与边疆危机的激励下，以西藏研究为中心的学者接受了西方范式建立了西藏史研究体系，研究风格趋于成熟。1949年以后，由于马克思主义研究方法的导入，西藏史研究开始了新的转变，在20世纪50年代形成以边疆民族社会历史调查为主的研究格局。1959年达赖集团的外逃、中印边界战争的爆发又使西藏历史研究内容更加丰富化。接踵的"文革"使西藏历史研究陷入停顿。1978年之后，西藏历史研究开始了新的历史时期，新资料与大量优秀著述不断涌现。进入21世纪后西方史学方法开始逐渐影响西藏历史研究。60年来，西藏研究成为一门研究西藏社会、历史、文化等方面的现代综合学科，逐渐形成"藏学"（Tibetology）或者"西藏学"。[①] 其中以边疆史视野下的西藏历史研究是中国边疆史研究的核心内容。60年来的西藏历史研究，伴随政治浪潮、学术风尚走过了一段不断充实与发展的道路。

一 以政治史为主的西藏历史研究

1949年10月，新中国诞生，中国马克思主义史学迎来了自己的盛大节日。翻天覆地的政治变革，把那些原先没有接触马克思主义，按照传统方式研究边疆史的学者们从梦中惊醒，传统的边疆史地研究将何去何从？在意识形态的导引下，历史学界已普遍接受了在西方作为史学研究和分析手段之一的马克思主义作为政治指导和世界观。历史学的教学体系、研究体系、专业性学术刊物都经历了根本性的改革。但对于西藏历史研究而言，更多的研究重点放在了配合西藏和平解放的进程上。1950年左右，中国边疆学界讨论最多的问题就是如何解放西藏。

学界从1950年开始便将地理意义上的西藏历史研究对于解放西藏的重要性提高到相较1949年以前更为重视的一个层面，这种情况与当时无论是政府还是民众对于西藏的认识普遍欠缺有关。例如担负解放西藏任务的西南军政委员会在对西藏舆地知识欠缺的情况下，甚至邀请藏学家任乃强绘制西藏地形图，以配合军事行动。从学术角度而言，因新中国成立初期相关刊物极少，甚至少于1949年前，以《人民日报》和《新华月报》为代表的新闻界对于西藏政治时事的关注远远超过了学术性刊物，发表了大量关于西藏噶厦与中央联系动态的报道与西藏常识。

---

* 张永攀：中国社会科学院中国边疆研究所副研究员。

① 目前，学术界对于三者的定义还存在分歧。

1950 年，李有义发表的《西藏的封建制度》①，可以看作最早以政治意识形态将西藏的封建制度做了推介。实际上，早在新中国成立前，李有义已经发表了大量关于西藏的论文，重点涉及汉藏关系与藏族起源。在 1950 年史学指导思想转变的情况下，李有义对于边疆的热爱和新生社会主义的热情，体现在 1951 年发表的《史学界的一个新任务——写少数民族史》② 上。由此，李有义也成为新中国成立初期藏学研究领域最活跃的教授之一。1950 年军委情报部内部出版了《西藏交通概况》《西藏政府组织及人事》《西康的道路及邮电概况》《英美帝国主义侵略西藏史料》，作为进藏前夕的知识准备。这些资料对于进军西藏有着很大的参考价值，也属于西藏研究的组成部分，但仅限于内部交流。1951 年 2 月，蔡美彪发表《西藏问题的过去和现在》③，以学者的笔触向大众介绍了西藏，但由于英、美插手西藏问题，一些学者把关注西藏的目光迅速转向批美、批英的领域。在《人民日报》的主导下，对美、英的批判性讨论一直延续到 1960 年，直至到 1976 年中苏关系恶化，才迅速转变为声讨俄国侵藏方面。1951 年西藏和平解放后，在探究西藏的历史主权所属的主导研究方向下，西藏古代史研究逐渐深入，并在研究方法上，确立了以马克思主义理论为指导思想，坚持辩证唯物主义和历史唯物主义的研究立场。但 1956 年以前有关西藏古代史研究的成果并不多见，直到 1955 年杨志玖发表《唐朝是否征服过吐蕃》④，次年王静如发表《关于吐蕃国家的社会性质问题》⑤。《历史研究》杂志直到 1959 年才发表第一篇关于西藏的文章《中央政府管理西藏地方的制度的发展》⑥，作者为王忠。该作认为我国在西藏地方拥有主权可以追溯到 13 世纪中叶，清和民国中央政府管理西藏地方制度的发展正是这种主权的有力说明。此后，王忠在 1958 年出版《新唐书吐蕃传笺证》⑦，成为研究西藏古代史的案头必备。《历史研究》随后又发表了《关于西藏史实问题的几个问题之商榷》⑧，对一些问题提出讨论。1959 年丁名楠、张振鹍发表《帝国主义侵略中国领土西藏的罪恶历史》⑨，引用了不少美国国会档案、沙皇俄国中央及地方政府档案等资料，系统厘清了帝国主义列强侵略我国西藏的历史过程，指出晚清政府并无力量来保卫西藏。

《历史研究》连续几期刊发了关于西藏古代史的文章：王忠《评理查逊〈西藏简史〉关于明代西藏地方历史的谬说》⑩、韩儒林《元朝中央政府是怎样管理西藏地方

① 李有义：《西藏的封建制度》，《清华大学》1950 年第 6 卷。
② 李有义：《史学界的一个新任务——写少数民族史》，《历史教学》1951 年第 3 期。
③ 蔡美彪：《西藏问题的过去和现在》，上海《大公报》1951 年 2 月 16 日。
④ 杨志玖：《唐朝是否征服过吐蕃》，《历史教学》1955 年 12 期。
⑤ 王静如：《关于吐蕃国家的社会性质问题》，载中央民族学院研究部编《中国民族问题研究集刊》1956 年第 5 集。
⑥ 王忠：《中央政府管理西藏地方的制度的发展》，《历史研究》1959 年第 5 期。
⑦ 王忠：《新唐书吐蕃传笺证》，科学出版社 1958 年版。
⑧ 一丁：《关于西藏史实的几个问题之商榷》，《历史研究》1959 年第 9 期。
⑨ 丁名楠、张振鹍：《帝国主义侵略中国领土西藏的罪恶历史》，《历史研究》1959 年第 5 期。
⑩ 王忠：《评理查逊〈西藏简史〉关于明代西藏地方历史的谬说》，《历史研究》1963 年第 5 期。

的》①、阴法鲁《唐代西藏马毬戏传入长安》②，等等。其中，王忠《唐代汉藏两族人民的经济和文化交流》③ 引起的反响较大。《解放军报》1959 年 4 月 23 日发表的《文成公主与西藏》（资料）等，也是相关专题的资料汇集，侯外庐、翦伯赞、田汉、吕振羽等老一辈学者 1960 年前后在《戏剧报》《人民日报》等发表的文章也热衷于谈汉藏通婚。文成公主研究的热潮除了在"文革"期间被打断，一直延续到 20 世纪 90 年代初期。

1959 年随着中印边界东段局势的紧张，关于西藏主权所属的学术文章再次增多。《史学月刊》是发表此类文章的主要杂志，率先发表了《西藏自古以来就是中国神圣不可分割的一部分》《辛亥革命年间英帝国策划"西藏独立"事件初探》④ 等文章。1961年，中印边界危机加剧，《中华人民共和国官员和印度政府官员关于边界问题的报告》（内部资料）应运而生。该报告书引用大量中文、藏文资料，尤其是利用了原西藏地方政府的藏文档案，为证实中印传统习惯边界线提供了有力证据。1959 年世界知识出版社出版的余素《清季英国侵略西藏史》是新中国成立后一部有代表性的著作，该书引用国外史料揭露了英帝国主义对我国西藏所进行的侵略活动，以此来论证西藏的主权归属。但是，此时段研究涉及西藏的中印边界争议史的文章极其少，原因是受到了资料的限制。

在中印边界局势紧张的同时，西藏发生了叛乱，叛乱引起了学术界的声讨。对此，唐长孺等人联名发表了《同情西藏叛乱的人有什么历史根据?》⑤。包括《现代佛学》等刊物也连续发文声讨。之后，西藏的民主改革提上日程。1959 年王森、王辅仁在《民族研究》上发表《废除西藏喇嘛寺庙的封建特权和封建剥削》，《人民日报》刊发魏国《达赖喇嘛的封号、地位、职权和噶厦的由来》一文，该文同时在《民族研究》1959 年第 5 期上发表。

从 1956 年开始到 1962 年结束的社会历史调查，为我国的边疆民族研究搜集了大量的资料。李有义、林耀华和宋蜀华等一大批专家学者对西藏及四川、青海、西康、云南等省的藏区进行了社会历史调查，他们涉艰履险，搜集整理了大量珍贵资料，成为研究西藏和其他藏区的第一手调查材料。这些调查材料自 1983 年开始由西藏人民出版社陆续公开出版，书名为《西藏社会历史调查资料丛刊》，共 10 辑，前 6 辑是关于藏族的调查资料，尤其《东噶宗调查材料》《墨竹工卡宗甲马封建庄园调查报告》《山南专区扎囊县扎期区囊色林谿卡调查资料》《山南专区调查报告》《当雄宗调查报告》对于藏族农业地区封建领主庄园制和牧业地区部落经济的记录颇为详细。随着调查的深入，一大批关于西藏农奴制研究的文章发表在《民族研究》与《光明日报》上，但内容主要集中在西藏的农奴制度的残酷与西藏噶厦的反动方面。1963 年，在民族社会历史调查

① 韩儒林：《元朝中央政府是怎样管理西藏地方的》，《历史研究》1959 年第 7 期。
② 阴法鲁：《唐代西藏马毬戏传入长安》，《历史研究》1959 年第 8 期。
③ 王忠：《唐代汉藏两族人民的经济和文化交流》，《历史研究》1965 年第 5 期。
④ 均载《史学月刊》1957 年第 7 期。
⑤ 唐长孺等：《同情西藏叛乱的人有什么历史根据?》，《武汉大学学报》1959 年第 4 期。

的基础上,《藏族简史(初稿)》《藏族简志》① 相继印行。《藏族简史(初稿)》的作者是柳陞祺、王辅仁和常凤玄,这是我国第一部用全新观点撰写的藏族历史著作,附有地图和年表,对于 20 世纪五六十年代的西藏通史研究来说,价值颇高,尤其是柳陞祺执笔的近代西藏与英国关系部分,使用了当时较少利用的史料。

王森著《关于西藏佛教史的十篇资料》是当时极为重要一部著述,1965 年虽然以"内部本"铅印,但 20 世纪 70 年代逐渐流传国内,作者谨慎地引用了大量藏文史书,自成系统,见解深刻,论断谨严,文笔典雅,颇受西藏历史研究者推崇和利用。该书直到 22 年后才公开出版,易名《西藏佛教发展史略》。②

回顾 20 世纪五六十年代的西藏历史研究,发表相关论文的刊物基本局限于《历史研究》《史学月刊》《民族研究》《新观察》等刊物,这些刊物有着比今日更大的社会影响力,而且《人民日报》《光明日报》与学术刊物相互配合,也发表了不少西藏历史研究的成果,共同影响和发展着西藏历史研究以及引导人们对西藏的理性认知。从史论上看,研究者使用辩证唯物主义和历史唯物主义的观点与方法剖析藏族社会、研究藏族历史,在西藏历史研究领域里开展多层次、多学科的研究。这种研究的视野延续了新中国成立前的风格,把中国的边疆危机与学术研究紧密结合。但从内容上来说,除了部分学术文章外,一些关于西藏历史研究的成果基本是配合政治形势而作,新中国成立前的一些优秀治学方法没有得到充分弘扬,学术观点的争鸣比较少。历史界侧重于重大历史问题的讨论,如中国古代史分期问题、中国近代史分期问题、土地制度问题、农民战争问题、中国封建社会长期性问题等,这也在影响着西藏研究与边疆研究。例如,关于西藏古代社会形态的分期问题,就有范文澜、黄奋生、李有义与王辅仁等提出不同看法,曾经成为西藏史整理的热点。③ 对于学界而言较为重要的对外交流,除了美国在 20 世纪 50 年代出版的沈宗濂与柳陞祺合著《西藏与西藏人》④ 引起了很多西方人的关注外,几乎很少有外国学者关注中国的西藏历史研究。资料的整理也没有受到重视,仅有三联书店 1963 年出版了北京大学历史系主编的《西藏地方历史资料选辑》,收录汉文史料与部分藏文史籍。

二 西藏史研究走向多元化

改革开放以来,西方史学理论逐渐引入中国,给中国的边疆史研究和西藏历史研究带来了新的研究方法。在其影响下,以政治史为主的西藏历史研究走向多元化,逐渐形成"藏学"。20 世纪 80 年代后期,文化传统与现代化问题成为历史学界乃至其他人文社会科学界所共同关注的重要问题,并由此导致西藏文化史和经济史研究的兴起。此

---

① 中国科学院民族研究所西藏少数民族社会历史调查组编:《藏族简史(初稿)》《藏族简志》,中国科学院民族研究所 1963 年内部印行。

② 王森:《西藏佛教发展史略》,中国社会科学出版社 1997 年版。

③ 参见范文澜《中国通史简编》,人民出版社版,第 457 页;黄奋生《藏族史略》,民族出版社1985 年版,第 61 页;王静如《关于吐蕃国家时期的社会性质问题》,载中央民族学院研究部《中国民族问题研究集刊》1956 年第 5 集。

④ 沈宗濂、柳陞祺:《西藏与西藏人》,美国斯坦福大学 1953 年版。

外，藏学研究也受到党和国家的高度重视，相继建立了多所藏学研究机构，例如中国藏学研究中心、四川省藏学研究所、中央民族大学藏学系和藏学研究所、青海社科院藏学研究所、甘肃省藏学研究所、四川省社会科学院康藏研究中心等，《中国藏学》《西藏历史研究》《西藏民族学院学报》《中国西藏》《雪域文化》《西藏佛教》等以刊载藏学论文为主的刊物也先后创刊，形成了西藏历史研究的热潮。

西藏古代史研究在改革开放后依然是重点，尤其是藏文历史著作的整理和出版得到了重视。1989 年 3 月，西藏藏文古籍出版社成立，先后整理出版了藏文历史著作 600 余种，涉及历史、宗教、语言、文学、哲学、法律、医学、天文历算、地理、工艺等众多学科领域。其中历史方面已经有《巴协》《汉藏史集》《西藏王统记》《青史》《红史》《新红史》《白史》《吐蕃金石录》《吐蕃王统世系明鉴》《土观宗派源流晶鉴》《萨迦世系史》《安多政教史》《布顿佛教史》《米拉日巴传》《颇罗鼐传》《贤者喜宴》《多仁班智达传》《朗氏家族》等出版。这些著作由于藏族治史特点，无一例外都以宗教文化、宗教哲学或者藏族文学为主。1996 年西藏古籍出版社等联合出版的新编藏文历史专著《西藏简明通史·松石宝串》，以唯物辩证的眼光阐述了西藏的历史发展观，为进一步研究西藏的政治、经济、文化、宗教等提供了珍贵的文献资料。此外，西藏考古也逐步发展起来。西藏考古始于 20 世纪 50 年代中期北京大学宿白的西藏文物调查，其后史前遗址昌都卡若新石器遗址，拉萨曲贡、贡嘎昌果沟新石器遗址等先后被发现。1995 年以来，皮央东嘎遗址调查与发掘、青藏铁路考古调查以及象泉河流域考古调查发掘等较大型的考古项目陆续开展。

藏族族源问题的探讨始于民国时期，但集中的讨论在 20 世纪 80 年代以后才开展。对于这一个重要的学术问题，学术界一直关注到 20 世纪 90 年代中期，经过十多年的热烈的争论，"西藏人种外来说"、王族"南来说"等一些观点已被否定，目前有影响的是两种观点，一种是基本论点为"藏出自羌，藏汉同源"的藏汉同源说，另一种是"土著说"。其中，"土著说"观点认为藏族的第一支族源或者说主体族源就是自古生息在青藏高原的土著居民，而不是从别的地方迁来的。①

唐宋吐蕃史依然是西藏古代史研究的重点，涉及吐蕃敦煌统治时期历史、吐蕃与丝路文化、唐蕃古道、官制、兵制、奴隶制度、人物研究、历史纪年等诸多方面。关于宋代吐蕃，流传下来的文献对其记载很少，而且当时西藏处于分裂割据时期，对与内地联系紧密的青唐政权的研究遂成为西藏历史研究的重点。

元代西藏史研究在 1978 年以后，涌现了较多的著述，主要研究内容为阔端、八思巴等人物研究，宣政院、帝师制度、十三万户等制度研究，特点仍然是围绕中央首次将西藏归于治理之下展开论述，其中以《元代吐蕃地方行政体制研究》为代表的著作以元代"僧俗并用，政教合一"为线索对此问题有深入研究。②

明代西藏历史研究在 1978 年以前较为薄弱，仅有王忠在 1963 年发表的《评理查逊

---

① 参见恰白·次旦平措《聂赤赞普是西藏人——略论"波杰"世系起源》，《西藏研究》（藏文版）1986 年第 4 期；格勒《论古代羌人与藏族族源的历史渊源关系》，《中山大学学报》1985 年第 2 期；格勒：《藏族源于'发羌'的几点质疑》，《中国藏学》1988 年第 2 期。

② 张云：《元代吐蕃地方行政体制研究》，中国社会科学出版社 1998 年版。

〈西藏简史〉关于明代西藏地方历史的谬说》等少量文章,① 1978 年以后, 帕木柱巴政权与明朝对西藏的广封众建研究成为重点, 同时有不少著述讨论了边疆地区的茶马互市和驿站, 以及经济表层出发的朝贡贸易研究。②

清代的中央政府强化了对边疆地区的管理政策, 所以有关藏事在清代诸多藏、汉文历史文献中都有所反映, 形成了大量清代藏事档案。由此, 对清代西藏史研究的成果不仅数量多, 而且在内容上不仅仅是政治史, 还有向其他方向扩展的法律、经济、社会和宗教研究。在边疆治理研究上, 主要集中在驻藏大臣、治理政策、西藏宗教首领与北京的联系等方面。在吴丰培对驻藏大臣研究的基础上, 从 1980 年开始, 驻藏大臣研究领域取得了丰硕成果, 从理论上肯定了中央政府的这一治藏制度。2008 年召开的"清代驻藏大臣与西藏治理综合研究"学术会议更是将驻藏大臣的研究推向了一个新的高潮。就西藏本土史而言, 从固始汗进藏到七世达赖喇嘛时期, 西藏局势动荡剧烈, 此段时间为学界研究热点, 尤其是对五世达赖、波罗鼐、阿尔布巴、珠尔默特那木扎勒的研究。这种状况的出现, 与清代涉藏档案史料的陆续出版是紧密相关的。关于藏军、西藏革命党、西藏货币、清川滇边改革、藏族近代人物的专题研究, 在 20 世纪 90 年代也开始受到重视。③

对清代和民国时期的西藏历史研究总的来说取得了巨大成就, 但随着以社会史为主导的历史研究方法兴起, 以及民族与国家、地方与中央等新的研究视角下, 非西藏政治史的清代西藏边疆研究应该得到重视。当然, 这与西藏自治区档案馆大量藏文档案的开放程度与利用有关。西藏在晚清遭受了西方的觊觎、传教、两次英国的军事侵略, 以及内部政局动荡, 再加上辛亥革命后十三世达赖喇嘛新政, 西藏与民国中央政府的关系逐渐疏远。所以近代西藏史的内容特别丰富, 但限于未公开史料的限制, 西藏近代史研究目前形成了以大事为主线, 西藏与中央的关系、西藏与外国的关系这两个方面内容为主的格局。目前学术界已经在"西藏在民国时期的政治地位""西藏与'麦克马洪线'问题""国民政府治理西藏政策"等问题上做出了深入研究, 但以西藏地方为中心的近代史研究依然薄弱。这种情况的形成, 与诸多原因有关。国内学术界推出以西藏本土的近代历史为主写史的西藏近代史专著, 迫在眉睫。

西藏抗击英国侵略依然是西藏近代史研究的重点。1978 年以来, 出版了大量有关论著, 其中值得关注的是英文史料及藏文史料得到大量使用。中国藏学出版社 1992 年出版的杨公素《中国反对外国侵略干涉西藏地方斗争史》使用了具有很高价值的西藏地方政府的藏文档案。进入 21 世纪后, 国内学者开始引用藏于英国的涉藏档案, 以

① 王忠:《评理查逊〈西藏简史〉关于明代西藏地方历史的谬说》,《历史研究》1963 年第 5 期。

② 有关明朝中央与西藏地方佛教关系研究的文章有: 邓锐龄:《〈贤者喜宴〉明永乐时尚师哈里麻晋京纪时笺证》,《中国藏学》1992 年第 3 期; 恰白·次旦平措:《明朝对西藏高僧的封号》,《中国西藏》1996 年第 3 期; 王献军:《帕木竹巴政权与明王朝的关系》,《西藏民族学院学报》1990 年第 4 期; 陈楠:《大智法王考》,《中国藏学》1996 年第 4 期; 陈庆英:《论明朝对藏传佛教的管理》,《中国藏学》2000 年第 3 期等。

③ 例如, 巴桑罗布:《藏军若干问题初探》,《中国藏学》1992 年特刊; 杜永彬:《二十世纪西藏奇僧》, 中国藏学出版社 2000 年版; 肖怀远:《西藏地方货币史》, 民族出版社 1987 年版。

《英国、俄国与中国西藏》①等为代表的一批著作将英国侵略西藏的政策、进程的研究推向深入化。同时，以西藏地方为主的近代史著作也开始出现，2009 年西藏通史工程中的西藏近代史卷即将出版。此外，一些研究西藏近代贵族生活、近代钱币、近代藏军的著述也不断涌现。对于国外针对近代西藏历史的歪曲谬论，王贵、喜饶尼玛《西藏历史地位辨》②做出了客观与公正的辩论。近年来，学术界将西藏近代区域史的研究领域不断丰富，有些著述已涉及昌都与滇藏一带。

有关"麦克马洪线"的研究，中国社会科学院中国边疆史地研究中心主编的《中国边疆研究通报》1995 年由新疆人民出版社出版，其中刊载了曾世英《关于论证中印东段国界资料的一些线索》、房建昌《近代中印东段边界史略》等文章，对"麦克马洪线"的地理特点、历史根源等做了简介。《历史研究》1997 年第 4 期发表的吕昭义《关于中印边界东段的几个问题》认为，英国约在清末吞并阿萨姆后，大体上确定了一条沿喜马拉雅山山脚的边界线，即"外线"。该文解决了长期以来困扰学界的"外线""内线""红线""麦克马洪线"的异同问题。1990 年至 1995 年间，房建昌针对中国与锡金、不丹、尼泊尔等国的边界问题发表的数篇文章也值得关注。柳陞祺先生对 1929 年版《艾奇逊条约集》（第 14 卷）何以出现两种不同版本的经过进行了研究，对于揭露英国侵略我国边疆领土具有很高的学术价值。③

译著在西藏历史研究中，对于了解国外藏学情况、加强国内西藏研究的水平与视野具有很高的价值。相对国内来说，国外的西藏历史研究不仅起步很早，而且理论方法与资料的利用水平很高。改革开放以来，国内学界在介绍和翻译国外西藏历史研究的成果上，成绩斐然。在论文翻译成果方面，西藏人民出版社 1985 年开始出版的《国外藏学研究译文集》，刊载的多是国外著名藏学家的著作，涵盖了西藏古代史、藏传佛教与西藏文化等诸多方面，目前已出版至第 18 辑。在专著翻译方面，主要集中于翻译西藏近代史上的探险者、侵略者的亲身经历记述或者藏传佛教方面的研究著述。其中对西藏近代史研究影响较大的是 1994 年翻译出版的《喇嘛王国的覆灭》④等。

从过去 60 年来看，西藏历史研究的领域在不断拓宽，经济社会、文化艺术与现实问题得到逐步重视，而传统的古代史研究有所萎缩。这种情况与国内有关西藏档案的出版有着极大关系。1982 年由西藏自治区科学技术委员会、西藏自治区档案馆整理、编译的《西藏地震史料汇编》（汉文版）发行。这是我国首次整理翻译大量的藏文档案、古籍和调查资料，其中的材料对于研究边疆历史地理、西藏农奴制有着极其重要的参考价值。此后，《灾异志·雪灾篇》《灾异志·水灾篇》《灾异志·霜雹虫灾》等陆续出版。1983 年，西藏人民出版社出版了张其勤原稿、吴丰培增辑的《清代藏事辑要》，以编年体方式辑录了清代自崇德八年（1643）至同治十三年（1874）200 多年间西藏地区的史料，对于研究清代西藏史具有较高参考价值。1991 年中国藏学出版社出版的《十三世达赖圆寂致祭和十四世达赖转世坐床档案选编》，以中国第二历史档案馆相关

---

① 周伟洲主编：《英国、俄国与中国西藏》，中国藏学出版社 2000 年版。

② 王贵、喜饶尼玛：《西藏历史地位辨》，民族出版社 1995 年版。

③ 柳陞祺：《1929 年版〈艾奇逊条约集〉第 14 卷何以有两种不同版本——兼评西姆拉会议》，《中国藏学》1990 年第 1 期。

④ ［美］梅·戈尔斯坦：《喇嘛王国的覆灭》，杜永彬译，时事出版社 1994 年版。

存档为主编辑而成，收录了十三世达赖圆寂和十四世达赖转世坐床期间黄慕松、吴忠信、赵守钰、戴传贤等奉使办理藏事及西藏各方面往复交涉的档案，尤其是对十四世达赖的转世认定和坐床等事项均由中央政府核批以及特派蒙藏委员会委员长吴忠信到拉萨主持坐床典礼的经过，首次做了披露。此外，《〈册府元龟〉吐蕃史料校证》《通鉴吐蕃史料》《藏族史料集》《明实录藏族史料》《清实录藏族史料》《民元藏事电稿》《全唐文全唐诗吐蕃史料》《清代喇嘛教碑文》①等也陆续出版。1994 年，中国藏学出版社出版了《元以来西藏地方与中央政府关系档案史料汇编》，成为新中国西藏历史研究领域最重要的史料档案汇编。该书所辑，以元、明、清三朝及民国时期中央政府与西藏地方政府的官方档案为主，其中绝大部分档案来自中国第一历史档案馆、中国第二历史档案馆、西藏自治区档案馆、四川省档案馆的馆藏。所辑档案，除汉文文件外，相当数量译自藏、满、蒙文文件，略有遗憾的是所辑档案以政治关系为主，经济、文化从略。

对于西藏历史研究而言，藏文档案是极其宝贵的第一手参考资料，而从新中国成立以来，藏文档案的披露一直处于零星状态。这种局面到 20 世纪 90 年代开始得到改善。1997 年《西藏社会历史藏文档案资料译文集》出版，其中辑录的敕封、法旨、封文、诉讼、化缘文、西藏地方政府和寺庙的规章制度资料比较丰富，具有很高的史料价值，但档案件数还是嫌少。②

中国藏学出版社 2000 年出版的《西藏亚东关档案选编》，辑录了亚东关 1401 件（不包括附件）自清末和民国初年的海关档案。中国藏学出版社 2005 年出版的《民国时期西藏及藏区经济开发建设档案选编》，涵盖了西藏及其他省份藏区财政金融、交通建设、邮政电信、商业贸易、藏区经济调查与开发规划等档案史料。中央民族大学出版社 2006 年出版了喜饶尼玛、苏发祥编著《蒙藏委员会档案中的西藏事务》，对中华民国时期西藏地方的重要历史人物和重大历史事件加以编排，介绍了中华民国时期西藏地方与中央政府之间的关系及西藏社会的真实面貌。2008 年扎西旺都编《西藏历史档案公文选·水晶明鉴》由中国藏学出版社出版，分为藏文公文和档案两部分，共收公文 60 多篇、档案 70 余篇。同年学苑出版社出版的张羽新等编纂《民国藏事史料汇编》为影印存真，保持了史料的原始性，资料非常丰富。上述这些藏汉文史料整理研究和出版，为深入西藏历史研究，开拓西藏历史研究的新领域起到了积极作用。值得注意的是，在西藏历史研究领域，除了档案史料外，口述史料与图像史料也受到越来越多的重视。例如在清代私人绘制的西藏舆图中，有马揭、盛绳祖的《卫藏图识》，以及松筠的《西招图说》、黄沛翘的《西藏图考》与其他藏区壁画、唐卡以及绘画等图像资料。另外，清末、民国时期，照相技术在我国西藏上层社会活动中得到广泛应用，葡萄牙人、

---

① 苏晋仁等：《〈册府元龟〉吐蕃史料校证》，四川民族出版社 1981 年版；苏晋仁：《通鉴吐蕃史料》，西藏人民出版社 1982 年版；陈燮章等：《藏族史料集》，四川民族出版社 1982 年版；陈家琎、顾祖成等汇编：《明实录藏族史料》，西藏人民出版社 1982 年版；顾祖成等编：《清实录藏族史料》，西藏人民出版社 1982 年版；《西藏研究》编辑部编：《民元藏事电稿》，西藏人民出版社 1983 年版；范学宗等编：《全唐文全唐诗吐蕃史料》，西藏人民出版社 1988 年版；张羽新：《清代喇嘛教碑文》，天津古籍出版社 1987 年版。

② 中国社会科学院民族研究所、西藏自治区档案馆编辑：《西藏社会历史藏文档案资料译文集》，中国藏学出版社 1997 年版。

意大利人、英国人、俄国人、美国人等和西藏地方发生直接的接触后，他们用外文记载的资料也成为研究近代西藏关系的第一手资料。

总的来说，无论从西藏史著述、译作、资料档案整理等方面所涉及的广度，还是从专题研究所探讨的深度来看，1978 年以来对西藏历史的研究，取得了辉煌成就。

三 新方法、新理论与新视野

自 20 世纪 80 年代以来，社会学、政治学、法学、人类学等学科开始介入西藏历史研究，逐渐形成了一个新体系——"藏学"（或西藏学），尽管研究对象、方法、理论框架，在不断完善之中，但西藏历史研究作为其中的重点却相对保守，仍然讲求使用传统方法进行研究，虽然其中也不乏少量运用逻辑分析法、比较法、心理分析、计量法来进行西藏历史研究的论述，但对于 20 世纪 90 年代以来广泛影响历史学界的社会史学、年鉴学派等局部理论的吸收则不大。实际上，边疆史以外的中国历史，尤其是对于华北和华南农村与城市的研究方面，近年来以社会史为切入点进行的研究颇为兴盛。从一定意义上来说，社会史既是专史，又是总体史。之所以是专史，是相对于政治史、经济史与思想文化史等领域而言，其作为历史的叙述主体或视角有所不同。之所以是总体史，是相对于其他史学范式而言，如中国的正统史学（官方史学、正史史学）、乾嘉史学等。目前，在西藏历史研究领域，以社会史的方法进行研究的很少。实际上，早在几十年前，李安宅先生提出用社会学、人类学的科学方法，选择典型寺庙，对寺庙管理结构、体系及其运转方式进行研究。[①] 从一定意义上看，国外近代史著作《喇嘛王国的覆灭》可以看是作从社会史总视角下以政治史为主考察近代西藏社会变迁的结果。20 世纪 90 年代以来，中国社会史研究的重要趋势，已经引起了国内外学者的高度重视。相关理论尤其是国家与社会、大传统与小传统等理论在区域社会史研究中得到了广泛应用。这些理论是否能被西藏史研究所鉴借？当然，坚持正确的政治方向是西藏历史研究发展和繁荣的根本前提。西藏历史研究必须以坚持民族团结、祖国统一和反西藏分裂为使命。例如，"冲击—回应"模式不可套用在西藏近代史上，以这种模式进行研究势必回避近代西方列强对西藏的侵略，有违于历史事实。在这个前提下，西藏历史研究的理论、范式、术语、视角等一系列问题都有待于进一步确定和研究，这必将是一个长期的任务。

（原载《中国边疆史地研究》2009 年第 3 期）

---

① 参见李安宅《边疆社会工作》，中华书局 1944 年版。

60 年来西北边疆史地研究的回顾与展望

厉　声　贾建飞[*]

近代意义上的西北边疆史地研究经历了三次繁荣发展时期。第一次是 19 世纪中后期，第二次是 20 世纪 20—40 年代。① 新中国成立以来的 60 年间，尤其是改革开放以后，西北边疆史地研究步入了第三次繁荣发展时期。

具体而言，这 60 年来的西北边疆史地研究大致可以分为三个阶段：第一阶段，新中国成立后至"文革"前，虽然相关研究有所发展，但相对而言并不繁荣，专题性研究成果不多。随后的"文革"时期，学术研究陷入停滞。第二阶段，改革开放至 20 世纪 90 年代末，西北边疆史地研究开始步入发展期，无论是在研究的广度和深度、基础研究与应用研究的结合方面，还是在研究方法、资料的收集整理等方面都得到了长足的发展。第三阶段，21 世纪以来，以国家哲学社会科学基金特别项目"新疆历史与现状综合研究项目"和"新疆通史"的立项为标志，西北边疆史地研究步入了新的繁荣发展期。

一　新中国成立后至"文革"前西北边疆史地研究概况

新中国成立后至"文革"前，西北边疆史地研究得到了一定程度的发展。其研究范围较新中国成立前的西北边疆研究有所扩展，研究主题主要集中在政治史、民族史和历史地理学等几个方面，涌现了一批对后世影响很大的代表作，如冯承钧《西域南海史地考证论著汇辑》②、向达《唐代长安与西域文明》③ 和岑仲勉《西突厥史料补阙及考证》④ 等。

值得一提的是，新中国成立后，国家组织大批专家学者前往民族地区进行"少数民族社会历史调查"，对于后来中国的民族识别、民族政策与民族地区社会发展产生了举足轻重的影响。调查工作分为两个阶段：第一阶段是从 1956 年 8 月起到 1958 年 6 月，调查工作以社会形态为核心；第二阶段从 1958 年 8 月到 1964 年 5 月，调查工作以

* 厉声：中国社会科学院中国边疆研究所研究员；贾建飞：2009 年该文发表时为中国社会科学院中国边疆史地研究中心助理研究员。

① 参见厉声《新疆近代史研究回顾》，《中国边疆史地研究》1992 年第 3 期；荣新江《西域史研究的回顾与展望》，《历史研究》1998 年第 2 期。

② 冯承钧：《西域南海史地考证论著汇辑》，中华书局 1957 年版。

③ 向达：《唐代长安与西域文明》，生活·读书·新知三联书店 1957 年版。

④ 岑仲勉：《西突厥史料补阙及考证》，中华书局 1958 年版。

编写"简史简志"为核心。① 西北边疆地区是这两次调查的重点地区。大规模的民族社会历史调查为西北地区地方史、民族史研究积累了丰富的资料，由冯家昇、程溯洛和穆文广合编的《维吾尔族史料简编》（上册）② 问世，对以后的维吾尔族历史研究起到了促进作用，推动了西北地区社会历史的研究。

但总体而言，这一时期西北边疆史地的专题研究尚不繁荣，成果也不太多，而且所取得的成果多重视历史，与现实西北边疆的发展变化联系也不紧密。例如，1955 年设立了新疆维吾尔自治区，这一西北边疆政治社会的重大事件没有适时地反映到相关的研究中。究其原因，一方面与新中国成立前的战乱造成的这一时期学术储备和研究积累不够有关；另一方面 20 世纪五六十年代的各种政治运动牵扯了许多学者的精力，一些学者受到政治运动的冲击，失去了从事学术研究的机会。③

此后，随着"文革"的出现，相关研究陷入停滞，致使我国的西北边疆史地研究在许多方面都远远落后于西方国家、日本甚至中国台湾。

二 20 世纪 70 年代至 21 世纪初西北边疆史地研究概况

20 世纪 70 年代初，由于中苏政治关系的变化，关于历史上沙俄侵华及中俄边界沿革历史的研究迅速展开，其中沙俄侵略中国西北边疆与中俄西北边界历史研究占有重要的地位，成为这一时期西北边疆史地研究又一次高潮的特点。④ 在这一阶段，新中国培养的第一代研究人员趋于成熟，成为此后新疆研究的中坚力量。

"文革"以后，尤其是在改革开放以后，中国经济社会的发展进入了一个新的时期，取得了巨大的成就。学术研究也在这种时势变化的影响下得以繁荣，"百花齐放，百家争鸣"，思想得到了解放，研究日益兴盛。西北边疆史地研究也迎来了全新的发展时期，其研究内容日益丰富，研究理念、研究视角和研究方法均发生了较大的变化，研究范围和视野日益拓宽、不断深化，西北边疆史地研究成为这一时期中国历史研究中的一个重要组成部分。

这一时期西北边疆史地研究的特点主要表现在三个方面：第一，涌现了大量形式各异的研究成果（论文、专著、论文集、研究报告），尤其是一些大型研究丛书，如在以中国社会科学院中国边疆史地研究中心为主出版的《边疆史地丛书》（至今已出 70 余种）中，与西北边疆史地直接相关的有 20 余种。第二，出现了许多与西北边疆史地研究直接相关的学术刊物，比如位于北京的有《中国边疆史地研究》《欧亚学刊》和《中亚学刊》（后改为新疆出版，现已停刊），位于甘肃的有《敦煌学研究》《敦煌辑刊》《西北民族研究》和《西北史地》（已于 1999 年停刊）等，位于新疆的有《西域研究》《西域文史》《新疆文物》和《吐鲁番学研究》等。如果加上各地大学的学报，其数量更蔚为可观。这些刊物成为西北边疆史地研究成果的重要载体。第三，出现了一支既有

① 参见定宜庄、胡鸿保《寻找满族——思考"少数民族社会历史大调查"及其影响》，《清华大学学报》2009 年第 2 期。

② 冯家昇、程溯洛、穆文广编：《维吾尔族史料简编》（上册）民族出版社 1958 年版。

③ 参见荣新江《西域史研究的回顾与展望》，《历史研究》1998 年第 2 期。

④ 参见厉声《新疆近代史研究回顾》，《中国边疆史地研究》1992 年第 3 期。

较高理论修养，又有较深专业知识，并且训练有素的研究队伍，还建立了许多研究西北边疆史地的学术机构，如兰州大学、陕西师范大学和新疆大学的"西北民族研究中心"，相关的博士、硕士点也如雨后春笋般涌现出来，进一步加强了西北边疆史地研究的人才培养。

（一）研究视角的多元化与研究领域的拓展

传统的西北边疆史地研究以政治史、民族史和对外关系史等研究最为兴盛，其他领域的研究则较为薄弱，其研究角度多从上而下。改革开放以后，随着思想的不断解放，西北边疆史地的研究领域不断拓展，除了传统的政治史、民族史和历史地理等，其涵盖面还扩展到经济史、宗教史、学术史、科学考察史、西部开发史、语言史和文化史等领域。在"把历史的内容还给历史"的精神和西方史学的影响下，改革开放以后发展迅速的社会史研究也逐渐纳入西北边疆史地研究的范畴。人们开始从不同的层面、不同的角度来理解和审视西北边疆史地，从精英历史转向普通民众的历史；从政治史转向日常社会生活的历史，关注与社会大众日常生活相关的物质生活和精神生活内容；由一般历史事件转向重大的社会问题，从历史的纵向探索中为现实社会问题的化解提供历史借鉴。这使得社会生活史、人口史、移民史、环境史、城市史乃至妇女史等成了西北边疆史地研究的重要组成部分。由于人们对西北边疆史地的认识更加多元化，西北边疆史地研究的领域更为宽广，从而形成了一个包括通史、民族史、地方政权史、断代史、专门史在内的比较完整的地方史研究体系。

（二）新材料的进一步发掘、整理与利用

资料是历史研究的基础。在中国边疆史地研究中，汉语言文献固然最为重要，最为研究西北边疆史地者依赖，西方学者认为"中国文献是西方人 19 世纪了解中亚早期民族的唯一真实可靠的资料"，[①] 然亦不可忽视对其他语言文献和其他类型材料的利用。正如王钟翰先生以东北边疆史地研究为例所言："固然必须读经史诸子百家之书，也应借助于日、俄、英、朝鲜语文以及满、蒙、锡伯、鄂温克、达斡尔、鄂伦春各少数民族语文；其他如考古、宗教等方面的知识似亦不可或缺。东北如此，西北、西藏、西南、中南何尝不也如此。"[②] 此言极有道理。

在传统的汉语言文献中，对西北边疆史地的记载存在着较大的缺陷，即大多局限于政治与军事方面，内容多关乎历史沿革、山川道里、西北与内地的联系、风土人情等，而对于平民的社会生活和经济活动、西北与周边国家地区的关系等方面却缺乏必要的记载，无法满足人们全面了解和研究西北边疆史地的需要。因此，从清末开始，即有不少学者主张从非汉语文献中寻求新的材料支持。在 20 世纪前期王国维提出"二重证据法"后，考古材料日益为学者重视，考古材料与传统文献的结合利用使西北边疆史地研究获得了新的发展。但是，新中国成立前对非汉语文献材料的利用主要局限于西文文献和日文文献。

---

① J. C. Prichard, "On the Ethnography of High Asia", *Journal of the Royal Geographical Society of London*, Vol. 9, 1839.

② 王钟翰：《谈中国边疆史地学与民族史的关系》，《中国边疆史地研究》1992 年第 2 期。

新中国成立后，尤其在改革开放以后，在西北边疆史地研究中，资料的收集、编辑、整理和译介受到特别的重视，学者们开始更多地使用非汉语文献和考古材料。第一，对外文文献的译介和直接利用得到了极大的发展。这些外文文献主要分为两种：一种是19世纪以后西方国家（尤其是英、俄两国）对中国西北边疆的考察、考古成果，另一种是国外学者有关新疆的研究成果。目前国内有关这些文献（包括档案）的译介活动极为兴盛①，为国内学者对这些外文文献资料的利用提供了极大的便利。而且，随着中西学术交流的日益频繁和国外档案的不断开放，学者们对国外文献的直接利用也得到了很大程度的发展。第二，一些少数民族语言（如满语、蒙古语和维吾尔语）的历史文献日益受到重视，开始得到较为广泛的利用。新疆是多民族聚居之地，各个民族都留有相当丰富的文献记载。例如，作为一个由满族建立的王朝，清朝在对包括西北边疆在内的内陆亚洲边疆地区进行统治时，至少到1750年的时候，其军政事务都是使用满文来记载②，留下了大量与西北边疆相关的满文档案。这些文献和档案对于充分、客观地研究西北边疆的历史具有非常重要的意义，是研究西北边疆史地的重要材料。目前，国内对于这些民族语言文献的译介和利用正日益兴盛。③ 第三，不断出土的考古材料在西北边疆史地研究中得到了充分的利用，它为西北边疆史地研究提供了文献中所没有的史料和历史背景，拓展了西北边疆史地研究的途径。

此外，改革开放以来，有关西北边疆史地的传统汉文文献和档案资料（主要是清代和民国档案）的编辑整理也得到了非常迅速的发展。例如，《中国西北文献丛书》④、《中国西北文献丛书续编》⑤、《中国西北文献丛书二编》⑥、《西北行记丛萃》⑦、《近代外国探险家新疆考古档案史料》⑧、《清代边疆史料抄稿本汇编》⑨ 和《清代新疆稀见奏

---

① 例如，新疆人民出版社出版的"西域探险考察大系丛书""中亚历史文化翻译丛书"和"穿越昆仑山丛书"；云南人民出版社出版的"欧亚历史文化名著译丛"等。

② Pamela K. Crossley, Evelyn Rawski, "A Profile of the Manchu Languagein Ch'ing History", Harvard Journal Of Asiatic Studies, No.1, 1993; Evelyn Rawski, The Qing Empireduring the Qianlong Reign, in James A. Millward, RuthW. Dunnell, MarkElliott, PhilippeForüted., TheNewQingImperialHistory: The making of Inner Asian Empireat Qing Chengde, Routledge Curzon, New York, 2004, pp. 15 –21.

③ 例如，察哈台文文献《安宁史》《伊米德史》即将出版汉译本。满文方面的译介作品主要有《清代边疆满文档案目录》（中国第一历史档案馆等编，广西师范大学出版社1999年版），《满文土尔扈特档案译编》（中国社会科学院民族研究所民族史研究室、中国第一历史档案馆满文部译编，民族出版社1988年版）和《清代西迁新疆察哈尔蒙古满文档案全译》（吴元丰主编，新疆人民出版社2004年版）。另外，在郝苏民主编《中国西北文献丛书·西北少数民族文字文献》和甘肃省古籍文献整理编译中心编《中国西北文献丛书二编·西北少数民族文字文献》中也整理收录有很多察哈台文和蒙古文的文献，例如《安宁史》《塔兰奇史》《伊米德史》和《咱雅班第达传》等。

④ 中国西北文献丛书续编编纂委员会编：《中国西北文献丛书》，兰州古籍书店1990年版。

⑤ 中国西北文献丛书续编编纂委员会编：《中国西北文献丛书续编》，甘肃文化出版社1999年版。

⑥ 甘肃省古籍文献整理编译中心编：《中国西北文献丛书二编》，线装书局2006年版。

⑦ 甘肃省古籍文献整理编译中心编：《西北行记丛萃》，甘肃人民出版社2002年版。

⑧ 中国新疆维吾尔自治区档案馆、日本佛教大学尼雅遗址学术研究机构编：《近代外国探险家新疆考古档案史料》，新疆美术摄影出版社2001年版。

⑨ 石光明主编：《清代边疆史料抄稿本汇编》，线装书局2003年版。

牍汇编》① 等。除了这些大部头、多卷本的整理成果外，还有许多对某些具体著作进行整理的单卷本成果。

上述新材料的发掘、译介、整理和利用极大地方便和促进了西北边疆史地研究的发展。

（三）研究方法和理论的创新

随着研究领域的不断扩展，许多过去从未进入过史家视野的社会群体如非社会精英、妇女和少数民族等，逐渐成为西北边疆史地研究的重要组成部分。传统的以文献为基础的研究方法表现出其局限性，而且西北边疆向来缺乏诸如谱牒、户口册和碑铭等在内地较为常见的非传统文献，这些都迫使西北边疆史地研究者在研究方法上做出改变，田野调查等研究方法得到了越来越广泛的应用。改革开放以来，我国不少学术机构，如中国社会科学院中国边疆史地研究中心和民族学与人类学研究所、中国藏学研究中心、北京大学、中央民族大学等，从不同角度，针对包括西北边疆地区在内的各边疆地区开展了很多的历史和现状调查，成果显著。进入 21 世纪以后，中国社会科学院中国边疆史地研究中心主持的"当代中国边疆典型百村社会民族调研"对新疆地区的 20 多个村落进行了为期两年的田野调查，获得了一批鲜活的材料。② 这些田野调查材料使西北边疆史地研究获得了新的生机和突破点，必将进一步促进西北边疆史地研究的繁荣和发展。

在研究方法和理论创新发展的推动下，西北边疆史地研究不断深化。主要体现在两个方面：

其一，观念的发展变化，主要体现在对一些历史人物和历史事件的认识和理解方面。如对白彦虎的评价，20 世纪 70 年代以来，学术界多以白彦虎降附阿古柏、出境投靠沙俄，而斥之为出卖回民起义的罪人，③ 甚至认为他是分裂国家的分裂主义分子，是卖国贼。而如今，随着研究的深入，学者们对白彦虎的评价更为客观，能够从不同历史阶段、不同历史事件的角度出发，充分肯定白彦虎在陕甘反抗清朝中的历史作用，同时对于白彦虎投靠阿古柏，也能够更为客观和宽容地去理解。对其他一些争议性的历史人物如噶尔丹、杨增新和盛世才等的认识和理解也发生了类似的变化。

对某些历史事件也有了新的认识和理解。以 20 世纪 40 年代的三区革命为例，由于三区革命发生在国共两党共同抗日的后期，发生在多民族聚居的新疆，发生在世界反法西斯联盟的中苏两国接壤地区，因此长期以来，这一历史事件一直是一个语焉不详、讳莫如深的敏感话题，甚至是不敢涉足的学术禁区。④ 厉声在《中国新疆：历史与现状》中则创造性地提出了"三区革命运动的二次革命"的观点，充分肯定了三区内部以阿合买提江、阿巴索夫为代表的革命派的崛起及其与分裂势力的坚决不懈的斗争，是三区

---

① 马大正、吴丰培主编：《清代新疆稀见奏牍汇编》，新疆人民出版社 1996—1997 年版。

② 参见厉声《改革开放 30 年来中国边疆史地研究学科的繁荣与发展》，《中国边疆史地研究》2008 年第 4 期。

③ 参见厉声《新疆近代史研究回顾》，《中国边疆史地研究》1992 年第 3 期。

④ 参见纪大椿《苏联与新疆三区革命》，载纪大椿《新疆近世史论稿》，黑龙江教育出版社 2002 年版，第 189—213 页。

革命摒弃独立、清除寄生的分裂毒瘤，从而使三区革命成为中国人民革命的一个组成部分的重要原因。其文中认为，这场统一与分裂的斗争，是 20 世纪新疆历史上第一次由民族领袖带领民族群众反对分裂新疆的重大政治斗争，对于三区革命的严重蜕变而言，这场斗争实际上成了三区革命运动的二次革命。三区革命运动的二次革命将新疆各族人民的解放斗争同祖国人民的解放斗争结合了起来，将新疆各族人民的解放同反对分裂、维护祖国边疆统一的斗争结合了起来，标志着新疆各族人民争取解放的斗争终于摆脱了"泛伊斯兰主义"和"泛突厥主义"的误导和束缚。① 这种认识上的发展变化促进了相关问题的深化研究。

其二，研究更加深入。以从学术史角度对清代西北边疆史地学的研究为例。20 世纪八九十年代，学者对清代西北边疆史地学的研究发展很快，但多局限于表层性的介绍或是桎梏于宣传的需要，很少有深入的、全面客观的研究。进入 21 世纪后，随着新的边疆理论的引入、新的文献的发掘利用，研究角度变得多元化，研究也更加深入。一批以清代西北边疆史地学为研究主旨的博士论文、博士后出站报告等陆续面世，它们视角不一，重点各异，深入考察了西北边疆史地学的发展、西北史地学者的学术活动及其社会影响，以及西北边疆史地学在中西学术交流中的重要作用。

(四) 理论与现实、基础研究与应用研究的紧密结合

边疆地区的安全稳定关系到整个国家的安全稳定。这主要是由于我国历史上（尤其是近代中国）因外来入侵而导致出现众多的边界问题，以及我国少数民族的地理分布特点所致。众所周知，我国的绝大多数民族都生活在边疆地区，各民族的安定团结必然关乎全局问题。西北边疆地区尤其受到重视，因为它不仅涉及边界问题、民族问题，更因为西北边疆在历史上曾经遭到过而且今天仍然面临着分裂势力、恐怖主义的威胁。因此，西北边疆史地研究者被赋予了新的时代任务，即通过研究为国家治理西北边疆提供重要的参考和科学的建议。这就使得西北边疆史地研究不仅是学术发展的需要，也是现实的客观需要，要求西北边疆史地研究必须将理论与现实、基础研究与应用研究紧密结合起来。

根据形势的发展和任务的不同，不同时期的西北边疆史地研究热点也不尽相同。其关注点主要是：

(1) 关系史研究。如边疆与内地的关系，边疆与周边国家的关系，边疆内部各民族之间的关系，边疆跨界民族之间的关系，边疆少数民族与汉民族的关系等。

(2) 中国历代边疆经略、开发史研究。

(3) 边界问题和疆域问题研究。

(4) 边疆稳定与发展研究。

以有关西北边疆的开发、经略史研究为例。自 20 世纪前半叶开始，便不断有学人对历代的西北边疆经略进行研究，其中最著者为曾问吾及其《中国经略西域史》。改革开放以后，相关研究更为兴盛，主要集中于对历代西北边疆的农业开发史、经济贸易史、边疆统治政策等方面的研究。通过这些研究，可以清楚地了解到历代经营西北的成败得失，如西北边疆发展与全国发展的关系、西北发展与国家稳定的关系、西北发展中

---

① 参见厉声主编《中国新疆：历史与现状》，新疆人民出版社 2003 年版，第 200—208 页。

的屯垦戍边问题、西北发展中的各民族之间的关系、发展与环境保护的关系，等等。①
世纪之交，国家制定了西部大开发的发展策略，为西部地区的发展带来了新的历史机
遇。这一重大决策的出台，不能说没有受到几代学人学术研究的影响，而西部大开发发
展策略又促进了西北边疆开发史研究的繁荣，二者相得益彰，可谓理论与现实、基础研
究与应用研究紧密结合的典范。

（五）研究步入新的繁荣期

进入 21 世纪以后，西北边疆史地研究步入新的繁荣期，获得了进一步的发展，其
标志是，国家社会科学基金特别项目"新疆历史与现状综合研究"（简称"新疆项
目"）和国家重大社会科学基金项目"新疆通史"的立项。

"新疆项目"和"新疆通史"两大项目分别于 2004 年和 2005 年立项。这两大项目
是在我国处于经济社会的快速发展阶段以及全面构建和谐社会的新的形势下立项的，表
明了新疆在我国新的发展时期的重要战略地位。这两大项目旨在对已有学术研究予以传
承和发扬。"新疆项目"为期 5 年，目前已经进入了成果出版期；"新疆通史"项目仍
正在进行中。

这两大项目主要包括学术研究、文献整理和社会调研等多项工作，其重点是西北边
疆史地的基础研究与应用研究。以"新疆通史"的编纂为例。长期以来，编纂一部较
为全面的新疆通史一直为学人所关注。自 20 世纪 80 年代初《新疆简史》② 三册出版
后，又先后出版了一批具有通史性质的相关著述，如 20 世纪 90 年代的《西域通史》③，
尤其是进入 21 世纪以后，相关通史的编纂工作更为兴盛，陆续出版了《西北通史》④、
《中国新疆：历史与现状》⑤、《新疆史鉴》⑥ 和《新疆史纲》⑦ 等简本形式的通史著述。
其中，《中国新疆：历史与现状》更是以汉、维吾尔、哈萨克、英、俄、法、德、日、
阿拉伯和土耳其等 10 种文字出版，面向世界各国发行。如今，在这些已有通史成果的
基础上，一部上自史前、下至 20 世纪 90 年代的共 14 卷 16 册的《新疆通史》的纂修工
作已然展开，它所追求的目标是，不仅在量上要超过现有的《新疆简史》等著述，而
且从研究角度观察应成为新疆历史研究承前启后的精品力作。⑧ 这可谓是一项具有创新
性的学术研究工作。

在注重学术研究之外，这两大项目均非常关注与此配套的基础项目和辅助项目的开
展，例如，资料的译介、收集和整理，社会与民族现状的调查研究，以及数据库的建
设，并希望能够通过《新疆通史》的纂修和学术研究加强人才队伍的培养和相关学科

① 参见马大正、李大龙主编《20 世纪中国西部开发史·绪论》，黑龙江教育出版社 2005 年版，
第 1—31 页。
② 新疆社会科学院民族研究所编著：《新疆简史》，新疆人民出版社 1980 年版。
③ 余太山主编：《西域通史》，中州古籍出版社 1996 年版。
④ 谷苞主编：《西北通史》，兰州大学出版社 2005 年版。
⑤ 厉声主编：《中国新疆：历史与现状》，新疆人民出版社 2003 年版。
⑥ 马大正主编：《新疆史鉴》，新疆人民出版社 2006 年版。
⑦ 苗普生、田卫疆主编：《新疆史纲》，新疆人民出版社 2004 年版。
⑧ 马大正：《创新：〈新疆通史〉纂修应追求的目标》，《西域研究》2007 年第 4 期。

的发展。尤其在资料方面,不仅注重对国外学者研究成果的译介,而且还非常强调对传统汉、满、蒙、维吾尔等语言文献、档案的收集整理。例如,具有重要史料价值的《满文边疆档案·新疆部分》(6 万件档案)和《新疆档案选辑》已接近成书。[①] 这些配套工程必将为西北边疆史地研究的进一步发展提供重要的文献和基础准备。

三　西北边疆史地研究展望

总而言之,新中国成立 60 年来,中国西北边疆史地研究已经从初期的以学术研究为主,发展为基础研究与应用研究并重,为国家治理西北边疆提供重要的理论参考;从最初编纂简史,到如今集中人力、物力编纂鸿篇巨制《新疆通史》;从最初的一个边缘学科,到如今成为历史研究中一门具有重要地位和重要现实意义的学科。

在全球化的背景下,多元文化并存、交流、融合和碰撞日益频繁,当今世界突出的特点被亨廷顿称为"文明的冲突"。如何解决不同文明、多元文化和不同民族之间的并存与共荣,是中国乃至世界所必须重视的现实问题。而这些现实问题的解决,需要以古鉴今。因此,中国西北边疆史地研究不论在学术基础上,还是在现实应用研究上,都将越来越重要。从上述 60 年来的西北边疆史地研究的发展来看,虽然取得了可喜的成果,但其学术积累还远远不能与时代赋予的重要地位相匹配。今后还需要加强对以下几个方面的研究:

其一,进一步加强基础研究与应用研究的结合,以使学术研究能更好地为现实服务。这不仅是学术发展的需要,也是时代的需要和国家稳定发展的需要。尤其是要进一步加强对我国西部大开发战略、国内外的分裂和恐怖势力对新疆稳定发展的影响这些重大的边疆现实问题的研究。这是从事边疆史地研究工作者的责任,学者们理应承担起来,为我国西北边疆的社会稳定、国家的统一做出应有的贡献。

其二,加强西北边疆史地研究学科的建设,加强跨学科、跨疆域研究的交流和疆域理论的发展建设。60 年来,这方面的研究已经取得了一定的成绩,但是总体上尚不尽如人意。今后应进一步加强这一领域的投入建设,既为中国边疆学的建构和发展提供重要的基础支撑,还应该使西北边疆史地研究成为其中最为重要的组成部分之一,促进这一学科的发展。

其三,利用当今西北边疆史地研究的有利时机,进一步加强人才队伍的培养建设,尤其要注重培养一批具有疆域理论修养和多语言修养的中、青年人才。在语言方面,不仅要加强对英、俄、日、法、德、土耳其和阿拉伯等国外语言的修养,同时还要培养一批懂满、蒙、维吾尔和哈萨克等语言的研究人才,并在研究实践中下大力气有重点地培养一些少数民族史学工作者。

其四,进一步加强中外相关研究的交流沟通。在这方面,既要通过交流加强对国外的研究趋势和成果的了解和利用,也要积极走出去,增加国外学术界和普通民众对中国西北边疆历史和现状的了解,以减少国外对我国西北边疆决策、民族政策和宗教政策不必要的误解。

---

① 参见厉声《改革开放 30 年来中国边疆史地研究学科的繁荣与发展》,《中国边疆史地研究》2008 年第 4 期。

其五，在文献方面，虽然对各语种文献的译介、整理取得了一定的成果，但是这一工作还应进一步加强，尤其是要加强对各种民族文字档案文献的汉译工作和当代史上当事人口述资料的抢救性整理。

其六，社会史领域的研究亟待加强。西北边疆史地研究作为改革开放以后中国史学领域发展最快的一个分支，应该说其中的社会史范畴的研究发展还较为缓慢，主要局限在社会经济、生活史方面，而对妇女史、儿童史、卫生史、出版印刷史、医疗史和城市史等领域的研究依然较为薄弱。

展望未来，相信在众多学者的共同努力下，在新的理论、新的资料、新的视角的支持下，西北边疆史地研究一定能够取得新的发展，为国家对西北边疆的治理提供新的支持。

（原载《中国边疆史地研究》2009 年第 3 期）

中国边疆与周边地区关系史研究 60 年

孙宏年[*]

作为中国边疆史地研究的重要领域，中国边疆与周边地区关系史主要研究历史时期中国边疆与周边地区的政治、经济、军事、文化等多方面的往来及其特点、规律，内容包括中国疆域演变过程中的边界、领土问题，历史时期中国边疆与邻近地区的政治与军事往来、经济文化交流、人员往来及跨国民族（部族、族群）问题等。1949 年之前，随着中国边疆史地研究两次高潮的兴起，这一领域的研究也产生过一些有价值的成果，中华人民共和国成立后的 60 年更是硕果累累。本文拟分 1949—1979 年、1980—1989 年、1990—2009 年三个时期对这一研究进行简要评述，因见闻和篇幅所限，难免挂一漏万，恳请方家指正。

一 1949—1979 年中国边疆与周边地区关系史研究概况

新中国成立后，中国边疆结束了近代以来列强欺凌、危机不断的时代，迎来了民族团结、经济社会发展的新时期，与周边国家的政治、经济、文化往来也日益频繁，为中国边疆与周边地区关系史研究提供了有利条件。1949—1979 年，在"冷战"的国际大背景下，受到国内外政治环境的影响，中国边疆与周边地区关系史的研究呈现友好交往史、列强侵略中国边疆地区史并重的状态，在边界问题、中外交通史等方面发表了一批初期成果。

第一，中国与周边地区友好交往史研究持续开展，取得了一批重要的研究成果。友好交往史的研究既在一些对中国与世界各国友好交往总体研究的论著中有所反映，又体现在中国与邻近地区、国家友好往来史的专题论著中。据不完全统计，总体性研究主要有论文 3 篇、著作 2 种[①]；中国东北边疆与朝鲜半岛、日本友好往来史方面，主要有论文 8 篇、著作 2 种[②]；中国东南海疆、南部边疆与东南亚邻国的友好关系史方面，论文近 40 篇，包括中越方面 4 篇、中缅方面 7 篇、中泰方面 4 篇、中老方面 5 篇、中柬方

---

[*] 孙宏年：中国社会科学院中国边疆研究所研究员。

[①] 主要有周一良《中国与亚洲各国和平友好的历史》，上海人民出版社 1955 年版；《中国和亚非各国友好关系史论丛》，生活·读书·新知三联书店 1957 年版。

[②] 主要有邵循正《两千年来中日人民的友好关系》，《人民日报》1955 年 9 月 5 日；周一良《中朝人民的友谊与文化交流友好关系》，北京开明书店 1951 年版、中国青年出版社 1954 年版。

面 17 篇，著作、资料集 3 种①；中国西南边疆与南亚、中亚邻国的友好往来史方面，论文有中印方面 10 篇、中国与尼泊尔方面 13 篇、中国和巴基斯坦方面 2 篇、中国与阿富汗方面 4 篇，相关著作 2 种。② 此外，中国与苏联的友好关系史涉及中国西北、北部和东北边疆，主要有论文 5 篇、著作 3 种。③ 这些成果有三个特点：一是数量有限，对中国边疆与周边地区关系史只是有所涉及，研究不太深入，只能说是开展了初期的研究工作。二是对不同时期、不同国家的研究分布不均衡，发表的时间往往是较为集中在中国与邻国的关系出现重大事件前后，如朝鲜战争、抗美援越前后有关中朝、中越友好的文章就相对较多。三是内容主要是对中国与周边国的友好关系进行概述性研究，强调人民之间的友谊和经济、文化等方面的往来。这些研究无疑为推动当时中国与周边邻国的睦邻友好关系产生了积极影响，但对历史上的边界争端等有些看似"影响"友好关系的问题未做探讨，从学术上看有其缺憾。例如，陈修和著《中越两国人民的友好关系和文化交流》对中越人民的友好关系做了多方面阐述，涉及共同反抗封建统治、抵抗外国侵略的斗争等，但对于历史上的边界争端等未予涉及。正是因为这些论著单纯地从人民友好关系史的角度论述两国关系史、中国边疆与周边地区关系史，因此不可避免会受到中国与邻国双边关系发展的影响。20 世纪 50 年代，这些研究成果的内容主要集中在中国与朝鲜半岛、日本、越南、缅甸、印度、苏联等的友好往来方面，60 年代以后中苏、中印和中越友好往来的研究因双边关系的恶化而相应减少，特别是由于中苏关系的恶化，有关的研究成果难以寻觅，并被沙俄侵华史研究取代。

第二，帝国主义侵华史研究成果众多，列强侵略中国边疆地区史研究又是其中的重要内容。近代以来，中国遭受到列强一百多年的侵略，1949 年以后由于国际环境的变化，国家安全仍然受到威胁，边疆地区处于长期紧张状态。中国学术界素有"经世致用"的传统，在这种背景下帝国主义侵华史自然成为研究的重心之一，其中一些论著又对列强侵略中国边疆和中国人民反对外国侵略进行了综合性研究，代表性的著作是丁名楠、余绳武、张振鹍等合著《帝国主义侵华史》第一卷和胡滨著《十九世纪末叶帝国主义争夺中国权益史》，前者叙述了甲午战争前五十多年间英、美、俄、日等国相继侵略中国的过程和情况，后者叙述甲午战争后几年间列强瓜分中国、中国边疆危机不断加深的情况。④

沙俄侵略中国史以沙俄对中国西藏和西北、北部、东北边疆的侵略和中国军民的反

---

① 主要有陈炎《中缅两国人民友好往来的历史》，《光明日报》1955 年 12 月 8 日；徐启恒《中国和泰国历史上的友好关系》，《历史教学》1979 年第 6 期；陈玉龙《中国和老挝的传统友谊》，《人民日报》1956 年 8 月 21 日；陈修和《中越两国人民的友好关系和文化交流》，中国青年出版社 1957 年版。

② 主要有傅珊《中印两国文化关系源远流长》，《文汇报》1955 年 7 月 26 日；黄盛璋《中国和尼泊尔的传统深厚友谊》，《新华半月刊》1956 年第 2 号；金克木《中印人民友谊史话》，中国青年出版社 1957 年版。

③ 主要有余元安《中俄两国人民友好关系三百年》，《历史研究》1957 年第 11 期；李蓼源《中苏友谊流远流长》，《山西师院学报》1960 年第 1 期；彭明《中苏友谊简史》，中国青年出版社 1955 年版。

④ 丁名楠、余绳武、张振鹍：《帝国主义侵华史》，科学出版社 1958 年版；胡滨：《十九世纪末叶帝国主义争夺中国权益史》，生活·读书·新知三联书店 1957 年版。

侵略斗争为主，是当时帝国主义侵华史中最重要的研究领域。这与 20 世纪 60 年代以后国内外的政治形势，特别是中苏关系恶化和"文革"期间"反修"斗争密切相关。据不完全统计，1960—1979 年间在该领域中国大陆地区学者不仅发表约 30 篇论文，而且出版了约 30 种著作，编辑至少 2 种论文集、资料集①，翻译出版了约 40 种外文资料、著作。其中，在论文方面，仅仅《历史研究》在 1974—1979 年就陆续刊登了 13 篇论文。② 相关著作以"沙俄侵华史"为主题的至少有 5 种，以"沙俄扩张史"为主题的著作至少有 4 种，以中东路、沙俄侵占中国西北、内蒙古、东北地区等为主题的至少有 15 种，以中俄条约为题的有 5 种。③ 翻译的相关外文资料、著作，主要由商务印书馆出版，有的属于学术资料，有的是研究沙俄扩张政策与历史的学术专著，如乔治·亚历山大·伦森编、杨诗浩译《俄国向东方的扩张》收录了沙俄和苏俄时期向东方扩张的文章和资料，安德鲁·马洛泽莫夫著《俄国的远东政策（1881—1904）》论述了 1881—1904 年沙俄制定和执行其远东政策的过程，都涉及沙俄侵略中国边疆的史实。④

除了前述涉及沙俄侵华史的论著外，西藏、西南方面，研究内容主要是近代以来法国、英国、俄国等国侵略活动和中国人民的反抗斗争及历史时期的中缅边界、中印边界问题等，论文约 60 篇，著作约 10 种。⑤ 北部、东北边疆方面还有黄时鉴的《日本帝国主义的"满蒙政策"和内蒙古反动封建上层的"自治""独立"运动》⑥ 等论文。海疆方面，主要围绕郑成功收复台湾和明清以来日本、美国、葡萄牙、荷兰等国对我国台湾、香港、澳门、南海诸岛等侵略等问题，把历史研究与现实斗争联系起来，如卿汝楫《美国侵略台湾史》⑦ 叙述了百年来美国侵略台湾的种种阴谋和罪行，并揭露了美国一贯企图以台湾为进攻中国大陆的基地，以实现"太平洋帝国"梦想。此外，以中国近代史、列强侵华战争、边疆地区革命史为题的论著，也以一定篇幅叙述了中国近代边疆遭受列强侵略的史实，并涉及中国边疆与邻国的关系。

列强侵略中国边疆地区史研究是在特定环境中进行的，特别是"文革"期间某些论著过于迎合现实政治需要，削弱了其学术性、科学性，而且当时受到档案、文献的限制，因而降低了它们的学术价值。同时，我们还要看到这些论著中有不少是当时国内的

---

① 主要有《中俄边界条约集》，商务印书馆 1973 年版；《中俄关系史论文集》，甘肃人民出版社 1979 年版。

② 主要有谭其骧、田汝康《"新土地的开发者"，还是入侵中国的强盗？》，1974 年第 1 期；希达《沙俄对我国西部地区的早期侵略》，1976 年第 3 期。

③ 主要有复旦大学历史系编《沙俄侵华史》，上海人民出版社 1975 年版；中国科学院近代史研究所编《沙俄侵华史》第一卷，人民出版社 1975 年版；北京大学历史系编《沙皇俄国侵略扩张史》，人民出版社 1979—1980 年版；北京师范大学清史研究小组编《一六八九年的中俄尼布楚条约》，人民出版社 1977 年版。

④ ［美］乔治·亚历山大·伦森编：《俄国向东方的扩张》，杨诗浩译，商务印书馆 1978 年版；［美］安德鲁·马洛泽莫夫：《俄国的远东政策（1881—1904）》，商务印书馆 1977 年版。

⑤ 主要有凌大珽《法帝侵华史》，新潮书店 1951 年版；张雁深《中法外交关系史考》，文哲研究社 1950 年版；佘素《清季英国侵略西藏史》，世界知识出版社 1959 年版。

⑥ 黄时鉴：《日本帝国主义的"满蒙政策"和内蒙古反动封建上层的"自治""独立"运动》，《内蒙古大学学报》1963 年第 1 期。

⑦ 卿汝楫：《美国侵略台湾史》，中国青年出版社 1955 年版。

一流学者撰写的，有的还是多位专家共同研究、集体撰写的，反映了当时中国学术界的最高水准，并为后来的研究奠定了基础，如《沙俄侵华史》第一卷叙述了早期沙皇俄国对中国的武装入侵和《尼布楚条约》《布连斯奇条约》的订立，是学术价值较高的论著之一。

第三，中国边疆与周边地区关系史研究的部分资料得到初步的整理，除了前述沙俄侵华史研究成果中所提文献、资料外，还有至少 30 种，包括中国边疆地区的档案、文献约 10 种，并翻译出版了周边邻国历史及其与中国关系的外文著作 25 种。① 这些文献、资料对中国边疆与周边地区的关系有所涉及，也为以后相关研究提供了重要资料。

第四，边界问题的研究进入了起步阶段。新中国成立后，经过和平友好的谈判，中国先后同缅甸、尼泊尔、巴基斯坦、阿富汗、蒙古等国解决了历史遗留的边界问题，但 1979 年以前中苏、中越、中印之间尚未划定边界，南海诸岛、钓鱼岛也被周边邻国非法占领，因此边界问题始终影响中国与邻国关系的发展，也成为学术界研究的重要内容。这一时期，中国的大陆学者与港台学者一起，通过学术研究，共同维护中国的统一和领土完整。一方面，大陆地区整理、出版了中国与邻国关系的外交文件和相关地图约 30 种，仅中印边界方面的资料、地图 1962 年前后就先后出版近 20 种。② 另一方面，大陆学者在帝国主义侵华史研究中部分地涉及历史时期的中国与苏联、缅甸、印度、越南等国的边界问题，对南海诸岛、钓鱼岛的研究也发表论文、"参考资料" 80 多篇，而港台地区学者也有相应成果。③

第五，中国边疆与周边地区的经贸往来、文化交流的研究成果主要集中在丝绸之路、中国与南洋交通史等领域。其中，海上交通史的研究和中国东南海疆对外经贸往来、文化交流的研究密切相关，1949 年前就是中国学术界关注的领域。1949 年后，韩振华、岑仲勉等大陆地区的学者陆续发表 4 篇文章，讨论古代中国与南洋交通问题；港台学者陈璋、徐玉虎等也与大陆地区学者相应和，发表了一些成果。④

---

① 例如，[法] 伯希和、沙畹：《西域南海史地考证译丛》，冯承钧译，中华书局 1956—1958 年版；[英] 兰姆：《中印边境》，民通译，世界知识出版社 1966 年版。[越] 陶维英：《越南历代疆域》，钟民岩译，商务印书馆 1973 年版。

② 例如，王铁崖编：《中外旧约章汇编》三册，生活·读书·新知三联书店 1957—1962 年版。

③ 港台地区成果，主要有张大军《新疆北段中俄国界研究》、《新疆南段中俄国界研究》，《中山学术文化集刊》第 14—19 期，1974—1977 年版；欧阳无畏《中印缅边界与麦克马洪线》，载《边疆论文集》，1964 年版；邱莹辉《中印西段边界问题研究》，1969 年作者油印本等。

④ 主要有韩振华《公元前二世纪至公元一世纪间中国与印度东南亚的海上交通——汉书地理志粤地条末段考释》，《厦门大学学报》1957 年第 2 期；岑仲勉《西汉对南洋的海道交通》，《中山大学学报》1959 年第 4 期；周连宽《汉使航程问题——评岑韩二氏的论文》，《中山大学学报》1964 年第 3 期；沈福伟《十二世纪的中国帆船和印度洋航路》，《历史学》1979 年第 2 期；陈璋《明代奉使南洋使节考》，载《罗香林教授论文集》，1970 年版；徐玉虎《前汉书地理志载中印航海行程考》，《辅仁大学人文学报》1972 年第 2 期；张奕善《明帝国与南海政略》，载《中国史学论文选集》（第二辑），1977 年版。

二　1980—1989 年中国边疆与周边地区关系史研究概况

十一届三中全会以后，改革开放使中国与周边国家的政治、经济、文化等的交流更加频繁，同时中国与一些邻国尚未解决的边界问题也再度受到重视，各边疆省区相继成立社会科学研究机构，中国社会科学院中国边疆史地研究中心（以下简称"边疆中心"）也在 1983 年 3 月成立，并相继创办《中国边疆史地研究报告》等学术刊物和中国中亚文化研究会、中外关系史研究会等学术团体。1988 年，全国第一届边疆史地学术讨论会在北京召开，标志着中国边疆史地研究队伍初具规模，同时又促进了相关研究的进一步发展。

第一，中国与周边国家友好往来史、帝国主义侵华史的研究继续进行，一批论文、著作、资料、译著陆续问世，同时学者们开始走出中国与周边国家要么"友好"、要么侵略与反侵略的脸谱化研究模式，从学术的角度考察中国与周边地区、中国与列强的关系。这两种研究方向并存，标志着中国与周边地区关系的研究进入了一个新的时期。

中国与周边国家友好往来史、帝国主义侵华史研究在 1979 年前形成了具有一定规模的科研队伍，并发表了一批重要成果。其中，中国与周边国家友好往来史方面的论文约 30 篇。[1] 帝国主义侵华史、边疆军民反抗侵略史紧密相连，有关论文、著作很多，仅总体性研究著作就至少有 10 种[2]，东北边疆、西藏等方面的研究也有不少有分量的成果发表。[3] 沙俄侵华史仍是研究成果仍然较为集中的方面，著作就有 10 多种[4]，翻译出版的资料、著作至少有 15 种，其中商务印书馆在 1980—1982 年间出版的至少有 12 种。这些成果既是 1979 年前研究的延续，又开始摆脱 1979 年前的某些束缚，学术质量显著提高，如余绳武主编《沙俄侵华史》（1—4 卷）规模宏大，内容充实，资料丰富，结构严密，从整体上把俄国侵华史研究提到了一个新水平。

在推出这些研究成果的同时，学者们也逐步摆脱中国与苏联（俄国）之间要么"友好"、要么侵略与反侵略的研究模式，开始反思以"友好关系史"囊括历史时期中国与周边邻国关系的缺失，力图从学术的视角较为客观地论述中苏（俄）、中朝、中越等双边关系史的真实面貌。中俄（苏）关系史研究方面有林军著《中苏关系 1689—

---

① 例如，李灿：《从曹氏墓字砖看古代中日关系》，《江淮论坛》1980 年第 4 期；陈炎：《中缅友谊和文化交流》，《人民日报》1980 年 10 月 21 日；张莲英：《明代中国与泰国的友好关系》，《世界历史》1982 年第 3 期。

② 例如，丁名楠、张振鹍等：《帝国主义侵华史》第二卷，人民出版社 1986 年版；李德征等：《八国联军侵华史》，山东大学出版社 1990 年版。

③ 例如，王秉忠主编：《东北沦陷十四年大事编年》，辽宁人民出版社 1990 年版；朱榛荣编：《帝国主义在西藏的侵略活动》，西藏人民出版社 1981 年版；周伟洲：《英俄侵略我国西藏史略》，陕西人民出版社 1984 年版；王绳祖：《中英关系史论丛》，人民出版社 1981 年版。

④ 例如，赵春晨：《沙俄侵略我国西北边疆简史》，陕西人民出版社 1980 年版；佟冬主编：《沙俄与东北》，吉林文史出版社 1985 年版；王长富：《沙皇俄国掠夺中国东北林业考》，吉林人民出版社 1986 年版；余绳武主编：《沙俄侵华史》1—4 卷，人民出版社 1978—1990 年版。

1989》①，中朝关系史研究方面有杨昭全著《中朝关系史论文集》② 等成果发表。中越关系史研究方面，有论文 50 多篇，著作、译著、资料集等 10 多种。③ 其中，黄国安等著《中越关系史简编》论述了中越两国历史上的宗藩往来、经济文化交流、共同抗法、边界领土争端等情况，虽然论述颇简，但已略具大体。

第二，中国疆域史、边界问题的研究。中国疆域史一直是中国边疆史地研究的重要领域，20 世纪上半叶以来就有相应的成果，但仍需要进一步做严谨的考证、系统的梳理和理论的升华，因此 1949 年后国内学术界仍然给予高度重视，并就历史上的中国和中国疆域等展开过讨论。1980—1989 年，改革开放初期的宽松环境又使中国疆域史研究取得较多的成果，其中不少涉及中国历史时期的边疆与周边地区关系。④

在边界研究方面，我国学术界不仅在帝国主义侵华史研究方面发表的成果部分地涉及历史时期的中国与苏联（俄国）、缅甸、印度、越南等国边界问题，而且中俄（苏）边界、南海诸岛等研究领域也取得新的进展。这些成果中，既有综合性研究的著作、资料集等，如张锡群、吴真明著《中国近代割地史》，褚德新、梁德主编《中外约章汇要》。⑤ 又有研究中俄（苏）、中朝、中越、中印等具体边界问题的诸多成果。中俄（苏）、中朝边界方面，杨昭全的《中朝界务史》对中朝边界问题进行了开创性的研究⑥，孙进己的《东北历史地理》和薛虹的《库页岛在历史上的归属问题》对中俄（苏）边界问题进行了较为深入的研究。⑦ 南海诸岛是这一阶段研究较为集中的领域，发表论文 120 多篇、著作近 20 种，主要是从历史、地理、考古、国际法等方面证明东沙群岛、南沙群岛、西沙群岛、钓鱼岛等自古以来就是中国领土，以维护我国主权和领土完整。中越边界方面，萧德浩、刘文宗等撰文论证了在历史上中、越两国从未划分过北部湾的海界，1887 年《中法续议界务专条》第三款划分的是芒街附近海中岛屿的归属，越南政府把它说成为划定中越海上分界线是没有根据的。⑧ 中缅边界方面，张振鹍、金宗英、谢本书等学者先后撰文，对中缅边界的有关问题进行较为深入的研究。⑨

---

① 林军：《中苏关系 1689—1989》，黑龙江教育出版社 1989 年版。

② 杨昭全：《中朝关系史论文集》，世界知识出版社 1988 年版。

③ 例如，龙永行：《近代中越宗藩关系刍议》，《东南亚研究》1987 年第 1、2 期；刘伯奎：《中法越南交涉史》，台湾学生书局 1980 年版；黄国安等：《中越关系史简编》，广西人民出版社 1986 年版。

④ 例如，张博泉等：《东北历代疆域史》，吉林人民出版社 1981 年版；尤中：《中国西南边疆变迁史》，云南教育出版社 1987 年版；方国瑜：《中国西南历史地理考释》，中华书局 1987 年版。

⑤ 张锡群、吴真明：《中国近代割地史》，河南人民出版社 1989 年版；褚德新、梁德主编：《中外约章汇要》，黑龙江人民出版社 1991 年版。

⑥ 杨昭全：《中朝界务史》，《中国边疆史地研究报告》1988 年第 3 辑、1989 年第 4 辑。

⑦ 孙进己：《东北历史地理》，黑龙江人民出版社 1989 年版；薛虹：《库页岛在历史上的归属问题》，《历史研究》1981 年第 5 期。

⑧ 参见萧德浩《北部湾问题刍议》，《中国边疆史地研究报告》1988 年第 3 辑；刘文宗《是"海上分界线"还是岛屿分界线》，《中国边疆史地研究报告》1989 年第 4 辑。

⑨ 张振鹍《近代史上中英缅边界"南段未定界"问题》、金宗英《麦克马洪线与中缅北段边界问题》、谢本书《片马问题考察与研究》，分别载于《中国边疆史地研究报告》第 2、3、4 辑，1988—1989 年。

中印边界方面，杨公素、景辉等学者对中印之间传统习惯线、英国私自划定的"麦克马洪线"等进行了较为系统的探讨。① 此外，一批关于中外关系史、外交史的著作对边界问题也有所涉及。②

第三，中国与周边国家的经贸往来、文化交流研究，其中部分成果涉及中国边疆与周边地区的经贸、文化关系。在这些成果中，一方面是总体性的研究，涉及各个时期中国与东亚、东南亚、中亚、日本、琉球、越南、缅甸、印度等地区和国家的经贸、文化往来，有论文 100 多篇、著作约 10 种。③ 另一方面是专题性的研究，丝绸之路、中外交通史方面的论文约 50 篇，著作、资料集 5 种；郑和下西洋专题研究的论文 60 多篇，著作、资料集 5 种。④

第四，跨国民族（部族、族群）研究进入起步阶段。无论历史时期，还是今天，中国与周边地区之间都有一些民族（部族，或族群）跨国而居，有的地跨两国，有的甚至跨三个甚至更多的国家，不仅曾经影响过历史上中国边疆与周边地区的政治军事交往、经济文化关系，而且对中国和周边邻国边境地区的社会稳定、经济建设、国防建设和对外经济文化交流都有很大的影响。对于这些民族（部族、族群），我国学术界的研究经历了 1840—1949 年间的资料积累时期和 1949 年至 20 世纪 70 年代的萌动时期，改革开放以后相关的研究逐步展开。这一阶段，学者们在概念的使用上仍处于不确定状态，即使同一位学者所使用的概念也有变化，有时使用"跨界民族"的提法，有时使用"跨境民族"一词。⑤ 尽管如此，相关的研究成果不断发表，又主要集中在中国与东南亚邻国的跨国民族方面，申旭、刘稚著《中国西南与东南亚的跨境民族》则是这一阶段最早的学术专著。⑥

三 1990—2009 年中国边疆与周边地区关系史研究概况

1990 年至 2009 年的 20 年间，中国边疆与周边地区关系史研究迎来前所未有的大

---

① 例如，杨公素：《中印边界问题的真相》，《中国边疆史地研究报告》1989 年第 4 辑；景辉：《中印东段边界真相》，《国际问题研究》1988 年第 1 期。

② 例如，刘培华：《近代中外关系史》，北京大学出版社 1986 年版；顾明义：《中国近代外交史略》，吉林文史出版社 1987 年版；王绍坊：《中国外交史（鸦片战争至辛亥革命时期）》，河南人民出版社 1988 年版。

③ 例如，诗铧：《宋代中国与朝鲜的贸易往来》，《国际贸易》1985 年第 5 期；赵龙生：《明代中、越经济文化关系的若干特点》，《亚非》1987 年第 1 期；朱云影：《中国文化对日韩越的影响》，黎明文化公司 1981 年版。

④ 例如，申旭：《南方丝路研究两题》，《东南亚》1988 年第 3—4 期；杨建新、卢苇编：《丝绸之路》，甘肃人民出版社 1981 年版；范中义、王振华：《郑和下西洋》，海洋出版社 1982 年版。

⑤ 参见周建新、黄超《中国跨国民族研究综述》，《广西民族大学学报》2007 年第 5 期。目前，中国学术界在此概念上仍有分歧，笔者认为"跨国民族""跨境民族"和"跨界民族"各有侧重，鉴于历史时期中国边疆与周边地区居民关系的演变形态，本文采取"跨国民族（部族或族群）"的概念。

⑥ 申旭、刘稚：《中国西南与东南亚的跨境民族》，云南民族出版社 1988 年版。论文主要有黄国安《骆族与广西壮族及越南民族的历史渊源关系》，《印度支那研究》1981 年第 4 期；范宏贵《瑶族从中国迁入越南浅谈》，《西南民族历史研究集刊》1984 年第 5 期，等等。

好时机，一方面是各个相关学科、领域都成立了许多专门的学会、机构，创办了《中国边疆史地研究》等专业刊物，出版了"中国边疆史地研究丛书""边疆史地丛书""黑水丛书""长白丛书"等系列丛书；另一方面是国内外学术界往来更加频繁，中外学者的交流日益加深，如中国地理学会历史地理专业委员会、中国中外关系史学会、中国东南亚研究会、中国中俄关系史研究会等学术团体定期举办各种学术研讨会，边疆中心联合国内院校在1999年、2006年举办了第二、三届全国边疆史地学术讨论会，中国藏学研究中心在2008年前主办了三届北京藏学研讨会等。在这种形势下，中国边疆与周边地区关系史研究进入了深入发展阶段，出版了一批重要成果，整理了一批相关文献资料，而且各个专题研究百花齐放，研究领域更为宽广，理论探讨更加深入。

第一，综合性研究取得丰硕成果，使中国边疆与周边关系史的研究得到新的理论指导，并在21世纪初提升到新的水平。这些成果又主要体现在中国疆域史研究、边疆地区通史的编纂两方面。中国疆域史研究是中国边疆史地研究中心和其他院校、科研机构的专家重点攻关的研究方向，在这一时期也得到长足发展，取得了众多成果，仅以著作而言，就有葛剑雄著《中国历代疆域的变迁》，刘宏煊著《中国疆域史》、林荣贵主编《中国古代疆域史》等。① 这些成果在论述中国疆域变迁时注重理论上的探讨，又对中国边疆与周边关系有所涉及。其中，《中国古代疆域史》史料翔实，内容宏瞻，是国内学术界合作攻关的成果；中国边疆与周边地区关系的演变也是该书的重要组成部分，如元代拓展版图与周边的关系、清代与周边国家的边界关系及其对领土主权的行使等内容，把相关研究推进到新的高度。

中国边疆地区通史的编纂是改革开放以来中国边疆史地研究的重要内容，马大正担任总主编、中州古籍出版社2002年开始出版的"中国边疆通史丛书"又较为集中地反映了21世纪初的新成果。该丛书由《中国边疆经略史》《东北通史》《北疆通史》《西域通史》《西藏通史》《西南通史》和《海疆通史》组成，对从古代至近代中国边疆与周边地区的关系也有涉及，如《西南通史》中论述了西南边疆地区与周边地区、国家的关系，包括元代云南与中南半岛、印度地区的关系，广西与安南及徼外诸国的关系。

第二，档案、文献和相关资料是学术研究的基础，1990年后整理出版了一批专题的档案、文献。综合性的史料汇编，主要有"中国边疆史地研究资料丛书""中国边疆史地资料丛刊"、全国图书馆文献缩微复制中心影印的"中国边疆史志集成"、线装书局影印《国家图书馆藏清代边疆史料抄稿本汇编》等。此外，《满文边疆档案目录》共800万字，收录12万件档案，也在整理之中。东北边疆方面，主要有"东北文史资料丛编"等，中国边疆史地研究中心与国内档案机构合作编选《清代东北边疆档案选辑》150册和《珲春副都统衙门档》238册等。② 其中，《珲春副都统衙门档》收录了中国第一历史档案馆和吉林省延边朝鲜族自治州档案馆所藏1737—1909年间珲春协领和副都统衙门的档案，为研究东北边疆史、中外关系史等提供了宝贵的第一手史料。东南海疆、南海诸岛方面，主

---

① 葛剑雄：《中国历代疆域的变迁》，中共中央党校出版社1991年版；刘宏煊：《中国疆域史》，武汉人民出版社1995年版；林荣贵主编：《中国古代疆域史》，黑龙江教育出版社2007年版。

② 中国档案出版社1996年、1998年版。此外，还有杨昭全、孙玉梅编：《中朝边界沿革及界务交涉史料汇编》，吉林文史出版社1994年版；权赫秀编：《近代中韩关系史料选编》，世界知识出版社2008年版；等等。

要有"海南地方文献丛书",余定邦等编《中国古籍中有关缅甸资料汇编(上、中、下)》等。① 西南、西藏方面,有"中国西南文献丛书""云南史料丛书""西藏研究参考资料""西藏学汉文文献丛书""中国藏学汉文历史文献集成"等丛书,张振鹍主编、中华书局出版的中国近代史资料丛刊续编《中法战争》(1—4册),吴丰培编《清代藏事奏牍》等。② 西北边疆方面,有兰州古籍书店影印"中国西北文献丛书",《满文边疆档案·新疆部分》《新疆档案选辑》各6万件也正在整理之中。

第三,中国边疆与周边邻国关系史研究成果丰富,既有一批总体性的研究成果,又在政治关系、经贸往来、文化交流等方面百花齐放,论文约500篇,著作、论文集、资料集约200多种。仅就著作、论文集而言,在总体性研究方面,至少有15种,主要有高伟浓著《走向近世的中国与"朝贡"国关系》、李云泉著《朝贡制度史论——中国古代对外关系体制研究》、李大龙著《汉唐藩属体制研究》、张植荣著《中国边疆与民族问题——当代中国的挑战及其历史由来》等。③ 东北、北部、西北边疆史方面,主要涉及历史时期中国与苏联、朝鲜、日本及中亚国家的关系,著作至少有40种。其中,东北亚关系方面主要有黄定天著《东北亚国际关系史》,汪高鑫、程仁桃著《东亚三国古代关系史》等。④ 中朝关系史方面,主要有杨昭全、韩俊光著《中朝关系简史》,姜龙范、刘子敏著《明代中朝关系史》,白新良主编《中朝关系史:明清时期》,刘为著《清代中朝使者往来研究》等。⑤ 中日关系史方面,主要有王晓秋著中华书局1992年出版的《近代中日文化交流史》和中国社会科学出版社1997年出版的《近代中日关系史研究》。中苏(俄)关系史方面,主要有薛衔天著《中东铁路护路军与东北边疆政局》、王希隆著《中俄关系史略(1917年前)》、厉声著《新疆对苏(俄)贸易史(1600—1990)》等。⑥ 中

---

① 余定邦等编:《中国古籍中有关缅甸资料汇编(上、中、下)》,中华书局2002年版。

② 吴丰培编:《清代藏事奏牍》,中国藏学出版社1994年版。

③ 高伟浓:《走向近世的中国与"朝贡"国关系》,广东高等教育出版社1993年版;李云泉:《朝贡制度史论——中国古代对外关系体制研究》,新华出版社2004年版;李大龙:《汉唐藩属体制研究》,中国社会科学出版社2006年版;张植荣:《中国边疆与民族问题——当代中国的挑战及其历史由来》,北京大学出版社2005年版。此外,王静:《中国古代中央客馆制度研究》,黑龙江教育出版社2002年版;高鸿志:《英国与中国边疆危机》,黑龙江教育出版社1998年版;韩振华:《韩振华选集之一:中外关系历史研究》,香港大学亚洲研究中心1999年版;等等。

④ 黄定天:《东亚三国古代关系史》,黑龙江教育出版社1999年版;汪高鑫、程仁桃:《东亚三国古代关系史》,北京工业大学出版社2006年版。

⑤ 杨昭全、韩俊光:《中朝关系简史》,辽宁民族出版社1992年版;姜龙范、刘子敏:《明代中朝关系史》,黑龙江朝鲜民族出版社1999年版;白新良主编:《中朝关系史:明清时期》,世界知识出版社2002年版;刘为:《清代中朝使者往来研究》,黑龙江教育出版社2002年版。此外,李花子:《清朝与朝鲜关系史研究——以越境交涉为中心》,香港亚洲出版社2006年版;杨军、王秋彬:《中国与朝鲜半岛关系史论》,社会科学文献出版社2006年版;等等。

⑥ 薛衔天书,社会科学文献出版社1993年版;王希隆书,甘肃文化出版社1995年版;厉声书,新疆人民出版社1993年版。此外,还有宿丰林:《中苏经济贸易史》、《早期中俄关系史研究》,黑龙江人民出版社1992年、1999年版;米镇波:《清代中俄恰克图边境贸易》,南开大学出版社2003年版;黄定天:《中俄关系通史》,黑龙江人民出版社2007年版;李嘉谷:《中苏关系(1917—1926)》,社会科学文献出版社1996年版;张凤鸣:《中国东北与俄国(苏联)经济关系史》,中国社会科学出版社2003年版;等等。

新疆与中亚邻国、英国关系史方面，主要有厉声著《哈萨克斯坦及其与中国新疆的关系（15 世纪—20 世纪中期）》、许建英著《近代英国与中国新疆（1840—1911）》等。① 海疆（含台湾、香港、澳门）和南部边疆史方面，主要涉及历史时期中国与葡萄牙、法国、英国及东南亚越南、老挝、缅甸等国关系，主要有余定邦、喻常森等著《近代中国与东南亚关系史》，孙宏年著《清代中越宗藩关系研究》，余定邦著《中缅关系史》等。② 西南边疆、西藏史方面，主要涉及历史时期中国与英国及南亚印度、尼泊尔等国的关系，主要有张云著《上古西藏与波斯文明》、王宏纬著《喜马拉雅山情结：中印关系研究》、周伟洲主编《英国、俄国与中国西藏》等。③ 对外交通、经贸往来是我国边疆与周边地区往来的重要内容，是学术界关于对外交往研究中颇受关注的领域，在东南海疆的海上交通史和西南边疆的茶马古道、西南丝绸之路、西藏对外交通等方面，20 世纪 90 年代以后又推出了一批有分量的成果，主要论文有安民《论西南丝绸之路的研究》、冯汉镛《唐代西蜀经吐蕃通天竺路线考》等。④ 著作主要有申旭著《中国西南对外关系史研究——以西南丝绸之路为中心》、陆韧著《云南对外交通史》等。⑤ 此外，中国外交史和对周边邻国研究的国别史方面出版一系列著作、论文集、译著，其中有不少对中国边疆与周边邻国关系史也有涉及，限于篇幅，这里不再列出。

　　上述著作在相关研究领域都有所创新，如《哈萨克斯坦及其与中国新疆的关系（15 世纪—20 世纪中期）》是国内学术界第一部系统阐述 15 世纪至 20 世纪哈萨克斯坦和中国、俄国（苏联）关系的著作；《上古西藏与波斯文明》充分利用了汉、藏、英、日、俄等语种的文献资料，阐述了西藏古代文明的发展阶段、基本特征、核心内容，并重点研究了象雄与波斯文明、吐蕃与波斯文明之间的联系、相互影响和相互的认知等问题。

　　第四，边界问题是中国边疆史地研究的重要领域，这一时期国内学术界在吸收、继承已有成果的基础上，既在综合性研究中推出有重大影响的成果，又把中国与邻国的陆地边界和香港、澳门、台湾、南海诸岛、钓鱼岛等的研究都推向新的水平。综合性的研

---

　　① 两书均为黑龙江教育出版社 2004 年版。

　　② 余定邦、喻常森等：《近代中国与东南亚关系史》，中山大学出版社 1999 年版；孙宏年：《清代中越宗藩关系研究》，黑龙江教育出版社 2006 年版；余定邦：《中缅关系史》，光明日报出版社 2000 年版。

　　③ 张云：《上古西藏与波斯文明》，中国藏学出版社 2005 年版；王宏纬：《喜马拉雅山情结：中印关系研究》，中国藏学出版社 1998 年版；周伟洲主编：《英国、俄国与中国西藏》，中国藏学出版社 2000 年版。此外，还有杨公素：《中国反对外国侵略干涉西藏地方斗争史》，中国藏学出版社 1992 年版；王远大：《近代俄国与中国西藏》，生活·读书·新知三联书店 1993 年版；吕昭义：《英属印度与中国西南边疆（1774—1911 年）》《英帝国与中国西南边疆（1911—1947）》，分别为中国社会科学出版社 1996 年版、中国藏学出版社 2001 年版；秦永章：《日本涉藏史》，中国藏学出版社 2005 年版；张永攀：《英帝国与中国西藏（1937—1947）》，中国社会科学出版社 2007 年版；等等。

　　④ 安民文，《昆明社科》1991 年第 4 期；冯汉镛文，《西藏研究》1985 年第 4 期。此外，还有陈保亚《茶马古道的历史地位》，《思想战线》1992 年第 1 期，等等。

　　⑤ 申旭：《中国西南对外关系史研究——以西南丝绸之路为中心》，云南美术出版社 1994 年版；陆韧：《云南对外交通史》，云南民族出版社 1997 年版。

究出现重要突破。吕一燃主编《中国近代边界史》① 是国内众多专家共同努力的成果，较为集中地反映了 21 世纪初期我国学术界在边界研究中的新成果。该书以 64 万多字的篇幅，不仅对近代以来中国与周边邻国的陆地边界进行了系统的研究，而且对中国与葡萄关于澳门地区、与英国关于香港地区的领土主权交涉以及台湾、南海诸岛、钓鱼岛等问题做了深入的论述，把中国近代以来界务问题的研究推向了一个新的高度。中国与邻国的陆路边界及南海问题、钓鱼岛问题等各方面的专题研究也取得了丰硕成果。仅就著作而言，主要有杨昭全、孙玉梅合著《中朝边界史》、厉声著《中俄伊犁交涉》、樊明方著《唐努乌梁海》、刘远图著《早期中俄东段边界研究》、姜长斌著《中俄国界东段的演变》、朱昭华著《中缅边界问题研究——以近代中英边界谈判为中心》、韩振华著《南海诸岛史地研究》、李金明著《中国南海疆域研究》、李国强著《南中国海研究：历史与现状》等。②

第五，边疆探察史研究取得新成果，不仅翻译了一批外国来华"探险者"在中国边疆地区探险、考察的著作，而且出版了马达汉、桔瑞超、斯文·赫定等人的传记。同时，中外学者合作开展研究，马达汉新疆考察就是其中的重要突破点。马达汉（Carl-Gustav Mannerheim）1906 年受沙俄派遣到中国边疆地区搜集情报。2000 年之前中国学术界对马达汉的学术研究尚未展开，此后中国、芬兰学术界合作开展研究，陆续有成果问世。③ 2006 年召开马达汉新疆考察国际研讨会，又出版了马大正、厉声、许建英主编《芬兰探险家马达汉新疆考察研究》④ 等成果，使这一研究达到更高水平。

第六，跨国民族研究进入发展和深化的新时期。一方面，中国边疆地区跨国民族综合研究取得新的进展，理论问题的探讨持续进行，对有关概念、特点、影响等问题的讨论不断深入。仅仅就著作而言，主要有金春子、王建民编著《中国跨界民族》，马曼丽、张树青著《跨国民族理论问题综论》，葛公尚主编《当代国际政治与跨界民族研究》。⑤ 其中，《中国跨界民族》是国内较早的专著，对我国边疆地区的 30 多个"跨界

① 吕一燃主编：《中国近代边界史》，四川人民出版社 2007 年版。

② 杨昭全、孙玉梅：《中朝边界史》，吉林文史出版社 1993 年版；厉声：《中俄伊犁交涉》，新疆人民出版社 1995 年版；樊明方：《唐努乌梁海》，台北"蒙藏委员会"1996 年版；刘远图：《早期中俄东段边界研究》，中国社会科学出版社 1993 年版；姜长斌：《中俄国界东段的演变》，中央文献出版社 2007 年版；朱昭华：《中缅边界问题研究——以近代中英边界谈判为中心》，黑龙江教育出版社 2007 年版；韩振华：《南海诸岛史地研究》，社会科学文献出版社 1996 年版；李金明：《中国南海疆域研究》，福建人民出版社 1999 年版；李国强：《南中国海研究：历史与现状》，黑龙江教育出版社 2003 年版。

③ 2006 年前，主要有刘爱兰、房建昌：《芬兰总统麦耐黑姆光绪末年对西北少数民族的实地考察》，《西北民族研究》1990 年第 1 期；马大正：《芬兰探险家马达汉西域考察的经历与研究》，《中国边疆研究论稿》，黑龙江教育出版社 2002 年版；王家骥：《马达汉》，中国民族摄影艺术出版社 2002 年版；杨恕译：《曼涅海姆 1906—1908 亚洲之旅摄影集》，兰州大学出版社 2003 年版。

④ 马大正、厉声、许建英主编：《芬兰探险家马达汉新疆考察研究》，黑龙江教育出版社 2007 年版。

⑤ 金春子、王建民：《中国跨界民族》，民族出版社 1994 年版；马曼丽、张树青：《跨国民族理论问题综论》，民族出版社 2005 年版；葛公尚主编：《当代国际政治与跨界民族研究》，民族出版社 2006 年版。

民族"进行了较为全面的介绍；后两种则反映了 21 世纪初理论研究上的新成果。另一方面，各区域跨国民族和各民族（族群）的专题研究都取得了诸多成果，代表性的著作主要有马曼丽主编《中亚研究：中亚与中国同源跨国民族卷》，马曼丽、安俭、艾买提著《中国西北跨国民族文化变异研究》，周建新著《中越中老跨国民族及其族群关系研究》等。[①]

综上所述，中华人民共和国成立 60 年来，通过几代学人的努力，中国学术界在中国边疆与周边地区关系史研究方面取得了显著的成绩，推出了一批有分量的学术成果，并且经历了一个视野不断开阔、领域日益拓宽、研究逐步深化的过程。当然，现有的研究也存在一些不足和薄弱环节有待加强。

其一，进一步拓宽思路，加强国内学术界的合作、交流。近代以来，经过中国边疆史地研究的三次高潮，中国边疆与周边国家关系史研究无疑取得了很大的进展，但当前也存在着一些薄弱环节，如历史时期中国边疆与南亚、中亚某些邻国的关系研究成果很少，已有成果往往描述有余、分析欠缺，需进一步深化；同时，国内学术界信息交流不畅，选题重复，资料数据难以共享，学术资源利用率低。因此，相关领域的学者需要建立长期有效的合作、交流机制，共同促进研究的发展。

其二，学术资料的整理、利用工作和人才队伍建设都亟待加强。这一研究不仅需要汉文的档案、文献，而且需要利用少数民族语种和外文的资料，这就需要建立一支能够熟练运用多语种的科研队伍。60 年来，我国学术界有一批精通多种语言文字的专家，在资料相当困难的条件下进行中国边疆与周边地区关系史研究，并取得丰硕的成果。当前，这批专家大部分已经退休；而资料方面的困难仍然不少，有的资料已经散失难以寻觅，国内外收藏的档案、资料也因语言能力、经费不足或管理制度等方面的限制难以充分使用。因此，需要着力培养一支高素质的科研队伍，只要继续充分挖掘国内外的相关档案、文献，中国边疆与周边地区关系史的研究仍会有更宽广的发展空间。

其三，逐步构建科学的理论体系，进一步加强中外学术交流。中国边疆与周边地区关系史研究，是对历史时期中国边疆与周边地区关系的学术性的客观研究，但往往受到种种非学术因素的影响。60 年来，中国与邻国关系及相关研究正反两方面的经验表明：一是只有在历史与现实分开、政治与学术分开的前提下，相关研究才能正常进行，并取得丰硕成果。二是今天迫切需要构建新的理论体系，内容主要包括古代中国和东方国家疆土形成的规律及其历史地位，历史时期中国和周边国家间关系体系的特点、演变及影响，近代以来西方"民族国家"理念对中国和东方国家间关系的影响等。这一体系既能够在研究中国边疆与周边地区关系史时一以贯之，也要适用于中国与周边邻国之间关系史的研究。它必须要在尊重历史事实的基础上构建，同时要考虑当前中国和邻国之间发展友好关系的现实需要，因而需要中

---

① 马曼丽主编：《中亚研究：中亚与中国同源跨国民族卷》，民族出版社 1995 年版；马曼丽、安俭、艾买提：《中国西北跨国民族文化变异研究》，民族出版社 2003 年版；周建新：《中越中老跨国民族及其族群关系研究》，民族出版社 2002 年版。此外，赵晓刚：《乌孜别克族社会经济文化研究》，民族出版社 2004 年版；赵廷光主编：《云南跨境民族研究》，云南民族出版社 1998 年版；李成武：《克木人——中国西南边疆一个跨境族群》，中央民族大学出版社 2006 年版；等等。

国与周边邻国的学术界加强交流、增进信任，在不断深化学术交流的过程中构筑科学的学术体系，从而真正持久地为各自国家的利益和亚太各国的睦邻友好关系服务。

（原载《中国边疆史地研究》2009 年第 3 期）

第二篇

中国边疆研究综述

（2010—2015）

中国边疆理论研究综述（2010—2015）

冯建勇*

马克思唯物主义认为，一种理论的全部观点和结论应当基于对历史事实的观察和研讨；要想完全理解现在，唯有从历史出发才有可能。同样，要理解一门学科的形成，也只有详细研究梳理它的学术发展史，才会变得可能。正是就此意义而言，在我们热切期待构筑中国边疆学之际，首先应对中国边疆理论研究情形做纵深的学术史梳理。

近些年来，边疆研究日益成为中国学术界研究的重要议题。由光明日报理论部、学术月刊编辑部、中国人民大学书报资料中心共同发布的《2014年度中国十大学术热点》一文中，更是将"边疆研究"列为其中之一。大体而言，当前中国边疆研究在学术研究领域的异军突起，主要与两个方面背景紧密相连：一是党的十八大以来将"推进国家治理体系和治理能力现代化"作为改革的总目标，与之相对应，边疆治理体系和治理能力现代化的研究也被提上日程，因此之故，开展边疆研究不仅可以从理论层面为国家解决边疆民族问题提供智力支持，还能从历史和现实两个维度为当前边疆地区存在的问题提供有益的借鉴与建议；二是随着"一带一路"战略的提出和实施，中国与周边国家的互动日益频繁，边疆地区因其特有的地缘属性，已成为中国对外开放的核心区域，吸引了众多研究者的目光。可以预见，解读中国统一多民族国家的发展规律与历代治理边疆的成败得失，阐明中国统一多民族国家形成的必然性与合理性，为解决边疆社会经济发展过程中面临的问题而提出针对性对策建议，凡此种种，均表明边疆理论研究亟应持续推进。

2010—2015年度，本学科出现了一批较有影响力的边疆学理论研究成果，这既是对一些新的研究方法的深化及再开拓，也是对边疆现实情势的回应。在具体研究成果方面，主要呈现出以下六个研究维度：（1）得益于多年来中国边疆研究的持续繁荣，跨学科的中国边疆学学科构建研究方兴未艾；（2）为应对现实与历史争议，积极开展历史疆域理论研究；（3）作为对既有的中原中心主义研究范式的回应，"从边疆观中国"的研究成果层出不穷；（4）因应时势，走出书斋，围绕国家提出的相关边疆治理战略构想，积极探讨中国边疆治理问题；（5）因由中国的崛起，在藩属体系研究领域，一些研究者利用国际政治学理论对朝贡制度进行研究，试图通过关注古代东亚以中国为中心的朝贡体系之历史，进而期待着能够对当代国际秩序的构建提供某种启示；（6）突破本土性边疆研究知识构架的局限，以一种全球性的多元化视角汲取国外边疆理论的营养，加强对国外边疆理论源流考镜和前沿成果的追踪，开拓中国边疆研究学者的边疆理论视野。

---

* 冯建勇：中国社会科学院中国边疆研究所副研究员。

以下，笔者拟就目前所掌握的难称全面的资料，对上面提到的研究状况予以简要梳理与评述。

一 中国边疆学学科构建

晚清以降，近代中国的有识之士开始接受西方近代通行的国家、主权与领土原则。黄遵宪、曾纪泽等都曾以"万国公法"为利器，成功地处理了中英（英缅）、中俄边界等问题。在边疆研究领域，学者们开始将政治学、法学等与传统的史学、地理学等相互结合，现代意义上的中国边疆研究发轫于斯。从 19 世纪末到 20 世纪 40 年代，中国边疆研究进入高潮。研究内容也从边界、边疆社会、历史地理扩展到民族、语言、移民、中外交通等领域。国际法与政治学方法也被广泛地运用到中国边疆研究之中。中国边疆研究的再度兴起，实际上是乘改革开放的东风而来。此波研究高潮酝酿于 20 世纪 80 年代初，兴盛于 90 年代，至今热度不减。

一般而言，在社会科学领域，随着人们知识的逐步积累、认识的深化，新的研究领域、新的专业门类会不断增加，这种演变生动地体现了学科发展的规律。那么，伴随着中国边疆研究领域的不断扩展和研究问题的不断深入，中国边疆研究可否成为一个独立的研究领域？可否称为"中国边疆学"？源自于推动边疆研究的迫切需要，自 20 世纪 90 年代以来，边疆研究者热衷于将他们从事的研究对象放在学术界乃至学科分类中更加尊崇的地位，于是"中国边疆学"学科构建问题开始被提出。邢玉林《中国边疆学及其研究的若干问题》一文是首篇比较完整地探讨中国边疆学学科构建的专论，除阐述建立中国边疆学的必要性之外，还探讨了中国边疆学的名称定义、研究对象、学科体系框架及其功能。[①] 马大正、刘逖《二十世纪的中国边疆研究：一门发展中的边缘学科的演进历程》一书中亦呼吁创立一门以探求中国边疆历史和现实发展规律为目的的新兴的边缘学科——中国边疆学，认为这是肩负继承和开拓重任的中国边疆研究工作者的历史使命，并且考察了中国边疆学学科特点和构筑文化学科的思考要点。[②]

21 世纪以来，随着中国边疆研究领域的不断拓展和研究主题的愈加深入，中国边疆学学科构建问题日益凸显。马大正《关于构筑中国边疆学的断想》[③]《深化边疆理论研究与推动中国边疆学的构筑》[④]，方铁《论中国边疆学学科建设的若干问题》[⑤]《试论中国边疆学的研究方法》[⑥]，李国强《中国边疆学学科构筑的透视》[⑦] 等，都在呼吁构

---

① 邢玉林：《中国边疆学及其研究的若干问题》，《中国边疆史地研究》1992 年第 1 期。

② 马大正、刘逖：《二十世纪的中国边疆研究：一门发展中的边缘学科的演进历程》，黑龙江教育出版社 1997 年版。

③ 马大正：《关于构筑中国边疆学的断想》，《中国边疆史地研究》2003 年第 3 期。

④ 马大正：《深化边疆理论研究与推动中国边疆学的构筑》，《中国边疆史地研究》2007 年第 1 期。

⑤ 方铁：《论中国边疆学学科建设的若干问题》，《中国边疆史地研究》2007 年第 2 期。

⑥ 方铁：《试论中国边疆学的研究方法》，《云南师范大学学报》（哲学社会科学版）2008 年第 5 期。

⑦ 李国强：《中国边疆学学科构筑的透视》，《云南师范大学学报》（哲学社会科学版）2008 年第 5 期。

筑中国边疆学，强调中国边疆学作为一门学科的有机整体地位，认为该学科内涵十分丰富，亟应将之作为一个独立的客体进行全方位、跨学科的研究。在他们看来，中国边疆学的构建具有重要意义：首先，它将大大拓展中国边疆研究的学术内涵和外延，有利于进一步整合各种学术资源，从而使中国边疆的理性研究步入更加良性的发展轨道；其次，中国边疆学学科体系的构建对于本学科研究的发展极为关键，因为这不仅仅奠定了本学科的本体论、认识论和方法论，而且对于获得国家资助与社会支持亦具有十分重要的意义；第三，通过对中国疆域形成发展过程中在不同历史阶段的不同表现形态的研究，将深刻揭示出我国统一多民族国家形成发展的历史规律；第四，通过对中国边疆稳定与发展理论若干层面的研究，可为构筑当代中国边疆的发展战略提供坚实的理论基础。

2010 年至 2015 年，一大批从事边疆研究的学者继续在"构筑中国边疆学"的名义下对中国边疆学学科体系构建问题进行了较为全面的研究，形成了颇为丰富的学科积淀。邢广程撰文探讨了中国边疆学构建的路径问题，指出目下的边疆史地学科不能完全覆盖新形势下的边疆问题研究，当前边疆安全、稳定和发展等方面的研究任务明显加重，对疆域理论研究也提出了新要求，因此，现有的中国边疆史地学科已不适应现实需求，需要着力加强边疆理论研究，着力深化应用研究，构建完善的中国边疆学研究体系已势在必行。正是就此意义而言，中国边疆学属于新兴学科和交叉学科，其学术潜力巨大。作为特殊的地域空间，中国边疆研究的性质和特性决定了必须开展多种学科相结合的综合性研究。至于其功能定位，邢氏认为，"中国边疆学"不仅仅是对中国边疆史地研究的"扩容"，而是一门因学科多重交叉而生成的新兴学科，创建"中国边疆学"已成为学科建设创新、深化边疆研究的迫切需要。① 马大正亦指出，中国边疆学的构筑涉及诸多问题。具体来说，它面临两大任务：一是厘清中国疆域发展的历史和现状，在不同时期的地位及原因，中国边界形成发展的历史和现状，国境线形成、变迁的过程等问题；二是通过研究厘清中华人民共和国这个统一多民族国家形成和发展规律，以及多元一体的中华民族的形成发展规律。至于学科建设的操作，应当分两步进行：（1）将边疆史地列入一级学科历史学之下的专门史，作为二级学科而存在；（2）完成中国边疆学的学科构筑，使中国边疆学成为一级学科，并列入人文社会科学诸学科之林。② 周伟洲则撰文考察了中国边疆学学科构建的发展历程，认为在 21 世纪至今为中国边疆研究的第三个时期的第二个阶段。目前，现代中国边疆学的构建已初见成效，国内学者对中国边疆学科的定义、内涵、架构及研究方法已达成基本共识，只是对历史上中国的边疆仍有不同的认识。③

缘于构建一门独立学科的中国边疆学的迫切要求，中国边疆理论学界一直尝试着并从学科的内涵与外延对中国边疆学进行有益的探讨。郑汕《中国边疆学概论》一书可谓是实现这个夙愿的一个良好开端。该书系集体合作的产物，以"底定边疆""经略边疆"为两条研究主线，以古代边疆、近代边疆、现代边疆为历史线索，以边疆要素研

① 邢广程：《关于中国边疆学研究的几个问题》，《中国边疆史地研究》2013 年第 4 期。

② 马大正：《关于中国边疆学构筑的几个问题》，《东北史地》2011 年第 6 期；《略论中国边疆学的构筑》，《新疆师范大学学报》（哲学社会科学版）2013 年第 5 期。

③ 周伟洲：《关于构建中国边疆学的几点思考》，《中国边疆史地研究》2014 年第 1 期。

究为范式，内容由绪论、筹边观、疆域、边界、周边关系、边政、边务、边防、边民社会，共 9 章组成。① 虽然从一门学科构建的角度观察，该书的涵盖内容、研究方法、研究对象及框架难称完备或妥帖，但其筚路蓝缕之功却不可没。为此，有评论者称其为"首部探索构建中国边疆学学科体系的专著"，从历史演变和现代观念的构建两方面，对中国边疆学的理论与研究方法、研究对象与问题领域做了比较系统的阐述，提出了建构中国边疆学学科体系的必要性。②

如果说，前述研究成果大多是基于一种宏观视野而就中国边疆学学科构建问题进行了有益探讨的话，那么，我们还应观察到，此间亦有一些研究成果就具体的边疆研究方法论问题进行了微观思考。有学者针对中国未来的边界研究问题作了探讨，并提出了一些具体思路：就研究方向而言，应立足本国，着眼周边，放眼全球。陆地和海洋边界问题事关我国的国内稳定、周边和谐与和平发展大局，中国与周边国家间的边界和海洋问题自然应当是学界首要的研究方向，同时也应重视对其他国家和地区的边界研究，以期在不远的将来实现国际边界问题的全覆盖；就研究思路而言，应努力做到以战略研究领航，以时政研究为重心，以基础研究为依托，从陆海兼顾、东海南海统筹、近海远洋联动的角度分析国家边界海洋政策，加强研究中国边界海洋政策与整体发展战略、总体外交布局、和谐周边建构、领土海洋维权的关系，构建中国边界政策的理论体系；就研究方法而言，要努力实现从单一学科的分散研究到多学科深度交叉研究的转变，在研究边界问题时注重各相关学科的交叉融合，这也是在某些关键问题研究上取得突破和学术创新的必要和有效的方法。③

另有学者从海洋疆域史学术研究框架构筑的角度，考察了中国海疆史研究学科体系和话语体系构建的必要性及其路径。李国强《海岛与中国海疆史的研究》提出，中国海疆史的学术架构从地理范畴而言，涵盖了海岸线、海岛和海域三大要素，而海岛在海疆史研究中具有十分重要的地位，无论是其人文特征，还是其人文形态，不仅凸显出海疆史研究的内涵和精髓，而且成为海疆史学术体系中不可或缺的核心环节。围绕海岛构筑中国海疆史的学术体系，不仅是由海疆的自然地理范畴所决定的，同时是由海疆的人文特质所决定的。④ 稍后，李氏还撰文阐述了构建中国海疆史话语体系的必要性。文章指出，构建中国海疆史话语体系，有助于在开发海洋、建设海洋、管理海洋、管控海洋的伟大实践中，更大程度地发挥出理论研究服务大局的积极作用。至于构建中国海疆史话语体系的具体路径，应从三个方面着力：一是坚持马克思主义唯物史观，是构建中国海疆史话语体系的必由之路；二是坚持实事求是，不断开拓创新，切实把遵循海疆史学术研究规律，作为构建中国海疆史话语体系的基本要求；三是坚持为人民服务、为社会主义服务的方向，密切关注海疆现实，使理论与实际有机结合，切实肩负起维护海洋领

---

① 郑汕等：《中国边疆学概论》，云南人民出版社 2012 年版，第 6 页。

② 陈明富：《首部探索构建中国边疆学学科体系的专著——评郑汕教授中国边疆学概论》，《中国边疆史地研究》2013 年第 3 期。

③ 孔令杰：《评〈国际边疆与边界〉——兼论边界问题的研究方法》，《中国边疆史地研究》2014 年第 3 期。

④ 李国强：《海岛与中国海疆史的研究》，《云南师范大学学报》（哲学社会科学版）2010 年第 3 期。

土完整、国家海洋安全、海疆经济社会可持续发展的重任。①

从一开始，中国边疆学即被定义为一门跨学科的新兴边缘学科。时至今日，"中国边疆学"的学科构建问题已经吸引了研究界的普遍关注，从事边疆研究的不同学者从自身研究领域出发，分别提出了"边政学""边安学""边防学"等不同理论概念，并试图构建相应的研究体系。罗崇敏《中国边政学新论》一书则从构筑"中国边政学"的视角出发，坚持立足现实，面向未来发展，在建立关于边疆地区以人为本的经济、政治、文化、社会的管理和发展及其规律的学科方面进行了有益的尝试。② 余潇枫、徐黎丽等《边疆安全学引论》一书即从"边疆安全学"构建的视角，以"边疆安全学"的理论，边疆时空与"硬边疆"，国家利益与"软边疆"，边疆安全的互动，边疆安全的层次分析与价值基点，跨国族群问题及其治理模式，全球安全治理的"共同认知"，中国安全合作外交新方略，安全凝聚结构与边疆安全治理，公民国家认同与文化交流辐射机制，南疆非传统安全问题研究的缘起及意义等问题为对象，探讨了"边疆安全学"的意义、特点，梳理了中国边疆地区的问题复杂性、民族差异性、文化多样性、威胁潜在性。③ 周平则致力于构建"中国边疆政治学"的研究框架，竭力对接中国边疆政治学与中国边疆学之间的学术传承关系。在他看来，今天的中国边疆政治研究，在相当大的程度上是在这样的条件或基础上形成和发展的，因此，它与边疆史地研究和正在构建中的边疆学之间存在着千丝万缕的联系，它不仅要借助边疆史地研究的学术资源和思想资源，而且将以自己的研究成果丰富中国边疆史地研究，并促进和推动中国边疆学的形成。④ 由其主编的《中国边疆政治学》一书正是基于前述目标，以边疆的形成及发展、边疆的社会和人民、边疆的政治制度与政府、边疆的开发与建设、边疆的民族及宗教问题、边疆的社会组织及其管理、边疆的社会与政治稳定、边境的维护与管理、边疆的安全与防御和边疆的治理等有关边疆政治学的重要议题作为研究方法和分析框架，为构建中国边疆政治学的知识体系进行了可贵探索。⑤

总体而言，依据目前中国边疆学学科构建的总体情形，或可这样认为：如果把"中国边疆学"比喻成一棵树，那么，在它成长的早期，应该是只有一株笔直的树干，这就是中国边疆史地研究（基础研究）；然后，随着年轮的增长，它逐渐分成两个大树枝，即基础研究和应用研究；再后来，伴随着更多营养的摄入和滋润，两大树枝又分别生成许多丫枝，即中国边疆史地、"边政学"、边防学、"边安学"等诸学科分支。不言而喻，"中国边疆学"包含的领域很多，亦涉及多种学科，但它并不整体地包括这些学科，它在本质上具有跨学科、边缘学科和新兴学科的特点与优势。

毫无疑问，当前从多学科、跨学科的视角对某一对象进行研究，已经成为一种发展趋势。在中国边疆学研究领域，亦有越来越多的研究成果从跨学科的层面探索中国边疆学的丰富内涵。20世纪初期以来，中外学界皆认识到边疆与人类学研究存在着重要关联，边疆为人类学的研究提供了较好的场域。20世纪90年代，在西方人类学学界中，

---

① 李国强：《中国海疆史话语体系构建的思考》，《中国边疆史地研究》2015年第4期。

② 罗崇敏：《中国边政学新论》，人民出版社2010年版。

③ 余潇枫、徐黎丽等：《边疆安全学引论》，中国社会科学出版社2013年版。

④ 周平：《论中国的边疆政治及边疆政治研究》，《思想战线》2014年第1期。

⑤ 周平：《中国边疆政治学》，中央编译出版社2015年版。

以唐南、威尔逊为代表的学者提出的"边疆人类学"产生了一定的影响力，学者们对此也多有讨论。鉴于此，有学者就边疆人类学的提出与发展线索进行了考察，并认为边疆人类学是人类学界在对国际边疆的聚焦过程中被提出来的，侧重于对民族国家边疆所进行的系统的理论化研究，它主要关注边疆的地方化研究，注重边疆两侧人们的越界互动活动。边疆人类学的提出，得到了学界的认可，对于中西方学界都具有一定的学术价值。如果说，最初边疆人类学是以国家边界及其相关活动为研究对象，那么，随着人类学者研究视野的开阔，边疆人类学的研究不再局限于这一地区，在全球化日益发展的背景下，人类学的发展过程充满了无限的张力，围绕边疆所开展的民族志研究，使得边疆人类学得到了更多的认可和发展。① 另有研究者强调了人类学中非常重要的叙述和表达手段——民族志书写在边疆学研究中的重要性，认为通过民族志，可获得"真正具有原始价值和生命力的边疆社会与文化的相关信息"。②

　　除了前述"边疆人类学"以外，有学者考察了旅游学视阈下的中国边疆研究，认为旅游学者介入边疆研究能够有效平衡经济学家与人类学者的两极观点，相对而言，前者重发展而轻传承，后者重文化却在道路探究上得显无力。旅游学者已在可持续旅游、基于社区的生态旅游、有利于贫困人口的旅游等领域积累了丰富的平衡发展经验，结合边疆旅游地的政治敏感性，未来仍可进行更为深入的探索。③ 另有学者以研究农耕游牧关系为个案，探讨了冲突经济学在中国边疆学研究领域的具体应用。其文章认为，中国边疆学的构建需要综合多学科的方法，以演绎为主要特色的经济分析方法可以成为其中的一个重要方法；当然，除冲突经济学外，交易成本经济学、产业组织理论、博弈分析、国家规模的经济理论等也可应用于分析中国古代农耕游牧关系，这些经济分析方法的应用范围、如何应用这些方法等问题是后续研究的重要方向。④

　　当前，随着中国的崛起，国外频出"中国威胁论"噪声，从学理上破解"中国威胁论"流播之学理根基，构建中国边疆学的理论框架，已成为时代所需。王欣就此问题作了思考，指出：近百年来，西方学者不断从各个角度挑战中国传统的国家观和边疆观，并以西方中心主义和近代民族国家的理论重新解读各种文本与考古和语言材料，在利用汉族中心主义和多民族共存的事实解构中国多民族大一统国家观的同时，力图建构各种重新阐释中国边疆形成的理论。基于此种思考，作者提出，当前建构中国边疆学体系的过程中，一方面要回应西方学者的理论和挑战，但更重要的还是要从古代中国的政治边疆、经济边疆和文化边疆的视野出发，充分认识和评价无形的经济边疆和文化边疆在有形的政治边疆形态发展和演变进程中的地位与作用，揭示中国国家形态自身发展规律，从而阐明当代中国边疆的历史延续性与合理性。唯其如此，或许在学理上有助于我们建构完整、科学并具有自己独立话语权的中国边疆学理论体系，进一步夯实统一的多

---

① 张峰峰：《论边疆人类学的提出及其发展》，《国外社会科学》2014 年第 4 期。
② 袁剑：《边疆民族志与中国边疆学：理念、方法与可能》，《青海民族研究》2015 年第 3 期。
③ 李燕琴、束晟：《聚焦旅游视域下的中国边疆研究》，《地理研究》2015 年第 3 期。
④ 董新兴、俞炜华：《冲突经济学与中国边疆学研究——以农耕游牧关系为例》，《制度经济学研究》2014 年第 2 期。

民族国家发展学说。①

在探讨中国边疆学学科构建问题之际，一个问题还不得不指出：不少学者都将"边疆学"当作一个不言自明的学术概念来使用，但是，"边疆学"如何作为一个学术概念被提出与传播等基本史实，仍然需要进行认真的梳理。根据娄贵品的考察，就目前所见，作为学术意义上的"边疆学"一词最早见于1933年6月出刊的《殖边月刊》。1936年1月，顾颉刚先生据冯家昇先生旧作修订的《〈禹贡〉学会研究边疆计划书》中所用之"边疆学"，是该词作为学术概念在论著中出现的最早记录。因顾先生的关系，这一概念还在燕京大学边疆问题研究会《成立宣言》《我国边疆学之内外研究略史》《中国边疆学会丛书总序》中多次出现。1939年，杨成志先生拟定《国立中山大学文学院边疆学系组织计划纲要》，首次建议在高校设置边疆学系，希冀把"边疆学"建设成一个学科，但未获批准。不过，时人对"边疆学"一词兴趣不大，人们普遍认可和接受的是"边政学"，于是"边疆学"一词长期淡出了国人的视野。②

除了对边疆学的概念进行了学术史的考察之外，亦有诸多研究成果对边疆学的另一个分支"边政学"的学术思想史进行了研究。汪洪亮《民国时期的边政与边政学（1931—1948）》一书以"民国时期的边疆与边政"总括全局，对民国时期的边政学发展历程做了较好的梳理和阐述。作者除了着力分析当时国内学界对于边界等概念的认识变迁之外，还特别注意到当时中国的地缘政治态势对于边疆研究的重大影响。③ 该书的学术贡献在于首次完整重建了近代中国边政学产生、发展及演变的历程，概述了民国边政学的发展过程，厘清了边政学与传统边疆研究的渊源及其区别。另需指出的是，多年来关于"中国边疆学学科构建"问题的研究，学者们对该学科的研究对象、范畴与方法，以及功能等问题进行了长时间的探讨，但他们较少关注到，从某种意义上来说，对中国边疆研究学术发展史及思想史的梳理实乃是中国边疆学学科构建之前提。正是从此层面而言，该书关于民国时期中国边政学的学术史梳理对于中国边疆学学科构建具有相当的意义。当然，亦应观察到，由于汪氏所处地理位置之原因，该书的时空范围主要集中于民国时期的西南边疆，而对于同时期的西北和北部边疆间有涉及，难称深入。有关民国时期边政学的研究，胡冬雯《"民族——国家"建构下的边政学与边疆视野》④、马玉华《民国时期边政学研究中相关问题辨析》⑤、李勇军《时局与边疆：民国时期边政学的发展历程》⑥ 等相关文章亦从不同侧面进行了探讨。

最后，我们还观察到，在前述学者们热烈呼吁构建中国边疆学的呼声之余，亦有学者对中国边疆学构建路径问题进行了严肃的检讨和反思。一般认为，中国边疆学是一门

① 王欣：《中国边疆学构建面临的几点理论挑战：以拉铁摩尔、狄宇宙和濮培德为例》，《思想战线》2014年第3期。

② 娄贵品：《近代中国"边疆学"概念提出与传播的历史考察》，《学术探索》2012年第8期。

③ 汪洪亮：《民国时期的边政与边政学（1931—1948）》，人民出版社2014年版。

④ 胡冬雯：《"民族——国家"建构下的边政学与边疆视野》，《四川民族学院学报》2010年第6期。

⑤ 马玉华：《民国时期边政学研究中相关问题辨析》，《昆明学院学报》2012年第1期。

⑥ 李勇军：《时局与边疆：民国时期边政学的发展历程》，《中国边疆史地研究》2013年第3期。

跨学科的交叉性学科，在研究方法上不可避免地与其他哲学社会科学有交集之处，这就使得学科之间的界限变得十分模糊，于是，如何建构与其他学科的边界、凸显该学科的独特性，成为一个现实的问题而存在。目前边疆研究者提出了具体的学科框架，比如周伟洲发表文章分析了"边疆"的政治属性、经济属性、社会与民族属性、文化属性等，主张分别构建"边疆政治学""边疆经济学""边疆人类学""边疆民族学""边疆社会学""边疆文化学"作为分支学科。[1] 刘啸廷也是主张将"边疆经济学""边疆政治学""边疆社会学""边疆历史学""边疆民族学"等作为"边疆学"的分支[2]。对于此问题，杨明洪以在广泛的研讨中出现的两个学科名称即"边疆经济学"和"经济边疆学"为例，阐述了当前中国边疆学构建过程中的困惑，认为它们是两个完全不同的学科，前者是从经济学的角度研究边疆问题，属于经济学的范畴；后者是从边疆学的视角研究经济问题，属于边疆学的范畴。实际上，我国相关学者在构建边疆学的设想中，常常将这两个学科混淆起来。在该论者看来，这种认识上的偏差无疑会给边疆经济学与经济边疆学学科体系的构建产生不小的影响。鉴于此，相关领域的研究者有必要对边疆经济学与经济边疆学交叉的共同领域进行深入的探讨，形成理论上的共识，为边疆学学科体系的构建打下坚实的基础。[3]

上述"构筑中国边疆学""边疆学学科体系构筑"等倡导及相关论著，都预示着我们未来的工作方向。当然，这种尝试目前仍然处于初始阶段，但不管怎样，在指引我们走进新的最适当的位置时，把我们的视野尽量地向前延伸是有裨益的。在我们的理解，中国边疆学学科构建主要应完成三个方面的工作：为什么、是什么、做什么。目前，一些研究者在第一个领域"为什么"方面做了很多的工作，阐述了中国边疆学构建的必要性和迫切性；接下来，我们还得细化"是什么"，讨论中国边疆学的学科内涵、研究范围、研究方法；可预期的未来一段时期内，还应深入思考"做什么"，着手构建中国边疆学的学术体系理论框架。

二 历史疆域理论与古代疆域观研究

1949 年以来，学术界围绕历史疆域理论问题的讨论，大约可分为三个时期：一是20 世纪五六十年代，学术界曾就如何正确处理我国历史上的民族关系问题展开讨论，在此背景下，相关学者分别从国家、民族的视角，对"历史上的中国"及其疆域问题展开讨论，提出了自己的见解；二是 20 世纪 80 年代，乘着 1981 年在北京首次召开"中国民族关系史研究学术座谈会"的东风，一些学者围绕历史上的中国疆域范围问题纷纷展开讨论，把我国历史重视的中国古代疆域研究逐步推向深入；三是 20 世纪 90 年代以来，关于历史上的"中国"的讨论发生了一个重大转向，学者们摆脱了"如何看待"一类理论、思想性的纠缠，开始更具体地研究历史上中国疆域形成路径及规律之类的问题。以下仅就有关研究成果涉及的一些疆域理论和"疆域观"问题作简要述列。

---

① 周伟洲：《关于构建中国边疆学的几点思考》，《中国边疆史地研究》2014 年第 1 期。

② 刘啸廷：《现代边疆与边疆学初论》，《哈尔滨师专学报》1999 年第 1 期。

③ 杨明洪：《困惑与解困：是边疆经济学，还是经济边疆学？》，《中国图书评论》2015 年第 12期。

（一）古代"中国"的含义及历史疆域形成路径研究

梳理新中国成立以来学术界就中国历史疆域范围问题展开讨论的学术史，我们大概可知，对此问题有过专门研究的几代学者习惯以"历史上的中国"来称呼讨论的主题。那么，何为"历史上的中国"？历史上谁可代表"中国"？这涉及确定中国历史疆域范围的一个重要问题，当前研究者们在这一问题上没有形成共识，这正是他们对中国历史疆域问题存在学术分歧的症结所在。鉴于此，赵永春在考察中国历史疆域问题时，提出了古代中国是一个"复数国家"的概念，意在表明，古代中国实际上是一个多样性民族的复合性国家，应该以华夏（汉族）和各个少数民族及其政权共同代表中国。[①] 葛兆光则创造了一个"移动的国家"概念，认为历史上的"中国"不仅各个王朝分分合合是常有的事情，历代王朝中央政府所控制的空间边界，更是常常变化，为此有必要超越"汉族中国"这个中心，采集更丰富的、来自不同立场、不同语言、不同叙述的文献资料，论述更广大的地域空间、更多的民族和更复杂的国际关系。[②] 与前述两种观点类似，许倬云亦不赞同以单线历史叙述"中国"，乃因经过夏、商、周三代的融合，中原文化已将四周的族群和文化吸纳进来；到了春秋战国，更将这一文化拓展到黄淮江汉，形成了一个共同体坚实的核心；至秦汉时代，则以"天下"格局不断吸收和消化外来文化，终于奠定"中国共同体"。虽然数百年中古时期，中国共同体经历变乱，南北分裂，外族进入，但是包括匈奴、鲜卑、氐、羌、羯等各个族群，仍在中古时代的中国共同体中实现了"人种大融合"。[③] 毋庸置疑，上述讨论对于我们进一步认识和理解中国历史疆域问题是非常有益的。经过多年的探索与讨论，尽管学术界对中国历史疆域的确定原则依然认识不一，但是越来越多的研究者逐渐认识到，关于中国历史疆域范围的确定原则，至少应注意两个问题：一是要避免狭隘的汉族中心主义；二是要摆脱传统的王朝史观。具体而言，如果说，三代以前"中国"一词尚存在多种解释，那么，自秦汉以降，它的内涵则大致固定了下来，经历了一个从地域、方位概念到国家政权含义的演变，即从"居中之国"到"中华帝国"的进程；同时，从政治、文化层次上来看，基于儒家传统文化的底蕴，历史上任何一个有作为的统治者乐意将自身领属之疆域自称为"中国"，并且周边政权亦从"他者"的视角多将中原政权称为"中国"，即历史上的中国经历了一个从"小中国"到"大中华"的具有深远意义的华丽转身。

关于中国疆域形成的路径与模式问题，鲜有学者撰文进行论述。为此，于逢春将"文明板块"概念引入中国疆域研究领域，论证了中国疆域是由"大漠游牧""泛中原农耕""辽东渔猎耕牧""雪域牧耕"和"海上"五大文明板块及其在诸板块上兴起的各种政权在长时段历史过程中不断碰撞、彼此攻防与吸纳，渐次融为一体，并最终由清朝于嘉庆二十五年（1820）底定了中国版图。[④] 于逢春的另一篇文章进而探讨了中国历

---

① 赵永春：《从复数"中国"到单数"中国"——试论统一多民族中国及其疆域的形成》，《中国边疆史地研究》2011 年第 3 期。

② 葛兆光：《宅兹中国：重建有关"中国"的历史论述》，中华书局 2011 年版。

③ 许倬云：《说中国：一个不断变化的复杂共同体》，广西师范大学出版社 2015 年版。

④ 于逢春：《时空坐标、形成路径与奠定：构筑中国疆域的文明板块研究》，黑龙江教育出版社 2012 年版。

史疆域得以底定的内在机理，即"五大文明板块"得以统合是因为古代中国有"大一统"思想、"天下观""华夷同源"谱系理论等黏合剂。虽然在 1820 年以前，"中国"一直处于非统合状态，但是各"文明板块"统治者的指导思想却是一种将国家统合作为终极追求的"大一统"疆域观。在漫漫的历史长河中，每个文明板块的领袖心中的国家疆域模式始终是统一的帝国，尽管在绝大多数时间里，这个"统一的帝国"是想象的或理念之物，但是"随着'大一统'思想渐次成为'五大文明板块'上各种政权的共通意识形态，各个板块上的人们也随之逐步累积了实践'大一统'思想的物质基础"。如果说，"大一统"思想及其"天下观"为中国疆域统合提供了丰富的哲学依据，那么，司马迁的《史记》则从血缘、谱系入手，构建了"华夷同源"的族群认同，并且，随着时间的推移，司马迁构筑的华夷共祖认同体系，不但为华夏族群所认同，而且为夷狄族群所认同，进而成为夷狄族群逐鹿中原、华夷界限移动的理论根据。于氏认为，虽然古代中国帝国建立者出身的民族（族群）各不相同，但是维系帝国链条运转的"大一统"思想、"天下观"理论、"华夷共祖"谱系等古代中国文化却从来没有中断过，从而使得古代中国的各个世界级帝国之间具有内在的文化继承性与疆域连续性。[①]

李大龙《从"天下"到"中国"：多民族国家疆域理论解构》一书对中国多民族国家疆域形成与发展的路径进行了理论探讨。该书是作者十余年研究中国疆域形成理论的总结，它从民族国家的视角探讨多民族国家疆域的形成和发展，提出了很多新的观点，在此兹述三点：（1）"大一统"观念的形成及其实践对于多民族国家疆域的形成有着举足轻重的作用，但其中的关键是边疆族群尤其是北疆游牧族群对"大一统"观念的继承和发展。作者重点阐述了汉武帝"大一统"观念的实践，游牧族群对"大一统"的继承和发展，以及清王朝在"大一统"观念指导下不仅完成了王朝国家的建构，而且也开始了向近现代主权国家的转型。（2）从"藩属"和"殖民"碰撞的视角，解构了中国多民族国家疆域形成的途径。作者认为东亚地区的政权存在的主要形式是以农耕族群为主建立的"城国"和以游牧族群为主体建立的"行国"，而常态则是两类政权之间的互动推动着东亚政治格局在没有域外势力介入情况下的自然碰撞和族群凝聚，其背后隐含的则是多民族国家中国的形成和发展。农耕王朝和游牧行国的疆域结构在外层都有一个藩卫区域，虽然称呼不同，但是在清代最终定型为"藩属"，故而称其为"藩属体系"更为准确。降至近代，以英国为首的殖民者将兴起于欧洲的殖民理论实践于东亚，试图将清王朝的"藩属"纳入到"殖民"体系之下，由此导致了"藩属"与"殖民"的碰撞。碰撞的结果则是清王朝"藩部"地区"内地化"为多民族国家疆域的重要组成部分，"属国"则脱离了多民族国家疆域形成的轨道，和清王朝的关系变为了国际关系。（3）多民族国家疆域形成的历程实际上也是王朝对区域内族群不断整合的过程，二者相辅相成，互为因果，因此族群的凝聚和融合是多民族国家疆域形成的黏合剂。诞生于中原地区农耕族群中的"夷夏观"虽然对汉唐"大一统"王朝的出现起到了重要作用，但是也成了中华大地上众多族群凝聚和疆域形成的障碍，边疆族群对传统"夷夏观"的冲击乃至否定不仅为族群的融合扫除了障碍，也为疆域的扩大提供了保障。清王朝出于弥合"夷夏"差异而进行的对境内不同族群的"臣民"塑造，为"中

---

① 于逢春：《论中国疆域最终形成的路径与模式》，《长春师范学院学报》2012 年第 11 期。

华民族"（国民）的形成奠定了基础，而"中华民族"称呼的出现是对"臣民"塑造结果的一种承认，也可以视其为是在夏人、商人、周人、秦人、汉人基础上对"中国人"称呼的延续。①

中国古代疆域沿革史与中国近代边界变迁研究一直是边疆史地研究的基础内容。近年出版的由林荣贵主编的《中国古代疆域史》、吕一燃主编的《中国近代边界史》，正是该研究领域的标志性阶段成果。《中国边疆史地研究》杂志于 2010 年辟出专栏，邀请刘正寅、张永江、李鸿宾、李方等人撰文对两部专著加以评述。刘正寅认为，前述两著以丰富、翔实的史料为依据，全面、系统地论述了中国古代疆域之形成的历史及特点，阐述了近代中国边界变迁的历史过程及其前因后果。该文还探讨了"大一统"思想在中国历史疆域形成过程中的作用与影响，认为经过历史上长期的民族融合与文化交流，中华民族在清朝"大一统"政治格局下得到进一步发展，成为一个完整的不可分割的整体。② 张永江指出，《中国古代疆域史》一书在理论上的继承和创新可以概括为：体系完整、内容丰富、观点鲜明、论证充分。该书所坚持的一条理论主线，就是中国古代疆域史即统一多民族国家酝酿、形成和发展的疆域史。为了划清与中原王朝疆域论的界限，作者从类型和层次的角度提出了历史时期中国疆域的特点问题，并着力做了探讨。此外，在古代疆域的形成分期、形成方式、统一与分裂的关系等问题上，该书亦提出了独到的观点。③ 李鸿宾则认为，与过去不同的是，二书持论的范围既不是清朝中叶学者的具体考证，也不同于 20 世纪前期如顾颉刚、史念海、童书业等先生对整体疆域所做的篇幅狭小的概括，而是在学界长年具体个案性研究的基础上所进行的宏大叙事，其规模与细节均超出前贤。④ 李方谈到，当前学者在边疆史地研究过程中面临着边疆理论匮乏的问题，因此之故，研究者们尚未能对某些问题进行理论构建与阐释，从而影响了在边疆历史方面的深入研究。李氏还指出，"边疆理论构建有两种途径，一种是纯理论的探讨（相对而言），一种是在边疆研究过程中对涉及边疆理论问题时给予的探讨，希望从事边疆学研究的学者既有分工也有合作，共同攻关"。⑤ 显而易见，上述讨论和评述是件有意义的工作，它不仅可以综合考察中国古代疆域与近代边界研究进程及阶段性特点，而且有助于促进中国疆域理论研究的深化。

有学者从学术史的角度，考察了中国疆域史研究的发展历程。李大龙《多民族国家疆域研究的历程及其特点》一文认为，以中国多民族国家疆域的形成和发展为主要研究对象的中国疆域史研究，有着悠久的历史，按照研究对象和特点的不同，大致可分为四个阶段：第一阶段是对多民族国家疆域的系统记述，《汉书·地理志》的出现是中国多民族国家疆域研究的开端，以此为起点，结束于清代《一统志》的编纂；第二阶段以 18 世纪末西北舆地研究高潮为起点，结束于 20 世纪上半期众多系统阐述多民族国

---

① 李大龙：《从"天下"到"中国"：多民族国家疆域理论解构》，人民出版社 2015 年版。

② 刘正寅：《"大一统"思想与中国古代疆域的形成》，《中国边疆史地研究》2010 年第 2 期。

③ 张永江：《国家、民族与疆域——如何研究中国古代疆域史》，《中国边疆史地研究》2010 年第 2 期。

④ 李鸿宾：《古今中国之衔接——疆域观察的一个视角》，《中国边疆史地研究》2010 年第 2 期。

⑤ 李方：《开阔思路，深化中国边疆史研究》，《中国边疆史地研究》2010 年第 2 期。

家疆域形成历程的专门性著作的出版；第三阶段以"历史上的中国"讨论为起点，结束于《中国古代疆域史》《中国近代边界史》等专门性著作的出版；第四阶段是新世纪对多民族国家疆域形成的理论研究，目前尚处于起步阶段，但相关研究已经引起了学界的广泛关注。[①]

另有研究者考察了清代的疆域变迁及其对中国民族发展的影响，认为清代是中国古代疆域定型和近现代疆域变迁的发端时期。彼时，传统"华夷之辨""尊夏贱夷"的民族观被"华夷一家""天下一统"的思想所取代，边疆民族地区实现了从羁縻统治区域向直接统治区域的过渡，边缘化特质逐渐被"一体化"趋势所取代。伴随着西方列强的入侵，中国主导的以藩属体系为基础的东亚政治格局被西方列强主导的新型国际秩序所取代，传统的天下观和疆域观受到严重冲击，中国由王朝国家向近现代主权国家转变，中华民族由自在民族共同体向自觉民族共同体转变，并形成了诸多的跨境民族。[②]

（二）古代中国"疆域观"研究

历史上的疆域观包含两个方面的内容：一是历代王朝的国家基本认识；二是在国家基本认识基础上形成的疆域观。"中国""天下""中原王朝""中央王朝"等概念及相互之间的关系，是理解和研究中国古代疆域观问题必须首先要搞清楚的问题。于逢春《疆域视域中"中国"与"天下""中原王朝"与"中央王朝"之影像》对此问题做了考察。作者认为，这些概念有着本质的差异。作为近代国家意义上的"中国"，其疆域的最终奠定，是一个渐进的过程，也是"天下"成为"国家"的过程。清中期以前的历代"中原王朝"及至晚清的"中国"，与近代意义上作为民族（国民）国家的"中国"之间，是一个从法理上前后相继的发展过程，前二者之间是存在差异的，在各自的"版图"上没有重合过，在经过了长时段演进后，于19世纪20年代最终完成这一重合过程。基于此，于氏一再强调，在研究古代中国疆域问题时，应谨慎使用"中国"一词，更不能以"中原王朝"随意代替"中国"，也不能将"历代中原王朝"置换成"历代中国"。[③]

一般认为，古代"天下观"与中国历史疆域的形成和奠定有直接关系。那么古代"天下观"是如何作用于历代中央王朝统治者的疆域观的呢？吕文利撰文指出，中国古代的天下观是有限疆域的观念，经过历代儒者根据不同时代的需要不断建构，以"天下观"为一体，以"大一统"和"夷夏"观为之两面的意识形态被建构起来。在这种意识形态的指引下，祭祀制度、礼法制度以及施之于边疆的官僚制度被建立并完善起来，在观念和实效支配上达到"天下归一"。这种诞生于中国相对封闭地理空间上的"天下"观念，不但促成了中国形成了一个疆域广阔的统一国家，而且使中华民族形成

① 李大龙：《多民族国家疆域研究的历程及其特点》，《云南师范大学学报》（哲学社会科学版）2010年第6期。

② 段红云：《清代中国疆域的变迁及其对中国民族发展的影响》，《中国边疆史地研究》2015年第1期。

③ 于逢春：《疆域视域中"中国"与"天下""中原王朝"与"中央王朝"之影像》，《云南师范大学学报》（哲学社会科学版）2010年第1期。

了一种内敛、保守的民族性格。① 安介生亦指出，中国历史疆域的形成与历代王朝统治者的边疆意识有直接关系。中国古代的边疆意识产生并强化于频繁、复杂的边疆争端及争议之中。故边疆争端、边境争议，是历史时期边疆意识形成与发展的最大动力源。中国古代边疆意识经历了一个复杂而曲折的发展过程，从"无用之地"到"一寸山河一寸金"，再到"不可轻言弃也"，标示着中国古代边疆意识的阶段性提升、成熟与进步。② 当然，任何事物的发展并不总是处于一个持续的直线式上升通道的，尤其是人的意识更是如此，它很有可能基于不同的环境、不同的时代有所反复，这或许是一种常态。如果在研究过程中，一味地期待着用直线发展的模式看待它的演变，很可能陷入一种自我预设的模式。仅就边疆意识而言，诚然总体而言，越往后代，人们对边疆地位的认识越会明确，但这并不代表没有反复。

事实上，尽管从宏观的研究视角出发，我们或可以将古代天下观笼统地视为一种常态的理论，但是在具体的政治实践层面，每个时期、不同王朝都会有所变化。那么，历史时期的疆域观呈现出一个怎样的面向呢？朱圣明对秦汉时期的疆域观做了考察。他认为，秦汉社会存在两种"天下"，一种在地域上总括塞内"中国"与塞外蛮夷，另一种则仅包含塞内"中国"之地。但总体而言，秦汉天下格局的基本构造可以做如下表述："天下"以"中国"为核心，"中国"又以"内郡"为核心。一方面，"天下"内的人群被划分为多种层次、多个部分，助长了各人群之间关于彼此族群身份的交争；另一方面，多种层次、多种"核心"与"边缘"的划分及各种可用来建构新认同的资源的存在，也为各人群间的重组与分解提供了多种可能。③ 另有研究者通过对《汉书》《后汉书》民族列传的考察，指出民族列传的增减实际上反映了统一多民族国家疆域的发展变化，这样一种文本书写从某种意义上来说体现了当时汉族历史学家的"疆域观"。④

王义康通过对唐律"化内"与"化外"用语的研究指出：唐律所谓"声教之外"即为唐版图之外；"声教所暨"之处则为化内，包括内地与归属唐的周边四夷，而非司马光所说狭义的"声教所暨"仅指唐内地。唐律化外、化内的区分是以政治所属判断，当前学界将纳入唐统治体制的四夷划为化外，其实质正是基于唐统治区域内四夷有别于内地行政制度而做出的判断，与唐律宗旨恰恰是相悖的。从所领疆域范围来看，唐帝国由华夏本土与纳入唐统治体制的四夷地区构成，或者说由正州与羁縻州以及不同形式归属唐的四夷构成。唐律引入"化外"概念对文化版图与政治版图做出区分；引入"化内"概念，则是从国家主权意义上赋予多民族国家的唐帝国以具体的范畴。⑤

熊鸣琴对北宋"中国观"做了考察。在契丹等少数民族政权的压力下，北宋的

① 吕文利：《中国古代天下观的意识形态建构及其制度实践》，《中国边疆史地研究》2013 年第3 期。

② 安介生：《中国古代边疆意识的形成与发展——基于历代王朝边疆争议的分析》，《社会科学》2013 年第3 期。

③ 朱圣明：《有层次的"天下"与有差别的"政区"——兼论秦汉天下格局视域下的人群划分与认同建构》，《中国边疆史地研究》2014 年第1 期。

④ 王文光：《〈汉书〉、〈后汉书〉民族列传与汉代边疆民族历史的文本书写》，《中国边疆史地研究》2015 年第4 期。

⑤ 王义康：《唐代的化外与化内》，《历史研究》2014 年第5 期。

"中国"意识空前凸显。彼时，北宋的"中国观"及正统论呈现出超越"夷夏"族群意识的儒家文化伦理色彩，宋儒将"中国"文化价值提升为一种普遍的宇宙本体原则，以此作为"中国"身份判定的核心标准，希望以文化、道义上的优势德服四夷，但同时也赋予了其突破种族藩篱的超越性，这为此后的金朝、元朝等非汉族政权被汉族接纳为"中国"奠定了理论基础。[①] 杜芝明、黎小龙《"极边""次边"与宋朝边疆思想探析》一文以"极边""次边"概念为切入点，对宋朝的疆域观进行了探讨。该文认为，极边由外边（与域外接壤之州军）和内边（与域外非接壤之州军）组成，北方强调的是对外军事战略功能，体现的是政治边疆；南方强调的是对少数民族的控驭功能，体现的是族群边界即文化边疆。次边位于边疆层级结构的第二层，宋人常常将其与表示疆域最外围的词语（极边、沿边、缘边、并边等）连用，地理空间主要集中于北方。宋人对极边、次边的使用说明边疆思想在宋朝发生了重大变化，表现在边疆（界）意识凸显、边疆空间的扩展以及对边疆认识的细化。[②] 张宏利、刘璐则从分析《辽史》中出现的"境内""边城部族""境外""绝域"等概念的含义入手，探讨了辽人的"疆域观"。该文认为，行政区划作为辽朝统治核心区域而被称作"境内"，辽人视行政区以外的辽朝属国属部地区为"境外"，与辽朝存有朝贡关系的诸国、诸部被称为"绝域"。境内作为辽朝施政最为重要地区，备受辽人重视，实行强有力的统治；境外辽朝属国属部地区，辽朝并未实际控制，满足于属国属部对辽的政治臣属关系，遇到叛乱则予以镇压，很少介入属国属部内部事务；至于绝域之国家部族，并不属于辽朝统治范围，辽朝对其几无控制力，影响力亦相当有限。[③] 赵永春考察了金人的"中国观"：金人进入中原，即援引"中原即中国""懂礼即中国"等汉儒学说和理论，自称"中国"，在此过程中，他们并没有将辽、宋排除在"中国"之外，实际上萌生了多统意识，即比较宽泛的"中国"意识，或称"大中国"意识。[④]

陆韧《明朝的国家疆域观及其明初在西南边疆的实践》一文则对明朝的国家疆域观做了考察。该文认为，明朝的国家疆域观包含了明朝对国家基本认识和在此基础上形成的疆域。明朝国家基本认识以明初"中国"一词演进为含括我国历代王朝疆域范围的多民族统一国家的通称，在此基础上肯定元朝是多民族统一国家正统的延续，认为元朝继承历代王朝发展形成了"中国封疆"，在此疆域内各民族活动的区域均是中国疆域不可分割的部分。明初的国家疆域观在治理西南边疆和正确处置麓川势力扩张引发西南边疆危机过程中得到充分的体现和实践，从而实现了西南边疆较长时间的稳定。[⑤] 另外，安介生、穆俊通过分析明人章潢《图书编》的核心观点，并参照其他明代士人的著作、文章，对明代士人的疆域观及其相关问题的认知状况进行一个初步的梳理与研讨。该文认为，以章潢所论为例，尽管明代已有西方地理学知识的传入，但是其疆域观

① 熊鸣琴：《超越"夷夏"：北宋"中国"观初探》，《中州学刊》2013年第4期。

② 杜芝明、黎小龙：《"极边""次边"与宋朝边疆思想探析》，《中国边疆史地研究》2010年第2期。

③ 张宏利、刘璐：《试论辽人的疆域观》，《湖湘论坛》2015年第1期。

④ 赵永春：《试论金人的"中国观"》，《中国边疆史地研究》2009年第4期。

⑤ 陆韧：《明朝的国家疆域观及其明初在西南边疆的实践》，《云南师范大学学报》（哲学社会科学版）2010年第5期。

并没有出现跨越性的飞跃，可以说，疆域观作为其社会理念的一部分，在社会总体世界观与民族观没有发生根本性转变之前，其疆域观的调整与改进是相当有限的。一方面，明朝士人对于边疆地区通常缺乏实地调查，始终难以摆脱传统"夷夏"民族观的消极影响；另一方面，由于生产力水平及交通条件的限制，明朝士人对边远地区采取较为漠视或可有可无的态度，非常显著地表现出时代的局限性。[①]

韩东育以《大义觉迷录》和《清帝逊位诏书》两份文献为线索，勾勒了清王朝为实现政治认同与文化认同的合一所付出的艰辛和努力。作者认为，这一过程既让清人完成了由"夷"到"夏"的身份转变并赢得了汉人的支持，同时以"华夷一家"为核心的"中华大义"还进一步演变为蒙古、新疆、西藏及西南诸民族等"非汉世界"认同"大中华"价值的共同依据，为实现文化和疆域意义上的"中华"最大化，做出了重大贡献。中国在近代西方"民族国家"理念冲击下不但未被肢解，反而引发出"中华民族"的一体性回应等事实，既彰显了清朝内部凝聚之功，亦突出了《清帝逊位诏书》所发挥的历史作用。这两份首尾呼应的历史性文献，构成了嗣后中国政府表达国家主权和领土诉求的主要法理依据。[②] 林开强则对影响清帝国统治阶层疆域、边界意识的两个主要因素进行了探讨。该文指出，清帝国在北方与俄罗斯进行边界争夺，后经谈判勘界，刺激清帝国统治阶层清晰的"北部边界"观念形成；然而在清帝国南部及西南部，由于与历属中央王朝的"藩属国"接壤，在传统"天下——王土"观念影响支配下，清帝国没有明晰的南部和西南边界观念。作者认为，传统"王土"观念在中国历代统治阶层思想中根深蒂固，它无助于中国在走向近现代"民族国家"（Nation - state）的过程中，以积极主动的态度和措施捍卫国家疆域和领土的完整。[③]

（三）舆地图折射出来的"疆域观"

用古地图作为思想史的证据，研究思想观念和意识形态的问题，近些年来开始变得流行。正是基于此种研究视角，一些研究者试图通过古代舆地图中透露出来的信息，考察古人的疆域观。在他们看来，历代古地图最能够显示古人对自己疆域的那种独特的观念，它们是理解古人关于国家疆域及其观念的重要资料。毫无疑问，古地图有文字记录所缺乏的那种直观性，它凝聚着更直接的空间经验；从古地图入手探讨古人的疆域观念，可以避免文书记录固有的模糊性。

林岗将北宋迄清具有代表性的古地图作为讨论对象，并结合历代正史中地理志和方域志的记载，讨论了中国疆域及其观念的变迁以及由历史上中国的疆域问题延伸而来的相关问题。在他看来，历史上存在两个关于中国疆域的观念系统：一个是"禹迹图"系统，另一个是"一统图"系统，古地图有"本部中国"和"周边中国"观念系统的分别。这种历史上既有联系又相互区别的两种关于中国疆域的观念，反映的正是农耕世界和游牧世界共处东亚大陆而相互冲突和融合的状况。冲突和融合的漫长历史塑造了那

———————

① 安介生、穆俊：《略论明代士人的疆域观——以章潢〈图书编〉为主要依据》，《中国边疆史地研究》2011 年第 4 期。

② 韩东育：《清朝对"非汉世界"的"大中华"表达——从〈大义觉迷录〉到〈清帝逊位诏书〉》，《中国边疆史地研究》2014 年第 4 期。

③ 林开强：《清王朝国家疆域边界意识简析》，《社会科学研究》2010 年第 1 期。

种有中央属土和周缘边陲之分的疆域观念。经过清朝的统治和现代民族解放运动，本部与周边划分的历史痕迹正在消退，中国由王朝国家演变成现代民族国家。①

钱云以宋代舆地图为中心，对地图中边界的呈现方式进行了讨论，旨在理解宋代人通过地图如何定义"历史上的中国"。作者认为，宋舆图上所绘的"边界"大体基于现实政治的实际状况。分析其原因，作者指出，基于历史传统而形成的"九州"观念无疑支撑了宋人对疆域的认识，然而其与现实明确边界的冲突，使得宋代的边疆成为需要思考的问题。一方面是北方失去了对幽云地区的控制，另一方面则是南方的大理、交趾崛起，原本相对模糊的边界不得不清晰化，由此带来的是地图中"理想边界"的出现，这条边界北方以长城、南方以若水为标识。可以说，宋代舆地图中所体现的宋人对"中国"疆域思考的结果是基于自然地理、历史沿革和华夷观念共同构建出的理想化的边界，其背后则是地理、历史、文化、政治多重要素的整合。②

管彦波则对明代舆图进行了考察，指出明代的地图绘制继承了以"中国"为中心的绘图取向，明王朝实际控制的地理空间范围虽然较元代有所收缩，但是它作为承继法统的一个王朝，沿袭的依旧是历代王朝的惯常做法——努力在文化和空间上塑造王朝整体地域形象，以一种"天朝上国"的恢宏气势来强调对"蛮夷"的教化治理。另一方面，由于有了郑和下西洋和西方传教士所带来的新鲜域外地理知识，明代中国人具备了更为开阔的地理视野和"世界性意识"，因此之故，明代舆图加入了许多新鲜的海外诸国的内容，有了十分丰富而多元的"世界图像"。明代地图上这些看似不太明显的变化，事实上昭示着古老的中国向近代国家的转变已微露端倪。③

古地图不仅是古代地理状况的反映，也是政治权力和地理观念的表达。席会东通过对有关清代西域舆图的考察指出，清代《皇舆全览图》和《乾隆内府舆图》表现了清代西域的现实情形，反映了元明以来西域蒙古化和突厥化的状况。受清朝测绘的影响以及与俄罗斯和清朝征战、划界的需要，割据西域的蒙古准噶尔汗国也开始用托忒蒙文绘制《准噶尔汗国图》，其反映准噶尔汗国以西域为中心的疆域观，也表现了近代疆域领土观念在游牧民族中的传播和影响。从乾隆年间开始，除了清廷实测之图外，清朝官员和学者开始编绘《西域图志》等新疆图籍，这些图籍往往采用中国传统绘法并将清代地名与汉唐地名一并标注，突出新疆的台站体系和新建政区，表现清朝对新疆的军事控制和行政管辖，亦反映了清朝学者将新疆纳入中国传统史志文献和知识体系的价值取向。新疆在清朝政府、清朝学者和准噶尔汗国等绘图主体的不同立场、不同知识体系的地图中呈现出历史与现实、故土与新域、中心与边缘交错更迭的地理景象。④

长期以来，一些西方学者在研究中国历史时，往往把历史上的中国等同于汉族统治的中国，并把这个区域限于长城以南、嘉峪关以东的中国，从而秉持"长城以外非中

---

① 林岗：《从古地图看中国的疆域及其观念》，《北京大学学报》（哲学社会科学版）2010 年第 3 期。

② 钱云：《宋代舆地图中对边界的表示及其含义》，《历史地理》2015 年第 1 期。

③ 管彦波：《明代的舆图世界："天下体系"与"华夷秩序"的承转渐变》，《民族研究》2014 年第 6 期。

④ 席会东：《清代地图中的西域观——基于清准俄欧地图交流的考察》，《新疆师范大学学报》（哲学社会科学版）2014 年第 6 期。

国"的立场。鉴于此，韩昭庆通过对康熙《皇舆全览图》绘制及流传背景的考察，阐述了此种谬说得以形成的缘由。康熙《皇舆全览图》系我国首次利用西方现代测绘方法绘制的中国地图，该图完成之时即1717年，新疆大部分地区还受准噶尔部落的控制，西藏地区亦未全部测绘，贵州及广西仍有部分"生苗区"游离于中央王朝的统治之外，这些地区或依其他资料绘制，或留为空白。同时，康熙《皇舆全览图》的一个版本采取满文标注长城以北以及嘉峪关以西的地名，用汉字标注长城以南及嘉峪关以东的地名，西方传教士因此按照这个版本分别把满文、汉字标注的区域划分成"中国"和其他区域。正是由于这两个因素，当康熙《皇舆全览图》在欧洲各国流传开来以后，欧洲各国对清朝疆域的认识即建立在对该图的刻板认知基础之上，从而把其中明朝疆域部分认为是"中国"，其他部分则不是"中国"。此外，作者还通过对《雍正十排图》《乾隆十三排图》与康熙《皇舆全览图》的对比研究，还原了清朝中国疆域的真实面目：康熙帝以后，由于雍正帝的改土归流、乾隆帝的十全武功，清朝的疆域不断扩展，这种边疆实践也反映到了舆图的绘制当中。[①]

三　在历史与现实之间的朝贡、藩属体系研究

过去数十年间，对于如何认识古代中国与近代中国对外关系的本质这一问题，中外学者做过无数次的探讨与辩论。若论对此理论问题研究最为系统、影响最大者，则非费正清（John K. Fairbank）"中国的世界秩序"（Chinese world order）理论莫属。[②] 该理论认为，朝贡制度（the tributary system）曾是古代中国与周边国家传统关系的主要形态，进而成为近代以前以中国为中心的整个东亚地区的一种基本国际关系形态。此理论甫经提出，学术同行随即称引不辍。欧美研究中国历史的学者，特别是研究中国对外关系的学者，大多接受了此理论。仅就亚洲而言，中、日、韩学者也深受其影响。[③] 以中国为例，"朝贡制度""朝贡贸易"等词几乎成为近些年中国学者进行相关研究的常用术语。[④] 费正清理论所带来的影响可谓无远弗届，以至于柯娇燕（Pamela Crossley）在评论此现象时宣称：纵使不少历史学者对于该理论存在着诸多争议，然而其架构与论点，在国际学界似乎已然成为"不朽之势"。[⑤] 这一评价大致能反映出真实情况。

---

① 韩昭庆：《康熙〈皇舆全览图〉与西方对中国历史疆域认知的成见》，《清华大学学报》（哲学社会科学版）2015年第6期。

② See John King Fairbank, ed., *The Chinese World Order: Traditional China's Foreign Relations*, Cambridge: Harvard University Press, 1968.

③ 日本学者一般多用"册封体制"（见王贞平《汉唐中日关系论》，台北：文津出版社，1997年版"序言"部分）、"华夷秩序"（信夫清三郎主编：《日本外交史》，商务印书馆，1980年中译本）等概念归纳中国古代外交的特征；韩国学者则沿用"朝贡制度"一词，其中的佼佼者有全海宗等。全氏对中韩朝贡关系有深入的研究，主要有《汉代朝贡制度考》《韩中朝贡关系概观》《清代韩中朝贡关系考》等文（后均收入氏著《中韩关系史论集》，中国社会科学出版社1997年中译本之中）。

④ 详细评述可参酌许建英《中国世界秩序观之影响及其与中国古代边疆》，《中国边疆史地研究》2006年第1期。

⑤ Pamela Crossley, "Review of Cherishing Men from Afar: Qing Guest Ritual and the Macartney Embassy of 1793", *Harvard Journal of Asiatic Studies*, 57: 2, December 1997.

以下仅就 2010 年以来中国学术界对朝贡体系问题的研究情形略做梳理。

（一）历史时期的朝贡、藩属体制研究

中国古代王朝的朝贡制度建立在传统的"天下观""大一统"理念和"华夏中心论"的基础上，由边疆地区推广到邻国，甚至遥远的国家。关于朝贡、宗藩与藩属问题，学术界的主流观点认为，通过朝贡、宗藩或藩属问题的研究，能够将其作为确定历史疆域与国家领土主权归属的理论指导原则，并最终用以阐明中国疆域形成史。自2010 年以来，有许多论著围绕"朝贡制度"与"朝贡关系"问题展开了有益的讨论。

一般认为，中国古代王朝的朝贡体系分为"内圈"边疆民族的朝贡制度与"外圈"周边朝贡国的朝贡制度，二者具有两种不同的政治属性。程妮娜从东北亚地区朝贡制度的角度出发，对两种朝贡体系作了历时性和全景式的考察，提出将"是否被纳入地方行政管理体系""是羁縻建置的君臣身份还是具有独立性的藩属国身份""是否存在政治隶属关系"以及"是发展为民族地区建置还是被条约体系所取代"等四个方面作为区别中国古代王朝朝贡制度"内圈"与"外圈"的核心标准。①

周书灿《从外服制看商代四土的藩属体制与主权形态》指出："商代外服制是一种藩属体制，类似汉唐时期以原始性和松散性为特征的间接管理和统治的羁縻制。在外服制的藩属体制下，商朝四土的政治疆域极其模糊。伴随着商朝国力的盛衰和对四土政治、军事经营的推进与收缩，商朝疆域经常处于变动之中。在殷商相当漫长的历史时期里，商王朝在四土之境能够直接或间接行使的主权颇为有限。直至晚商时期，商朝对四土诸侯的控制方逐渐加强，商朝方逐步成为真正意义上拥有一定领土主权的早期国家。"② 应该看到，主权是近代国家才有的概念，在前近代国家，尤其是早期的国家形态里只可称有疆域概念，而不可滥用相关现代性的词汇，随意比附。就这一主题，厉声的《先秦国家形态与疆域、四土刍见——以殷商国家叙述为主》一文亦有研究。他指出，关于先秦时期疆域的形成，国家是以地域关系为纽带形成的社会组织，国家疆界是这种关系的体现，夏、商、周三代的国家组织以"邑"为基础建立起来，到春秋战国之际，直接统治逐渐成为主要统治方式，地缘关系逐渐成为主体的社会关系。③

王日根考察了有明一代朝贡体制与海权力量的关系，认为在朝贡体制重建过程中，明初的海上力量起到了决定性作用，其海军的远洋投送与作战能力，使明政府在不自觉的状态下控制了朝贡贸易的核心——货币发行权和贸易定价权，从而确保明政府在官方主导的朝贡贸易中大获其利。④ 逯杏花《明朝对李氏朝鲜的冠服给赐》一文以明王朝与李氏朝鲜的冠服给赐为研究个案，考察了明朝与朝鲜之间的朝贡藩属关系。⑤ 王来特则

---

① 程妮娜：《羁縻与外交：中国古代王朝内外两种朝贡体系——以古代东北亚地区为中心》，《史学集刊》2014 年第 4 期。

② 周书灿：《从外服制看商代四土的藩属体制与主权形态》，《中国边疆史地研究》2010 年第 3期。

③ 厉声：《先秦国家形态与疆域、四土刍见——以殷商国家叙述为主》，《中国边疆史地研究》2010 年第 3 期。

④ 王日根：《明初海权扩张与朝贡体制重建》，《人民论坛·学术前沿》2012 年第 6 期。

⑤ 逯杏花：《明朝对李氏朝鲜的冠服给赐》，《辽东学院学报》（社会科学版）2010 年第 5 期。

考察了日本自 17 世纪初至 18 世纪初以降逐步脱离中国所主导的朝贡贸易体系的过程，认为东亚海域贸易结构的变化，以及日本国内生产技术能力的提升，对中日之间贸易主动权的消长产生了一定的影响。[①] 何新华在《最后的天朝：清代朝贡制度研究》一书中通过对清代朝贡制度的思想基础、华夷观、朝贡管理机构、属国来华朝贡及册封礼仪、朝贡文书及伴送制度、贡使馆舍及属国王印制度、属国御匾及属国乐舞制度、广州体制与恰克图体制等问题的探讨，就有清一代朝贡制度进行了系统的研究。[②] 针对学术界有人认为清朝的"朝贡制度"具有虚幻性的观点，陈尚胜撰文考察了清朝在与外国开展政治关系时建立朝贡制度的最初目的。作者通过研究指出，清朝所构建的朝贡制度具有谋求自身安全和边疆稳定的显著用意。与明朝相比较，清朝在处理涉外事务时在实际上已经摒弃了明朝二祖在海外世界扮演"天下共主"的理想，而专注于自身的边疆稳定和安全，使她的封贡体系具有周邻性和边疆防御体系的突出特征；而清朝将周邻诸国的朝贡事务分别安排于礼部和理藩院两个不同机构进行管理，则反映了清朝统治者对朝贡事务所做的制度安排，一定程度上结合了相关国家和部落的民族特质，体现了清人处理涉外事务的针对性和灵活性。[③]

如果说，在前近代的中国，朝贡、藩属与宗藩等观念被用于规范所谓的"中华的世界秩序"殆无疑义，那么，当历史演进至近代，面对西方列强咄咄逼人的"条约体系"所构筑的国际秩序，"宗藩体系"又该何去何从呢？有学者从国际法、国际政治与历史学的跨学科视角，考察了 1840 年以来传统中国的"宗藩体系"面对西方的"殖民体系"所产生的碰撞及其结果。张启雄认为近代以前规范"中华世界帝国"国际体系的国际秩序原理乃"中华世界秩序原理"，相对地，规范西方国际体系的国际秩序原理则是"国际法"。在西力东渐后，"中华世界秩序原理"与"国际法"开始接触，并发生国际秩序原理的冲突。其中，中国对属藩的领土主权归属之所以发生纷争，即因"实效管辖领有论"与"以不治治之论"的原理爆发根本冲突所致，这就是宗藩体系与殖民体系在统治原理上的冲突。清季列强企图夺取台湾、琉球、朝鲜、越南等，以及西藏等属土时，提出以"国际法"的"实效管辖领有论"为利器，先在法理上进行"领其地，理其政，征其税"的"实效管辖"调查，然后在外交实务上展开国际秩序原理的交涉。中国因施行"以不治治之论"的民族自治政策，提出"属藩政教禁令自主"的主张，从而在外交上爆发激烈的中西国际秩序原理之法理论述的争辩。[④] 张氏的另一篇文章以 1882 年的朝鲜"壬午兵变"为案例，详尽考察了当时中日韩三方围绕朝鲜王国之"宗藩"与"独立"地位所进行的"国际秩序原理"之论述与论辩。根据张氏的研究，彼时的中国以"中华世界秩序原理"的"封贡体制论"坚持出兵援护朝鲜，持续中韩宗藩关系；而日本则依"国际法"，主张日韩对等关系。朝鲜国内的开化派稳健

———————————

① 王来特：《朝贡贸易体系的脱出与日本型区域秩序的构建——江户前期日本的对外交涉政策与贸易调控》，《日本学刊》2012 年第 6 期。

② 何新华：《最后的天朝：清代朝贡制度研究》，人民出版社 2013 年版。

③ 陈尚胜：《试论清朝前期封贡体系的基本特征》，《清史研究》2010 年第 2 期。

④ 张启雄：《东西国际秩序原理的差异："宗藩体系"对"殖民体系"》，台湾"中研院"《近代史研究所集刊》2013 年第 3 期。

系也主张在宗藩关系下朝鲜走向改革自强，急进系则主张依赖日本摆脱宗藩关系。①

伴随着西方列强之冲击，清王朝统治渐趋衰微，曾为帝国"屏藩"的周边朝贡诸国纷纷弃其而去，以至于有学者认为，维系数世纪之久的朝贡体系业已宣告终结。② 检视民国以来的政治实践，所谓的"朝贡体系"，是否真如大多数学者所宣称的那样，随着清帝国的灭亡而消失在历史与政治的舞台呢？冯建勇以 1946—1948 年国民政府对于坎巨提"内附"问题之应对为研究对象，考察了这一时期国民政府（包括新疆省政府）对于坎巨提地位的主观认识及外交实践，认为就其过程而言，尽管传统帝国的身影已渐行渐远，但是帝国时期的"朝贡体系"仍然微妙地影响着国民政府的政治与外交实践。在朝贡历史想象和现实主权诉求的纠结中，国民政府采用"达则兼济天下"的策略，将"改藩设治"、确立对坎巨提直接管辖作为中心任务予以运作，以追求民族国家的至高无上的主权地位。在此策略无法实施后，则采取"穷则独善其身"方略，借由朝贡意识维护双方既有的宗藩关系。③

（二）朝贡体系研究的现实观照

如果说，在历史学研究领域，学者们对朝贡体系的研究限于对不同历史时期中原王朝对周边国家和地区关系的讨论，那么，在国际政治学、国际关系研究领域，研究者们关注朝贡体系的缘由则出于现实政治的考量。

由于近年来中国国力的逐渐增强、国际地位的渐次提升，国际学术界开始热衷于讨论一个议题：崛起的中国将往何处去？未来中国所在的东亚地区的区域国际体系将会以一个怎样的方式运行？正是在这种问题意识下，目下的国际政治学、国际关系领域，一些学者开始投身于历史中国的"朝贡体系"问题研究。他们认为，从事此问题的研究，其目的乃是为了从中寻找灵感，以化解当下中国与周边国家政治关系紧张的现实；从更广阔的视野来观察，或是为当今乃至未来紧张的国际关系寻找一种具有较强亲和力的国际关系理论模型。如果说，在历史学研究领域，学者们对朝贡体系的研究限于对不同历史时期中国中央王朝与周边国家和地区关系的讨论，那么，在国际政治学、国际关系研究领域，研究者们关注朝贡体系的缘由则大多出于现实国际政治因素的考量，他们试图借鉴曾经作为世界大国的中国的历史经验，从"朝贡体系"所构成的前近代世界秩序中获得灵感，以期构筑面向未来的世界秩序的国际政治学理论。

历史时期基于朝贡体系而构建的"中华世界秩序"，并非依赖于中国一方简单地运用道义与实力而维持，还应认识到，处于弱势的小国的认同感亦非常重要。有研究者通过对明清时期中朝关系的考察，认为朝鲜对于明朝的正统地位给予高度认可，而对于清

① 张启雄：《"宗藩"对"独立"：朝鲜壬午兵变的国际秩序原理论述》，《国立政治大学历史学报》2013 年总第 40 期。

② Suisheng Zhao, *Power Competition in East Asia：From the Old Chinese World Order to Post - Cold-War Regional Multipolarity*, New York：Palgrave Macmillan, 1997; Key - Hiuk Kim, *The Last Phase of the East Asian World Order* , Berkeley：University of California Press, 1980, pp. 328 - 351; 李云泉：《朝贡制度史论：中国古代对外关系体制研究》，新华出版社 2004 年版，第 312—313 页。

③ 冯建勇：《想象的朝贡记忆与现实的主权诉求：1946—1948 年坎巨提内附问题研究》，《东吴历史学报》（台北）2013 年总第 30 期。

朝的正统地位，朝鲜有一个从"强烈抵制"到"被动接受"再到"较为主动但依然有所保留的接受"的十分缓慢的变化过程。事实上，在处理与朝鲜的关系过程中，清朝比明朝从总体上更为照顾朝鲜的利益，但朝鲜从观念上却更接受明朝的正统性。可见，仅仅由于实力上的优势和物质利益上的照顾，对于更高程度的合法性观念的形成，其作用具有明显的局限性。这表明，在一国国际地位上升的过程中，他国对其正统地位认可的不易，特别是对一个原先被视为异类的大国所具有的正统地位在接受上的不易；另一方面，一国的正统地位一旦从文化上被接受，这样的观念可以较容易地在长时期内得到维持，并表现出颇为强大的内在生命力。此外，从朝鲜心甘情愿地纳入清朝的朝贡体系的这一过程中，可以观察到，并不是清朝塑造和改变了朝鲜的正统观，而是清朝的做法在很大程度上顺应了朝鲜的正统观，如清朝把自身解释为明朝的继承者，提高自身儒化的程度等。基于前述考察，该论者认为："这对于当前亚太地区的国际关系，包括中国如何更好地在这一地区实现和平的和被普遍接受的崛起，也具有一定的启发意义。"[1]

一般而言，当代中国学者研究朝贡体系，乃是因为他们坚信现代中国与中华帝国具有历史上的连续性，而且这一连续性会以帝国的形式在21世纪的世界秩序中发挥积极作用。在此需特别指出的是，尽管中国历史具有延续性，但是这并不代表由"朝贡体系"构筑的"中华世界秩序"能够与近现代世界秩序做到无缝对接。关于这一点，张启雄撰文指出，前近代时期，规范"中华世界帝国"国际体系的国际秩序原理乃是"中华世界秩序原理"，相对地，规范西方国际体系的国际秩序原理则是"国际法"。是西力东渐以后，"中华世界秩序原理"与"国际法"开始接触，并发生国际秩序原理的冲突。1840年以降，伴随着"朝贡体系"的解体，中国不再是国际秩序的构建者，开始成为西方主导的国际秩序的被动参与者。基于历史文化价值的差异，强将西方的国际秩序原理片面加诸东方国家，必造成东方国际体系的文化价值错乱，导致其国际秩序原理无所适从，造成其国际秩序的紊乱，最后演变成为东西国际体系的长期对抗。中华人民共和国成立以来，在逐步走向对外开放、实现国家现代化的道路上，中国对国际秩序的态度更为积极和主动，并努力成为国际新秩序的共同建构者之一。直至目前，中国已处在高速发展的现代化进程中，正由地区性大国向世界性大国过渡。在此背景下，建构以中国为中心的"中华世界秩序"正当其时。[2]

另据观察，当下的研究者不仅关注朝贡体系的"历史性"内涵，还特别重视它在"现代性"背景下的转换。亦正基于后者，有论者通过对明清王朝与东亚邻国缔结朝贡关系的考察指出，要确保中国所在东亚区域安全和国际秩序稳定，不仅要有怀远以德、仁和邻邦、共享太平的良好理念和操守，也要有反应及时的双边以及多边关系事务处理机制，还应有厚实的军事力量以应对敌对力量的挑战与扩张。[3] 张勇进等人从英国学派和建构主义理论中得到启发，认为朝贡体系不仅仅是中华帝国与周边邻国之间策略互动

① 周方银、李源晋：《实力、观念与不对称关系的稳定性：以明清时期的中朝关系为例》，《当代亚太》2014年第4期。

② 张启雄：《超越朝贡体制：回归中华世界秩序原理》，"文明的和谐与共同繁荣——中国与世界：传统、现实与未来"北京论坛论文，北京，2014年。

③ 陈尚胜：《朝贡制度与东亚地区传统国际秩序：以16—19世纪的明清王朝为中心》，《中国边疆史地研究》2015年第2期。

的产物，而更应将其视为一种国际社会形态。东亚朝贡体系下的中华帝国与其他参与者之间的关系始终是双边的，而不是多边的。朝贡体系对于任何愿意根据中华帝国所立条款参与的国家都是开放的，故朝贡体系具有加入的开放性和弹性，它构成了中华帝国和其他组成国家之间交往的深层游戏规则。①

随着中国的崛起，中国如何看待现存的国际秩序，如何参与建构未来的国际秩序已经成为世界瞩目的重要问题，同时也成为世界各国看待中国崛起的一个标尺。针对此问题，有学者撰文指出，"天下和合""王道"作为中国传统国际秩序观的核心理念，为当代中国思考国际秩序问题提供了历史积淀、世界维度及理论基石；中国应以现代视角汲取传统观念的精髓，将之运用于当代国际秩序观的构建与完善。② 另有学者从东亚国际体系转型的视角，撰文考察了朝贡体系在东亚现代民族国家构建进程中面临的命运。该文指出，朝贡体系从汉代确立，直至两千年后的 19 世纪末期才迎来了第一次转型。此次转型主要起因既有来自于西方势力的冲击，也有来自于长期游离在朝贡体系之外的日本的影响。是故，随着中国的衰落，东亚体系内秩序的主导权也由中国转移至日本。与此相伴，朝贡体系也开始了解构的过程，越、泰、琉、朝等朝贡国与宗主国——中国之间的原有制度安排纷纷解体。③ 邝云峰、刘若楠则将朝贡体系理论用于解读美国与世界其他部分之间的关系，认为美国创立了世界上有史以来最为成功的朝贡体系。作为有史以来所建立的最广泛的正式和非正式联盟网络的轮轴或中心，美国向其盟友和伙伴——或朝贡国——提供军事保护及经济上的市场准入。作为这些努力的回报，美国直接寻求的贡品一方面是其被承认是唯一的强权或霸主，另一方面则是其他国家效仿其政治形态和理念。④

当"朝贡体系"的研究在国际政治研究领域如火如荼地次第展开之际，有学者撰文质疑了"朝贡体系"说，认为传统东亚秩序是一个共生体系或秩序，地区内各国无论大小、强弱，均能在这一体系中找到自己的适当位置。这一体系又是多中心的，并非单一中心的等级秩序。构成东亚内生体系的框架以及这种内生秩序运作方式的要素主要包括多种互动方式、朝贡贸易、自愿交往、和平共生以及共同合法性，其中每一方面都具有丰富的内容，它们是构成和维系这一共生体系的原理，也是东亚内生秩序不同于世界其他地区秩序的特征。⑤

不管朝贡体系是一个想象之物，还是一个实在之物，有一点需要指出的是，从国际关系学的视角考察朝贡体系，将会进一步深化该领域的研究，并能够提出一些新的观点和新的问题。但一个需要注意的问题是，如果在脱离了历史学的范畴，肆意地以跨学科的名义，将朝贡体系予以解构，则可能会背离了研究者的初衷。很明显，无论是作为"中华的世界秩序"，抑或是作为"东亚的国际体系"，朝贡体系所承担的亚洲的历史模式似乎在时间上和空间上都难以在当前的东亚地区再现。

---

① 张勇进等：《作为国际社会的朝贡体系》，《国际政治科学》2012 年第 3 期。
② 肖晞、董贺：《中国传统国际秩序观及其当代启示》，《复旦国际关系评论》2014 年第 1 期。
③ 韩献栋：《东亚国际体系转型：历史演化与结构变迁》，《当代亚太》2012 年第 4 期。
④ 邝云峰、刘若楠：《美国的朝贡体系》，《国际政治科学》2013 年第 4 期。
⑤ 任晓：《论东亚"共生体系"原理——对外关系思想和制度研究之一》，《世界经济与政治》2013 年第 7 期。

总体而言，从近些年来学者们对于朝贡体系、藩属体制等问题的关注程度来看，该研究领域大有成为一个前沿学术热点的发展趋势。当前学术界对此问题的关注，很大程度上乃是对现实政治的一种反应。不言而喻，这一现实大致包括因中国的强势崛起而引发的世界秩序重构、东亚区域社会秩序安排等问题。研究者尝试通过对历史上中国世界秩序、朝贡体系、天朝礼治体系等问题的梳理和思考，获得阐释、解决现实政治问题的源泉，这样一种研究趋向在国际政治学领域表现得更为明晰与迫切。

无论是历史学界宏观的纵向考察、微观的个案分析，抑或国际关系与国际政治学界的理论构想，皆表明朝贡话语和朝贡体系具有多样性的特征。至于理念与现实如何对接，能否重叠，需要因时而异、因势而异。关于这一点，美国学者马克·曼考尔早就指出："不能根据西方的习俗和实践解释朝贡制度。如果想在传统中国的制度或观念中发现与现代西方相同的东西，就会造成误解：它们也许在结构或功用方面比较相似，但是，如果放在传统的儒家社会和现代西方社会的语境中加以考察，就会看到它们可能有着迥然不同的意义。朝贡制度更适合从传统中国的语汇和制度出发从整体上加以理解。"[①] 历史时期，"朝贡体系"引领下的东亚地区秩序确实具有一定的可参照性，然而，亦应指出的是，就"朝贡体系"本身来说，它的建立本身应具备以下几个基本要素：（1）主导者具有超乎周边国家的绝对力量；（2）主导者本身的制度、文化对于周边国家及可能的追随者具有强大的吸引力；（3）追随者自身具有主观上的需求性。

基于此诸要素的分析，当下国际政治环境下的"朝贡体系"是否可行不无疑问，正如有学者指出的那样，不管中国是否曾为东亚中心的命题在多大程度上成立，但若一味使用"功利化的西方现代政治话语"解读朝贡体制，并一切以实力和政治为指归，则极易掩盖不同时空下朝贡关系的多样性、差异性，从而导致这一业已消失的东亚国际关系体制的失真。[②] 但有一点毋庸置疑，研究这一体系至少可以能够提供一些处理周边关系的灵感，即历史上中国与周边国家制度、文化、心理曾经相互交织，这些均可作为维护当前中国与周边国家友好关系可供分享的"历史文化资源"。

四　"从边疆观中国"的研究范式

长期以来，中国边疆研究深受两种历史观的影响：一方面，在中国学术界，"中原中心"史观大行其道，并构筑起"中心—边缘"的讨论范式，边疆被看作中原的附庸，处于可有可无的"边缘"地位；另一方面，受西学东渐之影响，发端于西方历史学界的西方中心史观强势植入，中国边疆的历史多被解读为"殖民的历史"。

然而，随着新研讨范式的加入，越来越多的研究者开始认识到，边疆作为处于地理上"一个国家中央地带的边界地区"和处于"政治权力中心边缘的区域"，它与中心地区有着不尽相同的物质与精神形态，具有自身的独特性和自主性。为此，作为对前述中原中心与西方中心史观的一种批判性反思，一些研究者逐渐认识到，从古至今，中国多

---

① ［美］马克·曼考尔：《清代朝贡制度新解》，载费正清主编《中国的世界秩序：传统中国的对外关系》，杜继东译，中国社会科学出版社2010年版，第58页。

② 李云泉：《话语、视角与方法：近年来明清朝贡体制研究的几个问题》，《中国边疆史地研究》2014年第2期。

元文化存在着一种互动的过程，原有的"中国"对"四方"的同化、统一过程及"华夏、汉民族人文的扩张过程"的描述，并不能反映历史的原貌。受此理论观点与方法之影响，越来越多的学者主张边疆研究的范式应渐有更张，逐步冲破传统夷夏史观和殖民史观的束缚，从边缘学科走向独立学科，呈现出以边疆为本位或中心来考察问题的思维模式。于是，他们开始尝试以从四方看中国、从边缘观中心的研究视角，考察中国边疆的历史地位与未来发展。

事实上，以边疆本位的视角来解释中国，颠覆中原中心论、重建边疆观念的尝试，最初来自于内亚历史研究领域，拉铁摩尔即为其执牛耳者。他在《中国亚洲内陆边疆》一书中首先提出了所谓边疆风格及其如何生产与再生产，何为边疆的空间特质，以及边疆如何参与并对民族国家的构建产生作用的问题。近些年来，一些中国学者开始尝试从边疆的视角切入，探讨边疆自身的特质及其在中国历史和现实中的地位。其中的佼佼者有杨国桢从海洋文明的视角探讨中国海洋文明的一支对传统中国的深刻影响；于逢春提出了"五大文明板块"理论，试图从边疆的视野发掘中国统一多民族历史疆域形成的内在动力与机制；施展等人则以"东北观天下"[①]"西北望长安"[②]为着眼点，从对历史中国东西横轴的历史疆域之拓展的考察中，强调要以"重建中国历史哲学"为目标。

2010 年以来，依然有诸多研究成果尝试以边疆作为研究本位，站在边疆的立场体察边疆与感触全局，希冀将边疆作为边疆历史书写的主体。关于以边疆为本位的研究成果，王铭铭提出的"三圈说"理论值得关注。在王铭铭看来，"三圈说"既是批判性的概念，又是建设性的概念。以言批判，乃是因为"三圈说"直面社会科学的西方中心论；以言建设，一个方面，这指以一个"其他文明"为中心的学术史架构，另一方面，"三圈说"是对文明差异之事实的表述。"三圈说"这一理论蕴含着这样一种思想：中心与边缘之关系是辩证的，即谓"无处非中"，各自有自己的中心、边缘与半边缘之分，各自有自己的"世界体系"；我者与他者的区分是相对的，两者经中间媒介，成为对方的一部分。换言之，三圈之分是相对的，三圈之中的任何一圈之任一地点，都有其核心、中间、外围之分，也都有自己的世界体系。以三圈说理论观照中国历史，王铭铭将"五服制度"视为"三圈说"的一种文明史的表达。如果说，五服制度可被视为一种"三圈说"的话，那也只能被视为"三圈说"的诸多体系与视野之中的一种。具体来说，五服制度所体现的"三圈说"只能是华夏中心主义观念中所要表达的一种"世界体系"；而在华夏中心主义看来，这种中心—边缘的关系是被想象为一种预设的恒定性表达，如此，显然不合乎"三圈说"的真谛，亦即中心与边缘之关系是辩证的，即谓"无处非中"，各自有自己的中心、边缘与半边缘之分，各自有自己的"世界体系"。[③]借鉴"三圈说"的世界体系理论，或可这样认为，"边疆"与"中心"的定义因此而变得模糊，亦即"边疆"可以成为"中心"，"中心"亦可以成为"边疆"，关键在于参照物的选择。

与上述"三圈说"相呼应，纳日碧力戈从"地天通"式的"生存交互性"定义

---

① 施展、王利：《东北观天下——重塑中国历史哲学》（一），《领导者》2013 年第 4 期。

② 施展、尚观：《西北望长安——重塑中国历史哲学》（二），《领导者》2015 年第 2、第 3 期。

③ 相关研究可参考王铭铭《三圈说：另一种世界观，另一种社会科学》，《西北民族研究》2013 年第 1 期；《谈"作为世界体系的闽南"》，《西北民族研究》2014 年第 2 期。

"边疆"，认为"处处是边疆，人人互为边疆，物物互为边疆"；从现代性的国家主权和文明中心定义"边疆"，则"化外"是边疆，"他者"是边疆。① 正如有学者指出的那样，"边疆"并非纯客观的存在，它是在国家疆域的边缘性部分与核心区存在客观差异的基础上，国家从统治或治理的角度而界定的，因而渗透着相当多的主观因素。从这个意义上说，边疆的形成和发展都具有突出的构建性，是客观基础上主观构建的产物。在国家疆域的范围内，如果边缘性部分与核心区之间存在着显著的区别，并且在国家发展或整体利益格局中的地位与核心区明显不同，国家需要采取专门的政策或措施加以统治或治理，这个边缘性的区域就往往被界定为"边疆"。② 对于同一问题，有研究者通过梳理文献发现，在清乾隆朝君臣的思想中，"边疆"并非纯粹的地理概念，乃是客观因素与主观因素相结合的产物：在不同时期相异的语境下，边疆的定义、内涵呈现出动态变化的特点。因此之故，有清一代，"边疆"与"内地"始终只具有相对意义，乾隆、嘉庆、道光及至晚近时期的同治、光绪诸帝，都在相对的意义上使用着"内地"与"边疆"概念：如与陕西相比，则甘肃为"边地"；而与新疆相比，则甘肃又为"腹内"。③ 从某种意义上说，古代中原士大夫、文人墨客往往基于"中原中心"思维定式，通过诗词等文学作品对西域、辽东等边疆地域进行丰富的想象和勾画。这种想象力被运用到西域，结果产生了"天山意象"，即西域被想象成异质的、荒蛮的乃至动荡的空间。鉴于此，于逢春指出，唯有破除"天山意象"，以边疆地带为边疆研究本位，站在边疆的立场体察边疆，而非仅仅从中原的视角俯视边疆，才能将边疆地域破碎的事和人连缀成一幅相对完整的画面，进而勾勒出一幅包括边疆在内的比较完整的中国历史画卷。④ 黄达远则指出，唯有突破单线的民族主义叙事，从区域的视角审视边疆，才能还原边疆固有的空间和区域特质。⑤

显而易见，有别于"国家中心"主义叙事的历史传统，在人类近现代历史发展过程中，特别是民族学、人类学等学科兴起之后，人们开始关注边缘、偏远、无国家历史的人类社会，显然这些空间区位和"非国家中心"的定位，是相对于"国家中心"而言的。鉴于此，周建新明确提出了"边疆中心"的理论方法。在周氏看来，"边疆中心"的视角，是相对于"国家中心"视角提出的一种理论方法。"边疆中心"视角是一种宏观的物理空间俯瞰的角度，更是一种宏观的社会空间的观察角度。它的特点，就是把一国的边疆看作"中心"，或者把两国或多国的边缘整体性看作"中心"，把边缘人群作为叙事的主体，并且经常以边缘人群的叙事展开对国家中心的认识。这种理论方法对于跨国民族研究和边疆学研究，有着重要的价值和意义。在"边疆中心"研究范式的指导下，人们可以对跨国移民问题、跨国民族问题以及跨国经济区或边境经济合作区

---

① 纳日碧力戈：《生存交互性：边疆中国的另一种解释》，《学术月刊》2014 年第 8 期。
② 周平：《全球化时代的疆域与边疆》，《中国边疆史地研究》2014 年第 3 期。
③ 王希隆、杨代成：《论明清时期嘉峪关职能旳演变》，《青海民族大学学报》2014 年第 4 期。
④ 于逢春：《边疆研究视域下的"中原中心"与"天山意象"》，《新疆大学学报》2014 年第 1 期。
⑤ 黄达远：《多维视野下的西域——以 1759—1864 年的天山史为例》，《新疆师范大学学报》2014 年第 6 期。

的建设等诸问题展开一种有别于传统的理论和实践探索。①

2013 年,《学术月刊》邀请了几位边疆民族问题的前沿学者以"边疆的中国:从地域族群到文化政治"为主题,撰文展开了多视角、跨学科的深入讨论。这组文章主要着眼于"边疆"概念、边疆问题在当下语境中的文化指向与意义的再探讨,以期从理论上消弭"中心"与"边疆"的心理、现实格差,希冀构建新时期公民和谐、族群团结的共同"语法",找寻重新勾连南北中国、重构东西中国的意识形态。纳日碧力戈援引了中原"绝地天通"、塞北"人人皆萨满"的故事,认为面对着已运行了数千年的"绝地天通"的现实,如果想赓续"天人合一"传统,可以借助于自古以来流行于北方游牧狩猎民族之间的"人人皆可成为萨满,能够沟通天地"的萨满教文化,从而在今日中国新的社会人文格局中重新找到"人人皆萨满"的可能根基,不以某个民族建国,不以个别文化设国,而以共同精神立国,以共同信仰治国。进而建立全新的"地天通"之"人人萨满"世界,这也是创建公民和谐、人群团结的新尝试。② 关凯提出,后革命时代,边疆的概念出现了文化意义上的重构。基于"边疆危机"与"民族问题"同构的叙事,国家与社会对"边疆"概念开始做出不同的定义。在国家自上而下的叙事中,"边疆"概念的核心,是国家建构整体性所需的内部他者,在多样性边疆的衬托之下,代表现代性的国家主流文化影像才清晰起来,而国家的制度安排,则要体现主流对于边缘社会的关怀,多数对于少数的支援;但在族群自下而上叙述中,国家的文化气质是由主流群体赋予的,因此,主流的关怀与多数的支援,可能在不经意间代表了某种不平等的观念,甚至是以主位替代客位的强制与专制。因此,围绕着边疆展开的这两种叙述,构成一种现实的张力,使国家与社会共享了一种焦虑:前者难以理解为何善意总被曲解,后者则抱怨诉求为何常被忽视。③ 王东杰指出,从历史上看,华夏文明、伊斯兰教文明、藏传佛教文明长期互动,为现代中国的国家建构提供了历史基础。在中国近现代史上,人们对它们的文本描述主要放在政治事件史中,而不是它们的生活世界和意义系统。在该文作者看来,作为一种尝试,不妨采用一种"多史"叙述的取径,也就是说,同时采用多个文明的"视域"来观察中国历史。④ 韦兵认为,"天下"是广阔的东亚世界在长期实践中磨砺出来的族群之间最经济的一种选择。"天下"巧妙地包容"夷狄"的表达,夷、夏在实践中灵活地调适,实现默契,双方共同锤炼出天下这一具有最大兼容性的经验平台。在这个平台上,夷、夏紧紧被绾合在一起,二者是阴阳共生、共存关系,双方非常奇妙地存在于对立、互融的"势"中,既保持了相互独立,又在事实上已经融为一体。同时,"天下"的虚位给各族群以平等入主的机会,不同的族群不断加入,在这个兼容的平台上,有一种内在的向心力把大家紧密联系在一起,天下的雪球越滚越大。⑤ 黄达远探讨了区域研究视角的重要性,认为通过区域研究有助于揭示边疆历史的多样性,帮助重新认识边疆历史与中原历史的相关性以及边疆的本土化特点。⑥

---

① 周建新:《边疆中心视角下的理论与实践探索》,《广西民族研究》2015 年第 6 期。

② 纳日碧力戈:《"绝地天通"与边疆中国》,《学术月刊》2013 年第 6 期。

③ 关凯:《反思"边疆"概念:文化想象的政治意涵》,《学术月刊》2013 年第 6 期。

④ 王东杰:《多文明共生的中国与"多史叙述"之可能》,《学术月刊》2013 年第 6 期。

⑤ 韦兵:《完整的历史经验:天下的"夷狄之维"》,《学术月刊》2013 年第 6 期。

⑥ 黄达远:《区域史视角与边疆研究——以"天山史"为例》,《学术月刊》2013 年第 6 期。

与前述从边疆看中国的研究范式相对应，一些致力于海疆与海洋文化研究的学者亦提出了从"海上看中国"的理论方法。传统观念认为，中国是个大陆文明国家，历史上的中国先民大部分活动都集中在陆地上，故而对于海洋缺少应有的认知与了解。历史的面貌果真是如此吗？进入 21 世纪后，杨国桢开始对"大陆思维体系"指引下的涉海研究给予了批判，认为"海洋活动有它自己的起源和发展的历程，自成一个世界，与农业世界、游牧世界是并存互动的，也是人类历史存在的一种实现方式，所以海洋不仅仅是一条路，也是一个生存发展的空间、一个文明的历程。"① 吴春明则通过对沉船、海底文物的研究，发现"善于用舟"的百越及其他土著先民在中国东南乃至环中国海海洋文明上具有开创之功，重新构建了数千年前东南沿海土著族群开发海洋、以海为田的海洋生活史、逐岛漂航形成太平洋"南岛语族"的史前海洋交通史的轮廓，否认了土著先民的早期海洋文明与华夏—汉人兴起时代的晚期海洋文明之间的历史传承关系。② 于逢春专文论述了"海上文明板块"的形成、特质，以及该板块对中国疆域底定的重要影响：（1）因由"海上板块"及海上中国社会力量大量吸纳白银，明清两朝最终实现了银本位货币体制。该体制促进了明清两朝商品经济的快速发展，对于全国统一市场的形成厥功至伟。（2）通过海上板块，美洲农作物从海上传来与普及，造成了晚明，特别是清初人口的大爆炸，伴随着这些移民向四周扩散，以往主权管辖模糊的地域逐渐被明确地统合到中国疆域管辖体制之中。（3）经由海上板块的通道，从澳门引进的西洋火器传入中国内地，它不但造成了明清易代，而且对于对外抵抗沙俄侵略，对内改土归流、平准等有着不可替代的作用。（4）郑成功凭借着海上中国的海商力量收复了台湾，并长期主导着数百万平方公里的海上贸易权，为后来中国海疆的奠定打下了坚实的基础。③ 据此可见，于逢春构筑的"海上文明板块"，不仅只是从海上的视角看世界，另一个较具启示意义的一点，乃是从宏观的历史构架的视角探讨了该板块在中国疆域形成路径中的地位，这也是认识和发掘海洋文明对于中国社会各个层面之影响的一个重要探索。冯建勇通过梳理中国海洋文化的历史发展脉络，还原了海洋文化在历史中国的面貌：原来，环中国海一带历史上就是中华文明起源的重要一支，早在史前时期它已经充分表现出了其外向性的特点，并成为亚洲东南文化、技术输出地，16 世纪至 18 世纪，环中国海一带更是进入了一个"大航海时代"；至于在传统中国的内缘，因海洋文化而形成的"海上板块"，对于中国历史疆域之构筑亦具有不可磨灭的意义。④

追溯历史，我们会发现，在民族国家出现之前，那些现在属于边疆的地区是无所谓处于边缘还是中心的，对于生活在那一地区的人来说，他们就是世界的中心。1378 年，受《声教广被图》影响创作出来的明朝《大明混一图》，即按照传统的方法将中华帝国描绘得异常庞大，还作为对比，则将印度半岛、印度洋、阿拉伯半岛、波斯湾及舌状的非洲大陆描绘得比实际更小。这个将传统的中国地图与伊斯兰的地理知识机械性地结合在一起的新类型的"世界地图"，就是那个时代的中国人对世界的崭新认识。与《大明

---

① 杨国桢：《关于中国海洋史研究的理论思考》，《海洋文化学刊》2009 年第 7 期。

② 吴春明：《"环中国海"海洋文化的土著生成与汉人传承论纲》，《复旦学报》2011 年第 1 期。

③ 于逢春：《论"海上文明"板块在中国疆域底定过程中的地位》，《社会科学辑刊》2012 年第 5 期。

④ 冯建勇：《近现代以来中国海洋文化的重构历程》，《浙江学刊》2013 年第 6 期。

混一图》相类似，京都龙谷大学收藏的 1402 年朝鲜王朝制作的《混一疆理历代国都之图》，则以朝鲜王朝为中心，将朝鲜半岛几乎描绘成和中国一样大，以此展现朝鲜王朝的正统性。[1] 同样，古代波斯帝国的阿契美尼德王朝将其统辖的"文明区域"称为"伊朗"，而将阿姆河对岸的"蛮族之地"称为"图兰"。正如有学者评述的那样，这是以"文明观"为标准来区分己者与他者，其中内涵了某种价值观，与中国自古存在的"华夷思想"颇有相似性。[2]

事实上，基于历史主义的研究视野观察，"边疆"的范围并非一成不变。有研究者通过梳理历史文献发现，自汉代开始在西域设立属国和都护，以迄清代的西北治理，西北边疆地区经历了一个由被内地政权羁縻、争取的外围地域即"西域"，逐渐演变、被整合为中国国土即"西北"的过程。在这一历史进程中，即由"西域"到"西北"的变化，不仅意味着指称上的改变，其实质性的内容是"西北"边地内化为"中国"国土不可分割的一部分。换言之，"边疆"是一个历史性、流动性的概念，它随着历史上的中国国势的消长、疆域的膨胀或紧缩而有所伸缩，并且与文明的传播有莫大关联。[3] 另有研究者通过对明清时期嘉峪关职能演变的考察发现，明代嘉峪关作为边镇主要发挥其军事防御和控制西域、中亚的职能，但随着乾隆年间对新疆的统一，嘉峪关渐成腹地，其军事职能得以减弱，而检查过往行人、管理进出口贸易的职能得以彰显。也就是说，随着清帝国在空间上的拓展，西部边疆的延伸，嘉峪关所在的甘肃由康熙时代的边疆变成了乾隆时代的内地，完成了由"极边"到"内地"的转换。[4]

对于上述"从边疆观中国"的研究学术思潮，只有将其置于具体的社会、政治、学术背景下，才能给予同情之理解。窃以为，此乃边疆研究者努力推动中国边疆研究主体性的一种因应，更是 21 世纪以来中国边疆研究蓬勃发展突进的一种必然。这种研究取向之初衷无疑是美好的，它旨在重建中国边疆的本体地位，发现边疆之于中国的重要性。但有一点不得不提出，目前的这样一种学术研究趋向存有一种"只见树木、不见森林"的倾向，一言以蔽之，即在对"中原中心主义"的应激反应过后，过于强调边疆的历史主体地位，从而走向另一个极端。

回到前述施展"重建中国历史哲学"的雄心上来，其要义即在于从中国历史疆域东西横轴拓展的边疆动力源泉着手，阐述中国边疆的历史地位，构建一种有别于"中原中心主义"的历史哲学。面对这样一种研究方法，我们会觉得似曾相识。事实上，新清史的研究者们恰恰是循此路径展开研究的，由此以期重建东西横轴的历史观来取代或否认被视为传统经典的南北纵轴史观，其结果，正如杨念群指出的那样，边疆属性被置于一种无上的高度，以至于取消了传统中原社会的重要性。这样一种"历史哲学"在拉铁摩尔的研究中亦有所反映，他将中国历史约化为长城内外游牧力量与农耕力量的互动，认为两者互为边疆，以此推动中国历史社会的发展，并将中国贴上了"内亚边疆中国"的标签。有学者对此研究理路给予了批评："西方学者则有将边疆地区尤其是

---

① ［日］宫琦正胜：《航海图的世界史》，中信出版社 2014 年版，第 51 页。

② ［日］杉山正明：《游牧民的世界史》，中华工商联合出版社 2014 年版，第 40 页。

③ 杨斯童：《从"西域"到"西北"——西北边疆拓殖与开发的历史启示》，《东北师大学报》（哲学社会科学版）2014 年第 6 期。

④ 王希隆、杨代成：《论明清时期嘉峪关职能旳演变》，《青海民族大学学报》2014 年第 4 期。

草原地区游牧行国和游牧族群凝聚的历史独立于农耕族群之外进行阐述的倾向。""根源在于学者受到了单一民族国家理论的严重影响，从不同的视角将东亚众多政权的构建看成了单一民族国家的形成，而实际上这些族群凝聚形成的政权和我们现在所认为的民族国家并不是一回事，多数情况下是以某一族群为核心将其他更多族群凝聚在一起的政治体，而这些族群是否会被整合为一个我们现在所认为的民族，要取决于这个政治体存在的时间长短。"[①] 另有研究者在将中国和西方学者关于中国边疆研究的理论或范式之异同做了比较之后，认为西方学者针对中国边疆游牧社会的研究而提出的"二元边疆论"，与西方后现代史学、"新清史"学派等研究取向相同，其目的在于"消解""解构"所谓的"中国中心论"或质疑"中国同一性"。[②]

前近代中国时期，正统的叙事体系往往以政权的核心地带由近及远设定中心与边缘的角色，那么，在研究中国历史疆域的形成这一问题之际，该如何正确认知中心与边缘的地位及意义？如果说，传统的以中原为中心的大一统叙事方式，被认为是"只见森林，不见树木"，以至于将中央与内地的地位被无限拔高，而将边疆视为受惠者的话；那么，过于夸张中国边疆在中国整体历史进程中的主导地位，则直可被视为"只见树木，不见森林"，是对前一种偏见的矫枉过正。石硕先生曾指出，当前中国学术界对于中国民族史的研究，由于片面强调单个民族或区域民族的研究，使得人们对于民族与国家关系的认识碎片化，以至于只有民族，没有国家。[③] 鉴于此，我们需要反躬自省的是，当前中国边疆研究是否亦存在类似的危险性？应当认识到，从边疆看中国，重建中国边疆的本体地位，不应视作一种"历史哲学"，更应被视为一种"方法论"：以言"历史哲学"，似乎过于夸大中国边疆在中国整体历史进程中的主导地位；以言"方法论"，乃可从边疆的视角着手，重新发现一些被遮蔽了的边疆与中国互动的历史，思考中国属性的多源构造。

总体而言，我们提出"从边疆观中国""从边疆理解中国"，在边缘发现历史这样一种基于边疆本身的"在地化"视角，绝非要否定历史时期中原地区之于中国的重要意义；与之相反，我们尤应关注另一种不良倾向，即过于强调中国的"边疆国家"属性，从而忽视了中国历史疆域形成的整体性。

五　中国边疆治理理论研究

（一）历代边疆治理研究

边疆地区由于其特殊的地理位置与跨界民族的存在，历来都是与国家主权及领土完整密切相关的要素，历代王朝的边疆政策的成败直接关系到边疆地区的盛衰和国家的安危。正所谓"不知来，视诸往"，2010 年以来，有诸多研究成果试图通过梳理历史时期中国边疆治理的理念、制度及举措，希冀为当下中国的边疆治理提供某种启示。

---

① 李大龙：《东亚"天下"传统政治格局的形成及演变趋势：以政权建构与族群凝聚为中心》，《中国边疆史地研究》2015 年第 2 期。

② 周伟洲：《论中国与西方之中国边疆研究》，《民族研究》2015 年第 1 期。

③ 石硕：《"藏彝走廊"：一个独具价值的民族区域》，载《藏彝走廊：历史与文化》，四川民族出版社 2005 年版，第 13—31 页。

中国作为一个统一的多民族国家，历代中央政府对边疆民族地区的开发与治理、民族关系的调适等政务均十分重视。大体而言，中国古代的边疆治理始终交织着治理思想、机构与政策三重"一体化"要素。谷家荣、罗明军从宏观的视角考察了中国古代边疆治理体系的形成历程，认为其萌发于夏商时期，后经帝国统治者及思想家充实完善，及至明末清初终成为完整的思想体系。至于其影响，一方面，统治者为将国家认同的边治思想发展为可以富边惠民的制度，自商周时起，就开始设置边治机构，制定边治制度，科学有效施政，从而创造出一个有机的中华"大一统"帝国；另一方面，从久远的边疆治理历谱来看，中国古代边疆治理实践直接或间接地依循了国家主导型范式，从而导致了许多的负面后果。[①]

那么，历代边疆治理理念包括哪些具体内容呢？陈跃对此问题做了探讨，认为其不外乎两种既互相矛盾又相辅相成的治理模式，即"因俗而治"与边疆内地一体化。在古代历史长河中，这两种治理模式的实施因不同时期而变化。大致先秦时期是两者并用，以西周初期的齐、鲁两国为典型；秦汉时期以边疆内地一体化为主，兼及"因俗而治"；从魏晋到清中期的很长时间内，以"因俗而治"为内涵的羁縻政策成为各王朝治理边疆的最主要政策；晚清时期，面对国内外新形势的变化，清廷开始在边疆地区大规模实施建省政策，积极推进边疆内地一体化，以实现固国安邦的愿望。由于各地情形不一，各地实施的最终结果也不甚一致。从历史发展看，"因俗而治"与边疆内地一体化，这两种政策在不同时期扮演的角色和所处的地位不同，但是基本上没有舍此而独存，而是互为参用。[②] 孙保全对历史上中原王朝的边疆治理观念做了考察，认为历代的边疆治理行为渗透着以王朝利益为核心的"成本"与"收益"的功利主义考量。在这一视角下，中原王朝从王朝本位和核心区本位出发，以工具理性考察了边疆治理的"收益"问题，因为无法从中获得土地、人口和赋税上的收益，故而得出了"务在羁縻，不深治"的结论。然而，在今天的环境下，应以价值理性重新评估边疆治理的重大意义，既要发挥边疆区域在推动国家发展中的空间优势，又要将促进边疆自身发展视为国家整体发展的有机构成。[③] 吕文利考察了中国古代边疆治理中的"云南模式"，认为其有三个特点：始终以国家通用语言——汉语为官方通用语言；各民族相互交流、交往、交融；历代中央政府在治理上与内地一体化的趋势明显。总体来说，"云南模式"是历代中央政府在云南地区各族群长久的交流、交往、交融的基础上，实施云南与内地一体化的施政思路的结果。该文指出，探讨"云南模式"的形成、特点，对今天的边疆治理具有一定的借鉴意义，并从一个方面反映了其对中华文化独特性的意义。[④]

如前所述，"羁縻"政策是历代中央王朝治理边疆的一项重要政策，对该政策内涵的理解有助于认识古代中央政府与边疆地区或民族政权的关系。李大龙撰文对"羁縻"

---

① 谷家荣、罗明军：《中国古代边疆治理历谱识认》，《学术探索》2013 年第 1 期。

② 陈跃：《"因俗而治"与边疆内地一体化——中国古代王朝治边政策的双重变奏》，《云南师范大学学报》（哲学社会科学版）2012 年第 2 期。

③ 孙保全：《历史上中原王朝边疆治理中的"成本—收益"观》，《中国民族报》2015 年 8 月 21 日第 7 版。

④ 吕文利：《论中国古代边疆治理中的"云南模式"》，《云南师范大学学报》（哲学社会科学版）2014 年第 4 期。

这一概念做了深入分析。他的研究表明，从历代王朝用"羁縻"指称治边政策的实践看，有几个情况值得关注：一是在清代之前，以汉族为主体所建王朝多常用"羁縻"一词，契丹、女真、蒙古等所建王朝则较少使用，而到清王朝时期则使用更加频繁；二是各朝虽都使用"羁縻"，但表示的含义存在明显差别，一般而言则多是用于指称对"蛮夷"区域的统治，包括了直接统治区域内的"蛮夷"和直接统治区域外（徼外）的"蛮夷"；三是同是"羁縻"，但表示的统治或称为"控制"的程度存在不同，甚至是差异较大，而清人将"羁縻"与"抚驭"联用则显示出较准确地把握了"羁縻"的要义。总体而言，"羁縻"是对基于古代中国的"夏""夷"二元族群结构统治理念而形成的补充治理方式的概述，所指虽然宽泛和灵活，但是其"控制"的要义并没有根本改变，不可否认这也是统治的一种方式；随着多民族国家构建过程中族群的整合、疆域的整合及"大一统"统治的需要，"一体化"是一种必然的趋势，而"一体化"不仅仅是统治方式的划一，经济和文化的趋同，更重要的是族群的整合。①

刘祥学则从边疆"地域形象"构建的角度探讨了地域形象对古代边疆经略的影响。根据他的研究，农耕文明区的统治者基于农耕文化的优越感审视边疆，并由此塑造了具有较多负面信息的边疆"地域形象"：一是荒僻、旷远；二是地贫民穷；三是边疆少数民族习俗鄙陋，野蛮愚昧；四是自然环境极度恶劣，不宜人居。经过长期反复的渲染，边疆地区生活穷苦、环境恶劣、人民野蛮的"形象"深入人心，从而对边疆经略产生了诸多消极影响。以至于这种边疆的地域形象深刻地影响到统治者对边疆地区重要性的认识，将其作为"无用之地"而予以放弃，进而成为影响王朝边界变迁的重要因素。②

两汉时期统治者在"大一统"的理念下，充分认识到"边境（疆）强则中国安"，故而十分注重对边疆地区的经营。邹芙都、敬德独辟蹊径，从微观的视角考察了皇家园林在两汉时期的边疆经略功能。该文指出，两汉时期的皇家园林除了具有很高艺术性和生态性外，在边疆民族地区的经略中发挥着重要的作用，既为开拓、维护边疆稳定提供政治、军事支持，也为加强对边疆民族地区的开发和与中原的文化交流、融合提供了实验场所。虽然这些功能的外在表现不十分明显，但是确实在当时特有的时代背景下发挥了重要作用并取得了一定的效果，其中一些因素还始终贯穿于中国古典园林之中，成为中国园林独有的文化特质。③

清朝是中国历史上最后一个王朝。为巩固自身统治，其治理边疆的政策广泛吸取了历代治理边疆的经验教训，包含了极为丰富的内容。李治亭撰文考察了清王朝的边疆治理理念，认为其突出特点即是以民族"大一统"观念取代了以往的"华夷之辨"，在这种新型民族观念的指导下，通过各种措施，推进边疆与内地的一体化进程，比较成功地解决了之前历代王朝难以解决的一些复杂的边疆问题，其做法值得总结和重视。④ 林士

①　李大龙：《关于中国古代治边政策的几点思考——以"羁縻"为中心》，《史学集刊》2014 年第 4 期。

②　刘祥学：《地域形象与中国古代边疆的经略》，《中国史研究》2014 年第 3 期。

③　邹芙都、敬德：《封建园林在边疆民族地区经略中的功能——以两汉皇家园林为例》，《社会科学战线》2013 年第 5 期。

④　李治亭：《论清代边疆问题与国家"大一统"》，《云南师范大学学报》（哲学社会科学版）2011 年第 1 期。

俊则探讨了清末边疆治理的具体举措，并指出加强边疆治理、促进边疆地区的经济社会发展，对于削减边疆地区的离心力、维护国家的领土主权完整具有重要意义。① 黄秀蓉则着眼于探讨清王朝对西南疆域所实施的整合问题。该文认为，通过改土归流的推行，独立的土司辖区已不复存在，均相继被纳入中央政府直接管辖的行政版图之中，原土司辖区与内地划一。另外，随着行政区划的统一，中原王朝"夷夏大防"的文化隔离政策也随之取消，转而在原土司区域大力推行以儒家文化为代表的汉文化。在此过程中，西南土著居民自愿不自愿地完成了中原文化认同。其结果，由于行政区划的统一、中原文化认同的加强，西南土司区域自此被完全整合进中国国家疆域之中，成为其不可分割的重要组成部分。②

19世纪中后期以降，近代中国逐渐被纳入世界体系之中。如果说，在清朝前中期，历代皇帝还能以"大一统"理念为指导，开创了空前一统的疆域，那么，迨至清末，在所谓的"条约体制"体系之下，"大一统"治国理念已然不能适应新的形势，整个疆域内的国家认同出现危机，"大一统"的疆域格局开始受到挑战。高月有感而发，撰文探讨了清末的疆域统合方式。该文指出，为重新统合疆域，尤其是将边疆地区重新纳入中央政府的有效控制之下，清朝开始实施新政改革。伴随着新政的实施，清统治者将国家权力渗透进基层，努力建构国家认同。③

一般而言，前中期的清朝和近代的欧美式民族国家相比，无论是国家构造、意识形态，还是领土主权观念，差距极大。但伴随着19世纪中后期以降所谓的"中华的世界秩序"的崩溃，前近代的清朝在与近代的欧美世界对峙中，逐步认识到清朝仅仅是近代世界中的"万国之一"。于逢春的研究表明，这种发轫于边疆危机，最初由知识分子与社会精英提出，并最终得到清朝统治者认同的近代国家意识，使得晚清政府不得不放弃原有的天下观，转而将中国的"民族国家"建构和被称之为"中国人"的国民的铸造作为目标。于是，近代中国开始模仿欧、美、日各国，将民族国家构筑的终极目标亦设定为"一个国家，一个民族"。这一政治诉求意味着最终否定居民（或臣民）中的族群多样化与文化多样性，希冀将整个版图上的居民（或臣民）铸造成国民，并使其统合于一个"民族"（国族）之下④。

美国学者白鲁恂认为，后进的现代化国家在政治发展过程中会在不同阶段出现六种不同的危机，在这其中，最首要最基本的是"民族国家认同危机"。基于此，冯建勇以辛亥革命这一具有承前启后意义的时机为切入点，从民族国家构筑的视角，考察了晚清民初边疆地区的政治实态和民族心理，以及此诸地区对中国国家的认同状况。同时，冯氏将具有诸多共同点的外蒙古、新疆、西藏等藩部地区，置于同时代的位置上予以探究，意在将处于同一时期的此诸边疆地区之间的政治变迁予以横切、进行比较的研究。

① 林士俊：《清末边疆治理与国家整合研究》，博士学位论文，中央民族大学，2010年。

② 黄秀蓉：《论清代改流与中国西南疆域的整合》，《云南师范大学学报》（哲学社会科学版）2010年第6期。

③ 高月：《从"大一统"到清末新政：清代疆域统合方式的变迁——以边疆地区为中心》，《通化师范学院学报》2012年第9期。

④ 于逢春：《国民统合之路：近代中国民族国家构筑视野下的内蒙古东部蒙旗教育》，黑龙江教育出版社2012年版。

另外，将以往被忽视的、从民族国家构筑的角度对辛亥革命前后边疆政治变迁的整体状况予以究明。① 孙宏年亦撰文考察了辛亥革命前后的治边理念及其演变历程。该文指出，在辛亥革命前后，面对边疆地区日益严峻的形势，一些社会精英的边疆治理观念也发生了变化，既总结中国古代的边疆治理经验，又主动地借鉴近代西方的理念，提出了许多建议和意见。这些建议和意见反映了特定背景下的边疆治理、民族关系理念，在边疆民族地区实行仿"殖民"体制和"同化"措施就是其中的重要内容，对当时和后世都有一定的影响。②

民国时期的边疆治理，作为传统与现代间的过渡形态，既有晚清以来边疆问题的遗存，也包含诸多现代政治因素在内，对其研究具有重要的理论价值与现实意义。此间有数篇论文关注南京国民政府时期的边政实施状况。冯建勇探讨了民国历届中央政府统合边疆民族地区的理念。该文认为，自中华民国成立之初，民国政府即面临着源于西方国家"一个民族，一个国家"建国模式的挑战，于是，在这个新生民族国家的框架范围内，如何统合各自然、文化的"民族"而成为一个拥有共同政治利益的"国族"（即中华民族）共同体，成为一个现实的使命。自民国开创以来，历届民国政府曾在规制边疆民族地区的国家认同建设方面尽了诸多的努力，先后创出"五族共和""中华民族""国族主义""宗支"理论，用以统合边疆民族地区之国家认同。③ 常安对南京国民政府时期的边疆治理政治、法律实践进行了检讨。该文认为，较之于清朝末年民国初期"五族共和"的政治口号，南京国民政府在民族治理制度建构方面更多奉行一种淡化族裔观念、强调"中华民族是一个"的国族主义话语。但是从整体上来讲，南京国民政府缺乏动员群众改造边疆多民族地区旧有社会、经济制度的意识形态、动员能力和交往媒介，由于中央政府能力的羸弱而不得不在边疆治理中与地方军阀保持着一致委托与渗透的关系，其秉持的优礼边疆上层人士的做法虽然有利于中央与边疆地方的沟通，但是其做法过于实用主义也缺乏长远规划与通盘考虑，进而收效有限。④ 段金生以南京国民政府的边政为中心，围绕南京国民政府统治时期的边疆形态、边疆认识、民族与国家观念、治边方略、边政理念、边政机构、边政内容、边政得失等问题进行了梳理。⑤ 胡冬雯结合抗战时期中国的社会场景和知识场景，以几篇关于边疆研究的文章为个案，探讨了此间学者透过怎样的边疆视野将传统中国模糊的疆域明确起来，解决"我们是谁"以及"我们要成为谁"的问题。⑥

---

① 冯建勇：《辛亥革命与近代中国边疆政治变迁研究》，黑龙江教育出版社 2012 年版。

② 孙宏年：《辛亥革命前后治边理念及其演变》，《民族研究》2011 年第 5 期。

③ 冯建勇：《近现代中国民族国家构建之历程：民国中央政府统合边疆民族地区的理论探讨》，《社会科学》2014 年第 2 期。

④ 常安：《国族主义的话语建构与边疆整合（1928—1949）》，《法律和社会科学》2014 年第 13 卷第 2 辑。

⑤ 段金生：《试论南京国民政府边政研究的内容和方法》，《云南师范大学学报》（哲学社会科学版）2010 年第 1 期。

⑥ 胡冬雯：《"民族——国家"建构下的边政学与边疆视野》，《四川民族学院学报》2010 年第 6 期。

（二）当代中国边疆治理研究

当前，中国边疆地区情况复杂多变。鉴于此，马大正撰文指出，引入政治学、社会学、民族学、人类学等诸多学科的理论和方法于边疆研究已成大势，唯此才能开展对中国边疆治理问题古今打通、中外比较的全方位、多层面的研究，并将边疆研究推向新的高度和深度。他从新资料的系统发掘与整理、研究内容的深化与研究视野的拓展、研究方法的多元化等三个方面论述了边疆治理问题研究创新的可能性。① 马大正的另一篇文章则从当代中国边疆地区的战略地位、中国边疆治理的当代演进、边疆治理的战略思考等三个层面对当代中国边疆治理问题进行了宏观阐述。②

当前我国经济社会发展过程中，面临着一个重要课题：即如何科学地提出适宜于欠发达的边疆民族地区的社会经济发展战略，并在科学发展的实践中得到有效的执行和显现出应有的效益。针对边疆地区经济发展问题，范可指出，国家试图通过发展地方经济来拉近边疆地区与内地在发展水平上的距离，来维护边疆地区的稳定和促进当地的民族关系。从国家的视角来看问题，这并没有什么过错。但是，这样的决策在多大程度上是站在当地不同民族民众的立场上来看问题的？如果决策者在思路上没法摆脱边疆与内地、中心与边缘、主体民族与少数民族的两分法模式，那么，在具体的政策执行过程中事与愿违的后果将会不断地发生。从长远的维度来看，唯有在认知上最终消除上述根深蒂固的二元对立的分类，所谓的边疆问题才能得到根本性的解决。③

边疆地区的经济社会发展固为重要，但要看到，它的发展应以本身的社会稳定为基础。一般论者认为，多元主体参与是现代公共危机管理的必然要求，这一理论同样适用于边疆民族地区。边疆地区公共危机管理中多元主体参与的作用主要体现在：有利于最大限度地降低危机带来的各种损失；有利于提高边疆少数民族地区社会自救和互救能力；有利于提高少数民族地区政府危机管理中的不足和失效。就此问题，石正义、邓朴撰文作了较为深入的探讨。作者分析了边疆少数民族地区多元主体参与的依据和现状，还对边疆少数民族地区危机管理中可能出现的多元参与主体进行了探索。④ 同时，边疆民族地区社会利益结构与边疆社会稳定之间存在辩证统一的关系。马雁认为，社会稳定工作的有效开展需要建立公平公正的社会分配体制，把公民的利益的表达纳入体制内，变静态稳定为动态稳定，是实现国家长治久安的可靠保障。维稳不是要完全消除利益矛盾和冲突，而是要设立规则，为这类问题的解决提供制度化渠道与方式，建立市场经济条件下有效的利益均衡机制。在矛盾急剧增加的社会转型时期，具体表现为处理社会利益关系问题的能力、有效避免社会冲突事件的发生或降低事态的发展程度。⑤ 此外，边疆地区的稳定与边疆民族心理密切关联。边疆民族心理是在特殊的自然环境、社会生

---

　① 马大正：《深化中国边疆政策研究之我见》，《社会科学战线》2012 年第 7 期。

　② 马大正：《试论当代中国边疆治理的几个问题》，《西北民族论丛》2015 年第 10 辑。

　③ 范可：《"边疆发展"献疑》，《中南民族大学学报》（人文社会科学版）2011 年第 1 期。

　④ 石正义、邓朴：《试论我国边疆少数民族地区公共危机管理的多元主体体系》，《社会科学研究》2010 年第 6 期。

　⑤ 马雁：《利益结构变迁与边疆民族地区社会稳定的关系》，《广西青年干部学院学报》2011 年第 1 期。

活、历史发展及民族传统文化中形成的。它具有朴素性、互动性、感染性、多样性和复杂性的特点。赵璇、高静文指出，民族意识、民族认知、民族心态和宗教心理对边疆社会稳定具有深层次的影响。因此，为维护边疆的社会稳定，必须关注边疆民族的心理承受能力，淡化民族自我意识，用正确的舆论引导民族认知，建立民族心理的疏导机制。[1] 同样，还应观察到，边疆稳定与边疆民族地区基层政权建设息息相关。马洪伟就此问题指出，需要从理论层面对边疆民族地区基层政权建设的基础性、特殊性和发展性进行审视，从实践层面采取特别的政策措施进行强化建设，保障新形势下的国家安全。[2]

关于边疆稳定与边疆治理问题，周平撰文指出，在我国由国家建设时期向国家发展时期转变以及国际形势发生深刻变化的情况下，我国的边疆治理面临着一系列的挑战，因此，传统的边疆治理结构必须通过理论重构、制度重构和实践重构而实现转型，构建起现代型的边疆治理结构。而边疆治理转型与重构的最终实现，有赖于国家层面的边疆治理战略的构建，即在国家层面构建一个统领全局的边疆治理战略。[3]

边疆地区的跨界跨国民族问题是威胁国家社会安全，引发国家领土主权分裂的非传统安全威胁的重要因素。"人为事件"，尤其是"民族"事件引发的非传统安全威胁，不同民族间的利益矛盾和经济生活差距若长期存在，会被分裂势力作为事实上的民族不平等实例来利用，势必引发民族心理上的离心力，而成为民族国家分裂的重要非传统安全威胁。另外，信息网络与媒体不规范也会造成非传统安全威胁。马曼丽、马磊对此问题做了研究。该文指出，对待跨国族体突发事件，应分化瓦解分裂势力，加强国际合作，对聚居民族则通过"亲密接触"和"富民民心工程"等措施，来消除边疆地区的不稳定因素。[4] 邹吉忠则对跨国民族研究的理论视角进行了反思和考察，阐述了边域建设的模式及其对和谐世界的建构意义，并探讨了跨国民族研究的思路创新与范式转换。[5] 何跃以当代中国西南边疆纵深区域为经纬，考察了边民认同、跨界民族认同、国家认同三者之间的关系。[6]

毋庸讳言，由于独特的地理位置，边疆治理不仅是一个国内问题，而且也是一个与本国和周边国家关系密切相关的问题。夏维勇从国际政治的视角出发，考察了新中国建立后的边疆治理政策演变历程：其主题经历了以国防安全为首要考虑的治理政策到以发展为首要考虑的治理政策的变化，不同时期的边疆治理政策所取得的成效是不一样的。

---

[1]　赵璇、高静文：《边疆民族心理是边疆社会稳定的深层因素》，《西北民族研究》2010 年第 3 期。

[2]　马洪伟：《国家安全场域中边疆民族地区基层政权建设探析》，《云南社会科学》2011 年第 2 期。

[3]　周平：《论我国边疆治理的转型与重构》，《云南师范大学学报》（哲学社会科学版）2010 年 2 期。

[4]　马曼丽、马磊：《论跨国族体问题的发展及其对中国边疆安全的威胁与对策》，《中南民族大学学报》（人文社会科学版）2010 年第 1 期。

[5]　邹吉忠：《边疆·边界·边域——关于跨国民族研究的视角问题》，《中央民族大学学报》（哲学社会科学版）2010 年第 1 期。

[6]　何跃：《边民主义与跨界民族主义——以中国西南边疆为研究对象》，《云南民族大学学报》（哲学社会科学版）2010 年第 1 期。

但是，很明显，周边关系的好坏影响甚至决定着边疆治理的成效，而边疆治理的好坏也对周边关系产生正面或负面的影响，两者之间呈现出一种相互强化的关系。同时，与边疆毗邻的周边地区的稳定状况也对边疆治理的成效有着直接的或潜在的影响。从层次分析的角度看，影响周边关系与边疆治理互动关系的因素既有国际体系层面的因素，也有大国的因素，还有国内政治的因素。① 对此问题，吴楚克立足当前中国边疆防御和发展周边国家关系的基础上，反思了传统边疆防御思想的利弊，总结了近代中国边政的特点，认为造成近代中国边疆危机的内在原因，是国内民族矛盾与阶级矛盾混杂在一起而致使国家内部分裂。该文作者认为，中国历来需要一个强大的中央政府以维护多民族国家的统一，国家才能和平发展，这也是我们坚持党的领导和坚持社会主义道路的历史经验。②

（三）边疆治理体系与治理能力现代化问题

2013 年 11 月召开的中国共产党十八届三中全会审议并通过了《中共中央关于全面深化改革若干重大问题的决定》。"决定"明确提出，要推进国家治理体系和治理能力的现代化。这表明，国家治理体系并非食古不化，就当前国家治理体系而言，确实存在着一些亟须解决的突出问题，需要与时俱进，进行适当的拓展。

作为中国疆域版图的最外缘部分，幅员辽阔的边疆地区同样面临着严峻的形势，以往潜在的诸多边疆问题日益表面化。种种态势表明，亟须以推进国家治理体系和治理能力的现代化为契机，加强边疆地区稳定与发展战略研究，用以诠释、破解已迫在眼前的边疆地区社会经济进步与发展中所出现的问题，同时，期待在事关国家主权与领土（含领海）完整等问题上取得优势话语权。正是基于目下中国边疆稳定与发展面临的一系列新矛盾、新问题和新挑战，我国许多重点大学、几乎所有边疆省份的地方大学、省社科院与省民族研究所多设置了相关研究机构，数量当以百计。关于这一课题，今天已有学者尝试从边疆治理的宏观视野，将中国边疆稳定与发展战略问题纳入考察，并作了认真研究。相关研究成果主要有周平《中国边疆治理研究》③、陈霖《中国边疆治理研究》④。方盛举、吕朝辉《中国陆地边疆的软治理与硬治理》一文从政治学的理论视野出发，将我国长期以来逐渐形成的边疆治理模式概括为软治理模式和硬治理模式。通过比较和权衡，该文认为，我国陆地边疆治理的最佳格局应该是实现软治理与硬治理的有机结合。⑤ 对于同一问题，有学者从有序边疆社会构造的角度予以阐述，强调唯有基于"道义"发展，才能营造边疆民族群体在权利政治、物质需要和文化诉求方面都能得到

---

① 夏维勇：《中国周边关系与边疆治理的互动：历史、模式及影响因素》，《云南师范大学学报》（哲学社会科学版）2010 年第 2 期。

② 吴楚克：《中国国防与边疆防御问题研究新论》，《云南师范大学学报》（哲学社会科学版）2010 年第 1 期。

③ 周平：《中国边疆治理研究》，经济科学出版社 2011 年版。

④ 陈霖：《中国边疆治理研究》，云南人民出版社 2011 年版。

⑤ 方盛举、吕朝辉：《中国陆地边疆的软治理与硬治理》，《晋阳学刊》2013 年第 5 期。

合理化满足的社会场景。① 张锦鹏提出，公民文化是构筑边疆民族地区和谐发展的基石。在边疆民族地区建设公民文化，是社会主义市场经济的必然要求，也是调适社会转型带来的各种社会矛盾、建设和谐社会的需要，更是促进边疆民族国家认同的、实现文化价值观整合的条件。②

当前中国边疆治理体系与治理能力面临挑战与机遇，如何将"危"转化为"机"？这是一个值得深刻思考与探讨的问题。诚如习近平总书记讲话中提出的那样，"坚持和完善有中国特色的社会主义制度，推进和创新社会主义国家治理体系的现代化"。这反映出，社会主义制度需要与时俱进。对于当前的边疆稳定与发展战略而言，何尝不是如此？在保守主义看来，边疆治理的程式不容挑战和更改。然而，以习近平总书记的讲话来衡量，我们坚持既有的边疆治理程式固然存在路径依赖，但"制度自信不等于固步自封"，在尊重历史选择的同时，亦应要适应现代化发展趋势，因时而易，不断发展，有所完善，以使其更加适应时代。

一般而言，相对于自然科学研究对象性质的稳定性，哲学社会科学研究的对象往往处在不断的变化和发展当中。这就给边疆研究者提出了一个要求，即必须置身于重大社会历史进程中来观察边疆、研究边疆。2014 年 10 月，中共十八届四中全会通过了《关于全面推行依法治国若干重大问题的决定》，明确提出在当前中国国家治理体系中要坚持依法治国。这就要求，在推行边疆治理体系与治理能力现代化的进程中，国家对于边疆的治理亦应遵循法治的原则。边疆治理的法治化，意味着要善于运用制度和法律来治理边疆，同时，也要不断完善、与时俱进，推进边疆民族地区法律制度的制度化、规范化与程序化，改革不合理的法律体系，完善比较模糊的法律概念。

随着经济市场化改革的深入推进，我国边疆民族地区社会结构和社会心理都发生了巨大变化，边疆民族地区政府的执行力经受着严重挑战。这其中，我们应当给予重点关注的是，由于边疆多民族地区地理环境的特殊性、先天自然禀赋的差异以及资源开发过程中存在的不合理开发、补偿力度不够等问题，使边疆多民族地区的利益分化逐渐加深，利益关系日益复杂化，利益冲突出现上升态势，造成边疆少数民族的民族认同与国家认同的张力不断扩大，给边疆治理带来了挑战，也对边疆治理机制的重构提出了要求。③ 在此背景下，如何实现当代中国边疆地区治理体系和治理能力现代化，有研究者提出，构建体现民族问题治理思维的基本概念系统，是探究当代中国边疆地区治理体系和治理能力现代化的关键环节。当代边疆治理的核心在于确立族际间平等合作的关系；至于边疆治理能力现代化的具体路径，则包括其所需要的观念基础、组织架构、法律制度、运行机制等基本要素的移入和配置。唯其如此，在政治上，才能持续推进少数民族的民族认同与国家认同双向发展；在经济上，才能加快民族地区经济社会发展，实现共同进步共同繁荣；在社会建设上，社会治理的目标是让社会获得一种理想的、良好的、

① 谷家荣、蒲跃：《"道义"发展：有序边疆社会构造的根本出路》，《云南师范大学学报》（哲学社会科学版）2013 年第 5 期。

② 张锦鹏：《公民文化：构筑边疆民族地区和谐发展的基石》，《云南师范大学学报》（哲学社会科学版）2013 年第 5 期。

③ 尹学朋、王国宁：《利益分化进程中少数民族国家认同与边疆治理》，《广西民族研究》2014年第 6 期。

善的秩序状态。①

当前已经有越来越多的研究者意识到，随着国际地缘政治格局的变化和我国现代化发展新阶段的到来，以往的边疆治理观、治理模式和方法已有很大的局限性，迫切需要在准确把握边疆地区面临的新情况和新问题基础上，推进边疆治理体系和治理能力现代化。基于此，有研究者指出，应加强边疆治理战略创新研究。具体来说，包括研究边疆政治学基础理论及边疆治理理论与实践，典型国家边疆治理战略及其实施的经验教训，多民族发展中国家政治整合的路径选择，周边国家治边政策对我国边疆治理带来的挑战，国家边界安全空间演变与政策实践，边疆治理战略的基本框架与绩效评估，西部边疆治理战略创新的路径与实施的优先顺序选择等诸方面。② 对于该问题，有研究者提出，"我国历史上的边疆治理，从来都是通过国家的力量进行的，国家是边疆治理唯一的主体"，但如今"多元治理已经成为国家治理和社会治理的基本思路"，应更多的借助市场、社会的力量，有必要重构国家层面的边疆治理战略。③ 另有学者指出，"内敛型的陆疆治理理念、一元式的治理结构、碎片化的治理手段以及族际主义的治理模式已然不能适应时代形势"，而应当有所调整。④ 那么如何调整？有研究者提出，现阶段我国陆地边疆治理的"族际主义"取向与国家治理及发展的不适应性愈加突出，将陆地边疆治理的价值取向由"族际主义"转向"区域主义"，就成为一个必然的选择。⑤

应当认识到，边疆治理是一项运用多种治理维度和手段的系统性工程。由于中国边疆地区的历史、地理、民族、文化方面的原因，宗教信仰在这一区域影响较大。不管从正面功能还是从负面功能来看，宗教信仰在中国边疆治理过程中的功能不仅客观存在，而且影响至深。有学者提出，当代中国边疆治理可在屏蔽宗教信仰负面效应的基础上，适当发挥宗教信仰的积极治理功效。这种积极功能主要体现在整合族群、促进道德内化、规范边疆社会秩序、自然保护等诸方面。基于此，应正视边疆地区宗教的长期性和合理性存在，使其与社会主义发展相适应。不言而喻，这种以软权力约束为特征的治理手段，对于整合边疆一定区域范围内的诸种族群力量，压缩不利于和谐治理的异己力量，凝聚利于和谐治理的向心力量，有着不可替代的作用。⑥ 另有学者从民族区域自治制度的视角考察了当代中国的边疆治理。目前，我国的绝大部分陆地边疆是民族自治区、自治州或自治县，民族区域自治既已确定为"国家的基本政治制度"，边疆治理必须在此框架上开展。民族区域自治是民族因素与区域因素的结合，在研究边疆治理新思路之际，应依据现行的民族区域自治，充实民族区域自治制度，利用"自治权利"相

---

① 贺金瑞：《当代中国边疆地区治理体系和治理能力现代化》，《中国民族报》2014 年 11 月 14 日第 6 版。

② 罗中枢：《中国西部边疆研究若干重大问题思考》，《四川大学学报》（哲学社会科学版）2015 年第 1 期。

③ 周平：《论我国边疆治理的转型与重构》，《云南师范大学学报》（哲学社会科学版）2010 年第 2 期。

④ 孙保全：《论中国陆地边疆治理体系的转型与重构》，《昆明学院学报》2015 年第 5 期。

⑤ 周平：《陆疆治理：从"族际主义"转向"区域主义"》，《国家行政学院学报》2015 年第 6 期。

⑥ 方盛举、吕朝辉：《宗教信仰与中国陆地边疆治理》，《云南民族大学学报》（哲学社会科学版）2014 年第 1 期。

关规定，积极地、变通地发展经济，提高边疆地区民众的生活水平，缩小甚至消除差距，实现共同富裕；加强边疆与内地的交流，化边区为内地，边疆才能长治久安。① 需要指出的是，在一些边疆地区坚持民族区域自治制度，并不等于要实施族际主义的边疆治理方式，对此问题，有论者提出，首先应该坚决摒弃的就是这种"将边疆问题或边疆治理置于民族问题的框架下研究和谋划的方式"，然后再谈边疆治理的方式。②

（四）"一带一路"建设与中国边疆治理研究

2013 年 9 月，中国国家主席习近平对哈萨克斯坦进行国事访问期间，在题为《弘扬人民友谊共创美好未来》的演讲中指出，随着中国与欧亚国家关系快速发展，希望中国与中亚各国携手并进，共同建设"丝绸之路经济带"。在随后的 10 月，习近平主席应邀在印度尼西亚国会发表《携手建设中国—东盟命运共同体》重要演讲时，阐述了中国对印尼和东盟的睦邻友好政策，并提出双方合力建设"21 世纪海上丝绸之路"的倡议。2013 年 11 月召开的中国共产党十八届三中全会正式提出了"一带一路"倡议，并将其提升为国家战略。

"一带一路"倡议提出以来，缘于边疆省区与"一带一路"倡议天然的、地理上的联系，中国边疆研究领域的学者们纷纷撰文讨论其与边疆治理的关系。有研究者对当前中国政府力推的"一带一路"战略与中国边疆稳定和发展战略选择问题做了宏观考察。③ 可预期的未来，"一带一路"倡议又将对中国的边疆治理产生何种影响？李庚伦认为，"一带一路"战略的实施，将为中国推动边疆经济发展和经济分配，整合民族认同和国家认同，维护社会稳定和国家统一，协调陆地边疆和海洋边疆战略等行动带来了前所未有的机遇。同时，也给中国边疆治理提出了新的挑战。在这个边疆争夺日益激烈，国家疆域形态多样化的时代，必须推动中国边疆治理体系和治理能力的现代化，构建政府、市场和社会共同治理的多元主体，加强中华民族共同体认同建设，主动应对非传统边疆安全危机，积极对外传播中华民族的文化，进一步提升边疆形态多样化意识。④ 丁忠毅亦探讨了"一带一路"建设给中国边疆治理带来的机遇、挑战，并提出了应对之策，强调在国际层面增进相关国家的战略互信，加强安全治理合作；在国内层面强化西部边疆政府安全治理能力建设，并注重从增进"人的安全"维度构建有利于西部边疆安全的社会环境。⑤ 冯建勇、罗静撰文从在地化的视角出发，考察了边疆省区对于"一带一路"战略覆盖下自身地位的认知，并探讨了边疆省区如何将自身发展与国

---

① 秦和平：《关于民族区域自治与中国边疆治理的思考》，《民族学刊》2014 年第 3 期。

② 周平：《强化边疆治理补齐战略短板》，《光明日报》2015 年 6 月 10 日第 13 版。

③ 参考丁晓星《丝绸之路经济带的战略性与可行性分析》（《人民论坛·学术前沿》2014 年第 2 期）、胡鞍钢《"丝绸之路经济带"：战略内涵、定位和实现路径》（《新疆师范大学学报》2014 年第 2 期）等诸先行研究。

④ 李庚伦：《"一带一路"战略与中国边疆治理》，《云南民族大学学报》（哲学社会科学版）2015 年第 5 期。

⑤ 丁忠毅：《"一带一路"建设中的西部边疆安全治理：机遇、挑战及应对》，《探索》2015 年第 6 期。

家战略利益契合的问题。①

总体来说，尽管已经有诸多研究成果对"一带一路"建设与中国边疆治理的关系做了研究，然则从该研究领域所呈现的先行研究成果来看，相关问题还有进一步探讨之余地。具体而言，大致存在三个方面的不足：一是既有研究成果大多关注"一带一路"倡议实施的必要性与可行性，而较少探讨该倡议实施过程中边疆省区与中央政府面临的隐患、困难与挑战；二是研究维度有单一化倾向，往往倾向于"一带一路"建设能够为中国边疆地区的发展与稳定带来些什么，而不关注中国边疆省区能够为"一带一路"建设提供些什么；三是相关研究成果站在中国国家利益的角度，阐述"一带一路"建设与边疆稳定、发展的关系，而较少注意到从一个跨国区域经济带的角度理解"一带一路"倡议，将中国边疆稳定与发展纳入到这一体系中去，充分考虑体系中所涉国家、地区的相关利益。

（五）近现代边疆地区的国家认同问题研究

民族国家之构筑不仅对近代中国边疆之政治影响颇著，并且如果从长时段的历史过程来考量的话，即使到了今天，民族国家所具有的统合国内各族群及各类各阶层人群的政治整合与凝聚功能，也是其他意识形态难以取代的。在当代中国的统一的多民族国家内部，各民族的国家认同问题是关系着国家稳定、统一的重要基础。所以，从国家认同角度探讨边疆地区社会稳定的重要性是不言而喻的。张群利用社会学定量方法对西藏农牧民群体的国家认同现状进行了考察，发现被调查的农牧民群体的国家认同程度非常高，但也存在着国家认同情感与认知的不匹配问题，且在本民族和中国的历史和文化认知方面的得分更是不高。②

然而，亦应充分认识到，边疆民族因其居住地属于国家的边缘地带，以及其族群属于非主体民族，因而形成了本民族认同与国家认同之间的张力，在国家认同问题上存在着一定的模糊性且具有选择的地缘条件和社会条件。为此，有学者建议，通过公民身份的建构来实现对国家认同与本民族认同的整合。③ 张燚认为，国家认同与本民族认同的错位，其根源在于"制度失衡"，重新恢复制度平衡也就成为重塑国家认同的必然选择。重建制度平衡的目的是建立强国家认同与强民族认同，其基本原则是公平与正义，核心是基本权利与基本义务的统一，关键是权利与义务的对等，保障是司法审判独立于民族身份。张氏认为，因由"错位认同"颠倒了国家与民族的地位和作用，从而形成一种极端民族主义，进而在一些边疆多民族地区发生了多起暴力犯罪事件。④ 当然，需要澄清的是，错位认同的出现，并不一定会直接导致极端民族主义。同样，将暴力犯罪

① 冯建勇、罗静：《认知、因应与期待——边疆省区融入"一带一路"战略刍议》，《中国边疆学》2015 年第 3 辑。

② 张群：《边疆地区农牧民国家认同现状研究——基于西藏农牧区的考察》，《云南民族大学学报》（哲学社会科学版）2013 年第 2 期。

③ 李虹：《试论我国边疆民族地区的认同问题》，《西北民族大学学报》（哲学社会科学版）2012 年第 3 期。

④ 张燚：《制度均衡：边疆多民族地区国家认同的基础》，《中南民族大学学报》（人文社会科学版）2013 年第 2 期。

事件归咎于极端民族主义也稍嫌武断，它固然是其中的一个因素，但两者之间绝不是等同关系。

在一个统一的多民族国家内部，各民族的国家认同问题是关系国家团结统一的重要基础。而边疆民族因其居住地属于国家边缘地带和其族群属于非主体民族而形成了民族认同与国家认同之间的张力，在国家认同问题上存在着一定的模糊性并具有选择的地缘条件和社会条件。基于此，加强我国边疆少数民族的国家认同建设，从而保持国家认同在认同序列上的优先地位，具有重要的现实意义。至于如何构建边疆民族之国家认同，何明认为，应从边疆各民族主体出发，以工具理性和价值理性相统一，并以文化价值为目标的原则进行国家认同的建构。[①] 陆海发、袁娥指出，我国边疆少数民族进行国家认同建设面临着诸如经济发展水平滞后、基础教育薄弱、现代化冲击、境外势力渗透等重重挑战。为此，亟须从转变边疆治理思路、调整民族政策取向、拓展利益表达渠道、强化国族认同等方面强化边疆少数民族的国家认同。[②]

在中华民族之民族文化认同的大前提下，近代历史研究中关于中华民族的起源与发展、民族交流与民族融合、多民族的统一、各少数民族发展的历史、疆域问题等，已成为在新的学术视野下所必须面对并亟待深入研究的重要课题。张越认为，开展多民族发展的中国历史和中国民族史的研究，对于摆脱以往"内中华，外夷狄""中华正统、夷狄窃据"一类旧观念的影响将有十分积极的现实作用，亦对于近代以来中华民族的历史文化认同具有重要意义。[③] 此外，李崇林从边疆治理的视角，对民族认同与国家认同的关系、民族认同与国家认同的错位，以及民族认同与国家认同的整合三个方面进行了考察。[④]

有学者从实证的角度出发，对中国边疆民族之国家认同做了考察。覃彩銮强调指出，壮族的民族认同和国家认同经历了长期的不断积累、发展和提升的过程。首先是壮族的民族认同，在民族认同的基础上，随着壮汉民族的文化交流和民族融合，特别是西南边疆遭到外来入侵，壮族的国家认同日愈增强。新中国成立后，党和国家实行民族平等、团结、互助和共同繁荣发展的政策，促进了壮族地区经济社会的全面发展，壮族的国家认同有了质的提升，这有助于祖国南部边疆的社会稳定。[⑤] 王建娥认为，现代民族国家的形成，包含了两个方面的建构过程：一个是国家领土和边界的形成及确立，国家法律制度和政治组织的建构；另一个是在国家疆域之内具有不同族裔文化背景差异的人口中间创造民族性和民族认同。作者通过研究指出，人们往往忽视了这两个过程的区别和不同步，一个最常见的表现，就是重视革命、战争和政治运动这类短时段历史事件对

---

① 何明：《国家认同的建构——从边疆民族跨国流动视角的讨论》，《云南师范大学学报》（哲学社会科学版）2010 年第 4 期。

② 陆海发、袁娥：《边疆少数民族国家认同建设的意义、挑战与对策》，《青海民族研究》2010年第 4 期。

③ 张越：《近代历史研究与民族文化认同》，《史学史研究》2010 年第 4 期。

④ 李崇林：《边疆治理视野中的民族认同与国家认同研究探析》，《新疆社会科学》（汉文版）2010 年第 4 期。

⑤ 覃彩銮：《壮族的国家认同与边疆稳定——广西民族"四个模范"研究之二》，《广西民族研究》2010 年第 4 期。

国家建构所起到的摧枯拉朽、除旧布新的作用，从而忽视民族文化的养成和认同心理的培育的长时段的特征，把需要在历史长时段中完成的任务当作短期目标去追求，在当下的政治中采取了强制性的同化政策，从而引起多元社会的种族与文化的冲突。①

恰如前述所展现的研究取向那样，近些年来，越来越多的学者试图使用近现代民族构建的认同理论框架来考察中国边疆问题。毋庸置疑，使用国家认同、民族认同等理论框架来阐释边疆民族与国家及政府关系固然是一个重要的进路，但应注意这些词汇产生的时间、空间。如果强行地将这些词汇予以前置，则可能陷入"误用""滥用"的境地。有学者考察了乾嘉时期维吾尔族的国家认同，文中出现了"维吾尔族""中华民族""国家认同"等一系列词汇。② 从表面上看起来，利用国家认同的研究范式去研究此期历史很新潮，但若细加思考，"维吾尔族"这个名词，特别是作为一个近代意义上的民族共同体则出现在 20 世纪 30 年代盛世才执掌新疆政权时期，而"中华民族"这一概念也是在辛亥革命时期才出现的，这种将百年后才出现的事物强加到百年前、硬塞给该事物还没有出现的时代的手法，容易给人造成随意穿越历史时空之感。同样，用近代民族国家构建时代才出现的"国家认同"概念去套前近代的乾嘉时期"家天下"时代，或许显得有些牵强。

六 国外边疆理论与中外边疆理论比较研究

长期以来，中国边疆研究学者通常致力于某一细节的具体历史事实方面的考证，却不太注重基础理论领域的探索。与之相对应，国外学者对中国边疆史地的研究，曾经是西方"汉学"的一个传统分支领域。20 世纪 60 年代，欧美的中国学研究发生了一次从"汉学"到"中国研究"的重大"范式"转换。在此种整体性学术氛围的影响下，边疆史地的研究取向也呈现出某些相应的变化。大体而言，国外对于中国边疆的研究，往往将汉地社会与中国边疆之间的相互关系及其历史变迁置于极其广阔的时空背景下予以论述，因此在写作范式上具有很强的理论性。

基于上述原因，我们应当突破本土性边疆研究知识构架的局限，以一种全球性的多元化视角臻于中西会通。正是就此意义而言，在构建中国边疆学的理论框架过程中，汲取国外边疆理论的营养是我们必须从事的一项基础性工作。通过对国外边疆理论源流考镜和前沿成果的追踪，可以开阔中国边疆研究学者的边疆理论视野，提升中国学术界边疆理论的水准，弥补中国边疆理论研究者的理论缺失短板。不言而喻，若要从整体上对边疆理论研究的学术史做一梳理，有关国外边疆理论的研究史及中外边疆理论比较研究史是一个不容回避的领域。

张世明主编的《西方边疆理论经典文献》一书，对西方边疆理论研究的经典文献进行了翻译、整理和研究，并将西方边疆理论经典文献大致分为三类：规范主义边疆理论，即国际法学界的研究成果；现实主义边疆理论，即政治地理学界的研究成果；历史主义边疆理论，即历史学界的研究成果。其目标，在于希冀对我们当前所从事的中国边

---

① 王建娥：《国家建构和民族建构：内涵、特征及联系——以欧洲国家经验为例》，《西北师大学报》（社会科学版）2010 年第 2 期。

② 甄军伟等：《乾嘉时期新疆维吾尔族的国家认同研究》，《兰台世界》2013 年第 6 期。

疆研究及更为崇高的目标——中国边疆学构建具有重要的借鉴价值。①

历史回溯到 1893 年，特纳发表了《边疆在美国历史上的意义》（*The Significance of the Frontier in American History*）一文，其核心思想是，直到该文发表为止，一部美国史在很大程度上可说是对大西部的拓殖史，一个自由土地区域的存在，及其不断的收缩，以及美国定居地的向西推进，可以说明美国的发展。特纳的边疆理论力图从经济和社会生活的角度去寻找美国历史发展的真正动力。他突破了传统的史学樊篱，抓住了美国 19 世纪历史发展的最有力脉搏——西进运动：自由土地的存在和移民的浪潮。由此奠定了其"边疆学说"的基础。特纳的研究基本上都集中在美国西部边疆历史及其与美国政治、经济、文化和社会生活的关系。中国学者对特纳的介绍和研究主要集中在历史学领域，基本上都是持批判的态度，认为特纳的边疆学说贯穿着地理决定论的观点，主要是为美国的侵略扩张、美国民族优越性和美国资本主义服务。尽管如此，学者们大都肯定了特纳的边疆学说对美国历史研究起到的重大影响，也对美国文化和社会的特质有着独特的诠释作用。王邵励梳理了美国式"边疆"的词义源流及其在美国本土的历史演变后，认为美国起初对"边疆"（frontier）一词的使用还是遵循传统英语的内涵，即一般指两国交界。随着 19 世纪西进运动的大规模展开，"边疆"开始特指白人拓荒者与印第安人活动区的分野。通过统计白人分布密度并以"人口线"的形式在地图上予以标明，"边疆"得以具体呈现。特纳则在此基础上进一步赋予美国"边疆"以移动性和征服性的抽象内涵，并以此表达了一种承自于西欧启蒙时代但却具有"美国例外论"色彩的社会进化观："边疆"的推移，造就了美国本土非均衡的但却是永续性的发展。言外之意，自然意义上的北美荒野虽已拓殖完毕，但国内亟须改革的社会新领域和海外有待扩展的新势力范围，构成了美国延续繁荣与霸权的"新边疆"。②

拉铁摩尔的中国边疆史研究涉及边疆、民族、通史及区域政治等众多领域，"是研究中国边疆问题不能绕过的一个重要人物"。如果说《中国简明史》阐明了拉氏对中国历史的整体性看法的话，那么《中国的亚洲内陆边疆》则是拉氏边疆史研究的集大成之作，并由此奠定了其在中国边疆史研究方面的杰出地位。在后一部书中，拉氏认为，中国历史上的"边疆形态"包括了汉族扩张性质的改变，以及可以促进集中化或者分裂化的新政治因素的运动。在该运动中，长城在中国历史进程中起着一个非常重要的推进作用，在某种程度上，长城及其周边地带成为探究中国边疆社会问题的一个缩影。李宏伟的博士论文对拉氏学术著作进行了较为细致而全面的梳理，展现了拉氏边疆学说的发展脉络，总结了其边疆学说的主要内容，并分析了拉氏边疆学说的影响与不足。③ 可以说，该文是国内最早较为完整地呈现了拉氏边疆学说的学术成果。黄达远撰文对美国著名的汉学家欧文·拉铁摩尔的中国边疆理论进行了探讨，认为拉铁摩尔的中国边疆理论高度重视历史上牧业社会的重要性，改变了以农业社会为中心的中国史思考维度。特别是拉铁摩尔从中国内部文化—族群的多样性视角，通过分析牧业社会和农业社会在长城这一中间过渡地带的竞争、共生与统一的关系，开启了文化多元主义中国的历史思想

① 张世明主编：《西方边疆理论经典文献》，黑龙江教育出版社 2013 年版。
② 王邵励：《美利坚式的"边疆"：词义源流及历史学家特纳的再阐释》，《社会科学战线》2012 年第 8 期。
③ 李宏伟：《欧文·拉铁摩尔的边疆学说研究》，博士毕业论文，吉林大学，2012 年。

取向，对中国疆域理论的建设具有重要启示作用。[①] 张世明认为，拉铁摩尔不仅从边疆来解释中国历史，以一种内部主义视角审视中国亚洲内陆边疆社会，而且主要集中于农耕文明与草原文明间互动往来的拉锯状态，将双方交汇之边疆视为这两种文明的黏合剂，表现出将中国内地的王朝循环与草原游牧社会的历史循环两大系统联系起来考察的运思取向，对于我们消解"外因决定论"的冲击—反应模式具有启发意义。[②] 宋培军集中解读了拉铁摩尔以"内边疆""外边疆"为核心概念建立起来的"双边疆"范式的边疆概念体系，并指出该研究范式的生命力在于它的预见性，但也并不是没有僵化的地方，即困于"蒙古"不"属于""中国"的成见，完全漠视了喀尔喀蒙古对于清朝经略西北而言的"过渡地带"的地位，只是把它作为"外边疆"。[③] 袁剑重点阐释了拉铁摩尔"内陆亚洲"视野下的大边疆研究范式。在其看来，以"内陆亚洲—中原"二元互竞为主轴的边疆研究模式将使我们找到一种"他者"的视野来检视与我们相关的社会比较问题，而更重要的是，在当前新的地缘环境下，我们也能以更"主体"的态度去重新看待内陆亚洲过去 200 年的历史，并展望可能会有的未来。[④] 当然，诸多研究在肯定了拉铁摩尔的"相互边疆"理论和"内陆亚洲"研究视野的重要学术地位的同时，也注意到了其瑕疵。比如他关于中国历史的观察并没有完全脱离西方观念的影响，如将汉人进入边疆，称为"侵入"。同时，他将"边疆"放在了一个主导性的位置上，并力图将整个中国历史都装入他的边疆观之中，对于中国历史内在动力的变迁过于强调内陆边疆因素，在一定程度上消解了内地的主导地位。

既往研究认为，拉铁摩尔对中国边疆历史的分析基本是以草原游牧力量与中原汉族定居力量的冲撞作为分析的起点，因此，他并不将长城视为游牧力量与中原定居力量之间的绝对分界线，而是将这一界限加以拓展并以"地区"相称。基于此，德全英认为，拉铁摩尔的研究恰好反映出中国作为统一的多民族国家在历史发展中形成了你中有我、我中有你、各民族相互离不开的历史关系。德氏还进一步发挥说，从抗日战争开始起，中国被分割为被占领的东部和抵抗战斗的西部。至此，中国的历史边疆终结了，长城边疆不再是草原社会与农业社会间相互循环的边缘地带，它已成为整个中国抗战者的另一个家园。进入当代，中国进入东部（海洋）与西部（陆地）区域间的新地理循环，并以此构建中国的工业化。[⑤]

在欧美的中国学研究从"汉学"到"中国研究"的重大"范式"转换过程中，人类学处于开风气之先的地位，传统的边疆史地研究也深受其影响，出现了由考据为主的边疆研究转向以型构框架、强调阐释为主的边疆研究的转变。其中，巴菲尔德的《危

———————————

① 黄达远：《边疆、民族与国家：对拉铁摩尔"中国边疆观"的思考》，《中国边疆史地研究》2011 年第 4 期。

② 张世明：《拉铁摩尔及其相互边疆理论》，《史林》2011 年第 6 期。

③ 宋培军：《拉铁摩尔"双边疆"范式的内涵及其理论和现实意义》，《云南师范大学学报》（哲学社会科学版）2013 年第 2 期。

④ 袁剑：《"内陆亚洲"视野下的大边疆：拉铁摩尔的实践路径——基于一些相关作品的阅读》，《西北民族大学学报》（哲学社会科学版）2013 年第 3 期。

⑤ 德全英：《长城的团结：草原社会与农业社会的历史法理——拉铁摩尔中国边疆理论评述》，《西域研究》2013 年第 1 期。

险的边疆》被认为是这个转变过程——从"重新发现"拉铁摩尔到新的"边疆范式"形成的过渡期代表性的承前启后之力作。① 张经纬在评介此书时说，真正对历史产生决定性影响的并不只是那些剧烈的突发事件，而是那些只有通过长时段视角才能揭示的深层原因，"《危险的边疆》为我们奉献了一种长时段、贯通性的解释框架，堪为历史结构主义的力作"。张氏认为巴菲尔德的研究，让我们意识到游牧与农业社会并非截然对立的世界，二者的联系与转换将继续给我们带来有趣而值得深思的主题，也将继续启发历史学与人类学家。但该书也存在着不足，即在某些具体分析方面"三顾而不入"，未能使用人类学者惯用的"社会结构"利器去讨论和检讨，难免让人感到遗憾。②

　　将中外边疆研究理论进行比较研究已经成为边疆研究领域的一个趋势。杨洪远把从拉铁摩尔到王明珂的边疆研究放到一起予以考察，认为这些来自非中国传统文化中心的学者们用另类视角解读中国边疆，跳出了以精耕农业为本位的书斋式的"文化中心主义"研究思维范式，转向研究边疆地区游牧经济存在的复杂性与合理性，试图以中原中央与边疆地区的互动来探索和理解中国的内部文化及族群的多样性。虽然其研究也存在一些不足，但是受其解读中国边疆方法的启示，未来国内学者在研究中国边疆的思维和方法论上将有所突破。③ 朱金春则将《危险的边疆》与王明珂的《游牧者的抉择》放在一起讨论，认为前者从人类学视野内展开对边疆的研究，避免了单纯"历史/政治"化的传统研究范式。其将游牧社会与农耕社会作为彼此互动关联的部分加以分析，以揭示汉地社会和中国各边疆地区社会之间互动与整合的复杂历史过程，也具有启发性意义；而后者对汉代北方的匈奴、西羌以及鲜卑、乌桓等游牧经济与社会组织的描述以及他们与汉帝国往来互动历史的论述，可以看作是受巴菲尔德直接影响下的细化与深入探讨。④ 当然，也有学者对拉铁摩尔、巴菲尔德等人的研究提出一些批评，主要是指出其在资料选用上的不足、经济决定论的观念，以及西北边疆观的理论限度等。这些批评不无道理，但对这样长时段的互动历史加以重新探究，本来就是一个具有极高挑战性的工作。对此，马大正认为，不管怎样，这些著作分别从民族学与人类学的角度展示了域外中国边疆研究的某些特色。同样，我们有理由期待这些"它山之石"能够为中国学者的研究提供有益的视角，然后依靠我们自身的理论探索和对西方的边疆话语的深刻认识基础之上，中国边疆才不会盲从于西方，才会有自己的理论自信与主体性。⑤

　　应当指出，当前的中国边疆研究领域，边疆理论整体上较为匮乏，因此之故，我们欢迎推介、借鉴国外相关边疆理论，但同时应注意结合中国边疆的实际情况，对此做出"中国"的理解和阐释。比如美国历史学家特纳认为，边疆向"自由土地"的推进为美国人提供了向上流动和重建社会的机会，成为塑造美国民主的重要因素。然而，董经胜

---

　　① 姚大力：《西方中国研究的"边疆范式"：一篇书目式述评》，《文汇报》2007 年 5 月 25 日。

　　② 张经纬：《嵌入历史深处的人类学——评巴菲尔德〈危险的边疆：游牧帝国与中国〉》，《中国图书评论》2012 年第 5 期。

　　③ 杨洪远：《从欧文·拉铁摩尔到王明珂：解读中国边疆研究的另一个视角》，《内蒙古社会科学》（汉文版）2012 年第 6 期。

　　④ 朱金春：《游牧帝国的历史循环——兼读〈中国的亚洲内陆边疆〉与〈危险的边疆：游牧帝国与中国〉》，《中国图书评论》2012 年第 5 期。

　　⑤ 马大正：《"边疆政治"与西方话语》，《中国图书评论》2012 年第 5 期。

通过考察即发现：众多历史学家参照特纳的边疆学说研究拉丁美洲的边疆史，但多数学者发现，在一般情况下，特纳的边疆假说并不适用于拉美，拉美边疆并没有像北美边疆那样产生改造社会的作用，而是中心地区的文化和制度移植和嫁接的对象。并且，由于缺乏有利的地理条件和文化传统，边疆开拓的经历并没有促进拉美民主制度，而是复制甚至强化了等级制度，制造了暴力和动乱。[①]

最近十多年来，在美国兴起的"新清史"研究，将对清代政治史的关注点转移到满洲、蒙古、新疆等所谓"内陆亚洲"地区，认为清朝统治的成功关键在于其对边疆地区的成功经营，在于成功地保持满洲认同、满蒙联合，亦即满人的族群特性而不是接受"汉化"，甚至以往被认为是满族皇帝倾慕汉文化最主要表现的"南巡"，也被解释为是"满族特性"的典型表现。这些把"满族"作为历史主体的研究将清朝历史置于世界史范围中去考察，显示了清史研究从中心到边缘、从中原到边疆的某种转变，而同时也涉及清代"民族、国家认同"等重大问题。[②] 目前，"新清史"已在美国、日本、欧洲和中国台湾等地的清史界都产生了相当大的影响。国内开始出现一些译介新清史的文章，对其中的一些代表性作品也正在或已经翻译出版。它的出现已经在一定程度上对如今的清史研究提出了挑战，并使之发生了一定的变化。邵丹《故土与边疆：满洲民族与国家认同里的东北》即是这样一种学术范式的一种尝试。该文立足边疆研究，从满族的角度探讨边疆研究的一个中心问题：族群领域性（territoriality）的再定义与其身份（identity）的重塑如何互动关联。同时分析了清末民初满族的故土认知变化与其对族/国的多元再定义的过程。作者认为，满族的历史与文化在近几十年来的清史研究中地位卓著，然而，在清史之外的其他领域，尤其在北美有关 20 世纪中国或东亚史的学术领域，满族常常被忽视。[③]

国内相关学者对此问题给予了关注，同时就"新清史"的某些观点及其研究范式做出了有力的回应。黄兴涛强调指出："新清史"强调满族在清朝的某种主体性地位，注重从满族主体性的角度来研究清史，对于丰富清史研究意义不言自明。但在正视清朝历史这一独特性的同时，也不应走到另一个极端：有意无意地轻忽乃至淡化其大一统国家的"中国性"，更不能将两者简单化地对立起来。作者认为，从满族的主体性视角出发，探讨一下有清一代满族的"中国认同"问题，对认识"新清史"所涉及的相关史实应该不无助益。作者通过对相关史实的梳理得出结论：在清朝入关、大一统格局逐渐形成并趋于稳定之后，满族的"中国认同"和"大清认同"就迅速趋于同一，并与其自身的"满洲认同"以一种交织的方式同时并存着，它们之间在特殊情况下特别是满汉矛盾激化的特定时期，表现出某种紧张，但更多的时候则是并行不悖，而且"中国认同"作为一种兼顾对内对外、历史与现实的超越族群利益之上的国家认同，总体说来显然要处于更高层次。[④] 杨念群亦对"新清史"提出批驳。他认为，"新清史"研究

① 董经胜：《特纳的"边疆假说"与拉丁美洲的边疆史研究》，《拉丁美洲研究》2010 年第 6 期。

② 黄兴涛：《"清代政治与国家认同"国际学术研讨会简述》，《光明日报》2010 年 8 月 31 日第 12 版。

③ 邵丹：《故土与边疆：满洲民族与国家认同里的东北》，《清史研究》2011 年第 1 期。

④ 黄兴涛：《清代满人的"中国认同"》，《中华读书报》2010 年 10 月 27 日。

者本身仍然难以摆脱西方的历史思维模式，这套以现代西方民族主义兴起的模式比附清朝统治方式的逻辑，其背后的政治用意相当刻意而明显。"大一统"的整体文化布局被拆解成了多民族共同体对各自传统的守护与传承，对这种守护的认同恰恰是清政府维系"大一统"格局的要义，而"江南"地区以汉族传统为中心所持守的"道统"传承与之相比就显得无足轻重。作者还指出，国内清代政治史研究要寻求新的突破，就必须首先对"大一统"历史观及其与清朝统治合法性的建立之间到底是何关系进行重新探讨，以寻求政治史研究的突破点。[①]

不可否认，"新清史"作为一种研究清史的范式，其提出的各种假说亦尚未得到完全的证明，且在某种程度上存在一定的偏颇，它的出现还是给清史研究开拓了新的研究方向和思路，研究所依赖的文献资料也大大丰富。然而，我们也应认识到，新清史又不单纯是"研究范式"问题。其代表人物在学术研究中将"中国人"等同于汉族人，把清朝从中国历代王朝中区分出来，坚称满清帝国不能等同中国，中国只是清帝国的一个组成部分。汪荣祖主编的《清帝国性质的再商榷：回应新清史》一书收录了八篇专题文章，从不同的角度探讨清朝的性质，有力地批驳了"新清史"学派所谓大清非中国之论，认为"新清史"所谓大清非中国之说，完全不能成立：大清即中国，其重心在关内汉地，它的皇帝是以汉地为中心的中国之主，并非以中亚为轴心。[②] 不得不指出的是，"新清史"尽管在学术上有一定的创见，但不应回避它的某些偏差。基于马克思主义的立场，我们应强调的一点是，对中国学者而言，"新清史"的某些观点业已超出纯粹学术研究的范畴，从而表现出鲜明的政治性。如是，通过多角度观察和体认"新清史"，或许能够对新清史的发展提出合理的评介。

综上所述，无论是对西方边疆研究成果的梳理和反思，还是对中外边疆理论进行的比较研究，在此诸先行研究成果的背后，我们均能够观察到国外边疆理论建构的影子。应该说，在构建中国边疆学的理论框架过程中，对国外边疆理论的汲取，是我们应当乐于从事的一项基础性工作，但同时也不得不关注这样一个问题，即如何实现海外边疆理论话语的有效转译，以一种全球性的多元视角臻于中西会通，构建一种属于中国自己的边疆理论话语体系？对此问题，有论者认为，只有通过中国边疆与其他国家、社会边疆的比较研究，才能避免在同一种话语内部自说自话、缺少接受者与倾听者的局面，从而使中国之外的研究者能够了解并理解中国边疆自身所包含的共性及特殊性，从而使我们自身对边疆的情况有更深刻、更清晰的认识；除此之外，社会田野实践也是成功确立起中国边疆理论话语的关键所在。[③] 对于同一问题，有学者亦提出，中国的崛起与边疆理论的发展，离不开对西方边疆话语体系的接纳与运用；故而对于西方边疆理论不作本能地拒斥，而是理性地认可和接受，并从诸多方面对其进行脱胎换骨式的重铸，在很大程度上赋予其全新的内涵，使之呈现出与传统的西方边疆理论迥异的价值意蕴。[④]

①　杨念群：《重估"大一统"历史观与清代政治史研究的突破》，《清史研究》2010 年第 2 期。

②　汪荣祖主编：《清帝国性质的再商榷：回应新清史》，台北远流出版公司 2014 年版。

③　袁剑：《边疆理论话语的梳理与中国边疆学的可能路径》，《中国边疆史地研究》2014 年第 1期。

④　朱碧波：《论我国边疆理论的言说困境与创制逻辑》，《云南师范大学学报》（哲学社会科学版）2015 年第 1 期。

北部边疆研究综述（2010—2015）

毕奥南　阿拉腾奥其尔　乌兰巴根[*]

一　北部边疆史地研究

北部边疆史地研究有着久远历史。内蒙古社会科学院、内蒙古大学、内蒙古师范大学等科研院所都有相关研究机构。此外，中国社会科学院、中央民族大学、中国人民大学、北京大学、南京大学、南开大学、复旦大学等诸多内地科研院所都有相关专家从事研究。

北疆史地研究成果大致分布于民族史、断代史、地方史及相关专门史等研究领域，并与蒙古史研究密不可分。蒙古史研究在学科分类上属于民族史研究范畴，若从国际蒙古学角度看，又是一门较为系统的独立学科。蒙古史本不局限于中国北疆这一范畴，它是史学中的一个特殊领域，与民族学、国际关系、文化学等有很高的关联度。从学科角度讲，蒙古史地研究是北疆史地研究最重要、最贴近的内容，很多命题都与北疆史地研究重合，所以专门评介蒙古史地的相关研究，对北疆史地研究概况的阐述是必要的。

以下分别以断代史、民族史、区域史的视野介绍北疆史地研究

（一）北方民族与蒙古高原史地研究

商周以降就有关于北方游牧民族的记载，而相关研究由来已久。近代以来，中西学者对各个时期蒙古高原游牧民族进行研究并先后发表许多论文，积累了丰厚的成果。这些成果既是后人的研究起点，也形成较难逾越的参照标准。就研究资料而言，我们了解到有关北方民族的历史信息基本上来自历代汉文史书的记载，有限的资料经过数代人反复梳爬，已经难有新的发现。要深入研究，不仅需要发掘新资料，增加新的历史信息，而且要有新的解读视角、新的理论验证等，例如利用历史语言学、人种学及考古发掘的新成果，对前人研究不准确之处的订正、补充等。总体来讲，在2010—2015年间，相关研究发表数量虽不少，但新突破不多。

按照以往通常的研究范围，北方民族是指在蒙古人登上历史舞台之前活跃于蒙古高原的游牧民族，大致可以分为匈奴、东胡、突厥三大系，其活动区域都以蒙古高原为核心。

1. 匈奴研究

古代北方草原游牧民族以匈奴人的历史活动时间长，并影响深远而著称。匈奴创造

---

[*]　毕奥南：中国社会科学院中国边疆研究所研究员；阿拉腾奥其尔：中国社会科学院中国边疆研究所研究员；乌兰巴根：中国社会科学院中国边疆研究所副研究员。

的文明基础为后世游牧民族继承、延续，从而形成丰富的草原游牧文明内涵。匈奴历史对中国历史和世界历史都产生过重大影响，多年来的民族史研究予以高度重视。

匈奴族源研究既是热门话题，也是研究难点所在。长期以来许多学者在这个领域投入大量精力，观点、成果如满天繁星。陈立柱在《三十年间国内匈奴族源研究评议》①一文做了较为清晰的梳理，并评议指出，前人研究多基于研究者学科背景而偏重于某一方面，综合研究应该是匈奴族源研究的基本思路。回顾几十年匈奴族源研究可以看到，由于资料都有限的缘故，单从某一方面，如人学或语言学的角度讨论族源问题，不易把问题说清楚。因此，综合研究，即文献分析、语言研究、种族考察、考古文化比较以及民族史研究结合起来，应是今后匈奴族源研究更为可取的路向。

近年来，考古进程对匈奴史研究有较大影响。干振瑜《中国境内匈奴墓葬研究初探》②对桃红巴拉墓葬、崞县窑子、毛庆沟、凉城饮牛沟、准格尔旗西沟畔墓地、补洞沟墓地、陕西长安县客省庄、铜川枣庙、神木大保当墓地、西安北郊岗寨村、宁夏同心县倒墩子墓地、同心县李家套子墓地、青海大通上孙家寨墓地乙区、新疆哈密市东庙尔沟墓地、巴里坤南湾墓地、和静县察吾乎沟口 3 号墓地等前人研究成果进行归纳整理，就随葬品、墓制类型等进行归类分析。同时，该文补充新资料有助于推进匈奴史研究。

胡玉春在《铁弗匈奴迁居朔方考》③指出，迁居"朔方"是铁弗匈奴非常重要的历史活动。朔方地区由此成为铁弗匈奴活动的根基之地，并在铁弗部族的发展过程中发挥了重要的作用。

匈奴帝国发生在公元前 60 年之大内乱与分裂是有史以来持续时间最长、规模最大的内讧，在匈奴民族史上产生了深远的影响。牧仁《论匈奴帝国解体的阶段性》④认为，将匈奴大内乱与分裂过程确定在从公元前 60 年至公元前 51 年之间，并将这一过程分为握衍朐鞮擅立、五单于争立、呼韩邪单于与郅支单于对立等相互紧密联系的三个重要阶段进行分析，并不只限于传统的"五单于争立"认识。在牧仁《匈奴两次大内乱对匈奴史与汉匈关系史的影响》⑤一文中进一步补充到，因为附汉后的匈奴南北部地理位置离汉王朝的距离不同而产生了经济文化的严重失衡，南北部匈奴人的生活及各方面习惯差距拉大，蕴蓄矛盾，最终导致南北部亲汉与反汉两派斗争而引发第二次大内乱与分裂。由此可知，第二次大内乱与分裂是第一次大内乱与分裂的必然结果。第二次大内乱与分裂发生在公元 46 年至公元 91 年之间。45 年间大体经历了呼韩邪之孙日逐王比依附东汉自立、南匈奴归汉、北匈奴覆亡等相互紧密联系的三个阶段。李明瑶《从西汉与匈奴的交往过程看西北部疆域变迁》⑥指出，匈奴与华夏民族交往的起源已无明确记载，最早的记录是在春秋战国时期。至西汉初期，匈奴的疆域扩展至顶峰，而西汉却处于国力衰弱的起步阶段，面对强大的游牧部落，只能以和亲政策换得和平。至汉武帝

①　陈立柱：《三十年间国内匈奴族源研究评议》，《学术界》2011 年第 9 期。

②　干振瑜：《中国境内匈奴墓葬研究初探》，《赤峰学院学报》2015 年第 2 期。

③　胡玉春：《铁弗匈奴迁居朔方考》，《西夏研究》2014 年第 3 期。

④　牧仁：《论匈奴帝国解体的阶段性》，《内蒙古师范大学学报》2014 年第 2 期。

⑤　牧仁：《匈奴两次大内乱对匈奴史与汉匈关系史的影响》，《黑龙江史志》2014 年第 9 期。

⑥　李明瑶：《从西汉与匈奴的交往过程看西北部疆域变迁》，《吉林省教育学院学报》2014 年第 10 期。

时期，匈奴不敌卫青、霍去病等大将，三次战役战败后而退居漠北。东汉时，日逐王归降汉朝，西域尽归汉朝管辖。

有感于以往对匈奴历史作用的评价不够充分，王绍东在评介中国历史发展历程中农耕民族与游牧民族的贡献时指出，以往研究对游牧民族的历史贡献重视不够。游牧民族在长期发展过程中拓展了中华民族的生存空间，创造了独特的文化类型，推动了社会生产力的提高，缓解了中国的人口压力，发展和丰富了军事战术与技术，增强了文化交汇与融合，保留了一片绿色生态环境，促进了祖国的大一统步伐。游牧民族对中国历史发展的伟大贡献，应该得到应有认识与评价。①

关于汉朝和匈奴的和亲问题，研究著述不胜其数。大多研究认为，汉初迫于无力与匈奴对抗而实行和亲，一旦匈奴对汉朝统治不构成威胁即置之不理。实际上和亲也是匈奴处理与周边民族政权的关系尤其是与汉朝关系的重要手段。张书艳《匈奴和亲政策初探》② 从匈奴视角重新分析和亲，认为匈奴从骄踞接受到被迫提出，从轻视到重视，从仅与汉朝和亲到运用和亲拉拢西域乌孙、车师等，和亲逐渐成为匈奴一项重要的外交政策，甚至在某种程度上比汉朝运用得更为灵活。这种变化思维角度对分析问题有一定启发意义。王绍东《汉文帝处理与匈奴关系的思想探析》③ 认为汉文帝采取处理与匈奴关系的策略，是冷静、理性而又得当的。根据当时的实际情况，承认汉匈双方是"分疆自立、和睦共存"的关系；能够体恤理解匈奴的生存环境与所遇困难，必要时给予援助和支持；信守与匈奴的和亲协定，从大局出发尽力维护双方的友好关系；当匈奴违约侵汉时，则组织力量进行有力回击；同时加强骑兵建设，巩固北部边防。汉文帝的上述策略取得了明显的效果，适应了双方经济上互补性和政治上统一性的要求，避免了大规模的战争发生，是一种双赢的战略选择。

汉匈关系除了和亲还有对峙。汉长城即是这种关系的表现。王埔帮《蒙古国境内的汉长城》④ 利用谷歌卫星影像软件，从卫星高空拍摄的影像资料中找到中国内蒙古、甘肃及蒙古国南戈壁省境内的汉代曾一度使用的外长城遗址，并对遗迹进行了较为详细的介绍。利用卫星影像资料探查考古遗迹，对北疆史地研究很有新意。

同样作为变换视角研究，盖志毅在《匈奴的生态文明及其现代价值》⑤ 一文中，尽管没有新史料，但是借助以往的史料阐释了的生态价值观，借此说明游牧民族与环境和平相处有其传统，值得当代借鉴。这种非历史学研究范式在媒体越来越多的今天，已经成为一种研究倾向。

王海《论匈奴社会中的定居因子》⑥ 谈到影响游牧经济的定居问题。该文认为匈奴以畜牧为业、兼营狩猎的游牧生活形态已是学术共识，在匈奴社会中土地的价值似乎远不及农业社会。事实上土地曾在匈奴社会经济、政治军事、精神信仰等方面发挥重要作用，其中蕴含的定居因子与匈奴社会发展之间存在较为密切的关系。这对于匈奴民族的

---

① 王绍东：《论游牧民族对中国历史发展的贡献》，《内蒙古大学学报》2014 年第 1 期。

② 张书艳：《匈奴和亲政策初探》，《烟台大学学报》2010 年第 1 期。

③ 王绍东：《汉文帝处理与匈奴关系的思想探析》，《青海民族大学学报》2014 年第 4 期。

④ 王埔帮：《蒙古国境内的汉长城》，《嘉峪关年鉴》，2013 年。

⑤ 盖志毅：《匈奴的生态文明及其现代价值》，《前沿》2011 年第 5 期。

⑥ 王海：《论匈奴社会中的定居因子》，《河北学刊》2014 年第 1 期。

汉化，乃至最终融入农耕文明社会产生了不容忽视的影响。该文认为以匈奴为代表的少数民族汉化和各民族大融合促进了中国古代和谐边疆之构建。

关于蒙古高原族群流变研究，李春梅《匈奴与乌桓的关系考述》[①] 指出，乌桓处于汉、匈奴两强大政权之间，或役属于匈奴，或附属于汉。该文断定"乌桓没有建立过独立的国家"，只是作为一个重要族体被强政权控制和利用，这是因为乌桓的活动范围正好是匈奴与中原郡塞的过渡带，匈奴始终未放弃对乌桓的羁縻和役属，汉也同样想方设法争取之为己所用。随着南匈奴相当一部分成为汉朝统治下的少数民族，并对乌桓再无任何威慑力和号召力后，匈奴与乌桓的关系逐渐淡化，乌桓也渐渐淡出史书的视线。

2. 东胡研究

东胡是部落联合体的笼统名称，先后包括鲜卑、乌桓、柔然、乌洛侯、库莫奚、室韦、契丹等部族。东胡称谓存在时间大致与春秋战国至秦汉相当。秦末汉初，东胡被匈奴冒顿单于击败，部落联盟的主要成员鲜卑退保鲜卑山，乌桓退保乌桓山。此后各个部名出现于文献。关于东胡研究，此前因相关文献基本被梳理完毕而无新发现，研究者将目光投入到考古方面，利用科技手段，试图以破解 DNA 遗传密码来解决东胡的人种问题。目前的研究大多基于对以往研究的新解读，王禹浪、许盈《国内近三十年东胡族研究综述》[②] 对前人研究有一个大致的评议。

族源问题关系到活动地域。在前人研究基础上，王冉《早期鲜卑与东胡的渊源》[③] 提出，"鲜卑人在原始的氏族部落阶段，一部分与东胡部族发生聚散，后成为东部鲜卑，另一部分始终未与东胡部族产生关系，即所谓北部鲜卑。两部鲜卑有相同的族源和族称。鲜卑人属于东胡族系，其语言属于东胡语族已有定论，但其人种却经历了一个长期的与东胡、匈奴混血的过程，发生了历史变化"。该文对北部鲜卑发展过程的看法，不同于以往笼统之言，有一定创新。

沈波《对鲜卑族种属的多角度探析》[④]，经过分析文献并注意到石窟造像人物的"深目高鼻"，认为就云冈石窟而言，拓跋鲜卑属于深目高鼻民族的可能性很大。但最终同意鲜卑人是北亚蒙古人种的观点，认为由于其迁徙演变的历史极为复杂，主要是其不断地分化成各大支系而又与其他不同民族相融合，使其越往后发展越丧失其本来显著的种族特征。

根据马长寿《乌桓与鲜卑》的见解，鲜卑可分为东部鲜卑和拓跋鲜卑。拓跋鲜卑因建立北魏王朝而受到更多研究者关注。自 1980 年发现嘎仙洞石刻祝文以来，不少学者对鲜卑早期历史及迁徙问题发表了许多看法。梁云《拓跋鲜卑早期历史若干问题研究》[⑤] 在检视前人研究的基础上，依据拓跋鲜卑生态环境变迁和社会、政治、经济的变化，将拓跋鲜卑早期历史划分为"大鲜卑山""大泽""匈奴故地"三个时期，从考察拓跋部的起源、迁徙、与北方诸族的关系、经济社会和文化习俗等方面入手，揭示拓跋部发展壮大的历史。该文认为拓跋鲜卑是自大鲜卑山迁出的鲜卑群体，在迁徙过程中与

① 李春梅：《匈奴与乌桓的关系考述》，《内蒙古社会科学》2012 年第 2 期。

② 王禹浪、许盈：《国内近三十年东胡族研究综述》，《哈尔滨学院学报》2015 年第 5 期。

③ 王冉：《早期鲜卑与东胡的渊源》，《剑南文学》2012 年第 2 期。

④ 沈波：《对鲜卑族种属的多角度探析》，《赤峰学院学报》2010 年第 11 期。

⑤ 梁云：《拓跋鲜卑早期历史若干问题研究》，博士学位论文，内蒙古大学，2013 年。

匈奴、高车等部族混血后形成的新的族体。拓跋鲜卑的迁徙原因可以概括为拓跋鲜卑本族的原因；汉、匈奴、乌桓、东部鲜卑等周围部族的原因；生存环境、地理状况的原因；拓跋部英雄人物的出现等。伴随着迁徙，拓跋鲜卑接触其他民族的机会增多、定居意识逐步增强，经济模式、社会形态发生变化并迅速发展。该文考订了不同历史时期成书的鲜卑基本史料，并充分利用了考古资料，运用考古学、民族学等方法论证前述观点，是一部值得重视的学位论文。

与东部鲜卑相对，拓跋鲜卑被认为是北部鲜卑。拓跋鲜卑的迁徙不仅对其族源成分、社会发展、经济形态有很大影响，而且生存地理变迁也引发学人极大的兴趣。关于拓跋鲜卑的起源及其迁徙，《魏书·序纪》中的记载不过数百字，凭此揭示拓跋鲜卑迁徙过程显然难度不小。但是，鲜卑遗存的考古发现丰富了人们的认识。与大泽、匈奴故地等地理考释不同，梁云在《拓跋鲜卑西迁大泽、匈奴故地原因探析》[1]侧重"原因"探究，认为自然条件所导致的生存环境恶化是拓跋鲜卑从西南迁至大泽的原因之一，南邻的东胡部落联盟成员乌桓、东部鲜卑长期占据辽东，拓跋鲜卑南迁受阻，檀石槐部落大联盟的出现，成为拓跋鲜卑西徙的至关重要的原因。最后，该族英雄人物的出现是两次迁徙成功的主观条件。此文实际上是上举作者博士论文的部分先期思考。

崔向东《乌桓、鲜卑南迁西进与北方民族关系演变》[2]一文指出，在乌桓、鲜卑南迁前，北方民族关系基本上是汉、匈在北方的全面对抗。乌桓、鲜卑南迁西进后，改变了原有民族分布和地缘政治格局，形成多边制衡关系，进而直接影响了汉、匈关系的演变。毕德广《北朝时期库莫奚居地变迁考》[3]认为北魏初库莫奚驻牧在西拉木伦河中上游一带。从北魏中期起，奚人开始南移，其生活区域由西拉木伦河中上游扩展至老哈河上游，基本上与今天内蒙古自治区赤峰市辖境相当。大致在同一时期，部分奚人开始西迁，其主要活动在太行山北麓、桑干河下游一带。

洪勇明《古代民族文献所见"奚"考》[4]认为前人研究多以汉文文献为蓝本，较少参考其他语言的文献。作者通过对古突厥文、古藏文、古阿拉伯文文献中"奚"的考证，认定奚源于东胡，4 世纪后逐步形成，元代以后融入其他民族。Tatabï、He、Qay是奚在古代突厥文、古藏文、古阿拉伯文文献中的不同对音。龙朔元年，奚人的一支叛唐远走中亚，11 世纪上半叶奚人的另一支移驻河西。中亚奚人成为回鹘的旁系，河西奚人则消失。王丽娟《隋唐时期奚族与突厥族关系探讨》[5]，勾画隋唐时期奚族与突厥族的关系。该文认为隋唐时期突厥强大，奚族则依附，突厥衰弱，奚族则疏远，二者关系呈现出时断时续的不恒久性。在此过程中，奚族人会趁机与隋唐王朝取得联系。对于

① 梁云：《拓跋鲜卑西迁大泽、匈奴故地原因探析》，《内蒙古社会科学》2011 年第 4 期。

② 崔向东：《乌桓、鲜卑南迁西进与北方民族关系演变》，《内蒙古社会科学》2014 年第 4 期。

③ 毕德广：《北朝时期库莫奚居地变迁考》，《内蒙古社会科学》2014 年第 4 期。

④ 《民族研究》2011 年第 1 期。该文系国家社会科学基金项目"与新疆有关的古代突厥文、回鹘文文献整理研究"（项目编号：10XTQ011）、新疆维吾尔自治区高校科研计划青年教师科研启动基金项目"鄂尔浑碑铭所见部族考略"（项目编号：XJEDU2009S29）、新疆大学社会科学基金项目"漠北回纥汗国碑铭考释"的阶段性成果之一。

⑤ 王丽娟：《隋唐时期奚族与突厥族关系探讨》，《内蒙古社会科学》2013 年第 5 期。

弱小的奚族而言，在突厥与隋唐之间求得生存的过程亦是其发展和壮大的过程。这种选择的目的在于如何在突厥和隋唐之间求得自保。奚族既拥有良好的畜牧业，又有较为发达的农业、手工业，这是其在进入辽朝以后能够与契丹族结合并受到优待的因素之一。此外，契丹族同奚族在与中原政权交往中，几乎同时接受隋唐的羁縻政策。这使得二者对接受中原文化的心理大体趋于一致。

作为"东胡之苗裔"的柔然，一直是北魏北疆的动荡因素，受到研究者格外关注。

胡玉春《北魏六镇起义的原因和启示》①认为孝文帝主观加快民族融合的进程违背事物发展的规律，强制鲜卑民族摒弃本民族文化而奉行汉民族文化，不能算作是真正意义上的民族融合。胡玉春的另一篇《从柔然汗国与北魏的关系看北魏北边防务的兴衰》一文②认为，北魏针对柔然的北边防务与以往中原政权的北边防务相比具有特殊性。北魏以前，历代中原王朝北方防务最典型的手段就是修筑长城，希望将北方夷、狄阻隔在统治区之外。拓跋鲜卑阻挡了柔然南下，限制柔然与中原地区的大规模融合。因此，驱逐柔然、争夺生存资源是北魏前期北边防务的主要任务。为防柔然南下，北魏创建的军镇是一种地方军事组织与行政统治方式相结合的体制。当孝明帝下诏取消六镇镇民的军籍、军户身份时，镇民转化为依附性很强的"府户"。因不断降低六镇镇民的地位，矛盾出现不可调和的趋势，最终爆发了六镇起义。何建国、郭建菊《北魏六镇与柔然关系探析》③认为，六镇是北魏统治者在统一中原的征战中为解决后顾之忧而采取的军事防卫措施。在六镇设立之初，军事地位尤为突出。但是，随着北魏统一北方及其与柔然之间的战和更替，六镇的职能和地位不断地发生变化，其职能由单纯的军事扩展到兼具民事行政功能。在5世纪后期，柔然衰落，北魏迁都，政治中心逐渐南移，六镇的军事政治地位下降，并随之衰落。

由于有关柔然的历史文献记载较少，考古文物更是凤毛麟角，这限制了学者们的研究视野。因此，该领域的研究过于集中在柔然同北魏关系史方面，创新性见解不多。

室韦在中原王朝视野中属于边远部族，但对于东北及北方民族地域而言具有深远的历史影响。由于资料较少，这一时段研究成果不多。不过发掘考古资料中丰富的历史信息已经成为学者研究重点。1986年6月，内蒙古自治区呼伦贝尔盟文物管理站在陈巴尔虎旗西乌珠尔苏木正西10千米海拉尔河左岸的一条沙丘中，发现并清理了三座古墓葬。毕德广、曾祥江利用考古报告撰写《西乌珠尔墓群族属补证的探讨》④，从年代与地望、文化特征等方面进行比较分析，认为西乌珠尔墓群年代应为公元8世纪初至9世纪初。这一时期生活在呼伦湖及其周边地区的古代游牧民族为室韦各部。从西乌珠尔墓群及其出土物与周边相关考古学文化的对比来看，西乌珠尔墓群与契丹早期墓葬在形制、葬具及葬式等方面存在着明显区别，断定为属于西室韦。

达靼被认为源出于室韦，并与蒙古族族源关系密切。白玉冬《十至十一世纪漠北

---

① 胡玉春：《北魏六镇起义的原因和启示》，《内蒙古社会科学》2011年第3期。

② 胡玉春：《从柔然汗国与北魏的关系看北魏北边防务的兴衰》，《内蒙古社会科学》2012年第4期。

③ 何建国、郭建菊：《北魏六镇与柔然关系探析》，《山西大同大学学报》2015年第4期。

④ 毕德广、曾祥江：《西乌珠尔墓群族属补证的探讨》，《文博》2014年第4期。

游牧政权的出现——叶尼塞碑铭记录的九姓达靼王国》① 通过释读叶尼塞碑，对十至十一世纪占据蒙古高原中心地域的游牧部落联盟九姓达靼的源流做了详尽考证。该文认为九姓达靼名称出现于叶尼塞碑铭中的哈尔毕斯·巴里碑铭。其中，九姓达靼之后的文字，可读作 lka B，相关文句可复原为 toquz tatar elikä bardïm（我去了九姓达靼王国）。通过对哈尔毕斯·巴里碑铭、Elegest 1（E10）碑铭、Begre（E11）碑铭氏族印记的对比分析，结合 Begre 碑铭中出使中国的记录，哈尔毕斯·巴里碑铭的纪年应是十世纪。而回鹘文献中部落名称之后的"el"（国）的用法，以及汉籍达靼人的称号，表明当时的九姓达靼是一王国。汉籍记录十世纪时期以国王、天王娘子、宰相名义朝贡宋朝的达靼国，并非"河西达靼"，而是九姓达靼。十世纪时期的九姓达靼，堪称"九姓达靼王国"。漠北草原游牧政权的传统，在黠戛斯退出漠北之后并未间断。成吉思汗创建的大蒙古国，应是继承了九姓达靼王国的政权传统。

《晋书》《隋书》《旧唐书》《新唐书》都设有《北狄传》，但所收内容不尽相同。王文光、曾亮《〈新唐书·北狄传〉研究三题》② 注意到，中国历史文献中的北狄不是指一个具体的民族，而是泛指一个区域之内具有一定文化相似性的民族群体。这不仅只是按一般性的空间分类，更主要的是《新唐书》的作者找到了在这个空间之内不同民族之间的内在联系。《新唐书·北狄传》把契丹、奚、室韦放在一起，本身就表示了一种民族识别的思想，即认为这些民族在民族来源上有相同点。

契丹作为东胡重要组成部分，其族源前人研究议论纷纷，莫衷一是，存在不同说法。杨军《契丹始祖传说与契丹族源》③ 通过对白马青牛和奇首可汗两则传说进行辨析，认为奇首可汗传说起源较早，奇首可汗在历史上的原型就是领导宇文鲜卑迁入辽西的莫那。白马青牛传说反映出契丹族有两大来源，一是源自宇文鲜卑的早期契丹人，一是在唐开元、天宝以后融入的室韦、回鹘成分。由此可以将契丹族的族源理解为，早期源于宇文鲜卑，或者笼统地说，源于东部鲜卑那些留居草原而没有汉化的后裔，后来在融入大量室韦和回鹘的成分以后得以迅速发展。建立辽王朝的耶律氏家族，就是出自其中源自室韦和回鹘的一支。

随着蒙古高原政权的变动，东胡系族群混入突厥系族群并非没有实例。内蒙古自治区乌兰察布市凉城县永兴镇水泉村北约 1.5 千米的山坡上发现水泉墓地。2008 年 5—8 月，内蒙古自治区文物考古研究所对该墓地的 29 座墓葬进行了发掘。内蒙古自治区文物考古研究所经过发掘整理，发表了《内蒙古凉城县水泉辽代墓葬》④ 考古报告，对墓葬形制、出土器物等做了详尽的排列、描述，认为这两座墓葬应为辽代早期受到契丹文化影响较深的突厥遗民墓葬。

---

① 白玉冬：《十至十一世纪漠北游牧政权的出现——叶尼塞碑铭记录的九姓达靼王国》，《民族研究》2013 年第 1 期。该文是 2012 年国家社会科学基金项目"九世纪中期至十一世纪漠北草原历史研究（批准号 12XMZ010）"的阶段性研究成果之一。

② 王文光、曾亮：《〈新唐书·北狄传〉研究三题》，《中央民族大学学报》2015 年第 2 期。

③ 杨军：《契丹始祖传说与契丹族源》，《首都师范大学学报》2014 年第 6 期。

④ 内蒙古自治区文物考古研究所：《内蒙古凉城县水泉辽代墓葬》，《考古》2011 年第 8 期。

任世芳、任伯平《南北朝北方诸突厥语族及契吴考》① 认为，山胡、稽胡及步落稽为同一个部族，他们与契胡、鱼国及契吴一样，是北魏晚期居住在今陇东、陕北、晋西和蒙南的突厥语族。作者引用法国汉学家伯希和与美国汉学家卜弼德的词汇分析，得出拓跋语言应该是突厥语分支的结论。并称上述内迁民族在历史进程中已与当地原住民——拓跋鲜卑族、汉族等等民族融合为一体。

3. 突厥研究

公元 6 世纪中叶，摆脱柔然羁属的突厥借助强劲的军事力量迅速崛起，在吞并五万余落的铁勒部落后声威大振。突厥汗国的建立确定了此后两个多世纪内北方游牧社会族群关系变化的基本轨迹。

突厥研究在 2010—2015 年的 5 年间发表论文的成果超过同时期的匈奴、东胡相关研究。但是史料的不完整仍限制了研究者的视野。值得注意的是，为了扩大史源，对相关碑铭的解读引发新一轮研究热潮。漠北蒙古碑铭不仅是研究后突厥、回纥汗国政治、历史、社会等方面的第一手史料，也是研究古代突厥、回纥部族语言文学、文化习俗等方面的珍贵资料。

中国学者在 20 世纪前半期对突厥碑铭的研究大致经历了对碑铭汉文部分进行考释阶段和运用西方对碑铭的释读成果来研究突厥史两个阶段。冯懿《20 世纪上半期突厥碑铭研究成就述论》② 通过对这一时期突厥碑铭研究发展轨迹的梳理，并运用文献分析、归纳等方法分别对古突厥碑铭的发现和分类、19 世纪末至 20 世纪 30 年代对碑铭汉文部分进行考释阶段、20 世纪 30—40 年代由突厥碑铭研究转入突厥史研究阶段等进行考述，探讨突厥碑铭研究的阶段性特点，认为凭借汉文史料的优势，借助突厥文碑铭的德、英译本展开突厥碑铭和突厥史研究是这一时期中国学者突厥碑铭研究的主要方式。

漠北蒙古碑铭是北方民族留下最早的民族文字记录。其性质、承载的历史信息、学术价值等还有待学者进一步认识。洪勇明在《北蒙古碑铭的学术价值探析》③ 一文将这些碑铭视为记录历史的石刻档案，并归纳出以下价值体现。

第一，历史地理价值，包括可以和汉文史料对勘，弥补和修正汉文史籍中的谬误和缺憾；可以客观评述汉文史籍中有关隋唐及其对外关系、民族关系的记载；可以帮助语言已经死亡或无文字的部族勾勒历史。

第二，语言文学价值，包括可以构建古突厥语语法体系，展示古代突厥、回纥部族的语言思维和语言心理；为总结突厥语的历史发展规律奠定基础，形成系统的语言史；有助于构拟突厥语族的祖语—阿尔泰共同语，进而构拟复原某些已经消亡的部族语言等。

---

① 任世芳、任伯平：《南北朝北方诸突厥语族及契吴考》，《西北民族大学学报》2013 年第 5 期。

② 冯懿：《20 世纪上半期突厥碑铭研究成就述论》，《牡丹江师范学院学报》2013 年第 1 期。

③ 洪勇明：《北蒙古碑铭的学术价值探析》，《兰台世界》2013 年第 12 期。该文系国家社会科学基金项目"与新疆有关的古代突厥—回鹘文文献整理研究"（10XTQ011）、新疆大学自治区级人文社会科学重点研究基地—新疆民族文献研究基地基金资助项目"回鹘文献史学价值研究"的阶段性成果之一。

第三，文化宗教价值，包括可以勾勒出突厥、回纥部族宗教信仰的变迁，特别是从原始宗教向摩尼教崇拜的演变；有助于确定古代突厥、回纥部族经济方式的转换节点，特别是从游牧生活向半游牧——半定居生活方式转变的时间和背景；描绘古代突厥、回纥部族的丧葬仪式、活人冢及墓碑的建造程序和格局等。

第四，政治民族价值，包括可以分解后突厥汗国、回纥汗国的政治框架，尤其是北方少数民族政权的军事民主制、两翼制（即两部制：达头部和突利斯部）和"国人"制；可以确定后突厥汗国、回纥汗国的官制，特别是有助于辨别汉制官名、粟特官名、突厥官名，澄清官名和尊号、实权和荣誉；可以合理划分后突厥汗国、回纥汗国的"纺锤形"阶级结构，进而确认平民、汗王所争取的黑民在汗国中的主体地位等。

这些价值判断显然有感于学术研究已经取得的成就和对未来研究的期待。

芬兰学者兰司铁1900年在今蒙古国中北部布尔干省赛罕苏木苏吉大坂附近发现的回鹘如尼文碑文有许多史书不载的历史信息，如能利用这些信息或许会对突厥历史有新的认识。洪勇明《古代突厥文〈苏吉碑〉新释》[①] 对以往释读做了辨析，认为《苏吉碑》写作体系与叶尼塞河流域黠戛斯碑铭有所不同，全文采用交叉韵的形式。从碑文的书写特点、语法规则以及长度来看，创作者和书写者非常了解古突厥语。这与叶尼塞河流域碑铭雕刻粗糙、多使用异体字、正字法不确定、书写不工整、语言错误较多形成鲜明对比。

白玉冬《〈苏吉碑〉纪年及其记录的"十姓回鹘"》[②] 则进一步比勘前人研究的各类观点，重新释读碑文，并认为该碑文属于突厥鲁尼文碑刻中的墓志铭。该碑第1行开头部分，学界公认读作 uyɣur '回鹘'。但根据图版，uyɣur 之前有 W N 二字，此处实应读作 on uyɣur '十姓回鹘'。《苏吉碑》应属于回鹘碑文，纪年大约在8世纪60年代中期至9世纪初。《苏吉碑》墓主虽自称黠戛斯之子，但并不属于击溃回鹘汗国的黠戛斯征服者，而是具有黠戛斯背景的回鹘汗国人。十姓回鹘当指漠北时期回鹘汗国的核心部族回鹘部。

艾克拜尔·吐尼亚孜《浅析古代突厥文〈暾欲谷碑〉中出现的 türk sir bodun——兼论薛延陀汗国灭亡以后的薛延陀部落的历史》[③] 通过解读《暾欲谷碑》türk sir bodun（突厥—薛人）这一部落联合体名称，探究薛延陀汗国灭亡以后部落大部分人散居于漠北草原，并逐渐被回纥等九姓铁勒所吸收的轨迹，以及余众被唐朝政府安置在漠南东突厥部众居住的区域。当漠南突厥部众反叛唐朝中央政府时薛延陀余部也参与其中，并同突厥部众逐渐形成部落联合体，建立了后突厥汗国，其核心部落就是由突厥部落和薛延陀余部组成的部落联合体，也就是《暾欲谷碑》提及的 türk sir bodun（突厥—薛人）。包文胜不同意上述见解，在《读〈暾欲谷碑〉札记——türk sir 与"锻奴"》[④] 一文中

---

① 洪勇明：《古代突厥文〈苏吉碑〉新释》，《中央民族大学学报》2010年第1期。

② 白玉冬：《〈苏吉碑〉纪年及其记录的"十姓回鹘"》，《西域研究》2013年第3期。此文为作者主持的2012年度国家社会科学基金项目"九世纪中期至十一世纪漠北草原历史研究"（项目批准号：12XMZ010）的阶段性研究成果。

③ 艾克拜尔·吐尼亚孜：《浅析古代突厥文〈暾欲谷碑〉中出现的 türk sir bodun——兼论薛延陀汗国灭亡以后的薛延陀部落的历史》，《中央民族大学学报》2011年第5期。

④ 包文胜：《读〈暾欲谷碑〉札记——türk sir 与"锻奴"》，《敦煌学辑刊》2012年第3期。

认为，学界对《暾欲谷碑》所见 türk sir 一词没有较为满意的解释。在研读突厥鲁尼文碑铭以及查阅相关书籍后，对此问题进一步推敲甚至做诠释已有可能。于是作者用民族史语文学的方法，排比各家释读及研究结论，认为碑铭所见 türk sir 可能与汉籍史料所记"锻奴"有关，即与突厥炼铁有关。

白玉冬、包文胜《内蒙古包头市突厥鲁尼文查干敖包铭文考释——兼论后突厥汗国"黑沙南庭"之所在》① 通过释读铭文，旁征其他碑铭加以比较，解决了碑文断代问题。该文认为后突厥汗国在 7 世纪末以阴山一带为复兴之摇篮，至 8 世纪初期也曾控制阴山北麓，并推断查干敖包铭文应为这一时期所刻。查干敖包铭文，其年代应早于鄂尔浑突厥文碑铭，极有可能为迄今发现最早的突厥鲁尼文文献史料。《暾欲谷碑》的 coɣay quz 应与《旧唐书》《新唐书》所言"总材山"一致，"黑沙"应相当于《新唐书》所记"黑沙城"，《册府元龟》所言黑沙，也即《暾欲谷碑》记录的黑沙，也应视为《元和郡县图志》记录的东受降城北 700 里的"黑砂碛口"之黑砂。位于哈日淖尔和腾格尔淖尔中间以北的满都拉口岸直通蒙古境内的戈壁滩，这条线路长期以来就是连接漠南和漠北的商路，其戈壁大漠南入口应为"黑砂碛口"。达茂旗一带之草原正是李筌笔下的"默啜故地"，是后突厥汗国的"黑沙南庭""黑沙城"，是后突厥汗国复兴之摇篮。该文利用新材料的考释填补了相关认识的空白点。

中国古代的史书对回鹘相当多的记载。其中关于回鹘起源到 744 年建立漠北回鹘汗国，直至 844 年汗国崩溃的记载，又以两唐书中《回纥传》《回鹘传》较为详尽，但也不乏诸多矛盾之处。李娟《漠北回鹘碑铭与汉文回鹘史料比较考证》② 利用发现于蒙古国的几块回鹘汗国时期碑文提供的材料，通过比对分析，对梅禄官职、后突厥乌苏米施可汗之死、骨力裴罗的去世时间、三姓葛逻禄的西徙时间等重新做了考订，补充了汉文材料遗漏和讹误。

2013 年初西安发现一块唐代的汉文、突厥如尼文双语墓志。墓主是唐代回鹘王子葛啜，墓志为唐朝政府安葬回鹘王子所刻写。这是中国迄今为止发现的唯一一块唐代的汉文、突厥如尼文双语石刻墓志，对研究回鹘与唐朝的关系、回鹘历史具有重要意义。张铁山《〈故回鹘葛啜王子墓志〉之突厥如尼文考释》③ 对墓志上突厥如尼文的原文进行切分、换写、转写及说明，再汉译及考释，并结合墓志的汉文部分和其他史料对墓志所涉及其他问题进行考证。

2011 年 10 月在西安西郊南村发掘的一座唐墓中，出土了胡人俑、跪拜俑、女侍俑等一批文物，其中最重要的是发现了一方《唐故突骑施王子志铭》墓志。其内容对研究西域历史、西突厥史、突骑施活动都具有较高的价值。葛承雍《新出土〈唐故突骑施王子志铭〉考释》④ 一文认为该墓志填补了史书记载的缺失。在对墓志涉及的突骑施背景和记录交河公主问题等进行考释的同时，作者十分认同岑仲勉先生利用各种史料互相印证来对金河公主与交河公主做的切实考订。

---

① 白玉冬、包文胜：《内蒙古包头市突厥鲁尼文查干敖包铭文考释——兼论后突厥汗国"黑沙南庭"之所在》，《西北民族研究》2012 年第 1 期。

② 李娟：《漠北回鹘碑铭与汉文回鹘史料比较考证》，《西北民族大学学报》2013 年第 5 期。

③ 张铁山：《〈故回鹘葛啜王子墓志〉之突厥如尼文考释》，《西域研究》2013 年第 4 期。

④ 葛承雍：《新出土〈唐故突骑施王子志铭〉考释》，《文物》2013 年第 8 期。

突厥族源存在不同说法。温玉成《论"索国"与突厥部的起源》① 不同意薛宗正认为突厥起源于里海或黑海的意见，赞同传统的丁零说，并做了补充。该文认为突厥源自西汉时代的"索国"，是匈奴西北边鄙丁零人的独立部落联盟，在"西海"以西的山区（今蒙古国西部），可称作"前突厥"时代。公元前52年，索国一度被匈奴郅支单于所灭，大约公元90—126年间，其扩展为四大部。其中大儿纳都六设部，始称突厥。大约在西晋时代，南下"金山之阳"（阿尔泰山南段浅山区）的一支，与当地的"阿恶氏"融合，成为突厥阿史那氏。大约在东晋时代，他们南下高昌北山，进入"西域文化圈"，学会冶铁技术，社会取得大发展。公元450—460年间，他们以"铁工"著称并附属于柔然。

众所周知，经东魏—西魏、北周—北齐至隋初，突厥势力膨胀，中原势力争相结援，和亲遂成为密切政治关系的手段。闫德华《突厥政权和亲史述略》② 从突厥政权角度考察其运用和亲策略服务于突厥政权扩张和发展。突厥政权的和亲策略随其政权的扩张等利益战略轴心变化，因此呈现出不同时期和地域的变化特征。经东魏—西魏、北周—北齐、隋朝和唐朝，突厥政权与中原、西域和亲策略的演变与突厥政权发展战略是一致的。这也成为理解突厥政权演变的一扇窗户。崔晓莉《突厥与中原王朝联姻政策探析》③ 一文通过对突厥在各个时期使用联姻政策的原因、方式及结果的分析，认为联姻政策几乎贯穿突厥立国的始终，是一种互相利用的关系。作为一种政治手段，与双方国力的强盛有密切的关系，国力强便获利大，国力弱便为人所欺。与隋唐的联姻，突厥更多的是考虑到了政治上的影响，或是为了巩固自己的地位；联姻并不是总能改善突厥与中原王朝的关系，有时会起反作用。

公元6—8世纪，随着突厥汗国的建立，漠北地区开启突厥化的进程。彭建英《东突厥汗国属部的突厥化——以粟特人为中心的考察》④ 考察了活动于漠北的粟特人在融入突厥游牧族群的过程中所体现出的不同特征，既凸显出突厥化的表征及趋向，又保留了若干本民族的传统文化因子。游牧帝国的盛衰起伏和游牧生活的迁徙流动，使粟特人的突厥化过程并未彻底完成。中古漠北地区粟特与突厥之间的族群互动、交融景象，显示出北方游牧社会内部的族群认同。

岳雪莲《试析隋与突厥经济关系的特点及存在的问题》⑤ 认为，隋与突厥经济交往一个非常重要的原因是农业民族经济与游牧民族经济的差异性、互补性以及社会分工的不同。其特点是，贡赐贸易中双方的目的不同，在官方主持下的互市以绢马互市为主，设置了专掌互市的管理机构"互市监"，将互市改由中央政府控制，民间"私市"贸易较多但受限制。经济关系是在西魏、北周、北齐与突厥经济关系的基础上进行的，并获得进一步发展。经济关系总体上受制于政治关系。

唐朝与突厥战和关系到边防区域和疆土变动，因此一直是学者关注的问题。新旧

---

① 温玉成：《论"索国"与突厥部的起源》，《新疆师范大学学报》2011年第1期。

② 闫德华：《突厥政权和亲史述略》，《内蒙古民族大学学报》2010年第4期。

③ 崔晓莉：《突厥与中原王朝联姻政策探析》，《安顺学院学报》2011年第4期。

④ 彭建英：《东突厥汗国属部的突厥化——以粟特人为中心的考察》，《历史研究》2011年第2期。

⑤ 岳雪莲：《试析隋与突厥经济关系的特点及存在的问题》，《前沿》2010年第14期。

《唐书》的《张仁愿传》《突厥传》等，记载了武则天圣历元年唐朝与突厥的一次战役。对这次战役，《张仁愿传》的记载模糊可疑。朱建华《武则天圣历元年唐与突厥战役考》① 通过对这次战役的背景、经过和结果以及这场战役的性质进行考证，认为新旧《唐书》中关于张仁愿出城邀击突厥军队并手上中箭一事为虚构。此次战役成为突厥势力强盛的标志，唐朝元气大伤。这种局势在唐中宗复位后有所转变。景龙元年唐朝发动对突厥战争。此战在新旧《唐书》和《资治通鉴》等史书中都有所记载，但十分分散。朱建华《唐中宗景龙元年唐与突厥战役考》② 通过钩稽史料复原战争几处细节，认为唐朝一改武则天时期的消极避战，对突厥采取积极进攻的策略。这次战役和后来的张仁愿筑三受降城等行为，改变了当时的战略格局，可以看作是唐朝与突厥战事的转折点，此后战争的主动权从突厥一方转到了唐朝手中。许震《唐中宗神龙二年唐与突厥鸣沙之战考》③ 与上述朱文观点类似。两文结论基本附和薛宗正的表述。④

后突厥汗国复兴并建立政权后，共存在60余年（682—744），历任可汗9位，默啜可汗在位时期（天授三年至开元四年，692—716）被称为后突厥汗国最辉煌的时期。袁志鹏《默啜可汗时期的后突厥汗国》⑤ 对此作出如下述评：默啜可汗在位时期，后突厥汗国成功地制定和推行了一系列正确的内外政策和措施。对外，默啜可汗采取和战并行、软硬兼施的策略，扩大汗国的领土范围，为汗国的发展谋取了较大的利益；对内，则加强自身政权建设，调整统治阶级内部关系，改善普通民众的生活，提高汗国的社会生产力。这些政策和措施的实施，使后突厥汗国逐渐发展壮大，步入历史上最辉煌的时期。成为和唐朝相抗衡的重要力量，但是默啜没有能很好地维持这一局面，而是自恃兵威，虐用其众，致使其部落渐多逃散或反叛，默啜晚年这一局面更加严重，最终默啜本人也死于北讨九姓铁勒的返回途中。

突厥在历史上曾经建立了三个国家，即突厥汗国、东突厥汗国、后突厥汗国。这些国家在现在的内蒙古草原和蒙古国境内有大量的遗存，形成了特殊的突厥考古文化。曾宝栋《突厥考古学文化的透视》⑥ 一文介绍了内蒙古境内和蒙古国境内的突厥文化遗存，分析了突厥墓葬的特点，并阐述了突厥文化和其他文化之间的关系。

唐朝强盛时曾在蒙古高原设置诸多羁縻府州，即如《新唐书》所说："虽贡赋版籍，多不上户部，然声教所暨，皆边州都督、都护所领。"但是一旦边族反叛即不复存在。如何看待控制、实际控制、领有、实际领有疆域，李鸿宾《唐朝北部疆域的变迁——兼论疆域问题的本质与属性》⑦ 指出，唐朝的疆域表现在它既控制领土的中心又兼及四周。"疆域"在唐朝的眼界里是个变动无常的"异数"，受制于唐与北方游牧势

①　朱建华：《武则天圣历元年唐与突厥战役考》，《赤峰学院学报》2012年第4期。

②　朱建华：《唐中宗景龙元年唐与突厥战役考》，《赤峰学院学报》2012年第5期。

③　许震：《唐中宗神龙二年唐与突厥鸣沙之战考》，《重庆科技学院学报》（社会科学版）2012年第8期。

④　朱文：《突厥史》，中国社会科学出版社1992年版。

⑤　袁志鹏：《默啜可汗时期的后突厥汗国》，《赤峰学院学报》2012年第4期。

⑥　曾宝栋：《突厥考古学文化的透视》，《黑龙江史志》2014年第13期。

⑦　李鸿宾：《唐朝北部疆域的变迁——兼论疆域问题的本质与属性》，《中国边疆史地研究》2014年第2期。该文系国家社会科学基金项目"墓志所见唐朝的民族关系与文化认同问题"阶段性成果之一。

力政治、军事诸种因素。唐朝的边疆特质还表现在唐朝经营该地的主要目的是治民而非治土。贞观二十一年唐朝灭薛延陀，置羁縻州安置内附的铁勒诸部。岳东《唐初北陲都护府几则问题辨析》[①] 提出，唐代前期，安北、单于都护府有效地管理着铁勒、突厥内附部落，故单于台取名于北方游牧民族牙帐所在，所以迁徙不定。由于铁勒、突厥的杂居、联姻，北边渐现民族融合趋势，于是燕然、单于、瀚海都护府就改为由瀚海、云中二都护府分治大漠南北。北魏以来人们已混淆了云中、盛乐的名称，唐代混淆更甚，于是误将单于大都护府治所比附于云中故城了。

在突厥衰落后，铁勒、回纥、黠戛斯等部族活跃于蒙古高原。

铁勒是影响唐代漠北局势的重要势力，前人研究在梳理汉文文献的基础上，通过对存世碑刻的释读已经取得不少成果，但史料匮乏始终制约着研究的深入，同时甄别汉文史料要求有其他民族语文材料佐证，使该领域的研究难度加大。例如唐代漠北铁勒诸部分布具体区域学界分歧较大，主要是因为史料匮乏和对切入点的看法不同。必须对汉籍史料进行详细辨别，从而对漠北铁勒诸部居地作较为系统的考察。包文胜《唐代漠北铁勒诸部居地考》[②] 利用蒙俄联合考古队在蒙古国境内发现的仆固都督墓志碑作为确凿地理坐标，对汉籍史料所记内容进行甄别，重新对铁勒诸部居地进行系统排比考订，提出铁勒诸部是游牧部落，其居地不像中原定居民族那样有较稳定的界限。所以考证铁勒诸部居地时不能把某个部落始终不变地定位于某地，也不能在过于狭小的空间里进行考虑，只能围绕某个地理坐标指出其大致活动范围。关于铁勒族名，还有狄历、丁零、敕勒、高车等音译或意译，其间等同、译转、音讹、从属等关系复杂，中外学人见解互歧。包文胜在《铁勒族名考——兼谈史料中的狄系诸族名》[③] 一文中，运用民族史语文学方法，经过对各家说法辨析后重新考订史料，认为狄历、丁零、敕勒和铁勒是同名异译，只因汉语语音变化和不同时代的音译特点造成不同译写。

在 8 世纪中叶至 9 世纪中叶的百年间，蒙古高原政治地理格局以回鹘为主角。黑文凯在《公元 745—840 年间回鹘对西域地区的争夺》一文[④]讨论了回鹘汗国统治时期（745—840 年）对西域地区的争夺过程，重点考察了两次北庭之战及怀信可汗即位后在西域地区势力消长的情况，从而认为在安史之乱以后，西域地区实际上形成了唐、吐蕃、回鹘三方争夺的局面，而回鹘对西域的争夺产生了重要的影响，以至于其在西迁后推动了该地区的回鹘化。黑文凯在《唐后期回鹘迁徙与民族融合若干问题研究》[⑤] 指出，唐后期是中国边疆各民族迁徙活动和民族融合的一个重要时期，回鹘则是这一时期活跃在中国北方地区的一个重要且具代表性的民族。其民族的迁徙活动在这期间较为频

---

① 岳东：《唐初北陲都护府几则问题辨析》，《阴山学刊》2014 年第 1 期。

② 包文胜：《唐代漠北铁勒诸部居地考》，《内蒙古社会科学》2013 年第 1 期。该文系国家社会科学基金项目"古突厥文文献译注研究"（编号：10BTQ032），中国博士后科学基金第四十九批项目（编号：20110490858）。

③ 包文胜：《铁勒族名考——兼谈史料中的狄系诸族名》，《西北民族研究》2014 年第 1 期。该文系作者 2010 年度国家社会科学基金项目"古突厥文文献译注研究"（编号 10BTQ032）和 2010 年度教育部人文社科研究一般项目"突厥卢尼文碑铭蒙古文译注"（10YJC770001）的阶段性成果。

④ 黑文凯：《公元 745—840 年间回鹘对西域地区的争夺》，《鲁东大学学报》（哲学社会科学版）2014 年第 1 期。

⑤ 黑文凯：《唐后期回鹘迁徙与民族融合若干问题研究》，硕士学位论文，鲁东大学，2014 年。

繁，而选择向唐朝内部迁徙的这部分回鹘部落随后发生了一些转变，打破了之前游牧部落组织的形式，并最终融入所迁入地区的社会当中。就回鹘迁徙和民族融合问题，该文重点分析了回鹘立国后在西域地区的迁徙活动、公元 840 年前回鹘部分部落的内迁、公元 840 年后回鹘的集中内迁、唐末回鹘内迁后转变的情况。

黠戛斯人的崛起深刻地影响了蒙古高原政治格局。9 世纪中期，黠戛斯击溃漠北回鹘汗国，不仅结束了突厥语族在蒙古高原的统治，也为蒙古语族各部的兴起与发展创造了契机，从而改变了蒙古高原与中亚的政治格局。由于史料稀少，从事相关研究者不多。近年来，王洁先后对黠戛斯活动区域、政治制度、军事历史、唐朝授封、后黠戛斯历史流变、汗国形成时间、汉译黠戛斯族名等问题发表一系列看法。

黠戛斯先民虽汉代就见诸史册，唐时黠戛斯才开始与中原直接往来。由汉至唐宋，历代史籍相关记载详略不一，方位也多有错乱。有必要利用各种文献做全面厘清辨析，以明确黠戛斯的活动区域及其历史演变。王洁在《两汉至唐黠戛斯活动区域史料辨析》① 通过检索辨析黠戛斯的地理位置的相关文献记载，认定自汉至唐，黠戛斯活动区域也经历了一定的变迁。两汉时期，大致在今鄂毕河流域。南北朝时期，从鄂毕河一带逐渐东移至叶尼塞河流域，生活在叶尼塞河的支流阿巴坎河与克穆齐克河之间。从两汉至唐，黠戛斯人的活动区域呈现逐步东移的趋势，直至定居叶尼塞河上游地区。汉文文献对黠戛斯分布和活动地域的记载经历了由笼统到清晰准确的历史过程。王洁撰写的另一篇《黠戛斯汗国政治制度浅析》② 得出结论是，早期的黠戛斯实行部落酋长制，建立汗国政权后设官六等，宰相、都督、职使、长史、将军、达干。黠戛斯不仅承继了北方民族官制传统。还深受中原王朝的影响，形成了相对多元的官制。王洁《7 至 10 世纪黠戛斯军事历史探究》③ 对黠戛斯军队的数量与构成、军队的装备、军队的职官设置、主要军事史实等进行考述。王洁《唐咸通年间授封黠戛斯考》④ 认为，8 世纪初，黠戛斯形成汗国。唐大中元年（847），其君主被唐宣宗封为"英武诚明可汗"，其后是否再获唐封，文献缺载。今有实物史料证实，黠戛斯在唐朝懿宗咸通年间曾再度受封，具体原委值得探究。王洁《后黠戛斯历史流变浅说》⑤ 考述黠戛斯汗国史实，自唐咸通年间以后，唐代史册就不见载。宋代唐而起，也未见其与宋交往的记录，但与辽金却发生直接联系。经过大蒙古国的多次征服，汗国政权才告终结。该文还对黠戛斯与契丹辽具有隶属关系表示质疑。汉文文献对黠戛斯形成汗国的记载竟有近百年的时间差距。王洁论文《黠戛斯汗国形成时间考辨》⑥ 经过研读史料认定，黠戛斯汗国建立的大致时间是 8 世纪初左右。之所以出现不同的记载，源于不同文献对黠戛斯立国与复国可汗的界定不同，因而才出现了汗国形成时间的差异。

王洁《汉译黠戛斯族名考释》⑦ 通过对黠戛斯族名演变过程的梳理，结论是从两汉

---

① 王洁：《两汉至唐黠戛斯活动区域史料辨析》，《广播电视大学学报》2010 年第 4 期。

② 王洁：《黠戛斯汗国政治制度浅析》，《内蒙古师范大学学报》2010 年第 3 期。

③ 王洁：《7 至 10 世纪黠戛斯军事历史探究》，《内蒙古师范大学学报》2012 年第 1 期。

④ 王洁：《唐咸通年间授封黠戛斯考》，《内蒙古社会科学》2014 年第 2 期。

⑤ 王洁：《后黠戛斯历史流变浅说》，《内蒙古师范大学学报》2012 年第 5 期。

⑥ 王洁：《黠戛斯汗国形成时间考辨》，《内蒙古社会科学》2013 年第 3 期。

⑦ 王洁：《汉译黠戛斯族名考释》，《古代文明》2013 年第 3 期。

至唐代，黠戛斯之所以先后出现的隔昆、鬲昆、坚昆、契骨、纥骨、结骨、居勿等不同汉译族名，与音译与方言之异有关。从汉至唐，这些族名的发音相近，但表示的汉字不同。张国平、高菲池《打破鄂尔浑河传统：论公元 840 年以后黠戛斯对叶尼塞河流域的坚守》[①] 指出，许多研究内亚历史学者一直相信，在公元 840 年回鹘汗国覆灭后，获胜的黠戛斯依照内亚的政治传统，建立了一个包含蒙古高原，特别是鄂尔浑河流域的帝国。而鄂尔浑河流域正是先前许多游牧帝国传统的"中心地带"，包括被打败的回鹘汗国。这些学者进一步认为，大约在 80 多年后，黠戛斯被 924 年进入蒙古的契丹大军逐出了这一地区。该文作者认为，这一系列推论很大程度上是基于错误的假设和非常不充分的证据。对西方学术界关于这一课题所做研究的考察展示了这种错误认识是如何形成的。此外，对可用证据——文献的、考古的、地理的——细致的考察揭示出，在打败回鹘汗国后，黠戛斯最多只对鄂尔浑河流域进行了短暂而无关紧要的控制。因为一系列因素，黠戛斯人留在了位于南西伯利亚叶尼塞河上游地区的故土。当 10 世纪契丹势力向鄂尔浑河流域扩张时，他们并没有在那里遭遇黠戛斯人。

4. 辽金时期北疆史地研究

李海群、崔世平《葛逻禄部族研究历史回顾》[②] 对葛逻禄部族研究进行历史回顾。该文将葛逻禄部族的研究分为三个时期，并按时期介绍葛逻禄部族的研究状况，包括葛逻禄部族名称由来，它的形成、发展、消亡以及和周边的民族关系，葛逻禄族的文化、语言等。该文梳理的信息对于相关研究者有一定参考意义。普里查克、魏良弢《从葛逻禄到喀喇汗王朝》[③] 指出，葛逻禄是由三个部落组成的联盟，唐代时分属唐朝 4 个都督府管辖。从 766 年起葛逻禄成为伊斯兰世界的近邻，并在中亚形成一定势力范围。840 年蒙古高原的回纥汗国灭亡，回纥散往四方，其一支逃往葛逻禄避难。在有关伊斯兰历史著作中有三条关于萨曼王朝的伊斯玛因于 893 年对西部喀喇汗国战争的记录，它们可以相互补充。此外，这三个记录中还有关于喀喇汗王朝与葛逻禄为同一部族的重要信息。

雪莲《蒙古国土拉河流域的契丹古城》[④] 对蒙古国境内现已发现的几座辽代古城遗址进行了介绍，包括青图拉盖、哈日不哈、塔林乌兰赫日穆、额木格尼图、赫日木德日苏、奈达格山、查干乌珠日等古城遗址。陈永志等《蒙古国前杭爱省瓷器城遗址的调查及相关问题探讨》[⑤] 对蒙古国境内古城遗址、出土文物进行评介，并结合文献记载对文物、城址做了阐释。宋阳《草原丝绸之路兴盛时期中西交流的考古学观察——以辽上京、元上都及其周边发现为例》[⑥] 利用考古学资料，依据辽上京、元上都遗址及周边

---

① 张国平、高菲池：《打破鄂尔浑河传统：论公元 840 年以后黠戛斯对叶尼塞河流域的坚守》，《内蒙古师范大学学报》2014 年第 5 期。

② 李海群、崔世平：《葛逻禄部族研究历史回顾》，《黑龙江史志》2013 年第 16 期。

③ 普里查克、魏良弢：《从葛逻禄到喀喇汗王朝》，《新疆大学学报》2014 年第 5 期。

④ 雪莲：《蒙古国土拉河流域的契丹古城》，《西部蒙古论坛》2013 年第 1 期。

⑤ 陈永志等：《蒙古国前杭爱省瓷器城遗址的调查及相关问题探讨》，《草原文物》2013 年第 1 期。

⑥ 宋阳：《草原丝绸之路兴盛时期中西交流的考古学观察——以辽上京、元上都及其周边发现为例》，《沧桑》2013 年第 4 期。

的考古发现，对草原丝绸之路兴盛时期中西方在经济、文化方面的交流情况进行了简要阐释。

宁波《金朝与蒙古诸部关系研究》① 指出，金朝建国后并未对原来辽朝所统辖下的北方众多游牧部族建立有效的统治。熙宗时期金朝和漠北诸部的联系比较紧密，但原听命于西辽政权的漠北诸部仍游离于金朝与西辽之间。海陵王时期漠北诸部对金朝北部边境仍时有侵扰，完颜亮称帝后实施一系列措施来强化统治，对外进一步加强对边疆诸部的控制。在世宗、章宗时，金朝国力强盛，采取包括减丁、征伐、招抚、设置榷场、赐宴、修筑界壕等多种措施，来控制蒙古诸部。这些措施在一定程度上起到了控制蒙古诸部、稳定金朝北部边疆的作用。

黄鹏《略论金世宗的北疆经略——以对契丹、蒙古政策为例》② 一文指出，金朝的北部主要指上京、东京、咸平、临潢、北京、西京 6 路。其北部边疆地区外与蒙古高原诸部相连，边疆地区有女真、契丹、奚等杂居。世宗继位于辽阳，对于北部边疆格外重视，通过镇压契丹族起义、移民、征伐蒙古高原诸部、修筑界壕、榷场、赐宴等方式，加强国家对北部边疆的经略。这些措施促进世宗一朝金朝北部边疆相对安定，但是措施的弊端，给金朝北部边境稳定局面留下深厚的危机。

（二）蒙元时期史地研究

蒙古统一前北方各部族分别活跃在蒙古高原。其分布地域构成后来大蒙古国版图。

周良霄《元史北方部族表》一文据《辽史部族表》，列出当时活动在北方的 205 个部族，并逐一进行了考证。③ 该文有助于人们对部族分布地域的认识。

谢咏梅《札剌亦儿部若干家族世系》考察了在历史上影响深远的木华黎、带孙、阿剌罕、奥鲁赤家族的世系及领地。④ 张岱玉《元代漠南弘吉剌部首领事迹考论之二》对弘吉剌部首领的事迹及其活动地域做了考索。⑤ 张岱玉《元朝公主忙哥台世系、爵号考》指出忙哥台为忽必烈庶出之女，其爵号应为鄁国公主。⑥ 康建国《辽金时期的弘吉剌部及其与乞颜部关系》⑦ 利用史料钩稽了公元 13 世纪之前弘吉剌部已经是蒙古统一之前的蒙古诸部之一，其名辽金之际就已见于汉文史籍记载。金章宗时期，弘吉剌部独大，曾给金朝北部边境造成很大困扰。为了一劳永逸的解决边患，金章宗出兵弘吉剌。弘吉剌内部出现分裂，战败后依附金朝。孙国军、康建国《辽金元时期蒙古弘吉剌部领地考》⑧ 考述了弘吉剌部封地及变迁，认为在成吉思汗建立蒙古汗国的过程中，弘吉剌部曾积极辅佐，因此在成吉思汗将蒙古诸部重新划分为 95 个千户进行统治时，成为

① 宁波：《金朝与蒙古诸部关系研究》，《边疆经济与文化》2014 年第 11 期。

② 黄鹏：《略论金世宗的北疆经略——以对契丹、蒙古政策为例》，《佳木斯大学学报》2011 年第 1 期。

③ 周良霄：《元史北方部族表》，《中华文史论丛》2010 年第 1 期。

④ 谢咏梅：《札剌亦儿部若干家族世系》，《元史论丛》2010 年第 13 辑。

⑤ 张岱玉：《元代漠南弘吉剌部首领事迹考论之二》，《元史论丛》2010 年第 12 辑。

⑥ 张岱玉：《元朝公主忙哥台世系、爵号考》，《元史及民族与边疆研究集刊》2010 年第 22 辑。

⑦ 康建国：《辽金时期的弘吉剌部及其与乞颜部关系》，《赤峰学院学报》2014 年第 5 期。

⑧ 孙国军、康建国：《辽金元时期蒙古弘吉剌部领地考》，《赤峰学院学报》2015 年第 2 期。该文系内蒙古社会科学规划项目"蒙古高原漠南城市发展与社会变迁研究"（2014B074）阶段性成果。

少数几个能统其国族者。弘吉剌部自始至终同成吉思汗家族保持着联姻关系，元朝时更被封为一字王，地位已不亚于皇族诸王，世守漠南，成为诸藩之首。

陈得芝《成吉思汗墓葬所在与蒙古早期历史地理》① 利用 1990 年蒙古和日本考古学者的研究成果，并结合文献资料，探讨了成吉思汗的出生地和葬地，并追溯成吉思汗先世在鄂嫩河流域的活动和势力逐步兴盛的过程及相关的地名方位。乌兰杰、乌兰《"朵因温都儿"小考》指出史籍所载"朵因温都儿"即今内蒙古扎赉特旗北境的博格达乌拉，其与月伦太后宫帐及月伦太后祭祀不存在任何关系。② 白初一《试论 13 世纪巴林部的重要地位及其驻地变迁》③ 通过对大蒙古国时期巴林部重要人物豁儿赤兀孙老人等与成吉思汗关系的描述，进而考述在成吉思汗建国前后，巴林部的主要游牧区域是在斡难河流域。1208 年，巴林部移居额儿的失河流域。

魏梓秋在《试论元代甘宁青地区民族新格局的形成及特点》④ 一文指出，蒙古统治者的军事征服和在甘宁青地区的各项统治政策，进一步促进了中国与欧亚各国、内地与边疆、汉族与非汉族之间的经济文化交流、民族迁徙与民族融和，使这一地区的民族成分更加复杂，诸多新的民族共同体初步形成，奠定了以汉、藏、回、蒙古等民族杂居共处的新格局和儒家文化、藏传佛教、伊斯兰教三足鼎立的宗教文化格局。崔红芬利用 1984 年河北保定出土《大元敕赐故顺天路达鲁花赤河西老索神道碑铭》进行再研究，通过进一步征引史料，补充了前人研究的不足，对西夏人老索家族在元代事迹进行了还原。

黑水城文献是探究元代蒙古统治西夏的重要资料，随着考古资料的刊布，学人研究热情持续升温。其中有许多成果关系地疆史地研究。

朱建路考察了英藏黑水城出土《元大德十一年至至大四年黑水城屯戌支用官粮册》和《元至正十九年亦集乃路广积仓具中季报粮斛并放支军人季粮事呈文》，指出元代亦集乃路的粮食来源除甘州、宁夏府路外，河东宣慰司也是其来源地之一。⑤ 陈玮探讨了黑水城文书中所见穆斯林人名，亦集乃路穆斯林的职业构成、婚姻和丧葬、清真寺、语言和文字，从而勾勒出元代亦集乃路的穆斯林社会。⑥ 兰天祥探讨了黑水城出土的 8 件束帖文书。⑦ 吴超《关于亦集乃分省问题的探讨——以黑水城出土文书为中心》《〈黑水城出土文书〉所见亦集乃路达鲁花赤》⑧ 是利用黑水城文献来研究元代蒙古统治的内容。

杨富学、张海娟《蒙古豳王家族与元代亦集乃路之关系》⑨ 指出，蒙古豳王出伯一

① 陈得芝：《成吉思汗墓葬所在与蒙古早期历史地理》，《中华文史论丛》2010 年第 1 期。

② 乌兰杰、乌兰：《"朵因温都儿"小考》，《内蒙古大学艺术学院学报》2011 年第 3 期。

③ 白初一：《试论 13 世纪巴林部的重要地位及其驻地变迁》，《赤峰学院学报》2015 年第 2 期。

④ 魏梓秋：《试论元代甘宁青地区民族新格局的形成及特点》，《西夏研究》2013 年第 1 期。

⑤ 朱建路：《英藏黑水城所出两件粮食相关文书再研究》，《宁夏社会科学》2010 年第 1 期。

⑥ 陈玮：《元代亦集乃路伊斯兰社会探析——以黑城出土文书、文物为中心》，《西域研究》2010 年第 1 期。

⑦ 兰天祥：《黑城出土束帖文书刍议》，《宁夏社会科学》2010 年第 2 期。

⑧ 吴超：《关于亦集乃分省问题的探讨——以黑水城出土文书为中心》《〈黑水城出土文书〉所见亦集乃路达鲁花赤》，《阴山学刊》2011 年第 1 期、第 2 期。

⑨ 杨富学、张海娟：《蒙古豳王家族与元代亦集乃路之关系》，《敦煌研究》2013 年第 3 期。

族系察合台后裔，1277—1282 年间脱离察合台汗国而投归元廷忽必烈麾下，后被委以重任，长期驻守河西走廊西端的肃、瓜、沙及西域东部的哈密地区，始终处于抵御窝阔台汗海都、察合台汗都哇等西北诸王叛乱的第一线。透过黑水城元代汉文文书，如《大德四年军粮文卷》、仁宗朝文献（编号 F116：W561）、TK204 文书、TK248 文书等，可见作为元代之军事集结地与物资供给地的亦集乃路以其特殊的地理位置，成了元朝西北边防线上的重要军事堡垒，而活跃于西陲重地的豳王出伯家族一直与其保持着密切的联系，互相引以为援，从而进一步巩固了西北边防。杨富学、张海娟、安玉军合撰的《从蒙古豳王到裕固族大头目》[①] 一文，从分析裕固族大头目的来源及其世系不同说法着手，综合各种文献记载及社会调查资料，考察元代蒙古豳王家族及其后裔在河西的活动，探究裕固族的形成历程。该文作者认为豳王家族及其后裔对回鹘文化的接受与吸纳，对裕固族的形成起到了关键作用。后世的裕固族大头目，与元代的蒙古豳王和明代安定王一脉相承，今天裕固族的"安"姓即来自"安定王"之首字，传说中的安帐实际上指的就是首任安定王卜烟贴木儿。

钟焓《从"海内汗"到转轮王——回鹘文〈大元肃州路也可达鲁花赤世袭之碑〉中的元朝皇帝称衔考释》[②] 一文，考察了回鹘文《大元肃州路也可达鲁花赤世袭之碑》中一个回鹘文有关皇帝的称衔用语 talayning ärkligi qaγan qan 在当时的含义及其产生流行的背景。邱轶皓研究了《桃里寺文献集珍》所载之《诸域图纪》，并据此讨论了元代统治者的世界观念、伊斯兰地理学知识在中国的传播及其局限等问题。[③]

蒙元时期汪古部地位极为瞩目，其中元代汪古部遗址更是许多学者关注的对象。学界曾从不同角度进行过研究，大多认为这些遗址应与蒙元时期对汪古部的投下领主分封制有关。内蒙古自治区文物考古研究所在开展第三次全国文物普查、长城资源调查等项目的过程中，陆续对部分汪古部的投下城作了专门的调查与测绘，获得了一批新的资料。张文平据此撰文《蒙元时期汪古部投下城邑探考》[④]，详细考述了这些新发现，认为在汪古部领地发现的这些蒙元时期的古城遗址，除已经确认的四路外，其他城址也无疑均为汪古部投下领地内的属邑。与投下领主分封制度相对应，投下城的城市布局，与充斥着平民坊市区的世俗化城市布局也有着很大的区别。石坚军、张晓《元初汪古部政治中心变迁考》[⑤] 一文认为由于中西文献对元代汪古部政治中心有多种不同记载，以至前人众说纷纭，认为汪古部同一时期有多个政治中心。在学界以往研究的基础上，该文初步探讨了元初汪古部政治中心由黑水之阳领主牙帐到按打堡子、东胜州、黑水新城的演变过程与原因。

河北沽源县在辽金元时期曾是皇家避暑胜地。当地梳妆楼元代墓葬的发掘对探讨元

①　杨富学、张海娟、安玉军：《从蒙古豳王到裕固族大头目》，《河西学院学报》2014 年第 3 期。

②　钟焓：《从"海内汗"到转轮王——回鹘文〈大元肃州路也可达鲁花赤世袭之碑〉中的元朝皇帝称衔考释》，《民族研究》2010 年第 6 期。

③　邱轶皓：《舆图原自海西来——〈桃里寺文献集珍〉所载世界地图考》，《西域研究》2011 年第 2 期。

④　张文平：《蒙元时期汪古部投下城邑探考》，《草原文物》2013 年第 2 期。

⑤　石坚军、张晓：《元初汪古部政治中心变迁考》，《中国历史地理论丛》2014 年第 3 期。

代贵族墓葬制度很有意义。周良霄《沽源南沟村元墓与阔里吉思考》① 根据元人许有壬的《晋宁忠襄王碑序》，经过细密考订，认为沽源县梳妆楼元墓主人是蒙古贵族阔里吉思，而非考古学界认定的汪古部部长阔里吉思。黄可佳《沽源梳妆楼蒙元贵族墓葬墓主考略》② 一文中认为，墓主有可能是爱薛之子阔里吉思，在现有材料基础上，推测梳妆楼墓地可能与爱薛之子阔里吉思这个支系家族的墓地有关。该家族成员出身西域，且执掌与西域有关的政府事务，导致其墓上享堂采用流行于西域的一种建筑形式。但是问题的最终解决，只能期待对梳妆楼周围更为全面详细的发掘。对沽源的皇家避暑行宫的认识，党宝海认为《元史》中记载的"阿失答不速皇城"很可能就在察罕脑儿附近，而鹰房（昔宝赤）万户、昔宝赤八剌哈孙总管府、云需总管府的设置均与元朝皇室的鹰猎活动密切相关。③

13—14 世纪中外交通表现出蒙古势力向外扩张，统治区域扩大。

徐良利《论蒙古第三次西征的历史动因》④ 一文认为，蒙古第三次西征的根本原因既有传统的征略政策，又有亦思马因派的刺杀恐怖行为对蒙哥大汗的安全及其统治构成威胁原因。蒙古第三次西征严重地阻碍了西亚社会经济的发展，但客观上也对伊斯兰历史和世界历史产生了巨大的积极作用。刘刚《试论旭烈兀西征》⑤ 重提蒙古西征，记述旭烈兀先后灭亡了木剌夷国、阿拔斯哈里发王朝，并与埃及王朝争夺叙利亚。同时，该文作者认为旭烈兀以此为基础创建了伊儿汗国。由于伊儿汗国地处伊斯兰世界，旭烈兀的子孙们逐渐被伊斯兰化，最终以伊斯兰教为国教。

国春雷《蒙古入侵期间罗斯东正教会拒绝与天主教会合并的原因》⑥ 指出，以罗马教皇为首的天主教国家乘蒙古人入侵基辅罗斯之机企图合并罗斯东正教会。由于教皇无意反蒙援罗、十字军对罗斯西部领土的侵犯、蒙古人对天主教国家与东正教国家的不同政策、尼西亚东正教会对基辅罗斯的宣传与影响等因素，罗斯人最终拒绝了教皇的教会合并请求。韩华在《蒙元时期传教士与中西交通》⑦ 考察了元代前往东方的基督教传教士在沟通中西交通上所发挥的作用。刘迪南《13 世纪至 14 世纪欧洲人游记中的蒙古人形象》⑧ 也认为蒙古人西征打通了欧亚大陆，为东西方文化交流提供了可能。该文作者列举了《柏朗加宾尼蒙古行纪》、《鲁布鲁克东行纪》、《马可·波罗游记》、孟德·科儿维诺等教士的书简、《鄂多立克东游录》等。李超、孟楠发表《马·雅巴拉哈三世生平考略》⑨ 一文，从拉班·扫马的弟子马·雅巴拉哈三世身世中的若干争议问题、西行

---

① 周良霄：《沽源南沟村元墓与阔里吉思考》，《考古与文物》2011 年第 4 期。

② 黄可佳：《沽源梳妆楼蒙元贵族墓葬墓主考略》，《草原文物》2013 年第 1 期。

③ 党宝海：《察罕脑儿行宫与蒙古皇室的鹰猎》，《西北民族大学学报》2010 年第 6 期。

④ 徐良利：《论蒙古第三次西征的历史动因》，《船山学刊》2010 年第 1 期。

⑤ 刘刚：《试论旭烈兀西征》，《黑龙江史志》2014 年第 19 期。

⑥ 国春雷：《蒙古入侵期间罗斯东正教会拒绝与天主教会合并的原因》，《内蒙古大学学报》2010 年第 3 期。

⑦ 韩华：《蒙元时期传教士与中西交通》，《西南民族大学学报》2010 年第 10 期。

⑧ 刘迪南：《13 世纪至 14 世纪欧洲人游记中的蒙古人形象》，《西北民族大学学报》2011 年第 5 期。该文是教育部人文社会科学研究一般规划课题"蒙古人西征与东西方文学交流和文化对话"（批准号：05JA750.47－99001）的阶段性成果。

⑨ 李超、孟楠：《马·雅巴拉哈三世生平考略》，《宗教学研究》2013 年第 1 期。

朝圣和在景教本部教会的任职经历几个方面，对马·雅巴拉哈三世的生平做了考释和评价，补充了该研究领域的某些空白。张佳佳《元济宁路景教世家考论——以按檀不花家族碑刻材料为中心》① 利用碑刻材料，论述了元代景教徒与中国本土文化与宗教的交融与互动。罗贤佑在《西方教士出使蒙古之目的试析》② 一文中对西方教士出使的使命和目的进行分析，认为由于罗马教皇或法国国王对蒙古汗廷情况缺乏了解，使者均是无功而返。使者所写行记是研究蒙古史、中西交通史及中亚民族史等方面的重要史料。

　　蒙古元朝周边关系与北疆史地变动也有一定关联。

　　乌云高娃探讨了元上都与元丽关系、高丽请婚以及忽必烈的态度、元丽通婚情况以及对高丽政治的影响。③ 于磊考察了洪氏与高丽王室对抗的缘起以及祖孙三代与高丽王室对抗的过程。④ 梁英华《1218—1259 年蒙丽关系述论》⑤ 一文指出，蒙古汗国与高丽外交关系始于 1218 年蒙古追击契丹余众至高丽境内期间。此后 40 年间，两国关系经历了兄弟盟约和 6 次战争时期。1259 年高丽投降，两国实现和平。同时，该文通过史实梳理和分析了蒙古汗国对高丽的外交政策和两国关系的基本特点。沈岩《元代朝鲜半岛女真人的分布与行政建置研究》⑥ 认为，留居东北的女真人是元代女真族的主体部分，其分布区域的南部到达今朝鲜半岛，其中较为密集之地包括今朝鲜境内的咸镜道、江原道、平安道、两江道等。元政府通过在各区域设置不同级别的地方机构，对分布在朝鲜半岛北部的女真人进行直接有效的统治与管理，并巩固了元在朝鲜半岛的疆界。

　　对元代边疆建置方面，李治安发表《元巩昌汪总帅府二十四城考》⑦ 一文认为，巩昌汪总帅府为元代唯一允许世袭罔替的漠南地方军政官府。降蒙初汪总帅府所辖“二十四城”的地盘，应该是“癸卯春”皇子阔端“手札付”秦、巩等十九州，再加原属金熙河、庆阳二路而后割出的安西、河、泾、邠、宁五州。“五府二十七州”“四府十五州”及“五十余城”说，则反映元世祖朝至元五年等不同时段，因汪氏军功权势及其与蒙古诸王、脱思麻宣慰司等彼此消长而造成的地盘扩张或缩小的状态。李治安另一篇论文《元陕西四川蒙古军都万户府考》⑧ 认为，所谓陕西蒙古军都万户府和四川蒙古军都万户府名异而实同，西部四行省蒙古军探马赤军诸军团之间的奥鲁老营、前线征行和二次签发征调等复杂联系，又是陕西、四川蒙古军都万户府居上一元化统辖指挥的基本背景。李治安《元代西部、北部六行省与边疆控驭》还分析了陕西、四川、甘肃、云南、岭北、辽阳六行省所肩负的职能及其对西部、北部边疆的控驭作用。⑨

　　① 张佳佳：《元济宁路景教世家考论——以按檀不花家族碑刻材料为中心》《历史研究》2010 年第 5 期。

　　② 罗贤佑：《西方教士出使蒙古之目的试析》，《西部蒙古论坛》2014 年第 3 期。

　　③ 乌云高娃：《元上都与元丽关系——以高丽元宗、忠烈王在上都奏事为例》，《元史论丛》2010 年第 12 辑；乌云高娃：《元朝公主与高丽王室的政治联姻》，《元史论丛》2010 年第 13 辑。

　　④ 于磊：《辽阳洪氏家族与高丽王室关系述论——以蒙丽关系史为视角》，《元史论丛》2010 年第 13 辑。

　　⑤ 梁英华：《1218—1259 年蒙丽关系述论》，《东北史地》2013 年第 5 期。

　　⑥ 沈岩：《元代朝鲜半岛女真人的分布与行政建置研究》，《史学集刊》2014 年第 4 期。

　　⑦ 李治安：《元巩昌汪总帅府二十四城考》，《南开学报》（哲学社会科学版）2010 年第 2 期。

　　⑧ 李治安：《元陕西四川蒙古军都万户府考》，《历史研究》2010 年第 1 期。

　　⑨ 李治安：《元代西部、北部六行省与边疆控驭》，《河北学刊》2011 年第 6 期。

刘春玲《元代阴山地区的行政建制述论》① 认为，阴山地区在大蒙古国时就已分封给诸王、驸马管领。元代统一后设立了直属中书省的路及地方行省，还在诸王、驸马领地增置具有双重性的特殊机构，使阴山地区进一步置于中央政府的统辖之下。薛磊《元代东北统治考述》认为控制、安抚、利用东北诸王，始终是元代东北统治中面临的重要问题。②

孟祥科《元甘肃行省行政建置沿革及其战略地位的转变》③ 对元代甘肃行省辖地进行考述，指出在早期蒙元帝国中甘肃曾一度扮演着重要的角色。从最早宗王出镇到以后行省的建立，河西、宁夏地区经历了多次行政机构的更迭。特别是蒙元帝国早期，政治、经济制度还不够成熟，行政区划的划分以及机构的设置几乎都是在长期的摸索中才逐步完善的，在这一过程中，难免会出现行政机构的反复置罢以及辖区的调整等，这种变动调整并非"王莽改革式"的任性而为，而是依据当时当地的具体的政治、经济、军事诸因素做出的积极变动。同时，甘肃行省囊括河西走廊、宁夏平原、河套平原、阿拉善高原多个地理单元，打破了中国高层行政区域传统的划界原则。复杂的地理环境和人文环境改变了传统的"凭山据河"的攻防体系，为高层政区的战略防御体系提供了一种新型的模式。

樊运景、王旭《试论金末元初文人的蒙古之行及创作》④ 对金元易代的特殊历史时期北方士人北上或西行做了描述。该文分析了刘祁《归潜志》、耶律楚材《西游录》、李志常《长春真人西游记》、王恽《玉堂嘉话》等文献，进一步指出因作者境遇与心态各异，记述蒙古高原、西域中亚奇特的山川地理、风俗人情，较通达的民族观念，将蒙古王朝纳入华夏帝王谱系予以认同。

默书民《政治中心的地理变迁对交通运输的影响——以元代为中心的讨论》一文考察了蒙元政治中心由和林转至上都、大都所导致驿站交通路线的变动。⑤ 他另一组论文对元代站道进行考订，修正了前人在站道具体走向上的一些差误，并探讨了各站道在整个站道网络中的地位。⑥ 慈平《元代历史地理学研究》⑦ 内容涉及元朝的民族、地理、史学、文献等多个领域，主要通过梳理元代历史文献中的历史地理信息，描述元代文献中所记载的前代和本朝的政区沿革、疆域变迁、经济格局、民族分布等。

---

① 刘春玲：《元代阴山地区的行政建制述论》，《前沿》2010 年第 17 期。

② 薛磊：《元代东北统治考述》，《历史教学》2011 年第 8 期。

③ 孟祥科：《元甘肃行省行政建置沿革及其战略地位的转变》，硕士学位论文，内蒙古大学，2014 年。

④ 樊运景、王旭：《试论金末元初文人的蒙古之行及创作》，《内蒙古大学学报》2014 年第 4 期。

⑤ 默书民：《政治中心的地理变迁对交通运输的影响——以元代为中心的讨论》，《元史论丛》2010 年第 13 辑。

⑥ 默书民：《元代河南行省的站道研究》，《历史地理》2010 年第 24 辑；《元代两都之间及以北地区的站道研究》，《元史论丛》2010 年第 12 辑；《辽阳行省的站道研究》，《中国社会科学院历史研究所学刊》2010 年第 6 集；《元代湖广行省的站道研究》，《元史及民族与边疆研究集刊》2010 年第 22 辑。

⑦ 慈平：《元代历史地理学研究》，硕士学位论文，西北大学，2011 年。

（三）明代北疆史地、明蒙关系及蒙藏关系研究

晓克《略论北元时期蒙古的会盟》① 指出，在北元时期，蒙古社会中的会盟活动上承大蒙古国时期"忽里勒台"之端绪，下启清代蒙古会盟制度之先河，在蒙古社会制度发展史上占据重要位置。会盟是具有一定随机性的议事机制，其参与者主要是大小部落贵族首领。参加会盟不仅是他们的义务，同时也是一种权利。汗位继承、称号封授一般都要在会盟上进行。重大的军事行动、与明朝贸易决策、重要宗教活动，例如前往青海湖畔的恰布恰庙迎接三世达赖喇嘛等，都会在会盟时商议。该文揭示蒙古势力退回草原后逐步恢复的蒙古社会制度，有助于人们认识15—17世纪蒙古政权的某些特性。

随着蒙古贵族退出中原，明蒙关系成为明代北疆史地研究的重要内容。

刘丁勇《朱元璋对蒙古民族的怀柔政策探微》② 认为，灵活多变的恩抚怀柔政策是朱元璋处理与蒙古族关系的一个重要特点。该文通过对有关重要史料的梳理和分析，阐明了朱元璋对蒙古民族的怀柔政策，认为朱元璋通过承认元朝合法性、对蒙古族积极招抚与妥善安置以及其他经济、文化等怀柔手段，缓和了明蒙间的关系。朱元璋以积极的态度和适时的策略使这一政策较为成功地得以推行。

陈武强《明洪武朝对蒙战争的时空分布》③ 考察了为了彻底剿灭北元残余势力，朱元璋多次派兵北征蒙古的历史过程。在对蒙作战的时间和地点选择上，明军进行了精心布置，体现出鲜明的季节性和地域性特征，其时空分布主要依据明军战略任务的阶段性变化而变化，反映了洪武时期明蒙关系及其演变过程中的诸多重要问题。范传南、姜彬《明代北部边防战略思想变迁刍议》④ 指出，明初的北边虽有短暂的战略进攻期，但不久即趋于保守，并逐渐形成以"守备为本"的特色防御思想。土木之变后，鉴于军力的严重损耗，明廷由积极防御转为消极防守。由于防御对象的变化，以万历朝鲜之役为节点，明军在北边的防御重心分别经历了西部和东部两大时期。成化至万历中叶以西部蒙古防御为中心，此后，则以东北的女真防御为重点。

王元林、梁姗姗《明代北方边疆防御中"智防"策略的应用》⑤ 指出，在中国古代边疆防御中，存在凝结着君臣的智慧与谋略的城防、人防，即智防。该文通过对明朝边疆形势和北方边疆防御体系构建的分析，考察明朝最终以和平方式解决北方边疆防御问题的俺答封贡，认为智防有效地解决了长期以来困扰封建王朝的边疆防御问题，奠定了明清政府治理蒙古的新模式。

明长城研究仍有一定的研究成果。

毕奥南、王文娟《明朝长城防御体系考述》⑥ 一文钩稽有明一代边墙修筑资料，从

① 晓克：《略论北元时期蒙古的会盟》，《西蒙古论坛》2011年第4期。

② 刘丁勇：《朱元璋对蒙古民族的怀柔政策探微》，《大连民族学院学报》2013年第4期。

③ 陈武强：《明洪武朝对蒙战争的时空分布》，《北方论丛》2014年第6期。

④ 范传南、姜彬：《明代北部边防战略思想变迁刍议》，《东北史地》2014年第4期。

⑤ 王元林、梁姗姗《明代北方边疆防御中"智防"策略的应用》，《甘肃社会科学》2014年第5期。

⑥ 毕奥南、王文娟：《明朝长城防御体系考述》，《中国边疆史地研究》2012年第4期。

工程角度论述了明长城修筑规模、分布格局等问题。赵现海《明九边长城军镇史》① 是明长城制度史研究的最新成果。该书作者认为，围绕明朝国势兴衰，从战略长城向战术长城的演变，明朝戍边军镇发生了一系列变化。该书作者运用丰富的史料详细论证了这个过程，并将其放在世界历史进程中考量。范熙晅《明长城军事防御体系内部机制解读》② 指出，明长城军事防御体系历史悠久，地域广阔，加之特殊的地理背景，内部结构及运作机制十分庞杂。过往研究多关注单一或主要元素等分析，而其作为一个有机的整体，多要素、多层次、多元化背景缺一不可，其整体属性亦应深入剖析。结合历史地理学、人类学、民族学相关理论，运用总体论方法、地图法、文献资料法等，逐层剖析明长城的系统结构与层级体系，以整体史观，着眼长城两侧明蒙双方，从文化传播、经济流通、人口迁移等方面，解读"边缘"地带的特殊机制，从而指出其表现出的层级性、防御性、流通性。

赵现海《长城与边界：明朝北疆边界意识及其前近代特征》③ 认为，与现代民族国家具有明确边界意识不同，中国古代边疆是一种动态变化的疆域而非固定不变的疆界。在洪武、永乐时期国力强盛之时，长城只是"内边疆"军事体系，与边界并无关系。但在仁宣以后，伴随国力下降与防线内缩，边墙遂成为明朝、蒙古政权边界。在此之外，明朝尚设置界碑、边墩，将之定位为"军事边疆"，以作为边界防御之缓冲。但在明后期，伴随蒙古对明朝威胁加剧，明朝已在事实上丧失了对边墙以外的控制功能，这一局面在"隆庆和议"后进一步合法化。该文作者认为对长城与边界关系，应从中国古代独特之边疆意识入手，考察其"前近代"特征与变化轨迹，而不应与当代边疆概念简单比附。

史俊超《明代延绥镇长城研究》④ 指出，明初东胜卫的弃守直接导致河套地区成为对抗蒙古的前沿阵地。榆林卫的设置以及延绥镇的徙治都使这一地区的防御力量得到加强。明代中期，"搜套"与"弃套"之争始终存在，随着几次"搜套"行动的无功而返，"弃套"之议逐渐占上风，随着曾铣与夏言的被杀，复套之议已无人再提。成化年间，在余子俊担任延绥巡抚期间，延绥镇长城得到第一次大规模的修筑，这也是明朝大规模修筑长城之始。在余子俊以后，延绥镇长城又经历了几次修葺，其中文贵、杨一清、王琼、刘天和等人发挥了重要作用，延绥镇逐渐形成了以边墙与营堡相结合的纵深防御体系。该体系在防御蒙古的侵扰过程中起到积极作用，但是也使明朝始终处于被动地位。隆庆以后，随着边境互市的兴起，长城沿线边患稍解，商贸活动日渐发达，长城的防御功能逐渐弱化。

何建国、赵家勇《明大同镇新平路考述》⑤ 指出，明代大同镇为了加强和巩固军事防御体系，于嘉靖四十五年设立新平路，初步完善了镇、道、路、堡等各层次相统协的边防体系。尽管新平路驻兵规模较小，但是它扼守宣大门户，不仅具有军事预警的功能，同时也是蒙汉经济贸易的通道，是民族文化交流和碰撞的场所，其历史地位不容

① 赵现海：《明九边长城军镇史》，社会科学文献出版社 2012 年版。
② 范熙晅：《明长城军事防御体系内部机制解读》，《建筑与文化》2014 年第 9 期。
③ 赵现海：《长城与边界：明朝北疆边界意识及其前近代特征》，《求是学刊》2014 年第 4 期。
④ 史俊超：《明代延绥镇长城研究》，硕士学位论文，西北大学，2014 年。
⑤ 何建国、赵家勇：《明大同镇新平路考述》，《山西大同大学学报》2014 年第 3 期。

忽视。

明代甘肃镇地跨河西走廊，"西控西域，南隔羌戎"，下辖十二卫三所，是明朝在西北地区的军事重镇。马顺平《"界在羌番、回虏之间"——明代甘肃镇边墙修建考》[①] 一文论述到，成化时期鞑靼阿罗出、毛里孩诸部侵入河套，延绥、宁夏二镇开始修建边墙，受此影响，弘治十六年依据地形"铲崖设险"，甘肃镇完成了最早的边墙修建。由于工事简略，此次边墙修建对后世影响不大。在正德以后，右翼蒙古各部相继进入青海，加之吐鲁番多次侵袭河西走廊西部，甘肃镇边防压力加大。嘉靖中前期，围绕蒙古各部进出青海的路线，明朝从东起兰州西至嘉峪关陆续修建了横跨河西走廊的边墙体系。嘉靖二十六年，约两千个关隘、营堡、墩台建成，奠定了此后的甘肃镇边墙体系，其中以甘州、肃州地段防守力量最为集中。这一时期形成的边墙体系，直至万历二十六年明朝收复大小松山并于次年修建从古浪至靖虏卫的"新边"，才发生了一些变化。

"复套""搜套"是明朝北部边防的重要举措。张小永、侯甬坚《明朝边军对河套蒙古部落的捣巢研究》[②] 指出，明朝为了应对北部边疆严峻的军事形势，采取了一系列措施，捣巢则是其中一项重要内容，亦是明朝在边地采取的积极的军事行动之一。由于明朝在捣巢行动上态度暧昧，致使捣巢行动有诸多随意性，往往出现贻误战机的情况，在一定程度上影响了捣巢的效果。杨荣斌、马一《荡空松山碑考述》[③] 一文通过分析利用陇上学人张维所录《荡空松山碑》，考察松山之地位、松山蒙古之缘起、部落构成、与明关系以及明廷荡空松山颇具价值。以之为依据，结合其他相关文献加以考述研究，考述松山蒙古活动。

除了战和关系演替，游牧经济区与农耕经济区之间存在天然的交换需求，贸易的政治化又关系到政治上的敌对与从属。吉日嘎拉《明清时期与蒙古的马市分析》[④] 一文将明蒙马市贸易放在中国经济历史范围考察，认为经济贸易不分民族、国家和地区，遵循市场规律才能达到交易目的。古代北方民族和中原地区的市场交易也是围绕着尽量接近与当初的基本消费生活的定价标准进行市场交易的过程。蒙古和明清的经济交易，价值问题是其中的重点之重。明清时期的蒙古族牲畜（北方民族主要市场交易物品）的交易双方都有互利，呈双赢的趋势，刺激蒙古游牧经济的同时也增加了民族文化交流。弋晓东《明代大同马市研究》[⑤] 通过大同马市的发展历程和运行制度的演变，探索大同马市发展的历史延续性，认为民族贸易对大同地区民族关系缓和的重要意义。金星《隆庆、万历年间明朝与蒙古右翼边境贸易》[⑥] 一文认为，"隆庆和议"使明蒙边境设立了若干市场，同时以朝贡贸易为主转为以互市贸易为主是很大进步。

---

① 马顺平：《"界在羌番、回虏之间"——明代甘肃镇边墙修建考》，《社会科学辑刊》2011 年第 4 期。

② 张小永、侯甬坚：《明朝边军对河套蒙古部落的捣巢研究》，《贵州民族研究》2014 年第 6 期。

③ 杨荣斌、马一：《荡空松山碑考述》，《西夏研究》2013 年第 3 期。

④ 吉日嘎拉：《明清时期与蒙古的马市分析》，《赤峰学院学报》2014 年第 6 期。

⑤ 弋晓东：《明代大同马市研究》，硕士学位论文，内蒙古师范大学，2013 年。

⑥ 金星：《隆庆、万历年间明朝与蒙古右翼边境贸易》，《内蒙古社会科学》2011 年第 5 期。

全宁地处大宁之北，原为蒙古弘吉剌部驻牧之地。李月新《明初全宁卫置废考》①指出，洪武年间明军北征蒙古，即在原元全宁路设立了全宁卫，招徕归降蒙古人驻扎。全宁卫的设置正式宣告全宁一带作为蒙古弘吉剌部驻牧之地的历史彻底结束，成为明代北边防线的外围。靖难之役之后，伴随着明朝北部防线的收缩及朵颜三卫的崛起，全宁卫名存实亡，最终成为三卫蒙古人的驻牧之地。

朵颜、泰宁、福余三卫是明初建立管理蒙古的三个卫，敖拉《明末朵颜卫南下及其驻牧地考》②指出，明正统年间三卫南迁至明蓟辽边外的西拉木伦河、老哈河一带，并一度活跃于整个漠南地区。嘉靖时蒙古大汗及左右翼势力开始渗透辽河流域吞并朵颜三卫，经过明末清初的社会变更，朵颜卫人被清朝编为喀喇沁三旗及土默特一旗。

边疆大吏虽然听命于朝廷，但是对边政决策有着独特的影响力。因此研究者一直关注着这个群体。

16世纪中前期，在明朝防御俺答进攻的过程中，翁万达被认为是嘉靖中期第一大功臣。赵海珍《明臣翁万达述略》③分析了翁万达的生平履历，论述翁万达在防御俺答进攻中表现出的军事思想和所实施的防边措施。该文重点论述翁万达的民族思想，包括通贡互市中翁万达主张通贡的理由和河套之议中翁万达对河套问题的主张，结尾用翁万达自己写的诗反映他经世济民，爱国忠君的思想，同时也可看出翁万达卓越的文学才华。张斌《王越与成化、弘治前期的西北边政》④指出，自明朝建立之后，与北边蒙古部落长期处于对峙状态，对蒙古的防御一直是明朝处理明蒙关系的核心。王越作为一名久历西北边陲的将领，在抵御蒙古入掠方面做出了重要的贡献，一定程度上缓减了明代中期的边疆危机。该文依据实录、文集、笔记等史料探讨王越在成化、弘治年间西北边防的重要作用。该文段瑞昕《萧大亨与明蒙关系》⑤指出，明代与蒙古的关系在明代历史中占有重要的地位，明蒙关系的发展有赖于一些具有才华、能力的边吏从中斡旋，积极执行明朝的对蒙政策，维护明蒙之间的关系，萧大亨就是其中一位。由于萧大亨的资料在清代多被焚毁，现存资料少而散，对萧大亨的研究也少之又少。该文从明代史料入手，利用碑铭、墓志等资料通过对萧大亨的研究来反映当时的明蒙关系以及萧大亨在明蒙关系中发挥的重要作用。该文认为萧大亨所著《北虏风俗》及所附《北虏世系》是了解16世纪至17世纪蒙古社会构成、社会生活及其风俗的重要资料。乌日古木拉《萧大亨〈北虏风俗〉文献学研究》⑥一文指出，萧大亨作为一名在明朝北部边境担任要职的边防重臣，因与蒙古人长期接触而能了解到当时蒙古人的日常生活，并将明代蒙古人的生活和风俗习惯详细地记录下来，撰成《北虏风俗》。该文作者从文献学角度对《北虏风俗》进行了较为系统的研究。周向永、张剑《李成梁与明代辽东边疆蒙古部族关

① 李月新：《明初全宁卫置废考》，《西部学刊》2015年第2期。该文系内蒙古哲学社会科学规划项目"蒙古高原漠南城市发展与社会变迁研究"（项目编号：2014B074）阶段性成果。

② 敖拉：《明末朵颜卫南下及其驻牧地考》，《赤峰学院学报》（汉文哲学社会科学版）2014年第9期。

③ 赵海珍：《明臣翁万达述略》，硕士学位论文，内蒙古大学，2013年。

④ 张斌：《王越与成化、弘治前期的西北边政》，硕士学位论文，内蒙古大学，2013年。

⑤ 段瑞昕：《萧大亨与明蒙关系》，硕士学位论文，内蒙古大学，2013年。

⑥ 乌日古木拉：《萧大亨〈北虏风俗〉文献学研究》，硕士学位论文，内蒙古大学，2013年。

系研究》① 指出，李成梁起家主要是与蒙古兀良哈三卫作战。这是土木事变后明朝防御蒙古形势特点。

关于西北地缘政治。施新荣《明代西北地缘政治之演变》② 认为，明朝与北方游牧政权的关系是左右明代西北地域政治形势变化的主要因素。陈光文《明朝弃置敦煌考略》③ 指出，明初设置沙州卫是羁縻卫所。其后由于瓦剌和吐鲁番等部族的侵扰等诸多原因，明朝弃置了整个敦煌地区。

自 13 世纪蒙古征服西藏以来，蒙藏关系对蒙古政治、社会的发展乃至明蒙关系、清朝治理蒙古等方面一直发挥着重要作用，因此，蒙藏关系研究早已成为藏学、蒙古学的重要议题之一。这一领域的研究同样与中国北疆史地研究关系密切，因此将其作为北疆研究之相关议题之一应予以关注。

戴燕、杜常顺《和硕特蒙古与明末清初甘青地区格鲁派寺院势力的扩张》④ 一文，考述了 17 世纪和硕特蒙古进入青海，并以此作为根据地，通过武力征服，实现对青藏高原的统治这一过程。和硕特蒙古尊奉藏传佛教，支持格鲁派，其对青藏地区的统治，不仅确立了格鲁派在藏传佛教中的主导地位，也促成格鲁派寺院势力在甘青地区的急剧扩张，既大大改变了明末清初甘青地区藏传佛教发展的局面，也深刻影响了甘青地方社会。

陆军《林丹汗的改宗及与却图汗藏巴汗结盟一事考述》⑤ 是一篇关乎北疆历史的文章。该文认为，藏地敌对各派间的"红黄之争"蔓延至蒙古地区。林丹汗的宗派倾向是直接服务于其政治军事目的的，与当时其兵败后西进青海及意图与尊奉红教的却图汗和藏巴汗结盟的情势有关。林丹汗尊红教毁黄教的形象是后世蒙藏格鲁派史家"红黄之争"的特定历史阐释模式塑造出来的结果。

刘锦《边境纠纷与清朝借助达赖喇嘛处理青海蒙古事务的开端》⑥ 利用 2013 年刊布的满、蒙文档案，考述清顺治、康熙年间青海蒙古墨尔根台吉等与清朝之间发生的有关争夺牧地、牲畜和属民的边境纠纷问题，并阐述事件的整个过程。据该文作者考述，此次事件中，清朝请让五世达赖喇嘛参与事件的处理。五世达赖喇嘛提出划分边界的政策，经过几番周折，墨尔根台吉等婉拒。

近年来，薄音湖、王雄合作整理刊布了一批明代蒙古史料，对学界的史料运用提供了便利。对于史料除了解题，还有史料学研究。例如，岷峨山人（苏志皋）《译语》和萧大亨《北虏风俗》是研究明代蒙古社会的重要资料。姚卫霞的《〈译语〉和〈北虏

---

① 周向永、张剑：《李成梁与明代辽东边疆蒙古部族关系研究》，《辽宁省博物馆馆刊》2011年。

② 施新荣：《明代西北地缘政治之演变》，《人文杂志》2011 年第 2 期。

③ 陈光文：《明朝弃置敦煌考略》，《敦煌学辑刊》2011 年第 1 期。

④ 戴燕、杜常顺：《和硕特蒙古与明末清初甘青地区格鲁派寺院势力的扩张》，《西北师大学报》2012 年第 5 期。

⑤ 陆军：《林丹汗的改宗及与却图汗藏巴汗结盟一事考述》，《西藏民族学院学报》2014 年第 3 期。

⑥ 刘锦：《边境纠纷与清朝借助达赖喇嘛处理青海蒙古事务的开端》，《清史研究》2013 年第 1 期。

风俗〉比较研究》① 根据前人研究，对两书作者、版本、内容、史料来源及两书异同等做了考订，有助于准确使用这两部史料。郑晓《皇明北虏考》记述从洪武元年到嘉靖二十九年期间的蒙古史事及蒙古与明朝的关系，具有很高的史料价值。哈斯《浅论〈皇明北虏考〉的成书背景》② 对该书的成书背景作了阐述。

（四）清代北疆史地研究

东蒙古倒向满洲使得蒙古局势陡然一变，其中满洲统治者的"恩养"策略被认为发挥了重要作用。孙浩洵《论皇太极对蒙古的"恩养"政策》③ 指出，自清太宗皇太极即位后，蒙古诸部作为重要的第三方势力越来越受到重视，不论皇太极还是明廷都是竭力拉拢。最终，蒙古诸部舍明就清，这不但巩固了满蒙联盟，而且还在与明廷的角逐中逐渐占据了主动。总体来说，皇太极实施的"恩养"政策在这其中发挥了不可替代的作用。

齐木德道尔吉《天聪六年爱新国大军征略库库和屯史实解读（一）（二）——以〈满文原档〉为中心》④，通过对《满文原档》天聪六年四月至六月的"地字档"和"满附二"记录的解读，以及与《清太宗实录》相应记载进行比较，厘清清太宗皇太极亲征察哈尔，占领库库和屯以及经略其周边地区，威胁明边的史实。同时，该文探索《清太宗实录》与《满文原档》之间的史源关系，揭示《清太宗实录》对这段史实的修改、删减的事实。

自准噶尔汗国在与清帝国抗衡失败后，其活动地域被清朝占领。吕文利撰文《十八世纪中叶准噶尔失败于清朝原因探析——以〈熬茶档〉、〈使者档〉等相关档案为中心》⑤，评价准噶尔失败有几点原因：经济上畜牧业经济非常脆弱，对外依赖性强，受控于清朝；政治上的分封体制以及没有形成一个合理的权力传承制度，导致内讧不断；因为信仰藏传佛教，在思想上逐渐受控于西藏，人口逐渐减少，且民族性格内敛化；文化或认同上出现了上层贵族和下层民众的背离。从世界大势来说，准噶尔统一了天山南北地区，也是以小统一促进了最后的大统一。

康熙四十七年至五十七年，清廷在全国范围内开展了一次经纬度测定和舆图绘制活动，其结果就是代表当时世界最高水准的《皇舆全览图》的完成。哈斯巴根《传教士与康熙朝蒙古舆图的绘制》⑥ 对测绘过程做了考述，指出此次活动主要由雷孝思、白晋、杜德美等耶稣会传教士具体负责完成。在当时实测过的全国 631 处地方的经纬度中，蒙古地方就占据了 93 处，囊括了几乎全部蒙古地区的较为详细的地名信息，从最近公布的北京大学图书馆藏《河套图》《色楞厄河图》来看，此次测量的准确度很高。

---

① 姚卫霞：《〈译语〉和〈北虏风俗〉比较研究》，《语文学刊》2015 年第 2 期。

② 哈斯：《浅论〈皇明北虏考〉的成书背景》，《赤峰学院学报》2015 年第 1 期。

③ 孙浩洵：《论皇太极对蒙古的"恩养"政策》，《内蒙古师范大学学报》2014 年第 3 期。

④ 齐木德道尔吉：《天聪六年爱新国大军征略库库和屯史实解读（一）（二）——以〈满文原档〉为中心》，《内蒙古大学学报》2014 年第 4、第 5 期。

⑤ 吕文利：《十八世纪中叶准噶尔失败于清朝原因探析——以〈熬茶档〉、〈使者档〉等相关档案为中心》，《明清论丛》2014 年第 2 期。

⑥ 哈斯巴根：《传教士与康熙朝蒙古舆图的绘制》，《中央民族大学学报》2010 年第 3 期。

哈斯巴根、成崇德《关于〈口外诸王图〉》① 一文经过对图中人名、地名的考证，认为这份〈口外诸王图〉（或相近的摹绘图）首先是作为康熙《大清一统志》《大清会典》中有关蒙古地区地图的底本而形成的。但从〈口外诸王图〉提供的很多信息不太准确来看，该图可能是诸多底本中准确度较低的一个。这也从另一个侧面反映了清初学者对蒙古地区地理知识的匮乏。之后形成的各类清代蒙古地图是在多个类似底本重复绘制的基础上逐渐完成的。

北京大学图书馆藏清康熙年间《河套图》是康熙《皇舆全览图》蒙古地区分图之一，是近代河套及其相邻地区最早的较为详细和准确的舆图。哈斯巴根《北京大学图书馆所藏康熙〈河套图〉初探》② 一文认为，此图是在西洋传教士参与下绘制而成的。该图反映了河套地区自然环境和人文景观地理信息，影响了《皇舆全览图》等清中晚期地理类文献相关内容的编撰。

《蒙古游牧记》是清代学者张穆研究边疆史地的重要著述，也是清嘉、道之际西北史地学研究的代表作之一，填补了蒙古地志的空白。这部在近代很有影响的著作，其确切撰述年代却经久未定。王惠荣《位卑未敢忘忧国——〈蒙古游牧记〉著述年代考》③ 一文，根据对张穆遗留于世的书信、文集及与其关系密切的学者的相关文献之考订，确定《蒙古游牧记》的始撰之年为道光二十五年（1845）。那顺达来《〈蒙古游牧记〉考辨》④ 一文认为，因为时代背景、个人知识所限，张穆做出不少误引误考。该文作者根据清代盟旗地图等资料，对《蒙古游牧记》中地名、人名误引误考进行考证和纠谬。

喀木尼堪部生活于贝加尔湖的东北地区，是一支活跃于清初的使鹿部。其居住区域作为衡量清（后金）地域广阔的一个标尺。1636 年喀木尼堪部接受清朝的招抚，内迁于嫩江上游。但是由于内迁后大量驯鹿的死亡而威胁到其原有的生产生活习惯，喀木尼堪部最终选择集体叛逃，从而招致清军的追击与屠杀。沈一民《清初喀木尼堪部降叛考述——兼论清初的使鹿部》⑤ 考述了喀木尼堪部的降叛过程，认为自使鹿部与清朝建立联系起，从 1642 年到 1650 年，使鹿部频繁来清朝贡，但至 1660 年以后就再也看不到使鹿部朝贡的记载。这种情况的发生与沙俄入侵贝加尔湖地区有着密切而直接的关系。

硕垒·乌巴什是蒙古历史上较早与沙俄建立关系的蒙古封建首领。范丽君《阿勒坦车臣汗与沙俄的关系》⑥ 提到，从 16 世纪末至 17 世纪初，沙俄推行的向东方扩张计划真正落实到了蒙古民族聚集的西伯利亚地区。硕垒·乌巴什及其继任者一直保持着与沙俄的外交往来关系。为捍卫自己的民族尊严和独立，硕垒·乌巴什及其继任者没有屈

① 哈斯巴根、成崇德：《关于〈口外诸王图〉》，《清史研究》2010 年第 1 期。

② 哈斯巴根：《北京大学图书馆所藏康熙〈河套图〉初探》，《内蒙古社会科学》2015 年第 1 期。

③ 王惠荣：《位卑未敢忘忧国——〈蒙古游牧记〉著述年代考》，《中国边疆史地研究》2010 年第 1 期。

④ 那顺达来：《〈蒙古游牧记〉考辨》，《内蒙古师范大学学报》2011 年第 1 期。

⑤ 沈一民：《清初喀木尼堪部降叛考述——兼论清初的使鹿部》，《黑龙江民族丛刊》2011 年第 4 期。该文系黑龙江省哲学社会科学研究规划项目"清代黑龙江流域民族史研究"（项目编号：08c068）阶段性成果。

⑥ 范丽君：《阿勒坦车臣汗与沙俄的关系》，《内蒙古社会科学》（汉文版）2010 年第 5 期。

服于沙俄政权，保护了喀尔喀的领土完整，阻止了沙俄的向东扩张。

孙丽华《康熙帝对蒙古地区的治理》认为康熙帝总结努尔哈赤、皇太极时期对蒙古族实行的政策，对蒙古各部实行盟旗会盟制度、北巡制度，并首创年班围班制度；执行了封爵赏赐、赈济救灾等措施；尊重宗教信仰等。该文作者认为这是对团结少数民族，稳定周边地区起了积极的作用，同时对清王朝的长治久安作出很大贡献，其意义是极其深远的。

关于蒙古王公喇嘛朝觐、年班制度。张双智《清朝外藩体制内的朝觐年班与朝贡制度》① 指出，清朝视国内的蒙古、新疆、西藏等边疆民族地区以及境外的国家为"外藩"，这可以划分为"内属外藩"和"境外外藩"两大层次。清朝针对内属外藩，创建了边疆民族首领朝觐年班制度；针对境外外藩，清朝延续前代实施了朝贡制度，两者有本质的区别。红霞《清代喀尔喀蒙古王公的朝觐制度述略》② 指出，清政府关于喀尔喀蒙古王公的朝觐制度，对怀柔喀尔喀蒙古王公、巩固北部边疆、稳定清政府的统治起到了积极的作用，同时对喀尔喀地区的社会经济发展也产生了一定的影响。周乌云《试论清代蒙古地区喇嘛洞礼年班制度》③ 认为清朝对蒙古地区喇嘛教上层人物规定年班制度，这是清朝抚绥蒙古地区高级喇嘛阶层的一项政治措施。

杨耀田《康熙朝对内蒙古地区汉族移民的政策浅析》④ 认为，康熙朝从最初继承顺治时期严格的封禁政策，转为宽松的默许汉族移民出口外谋生，但加以限制和控制的政策，前后期有所不同。

吴斯芹《论清代初期对漠南东部蒙古的管理——以实施盟旗为例》⑤ 认为，清初为加强对漠南东部蒙古各部的管理，进而建立盟旗制度。这一制度的实施，一方面达到了对漠南东部蒙古分而治之的目的，另一方面强化了对漠南东部蒙古的监督力度，对清王朝北部边疆的长治久安起到了巨大功效。

清朝征服准噶尔汗国后，为治边固防，陆续调派内地八旗官兵移驻新疆，携眷永驻戍边。原居大同、宣化边外的察哈尔游牧八旗部分官兵及妇女亦被卷入西迁浪潮，迁居新疆而组建察哈尔营等建置，世代戍边。2013 年 12 月新疆人民出版社出版了加·奥其尔巴特等《察哈尔蒙古西迁新疆史》，该书对相关档案文献进行挖掘和整理，尤其利用翻译出版的满文档案，较为全面、系统、深入研究了察哈尔西迁新疆的历史过程。与此相关，吐娜在《清代伊犁察哈尔营的戍边》⑥ 一文中考述了清乾隆二十九年（1764）驻防张家口外的察哈尔蒙古八旗官兵 2000 名携眷西迁新疆，并组建了察哈尔营的史实，同时对伊犁察哈尔营官兵驻守卡伦、巡防边界、驻防塔尔巴合台等地的过程做了探讨。1762 年伊犁将军设立后，察哈尔、厄鲁特等 5 营相继建立。察哈尔、厄鲁特与其他 3

---

① 张双智：《清朝外藩体制内的朝觐年班与朝贡制度》，《清史研究》2010 年第 3 期。

② 红霞：《清代喀尔喀蒙古王公的朝觐制度述略》，《内蒙古民族大学学报》2010 年第 2 期。

③ 周乌云：《试论清代蒙古地区喇嘛洞礼年班制度》，《内蒙古民族大学学报》2010 年第 4 期。

④ 杨耀田：《康熙朝对内蒙古地区汉族移民的政策浅析》，《内蒙古民族大学学报》2011 年第 2 期。

⑤ 吴斯芹：《论清代初期对漠南东部蒙古的管理——以实施盟旗为例》，《内蒙古民族大学学报》2013 年第 3 期。

⑥ 吐娜：《清代伊犁察哈尔营的戍边》，《内蒙古社会科学》2014 年第 4 期。

营既有相同之处，也有不同之处。两蒙古营的社会制度为总管旗制，其社会职责主要是驻卡巡边、牧放官牧厂的牲畜等。吐娜《清代伊犁将军直辖的两蒙古营制研究》[①]一文对上述历史过程有较完整的考述。

清代呼伦贝尔兵丁制度以旗兵制度为主。阿鲁贵·萨如拉《论清代呼伦贝尔地方的旗兵制度及其特征》[②]利用相关蒙、汉、满、日等文字的档案、文献资料，对清代呼伦贝尔地方旗兵制度的特点及产生原因、兵役制度的性质等问题做了探讨。该文认为作为根植于满洲八旗兵制的一种，呼伦贝尔地方的旗兵制度与黑龙江将军衙门辖治下的其他各城驻防八旗兵制既有相同之处，也有所区别，且亦不同于外藩蒙古的札萨克旗兵制。李志远《清代呼伦贝尔地区中俄边境若干问题研究》[③]对清代呼伦贝尔边境地区的一些问题做了阐释。

清代蒙古史地学也是学界关注的焦点。张春燕《清代蒙古史地学研究》[④]认为清代蒙古史地学研究由祁韵士发起，张穆、何秋涛为后继者，其间还有徐松、龚自珍、魏源等名家辈出，其中以祁韵士《藩部要略》、张穆《蒙古游牧记》、何秋涛《朔方备乘》最具代表性。杜成超等《独石口驿路口外六站古今地名研究》[⑤]利用文献资料及实地调查资料弄清了清代独石口口外六站古今地名。

清代蒙古地区城市发展是近年来学者关心的问题之一。

何一民《国家战略与民族政策：清代蒙古地区城市之变迁》[⑥]认为，清中期以来国家安全战略的实施推动了外蒙古地区城市的兴起与发展；清朝在内蒙古地区则采取较为宽松的民族融合政策，促进汉蒙贸易发展，允许人口流动，从而对内蒙古地区城市发展起了重要的推动作用。侯宣杰《论清代内陆边疆城市发展的特征》[⑦]指出，清代内陆边疆城市发展"内力"主要依靠国家行政力量推动与国内外经济文化交往所形成的"外力"实现发展。

归化城是清代蒙古草原最重要的商业城市之一，是漠北、漠西蒙古和新疆地区与中原贸易的重要转运枢纽。其腹地范围包括漠南蒙古西部各旗，漠北的乌里雅苏台、科布多，以及新疆。许檀《清代山西归化城的商业》[⑧]指出，乾隆二十六年清政府在归化城设关榷税，随着汉蒙贸易、边疆贸易的发展，该关税额有较大的增长。咸丰四年又将西包头、萨拉齐和托克托城三处增为归化城税关之分税口。经由归化城输出的商品以茶叶、布匹和杂货为大宗，输入则以牲畜、皮毛、粮食为主。归化城的商业构成以金融业、批发业、贩运业以及皮毛加工、餐饮旅店等业为主。张威《喇嘛教对归化城兴建

①　吐娜：《清代伊犁将军直辖的两蒙古营制研究》，《新疆大学学报》2010年第4期。

②　阿鲁贵·萨如拉：《论清代呼伦贝尔地方的旗兵制度及其特征》，《中国边疆史地研究》2010年第1期。

③　李志远：《清代呼伦贝尔地区中俄边境若干问题研究》，硕士学位论文，内蒙古大学，2013年。

④　张春燕：《清代蒙古史地学研究》，《山西经济管理干部学院学报》2011年第1期。

⑤　杜成超等：《独石口驿路口外六站古今地名研究》，《阴山学刊》2013年第3期。

⑥　何一民：《国家战略与民族政策：清代蒙古地区城市之变迁》，《学术月刊》2010年第3、第4期。

⑦　侯宣杰：《论清代内陆边疆城市发展的特征》，《云南民族大学学报》2010年第4期。

⑧　许檀：《清代山西归化城的商业》，《中国经济史研究》2010年第1期。

及城市形态演变的影响》① 认为，通过修建喇嘛庙将蒙古民众统一在喇嘛教信仰下的构想，在明朝末期蒙古各部落政权竞争过程中及清廷扶植喇嘛教策略的倡导下得以实现。归化城的城市发展及形态演变过程一直与喇嘛教的传播密切相关。

长期以来，研究清代张家口的论著多集中于商业贸易，偏重经济功能，轻视或忽视军事和政治功能及其对经济发展的刺激和推动作用，甚至将其定性为商业都市或外贸口岸型城市。孙召华《清代张家口城市功能考论》② 通过细致考证清廷将张家口建设成为控驭蒙古、经略边疆的军事重镇、政治重镇、官府驿路枢纽的史实，以及张家口监督征税之外所承担的关乎国家和宫廷生活的特殊功能，结合对边疆社会和文化的考察，揭示清代张家口城市功能发展的内在逻辑和动态变迁。董花《明清时期张家口商贸兴衰研究》③ 一文通过对明清时期张家口商贸兴衰的具体考察，探讨了影响张家口商贸兴衰的复杂因素。该文指出明初张家口边堡因其独特的地理区位和军事地位而修建，隆庆和议后成为蒙汉互市之所，民族商贸兴起后发展为九边大市。这种民族贸易一直延续到了清代，随着汉蒙民族关系的改变，清政府边口贸易政策的推行和张家口厅的设立，张家口交通的发展，以及晋商的推动与张家口旅蒙商的崛起，开启了张家口汉蒙民族贸易发展的新时期，突破了明代边堡军事贸易的范畴，张家口成了汉蒙贸易的中转中心和货物集散地，开始向市镇转变。中俄恰克图茶叶中转贸易的兴起，使张家口逐渐发展为对蒙俄的陆路商品集散地和中转站。乾嘉时期，张家口商贸达到鼎盛，张家口发展成为著名的塞外商城。然而到了近代，张家口商贸开始衰落。俄国的经济侵略、清政府的腐败、张家口工商业负担的沉重、晋商与俄商竞争的失败等原因共同造成了张家口城市商贸的衰落。

清代蒙古地区经济发展及相关问题受到部分学者关注。包翠珍《清代蒙古地区经济法律制度初探》④ 指出，清政府在蒙古地区有关经济法律规范只是散见于各个法律法规当中。清代蒙古地区贸易市场的形成与发展，反映当地牧民以其丰富的牲畜、畜产品等资源搞活了经济，结束了牧区经济与内地经济孤立状态。何宝祥、李文玲《清末蒙古地区经济商品化》⑤ 指出，外国商品以及资本大规模进入蒙古，加速了蒙古经济商品化；清政府为摆脱内忧外患实施"移民实边"的政策，使蒙古地区经济在农业化基础上，进入了外资完全控制下的商品化时代。布庆荣《清末蒙古王公振兴蒙古的经济思想探析》⑥ 认为在"开放蒙地""移民实边"热潮刺激下，蒙古王公提出了振兴畜牧业、整顿农业、发展工商业为主要内容的发展蒙古经济的思想。这是清末蒙古王公对蒙古经济社会发展的初步思考，是蒙古民族要求实现经济近代化的表达，在蒙古民族思想史上具有重要意义。

---

① 张威：《喇嘛教对归化城兴建及城市形态演变的影响》，《内蒙古社会科学》（汉文版）2011年第5期。

② 孙召华：《清代张家口城市功能考论》，《明清论丛》2014年第2期。

③ 董花：《明清时期张家口商贸兴衰研究》，硕士学位论文，广西师范大学，2014年。

④ 包翠珍：《清代蒙古地区经济法律制度初探》，《北方经济》2010年第4期。

⑤ 何宝祥、李文玲：《清末蒙古地区经济商品化》，《内蒙古民族大学学报》2010年第2期。

⑥ 布庆荣：《清末蒙古王公振兴蒙古的经济思想探析》，《内蒙古民族大学学报》2010年第5期。

李治国《复杂的利益分配——旅蒙商予以蒙古负面影响的再认识》① 从成本的重新核算、债务产生的原因、利益的分配方面进行分析，认为旅蒙商经营具有复杂性，其背后有深刻的政治因素和社会因素。商业利润还要分配给地方官、蒙古王公、上层喇嘛等。周建波、项凯标《旅蒙晋商明清时代开发蒙古市场研究》② 认为旅蒙晋商在经济文化落后的蒙古地区成功开展流动贸易，使蒙古地区变为自己巩固的战略大后方。马燕平、冯建明《晋商在恰克图市场上居于垄断地位的经济学分析》③ 一文认为，晋商垄断地位形成的原因包括以下几方面：茶的不可替代性是自然原因；政府特许是制度原因；规模经济是晋帮茶商垄断地位形成的经济基础。鲍海燕《旅蒙商对呼和浩特的影响——以大盛魁商号为例》④ 通过对商号基本情况的介绍，进而探讨旅蒙商对呼和浩特乃至整个内蒙古地区带来的影响。该文认为大盛魁开了民族贸易的先河。许静《鸦片战争前旅蒙商垄断蒙古商贸的条件》⑤ 认为，在鸦片战争前，部票限制着进入蒙地的商队数量，使其减少了竞争对手；蒙古市场对茶叶的大量需求使他们赚取了丰厚的利润；《恰克图条约》拓展了他们的国际市场；海禁政策又使陆路贸易更加繁荣。这些客观条件的推动，使得旅蒙商在蒙古的贸易更加顺畅，在很长的一段时间垄断着整个蒙古市场。

刘秉贤《清政府挽救蒙古茶叶利权的措施——围绕〈中俄陆路通商章程〉的签订及两次修订》⑥ 一文认为，19 世纪以来茶叶贸易在中俄两国的边境及陆路贸易中占有绝对优势。随着列强侵华的加剧，中俄两国贸易的公平性逐渐被颠覆。同治元年《中俄陆路通商章程》的签订及后来的两次修订，使蒙古地区的中俄茶叶贸易发生了重大变化，俄国逐步占领了蒙古市场，对蒙古地区的经济、政治以及民族关系都造成了巨大影响。中国传统"以茶治边"的政策宣告失败。衣长春、吕晓青《清代中俄恰克图至天津茶路的形成与影响》⑦ 指出，中俄恰克图至天津商路是在俄国资本主义经济发展而迫切要求进一步打开中国市场的背景下开辟的。俄商利用在这一线路上的特权逐步排挤华商，直至垄断这一线路的茶叶贸易，之后又违背条约规定在蒙古地区倾销砖茶，造成了蒙古和内陆联系的减弱。

外国旅行者对蒙古地区的游历留下了很多有关蒙古及蒙古人的著述，这些著述对蒙古学研究很有意义。耶稣会士张诚一行于清初康熙年间来华，开启了中西方交流的新纪

---

① 李治国：《复杂的利益分配——旅蒙商予以蒙古负面影响的再认识》，《兰州学刊》2011 年第4 期。

② 周建波、项凯标：《旅蒙晋商明清时代开发蒙古市场研究》，《商业研究》2010 年第 4 期。

③ 马燕平、冯建明：《晋商在恰克图市场上居于垄断地位的经济学分析》，《山西广播电视大学学报》2011 年第 4 期。

④ 鲍海燕：《旅蒙商对呼和浩特的影响——以大盛魁商号为例》，《呼伦贝尔学院学报》2011 年第 3 期。

⑤ 许静：《鸦片战争前旅蒙商垄断蒙古商贸的条件》，《河西学院学报》2014 年第 3 期。

⑥ 刘秉贤：《清政府挽救蒙古茶叶利权的措施——围绕〈中俄陆路通商章程〉的签订及两次修订》，《内蒙古民族大学学报》2010 年第 3 期。

⑦ 衣长春、吕晓青：《清代中俄恰克图至天津茶路的形成与影响》，《农业考古》2013 年第 2期。该文系河北省教育厅重点项目"清代恰克图至天津中俄陆路贸易研究"　（项目编号：SKZD2011401）阶段性成果。

元。张诚曾前后八次前往蒙古地区旅行，在蒙古地区的经纬度测量、游历见闻、对时局及社会众生形象的记述构成了他对蒙古的认知，并传递回欧洲，成了18世纪西方获得蒙古相关知识的主要来源。这欧洲有了对蒙古地区的整体认知，为西方对蒙古地区及蒙古民族的关注及研究起到了承上启下的作用。李晓标《耶稣会士张诚眼中的蒙古地区》① 对此做了较为全面的论述。

（五）民国时期北疆史地研究

20世纪20年代，民国政府先后在蒙古地区设置蒙疆经略使、热察绥巡阅使两个地区性的临时军政职位。张建军《民国北京政府时期察哈尔、热河境内镇守使沿革述论》② 指出，《镇守使署暂行条例》对军事兼管民政等事务的规定为镇守使的日后地方割据提供了某种契机。察哈尔、热河地区各镇守使长官基本由中央任命，但在袁世凯身前死后有着明显不同。军阀混战的年代，军事力量的强弱取代了中央政令应有的权威，镇守使任期常依赖于手中掌握的军队。张建军同时对地方军阀控制蒙古地区作了揭示，认为学术界虽然对此已有一些研究，但是只有将蒙疆经略使、热察绥巡阅使的先后置废联系起来进行分析，才能更清楚地认识北京政府地方军政制度的运作。两军政职位使蒙古地区与全国军政联系更趋紧密，但实质上是北京政府对实权军系既有及潜在地盘的认可。其先后置废，自然成为奉直两大军阀在蒙古地区实力消长的重要标志。③

不同时期不同性质的蒙古自治运动对北疆归属认定及今日北疆格局都有不同程度影响。

长命《资料分析与历史解读——从百灵庙自治运动到绥境蒙政会成立》④，在看似众所周知的历史表象背后，向学界揭示了鲜为人知的内幕，如绥远省方为解决百灵庙自治问题编制的《关于内蒙自治问题建议书》详细内容。该书作者首次运用《阎伯川先生要电录存——关于内蒙自治问题之件》，客观考述了阎锡山、傅作义为首的晋绥实力派瓦解百灵庙蒙政会的细节，解开了"鸦片过境税""西公旗事件""百灵庙兵变"的历史迷雾；同时该书将有争议的历史人物德王分期评析，较为客观，在同类研究中有较大突破。王英维《百灵庙自治运动的起因再研究》⑤ 认为，中央设省置县和开垦蒙荒的政策是百灵庙自治发动的根本原因。百灵庙自治的推动力量不是以德王为首的几个封建王公，实则是支持德王发动自治的蒙古青年知识分子。外部原因是外蒙古被俄占，东蒙被日占，面对日本西进之势，西蒙为自救而发动自治。该运动受外蒙古人民共和国、伪满洲国及其境内伪蒙古自治的刺激。此时国民政府应付内外危机，无暇顾及内蒙，这为内蒙自治提供了契机。

---

① 李晓标：《耶稣会士张诚眼中的蒙古地区》，《内蒙古社会科学》2013年第4期。

② 张建军：《民国北京政府时期察哈尔、热河境内镇守使沿革述论》，《内蒙古社会科学》2011年第1期。

③ 张建军：《从蒙疆经略使到热察绥巡阅使——民国北京政府后期奉直两系对蒙古地区的争夺》，《内蒙古师范大学学报》2011年第1期。

④ 长命：《资料分析与历史解读——从百灵庙自治运动到绥境蒙政会成立》，内蒙古教育出版社2011年版。

⑤ 王英维：《百灵庙自治运动的起因再研究》，《包头职业技术学院学报》2013年第3期。

　　李丹《从民族主义角度看德王及其领导的内蒙自治运动》[①] 从民族主义的角度将德王领导的内蒙自治运动的历史背景和大体过程进行了分析。该文认为德王虽然投靠过日本侵略者并有分裂国家的企图，但是在对中华民族概念还比较模糊的年代，至少说将其定位成"蒙奸"是不太合适的。该文作者给出的定位是"有分裂国家倾向的极端狭隘的蒙古民族主义者"。

　　田宓《"蒙古青年"与内蒙古自治运动》[②] 一文指出，晚清民国时期，随着学制等一系列制度变革，大城市聚集了一批出身平民的蒙旗学子。在新式教育和各种新思潮的影响下，蒙旗学子自觉地进行身份建构，其"蒙古青年"的身份意识不断加强。"蒙古青年"从学校毕业后，从中央到地方均无适当出路，遂参加"内蒙古自治运动"和"百灵庙事变"等政治运动，成为内蒙古近代社会变革的主要力量。在相互接触与竞逐中，来自不同地域的蒙古青年逐渐意识到彼此之间的差别，并以"西蒙青年"和"东蒙青年"等概念来定义自己的身份。在特定的历史情境下，蒙古青年内在的差异性外化为政治诉求的分歧，最终使他们走上不同的道路。

　　王兴丰《内蒙古自治运动联合会研究》[③] 一文认为，在抗战胜利后，中共晋察冀中央局及乌兰夫在分析了内蒙古的实际情况后，于1945年11月26日在张家口成立的内蒙古自治运动联合会是在中国共产党领导下开展内蒙古自治运动的群众团体，又是一个团结内蒙古各族各阶层的统一战线性质的组织。在内蒙古自治政府成立之前还代行政权职能，其是半群众半政权性质的组织，实际是过渡到内蒙古自治政府的一个桥梁。李玉伟、王星晨《试论内蒙古自治运动联合会察哈尔盟分会的历史贡献》[④] 一文，从记述基层视角看联合会的历史作用。该文认为联合会察哈尔盟分会作为内蒙古自治运动联合会在察哈尔盟的基层组织，受联合会的直接领导，是在察哈尔盟开展自治运动的革命群众团体，是一个团结察哈尔盟各族各阶层的统一战线性质的组织；在土地工作、群众运动、经济和社会工作、武装斗争、组织建设等方面开展了大量卓有成效的工作，推动了内蒙古自治运动的发展，使察哈尔盟发展为巩固的革命根据地，有力地支援了人民解放战争。

　　鲍海燕《北洋政府对呼伦贝尔"独立"事件应对举措新探》[⑤] 一文以北洋政府视角对1912年呼伦贝尔地区宣布"独立"事件重新进行认识，认为该事件是当时国内外多种因素综合作用的产物。北洋政府对呼伦贝尔地区的叛乱采取的应对举措，反映出北洋政府自身两大基本特点：新政权的不稳定性及局限性；肩负承上启下的历史任务。这两个特点决定了北洋政府所采取的政策在制定、实施过程的局限性。但就相关政策制定

　　① 李丹：《从民族主义角度看德王及其领导的内蒙自治运动》，硕士学位论文，内蒙古师范大学，2012年。

　　② 田宓：《"蒙古青年"与内蒙古自治运动》，《近代史研究》2014年第5期。

　　③ 王兴丰：《内蒙古自治运动联合会研究》，硕士学位论文，内蒙古大学，2013年。

　　④ 李玉伟、王星晨：《试论内蒙古自治运动联合会察哈尔盟分会的历史贡献》，《中央民族大学学报》（哲学社会科学版）2013年第1期。该文为国家社会科学基金项目"民族区域自治在内蒙古的实践历程及相关经济社会发展研究"（项目批准号：08CMZ001）成果；国家大学生创新性实验计划项目。

　　⑤ 鲍海燕：《北洋政府对呼伦贝尔"独立"事件应对举措新探》，《黑龙江史志》2014年第13期。

目的和成效而言，其对稳定呼伦贝尔地区的动荡局势、恢复中央政府在该地区主权，仍起到十分重要的作用。

内蒙古近现代史研究有几部具有原创力的专著问世。张建军《清末民初蒙古议员及其活动研究》① 涉及人物众多，是一部难得的佳作。由于资料零散难觅，学术界鲜有人注意蒙古议员这个群体，相关研究十分薄弱。清末民初的国会政坛为台前台后强权操控，"国家利益"与"五族共和""民族平等"冲突抵牾，该书作者能在有关档案尚不能自由查阅的情况下，经过多年多渠道的资料爬梳，还原史实，撰成40余万字鸿篇巨制。周竞红《蒙古民族问题述论》② 以王朝中国转型为节点，认为蒙古社会精英和上层从不同的渠道接受民族主义思潮的影响，在从王朝国家的藩邦臣民向主权国家平等成员转变中面临着复杂的历史选择，在这一条件下对蒙古社会如何发展、对国家转型的影响和作用等进行论述。该书作者注意到种族、民族和民族主义思潮在蒙古民族问题形成中的作用和影响，在历史语境下探讨蒙古民族问题的发生、处置过程，进而揭示该问题的历史启示。

郭胜利《民国宁夏"改土归流"研究》③ 一文认为，民国宁夏盟旗制度中"改土归流"是清末"藩部内属、行政一体"的延续。其间经历戊辰事变、旗县之争、旗省之争，但囿于体制、政策及环境因素，使得其同时兼具改土与羁抚的特征，于省方、旗方、中央呈现为不同的政治诉求，并最终影响到民国政府西北传统政体变革的进程。

（六）相关专题研究

1. 蒙古部落史研究

蒙古部落史研究是近年被较多关注的新领域。部落史研究不仅涉及部族渊源、演变、归属、社会变迁等，而且包含活动地域轨迹等相关方面，对于史地研究也有重要意义。随着部落史成为研究热点，据悉，诸如科尔沁史、土默特史等30余个课题已经陆续落实，并列入国家出版"十三五"规划。

近年蒙古部落史研究已有不少成果刊布。加·奥其尔巴特《蒙古中央部落——"察哈尔"的由来及其演变》④ 首先简要考察了成吉思汗护卫军的发展沿袭脉络，然后对察哈尔部从多方面进行较为详细的考证分析，认为成吉思汗的一万护卫军和达延汗的察哈尔万户这两个体制有共同的本质和古老的渊源。该文进一步认为，察哈尔部是由非血缘关系组成的特殊集团，是世代侍卫蒙古历任大汗的一支特殊组织——护卫军。它不是以血缘关系而是以职业关系为纽带，由万户、千户、百户等大小贵族子弟混合组成，并发展成为"蒙古正统"的象征。

宝玉柱《喀喇沁部氏族构成分析》⑤ 一文对喀喇沁蒙古人的姓氏进行数据分析，用数据来揭示喀喇沁蒙古人的构成问题。古丽巴哈尔·麦麦提《蒙古朵豁剌惕部各异密

① 张建军：《清末民初蒙古议员及其活动研究》，中央民族大学出版社2012年版。

② 周竞红：《蒙古民族问题述论》，社会科学文献出版社2011年版。

③ 郭胜利：《民国宁夏"改土归流"研究》，《宁夏大学学报》2014年第5期。

④ 加·奥其尔巴特：《蒙古中央部落——"察哈尔"的由来及其演变》，《西部蒙古论坛》2012年第3期。

⑤ 宝玉柱：《喀喇沁部氏族构成分析》，《内蒙古民族大学学报》2013年第3期。

对喀什噶尔的统治》① 对蒙古西迁的一支朵豁剌惕部历史活动进行了研究。朵豁剌惕这一部族在东察哈台汗国的建立上起过非常重要的作用，尤其是他们对南疆的政治、经济、文化、宗教影响很深，该部落在南疆的统治以喀什噶尔为中心并对喀什噶尔城镇经济的恢复和发展过程起过极为重要的作用。该文作者主要述评朵豁剌惕部各异密在喀什噶尔的统治及对喀什噶尔的影响。王海军《西海蒙古的兴盛》② 对西海蒙古的历史做了简短阐述。艾丽曼《青海蒙古会盟祭海制度述略》③ 利用档案文献对青海蒙古会盟祭海制度做了历史阐述，揭示了它的产生、发展及消亡过程。

齐光《清朝时期蒙古阿拉善和硕特部扎萨克王爷的属众统治》④ 一文，分析阿拉善左旗档案馆馆藏清朝时期阿拉善和硕特部扎萨克颁给旗内人员的蒙古文"噶舒克文书"内容，及文书上的封号、印章，阐明扎萨克王爷的属众统治方式，同时揭示阿拉善和硕特部社会行政问题，进一步探讨阿拉善和硕特部或蒙古诸部与清朝间关系的实质。齐光《清朝时期蒙古阿拉善和硕特部的社会行政组织》⑤ 一文中则利用蒙古文《清内阁蒙古堂档》、蒙古文"清代阿拉善和硕特旗扎萨克衙门档"等第一手史料，通过揭示清朝时期阿拉善和硕特部的社会行政组织——巴格的由来、变迁及所辖族众的组成等问题，探讨清朝时期阿拉善和硕特部社会行政组织的具体存在形式及其与清朝间的关系。

清康熙年间，阿拉善蒙古归附清廷后，与凉州府治下永昌、镇番二县与甘州府所辖山丹县展开了长达数年的划界纷争。冯玉新《清代阿拉善蒙古与甘州、凉州二府的划界纷争及边界调整》⑥ 利用档案、地方志等相关文献资料，对清代河西走廊北部汉蒙交接地区的凉州、甘州二府与阿拉善蒙古边界纷争事件的过程、起因进行了详细考察，分析了在此事件处理过程中，国家与地方社会复杂而多元的互动关系。该文认为清代以来河西走廊北部边界的变迁，不仅折射出传统社会政治大环境的改变，而且也是区域农牧经济互动消长的反映。

白莹《扎鲁特蒙古昂罕系统进入清军八旗始末研究》⑦ 一文指出，清朝初年，在先后归附和被征服的蒙古各部中，有一部分人被清廷编为蒙古八旗，并随清军入关。扎鲁特部有几个家系进入了蒙古八旗，但是其中昂罕系统鲜为人知。昂罕开始是以质子的身份到爱新国，后几次随从皇太极出征。在扎鲁特部被编为左、右扎萨克旗之前，昂罕带着自己的家小随清军入关，最后在北京定居，直至去世，旗籍为蒙古正蓝旗。张艳华《喀喇沁旗蒙古族的来源及喀喇沁旗的形成》⑧ 一文认为，喀喇沁旗蒙古族人的来源一部分是兀良哈部的蒙古人，另一部分是东迁过来的喀喇沁部的蒙古人。兀良哈部和喀喇

———————

① 古丽巴哈尔·麦麦提：《蒙古朵豁剌惕部各异密对喀什噶尔的统治》，《边疆经济与文化》2013 年第 8 期。

② 王海军：《西海蒙古的兴盛》，《兰台世界》2013 年第 16 期。

③ 艾丽曼：《青海蒙古会盟祭海制度述略》，《青海师范大学学报》2013 年第 1 期。

④ 齐光：《清朝时期蒙古阿拉善和硕特部扎萨克王爷的属众统治》，《清史研究》2013 年第 2 期。

⑤ 齐光：《清朝时期蒙古阿拉善和硕特部的社会行政组织》，《历史地理》第 27 辑（2013 年）。

⑥ 冯玉新：《清代阿拉善蒙古与甘州、凉州二府的划界纷争及边界调整》，《中国历史地理论丛》2012 年第 1 期。

⑦ 白莹：《扎鲁特蒙古昂罕系统进入清军八旗始末研究》，《内蒙古社会科学》2014 年第 4 期。

⑧ 张艳华：《喀喇沁旗蒙古族的来源及喀喇沁旗的形成》，《赤峰学院学报》2014 年第 6 期。

沁部在形成、迁移的过程中融合到一起，形成喀喇沁旗。该文的结论并没有超出前人研究范围。

乌喇特部属成吉思汗胞弟哈撒儿后裔所统部，最初游牧于今呼伦贝尔一带，后归附清朝，被编为三旗。之后为防范外喀尔喀诸部及卫拉特蒙古部而西迁至阴山一带，隶属乌兰察布盟。青松《清代乌喇特三公旗所领旗分探析》① 利用文献资料及田野调查等研究方法，对乌喇特部世系及所领旗分方面进行考述纠误。

孛·蒙赫达赉《巴尔虎蒙古族起源和名称研究》② 通过对巴尔虎蒙古族起源传说的探讨，论证了天鹅始祖母和巴尔虎代巴特尔作为始祖与巴尔虎蒙古族起源与名称由来的诸多关系。该文认为"巴尔虎"一词得名于人名，再由人名演变为氏族名，然后再由族名命名居住地的大山、河流和草原。

清代呼伦贝尔地区为边疆要地，自中俄《尼布楚条约》《布连斯奇界约》的陆续签订，清朝丧失了外兴安岭北面、西面的大片国土，顿使呼伦贝尔成为边境要冲地区。张帅《清代呼伦贝尔索伦八旗研究》③ 依据对相关史料的挖掘和整理，系统地阐述呼伦贝尔索伦八旗的设立过程、建制沿革，从军事、社会管理、文化教育三个方面总结其职能，同时对索伦八旗的作用和存在的问题进行讨论，通过对清代呼伦贝尔索伦八旗整体状况的认识，更加深入地了解清朝对东北边疆民族地区的统治。

鄂尔多斯万户在明代蒙古中占据着重要的地位。清顺治六年（1649），清朝将鄂尔多斯万户分为6旗，划定了各旗的界限，鄂尔多斯万户至此消失。尹波涛《鄂尔多斯万户研究（1510—1649年)》④ 从自然环境、社会政治结构、游牧生产生活及与明朝关系等方面钩稽了鄂尔多斯万户的历史，认为河套及贺兰山西麓是鄂尔多斯万户主要活动地区。该文对鄂尔多斯万户的社会政治组织结构及其地理分布进行了初步的考证和叙述，认为爱马克、鄂托克、万户（土绵）及兀鲁思的定义均在一定程度上存在模糊性，它们相互之间的关系并无严格固定的模式，不可一概而论。

16世纪初，在蒙古达延汗将自己子孙分封到六万户时，六子安出孛罗和十一子格列山只平分了罕哈（喀尔喀）万户。16世纪中期，安出孛罗及其子孙统治下的左翼往南越过大兴安岭游牧，而右翼格列山只及其子孙往北发展，到16世纪末，前者统治的左翼形成后来的内喀尔喀五鄂托克，而后者统治下的右翼形成后来的外喀尔喀七鄂托克。萨如拉《喀尔喀右翼鄂托克的构成与牧地变迁研究》⑤ 一文指出，格列山只七子统治下的右翼逐渐的扩展到肯特山、杭爱山一带。该文以阿鲁喀尔喀七鄂托克右翼所属的鄂托克、爱马克构成以及努图克的演变为题，探讨北元时期的蒙古的社会组织鄂托克的性质及其历史意义等问题。

2. 中蒙历史关系研究

当代中蒙关系肇基于清朝和喀尔喀蒙古的关系。

---

① 青松：《清代乌喇特三公旗所领旗分探析》，《黑龙江史志》2014年第11期。

② 孛·蒙赫达赉：《巴尔虎蒙古族起源和名称研究》，《呼伦贝尔学院学报》2011年第4期。

③ 张帅：《清代呼伦贝尔索伦八旗研究》，硕士学位论文，哈尔滨师范大学，2014年。

④ 尹波涛：《鄂尔多斯万户研究（1510—1649年)》，博士学位论文，陕西师范大学，2014年。

⑤ 萨如拉：《喀尔喀右翼鄂托克的构成与牧地变迁研究》，硕士学位论文，内蒙古大学，2014年。

达力扎布《清太宗和清世祖对漠北喀尔喀部的招抚》① 一文认为，清太宗和清世祖为使漠北喀尔喀部臣服，采取了一系列的招抚策略及措施：如以军事征伐相威胁、阻止其与内地贸易、收留其逃人、分化其与卫拉特的同盟关系、邀请五世达赖喇嘛朝觐等，最终迫使喀尔喀附属于清朝，确立了朝贡贸易关系。而喀尔喀对内地的经济依赖则是喀尔喀归附清朝的最主要原因。达力扎布《17世纪上半叶喀尔喀与明朝的短暂贸易》② 就经济问题做了阐述。在察哈尔部林丹汗败亡后，漠北喀尔喀不顾清朝阻挠，一度恢复了与明朝的贸易关系。明朝收购喀尔喀马匹，补充战马，并试图利用喀尔喀部遏止清军西进。清朝则通过军事威胁和利诱，迫使漠北喀尔喀停止与明朝贸易，转而与清朝通使贸易。清朝以土默特、喀喇沁两部的名义控制明蒙贸易市口，不仅解决了自身经济需求，而且在贸易方面控制了喀尔喀。明朝则默许了清朝的间接贸易，以避免清军侵扰其北部边境。

红霞《清代喀尔喀蒙古王公的朝觐制度述略》③ 一文对清政府关于喀尔喀蒙古王公的朝觐制度进行分析，认为清朝本着"恩威并施"和"厚往薄来"的方针，对怀柔喀尔喀蒙古王公、巩固北部边疆、稳定清政府的统治起到了积极的作用。同时清朝的这一系列政策对喀尔喀地区的社会经济发展也产生了一定的影响，包括：（1）加强联系、巩固边防；（2）促进喀尔喀与中原地区的经济文化交流；（3）加重旗内属民的负担。

［日］萩原守著，沙仁高娃译《适用于清代蒙古也克沙毕之法律——大活佛之领民与刑事裁判》④ 着重探索有关适用于也克沙毕的司法制度，特别是刑事裁判的法律问题。该文选择清末发生的三起也克沙毕刑事案件，初步确定判决所使用的法律，证明除原来有效的蒙古法《喀尔喀吉鲁姆》以外，清朝的《蒙古例》和《大清律例》在清末有着强烈的效力，另外《喀尔喀吉鲁姆》之判例集《乌兰哈齐尔特》在清朝灭亡之际仍保持其判例效力。

黑龙《1688—1690年康熙救助南下蒙古喀尔喀之新史料》⑤ 一文，利用中国第一历史档案馆馆藏"内阁蒙古堂档"中抄录有数十件反映康熙二十七年至二十九年康熙救助喀尔喀难民的满文、蒙古文档案，这些档案客观而真实地反映了南下喀尔喀人的艰难处境以及康熙卓有成效的救助，具有其他史料不可替代的重要价值。大规模持续的救助措施，有效缓解了土谢图汗、哲布尊丹巴呼图克图及其属众的艰难处境，从而稳定了察哈尔及外藩蒙古地区的社会秩序。该文作者选译了其中3份档案，借以分析清朝对蒙古喀尔喀部推行盟旗制度的过程。学术界一般认为，从康熙三十年（1691）的多伦诺尔会盟开始，清朝对喀尔喀蒙古正式推行盟旗制度。该文作者据档案认为，早在康熙二十八年（1689），康熙在南下喀尔喀蒙古中就增设扎萨克，分编佐领，为推行盟旗制度

① 达力扎布：《清太宗和清世祖对漠北喀尔喀部的招抚》，《历史研究》2011年第2期。

② 达力扎布：《17世纪上半叶喀尔喀与明朝的短暂贸易》，《17世纪上半叶喀尔喀与明朝的短暂贸易》，《清史研究》2011年第2期。

③ 红霞：《清代喀尔喀蒙古王公的朝觐制度述略》，《内蒙古民族大学学报》2010年第2期。

④ ［日］萩原守：《适用于清代蒙古也克沙毕之法律——大活佛之领民与刑事裁判》，沙仁高娃译，《内蒙古师范大学学报》2010年第1期。

⑤ 黑龙：《1688—1690年康熙救助南下蒙古喀尔喀之新史料》，《中国边疆史地研究》2011年第2期。

做了前期准备。

王红芝《喀尔喀蒙古札萨克之演变》① 通过对近年来整理出版的蒙古文、满文档案以及蒙古文史书、法令文书及清朝官方史书的对比研究，探讨 16、17 世纪喀尔喀札萨克问题，系统研究了从旧札萨克到"朝贡札萨克"以及盟旗制度下札萨克的演变。

吉日嘎拉《简述清朝对漠北喀尔喀的赈济措施》② 和香莲《简述漠北喀尔喀归附清朝的过程》③《论述清朝赈济漠北喀尔喀蒙古赈济政策的作用》④ 这三篇文章从灾荒、赈济角度，分别论述了清朝与喀尔喀蒙古的关系。这三篇文章认为清朝赈济措施的出发点虽然客观上是为了维护清王朝的自身利益，巩固其封建专制主义的统治，但是实际上使漠北喀尔喀人民摆脱了困难，使喀尔喀蒙古各部感到清朝的可靠性和牢固性。赈济政策的确使众多的喀尔喀蒙古人民从毁灭性的灾难中逃脱。

贺喜格图雅《19 世纪末 20 世纪初旅蒙商在外蒙古的债务问题研究》⑤ 将清末旅蒙商作为论题，分别从旅蒙商在蒙古地区的活动、产生的债务问题，以及债务问题对蒙古独立的影响等方面，论述了旅蒙商这一特殊人群及其活动对清末蒙古社会带来的影响。

科布多是清代屯防重地之一。清朝极其重视科布多屯田，从中央到地方建立一套完善的管理机制。宝音朝克图、王国军《浅析清代科布多屯田》⑥ 考述了清政府对屯田官兵的拣选、耕种、收成、仓储等每个环节严格监管。这些措施确保了屯田的正常运转，使其在平准、治边等方面均发挥了重要作用。同时，该处屯田造就了科布多城，并使乌里雅苏台城免遭废弃之灾。

1911 年辛亥革命的同时，喀尔喀蒙古亦宣布脱离清朝。由于中蒙历史关系研究领域长期以来被视为"敏感"地带，旧说多从沙俄侵华史角度谈"蒙古问题"，陈陈相因，鲜有新观点、新进展。毕奥南在《中俄关系与蒙古问题（1911—1924）》《1920 年代中国朝野对"蒙古问题"的反响》⑦ 两篇长文中，利用苏俄档案，对 20 世纪 20 年代中俄蒙历史关系做了深入细致的论述与辨析，运用新史料对以往陈说做了诸多更正。

王英维《1911 年外蒙古独立过程中的黄教因素》⑧ 一文提出："外蒙古内附清廷的动力之一，就是清朝尊崇黄教。逮于晚清，清政府一改以往做法，对外蒙古黄教采取疏远甚至压制的态度。外蒙古喇嘛王公认为这种做法是在仇视黄教，革命方殷，共和国体已成，外蒙古王公喇嘛担心礼教不存，黄教也必不保，他们遂不愿意加入中华民国。概而言之，蒙古民族几百年来的黄教信仰，已成为其民族认同的一部分，故如何保护黄教的问题成为 1911 年外蒙古走向独立的一个重要因素。"

---

① 王红芝：《喀尔喀蒙古札萨克之演变》，硕士学位论文，内蒙古大学，2012 年。

② 吉日嘎拉：《简述清朝对漠北喀尔喀的赈济措施》，《赤峰学院学报》2011 年第 12 期。

③ 香莲：《简述漠北喀尔喀归附清朝的过程》，《赤峰学院学报》2011 年第 12 期。

④ 香莲：《论述清朝赈济漠北喀尔喀蒙古赈济政策的作用》，《赤峰学院学报》2011 年第 11 期。

⑤ 贺喜格图雅：《19 世纪末 20 世纪初旅蒙商在外蒙古的债务问题研究》，硕士学位论文，内蒙古师范大学，2013 年。

⑥ 宝音朝克图、王国军：《浅析清代科布多屯田》，《西部蒙古论坛》2014 年第 2 期。

⑦ 毕奥南：《中俄关系与蒙古问题（1911—1924）》《1920 年代中国朝野对"蒙古问题"的反响》，载徐曰彪主编《中苏历史悬案的终结》，中共党史出版社 2010 年版。

⑧ 王英维：《1911 年外蒙古独立过程中的黄教因素》，《阴山学刊》2011 年第 1 期。

冯建勇《"政治博弈"与"国家构建"——辛亥革命场域的外蒙古问题》① 一文认为，自辛亥革命以来，民初中央政府与外蒙古地方的政治磨合因后者对中央政府的政治认同度不高并不顺利。在此期间，外蒙古王公喇嘛对未来政治趋向做了"独立"的设计，并建立了"大蒙古国"。其后俄国插手其中，事态遂演变成中俄蒙三方参与的政治博弈。伴随着中俄蒙三方展开的政治博弈，其目标是为了完成"国家构建"。尽管南京临时政府以及之后的北京政府以构建国家认同为路径，通过劝谕、册封、立法、厚给利益、教育统合等诸手段，希望加强与外蒙古地区的联系，并在一定程度上实现了对该地区之统合。然而，由于历史继承因素和俄国插手，使得这一国民统合之进程从整体来说，实效不足。但不管怎样，此间通过与俄国、外蒙古之政治博弈，一度促使外蒙古宣布放弃"国家构建"，在某种程度上获得了一种对外宣扬和阐释统合外蒙古地方的合法形象，随后还将外蒙古地方纳入其行政管理之下，可称得上是一时成功。

邵鹏《试析外蒙早期独立问题》② 对外蒙早期独立的各个阶段进行考察，希望找出前三次独立的症结所在。该文作者认为陈毅与外蒙王公加紧进行撤治的磋商，在交涉中撤开了握有实权的喇嘛，此举直接导致了和平撤治陷入僵局。徐树铮驻防外蒙后，以武力威逼外蒙取消自治，副作用也不小，中央政府在外蒙尽失民心。直、奉两系将派系利益置于国家利益之上，对外蒙的呼救坐视不理，任由外蒙问题恶化。北京当局草率处置也给苏联进军外蒙提供了借口。

赵尔阳《论 20 世纪初（1902—1915）外蒙古自中国的分离》③ 一文认为，外蒙古自古是中国的领土。20 世纪初的中国，正处于清末民国交替阶段，社会混乱，政局不稳，中央政府对边疆的控制力削弱，外蒙古危机四伏。清末在外蒙的"新政"，由于措施的失误，引起了外蒙封建王公的"离心"，为日后的分离埋下了隐患。在辛亥革命前后，俄国千方百计唆使外蒙古"独立"，中国政府为此进行了数十次交涉，最终于 1915年签订了《中俄蒙恰克图条约》，中国取得了名义上的"宗主权"，外蒙获得了"自治"，但实际上沦为俄国的傀儡，俄国实现了对外蒙古的实际控制。清末"新政"（1902 年）是外蒙古分离的导火索，至俄国覆灭前夕（1915 年），俄国终于实现了好几代沙皇控制外蒙的企图。该文作者表示应该牢记这段历史，探究其中的曲折原委，避免重蹈国土被分离的历史教训。该文没有征引新资料，摘录通史、沙俄侵华史作为佐证，基本重复了沙俄侵华史的观点。类似论文反映的是当代中蒙历史关系研究中陈旧观点、方法。在今后相关研究中需要摒弃冷战思维。

杨荣《恰克图会议与〈中俄蒙协约〉》④ 一文认为，经过激烈争执，中国虽然争回了一些"虚名"，迫使外蒙承认中国之宗主权，取消"独立"，改称"自治"，但是在诸如铁路、电线问题、税则问题，以及内蒙殖民问题等具体问题的谈判上，中国在外蒙的主权进一步被剥夺殆尽。尽管北洋政府所争取的只是"虚名"，然而对于中国却仍然

① 冯建勇：《"政治博弈"与"国家构建"——辛亥革命场域的外蒙古问题》，《青海民族研究》2014 年第 2 期。

② 邵鹏：《试析外蒙早期独立问题》，硕士学位论文，兰州大学，2012 年。

③ 赵尔阳：《论 20 世纪初（1902—1915）外蒙古自中国的分离》，《临沧师范高等专科学校学报》2013 年第 4 期。

④ 杨荣：《恰克图会议与〈中俄蒙协约〉》，《内蒙古大学学报》2012 年第 3 期。

至关重要。这也是后来外蒙撤治、中国在外蒙恢复行使主权的基础和必要条件。据此也说明前期北洋外交并非只有妥协性的一面。该文以论代证，史料较为单薄。

陈国忠等《徐树铮与外蒙撤治》① 着重阐述了徐树铮出兵蒙古与蒙古撤治问题。杨亚男《陈毅与徐树铮办理外蒙撤治之比较》② 一文认为，1917—1919 年是外蒙古地区处于政治风云变幻的时期，民国政府抓住这一有利时机，派陈毅和徐树铮赴外蒙与外蒙自治政府协商谈判，关于外蒙撤治上陈毅、徐树铮既有分歧也有共识，都在外蒙撤治的过程中发挥了重要的作用。该文由于多参考以往见解，并未提供更多信息，结论也流于泛泛。

郭雷庆《中华民国政府的对蒙政策与蒙汉关系》③ 一文认为，外蒙古的独立加剧了蒙古民族对国家的离心力，内蒙古地区的"自治""独立"运动此起彼伏，即使是在抗日战争初期，整个蒙古族没有因为日本的入侵而和汉族一起积极抵抗，反而是蒙古族上层王公试图借助日本人的力量来对抗汉族政权，"以求得民族解放"。在抗战胜利后，外蒙古的独立得到国际法的认可和支持，正式脱离了中国国家政治体系，成为独立的民族国家，内蒙古地区的蒙古族也顺势掀起了大规模的民族"独立"运动和民族"自治"运动，对民国中央政府形成了巨大冲击。作为聚居型民族的蒙古族与掌握全国中央政治权力的汉族之间不仅是民族关系，同时还是地方和中央的关系。汉族政权作为全国的合法政权，必有维护国家统一与领土完整的使命，蒙古族的独立是分裂国家的行为，其实质是一个以民族分离运动为核心的蒙古民族问题。在近代蒙汉政治互动过程中，特别是发生了蒙古民族问题后，如何保持边疆政治稳定、维护国家的统一和完整，同时又不损害作为少数民族的蒙古族的民族利益，成为民国政府关注的要点问题。

吴春娟、彭传勇《20 世纪 30 年代斯大林对外蒙古政治的干预及其影响》④ 一文认为，随着日本侵略的进一步加剧，从 20 世纪 30 年代中期起，斯大林对外蒙古内政的干涉再次影响外蒙古政治走向。在 20 世纪 30 年代外蒙古政治舞台上，仍然存在着主张保持自身独立发展的政治派别，并且占据外蒙古的领导地位，与斯大林的政治立场相悖。但由于斯大林直接参与下的大清洗，到 20 世纪 30 年代末，主张保持自身独立的派别几乎都被铲除掉，外蒙古开始真正走上苏联设定的政治轨道。该文利用了苏俄档案资料，因而较之此前国内研究增加诸多新的信息。

民国时期，随着外蒙古独立等政治事件影响以及外蒙在政治上采取亲俄（苏）政策，对中国内地与外蒙贸易带来较大冲击，并逐渐走向衰败。赵金辉《1911—1932 年中国内地与外蒙古贸易述略》⑤ 对此有一个较全面的概述，认为主要表现为中国和俄（苏）在外蒙贸易主导权上的博弈。随着苏联在政治上完全控制外蒙，对华商采取诸多歧视性政策加以打击和排挤，最终致使中国内地与外蒙贸易走向彻底断绝，也标志着从

① 陈国忠等：《徐树铮与外蒙撤治》，《湖北第二师范学院学报》2010 年第 3 期。

② 杨亚男：《陈毅与徐树铮办理外蒙撤治之比较》，《乐山师范学院学报》2014 年第 4 期。

③ 郭雷庆：《中华民国政府的对蒙政策与蒙汉关系》，硕士学位论文，山东大学，2013 年。

④ 吴春娟、彭传勇：《20 世纪 30 年代斯大林对外蒙古政治的干预及其影响》，《西伯利亚研究》2014 年第 3 期。

⑤ 赵金辉：《1911—1932 年中国内地与外蒙古贸易述略》，《通化师范学院学报》（人文社会科学）2014 年第 3 期。

清代持续到民国时期的旅外蒙贸易的彻底终结。

巴图赛罕《诺门罕战争与蒙古人民革命军》① 主要论述了诺门罕战争之前（1932—1939）的蒙古人民共和国国际环境，及在战争过程中蒙古人民革命军所持的立场和发挥的作用。同时，该文阐述了在共产国际与苏联的指示下发生并危及蒙古人民共和国国民的"政治恐怖"是如何影响到蒙古人民革命军的历史过程。该文作者认为诺门罕战争的发生与大国之间的利益争端有关。如果将战争的起因归结为"划定伪满洲国边境"问题，但未能达到此目的而停战，这从逻辑上否定了为"划定边界"而发起诺门罕战争的说法。

马玉彬在《近代新疆和外蒙古道路不同之探析》② 一文中叙述了新疆民族动乱与蒙古独立事件，认为两相比较，新疆未能分裂，汉族移民起了稳定作用。他认为，新疆政权掌握在少数汉族官僚手中，汉族官僚基本上都来自内地，不大可能抛家弃祖建国于新疆；新疆主要的生活必需品等均依赖于内地，经济上很难独立；新疆境内的少数民族大多是信仰伊斯兰教，汉族信仰比较多元化，宗教信仰并不统一，宗教对政治上影响相对较小等。

后东升《蒋介石对抗战前后蒙古问题的处理》③ 一文探讨了蒋介石对抗战前后在帝国主义侵略背景下不断演变的内蒙古自治、外蒙古独立问题的分析、决策和处理过程。吴跃农《蒋经国争取外蒙古不背离祖国受挫真相》④ 一文以历史叙事的方式论述了1945 年蒋经国奉命赴苏联谈判的相关故事。张曦《中国近代史上的外交概念——外蒙及西藏问题中的"主权"与"宗主权"》⑤ 从概念入手分析中国近代史上西藏问题和蒙古问题。

那日苏《1945 年外蒙古独立公民投票研究》（蒙文）⑥ 以此年"公民投票"为主线，阐述了"蒙古独立"的提起及其交涉达成过程，并揭示了导致"公民投票"的蒙古社会内部政治因素，乔巴山与斯大林，"克里米亚会议"与"中苏友好同盟条约"，以及与"莫斯科谈判"的关系等相关重大问题，梳理其中复杂而交错的史事始末。

傅敏《蒋廷黻与1961 年"蒙古人民共和国入会案"》⑦ 利用哈佛大学燕京图书馆馆藏"蒋廷黻资料"、斯坦福大学胡佛研究所档案馆馆藏《蒋介石日记》，对 1961 年台湾当局陷入阻止蒙古入会还是确保联合国席位的两难境地进行考述。该文指出为确保"缓议案"续用，蒋廷黻建议台湾当局尽可能避免否决"蒙古入会案"，以免法非集团在联合国席位问题上"报复"台湾，这一建议未被采纳。1961 年 5 月，蒋廷黻积极呼

---

① 巴图赛罕：《诺门罕战争与蒙古人民革命军》，硕士学位论文，内蒙古大学，2013 年。

② 马玉彬：《近代新疆和外蒙古道路不同之探析》，《牡丹江大学学报》2014 年第 2 期。

③ 后东升：《蒋介石对抗战前后蒙古问题的处理》，博士学位论文，中央民族大学，2013 年。

④ 吴跃农：《蒋经国争取外蒙古不背离祖国受挫真相》，《文史精华》2013 年第 10 期。

⑤ 张曦：《中国近代史上的外交概念——外蒙及西藏问题中的"主权"与"宗主权"》，《中央民族大学学报》2013 年第 1 期。

⑥ 那日苏：《1945 年外蒙古独立公民投票研究》（蒙文），硕士学位论文，内蒙古大学，2012年。

⑦ 傅敏：《蒋廷黻与 1961 年"蒙古人民共和国入会案"》，《当代中国史研究》2014 年第 3 期。

吁台湾当局正视阻止蒙古入会必牵连毛里塔尼亚不能入会的现实。台湾当局最终授权蒋廷黻在阻止蒙古入会的前提下，对"蒙古入会案"灵活投票。恰于此时，法非集团向台湾当局频频施压，要求其放弃阻止蒙古入会。蒋廷黻与法非集团交涉无果，遂向台湾当局示警，若阻止蒙古入会，势必影响联合国席位。台湾当局最初未采纳蒋廷黻的建议，后在以美国为首的各方压力下决定让步，放弃阻止蒙古入会。然而，在台湾"代表"应否在"蒙古入会案"表决时退席的问题上，蒋廷黻表示可不参加投票，但不应退席，他的提议未得到台湾当局的认可。

孟根其其格《清与民国时期阿拉善地区喀尔喀移民研究》（蒙文）① 一文以阿拉善左旗档案馆馆藏清代蒙文档案为主，结合其他文献资料和田野调查等，探讨自清以来的阿拉善蒙古地区特殊的群体—喀尔喀人。同时该文分析跨旗蒙古群体（查嘎沁阿拉特）的形成和存在给阿拉善和硕特额鲁特旗语言文化、人口结构、宗教信仰等方面带来的影响。该文还涉及边界问题引起的盗贼、经商、越界事件与形成于阿拉善地区的查嘎沁阿拉特等社会问题，并对近现代内蒙古阿拉善地区喀尔喀移民的形成原因、过程及影响做了述评。

温达尔《迪鲁瓦呼图克图史事研究》② 较有新意。外蒙的迪鲁瓦呼图克图生活在19世纪末至20世纪中叶复杂动荡的重要历史年代，周旋于各国政治集团与社会团体、宗教势力之间，亲历了当时发生在内外蒙古地区的许多重要历史事件与活动。晚年移居美国，撰写了回忆录。他的经历曲折复杂，颇具传奇色彩。该文作者利用掌握的中外文资料，尤其是各类传记、回忆录与近年所刊布的相关资料，对这一复杂的历史人物一生的生活轨迹做了追述与勾勒。

当代中蒙国家关系方面，毕奥南编辑了《中蒙国家关系历史编年（1949—2009）》③。这是一部资料长编，纪录中蒙两国建交以来国家关系的大事，可以借此概要回顾中蒙两国60年间关系发展历程，也有助于相关学者利用历史线索进一步研究。2014年经毕奥南扩编再版了《中蒙国家关系历史编年（1949—2013）》（黑龙江教育出版社），为中蒙关系研究提供了较好的参考文本。

3. 北疆社会变迁研究

蒙垦是近代蒙古社会变迁的重要原因之一，放垦问题已经成为近代蒙古地区史研究的重要内容。由此产生的诸如生态、移民等相关问题得到学人的关注。

清朝建立后，开始给各蒙旗划定界限，严禁属下蒙古人随意越旗流动。但在整个清代，蒙古人的越旗流动从未间断过。白玉双《清代喀喇沁蒙古人的北迁及其影响》④ 一文认为，牧场开垦、阿勒巴差役繁重、金丹道暴动等都是喀喇沁等南部蒙古人的北迁（又称北上）活动促成因素。北迁又被称为"清代东蒙古移民流动的第二波浪潮"，对

① 孟根其其格：《清与民国时期阿拉善地区喀尔喀移民研究》（蒙文），硕士学位论文，内蒙古师范大学，2011年。

② 温达尔：《迪鲁瓦呼图克图史事研究》，硕士学位论文，内蒙古大学，2013年。

③ 毕奥南编辑：《中蒙国家关系历史编年（1949—2009）》，黑龙江教育出版社2013年版。

④ 白玉双：《清代喀喇沁蒙古人的北迁及其影响》，《内蒙古师范大学学报》2011年第1期。该文系2008年度国家社会科学规划项目"18至20世纪喀喇沁地区社会与生态环境变迁研究"（项目编号08XZS015）阶段性成果。

整个东部内蒙古的社会变迁带来了巨大的影响。清朝严禁蒙古人越界游牧的政策也因社会动荡而崩溃，致使蒙古人的越旗移住活动越发频繁。

佟双喜《清代蒙古人的北迁研究——以迁居郭尔罗斯公旗外旗蒙古人为中心》[①] 一文指出，蒙地开垦引起蒙古人的贫困化问题日益严重，导致了清代蒙古人的北迁。清代早期蒙古人的北迁根本上改变了新迁入蒙旗的生活、生产方式，加速了东部蒙古社会文化的转型，同时加速了其原住蒙旗苏木制度的崩溃和蒙旗武备的松懈，最终导致清末蒙古地区金丹道等社会暴乱的发生。王晗、李大伟《清代蒙陕农牧交错带土地垦殖过程研究——以怀远县伙盘地为例》[②] 则对蒙垦引发以怀远县伙盘地为代表的蒙陕农牧交错带边外垦殖和环境变化过程进行了回顾，对环境变化中的人类因素加以细致考察与反思，认为清代以来人类作为自然——社会系统中最活跃的因素，相当积极地参与了环境变化过程。此一阶段的人类活动（边外垦殖为主），促成了农牧交错带的北移、错位，也推进了土地沙化的进程。刘海英《清末民初东北蒙地的放垦——以科尔沁六旗为中心》[③] 论述了科尔沁六旗放垦的背景，同时阐述了蒙旗放垦一为蒙旗招垦，一为官局丈放。该文分别论述了各个蒙旗开垦的时间、区域、过程及其数量等内容，较为翔实。该文作者认为内地流民的迁入改变了蒙古地区的人口结构，对东蒙地区社会经济产生重要影响，对草原地区生态环境也有相应的破坏。卢绪友的《融入东三省——清代哲里木盟行政建置变迁及相关问题研究》[④] 讨论了清代哲里木盟行政建置的变迁及其动因和影响，指出清中期内地民人开始进入哲盟境内垦荒。清廷"借地设治"，先后设立了长春厅（府）、昌图厅（府）等，分别隶属于吉林将军和奉天府尹（之后为盛京将军），哲里木盟开始出现蒙旗与内地府州县厅并立的双层管理体制。清末新政后，随着官垦的推进，哲里木盟东部出现一系列内地型行政建置，分隶于盛京将军、吉林将军和黑龙江将军。在光绪三十三年（1907）东三省成立后，整个哲里木盟被纳入三省，由三省分割统辖。哲里木盟西部仍保持盟旗制度。付海晏《山西商人曹润堂与清末蒙旗垦务》[⑤] 一文考察了山西商人曹润堂等人提议而由贻谷创设西路垦务公司的过程，认为正是曹润堂创设垦务公司提议，帮助贻谷迅速打开蒙旗垦务的局面。基于图利之原因，贻谷在垦务公司成立不久随即将晋商股本撤出。在垦务公司的运作中，贻谷令垦务局委员同时在垦务公司兼任，由此成为酿成垦务弊案。塔娜《清近代巴林部二旗人文地理变迁研究》[⑥]

① 佟双喜：《清代蒙古人的北迁研究——以迁居郭尔罗斯公旗外旗蒙古人为中心》，《中央民族大学学报》2013 年第 3 期。该文国家社会科学基金项目"东南蒙古人的北迁与蒙古社会研究"（项目编号：12XMZ004）；内蒙古工业大学重点项目"关于民族问题和社会管理的辩证关系研究——以金丹道事件为例"（项目编号：ZD201224）的阶段性成果之一。

② 王晗、李大伟：《清代蒙陕农牧交错带土地垦殖过程研究——以怀远县伙盘地为例》，《苏州大学学报》2013 年第 1 期。

③ 刘海英：《清末民初东北蒙地的放垦——以科尔沁六旗为中心》，硕士学位论文，辽宁大学，2013 年。

④ 卢绪友：《融入东三省——清代哲里木盟行政建置变迁及相关问题研究》，硕士学位论文，中央民族大学，2013 年。

⑤ 付海晏：《山西商人曹润堂与清末蒙旗垦务》，《暨南学报》（哲学社会科学版）2013 年第 1 期。

⑥ 塔娜：《清近代巴林部二旗人文地理变迁研究》，硕士学位论文，内蒙古大学，2013 年。

以清近代巴林部二旗人文地理变迁为研究对象，利用一些原始档案史料，结合相关地图及其他资料，对巴林部二旗原有界域进行了考证，并阐述了巴林部二旗放垦蒙地及林西县的设置以及巴林部二旗的分界、林东县的设置等问题。晶叶《乾隆以来归化城土默特蒙古族社会变迁研究》① 对乾隆以降归化城土默特地区的蒙古人的社会变迁做了系统研究。

张世明《清末贻谷参案研究》② 一文，利用前人鲜少利用的中国第一历史档案馆馆藏贻谷案件全宗，通过进一步扩大资料史源，试图复原清末贻谷案的来龙去脉，揭示该案件的经济法律关键问题之所在，透视案件背后所蕴含的朝廷、蒙旗、汉族移民之间复杂的利益纠结。该文指出中国土地财政的历史源远流长，清末蒙旗放垦过程中出现失误的根本原因在于受朝廷"以地生财"大挣快钱的政策冲动驱使所致。清朝对蒙旗土地由原来禁垦、限垦的政策，进而转向全面放垦的新阶段，这种利益的格局改变其实是将蒙旗的一部分利益转化归诸清朝中央政府。从本质上说，官放蒙地就是由清政府自己来当地主。蒙古从同盟转变为藩部、再由藩部转变为内地，地位逐步沉沦。随着放垦蒙地而来的是移民。

清末放垦蒙地激化了蒙汉矛盾，放垦大臣贻谷案就是典型之一。王国庆《略论清末贻谷被参劾案》③ 一文重新审视此案，认为有以下原因：首先，鹿传霖、樊增祥与贻谷在官场上素有个人恩怨，值绥远副都统文哲辉参奏贻谷贪污案之机落井下石，深挖文哲辉尚未揭发的贻谷的罪状，力求置贻谷于死地。其次，权力制衡的问题。贻谷案的进展与鹿传霖在军机处的进退有极大关系，鹿传霖死后，贻谷案很快就有了最终判定。最后，贻谷通过利用自己与权臣荣禄的关系网以及由其亲属代写诉状等方式，形成了同情自己的舆论，进而左右法部对该案的判决，这也是该案久拖未决的原因之一。

陕蒙交界地区是典型的陕北黄土丘陵向毛乌素风沙地过渡带，属于中国北方生态过渡带的中段，也是传统的农牧交错带地区，分布着不同时期的长城和古代城堡遗址，文化景观与自然景观在空间的分布上表现出高度的一致性，是开展历史时期人类活动对地表生态系统影响研究的典型地区。吴承忠、韩光辉、舒时光《清陕蒙黑界地的范围研究》④ 一文指出，为隔绝蒙汉交往，清初在长城沿线的陕蒙交界地区设立了"禁留地"。至康熙末年始允许汉民进入蒙地开垦"伙盘地"，随之设立"黑界地"限制汉民向北开垦。但是，私垦的趋势无法阻挡，伙盘地在清中期开始向北一直扩展，突破了"黑界地"的限制，至清末贻谷放垦最终确立了陕蒙交界土地利用的格局。吴承忠、韩光辉、舒时光又在《清陕西内蒙"黑界地"的由来与发展研究》⑤ 一文指出，"黑界地"（黑牌子地）出现在乾隆八年（1743年）之后。出现的原因是蒙人农耕的结果，其性质是区分蒙汉各自耕种农地的界限。"黑界地"长期没有设定北界，同时蒙人对"黑界地"

---

① 晶叶：《乾隆以来归化城土默特蒙古族社会变迁研究》，硕士学位论文，内蒙古大学，2013年。

② 张世明：《清末贻谷参案研究》，《中国人民大学学报》2014年第4期。

③ 王国庆：《略论清末贻谷被参劾案》，《黑龙江史志》2015年第1期。

④ 吴承忠、韩光辉、舒时光：《清陕蒙黑界地的范围研究》，《中国农史》2014年第5期。

⑤ 吴承忠、韩光辉、舒时光：《清陕西内蒙"黑界地"的由来与发展研究》，《西南民族大学学报》2014年第5期。

的范围只是一个模糊的概念。吴承忠、韩光辉、舒时光另一篇《清代陕蒙交界地区的土地开垦过程》① 中，分析了禁垦时期、限垦时期到放垦时期陕蒙交界区土地开垦的发展过程。该文认为从动态的角度来看，清代陕蒙交界地区"南田北草"格局的分界线存在一个由"二边"—"大边"—康熙线—乾隆线—光绪线逐步北移的过程，但仍是"相对稳定""相对清晰"的。清代陕蒙交界地区"南田北草"格局分布及农业生产的发展，始终存在一个"理性垦殖"选择的过程，这是由特有的地理环境决定并受到当时政治经济形势的影响。

随着开垦带来的是移民问题。李宏、陈永春《试论内蒙古东部地区汉族移民蒙古化现象——以李姓一家为例》② 一文，通过内蒙古通辽市李姓家族个案分析，透视了李家四次移民过程，揭示其家族在民族性质、生产生活、语言文字、婚姻、习俗等方面发生的变化，较为清晰地展示了汉族移民到内蒙古东部地区之后社会经济发展状况。

清代是内蒙古近几个世纪以来首次农耕文化出现并不断发展的转折点，也是现代内蒙古农牧交错形成发展的起始点。自清代开始的草原垦殖，改变了内蒙古延续了几百年的游牧状态，使内蒙古的社会、经济逐次改变为以牧为主的半牧半农、以农为主的半农半牧，直至部分地区成了纯粹的农耕区。可以说农耕是近代内蒙古发展史的重要组成部分。清朝时期的蒙旗土地开垦问题一直也是国内外学者关注的重要课题，立立《清代哲里木盟科尔沁左翼后旗开垦研究》③ 以清朝中后期的时间段为中心，以科尔沁左翼后旗为研究对象，利用一些当地档案及史学材料，并参考其他相关资料，对清朝中后期科尔沁左翼后旗的开垦、经过及开垦所产生的一些社会问题进行了分析和探讨。科尔沁左翼后旗是哲里木盟最早开垦的蒙旗之一。因此，探讨该旗的土地开垦问题，对于研究内蒙古东部蒙旗土地开垦以及农业发展社会变迁的历史，介绍了清代科尔沁左翼后旗的开垦事件，及对本地区社会经济形态、生活方式以及生态环境所造成的影响。

关于明清以来北方农牧交错带的环境变迁，学术界曾对于沙漠化的成因和人类在沙漠化进程中的作用进行论证，并引发讨论。其中，人类活动被视为引起农牧交错带环境变化的主要因素。王晗《清代蒙陕农牧交错带土地垦殖过程研究——以怀远县伙盘地为例》④ 结合田野考察、发掘民间文献，分析以怀远县伙盘地为代表的蒙陕农牧交错带边外垦殖和环境变化过程，对环境变化中的人类因素加以细致考察与反思。该文认为自清代以来，人类作为自然—社会系统中最活跃的因素，相当积极地参与了环境变化过程。此一阶段的人类活动（边外垦殖为主），促成了农牧交错带的北移、错位，也推进了土地沙化的进程。

随着移民的不断进入归绥地区，各方面的问题也接踵而来，蒙汉分治成了必然。杨

---

① 吴承忠、韩充辉、舒时光：《清代陕蒙交界地区的土地开垦过程》，《地理研究》2014 年第 8 期。

② 李宏、陈永春：《试论内蒙古东部地区汉族移民蒙古化现象——以李姓一家为例》，《前沿》2014 年第 351、352 期。

③ 立立：《清代哲里木盟科尔沁左翼后旗开垦研究》，硕士学位论文，内蒙古师范大学，2014 年。

④ 王晗：《清代蒙陕农牧交错带土地垦殖过程研究——以怀远县伙盘地为例》，《明清论丛》2014 年第 2 期。

虎军《从清朝以来归绥地区行政归属看晋蒙关系》① 一文指出，自清朝以来归绥地区先后归属山西省，民国时期的绥远省以及日伪政权的统治，直到新中国的成立。山西移民从"雁民"到扎根归绥，参与当地的农业、经济的开发，富有浓郁山西本土特色的移民文化特征，其中风俗、语言、戏剧方面尤为突出。山西人走西口来到包括归化城、鄂尔多斯、包头、察哈尔等诸多地区。归化城作为其中之一，当时人为何选择归化城，陶继波、崔思朋、刘野《山西人走西口选择"归化城"的原因》② 认为究其原因不外乎是其地理区位优势、前人奠定基础、归化城的优越区位和自然条件，以及归化城的历史影响力等诸方面。

清代是塞外蒙古地区出现重大变化的历史发展阶段，在中国的历史上，中原农业文明与塞外游牧文明有长期的冲突与交流。赵金辉《清代蒙古地区区域构成与演变探析》③ 一文指出，自清代以降，中原农业文明借助中央政权的力量和商业贸易，全面渗透到这一区域。这种渗透的结果，致使蒙古地区由一个相对完整的区域，逐渐发展成为三个不同层面的梯度，形成三个具有明显差异的区域，各个区域展现出不同的发展趋势。

衣保中、张立伟《清代以来内蒙古地区的移民开垦及其对生态环境的影响》④ 一文认为，清朝以来内地民人大规模迁入蒙地垦殖，并于清末达到高潮。其粗放的经营方式和无序的活动，对内蒙古地区的生态环境产生了严重的影响。

刘艺侠《额济纳蒙古族近50年生产方式变化及原因分析》⑤ 一文对50年来额济纳蒙古人由于自然条件的变化，国家政策的调适及生产力、科技水平的提高造成的生产方式变化做了观察。马得汶《内蒙古额济纳旗人口与经济变迁浅考》⑥ 回顾额济纳旗近代以来的人口、畜牧业、农业、商业变迁，总结了它的发展特点，并对该发展变迁所带来的后果做了简要论述，以期为建设资源节约型、环境友好型的额济纳绿洲起到借鉴作用。

于志勇《中国北部边疆地区灾害史研究模型的建构思考》⑦ 有一定新意。北疆内蒙古是灾害多发的地带，该文作者提议，灾害史研究需要进行研究模型的建构。本地区应

① 杨虎军：《从清朝以来归绥地区行政归属看晋蒙关系》，《广播电视大学学报》（哲学社会科学版）2014 年第 3 期。

② 陶继波、崔思朋、刘野：《山西人走西口选择"归化城"的原因》，《边疆经济与文化》2014 年第 9 期。

③ 赵金辉：《清代蒙古地区区域构成与演变探析》，《辽宁行政学院学报》2014 年第 6 期。

④ 衣保中、张立伟：《清代以来内蒙古地区的移民开垦及其对生态环境的影响》，《史学集刊》2011 年第 5 期。该文系教育部哲学社会科学研究重大课题攻关项目"中国历代边疆治理研究"（项目编号：10JJD0008）；教育部人文社会科学重点研究基地重大项目"东北亚跨境区域合作开发与东北边疆安全战略研究"（项目编号：2009JJD810008）；吉林大学哲学社会科学研究精品项目"可持续区域开发理论研究"（项目编号：2005JP009）阶段性成果。

⑤ 刘艺侠：《额济纳蒙古族近50年生产方式变化及原因分析》，《内蒙古师范大学学报》2013 年第 2 期。

⑥ 马得汶：《内蒙古额济纳旗人口与经济变迁浅考》，《民族论坛》2013 年第 10 期。

⑦ 于志勇：《中国北部边疆地区灾害史研究模型的建构思考》，《内蒙古师范大学学报》2013 年第 5 期。

该建立灾害史数据模型和历史模型，以期深入认识和了解灾害情况，进而对灾害数据进行系统分析，把本地区灾害历史信息化、系统化、科学化。

王利中《1958—1964年内蒙古地区场社合并问题研究》[①] 一文提出，无论人民公社还是场社合并，中国的农业体制都没有进入全民所有制阶段，因为中国农业生产力水平的落后，使中国农业生产关系无法超越生产力水平，只能不断地调整，使其更符合现实。20世纪60年代初，场社合并运动的停，就是符合现实情况的一种政策调整。于永《三年自然灾害时期内蒙古灾情分析》[②] 对三年灾害期间内蒙古受灾情况做了分析。李玉伟《试论内蒙古关于牧主和牧主经济的民主改革》[③] 对民主改革期间的具体措施及这些措施对生产力发展、社会经济的发展所起的作用做了分析论述。

二 北部边疆现状研究

纵观最近几年中国北部边疆地区现状研究情况，具有研究队伍庞大、成果数量可观、角度新颖、关注面广、涉及的问题多等特点。浩如烟海的研究成果，虽然不乏优秀之作，然而由于综述篇幅限定，以及个人学识有限，因此只能选择其中的重要而贴切于话题的论著简单介绍。

概括而言，北部边疆地区现状研究可从以下几个方面评述：北部边疆经济社会发展与经济改革问题研究，北部边疆与"一带一路"和"中蒙俄经济走廊"构建问题研究，北部边疆民族宗教和社会安定问题研究。

（一）北部边疆经济社会发展与经济改革问题研究

北部边疆地区主要涉及内蒙古自治区，所以内蒙古自治区的经济社会发展战略和经济社会改革方面的研究、评论和各种观察是这方面研究应要评述的对象。关于这方面的论著数量可观，涉及经济社会发展和改革的各项问题。

王宇昕《促进内蒙古战略性新兴产业发展的财政政策研究》[④]，从内蒙古地区长期持续发展的角度出发，首先介绍战略性新兴产业的基本概念、特征和发展这种产业的必要性，在此基础上分析了内蒙古发展战略性新兴产业的基础优势、现行政策和存在的各项问题，然后针对现实情况，着眼于未来发展的需要提出了推进战略性新兴产业发展的财政政策建议若干条。该文从经济社会发展的大处着想，以国民经济产业结构调整和产业发展战略为主要探讨对象，为内蒙古地区的经济社会发展指出改革发展的方向和政策建议，自然有其科学性和建设性。杜永威等《内蒙古地区产业结构、能源消费与经济

① 王利中：《1958—1964年内蒙古地区场社合并问题研究》，《内蒙古师范大学学报》2013年第4期。

② 于永：《三年自然灾害时期内蒙古灾情分析》，《内蒙古师范大学学报》2013年第4期。

③ 李玉伟：《试论内蒙古关于牧主和牧主经济的民主改革》，《前沿》2013年第5期。

④ 王宇昕：《促进内蒙古战略性新兴产业发展的财政政策研究》，《科学管理研究》2013年第1期。

增长关系的实证研究》[1] 一文，从 21 世纪以来内蒙古地区 GDP 增长迅猛的态势以及与之紧密相连的能源消耗飙升的实际情况出发，利用内蒙古 1995—2010 年间的相关经济指数数据，采用新古典经济理论中的生产函数，并运用协整检验、格兰杰因果检验、脉冲响应分析等计量经济学分析方法，对该地区的产业结构、能源消费与经济增长关系进行了统计学分析和实证研究。该文通过一番分析，得出结论认为内蒙古地区在所选年段的能源消费上升具有基层因果关系。该文作者提出在产业结构与能源消耗控制方面，首先需要调整工业和建筑产业的结构、比例和能源消耗方式；其次应致力于农业和牧业的能源使用清洁化进展。

王芳等《内蒙古区域经济差异及其演化研究》[2] 一文是一篇分析讨论内蒙古地区经济差异及结构问题的研究成果。该文利用国际经济学中广泛使用的锡尔系数分解法，并借助 SPSS16.0 和 ArcGis9.3 软件等辅助措施，全面系统地分析了内蒙古自 1987 年以来的国民经济时空差异以及这种差异的演变轨迹。该文运用绝对差异和相对差异的概念，经过一番对经济数据的分析后认为，在时间维度上内蒙古各个区域的经济绝对差异和相对差异正在扩大，尤其在 2005 年以来这种差异呈现出急促加大的态势；在空间维度上中部地区的发展水平显著高于东部和西部地区的发展；内蒙古三大地域内部和各个地域之间的差异都呈现出缓慢加大的态势；地域之间的差异是导致出现这种差异的主要原因。据此该文作者认为，内蒙古地区内的地域发展差异现已到了束缚经济社会发展的地步，其中导致这种差异的原因中有资源、市场、政策和全球化等各种原因。

乌云布日德等《新时期内蒙古地区发展理念研究》[3] 是一篇专门探讨内蒙古自治区经济社会发展历史上的发展理念，即如何定义发展这个概念及与之相关的各种问题的研究成果。该文首先总结了内蒙古经济社会发展的基本情况，认为内蒙古自治区经过 70 来年的发展，已经获得了巨大成就。然而在能源资源、生态环境及文化等方面的考量面前，内蒙古的发展本身付出了不少的代价。在肯定发展的同时，作者从经济社会可持续发展的角度，着眼于经济发展方式的优化要求，提出了该地区原来的主导发展理念存在不足。该文作者提出，发展理念的不足将会制约该地区未来的经济发展，从而波及社会发展，有碍于发展方式的优化。所以，该文作者认为内蒙古自治区的发展理念有待改善，同时呼吁学界研究内蒙古地区发展理念。

王芳、高晓路《内蒙古县域经济空间格局演化研究》[4] 一文也像《内蒙古区域经济差异及其演化研究》一样，以现代经济学中常用的数据分析方法和软件辅助手段解析内蒙古地区地域经济基本情况。该文首先采用 ESDA 及与之相关的 ArcGIS10.0 和 Geo-Da095i 软件等辅助措施，在经济指数数据方面，选用 1980、1990、2000 和 2010 年 4 个时间段的经济数据，进行详细的数据分析，得出了科学性较强的数值，以此为基础，并结合其他参数变量，分析了改革开放以来的内蒙古县域经济空间格局演变轨迹。经过分

① 杜永威、毛斯琴、段玉英：《内蒙古地区产业结构、能源消费与经济增长关系的实证研究》，《科技经济市场》2012 年第 9 期。

② 王芳、宋玉祥、王文刚：《内蒙古区域经济差异及其演化研究》，《经济地理》2012 年第 11 期。

③ 乌云布日德、刘海艳：《新时期内蒙古地区发展理念研究》，《价值工程》2015 年第 8 期。

④ 王芳、高晓路：《内蒙古县域经济空间格局演化研究》，《地理科学》2014 年第 7 期。

析，得出结论认为，在所观察的时间段内，内蒙古的经济空间格局和经济增长空间格局发生了很大的变化，其中，经济发展热点地区由东部迁到中部和西部地区，尤其中部"金三角"迅速崛起，取代了东部地区，成了该区经济发展的一个增长点，相反地东部地区转变成冷点地区。经过宏观分析，该文作者认为这一空间格局转变可能与可分资源、历史文化、地理位置等内部原因以及外部市场、政策倾斜等外部驱动因素有关。

除了上述总体考察和评论内蒙古地区经济发展情况、规律及存在的问题的论著外，亦有若干观察内蒙古发展的城镇、旅游农业及牧业的发展前景、发展构想的论著。

王晓志等《内蒙古城镇化：现状、问题及对策》[1] 是一篇专门探讨内蒙古自治区城镇化问题的论文。按照以往的国际惯例和经验来看，城镇化率往往是工业化发展程度的重要指标，即城镇化越高，标志着工业化越高。该文作者以此理论为依据，对内蒙古自治区的城镇化问题做了总体考察和专门评论。该文认为自从 2000 年开始实施城镇化、工业化、农牧业产业化战略以来，内蒙古自治区的各项经济发展指标出现了巨大变化，经济总量、城镇化水平都达到全国中等水平。以 2010 的数据为例，内蒙古自治区的城镇化率已由 2000 年的 42.2% 猛增到 2010 年的 53.4%。这已经高于全国城镇化平均水平。这种陡然变化与内蒙古在同时期推行的经济政策具有紧密联系。要是单从城镇化和工业化的这个层面上讲，似乎能够称其为一种发展，然而在具体实施过程和附带的一些后果来看，这种城镇化趋势不免存在一些尚有待解决的问题和难题。因此，该文作者提出要从社会发展的角度重新审视内蒙古的城镇化问题，在经济发展和社会文化发展的结合点上去评价城镇化的推进，这有利于内蒙古合理规划城镇布局和统筹发展具有重要意义。高晓霞等《内蒙古城镇化发展现状及问题分析》[2] 也是一篇总体考察内蒙古城镇化问题的研究成果。该文以内蒙古的城镇化率为切入点，分析了该区城镇化水平，着重从城镇发展模式、空间布局、各盟市之间的差异等方面展开分析，并总结了内蒙古城镇化发展现状及存在各项问题，最终提出了几项建议。同丽嘎等《内蒙古城镇体系空间结构分形特征分析》[3] 也是一篇专门探讨内蒙古城镇化问题的文章。该文利用分析城镇体系空间结构所用的聚集维数、网格维数和空间关联维数等三种分形维数，以计量计算的方法解析了内蒙古城镇体系空间结构特征。经过维数分析，该文认为内蒙古城镇体系的一个特征是具有以"双核"城市为中心发展，在全区 89 个城镇中，除了东部地区的呼伦贝尔、通辽、赤峰三市及锡盟部分城镇之外，西部地区的众多城镇主要以呼和浩特和包头两大中心城市为中心向外分布，密度逐次降低，容量维数和信息维数也随之逐次降低。除此之外，12 个城市之间的公路网络较为发达，城镇主要集中在省级大通道沿线，其系统性和通达性状态良好。

何雪妍《分析旅游业发展对内蒙古社会文化的影响》[4] 是一篇专门探讨内蒙古旅游

① 王晓志、吉孟振：《内蒙古城镇化：现状、问题及对策》，《内蒙古农业大学学报》（社会科学版）2012 年第 1 期。

② 高晓霞、侯智惠、乌云德吉、薛玉梅：《内蒙古城镇化发展现状及问题分析》，《内蒙古科技与经济》2014 年第 7 期。

③ 同丽嘎、李百岁、张靖：《内蒙古城镇体系空间结构分形特征分析》，《干旱区资源与环境》2011 年第 2 期。

④ 何雪妍：《分析旅游业发展对内蒙古社会文化的影响》，《城市旅游规划》2015 年第 2 期。

业发展及其对本区发展影响的研究成果。该文作者鉴于近期内蒙古地区旅游业快速发展、逐渐成为该区经济社会发展的重要支柱的实际情况，对该去旅游业的整体发展和文化发展前景做了深度考察。该文认为，对于拥有浓郁民族特色的内蒙古而言，旅游业发展对其社会文化也有着较为明显的影响。以旅游业发展为背景，以内蒙古自治区为研究对象，来研究旅游业发展对其社会文化的影响，并针对旅游业发展对当地产生的消极影响提出了相应的改进办法，以实现旅游业发展和民族文化保护的双赢。赵涛等《内蒙古生态环境可持续发展评价模型研究》[①] 是一篇从生态环境的角度审视内蒙古经济社会发展的研究成果。该文首先对内蒙古自治区的生态环境进行了评价和分析，通过分析生态现状，建立了该区生态环境可持续发展评价指标体系，利用这种层次分析法和多级模糊综合评价法对该区生态环境可持续发展前景做了综合评价。经过实证分析得出了以下结论：呼和浩特、包头、鄂尔多斯和乌海 4 个城市为良，锡盟为中等，呼伦贝尔、通辽、赤峰、乌兰察布和巴彦淖尔等 5 个市为差，阿拉善盟和兴安盟为极差。从结论可以看出，内蒙古自治区大部分地区的生态环境已经遭到严重破坏，改善和调整生产方式、资源利用方式和加大生态环境保护力度势在必行。针对这一现状，该文提出几个建议：提高水资源合理利用、控制超载过牧、扩大植被覆盖、实施退耕还林还草、封山育林。孙根年等《中国内蒙古与蒙古国出入境旅游与进出口贸易互动关系分析》[②] 是一篇从国际旅游和过境旅游的角度分析研究内蒙古旅游业的研究成果。内蒙古地处中国北方，跟北方邻国蒙古拥有漫长的陆上边界，具有发展中蒙过境旅游与贸易的良好的地缘条件。该文作者鉴于这一事实，采用统计学分析方法，选取 1998—2011 年的数据，通过指标分析，揭示了内蒙古与蒙古国旅游与贸易的互动关系。该文的结论认为内蒙古与蒙古国的旅游与贸易互动关系呈现出对数直线关系，2006 年以前进出口贸易增长较快，从而推动了相关旅游业的发展；2006 年以来进出口贸易继续增长，而出入境旅游增速趋于平稳，贸易对旅游的带动作用显著起来。

陈桂月等《内蒙古经济发展与环境污染之间关系的检验》[③] 是从环境污染的角度审视内蒙古经济发展的研究成果。该文利用内蒙古 1986—2009 年间的 6 类环境污染指标和人均 GDP 数据，采用计量分析方法，通过对各项变量的分析，对经济增长与环境污染的关系及其动态变化做了实证研究。结果显示如下。

（1）当内蒙古粉尘排放量增长率、工业固体废弃物产生量增长率、工业二氧化硫排放量增长率和工业烟尘排放量增长率各增加 1% 时，人均 GDP 分别降低 0.068%、0.411%、0.380% 以及 0.418%；当工业废气排放量增长率和工业废水排放量增长率分别增加 1% 时，人均 GDP 分别上升 1.305% 和 1.601%。

（2）人均 GDP 变化是工业固体废弃物产生量和工业废气排放量变化的 Granger 原因，但各污染物排放并不是人均 GDP 变化的 Granger 原因，这与研究期间内蒙古处于工

---

① 赵涛、米国芳：《内蒙古生态环境可持续发展评价模型研究》，《北京理工大学学报》（社会科学版）2012 年第 2 期。

② 孙根年、安景梅：《中国内蒙古与蒙古国出入境旅游与进出口贸易互动关系分析》，《干旱区资源与环境》2014 年第 8 期。

③ 陈桂月、李海涛、梁涛：《内蒙古经济发展与环境污染之间关系的检验》，《自然资源学报》2012 年第 11 期。

业化尤其是工业中的采矿业发达的事实吻合。

（3）人均 GDP 增长率对来自环境变量增长率的冲击影响，其响应表现在第 1 期均为 0，从长期响应来看，给粉尘和废水排放增长率一个正的冲击，人均 GDP 增长率的响应为持续的降低；对来自废气排放增长率冲击响应函数图在前 4 期表现出"增长—降低—增长"的趋势，而在后 6 期表现为缓缓下降；对来自固体废弃物产生量增长率和二氧化硫排放量增长率冲击响应不明显；对来自烟尘排放量增长率的冲击其响应在第 2 期达到最大值，随后也呈递减趋势。

作者依据上述分析结果，得出结论为：从方差分析的结果看，不考虑 GDP 自身的贡献率，内蒙古环境污染指标排放增长率对人均 GDP 增长率贡献率较小，而在不考虑内蒙古各个环境污染指标排放增长率自身的贡献率的情况下，内蒙古人均 GDP 增长率对环境污染指标排放的增长率的贡献较高。这进一步说明了内蒙古环境各污染因子排放量的增多并没有大幅度促进人均 GDP 的增长，但是人均 GDP 增长却带动了工业污染物排放的增长。

塔娜《内蒙古资源、经济、环境系统协调发展实证研究》[①] 也是一篇从生态环境的角度评估内蒙古经济可持续发展的研究成果。该文主要利用"3E"系统协调度模型及其确立的评价标准，对内蒙古地区的资源、经济和环境系统协调发展做了相关实证研究。

有关北部边疆，尤其对内蒙古的经济社会发展及产业结构、各种产业、经济发展与生态环境的关系及经济发展和环境污染的互动等问题的论著亦有很多。这里限于篇幅不能一一评介。

（二）北部边疆与"一带一路"和"中蒙俄经济走廊"构建问题研究

中国领导人提出"一带一路"和"中蒙俄经济走廊"构建的倡议后，得到了周边各国和地区的积极响应，相关各国在国家领导人高层酝酿、相关部门协商、智囊机构研讨和学者研究等多层面上积极参与，使这一战略性构想得到了初步进展。2015 年 3 月 28 日，国家发改委、商务部和外交部三部委联合发布"一带一路"建设愿景，正式提出了全面战略规划蓝图。愿景中对中国境内的各个地区、省份和自治区给予了适合本地区经济发展基础、产业结构和地理位置的战略定位。与此同时，国内各大媒体和科研团体及学术工作者纷纷响应"一带一路"建设倡议，从历文化和经济外交战略等各个层面上进行了各项研究、考察和评论。关于"一带一路"总体规划和实施策略的讨论，各个省份如何参与"一带一路"建设的问题，国内也有了很多学术成果，其中不乏有关中国北部边疆地区及内蒙古地区如何参与"一带一路"问题的论著。

徐杰《"一带一路"背景下内蒙古经济发展面临的契机》[②] 一文从"一带一路"建设倡议的性质和重要性出发，结合内蒙古的发展基础及地理位置，对内蒙古在这一建设中面临的契机做了评估。该文提出"一带一路"是中国全面深化改革开放特别是向西开放的重大举措，内蒙古自治区由于有着优越的地理位置，自古与草原丝绸之路结下良

①　塔娜：《内蒙古资源、经济、环境系统协调发展实证研究》，《中小企业管理与科技》2015 年第 4 期。

②　徐杰：《"一带一路"背景下内蒙古经济发展面临的契机》，《财经理论研究》2015 年第 6 期。

缘。在新时期，该区应抓住这一发展战略机遇，以"一带一路"为依托大力发展经济，充分发挥本区在草原丝绸之路经济带上的重要作用。杨臣华《"一带一路"建设中的内蒙古机遇》① 一文结合内蒙古的实际情况认为，在"一带一路"建设中内蒙古具有以下几个历史机遇：即发挥连接俄蒙优势、构建经贸合作区打造对外开放升级版、建设连接欧亚经贸大通道、为产业和服务贸易提速升级、构建多层次的政府间关联政策沟通交流机制、改善民生福祉等七个机遇，并提出内蒙古应该利用"一带一路"建设的有利形势，抓住机遇，谋求经济发展。张国《内蒙古推进"丝绸之路经济带"建设的举措研究》② 一文中，根据《推动共建丝绸之路经济带和 21 世纪海上丝绸之路的愿景和行动》中对内蒙古在推进"丝绸之路经济带"建设中的作用进行的定位，围绕内蒙古如何推进这一战略举措问题进行了阐述和研究。该文提出几项建议，包括内蒙古应当增强意识，为本地企业的走出去提供优质服务，完成规划编制与实施方案的制定，加强同周边省份的合作以及深化同蒙古国和俄罗斯的合作。

中蒙俄经济走廊建设是"一带一路"倡议的一部分，牵涉到中国、蒙古国和俄罗斯三国。这一构想一经提出，即得到蒙古国和俄罗斯政府、商务部门与智囊机构和科研机构的积极响应，三国相关职权部门和科研工作者积极参与相关学术讨论和实地考察。与中国提出"一带一路"和经济走廊建议相应，蒙古国提出了"草原丝绸之路"倡议，以期与中国的相关倡议相接洽。中国学术界对这一构想和倡议做了充分的讨论和研究，涉及历史文化、经济、社会、外交等各个领域，其中包括对内蒙古地区对中蒙俄经济走廊的意义及应对措施等问题的讨论。马永真等《构建"草原丝绸之路经济带"的若干思考》③ 是一篇专门探讨草原丝绸之路经济带的研究成果。该文作者鉴于中国领导人提出的"一带一路"发展战略和蒙古领导人提出的"草原之路"倡议，提出了发展"草原丝绸之路经济带"的构想，作为"一带一路"总体构想中一个有机组成部分，并做了概念定义。以"一带一路"为总体框架，以综合彻贯中国的"一带一路"与蒙古国的"草原之路"建设构想为目的，详细解释了"草原丝绸之路"的内涵和外延，并从全面建设草原丝绸之路经济带的角度，对内蒙古自治区乃至国家战略的制定提出了几项具体建议，包括全力做好通道建设、切实做好文化先行、稳步建设能源大通道和竭力打造区域性商贸中心等。

李加洞《构筑丝绸之路右翼—草原丝绸之路经济带的可行性分析与内蒙古的路径选择》④ 是对构建"草原丝绸之路经济带"方面做出理论建树的另一篇文章。该文作者鉴于"一带一路"的兴起，而学界对丝绸之路右翼——"草原丝绸之路经济带"问题的研究不足的情况，通过考察草原丝绸之路经济带的战略背景、俄罗斯因素、政策基础和物质支撑力，分析构筑草原丝绸之路经济带的可行性。同时，根据内蒙古在草原丝绸之路经济带中的地位和角色，指出了内蒙古必须将之前有的向北开放战略扩大成同时向

---

① 杨臣华：《一带一路建设中的内蒙古机遇》，《北方经济》2015 年第 5 期。

② 张国：《内蒙古推进"丝绸之路经济带"建设的举措研究》，《理论研究》2015 年第 8 期。

③ 马永真、梅园：《构建"草原丝绸之路经济带"的若干思考》，《内蒙古社会科学》2014 年第 6 期。

④ 李加洞：《构筑丝绸之路右翼——草原丝绸之路经济带的可行性分析与内蒙古的路径选择》，《前沿》2015 年第 3 期。

西向东开放的战略，从而延长草原丝绸之路经济带的东西两翼、谋划一条"哑铃模式"的草原丝绸之路经济带、构筑一条多点、多线汇聚欧亚铁路大通道的草原丝绸之路经济带的建议。

文风《内蒙古参与中俄蒙经济走廊建设几个问题的研究》① 是一篇关于内蒙古如何积极参与中蒙俄经济走廊问题的研究成果。该文提出内蒙古在走廊建设中应着力打造融开放之门、亚欧之路、集散之枢、先行之域于一体的"中蒙俄经济走廊"核心区，将本区打造成经济走廊建设中的主体参与者，从而在国际合作中谋求本区发展。该文就建设经济走廊中内蒙古应采取的办法提出具体办法，包括借丝路扩开放先行开展中俄蒙次区域合作、借丝路强基础建好三条"亚欧大陆桥"和借丝路调结构开放升级"五大基地"。其中三条"亚欧大陆桥"为：满洲里至俄罗斯至欧洲的国际铁路大通道，贯通满洲里至大连港、营口港的出海通道，形成海铁联运大通道；提速改造经二连浩特、乌兰巴托至莫斯科至欧洲的国际铁路大通道，不断提升与各支线的联通能力；打通经临河—哈密—阿拉山口—哈萨克斯坦—俄罗斯—白俄罗斯—波兰—德国等欧洲国家的国际铁路大通道，打通环渤海湾地区通往新疆的便捷高速通道。五大基地包括建设开放型清洁能源基地、建设外向型绿色农畜产品生产加工输出基地、建设国际型旅游观光休闲度假基地、建设示范型现代煤化工生产基地、建设跨越型现代装备制造基地。

单浩杰《内蒙古在建立"中俄蒙经济走廊"战略中的几点思考》② 一文认为打造"中俄蒙经济走廊"是实施"一带一路"战略构想的起点和推动欧亚经济一体化的重要战略步骤。该文也认为内蒙古是建立"中俄蒙经济走廊"中国段的主体区域，并从内蒙古具有的良好的文化基础、区位优势和政策优势出发，提出内蒙古应抓住这次难得的历史机遇，结合内蒙古西部大开发战略，深化各领域的合作，积极探索新的合作领域，推动内蒙古经济的快速发展。为此该文作者提出了几条建议，包括继续深化在经贸、能源、交通、投资领域的合作、大力发展旅游业，以文化交流促进多边合作、积极探索新的合作领域等等。

于洪洋等《试论"中蒙俄经济走廊"的基础与障碍》③ 是一篇分析中蒙俄经济走廊建设构想的重要性、创新性和可行性的研究成果。该文作者从美国通过 TPP 和 TTIP 欲在欧洲与东亚打造"经济北约"并以提高中国等新兴发展中国家的国际贸易准入门槛，以及中国相应地推出"一带一路"区域发展计划以实现欧亚经济融合等国际大背景出发，探讨了中国领导人提出"一带一路"及"中蒙俄经济走廊"建设倡议的性质与意义。该文首先认为"中蒙俄经济走廊"建设与"一带一路"战略构想是一个整体，作为"一带一路"战略构想的起点，中蒙俄经济走廊不仅能够"稳疆兴疆"、改善民生、调整经济结构、维护地区稳定，同时对于推动"一带一路"的战略目标、推动欧亚地区经济一体化具有重大作用。并认为中国倡议启动亚太自贸区一体化建设，出资400 亿美元建立丝路基金，为"中蒙俄经济走廊"建设提供了广阔的发展空间和资金支

---

① 文风：《内蒙古参与中俄蒙经济走廊建设几个问题的研究》，《北方经济》2015 年第 5 期。

② 单浩杰：《内蒙古在建立"中俄蒙经济走廊"战略中的几点思考》，《物流科技》2015 年第 12 期。

③ 于洪洋、［蒙］欧德卡、巴殿君：《试论"中蒙俄经济走廊"的基础与障碍》，《东北亚论坛》2015 年第 1 期。

持，这一切可能会推动新亚太世纪的到来。该文作者在充分肯定"一带一路"与"中蒙俄经济走廊"建设倡议积极意义的同时，用冷静的心态和理性的眼光，深度审视倡议所处的时代背景和国际政治环境，认为面临恐怖主义与海盗袭击等地区安全的威胁，构建"一带一路"具有潜在的战略弱点。该文作者在文章中就"中蒙俄经济走廊"建设的主要问题提出了几个可能对构建经济走廊起阻碍作用的因素，包括"中国威胁论"与"蒙俄受害论"、蒙古国政策环境稳定性的问题、"中蒙俄经济走廊"存在经贸合作的瓶颈制约、面临俄蒙经济民族主义的压力等。该文作者在结论中提出，"中蒙俄经济走廊"建设虽然存在上述客观与主观上的瓶颈制约，但是为了克服消极因素，需要增强三国的政治互信，推动三国国民的往来与了解，做好物与物、人与人的"互联互通"。张永军《我区推进"中蒙俄经济走廊"建设的着力点》[1] 一文鉴于"中蒙俄经济走廊"建设问题，结合内蒙古实际情况，认为突出通道建设是推进"中蒙俄经济走廊"建设的关键点、突出"五通"建设是推进"中蒙俄经济走廊"建设的重要内容、突出口岸建设和管理是推进"中蒙俄经济走廊"建设的重要环节，同时提出了具体意见，包括树立"两个大局"思想、合理有序推进合作项目建设和储备，加强智库间交流合作。

有关"一带一路"构建与中蒙俄总体评价和研究分析，尤其从国家层面上探讨该问题的论著非常之多。限于篇幅所限不能一一赘述。这里仅以内蒙古为主要探讨对象，因此只选择了事关内蒙古及中国北部边疆地区的研究成果加以简单评述。

（三）北部边疆民族宗教和社会安定问题研究

内蒙古自治区的民族关系一向和谐，尽管发生过几起有损民族团结的恶性案件，但是总体上讲民族关系的和谐、社会环境的安宁与民族教育文化事业及宗教事业的稳步发展情况是较好的。有关在内蒙古民族关系、经济社会发展过程中逐渐显露出来的民族关系、民族与社会环境的互动等问题，少量研究成果见诸书刊，故兹谨予简单评述。

曹清波《地缘安全视角下的跨界民族问题研究——以内蒙古地区为例》[2] 是一篇以内蒙古自治区为中心，分析探讨相关跨界民族的研究成果。该文作者认为民族向心力与国家凝聚力之间的矛盾所引发的跨界民族问题，在地缘安全方面具有重要的分量。该文从跨界民族的界定着手，分析跨界民族问题与地缘安全的关系，进而对内蒙古地区跨界民族问题进行了实证研究，针对问题以内蒙古地区为例给予理性的对策思考。马尚云、李慧勇《内蒙古城市化进程中民族问题的表现及对策研究》[3] 是一篇专门探讨内蒙古城市化过程中显露出来的民族问题的研究成果。近期，由于推进工业化、以矿业为主导的经济战略的推动下，内蒙古地区出现了少数民族城镇化潮流。这一潮流直接引起了原先在农村牧区务农务牧的少数民族成员的进城和适应城市环境问题。该文作者依据考察所得，认为在城市化进程中的挑战具有特殊性和复杂性，城市化过程的急促激进使民族关

---

① 张永军：《我区推进"中蒙俄经济走廊"建设的着力点》，《北方经济》2015 年第 8 期。

② 曹清波：《地缘安全视角下的跨界民族问题研究——以内蒙古地区为例》，《才智》2015 年第 3 期。

③ 马尚云、李慧勇：《内蒙古城市化进程中民族问题的表现及对策研究》，《内蒙古大学学报》2011 年第 2 期。

系更趋复杂，导致进城少数民族人口的合法权益保护问题更加尖锐，保护民族传统文化问题日益严峻，并催发了少数民族的民族意识增强。鉴于这些较为棘手的现实，从而提出了几项建议。第一，加强城镇社区文化建设，将各民族平等、团结、共同繁荣的马克思主义民族观的学习和教育活动作为城镇社区文化建设的重要内容。第二要以经济建设为中心，坚持国家帮助和少数民族自力更生相结合的方针，大力发展少数民族的经济文化事业。第三，要加大和深化城镇户籍、工商、卫生、税收和保险等一系列管理制度的改革。第四，要将城镇化发展进程与中华民族多元一体的构建进程结合起来。

赵茜《内蒙古地区民族关系发展现状调查》[①] 一文通过对内蒙古地区民族关系的调查，以各民族之间的社会交往、当地民族与外来人员之间交往的包容性、民族身份在日常生活中的不便利性、各民族对于当地及国家民族关系的主观评价以及民族冲突状况等方面进行论述，以期全面真实地反映内蒙古地区的民族关系现状，并提出了几项建议。第一，加强农牧区社会事业发展，逐步缩小城乡差距。第二，加强少数民族农牧民的职业培训，实现少数民族与县域经济的共同发展。第三，完善生态补偿机制，实现美丽与发展的双赢局面。第四，大力发展少数民族经济和文化，构建和谐民族关系。

张星光等《内蒙古人口变动及人口分布分析》[②] 是一篇专门分析探讨内蒙古人口分布及变动的研究成果。该文作者从人口学研究角度，为了解内蒙古自治区人口变化规律，并为学术研究和人口工作战略决策制定提供基础数据和科学依据，利用 2000 年、2010 年的人口普查资料，采用 IBM SPSS19.0 统计软件，计算出了人口数量、人口增长率及性别比等各项指标，并进行了基于时间、基于地区和基于人群的比较分析。结论认为近 10 年来，内蒙古自治区人口有一定的增长；不同地区的人口增长程度不同，人口性别比也有一定的差异；内蒙古自治区城镇化程度较高，但地区、年龄、民族的城镇化程度存在差异，尤其是蒙古族人口的城镇化有待进一步提高。

有关北部边疆地区现状研究远不止以上所述，论著数量非常可观，只是由于本综述篇幅有限，择其切实关乎北部边疆地区和内蒙古社会经济发展、中蒙俄经济走廊的具体问题及内蒙古民族、人口、安全方面的论著简要评述。其余未能述及的论著，容留日后详细评介。

纵观北部边疆地区现状研究，有以下几个特点值得注意。

首先，关于北部边疆地区，尤其是关于内蒙古经济社会发展的研究和讨论主要集中在宏观方面，而且以内蒙古的经济结构调整、环境与发展的关系和解决污染的问题最为关切。在具体经济领域方面，对内蒙古旅游业的关注较为突出，多篇论文专门探讨内蒙古旅游发展战略问题，对旅游业的转型、提升及国际竞争等问题基本都有涉及。2015年内蒙古在能源开发方面走在全国前列，其国民经济结构也严重依赖能源开发和输出，但在这一领域的关注似乎不怎么突出。

其次，关于"中蒙俄经济走廊"与内蒙古的参与问题的研究，发表了很多研究成果，包括相关学术会议、工作会议和媒体集中报道。除了从国家战略的角度探讨阐释

---

① 赵茜：《内蒙古地区民族关系发展现状调查》，《广西民族研究》2015 年第 2 期。

② 张星光、尹韶华、闫涛、苏俐：《内蒙古人口变动及人口分布分析》，《西北人口》2015 年第 2 期。

"一带一路"与"中蒙俄经济走廊"构建倡议的宏观性、一般性论述之外，从内蒙古如何参与"一带一路"和"中蒙俄经济走廊"的建设并从中获益问题也有很多具体论述文字见于刊物。探讨的焦点主要集中在"中蒙俄经济走廊"建设对内蒙古的发展具有的意义、机遇，内蒙古在"中蒙俄经济走廊"建设中如何定位本区的问题，内蒙古作为经济走廊建设的重要区域，如何打造本区经济社会等方面有了各项建议。

最后，关于内蒙古的民族关系、人口发展及社会安全等问题的研究，发表了一些研究成果。这些成果一方面充分肯定内蒙古地区民族关系的和谐，也提出了存在的问题，并提出了应对和解决的办法。

东北边疆研究综述（2010—2015）

范恩实　初冬梅*

一　东北边疆历史研究综述

在中国古代史研究的范畴内，东北边疆史研究并非显学，但是经过几代学人的不懈努力，还是克服了史料严重不足，学术发展受外部因素影响较多等困难，奠定了学科基础，并形成了一定的学术积累。但是从近年来的相关研究成果看，在研究理论、方法、视角等方面都缺乏突破与创新，即便是最为史学界津津乐道的"二重证法"，在应用的广度、深度，特别是精确度方面也仍然存在很大不足。从这个意义上说，东北边疆历史研究发展到今天，我们应该更多地重视理论、方法和视角方面的探索。可喜的是，从2010—2015 年的研究成果看，这方面的工作已经引起了前辈学者，甚至一些学术中坚力量的重视，或者全面，或者对某一个具体研究领域的学科理论问题进行了较为深入的思考，因此本项研究综述首列"东北边疆历史研究的理论思考"，除此以外，相关研究成果大体可分为"东北古族史研究""历代王朝的东北边疆治理研究""东北近代史研究""东北现代史研究"。

（一）东北边疆历史研究的理论思考

孙进己《东北史研究中的若干理论问题》（上、下）[①]，从东北史的研究范围、特点、分区、种族和语言、民族和民族共同体、政权建置、经济类型、社会性质、文化、分期等 12 个方面探讨相关理论问题。以下分别加以简要介绍：在东北史的研究范围方面，以往有两种观点，一种认为应该以历史上各个时期我国中央王朝的实际管辖范围确定；另一种是以现今的中国为出发点，去探讨现今的东北在历史上是如何发展来的。作者认为它们是从不同的角度来研究中国的东北，我们在不同的著作中完全可以采用不同的方法。关于东北史的特点，作者归纳有 5 个：地理环境的多样化和复杂化；地区发展不平衡；人口迁徙频繁；发展的跳跃性和延续性；发展的重复性。在分区方面，作者认为可以根据经济类型划分为平原农业区、草原畜牧区、森林狩猎区。在种族、语言、民族和民族共同体方面，作者认为应该进行更为明确的区分。在政权建置方面，作者指出既要关注管辖汉族的正式的州县建置，也要涉及其他各族的政治建置。在经济类型方面，作者认为应该应用经济类型，阐明各地区、各民族的经济发展阶段。在社会性质方

---

* 范恩实：中国社会科学院中国边疆研究所副研究员；初冬梅：中国社会科学院中国边疆研究所助理研究员。

①　孙进己：《东北史研究中的若干理论问题》（上、下），《东北史地》2012 年第 5 期、第 6 期。

面，作者认为各个地区、各个民族都有自身的独立发展过程，这就形成东北史中复杂的状况；同时指出以往研究中存在的问题有两个，一是把各个时期存在的所有形态简单化，二是把许多貌似的形态混为一种形态。在文化方面，作者认为要着重分析政治、经济、文化的互相影响同时也认为应用考古学资料来研究东北史是非常必要的，但要防止在应用中的各种错误做法。在分期方面，作者将东北史历程分作四期：原始时期；进入文明的时期；各族文明的发展时期；清代中期开始，东北在民族和文化上经过长期交流、融合已经趋于一致。

魏存成《关于东北史研究的几个问题——读〈东北史研究中的若干理论问题〉》[1]是对孙进己文章的回应。其中主要讨论了三个问题：第一是东北史的研究范围，作者认为孙先生提到的两种观点、方法不仅可以"互相补充"，还可以互相结合，而且作为一种观点、方法，只要是研究东北史，在不同的著作中都应该是通用的。第二是东北史研究中的民族问题。作者认为东北史同东北民族史一样，是无论如何与东北民族分不开的，民族问题始终是研究中的主要问题。第三是"关于考古文化"问题，作者认为实际上这是东北史研究中的学科交叉问题。研究东北史，文献研究不只是要与考古资料及研究相结合，同时还要与人类学、语言学等多种学科研究相结合。

王绵厚《立足地域文化研究前沿把握东北史研究的若干重大问题》[2] 涉及东北史和东北地域文化研究的五个主要前沿问题，即东北史研究与东北自然生态变迁和文明起源问题；东北史研究与东北地域文化的关系；东北史研究与东北古民族研究；东北史研究与东北区域考古学；东北史研究与各专门史研究的关系。苗威《东亚视角与中国东北史释读》[3] 一文认为要做到既可以对历史做客观回望，又可以在东亚区域内避免因历史倒叙所引起的纷争与摩擦，我们有必要将研究视角调整为"东亚视野"。

李大龙《视角、资料与方法——对深化高句丽研究的几点认识》[4] 一文，对如何深化高句丽研究做出了理论思考：首先，扩大高句丽研究的视角。例如有关高句丽政权性质的学术争论，作者认为主要在于我们对中国疆域的认定，同时建议放弃一些现代理论和观念的束缚，在东亚区域的视角下，客观地阐述每个政权或族群的源流，以揭示东亚地区政治格局和族群聚合由传统王朝时代向近现代主权国家阶段演变的历史。其次，要重视考古发掘获得的新资料以及对传统文献资料的深入发掘和整理。对此，作者提出三点建议：一是，对一些基本资料的辨析和利用有待加强。二是，以《三国史记》为代表的朝鲜半岛汉文古籍在高句丽历史研究中具有的价值自然不能低估，但盲目地不加辨析地视为圭臬也会带来严重后果，因为这种不加辨析地盲目信从会让我们的研究与历史的真实更加疏远。三是，对现有中国和半岛的史书记载进行深入细致的对比分析，或许会有一些新的发现。最后，理论和方法的创新。作者认为，一方面体现在要不断完善现

---

① 魏存成：《关于东北史研究的几个问题——〈读东北史研究中的若干理论问题〉》，《东北史地》2013 年第 1 期。

② 王绵厚：《立足地域文化研究前沿把握东北史研究的若干重大问题》，《东北史地》2013 年第 1 期。

③ 苗威：《东亚视角与中国东北史释读》，《东北史地》2013 年第 2 期。

④ 李大龙：《视角、资料与方法——对深化高句丽研究的几点认识》，《东北史地》2014 年第 4 期。

有的史学理论和方法，诸如完善我们多民族国家的理论，为确定边疆民族或政权的性质提供理论基础等；另一方面也需要吸纳其他学科，尤其是民族学、法学乃至国际关系问题等学科的理论和方法，为我们探讨高句丽民族的形成和发展及高句丽与中原政权、周边其他政权和民族的关系提供新的理论和方法。

魏存成《如何处理和确定高句丽的历史定位》[①] 一文，则在如何定位高句丽政权性质方面，对中国部分学者提出的"一史两用"的观点进行了深化。作者认为，处理和确定高句丽的历史定位，应该在实事求是、尊重现实、尊重历史的原则指导下，采取两步走的方法：第一步是确定高句丽在现在国别史中的位置，即以现今国界为基本框架，在中国历史和朝鲜半岛国家历史中都要写入高句丽史，但所写地区各有侧重，时间长短也有区别。以此定位，就中国而言，高句丽族是中国东北地区的古老民族，高句丽政权是中国古代边疆政权；就朝鲜半岛而言，高句丽族又是半岛民族的重要来源和组成之一，高句丽政权是半岛北部历史上的一个重要政权。第二步是确定高句丽在当时历史环境中的位置。汉唐时期历代中原政权对高句丽的管辖、册封，所包含的主要是政治地位的主从关系和心理方面的相互认同，体现的则是历史上的羁縻、藩属体制。以此定位，高句丽政权则是中原政权的属国，因此在将高句丽历史分别写入中国历史和朝鲜半岛国家历史中时，都应该把这种羁縻、藩属体制和属国地位如实地写进去。

（二）东北古族史研究

1. 有关肃慎—靺鞨系诸族群族系源流的新认识

在传统民族史研究领域，生活在东北地区的各古代族群被划分为三大族系，即夫余—秽貊系，包括夫余、秽貊、高句丽、沃沮等；肃慎—靺鞨系，包括肃慎、挹娄、勿吉、靺鞨、女真、满洲等；东胡—蒙古系，包括东胡、乌桓、鲜卑、契丹、奚、室韦、蒙古等。同一族系内部，则存在着族系源流上的顺承关系。

20世纪五六十年代，国际人类学、民族社会学学界对民族、族群等概念的内涵进行了深入的讨论，在传统客观论的基础上，学界提出了主观论、族群象征主义论等新的理论和观点。20世纪90年代以后，这些新的理论思考传入中国学术界，同样引起了相关学界的深刻反思。例如王明珂所著《华夏边缘》[②]、姚大力先生所著《北方民族史十论》[③] 等。近年来，东北民族史学界也开始思考在新的理论背景下，传统研究结论的准确性问题，特别是肃慎—靺鞨系的"族系源流"问题。

2012年，高凯军再版了《通古斯族系的兴起》[④] 一书，根据通古斯—满语族和满—通古斯种族的一致性，将肃慎—靺鞨系诸族群概括为"通古斯族系"，并指出它是一个相沿发展的民族系统，包括从先秦时期的肃慎直至明末及以后的满洲等不同历史时期的部落或民族。但是同时，作者也指出，是通古斯族系的不同分支建立了渤海国、金朝和清朝，进而提出了"递进重构"的理论概括，反映了通古斯族系兴起过程的曲折发展规律。"递进重构"揭示了所谓族系内部各族群间的差异性。

---

① 魏存成：《如何处理和确定高句丽的历史定位》，《吉林大学社会科学学报》2011年第4期。

② 王明珂：《华夏边缘（历史记忆与族群认同）》，社会科学文献出版社2006年版。

③ 姚大力：《北方民族史十论》，广西师范大学出版社2007年版。

④ 高凯军：《通古斯族系的兴起》，中华书局2012年版。

对于肃慎与挹娄的关系，郭孟秀《肃慎与挹娄关系再议》① 进一步阐发了以往学界"肃慎与挹娄为不同部落"的观点，同时指出："肃慎与挹娄是两个关系密切但又不同的部落，在文化上属于同一个族系，具有相同的文化类型，即以渔猎采集为主；在地理位置上相近，甚至不排除曾经有过互相在对方领域中活动过；在历史上同时并存过。但是，肃慎与挹娄各自有着不同的历史发展过程：肃慎一族自先秦见于史册始，虽经兴衰沉浮而绵延未绝于史，直至宋辽以女真之名再次崛起而建金，贯通于肃慎女真族系始终；挹娄则亦为东北少数民族之一部落，但其发展历史却不可与肃慎同日而语，于后汉、三国时代曾一度强盛，至晋便日渐式微且无再次复兴，至唐随着渤海国的强盛而部落湮灭。"但是作者对南北朝以下见于史书的"肃慎"与"挹娄"的解读，似有值得商榷之处。

范恩实《靺鞨兴嬗史研究——以族群发展、演化为中心》② 一书，借助英国民族社会学家安东尼·史密斯提出的古代族群演化的三阶段理论，即"族类"（ethnic network）、"族群网络"（ethnic network）、"族团"（ethnic community），结合文献记载与考古发现材料，重新审视靺鞨族群的历史演化线索：汉、魏时期的挹娄为一族类概念，后其中部分人群社会组织发育加速，实现了从部落社会向早期国家的飞跃，魏、晋时期来贡的肃慎即是这一族团——凤林文化人群。肃慎在与高句丽的争夺中败下阵来，国破家亡，族团衰散。南北朝时期发展起来的勿吉的主体是原挹娄族类内的另一部分人群。在史书中，勿吉这一族称也有着从族团概念到族类概念的扩大使用过程。根据考古发现，史书记载的靺鞨族类人群，具有大体相同的文化面貌，这就否定了很多学者所主张的靺鞨人群种族的复杂性。同时，作者进一步指出靺鞨是在夫余、沃沮族团衰落，人群被迁徙、同化的情况下南下的，其在不同地域结合了部分当地的文化因素，表明确有一定数量的其他部族人口进入靺鞨之中，但在总量上均不具有决定意义。南北朝时期入贡中原的勿吉即粟末部。由于北朝后期受高句丽阻隔，勿吉朝贡之路断绝，另一支种族、文化相似的部族——白山部代替了粟末部的朝贡地位，但族称却被改变用字，写作"靺羯"。在中原王朝官方文献使用"靺羯"的同时，以《玉篇》为首的字书却统一为"靺鞨"，导致宋代以后的文献史料中，"靺羯""靺鞨"并见，并最终由"靺鞨"取代"靺羯"。自隋代以后，靺鞨同样由族团概念转变为族类概念，泛指东北广大地域上具有相似种族、文化的人群。唐末、五代时期，靺鞨族称逐渐从史书中消失，原属靺鞨族类人群（包括渤海）发生嬗变、分化，形成南迁渤海人、女真人、五国部人、兀惹人等具有不同族称的新群体。五代、辽初见于史籍的女真主要包括三支彼此分离的人群。一为世居渤海与契丹之间的，原属靺鞨族类的部落群体；二为渤海灭亡，渤海主体人群南迁后留在旧地的部落群体；三为渤海末期南下进入朝鲜半岛东北部，以后逐渐蔓延到鸭绿江流域的黑水靺鞨部落群体。其中只有第三支源自黑水靺鞨。当然，这也是最大的一支，它与渤海灭亡后陆续南下的黑水靺鞨人一起，构成了辽代女真主体。同时，黑水靺鞨还分化出五国部人与兀惹人。

---

① 郭孟秀：《肃慎与挹娄关系再议》，《民族研究》2012 年第 5 期。
② 范恩实：《靺鞨兴嬗史研究——以族群发展、演化为中心》，黑龙江教育出版社 2014 年版。

　　程妮娜在《汉至唐时期肃慎、挹娄、勿吉、靺鞨及其朝贡活动研究》① 一文中，也讨论了肃慎系诸族的源流关系问题。作者认同以往学界对汉魏肃慎与挹娄关系的解说："肃慎来贡"被中原帝王作为体现威德及于四海的重要指标，贡纳楛矢石砮的挹娄被史家贴上了"肃慎"的标签。该文进一步分析指出："在《三国志》中陈寿仅在《东夷传》中使用'挹娄'族称，《挹娄传》记述了挹娄人的地理、风俗、物产，及其与邻族的关系。在《夫余传》《沃沮传》中记述夫余、沃沮与挹娄有关的事迹时，同样使用挹娄族称。但是，在帝纪和人物传中，凡涉及挹娄人的事迹，尤其是朝贡活动，全部以'肃慎'指代'挹娄'。陈寿在一部书中记述同一个族群的事迹，在不同地方没有丝毫错乱地分别使用'挹娄'和'肃慎'两个族名，无疑有其特别的用意。""魏晋时期，中原人始终使用肃慎和挹娄这两个名称来称呼这个族群。如前所言，史籍记载王朝事迹时通常使用肃慎之名，十六国时期北方民族纷纷在中原建立政权，史家记载边疆民族事迹似乎不像以前那么严格地使用肃慎之名，于是史籍中偶见用'挹娄'之名记载该族朝贡活动。然唐人撰《晋书》还是依据晋朝史官的习惯，将该族群朝贡活动一并记为肃慎人。"同时，该文作者还结合考古发现的三江平原汉魏遗址群（一说凤林文化），对挹娄的社会面貌进行了分析："考古调查者将凤林文化数百处遗址大体划分为个群，认为各个小的区域文化面貌或稍有差异，或存在明显差异。不同遗址群具有一定差异，城堡林立，军事防御色彩浓重，它所体现的是一个各种势力并立争长的时代。那么是南北挹类诸部的纷争？还是挹娄与邻族之间的纷争？我以为极有可能是二者兼而有之，从已有的迹象看，该文化的时间断限可能不仅限于魏晋时期。经五胡十六国到南北朝前期，这一地区一直处于各族群或氏族部落间争长状态，最终南下的蜿蜒河类型文化拥有者北部挹娄人（后称为勿吉人）成为这一地区的主要居民。"勿吉人逐步南下，在北朝时期成为勿吉七部，也即北朝末、隋唐时期的靺鞨七部。

　　祁美琴《论北方民族族称的变化及其意义》② 一文，对历史族群族称的起源、族称内涵的变化进行了系统分析，指出：当一个群体以一个名称出现的时候或者被认可的时候，只有两种可能：一是自称，一是他称。自称来自于自我的认同，这种认同集中体现在该群体的共同体——氏族、部落、部落联盟的名号上，并最终通过强权和政治因素——国家——固化在族称中。他称的来源有两种，一种是被记录的对象本身没有名称或者记录者不知其名称，遂根据其特征予以命名；一种是蔑称，外号。同时，作者经过论证，进一步分析北方民族由于游牧、狩猎生产的特点，使"部落"始终成为其主导的社会组织方式，因而当部落在向民族国家的过渡中，其徽号就成为族名或国家名号；而且作为"国名"的族称，必定是来自于统治阶级的部落名称。部落是扩大了的"氏族共同体"，"民族"则是扩大了的"部落共同体"，在这一过程中，强势氏族的"氏族"名称成了部落名称，强势部落的名称又成了民族的名称，氏族"图腾"具有的身份认同和意义亦随之被放大了，只有从这个意义上才能理解为什么"民族"能够成为想象的"血缘共同体"。在理论分析的基础上，作者又把这种有关历史族群族称来源的判断用于肃慎系诸族群的分析中：最早见于文献记载的"肃慎"，是由不同的小民

　　① 程妮娜：《汉至唐时期肃慎、挹娄、勿吉、靺鞨及其朝贡活动研究》，《中国边疆史地研究》2014 年第 2 期。

　　② 祁美琴：《论北方民族族称的变化及其意义》，《黑龙江民族丛刊》2010 年第 6 期。

族——包括肃慎、挹娄、勿吉等——组成的部落集团，在这个集团内部的征伐战争中，当小民族的肃慎原生国家占据统治地位时，其部落集团或次生国家的名号就是肃慎，并闻名周边地区，随后出现的挹娄和勿吉的情形也是一样的。因此肃慎、挹娄、勿吉是不同时期居于统治地位三个不同的"原生民族国家"名称转化为多民族国家国号的结果，不存在音转的关系，笼统地说他们是一个民族在不同时期的名称也是不恰当的。同一地域内不同时期、不同族号的政治共同体能够维持彼此承继关系的方式只有一种，就是占据统治地位的民族发生了变化，改变的前提必须是在建立政权的背景下才有可能。因此这些不同时期出现在东北大地上的人群，不能简单地理解为是不同时期的对同一人群的"异称"。当然，作者更为熟悉的还是"满洲"的起源问题："满洲"族称的研究成果揭示，满洲绝非太宗皇太极所伪造，满洲一词在女真各部内的使用由来已久。满洲作为"族名"早在努尔哈赤之前就存在则证明，1607—1619 年间正是史籍中的较为频繁地出现"女真国"称谓的时期，说明在部落集团内部的统一战争仍然主要是在原有的泛族号的名义下进行的，只有当新贵族的统治得到完全巩固的时候，其所在小民族的族号才可能取而代之。

沈一民《〈晋书·肃慎氏传〉文献来源考》[1] 一文对《晋书·肃慎氏传》的史料来源进行分析，指出其主要是依据《肃慎国记》和《魏略》撰写而成的，总共征引史籍不超过十种，内容上多为抄撮前人著作。该文分析指出：到了唐太宗时期，中原王朝对肃慎族系早期历史的认识仍然十分有限，更说明尽管魏晋南北朝时期肃慎频现于史，但是有关肃慎的可靠记载并不多，中原王朝对肃慎的了解并不十分深入。

2. 夫余史研究

2010 年以来的夫余史研究尽管成果数量不多，但是也取得了一定的进展，特别是有两部专著问世。

其一是杨军《夫余史研究》[2]。该书基于文献记载立论，特别是对朝鲜史料进行了系统评价。以此为基础，作者对以往学界在夫余史研究方面，根据文献记载所发生的争论进行了系统剖析，包括"多夫余说与一夫余说""北夫余与东夫余""东明传说""橐离国地望及其与北夫余的关系""豆莫娄"等，并提出了自己的独到见解。例如，北夫余与东夫余的关系方面，作者提出：中国正史为之立传的夫余即朝鲜史籍中的北夫余，由其中迁出的东夫余最初立国于东沃沮分布区的北部，约相当于今朝鲜虚川江流域东至海的地域，高句丽始祖朱蒙即出自东夫余。公元 1 世纪，高句丽已经征服东夫余，但在毌丘俭征高句丽之后，东夫余又游离于高句丽的统治之外，至 410 年好太王重新征服东夫余，使之成为高句丽的属国，至 494 年东夫余最终灭亡。又如关于夫余族源方面，作者认为夫余是东胡系的一支，这与学界的一般认识，即夫余为秽貊系族群不同。此外，该书还对北夫余（即中国正史中的夫余）的族源、国王、社会结构、官制、经济、遗民流向等进行了研究。

其二是范恩实《夫余兴亡史》[3]。该书在文献史料之外，充分利用碑刻、考古材料，对夫余的兴起和建国历程，与两汉政权的关系，政治结构特征，以及其灭亡对地区历史

① 沈一民：《〈晋书·肃慎氏传〉文献来源考》，《北方文物》2010 年第 4 期。

② 杨军：《夫余史研究》，兰州大学出版社 2012 年版。

③ 范恩实：《夫余兴亡史》，社会科学文献出版社 2013 年版。

发展进程的影响等问题展开深入探讨。该书深化了对相关问题的认识，特别是在夫余族系、族源，夫余、高句丽族源关系，夫余、高句丽国家起源历程，西汉玄菟郡辖区，西岔沟墓地族属，夫余政治结构特征、地方统制体制，高句丽品位制度，夫余的衰亡历程等问题上。例如在夫余兴起、建国方面，该书通过对夫余考古文化的追本溯源，一方面否定了夫余统治核心自北而来的观点；同时，进一步明确夫余兴起是在西团山文化所属人群的基础上，在中原燕、秦、汉文化北进的推动下最终完成的。又如在夫余政治结构方面，该书根据《三国志》卷30《东夷传·夫余》的记载，认为汉魏之际，参与夫余政治活动的主要角色包括夫余王、诸加、诸使者以及国人。其中诸加是由源自部落社会的大小酋领转化而来的贵族阶层；诸使者是从贵族子弟中选拔的国王的侍从、侍卫，属于阎步克先生所称"宦于王"职类；国人则包括夫余主体族群中的平民以及被征服而实力未溃的部族中的上层。以上四个等级都是统治阶层，他们共同统治着属于被征服部族的"下户"，以及一定数量的奴隶。同时，该书又利用考古材料——榆树老河深墓地中层遗存——着重讨论了夫余的地方统治体制。榆树老河深墓地中层是迄今为止进行过系统发掘的唯一一处较具规模的夫余墓葬遗存，因此对探讨夫余邑落人群构成具有重要意义。作者将墓葬情况与文献记载相互印证，指出该墓地包括了四个人群等级：相当于邑落首领的诸加，以及豪民、国人，还有少量奴隶。由于夫余社会仍保持着强固的宗族联系，因此与统治者属于不同部族的下户没有出现在墓地之中；进一步看，这种情况恰恰说明夫余是通过以宗族为基础的武装殖民建立起对地方的统治的。

除了上述两部专著以外，还有若干篇论文对夫余历史问题进行研究。李延铁、于建华《从索离沟的考古发现看古索离国的地望》[1] 一文，介绍了2006年在黑龙江省宾县满井镇卜家口子屯东北约1千米，紧邻松花江发现的索离沟遗址。该遗址与已知的庆华遗址的文化内涵基本相同，属一种新的考古文化，年代相当于战国—西汉时期。该文认为，索离沟及庆华遗存就是古索离人的遗存，而索离沟之地名与索离沟文化遗存之属性完全相合，是古索离人的"化石"地名。王禹浪《"索离"国及其夫余的初期王城》[2] 一文则认为，松花江中游左岸与少陵河交汇处的巴彦县王八脖子山遗址，可能就是夫余初期建国的前身"北夷橐离国"的所在地。在这处遗址的正南方，松花江右岸的蜚克图河的上游，今宾县境内的庆华堡寨就是夫余初期的王城遗址，至于吉林市东团山与西团山则为夫余前期王城故址。

张福有《夫余后期王城在辽源》[3]、王绵厚《扶余城、扶余府与扶余川再考论》[4]都撰文讨论了夫余王城，两者在夫余初期王城方面并无分歧，都认同学界的通说，即今吉林市龙潭山山城。但是在后期王城方面，两者就有所不同，并都与以往学界通说——今吉林农安地区不同。张福有文认为夫余后期王城在今辽源龙首山山城，王绵厚文则认为夫余后期王城在今柳河罗通山城。

冯恩学《夫余北疆的"弱水"考》[5] 一文指出，根据文献记载，东北"弱水"的

① 李延铁、于建华：《从索离沟的考古发现看古索离国的地望》，《北方文物》2010年第2期。
② 王禹浪：《"索离"国及其夫余的初期王城》，《黑龙江民族丛刊》2013年第1期。
③ 张福有：《夫余后期王城在辽源》，《东北史地》2015年第6期。
④ 王绵厚：《扶余城、扶余府与扶余川再考论》，《东北史地》2015年第6期。
⑤ 冯恩学：《夫余北疆的"弱水"考》，《中国边疆史地研究》，2015年第4期。

位置关系到夫余、挹娄的分布地域,但是由于史料不足,以往学界争论较多。作者则根据《尚书·禹贡》记载的"弱水"的特征,即西流的内陆河,水流不是越来越大,而是减弱,最后消失,判断"弱水"应该是东北地区唯一的向西流淌的内陆河乌裕尔河。同时作者又进一步讨论,以乌裕尔河当"弱水",与文献记载及考古发现的东北古史也较为吻合。

3. 高句丽研究

(1)新史料的发现与研究——集安麻线高句丽碑

2012 年 7 月 29 日,集安市麻线乡麻线河右岸出土了一通高句丽时期的文字碑,因其发现地,又被称作"麻线碑"。此碑的形制为东汉以来典型的圭形碑。现存高度 173厘米,宽 60.6—66.5 厘米,厚 12.5—21 厘米,石碑重量为 464.5 千克。正面阴刻汉字隶书 10 行 218 字。内容主要记载了邹牟王开创基业,诸王相承,好太王开拓疆土,为先王立碑,铭其烟户,制定高句丽王陵守墓制度等。其内容可与好太王碑相互参证,价值和意义不可估量。

此碑的发现是高句丽研究领域的一件盛事,国内有关方面专家立即进行了释读和研究,发表了多篇论文,先后出版了集安市博物馆编著《集安高句丽碑》①、张福有编著《集安麻线高句丽碑》② 两部著作,特别是后一部著作,收录了国内学者相关研究的已刊和未刊论文。在国内相关学者的共同努力下,目前碑文的主要部分都已经释读出来,并且取得了基本一致的意见。当然,由于碑文漫漶,也有若干关键部分,特别是与碑文年代直接相关的第 7 行"自戊□定律"的缺字,以及上述文字之上是否为"丁卯岁刊石",尚存在一定争论,有待未来进一步的探讨。

(2)传世文献研究

正如前文李大龙论文所指出的,对传统文献资料的深入发掘和整理仍是高句丽研究中的一项重要工作,其所著《〈三国史记·高句丽本纪〉研究》③ 一书也正是近年来这方面最重要研究成果。该书分时段对《三国史记·高句丽本纪》的记载进行了史源学分析,从而判断其史料价值。作者认为:通过对《三国史记·高句丽本纪》部分记事与中国史书记载的对比,可以认为《三国史记·高句丽本纪》一半以上的内容是抄自中国史书,而且这种抄录是有改变和节略的,不仅造成了记事的不完整,也形成了一些新的问题。当然,《三国史记·高句丽本纪》也有不少中国史书没有记载的内容,按照《三国史记》作者金富轼的说法,这部分内容应该是源于"海东古记",不过从对金富轼对中国史书记载的引用情况分析,这部分内容也会存在有意改动或删节的情况,其可靠性也是需要注意的。总的来说,这是国内相关学界首次对《三国史记·高句丽本纪》的史料价值进行全面、系统分析,为高句丽史研究的进一步发展奠定了重要基础。

郑春颖《〈后汉书·高句骊传〉史源学研究》④ 一文认为,《后汉书·高句骊传》史料来源,既有直接记录,又有间接记录。直接记录为使节的见闻,投诚者的介绍(如蚕支落大加戴升),武将的奏表(如祭肜、耿夔、冯焕、姚光、蔡讽等人);间接记

---

① 集安市博物馆编著:《集安高句丽碑》,吉林大学出版社 2013 年版。

② 张福有编著:《集安麻线高句丽碑》,文物出版社 2014 年版。

③ 李大龙:《〈三国史记·高句丽本纪〉研究》,黑龙江教育出版社 2013 年版。

④ 郑春颖:《〈后汉书·高句骊传〉史源学研究》,《中国边疆史地研究》2010 年第 1 期。

录为《史记》、《汉书》、《三国志》、《东观汉记》、八家《后汉书》、袁宏《后汉纪》中相关记载。其中《后汉书·高句骊传》与《三国志·高句丽传》的"概述"部分，既存在相似性，也存在差异性。相似性来自于史料的承继关系，差异性则是范晔主观能动创造的结果。范晔所做工作可用十个字概况，即删减、合并、整序、改写、增补。若从史料保存、考察高句丽历史文化角度分析，他工作的价值不大。

（3）高句丽建国史研究

长期以来，有关高句丽建国史存在较多争论，究其根源，首先是对相关文献的甄别问题。李新全《高句丽建国传说史料辨析》① 一文，对现存的中外古代文献中有关高句丽建国传说的史料进行比较、分析，并将之分为两大类，一类是明确的高句丽建国传说，另一类被认为是夫余的建国传说。作者经过分析认为，属于第二类的，王充《论衡·吉验篇》、鱼豢《魏略》等书记载的夫余建国传说，实际上就是高句丽建国传说而被误记在夫余身上。

当然，更多的学者还是坚持传统观点，即高句丽建国神话源自夫余建国神话，只是在如何移植的问题上存在争议。长期以来，相关学界都是根据建国神话本身的记载，认为是夫余王子朱蒙建立高句丽国，因此夫余建国神话自动移植到高句丽身上。但是近年来，国内学界也又一些学者提出新的思考。

王卓、刘成新《高句丽王族的族源神话建构及其历史影响》② 一文指出，在公元6世纪中叶之前，即《魏书》之前，从内容上看，夫余、高句丽二族原始形态的王族族源神话，虽然有着密切的亲缘关系，但是却有着鲜明的差异性。自《魏书》开始，夫余、高句丽的族源神话融为一体。与夫余神话相比，高句丽神话所独有的变形内容和扩展内容日益增多。由此作者认为，夫余与高句丽两个王族族源神话产生的先后顺序和由分至合的整个历史过程说明，二者虽然同源，却不能混同。同理，夫余始祖东明与高句丽始祖朱蒙也不可能是同一个人。那么究竟是什么原因造成了夫余与高句丽族源神话的混融呢？作者认为，从文化人类学的角度看，有主观和客观两种原因。主观原因是构建王权合法性的需要。客观原因是族源、地缘的原因导致的文化断裂和差异性传承。

范恩实《高句丽祖先记忆解析》③ 一文则从历史发展过程入手，探索高句丽祖先神话形成的原因。作者认为：高句丽祖先朱蒙（邹牟）记忆并非一段真实历史的记录，而是大祖大王以后，进入高句丽的夫余人（掾那部）通过与王族桂娄部的联姻掌控了国家政治权力的情况下，为了隐喻自身的政治地位，借助本族群原有的祖先故事创作出来的。6世纪中期以后，高句丽政治领域发生了新老贵族间的权力更迭，新兴贵族领袖、世袭东部大人的泉氏家族主导了高句丽祖先记忆的再创作，通过加入朱蒙与东夫余水神间关系的新情节，拉近"自云生水中"的泉氏家族与王族的关系。

刘炬《关于高句丽早期历史研究体系的几点看法》④ 一文，从总体上对高句丽早期历史进行了新的探讨，推翻了学界以往的高句丽早期历史叙述。作者认为目前高句丽早期史研究中存在的核心问题可以归纳为三个方面：一是朱蒙是不是真实的历史人物，朱

① 李新全：《高句丽建国传说史料辨析》，《东北史地》2010 年第 5 期。
② 王卓、刘成新：《高句丽王族的族源神话建构及其历史影响》，《东北史地》2015 年第 2 期。
③ 范恩实：《高句丽祖先记忆解析》，《东北史地》2013 年第 5 期。
④ 刘炬：《关于高句丽早期历史研究体系的几点看法》，《东北史地》2010 年第 6 期。

蒙建国是否是真实的历史事件。二是历史上是否真有过琉璃王迁都国内之事？三是朱蒙、类利、无恤是否有着一脉相承的血缘关系。在汉灭卫氏朝鲜之初，整个秽貉人居住区尚处部落林立的状态。以《三国史记》为核心的传统高句丽早期史体系所反映的未必是历史真相，早期的高句丽史很可能是一种部落林立、群雄竞逐的状况。朱蒙、类利、无恤都是这场竞争的胜者，但是他们并非祖孙父子，也不出自同一部落，更不是高氏王族的祖先，高氏家族的统治地位则是在后来才确定下来的。

与这种否定声音相反的，也有学者试图弥合文献记载之间的分歧。例如《汉书·王莽传》记载严尤诱斩高句丽"侯驺"，那么"侯驺"是否就是高句丽的首领朱蒙呢？在学界存在很大的分歧。李乐营、孙炜冉《也谈高句丽的相关问题》[1] 一文认为，《汉书·王莽传》中记载的"侯驺"就是高句丽部侯——涓奴部多勿侯古雏加延丕，中国正史之记述本无错讹，同时延丕正是朱蒙手下的"大将"，因此《三国史记》的记载亦无篡改美化之笔。这一事件之所以变得纷繁复杂，盖因后人妄加臆测所致。

李大龙《黄龙与高句丽早期历史——以〈好太王碑〉所载邹牟、儒留王事迹为中心》[2]，则注意到《好太王碑》有高句丽建国祖先邹牟王"黄龙负升天"的记述。由此出发，作者对史籍中记载的汉代黄龙现象进行全面梳理，结合史书对高句丽早期历史的记述，认为《好太王碑》中记载的"黄龙"很有可能是指代汉朝及其郡县地方势力，因此"黄龙负升天"是对邹牟王被王莽东域将严尤诱杀的另类表述。也就是说《汉书·王莽传》所载被严尤诱斩的高句丽"侯驺"，就是《三国史记》等书记载的高句丽第一代王朱蒙。

（4）高句丽政治制度史研究

2010年以来，高句丽政治制度史研究成为相关研究领域的热点。首先，出版了几部有分量的高句丽官制研究专著，包括高福顺、刘矩、姜维东《东北亚研究论丛（八）——高句丽官制研究》[3]，杨军、高福顺、姜维公、姜维东《高句丽官制研究》[4]，高福顺《高句丽中央官制研究》[5]。从内容上看，上述著作主要讨论了高句丽王系与积年、高句丽五部与五部官、高句丽早期官制、诸加会议、爵与食邑、官等制的发展演变、兄系官位群、使者系官位群、晚期的官僚组织结构、莫离支与大对卢等有关问题，基本构建起高句丽政治制度发展演化的历史线索。上述作者基本上涵盖了国内学界高句丽政治制度史研究的一线力量，因此其内容也代表了目前学界对相关问题的主流观点。

当然，各家观点仍有不小的差距，例如"五部制"，杨军认为高句丽国家就是五部及其下辖部的组合，五部既是国家机构也是地方建置，国家官员就是五部的部长们。五部部长拥有相当大的权力，五部也具有很大独立性。刘矩也认为高句丽国家的形成过程就是自然状态的那部向五部制的演变，那部制与五部制的根本区别在于：那部制下的那

① 李乐营、孙炜冉：《也谈高句丽的相关问题》，《社会科学战线》2014年第2期。

② 李大龙：《黄龙与高句丽早期历史——以〈好太王碑〉所载邹牟、儒留王事迹为中心》，《青海民族大学学报》（社会科学版）2015年第1期。

③ 高福顺、刘矩、姜维东：《东北亚研究论丛（八）——高句丽官制研究》，东北师范大学出版社2014年版。

④ 杨军、高福顺、姜维公、姜维东《高句丽官制研究》，吉林大学出版社2014年版。

⑤ 高福顺：《高句丽中央官制研究》，吉林大学出版社2015年版。

部是自然产生而未经人为设计的；而五部制下的那部则明显带有人为设计的色彩，是政治操控的产物。姜维公则认为高句丽五部自始至终都是都城五部制，高句丽王出于强化中央而弱化地方势族等各方面因素的考虑，将四个影响最大的部族迁到都城，与桂娄部一起，组成都城的五个居住区，合称五部。五部大加就是五个部族的最高首领。其余小部族的首领也带族属迁到都城，按方位及统辖关系分别居住五部内。这批小部族的首领构成了高句丽诸加阶层。原地区的统辖权最初并未收归国王所有，而是由各大加在地方上的代理人——各级使者来代为施行。关于后期出现的与五部有关的"褥萨（一作耨萨）"，杨军认为褥萨就是五部褥萨，是全国性的方位部的管理者，刘矩则认为五部褥萨是都畿地区的制度，与地方上的褥萨城不同。类似的分歧还有不少，说明在相关史料严重不足的情况下，高句丽政治制度研究仍任重道远。

除了上述专著以外，这一时期学界还发表了不少有关高句丽官制方面的论文。

孙炜冉、苗威《高句丽王号问题刍议》[1]，通过对"国冈上广开土地平安好太王"的解读，认为至迟到长寿王时期，高句丽已经有了自己独特的一套王号和谥号方式。即由"国家代称"＋"谥号"＋"王名"＋"官号"四部分构成。这里与以往研究区别较大的是，"国冈上"＝"国家代称""平安"＝王名（安）。该文并利用这一解读，对史料记载中广开土王以下诸王不完整的王号、谥号加以补齐。

范恩实《高句丽品位制研究》[2] 一文，对高句丽官制中的品位制度进行讨论。作者认为，高句丽早期存在着内、外爵制的品位制度，内爵是承担国家行政职务的官员的等级称号；外爵是高句丽早期最重要的身份制度，这说明此时的高句丽社会仍受到部落传统的强烈影响。高句丽中后期，逐步发展出由"使者"系、"兄"系名号构成的一元化的品位制度。相对于旧的内爵、外爵分立的品位制度，在新的品位序列中，品秩要素已逐步集中到官阶之上。一元化品位体系的出现，品秩要素向品阶的集中，都表明高句丽的官僚体制日趋成熟，从而为王权的强化奠定了政治基础。但是，也必须看到，即便到了晚期，高句丽仍没能发展出类似中原王朝那样的成熟官僚制，世家大族仍是高句丽政治舞台上的主角。

范恩实《高句丽"使者""皂衣先人"考》[3] 一文，则集中讨论了高句丽政治名号中的"使者"和"皂衣先人"。其中"使者"类似于秦汉时代的"大夫"，是侍从之官。早期主要是随侍君王左右，同时也承担衔命出使的临时事宜。随着王权的发展，"使者"地位迅速上升，从故国川王开始，由"使者"演化来的名号"大使者"成为"四部"的管理者。到高句丽后期，"使者"名号进一步分化，并由职而阶，发展为"使者"系品位名号序列。至于"皂衣先人"，则类似于秦汉时代的"郎官"，是侍卫之官。"皂衣先人"从贵族嫡派子孙中选任，由于自幼随侍君王，因此在仕途上具有良好的预期，是贵族与王权间联系的纽带。

此外，范恩实还对高句丽地方统治制度进行了较为系统的研究，发表三篇论文，即

————

①　孙炜冉、苗威：《高句丽王号问题刍议》，《中国边疆学》2014 年第 2 辑。

②　范恩实：《高句丽品位制研究》，载范恩实《夫余兴亡史》，社会科学文献出版社 2013 年版。

③　范恩实：《高句丽"使者""皂衣先人"考》，载范恩实《夫余兴亡史》，社会科学文献出版社 2013 年版。

《高句丽早期地方统治体制演化历程研究》①《好太王时代高句丽地方统治制度研究》②《高句丽后期地方统治体制研究》③。这三篇文章揭示了族群互动在高句丽早期地方统治制度演化过程中的作用。明确早期方位五部的出现，是对旧族名五部之间联盟体关系的改变，是高句丽王权强化的标志。在征服地区建立城邑，形成王权直辖城邑，打破旧部落血缘组织的新政治格局，为后期王权的进一步强化提供了制度先声。高句丽政治体制的转折发生在故国原王到好太王的时代，由于慕容鲜卑攻破高句丽国都，掳掠"男女五万余口"，造成高句丽政治参与群体的改变，从而推动政治制度的变革。自好太王以后，城邑制获得了重大发展。高句丽后期的地方统治体制包括都畿地区与一般地方两套组织机构。都畿地区形成新的方位五部，一般地方则形成以褥萨—处间近支—娄肖为长官的三级统治机构。

另一位发表论文重点研究高句丽官制的是王旭，发表了《高句丽中央行政机制的演变》④《高句丽后期官位等级及排序浅探》⑤《高句丽与中原王朝财经制度比较研究》⑥《高句丽、渤海中央行政机制之异同》⑦ 等文章。其中《高句丽与中原王朝财经制度比较研究》一文，对国内学界讨论相对较少的高句丽财经制度加以分析，认为高句丽早期存在食邑制度，但是只是作为一种荣誉形式而存在的赏赐，并不能改变世袭的贵族领主的真正利益。公元4世纪，高句丽社会发生了重要变革，高句丽的大多数地区基本施行了"均田制"。这一时期高句丽的税赋制度已经十分明确，缴纳份额和缴纳者的身份有了较准确的界定。对于有份田的农民，他们每年要负担"布五匹，谷五石"；而那些由于领主没落而成为居无定所的游民，则实行三年一税，十人共缴纳细布一匹。租种领主土地的租户可根据租地的多少或年收成情况定三等租额，分别是每户一石，次者七斗，下户纳五斗。高句丽社会的另一种税收补充主要来源于臣服的周边小国。基于上述讨论，作者认为从赋税和服役的内容、形式上看，高句丽在很大程度上都在模仿中原王朝的租调制。

（5）高句丽对外关系史研究

孙炜冉《高句丽文咨明王对外政策述论》⑧ 梳理了文咨明王时期北缓南进的对外策略，并认为这一举措维系了高句丽的区域优势地位。华阳《论高句丽平原王的外交策略》⑨ 认为，高句丽平原王改变早期和平策略，主动出击挑衅，将自己置于隋政权打压的首位，其根本原因是高句丽的国家实力已经有所变化，特别是军事实力上升，已经有能力"驱逼靺鞨，固禁契丹"。孙炜冉《五世纪的丽倭战争述论》⑩，讨论了高句丽好

① 范恩实：《高句丽早期地方统治体制演化历程研究》，《东北史地》2015年第1期。
② 范恩实：《好太王时代高句丽地方统治制度研究》，《通化师范学院学报》2015年第1期。
③ 范恩实：《高句丽后期地方统治体制研究》，《通化师范学院学报》2015年第6期。
④ 王旭：《高句丽中央行政机制的演变》，《北方文物》2013年第4期。
⑤ 王旭：《高句丽后期官位等级及排序浅探》，《北方文物》2012年第3期。
⑥ 王旭：《高句丽与中原王朝财经制度比较研究》，《东北史地》2013年第5期。
⑦ 王旭：《高句丽、渤海中央行政机制之异同》，《东北史地》2015年第6期。
⑧ 孙炜冉：《高句丽文咨明王对外政策述论》，《通化师范学院学报》（人文社会科学）2014年第4期。
⑨ 华阳：《论高句丽平原王的外交策略》，《东北史地》2014年第6期。
⑩ 孙炜冉：《五世纪的丽倭战争述论》，《东北史地》2014年第3期。

太王与倭国在朝鲜半岛上的军事冲突，认为其中折射出 5 世纪初东亚各国在朝鲜半岛上的政治博弈。

祝立业《唐丽战争期间丽倭交往述析》[①] 一文，讨论在唐丽战争期间，唐与新罗因打击高句丽而形成联盟，高句丽与百济则因共侵新罗成为盟友，百济则一直与倭有着紧密的联系，倭也一直在背后支持百济攻打新罗，这样事实上形成了丽、济、倭隐性同盟。在百济灭亡前后，高句丽与倭有了实质的联盟关系，双方甚至一度协同军事，共谋百济复国事宜。在经历了白江之战的失败后，倭军退出朝鲜半岛，力保本土不失。高句丽此后虽进一步向倭示好，但倭已无力、无心对抗唐朝，失去了百济、倭凭依的高句丽，此后又因统治集团内讧，最终被唐王朝攻灭。

赵智滨《高句丽占领辽东时间略考》[②] 一文指出，由于史载不详，学界有关高句丽占领辽东的时间问题存在一定分歧。作者从当时东亚整体局势和燕丽双方军力的此消彼长来入手考察这个问题，认为在 385—404 年之间，后燕部署在东北地区的军事力量在绝大部分时间里都超过了高句丽，只有在隆安二年（398）兰氏当政时期的一小段时间里，后燕的军力弱于高句丽，因此判断正是在这一时期，高句丽占领了辽东地区。冯立君《高句丽"西进"辽东问题再探讨》[③] 则深入分析了高句丽占领辽东以后，对东北亚地区政治格局的影响，特别是对高句丽自身历史发展走向的影响。作者认为，正是高句丽进占辽东招致 6—7 世纪隋唐的军事进攻，同时高句丽的辽东防线也因此受到牵制使其无法全力"南进"。

（6）隋唐伐高句丽的战争

有关隋唐伐高句丽的战争的研究，主要成果是乔凤岐《隋唐皇朝东征高丽研究》[④]。该书主要从"隋唐东征高丽的原因""隋炀帝东征高丽""唐太宗亲征高丽与袭扰策略的制定""唐朝与高丽的决战"等几个方面，对隋唐征高句丽的历史过程进行了全面的梳理。同时又对隋唐两代征伐高句丽的情况做了比较研究，并讨论了东征高句丽对隋唐政局的影响。

（7）与高句丽有关的移民问题研究

有关高句丽移民问题的研究，由于墓志材料的不断涌现，成为这一时期高句丽问题研究的热点之一，有三部专著问世。第一部是苗威《高句丽移民研究》[⑤]。从内容上看，该书是对高句丽人向外移民的全面梳理，包括高句丽自身的移民背景，沸流、温祚移民与百济建立，以及魏晋以下历代高句丽人外迁的情况。当然，最重要的部分仍然是高句丽亡国后，进入唐朝治下的高句丽人。第二部是拜根兴《唐代高丽百济移民研究》[⑥]，其中高丽（即高句丽）移民部分则限于唐代内迁的高句丽人。比较而言，该书的特点有三，一是作者熟悉韩国学者的相关研究，因此整理了"高丽移民相关问题研究的现状与展望"；二是作者不辞辛苦，亲自踏查了大部分高句丽移民的墓葬遗迹；三是做了

---

① 祝立业：《唐丽战争期间丽倭交往述析》，《北方文物》2015 年第 2 期。
② 赵智滨：《高句丽占领辽东时间略考》，《东北史地》2015 年第 2 期。
③ 冯立君：《高句丽"西进"辽东问题再探讨》，《东北史地》2015 年第 3 期。
④ 乔凤岐：《隋唐皇朝东征高丽研究》，中国社会出版社 2010 年版。
⑤ 苗威：《高句丽移民研究》，吉林大学出版社 2011 年版。
⑥ 拜根兴：《唐代高丽百济移民研究》，中国社会科学出版社 2012 年版。

很好的个案研究。第三部是姜清波《入唐三韩人研究》①，这里作者所称的"三韩"是指高丽、百济和新罗。与前两部相比，姜书强调"入唐"，因此不限于移民，还包括"使者""商人"等。

（8）其他相关研究

除了上述7个主要研究议题以外，还有一些较为重要的相关研究值得提及。

耿铁华《高句丽研究史》②，对高句丽研究史的对象、高句丽研究史的分期提出了自己的见解。在此基础上，分好太王碑发现与研究——高句丽研究的开端，高句丽遗迹调查研究，新中国成立后高句丽文物遗迹保护与调查——研究的复兴，文化大革命中的高句丽文物遗迹——研究的断续，改革开放后的高句丽研究——全面展开等几个部分，对高句丽研究的学术史进行了全面、系统的梳理，也包括目前国内的主要研究力量、研究成果等方面。

梁志龙《沸流集：高句丽及辽东史地论稿》③ 主要收录了作者多年来对高句丽地名、族名、始祖名（朱蒙）、王名的研究。此外，书中还收录了一批作者从事东北考古、史地研究，特别是高句丽考古发掘与研究，高句丽史地研究的随笔，虽非鸿篇巨制，却不乏闪光之处。

程妮娜《"高句丽"改称"高丽"再考论》④ 一文认为，南北朝对高句丽王进行册封时，对其国号的称呼出现变化，将"高句丽"改称为"高丽"，因此"高丽"并非"高句丽"的简称，而是其易名，时间当在南齐建国前后。

此外，魏存成《高句丽渤海考古论集》⑤、郑春颖《高句丽服饰研究》⑥，尽管属于本项研究综述未纳入收录范围的考古研究著作，但是其内容实际上也包括历史部分，例如前者有"中原、南方政权对高句丽的管辖册封及高句丽改称高丽时间考""唐鸿胪井刻石与渤海政权的定名、定位及发展"等，后者的服饰研究也涉及文化的传播与族群的流动，当然，更不要说考古研究本身也应该是历史研究不可或缺的组成部分。基于上述考虑，特将上述著作在此加以简单介绍。当然，也希望从事民族史研究的学者，能够同时关注相关的考古材料及其研究成果。限于体例，本项研究综述未能系统收录考古研究成果，实为憾事。

4. 靺鞨、渤海研究

有关靺鞨、渤海研究，近年来也出版了几部专著。马一虹《靺鞨、渤海与周边国家、部族关系史研究》⑦ 深入、全面、系统分析了靺鞨、渤海与周边国家、部族关系史，较为准确地定位了靺鞨、渤海在东北亚地区史上的地位。郑永振《渤海史论》⑧，从渤海国史研究现状与认识、渤海国的建立、渤海国的巩固与发展、渤海国的强盛时

---

① 姜清波：《入唐三韩人研究》，暨南大学出版社2010年版。

② 耿铁华：《高句丽研究史》，吉林大学出版社2012年版。

③ 梁志龙：《沸流集：高句丽及辽东史地论稿》，辽宁人民出版社2015年版。

④ 程妮娜：《"高句丽"改称"高丽"再考论》，《东北史地》2014年第4期。

⑤ 魏存成：《高句丽渤海考古论集》，科学出版社2015年版。

⑥ 郑春颖：《高句丽服饰研究》，中国社会科学出版社2015年版。

⑦ 马一虹：《靺鞨、渤海与周边国家、部族关系史研究》，中国社会科学出版社2011年版。

⑧ 郑永振：《渤海史论》，吉林文史出版社2011年版。

期、渤海国的消亡、渤海国的社会经济、渤海国的政治制度、渤海国的文化等全方位的角度，对渤海国的历史进行了考辨与叙述。范恩实《靺鞨兴嬗史研究——以族群发展、演化为中心》①，从新的民族社会学理论入手，对靺鞨族群的来龙去脉进行了系统的、创新性的梳理，同时对靺鞨族群的两大支系——粟末靺鞨、黑水靺鞨的兴起、发展进行了详细的分析，较前人更为深入地阐明前者建立渤海国的历程，渤海国内的族群问题及演化；后者的两次勃兴及其与女真族群的关系。

除了上述专著以外，还发表了不少重要的学术论文，主要包括以下论题。

（1）靺鞨族源问题

由于文献史料严重不足，且难有新的突破，因此有关靺鞨族源的进一步讨论只能依靠考古材料，限于体例，这里仅介绍三项相关成果。乔梁《关于靺鞨族源的考古学观察与思考》② 一文指出，一般认为的挹娄遗存滚兔岭、凤林文化和靺鞨诸考古学遗存的年代大致可以衔接，但三者之间并没有体现出清晰的演进、承袭关系，因此传统文献所构建的靺鞨族属谱系很难得到考古学的支持。至于蜿蜒河类型或波尔采文化，只是以黑龙江中游沿岸及其以北迄东为主要势力范围。在文化关系方面，无法证明蜿蜒河类型或波尔采文化是由所谓挹娄发展而形成的勿吉。在现有考古学知识的框架中，恐怕只能得到这样的结论：如果文献记载的靺鞨确实是由勿吉演化形成的话，那么蜿蜒河类型或波尔采文化作为靺鞨考古学文化的来源或来源之一，确实是探索勿吉考古学文化的最明确对象，同时也表明靺鞨文化的源头可能并非三江平原诸前世考古学文化，三江平原也并非孕育靺鞨集团的核心地区。

刘晓东《挹娄、靺鞨关系的考古学讨论》③ 一文，同样是从考古材料入手讨论挹娄到靺鞨的发展线索。作者认为，两汉时期所称"挹娄"至少留下了三类考古学遗存——波尔采—蜿蜒河、滚兔岭、东兴，事实上应该属于挹娄的不同部族或者根本就是三个不同的民族，可能还有各自的名字，而记史者依自己的认识，以有接触的人群即滚兔岭文化的人群之名给这个区域中活动的所有人以相同的称谓。而到魏晋隋唐时期，由于波尔采—蜿蜒河一系强盛，并占领了原来夫余所在区域，逐渐与中原有了接触，而滚兔岭—凤林一系没落，记史者则因接触的人群不同而赋予了他们另外的称呼，甚而可能是以波尔采—蜿蜒河一系的名字取代了挹娄的称谓。依据考古学文化的分布和不同时期的变迁，可以推断挹娄和靺鞨关系更可能是同一族系不同部落之名显于不同时期或不同时期活动于同一地区的两个民族。

张全超、朱泓《靺鞨人种考》④ 一文，通过对俄罗斯远东地区特罗伊茨基靺鞨墓地（特罗伊茨基类型）和沙普卡靺鞨墓地（奈费尔德类型）的人类学资料来探讨靺鞨人群的人种问题，从研究的结果看，在体质类型的划分上沙普卡靺鞨人更接近"古西伯利亚类型"，而特罗伊茨基靺鞨人则更接近"古蒙古高原类型"，暗示了靺鞨人群的构成是复杂而多源的。特罗伊茨基墓地在考古学文化和人群的人种构成上都受到来自贝加尔地区人群特别是突厥人群的影响。特罗伊茨基靺鞨人和沙普卡靺鞨人在最终的基因流向

① 范恩实：《靺鞨兴嬗史研究——以族群发展、演化为中心》，黑龙江教育出版社 2014 年版。

② 乔梁：《关于靺鞨族源的考古学观察与思考》，《吉林大学社会科学学报》2014 年第 2 期。

③ 刘晓东：《挹娄、靺鞨关系的考古学讨论》，《北方文物》2013 年第 1 期。

④ 张全超、朱泓：《靺鞨人种考》，《史学集刊》2010 年第 1 期。

上也存在不同的倾向。人种学研究证明靺鞨人群构成的复杂性。

（2）靺鞨与渤海国的建立

国内学界基本认同渤海是以粟末靺鞨为主，结合其他部落靺鞨人及部分高句丽遗民建立的国家，但是由于史料不足且记载有所模糊，因此有关渤海国的建立者仍然存在一定的争议。郑永振《论渤海国的建国集团与国号、年号》[①] 一文认为，渤海建国时参与的主要势力有两个集团三部分人，即乞乞仲象或大祚荣统率的白山靺鞨人、高句丽人和乞四比羽统率的粟末靺鞨人，乞四比羽被斩杀后由大祚荣统领这三部分人，成为渤海国的实际开国者。建立渤海国的领导集团是白山靺鞨，不是粟末靺鞨。

范恩实《论隋唐营州的靺鞨人》[②] 一文，对隋唐时期先后有数批靺鞨人流入营州地区，包括隋初内迁的突地稽部粟末靺鞨人，唐初入附的粟末靺鞨乌素固部落，以及在唐伐高句丽过程中陆续内附的粟末、白山等部靺鞨人。在万岁通天年间营州靺鞨人东走建立渤海国之前，营州地区当有十万以上的靺鞨人，其中主要是唐伐高句丽过程中内附的靺鞨人。营州靺鞨人，除了少部分，也即两唐书《地理志》记载的三个靺鞨羁縻州之人以外，绝大部分东归，成为渤海建国的核心力量。至于两《唐书·地理志》的记载，则是基于开元以后的资料，因此对营州靺鞨人的数量记录不足。

由于"渤海"成为国号是在唐睿宗先天中册封"渤海郡王"以后，那么在此之间这一新兴政权又以何为号呢？魏国忠《论大祚荣政权初称"靺鞨"》[③] 一文认为，渤海政权"初称靺鞨"和"自称靺鞨"说得到了大量中外文献古籍记载的交互支撑和鸿胪刻石文字第一手考古资料的确凿证实。当然，由于有了"自号震国王"之载，也就不能不承认当时还是可能存在着"震国"这一称号的。只不过它既不是当时的正式国号，更不可能是唯一的国号，充其量只能是"靺鞨"之称的别号或俗称罢了。

郑永振《论渤海国的建国集团与国号、年号》[④] 一文则认为，渤海人自己给初建的国家定的国号是"震国"，"始称振国""自立为振国王""自号震国王"是对这一史实的真实记录。至于"渤海靺鞨""靺鞨国""高丽国""高丽国王"等称谓是周边国家对渤海的记录，是反映他们对渤海的不同认识而出现的不同称呼。

胡梧挺《渤海"振（震）国"名号新探——以唐朝册封周边民族爵号类型为视角》[⑤] 一文认为，"振（震）国王"这一名号取自"震国公"，大祚荣明显是采用了唐朝所授予的美称来作为自己的王号，所以，就像一些学者所认为的那样，"震（振）国"仅仅是一种王号，而不是大祚荣时期的国号。因为"王号"并不等于"国号"，虽然在唐代确实存在像"高丽王""新罗王""百济王"这类王号与国号相同的情况，但是王号与国号各异的情况在唐代也屡见不鲜，比如唐朝就曾册封吐蕃赞普弃宗弄赞为"賓王"、吐谷浑王诺曷钵为"青海国王"、南诏王皮逻阁为"云南王"、高句丽王高宝元为"忠诚国王"等。这些都是王号与国名不一致的例子。

---

① 郑永振：《论渤海国的建国集团与国号、年号》，《北方文物》2010 年第 4 期。

② 范恩实：《论隋唐营州的靺鞨人》，《中国边疆史地研究》2011 年第 1 期。

③ 魏国忠：《论大祚荣政权初称"靺鞨"》，《社会科学战线》2014 年第 8 期。

④ 郑永振：《论渤海国的建国集团与国号、年号》，《北方文物》2010 年第 4 期。

⑤ 胡梧挺：《渤海"振（震）国"名号新探——以唐朝册封周边民族爵号类型为视角》，《东北史地》2014 年第 6 期。

辛时代《李楷固东征与渤海建国问题新考察》① 一文，根据李楷固东征的时间重新推断渤海的建国时间。作者通过爬梳史料，判断李楷固东征发生在武则天统治末年。以李楷固奉命讨伐契丹（700）为开端，以天门岭之战李楷固败还（702）而结束，李楷固东征的直接后果就是大祚荣建国。因此作者认为以往学界所认为的渤海建国的时间698 年有误，实际应该是公元702 年。

郑永振《对渤海的建国年代和建国地的讨论》② 一文则认为，渤海于698 年先在辽东宣布建国，其国号为震国，建国者是乞乞仲象。此后，李楷固奉则天武后之命追讨，乞四比羽被斩杀，乞乞仲象已病故，其子大祚荣统领其部众到达天门岭时与李楷固大战，李楷固败，脱身而还。这时，契丹及奚尽降突厥，道路阻绝，则天不能讨，大祚荣率其众，继续东走，公元700 年前后到达挹娄之故地东牟山，筑城以居。713 年，唐封大祚荣为"渤海郡王"，从此改称渤海。虽然建立震国者是乞乞仲象，但是不久病故，在与唐兵作战及东走到达东牟山的过程中始终以大祚荣为统帅，因此，后来的史书都记录渤海的建国者是大祚荣，但渤海人自己把开国之日定为698 年，又通过渤海使臣传到日本被准确地记录下来。

（3）渤海族群研究

范恩实《论渤海史上的族群问题》③ 一文，详细讨论了渤海政权内的族群问题。作者研究指出：渤海是以大氏粟末靺鞨人为主，联合诸部靺鞨人及高句丽遗民建立的国家，因此多元族群问题对其历史发展产生了重要影响。从武王大武艺推行依靠高句丽遗民对抗唐朝的政策，到文王大钦茂实行政治整合措施化解族群分立，中经文王末期因依靠高句丽遗民强化对日经济外交而造成的政治动荡，终至"渤海"认同初步形成，从此再无靺鞨、高句丽之分。当然，随着新的渤海认同的出现，在渤海与北部靺鞨诸部间，又形成了新的族群对立，成为渤海灭亡后北部迅速分离的重要原因。

魏存成《渤海墓葬演变与渤海初期人口的民族构成》④ 根据渤海早期墓葬遗存所展现的不同文化面貌，分析渤海政权的内部的族群构成情况。作者指出：渤海墓葬分为三种结构六种类型，即土结构中的土坑，石结构中的石圹、石室、石椁（棺），砖结构中的砖室、砖椁。六顶山墓葬中占总数一半以上而多为中小型的土坑墓属于以粟末部为主的靺鞨人的墓葬，石结构墓葬中的大中型墓葬则是自营州东奔、构成渤海政权初期上层掌权者的粟末部、白山部靺鞨人和高句丽人的墓葬，这部分人正是日本古籍《类聚国史》中所记载的包括"都督"和"刺史"在内的"土人"。位于"土人"之上的渤海王族大氏是曾附属于高句丽的粟末靺鞨人。

渤海王族姓大氏，关于"大"的来源，学界有过许多讨论，一般认为源自大祚荣的父亲乞乞仲象曾受契丹封号"大舍利"。但是，有关大氏的靺鞨语姓氏，未见有所论及。韩世明、都兴智《渤海王族姓氏新考》⑤ 一文根据契丹小字墓志，论及大氏的靺鞨

① 辛时代：《李楷固东征与渤海建国问题新考察》，《史学集刊》2011 年第5 期。

② 郑永振：《对渤海的建国年代和建国地的讨论》，《北方文物》2010 年第2 期。

③ 范恩实：《论渤海史上的族群问题》，《社会科学战线》2015 年第5 期。

④ 魏存成：《渤海墓葬演变与渤海初期人口的民族构成》，《吉林大学社会科学学报》2014 年第2 期。

⑤ 韩世明、都兴智：《渤海王族姓氏新考》，《中国边疆史地研究》2015 年第2 期。

姓氏。作者指出：《耶律宗教墓志铭》中，契丹小字文有："母迷里吉迟女娘子"，而汉字文则为："母曰萧氏，故渤海圣王孙女迟女娘子也。"耶律宗教之母乃渤海末王大諲譔的孙女，迟女娘子为其名称，"萧"乃是比附辽代后族之汉姓，而"迷里吉"就应该是她的原姓。契丹小字《永宁郎君墓志铭》和《可汗横帐连宁详稳墓志铭》中都出现了"迷里吉"的姓氏。《可汗横帐连宁详稳墓志铭》载："妻天哥夫人，迷里吉立秋驸马（和）常哥公主二人之女"，《永宁郎君墓志铭》与《可汗横帐连宁详稳墓志铭》两合契丹小字墓志的记载证明，大力秋与常哥公主至少育有二女，其一嫁耶律迭剌五世孙得利得太师，另一个嫁给了耶律释鲁的五世孙连宁详稳。"迷里吉立秋驸马"，迷里吉是姓，立秋是名，驸马是皇帝女婿之专称。辽朝有赐汉人为耶律氏的实例，但无赐渤海人姓氏的例证。"迷里吉"这个姓氏只出现在契丹小字的墓志中，应该是渤海国的创建者大祚荣原来的靺鞨姓。由此推断，渤海王族大氏原来的姓氏就是迷里吉。

孙炜冉、苗威《粟特人在渤海国的政治影响力探析》[①] 一文则关注了进入渤海国的一支小族群力量——粟特人。作者根据以往学界的讨论，判断由于东北亚贸易的发展，有相当数量的粟特商人进入渤海；同时，也有成功打入渤海统治阶层，跻身渤海上层社会者。到文王大钦茂统治前期，渤海国内形成了一个粟特人的利益集团。在"安史之乱"中，辖管渤海都督府的平卢军节度使两次遣使渤海征发兵马，然而渤海却始终采取严守中立的态度，正是上述与安禄山治下粟特人存在千丝万缕联系的渤海粟特集团发挥了重要作用。

（4）渤海政治结构

范恩实《渤海"首领"新考》[②] 一文，从常见于渤海史料之中的"首领"入手，分析其内涵的早晚变化，以及其在渤海政治架构中的地位，从而探讨渤海的政治结构特征。根据作者的讨论，渤海初期的政治结构是中央（国王）—诸大部落（大首领）—诸小部落（首领）。由于进入渤海的高句丽遗民部落是原唐安东都护府所管的羁縻府州，其酋长拥有唐朝授予的都督、刺史等政治名号，因此在渤海初期，高句丽遗民聚集区形成中央（国王）—诸府州（都督、刺史）—诸小部落（首领）的政治结构。随着文王强化中央集权，厘定京府州县的政治体制，首领阶层的政治权力被压缩，此时首领群体处于品官之外，其构成除了上层的各大、小部落—家族之长外，还衍生出各种专门性人才。

（5）渤海五京

有关渤海五京，即上京龙泉府、中京显德府、东京龙原（源）府、西京鸭绿府和南京南海府的研究一直是相关学术领域的热点问题。王禹浪、于彭《近十年来渤海国五京的考古发现与研究综述》[③] 一文，从三个方面针对十年（2003—2012）来，渤海国五京的考古发现与研究状况进行梳理：其一，渤海国五京的地理位置及地理环境；其二，渤海国五京的建筑形制与五京制度；其三，渤海国五京的交通及历史地位与作用。

---

① 孙炜冉、苗威：《粟特人在渤海国的政治影响力探析》，《中国边疆史地研究》2014 年第 3 期。

② 范恩实：《渤海"首领"新考》，《中国边疆史地研究》2014 年第 2 期。

③ 王禹浪、于彭：《近十年来渤海国五京的考古发现与研究综述》，《黑龙江民族丛刊》2014 年第 3 期。

同时，作者还对近十年关于渤海国五京研究的特点做出归纳：其一，对于渤海国五京中的上京龙泉府、中京显德府、东京龙源府的研究成果尤为突出，而对于西京鸭绿府和南京南海府的研究成果则显得十分匮乏。这一局面与渤海国五京的考古调查与发掘状况密切相关。其二，以往学术界对于渤海五京的研究多侧重于渤海国五京的设置时间、地理位置、地理环境、建筑形制、宗教传播、出土文物、历史地理、考古调查与发掘等方面的研究，而对于渤海国的五京制度对后世的影响、政治地位、都城与京城的相互作用、文化的传播与交流，以及其历史作用等方面的研究则相对薄弱。尤其是对渤海国五京之下设的府、州、县的地理位置与考古调查所发现的渤海古城的对比研究还很不够，有待于学术界今后继续关注。

值得提及的是，有关渤海三京的发掘报告已经出版，即吉林省文物考古研究所等编著《西古城：2000—2005 年度渤海国中京显德府故址田野考古报告》①、黑龙江省文物考古研究所编著《渤海上京城：1998 至 2007 年度考古发掘调查报告》②、吉林省文物考古研究所等编著《八连城：2004—2009 年度渤海国东京故址田野考古报告》③，从而为推进渤海都城研究奠定了坚实的基础。

（6）渤海王陵研究

除了六顶山渤海墓群以外，渤海王陵长期未能发现，因此有关渤海王陵的研究也少有进展。近年来，由于龙头山墓地发现了顺穆皇后（渤海第九代王大明忠的"皇后"）墓，并列为一组的 2 号墓"极有可能就是渤海第九代简王大明忠"以及渤海文王孝懿皇后墓，由此为渤海王陵研究揭开了新的篇章。④ 刘晓东《渤海"珍陵"问题的再检讨——纪念金毓黻先生逝世 50 周年》⑤ 一文，通过对相关考古材料的系统检索与梳理，结合相关史实、史料的检讨与考订，重新认证了当年金毓黻提出的"珍陵即大钦茂陵寝"的观点。同时，通过对六顶山墓地相关墓葬的考察，以及对贞惠公主墓志"陪葬于珍陵之西原"语句的具体分析，对当年金毓黻提出的"珍陵就在六顶山墓地"的观点提出质疑。另外，还根据龙头山墓地龙海墓区文王妃孝懿皇后墓志的发现，提出并论证了珍陵在龙头山墓地龙海墓区的可能性。

（7）渤海经济史研究

有关渤海经济史的研究，由于史料有限，以往学术成果较少。梁玉多《渤海国经济研究》⑥ 一书专题研究了渤海经济史问题。该书引用资料丰富翔实，广博宽泛，除国内资料外，俄、朝、韩、日等国的资料均有运用，也包括考古材料的广泛运用。该书

① 吉林省文物考古研究所等编著：《西古城：2000—2005 年度渤海国中京显德府故址田野考古报告》，文物出版社 2007 年版。

② 黑龙江省文物考古研究所编著：《渤海上京城：1998 至 2007 年度考古发掘调查报告》，文物出版社 2009 年版。

③ 吉林省文物考古研究所等编著：《八连城：2004—2009 年度渤海国东京故址田野考古报告》，文物出版社 2014 年版。

④ 吉林省文物考古研究所、延边朝鲜族自治州文物管理委员会办公室：《吉林和龙市龙海渤海王室墓葬发掘简报》，《考古》2009 年第 6 期。

⑤ 刘晓东：《渤海"珍陵"问题的再检讨——纪念金毓黻先生逝世 50 周年》，《北方文物》2013 年第 3 期。

⑥ 梁玉多：《渤海国经济研究》，黑龙江大学出版社 2015 年版。

在一些具体问题的研讨中多有突破和发挥。例如，关于渤海的经济体制问题、渤海人狩猎问题、农作物品种问题、农业耕作方法多样化问题、粮食的储存与调剂方法问题，以及对渤海科学技术水平的认识问题，乃至某些特色食品的考证，等等。

（8）渤海遗民研究

渤海灭亡以后，渤海旧地出现了继承若干反辽势力，定安国是其中重要的一支。但是有关定安国的族属，在学界长期存在争议。苗威《定安国考论》[1] 一文认为，渤海国为辽所灭之后，其遗民聚合形成了诸多反辽势力，定安国是其中有代表性的一个。虽然国小势微，但是由于地缘关系，定安国在当时宋、辽、女真、高丽诸势力的角逐与交往中仍然引人关注。通过定安国假女真使臣之手附表于宋、与宋联合制衡辽等事件，可以从另一个角度透视当时的东亚关系，对于准确把握10—11世纪的东亚关系或有裨益。

梁玉多《定安国小考》[2] 一文则认为，兀惹是部族名，在渤海国灭亡时，他们坚持抗辽，建立定安国。定安国是兀惹的国号。定安国的主要区域在今绥芬河中上游地区，其都城可能就是今黑龙江省东宁县道河镇五排村西南的五排山山城。渤海遗民燕颇与定安国是对等的合作关系和同盟关系，但燕颇的声势和实力显然超过了定安国。

当然，渤海遗民的主体是被辽南迁安置辽东了，即东丹国。康鹏《东丹国废罢时间新探》[3] 一文详细梳理了以往学界的相关研究，指出学界关于东丹国的废罢时间有天显五年（930）、天显六年（931）、乾亨四年（982）、统和十六年（998）之后、太平九年（1029）诸说，其中以金毓黻先生的乾亨四年说最为流行。作者则通过东丹国中台省的变迁、东丹国外交往来两个方面进行探讨，认为东丹国废罢时间当在会同元年（938）。辽朝于会同元年获得燕云十六州之后，辽太宗将东丹国的南京改为辽朝之东京，将东丹国中央机构中台省划归东京，东丹国名存实亡。天禄五年（951），随着世宗被弑、安端被黜，东丹国名实俱亡。

5. 乌桓、慕容鲜卑研究

潘玲《西汉时期乌桓历史辨析》[4] 一文认为，西汉时期成书的《史记》和东汉时期成书的《汉书》虽然为匈奴立传，但是有关乌桓的记载却较少，更没有为其立传。因此，后人了解西汉时期乌桓的历史，主要是根据西晋时期王沈所著的《魏书》和南朝宋时期范晔所著的《后汉书》中的《乌桓鲜卑列传》。这两部史书新增加了《史记》和《汉书》中没有的有关乌桓族源、乌桓在西汉早期的历史以及习俗等方面的内容，其中《后汉书》还新增了武帝前期迁乌桓于五郡塞外的记载。《后汉书》的这条记载可能也是从《史记》和《汉书》的相关记载推导出的。

范恩实《论西岔沟古墓群的族属——兼及乌桓、鲜卑考古文化的探索问题》[5] 一文，利用匈奴、鲜卑、夫余等族考古文化研究的新成果，参考民族学、人类学理论，论证西岔沟墓地及其附近的类似遗存是汉武帝时期内迁辽东塞外的乌桓遗存。同时，该文

① 苗威：《定安国考论》，《中国边疆史地研究》2011年第2期。

② 梁玉多：《定安国小考》，《北方文物》2010年第1期。

③ 康鹏：《东丹国废罢时间新探》，《北方文物》2010年第2期。

④ 潘玲：《西汉时期乌桓历史辨析》，《史学集刊》2011年第1期。

⑤ 范恩实：《论西岔沟古墓群的族属——兼及乌桓、鲜卑考古文化的探索问题》，《社会科学战线》2012年第4期。

进一步分析了西岔沟墓地的文化渊源，探讨了乌桓与东胡、乌桓与鲜卑的文化关系，并对以往学界探索乌桓、鲜卑考古文化的成败得失提出了自己的思考。

程妮娜《东部乌桓从朝贡成员到编户齐民的演变》①　一文讨论了进入边郡内聚族而居的乌桓人，渐由朝贡部落向编户齐民转变的过程，到南北朝时期东部乌桓完成了与北方各族的融合。

高然《慕容鲜卑早期历史考论》②　一文梳理了慕容鲜卑早期迁徙发展，以至兴起的历程。李海叶《慕容氏昌黎时期的建国道路与胡汉分治制度》③，讨论了前燕昌黎时期所推行的胡汉分治政策——与中原汉士族结成政治同盟，而所兼并的东部鲜卑诸部处于政治的底层，与慕容鲜卑本族杂处，统一纳于大单于系统下，构成了特殊的胡汉分治形式，并以此完成了第一次的民族融合与扩张。

6. 契丹与奚

李大龙《唐代契丹的衙官》④　一文从唐代契丹衙官的设置入手，对唐朝北疆诸多民族政权中衙官的设置情况进行了分析。该文认为衙官是因羁縻府州的设置或和亲公主的到来而出现的官称，衙官在唐朝控制契丹中的作用体现了唐朝对羁縻府州进行管理的一种重要方式。同时，衙官一类官职的出现也促进了契丹社会的政治演进。

孙昊《说"舍利"——兼论契丹、靺鞨、突厥的政治文化互动》⑤　一文讨论了作为北方民族贵族身份称号的"舍利"的来源。作者认为突厥的"舍利"一词源于中亚波斯语或粟特语的国王，后发展为对贵族阶层的泛称。在契丹建国前后，舍利属于贵族身份称号，不属官称。靺鞨"大舍利"号并非源于契丹授职，而是源自突厥。"舍利"在契丹、靺鞨、突厥三族社会的流变，揭示了6—10世纪内亚草原帝国政治形式对这些民族的影响。

王丽娟《奚族部落的发展与演变》⑥　一文梳理了奚族部落的发展演化历程。北朝后期，奚族有五个部落，有各自的部落名称，并组成部落联盟；在唐代，奚族的五个部落直接受各自首领领导，统归唐朝设置的饶乐都督府所管辖；在辽代，奚族有先隶属于奚王府后隶属于北府的奚六部和隶属于南府的奚七部。最终，奚族的诸部落成为辽朝行政机构的一部分。吕富华、孙国军《从使辽诗看奚族社会生活》⑦　结合途经奚人地区的北宋出使辽朝使者所做的使辽诗，探讨辽代奚族的社会生活。洪勇明《古代民族文献所见"奚"考》⑧　一文通过古代突厥文、古藏文、古阿拉伯文文献的梳理，判断：龙朔元年奚人的一支叛唐远走中亚；11世纪上半叶奚人的另一支移驻河西。中亚奚人成为回鹘的旁系，河西奚人则消失。

①　程妮娜：《东部乌桓从朝贡成员到编户齐民的演变》，《民族研究》2015年第5期。

②　高然：《慕容鲜卑早期历史考论》，《地方文化研究》2014年第4期。

③　李海叶：《慕容氏昌黎时期的建国道路与胡汉分治制度》，《中山大学学报》（社会科学版）2012年第3期。

④　李大龙：《唐代契丹的衙官》，《中国边疆史地研究》2012年第3期。

⑤　孙昊：《说"舍利"——兼论契丹、靺鞨、突厥的政治文化互动》，《中国边疆史地研究》2014年第4期。

⑥　王丽娟：《奚族部落的发展与演变》，《东北史地》2015年第5期。

⑦　吕富华、孙国军：《从使辽诗看奚族社会生活》，《黑龙江民族丛刊》2015年第1期。

⑧　洪勇明：《古代民族文献所见"奚"考》，《民族研究》2011年第1期。

毕德广《辽代奚境变迁考论》① 一文分析指出，以奚王献出七金山土河川为分界线，可将辽代奚境的变迁分为早晚两期。辽代早期奚境的北界由西拉木伦河中上游收缩至老哈河上游，奚人活动在老哈河上游以南、长城以北的地区；辽代晚期奚境进一步缩小，仅剩下滦河中游及其支流青龙河流域一带。

7. 女真研究

这一时期有关女真的研究，主要视角是族群认同的形成、发展与嬗变。范恩实《论女真族群的形成与演变》② 一文，借助英国民族学家安东尼·史密斯有关古代社会族群演化过程的三阶段论——族类、族群网络与族裔共同体，来考察女真族群的形成、发展与嬗变的过程。五代、辽初，"女真"逐步代替靺鞨，成为一类社会发育相对迟缓的东北土著人群的一个新族类名称。由于受到辽、宋、高丽几大文明相对发达的政治势力的挤压，女真人得以在从原始状态迈向阶级社会的初期就具有了一定的同族意识，虚拟同宗与联姻也促使该族类人群形成族群网络。以完颜部为首推动的反辽战争则为女真族群认同的发展提供了新的契机。真正将全体女真人纳入统一的族裔共同体之内的，却是猛安谋克制度，可以说猛安谋克制度是女真族群认同存续的基础。女真族群的逐步"汉文化化"，并不是女真族群消亡的根本原因，而是随着金朝灭亡，猛安谋克制度解体，猛安谋克身份成了致命的负累，才最终导致女真人转冒汉人，并在蒙元"四等人"制度下完成"汉族群化"。

罗继岩、辛时代《金朝始祖函普研究》③ 一文认为，金熙宗即位以后，极力推行汉制改革，健全政治礼仪制度。女真始祖开始拥有了自己的名字、谥号、庙号，享受皇家的四时香火，以及后代子孙的顶礼膜拜。其最显著的变化是，函普的位置由原来的"四世祖"或"五世祖"变成了女真人的共祖——"八世祖"。函普的族源"记忆"强化了不同地域的女真人对民族国家的根本感情与族群认同。与始祖函普同时问世的还有他的兄长阿古乃、弟弟保活里。后来，阿古乃成了曷苏馆女真的首领，保活里成为耶懒路女真的首领，他们是诸女真部族中最早、最坚决支持按出虎水完颜部的力量。从始祖三兄弟的"历史"叙事当中，曷苏馆女真、耶懒路女真、长白山女真等都能找到属于自己族群的位置。至于函普的族属，则为靺鞨族系的分支黑水靺鞨，进入五代十国以后，又以女真、东女真的记载见于文献记载。

王耘《金初女真人的崛起与文化认同之变迁》④ 一文指出，从完颜到女真反映了女真共同体形成过程中的部族认同，从女真到金源则表现出超越民族文化界限的区域文化认同，区域认同正是女真国家认同的萌芽。经过金初文化认同的变迁，到海陵时出现了包容各族各地区的传统的"天下观"。在"混一天下，然后可为正统"国家认同的指导下，海陵大举南征。但此时金国家认同尚未最终形成，其治下各族对待国家战争更是态度各异，汉人向慕南归，契丹人希望自立，即使是女真贵族也没有完全接受海陵王"天下共主"的认同观念，海陵的败亡也就在所难免。

---

① 毕德广：《辽代奚境变迁考论》，《中国边疆史地研究》2014 年第 3 期。
② 范恩实：《论女真族群的形成与演变》，《黑龙江社会科学》2013 年第 3 期。
③ 罗继岩、辛时代：《金朝始祖函普研究》，《社会科学战线》2015 年第 12 期。
④ 王耘：《金初女真人的崛起与文化认同之变迁》，《北方论丛》2015 年第 6 期。

蒋戎《元代的"水达达"》① 一文指出，元代的"水达达"是个泛称，主要泛指以东流松花江为主流的黑龙江之"沿江两岸居者"。它包括一些不同语系不同语族乃至不同语支的氏族、部落和部族。其中"水达达女直"或"女直水达达"诸部，他们属于古通古斯语族南支，是辽金女真的后继者；而乞列迷水达达诸部，有的属于古通古斯语族南支或北支，即清代赫哲喀喇、额登喀喇奇勒尔等部的祖先。有的则属于古亚细亚语族，即清代费雅喀人的祖先。明朝，水达达改"江夷"，并有了很大的变化，他们以个人、个体家庭或氏族、部落的形式，波浪式地向南迁徙，与当地的女真人进行新的集聚和组合，促进了建州女真的形成和发展。

孙昊《辽代女真族群与社会研究》② 一书，对有关女真族系源流方面的四个专题进行全面考辨与分析。第一，梳理肃慎—挹娄—勿吉—靺鞨—女真历史叙事的形成过程，分析中原王朝的肃慎史观的形成，及其对后世东北森林族群叙事的历史影响。第二，辽代"熟女真"的形成与分异过程。第三，探讨辽代生女真地区的区域分化与整合过程。第四，重新梳理与考析三十部女真的文献与史实，论证该族群并非源于黑水靺鞨，更可能是由朝鲜半岛西北迁徙而来。

除了族系源流的讨论，也有学者分析了元明时期朝鲜半岛北部的女真人。沈岩《元代朝鲜半岛女真人的分布与行政建置研究》③ 一文认为，元代留居东北的女真人是元代女真族的主体部分，其分布区域的南部到达今朝鲜半岛，其中较为密集之地包括今朝鲜境内的咸镜道、江原道、平安道、两江道等。元政府通过在各区域设置不同级别的地方机构，对分布在朝鲜半岛北部的女真人进行直接有效的统治与管理，并巩固了元在朝鲜半岛的疆界。陈慧《中国女真族的领土意识初探》④ 一文讨论了朝鲜半岛北部女真人的政治归属意识。该文认为早在女真族初步形成之时，居住于朝鲜半岛北部的西女真和东女真就将家园视为中国之内的"封境"。高丽"北进"，女真则失去了大片土地。辽朝末年，为保卫家园，女真人在曷懒甸（今咸兴平原）大败高丽军。在朝鲜王朝占领半岛东北部以后，女真首领王可仁、佟景再三提醒明成祖，朝鲜所占之地乃是女真人的旧土，但由于彼时明朝君臣对该地历史的不确知，十处女真居地被送给朝鲜。

8. 建州女真—满洲研究

张雅婧《明代女真部族社会中"两头政长"制的历史考察》⑤ 一文，讨论了明代女真部族社会中广泛存在的"两头政长"制。指出：明前期女真社会中的"两头政长"制套上了明代卫所制的光环，常表现为女真卫所中有两位主要官员。明后期则多表现为一部之中有两王（贝勒）。"两头政长"制的存在便于部族迁徙和分族，同时又适应女真社会战争频繁的状况。明代女真的"两头政长"制随着后金国家的建立、君主集权的不断发展而逐渐衰亡。

栾凡《明代女真商人与东北亚丝绸之路》⑥ 一文指出，明朝沿用辽、金、元古道开

① 蒋戎：《元代的"水达达"》，《东北史地》2011年第5期。
② 孙昊：《辽代女真族群与社会研究》，兰州大学出版社2014年版。
③ 沈岩：《元代朝鲜半岛女真人的分布与行政建置研究》，《史学集刊》2014年第4期。
④ 陈慧：《中国女真族的领土意识初探》，《史学集刊》2011年第1期。
⑤ 张雅婧：《明代女真部族社会中"两头政长"制的历史考察》，《史学集刊》2015年第1期。
⑥ 栾凡：《明代女真商人与东北亚丝绸之路》，《东北史地》2015年第6期。

设的东北驿路,不仅加强了明朝中央政府对东北地区的统治与管辖,而且在东北亚贸易方面起了重要的促进作用。往来于东北驿路之上的女真商人,由女真各部的首领构成,虽然有别于普通意义上的商人,但是在沟通中原地区与东北地区乃至整个东北亚地区的货物往来方面,他们的地位举足轻重。由于女真商人的存在,中原地区的丝绸得以流转到朝鲜、日本等东北亚的大部分地区,使这条驿路成为明代中国与东北亚地区之间名副其实的丝绸之路。

朱永杰、韩光辉《明代建州女真发展前期农业区域特征述论》[1] 考察了建州女真早期两次迁徙过程中农业经济的发展情况。第一次迁徙到绥芬河流域,建州女真有些地区的农业发展相对显著,有些地域则非常有限,仍以射猎为获取生活必需品的主要生产方式。第二次迁徙到浑江流域,建州女真的射猎经济逐渐向农业经济过渡,农业的发展比重加大。

刁书仁《努尔哈赤崛起与东亚华夷关系的变化》[2] 一文探索努尔哈赤崛起的成功之道,认为他依据时局的变化及与敌手斗争的需要,及时调整诸方面的关系:对女真各部由近及远,联大灭小,先弱后强,直至全部吞灭;对明朝称臣纳贡,极表"忠顺";对蒙古通过联姻、盟誓极尽笼络;对朝鲜主动结好。努尔哈赤在成功的道路上,左右逢源,暗自坐大,最终成功崛起。同时,建州女真的崛起又改变了东亚政治格局的面貌。

邓天红《满族的崛起与黑龙江流域的统一》[3] 一文指出,满族的形成和清朝的建立对黑龙江地区历史产生重要影响。从明末万历年间起,努尔哈赤及皇太极,用近60年的时间,先后征服了松花江、乌苏里江、黑龙江中下游女真人,实现对黑龙江流域的统一与管辖。康熙年间,为抗击沙俄侵略,清廷在黑龙江左岸实行屯田,发展为后来的"江东六十四屯"农业区;乾隆、嘉庆、道光直到光绪年间的京旗回屯,主要就垦于黑龙江阿城(阿勒楚喀)、五常(拉林现划归五常市)、双城(双城堡)等地,遂成为重要的粮食产区。清代京旗移垦,不仅促进黑龙江地区农业经济的开发,也带动了其周边城镇经济的发展。

9. 清代东北诸部族研究

滕绍箴《论清初赫哲族的大迁徙与旗籍化问题》[4] 首先讨论了清初"新满洲"形成的问题,指出为团结东北各个少数民族,在皇太极改"诸申"为"满洲"之后,依据军功先后,提出"新满洲"概念。将今天的赫哲、鄂伦春、鄂温克(原称"索伦")、达斡尔(概称"索伦")、锡伯,甚至部分蒙古部落都统称"新满洲"。其次讨论了作为"新满洲"重要成员的赫哲人南迁问题,指出这些赫哲人在南迁过程中,以"新满洲"身份不断旗籍化,成功融合为满洲民族共同体,成为其重要组成成员。谷文双、尤文民《清代珲春赫哲族考略》[5] 讨论了清代珲春地区赫哲人的由来。康熙五十三年,赫哲人以旗丁身份首次迁入珲春。乾隆至同治年间,又有一定数量的赫哲人迁入该

① 朱永杰、韩光辉:《明代建州女真发展前期农业区域特征述论》,《北方文物》2011 年第 2 期。

② 刁书仁:《努尔哈赤崛起与东亚华夷关系的变化》,《中国边疆史地研究》2012 年第 3 期。

③ 邓天红:《满族的崛起与黑龙江流域的统一》,《学习与探索》2011 年第 1 期。

④ 滕绍箴:《论清初赫哲族的大迁徙与旗籍化问题》,《北方文物》2012 年第 2 期。

⑤ 谷文双、尤文民:《清代珲春赫哲族考略》,《黑龙江民族丛刊》2014 年第 6 期。

地。到清末，珲春赫哲人已达 1682 人，成为当地少数民族之一。

除了赫哲以外，达斡尔族也是学界关注的重点。谢春河《试析清代黑龙江左岸达斡尔人的"南迁"》①讨论了清代达斡尔人从祖居地南迁的过程。该文指出黑龙江中上游两岸是达斡尔人的祖居地，早在明末清初就建立了一系列城寨，其中多位于黑龙江左岸及其支流上，以精奇里江（今俄罗斯结雅河）中下游为代表。17 世纪上半叶，该区域的达斡尔人主动"内附"于清。清中叶以后，沙俄侵扰黑龙江流域，达翰尔人被动"南迁嫩江之滨"。1900 年，余留在江东六十四屯的达斡尔人再次被动"南迁"黑龙江右岸。至此，黑龙江左岸已鲜有达斡尔人居住。南迁的达斡尔人为抵抗沙俄、驻驿屯垦做出了突出贡献。

金鑫《清代前期达斡尔、鄂温克两族农业发展考述》②，分析达斡尔、鄂温克两族的农业化过程。清代前期，在南迁嫩江流域、编入旗佐组织的过程中，达斡尔、鄂温克两族的农业生产在内地经济文化因素的影响下得到了一定程度的发展，主要体现在农业生产普及程度的提高以及相关技术的进步上。至乾隆年间，两族农业的整体发展水平已与比邻而居的汉、满两族兵民相一致。

隋丽娟、何丽文《清末民初达斡尔族文化变迁原因分析》③论及清末民初促发达斡尔族文化变迁的因素。该文指出清末民初，在沙俄入侵以及政府政策变化等因素的影响下，达斡尔族传统文化被迫发生变迁。这一时期外部力量的干预在达斡尔族文化变迁的历程中扮演极为重要的角色，甚至在某种程度上主导着达斡尔族社会的发展走向。

与上述有关黑龙江、乌苏里江流域部族的研究相比，沈一民《清初喀木尼堪部降叛考述——兼论清初的使鹿部》④则放大视野，讨论了清初与贝加尔湖地区部族的关系问题。其中发挥联系作用的是喀木尼堪部，该部生活于贝加尔湖的东北地区，是一支活跃于清初的使鹿部。1636 年喀木尼堪部接受清朝的招抚，内迁于嫩江上游。但是由于内迁后大量驯鹿的死亡威胁到其原有的生产生活习惯，喀木尼堪部最终选择集体叛逃，从而招致清军的追击与屠杀。喀木尼堪部的降叛过程具有更为深远的意义，它开启了使鹿部与清朝建立联系的通道。从 1642 年到 1650 年，使鹿部频繁来清朝贡，但至 1660 年以后就再也看不到使鹿部朝贡的记载。这种情况的发生与沙俄入侵贝加尔湖地区有着密切而直接的关系。

（三）历代王朝的东北边疆治理研究

1. 秦汉时期

（1）辽西、辽东郡县治研究

有关秦汉辽东郡的研究，主要是对一些县城址的探讨，由于文献有限，因此这类研究多是结合考古发现来进行的。

---

① 谢春河：《试析清代黑龙江左岸达斡尔人的"南迁"》，《东北史地》2015 年第 2 期。

② 金鑫：《清代前期达斡尔、鄂温克两族农业发展考述》，《中国边疆史地研究》2014 年第 3 期。

③ 隋丽娟、何丽文：《清末民初达斡尔族文化变迁原因分析》，《北方文物》2011 年第 3 期。

④ 沈一民：《清初喀木尼堪部降叛考述——兼论清初的使鹿部》，《黑龙江民族丛刊》2011 年第 4 期。

刘翀《西汉辽西郡郡治、都尉治再考——从考古资料的应用说开去》[①] 一文对寻找古城址的方法进行了进一步的划分将直接寻找和分析与"城"相关资料的方法称为"直接法";通过对那些通常与城相伴存在的遗迹,例如墓葬、矿区等的分析,寻找古城所在的方法称为"间接法"。随后作者又利用"间接法"对西汉辽西郡郡治(且虑),两都尉治(柳城、交黎)的线索进行了初步分析。

凌文超《汉西安平方位考》[②] 一文指出,据《汉书·地理志下》记载,汉西安平县位于马訾水(今鸭绿江)入海处,今丹东市附近。但是20世纪80年代以来,有学者根据当地出土的陶瓦铭文"安平乐未央""安平城",认为汉志记载衍误,该地实为汉安平县故地。但是作者认为这种判断并不正确。根据王鸣盛的说法,汉代涿郡属县已有安平,于是在甾川国、辽东郡属县安平前分别冠以"东"与"西",以示区别。从出土的两例陶瓦铭文"安平"来看,汉西安平县原来很可能也是以"安平"为名,只是为了避免同名县混淆,才冠以"西"字。

近年来,随着沈抚地区考古工作的深入,学界对于分布于这一带的秦汉辽东郡中部都尉治侯城的方位也进行了新的讨论。王绵厚《沈抚交界处"青桩子"古城的新发现及考古学意义——兼论秦汉辽东郡"中部都尉"与"侯城县"的关系》[③] 一文指出,在沈抚地区燕秦汉魏时期,先后存在过时代互有交叉的辽东郡"中部都尉""侯城县""玄菟郡"等重要城市建置,其故址应分别在今东陵区上伯官屯东"青桩地"、沈河区"宫后里"和上伯官屯古城。值得注意的是,从辽东郡"中部都尉"镇城到"侯城县"的建置,可能有阶段性的历史演变过程,但二者的关系,应是先有燕秦汉"中部都尉"(青桩子古城)的障堠之城,后有"侯城县"(宫后里)。赵晓刚、姜万里《沈阳宫后里城址刍议》[④] 一文则认为上伯官村以东的青桩子城址就是燕秦西汉至东汉初期的侯城,在东汉安帝时,侯城随着玄菟郡的内迁亦相应内迁,即燕秦西汉至东汉初期侯城与东汉中晚期至魏晋时期侯城应是两座城址,而宫后里城址只是东汉中晚期至魏晋时期侯城所在。

(2) 燕秦汉东北长城研究

有关燕秦汉东北长城的研究,在20世纪七八十年代曾有一次高潮,并在90年代初形成了基本结论。近年来,冯永谦《东北燕秦汉长城的考古调查与研究》[⑤] 通过对燕秦汉东北长城进行系统的调查,得出以下新结论:其一,开原、铁岭的东面,还是没有发现长城遗迹。由于开原和铁岭的东和东南部系山区,有许多地方山较高大,根据多年的调查经验,战国、汉长城并不修筑在高山上。其二,抚顺地区北部烽燧址西从沈阳市东陵区陵前堡开始,向东经抚顺县、顺城区、东洲区、新宾县,直到吉林通化县西境;抚

① 刘翀:《西汉辽西郡郡治、都尉治再考——从考古资料的应用说开去》,《北方文物》2013年第3期。

② 凌文超:《汉西安平方位考》,《东北史地》2015年第3期。

③ 王绵厚:《沈抚交界处"青桩子"古城的新发现及考古学意义——兼论秦汉辽东郡"中部都尉"与"侯城县"的关系》,《东北史地》2014年第1期。

④ 赵晓刚、姜万里:《沈阳宫后里城址刍议》,《东北史地》2015年第2期。

⑤ 冯永谦:《东北燕秦汉长城的考古调查与研究》,载辽宁省文物考古研究所编《辽宁考古文集》(二),科学出版社2010年版。

顺南部发现南北走向烽燧址，长城当在这一线附近向南延伸，经本溪而达宽甸鸭绿江畔。其中部分长城被明长城所沿用。其三、燕、秦、汉长城在丹东地区的宽甸县，既以鸭绿江、浑江天险为屏障，又修筑一些墙体在重要地段，可能就是这个地区的长城结构与防御形式了。

王绵厚《燕秦汉"辽东故塞"诸问题考论——从对〈史记〉一段文字的释读谈起》①，详细罗列了前述燕秦汉长城线上有明确考古遗迹和标志性遗物的重要地点，推定燕秦汉"辽东故塞"的基本走向：即由新民公主屯向东，经"乌尔汉"一线过辽河以东。东南经沈北财落堡以北一线，经铁岭南邱台和沈阳之间，由蒲河而进入浑河以北。东南行由沈北新乐东指浑河北岸东陵东山，再延向抚顺方向。经由东陵区"青桩地（子）"重要古城以北。过抚顺望花区高湾烽燧东南行，沿浑河支流拉古河南下，在抚顺县拉古乡和海浪乡一线分途。汉长城障塞应沿浑河北岸东行，经东洲、甲邦、章党而进入苏子河北。而燕秦汉长城，则从拉古、海浪一线烽燧址，沿拉古河东南行，延向本溪市威宁营和碱厂堡，凤城赛马镇；然后向东进入宽甸北部的灌水、太平哨以南至大西岔一线，直至鸭绿江西岸，过鸭绿江则连接"大宁江长城"。同时，王绵厚也注意到，燕秦汉早期长城，沿拉古河东南延向本溪市境；而汉代"第二玄菟郡"障塞烽燧，则从抚顺东洲一带，沿浑河北和苏子河流域，东延向新宾县和吉林通化地区。

有关吉林地区新发现的汉代长城遗迹，根据公开报道，2009 年 6 月初，受中国国家文物局委托，吉林省成立长城资源调查小组，对吉林省境内的秦汉时期长城遗址展开调查。调查小组对西起通化县三棵榆树镇沿江村、东至通化县快大茂镇的范围内进行调查走访、挖掘，共发现 11 处城（障塞）、烽燧遗址。主持发掘的宋玉彬介绍，吉林省境内发现的长城应该是长城的附属设施，围绕当地所设的郡或县城，构成一个总的军事防御体系。鉴于上述"长城遗址"的发现，有专家表示，这标志着目前秦汉长城的最东端将重新界定为通化县，而并非普遍认为的辽宁省新宾县旺清门镇孤脚山烽燧。②

此外，李树林、李妍《吉林省燕秦汉辽东长城考古调查概述》③ 根据自己的调查与研究，进一步分析认为，通化、白山地区的战国、秦汉遗址群，"西与辽宁省新宾县燕秦汉辽东长城'列隧'连成一线，东沿鸭绿江北岸延伸至长白县马鹿沟镇北山障堙，西南沿鸭绿江北岸至辽宁宽甸入朝鲜境内与大宁江长城对接，构成了一道总长约 1081公里的完整防御线。……这些遗址群即为古文献所载的燕秦汉辽东长城"。

范恩实《燕秦汉东北"长城"考论——障塞烽燧线性质再分析》④ 一文与上述研究结论有所不同。作者认为在辽东地区发现燕秦汉时代的障塞烽燧遗址，并非燕秦汉长城的东北段，而是相关势力进入东北地区后，构建的军事镇戍体系。这包括以中部都尉治为中心，向北到望平县，向东经东部都尉治到番汗县的燕秦汉早期障塞线，以及向东北进入今通化地区的"第二玄菟郡障塞线"。由此构成的东北"边塞"，形成一种积极

① 王绵厚：《燕秦汉"辽东故塞"诸问题考论——从对〈史记〉一段文字的释读谈起》，《社会科学战线》2014 年第 7 期。

② 参见《通化境内现秦汉长城遗址》，《东亚经贸新闻》2009 年 12 月 14 日第 2 版。

③ 李树林、李妍：《吉林省燕秦汉辽东长城考古调查概述》，《社会科学战线》2011 年第 10 期。

④ 范恩实：《燕秦汉东北"长城"考论——障塞烽燧线性质再分析》，《中国边疆史地研究》2015 年第 3 期。

进取、半开放式的边疆，有利于燕秦汉文化在东北地区的深度传播。

（3）"汉四郡"研究

秦及西汉时期的东北边疆统治制度，主要是郡县制，其中研究较多的是汉武帝时期灭卫氏朝鲜，设立的"汉四郡"，即乐浪、玄菟、临屯、真番。赵红梅《汉四郡设置述评》[①]一文指出，《汉书·五行志中之下》有："元封六年（前105）秋，蝗。先是，两将军征朝鲜，开三郡。"之所以会有"开三郡"之说，究其原委，或许源自《汉书·地理志下》中载有"玄菟郡，武帝元封四年（前107）开"。而乐浪、临屯、真番三郡均开于武帝元封三年。苗威《汉武帝设置乐浪等四郡述考》[②]一文从汉武帝的边疆经略，汉武帝在大同江流域设置郡县的动因，乐浪、真番、临屯以及玄菟四郡设置的时间，汉武帝设置乐浪等郡的意义等方面，对汉设置四郡进行了全面的解读。

对于四郡的设置情况，除了设置于朝鲜故地的乐浪郡以外，其余三郡都存在一定争议。随着相关研究的深入，有关真番、临屯位置的争论渐渐平息，但是关于玄菟郡（第一玄菟郡）位置的争议却一直未有定论。范恩实《第一玄菟郡辖区侧证》[③]一文，鉴于直接史料记载的缺乏，拓展思路，从边郡设立、管理及运转等侧面角度，进一步确认了"沃沮说"。赵红梅《玄菟郡建置沿革及其特点述论》[④]一文详细梳理了玄菟郡"四置三迁"的情况。其中第一玄菟郡在"沃沮地"，当是东沃沮（即南沃沮）与北沃沮的合称，而郡治为"沃沮城"。

（4）两汉时期对东北边疆少数族群的统治

赵红梅《玄菟郡经略夫余微议》[⑤]一文，从玄菟郡代管夫余王葬用玉匣、玄菟郡二次调派夫余军队征讨高句丽、夫余对玄菟郡的叛附三方面解析了玄菟郡对夫余的经略，意在阐明夫余自立国伊始即为隶属于中原中央王朝的东北古代地方民族政权。魏存成《玄菟郡的内迁与高句丽的兴起》[⑥]一文指出，玄菟郡对高句丽的管辖，在公元2世纪初玄菟郡第二次内迁之后有所变化。在内迁之前，高句丽在玄菟郡界内，高句丽直接从玄菟郡接受"朝服衣帻"，高句丽县县令主管高句丽的户籍；在内迁之后，高句丽不在玄菟郡界内，高句丽县县令不再主管高句丽的户籍，高句丽接受"朝服衣帻"的形式和地点也发生改变。尽管如此，高句丽对玄菟郡的隶属关系仍继续保持。在魏晋之后，玄菟郡继续削弱，于是高句丽开始接受中原王朝的直接册封。

宗藩关系、朝贡体制是中国古代边疆统治的一种重要模式，其初步确立则在两汉时期。程妮娜《汉代东北亚封贡体制初探》[⑦]一文，讨论了两汉东北亚封贡体制的创立与发展，其下成员不断增加，到东汉前期已基本囊括了当时东北亚地区较为发展的民族与政权。东北亚封贡体制以多种形式建构，可分为郡县区内的封贡关系、郡县和护乌桓校尉等管理的塞外封贡关系、朝廷直接掌管的塞外封贡关系等三个层次，不同层次之间不

① 赵红梅：《汉四郡设置述评》，《北方文物》2013年第4期。

② 苗威：《汉武帝设置乐浪等四郡述考》，《东北史地》2015年第4期。

③ 范恩实：《第一玄菟郡辖区侧证》，《北方论丛》2011年第1期。

④ 赵红梅：《玄菟郡建置沿革及其特点述论》，《黑龙江社会科学》2013年第6期。

⑤ 赵红梅：《玄菟郡经略夫余微议》，《北方文物》2010年第2期。

⑥ 魏存成：《玄菟郡的内迁与高句丽的兴起》，《史学集刊》2010年第5期。

⑦ 程妮娜：《汉代东北亚封贡体制初探》，《学习与探索》2010年第3期。

是一成不变，变化最为显著的是封贡体制下靠近郡县地区。汉代东北亚封贡体制的建构确立了汉朝在东北亚世界至高无上的地位，对于汉朝东北边疆地区的经营、安边固土，对于东北亚各族、各国的发展都具有重要意义。汉代东北亚封贡体制所体现的基本规则与功能，对后代中国王朝封贡体制的建构与发展具有深远的影响。

2. 魏晋南北朝时期

魏晋南北朝时期，中原失序，政局纷乱，因此对东北边疆的统治也进入衰落时期，但是同时又是一个转折的时代，边疆统治模式的转变为唐代羁縻制度的形成揭开了序幕。近年来国内学界对魏晋南北朝时期东北边疆统治的研究，主要体现在两个方面。

一是乐浪郡的动荡与覆亡。赵俊杰《乐浪、带方二郡的兴亡与带方郡故地汉人聚居区的形成》[①] 一文，详细梳理了乐浪郡及 2 世纪公孙氏政权在乐浪郡南部设立的带方郡的兴衰，并特别研究了二郡覆亡后一个时期的情况。作者研究指出，在二郡覆亡后，残留的汉人遗民曾在黄海道一带聚集，形成相对独立的势力集团或"自治领"。同期中国北方各地的部分汉人也在"五胡乱华"的大背景下，辗转流徙至朝鲜。不同地域汉人移民的到来，带来了多样的地域文化，新移民与原二郡汉人遗民的文化融合随之展开。二郡覆亡后约三十年间，高句丽因遭受前燕沉重打击而无暇南顾，西北朝鲜地区暂时维持了无政府状态，局势较为平静。得益于此，黄海南道信川郡一带的汉人势力得到一定程度的恢复，聚居区也呈现出短暂的繁荣景象。赵俊杰《乐浪、带方二郡覆亡前后当地汉人集团的动向与势力发展》[②] 一文又进一步研究了二郡覆亡后半世纪内带方故地汉人聚居区的发展，特别是此后高句丽重又加强对南境的经营，汉人聚居区的安定被打破，两大汉人集团系统的动向问题。作者指出原二郡遗民集团汉人再次大规模向南出逃，很大一部分可能经由朝鲜半岛南部最终于 5 世纪初到达日本。4 世纪后叶汉人聚居区墓葬中纪年铭砖的烧造急剧减少并终结于 5 世纪初的现象，正与此相合。与此同时，内地新移民集团的势力则在朝鲜半岛西北部得到长足发展，5 世纪初以后于平壤西南的南浦一带形成另一个大型汉人聚居区，并在长时间内维持了一定的独立性。

二是魏晋南北朝各政权与东北本土政权间的册封与朝贡关系。在这方面，程妮娜发表了《汉魏晋时期东部鲜卑朝贡制度研究》[③]《高句丽与汉魏晋及北族政权的朝贡关系》[④]《夫余国与汉魏晋王朝的朝贡关系》[⑤] 等多篇论文。

3. 唐代

近年来，有关唐代东北边疆统治研究的主要学术成果体现在边疆管理机构方面，其中重要性居于首位的是营州。宋卿《唐代营州研究综述》[⑥] 一文，从建置沿革研究、民族分布研究、官署机构研究、东北羁縻府州研究等几个方面对学界关于唐代营州研究状

---

①　赵俊杰：《乐浪、带方二郡的兴亡与带方郡故地汉人聚居区的形成》，《史学集刊》2012 年第 3 期。

②　赵俊杰：《乐浪、带方二郡覆亡前后当地汉人集团的动向与势力发展》，《吉林大学社会科学学报》2012 年第 1 期。

③　程妮娜：《汉魏晋时期东部鲜卑朝贡制度研究》，《学习与探索》2014 年第 4 期。

④　程妮娜：《高句丽与汉魏晋及北族政权的朝贡关系》，《安徽史学》2015 年第 4 期。

⑤　程妮娜：《夫余国与汉魏晋王朝的朝贡关系》，《求是刊》2014 年第 4 期。

⑥　宋卿：《唐代营州研究综述》，《东北史地》2013 年第 4 期。

况做系统梳理。此外，宋卿《试述唐代东北边疆重镇营州的权力伸缩》① 一文指出，唐王朝设于营州的官署机构，相继有营州总管府、营州都督府、平卢节度使府等，并详细梳理了营州政府权力经历鼎盛、弱化、再次鼎盛、没落的发展过程。宋卿《唐代营州军事设置探究》② 一文，详细梳理了唐朝在营州地区先后设置的各类型军事机构：辽西府、平辽府、怀远府3个正州折冲府，带方府、昌利府2个城傍羁縻州折冲府，平卢军、卢龙军、怀远军、保定军4个军，汝罗（安东）、燕郡、怀远、巫闾、襄平、渝关6个守捉，阳师镇、三合镇、泸河镇、怀远镇、平辽镇、通定镇6个镇，静蕃戍、五柳戍、临泉戍等4个戍所。宋卿《唐代平卢节度使略论》③ 一文则对平卢节度使的任命、人选情况进行了详细梳理和分析。

唐代东北边疆统治机构还有安东都护府。赵智斌《安东都护府初建时行政建置考略——兼论高句丽末期政区与安东都护府行政建置的关系》④ 一文指出，安东都护府初建时的九都督府与高句丽末期"五部三京"政区关系密切，应为东栅、建安、屋城、新城、北扶余、平壤、国内、汉城、辽东九州都督府。辛时代《唐代安东都护府行政级别与废置时间问题探析》⑤ 一文，根据《高震墓志序》所载高震担任安东都护的情况，推定安东都护府废置和时间应该晚于上元二年（761）。

此外，程妮娜同样撰文探讨了唐代东北地区土著政权的册封、朝贡问题，包括《隋唐高丽朝贡制度研究》⑥《唐朝渤海国朝贡制度研究》⑦ 两篇论文。

沈一民《论唐朝对鄂霍次克海的认知》⑧ 一文指出，隋唐时代，随着中原王朝与东北亚诸部族的关系日益紧密，居于鄂霍次克海周边地区的黑水靺鞨、窟说、郡利部、莫曳皆部、驱度寐、流鬼等部族，逐渐被隋唐帝国所了解。以这些部族为媒介，中原王朝对鄂霍次克海的认知达到了前所未有的程度，并出现了"北海""少海""小海"等专有海洋名称以指代鄂霍次克海。

4. 辽金元时期

这一时期，从辽、金、元对东北边疆统治的视角展开研究的论文并不多。王雪萍、吴树国《辽代东北路统军司考论》⑨ 一文，对辽在东北地区设置的重要军事机构东北路统军司进行系统研究，指出其前身是东北路详稳司，成立时间大致在咸雍七年（1071）至大康三年（1077）之间。东北路统军司以长春州和泰州为中心，管辖的属国、属部不仅包括今天嫩江以东、第一松花江以北地区的属国、属部，还有拉林河以东、第一松花江以南的生女真部落。东北路统军司的设置加强了辽朝对生女真部落地区的军事防御力量，保证了五国部朝贡和鹰路畅通，并对生女真完颜部的对外扩张进行了遏制，总体

① 宋卿：《试述唐代东北边疆重镇营州的权力伸缩》，《史学集刊》2014 年第 3 期。
② 宋卿：《唐代营州军事设置探究》，《中国边疆史地研究》2015 年第 3 期。
③ 宋卿：《唐代平卢节度使略论》，《中国边疆史地研究》2010 年第 2 期。
④ 赵智斌：《安东都护府初建时行政建置考略——兼论高句丽末期政区与安东都护府行政建置的关系》，《东北史地》2014 年第 1 期。
⑤ 辛时代：《唐代安东都护府行政级别与废置时间问题探析》，《东北史地》2010 年第 1 期。
⑥ 程妮娜：《隋唐高丽朝贡制度研究》，《社会科学战线》2013 年第 2 期。
⑦ 程妮娜：《唐朝渤海国朝贡制度研究》，《吉林大学社会科学学报》2013 年第 3 期。
⑧ 沈一民：《论唐朝对鄂霍次克海的认知》，《国家航海》2014 年第 4 期。
⑨ 王雪萍、吴树国：《辽代东北路统军司考论》，《中国边疆史地研究》2014 年第 1 期。

上发挥了其应有的军事职能。刘晓溪、姜铭《延边州辽金时期城址及其分布情况概述》①，对延边州境内的57座辽金时期城址，按照规模分为四类。该文讨论了上述城址的特点，包括部分沿用渤海故城，山城数量多于平地城等。同时，该文指出上述城址是沿水陆交通线分布，并形成了8个主要区域。吴树国《金代蒲与路军事问题探析》② 对金代蒲与路的军事问题作进一步探讨。作者研究指出，蒲与路作为金代北部边疆的军事重镇，无论是军民合一的万户府，还是后来的节度使，都是作为上京路隶属的军事机构存在。蒲与路基层组织还保留着女真原始部族的猛安谋克体制，这是金代猛安谋克军事戍边体制的遗存。从东北视阈观之，蒲与路具有重要的军事地位。它不仅开启了中国古代王朝对今天黑龙江北部地区实质性的军事屯驻和防御，还是拱卫当时都城上京和抵御草原民族进攻东北的前沿军事重镇。

程妮娜《辽朝黑龙江流域属国、属部朝贡活动研究》③ 一文指出，辽朝在征服、招抚黑龙江流域乌古、敌烈、鼻骨德、五国部等族群之后，相继建立属国属部制度，并将其纳入王朝"道"一级行政区划之中。辽中期建立起管理属国、属部的地方机构，对一些属国属部的统辖机制开始由朝贡制度向行政统辖制度转变，表现出统辖关系紧密的乌古、敌烈部朝贡次数骤然减少，鼻骨德部次之，统辖关系相对疏松的五国部则实行持续而规律的朝贡活动，因此不可简单地认为黑龙江流域属国属部朝贡活动频繁是辽朝对其统辖紧密的体现。谷风、李凤英《元朝黑龙江中、下流域的地方机构设置问题》④，系统研究了元代管辖黑龙江中、下流域的辽阳行省下的开元路和水达达路，梳理了路以下府、州、县等各级地方机构的设置沿革和演变。

5. 明代

（1）东北边疆统治的制度建设

辽东都指挥使司，简称"辽东都司"，亦称"辽东镇"，是明朝统治东北地区的最重要军政机构。刘明等《明辽东都司及其北路开原地方部分建置考略》⑤ 一文借助国立北平图书馆红格钞本《明实录》的有关条目，对辽东都指挥使司的设立，三万卫的设立和变迁，辽海卫的设立时间，改"开元"为"开原"的时间，安乐、自在州的设立和变迁等问题进行了新的探讨。王成科《明代辽阳东宁卫——以新出土的东宁卫指挥使官印为例》⑥，介绍了2011年11月，在辽阳城东瞭高山西北部道路建设工地出土的"东宁卫指挥使司之印"。该印为辽阳地区出土的第一方明代官印，也是明代辽东都司所属25个卫当中，第一个出土的"卫指挥使"一级、正三品武将的官印。同时，该文还对东宁卫的情况做了详细梳理。

以往学界一般认为辽东都司在建制上属于山东承宣布政使司，杜洪涛《明代辽东

---

①　刘晓溪、姜铭：《延边州辽金时期城址及其分布情况概述》，《东北史地》2015年第2期。

②　吴树国：《金代蒲与路军事问题探析》，《北方文物》2013年第2期。

③　程妮娜：《辽朝黑龙江流域属国、属部朝贡活动研究》，《宋史研究论丛》2012年第1期。

④　谷风、李凤英：《元朝黑龙江中、下流域的地方机构设置问题》，《北方文物》2012年第4期。

⑤　刘明等：《明辽东都司及其北路开原地方部分建置考略》，《东北史地》2012年第4期。

⑥　王成科：《明代辽阳东宁卫——以新出土的东宁卫指挥使官印为例》，《北方文物》2015年第1期。

与山东的关系辨析——兼论地方行政的两种管理体制》① 一文认为，所谓"原系一省"是指洪武年间辽东半岛曾经存在过的州县归山东行省及洪武九年之后的山东布政司管辖，卫所体制的辽东都司从未隶属于州县体制的山东布政司。

明代辽东海防城堡是以卫城为中心，辅之以其他沿海城堡和驿城，有效地对沿海烽火台实行管理，使沿海烽火台与城堡成为有机统一体，从而起到防御倭寇、保卫海疆的重要作用。刘俊勇《明代辽东海防城堡的调查与考证——以金州卫、复州卫为中心》②，记录了作者史地踏查相关遗迹的情况。该文指出，明代辽东海防城堡建设始自洪武四年（1371），都指挥使马云、叶旺首先于辽东半岛最南端的旅顺树立木栅以资防守。同时，开始督修金州城。明代修筑、清代重修的金州卫城现已荡然无存，复州卫城仅残存清代重修的东门和一段残墙，其余的沿海海防城堡除个别的几座外，大多也已不存。梁志龙、靳军《明代鸦鹘关考》③ 一文结合古今文献史料，分别对鸦鹘关创立时间、有无实体边墙、关道里数、何时废弃、朝鲜贡路、新鸦鹘关、释名等问题进行考证。

为解决辽东军民武器和农具等问题，明朝辽东都司二十五卫在辽东境内分别设置二十五个铁场百户所，从事矿山开采和金属冶炼等工作。关于这些铁场的位置，因为年代久远，多不能确指。张士尊《明代辽东铁厂百户所的地理分布》④ 一文通过追寻铁矿资源的历史和现状，对各卫铁场的位置重新加以认定，从而为寻找各铁场的确切位置提供正确的方向。张士尊《明代辽东都司盐场百户所的地理分布》⑤ 则根据田野调查和文献记载的资料，结合沿海滩涂、地名、遗迹、变迁等具体情况，对辽东都司二十五卫盐场位置重新加以认定，从而绘制出明代辽东海盐生产布局大概轮廓。

（2）明代辽东的政治局势与社会发展

栾凡、贺飞《略论元末明初的东北社会局势》⑥ 分析指出，元末明初东北地区所面临新的政治形势：其一，元王朝虽然走向没落，但是元朝在东北的统治还有一定基础；其二，社会矛盾激化，农民起义风起云涌，红巾军势如破竹，很快发展到东北地区，并东渡鸭绿江进军高丽。其三，高丽王朝、李氏朝鲜对中国东北一直怀有觊觎之心。其四，新兴的明朝要在东北确立自己的统治。其五，元廷北徙，北元政权妄图恢复昔日的大元帝国。其六，女真各部的人心向背对明朝稳定东北统治的意义重大。其七，失去统治地位的蒙古各部退居大漠，成为终明朝之世的北疆危机。

在社会发展方面，李智裕、高辉《明代辽东东部山区开发考略》⑦ 对明代辽东东部山区的发展情况进行研究。所谓明代辽东东部山区，是指以辽阳城为中心，沈阳中卫至

① 杜洪涛：《明代辽东与山东的关系辨析——兼论地方行政的两种管理体制》，《中国边疆史地研究》2014 第 1 期。

② 刘俊勇：《明代辽东海防城堡的调查与考证——以金州卫、复州卫为中心》，《东北史地》2015 年第 4 期。

③ 梁志龙、靳军：《明代鸦鹘关考》，《东北史地》2014 年第 6 期。

④ 张士尊：《明代辽东铁厂百户所的地理分布》，《鞍山师范学院学报》2015 年第 1 期。

⑤ 张士尊：《明代辽东都司盐场百户所的地理分布》，《鞍山师范学院学报》2014 年第 3 期。

⑥ 栾凡、贺飞：《略论元末明初的东北社会局势》，《东北史地》2013 年第 6 期。

⑦ 李智裕、高辉：《明代辽东东部山区开发考略》，《东北史地》2011 年第 4 期。

金州卫以东、抚顺关以南，与当时朝鲜、建州女真活动区域相邻近的广大辽东丘陵地带。这一地区战略位置重要，但是由于明初施行封禁政策导致该地区发展缓慢。随着明朝中后期辽东边疆危机日益严重，促使明朝重新调整政策，在该地进行大规模开发。具体措施包括修筑军事设施抵御建州女真侵扰，与建州女真在辽东东部山区进行开市贸易，在东部山区进行大面积的土地开垦。

时仁达《明代辽东徭役述略》① 对辽东都司管辖军户承担的徭役情况进行了梳理。栾凡《明代辽东的米价、军粮与时局》② 从辽东米价上涨入手，分析辽东米价变动的原因，探讨辽东粮食价格的变化在明末辽东地区乃至全国所引发的一系列问题。栾凡《明后期辽东军人群体的生存状态研究——以粮饷为中心》③，阐明由于粮饷不足，明后期辽东军人群体的生存一直处于极其恶劣的状态，严重影响明朝军队的战斗力，导致明朝在辽东战场的失败。明朝为了挽回局面，倾全国之力支援辽东，又导致全国百姓到了无法生存的境地，只好揭竿而起。辽东军人的粮饷问题一直是扼住明朝咽喉的那双手。

张士尊《明代辽东儒学建置研究》④ 一文利用现存文献，对辽东都司儒学以及各卫城儒学的设置、管理和维护进行考证，深入解读明代东北边疆文化发展的面貌。

沈一民《试析明代地图中的女真地区》⑤ 一文则通过明代地图对女真地区的表现，分析明与女真关系，特别是前者对后者的认识的演变。根据作者梳理，涉及女真地区的明代地图现存近50幅。根据制图区域可以分为世界地图、全国地图和区域地图三种形式。根据地图中女真地区的信息表现程度，可以将之划分为三个阶段：洪武至正德年间，所记内容多因循元代地图，地图标识以金元的行政建置为主；嘉靖、隆庆年间为新老交替时期，除元代地图传统外，开始添加明朝的元素；万历至崇祯时期，有关女真地区的各种元素，如自然景观、民族源流、女真各部，都成为地图的标绘对象。明代地图的这种转变实际上是由明朝与女真的关系所决定的。只有待到努尔哈赤崛起，明朝地图才给予女真地区以大量关注。

（3）明代辽东与中朝关系

明朝初年出于地缘政治考虑，对辽东地区西起连山关东至鸭绿江一带施行封禁政策，随着时间推移在中朝之间形成人烟稀少的"瓯脱"地带。李智裕《明代中朝之间"瓯脱"地带人口变迁考》⑥ 一文指出，明朝中后期在女真部南迁以及流民运动的推动下，明王朝一改前期封禁政策，对"瓯脱"地带有组织地进行大规模人口迁入活动。在明朝与后金政权争夺辽东地区战争过程中该地区军民大量逃逸。后金政权建立后为了抵制辽东军民反抗又强制性地将"瓯脱"地带人口进行迁出。"瓯脱"地带的存在及其人口的变化，对明代中朝边界的稳定具有一定的影响。

---

① 时仁达：《明代辽东徭役述略》，《黑龙江社会科学》2012 年第 3 期。

② 栾凡：《明代辽东的米价、军粮与时局》，《东北史地》2010 年第 3 期。

③ 栾凡：《明后期辽东军人群体的生存状态研究——以粮饷为中心》，《东北史地》2012 年第 3 期。

④ 张士尊：《明代辽东儒学建置研究》，《鞍山师范学院学报》2010 年第 1 期。

⑤ 沈一民：《试析明代地图中的女真地区》，《民族研究》2014 年第 6 期。

⑥ 李智裕：《明代中朝之间"瓯脱"地带人口变迁考》，《东北史地》2014 年第 6 期。

6. 清代

（1）清代东北边疆统治的制度建设

①八旗驻防

阿鲁贵·萨如拉《论清代呼伦贝尔地方的旗兵制度及其特征》① 一文利用相关蒙、汉、满、日等文字的档案、文献资料，对清代呼伦贝尔地方旗兵制度的特点及产生原因、兵役制度的性质等问题做了探讨。清朝统治者针对编入旗佐组织的黑龙江将军衙门统辖下各部落的历史由来、生存自然环境、经营产业等方面的不同，采取了灵活因地制宜的统治政策。

沈一民《黑龙江驻防八旗兵额考述》② 一文梳理了清代黑龙江驻防八旗兵额的变化情况。《中俄尼布楚条约》签订之前，兵额从未超过 3000 名。康熙二十九年（1690）以后，随着准噶尔部的威胁日益加剧，作为清朝防御的右翼，黑龙江驻防八旗兵额开始第一次大幅度提升。乾隆中期后，由于黑龙江驻防八旗日益成为清军的主力，兵额第二次大幅度提升，超过了万人。近代东北边疆危机日益加深，黑龙江驻防八旗兵额并没有相应地得到大幅度提高，这最终导致东北大片领土的丧失。

薛刚《清代珲春驻防旗官管理相关问题考论》③ 一文对珲春设八旗驻防的情况进行了梳理。珲春旗官设置经历了满洲上三旗时期与满洲八旗时期。旗官选任依据世管佐领与副都统、协领、公中佐领等世袭与非世袭两种原则进行。与各处驻防旗官相比，珲春驻防旗官俸廉相对较少。从珲春驻防旗官设置的滞后性、有限的建制、固定的选任模式及相对低薄的俸禄，可以看出清政府对该区守防意识不强的状况。今日俄罗斯滨海边疆区及其以东海域，曾是满族先民世代生息并且长期戍守开发的区域，清代珲春八旗官兵曾对所辖南海进行过长期巡查。聂有财《清代珲春巡查南海问题初探》④ 一文依据《珲春副都统衙门档》等史料，对巡查南海制度的缘起、巡查人员构成、巡查时间、巡查路线、巡查方式以及制度终结等问题进行探讨。

②对东北北部诸部族的管理

周喜峰《试论清朝前期对黑龙江各民族的行政管理》⑤ 一文梳理了清朝在黑龙江地区设立的管理机构及管理方式。先后设立宁古塔将军、黑龙江将军分别统辖黑龙江东西部地区，并在乾隆末年以前先后建立宁古塔、黑龙江、墨尔根、齐齐哈尔等城，设立副都统，将当地各族编入八旗，分城驻防，实行驻防八旗制。同时，根据当地各民族的具体情况采取不同的管理方式，在布特哈地区实行布特哈八旗制，对蒙古族实行盟旗制，对黑龙江东部地区的赫哲等族实行边民姓长制，通过一系列的行政管理措施和相应的民族政策，将黑龙江民族完全置于自己的直接统治之下。陈鹏、范劲兴《清代东北地区

---

① 阿鲁贵·萨如拉：《论清代呼伦贝尔地方的旗兵制度及其特征》，《中国边疆史地研究》2010年第 1 期。

② 沈一民：《黑龙江驻防八旗兵额考述》，《满语研究》2015 年第 1 期。

③ 薛刚：《清代珲春驻防旗官管理相关问题考论》，《黑龙江民族丛刊》2013 年第 6 期。

④ 聂有财：《清代珲春巡查南海问题初探》，《清史研究》2015 年第 4 期。

⑤ 周喜峰：《试论清朝前期对黑龙江各民族的行政管理》，《学习与探索》2010 年第 5 期。

"新满洲"编设消极影响探析》① 一文讨论了清朝政府将东北少数部族编入"新满洲"的影响。作者认为，大批东北少数民族编入八旗，保障了八旗兵源，壮大了满洲共同体。但"新满洲"长期频繁征调参战、长年驻守边防，却也给"新满洲"各部族带来了灾难。同时，也对东北各民族的发展产生了消极影响，如生育率下降、人口增长率随之降低等，从而造成东北各部族人口大幅锐减，"新满洲"及东北各民族社会经济及文化发展亦受到了较大影响。

程妮娜《17—18世纪东北边地族群朝贡活动》② 一文考察了清初对东北北部各族群实行的朝贡制度。作者认为，后金建国前，已开始经略东北边地族群地区。清入关前，主要以朝贡制度统辖边地族群，由于满族（女真）统治者奉行"重威辅恩"的治边思想，要求朝贡成员按时贡纳数量不菲的贡品，若有拖延、反叛，便以武力征讨之，从战争中获得大量人口、牲畜和皮张，以补充兵源和国力，表现出北方民族实行"强力统治"的政治传统。皇太极时期，在东北边地族群朝贡制度运作过程中，出现编户、设佐的新因素。清入关后，沙俄的入侵加速了满族统治者以具有民族特点的行政建置统治东北边地的进程。到康雍时期，东北边地族群朝贡制度最后为民族地方建置所取代。

③经济制度

在清代东北经济制度方面，近年来张士尊做出了较多的研究，主要发表了以下论著。《清代山海关税收及税务监督研究》③ 详细梳理了清代重要的"国税"之一山海关税，主要讨论了两方面的内容，一是税务监督的设置和征收口岸的分布，山海关税不是现在意义上的"关税"，而是一种口岸税，其征收覆盖的地理范围主要是奉天、直隶北部各边口和奉天沿海各海口，这些关隘和海口统称为税关；二是税目，山海关税主要由额税、人参貂皮税和盈余等几个部分组成。《清代中江贸易和中江税收》④ 利用第一历史档案馆的馆藏档案及相关文献，对中江贸易和中江税收的过程进行了详细梳理。《清代盛京苇税研究》⑤ 梳理了清代盛京苇税的由来、发展与衰落。该文指出，从清代雍正年间开始，盛京工部就对辽河两岸的苇塘进行管理和抽税；光绪初年，柳条边东放垦，又由东边道负责对大洋河两岸苇塘进行管理和抽税；清朝末年，随着东北各地荒原的全面开放，盛京沿海苇塘的管理也发生了根本的变化。《清代盛京大凌河马厂兴废研究》⑥ 一文探讨了清代内务府上驷院管理的三大马厂之一大凌河马厂，对组织、牧放、喂养、监督、奖惩等方面都有所讨论。《清代盛京大凌河东马厂的设置、放垦与建治研究》⑦ 则重点分析了大凌河马厂中的东马厂。大凌河马厂分为两个部分，即西马厂和东马厂。因为东马厂地势低洼，加之设置的时间较晚，开垦的时间较早，多年来为学界所忽视，

① 陈鹏、范劲兴：《清代东北地区"新满洲"编设消极影响探析》，《北方文物》2013年第3期。

② 程妮娜：《17—18世纪东北边地族群朝贡活动》，《东北史地》2015年第6期。

③ 张士尊：《清代山海关税收及税务监督研究》，《社会科学战线》2011年第6期。

④ 张士尊：《清代中江贸易和中江税收》，《商业研究》2010年第6期。

⑤ 张士尊：《清代盛京苇税研究》，《鞍山师范学院学报》2011年第3期。

⑥ 张士尊：《清代盛京大凌河马厂兴废研究》，《东北师大学报》（哲学社会科学版）2011年第4期。

⑦ 张士尊：《清代盛京大凌河东马厂的设置、放垦与建治研究》，《渤海大学学报》（哲学社会科学版）2014年第4期。

论说者易陷入误区。作者通过研究中国第一历史档案馆馆藏的朱批奏折和军机处录副奏折，对大凌河东马厂的设置、放垦与建制等问题重新进行了梳理，力求在事实清楚的基础上进行分析和研究，以期对此地的历史发展和社会变迁给出完整且清晰的线索，从而恢复对清代大凌河马厂的整体和全面认识。

（2）移民与东北开发

首先是旗人屯垦。刘丽丽《京旗屯垦与松花江上游地区的农业开发》① 一文指出，松花江上游地区是清政府为解决八旗生计，安置闲散京旗进行屯垦的重要区域，从乾隆至光绪年间先后组织三次较大规模的开垦、盖房、迁徙活动。尽管就安置闲散京旗而言，其成效不大，但是所开垦出来的二百多万亩熟地，对于松花江上游地区的农业开发与整个经济的发展起到了十分重要的作用，加速了边疆内地化的历史进程。魏影《清光绪朝京旗回屯呼兰始末》② 一文，讨论了清光绪年间政府将居住于京畿一带的闲散旗人移往今天的黑龙江省哈尔滨市呼兰区从事屯田活动的情况。

其次是汉人移民的进入。范立君、谭玉秀《清前中期东北移民政策评析》③ 一文详细梳理了清中前期的东北移民政策。清末之前，清廷东北移民政策，经历了清初招民开垦和中期封禁两个时期。清朝东北移民政策是因时而异，时禁时弛的，绝对的封禁从来没有实行过，弛禁伴随封禁于始终。封禁政策阻碍了关内人口向东北迁移，延缓了东北地区土地开发和农业发展，致使东北地区人烟稀少，边防空虚。咸丰末年，清政府在内外交困形势下，开始转变政策，积极向东北移民。刘小萌《清代东北流民与满汉关系》④ 一文利用刑科题本等史料，以流民问题为切入点，重点对民人出关与清廷"封禁"、民人流动与旗民关系（主要是满汉关系）、民人流入与旗地流失、旗民杂居与"理事官"设置、商业发展与文化陶融等五个相关问题进行考察，以期就清代东北地区满汉关系变化，理出一条更为清晰的线索。

（3）清代东北经济、社会发展

近年来，张士尊对清代东北经济、社会发展进行了深入的研究，主要发表了以下论著。《清代乾隆年间奉天民人口数探究》⑤ 利用馆藏档案及相关文献，对乾隆年间奉天民数及其增长情况进行研究，得出乾隆末年奉天人口基本饱和的结论，从而为移民大规模向北推进寻找事实根据。《清代辽东海运的发展与天妃庙的修建》⑥ 一文通过对比明清两代天妃庙（也称天后宫）的修建情况，分析清代辽东海运的发展。《牛庄"还堂案"与天主教传入东北》⑦ 一文讨论了清代天主教传入东北及其发展的情况，特别是第二次鸦片战争以后，西方列强攫取了中国内地传教权，从此教案不断。作者由牛庄"还堂案"入手，分析了第二次鸦片战争前后天主教传入东北的情况和特点。

① 刘丽丽：《京旗屯垦与松花江上游地区的农业开发》，《北方文物》2013 年第 2 期。
② 魏影：《清光绪朝京旗回屯呼兰始末》，《北方文物》2011 年第 4 期。
③ 范立君、谭玉秀：《清前中期东北移民政策评析》，《北方文物》2013 年第 2 期。
④ 刘小萌：《清代东北流民与满汉关系》，《清史研究》2015 年第 4 期。
⑤ 张士尊：《清代乾隆年间奉天民人口数探究》，《东北师大学报》（哲学社会科学版）2010 第 4 期。
⑥ 张士尊：《清代辽东海运的发展与天妃庙的修建》，《鞍山师范学院学报》2011 年第 1 期。
⑦ 张士尊：《牛庄"还堂案"与天主教传入东北》，《鞍山师范学院学报》2012 年第 3 期。

（4）中朝边界问题

李花子《中朝边界的形成及特点——以明清为中心》[1] 一文详细梳理了明清时期中朝边界的形成过程。其包括鸭绿江、图们江边界的逐步形成，长白山地区边界线的形成，1885 年（光绪十一年）第一次勘界，1887 年（光绪十三年）第二次勘界。作者认为，1712 年（康熙五十一年）穆克登所确定的边界，应以天池东南约 5 千米的立碑处为标志，西边以鸭绿江源为界，东边以黑石沟与图们江源（红土山水）为界；而从立碑处到图们江源的无水地段，则设置了石堆、土堆、木栅等作为标记。倪屹《穆克登碑原址考证》[2] 一文从朝鲜的相关记载分析，确定穆克登勘定的土门江源是发源于长白山的石乙水或红土山水，其所立石碑最初位置是在发现位置长白山天池南麓而不可能是在小白山。

与上述观点不同，陈慧《清代穆克登碑初立位置及图们江正源考论》[3] 一文根据相关史料记载，结合图们江源的地理面貌，确定穆克登勘定的图们江正源是小红丹水。2011 年，陈慧《穆克登碑问题研究：清代中朝图们江界务考证》[4] 与李花子《明清时期中朝边界史研究》[5] 相继出版，为相关问题的进一步深入讨论奠定了基础。

7. 通论

这一时期，也有若干学者在长期积累的基础上，出版了有关东北边疆历史的通论类著作，从总体上对东北边疆历史发展的面貌、特性进行阐述。

程妮娜《古代中国东北民族地区建置史》[6] 一书认为，我国东北地区自古以来就是多民族聚居区，东北民族地区出现、转型、发展和由旧质向新质变化飞跃的过程，是中国民族地区建置史发展历程的一个缩影，反映了具有中国特色的单一制国家结构形式的形成与发展的重要特质。该书进而指出，我国古代王朝的发展，设立具有民族特色的行政管辖边疆民族地区，已成为一种历史传统，它与具有中国特色的社会主义民族区域自治制度之间存在着渊源关系，对加强和巩固我国各民族之间的"中华一体"关系、确立符合我国国情的单一制国家结构形式具有十分重要的意义。基于上述思考，作者对历代王朝的东北边疆统治制度进行了系统的梳理。汉魏实行郡县制［再细分为"少数民族地区的郡县"和"汉人郡县内的少数民族"（即属国）两种不同性质的建置］；隋唐时期的羁縻府州；辽朝置于渤海族地区的东丹国和乌古等属国建置；金朝上京路女真族地区施行猛安谋克制，在契丹等游牧民族区旅行部族、糺、群牧制等。东北民族地区大体经历了封贡、郡县、羁縻、行省等阶段，最终从"蛮貊之乡"纳入到"中华一体"国家结构之中。

杨军等《东北亚古代民族史》[7]，超越今日国家领土、疆界的限制，以更大的视域考察相关古代民族的发展历程。该书从东北亚古代民族发展历程的阶段性和特点出发，

① 李花子：《中朝边界的形成及特点——以明清为中心》，《黑龙江社会科学》2015 年第 2 期。
② 倪屹：《穆克登碑原址考证》，《北方文物》2012 年第 2 期。
③ 陈慧：《清代穆克登碑初立位置及图们江正源考论》，《清史研究》2009 年第 4 期。
④ 陈慧：《穆克登碑问题研究：清代中朝图们江界务考证》，中央编译出版社 2011 年版。
⑤ 李花子：《明清时期中朝边界史研究》，知识产权出版社 2011 年版。
⑥ 程妮娜：《古代中国东北民族地区建置史》，中华书局 2011 年版。
⑦ 杨军等：《东北亚古代民族史》，中国社会科学出版社 2014 年版。

将东北亚古代民族的发展划分为五个以不同模式为主导的历史时期：公元前2—5世纪的东北亚各族全面进步时期、公元6—9世纪的东北亚各族互动发展时期、公元9—12世纪的东北亚各族激烈竞争时期、公元13—14世纪的东胡鼎盛与新民族分布格局形成时期、公元15—19世纪中叶的中华诸族与东北亚其他民族加速发展时期。在具体研究方面，该书则全面而系统地叙述了东北亚古代民族的分布格局、民族起源、经济生活、社会结构、政权组织、文化习俗、兴衰演变及其与周边各族间的政治经济文化联系。

（四）东北近代史研究

1. 关于清末东北新政的研究

这方面的主要成果是高月出版的《清末东北新政研究》[①] 一书。该书首先概述了在清末新政的实施过程中清政府对边疆地区政策的变化，并从政治、经济、军事、文化等方面，分别探讨了东北等边疆地区实施新政的情况。最后对清末边疆新政的实施给人们的启示和教训进行了简要的分析。

在论文方面，高月《权力渗透与利益纠葛：清末财政预算的编制——以东北三省为例》[②] 一文，针对宣统二年、三年东北三省编制预算引发的各方角力情况进行分析，指出预算在清末中国已超出财政属性，具有浓厚的政治色彩，省、咨议局、度支部、资政院等参与各方围绕权力与利益，矛盾重重，纠葛不断。李慧《论清末黑龙江地方政权改革的原因》[③] 一文指出，随着黑龙江地区边疆危机的升级、社会矛盾的加剧，军府制已经无法满足黑龙江地方政权发展的要求。加之受到人口发展的影响，以及积弊已久的吏治问题，在内因、外因多方因素影响下，黑龙江地方政权于光绪三十三年发生变革，裁撤将军，设置行省，结束了旗民分治的管理方式，全面实行民政管理体制。王景泽、丛佳慧《试论清末东三省道的设置与作用》[④] 一文指出，随着清末移民开发的进程，东三省民治机构普遍设置，道亦日益增设。东三省所设之道，多数为分巡道兼兵备衔，可以发挥内肃治安、外固边防作用，与"边疆"性质相符。道员兼辖招民招垦、旗民交涉以及蒙务、商务、税收等，对提高行政效率不无意义。道本身具有监察职能，其设置有助于遏制吏治败坏日益严重的趋势，适度缓解社会矛盾的激化。道的设置，有益于东三省由军府制向行省制过渡及开发边疆、缓解危机。

2. 东北近代铁路的修建及其对近代化的影响

曲晓范、王凤杰《沈（阳）吉（林）铁路的修建与20世纪20年代奉天、吉林两省东部地区的城市化》[⑤] 一文认为，中华民国初期，以奉系军阀主导的中国东北三省地方政府曾大力引进和建设以铁路为代表的近代交通设施和近代交通工具，取得了一系列重要成就，使东北地区由此成为当时国内铁路交通最为现代化的一个地区。这其中，影

---

① 高月：《清末东北新政研究》，黑龙江教育出版社2012年版。

② 高月：《权力渗透与利益纠葛：清末财政预算的编制——以东北三省为例》，《东北史地》2012年第2期。

③ 李慧：《论清末黑龙江地方政权改革的原因》，《北方文物》2010年第3期。

④ 王景泽、丛佳慧：《试论清末东三省道的设置与作用》，《东北史地》2014年第5期。

⑤ 曲晓范、王凤杰：《沈（阳）吉（林）铁路的修建与20世纪20年代奉天、吉林两省东部地区的城市化》，《史学集刊》2011年第2期。

响最大的一项工程是沈（阳）吉（林）铁路的修建。该路是东北地区第一条真正意义上的完全由中国人独资建设和管理的铁路，也是东北地区引进和消化吸收国外先进科学技术最成功的标志性铁路。它的开通不仅带动了其他铁路的建设，而且拉动了铁路沿线地区社会经济的快速进步。

谷风、徐博《试论中东铁路历史的分期问题》[①] 对中东铁路的历史进行了分期叙述。李朋《吉黑两省铁路交涉局的"嬗变"——1898—1917 年中东铁路附属地行政管理权研究》[②] 探讨了负责中俄之间有关铁路事务交涉的"铁路交涉局"，指出从初设时被打上沙俄扩张的烙印，到后来成为制衡沙俄侵略的重要力量，"铁路交涉局"机构的嬗变体现了哈尔滨作为一座现代城市的独特发展史和基本特征。张正《中东铁路的修筑与"中俄文化交流"》[③] 一文认为，通过中东铁路，一方面，俄国将铁路沿线的中国领土变为独立于清政府统治之外的国中之国，攫取大量侵略权益，企图将我国东北变成黄俄罗斯。另一方面，伴随着铁路的修筑，俄罗斯文化也潮水般涌入铁路沿线，中俄文化的交流也进入空前繁荣阶段。该文着重论述中俄文化交流的现象、程度、影响及其原因。

易丙兰《东北铁路自主化的开端——奉海铁路》[④] 研究了奉系当局东北铁路网计划中第一条干线——奉海铁路的修筑过程，以及它对东北近代化的影响。吴明罡《近代东北西部的铁路建设对区域社会经济的影响》[⑤] 一文指出，为加快蒙荒的开发速度和农牧业资源的输出，南满铁路公司与奉天省公署等部门相继在该地铺设了铁路网。由于地理条件相似，政令统一，东北西部地区的铁路建设和管理比较顺畅，促进了区域经济发展和社会变革，加速了东北西部地区的城镇化进程。

3. 奉系统治与东北近代化

毕万闻《张作霖张学良主政期间东北近代化进程新探》[⑥]，讨论了奉系统治东北时期在发展方向上的不同选择及其对东北历史发展的影响。作者认为，20 世纪 20 年代东北地区的主要社会需求是发展经济。新派郭松龄激进的改革方案与老派王永江稳健的改革方案，都以发展经济为重心，都会加速东北近代化的进程，增强东北抵抗日本侵略的实力；而张作霖问鼎中原的野心与穷兵黩武的内战政策，扼杀了两次改革，错失了两次良机，削弱了东北抵抗日本侵略的实力。

齐春晓《奉系军阀统治东北时期张氏父子的教育理念和教育实践》[⑦]，齐旭《奉系军阀统治时期沈阳工业聚集区的形成与发展》[⑧]，高乐才、季静《奉系时期东北国内移

① 谷风、徐博：《试论中东铁路历史的分期问题》，《北方文物》2011 年第 3 期。

② 李朋：《吉黑两省铁路交涉局的"嬗变"——1898—1917 年中东铁路附属地行政管理权研究》，《中国边疆史地研究》2010 年第 1 期。

③ 张正：《中东铁路的修筑与"中俄文化交流"》，《东北史地》2012 年第 3 期。

④ 易丙兰：《东北铁路自主化的开端——奉海铁路》，《东北史地》2012 年第 6 期。

⑤ 吴明罡：《近代东北西部的铁路建设对区域社会经济的影响》，《社会科学战线》2014 年第 5 期。

⑥ 毕万闻：《张作霖张学良主政期间东北近代化进程新探》，《东北史地》2012 年第 6 期。

⑦ 齐春晓：《奉系军阀统治东北时期张氏父子的教育理念和教育实践》，《北方文物》2011 年第 4 期。

⑧ 齐旭：《奉系军阀统治时期沈阳工业聚集区的形成与发展》，《东北史地》2013 年第 2 期。

民考略》①，康艳华、胡玉海《张作霖时期奉天省金融财政整顿探析》② 等论文，分别从不同侧面对奉系统治时期的社会发展状况进行了研究。

（五）东北现代史研究

1. 抗日战争

2015 年是抗日战争胜利 70 周年，《东北史地》杂志社组织了一组研究东北抗日战争史的稿件。王希亮《"皇姑屯事件"：日本军权蔑视政权之肇始》③ 一文指出，皇姑屯事件不仅是日本在东北的武装部队第一次排斥政权约束，独断专行之举，而且首开日本军权蔑视政权之先河，尤其是日本军政当局竭力掩盖事件真相、祖护事件制造者的处理结果，直接刺激了军部激进派的狂妄，导致日本军权膨胀，甚至凌驾于政权之上，为后来日本树立法西斯军人独裁政体埋下了伏笔。

曲晓范《张学良及国民政府与九一八事变后黑龙江省的抗日高潮》④，对九一八事变后东北地区的抗战做出了一些新的客观评价。第一，黑龙江抗战是九一八事变后东北掀起的第一个抗日高潮，真正显示了中国人民抗击外来侵略的决心和力量，揭开了以九一八事变为起点的中国人民伟大抗日战争帷幕。第二，从蒋介石派遣齐世英前往东北重建国民党组织系统、秘密动员马占山等人举旗抗日到张学良及万福麟等人对黑龙江抗战过程的掌控程度来分析，张学良及东北军政领导人、蒋介石国民政府对于抗日在总体上还是积极的，并在实际上也发挥了重要核心作用，所以国共两党在抗战中从不同角度一同担当起领导者的职能。第三，东北军发挥了抗日先锋作用。

陈宏《"关东军特别演习"与日本对苏备战》⑤，讨论了 1941 年苏德战争爆发之际，日本发动了对苏战争准备的高峰，即"关东军特别演习"。作者认为，尽管由于苏联加强了远东的警戒，日本期待的有利战争形势最终化为了泡影，但是"关东军特别演习"（以下简称"关特演"）的发动是对东北资源的大掠夺，对东北人民的残酷奴役，更给我国东北、朝鲜及亚洲人民带来了一场深重的灾难。

除了上述文章外，有关东北抗战的研究论文还有如下内容。郑毅、李少鹏《国际舆情视阈下的中日"间岛"交涉问题研究——以日本的舆情外交策略为中心》⑥，研究了 20 世纪初，日本向中国提出"间岛"交涉背后外交策略的设计，指出其蚕食中国的侵略手法是其后长时期侵华蚕食策略的一次预演，此后日本在中国东北地区和华北地区制造侵略借口与实施步骤基本上沿袭了这一套模式。

杨彦君《美国保存的日本细菌战档案主要内容、史料价值及利用建议》⑦，介绍了

---

① 高乐才、季静：《奉系时期东北国内移民考略》，《东北史地》2013 年第 6 期。

② 康艳华、胡玉海：《张作霖时期奉天省金融财政整顿探析》，《东北史地》2012 年第 6 期。

③ 王希亮：《"皇姑屯事件"：日本军权蔑视政权之肇始》，《东北史地》2015 年第 3 期。

④ 曲晓范：《张学良及国民政府与九一八事变后黑龙江省的抗日高潮》，《东北史地》2015 年第 3 期。

⑤ 陈宏：《"关东军特别演习"与日本对苏备战》，《东北史地》2015 年第 3 期。

⑥ 郑毅、李少鹏：《国际舆情视阈下的中日"间岛"交涉问题研究——以日本的舆情外交策略为中心》，《吉林大学社会科学学报》2015 年第 4 期。

⑦ 杨彦君：《美国保存的日本细菌战档案主要内容、史料价值及利用建议》，《北方文物》2013 年第 2 期。

2011 年美国解密日本细菌战档案调查研究课题组赴美国国家档案馆、国会图书馆和斯坦福大学胡佛研究所调研，并取得的美国最新解密的关于日本细菌战的档案的情况。这些解密档案主要是美军审讯 731 部队成员的记录、731 部队成员提供的人体实验报告、细菌武器研究报告和医学论文等。课题组对这些解密的档案进行了系统的翻译和整理，评估其具有的重大学术研究价值和利用价值，进而提出了利用对策建议。

曾景忠《有关东北抗日义勇军研究的若干问题》（上、下）①，首先讨论了东北抗日义勇军与东北抗日联军的关系问题，认为东北抗日联军是东北抗日义勇军后一阶段联合体之名称，不能将东北抗日联军与东北抗日义勇军截然分开。在领导权方面，东北抗日义勇军，除一部分由原东北军军官领导外，其直接的指导接济来源是东北民众抗日救国会和辽吉黑民众后援会，张学良暗中对义勇军有过支持。中共"左"倾路线对东北抗日义勇军的联合存在影响，但其收编其他武装的能力很强，蒋介石和国民政府对东北抗日义勇军是关心和支持的。同时作者指出，对东北抗日义勇军人数不宜过高估计，并认为人数最高时约 30 万人，可能比较接近实际。当然，从历史作用看，东北抗日义勇军对日军的打击和对日本在中国东北统治的威胁，是相当严重的。

王庆祥《溥仪与九一八事变》②，通过全面搜集相关史料，特别是溥仪日记，对溥仪在静园内属下的历史之辩和国内外争夺中，选择了离津出关，屈就"执政"，手签卖国密约，对国联调查团说假话的过程进行了详细梳理。

2. 满铁研究

南满洲铁道株式会社（以下简称"满铁"），是日本政府在中国东北设立的股份公司，它成立于 1906 年，消亡于 1945 年，见证了日本帝国主义侵华的全过程，因此在东北抗战史研究中具有重要地位。满铁的作用首先是经济掠夺。姜茂发等《"满铁"在华时期经济掠夺问题新探》③ 一文分析了"满铁"的设立及性质，一方面它以赢利为目的，最大限度地追求利润；另一方面它又肩负着"经营满洲"的特殊使命，是代表日本国家意旨和代行国家职能的所谓"国策会社"。满铁掠夺东北矿藏物产，扩大其经济实力，同时对中国民族工业造成了巨大的破坏。李力《伪满前期满铁对东北煤炭业的控制——满洲炭矿株式会社成立经纬》④ 一文指出，在伪满洲国建立后，日本为掠夺东北丰富的煤炭资源成立了由满铁实际控制的满洲炭矿株式会社，吞并了除满铁抚顺煤炭外的所有大中型煤矿，使满铁控制了伪满 90% 以上的煤炭生产量。

除了经济掠夺以外，满铁在日本军事侵略东北过程中，也发挥了重要作用。李娜《浅析满铁右翼团体的崛起及侵华活动》⑤ 一文研究了满铁三大右翼社团组织，即满铁社员会、满洲青年联盟、大雄峰会的形成过程，以及它们在关东军发动侵略战争过程中

① 曾景忠：《有关东北抗日义勇军研究的若干问题》（上、下），《东北史地》2015 年第 1、2 期。

② 王庆祥：《溥仪与九一八事变》，《社会科学战线》2012 年第 4 期。

③ 姜茂发等：《"满铁"在华时期经济掠夺问题新探》，《黑龙江社会科学》2010 年 6 期。

④ 李力：《伪满前期满铁对东北煤炭业的控制——满洲炭矿株式会社成立经纬》，《东北史地》2013 年第 1 期。

⑤ 李娜：《浅析满铁右翼团体的崛起及侵华活动》，《社会科学战线》2015 年第 8 期。

发挥的作用。武向平《满铁对满鲜历史地理"调查"及实质》① 一文认为，满铁第一任总裁后藤新平的"文装武备"论是满铁满鲜历史地理"调查"的指导思想。在此殖民思想指导下，满铁成立了"满鲜历史地理调查部"，对以中国东北地方史为中心的满鲜历史地理进行"调查"和"研究"。作者根据日文原始档案资料，结合前人研究成果，考察其"调查"内容，指出其实质为"学术"与"文化活动"掩盖下的殖民政策。王希亮《满铁及日本民间势力对九一八事变的策动》②，讨论了日本关东军发动九一八事变后，不仅得到国内军政各界的支持，而且得到满铁等垄断资本的全方位策应，在东北的日本人右翼团体、在乡军人、各界人士也纷纷效命在关东军的指挥棒下，在武装作战、警备和控制要害机关、网络汉奸、炮制傀儡政权等方面发挥了军界不可替代的作用，也成为东北迅速沦陷的要因之一。武向平《九一八事变前满铁与关东军的东北"参谋旅行"》③，则讨论了从 1926 年 4 月至 1929 年 4 月，在满铁的协助和参与下，关东军对中国东北近 50 个地区进行了以探查军事情报为目的的"参谋旅行"，为发动九一八事变做好了提前准备。李淑娟《满铁铁路自警村探析》④ 一文指出，满铁直接参与殖民东北的又一个重要方面，即 1935 年至 1937 年，满铁在铁路沿线设 23 个铁路自警村，其成员全部是从在满陆军部队退伍兵中选拔的，不仅享受优厚的警备津贴，还配备警备服装和枪支，起到镇压东北抗日活动的反动作用。

3. 日本殖民时期的政治、社会、经济、文化

车霁虹《沦陷时期东北农村基层政治结构的嬗变》⑤ 讨论了日本殖民时期东北农村基层政治结构的演变。从沦陷初期，基于"治安第一"的保甲制度，到为适应殖民统治的需要所建立的街村制度，随着战争的扩大，出于经济掠夺的需要，又建立了战时体制下的国民邻保组织。其实质都是为其殖民侵略政策服务的。

苏智良《日本实施性奴隶制度的新证据——新发现的关东军"慰安妇"档案解读》⑥ 介绍了吉林省档案馆新近公布的日本关东宪兵队档案中涉及"慰安妇"的档案。该档案记载日军在东北各地、华北、华中地区，以及爪哇等地普遍设立慰安所，甚至有"慰安妇"与日军官兵比例、某个时段日军官兵进入慰安所的人数统计等。在关东军的邮件检查文献中，保存有许多被删除的官兵通信，里面也记载了许多日军推行"慰安妇"制度的细节。尤其是一支 7990 部队获得日军上层批准，通过伪满中央银行在数月里汇款 53 万日元，表明了日军用公款强征妇女设立慰安所的事实。

于春英《伪满时期东北地区小农经营的发达及原因》⑦ 讨论了伪满时期东北地区小农经营的状况及其由来。该文指出，小农经营的发达说明伪满时期东北土地所有权趋向集中，而使用权却趋向分散，二者日益向对立方向发展。这种土地关系的症结妨碍了农

① 武向平：《满铁对满鲜历史地理"调查"及实质》，《社会科学战线》2011 年第 8 期。
② 王希亮：《满铁及日本民间势力对九一八事变的策动》，《社会科学战线》2015 年第 8 期。
③ 武向平：《九一八事变前满铁与关东军的东北"参谋旅行"》，《东北史地》2014 年第 5 期。
④ 李淑娟：《满铁铁路自警村探析》，《社会科学战线》2015 年第 8 期。
⑤ 车霁虹：《沦陷时期东北农村基层政治结构的嬗变》，《史学集刊》2011 年第 4 期。
⑥ 苏智良：《日本实施性奴隶制度的新证据——新发现的关东军"慰安妇"档案解读》，《社会科学战线》2014 年第 7 期。
⑦ 于春英：《伪满时期东北地区小农经营的发达及原因》，《北方文物》2011 年第 4 期。

业生产力的自由发展，标志着殖民地半封建的东北农业经济的落后与衰败。赵朗、廖晓晴《日本在东北地区实施的鸦片侵略政策——以抚顺千金寨地区鸦片毒品贩卖活动为中心》①，以辽宁抚顺千金寨为例，通过对日本在该地区所从事鸦片贩毒活动的阐述，深入揭露日本在东北实施鸦片侵略政策的罪恶目及给中国人民身心造成的严重危害。

庄严、穆占一、王放、朱巍等《日本军国主义对中国东北的思想文化侵略研究——以吉林省档案馆藏日本侵华档案为主要依据》②，利用吉林省档案馆藏日本侵华档案，揭露日本对中国东北进行思想文化侵略的手段。第一，推行"建国精神"，愚弄东北民众。第二，建立思想文化控制体系，严密管控思想舆论。第三，建立殖民教育体系，实行奴化教育。第四，移植日本宗教，控制民众信仰。第五，严控报刊出版，输入日本出版物。第六，利用傀儡皇帝的影响力麻痹民众思想。第七，设立"满映"，美化侵略行径。第八，迫害爱国抗日文化人士，阻断文化启蒙。第九，毁坏中国历史文化遗址，劫夺稀世文物和珍贵图书。

霍学梅《东北沦陷时期日伪对新闻的控制与垄断》③，讨论了在中国东北沦陷期间，日本殖民统治者对新闻舆论的控制。日本利用伪满政权，设立文化专制机构，全面操纵东北的文化宣传舆论大权。通过实行反动的《出版法》和"弘报三法二件"，采取"一国一社""新闻新体制"等措施，对东北的新闻报业进行"兼并""整理"，并推行"日伪一体化"，即由日本人、日本通讯社、日本电台操纵东北的新闻、报纸、广播等，为其残酷压榨东北人民，疯狂掠夺资源，称霸东亚而大造舆论。

蒋蕾《东北沦陷区中文报纸：文化身份与政治身份的分裂——对伪满〈大同报〉副刊叛离现象的考察》④，以伪满洲国国务院政府机关报《大同报》为例，发现东北沦陷区中文报纸存在一个特别现象：文化身份与政治身份分裂，副刊叛离了正刊。当报纸正刊是日伪舆论宣传工具时，副刊却发表大量抵抗文学作品，成为东北人民精神抵抗的阵地。作者认为，其根本原因是东北人民坚强抵抗的结果和日本侵略者统治的失败。

二 东北边疆现状研究综述

2010 年至 2015 年间，中国学者关于当代东北边疆治理与周边关系问题的研究成果数量可观，角度多样，涉猎面广。由于综述篇幅限定及个人学识有限，在此只能选择其中最贴切于话题的论著简单介绍。概括而言，东北边疆地区现状研究可从以下两个方面评述：当代东北边疆治理问题研究和东北边疆与周边国家关系问题研究。中国学者对于东北边疆治理问题的研究，集中在边疆稳定与社会经济发展两个方面。对于东北边疆与周边国家关系问题的研究，主要关注周边国际局势对东北地区安全稳定的影响和东北地

---

① 赵朗、廖晓晴：《日本在东北地区实施的鸦片侵略政策——以抚顺千金寨地区鸦片毒品贩卖活动为中心》，《社会科学战线》2014 年第 4 期。

② 庄严、穆占一、王放、朱巍等：《日本军国主义对中国东北的思想文化侵略研究——以吉林省档案馆藏日本侵华档案为主要依据》，《社会科学战线》2014 年第 8 期。

③ 霍学梅：《东北沦陷时期日伪对新闻的控制与垄断》，《东北史地》2010 年第 6 期。

④ 蒋蕾：《东北沦陷区中文报纸：文化身份与政治身份的分裂——对伪满〈大同报〉副刊叛离现象的考察》，《社会科学战线》2010 年第 1 期。

区参与国际区域合作两个问题。

(一) 当代东北边疆治理问题

东北边疆治理问题研究又可以细分为东北边疆稳定问题和东北边疆社会经济发展问题。

关于边疆治理问题，丁志刚、侯选明在《政治学视野中的西北地区治理研究》① 中从政治学的角度来界定边疆治理，提出"从政治学的角度讲，所谓治理就是国家政权系统按照某种既定的秩序和目标对社会进行自觉的有计划的控制和引导的活动与过程"。简而言之，边疆治理就是国家政权系统对边疆社会进行有效控制和引导的活动与过程的总和。赵刚在《东北边疆朝鲜族聚居农村社会治理的困境与对策——以延边朝鲜族自治州为主》② 中，以延边朝鲜族自治州为例，探讨东北边疆朝鲜族聚居农村社会治理的困境与对策，认为延边朝鲜族聚居农村仍然存在着经济社会发展水平不高、受境外因素影响较多，以及社会治理主体不健全、不完善的问题。在未来，延边朝鲜族聚居农村要集中解决公平正义问题、社会和谐问题、系统治理问题和多元主体治理和谐共生的问题。肖瑶在《影响东北边疆民族地区社会稳定的问题及对策》③ 中认为，影响东北边疆民族地区社会稳定的因素有历史渊源、现实矛盾、经济落后、非法越境、宗教渗透、法轮邪教和"黄赌毒"瘤；与之相应的对策建议是：以史为鉴、和谐相处、兴边富民、封边控边、遏制渗透、严厉打击和斩断毒源。

关于边疆地区经济社会发展问题，学者多从东北振兴与新东北现象等热点问题出发，在区域经济学、社会经济学和经济地理学等学科范畴内进行讨论。对于东北边疆经济社会发展与稳定问题，学者们从广泛的社会学视角进行探讨。许世存在《吉林省人口流动与经济社会发展研究》④ 中，分析流动人口对当地社会发展之间的关系，探讨吉林省流动人口与当地经济社会发展之间的复杂互动关系。罗高鹏在《中国东北三省黑社会性质组织犯罪实证研究》⑤ 中，对于中国东北三省黑社会性质组织犯罪展开了实证研究。姜丽在《东北农村残疾人社会保障供需矛盾研究》⑥ 中，以东北农村残疾人为研究对象，将农村残疾人社会保障的供需矛盾作为拟解决的主要问题。

关于东北振兴问题的谈论非常多。董宝奇在《东北地区的经济振兴与社会发展及政策建议》⑦ 一文中提出，东北老工业基地为我国国民经济建设和社会发展做出了巨大的贡献，但在改革开放后，东北老工业基地的发展遇到一系列困难，为此中央提出了振兴东北发展的战略，为东北老工业基地的社会发展创造了有力的发展机会。振兴东北发

① 丁志刚、侯选明：《政治学视野中的西北地区治理研究》，兰州大学出版社 2010 年版。

② 赵刚：《东北边疆朝鲜族聚居农村社会治理的困境与对策——以延边朝鲜族自治州为主》，《贵州民族研究》2016 年第 1 期。

③ 肖瑶：《影响东北边疆民族地区社会稳定的问题及对策》，《理论界》2010 年第 3 期。

④ 许世存《吉林省人口流动与经济社会发展研究》，博士学位论文，吉林大学，2013 年。

⑤ 罗高鹏：《中国东北三省黑社会性质组织犯罪实证研究》，博士学位论文，吉林大学，2011 年。

⑥ 姜丽在：《东北农村残疾人社会保障供需矛盾研究》，博士学位论文，吉林大学，2013 年。

⑦ 董宝奇：《东北地区的经济振兴与社会发展及政策建议》，《今日中国论坛》2013 年第 19 期。

展战略的实施取得了良好的效果。东北地区的社会发展与其他地区还有明显的差距。目前是东北老工业基地振兴的关键时期，未来的政策重点是，应进一步加大科技投入，推动科技成果转化和加快科技体制创新，促进东北老工业基地的根本性发展，人们的生活水平进一步改善。王艳、王帅在《东北边疆重要生态功能区内民族社会发展问题探析——以黑龙江为例》[1] 一文中以黑龙江省为例，分析了东北边疆重要生态功能区内少数民族社会发展现状，并从基础设施建设、产业结构优化、乡村发展差距、招商引资能力、人口流动及生态环境保护等六个方面探讨了少数民族社会在城镇化进程中所面临的现实问题，在此基础上提出区域内边疆民族社会可持续发展的对策建议。

对于新东北现象问题，经济地理学界的研究比较多。学者们从区域发展政策、东北产业结构调整、城市化、政府与企业关系、区域发展交通通达性等视角进行了研究。金凤君等在《东北振兴以来东北地区区域政策评价研究》[2] 一文中，回顾了 2003 年东北振兴战略实施以来国家针对东北地区出台的主要区域政策，认为财税和金融支持是东北振兴的重要外力，产业发展和企业改革是东北振兴的主体和关键，提出时间上政策出台年际波动性较大，空间上以面向全区政策为主。区域政策在经济发展、结构调整、社会效益和体制创新等方面取得明显成效。但也存在两类问题：在政策执行过程中，政策力度不够、政策难以落实等；在政策制定和执行后，包括政策的项目和国企指向等。未来东北地区区域政策的重点应强调四个方面内容：产业结构优化升级与国企改革，省际区增长极与产业空间布局，社会和谐发展与基础设施建设，改革开放与区域合作机制建设。赵昌文在《对新东北现象的认识与东北增长新动力培育研究》[3] 中，尝试提出新东北现象的解决办法，认为除全国经济普遍存在的一些矛盾和问题外，东北地区的根本问题是：至今没有很好地解决市场机制在资源配置中发挥决定性作用的体制机制；没有很好地解决传统产业的发展困境、老工业基地的深层次矛盾；没有解决好新兴产业发展和新旧增长动力接续转换的土壤和环境问题。所以，东北地区的根本出路在于深化改革，推动转型。要进一步推进公共资源配置的市场化和要素市场的发展；进一步加快国有企业、国有经济的改革；进一步推进经济结构尤其是产业结构转型；进一步重塑地方政府行为模式和提高政府治理能力。

（二）东北边疆与周边关系问题

我国学者对于中国东北边疆与周边关系的兴趣，集中表现在两个方面：第一，周边安全局势对中国东北地区安全稳定局势的影响；第二，从参与国际区域合作的视角厘清中国东北地区的发展脉络。

边疆的安全与稳定，历来是一个国家繁荣安定的体现。边疆作为中国国家安全的重要战略屏障，因其地缘政治位置的特殊性，在国家安全方面表现出不可替代的重要作用，对国家安全的各个层面均有深远影响。正是这种独特的地缘战略地位，使得边疆地区成为大国势力相互争夺和渗透的场所。我国学者对于东北边疆安全问题的研究，从安

---

① 王艳、王帅：《东北边疆重要生态功能区内民族社会发展问题探析——以黑龙江为例》，《大连民族大学学报》2016 年第 2 期。

② 金凤君等：《东北振兴以来东北地区区域政策评价研究》，《经济地理》2010 年第 8 期。

③ 赵昌文：《对新东北现象的认识与东北增长新动力培育研究》，《经济纵横》2015 年第 7 期。

全的内容可分为传统安全和非传统安全两大方面。研究的视角多是周边国家安全局势，以及中国与邻国关系对于东北边疆的影响。何晓芳等在《兴边富民与安邻、睦邻、富邻关系研究》①一书，将东北边疆作为一个研究单元，结合中国与周边国家关系现状，通过综合调查和系统研究，从政策实践和理论认知等不同层面展开研究，具有明显开拓性，为深入观察和研究边兴、民富与邻国关系调整提供了一个从东北边疆内部研究的样本。透过这项研究，读者可以全面了解兴边富民行动在东北边疆的实施过程、具体措施、实际效果，以及对于相关省（区）在兴边富民行动增效提质所面临的具体问题等。

有学者研究了中俄关系对于东北边疆地区安全局势的影响。研究重新梳理近代以来中国和沙俄、苏俄、苏联与俄罗斯的领土争端和边界冲突，通过对中苏（俄）各个历史阶段的领土争端、边界冲突和边疆利益争夺的研究，将影响边疆安全与稳定的内外部因素进行总结，发现其规律和共性，为营造良好的边疆安全环境，提供理论依据。特别是以新中国成立之后中国边疆面临的安全环境及其态势变化为背景，采用点、线、面相结合的方式对边疆安全与防御问题进行分析和探讨，认为国家实力是边疆安全的保障，边界问题是国家关系的晴雨表，边界冲突是国家政治的体现，边疆是国家利益的核心。此外，还对影响中俄边疆安全与稳定的因素进行探讨和总结，在构建 21 世纪中国边疆安全理论建设方面，做出有益的尝试和探索。

学者关于东北地区的非传统安全领域的研究也很多。当前中国东北边疆地区，特别是中朝边境地区的安全研究，基本立足于国际关系的热点——朝核问题，这种视野立足于国际关系理论，其考虑的安全因素与传统安全的军事和武力因素没有多大差别。徐斌在《图们江区域开发中非传统安全研究》②中，从"非传统"视域入手，以中朝边境地区的朝鲜族社会为分析对象，结合实践调研，解析了一幅由人口与社会变迁、族群因素、宗教问题、文化因素构成的中朝边境地区立体式安全图景。有学者以图们江区域发生的非传统安全问题为研究对象，综合利用文献研究、案例研究、访谈研究等方法，结合非传统安全领域的研究理论，立足于图们江区域开放开发中的非传统安全问题，提出了化解非传统安全问题的主要策略。

学者对于东北地区参与国际区域合作问题的研究数量颇多。这方面的研究多半以参与国际区域合作的领域为研究客体，从区域经济学、经济地理学等学科出发进行探讨。陈雪婷在《国际区域旅游合作模式研究——以中国东北与俄、蒙毗邻地区为例》③一文中，以中国东北与俄罗斯、蒙古国毗邻地区为例，分析了国际区域旅游合作的模式。作者认为，目前中国东北与俄、蒙毗邻地区互为市场、互为目的地的旅游格局已经形成。在共同的发展需求和相关理论的指导下，其国际区域旅游合作在把握空间发展格局的基础上，确定不同发展阶段的合作方式，并以实现区域范围内的"无障碍旅游"为最终目标。

除合作领域外，也有很多学者以合作区域为研究课题，对于中国东北与俄罗斯远

---

① 何晓芳等：《兴边富民与安邻、睦邻、富邻关系研究》，人民出版社 2014 年版。

② 徐斌：《图们江区域开发中非传统安全研究》，硕士学位论文，延边大学，2014 年。

③ 陈雪婷：《国际区域旅游合作模式研究——以中国东北与俄、蒙毗邻地区为例》，《世界地理研究》2012 年第 3 期。

东、长吉图开发开放区、图们江国际区域合作、"一带一路"框架下东北同周边国家合作等热点问题进行探讨。邢广程在《俄罗斯的欧亚选择与中俄边疆区域合作》① 一文中提出，历史上俄罗斯多次出现"回归欧洲"还是"融入亚洲"的讨论和选择，但独特的地缘政治和经济环境决定了俄罗斯必须在欧亚之间起到有效的链接作用，欧亚经济一体化的进程也离不开俄罗斯的积极作为。俄罗斯在积极与欧洲发展合作的同时也要在亚洲扮演重要的角色。中俄边疆区域合作是中俄关系发展的主要组成部分，为使中俄关系保持持续和稳定的发展，就必须排除"中国威胁论"论调的干扰。郭力在《东北振兴过程中的对外开放：中俄合作》② 一文中，研究了东北振兴进程中的对外开放问题。他提出，在东北振兴规划框架下，中俄区域经济合作应该是互动发展、共生发展、和谐发展。充分发挥本区域的经济优势，引进国外的资金和先进技术，提高生产效率，调整产业结构，达到生产要素的国际最佳配置，实现老工业基地的再次辉煌。《规划》初次提出了在理论上要突破以国家为单位的国际区域一体化，而在相邻的两个国家部分地区实行一体化。实践上中俄区域双方的经济合作要达到互动、共生、和谐的发展状态。他建议在中俄区域合作中，要把东北作为一个经济体的概念，以区域化打破原有的行政区划。李天籽在《中国东北地区参与东北亚次区域合作的边界效应》③ 一文中，分析了中国东北地区参与东北亚次区域合作的边界效应。他通过引力模型测量边界效应，研究结果表明，中国东北地区参与东北亚次区域合作面临较高的边界效应，各距离变量中，以实际陆路距离衡量的边界效应值最高，陆路交通基础设施的不完善是影响东北亚区域一体化的重要因素；沿海城市、沿边城市、行政级别较高的城市在对外贸易中表现出明显的优势。研究认为，构建东北地区陆路和海上丝绸之路，对推动跨境交通连接、降低东北地区参与东北亚次区域合作的边界效应十分有益。

此外，张玉新和李天籽在《跨境此区域经济合作中我国沿边地方政府行为分析》④ 一文中，探讨了跨境此区域经济合作中地方政府的行为。由于地方利益的强化，沿边地方政府与中央政府在利益和目标上会有所偏差。这导致了沿边地方政府在区域经济合作中，采取对内竞争和对外合作两种不同的行为模式。这两种不同行为模式背后的动力机制研究对进一步揭示我国经济转型发展的内在制度安排，提升我国沿边地区对外开放开发水平具有重要的意义。

有关东北边疆地区现状研究远不止以上所述，论著数量非常可观，只是由于本综述篇幅有限，仅选择关于东北边疆地区社会经济发展与稳定，东北边疆地区参与国际区域合作问题，新东北现象问题和东北振兴问题进行了简要的评述。其余未能述及的论著，容留日后详细评介。

纵观中国东北边疆地区现状研究，有以下几个特点值得注意。

关于东北边疆地区经济社会发展问题的研究和讨论主要集中在宏观方面。对于东北

---

① 邢广程：《俄罗斯的欧亚选择与中俄边疆区域合作》，《中国边疆史地研究》2010 年第 4 期。

② 郭力：《东北振兴过程中的对外开放：中俄合作》，《东北亚论坛》2007 年第 5 期。

③ 李天籽：《中国东北地区参与东北亚次区域合作的边界效应》，《学习与探索》2014 年第 7 期。

④ 张玉新、李天籽：《跨境此区域经济合作中我国沿边地方政府行为分析》，《东北亚论坛》2012 年第 6 期。

地区产业结构调整、经济增长、气候变化与绿色发展、交通通达性、区域政策制定等方面的问题关注度很高。关于东北边疆地区稳定问题的研究多从非传统安全领域,或者东北亚局势对于东北边疆地区安全稳定形势的影响入手。关于新东北现象问题的研究成果很多,学术会议和媒体中的报道数量庞大。关于东北边疆地区的民族关系问题研究数量不多,这从侧面体现了东北边疆民族问题不紧迫的社会发展特征。关于东北边疆地区参与东北亚区域一体化的研究非常多,多集中于宏观战略层面,分地区分领域探讨国家发展战略与东北地区具体落实之间的关系。探讨东北亚区域一体化问题,以及中国"一带一路"倡议对于东北地区发展的意义和提供的机遇,对于东北地区如何参与国家"一带一路"倡议提出了各种政策建议。

海疆研究综述（2010—2015）

王晓鹏　玄　花[*]

在 2010—2015 年间，随着中国边疆研究的不断推进以及相关学科领域研究的不断发展，我国学术界在海疆研究方面的学术成果层出不穷，一方面，在传统研究领域出现许多新的观点、新的材料；另一方面，跨学科跨领域研究成果不断涌现。其中，由于南海、钓鱼岛问题在近年来成为国际热点，因此，在相关问题的研究方面，学术成果非常显著。其突出特点有三：其一，学者自己不断丰富、完善学术观点。其二，基础性研究不断推进，其中传统史地研究更为细化，国际法研究更有针对性。其三，应用性研究更加深入，针对相关问题提出对策建议。

一　海疆历史研究

2010 年以来，南海问题持续升温，对南海问题的研究也层出不穷。这些研究涉及的范围很宽，虽然有些研究领域之前也已经出现过，但是这一段时间的研究显然更加充分，更加丰富。中国边疆研究所研究员李国强《关于南海问题的若干理论思考》[1]，这篇文章对南海问题的有关命题，如 "中国自古以来拥有南海诸岛及其附近海域主权"、中国在南海的主权诉求、南海问题的核心和《南海各方行为宣言》《南海各方行为准则》等问题进行了解读和阐释；李国强《中国海疆史话语体系构建的思考》[2] 一文在回顾近年来中国海疆史研究近况的基础上，从中国海疆史研究的目标、方法和面临的问题等方面提出建构中国海疆史话语体系的必要性，并论述了中国海疆史话语体系的基本内涵和建构中国海疆史话语体系的着力点，为建构中国海疆史研究的话语体系提出了初步设想。邢广梅《中国拥有南海诸岛主权考》[3] 采用大量翔实、确凿的中外史料来详细论证了中国最早发现、命名、开发和经营南海诸岛，并得出中国拥有南海诸岛拥有无可争辩主权的结论。侯毅《略论中国南海 "断续线" 的历史性权利》[4] 认为，中国南海 "断续线" 具有历史性权利，这一权利既有专属性，又有非专属性。中国学界对南海 "断续线" 内涵的各种解读在本质上是一致的。南海周边国家及一些域外国家对中国南海 "断续线" 提出质疑，实际上是企图借《联合国海洋法公约》彻底削弱或否定中国

---

* 王晓鹏、玄花：中国社会科学院中国边疆研究所助理研究员。

[1] 李国强：《关于南海问题的若干理论思考》，《外交评论》（外交学院学报）2012 年第 4 期。

[2] 李国强：《中国海疆史话语体系构建的思考》，《中国边疆史地研究》2015 年第 4 期。

[3] 邢广梅：《中国拥有南海诸岛主权考》，《比较法研究》2013 年第 6 期。

[4] 侯毅：《略论中国南海 "断续线" 的历史性权利》，《齐鲁学刊》2015 年第 2 期。

拥有南海诸岛及其附近海域领土主权、管辖权。王晓鹏、张春阳《郑和航海活动的历史功绩及其对建设 21 世纪"海上丝绸之路"的启示》① 认为，郑和下西洋是中国历史上的创举，其对中国构建 21 世纪"海上丝绸之路"具有非常重要的借鉴意义。李国强《中国南海诸岛主权的形成及南海问题的由来》② 一文指出，中国对南海诸岛主权，是中国人民在长期的历史发展进程中，通过最早发现、最早命名、最早经营开发，并由历代中国政府行使连续不断的行政管辖的基础上逐步形成的，这一发展过程有充分、确凿的历史依据，国际社会也是长期予以承认的。郭渊《南越对西沙、南沙群岛的侵占及行为评析》③ 对南越侵占两群岛的过程、方式进行了研究，还原了历史本来面目，在很大程度上有助于了解当前越南学者所谓的两群岛主权论据。何维保《再论〈旧金山对日和约〉关于西沙、南沙群岛的规定及影响》④ 从《旧金山对日和约》有关南海诸岛规定出发，针对国内研究认为和约严重损害中国对南海诸岛的主权权益这一认识，该文最后得出和约并未在岛礁主权争议中起着重要的作用的结论。卢晓莉《浅析南海问题的历史、现状及中国的立场》⑤ 介绍了南海问题的发展历史以及南海问题的内容层面，同时指出域外大国对南海问题介入的影响以及中国政府为南海问题和平解决的一贯立场。

2010 年之后，有关南海研究综述类的研究取得了不少成果，王晓鹏《国内学术界南海问题研究：回顾与思考》⑥ 将国内南海问题研究划分为两个阶段，第一阶段是民国时期，第二阶段是当代南海问题产生以后，文章在定量分析的基础之上对该领域研究提出了相关建议。相关研究成果还有曾勇《国内南海问题研究综述》⑦ 和《国外南海问题研究述评》⑧，江红义、周理《关于南海问题研究的回顾与思考——兼论海洋政治分析的基本要点》⑨，张悦、陈宗海《国内南海问题相关研究概述》⑩，钟飞腾《南海问题研究的三大战略性议题——基于相关文献的评述与思考》⑪，王华《1949 年至今台湾地区

---

① 王晓鹏、张春阳：《郑和航海活动的历史功绩及其对建设 21 世纪"海上丝绸之路"的启示》，《世界海运》2014 年第 1 期。

② 李国强：《中国南海诸岛主权的形成及南海问题的由来》，《求是》2011 年第 15 期。

③ 郭渊：《南越对西沙、南沙群岛的侵占及行为评析》，《云南师范大学学报》（哲学社会科学版）2013 年第 1 期。

④ 何维保：《再论〈旧金山对日和约〉关于西沙、南沙群岛的规定及影响》，《美国研究》2014 年第 4 期。

⑤ 卢晓莉：《浅析南海问题的历史、现状及中国的立场》，《南昌教育学院学报》2012 年第 1 期。

⑥ 王晓鹏：《国内学术界南海问题研究：回顾与思考》，《云南师范大学学报》（哲学社会科学版）2013 年第 1 期。

⑦ 曾勇：《国内南海问题研究综述》，《现代国际关系》2012 年第 8 期。

⑧ 曾勇：《国外南海问题研究述评》，《现代国际关系》2012 年第 6 期。

⑨ 江红义、周理：《关于南海问题研究的回顾与思考——兼论海洋政治分析的基本要点》，《世界经济与政治论坛》2013 年第 4 期。

⑩ 张悦、陈宗海：《国内南海问题相关研究概述》，《东南亚南亚研究》2014 年第 1 期。

⑪ 钟飞腾：《南海问题研究的三大战略性议题——基于相关文献的评述与思考》，《外交评论》（外交学院学报）2012 年第 4 期。

南海问题研究文献述略》①，李帅《新世纪以来南海问题研究综述》②，苏琳《新形势下南海问题解决方案研究综述》③。

2007 年，中华书局出版郑海麟《钓鱼岛列屿之历史与法理研究》一书以后，2012 年和 2014 年又出版了增订版和最新增订版。④ 该书首先从中日史籍考察钓鱼岛及其附属岛屿的主权归属，其次进行中日钓鱼岛及其附属岛屿之争的法理研究，最后对钓鱼岛及其附属岛屿相关地图进行考释。增订版和最新增订版，一是增加新发现的资料《大日本全图》；二是根据日本方面的回应完善表述；三是增加作者的新成果；四是介绍最近形势和各方观点。

吴天颖《甲午战前钓鱼列屿归属考》⑤ 一书对 1994 年版进行了补充和订正，一是增加了对若干日本学者观点的研究；二是厘清了《马关条约》与钓鱼岛的关系，使得全书的体系更加完整。此书通过对大量中外文献史料舆图的爬梳整理，在客观叙述中国人民发现、命名和利用钓鱼岛，以及中国历代政府有效管辖钓鱼岛的同时，深刻分析了日本窃取钓鱼岛的历史经纬，为进一步论证"钓鱼岛是我国固有领土"的立场提供了充分的历史依据。

李国强《钓鱼岛主权若干问题辨析》⑥ 一文指出，钓鱼岛问题是涉及我领土完整、国家安全和经济可持续发展的重要问题，是影响当前中日关系的重大问题。日本非法"国有化"购岛，激化钓鱼岛争端，既是对战后国际秩序的公然挑战，也是对中国的恶意挑衅。该文从钓鱼岛主权、日本编造历史、美国立场等对日举证中有重大影响的一系列问题入手分析，并对未来中日钓鱼岛争端态势做出判断，认为钓鱼岛是中国的固有领土这一立场有充分的历史和法理依据，是无可争辩的，但彻底解决钓鱼岛问题仍然任重而道远。

此外，褚静涛《中日钓鱼岛争端研究》⑦ 一书，也通过考证历史文献，驳斥日本政府的观点，比如"1895 年至 1969 年，中国人不知钓鱼岛问题"等，并回应了日本学者的若干质疑。

褚静涛《台湾当局钓鱼岛主权论述的形成》⑧ 一文指出，1968 年至 1972 年，围绕东海大陆架的划界及石油勘探、钓鱼岛归属，台湾当局与美国、日本发生争执，反对美日的私相授受，组织专家学者，搜集历史文献，依据国际法，论证了钓鱼岛是中国的固有领土，驳斥了日本拥有钓鱼岛的证据。台湾当局初步形成了关于钓鱼岛主权的论述。1972 年 5 月 15 日，美国将琉球群岛和钓鱼岛的行政管辖权交给日本。台湾当局公开发表声明，反对美国此举，捍卫钓鱼岛的主权。

---

① 王华：《1949 年至今台湾地区南海问题研究文献述略》，《东南亚研究》2015 年第 1 期。

② 李帅：《新世纪以来南海问题研究综述》，《法制与社会》2011 年第 35 期。

③ 苏琳：《新形势下南海问题解决方案研究综述》，《学理论》2013 年第 13 期。

④ 初版，中华书局 2012 年版；增订本，中华书局 2012 年版；最新增订本，海洋出版社 2014 年版。

⑤ 初版，社会科学文献出版社 1994 年版；增订本，中国民主法制出版社 2013 年版。

⑥ 李国强：《钓鱼岛主权若干问题辨析》，《太平洋学报》2013 年第 7 期。

⑦ 褚静涛：《中日钓鱼岛争端研究》，海峡学术出版社 2013 年版。

⑧ 褚静涛：《台湾当局钓鱼岛主权论述的形成》，《近代史研究》2016 年第 2 期。

在一些学者从整体上把握钓鱼岛问题、展望前景的同时，还有一些学者以行政管辖权、地名、地图等为切入点深入剖析钓鱼岛问题。

在行政管辖权研究方面，主要成果有吴巍巍、方宝川《清代钓鱼岛隶属于台湾行政管辖史实考——兼驳日本外务省的"基本见解"》[①] 一文，用大量的中外文献资料证明：清政府对钓鱼岛及其附属岛屿实施了有效的行政管辖，中国政府在法理层面拥有对钓鱼岛及其附属岛屿行使主权的充分证据，这是不以王朝更迭意志为转移的客观存在。日本外务省提出的所谓钓鱼岛"没有受到清朝统治的痕迹"的见解是完全错误的，日本方面妄图否认这些历史证据的小动作注定是失败的、无效的。

在地名研究方面，主要成果有韩结根《从琉球语"友昆姑巴甚麻"及久米赤岛等地名考释看钓鱼岛及其附属岛屿的主权归属》[②] 一文，通过对琉球语"友昆姑巴甚麻"（Yukun·Kubashima）及久米赤岛等地名的考释，判定日本所谓的"尖阁列岛"实际是指琉球王国时期西马齿山的附属岛屿鱼钓岛、久场岛、久米赤岛，而不是中国的固有领土钓鱼岛及其附属岛屿。

在历史文献方面，韩结根《钓鱼岛历史真相》[③] 一书，根据大量琉球汉文文献充分证明钓鱼岛及其附属岛屿是中国固有领土。

廖大珂《早期西方文献中的钓鱼岛》[④] 一文指出，钓鱼岛在东亚航海交通中占有重要地位，早就为西方人所关注，并留下了丰富的记载。从 16 世纪至 18 世纪初，西方对钓鱼岛的认识从模糊到逐渐清晰，对其称呼也不断演变，但是都把钓鱼岛和台湾北部的岛屿视为不可分割的一组地理单位，是台湾的附属岛屿，不属于先岛群岛，反映了当时国际社会对钓鱼岛历史归属的认知。

从国内外地图考察钓鱼岛问题是近五年的一大热点，代表性成果有郑海麟《从中外图籍看钓鱼岛主权归属》[⑤] 一义指出，钓鱼岛及其附属岛屿最早是由中国人发现命名和利用的。明代郑舜功的《日本一鉴》明确将其归入台湾附属岛屿之列，及至郑若曾编《筹海图编》，又将其划入福建省版图，列入海防区域。钓鱼岛及其附属岛屿属中国领地的事实，在日本史地学家林子平的《三国通览图说》中亦得到验证，并且成为国家间的共识。18、19 世纪欧美国家出版的许多地图，都将钓鱼岛及其附属岛屿标示为中国领土，不但采用中国命名，而且用的是福建话注音。这是钓鱼岛及其附属岛屿主权归属中国的最有力的证据。

韩昭庆《从甲午战争前欧洲人所绘中国地图看钓鱼岛列岛的历史》[⑥] 一文，介绍甲午战争前欧洲人绘制的 8 幅从 1752 年至 1842 年间的中国地图，从地图中标示的颜色、

---

① 方宝川：《清代钓鱼岛隶属于台湾行政管辖史实考——兼驳日本外务省的"基本见解"》，《福州大学学报》2016 年第 1 期。

② 韩结根：《从琉球语"友昆姑巴甚麻"及久米赤岛等地名考释看钓鱼岛及其附属岛屿的主权归属》，《复旦学报》2013 年第 6 期。

③ 中文版，复旦大学出版社 2014 年版；日文版，海豚出版社 2015 年版；英文版，海豚出版社 2015 年版。

④ 廖大珂：《早期西方文献中的钓鱼岛》，《暨南学报》2015 年第 3 期。

⑤ 郑海麟：《从中外图籍看钓鱼岛主权归属》，《太平洋学报》2012 年第 12 期。

⑥ 韩昭庆：《从甲午战争前欧洲人所绘中国地图看钓鱼岛列岛的历史》，《复旦学报》2013 年第 1 期。

地名、经纬度来判断，绘制者对疆界有清晰的认识，并地图上体现出钓鱼岛及其附属岛屿属于中国的管辖范围。

吴巍巍、张永钦《康熙时期中国天文生测绘琉球地图考——兼论钓鱼岛主权归属问题》[①] 一文指出，康熙帝派遣中国天文生随册封使团到琉球进行地图测绘工作，琉球国版图得以第一次被较为科学和精确地刻绘，由此确立琉球国的地理境界和中琉畛域分野的坐标。康熙时期测绘全国地图与琉球地图之成果被耶稣会士引介至西方世界，以及由此导致的西方地图开始采用中文命名系统来标绘钓鱼岛及其附属岛屿正是其中的"分水岭"标志。徐德光《中山传信录》之《针路图》中关于钓鱼岛列屿的地理坐标也广为西方地图界所采纳。

廖大珂《〈琉球诸岛图〉的作者及相关问题之管见》[②] 一文对于《琉球诸岛图》的作者提出了新的认识。学界认为该图为宋君荣所绘制。但据作者考证是 Nicolas Ransonnette 根据宋君荣的原图而刻制。该文指出，宋君荣的原图和当时西方的地图表明当时台湾北部诸岛和钓鱼岛是中国的海防要地，从鸡笼至那霸的中琉航路历来是中国人在使用，钓鱼岛是中国最早开发和利用的，并非是"无主地"。

费杰《新发现19世纪西文地图与钓鱼岛及其附属岛屿的主权归属》[③] 一文，介绍了新发现的5幅标注了钓鱼岛及其附属岛屿的英文、德文和法文地图。这些地图分别出版于1806年到1862年间。这些地图都将钓鱼岛及其附属岛屿标识成与中国（包括大陆和台湾）同样的颜色，且都以中文的音译标注钓鱼岛及其附属岛屿的地名。上述数据表明，1895年以前，钓鱼岛及其附属岛屿已是中国领土，这一事实得到国际社会的认同。

黄颖、谢必震《1895年前西方人眼中的钓鱼岛》[④] 一文指出，早在16世纪初，西方航海家就开始他们的东方之行，到了1895年日本割占台湾时，西方人已经留下了许多关于中国、日本沿海的航海图或海图，其中也有不少涉及钓鱼岛的。从西方人所绘制的航海地图所呈现的西方人对钓鱼岛的认知，客观地证明了钓鱼岛主权属于中国。

张卫彬《论地图在国际法院解决领土争端中的证明价值——析地图证据之于钓鱼岛列岛争端》[⑤] 一文指出，根据国际法院适用的证据分量大小比较规则，通过对中国、日本和第三方绘制的早期地图证明价值的分析，我国对钓鱼岛列岛享有无可辩驳的历史主权。但从本质上而言，地图并非权利的本源，国际法院在确定领土边界的过程中，地图本身不构成原始权利。

还有一些学者对日本的证据进行了驳斥。刘江永发表《事实胜于雄辩：钓鱼岛确

---

① 吴巍巍、张永钦：《康熙时期中国天文生测绘琉球地图考——兼论钓鱼岛主权归属问题》，《国家航海》2014年第9辑。

② 廖大珂：《〈琉球诸岛图〉的作者及相关问题之管见》，《闽南文化研究》2014年第1期。

③ 费杰：《新发现19世纪西文地图与钓鱼岛及其附属岛屿的主权归属》，《台海研究》2015年第3期。

④ 黄颖、谢必震：《1895年前西方人眼中的钓鱼岛》，《福州大学学报》2016年第1期。

⑤ 张卫彬：《论地图在国际法院解决领土争端中的证明价值——析地图证据之于钓鱼岛列岛争端》，《太平洋学报》2012年第4期。

属中国——评日本某学者在钓鱼岛问题上的谬说》①《再论钓鱼岛为什么属于中国——兼评尾崎重义所谓的历史、法律根据》②《古贺辰四郎最早开发钓鱼岛伪证之研究——兼论日本政府购买钓鱼岛的非法性》③ 等一系列论文指出，日本政府把古贺辰四郎最早登岛开发的时间提前到甲午战争前的 1884 年，形成了流传百年以上的历史谎言。伊泽弥喜太长女伊泽真伎留下的宝贵历史证言及其他一些相关证据证明，所谓古贺辰四郎 1884 年登岛开发及 1885 年提出开发申请均系伪造。而日本一些学者通过曲解中国古代文献及偷换概念的诡辩，为日本的立场制造所谓的"根据"。就日本某位学者的相关观点略做分析和推敲，便足以说明日方根本没有关于钓鱼岛主权属于日本的历史文献和法理依据，而那些弄巧成拙的错误观点反而证明钓鱼岛确实属于中国。

朱建荣《辨析日本关于钓鱼岛主权主张的结构性缺陷》④ 一文指出，日本所谓 1895 年"合法先占"钓鱼岛的主张存在着三个结构性缺陷，即"无主之地"一说满是漏洞，战争中攫取领土不为国际社会承认，所谓"编入领土"的手续不合国际法。至于 1895 年以后 70 多年的主权争议，日方攻击中方的"三大利器"，实际上都站不住脚。该文认为，应进一步考证日方资料，并吸收台湾方面的实践与研究成果，可以更加充实中方的立场，有利于中日两国在新形势下达成新的平衡，重建友好。

金永明《批驳日本针对钓鱼岛列岛问题"三个真实"论据之错误性》⑤ 一文，重点批驳了此文件论据的错误性，分析了"国有化"钓鱼岛的原因及效果，以及解决钓鱼岛列岛问题的路径。金永明《批驳日本"尖阁诸岛宣传资料"论据的错误性》⑥ 一文，重点批驳了日本针对"尖阁诸岛宣传资料"蕴含的所谓六个论据的非法性和错误性，提出了应依据历史事实与国际法和平解决钓鱼岛列岛问题争议的方法，包括国际、双边和国内层面的措施，以重申和界定"二战"后日本的领土范围，遵循国际法制度安排。

启晓《它山之石可证为错——关于日方在钓鱼岛归属宣传中谬误的考证》⑦ 一文，针对日本外务省有关钓鱼岛及其附属岛屿归属问题的宣传，着重用日方史料所述事实予以验证、批驳。该文主要回答三个问题：第一，日方对钓鱼岛列岛所谓"最先发现"是否属实；第二，日方强调所谓"再三调查"是否真实地执行过；第三，日方所谓古贺辰四郎 1884 年登岛并申请开发是否属实。研究结果进一步证明，日方的宣传不仅不能支撑日本政府在钓鱼岛列岛主权问题上的主张，反而在关键问题上涉嫌造假、欲盖

---

① 刘江永：《事实胜于雄辩：钓鱼岛确属中国——评日本某学者在钓鱼岛问题上的谬说》，《日本学刊》2013 年第 4 期。

② 刘江永：《再论钓鱼岛为什么属于中国——兼评尾崎重义所谓的历史、法律根据》，《太平洋学报》2013 年第 7 期。

③ 刘江永：《古贺辰四郎最早开发钓鱼岛伪证之研究——兼论日本政府购买钓鱼岛的非法性》，《清华大学学报》2014 年第 4 期。

④ 朱建荣：《辨析日本关于钓鱼岛主权主张的结构性缺陷》，《日本学刊》2013 年第 1 期。

⑤ 金永明：《批驳日本针对钓鱼岛列岛问题"三个真实"论据之错误性》，《太平洋学报》2013 年第 7 期。

⑥ 金永明：《批驳日本"尖阁诸岛宣传资料"论据的错误性》，《太平洋学报》2014 年第 4 期。

⑦ 启晓：《它山之石可证为错——关于日方在钓鱼岛归属宣传中谬误的考证》，《太平洋学报》2014 年第 4 期。

弥彰。

此外，还有郑海麟《日本声称拥有钓鱼岛领土权的论据辨析》①，包霞琴《中日钓鱼岛领土争端的演变与现状——以"搁置争议"原则为中心》②，王秀英《中日钓鱼岛争端解决方法探析》③，张磊《关于中日对钓鱼岛"有效管辖"主张探微》④，褚静涛《知识精英与收复琉球、钓鱼岛》⑤，谢必震《从中琉历史文献看钓鱼岛的主权归属》⑥，万明《明人笔下的钓鱼岛：东海海上疆域形成的历史轨迹》⑦，孙观清、吴建华《试论档案文献信息资源的选择性利用——以钓鱼岛之争中的档案文献利用为例》⑧，刘江永《日本赢不了钓鱼岛地图战》⑨，李理《钓鱼岛不属于琉球的历史证据》⑩，王军敏《从琉球问题的演变看钓鱼岛的主权归属》⑪，王军杰《历史与主权——驳日本关于钓鱼岛主权的三项依据》⑫，王建朗《钓鱼岛三题》⑬，高岩松、陈晓律《试析钓鱼岛危机给中国提供的战略机遇》⑭，袁咏红《台湾与钓鱼岛问题刍议》⑮ 等论文也从历史、地理、地图、中西方史书等角度论证钓鱼岛的主权属于中国。

这段时间，除了研究水准提高一个层次以外，在资料收集与整理工作方面也取得了一定的成果。国家图书馆中国边疆文献研究中心编的《文献为证：钓鱼岛图籍录》⑯ 一书，共收录文献 130 余种、近 260 幅图，系统梳理了从古到今有关钓鱼岛较为重要的典籍。经过细致挖掘、考证，揭示并收录了部分鲜见文献，丰富和补充了既往的研究成果。

① 郑海麟：《日本声称拥有钓鱼岛领土权的论据辨析》，《太平洋学报》2011 年第 7 期。

② 包霞琴：《中日钓鱼岛领土争端的演变与现状——以"搁置争议"原则为中心》，《日本研究》2011 年第 3 期。

③ 王秀英：《中日钓鱼岛争端解决方法探析》，《中国海洋大学学报》2011 年第 2 期。

④ 张磊：《关于中日对钓鱼岛"有效管辖"主张探微》，《中国边疆史地研究》2013 年第 4 期。

⑤ 褚静涛：《知识精英与收复琉球、钓鱼岛》，《江海学刊》2013 年第 4 期。

⑥ 谢必震：《从中琉历史文献看钓鱼岛的主权归属》，《太平洋学报》2013 年第 7 期。

⑦ 万明：《明人笔下的钓鱼岛：东海海上疆域形成的历史轨迹》，《北京联合大学学报》2013 年第 2 期。

⑧ 孙观清、吴建华：《试论档案文献信息资源的选择性利用——以钓鱼岛之争中的档案文献利用为例》，《档案学研究》2013 年第 6 期。

⑨ 刘江永：《日本赢不了钓鱼岛地图战》，《人民日报》（海外版）2015 年 3 月 8 日。

⑩ 李理：《钓鱼岛不属于琉球的历史证据》，《太平洋学报》2014 年第 4 期。

⑪ 王军敏：《从琉球问题的演变看钓鱼岛的主权归属》，《太平洋学报》2014 年第 4 期。

⑫ 王军杰：《历史与主权——驳日本关于钓鱼岛主权的三项依据》，《四川大学学报》2012 年第 3 期。

⑬ 王建朗：《钓鱼岛三题》，《抗日战争研究》2013 年第 2 期。

⑭ 高岩松、陈晓律：《试析钓鱼岛危机给中国提供的战略机遇》，《学海》2013 年第 1 期。

⑮ 袁咏红：《台湾与钓鱼岛问题刍议》，《湖北大学学报》2015 年第 2 期。

⑯ 国家图书馆中国边疆文献研究中心编：《文献为证：钓鱼岛图籍录》，国家图书馆出版社 2015 年版。

二 海疆法理研究

有关南海问题的国际法研究在这一时期继续深入，任念文《国际公法条件下南海诸岛主权问题的史地考证》[①] 从"原始占有""时际法""有效占有"等原则出发，进行相关的证据搜集，充分证明了中国拥有南海诸岛的主权。李任远《时际法视野下的南海诸岛主权归属问题》[②] 从时际法的角度出发，依据中国首先发现南海诸岛并持续实施有效的控制，因此中国对南海诸岛拥有主权，同时，东南亚部分国家占领南海诸岛的行为是无效的。何田田《菲律宾提交"南海问题国际仲裁"的国际法分析》[③] 从《联合国海洋法公约》相关规定出发得出结论，菲方的仲裁主张不成立，国际法庭或仲裁庭没有管辖权。张海文《从国际法视角看南海争议问题》[④] 则具体指出了美国、日本、越南、菲律宾等国在有关问题上的做法并不符合国际法，同时，指责中国南海主张不符合国际法是片面的，不符合实际的。金永明《论海洋法解决南海问题争议的局限性》[⑤] 一文指出，运用法律方法解决南海问题存在一定的局限性，因此解决南海争议的关键是相关国家尊重事实和国家法基础上展开谈判和协商。宋燕辉《由〈南海各方行为宣言〉论"菲律宾诉中国案"仲裁法庭之管辖权问题》[⑥] 一文认为，菲律宾签署了《南海各方行为宣言》，而宣言规定了通过友好协商来处理南海争端的承诺，菲律宾单方面提起仲裁严重违反了这一规定，这也应该成为仲裁庭考虑对该案管辖权的一个重要因素。贾宇《南海问题的国际法理》[⑦] 一文认为，中国最早发现、开发、命名并且对南海诸岛实施了经营和管辖，中国对南海诸岛的主权拥有充分的历史和法理依据。20 世纪 70 年代之后产生的南海问题主要是指部分南海周边国家侵占南沙岛礁导致的与中国的领土主权争端，以及南海周边国家单方面划定管辖海域，从而在海岸相邻或相向国家之间产生海域划界问题。近年来，某些国家片面引用《联合国海洋法公约》对中国南海断续线进行片面的指责，我们有必要对南海断续线的历史和由来进行梳理，分析断续线的性质和法理依据，论证断续线是一条历史性权利线。

这一时期的南海问题法理研究更多见于一些硕士和博士论文，恕不一一罗列。

相对来讲，关于中国拥有钓鱼岛及其附属岛屿主权的法理依据研究成果，少于在中国拥有钓鱼岛及其附属岛屿主权的历史依据研究成果，但这并不影响研究的深度。近五年来，也有重要成果问世。

张卫彬《国际法院解决领土争端中的关键日期问题——中日钓鱼岛列屿争端关键

① 任念文：《国际公法条件下南海诸岛主权问题的史地考证》，《太平洋学报》2013 年第 12 期。

② 李任远：《时际法视野下的南海诸岛主权归属问题》，《太平洋学报》2013 年第 12 期。

③ 何田田：《菲律宾提交"南海问题国际仲裁"的国际法分析》，《太平洋学报》2013 年第 12 期。

④ 张海文：《从国际法视角看南海争议问题》，《世界知识》2012 年第 4 期。

⑤ 金永明：《论海洋法解决南海问题争议的局限性》，《国际观察》2013 年第 4 期。

⑥ 宋燕辉：《由〈南海各方行为宣言〉论"菲律宾诉中国案"仲裁法庭之管辖权问题》，《国际法研究》2014 年第 2 期。

⑦ 贾宇：《南海问题的国际法理》，《中国法学》2012 年第 6 期。

日期确定的考察》① 一文认为，在中日钓鱼岛争端中以下日期可以被视为关键日期，即中日《马关条约》签订的 1895 年、中美英三国发表《波茨坦公告》的 1945 年、美日《冲绳归还协定》生效的 1972 年、日本否认"主权搁置说"的 1996 年。其中，根据国际法院的司法实践，1895 年和 1972 年最有可能成为标志争端形成的关键日期。

金永明《中国拥有钓鱼岛主权的国际法分析》② 一文指出，钓鱼岛问题争议的爆发起源于对其周边海域的乐观估计，日本妄图以其为基点主张海域面积，包括与中国平分东海大陆架，从而强化对其的"管理"。但从历史和国际法的分析可以看出，中国对钓鱼岛拥有无可争辩的主权，其主权应完全回归中国。日本和美国应承担相应的责任和义务，安全理事会应对其作出建议或向国际法院请求咨询意见。

刘丹《领土争端解决判例中的"关键日期"因素及对钓鱼岛争端的启示》③ 一文，首先着重梳理领土争端判例尤其是国际法院相关判例中的"关键日期"因素，总结判例中关键日期的影响因素。其次就国际法理论中关键日期的内涵、确定关键日期的法律意义，以及关键日期的确定标准进行归纳和分析。最后结合钓鱼岛争端可能存在的关键日期因素，对我国法律应对钓鱼岛争端提出相关建议。

王军敏《从国际法中的关键日期看钓鱼岛的主权归属》④ 一文认为，就中日钓鱼岛争端而言，关键日期是 1945 年，根据关键日期时的事实和时际法，日本是否应该将钓鱼岛归还中国，取决于钓鱼岛是否是日本从中国窃取的。就这一争执点而言，1895 年是关键日期。根据该日期时的事实和时际法，钓鱼岛 1895 年前一直是中国领土，不是无主地，日本不能通过先占取得钓鱼岛。事实上，日本在甲午战争中通过征服、割让从中国窃取了钓鱼岛。因此，日本应该将钓鱼岛归还中国，中国对钓鱼岛拥有无可争辩的主权。

韩永利、关敬之《〈开罗宣言〉对台湾及钓鱼岛归还中国的认定》⑤、张卫彬《钓鱼岛主权归属与〈马关条约〉的演进解释问题》⑥ 等论文指出，中日两国钓鱼岛争端源于对《马关条约》的解释不同，而后由于日本不遵守《开罗宣言》，导致了今天的局面。

此外，罗国强、叶泉《争议岛屿在海洋划界中的法律效力——兼析钓鱼岛作为争议岛屿的法律效力》⑦，管建强《国际法视角下的中日钓鱼岛领土主权纷争》⑧，管建强《对钓鱼岛主权"搁置争议"的国际法评述》⑨，徐龙腾《国际海洋法对钓鱼台列屿历

---

① 张卫彬：《国际法院解决领土争端中的关键日期问题——中日钓鱼岛列屿争端关键日期确定的考察》，《现代法学》2012 年第 3 期。

② 金永明：《中国拥有钓鱼岛主权的国际法分析》，《当代法学》2013 年第 5 期。

③ 刘丹：《领土争端解决判例中的"关键日期"因素及对钓鱼岛争端的启示》，《太平洋学报》2013 年第 7 期。

④ 王军敏：《从国际法中的关键日期看钓鱼岛的主权归属》，《太平洋学报》2013 年第 11 期。

⑤ 韩永利、关敬之：《〈开罗宣言〉对台湾及钓鱼岛归还中国的认定》，《太平洋学报》2014 年第 4 期。

⑥ 张卫彬：《钓鱼岛主权归属与〈马关条约〉的演进解释问题》，《法学评论》2015 年第 1 期。

⑦ 罗国强、叶泉：《争议岛屿在海洋划界中的法律效力——兼析钓鱼岛作为争议岛屿的法律效力》，《当代法学》2011 年第 1 期。

⑧ 管建强：《国际法视角下的中日钓鱼岛领土主权纷争》，《中国社会科学》2012 年第 12 期。

⑨ 管建强：《对钓鱼岛主权"搁置争议"的国际法评述》，《学术界》2012 年第 4 期。

史与主权问题的探讨》①，王军杰《国际法视域下钓鱼岛主权的历史沿革》②，黄世席《钓鱼诸岛主权归属与条约法的适用》③，季烨《国际法的局限性：钓鱼岛主权争端的一个补论》④，刘丹、何笑青《雅尔塔条约体系在处理钓鱼岛争端上的国际法地位》⑤，蔺伟伟《从国际法的视角论钓鱼岛争端的解决模式》⑥，张卫彬《国际法上的"附属岛屿"与钓鱼岛问题》⑦，张卫彬《中日钓鱼岛之争中的条约动态解释悖论》⑧，金永明《钓鱼岛主权若干国际法问题研究》⑨，疏震娅、李志文《从相关国际条约考察钓鱼岛主权归属》⑩ 等论文也从国际法的角度研究钓鱼岛问题。

三 相关国际关系研究

李金明《中菲南海争议不断升温的成因分析》⑪ 根据当时中菲之间不断升级的南海争议局势，从多个方面分析了局势紧张背后的原因，从事实上否定了将紧张局势归因于中国的论调。唐茂林《南海共同开发原则及其实施》⑫ 一文指出，实践证明共同开发原则切实可行，这一原则符合国际法基本原理。金永明《海上丝路与南海问题》⑬ 一文认为，中国在推进 21 世纪海上丝绸之路过程中应该合理稳妥地处理南海问题争议。吴士存《当前南海形势及走向》⑭ 一文指出，南海局势将继续保持升温态势，中国应从国家整体发展战略出发，把握和延长战略机遇期实现利益最大化。

域外大国和国际组织在南海问题中所扮演的角色和起到的作用也是这一时期研究的一个重要方面，娄亚萍《中美在南海问题上的外交博弈及其路径选择》⑮ 一文指出，中美之间在南海问题上急需要建立互信，进行利益协调以跳出博弈困境。周鑫宇《南海问题由来与中美关系》⑯ 则将南海问题的产生和发展放到了中美关系大的背景之下来考

---

① 徐龙腾：《国际海洋法对钓鱼台列屿历史与主权问题的探讨》，《台北海洋技术学院学报》2012 年第 2 期。

② 王军杰：《国际法视域下钓鱼岛主权的历史沿革》，《社科纵横》2012 年第 7 期。

③ 黄世席：《钓鱼诸岛主权归属与条约法的适用》，《外交评论》2013 年第 4 期。

④ 季烨：《国际法的局限性：钓鱼岛主权争端的一个补论》，《台湾研究集刊》2013 年第 1 期。

⑤ 刘丹、何笑青：《雅尔塔条约体系在处理钓鱼岛争端上的国际法地位》，《太平洋学报》2014 年第 4 期。

⑥ 蔺伟伟：《从国际法的视角论钓鱼岛争端的解决模式》，《太平洋学报》2014 年第 4 期。

⑦ 张卫彬：《国际法上的"附属岛屿"与钓鱼岛问题》，《法学家》2014 年第 5 期。

⑧ 张卫彬：《中日钓鱼岛之争中的条约动态解释悖论》，《当代法学》2015 年第 4 期。

⑨ 金永明：《钓鱼岛主权若干国际法问题研究》，《中国边疆史地研究》2014 年第 2 期。

⑩ 疏震娅、李志文：《从相关国际条约考察钓鱼岛主权归属》，《郑州大学学报》2015 年第 5 期。

⑪ 李金明：《中菲南海争议不断升温的成因分析》，《国际关系研究》2013 年第 6 期。

⑫ 唐茂林：《南海共同开发原则及其实施》，《广东行政学院学报》2013 年第 6 期。

⑬ 金永明：《海上丝路与南海问题》，《南海学刊》2015 年第 4 期。

⑭ 吴士存：《当前南海形势及走向》，《中国井冈山干部学院》2015 年第 1 期。

⑮ 娄亚萍：《中美在南海问题上的外交博弈及其路径选择》，《天平洋学报》2012 年第 4 期。

⑯ 周鑫宇：《南海问题由来与中美关系》，《思想理论教育导刊》2012 年第 6 期。

虑。胡娜《印越关系对南海问题的影响》[1] 指出了印度对南海问题的介入使南海问题更加复杂化和国际化，不利于南海问题沿着既定的路径解决。孙晓玲《中越南海争端中的美国因素》[2] 一文指出，美国回归东南亚致使越南在南海问题上趋于强硬，美国在南海问题上的立场从中立到宣称关注航行自由，再到高调支持多边解决南海问题，这反映初美国制衡中国的企图，这对中国解决南海问题显然是不利的。张学昆《美国介入南海问题的现状、动因及趋势》[3] 一文认为，美国是对南海问题介入最深、影响最大的外部因素，美国的介入对南海地区的地缘格局产生了不利于中国的影响，加大了中国解决南海问题的难度，其目的则是遏制中国的崛起。葛红亮《东盟与南海问题》[4] 则对东盟与南海问题的历史进行梳理，并指出了东盟在南海问题上所做的工作。江宏春《美国对南海问题的介入及其政策演变》[5] 则回顾了自"二战"以来美国在南海地区的活动，尤其是对冷战结束之后美国的南海政策进行了深入的剖析，分析了其对中国造成的影响，最后，该文也相应地提出了中国所应采取的应对措施。杨继龙《论南海争端中的日本因素》[6] 一文提出，日本借助美国重返亚太战略积极参与南海事务，力图将南海事务推向多变化、国际化、复杂化，日本联合南海周边国家妄图组成围堵中国的统一战线，以此来遏制中国的发展和崛起，同时扩大日本在东南亚地区的影响。韦健锋《印度介入南海问题——中国视角下的地区安全思考》[7] 一文指出，印度为实现大国梦积极提升在东南亚的影响力。同时，印度在与有关国际进行军事合作的同时还和越南共同开发油气资源，插手南海问题使得该问题更加复杂化，中国的战略空间也受到了挤压。王传剑《南海问题与中美关系》[8] 一文认为，美国借南海问题实现"重返亚太"战略，美国与菲律宾、越南等国内外呼应加剧了地区紧张局势，美国根本目的在于实现亚太地区再平衡。李国强《南海问题的观察与分析》[9] 则指出了美国高调介入南海事务是美国重返亚洲战略一部分，中国的南海政策寓意于中国和平发展战略与睦邻友好外交政策之中。李国强《南海争端是中美之间的较量和博弈》[10] 一文指出，美国欲借南海问题实现其战略利益近年来，我国与周边一些国家的海洋争端，程度之激烈、状态之复杂、影响之深远、解决难度之大，超过了历史上任何一个时期，而且这种状况目前不仅没有减弱，反而有逐渐发酵的态势。这种在海洋主权权益上的对冲碰撞，给了我们一个非常明显的信号：维护海洋权益在今后相当长的时间里将面临重要而艰巨的任务。任远喆

---

① 胡娜：《印越关系对南海问题的影响》，《郑州航空工业管理学院学报》（社会科学版）2012年第4期。

② 孙晓玲：《中越南海争端中的美国因素》，《东南亚研究》2012年第3期。

③ 张学昆：《美国介入南海问题的现状、动因及趋势》，《和平与发展》2013年第6期。

④ 葛红亮：《东盟与南海问题》，《国际研究参考》2013年第11期。

⑤ 江宏春：《美国对南海问题的介入及其政策演变》，《太平洋学报》2013年第12期。

⑥ 杨继龙：《论南海争端中的日本因素》，《太平洋学报》2013年第12期。

⑦ 韦健锋：《印度介入南海问题——中国视角下的地区安全思考》，《南亚研究》2013年第3期。

⑧ 王传剑：《南海问题与中美关系》，《当代亚太》2014年第2期。

⑨ 李国强：《南海问题的观察与分析》，《思想理论教育导刊》2012年第2期。

⑩ 李国强：《南海争端是中美之间的较量和博弈》，《世界知识》2014年第10期。

《南海问题与地区安全：西方学者的视角》① 一文认为，自从南海问题成为中西方学界关注的焦点之后，相关文献的分析和解读表明，此轮南海问题研究起因于中国崛起、美国战略调整、能源安全三大因素。其主要议题及方向集中在制度建设、法律途径、危机管理机制及中国角色四个方面。为了应对这种局面，中国的南海问题研究要积极提出新主张，构建南海研究的"中国话语"，帮助推动化解当前的南海困局，寻找南海问题走向和平合作解决的新方向。任远喆《东南亚国家的南海问题研究：现状与走向》② 一文指出，自从南海问题升温以来，在国际学术界有关南海问题的研究中东南亚国家的研究一直扮演着重要的角色，通过相关的文献分析和解读可以看到，东南亚学者的南海问题研究主要侧重于南海地区制度建设、南海问题国际法解读、东盟在南海问题中的角色，以及南海问题新的和平倡议四个方面，而且研究内容开始向南海问题的国内影响因素、危机管理机制的建立等方向发展。深入全面把握东南亚国家南海研究的动向有助于我们知己知彼，吸收借鉴，利用更有针对性的研究加强南海问题公共外交，提高在这方面的国际话语权。赵泓博《南海争议的由来和他国对南海问题的影响》③ 一文指出，菲律宾是在"二战"之后才对黄岩岛表现出兴趣的，但是中国早在"二战"之前就对黄岩岛进行过命名，并划入有关海图，而美国则是中菲黄岩岛争端中的主要外部影响因素。严双伍、李国选《南海问题中的美国跨国石油公司》④ 一文认为，美国跨国石油公司的基本优势、目标追求及与美国政府的竞合关系，是影响其干预南海问题能力的三个基本因素。南海丰富的油气资源吸引力、周边国家的制度性诱惑力及美国自身的推动力，促使美国跨国石油公司深深地卷入南海问题，并发挥其高效的干预能力。美国跨国石油公司使南海问题朝着非良性化发展，给南海争议国提供了发挥作用的机会与空间，使域内外国家联手制衡中国的动机更加强烈。但美国跨国石油公司的双重身份、其在华重大利益的存在以及国际制度的约束，决定了美国跨国石油公司对南海问题的干预是有限度的。

许多研究也立足于实际，力图为南海问题的解决提供一些意见和建议，郑华芳《南海问题解决方案研究综述》⑤ 通过对一系列解决方案的总结，使得现阶段南海问题可能的解决途径得到了全面和清晰的呈现，为最终解决争端提供了一些参考。金永明《论南海问题法律争议与解决步骤》⑥ 一文指出，南海问题的凸显有多种因素，这其中既有历史因素，也有区域经济发展和制度因素，文章提出了解决南海问题的基本路径，特别阐述了解决南海领土争议问题的若干步骤。朱元凯《中国南海问题面临的挑战及解决途径》⑦ 一文指出，中国应该转变观念，调整政策分步骤分阶段解决南海问题。吴士存《南海问题面临的挑战与应对思考》⑧ 提出了中国应该制定南海总体战略，提升海

① 任远喆：《南海问题与地区安全：西方学者的视角》，《外交评论》（外交学院学报）2012 年第 4 期。

② 任远喆：《东南亚国家的南海问题研究：现状与走向》，《东南亚研究》2013 年第 3 期。

③ 赵泓博：《南海争议的由来和他国对南海问题的影响》，《黑龙江史志》2014 年第 11 期。

④ 严双伍、李国选：《南海问题中的美国跨国石油公司》，《太平洋学报》2015 年第 3 期。

⑤ 郑华芳：《南海问题解决方案研究综述》，《东方企业文化》2012 年第 1 期。

⑥ 金永明：《论南海问题法律争议与解决步骤》，《云南大学学报》（法学版）2012 年第 1 期。

⑦ 朱元凯：《中国南海问题面临的挑战及解决途径》，《山东省工会管理干部学院学报》2012 年第 1 期。

⑧ 吴士存：《南海问题面临的挑战与应对思考》，《行政管理改革》2012 年第 7 期。

洋事务综合管理水平，加强海上执法力量的整合与统一，加快推进三沙市建设，加强中国海洋立法建设等意见和建议。朱坚真《多视角下南海争议岛屿权益问题及对策研究》① 从多个视角进行分析，从历史、国际法、地名演变及地理的角度论证了中国对南海诸岛的主权权益，同时，提出了建立南海生态保护区、构筑南海海底地形图和建立公益性热带海洋试验场等措施来维护中国的南海权益。吴士存《南海问题：现实与挑战》② 一文认为，冷战结束后，东亚经济发展迅速，尤其是中国崛起，亚太内外的力量借助南海问题制衡中国，导致南海地缘政治竞争加剧，南海局势升温。尤其是美国出于维持亚太领导地位和防范中国的战略考虑，加强了对于南海问题的介入。未来南海局势将进一步成为国际热点，军备竞赛加剧，争议的焦点转为实际管辖权。在此背景下，中国需要调整和统筹南海战略。苏浩《南海问题不会成为战略僵局》③ 一文指出，南海周边争议国家之间的矛盾和区域外大国的介入使得南海问题愈加复杂，但是南海问题不是零和博弈，有关国家可以在解决方式上创新思维，积极探索新的领土解决方式，这将是南海有关国家都需要考虑的一个问题。自 2012 年以来，钓鱼岛及其附属岛屿问题是中日两国之间的热点，通过钓鱼岛争端来考察中日关系、日本政治的论文比任何时期都多。研究视角大体上有以下四种。其一，钓鱼岛问题的发端与中日两国的处理。其二，日本的国内政治与钓鱼岛政策。其三，日本的海洋战略中钓鱼岛的意义。其四，提出应对建议并展望未来。

对于钓鱼岛问题持续发酵的原因及国际社会中的意义，学界普遍认为钓鱼岛问题已并非简单孤立的领土问题或双边关系问题，也不仅是在国际关系意义上对战后国际秩序的挑战，而是与战后日本政治的一系列重大问题有所关联。

钓鱼岛问题的发端与中日两国的处理方面，代表性的成果如下。蒋立峰《钓鱼岛问题与中日关系》④ 一文指出，大量历史文献证明，钓鱼岛群岛自古以来就是中国的固有领土。日本必须把于 1895 年窃取的钓鱼岛群岛完整地归还中国。石原慎太郎和日本政府妄图通过"买岛"以彰显其"主权所有"，这种"洗岛"阴谋必然破产。因钓鱼岛问题事关国家核心利益，中国果断应对已取得较好效果。今后中国应不断加强各种力量，掌握主动权，力争早日解决钓鱼岛问题，以使中日关系能够出现更大的跨越式发展。

刘江永发表《论中日钓鱼岛主权争议问题》⑤ 《中日关系"从善如登，从恶如崩"——论钓鱼岛问题与日本防卫计划大纲的影响》⑥《钓鱼岛之争的历史脉络与中日关系》⑦ 等一系列论文，首先考察中日钓鱼岛之争的历史脉络，分为四个阶段，即 1895 年至 1945 年，1945 年至 1972 年，1972 年至 2012 年，2012 年野田内阁宣布"购岛"

---

① 朱坚真：《多视角下南海争议岛屿权益问题及对策研究》，《太平洋学报》2013 年第 12 期。

② 吴士存：《南海问题：现实与挑战》，《中国国际战略评论》2012 年总第 5 期。

③ 苏浩：《南海问题不会成为战略僵局》，《中国经济周刊》2012 年第 34 期。

④ 蒋立峰：《钓鱼岛问题与中日关系》，《日本学刊》2012 年第 5 期。

⑤ 刘江永：《论中日钓鱼岛主权争议问题》，《太平洋学报》2011 年第 3 期。

⑥ 刘江永：《中日关系"从善如登，从恶如崩"——论钓鱼岛问题与日本防卫计划大纲的影响》，《日本学刊》2011 年第 1 期。

⑦ 刘江永：《钓鱼岛之争的历史脉络与中日关系》，《东北亚论坛》2014 年第 3 期。

至今。其次提出关键日期，认为中日两国围绕钓鱼岛主权发生争议的关键日期和分水岭，是 1894 年 7 月日本在朝鲜半岛针对中国不宣而战地发动的甲午战争。再次分析中日关系恶化的原因，认为以日本政治右倾化为背景的日本对华政策倒退、出轨，是导致钓鱼岛问题所引发的中日对立加深的根本原因。最后对于未来发展指出，从中长期看，在钓鱼岛问题上，如果日本未来能出现同中国"对话合作型"政权，两国关系或许并不难实现转圜。

邱静《钓鱼岛问题与日本政治中的若干问题》① 一文认为，目前钓鱼岛问题已被当成冲绳美军基地驻留、自卫队扩编、"凸显日美同盟关系"乃至修改《日本国宪法》的"背景"或"理由"。若任由有意利用该问题的行为发展，将不仅有损中日关系、影响日美关系及战后国际秩序，包括冲绳民众在内的广大日本国民最终将是最大的受害者。鉴于此，政府与民间有识之士可以考虑加强与有关各方（包括冲绳民众、日本民众、美国政府与民众等）的交流，共同警惕日本政界部分保守势力借钓鱼岛问题对内违背民意、对外制造事端的行为。

日本的国内政治与钓鱼岛政策研究方面，翟新《日本政府钓鱼岛事件对策的演变及其原因》② 一文指出，20 世纪 70 年代以来，日本政府的钓鱼岛事件对策，虽基本立场未有微动，但在具体方式上却经历了从政治处理、政治和司法二元处理到司法处理的转换。这种转换之所以可视为有其必然性，主要在于日方对钓鱼岛事件在对华关系格局中的定位和成为决定事件处理方针制约要素的日本政治及国际政治的状况已发生重大变化。

翟新《岛争搁置默契和安倍内阁的政策变化》③ 一文指出，20 世纪 70 年代，中日在进行复交与和平友好条约交涉之后，曾达成旨在不涉及钓鱼岛和不因领土问题影响两国关系大局的搁置默契。此后自民党政权在几十年执政过程中基本上是以该默契处理钓鱼岛问题。而安倍内阁为赢得自民党长期执政地位、实现对宪法的修改或重新解释、不致施负面影响于与韩俄的领土问题处理，以及争取更多美国的支持等利益，对此坚持否认立场。这种抹杀自民党政权对华外交真相的历史虚无主义，既对日本及亚太的发展和安全无益，也与安倍等自民党政要奉为政治圭臬的民族主义和现实主义的理念不相符。

王少普《野田内阁激化钓鱼岛争端的内外因分析》④ 一文，分析 2012 年日本政府正式启动钓鱼岛"国有化"程序，引发钓鱼岛争端的原因，并认为主要有三个原因：美国亚太再平衡战略的影响；日本展开海洋战略的要求；日本政坛右倾和政客争权夺利的需要。

廉德瑰《日本国内政治及其对"搁置争议"的影响》⑤ 一文指出，中日关系受日本国内政治派别在日本政治过程中所起作用的影响。对于日本的钓鱼岛政策来说，主要体现在日本国内政治中鸽派、鹰派和日本社会的"右翼"三者之间的互动过程。、中日邦交正常化以来，自民党的鸽派曾长期处于对政治的主导地位，所以两国之间关于

① 邱静《钓鱼岛问题与日本政治中的若干问题》，《外交评论》2013 年第 3 期。
② 翟新：《日本政府钓鱼岛事件对策的演变及其原因》，《社会科学》2012 年第 4 期。
③ 翟新：《岛争搁置默契和安倍内阁的政策变化》，《国际问题研究》2013 年第 6 期。
④ 王少普：《野田内阁激化钓鱼岛争端的内外因分析》，《国际观察》2012 年第 6 期。
⑤ 廉德瑰：《日本国内政治及其对"搁置争议"的影响》，《太平洋学报》2014 年第 4 期。

"搁置争议"的默契一直能够维持下来。但是，现在鸽派失去主导地位，多年来受鸽派影响的外务省也受到各种力量的牵制，而鹰派势力却有扩张的趋势，企图放弃"搁置争议"的默契。钓鱼岛问题如何影响中日关系，将取决于日本的政治走向。

刘江永《"安麻体制"与中日关系》① 一文认为，钓鱼岛问题是安倍内阁利用来推行其国内外政策的一个工具，现阶段不可能得到解决。中日之间围绕钓鱼岛问题摩擦加剧在所难免，但也不可能引发战争。即是说，在《日本国宪法》尚未修改前，钓鱼岛局势还不至于失控，日本尚难复活战前的军国主义，一旦日本宪法第九条被修改，日本未来的不确定性势将增大，中日关系必将受到更为严重的冲击。该文侧重分析安倍晋三再度执政后，中日关系倒退的原因及其实质。

关于日本的海洋战略中钓鱼岛的意义方面。李秀石《日本海洋战略的内涵与推进体制——兼论中日钓鱼岛争端激化的深层原因》② 一文指出，2007—2012 年，日本政府完成了构建海洋战略法制体系的工作，其中包括防卫领域的政策。日本海洋法律体系涵盖经济、军事、外交、环保等各领域，提出了"确保超过国土面积约 12 倍的管辖海域"的战略目标，决定优先保全决定专属经济区和大陆架外缘的基点海岛，基点海岛的低潮线周围的土地收归国有。日本政府对日韩、日俄争议岛屿采取例外措施，但对中国钓鱼岛及其附属岛屿实施"国有化"。安倍晋三上台后，用更强硬的手段应对中方的反制措施。日本有战略有计划地激化钓鱼岛争端，严重破坏了中日战略互惠关系。日本海洋战略的推进体制，在对中国维护海洋主权、管理和开发海洋的体制与能力形成挑战的同时，也为中国建设海洋强国提供了参考。

吕耀东《试析日本海洋战略理念及对华政策取向》③ 一文认为，安倍晋三上台以来，日本对外战略及海洋政策发生重大变化，其海洋安全战略的扩张主义、现实主义色彩日趋浓厚，已经成为影响东亚和平稳定及地区海洋安全环境的不确定因素"钓鱼岛'国有化'"日本利用"钓鱼岛问题"恶化中日关系，凸显钓鱼岛领土主权问题仍然是困扰中日关系的主要症结。"日本全面提升其作为海洋国家的实力，不断完善海洋立法，为单方面扩大专属经济区！制造领土及海洋争端披上'合法'的外衣"。日本不断渲染"中国威胁论"，妄言中国海洋维权活动是以"武力"改变现状，通过价值观外交损害中国国际形象，制造所谓'海洋国家'与'大陆国家'间的对立，强化日美同盟及亚太海洋安全合作，表现出日本海洋战略及对华遏制政策的价值取向"。

钓鱼岛问题的解决方案与未来走向方面的研究。刘文波、王丽霞《钓鱼岛争端的战略态势与中国的应对方略》④ 一文认为，美国重返亚太以后，美、日在钓鱼岛争端博弈中的战略意图日趋明晰化，钓鱼岛争端日趋复杂化、尖锐化、僵局化和求解困难化。所以，中国应对钓鱼岛争端的方略应该是：坚持和平发展的大战略，主张和平解决钓鱼岛争端；继续运用国际法等手段，维护钓鱼岛主权；增强包括军事实力在内的综合实

① 刘江永：《"安麻体制"与中日关系》，《现代国际关系》2013 年第 6 期。

② 李秀石：《日本海洋战略的内涵与推进体制——兼论中日钓鱼岛争端激化的深层原因》，《日本学刊》2013 年第 3 期。

③ 吕耀东：《试析日本海洋战略理念及对华政策取向》，《外交战略》2015 年第 2 期。

④ 刘文波、王丽霞：《钓鱼岛争端的战略态势与中国的应对方略》，《东北师大学报》2014 年第 3 期。

力，为和平解决钓鱼岛争端奠定坚实基础；采取多种形式，积极应对钓鱼岛舆论战；加强协调和沟通，构建钓鱼岛争端管控机制。

左希迎《中国在钓鱼岛争端中的战略动员》① 一文指出，中日两国都进行了大规模的战略动员，以图在钓鱼岛争端中占据优势。中国的战略动员包括两个作用机制：第一个机制是日本施加的国际压力直接影响到中国的领导人，迫使其进行战略动员，进而调整在钓鱼岛争端上的战略；第二个机制是日本施加的国际压力引起中国国内民众的反弹，迫使中国领导人进行战略动员。中国领导人在进行战略动员时，主要借助大众动员、资源汲取与投送、制度整合这三种手段。

张亚中《两岸共同维护钓鱼岛主权：国际政治的观点》② 一文认为，钓鱼岛争议的本质是一个国际政治问题，所以，要确保钓鱼岛及其附属岛屿的主权或是整个中华民族的海域权利，也必须从两岸政治合作开始。该文主张，在策略上，第一步是打破日本将钓鱼岛及其附属岛屿与台湾无关、与琉球挂钩的主张，认为钓鱼岛及其附属岛屿属于第二次世界大战后的政治安排，提出"'二战'后的政治安排没有被充分履行"的论述，将《波茨坦公告》作为论述的关键点。第二步是建立"中国与日本的战后最终解决条约尚未签署"的论述，要求一个真正的战后和平条约，而领土与赔款问题将在这个最终解决的和平条约中处理。同样，也须交由联合国或在相关多个当事方共同决定后，才能确定琉球的定位。

此外，还有高振会、李宝钢《关于钓鱼岛维权工作的思考》③，李理《近代日本对钓鱼岛的"踏查"及窃取》④，李振广《台日钓鱼岛纠纷与马英九当局的应对策略》⑤，黄德明、李若瀚《论中国在钓鱼岛主权争端问题上的策略调整——以法律为导向的争端解决思路》⑥ 等论文对这一问题进行研究。

四　海疆研究相关建议

中国海疆维权目前面临着多方面的压力，而且现有海疆历史研究的相关成果并未被国际社会充分认可和接受，这一方面说明现存的研究成果话语权不足，另一方面也表明海疆历史研究尚未能与现代国际体系和国际法相接轨。鉴于此，今后中国海疆问题研究应该进一步做好以下几个方面的工作：其一，在进一步挖掘史料和展开相关海域考古、调查的基础上，对海疆史地问题的研究去粗取精，推动研究的精细化；其二，依据联合国海洋法对海洋划界问题展开更为深入的研究，力争做到现行国际海洋法主权主张需要何种证据，海疆史地问题研究就重点攻克和研究什么；其三，争取掌握更多的重要历史档案和文献资料，特别是关键性历史证据，并对这些档案和文献资料作深度分析；其

---

① 左希迎：《中国在钓鱼岛争端中的战略动员》，《外交评论》2014 年第 2 期。

② 张亚中：《两岸共同维护钓鱼岛主权：国际政治的观点》，《台海研究》2013 年第 1 期。

③ 高振会、李宝钢：《关于钓鱼岛维权工作的思考》，《行政管理改革》2012 年第 11 期。

④ 李理：《近代日本对钓鱼岛的"踏查"及窃取》，《中国边疆史地研究》2012 年第 4 期。

⑤ 李振广：《台日钓鱼岛纠纷与马英九当局的应对策略》，《台湾研究》2013 年第 6 期。

⑥ 黄德明、李若瀚：《论中国在钓鱼岛主权争端问题上的策略调整——以法律为导向的争端解决思路》，《求索》2014 年第 4 期。

四，近年来，东海、南海问题呈现出复杂化、扩大化的态势，危机事件的发生不利于地区局势的总体稳定和有关国家之间的友好协商，因此针对突发危机事件的管控也应当成为海疆问题研究的不可缺少内容。其五，从地区与国际秩序的角度展开对中国海洋维权的研究，从中美战略互动、中日双边互动及中国—东盟互动等多个层面加强对海疆问题的研究，进一步挖掘东亚国际关系史的相关内容，加强国际舆情调查，注意国际反响，力争构建中国的话语体系，并被国际社会所接受；最后，相关专题研究尚需强化，如东盟在南海问题上的角色和作用的研究，对《南海各方行为宣言》、"南海行为准则"及"共同开发"政策的落实等研究，中日海上合作机制研究等。

西南边疆研究综述（2010—2015）

翟国强*

西南边疆地区包括今天的广西、云南、西藏的全部和四川省的西南部，以及今天属于东南亚邻国的中南半岛北部地区。由于西藏地区的学术研究情况另有专文阐述，所以本文就广西、云南及邻近地区2010—2015年的研究情况略做概述，挂一漏万在所难免，敬请批评指正。

2010年以来，西南边疆研究取得了重大的突破，无论是历史研究还是现状研究，都取得一系列新成果，就主要的领域而言，主要包括以下几个方面：

一 西南民族历史与文化研究

2010年以来，西南边疆民族历史与文化研究取得了一批较好的成果。

西南民族通史的研究，王文光等《中国西南民族通史》[①] 一书最具代表性。该书共分3册，计180余万字，包括绪论共分为10大部分。该书阐述了从远古人类诞生到新中国成立后的2010年西南民族所经历的漫长的历史过程，对生活在中国西南地区的各民族的社会生活、历史源流、分布、历代政府对西南民族的治理，以及民族关系等情况做了翔实、深入的考察和研究。该书是迄今出版的相关学术专著中信息量和篇幅最大的一部著作，是一部具有较高学术价值的民族通史。

此外，民族通史的研究还可参阅王文光、朱映占《中国西南民族史论纲》[②] 一文。该文认为，中国西南有着特定的历史内涵和地理空间所指，其中的民族主要以本地居民以及来自西北的氐羌民族和来自东南的百越民族，以同源异流和异源同流的方式发展成为今天西南的30余个民族；这些民族在统一多民族中国的发展过程中先后成为统一多民族中国的一个重要组成部分；西南各民族的历史关系是十分复杂的，表现为中国民族与外国民族的关系、汉民族政权与少数民族政权的关系、各少数民族之间的关系，各民族的民族关系是通过矛盾冲突与和平交往的运动过程来表达的。秦汉以来就不断有人对西南民族的历史过程进行研究，于是形成了今天的繁荣局面。

早期西南民族历史与文化的研究，翟国强《先秦西南民族史论》[③] 一书值得参阅。该书34万字，充分利用前人的考古发掘报告和考古学研究成果，将先秦时期西南民族

---

* 翟国强：中国社会科学院中国边疆研究所研究员。

① 王文光等：《中国西南民族通史》，云南大学出版社2015年版。

② 王文光、朱映占：《中国西南民族史论纲》，《西南边疆民族研究》2010年第1期。

③ 翟国强：《先秦西南民族史论》，黑龙江教育出版社2012年版。

的历史放在中国历史发展的整体格局中加以考察，以一种全新的视角考察了西南民族的发展与变化。

相关论文可以参阅翟国强《滇文化与北方地区文化及族群关系研究》① 和《北方草原文化南渐研究——以滇文化为中心》② 两篇论文。前者考察了滇文化的形成和特点，认为从滇文化特征来看，既有源自云贵高原新石器时代文化的特征，也有大量来自周边地区如中原、巴蜀、岭南等文化的影响，还有来自更为遥远的欧亚草原、南亚甚至西亚地区的因素，因此，从滇文化特征来看，其是杂糅了大量其他地区文化因素的一支复合型文化。其中，北方地区的文化因素占据了较为重要的地位，使其显得与周边一些典型农业民族的青铜文化差异较大，呈现出独特的地方特色。后者认为从青铜时代始，北方地区形成了众多特征各异又相互联系的游牧人文化，由于游牧民族在北方地区长期大范围活动，使得北方各地文化彼此影响、相互借鉴，出现了相当多的同类文化特征，并通过藏彝走廊等途径对云贵高原的青铜文化产生了强大的辐射力。滇文化中出现的大量北方草原文化因素，即是其向南辐射的结果。

此外，石硕《关于藏彝走廊的民族与文化格局——试论藏彝走廊的文化分区》③ 一文也值得关注。该文从宏观上对藏彝走廊的民族与文化格局进行了探讨，指出藏彝走廊除"北藏""南彝"这一基本格局外，尚需要从文化区的角度来加以区分和认识。该文在综合考虑民族、文化、地理空间三要素的基础上，着重以自称、语言、历史记忆和宗教信仰为标志，将藏彝走廊从整体上划分为 7 个文化区，即羌（尔玛）文化区、嘉绒文化区、康巴文化区、彝文化区、纳系文化区、雅砻江流域及以东保留"地脚话"的藏族支系文化区和滇西怒江—高黎贡山怒、傈僳、独龙族文化区。该文还分别对各文化区的主要面貌与特点进行了初步归纳与描述。

范宏贵等《中越跨境民族研究》④ 和何平《傣泰民族的起源与演变新探》⑤ 等专著也值得赏读。前者计 36 万余字，根据中越两国的文献和资料以及相关田野调查书籍，概括地阐述了中越跨境民族形成的原因，论述了各个跨境民族形成的历史，以及现在各跨境民族在经济、文化、民族感情、亲友感情上的交往。书中对中越跨境民族的衣食住行、节日、宗教信仰、民间崇拜、婚姻、丧葬等风俗习惯都有简要叙述和分析，并设专章对中越跨境民族的习惯法、民间文学艺术进行了论述。后者是作者多年研究该问题的最新成果，作者对傣泰民族的源的几种说法分别梳理，指出存在的不足，否定了一些似是而非的观点。

南诏、大理国的研究是西南民族史的重要内容之一。段丽波《宋元时期中国西南乌蛮的民族关系》⑥ 认为，宋代与之共存的有乌蛮聚居的大理国，及以乌蛮为主体建立的罗殿国、罗氏鬼国、自杞国、特磨国等。因此，乌蛮主要分布于大理国辖境内，同时

① 翟国强：《滇文化与北方地区文化及族群关系研究》，《中国边疆史地研究》2012 年第 1 期。

② 翟国强：《北方草原文化南渐研究——以滇文化为中心》，《思想战线》2014 年第 3 期。

③ 石硕：《关于藏彝走廊的民族与文化格局——试论藏彝走廊的文化分区》，《西南民族大学学报》（人文社会科学版）2010 年第 12 期。

④ 范宏贵等：《中越跨境民族研究》，社会科学文献出版社 2015 年版。

⑤ 何平：《傣泰民族的起源与演变新探》，社会科学文献出版社 2015 年版。

⑥ 段丽波：《宋元时期中国西南乌蛮的民族关系》，《广西民族大学学报》2015 年第 5 期。

相当部分居于宋与大理国的交界处，民族关系呈现出多元复杂的特点。在蒙元统治西南后，乌蛮等民族被纳入统一国家的治理之下，乌蛮的民族关系主要表现为元对其之统治与管理的政治关系。

相关论文主要有雷信来、郑明钧《南诏大理国对唐宋王朝的历史文化认同》①，赵心愚《八世纪中期南诏与吐蕃的结盟及其关系的发展——以〈南诏德化碑〉相关记载为线索》②，王文光、李宇舟《论南诏国史研究中的几个关键问题》③。

在西南民族与文化研究领域，骆越研究也是其中重要内容。覃彩銮《骆越文化与布洛陀文化关系述论》④ 一文认为，骆越文化与布洛陀文化是两个不同的时空和两种不同质态的文化。骆越文化是中国岭南西部地区骆越族创造的文化，而布洛陀文化则是以布洛陀神话和布洛陀经诗为载体、以布洛陀信仰为核心的文化系列。但二者又有密切的内在关联性，在时空、文化传承和文化内涵上相互交错重叠，布洛陀文化是骆越文化的源头，而骆越文化是对布洛陀文化的传承与发展。

黄桂秋等《近年广西骆越文化研究的回顾与思考》⑤ 一文指出，骆越文化研究属于跨区域、跨民族、跨国别研究范畴，涉及国家文化主权与文化安全，当引起国家高层的重视。近年广西骆越文化研究取得一定成果，但距离国家预期尚远，本文通过对近年广西骆越文化研究的回顾与思考，旨在对今后广西骆越文化研究有所促进。

民族关系史研究是民族史研究的重要内容。西南作为一个地理概念，因其丰富多样的自然、人文资源在中国民族学界则又是个富有内涵和特色的研究范畴。近代西南民族关系史是中国民族关系史研究的重要组成部分，其学术意义也是不言自明的。相关论文可参阅李怀宇《近十年有关近代中国西南民族关系研究综述》⑥ 一文。该文以政治、经济、文化、军事四个维度为分析框架，梳理出近年来西南地区有关中央政府与地方民族上层之间、地方民族上层之间、民族之间的多重关系的研究成果和主要观点，提出了近十年来有关近代西南少数民族关系史研究的特点和存在的问题。

民族文化方面，可关注刘艳《从文化乡愁到家园记忆的历史书写——以於梨华和严歌苓为例》⑦ 林庆《民族文化的生态性与文化生态失衡——以西南地区民族文化为例》⑧ 张泽洪《中国西南少数民族傩文化与道教关系论略》⑨ 等论文。

---

① 雷信来、郑明钧：《南诏大理国对唐宋王朝的历史文化认同》，《广西社会科学》2015 年第 6 期。

② 赵心愚：《八世纪中期南诏与吐蕃的结盟及其关系的发展——以〈南诏德化碑〉相关记载为线索》，《民族研究》2015 年第 3 期。

③ 王文光、李宇舟：《论南诏国史研究中的几个关键问题》，《云南师范大学学报》2015 年第 4 期。

④ 覃彩銮：《骆越文化与布洛陀文化关系述论》，《广西民族大学学报》2015 年第 4 期。

⑤ 黄桂秋等：《近年广西骆越文化研究的回顾与思考》，《广西民族研究》2015 年第 4 期。

⑥ 李怀宇：《近十年有关近代中国西南民族关系研究综述》，《西南边疆民族研究》2010 年第 1 期。

⑦ 刘艳：《从文化乡愁到家园记忆的历史书写——以於梨华和严歌苓为例》，《西南民族大学学报》2010 年第 1 期。

⑧ 林庆：《民族文化的生态性与文化生态失衡——以西南地区民族文化为例》，《云南民族大学学报》2010 年第 2 期。

⑨ 张泽洪：《中国西南少数民族傩文化与道教关系论略》，《贵州民族研究》2010 年第 2 期。

西南民族史领域值得推荐的成果还有，吕俊彪《京族人的族群认同与国家认同》[①]，黎小龙《传统民族观视域中的巴蜀"北僚"和"南平僚"》[②]，张勇《唐宋人眼中的西南沿边民族地区研究》[③]，卢华语、邹涛《清至民国时期西南地区乡土志民族特色初探》[④]，胡列箭《清后期广西瑶人分布的"山地化"（1820—1912）》[⑤]，谷跃娟《民国时期民族国家视角下西南彝族的整合与认同》[⑥]。周毓华、田廷广《21 世纪以来国内"藏彝走廊"研究考述》[⑦]，等等。其中，《京族人的族群认同与国家认同》为《西南边疆历史与现状综合研究项目·研究系列》成果之一，考察了京族地区的历史沿革、地理环境、人口状况、自然资源、交通状况以及京族的传统社会组织、风俗习惯、婚姻与家庭、族群关系、经济发展与当地人的生活状况，探讨京族人的国家认同和族群认同形成的主要原因及其在当前所面临的问题。

二 土司问题研究

土司问题研究成为近年来学术界关注的热点之一，且取得了较为丰硕的成果。国内部分院校和研究机构多次举办专题研讨会，例如，2011 年中国边疆史地研究中心与吉首大学合办首届中国土司制度与民族文化研讨会，2012 年中国社会科学院历史研究所、云南师范大学与景东县合办第二届中国土司制度与边疆社会研讨会等，均推动了该领域研究的发展。

期间有几部代表性专著问世。其中何先龙《土司制度论稿》[⑧] 和陈季君等《播州土司史》[⑨] 值得关注。前者研究了中国土司制度、贵州土司制度、贵州土司文化及其开发方面较重要的问题。后者研究了播州土司制度的建立、推行、终结方面的情况，分析了播州土司地区的经济、文化教育、土兵、播州土司与中央王朝及周边土司的关系。

几年来学者们发表了大量学术论文，从不同角度对土司制度进行了探讨，引起学界关注。

（一）关于土司制度建立与演变

方铁《论羁縻治策向土官土司制度的演变》[⑩] 一文认为，元以前的羁縻治策与元明

① 吕俊彪：《京族人的族群认同与国家认同》，社会科学文献出版社 2014 年版。

② 黎小龙：《传统民族观视域中的巴蜀"北僚"和"南平僚"》，《民族研究》2014 年第 2 期。

③ 张勇：《唐宋人眼中的西南沿边民族地区研究》，《云南社会科学》2014 年第 3 期。

④ 卢华语、邹涛：《清至民国时期西南地区乡土志民族特色初探》，《社会科学战线》2014 年第 6 期。

⑤ 胡列箭：《清后期广西瑶人分布的"山地化"（1820—1912）》，《清史研究》2014 年第 2 期。

⑥ 谷跃娟：《民国时期民族国家视角下西南彝族的整合与认同》，《云南民族大学学报》2014 年第 2 期。

⑦ 周毓华、田廷广：《21 世纪以来国内"藏彝走廊"研究考述》，《西藏民族学院学报》2014 年第 2 期。

⑧ 何先龙：《土司制度论稿》，吉林大学出版社 2015 年版。

⑨ 陈季君等：《播州土司史》，中央民族大学出版社 2015 年版。

⑩ 方铁：《论羁縻治策向土官土司制度的演变》，《中国边疆史地研究》2011 年第 2 期。

清的土官土司制度，两者的核心思想虽有相通之处，但在经营思想、基本策略、施行的范围及成效方面却有明显区别。羁縻治策向土官土司制度演变，受到历朝治边的思想与策略，元明清三朝尤其是重要帝王重视西南边疆，元代后初步解决边疆经营中高成本、低收益问题等因素的影响。论文还分析了羁縻治策与土官土司制度的内容、特点和局限。方铁《土司制度及对南方少数民族的影响》① 一文指出，土司制度由元以前的羁縻治策演变而来。土司制度实现了施治地区社会关系的有效整合，使王朝的统治深入蛮夷地区，并初步解决王朝经营边疆高成本、低收益的问题。土司制度培养了土司及所辖夷民的忠诚，促进边疆同内地间文化的交流与融合，同时造成南方少数民族性格的改变。一些人循规蹈矩，惧怕朝廷、官府与汉官，另一些人则擅长搪塞或欺骗官府，甚至凭借土职及土军割据自雄。

李平凡等《略论元代彝族土司制度的创立》② 一文提出，元代西南彝族地区创立的土司制度，以其深厚的彝族社会历史状况为基础，以元王朝治理中国西南的总政策为背景。元王朝以战争为主要手段，统一西南，征剿彝族根深蒂固的地方政权势力，降服之后即委以各种职衔，规定任命、承袭、赏罚、贡赋等内容，渐次推行土司制度。在社会政治大变革中，彝族土司叛服无常，反抗不断，终元之世，确立影响深远的彝族地区土司制度，值得再探索。

杨庭硕等《土流并治：土司制度推行中的常态》③ 一文认为，土司制度是元、明、清在西南地区普遍推行的行政管理制度。其基本内涵是用当地的各少数民族首领，充任各级、各类土官，如土司、土职、土弁等。在土司制度执行的过程中，朝廷又多次改土归流，以至于此前有的学者将土官与流官视为截然两分的行政机构，甚至将土司视为游离于朝廷之外的"化外"酋邦。然而，仔细排比元、明、清三代史志的资料后不难发现，即使是在执行土司制度的地区，朝廷任命的流官始终在土司衙门中任职。土司被改土归流后，其后裔还可以在当地充任各级土职，与流官一道治理当地，有的土司甚至还能以土司的身份因功受奖，未经科举考试而直接充任高级流官。这些事实表明，土司与流官间并不存在不可逾越的鸿沟，他们都是朝廷职官制度中的两个构成部分。其间不仅可以并存，还可以互换，而且还能够相互制衡、互为补充，因而土流并治是土司制度推行中的常态。

邹建达《乾隆年间"云南边外土司"建置研究》④ 一文认为，乾隆三十年冬初至乾隆三十四年底，中缅双方爆发大规模武装冲突，清军四次攻入临边一带缅甸实际控制的区域。在战争进程中，该区域内的众多土司头人降附清王朝，清廷遂将其接纳并授予土职，称为"边外土司"，从而改变了战争的目的。虽说设置"边外土司"是恢复元明统治规模，但此地久为缅甸占据，此举无异于一次复土开疆。但在付出重大的人员伤亡和耗费巨额财物后，最终却未得尺寸之地，对此后中缅关系以及清王朝治滇治策，均产生重大影响。

郭声波等《从宋元五姓番、八番罗甸地域分布演变看元初边疆民族行政制度的重

① 方铁：《土司制度及对南方少数民族的影响》，《中南民族大学学报》2012 年第 1 期。
② 李平凡等：《略论元代彝族土司制度的创立》，《贵州民族研究》2012 年第 1 期。
③ 杨庭硕等：《土流并治：土司制度推行中的常态》，《贵州民族研究》2012 年第 3 期。
④ 邹建达：《乾隆年间"云南边外土司"建置研究》，《中国边疆史地研究》2011 年第 2 期。

大改革》[①] 一文则分析了宋代西南蛮五姓诸番地域分布及其与羁縻州对应关系，并认为他们与顺化王等三十九部都是唐代西赵蛮诸部的后裔，一直生活在西赵蛮诸部原来的地域范围内，即今贵州黔南、黔西南及安顺地区的大部分区域。南宋时演变为八姓番与罗甸国。元初废除唐宋以来的羁縻州号，对八番罗甸地区实行新型统治方式，在今惠水县一地集中安置八番罗甸九安抚使司，原管 1000 多个洞寨，除罗甸国旧地改隶云南普安路，程、韦二番旧地改隶广西来安路外，重新归并设置为 30 多个蛮夷长官司，交给元朝派驻的管番民总管府管理，九安抚使亲辖地只限于今惠水县的部分地区，自治权力被收束架空，中央对边疆地区的控制向基层延伸。这是宋元之际边疆民族行政制度的重大改革之一。

李良品等《土司时期乌江流域土兵的类型、特点与作用》[②] 认为，土兵是以耕种土司占有的兵田为生、以向土司服兵役换取田地耕种权并依附于土司的农奴。可按地域、民族和职任划分为不同类型。乌江流域土兵具有数量的随意性、产生的家族性、训练的纪律性、征调的频繁性等特点。土兵具有平叛、抗倭、保境安民、援辽、"征贼"及参与仇杀等作用。

田敏《元明清时期湘西土司的设置与变迁》[③] 一文认为，湘西土司是南方民族地区土司特别是土家族土司的重要组成部分，级别高数量多，与中央王朝关系密切，在中国土司制度中具有很大的典型性，是最有代表性的土司之一。通过对元明清时期湘西境内所有土司的设置与变迁进行详尽的资料梳理，对许多矛盾史料进行了考证辨析，对一些不见经传的小土司进行了史迹钩沉，第一次完整系统地展现了湘西土司的历史全貌。

洪涵《国家权力在民族地区的延伸——以云南德宏傣族土司制度为例》[④] 一文认为，国家政权建设主要指政权的官僚化、渗透性、分化以及对下层控制的巩固。元明清以来设立的土司制度，基于对土司授职、承袭、考核的规定，使土司成为朝廷命官，将土司地区作为国家防卫的屏障，并要求其承担一定的朝贡、纳税义务，实现了国家权力在边疆民族地方的下沉。与内地相较，这种政权建设方式在组织、制度、文化支撑等多方面又有所不同。这一点可以云南德宏傣族土司制度为证明。

彭福荣《重庆土家族土司的社会控制研究》[⑤] 一文认为，社会控制是社会组织利用社会规范对成员的社会行为实施约束的过程，重庆土家族首领在土司时期遵守土司制度，贯彻和落实中央政府的相关政策，采取有效措施，牢固地掌控着重庆土家族地区的社会、政治、经济和文化秩序。重庆土家族土司的社会控制策略表现在三个领域：一是与中央政府的政治博弈，谨遵职位承袭制度以保世有其权、积极进贡纳赋以表臣属恭

---

① 郭声波等：《从宋元五姓番、八番罗甸地域分布演变看元初边疆民族行政制度的重大改革》，《贵州民族研究》2011 年第 6 期。

② 李良品等：《土司时期乌江流域土兵的类型、特点与作用》，《贵州民族研究》2012 年第 4 期。

③ 田敏：《元明清时期湘西土司的设置与变迁》，《中南民族大学学报》2011 年第 1 期。

④ 洪涵：《国家权力在民族地区的延伸——以云南德宏傣族土司制度为例》，《云南民族大学学报》2011 年第 2 期。

⑤ 彭福荣：《重庆土家族土司的社会控制研究》，《乌江论丛》2012 年第 1 期。

顺、传播汉文化以谋求文化一统、参加军事征调以显忠诚；二是与内外土司的利益制衡，政权内部组织严密有力，法令严格，邻近土司以利相合，征伐联盟；三是对领地百姓的掌控，分化利用贤达以治地理民，盘剥压榨土民而掘败亡之基。

莫代山《明清时期土家族地区"自立土司"研究》① 一文认为，明清时期，鄂西南、渝东南、湘西等土家族地区都有自立土司。从产生途径看，可分为强宗大族自立、土司侵占自立和土司分化自立三种。自立土司模仿合法土司对辖区进行社会治理，与合法土司消极互动，同时对中央政府的军事征调等格外积极，部分自立土司还因各种原因得到中央政府承认。

常建华《清雍正朝改土归流起因新说》② 一文认为，雍正帝为追求良好的社会治安与社会秩序，对于土司看法发生转变，在推行保甲制度的过程中大规模实行改土归流。同时，清朝以汛塘划地设点，扼制道路，形成治安网络。在推行保甲、汛塘以控制地方社会的过程中，雍正君臣将未能直接控制的湖广、云贵等南方地区土司作为严重问题提出，土司所在地区的争杀抢掠显现出来，雍正君臣还将改土归流作为处置土司的有力措施。雍正三年，云贵总督高其倬在贵州省贵阳府广顺州仲家族村寨建立营房，长寨的建房增置防汛引起土司抵抗，是引起后来改土归流的导火索。

赵桅《明代烟瘴对广西土司区经略的影响》③ 一文认为，烟瘴是一个历史性和区域性突出的现象，曾对南方少数民族及地区产生较大影响。明代广西土司区烟瘴肆虐，成为明朝经营和治理的主要困难，因此明朝在广西土司区采取了以土治土，倚重土官的策略。烟瘴，在一定程度上与广西土司制度的存在有着密切关联。

段红云《明清时期云南边疆土司的区域政治与国家认同》④ 一文认为，明清王朝在云南推行土司制度的过程，是不断推进边疆与内地在政治、经济、文化等方面一体化，加强边疆民族地区国家认同的过程。受边疆地区特殊区域政治的影响，在中央王朝与边疆土司的互动和博弈过程中，中央王朝在边疆土司地区的国家认同建设呈现出不同的取向和特征，并对明清时期西南边疆的变迁产生重要影响。

马国君等《论元明清时期土司区贡赋与环境的兼容——以贵州及其毗连地带为中心》⑤ 一文指出，贵州及其毗连地带地质结构复杂，生态系统多样。元明清时期，该区域土司进献给朝廷的贡赋大都为千姿百态的土特产品，这样的土产由于能与其生态环境、基层管理体制相互兼容，因此当地生态环境良好。随着西南边疆局势变化，朝廷在此推行了大规模的"改土归流"，导致贡赋类型、开发模式、基层管理体制的紊乱，诱发了生态环境的变迁。

---

① 莫代山：《明清时期土家族地区"自立土司"研究》，《西南民族大学学报》2015 年第 11 期。

② 常建华：《清雍正朝改土归流起因新说》，《中国史研究》2015 年第 1 期。

③ 赵桅：《明代烟瘴对广西土司区经略的影响》，《广西民族研究》2015 年第 2 期。

④ 段红云：《明清时期云南边疆土司的区域政治与国家认同》，《广西民族大学学报》2015 年第 5 期。

⑤ 马国君等：《论元明清时期土司区贡赋与环境的兼容——以贵州及其毗连地带为中心》，《中央民族大学学报》2015 年第 1 期。

（二）关于土司战争与民族关系

李良品、邹淋巧《论播州"末代土司"杨应龙时期的民族关系》① 一文认为，播州宣慰使杨应龙时期的民族关系，概括起来有三种：一是中央政权与少数民族政权的关系；二是各少数民族政权之间的关系；三是少数民族政权与少数民族民间的关系。杨应龙统治播州的二十八年中，前期为维护其既得利益和土司地位，在处理与中央王朝、周边土司、内部土官及与辖地百姓的关系时采取了不同的措施，但最终随着中央王朝"改土归流"的推行、杨应龙个人野心的膨胀及内外矛盾的恶化，特别是民族权利不平衡、民族利益不公平、民族发展不均等，直接导致平播战争的发生和播州土司的灭亡。

李良品《论明代贵州水西安氏土司战争与民族关系》② 一文指出，明代贵州水西安氏土司战争与民族关系是各方面的互动与和谐、冲突与博弈、认同与调适的结果。当民族权利不平衡、民族利益不公平、民族发展不均等时，就导致土司战争的发生。不同类型的战争体现了水西土司政权与中央政权的关系、与周边土司的关系、与辖区百姓的关系。在构建和谐社会的今天，要建立和谐的民族关系，就必须处理好民族权利的平衡、民族利益的公平、民族发展的均等。只有这样，才能达到各民族的共同繁荣。

田小雨《论明代贵州水西安氏土司战争与民族关系》③ 一文认为，明代贵州水西安氏土司战争与民族关系是各方面互动与和谐、冲突与博弈、认同与调适的结果。

周渝津《论明代秀山杨氏土司战争与民族关系》④ 一文认为，杨氏土司的战争类型多样，其性质也不尽相同，既有参与平叛、征蛮、讨贼、援辽和抗倭的正义战争。也有镇压农民起义的非正义战争。通过对战争类型的分析，可以反映出四种民族关系：一是土司与中央王朝之间的关系；二是土司与周边土司之间的关系；三是土司内部的关系；四是土司与辖区百姓之间的关系。该文深入探讨了秀山杨氏土司的明代战争与民族关系，有利于清楚认识土司战争所反映的民族关系，有利于为"中华民族多元一体"格局下构建和谐的民族关系提供借鉴。

裴一璞《南宋乌江流域少数民族地方武力》⑤ 一文指出，南宋乌江流域地处西南边陲，境内少数民族众多，宋廷因地制宜，组建了众多少数民族军队，主要由御前屯驻大军和乡军组成。乌江流域少数民族武力在南宋抗蒙（元）战争中贡献卓著，并与南宋的国运相始终。虽然最终遭遇失败，但是在保卫边防、稳定当地秩序、开发边疆、增强国防力量、延长国祚等方面具有积极贡献。

此外，一些文章还从不同角度对土司制度进行了阐述。卢春樱《略论明代水西安氏土司的历史功绩》⑥ 一文认为，水西彝族安氏土官历史源远流长，前后统治水西地区数千年。在中国土司制度完善的明代，水西安氏土司不断健全彝族特有的宗法政治，使

---

① 李良品、邹淋巧：《论播州"末代土司"杨应龙时期的民族关系》，《贵州民族研究》2010 年第 5 期。

② 李良品：《论明代贵州水西安氏土司战争与民族关系》，《贵州民族研究》2012 年第 1 期。

③ 田小雨：《论明代贵州水西安氏土司战争与民族关系》，《乌江论丛》2011 年第 3 期。

④ 周渝津：《论明代秀山杨氏土司战争与民族关系》，《乌江论丛》2011 年第 3 期。

⑤ 裴一璞：《南宋乌江流域少数民族地方武力》，《乌江论丛》2012 年第 1 期。

⑥ 卢春樱：《略论明代水西安氏土司的历史功绩》，《贵州民族研究》2011 年第 6 期。

政治、经济、军事三位一体的则溪制度走向鼎盛时期。同时，因地制宜，采取系列措施，推动社会生产力的不断发展和生产关系的变革，并以开放的思想，促进彝区学习汉文化，使彝汉文化共融发展，取得辉煌成就，历史功绩，不可磨灭。

田利军《民国时期川西北土司土屯史事辨析》① 一文指出，民国时期川西北茂县、汶川、松潘、理番、懋功、黑水等藏羌民族聚居地区土司土屯虽经部分改土归流，但土司制度、土屯制度依然存在且处在变动之中。该文考察了清末民初松潘土司的具体状况、汶川瓦寺土司、理番绰斯甲土司、懋功汉牛屯撤废等详情，对有关史实做了较为详尽准确的辨析。

岳小国《武陵民族走廊土司宗族文化研究——以容美土司为例》② 一文认为，土司制是中央王朝因地制宜，在边疆少数民族地区推行的间接治理方式，它体现了国家行政权力与地方文化的结合。武陵民族走廊的土司与国内其他地区相比，其殊异之处在于宗族文化与土司制间的紧密契合：土司、族长双重身份合二为一，宗族文化中隐含着国家权力，土司制中渗透有宗族文化，二者的结合可谓相得益彰。土司内部的宗族文化具有适应土司制度的特性，它对土司政权的稳定、巩固起到了积极的作用，同时也增强了土司对中央王朝的向心力，有利于统一的多民族国家的维持与巩固。

（三）关于土司文化的研究

彭福荣《试论土司文学的特征》③ 和成臻铭《论土司与土司学——兼及土司文化及其研究价值》④ 等文章可参阅。前者认为，土司文学是历史上各族土司及其家族成员创作的文学，具有作者家族性、题材封闭性、体裁失衡性、技巧成熟性等特征。后者从土司含义与土司类型出发，初步探讨了土司学的历史发展、研究对象、研究主题、主要内容、核心层面及现代意识，并据此对土司学的重要研究对象——土司文化及其研究价值进行了深入讨论。土司学的创建，对我国土司、土司文化、土司政治文化以及微型社区的现代土司现象的多学科理论交叉研究具有重要意义，同时对国外的土司现象与酋邦研究也具有参考作用。

此外，邹立波《从土司封号看嘉绒藏族土司与宗教的关系》⑤ 一文还从土司与宗教的关系方面进行了探讨。该文通过对明清时期中央王朝颁授给嘉绒藏族土司封号的分析，指出多数土司在受封之初，兼有宗教与政治首领的双重身份，这与嘉绒藏族地区浓厚的宗教文化氛围和明代特殊的治藏政策有关。直到清代中前期，嘉绒藏族土司封号的宗教色彩才逐渐淡化。

---

① 田利军：《民国时期川西北土司土屯史事辨析》，《贵州民族研究》2012 年第 2 期。

② 岳小国：《武陵民族走廊土司宗族文化研究——以容美土司为例》，《贵州民族研究》2011 年第 6 期。

③ 彭福荣：《试论土司文学的特征》，《西南民族大学学报》（人文社会科学版）2010 年第 9 期。

④ 成臻铭：《论土司与土司学——兼及土司文化及其研究价值》，《青海民族研究》2010 年第 1 期。

⑤ 邹立波：《从土司封号看嘉绒藏族土司与宗教的关系》，《西南民族大学学报》（人文社会科学版）2010 年第 2 期。

（四）关于土司制度的研究方法

罗中等《土司研究泛化的成因》[①] 一文认为，因土司制度研究中一些基本概念的共识缺失，导致了土司研究的泛化。土司制度的基本特征是以本地性"立蛮酋、领蛮地、治蛮民"的治理方式而体现出来的自治权。土司制度实施的主要地域是我国西南地区，与扎萨克制度、羁縻卫所制度、僧官制度、土屯制度有根本性的区别，不能归纳为同一种制度。对土司制度的基本概念予以规范并达成共识，是土司制度研究的基础工作之一。另外，方铁《深化对土司制度的研究》[②]，商传《从土官与夷官之别看明代土司的界定》[③]，李世愉《土官不同于土司》《土司制度基本概念辨析》[④]，李良品、李思睿《构建"土司学"的几点思考》[⑤]，彭武麟《土司制度研究：一个多学科交叉研究的学术领域——兼论近代中国的土司制度与改土归流》[⑥]，彭文斌《近年来西方对中国边疆与西南土司的研究》[⑦]，李小文、胡美术《明清时期广西土司地区的里甲制度研究》[⑧]，成臻铭《新世纪十三年内的中国土司学——2000—2012 年土司研究的理论与方法论的取向》[⑨] 等文章都具一定的参考价值。

三　近代西南边疆史研究

近代西南边疆史研究也取得一些新进展。主要反映在两个领域，一是辛亥革命前后西南边疆省区的历史、社会研究。2011 年，在纪念辛亥革命 100 周年之际，蒋钦挥主编《我们没有忘记——辛亥革命广西百年祭》[⑩] 一书出版。该书用 30 万字的篇幅，以通俗的文字介绍了辛亥革命时期广西地区的历史演变。二是学术界对民国时期西南边疆的理论问题进行了尝试性的探讨，云南大学青年学者张轲风关于"民国时期西南大区划"问题的研究就是其中的代表。张轲风《民国时期西南大区划演进研究》[⑪] 一书在广泛搜集民国时期的文献、地图等的基础上，对民国时期西南大区概念、区划实践和建构过程进行了研究。他认为，民国时期西南大区区划演进的总体趋势体现了从自然发展下

① 罗中等：《土司研究泛化的成因》，《云南师范大学学报》2015 年第 2 期。

② 方铁：《深化对土司制度的研究》，《云南师范大学学报》2014 年第 1 期。

③ 商传：《从土官与夷官之别看明代土司的界定》，《云南师范大学学报》2014 年第 1 期。

④ 李世愉：《土官不同于土司》《土司制度基本概念辨析》，《云南师范大学学报》2014 年第 1 期。

⑤ 李良品、李思睿：《构建"土司学"的几点思考》，《青海民族研究》2014 年第 2 期。

⑥ 彭武麟：《土司制度研究：一个多学科交叉研究的学术领域——兼论近代中国的土司制度与改土归流》，《青海民族研究》2014 年第 2 期。

⑦ 彭文斌：《近年来西方对中国边疆与西南土司的研究》，《青海民族研究》2014 年第 2 期。

⑧ 李小文、胡美术：《明清时期广西土司地区的里甲制度研究》，《广西民族大学学报》2014 年第 4 期。

⑨ 成臻铭：《新世纪十三年内的中国土司学——2000—2012 年土司研究的理论与方法论的取向》，《青海民族研究》2014 年第 2 期。

⑩ 蒋钦挥主编：《我们没有忘记——辛亥革命广西百年祭》，广西师范大学出版社 2011 年版。

⑪ 张轲风：《民国时期西南大区划演进研究》，人民出版社 2012 年版。

区域横向（东西向）联系向国防战略下纵断（南北向）联系的转变过程。抗战前，"西南"以西南六省（川、滇、黔、桂、粤、湘）为主体范围，抗战以后逐渐转变为以西南五省（川、滇、黔、桂、康）说为主导看法，新中国成立前夕西南四省（川、滇、黔、康）说则呈现出急剧上升的趋势。

此外，学术界对边疆省区辛亥革命与中国民族国家建构进行了理论探讨。2011年5月25日，中国社会科学院民族学与人类学研究所民族历史研究室、《民族研究》编辑部将联合举办了"中华民族与辛亥百年"学术讨论会。国内外学者50余人围绕"辛亥革命时期的民族主义与民族思潮""少数民族与辛亥革命""辛亥革命与边疆民族地区的社会转型""中华民族认同与现代民族国家建构"等主题进行了讨论。这次会议的论文大多收入了方素梅、刘世哲、扎洛主编《辛亥革命与近代民族国家建构》① 一书。其中，与西南边疆密切相关的论文主要有孙宏年《辛亥革命前后"殖民""同化"的治边理念及其演变》、赵玉敏《1912年蔡锷出兵援藏的历史反思》、贾益《清末民初边疆地区民族观念的表达与重塑——以辛亥革命前后的滇西民族地区为中心》、喜饶尼玛《关于辛亥年间西藏的几个问题》、扎洛《清末民族国家建设与张荫棠西藏新政》、邱熠华《民国政府任命的西藏办事长官——以陆兴祺研究为中心》等。

四　西南边疆治理研究

近年来，有关历代西南边疆治理方面的研究可谓成绩斐然，在西南边疆治理概述、古代西南边疆治理、近现代乃至当代西南边疆治理等多个方面都取得了一定的成果。

（一）历代西南边疆治理概述

这一领域的代表性著作首推方铁《方略与施治：历朝对西南边疆的经营》② 一书。该书是《西南边疆历史与现状综合研究项目·研究系列》中的一个成果，为国家社会科学基金重大特别委托项目。该书50万字，是在作者86篇学术论文的基础上写成的，能较全面反映作者对该问题研究的成果。该书从治边方略与施治成效的视角，应用历史时段法、整体史法等较新的方法，研究了中原王朝和边疆政权对西南边疆的经营与相关的问题。作者对历朝对西南边疆的经营进行回顾与展望，提出开展边疆治理史的研究、重视边疆史的理论思考、深化对土司制度的研究、开展中国边疆学的研究等建议，并设立专章，分别探讨中原王朝治边的理论与施治、中原王朝经营西南边疆的方略、中原王朝对西南边疆的施治、边疆地缘政治与中原王朝施治、边疆政权的治边方略与施治等问题，堪称是继作者《西南通史》之后的又一力作。

此外，较有价值的著作还有郑维宽《历代王朝治理广西边疆的策略研究——基于地缘政治的考察》③ 和孙宏年《中国西南边疆的治理》④。前者为《西南边疆历史与现

---

① 方素梅、刘世哲、扎洛主编：《辛亥革命与近代民族国家建构》，民族出版社2012年版。

② 方铁：《方略与施治：历朝对西南边疆的经营》，社会科学文献出版社2015年版。

③ 郑维宽：《历代王朝治理广西边疆的策略研究——基于地缘政治的考察》，社会科学文献出版社2014年版。

④ 孙宏年：《中国西南边疆的治理》，湖南人民出版社2015年版。

状综合研究项目·研究系列》成果之一。该书复原了广西高层政区与广西边疆的形成过程，自此中央王朝对岭南边疆的治理主要围绕广西而展开。该书厘清了历代广西地缘结构变动与中央王朝治边策略调整的关系，指出王朝治理广西边疆的策略经历了从古代固守封疆观念下"制内为主，御外为辅"向近代领土观念下"御外保边"的大转变，同时系统探讨了影响历代王朝治理广西边疆的各种因素，并对这些因素的结构及作用机制进行了深入剖析。后者在充分吸收国内外已有成果的基础上，结合档案、文献，主要探讨、研究先秦以来中国西南边疆的治理及其发展历程，阐述了历史时期和当代中国西南边疆治理的重大事件、重要政策和相关内容。该书作者认为，历史时期的西南边疆经历了地域、范围上的千年变迁，这种变迁恰恰与中国文明发展的历史进程紧密相关，它既是中国历史进程的组成部分，又反映出中国边疆地区发展的某些特点；西南边疆治理是中国边疆治理的组成部分，反映了各个时期中国边疆治理的理念、战略、政策、制度的某些特点；历史时期西南边疆的治理同时具有"次区域整体性"的特点；无论是历史时期，还是在当代的中国，西南边疆地区都具有"双重身份"，既是中国版图的西南边缘地带，又是中国与西南方向邻近的国家、地区进行人员交流、经贸往来的"前沿地带"，是中国与东南亚、南亚地区进行人员、物质和文化等交流的桥梁和纽带。

在西南治理概述研究方面，论文可参阅吕文利《论中国古代边疆治理中的"云南模式"》[1] 等。

（二）关于古代西南边疆治理研究

古代西南边疆治理方面的主要成果可参阅白耀天《南天国与宋朝关系研究》[2] 一书。该书为《西南边疆历史与现状综合研究项目·研究系列》成果之一。该书以南天国前岭南社会为历史背景，较详细地论述了南天国立国动因、与宋朝关系及南天国后岭南社会，并对国内外学术界有争议的问题提出了不少独到的新看法，具有较高的学术价值。

论文方面，袁剑《旧疆新命：西南少数族群的"再发现"——兼读〈从"异域"到"旧疆"：宋至清贵州西北部地区的制度、开发与认同〉》[3] 一文，通过对中山大学教授温春来所著《从"异域"到"旧疆"：宋至清贵州西北部地区的制度、开发与认同》一书的具体解读，表明了中国边疆史区域研究的必要性与可行性，从而能够丰富和发展整体意义上的中国边疆史研究，体现了文章"从边缘社会发现历史"理念。

吴喜、杨永福《论清前期西南边疆治理思想与治策》[4] 一文认为，清朝前期，统治者仍以传统的"守中治边""守在四夷"观念为治边思想。在西南，清廷的认识较前代进一步深化，并采取积极的治理与开发措施，加大了人力物力的投入，使西南边疆民族地区在清前半期得到了较快发展，在政治、经济、文化诸方面进一步密切了与内地的联系，边疆民族的对内认同大为增强，边疆与内地一体化的趋势渐趋明显，并呈加快

---

① 吕文利：《论中国古代边疆治理中的"云南模式"》，《云南师范大学学报》2014 年第 4 期。

② 白耀天：《南天国与宋朝关系研究》，社会科学文献出版社 2014 年版。

③ 袁剑：《旧疆新命：西南少数族群的"再发现"——兼读〈从"异域"到"旧疆"：宋至清贵州西北部地区的制度、开发与认同〉》，《西南边疆民族研究》2010 年第 2 期。

④ 吴喜、杨永福：《论清前期西南边疆治理思想与治策》，《贵州民族研究》2012 年第 3 期。

之势。

段金生《清前期对云南边疆与民族的认识及治理》[1] 一文指出，清朝前期，对云南边疆与民族的认知，表现为地理偏僻与蛮夷众多的观念。这些认知既受历史传统观念影响，也含有时代因素。作为少数民族入主中原的政权，清王朝在传统夷夏思维的承袭上表现出"用夏变夷"的取向。在督抚体制的施行与土司政策的演进历程中，清朝前期对云南边疆与民族的治理，是一个"因袭"与"变革"交替的进程。

董春林《以盐制夷：宋代西南民族地区羁縻政策管窥》[2] 一文认为，食盐作为溪峒民族的生活必需品，曾一度成为溪峒与政府之间价值认同的媒介，一方面，缘于溪峒民族对食盐的需求程度高涨；另一方面，宋朝政府抓住食盐的货币职能谋求区域社会的稳定。从北宋前期"以盐易米"到南宋中后期的"以盐转易多物"，食盐交换成为宋朝政府在西南民族地区羁縻政策的重要手段。这种与宋代茶盐专卖制度背道而驰的食盐交换手段，不仅实现了政府对民族地区的有效控制，也反映出国家民族政策的制定或推行必须先期平衡中央与地方的双向需求。

苍铭《清前期烟瘴对广西土司区汉官选派的影响》[3] 一文指出，古人所云之烟瘴是以疟疾为主的热带疾病的统称，又名瘴、瘴疬、瘴气、瘴疟、炎瘴等，是清代广西地区影响最大、危害最深的疾病。从内地到广西土司区任职的官员常常染瘴而亡，为稳定广西土司区汉族官员队伍，清廷在官员的任职年限、选拔形式、考核程序等方面采用比较灵活的政策，确保了在广西边地的统治。

其他论文还可参阅陆韧《元代安抚司的演化》[4]《"信符"与"金字红牌"制：明朝对西南边疆到特殊统治》[5]、魏超《明初交趾都司卫所建置研究》[6]、罗勇《明代云南金齿军民指挥使司设置研究》[7]、衣长春《论雍正帝西南边疆治理方略》[8] 等。

（三）近代以来西南边疆治理研究

近代边疆治理方面，主要成果有罗敏《走向统一：西南与中央关系研究（1931—1936）》[9] 一书。该书从国家政权建设角度，通过勾勒以蒋介石为首的南京国民政府如何应对和解决西南问题，揭示蒋介石作为政治领袖的成长与局限。同时，该书兼顾地方的视角，通过还原胡汉民及其周围相关人群的活动轨迹，审视在中央集权重建过程中失势政治人物与地方政治势力的生存困境。

① 段金生：《清前期对云南边疆与民族的认识及治理》，《广西民族大学学报》2015 年第 6 期。

② 董春林：《以盐制夷：宋代西南民族地区羁縻政策管窥》，《广西民族研究》2015 年第 4 期。

③ 苍铭：《清前期烟瘴对广西土司区汉官选派的影响》，《中国边疆史地研究》2015 年第 3 期。

④ 陆韧：《元代安抚司的演化》，载靳润成主编《走向世界的中国历史地理学——2012 年中国历史地理国际学术研讨会论文集》，中国社会科学出版社 2014 年版。

⑤ 陆韧：《"信符"与"金字红牌"制：明朝对西南边疆到特殊统治》，载林超民主编《方国瑜诞辰一百一十周年纪念文集》，云南大学出版社 2013 年版。

⑥ 魏超：《明初交趾都司卫所建置研究》，《中国历史地理论丛》2015 年第 1 期。

⑦ 罗勇：《明代云南金齿军民指挥使司设置研究》，《中国历史地理论丛》2015 年第 1 期。

⑧ 衣长春：《论雍正帝西南边疆治理方略》，《社会科学战线》2015 年第 4 期。

⑨ 罗敏：《走向统一：西南与中央关系研究（1931—1936）》，社会科学文献出版社 2013 年版。

论文可参阅赵艾东《唐古巴的考察与英国对中国西南边疆的觊觎》① 一文。该文指出，唐古巴是 19 世纪首位及其后十年内唯一到东部藏区考察的英国人，其为觊觎中国西南边疆的英国提供了情报和建议。该文利用相关中、英文文献，考察了其活动，进而对其人在《中英烟台条约》相关条款出台以及印茶入藏与其渊源关系等方面的影响做了探讨。

梁初阳《岑毓英国防思想在中缅边界危机中的实践》② 一文指出，英国吞并缅甸后，其侵略势力进逼中国滇西边境，西南边疆危机空前加剧。以岑毓英为领导的云南省政府，带领各族军民采取一系列措施积极应对，包括展开搜集情报工作、组织当地人民守土卫边、充实边防军事力量、招抚边地夷民、筹措国防经费、发展滇西经济、戡乱靖边建设现代通讯、驻军护边稳定民心、入缅和助缅抗英以建藩篱御敌于国门之外等，其中尤以经营裸黑山地区和设置镇边直隶厅影响深远，阻止了英殖民势力的进一步深入，为保疆固圉做出了贡献。

姚勇《中英滇缅界碑"有脚"——清末民国时期国家争界与边民生计之角力》③ 一文指出，19 世纪末中缅勘界，除南北两段未定界地带争执不下，其他地段国界走向都已划定。然而，滇西"已定之界"在此后数十年间不时因界桩位置成中英争议事件，并且不乏边民私立、迁移界桩的现象，又以滇民移界桩侵入华境为特殊。边界成为诸多力量角力的场域，既是国家主权之争，也为边民生计之争。

相关论文还可参阅陆韧《近代以来西方对中国西南边疆的认识和研究》、张轲风《民国初年地域政治视野下的"西南"概念》、宋培军《从"南洋宣抚使"到"华侨参议员"的法理考察——以北京临时参议院对云南华侨土司案的议决为中心》④，以及张瑞安《张鸣岐与广西近代军事变革研究》⑤、翟国强《略论近代云南的边防建设及政区设置》⑥、曾黎梅《边疆社会各阶层对民国政府"殖边"的态度和应对——以云南军都督府经营怒俅为例》⑦ 等。

现当代西南边疆地区发展领域出现了新成果，除在国家级媒体和云南、广西等地区的报刊、电台、电视台的大量新闻报道之外，一些学者开始较为深入地对西南边疆地区各民族的社会发展历程进行探讨。赵永忠《当代中国西南民族发展史论》⑧ 一书就是其

① 赵艾东：《唐古巴的考察与英国对中国西南边疆的觊觎》，《中国边疆史地研究》2010 年第 4 期。

② 梁初阳：《岑毓英国防思想在中缅边界危机中的实践》，《云南师范大学学报》2014 年第 3 期。

③ 姚勇：《中英滇缅界碑"有脚"——清末民国时期国家争界与边民生计之角力》，《广西师范大学学报》2015 年第 3 期。

④ 以上论文均载周平、李大龙主编《中国的边疆治理：挑战与创新》，中央编译出版社 2014 年版。

⑤ 张瑞安：《张鸣岐与广西近代军事变革研究》，《广西社会科学》2014 年第 7 期。

⑥ 翟国强：《略论近代云南的边防建设及政区设置》，载邢广程主编《中国边疆学》（第 2 辑），社会科学文献出版社 2014 年版。

⑦ 曾黎梅：《边疆社会各阶层对民国政府"殖边"的态度和应对——以云南军都督府经营怒俅为例》，《云南社会科学》2015 年第 5 期。

⑧ 赵永忠：《当代中国西南民族发展史论》，云南大学出版社 2012 年版。

中的代表性成果之一。该书以当代中国的云南、贵州、四川三省民族地区为研究对象，简要介绍了这些地区解放、建立人民政权的过程，进而论述了当代中国西南民族地区行政区划的演变、民主改革的历程、各民族社会发展的情况，评析了当代中国西南的民族关系、民族文化与文化变迁等。

反映西南边疆地区民主改革方面的研究也取得了新突破。代表性成果主要有秦和平所编《云南民族地区民主改革资料集》[①] 和所著《四川民族地区民主改革研究——20世纪50年代四川藏区彝区的社会变革》[②] 两书。前者是秦和平通过十数年的收集、整理之后编辑而成，为当代云南边疆地区治理研究提供了宝贵的资料。后者虽然以20世纪50年代四川藏区彝区的民主改革为研究对象，但是由于四川藏区的民主改革对邻近的西藏、云南产生了一定的影响，所以它对于当代西南边疆治理的研究同样具有重要参考价值。

当代中国西南边疆地区治理研究涉及当代西南边疆安全、稳定与发展的诸多问题，近年来的成果在民族关系、宗教问题、沿边开放等方面也取得了一定收获。专著主要有张刚、伍雄武《云南民族关系的历史与经验》[③] 一书和中国社会科学院"云南省民族团结进步边疆繁荣稳定示范区建设研究"课题组编著《民族团结云南经验——"民族团结进步边疆繁荣稳定示范区"调研报告》[④] 一书。前者为《西南边疆历史与现状综合研究项目·研究系列》成果之一，采取民族学与哲学相结合的方法，对云南"多元一体"民族关系形成的历程、结构特征及原因进行了综合分析，认为云南民族关系的主要特征是"多元一体"。一方面保持了源于远古的民族多样性，另一方面各民族间有强烈的认同意识和内聚力，差异与同一，分化与融合在云南民族关系中实现了辩证的统一。后者则是中国社会科学院、云南省社会科学院等院校的学者共同完成的，从党的建设、民族法制建设、民族区域自治的云南经验、民族干部培养、民族经济建设、生态文明建设、社会民生保障、民族文化建设、民族团结教育、民族理论创新、民族工作创新、民族关系和谐、边疆繁荣稳定等多个视角和方面，较为系统地探讨了云南省民族团结进步边疆繁荣稳定示范区建设经验，对推进云南民族工作和经济社会事业的发展，深入认识当前中国民族问题的实质，促进当代中国西南边疆的治理具有理论价值和实践意义。

王越平《和谐文化视野下的边疆治理研究》[⑤] 一文认为，现阶段我国边疆治理的基本现状是尚缺乏完备的边疆政策框架体系，对于边疆地域空间的复杂性和边疆民族关系和民族间的结构性差异未给予充分的重视，存在着用民族政策代替边疆政策的倾向。有鉴于此，从和谐文化构建的视角，该文提出了以公民文化为内核，以弹性的政策体系为基础，推行边疆民族文化诉求表达机制为制度保障的边疆治理策略。

---

① 秦和平编：《云南民族地区民主改革资料集》，巴蜀书社 2010 年版。

② 秦和平：《四川民族地区民主改革研究——20 世纪 50 年代四川藏区彝区的社会变革》，中央民族大学出版社 2011 年版。

③ 张刚、伍雄武：《云南民族关系的历史与经验》，社会科学文献出版社 2014 年版。

④ 中国社会科学院"云南省民族团结进步边疆繁荣稳定示范区建设研究"课题组编著：《民族团结云南经验——"民族团结进步边疆繁荣稳定示范区"调研报告》，社会科学文献出版社 2014 年版。

⑤ 王越平：《和谐文化视野下的边疆治理研究》，《西南边疆民族研究》2010 年第 2 期。

马丽萍、桂皎《边疆少数民族的国家认同——基于云南省玉溪市、西双版纳州的村寨调查》① 一文则通过对云南省玉溪市、西双版纳州部分少数民族村寨的调研认为，无论是内地少数民族还是边疆少数民族，都对国家、对中国共产党的领导、社会主义制度、民族区域自治制度以及对党的民族方针政策等方面显现出较高度的认同，这种高度的国家认同有着深厚的历史基础和现实基础。同时该文指出，由于基层党组织执政能力上存在着很大差异，在政治认知、政治实践和政治参与方面则表现为共同的被动和贫乏，政治社会化程度还处于较低状态。目前，中国少数民族的国家认同处于历史上的最好时期，在边疆民族地区少数民族的认同的发展变化中，应不失时机地强化其认同心理，巩固和提升其国家认同及水平。

西南边疆地区宗教研究的代表性成果为颜小华《广西基督宗教历史与现状研究》②。该书为《西南边疆历史与现状综合研究项目·研究系列》成果之一，分析广西民族地区的基督教历史与现状，探究在历史惯性作用下广西民族地区基督教的历史发展脉络、宗教活动和社会影响，以及部分群众在维系传统民族信仰基础上皈依基督教信仰的原因、方式、特点和表现，教会与地方社会的互动，宗教对地方社会经济文化的影响。

沿边开放研究主要围绕丝绸之路经济带、21 世纪海上丝绸之路、孟中印缅经济走廊建设与西南边疆稳定、发展的关系展开。相关成果有王志民《西南周边地缘态势与"南方丝绸之路"新战略》③《南方丝绸之路经济带与中国地缘经济政治拓展》④ 等。另外，林文勋、郑永年主编《中国向西开放：历史与现实的考察（第四届西南论坛论文集）》⑤ 一书，汇集了北京、上海、福建、四川、新疆、广西、云南和新加坡等国内外相关研究领域的专家学者的成果，主要围绕"国家战略视角下的中国向西开放""中国向西开放中的外部环境""中国向西开放的方案与行动""东南亚与中国向西开放"等议题深入探讨了"向西开放"与国家战略之间的关系，分析了"向西开放"面临的挑战以及存在的问题以及国际和地区形势，提出了如何顺利推进"向西开放"的方略和具有战略性、针对性和可行性的具体对策建议。

五　档案文献的整理

2010 年以来，档案文献的整理取得了重大进展，为进一步深化西南边疆研究奠定了坚实基础。这一领域的成果既涉及历史档案的刊布，又涉及历史文献的整理和口述史料的整理。

首先，在 2011 年纪念辛亥革命 100 周年之际，黄振南、蒋钦挥主编《〈申报〉广

---

① 马丽萍、桂皎：《边疆少数民族的国家认同——基于云南省玉溪市、西双版纳州的村寨调查》，《云南民族大学学报》2014 年第 1 期。

② 颜小华：《广西基督宗教历史与现状研究》，社会科学文献出版社 2014 年版。

③ 王志民：《西南周边地缘态势与"南方丝绸之路"新战略》，《东北亚论坛》2014 年第 1 期。

④ 王志民：《南方丝绸之路经济带与中国地缘经济政治拓展》，载邢广程主编《中国边疆学》（第 2 辑），社会科学文献出版社 2014 年版。

⑤ 林文勋、郑永年主编：《中国向西开放：历史与现实的考察（第四届西南论坛论文集）》，社会科学文献出版社 2014 年版。

西辛亥革命资料选编》①。该《选编》分上、下两册，以 68 万字的篇幅，收录了从 1889 年 9 月至 1917 年 4 月《申报》中涉及有关广西地区的相关资料，并对其进行了编校、注释，为广西地区辛亥革命的进一步研究提供了重要的资料。

之后，社会科学文献出版社出版的《西南边疆历史与现状综合研究项目·档案文献系列》成果相继出版发行，这是近年来西南边疆档案文献整理方面的重大突破。代表性成果主要是：

（1）云南省档案馆编《民国时期西南边疆档案资料汇编：云南卷》共 80 卷，2013 年 10 月起陆续出版。根据《民国时期西南边疆档案资料汇编：云南卷目录总集·图文精粹》，其内容包括云南省民政厅为遵令拟订各专署组织成立事项呈省政府等重要文献，对于研究民国时期西南边疆治理、云南边疆地区发展、云南边境地区涉外关系问题都具有重要的史料价值。

（2）广西壮族自治区档案馆编《民国时期西南边疆档案资料汇编：广西卷》共 30 卷，2014 年 4 月起陆续出版。该卷是从广西壮族自治区档案馆所珍藏的与民国时期广西政治、经济、文化、海关、民政等相关的众多资料中甄选出而结集成册的，具有较高的学术和研究价值。

（3）中国第二历史档案馆编《民国时期西南边疆档案资料汇编：云南广西综合卷》共 98 卷，2014 年 9 月起陆续出版。分为云南政务、云南军事、云南教育、云南经济、云南盐务、云南海关、广西政务等 7 部分，系从馆藏的 90 余个卷宗共 4000 余卷档案中精心选辑而成。

这些档案均为第一手文献资料，许多更是首次公布，真实可靠，史料价值高。全书内容丰富，信息量大，涉及 1927—1949 年间云南、广西地方政权更替、政府机构设置与运作、地方法规之制定、实施及修订，历年政府工作规划之制定与实施，历年政府工作报告、省政府及主要职能部门会议记录等，以及军事活动、经济状况、文化教育、社会变迁等诸多内容。

（4）邹建达等主编《清前期云南督抚边疆事务奏疏汇编》②（顺治至乾隆朝）一书。该书汇集了清代顺治至乾隆朝云南督抚关于边疆事务的重要奏疏，全书约 400 万字，不仅内容收集齐全，而且一些资料是首次面世，具有十分重要的参考价值。

历史文献整理方面的代表性成果是朱端强、许新民主编《历代文集西南边疆篇目分类索引》（初编）③。该《索引》也是《西南边疆历史与现状综合研究项目·档案文献系列》成果之一，以《四库全书》《四库存目丛书》《四库禁毁书丛刊》《四库未收书辑刊》《续修四库全书》为依据，以历史时序为经，以不同事类为纬，从地理区位实际出发，分为云南、广西、西藏、西南、邻国五大部类，对两汉至晚清涉及云南、广西、西藏等地史事的篇目分类编制索引，是一部编制有法的史学工具书。

林文勋主编《民国时期云南边疆开发方案汇编》④ 也具有较高参考价值。该《汇

──────────

①　黄振南、蒋钦挥主编：《〈申报〉广西辛亥革命资料选编》，广西师范大学出版社 2012 年版。

②　邹建达等主编：《清前期云南督抚边疆事务奏疏汇编》，社会科学文献出版社 2015 年版。

③　朱端强、许新民主编：《历代文集西南边疆篇目分类索引》（初编），社会科学文献出版社 2014 年版。

④　林文勋主编：《民国时期云南边疆开发方案汇编》，云南人民出版社 2013 年版。

编》为云南大学滇西发展研究中心古籍整理重点课题，内容收录了民国年间云南经济、文化等方面的资料，如《云南全省边民分布册》《云南省民政厅边疆行政设计委员会征集边疆文物办法》《经营滇省西南边地议》《建设腾龙边区各土司地意见书》等，对于西部大开发建设、云南"桥头堡"建设、东南亚南亚大通道建设等均有一定的借鉴意义。

　　口述史料方面最新成果是吴喜《民国时期云南彝族上层家族口述史》① 一书。该书也是《西南边疆历史与现状综合研究项目·档案文献系列》成果之一，通过对民国时期西南边疆地区彝族上层人士子女及近亲家族成员的采访，获取了大量第一手资料，反映出民国时期西南边疆地区彝族上层人龙云、卢汉、安恩溥、安纯三、陇生文、龙泽汇、卢濬泉等人诸多重要的政治和社会活动，揭示了彝族上层集团及其内部关系，为研究近代以来西南彝族社会和西南边疆史提供了宝贵的口述史料。

　　考订史料方面，参阅郭声波、姚帅《石刻资料与西南民族史地研究——〈唐南宁州都督爨守忠墓志〉解读》② 一文。该文认为，西南民族地区因其特殊的历史及政治原因而致传世文献较少，因此石刻资料在西南民族史地研究中占有重要的地位。唐时爨氏是南中主要政治势力之一，但正史的记载多有短缺。该文通过解读新近发现的《唐南宁州都督爨守忠墓志》，补正了爨氏世系、唐代爨氏事迹，基本解决了南宁州都督府所领州数及罢废时间等史地问题，可以补充两唐书《南蛮传》的不足。

　　另外，少数民族历史档案管理方面也取得了较好的成果。例如，赵德美《云南少数民族历史档案数字化建设》③ 一书在探讨云南少数民族历史档案数字化建设的可行性、研究现状、面临问题的基础上，探索数字化建设的实现策略，为云南少数民族历史档案数字化建设从前期的建设规划到具体的业务建设过程，再到绩效评估体系建设等方面均提供了较好的理论参考。

六　西南边疆史学史研究

　　西南边疆史学史研究取得新进展，主要反映在方国瑜先生学术思想专题研究和民国时期西南边疆研究两个领域。

　　方国瑜是我国著名的历史学家、现代西南边疆研究的奠基人。2013 年是方先生诞辰 110 周年，云南大学举行纪念研讨会，不少学者撰文、著书研究方先生的生平事迹、学术思想、理论贡献，相关成果主要集中在林超民编《方国瑜诞辰一百一十周年纪念文集》④《薪火相传 继长增高——方国瑜冥诞 110 周年纪念文集》⑤ 两部文集中。这两种纪念文集各收入 30 余篇纪念文章，对方国瑜先生的生平事迹、学术成就、教育思想及其理论贡献进行了深入研究，探讨了方先生的学术思想、治学精神和历史贡献。而娄

　　① 吴喜：《民国时期云南彝族上层家族口述史》，社会科学文献出版社 2014 年版。

　　② 郭声波、姚帅：《石刻资料与西南民族史地研究——〈唐南宁州都督爨守忠墓志〉解读》，《中南民族大学学报》（人文社会科学版）2010 年第 4 期。

　　③ 赵德美：《云南少数民族历史档案数字化建设》，社会科学文献出版社 2014 年版。

　　④ 林超民编：《方国瑜诞辰一百一十周年纪念文集》，云南大学出版社 2013 年版。

　　⑤ 林超民编：《薪火相传 继长增高——方国瑜冥诞 110 周年纪念文集》，云南大学出版社 2014 年版。

贵品著《方国瑜与中国西南边疆研究》①一书尤为值得关注。该书以《西南边疆》杂志及西南文化研究室为研究内容，以方国瑜在外来学者与滇籍学者之间的联系为主线，探讨了方国瑜在西南边疆研究、中国现代学术史上的地位、作用及影响，并且首次对《西南边疆》杂志及西南文化研究室进行全面、深入、系统的梳理、分析与研究，对于方国瑜早期在西南边疆研究中的学术活动进行了创新性的研究。

此外，相关的论文还有潘先林《家国情怀、书生本色：方国瑜先生的西南边疆史地研究》②等。

民国时期西南边疆史学史研究领域的代表性成果主要是王振刚《学界对民国学人西南边疆问题著述研究综述》③一文和其所著《民国学人西南边疆问题研究》④一书。其专著以民国时期学术界的西南边疆问题研究为研究对象，以时代背景和学术基础的分析为切入点，分别从主要问题、研究机构、学术刊物、代表人物等不同层面，以西南区域作为空间范畴，深入探讨了民国学人对西南边疆问题调查研究的历史状况。该专著还分析了《东方杂志》《边事研究》《西南边疆》《边政公论》等刊物中西南边疆研究的相关内容，考察了华企云、吴丰培、刘曼卿、任乃强、方国瑜、徐益棠等在西南边疆民族研究方面有突出影响的代表人物，并就其主要成就、时代局限和影响进行评价和阐发，因此成为这一时期边疆研究史学史研究的一部最新力作。

相关论文还对近年的研究状况做了综述，主要有林文勋等《云南大学的中国边疆学——基于学科建构的回顾与展望》⑤一文。该文认为，云南大学是中国边疆学研究的重镇之一，在国家有关西南边疆重大战略选择与政策制定中扮演着重要的角色，并受到国际学术界的肯定与重视。当前，面对复杂多变的国际局势和国家地缘战略的调整，梳理90多年来云南大学的中国边疆学研究，总结成就，讨论不足，展望未来，具有极为重要的学术价值与现实意义。杨永福《近20年清代西南边疆民族教育研究的回顾与展望》⑥一文认为，近20年来，围绕着清代西南边疆地区民族教育及其相关问题的研究取得了较为丰富的成果，但是既往的研究大多聚焦于清朝的文教政策以及教育活动，在整体性研究、被研究对象的空间分布范围，深刻揭示民族教育政策与西南边疆民族社会变迁的内在联系，以及学科理论和方法论应用问题等方面，则存在明显不足。

七　西南边疆地理环境与经济社会研究

西南边疆地理环境与经济社会研究也取得一定的新成果。

---

①　娄贵品：《方国瑜与中国西南边疆研究》，人民出版社2014年版。

②　潘先林：《家国情怀、书生本色：方国瑜先生的西南边疆史地研究》，载周平、李大龙主编《中国的边疆治理：挑战与创新》，中央编译出版社2014年版。

③　王振刚：《学界对民国学人西南边疆问题著述研究综述》，《中国边疆史地研究》2010年第4期。

④　王振刚：《民国学人西南边疆问题研究》，人民出版社2013年版。

⑤　林文勋等：《云南大学的中国边疆学——基于学科建构的回顾与展望》，《中国边疆史地研究》2015年第3期。

⑥　杨永福：《近20年清代西南边疆民族教育研究的回顾与展望》，《云南民族大学学报》2015年第6期。

专著方面，罗群等《王炽与晚清云南商业社会》① 一书对于云南历史上著名的"红顶商人"王炽（1836—1903）进行了较为全面的研究，同时还论述近代云南商业、社会等相关问题。

杨寿川《云南矿业开发史》② 和丁世青《区域差异与调控：西南边疆人口发展论》③ 两部专著均为《西南边疆历史与现状综合研究项目·研究系列》成果之一。前者从经济史视角，对于先秦至民国年间的云南矿业进行了较为全面、系统的论述，并对云南矿业发展的畸形、千年不变的土法、变化多端的矿政、盲目开发的恶果进行了分析。后者立足于云南和广西，将人口理论与区域发展理论结合起来，试图从影响区域人口的主要因素和新的发展视角，进一步探讨区域人口的发展战略。

论文方面，陆韧《泛朝政化与史料运用偏差对边疆史地研究的影响——以明代"三征麓川"研究为例》④ 一文指出，明代"三征麓川"是关系西南边疆稳定和国家安危的重要事件，而明清史家由于对西南边疆地理环境、历史发展缺乏准确认识，或出于某些政治需要，用政治情感代替理性的史实分析，忽略对事件本身的探究，疏离对引发战争的边疆形势的考察，仅就朝政进行评述，出现了泛朝政化倾向，使这一边疆问题异化为朝廷政治斗争。而当代部分学者误将明清史家带有政治偏见的评论作为第一手史料运用，又使相关研究出现严重偏差。该文通过对明代"三征麓川"的历史进行探本寻源，试图说明边疆历史问题的复杂性以及研究时应注意的问题。

李良品等《明清时期西南民族地区宗族组织的结构、特点与作用》⑤ 一文指出，明清时期西南民族地区乡村社会宗族组织的结构包括宗祠、族谱、族训族规、族长及族田。宗族组织具有族内的等级性、族长的权威性、执法的宗法性、族田的福利性等特点。由于明清王朝在意识形态上对宗族组织提供支持，鼓励了宗族组织的快速发展，故使以血缘关系为纽带的宗族组织，不仅成为明清时期西南民族地区乡村社会重要的组成部分，而且也成为维护中央王朝统治和封建宗法伦理秩序的有力工具。

相关论文还有滕兰花《从广西骑楼的地理分布透视两广地缘经济关系》⑥、李兴绪等《西南边疆民族地区农户收入的地理影响因素分析》⑦、李荣华《秦汉时期南土卑湿环境恶劣观念考述》⑧、马琦《清代黔铅京运研究》⑨ 等。

西南边疆开发与经济社会发展研究有一定进展，西南丝绸之路继续受到关注。相关

① 罗群等：《王炽与晚清云南商业社会》，云南人民出版社 2014 年版。

② 杨寿川：《云南矿业开发史》，社会科学文献出版社 2014 年版。

③ 丁世青：《区域差异与调控：西南边疆人口发展论》，社会科学文献出版社 2014 年版。

④ 陆韧：《泛朝政化与史料运用偏差对边疆史地研究的影响——以明代"三征麓川"研究为例》，《中国边疆史地研究》2010 年第 1 期。

⑤ 李良品等：《明清时期西南民族地区宗族组织的结构、特点与作用》，《广西民族研究》2015 年第 1 期。

⑥ 滕兰花：《从广西骑楼的地理分布透视两广地缘经济关系》，《西南边疆民族研究》2010 年第 2 期。

⑦ 李兴绪等：《西南边疆民族地区农户收入的地理影响因素分析》，《地理学报》2010 年第 2 期。

⑧ 李荣华：《秦汉时期南土卑湿环境恶劣观念考述》，《云南社会科学》2014 年第 3 期。

⑨ 马琦：《清代黔铅京运研究》，《中国历史地理论丛》2014 年第 3 期。

著作有覃丽丹等《广西边疆开发史》① 一书。该书研究了石器时代至民国时期广西的经济开发，同时指出各个时期开发的基本特点。相关论文主要有陈斌等《南诏国时期的盐与民族关系》② 和方铁《清代普洱茶与滇东南多民族社会》③。前者认为，在云南山地众多、交通困难的情况下，盐的影响作用尤显重大。南诏国时期，食盐的生产与民族的发展、民族关系的变化有着紧密的联系。洱海区域的民族崛起与滇西食盐生产的发展有着必然联系。盐在南诏国民族及民族关系的发展上起着重要作用，决定着民族关系的发展方向，强烈影响当时的民族与国家关系。后者认为，普洱茶在清代获得很大发展，成为云南地区的"大钱粮"，进贡朝廷及远销各省，享誉省内外。普洱茶很快兴起并趋于繁荣，与藏区茶叶消费市场的开拓，普洱茶主要产地社会环境的优化，以及清廷的积极支持和有效管理有关。普洱茶的崛起和兴盛，与滇东南多民族社会的发展，两者有如影随形的密切关系。此外，相关论文还有赵善庆《清末民初云南"商绅"阶层的变动及其与近代商业的转型》④ 等。

西南丝绸之路是西南边疆经济与对外交通史研究的重要内容。论文主要有方铁《简论西南丝绸之路》⑤ 一文。该文指出，西南丝绸之路大致由成都经今西昌、大理入缅甸至印度道，成都经今大理入缅甸沿伊洛瓦底江出海道，成都经今宜宾、昆明、蒙自至越南北部出海道等三条路线。历朝重视经营西南丝绸之路，尤以汉、唐、元三朝为最。统治者注重西南丝绸之路，初衷是为徼外诸国朝贡提供便利。随着商品经济渐趋活跃，该路成为重要的国际商道。

八　中国西南边疆与周边关系研究

中国西南边疆与周边关系研究一直是西南边疆研究中的重要内容，近年来也取得了一些新进展，主要表现在中越关系、中缅关系、国际河流以及"一带一路"等方面。

（一）中越关系的研究

近年来，中越关系的历史和现状研究产生了一批较好的成果，主要有：

陈果、李昆声《中国云南与越南的青铜文明》⑥ 一书，为《西南边疆历史与现状综合研究项目·研究系列》成果之一，是我国学术界对中国云南与越南青铜时代文化进行综合研究的第一部学术专著。该专著以早期文明起源、发展与演变的过程为主线，梳理了中国云南和越南新石器时代晚期到青铜时代最后到铁器时代早期文化的发展历程，并就中国四川、广西、贵州等省区与越南青铜文化之间的关系进行了探索，成为当前研

① 覃丽丹等：《广西边疆开发史》，社会科学文献出版社 2015 年版。

② 陈斌等：《南诏国时期的盐与民族关系》，《思想战线》2015 年第 4 期。

③ 方铁：《清代普洱茶与滇东南多民族社会》，载《清史论丛》2015 年第二辑，社会科学文献出版社 2015 年 10 月版。

④ 赵善庆：《清末民初云南"商绅"阶层的变动及其与近代商业的转型》，《云南民族大学学报》2015 年第 4 期。

⑤ 方铁：《简论西南丝绸之路》，《长安大学学报》2015 年第 3 期。

⑥ 陈果、李昆声：《中国云南与越南的青铜文明》，社会科学文献出版社 2013 年版。

究中国西南及中南半岛早期文明重要成果之一。

徐方宇《越南雄王信仰研究》①一书对越南雄王叙事与信仰的历史研究及当代雄王信仰进行了人类学考察，揭示了雄王信仰在越南民族国家认同和政治象征构建方面所起的作用。尽管该专著并未直接论述中越关系，但又对深化中越关系研究起到重要作用。

孙宏年《清代中越关系研究（1644—1885）》②一书也有较高学术价值。该书充分利用了中越两国的官修史书、政书、档案、志书、奏议、文集等文献资料，结合已经翻译出版的法国档案，对清代中越宗藩关系的内容、事项、规范、经贸关系、边界、海事、边事华侨华人、越南入华侨民、中越文化交流等问题做了系统地阐述和考辨，构建了这一时期中越关系研究的框架体系。

王柏中等辑录《〈大南实录〉中国西南边疆相关史料辑》③一书尤值得关注。该书53.9万字，是从越南阮朝（1802—1945）年间官修史书《大南实录》中选编而成，内容涉及中越关系和中国西南边疆政治、经济、文化、军事等方面，是一本学术价值很高的史料集。

代表性的论文主要有王文光等《〈安南志略〉与相关民族历史问题浅论》④一文。该文认为，《安南志略》是元代安南人黎崱写的一本越南历史著作，从这部著作中，我们可以了解到安南与统一多民族中国的历史渊源、文化渊源和民族源流等关系，同时也使我们看到黎崱力图要摆脱这些渊源关系而在内心深处所表现出的矛盾与纠结。

古永继等《清末滇南猛乌、乌得割归法属越南事件探析》⑤一文认为，滇南猛乌、乌得历史上是中国的领土，战略地位十分重要。因此，在近代法国殖民主义长期染指云南的情况下，猛乌、乌得成为法国觊觎的目标。法国通过一系列的计划和行动，于1895年割占了猛乌、乌得。此事导致云南边疆危机日趋严重，并对清政府、当事官员及世代居住此地的中国各族人民带来深远影响。

黄翰鑫《民国时期越侨在云南的社会活动及其管理》⑥一文提出，基于地缘性因素的存在和越南国内生存环境的恶化，越侨成为民国时期居滇外侨的主力。作者通过对民国时期越侨入滇的社会背景、分布、社会活动以及地方政府管理等方面的考察，揭示越侨在云南边疆地区社会活动的概貌和产生的社会影响，并从制度层面来探讨云南省管理越侨的各项措施。

此外还有曾贝、刘雄《元朝时期中国与越南关系研究述评》⑦，吴云霞《论越南婚嫁习俗与中国文化的渊源关系》⑧，陈明富《中越关系的历史、现状审视》⑨，孙宏年

① 徐方宇：《越南雄王信仰研究》，世界图书出版公司2014年版。
② 孙宏年：《清代中越关系研究（1644—1885）》，黑龙江教育出版社2014年版。
③ 王柏中：《〈大南实录〉中国西南边疆相关史料辑》，社会科学文献出版社2015年版。
④ 王文光等：《〈安南志略〉与相关民族历史问题浅论》，《思想战线》2015年第3期。
⑤ 古永继等：《清末滇南猛乌、乌得割归法属越南事件探析》，《中国边疆史地研究》2015年第1期。
⑥ 黄翰鑫：《民国时期越侨在云南的社会活动及其管理》，《中国边疆史地研究》2015年第1期。
⑦ 曾贝、刘雄：《元朝时期中国与越南关系研究述评》，《洛阳师范学院学报》2010年第4期。
⑧ 吴云霞：《论越南婚嫁习俗与中国文化的渊源关系》，《中国文化研究》2010年第4期。
⑨ 陈明富：《中越关系的历史、现状审视》，《南亚与东南亚研究》2014年第3期。

《传承与嬗变：从黎峻使团来华看晚清的中越关系——兼议清代东亚"国际秩序"的虚实》①，罗群、黄翰鑫《民国时期越侨在云南边疆地区社会活动与管理的历史考察》②等论文，都值得参阅。

2014 年是奠边府战役 60 周年，中越两国学者都撰文进行研究，越南官方还举办国际研讨会。相关的成果有黄耀东《纪念奠边府战役胜利 60 周年研讨会综述》③ 一文。此外，于向东《1954 年——世界走向和平发展协商对话的重点时点》、刘志强《奠边府大捷与中越关系——历史回顾与未来展望》和张顺洪《从世界历史角度看奠边府大捷》这三篇文章都是三位学者在 2014 年 5 月河内的"奠边府大捷——民族力量与时代高度"国际研讨会上的论文。

现状研究方面的成果主要是广西社会科学院编《越南国情报告（2014）》④ 一书。该专著较为全面、系统地反映了 2013 年度越南政治、社会、经济、文化、教育、对外关系、军事等方面的情况，同时对河内、胡志明市以及越南北部边境的经济与社会发展情况进行了分析，并在此基础上预测了未来的发展趋势。

（二）中缅关系研究

主要成果有许清章《缅甸历史、文化与外交》⑤ 一书。该书采取分专题叙述的方式，从缅甸的历史、文化和外交等社会生活的重要方面入手，全方面、多角度地介绍了这一古老神秘的国度。

论文方面，范宏伟《日本、中国与缅甸关系比较研究》⑥ 一文认为，冷战时期，日、中两国都曾与缅甸保持过传统友好关系，但是 1988 年缅甸新军人政权上台后，两国对缅甸采取了不同政策，因而导致了后冷战时期不同的对缅关系格局。1988 年以来，日本对缅甸的影响力大幅下降，在缅甸的投资和贸易额远远落后于中国，而其一贯使用的外交工具 ODA（官方开发援助）也呈下降趋势，没有发挥有效的作用。究其原因主要在于日本对缅外交受日美同盟外交、国内政治分歧等因素的制约，从而导致日本的缅甸政策定位模糊。相比之下，中国的缅甸政策目标清楚，政策执行富有延续性。在发展两国经贸关系上，中国国内各种行业政策和发展战略导向明确，并成功利用了地缘、华商网络等有利的资源。

刘新生《缅甸大变革及其对中缅关系的影响》⑦ 一文指出，自 2011 年 3 月吴登盛领导的新政府执政以来，着力调整内外政策，迅速开启了"变革"之门。对内统治缅甸 40 多年的军政府逐步向文官政府交权，工作重心开始转向经济改革。对外，积极融

① 孙宏年：《传承与嬗变：从黎峻使团来华看晚清的中越关系——兼议清代东亚"国际秩序"的虚实》，《中国边疆史地研究》2014 年第 2 期。

② 罗群、黄翰鑫：《民国时期越侨在云南边疆地区社会活动与管理的历史考察》，载周平、李大龙主编《中国的边疆治理：挑战与创新》，中央编译出版社 2014 年版。

③ 黄耀东：《纪念奠边府战役胜利 60 周年研讨会综述》，《东南亚纵横》2014 年第 4 期。

④ 广西社会科学院编：《越南国情报告（2014）》，社会科学文献出版社 2014 年版。

⑤ 许清章：《缅甸历史、文化与外交》，社会科学文献出版社 2014 年版。

⑥ 范宏伟：《日本、中国与缅甸关系比较研究》，《吉林大学社会科学学报》2012 年第 3 期。

⑦ 刘新生：《缅甸大变革及其对中缅关系的影响》，《东南亚纵横》2013 年第 1 期。

入东盟，同西方国家关系实现重大"突破"。对华，坚持睦邻友好，两国关系稳定发展。缅甸的民主改革不会一蹴而就，还有不少问题有待解决，任何操之过急的期待或行为，恐将适得其反。

贺圣达《缅甸政局发展态势（2014—2015）与中国对缅外交》①一文认为，随着2015年大选的临近，缅甸政治发展变化中的不定因素增强，各派博弈在大选前趋于激烈，外部因素尤其是美国因素对缅甸政治发展以及中缅关系的影响也值得关注。鉴于中缅关系的现状和2015年大选年缅甸形势的复杂性，中国对缅政策宜采取主动、有为、稳步、务实推进的策略，在继续发挥中国对缅关系现有的有利条件下更为主动、有所作为地开展对缅外交，同时要更加注重对缅工作的全面性，稳步推进中缅合作。

此外，相关论文还有谢士法，杨蓓《中缅特殊关系及其发展前景》②、赵洪《中国——缅甸经济走廊及其影响》③、蔡鹏鸿《变动中的缅甸政局与中缅关系分析》④等。

（三）国际河流研究

国际河流目前已经成为全球性热点问题。莫小莎等《广西国际河流研究》⑤一书则是2014年西南边疆地区国际河流研究方面的一部力作。该专著为《西南边疆历史与现状综合研究项目·研究系列》成果之一，运用区域经济学、国际经济学、计量经济学等学科的理论与方法，较为系统地研究了广西国际河流水文地理状况和主要特点，并对现状进行较为深入的分析，客观地分析了广西国际河流区面临的重申条件和邻国越南的相关政策制度，并提出了促进国际河流合理开发的相关建议。

论文方面，贾琳《西南国际河流的流域共同开发法律机制》⑥一文指出，淡水资源危机是影响全球的最大环境问题之一。世界范围的水资源短缺引发了国家之间的"水冲突"，尤其是因国际河流的开发导致的冲突时有发生。我国西南地区国际河流流域面积广阔，而开发相对落后，问题的关键在于缺少有效的制度安排。该文通过借鉴海洋共同开发模式，结合国际河流的流域生态系统整体性特征，建构西南国际河流的流域生态系统共同开发法律机制，以期通过国际法的手段预防和解决西南地区国际河流开发引发的国际冲突。

王波等《西南国际河流水资源开发与流域经济合作存在的问题及对策》⑦一文指出，我国西南国际河流水资源开发与经济合作存在各国政治互信基础薄弱、协调机制缺位、合作矛盾突出与合作收益不均等问题。针对这些问题及流域经济合作现状，该文提出了对策和建议。建立国家之间的沟通和互信，加强各个管理层级的协调对话，积极发

---

①　贺圣达：《缅甸政局发展态势（2014—2015）与中国对缅外交》，《印度洋经济体研究》2015年第1期。

②　杨蓓：《中缅特殊关系及其发展前景》，《河北经贸大学学报》2011年第1期。

③　赵洪：《中国——缅甸经济走廊及其影响》，《东南亚南亚研究》2012年第4期。

④　蔡鹏鸿：《变动中的缅甸政局与中缅关系分析》，《国际关系研究》2015年第4期。

⑤　莫小莎等：《广西国际河流研究》，社会科学文献出版社2013年版。

⑥　贾琳：《西南国际河流的流域共同开发法律机制》，《生态经济》2010年第7期。

⑦　王波等：《西南国际河流水资源开发与流域经济合作存在的问题及对策》，《水利经济》2015年第3期。

挥民间组织的桥梁作用；明确合作主体间的权责，完善国际河流的法律规范，形成系统化决策管理机制；将水生态监测纳入流域各个水文站点的日常工作中，积累国际河流水生态资料信息，加强对于国际河流水生态研究力度，保证我国掌握充分的国际社会话语权。

（四）关于"一带一路"研究

主要是对当代西南边疆安全、稳定与发展研究，特别是西南边疆与丝绸之路经济带、21 世纪海上丝绸之路（以下简称"一带一路"）建设方面的研究，为近年来颇受学术界和有关方面的高度重视。

2015 年有国家社会科学基金重大项目获准立项，主要有李晨阳研究员任首席专家的"东南亚安全格局对我国家安全战略影响及对策研究"和刘稚研究员主持的"'一带一路'视野下的跨界民族及边疆治理国际经验比较研究"等。

同时，学术界也发表了不少相关论文。例如，《中国边疆学》（第 3 辑）[1] 集中刊发了《"一带一路"研究专稿》，对于西南边疆地区参与"一带一路"建设相关问题进行了多维度的研究。这组专稿包括吕余生《广西沿海沿边地区参与"一带一路"建设的战略构想》，孙宏年《历程、机遇与思考：沿边开发开放与西南边疆的稳定、发展》，冯建勇、罗静《认知、因应与期待——边疆省区融入"一带一路"战略刍议》，范恩实《借鉴凭祥经验加快珲春东北亚陆海联运通道重要节点建设》，覃娟、陈禹静《广西沿边口岸经济发展研究——以崇左市为例》，陈禹静《广西参与中国—东盟海上合作的 SWOT 分析及对策》，刘建文《建设广西北部湾国际邮轮母港对接"一带一路"战略》等一批质量较高的论文。

九　其他领域的研究

汉族移民的研究作为传统性研究项目，近年来也有一些成果。例如，李志农等《明清时期的汉族移民与云南藏区文化生态分析》[2] 一文认为，明清以来汉族移民大量进入云南藏区，随之而来的是汉族与藏族广泛的交流、交融，并逐步形成超越民族认同而基于共同体特征的地域认同。从文化生态学的视角看，这一时期云南藏区的文化生态格局已产生了改变，基于地域认同的生生不息的内生性动力，使和谐的民族文化生态得以形成和维系。此外，郝素娟《元代汉族人移民西南边疆考论》[3]，马勇、代艳芝《论明清时期腾冲汉族移民的历史记忆与族群认同》[4] 等论文也值得关注。

其他领域的研究论文还有：黎小龙《〈南夷两粤朝鲜传〉三传合一体例与两汉边疆

① 邢广程主编：《中国边疆学》（第 3 辑），社会科学文献出版社 2015 年版。
② 李志农等：《明清时期的汉族移民与云南藏区文化生态分析》，《思想战线》2015 年第 6 期。
③ 郝素娟：《元代汉族人移民西南边疆考论》，《史学集刊》2015 年第 2 期。
④ 马勇、代艳芝：《论明清时期腾冲汉族移民的历史记忆与族群认同》，《云南民族大学学报》2015 年第 3 期。

民族思想》①、黄梅《清代西南边疆地区"汉奸"问题述论》② 等，恕不一一列举。

综上所述，2010 年以来，学术界关于西南边疆的研究取得了明显进步，不仅产出了一批重要的研究成果，刻画出近 5 年来研究的发展轨迹，而且形成一些受到关注的热点。目前相关研究方兴未艾，展现出广阔的发展前景。受到关注的热点主要有如下方面。

传统选题方面的研究，一个显著特点是传统选题的研究明显深入，研究视阈也得到扩展。王文光等《中国西南民族通史》的推出，是中国西南边疆史学科的一件大事，不仅是西南民族史、西南边疆史方面系统研究、全面总结的重要成果，也标志着该领域的研究达到了一个新的水平。另外，对西南民族及相关文化、西南边疆跨境民族、南诏、大理国等重要政权、西南民族的文化认同与国家认同等方面的研究，也取得明显成绩，应继续关注和认真研究这些问题。要破除一个片面的看法，即一些问题已研究多年，似乎并无继续关注的必要。事实上，我们对诸多学术问题的探讨，并未达到知其精髓的境界，何况人们的认识随着时间推移不断深化，即便是某些似乎已达成共识的观点，也有可能因提出质疑而重新研究。所谓不必再探讨多年研究的问题，实际上是某些人浮躁心态的一种反映。

土司制度与土司文化。土司制度问题已探讨了多年，近年相关研究取得了突破。有学者认为，土司制度成功的原因在于与南方少数民族社会的特点暗合，即南方少数民族长期居住特定的自然环境，与居住地的土地和自然资源存在紧密联系，诸族之间为资源占有、恩怨相报进行激烈争斗，内部矛盾十分突出。另外，数千年间外地移民不断迁入与土著民族逐渐融合，使西南少数民族文化的类型类似于内地，与中原王朝易建立起相互信任，因此土司制度实行后便顺利推行。总体上来看，实行土司制度开启了明确区别边疆与邻邦、以不同的政策分别应对的时期，并开创中原王朝因地制宜制定边疆制度的先河。近年召开多届全国土司制度与土司文化研讨会，反映出人们对该问题有很大的学术兴趣。对土司制度的性质与土司制度的演变、土司战争与民族关系、土司社会与土司文化、土司制度的研究方法等问题的探讨，今后数年还将持续，并不断得到深入。

西南边疆治理史的研究。西南民族史与西南边疆治理史有十分密切的联系。过去对西南民族史的研究较多，近年西南边疆治理史逐渐成为研究热点。两者的区别不仅表现在探讨内容和研究重点存在差异，研究的视阈与方法也有不同。如后者较关注历朝经营边疆地区的思想、方略与治策，历朝治边施治的过程和实践等问题。另外，边疆各民族与边疆治理的关系，中原王朝、边疆政权治边思想与措施的比较，全国视野下西南边疆的治理问题，都值得进一步思考和研究。在西南边疆治理史方面，一些学者关注近现代西南边疆治理方面的问题，包括民国时期治理西南边疆的理论与实践、相关研究的学术史、近代西南边疆与中央政府的关系、近代民族国家建构中西南边疆的地位与作用、20世纪初期西南边疆的民主改革等问题。对 1911 年以来西南边疆治理方面的问题，过去研究较少，而有关问题距离现今较近，相关成果具有重要借鉴价值。希望同人不仅继续

---

① 黎小龙：《〈南夷两粤朝鲜传〉三传合一体例与两汉边疆民族思想》，《中国边疆史地研究》2015 年第 2 期。

② 黄梅：《清代西南边疆地区"汉奸"问题述论》，《云南师范大学学报》2015 年第 2 期。

探讨近代西南边疆治理史，对 1949 年以后西南边疆的治理问题也予积极关注。

相关档案和历史文献的整理出版。本文介绍的几种已整理出版的档案和历史文献，堪称是极为重要的研究成果，对研究者来说是难得的喜讯。可以预期，档案和历史文献的整理出版，对西南边疆治理的研究将产生很大的推动作用，影响将广泛而深远。另外，2010 年以来，在西南边疆地理环境与社会经济、西南边疆与周边国家的关系等方面，也取得令人欣喜的成果。可以说，学术界在我国西南边疆史方面的研究，近几年来硕果累累，并呈现健康发展的势头。我们祝愿该学科的研究步步登高，取得更大成绩。

西藏研究综述（2010—2015）

孙宏年　张永攀　刘　洁[*]

西藏研究是中国边疆研究重要的组成部分，如果从唐代文献中有关吐蕃的记述算起，已经历千余年的学术史，近代以来更成为我国学术界边疆研究的重要方向之一。在中国边疆研究的三次高潮中，几代学人始终关注西藏，研究领域不断拓宽，形成了历史研究与现状研究并重的局面。2010—2015 年，我国学术界在西藏问题研究中继续深化西藏史地研究，拓展现状研究，总体上看各领域都取丰硕成果。本综述拟从边疆研究的视角，以我国学者公开发表的汉文论著为主，简要介绍六年来西藏研究的进展。

一　通论性、理论性研究

在西藏研究中，通论性研究包括西藏地方通史研究，又包括对相关问题进行较长时期——至少跨越几个朝代、时期的长时间段研究，还包括有关西藏历史与现状研究重要理论、方法等的研究。近六年来，西藏研究通论性、理论性的成果主要有 3 部专著。

一是张云《西藏历代的边事边政与边吏》[①]，该书以 66.3 万字的篇幅，把吐蕃时代起至西藏和平解放分为 28 个专题，比较深入地探讨了西藏地方 1300 多年间的重大事件，以及中央政权为应对这些事件所采取的政策和措施，代表性官吏在其中所发挥的作用。该书重视汉藏等多种文字资料的互证互补，通过多视角宽视野深度分析问题，重点从中央王朝或中央政府与西藏地方之间的互动，对西藏地方历史发展规律的把握和历代治藏经验教训进行了总结，对当代西藏经济社会发展和边疆治理具有参考作用。

二是白玛朗杰、孙勇、仲布·次仁多杰总主编《西藏百年史研究》[②]。该书分为上中下三册，共 167.4 万字，论述了从 19 世纪中期到 21 世纪初的西藏地方发展史，囊括了清朝末年、中华民国、中华人民共和国三个历史阶段。该书将三个时段的西藏史综合为一个课题，有助于突出西藏社会百年来的剧烈变化、全国人民包括西藏人民反对帝国主义侵略势力分裂西藏的斗争、中国共产党对西藏的治理政策和西藏工作中取得的重大

---

 * 孙宏年：中国社会科学院中国边疆研究所研究员；张永攀：中国社会科学院中国边疆研究所副研究员；刘洁：中国社会科学院中国边疆研究所助理研究员。

 ① 张云：《西藏历代的边事边政与边吏》，社会科学文献出版社 2015 年版。
 ② 白玛朗杰、孙勇、仲布·次仁多杰总主编：《西藏百年史研究》，社会科学文献出版社 2015 年版。

历史成就等三条主线。该书由国内多位研究西藏地方近现代史（含当代史）的专家共同完成，吸收21世纪之初我国学术界有关西藏100多年来历史研究的一些新观点、新见解，也反映了相关研究的新进展。

三是汪晖《东西之间的"西藏问题"（外二篇）》①。该书的上篇，即《东西之间的"西藏问题"：东方主义、民族区域自治与尊严政治》是其主体，2008年曾经以《东方主义、民族区域自治与尊严政治》为题公开发表。这一文章发表后，受到各界关注，作者在2009年进行了增补、修订。在该书中，作者一方面以中国近代被西方列强殖民化的过程为背景，对东、西之间的"西藏问题"进行了较为详细的分析，认为今天东西方之间有关"西藏问题"的观点、立场差异实际上很大程度是根植于那一特定时期的利益纠葛与历史情结；另一方面，从民族区域自治与民族政策的角度，对西藏现实状况和各种矛盾、冲突进行了剖析，提出了学理性见解。该书作者注重从东、西方不同视角，把历史与现实结合起来探讨问题，基本形成一个可以与西方学术界对话的理论框架。

四是周伟洲《藏史论考》②，对唐蕃长庆会盟地与立碑考、唐代吐蕃与北方游牧民族关系研究、吐蕃与南诏、清驻藏兵制考等做了深入研究。此集共所收录的14篇论文，按时代和内容可分为4组，即唐代吐蕃与唐朝及其他民族关系、清代藏族史、甘青及川边藏区史、民国时期藏族史，内容涉及藏族政治、军事、经济、文化、民族关系等诸多方面。

五是次旦扎西、杨永红《西藏古近代军事史研究》③由上、下两篇组成，上篇介绍吐蕃时代军事史，下篇梳理清代和民国时期西藏军事制度发展、沿革的大致脉络、轨迹，总结概括各阶段的一些特点和异同。该书是迄今国内第一部较全面、系统研究古近代西藏军事史的专著，具有重要的学术价值。

此外，许建英《中国西藏的治理》④以通俗易懂的文字，介绍了元朝以前的西藏及其与中原王朝的关系，重点论述了从元代至今中央政府治理的政策、机构、措施与成效。

一些学者还撰文探讨西藏历史研究的理论、方法，有关成果主要阐述了近代西藏地方历史研究的理论问题。央珍、喜饶尼玛《关于口述史的思考——基于近代西藏历史的研究》⑤一文指出，口述史是历史研究的重要理论与方法之一，它对拓宽近代西藏历史的研究领域和转变固有研究范式具有重要意义。口述史通过对文献记载的填补和印证，在澄清史实、准确呈现历史原貌上有积极作用。口述史料不可避免存在客观性和正确性问题，但这也正是研究人员洞察和分析历史意义的窗口，由此达成历史研究在"被解构的文献"与"被建构的口述"之间达到某种平衡。罗布《论西藏近代史研究的

---

① 汪晖：《东西之间的"西藏问题"（外二篇）》，生活·读书·新知三联书店2014年版。

② 周伟洲：《藏史论考》，兰州大学出版社2010年版。

③ 次旦扎西、杨永红：《西藏古近代军史研究》，西藏人民出版社2010年版。

④ 许建英：《中国西藏的治理》，湖南人民出版社2015年版。

⑤ 央珍、喜饶尼玛：《关于口述史的思考——基于近代西藏历史的研究》，《中南民族大学学报》2013年第6期。

新视角》① 一文认为，西藏近代史无论从外部环境还是从内部过程来说，都呈现出极大的复杂性，需要从多种层次和角度，运用多种学科理论和方法进行多方面的研究和探讨。传统的"革命史"或"关系史"模式的研究已经取得了丰硕成果，但也存在一定的偏颇不全之处，需要以新的、不同路径和方法之研究加以补充，"现代化"范式的引入就是可行路径之一。

二　档案文献的整理、翻译

在西藏研究中，档案文献的整理、出版和重要民族语言文献的翻译为各领域的研究提供了资料，这也是重要的基础工作。2010 年至 2015 年，这些工作都取得重要成果。

一是藏文古籍的整理、汉译和研究取得新成果，主要是我国学者把《贤者喜宴》②《韦协》③《于阗国授记》④《世界地理概说》⑤《娘氏教法源流》⑥《八世司徒自传》⑦ 等古籍翻译成汉文，并做了译注，为相关研究提供了重要史料。群培等学者对《藏四茹兵册》进行了研究，认为这部丛书对于研究西藏地方甘丹颇章政权统治初期在人户、土地的清查，并在此基础上定差编税、支应兵差、徭役、藏军建制等方面的具体规章和做法提供了非常重要的原始史料。⑧

二是历代档案整理、出版取得新进展。相关成果涉及元、明、清和中华民国时期，主要成果如下。侯希文编《西藏与历代中央政府来往政务公文选编》⑨ 主要选编历代西藏地方政府，尤其是宗教界权威人士与中央政府来往的专用文书和官府文书，兼顾其他重大政治活动、宗教活动及社会管理活动形成的主要公文。主要内容包括：元朝时期西藏与中央政府来往政务公文资料、明朝时期西藏与中央政府来往政务公文资料等。

《晚清民初西藏事物密档》⑩ 编选清光绪、宣统、民国初年的西藏事务专题奏稿、照会、电文、说帖、会议报告、会议讨论记录、清册等官方密档，凡十一种。十一种密档均为墨笔写本，或依时间，或依事件，分别收录清光绪、宣统驻藏办事大臣有泰、联

① 罗布：《论西藏近代史研究的新视角》，《西藏大学学报》2015 年第 2 期。

② 参见巴卧·祖拉陈瓦《贤者喜宴——吐蕃史译注》，黄颢、周润年译注，中央民族大学出版社 2010 年版；巴卧·祖拉陈瓦《贤者喜宴——噶玛噶仓》，周润年等译注，《西藏民族学院学报》（哲学社会科学版）2011—2015 年连载。

③ 巴桑旺堆：《〈韦协〉译注》（一、二），《中国藏学》2011 年第 1、2 期。

④ 朱丽双：《〈于阗国授记〉译注》（上、下），《中国藏学》2012 年第 S1 期、2014 年第 S1 期。

⑤ 扎敦·格桑丹贝坚赞：《〈世界地理概说〉译注》，德倩旺姆译注，《中国藏学》2015 年第 4 期。

⑥ 娘·尼玛沃色：《〈娘氏教法源流〉译注》（一、二），许渊钦译注，《中国藏学》2014—2015 年连载。

⑦ 冯智：《八世司徒所记康雍时期西藏历史片段——藏文〈八世司徒自传〉选译》，《中国藏学》2014 年第 4 期。

⑧ 群培、孙林、张月芬：《清代早期藏文珍稀文献〈藏四茹兵册〉的历史及学术价值探析》，《西藏研究》2015 年第 1 期。

⑨ 侯希文编：《西藏与历代中央政府来往政务公文选编》，社会科学文献出版社 2015 年版。

⑩ 《晚清民初西藏事物密档》，全国图书馆文献缩微复制中心 2010 年版。

豫、军机大臣、大清国钦差办理藏印边务大臣、中国全权大使等因藏印边务、《中英藏印条约》、西藏新政等事上呈各类文档。

《西藏奏议》与《川藏奏底》为国家图书馆馆藏有关光绪朝西藏事物的重要档案史料。《西藏奏议》主要内容自光绪二年正月到光绪三十四年正月，包括光绪年间英印渗透、侵略布鲁克巴时，布鲁克巴部落首长、清朝驻藏大臣、驻藏粮员以及清中央政府之间的往来文书。《川藏奏底》则完整收录了光绪二十九年至光绪三十二年驻藏大臣有泰有关藏务的所有奏折，内容涉及藏兵抗英问题、藏区宗教事务问题、印藏边务用款问题、差员补缺等方面。2012年上海古籍出版社整理出版了该资料，该古籍由吴彦勤点校。①

《中国第二历史档案馆存西藏和藏事档案汇编》由中国第二历史档案馆、中国藏学研究中心合编，计划将中国第二历史档案馆馆藏有关西藏及西康（含四川）、青海、甘肃、云南等藏区涉及藏事的档案文献陆续影印，起于清光绪二十年（1894），迄于中华民国三十八年（1949）。2009年9月，中国藏学出版社影印开始出版该《汇编》的第1册，到2012年7月已经出版30册，至2016年6月仍有50册尚未出版。该《汇编》为清末民国时期中央治藏政策和西藏及邻省藏区历史研究提供了重要的资料，尤其为民国时期西藏治理的研究奠定了坚实基础。

此外，陈春华对俄国涉藏的外交文书进行了翻译，以《俄国外交文书选译》为题，分6篇在《中国藏学》刊发，对英军第二次侵藏、达赖喇嘛出逃外蒙以及沙俄的对策、阿旺·德尔智的活动、英俄《西藏协定》、西姆拉会议等内容进行了披露。②

三是清代、民国时期文献整理、研究有一定进展。池万兴、严寅春《〈西藏赋〉校注》对和宁《西藏赋》的地名、人名、物产、山川、河流、事件等进行了考订，是赋学研究史上一件具有重大意义的事情。③王宝红《〈西藏赋校注〉校注商榷》④ 一文则列举了《〈西藏赋〉校注》中标点、释义问题二十余条。王金凤、胡志杰《试论清人游记〈西藏纪游〉的文献价值》⑤ 讨论了周蔼联《西藏纪游》的版本情况。李军《〈三边赋〉之〈西藏赋〉的史料价值》⑥ 对和宁的《西藏赋》、英和的《卜魁城赋》、徐松的《新疆赋》等《三边赋》进行了研究。道帏·才让加《西藏甘丹颇章地方政权的文书档案制度综述》⑦ 对西藏甘丹颇章地方政权的文书档案制度进行了研究。马元明、蒋至群、韩殿栋对《清稗类钞》中的西藏史料进行了研究⑧，并认为清代笔记内容丰富，为研究清代政策治藏提供了重要的文献资料。⑨

---

① 《西藏奏议·川藏奏底》，上海古籍出版社2012年版；参见哈恩忠《〈西藏奏议·川藏奏底〉出版》，《历史档案》2012年第4期。

② 陈春华：《俄国外交文书选译》（1—6），《中国藏学》2012年第s1、3期，2013年第1—4期。

③ （清）和宁：《西藏赋》，池万兴、严寅春校注，齐鲁出版社2013年版。

④ 王宝红：《〈西藏赋校注〉校注商榷》，《西藏民族学院学报》2014年第3期。

⑤ 王金凤、胡志杰：《试论清人游记〈西藏纪游〉的文献价值》，《西藏民族学院学报》2015年第1期。

⑥ 李军：《〈三边赋〉之〈西藏赋〉的史料价值》，《西藏民族学院学报》2013年第4期。

⑦ 道帏·才让加：《西藏甘丹颇章地方政权的文书档案制度综述》，《中国藏学》2014年第3期。

⑧ 马元明、蒋至群、韩殿栋：《〈清稗类钞〉中的西藏史料研究》，《西藏大学学报》2013年第4期。

⑨ 韩殿栋、马元明、蒋至群：《清代笔记中的西藏》，《西北民族大学学报》2013年第6期。

　　赵心愚对清代西藏的汉文文献做了一系列考证工作，发表多篇学术论文，涉及《西藏志考》成书时间及著者，《西藏考》与《西藏志》、《西藏志考》的关系，《藏纪概》的版本问题，道光《拉萨厅志·杂记》的有关问题及作伪证据，宣统年间段鹏瑞清末藏东南方志类著作《门空图说》《杂瑜地理》，宣统《西藏新志》中《地理部·驿站》的主要资料来源等。①

　　有泰日记近年来被整理后，成为学术界研究的重点，王双梅、康欣平、胡瑛、张皓等人对之分别进行了探讨。② 其中，康欣平对《有泰驻藏日记》及其他史料的仔细爬梳，分析研究在具体历史情境下的有泰其人其事，从而丰富和深化了对驻藏大臣有泰以及晚清西藏政治社会风俗等的理解。③

　　在民国时期文献整理、研究方面，任乃强《民国川边游踪之天芦宝札记》④《民国川边游踪之西康札记》⑤ 和柳升祺《西藏的寺与僧（1940 年代）》⑥《拉萨旧事 1944—1949)》⑦ 等文献出版，为民国时期西藏研究提供重要资料。一些学者还发现了民国时期在西藏任职的官员的日记等文献，比如王川发现了蒙藏委员会驻藏办事处政务科科长戴新三居藏 4 年的日记——《拉萨日记》（1940—1944），从中节选和整理了 1942 年 10 月至 12 月的十余日的日记，并做了注释，为学术界的相关研究提供基本史料。⑧

　　四是当代中国西藏治理和西藏发展、建设的文献、资料陆续出版。一些在西藏工作的干部和记者、教师、科技工作者等的诗文集、日记、回忆录、专题资料等文献。2010 年以后，我国大陆地区出版的相关文献、著作有近 30 种，既包括西藏和平解放时期进藏的阴法唐、李国柱、魏克等干部和"先遣连"群体的日记、传记、回忆录和文集⑨，

　　① 参见赵心愚《〈西藏志考〉成书时间及著者考》，《西南民族大学学报》2011 年 12 期；《〈西藏考〉与〈西藏志〉、〈西藏志考〉的关系》，《西藏大学学报》2012 年第 1 期；《〈西藏记〉与〈西藏志〉关系考》，《西藏民族学院学报》2013 年第 1 期；《清末藏东南方志类著作〈门空图说〉、〈杂瑜地理〉考论》，《民族学刊》2013 年第 3 期；《道光〈拉萨厅志·杂记〉的有关问题及作伪证据》，《西藏大学学报》2014 年第 1 期；《〈藏纪概〉现流传版本中的两个问题》，《中央民族大学学报》2014 年第 4 期。

　　② 参见王双梅《有泰〈驻藏日记〉的宗教文献价值》，《图书馆学研究》2013 年第 18 期；康欣平：《有泰视角下的凤全之死——以〈有泰驻藏日记〉为中心的解析》，《西藏研究》2016 年第 1 期；胡瑛：《〈有泰驻藏日记〉所见清末拉萨物价资料》，《西藏民族学院学报》2014 年第 1 期；张皓：《〈有泰驻藏日记〉研究序》，《西藏民族大学学报》2015 年第 5 期。

　　③ 参见康欣平《〈有泰驻藏日记〉研究》，民族出版社 2015 年版。张皓：《〈有泰驻藏日记研究〉序》，《西藏民族大学学报》2015 年第 5 期。

　　④ 任乃强：《民国川边游踪之天芦宝札记》，中国藏学出版社 2010 年版。

　　⑤ 任乃强：《民国川边游踪之西康札记》，中国藏学出版社 2010 年版。

　　⑥ 柳升祺：《西藏的寺与僧（1940 年代）》，中国藏学出版社 2010 年版。

　　⑦ 柳升祺：《拉萨旧事：1944—1949)》，中国藏学出版社 2014 年版。

　　⑧ 参见王川《民国时期戴新三著〈拉萨日记〉选注》，《中国藏学》2012 年第 2 期。

　　⑨ 参见李国柱《一个女兵的西藏人生》，中国藏学出版社 2010 年版；陈良：《梦萦西藏——20 世纪 50 年代进藏追记》，中国藏学出版社 2010 年版；阴法唐：《阴法唐西藏工作文集》（上、下），中国藏学出版社 2011 年版；魏克：《进军西藏日记》，中国藏学出版社 2011 年版；中共西藏自治区纪律检查委员会编写：《先遣连》，中国方正出版社 2013 年版。

又有 20 世纪 60 年代以后进藏工作或援藏的干部的诗文集、回忆录。① 这些文献与 2009 年前公布的文献一起，在 21 世纪之初丰富、完善了以解放西藏、建设西藏为主要内容的"文献体系"，为当代中国西藏治理研究领域的拓展、深化创造了有利条件。

三 西藏历史地理研究

藏族传统地理区划将青藏高原依照山川河流的地势走向分为卫藏、安多和康三大区域。三者既是藏语三大方言区，也是三个不同的人文地理区域。石硕《藏族三大传统地理区域形成过程探讨》② 一文对藏族三大传统地理区域形成过程和历史脉络进行了详细探讨。叶拉太《古代藏族地域概念的形成与演变》③ 认为，藏区地域概念的形成与演变，是藏族历史地理发展演变过程中藏区地域文化结构产生的标志。同时，内地中央王朝政体的变化与边疆政策的更迭在很大程度上影响着藏区地域概念的生成演变，决定着藏区地域格局不断伸缩的历史走向。娘毛加《试析藏族传统区域的划分法及其含义》④ 一文分析了藏族传统历史地理区划的特点与演变，即在"上、中、下"三大区域方位词后分别加地名"阿里、卫藏、多康"和表示数量的名称"三围、四如、六冈"之后，形成"上阿里三围、中卫藏四如、下多康六冈"的地域概念。之后，随着历史变迁又出现了"三却喀""十三万户"等地理区域概念或行政区域名称。此外，一个民族及其文化的形成、历史的发展与其所处的地理环境密不可分，而特定的地域概念对该地区民族关系的形成也发挥了重要作用。马燕《地理环境对民族文化形成及民族关系发展的影响——以青藏地区为例》⑤ 以青藏地区为个案，就地理环境对民族文化的形成及民族关系的发展、影响问题做了考察。

(一) 西藏早期历史地理研究

作为统一多民族国家的有机组成部分，以象雄为代表的西藏早期历史（亦称前吐蕃时期）是古代中国边疆史的重要组成部分，而苯教古藏文文献是研究象雄疆域史的宝贵资料。自 2010 年以来，有关古代象雄、苯教研究的代表性著作、期刊论文及论文集有《苯教史纲要》⑥《吐蕃的苯教与〈世间总堆〉》⑦《苯教研究论文选集》（第 1

① 这类文献仍在陆续出版的过程中，如舒成坤（现任亚东县委书记）著《雪魂》，西藏人民出版社 2013 年版；中国社会科学院第七批援藏干部周勇（笔名都成）的《青藏高原的歌：散文的诗》（共 10 册），包括《我们的中国梦》《在西藏建设我们这个家》《笔尖上的青藏高原》《墨水浇灌的青稞》《我们的歌舞厅》《小镇，村里的城市》《县城里的中国城乡节奏》《回家过年》《诗行只是青藏高原驱动的步伐》《泡在茶馆酒吧里的春天》，均由西藏藏文古籍出版社 2015 年版。

② 石硕：《藏族三大传统地理区域形成过程探讨》，《中国藏学》2014 年第 3 期。

③ 叶拉太：《古代藏族地域概念的形成与演变》，《中国藏学》2013 年第 2 期。

④ 娘毛加：《试析藏族传统区域的划分法及其含义》，《四川民族学院学报》2014 年第 2 期。

⑤ 马燕：《地理环境对民族文化形成及民族关系发展的影响——以青藏地区为例》，《青海民族大学学报》（社会科学版）2012 年第 4 期。

⑥ 才让太、顿珠拉杰：《苯教史纲要》，中国藏学出版社 2012 年版。

⑦ 才让太：《吐蕃的苯教与〈世间总堆〉》，《中国藏学》2011 年第 4 期。

辑）① 等。此外，向红笳、才让太翻译意大利南喀诺布教授《苯教与西藏神话的起源——"仲""德乌"和"苯"》② 一书亦于 2014 年出版。同时，将西藏阿里考古材料与藏汉史籍结合利用、相互印证的学术新作频出，国内外学术会议交流积极活跃，西藏早期历史研究在跨学科交流合作、研究深度与广度等方面取得重要突破。在学术成果方面，主要体现在实证与理论的互动发展，应用"二重证据法"将最新的西藏考古成果与藏汉史籍互为印证的新作频出，而有关涉藏历史地理古藏文文献的译注与研究工作，更为学界提供了新史料、新视角。在学术会议交流方面，仅 2015 年度之内，首届中国国际象雄文化学术研讨会、首届西藏拉萨象雄文化学术研讨会、第二届西藏拉萨象雄文化学术研讨会、中国·金川象雄—嘉绒苯教文化学术研讨会等有关象雄历史研究的学术会议，先后在北京、拉萨、四川阿坝召开，西藏早期历史研究成为学界关注的热点之一。

象雄的疆域以冈底斯山为中心，分为里、中、外三围，呈自西向东延伸的特点。其中，象雄西部疆域以活跃在冈底斯山周边地区的"象雄十八国"③ 为代表；象雄东部疆域的范围涵盖今西藏昌都、林芝以及今四川阿坝的嘉绒地区。从边疆学的角度而言，以象雄为代表的前吐蕃时期中国西藏及其周边地区疆域形成、演变的历史，呈现稳定性与波动性相结合的特点。尽管象雄的疆域范围在不同历史时期产生过巨大的变化，但西藏阿里冈底斯神山及其周边地区一直是其核心地区。近年来西藏考古工作已经证明西藏西部地区在丝绸之路上的重要地位，而 2010—2015 年以苯教古藏文文献为基础的西藏历史地理研究与阿里考古成果紧密互动、新作频出，诸多热点、疑点及难点问题值得我们关注并开展更为深入的研究。

首先，以西藏阿里冈底斯神山为代表的象雄核心地区在古代丝绸之路上占有重要地位。

西藏西部地区与新疆南部地区（如汉晋时期精绝国遗址的考古发掘成果）的考古学文化具有诸多相似之处。积石墓、石丘墓、石室墓等葬制以及黄金面具、天珠、带柄铜镜、箱式木棺、丝绸、茶叶、青铜器、铁剑等出土文物，充分证明了象雄文化跨区域、多元化的特点。仝涛、李林辉在《欧亚视野内的喜马拉雅黄金面具》④ 文中指出，喜马拉雅黄金面具充分体现出西方起源的金属面具传统与东方起源的丝绸覆面传统互相融合的文化现象。霍巍《西藏西部的早期墓葬及其与周边文化的关系》⑤ 一文指出，西藏阿里故如甲木墓地出土的以丝绸、茶叶状植物叶片、铁剑、木竹器为代表的文物体现了浓厚的汉文化色彩，黄金面具则与欧亚大陆文化有密切联系。才让太根据西藏阿里考

①　才让太主编：《苯教研究论文选集》（第 1 辑），中国藏学出版社 2011 年版。

②　该书最初由藏文写就，在 1982 之后陆续被翻译为意大利文、英文，汉文则根据英文本译出。参见［意］曲杰·南喀诺布《苯教与西藏神话的起源——"仲""德乌"和"苯"》，向红笳、才让太译，中国藏学出版社 2014 年版。

③　象雄十八王国在苯教藏文文献中记载颇多，尽管史料中并未清晰记载"象雄十八王"是活跃在同一时代的象雄部落联盟的首领，还是不同历史时期各具代表性的小邦国王，这无疑为我们增加了研究的难度。但有关他们统辖领地的明确记载，如拉达克、古格、普兰、日土、达果神山与当惹雍措湖、李域（于阗）、竹夏（勃律）等，对于研究西藏古代历史地理具有重要意义。

④　仝涛、李林辉：《欧亚视野内的喜马拉雅黄金面具》，《考古》2015 年第 2 期。

⑤　霍巍：《西藏西部的早期墓葬及其与周边文化的关系》，《北方民族考古》2015 年第 2 辑。

古发掘的资料和研究成果推断："吐蕃的科学技术是对象雄科学技术的传承和发展，它们属于同一个文化传承；以冈底斯山为中心的古代象雄与印度、中亚各民族的不同文化之间的互动交流，是象雄文化向外传播的契机与动力。"[①] 廉湘民认为，作为中华文化的重要组成部分，"西藏是藏传佛教文化源头，南邻印度教文化、伊斯兰教文化区，西望波斯文化、突厥文化区，是中华文化和这四种文化交流的前沿。"由此可见，以象雄为代表的西藏早期文明，具有明显的多元化特征。

以冈底斯山为中心的象雄西部地区，处于西藏与西域城郭诸国、克什米尔、印度、中亚、波斯等多个文化圈的契合部，在种族、宗教和文化等方面形成了兼容并蓄的多元化历史传统。一方面，如王煜在《西藏史前墓葬葬式及其文化意涵初探》一文中所称，无论起源于西藏阿里的苯教，还是传自印度的佛教，"宗教西来"对藏文化具有深远影响；另一方面，以象雄为中心的喜马拉雅文化圈向周边地区的辐射作用，亦值得学界开展更为深入的研究，著名的冈底斯山至今仍为西藏苯教、佛教、耆那教和印度教所公认的宗教圣地。从上述两个角度综合考虑，古老的象雄文明是东、西方文化相互渗透与融合的产物。

除了政治、军事等原因之外，宗教传播与民间商业往来堪称世界各民族文化交流史中更常见、更持久、更重要的推动力。古代商道的繁荣与东西方宗教文化的相互渗透与融合，堪称象雄文明的催化剂。值得重视的是，故如甲木墓地出土的以"王侯"文鸟兽文锦为代表的丝织品，不但是西藏考古的首次发现，也是考古工作者在青藏高原发现的最古老的丝绸实物。这类丝织品在新疆营盘墓地、吐鲁番阿斯塔纳墓地、民丰县尼雅遗址墓地均有发现。这充分证明，早在汉晋时期，以卡尔东城遗址为中心的象泉河上游流域就属于古代丝绸之路的波及区域。《西藏阿里地区噶尔县故如甲木墓地 2012 年发掘报告》则明确指出，在今阿克赛钦地区应该存在过连接古代南疆城郭诸国与象雄之间的民间商道。这提示我们需要重新审视以象雄为代表的西藏早期文明在以丝绸之路为纽带的东西方交通史上扮演过的重要角色。

其次，以拉达克、竹夏（勃律）、于阗为代表的象雄西部属国，具有重要的地理战略意义。

因古代西藏与印度之交通多取道拉达克与克什米尔之故，竹夏东南毗邻拉达克，是自象雄冈底斯山腹地经克什米尔谷地直通印度的必经之地。唐与吐蕃、大食争夺西域、中亚的控制权时，竹夏（勃律）是必争之地。清代驻藏大臣和宁将竹夏、拉达克的地缘战略意义概括为："库努屏番，拉达城邑宰。"[②] 竹夏、拉达克与西藏山水相连、血脉相承的历史事实，提醒我们在开展西藏历史地理研究时，必须突破当代国界的藩篱，充分考虑青藏高原前吐蕃时期的象雄疆域史。藏族学者还曾将于阗视为吐火罗的一部分，称为"小吐火罗"。由此可见，前佛教时期的于阗历史，亦应归入象雄西部疆域史的范畴之内。

---

① 才让太：《当前国内外的象雄文化研究》，第二届西藏拉萨象雄文化学术研讨会主题发言，拉萨，2015 年 12 月。

② （清）和宁：《西藏赋注》，载《西藏研究》编辑部编《西招图略·西藏图考》，西藏人民出版社 1982 年版，第 257 页。

关于拉达克，刘洁《象雄与嚈哒关系考略》① 在分析嚈哒疆域与象雄西部疆域的重合之处，苯教祖师诞生地与大夏（吐火罗）的密切联系，嚈哒国王的琼鸟宝座、王妃角冠、兄弟共妻、多事外神、煞生血食、累石为葬等宗教、民俗文化特质的基础之上，提出嚈哒族源应为藏族，嚈哒即为公元4—6世纪期间的古代象雄王国的观点。清人黄沛翘曾在《西藏图考》② 中明确指出拉达克为古严达国。至公元9世纪吐蕃王朝崩溃之后，吐蕃王室后裔在阿里三围建立地方政权，以列城为中心的拉达克是其中一围。从1683年开始，拉达克每年须向西藏进贡。清雍正之后，拉达克王需受中国皇帝的册封，并受驻藏大臣节制。1834年、1840年，统治克什米尔的道格拉人（森巴人），曾在锡克帝国的支持下两次入侵拉达克。1842年，拉达克沦为英国东印度公司的属地。关于拉达克的历史专著，L. 伯戴克《拉达克王国：公元950—1842年》一书的汉译版已经自2009年至2011年间在《西藏民族学院学报》连载刊出。③

象雄西部重要属国竹夏（勃律），即今吉尔吉特—巴尔蒂斯坦地区，曾为丝路南道和求法中道、北道上的重要交通枢纽，并因其境内的险绝路段——"悬度"而闻名，在汉文史籍与高僧传记中屡见不鲜。陈庆英等《巴基斯坦卡杜县发现的吐蕃王朝时期的藏文碑刻》④，通过对现存巴基斯坦斯卡杜地区的一块吐蕃时期藏文碑刻残段的内容解读，分析了今巴尔蒂斯坦地区的历史文化特点以及吐蕃王朝时期该地区的佛教活动情况。由此可见，在吐蕃时期，佛教已经开始传入竹夏（勃律）地区。刘洁在《试论竹夏在佛教东传过程中的重要作用》⑤ 一文中曾考证悬度主要位于难兜境内，即今巴尔蒂斯坦地区，其分布范围可扩展至克什米尔北部的帕米尔高原和喀喇昆仑山。具体而言，悬度位于从亚辛河谷出发，经吉尔吉特直抵吉拉斯的古代通道上。这就是东晋法显等人亲历的由瓦罕穿越亚辛河谷至印度河、邬仗那、克什米尔等地区的钵露罗道。刘洁还在《竹夏"一地多名"考释》⑥ 一文中强度，竹夏"一地多名"的特征非常显著，曾以"休循、难兜、无雷、波路、阿钩羌、钵卢勒、白题、布路沙、勃律、东西布鲁特"等多个历史地名见载于历代汉文史籍，但这些名称均为"竹夏"这一藏文名称被其他语言所借用而产生的同音异译，这凸显出该地区与古代西藏联系的长期性和稳定性。田峰在《吐蕃通往勃律、罽宾之道考略》⑦ 一文中指出，勃律道和罽宾道是"吐蕃丝绸之路"与传统的丝绸之路的结合点，通过这两条道路，吐蕃向西可达中亚、西亚、欧洲，向南可到达南亚，向北可达西域。

再次，象雄疆域具有自西向东延伸的重要特点。

---

① 刘洁：《象雄与嚈哒关系考略》，《中国藏学》2015年第1期。

② 黄沛翘：《西藏图考》，载《西藏研究》编辑部编《西招图略·西藏图考》，西藏人民出版社1982年版，第267页。

③ ［意］L. 伯戴克：《拉达克王国：公元950—1842年》，彭陟焱译，扎洛校，《西藏民族学院学报》（哲学社会科学版）2009—2011年连载。

④ 陈庆英、马丽华、穆罕默德·尤素夫·侯赛因阿巴迪：《巴基斯坦卡杜县发现的吐蕃王朝时期的藏文碑刻》，《中国藏学》2010年第4期。

⑤ 刘洁：《试论竹夏在佛教东传过程中的重要作用》，《湖南科技学院学报》2015年第2期。

⑥ 刘洁：《竹夏"一地多名"考释》，载《中央民族大学学报》2015年第3期。

⑦ 田峰：《吐蕃通往勃律、罽宾之道考略》，《青海民族大学学报》（社会科学版）2010年第4期。

象雄疆域自西向东的扩张与苯教的传播密不可分，而苯教传播的路线则与雅鲁藏布江自西向东之走向有密切关系。在享有"众山之祖，万水之源"① 美誉的中国西藏阿里，位于喜马拉雅山北麓、今西藏日喀则地区仲巴县境内的杰玛雍仲冰川②，不但是雅鲁藏布江的源头③，还是苯教文献所载吐蕃与象雄疆域的分界处。该地还曾是苯教大师们将苯教经典自象雄文翻译为藏文的主要译经场地。据《雍仲苯教法藏宝库》载："象雄东炯吐钦和吐蕃夏日邬钦二贤师，在吐蕃和象雄交界处、八十二眼泉水之源头，名为杰玛雍仲之地，将辛绕弥沃之圣言论，用吐蕃语和象雄语综合集录，定论万物。"④ 雅鲁藏布江自西向东流至林芝地区，与尼洋河交汇后经墨脱转入印度境内。以工布苯日神山为中心的林芝地区，即为吐蕃王朝的前身——雅隆王朝的龙兴之地。经考古证实，早在新石器时期，作为藏东南文化代表的林芝人，就已经生活在以工布苯日神山为中心的尼洋河与雅鲁藏布江的两江交汇地带。以《工布苯日神山志》为代表的苯教圣地志文献明确记载，早在雅隆王朝兴起之前，发源自象雄的雍仲苯教，就已经随着象雄势力范围的扩张，沿雅鲁藏布江流域传播至以工布苯日神山为核心的娘、工、塔地区。工布苯日神山仅次于冈底斯神山的地位亦充分证明，以苯教为代表的象雄文化对娘、工、塔地区的历史产生过深远的影响。娘、工、塔地区的代表性历史地名的内涵与苯教仪轨名称具有密切联系。该地区的藏族、门巴族、珞巴族等跨界民族的历史文化亦受象雄苯教文化的影响颇深。⑤

位于象雄东北部的苏毗被冠以"外象雄"之名，表明了发源于冈底斯山腹地的象雄文明向西藏东北部地区传播与渗透的过程。刘洁在《汉晋时期西域精绝国与贵霜、苏毗关系考略》⑥ 一文中考证，《魏略·西戎传》所载敦煌西域南山中从婼羌西向葱岭数千里的地域范围内，驻有月氏余种葱茈羌、白马羌、黄牛羌。此"葱茈羌"很有可能就是"苏毗"的同音异译，该史料将苏毗与月氏均视为羌族，故称之为苏毗羌（葱茈羌）。汉文史籍此说恰与嘉绒藏族学者的观点契合。毛尔盖·桑木旦曾强调，汉文史籍中的"羌"词来源于藏族早期四大氏族之一的"姜氏"，今阿里冈底斯山周边的游牧部落就是古代姜氏的主要后裔，此外，安多、卫、藏三大地区亦有姜氏后裔，但已与噶、竹、扎、董四大氏族相互融合。⑦ 陈庆英《西羌与青藏高原古代族群文明互动》⑧ 一文指出，青藏高原古代族群的文明互动和羌人紧密相关。他结合汉

---

① 和宁：《〈西藏赋〉校注》，池万兴、严寅春校注，齐鲁书社2013年版，第214—215页。

② "杰玛雍仲"这一地名的藏文含义为"显现雍仲卍纹之沙地"，至今，该河源地区仍呈冰碛物、冰碛湖广泛分布的地貌。

③ 中国科学院青藏高原综合科学考察队：《青藏高原科学考察丛书：西藏河流与湖泊》，科学出版社1984年版，第14页。

④ 贡赛宁波：《象雄文明初探》，民族出版社2004年版，第10、164页。

⑤ 刘洁：《工布苯日的神山信仰研究》，博士学位论文，中央民族大学，2015年。

⑥ 刘洁：《汉晋时期西域精绝国与贵霜、苏毗关系考略》，《山东社会科学》2015年第4期。

⑦ 参见毛尔盖·桑木旦《嘉绒藏族的起源》，阿旺措成、扎加、刘莺译，载《毛尔盖·桑木旦全集》（第3卷），青海民族出版社，第732页；引自赞拉·阿旺措成、夏瓦·同美主编《嘉绒藏族的历史与文化》，四川民族出版社2007年版，第19—22页。

⑧ 陈庆英：《西羌与青藏高原古代族群文明互动》，《青海民族大学学报》（社会科学版）2012年第4期。

藏古籍的记载，认为藏文古籍所记载的藏族古老姓氏，实际上即是青藏高原古代族群的名称，进一步明确提出"羌"的古音与藏文古籍记载的古姓氏"噶 lga"氏相同的观点。由此可见，象雄疆域向东部扩张的历史，与"羌藏同源之说"可互为印证。

最后，位于藏彝走廊上的嘉绒藏区，也属象雄疆域东向扩张的范围之内，形成了兼具边缘地理和族源混融的两大特征。

以金川为核心的嘉绒地区，在历史文献、历史事件、文化遗迹、语言文字、地名人名、文艺民俗等领域较为完整地保留传承了古象雄文明，是古象雄文明传承弘扬的重要地区。多尔吉等学者所撰《嘉绒藏区社会史研究》①一书，从历史地理分布、族源、语言文字、宗教、民俗文化等不同角度，系统研究了嘉绒藏区社会史。他们考证苯教传入嘉绒地区的时间约在公元 2 世纪时期。嘉绒的宗教以苯教为主，经历了原始宗教、苯教、佛苯共存等不同时期历史的宗教文化的演变，同时还吸收了藏汉边缘地带非藏非汉的诸民族宗教元素。其中，半职业化的神职人员"哈瓦"，就是苯教文化、民间文化的典型代表。此外，格桑卓玛、杨士宏、班旭东《白马藏族信仰与神灵体系的田野考察》②，通过对生活在四川平武、九寨沟和甘肃文县铁楼等甘川交界处的白马藏族的宗教信仰和神灵体系的田野考察，发现白马藏族以信仰苯教为主，同时呈现出苯教与佛教、道教及民间宗教共生共存的多元化现象，这是不同种类的宗教文化在特定的地理边界地区相互融合的结果。

关于象雄苯教文化向东部嘉绒藏区传播的路线与时间问题。石硕在 2015 年首届中国国际象雄文化学术研讨会上作题为《从碉楼称谓"邛笼"一词看象雄文化的东传及时间》③的发言，他依据《后汉书·南蛮西南夷列传》《隋书·附国传》等汉文文献，考证了"邛笼"与"雕"这两个名称的来源，认为"邛"是嘉绒藏族的重要祖源符号，与象雄的"琼"部落和苯教的"琼鸟"崇拜有密切关系。同美《象雄王朝在青藏高原西北部的终结与在东南部的延续》④一文，在综合研究象雄与嘉绒的族源关系、嘉绒口语中的象雄语活态词汇，以及象雄文化在藏青藏高原东南部边缘地带的诸多遗存的基础上，认为象雄的历史在青藏高原西北部终结的同时，在青藏高原的东南部得到了延续。同美还在《神鸟、象雄与嘉绒》一文中指出，在嘉绒乃至向东延伸至四川成都附近的三星堆、金沙遗址，均有象雄文化的遗存。嘉绒藏族支系的族名、语言、地名、服饰、歌舞等，都体现出浓厚的苯教"琼鸟"崇拜的文化特点。⑤

除了上述象雄与嘉绒的关系之外，近年来，随着研究的不断深入以及参与学者所切入的角度不同，学界关于"嘉绒"的研究有了更多维度的解读。在专题研究方面，邹

①　多尔吉等：《嘉绒藏区社会史研究》，中国藏学出版社 2015 年版。

②　格桑卓玛、杨士宏、班旭东：《白马藏族信仰与神灵体系的田野考察》，《中国藏学》2015 年第 3 期。

③　石硕：《从碉楼称谓"邛笼"一词看象雄文化的东传及时间》，首届中国国际象雄文化学术研讨会发言，北京，2015 年。

④　同美：《象雄王朝在青藏高原西北部的终结与在东南部的延续》，《民族学刊》2015 年第 5 期。

⑤　同美：《神鸟、象雄与嘉绒》，《西南民族大学学报》（人文社会科学版）2015 年第 4 期。

立波①、叶小琴、曾现江②等学者针对嘉绒十八土司问题开展了研究。其中，叶小琴《近六十年来嘉绒十八土司研究综述》③总结归纳自 20 世纪三四十年代国内学术界有关嘉绒土司的历史事件、历史人物以及土司祖源、辖区分布、官寨、碑铭等方面的研究成果，同时指出目前在研究范围的拓展、研究资料的深掘、研究方法的丰富以及范式的创新等方面仍有较大空间。此外，邹立波《国外嘉绒研究的回顾与反思》④总结了国外学界有关嘉绒历史、语言与社会文化方面的研究成果，可供国内学界借鉴与参考。在嘉绒藏族的族源与地理分布区域方面，李青《试论、嘉良夷、冉駹与戈人的关系——兼论嘉绒藏族的族源》⑤，对汉之冉駹、《羌戈大战》中之戈人、隋唐之嘉良夷以及今之嘉绒藏族的文化面貌进行系统的分析比较，通过他们之间所存在众多的共同文化因素，论证《史记》《后汉书》所记之冉駹夷即是《羌戈大战》中的戈人，他们在汉代西迁后发展为隋唐的嘉良夷，进而成为今天嘉绒藏族的主体。韩腾《从藏文史籍记载探讨现代"嘉绒"一词的缘起》⑥，通过梳理和考证古代藏文文献中记载与嘉绒有关的"嘉摩绒""察瓦绒"和"察柯"三个地名后得出结论：现代意义上的"夏尔嘉摩察瓦绒"（简称"嘉绒"）与古代的"嘉绒"两者在概念和具体所指上并不完全一致，前者是将历史上与"嘉绒"有关的地理名词进行汇总之后，对现代所有嘉绒藏族分布地区的一种概括性称谓，是一个内涵更为丰富且被不断建构出的新名词。

（二）吐蕃时期西藏历史地理研究

根据汉、藏文文献记载，隋唐之际的吐蕃悉补野部为地处雅隆河谷的强者之一，与之鼎立的有象雄（羊同）、苏毗，以及吐谷浑、白兰、多弥等小邦。自公元 7 世纪初开始，日益强大的吐蕃逐步统一青藏高原各部，同时也加快了对外扩张的速度。

关于吐蕃疆域范围与演变历史的研究吐蕃征服象雄及其他诸部，统一青藏高原之后，继续向东和向北开拓自己的疆域，在北方主要是与唐王朝对西域的博弈。在东部是对吐谷浑⑦、河陇（包括敦煌）等地区进行军事扩张。具体而言，关于吐蕃疆域在北部的扩张，自唐玄宗时期的安史之乱后，包括天山南路在内的西域东南部地区被吐蕃统治长达近百年之久，唐朝与西域的交通线被切断。于阗是唐代吐蕃与西域诸族往来的重要

① 邹立波：《从土司封号看嘉绒藏族土司与宗教的关系》，《西南民族大学学报》（人文社会科学版）2010 年第 2 期。

② 曾现江：《数字崇拜与文化象征：对"嘉绒十八土司"历史文化内涵的探讨》，《西藏研究》2011 年第 3 期。

③ 叶小琴：《近六十年来嘉绒十八土司研究综述》，《西藏民族学院学报》（哲学社会科学版）2002 年第 4 期。

④ 邹立波：《国外喜绑绒研究的回顾与反思》，《思想战线》2014 年第 4 期。

⑤ 李青：《试论、嘉良夷、冉駹与戈人的关系——兼论嘉绒藏族的族源》，《四川民族学院学报》2010 年第 4 期。

⑥ 韩腾：《从藏文史籍记载探讨现代"嘉绒"一词的缘起》，《青海民族研究》2015 年第 3 期。

⑦ 在吐蕃统治吐谷浑方面，杨铭《论吐蕃治下的吐谷浑》（《青海民族研究》2010 年第 2 期）深入地讨论了吐蕃治下的吐谷浑小王及其臣僚、民众的情况，力图揭示吐谷浑被吐蕃征服以及逐步融合的历史真相；蒲文成亦发表《吐谷浑研究三题》（《青海民族大学学报》（社会科学版）2011 年第 2 期）。

交通枢纽。杨铭《唐代吐蕃与于阗的交通路线考》[①] 一文中指出，公元7—9 世纪期间，经克利雅山口、过于阗北境至麻扎塔格的路线是吐蕃至塔里木盆地的主要路线之一。董知珍、马巍《吐蕃王朝时期吐蕃与西域的交通及驿站述考》[②]，田峰《吐蕃向西域的开拓》[③]，苏海洋、雍际春、尤晓妮《唐蕃古道大震关至鄯城段走向新考》[④] 等文，对吐蕃在西域开辟的多条重要交通线以及唐蕃古道进行了详细考证。关于吐蕃疆域向东部的扩张，吐蕃逐步攻占唐朝陇右、河西之地。截至唐宣宗大中二年（848）张议潮推翻吐蕃在河西的统治时，吐蕃统治西北地区达两百年之久，这段历史对唐、五代和宋初西北地区的民族关系格局产生了巨大的影响。其间，吐蕃将其本部制度与周边民族的诸种制度相结合，制定了一套适合该地区的政治、经济、军事、文化、法律、宗教等制度。朱悦梅《吐蕃占领西域期间的社会控制》[⑤]《从出土文献看唐代吐蕃占领西域后的管理制度》[⑥] 等文指出，吐蕃在西域针对不同管理对象实施军事、民事与羁縻三种管理模式，其实质是为了满足吐蕃贵族阶层对域外扩张利益进行均衡分配的要求。关于吐蕃终结在河陇地区统治的主要原因，金勇强《唐蕃陇右争夺战中屯田与战事的互动关系考察》[⑦] 一文中强调，唐王朝在陇右道采取屯田的办法解决军粮补给不足的困难，这一举措对唐与吐蕃战争的演变过程产生了深远影响。陆离、陆庆夫《张议潮史迹新探》[⑧] 一文指出，以张议潮为首的沙州起义军的骨干人员都是敦煌本土出身的原吐蕃政权中的官员，他们充分利用了吐蕃王朝内乱以及河陇地区边将混战、各族百姓思归唐朝的形势，率众起义归唐。

关于吐蕃历史地名研究。吐蕃地名是吐蕃时期遗留下来的重要文化符号，古代藏族氏族部落的迁徙、内部整合与分化是古藏文吐蕃地名产生的主要原因。大量吐蕃地名真实反映了青藏高原古代藏族及其周边地区民族的政治、军事、文化和经济贸易关系。叶拉太所著《吐蕃地名研究》[⑨] 一书，以及他近年来发表的《敦煌古藏文吐蕃地名所反映的古代民族情况》[⑩]《敦煌古藏文吐蕃地名由来及对藏族地名的影响》[⑪] 等系列文章，提出古藏文吐蕃地名不但与古代藏族的氏族、部落名称有直接或间接的关系，同时与唐朝及其他周边民族政权的关系和政治地理格局演变有密切关联的重要观点。他还指出从

---

① 杨铭：《唐代吐蕃与于阗的交通路线考》，《中国藏学》2012 年第 2 期。

② 董知珍、马巍：《吐蕃王朝时期吐蕃与西域的交通及驿站述考》，《社科纵横》2012 年第 3 期。

③ 田峰：《吐蕃向西域的开拓》，《西藏民族学院学报》（哲学社会科学版）2011 年第 3 期。

④ 苏海洋、雍际春、尤晓妮：《唐蕃古道大震关至鄯城段走向新考》，《青海民族大学学报》（社会科学版）2011 年第 3 期。

⑤ 朱悦梅：《吐蕃占领西域期间的社会控制》，《探索与争鸣》2012 年第 3 期。

⑥ 朱悦梅：《从出土文献看唐代吐蕃占领西域后的管理制度》，敦煌研究》2012 年第 2 期。

⑦ 金勇强：《唐蕃陇右争夺战中屯田与战事的互动关系考察》，《西藏研究》2014 年第 3 期。

⑧ 陆离、陆庆夫：《张议潮史迹新探》，《中国边疆史地研究》2011 年第 1 期。

⑨ 叶拉太：《吐蕃地名研究》，人民出版社 2012 年版。

⑩ 叶拉太：《敦煌古藏文吐蕃地名所反映的古代民族情况》，《青海师范大学学报》（哲学社会科学版）2015 年第 2 期。

⑪ 叶拉太：《敦煌古藏文吐蕃地名由来及对藏族地名的影响》，《青海民族大学学报》（社会科学版）2014 年第 4 期。

地名入手了解吐蕃时期的地理历史语言的研究路径，并认为近代藏族各类地名的来源含义也可从吐蕃地名中溯根寻源。此外，古格·其美多吉《略论西藏地名的结构与特点》①，达瓦、阿贵《论拉萨古地名中的美化历史地名现象》②，贡波扎西《藏族地名的文化意义初探》③，张公钧《西藏古桥解题名录》④ 等文章也从结构特点、文化含义等方面对吐蕃历史地名进行了深入研究。

四 西藏地方历史研究（吐蕃王朝建立至 13 世纪前）

（一）吐蕃政治史研究

在这一领域，林冠群《唐代吐蕃政权属性与政治文化研究》⑤《吐蕃王朝的分裂与灭亡》⑥、何峰《论吐蕃政治文明进程》⑦ 等文堪称重点论著。

关于吐蕃职官制度及人物研究是近年学界关注的热点问题之一。杨铭、索南才让《新疆米兰出土的一件古藏文告身考释》⑧，在将南疆米兰出土的一件古藏文文书与敦煌文书 P. T. 1071《狩猎伤人赔偿律》、藏文史籍《贤者喜宴》进行对比研究的基础上，考证吐蕃告身类文献是研究唐代吐蕃职官制度以及藏汉文化交流的重要资料。关于吐蕃职官管理制度的文章主要有林冠群《唐代吐蕃僧相官衔考》⑨《唐代吐蕃众相制度研究》⑩《吐蕃"尚""论"与"尚论"考释——吐蕃的社会身份分类与官僚集团的衔称》⑪，张廷清《吐蕃钵阐布考》⑫，朱悦梅《吐蕃职官管理制度之宗教因素考析》⑬《吐蕃中节度考》⑭《吐蕃东境（鄯）五道节度使研究》⑮，索南才让《吐蕃第

---

① 古格·其美多吉：《略论西藏地名的结构与特点》，《西藏大学学报》（社会科学版）2011 年第 3 期。

② 达瓦、阿贵：《论拉萨古地名中的美化历史地名现象》，《西藏大学学报》（社会科学版）2010 年第 2 期。

③ 贡波扎西：《藏族地名的文化意义初探》，《北方民族大学学报》（哲学社会科学版）2011 年第 1 期。

④ 张公钧：《西藏古桥解题名录》，《中国藏学》2012 年第 S1 期。

⑤ 林冠群：《唐代吐蕃政权属性与政治文化研究》，《中国藏学》2013 年第 S2 期。

⑥ 林冠群：《吐蕃王朝的分裂与灭亡》，《西北民族大学学报》（哲学社会科学版）2010 年第 4 期。

⑦ 何峰：《论吐蕃政治文明进程》，《中国藏学》2010 年第 3 期。

⑧ 杨铭、索南才让：《新疆米兰出土的一件古藏文告身考释》，《敦煌学辑刊》2012 年第 2 期。

⑨ 林冠群：《唐代吐蕃僧相官衔考》，《中国藏学》2014 年第 3 期。

⑩ 林冠群：《唐代吐蕃众相制度研究》，《中国藏学》2012 年第 1 期。

⑪ 林冠群：《吐蕃"尚""论"与"尚论"考释——吐蕃的社会身份分类与官僚集团的衔称》，《中央民族大学学报》（哲学社会科学版）2012 年第 6 期。

⑫ 张廷清：《吐蕃钵阐布考》，《历史研究》2011 年第 5 期。

⑬ 朱悦梅：《吐蕃职官管理制度之宗教因素考析》，《中南民族大学学报》（人文社会科学版）2013 年第 2 期。

⑭ 朱悦梅：《吐蕃中节度考》，《民族研究》2010 年第 3 期。

⑮ 朱悦梅：《吐蕃东境（鄯）五道节度使研究》，《中国边疆史地研究》2014 年第 1 期。

一位钵阐布娘·定埃增桑波》①，黄辛建、石硕《吐蕃宰相制度研究综述》②，旺多《古代汉文史籍中的吐蕃大臣名考》③，黄辛建《韦·悉诺逻恭禄获罪遗：吐蕃贵族论与尚的政治博弈》④，杨铭《有关吐蕃"九大尚论"的若干问题》⑤，杨学东《唐蕃会盟碑唐廷与盟官员名单补证》⑥ 等文。需要补充的是，有关吐蕃赞普研究，可重点参考安多·卡尔梅·桑丹坚参《吐蕃赞普赤达尔玛的统治及其后的简要历史》⑦，卡岗·扎西才让《根据敦煌文献谈止贡赞布称谓含义》⑧ 两篇文章。关于吐蕃小邦与氏族研究，可参阅林冠群《唐代吐蕃的氏族》⑨，杨铭《再论吐蕃小邦制的演变及其外来影响》⑩。

（二）吐蕃军事史研究

这一领域新作不断涌现，主要有陆离《敦煌文书 P. 3885 号中记载的有关唐朝与吐蕃战事研究》⑪、王小彬《藏军军旗问题研究》⑫、巴桑旺堆《一份新发现的敦煌古藏文吐蕃兵书残卷解读》⑬、扎西当知《噶尔世家对唐军事战略研究》⑭、刘力钢《吐蕃在唐蕃战争中的战略战术思想初探》⑮、冉永忠《有关〈册府元龟〉〈旧唐书〉中唐蕃战争的季节考析》⑯、杨永红《吐蕃军队作战的特点》⑰，以及贺冬《试析吐蕃军事制度形成

---

① 索南才让：《吐蕃第一位钵阐布娘·定埃增桑波》，《青海民族大学学报》（社会科学版）2012 年第 3 期。

② 黄辛建、石硕：《吐蕃宰相制度研究综述》，《民族学刊》2013 年第 1 期。

③ 旺多：《古代汉文史籍中的吐蕃大臣名考》，《西藏大学学报》（社会科学版）2010 年第 1 期。

④ 黄辛建：《韦·悉诺逻恭禄获罪遗：吐蕃贵族论与尚的政治博弈》，《西藏大学学报》（社会科学版）2012 年第 3 期。

⑤ 杨铭：《有关吐蕃"九大尚论"的若干问题》，《历史研究》2014 年第 1 期。

⑥ 杨学东：《唐蕃会盟碑唐廷与盟官员名单补证》，《西藏研究》2014 年第 1 期。

⑦ 安多·卡尔梅·桑丹坚参：《吐蕃赞普赤达尔玛的统治及其后的简要历史》，德康·索南曲杰（英译藏）、看召本（藏译汉），《西北民族大学学报》（哲学社会科学版）2011 年第 1 期。

⑧ 卡岗·扎西才让：《根据敦煌文献谈止贡赞布称谓含义》，《西藏研究》2012 年第 3 期。

⑨ 林冠群：《唐代吐蕃的氏族》，《中国藏学》2010 年第 2 期。

⑩ 杨铭《再论吐蕃小邦制的演变及其外来影响》，《青海民族研究》2012 年第 2 期。

⑪ 陆离：《敦煌文书 P. 3885 号中记载的有关唐朝与吐蕃战事研究》，《中国藏学》2012 年第 2 期。

⑫ 王小彬：《藏军军旗问题研究》，《中国藏学》2013 年第 2 期。

⑬ 巴桑旺堆：《一份新发现的敦煌古藏文吐蕃兵书残卷解读》，《中国藏学》2014 年第 3 期。

⑭ 扎西当知：《噶尔世家对唐军事战略研究》，《中国藏学》2010 年第 3 期。

⑮ 刘力钢：《吐蕃在唐蕃战争中的战略战术思想初探》，《青海民族大学学报》（社会科学版）2010 年第 2 期。

⑯ 冉永忠：《有关〈册府元龟〉〈旧唐书〉中唐蕃战争的季节考析》，《西藏民族学院学报》（哲学社会科学版）2010 年第 1 期。

⑰ 杨永红：《吐蕃军队作战的特点》，《西藏研究》2010 年第 6 期。

的原因》① 《唐代吐蕃军事制度研究》② 等文。次旦扎西、杨永红《吐蕃军队兵器简论》③，佘静芳《西藏古代兵器的制作及武艺发展》④ 等文章重点研究西藏古代兵器，次旦扎西、晋美《藏族古代军事行动中的宗教因素探讨》⑤，张廷清《吐蕃和平占领沙州城的宗教因素》⑥，吉俊洪、鲍栋《藏族军事领域中的宗教因素》⑦ 等学者还针对西藏古代军事领域的宗教因素开展尝试性的研究，这是较为新颖的研究路径。

（三）吐蕃统治河陇、西域地区研究

吐蕃在河陇地区施行军政合一的"节度使"制。关于唐代吐蕃东道节度使研究方面，陆离《〈大周沙州刺史李无亏墓志〉所记唐朝与吐蕃、突厥战事研究》一文，考证吐蕃青海道主要包括原十六国至唐前期吐谷浑汗国故地，青海道将军负责指挥吐蕃军队在青海、甘肃等地与唐朝作战。陆离还在《吐蕃河西北道节度使考——兼论吐蕃王国对河西北部地区的经略》⑧ 文中指出，吐蕃统治河陇西域时期，曾在河西走廊以北地区设立河西北道节度使（又称"东北道元帅"），负责进攻唐朝灵朔地区以及漠北回鹘汗国，并防御回鹘军队向河西走廊地区发动袭击。在吐蕃王朝灭亡后，河西走廊以北以及代北、幽燕、阴山等地区仍然有吐蕃部族活动，最后这些部族都融合到当地其他民族之中。黄维忠在《关于唐代吐蕃军事占领区建制的几个问题》⑨ 一文中认为，虽然吐蕃在军事占领区设置了"五道"，但是吐蕃极盛时期的疆域仅由吐蕃本土和"朵甘思"中道两部分构成。此外，宗喀益西丹佛《试论吐蕃治下河陇、西域地区的制度选择及其渊源》⑩，黎桐柏《简析吐蕃王朝边境后拓辖区的军政区划》⑪，王东、孙建军《河陇民族格局重构影响下的晚唐政府对吐蕃政策》⑫，刘治立《试论唐蕃在陇东的对峙》⑬ 等文，

---

① 贺冬：《试析吐蕃军事制度形成的原因》，《青海民族大学学报》（社会科学版）2012 年第 2 期。

② 贺冬：《唐代吐蕃军事制度研究》，《青藏高原论坛》2015 年第 2 期。

③ 次旦扎西、杨永红：《吐蕃军队兵器简论》，《西藏大学学报》（社会科学版）2010 年第 1 期。

④ 佘静芳：《西藏古代兵器的制作及武艺发展》，《西藏大学学报》（社会科学版）2010 年第 1 期。

⑤ 次旦扎西、晋美：《藏族古代军事行动中的宗教因素探讨》，《西藏研究》2010 年第 2 期。

⑥ 张廷清：《吐蕃和平占领沙州城的宗教因素》，《西南民族大学学报》（人文社会科学版）2010 年第 4 期。

⑦ 吉俊洪、鲍栋：《藏族军事领域中的宗教因素》，《西藏大学学报》2010 年第 3 期。

⑧ 陆离：《吐蕃河西北道节度使考——兼论吐蕃王国对河西北部地区的经略》，《中国藏学》2013 年第 S2 期。

⑨ 黄维忠：《关于唐代吐蕃军事占领区建制的几个问题》，《西北民族大学学报》（哲学社会科学版）2010 年第 4 期。

⑩ 宗喀益西丹佛：《试论吐蕃治下河陇、西域地区的制度选择及其渊源》，《青海民族大学学报》（社会科学版）2013 年第 3 期。

⑪ 黎桐柏：《简析吐蕃王朝边境后拓辖区的军政区划》，《西藏民族学院学报》（哲学社会科学版）2012 年第 4 期。

⑫ 王东、孙建军：《河陇民族格局重构影响下的晚唐政府对吐蕃政策》，《西北民族大学学报》（哲学社会科学版）2013 年第 1 期。

⑬ 刘治立：《试论唐蕃在陇东的对峙》，《青海民族大学学报》（社会科学版）2012 年第 4 期。

亦围绕此研究领域展开了较为深入的探讨。

吐蕃统治时期的敦煌属于瓜州节度使管辖之下，管理模式上变原有的县、乡、里制为部落制。陆离《吐蕃统治敦煌的监军、监使》①、陈继宏《吐蕃统治敦煌研究梳理与简评》②《吐蕃占领初期敦煌部落设置考》③ 等文，考证公元 786 年吐蕃占领敦煌后主要在当地推行"蕃名唐制"的统治制度，即在唐行政建制的基础上对世俗人口和宗教人口分而治之。王祥伟《吐蕃对敦煌寺院属民的管理考论》④《试论吐蕃政权对敦煌寺院经济的管制：敦煌世俗政权对佛教教团经济管理之一》⑤ 等文，他研究发现吐蕃统治敦煌时期在支持佛教发展的同时，还非常注重对寺院经济的快速发展进行有效的制约与管制。

（四）宋代唃厮啰研究

北宋初年，西北地区的吐蕃部族已基本结束族种分散的混乱局面，先后在河西、河湟两地建立政权，即"凉州六谷蕃部"（11 世纪初期至 1028 年）和"唃厮啰政权"（1008—1104 年），成为影响当地局势的重要力量。关于唃厮啰研究，陈庆英、白丽娜《论唃厮啰政权的兴起》⑥ 一文认为，唃厮啰政权的兴起与当时甘青地区吐蕃部族发展的历史、地域有较为密切的关系。他们还在《宋代西北吐蕃与甘州回鹘、辽朝、西夏的关系》⑦ 一文中指出，北宋时期，宋、辽、夏三国在西北地区展开了激烈的争夺，并导致这一地区民族关系综错复杂。西北吐蕃为其自身生存和发展，将"联宋抗夏"作为其基本的对外政策。在西夏建立后，辽朝视河湟吐蕃为同盟者，而甘州回鹘由于地理位置的相似性和利益的统一性，也始终保持与西北吐蕃的合作关系。刘兴亮《宋代西北吐蕃联姻问题探析》⑧ 亦提出相似观点。洲塔、樊秋丽《唃厮啰遗城"雍仲卡尔"考释》⑨ 一文，通过考察位于甘肃省甘南州夏河县境内的"雍仲卡尔"（汉文含义为"雍仲城"）遗址，并结合汉藏文献考证该城堡于 1028 年唃厮啰早期政权统治河湟时期所建，西夏政权退守河湟地区时曾长期据守此地。除军事防御功能之外，该城还是整个甘加地区的苯教文化中心。此外，关于唃厮啰家族的专题研究，已经完成的博士、硕士学位论文主要有齐德舜《唃厮啰家族世系史》⑩、魏玉贵《唃厮啰王朝与西夏关系考

---

①　陆离：《吐蕃统治敦煌的监军、监使》，《中国藏学》2010 年第 2 期。

②　陈继宏：《吐蕃统治敦煌研究梳理与简评》，《求索》2014 年第 12 期。

③　陈继宏：《吐蕃占领初期敦煌部落设置考》，《云南社会科学》2015 年第 5 期。

④　王祥伟：《吐蕃对敦煌寺院属民的管理考论》，《西藏研究》2012 年第 3 期。

⑤　王祥伟：《试论吐蕃政权对敦煌寺院经济的管制：敦煌世俗政权对佛教教团经济管理之一》，《敦煌学辑刊》2010 年第 3 期。

⑥　陈庆英、白丽娜：《论唃厮啰政权的兴起》，《青海民族大学学报》（社会科学版）2013 年第 2 期。

⑦　陈庆英、白丽娜：《宋代西北吐蕃与甘州回鹘、辽朝、西夏的关系》，《西藏研究》2013 年第 5 期。

⑧　刘兴亮：《宋代西北吐蕃联姻问题探析》，《西藏大学学报》（社会科学版）2010 年第 2 期。

⑨　洲塔、樊秋丽：《唃厮啰遗城"雍仲卡尔"考释》，《中国藏学》2010 年第 1 期。

⑩　齐德舜：《唃厮啰家族世系史》，博士学位论文，兰州大学，2010 年。

述》①。此外，此专题具有代表性的论文主要有齐德舜《论少数民族家族史研究中的史料问题——以唃厮啰家族研究的个案为例》②《〈宋史·董毡传〉笺证》③《〈宋史·唃厮啰传〉笺证》④ 等文章。张向耀《宋代藏族政权唃厮啰研究综述（1980—2015）》⑤ 总结了自 1980 年以来学界有关宋代藏族政权唃厮啰的研究成果。

（五）吐蕃与本土及周边国家民族地区关系史研究

在汉藏关系研究方面，张云《唐蕃之间的书函往来、对话与沟通》⑥《唐朝中原汉人徙居吐蕃地区考》⑦ 两文为代表性成果，此外还有陈松、黄辛建《唐与吐蕃首次遣使互访史实考略》⑧，邹廷波《试析墀都松赞普时期的唐蕃关系》⑨，丁柏峰《几首唐诗所反映的唐、吐谷浑、吐蕃之间的战和关系》⑩，龚剑、李永开《从藏族冷兵器看汉藏关系》⑪ 等相关文章。

近年来发表的有关吐蕃与邻近国家和地区的关系史研究成果值得学界关注。例如，许渊钦《试从伏藏文献解读哲孟雄的起源于特征》⑫、赵萍《尼泊尔与我国西藏早期关系初探》⑬、董莉英《中国西藏与缅甸关系》⑭ 等文。此外，受近现代西藏历史研究的影响，学界有关吐蕃与本土土著民族的关系史研究的成果日益增多。例如，巴桑罗布《吐蕃赞普后裔在门隅的繁衍与承袭》⑮，吕昭义、杨永平《达旺历史归属论》⑯，达瓦次仁《门隅早期历史——吐蕃对门隅地区的治理》⑰，李旺旺《浅谈门隅与西藏的历史关系》⑱ 等文，均详细论述了我国西藏地方政府对门隅地区统辖与管理的史实。而贡波

---

① 魏玉贵：《唃厮啰王朝与西夏关系考述》，硕士学位论文，陕西师范大学，2014 年。

② 齐德舜：《论少数民族家族史研究中的史料问题——以唃厮啰家族研究的个案为例》，《西北民族大学学报》（哲学社会科学版）2011 年第 3 期。

③ 齐德舜：《〈宋史·董毡传〉笺证》，《西藏研究》2014 年第 3 期。

④ 齐德舜：《〈宋史·唃厮啰传〉笺证》，《西藏研究》2015 年第 3 期。

⑤ 张向耀：《宋代藏族政权唃厮啰研究综述（1980—2015）》，《河北北方学院学报》（社会科学版）2015 年第 3 期。

⑥ 张云：《唐蕃之间的书函往来、对话与沟通》，《中国藏学》2011 年第 S1 期。

⑦ 张云：《唐朝中原汉人徙居吐蕃地区考》，《中国藏学》2013 年第 S2 期。

⑧ 陈松、黄辛建：《唐与吐蕃首次遣使互访史实考略》，《西南民族大学学报》（人文社会科学版）2012 年第 4 期。

⑨ 邹廷波：《试析墀都松赞普时期的唐蕃关系》，《西藏民族学院学报》2011 年第 6 期。

⑩ 丁柏峰：《几首唐诗所反映的唐、吐谷浑、吐蕃之间的战和关系》，《中国土族》2012 年第 2 期。

⑪ 龚剑、李永开：《从藏族冷兵器看汉藏关系》，《中国藏学》2013 年第 S1 期。

⑫ 许渊钦：《试从伏藏文献解读哲孟雄的起源于特征》，《中国藏学》2013 年第 4 期。

⑬ 赵萍：《尼泊尔与我国西藏早期关系初探》，《西藏研究》2010 年第 1 期。

⑭ 董莉英：《中国西藏与缅甸关系》，《中国藏学》2013 年第 4 期。

⑮ 巴桑罗布：《吐蕃赞普后裔在门隅的繁衍与承袭》，《中国藏学》2012 年第 1 期。

⑯ 吕昭义、杨永平：《达旺历史归属论》，《中国边疆史地研究》2011 年第 1 期。

⑰ 达瓦次仁：《门隅早期历史——吐蕃对门隅地区的治理》，《中国藏学》2013 年第 3 期。

⑱ 李旺旺：《浅谈门隅与西藏的历史关系》，《西藏民族学院学报》（哲学社会科学版）2014 年第 3 期。

扎西《中尼边境夏尔巴人和四川松潘夏尔巴人的民俗学对比研究》①，王丽莺、杨浣、马升林《夏尔巴人族源问题再探》② 等文，则对以夏尔巴人为代表的跨境民族进行了研究与探讨。

关于吐蕃与东南民族关系史研究，赵心愚《从 P. T. 1287 卷赤德祖赞传记看南诏与吐蕃关系的变化》③《南诏吐蕃联盟关系走向破裂的记录——赵昌泰状的研究》④，巴桑旺堆《丽江格子吐蕃墓碑补考》⑤，沈乾芳《吐蕃与南诏的和战及影响》⑥ 等论文均进行了详细阐述。

关于吐蕃与西北民族关系史研究，周伟洲在《中国中世西北民族关系研究》⑦ 一书中强调，唐代西北民族的融合有三个趋势：汉化、吐蕃化、回鹘化，其中以汉化为主，而吐蕃化、回鹘化也很突出。杨铭撰写《唐代吐蕃与西北民族关系史研究》⑧ 一书，并发表《试论唐代西北诸族的"吐蕃化"及其历史影响》⑨ 一文，他在早年学术界提出的河陇汉民族"吐蕃化"的命题及取得的成果的基础上，从吐蕃统治西北诸族的制度及其特点入手，分析了西北诸族"吐蕃化"的进程，揭示这一结果对唐代吐蕃族源多样性以及藏族形成的影响。

在宗教文化交流方面，关于西藏苯教与中原道教关系研究，同美、益西娜姆《西藏本教与道教关系研究——以东巴辛饶与老子关系考辨为例》⑩ 利用藏汉文献考证苯教祖师辛饶弥沃与道教老子之间的关系，认为辛饶弥沃与老子并非同一宗教历史人物，而苯教文献记载的汉族苯教徒勒当芒波应与老子有密切关系。此外，同美《论汉文化对西藏本教的影响——以〈纳萨依杰〉、〈依杰〉、〈三界调合真经〉、〈嘉纳噶杜〉为例》⑪ 一文，通过研究史称译自汉文的四部苯教古文献的内容特点，发现古代藏、汉两民族在阴阳五行、九宫八卦、十二生肖等方面具有广泛而深入的交流，西藏苯教曾经受到汉文化的影响。他认为其深层原因主要源于自然地理因素和宗教文化交流的因素。此外，在西藏苯教与纳西族东巴文化关系研究方面，同美《西藏本教文化与纳西东巴文化的比

---

① 贡波扎西：《中尼边境夏尔巴人和四川松潘夏尔巴人的民俗学对比研究》，《西藏研究》2011年第 4 期。

② 王丽莺、杨浣、马升林：《夏尔巴人族源问题再探》，《四川民族学院学报》2012 年第 3 期。

③ 赵心愚：《从 P. T. 1287 卷赤德祖赞传记看南诏与吐蕃关系的变化》，《西藏大学学报》（社会科学版）2013 年第 1 期。

④ 赵心愚：《南诏吐蕃联盟关系走向破裂的记录——赵昌泰状的研究》，《西南民族大学学报》（人文社会科学版）2010 年第 10 期。

⑤ 巴桑旺堆：《丽江格子吐蕃墓碑补考》，《西藏研究》2014 年第 1 期。

⑥ 沈乾芳：《吐蕃与南诏的和战及影响》，《曲靖师范学院学报》2014 年第 2 期。

⑦ 周伟洲：《中国中世西北民族关系研究》，西北大学出版社 1992 年版。

⑧ 杨铭：《唐代吐蕃与西北民族关系史研究》，兰州大学出版社 2012 年版。

⑨ 杨铭：《试论唐代西北诸族的"吐蕃化"及其历史影响》，《民族研究》2010 年第 4 期。

⑩ 同美、益西娜姆：《西藏本教与道教关系研究——以东巴辛饶与老子关系考辨为例》，《宗教学研究》2014 年第 4 期。

⑪ 同美：《论汉文化对西藏本教的影响——以〈纳萨依杰〉、〈依杰〉、〈三界调合真经〉、〈嘉纳噶杜〉为例》，《西南民族大学学报》（人文社会科学版）2010 年第 6 期。

较研究——以〈十三札拉神〉中的"威玛"与〈东巴文化真籍〉中的"尤玛"为例》①一文认为，纳西东巴文化中的尤玛神与西藏苯教文化中的威玛神是同一个神系，这充分表明纳西东巴文化与西藏苯教文化之间存在互识互证与互补研究的必要性。关于印度佛教传入吐蕃及藏传佛教形成之研究，沈卫荣在《汉藏佛教研究管窥》②一文中强调当今世界佛学研究以印藏佛学研究为主流，这是因为对藏传佛教的研究可以被用来复原、重构已经失落了的印度佛教传统。有关印度佛教传入吐蕃后对吐蕃社会产生的重要影响，可以参考郑堆《阿底峡在西藏传法历史考》③，孙林《印度宗派对西藏的影响》④，罗桑开珠《论佛教对吐蕃社会文化的影响》⑤《吐蕃佛教的社会地位研究》⑥，旺多《外来僧人对吐蕃佛教及佛经翻译方面的贡献》⑦，姜芃《藏传佛教与印度佛教》⑧，欧东明《印度佛教与藏传佛教源流关系略述》⑨。关于印度佛教传入西藏的路径，可参考张云、张钦《唐代内地经吐蕃道与印度的佛教文化交流》⑩、扎西龙主《"来藏印僧"及其入藏进程分期与特点》⑪、刘洁《试论竹夏在佛教东传过程中的重要作用》⑫等文。

在经济贸易交流方面，近年学界侧重研究西藏在丝绸之路上的重要地位，历史上汉、藏以及西域各民族之间以茶叶、丝绸为主要商品的经济贸易交流活动。崔明德在《再谈"青藏高原丝绸之路"的开辟及拓展》⑬一文中提出，在中国古代历史上，除了陆上丝绸之路、草原丝绸之路和海上丝绸之路外，还有一条自长安经吐谷浑到吐蕃、经尼泊尔到达印度并由此通往欧洲的第四条丝绸之路，即"青藏高原丝绸之路"。石硕、罗宏《高原丝路：吐蕃"重汉缯"之俗与丝绸使用》⑭一文指出，自公元7—9世纪唐地丝绸大量输入吐蕃之后，吐蕃形成"重汉缯"的社会风气。吐蕃丝绸使用的象征意义远大于实用价值，尤其是在吐蕃中后期，丝绸与佛教信仰结合，成为体现佛、法、僧之崇高地位和表达敬仰的特殊礼仪品，也被用作祭祀神灵之物。此外，丝绸还作为酬金、借贷和利息等进入商品交换领域。这些都奠定了后来藏地丝绸使用的基本路径。关

---

① 同美：《西藏苯教文化与纳西东巴文化的比较研究——以〈十三札拉神〉中的"威玛"与〈东巴文化真籍〉中的"尤玛"为例》，《民族学刊》2013 年第 2 期。

② 沈卫荣：《汉藏佛教研究管窥》，《法音》2010 年第 3 期。

③ 郑堆：《阿底峡在西藏传法历史考》，《西藏大学学报》（社会科学版）2010 年第 1 期。

④ 孙林：《印度宗派对西藏的影响》，《宗教学研究》2010 年第 2 期。

⑤ 罗桑开珠：《论佛教对吐蕃社会文化的影响》，《西北民族大学学报》（哲学社会科学版）2010 年第 5 期。

⑥ 罗桑开珠：《吐蕃佛教的社会地位研究》，《中央民族大学学报》（哲学社会科学版）2010 年第 2 期。

⑦ 旺多：《外来僧人对吐蕃佛教及佛经翻译方面的贡献》，《西藏研究》2010 年第 1 期。

⑧ 姜芃：《藏传佛教与印度佛教》，《山东社会科学》2013 年第 1 期。

⑨ 欧东明：《印度佛教与藏传佛教源流关系略述》，《南亚研究季刊》2015 年第 1 期。

⑩ 张云、张钦：《唐代内地经吐蕃道与印度的佛教文化交流》，《西藏民族学院学报》（哲学社会科学版）2013 年第 1 期。

⑪ 扎西龙主：《"来藏印僧"及其入藏进程分期与特点》，《宗教学研究》2014 年第 1 期。

⑫ 刘洁：《试论竹夏在佛教东传过程中的重要作用》，《湖南科技学院学报》2015 年第 2 期。

⑬ 崔明德：《再谈"青藏高原丝绸之路"的开辟及拓展》，《烟台大学学报》（哲学社会科学版）2014 年第 5 期。

⑭ 石硕、罗宏：《高原丝路：吐蕃"重汉缯"之俗与丝绸使用》，《民族研究》2015 年第 1 期。

于茶叶，石硕、罗宏《关于茶叶传入吐蕃的几个问题》①，罗宏《茶叶初传时期吐蕃人对茶的认识及利用》② 等文，在针对茶叶传入吐蕃的时间、传播渠道、使用人群等问题进行探讨的基础上，揭示茶叶作为一种经济、政治和文化的纽带，在联系汉、藏两大文明之间所具有的重要作用及深远的历史意义。此外，王晓燕《历史上官营茶马贸易对汉藏关系的影响》③，何双全、谢晓燕《唐、宋时期甘肃茶马古道互市与茶马古道》④，陈武强、才旺贡布《宋代茶马互市的法律规则》⑤，王丽萍、秦树才《论历史上滇藏茶马古道文化交融及其发展途径》⑥ 等文，从不同角度对上述问题展开研究。

五 元代西藏历史研究

从元朝起，西藏正式成为中央政府管辖下的一个行政区，元代西藏历史研究在中国边疆研究中占有重要的地位。近年来，代表性的专著为张云《元朝中央政府治藏制度研究》⑦，该书利用汉藏文资料，并充分吸收国内外学术界的研究成果，对元朝管理西藏的各项制度和政策进行了较为系统而深入的研究。该书认为元朝是西藏地方历史发展中的重要一段，也是中央与西藏地方关系史中的一个新纪元，在中华民族形成史上具有重要的地位。相关论文主要集中在以下个四个领域。

（一）中央政府与西藏地方关系

在元代中央与西藏地方关系研究方面，有学者根据谭其骧相关边疆与民族论断，分别从地理学、考古学、人种学和民族学等几个方面论述，认为"西藏自元代纳入中国版图后才成为中国的一部分"的说法是不符合历史事实的，而"西藏自古以来就是中国的一部分"⑧。在朝贡体系研究方面，有学者认为元代西藏地方通过朝贡，中央通过赏赐，既加强了双方的政治联系，也加强了西藏与内地的经济、文化交流。⑨

在元朝治藏机构研究方面，学术界对元代吐蕃等处宣慰司和都元帅府机构的设置进行了深入研究。武沐认为，元代吐蕃等处宣慰司与都元帅府两大系统都兼有一定的军政管理职能，也都管辖着相应的行政与军事机构，只是吐蕃等处宣慰司更侧重于行政管

---

① 石硕、罗宏：《关于茶叶传入吐蕃的几个问题》，《青海民族研究》2013 年第 4 期。

② 罗宏：《茶叶初传时期吐蕃人对茶的认识及利用》，《西藏研究》2013 年第 2 期。

③ 王晓燕：《历史上官营茶马贸易对汉藏关系的影响》，《青海民族研究》2010 年第 1 期。

④ 何双全、谢晓燕：《唐、宋时期甘肃茶马古道互市与茶马古道》，《丝绸之路》2010 年第 18 期。

⑤ 陈武强、才旺贡布：《宋代茶马互市的法律规则》，《西藏大学学报》（社会科学版）2012 年第 1 期。

⑥ 王丽萍、秦树才：《论历史上滇藏茶马古道文化交融及其发展途径》，《学术研究》2010 年第 4 期。

⑦ 张云：《元朝中央政府治藏制度研究》，黑龙江教育出版社 2013 年版。

⑧ 罗广武：《为什么说"西藏自古以来就是中国的一部分"》，《西藏民族学院学报》2010 年第 6 期。

⑨ 张向耀：《略述明代以前藏族对中原王朝的朝贡交流》，《四川民族学院学报》2011 年第 2 期。

理，而都元帅府则偏重于军事防务。① 也有学者认为，元朝统一全国后，为全面管理西藏政教事务，采取了诸多施政措施，为维护中央政府对西藏地方的主权起到了积极有效的作用，元中央政府通过推行帝师制度、设立中央机构宣政院和地方行政组织万户，稳固建立对西藏地方的统辖，对维护多民族国家的统一和稳定起到了重要的作用。②

十三万户是元朝中央政府为加强对西藏地区的有效管理而在乌思藏地区设置的一级行政机构。近几年来相关研究新成果很少。有学者认为，国内外学者在此领域的研究已形成了一个基本框架，对十三万户的数量、具体构成、性质、辖区、府治、建立时间等问题的研究达到一定的高度，但从历史文化地理角度进行研究的论著却不多见，所以从这一角度分析十三万户府的空间分布、探讨其与地理区位要素之间的内在联系有重要意义。③

（二）重要历史人物研究

元代高僧与政治人物依然是西藏研究的重要领域。王尧对元代的萨班·贡噶坚赞和当代的阿沛·阿旺晋美从时代精神和历史业绩进行了对比研究，认为两位历史伟人所处的时代和平生的经历纵有不同，但他们敢于在历史的关头以不凡的政治远见和智慧引领西藏人民积极投入国家统一、时代进步的大潮之中，堪称西藏历史进程中一先一后、遥相辉映的两座丰碑。④

有学者认为，时代造就历史人物，历史人物反过来又影响时代的发展，藏族高僧八思巴是大元帝国造就的时代英雄，英雄出世是应时代之需以及众多因素共同起作用的结果。⑤ 有学者认为，河西地区临近青藏高原，也是吐蕃高僧前往中原地区的必经通道，生活在河西地区的畏兀儿人最先接触吐蕃高僧，同时，大批畏兀儿人陆续迁入中原地区，在元朝享有较高的政治地位，成为辅佐元朝一支主要的政治力量。这一批文化素养较高且受到蒙古统治者信赖的畏兀儿知识分子学习藏语，以充当皇室贵族与帝师之间的翻译，此后，许多畏兀儿佛教徒师从吐蕃高僧修习喇嘛教，成为信仰与弘传藏传佛教而闻名的高僧大德。⑥

通过汉文、蒙文和波斯文文献研究蒙古祖先世系具有很高的学术价值。陈得芝《藏文史籍中的蒙古祖先世系札记》分析并列表显示藏文文献有关蒙古祖先世系表与波斯文献《史集》基本相同的特点，进而探析其文献来源，指出了藏文文献对阅读理解元代贵族人名的含义，纠正了《元史·诸王表》人名误失。⑦

---

① 武沐：《元代吐蕃等处宣慰司与都元帅府的机构设置》，《青海民族研究》2012 年第 3 期。

② 次旦扎西、顿拉：《略述元中央政府管理西藏宗教事务的基本经验》，《西藏大学学报》2014 年第 4 期。

③ 叶小琴：《元代乌思藏十三万户府空间分布与环境关系探讨》，《牡丹江师范学院学报》2012 年第 1 期。

④ 王尧：《西藏历史进程中的两座丰碑——萨班·贡噶坚赞与阿沛·阿旺晋美合论》，《中国藏学》2011 年第 3 期。

⑤ 余光会：《试论八思巴步入历史的原因》，《四川民族学院学报》2012 年第 4 期。

⑥ 王红梅：《元代吐蕃高僧与畏兀儿的关系述论》，《西部蒙古论坛》2012 年第 2 期。

⑦ 陈得芝：《藏文史籍中的蒙古祖先世系札记》，《中国藏学》2014 年第 4 期。

（三）藏传佛教事务管理研究

牛绿花认为，对藏传佛教宗教事务的不断规制和调整就成为元以来历朝对藏政治策略运作的首要任务，鉴于这种重要性，元明两朝中央政权对藏传佛教宗教事务进行了一系列的政策实施和立法调整，主要包括册封宗教首领、礼遇喇嘛，设置中央和地方专门管理机构，扶持建立地方政教合一政权等方面的立法。这些政策法规的实施不断强化了统一国家主权、保持了藏区社会稳定、促进了藏区经济相对发展，在当今复杂的国内外形势下，对国家如何管理藏传佛教宗教事务和藏传佛教如何谋求自身发展有着重要借鉴意义。① 李文萍等人则认为，元朝统治者倚重萨迦派管理西藏地方事务，成为其管理和治理西藏的策略之一，元朝中央为应对中亚蒙古宗王的反叛以及萨迦派与元王室的联姻等是影响元统治者采取这一政策的重要因素。② 杨周相认为，元代藏传佛教空前发展，从元朝开始，西藏进入了一个长期统一的教派执政时期，这一时期开始逐渐放大的藏民族宗教心理，在封建专制时期确实起到了维护国家统一和发展地区经济的作用，但其也使后来的藏民族因固守神佛意识而排斥现代化潮流。③ 关于元代对西藏的宗教管理的不足之处，陈杉等人认为，元代实行兼容并包的开放宗教政策，针对诸种宗教之特点形成了独特的宗教管理体制，元代的宗教政策和管理体制，既有成功的一面，也有不少失败之处，深刻地影响了元代的政治、经济和文化的发展，对当代宗教政策的制定和宗教管理制度的完善，也具有重要的借鉴意义。④

（四）社会管理研究

元代西藏灾害频发，对社会经济造成严重影响。罗睿《论元代中央政府对藏区赈济》⑤ 一文对元代中央政权为了维护藏区的稳定，保证灾荒年份平安度过，元代中央政府采取了钱赈、粮赈、蠲免等许多赈济措施进行了研究。该文认为元朝中央政府根据施政重点的不同，在特定年份对特定部门加以赈济，通过对赈济措施和事件的研究，可以阐述元代中央政府对藏区赈济的时代特色及其意义。

张洁《西藏元代驿站设置内因探析》⑥ 一文认为，元代始西藏归属中央政权，成为祖国领土不可分割的一部分，元在西藏设置的驿站产生了巨大的现实意义和历史意义，影响深远。驿站设置是元在西藏建立统治政权的一个标志，也沟通了西藏地区与其他地区在政治、经济、文化等方面的联系，更深刻地说明了西藏是祖国领土不可分割的一部分。该文将论述元代在西藏建立驿站制度的背景原因中的内部因素，以求为元代西藏驿

① 牛绿花：《元明两朝对藏传佛教宗教事务的法律调整及其历史启示》，《青海社会科学》2010年第 4 期。

② 李文萍、张付新：《元朝统治者信奉藏传佛教倚重萨迦派的原因探析》，《西藏大学学报》（社会科学版）2015 年第 1 期。

③ 杨周相：《蒙元时期藏民族宗教文化心理研究》，《人民论坛》2012 年第 29 期。

④ 陈杉、刘康乐：《试论元代的宗教政策与宗教管理体制》，《西南民族大学学报》（人文社会科学版）2011 年第 5 期。

⑤ 罗睿：《论元代中央政府对藏区赈济》，《西藏民族学院学报》2013 年第 2 期。

⑥ 张洁：《西藏元代驿站设置内因探析》，《城市地理》2015 年第 8 期。

站的设置增加说服力。何一民、赖小路《吐蕃元明时期西藏城市的兴衰》① 一文认为，吐蕃王朝时期西藏城市完成了从堡寨向城市过渡，其标志之一就是拉萨城市的建立和功能的不断完善，成为西藏的政治、军事、宗教和经济中心。吐蕃后期西藏出现分裂，导致拉萨等城市衰落，但也促进了日喀则等城市的兴起。元代将西藏纳入中国中央政府的统一管辖之下，由此对西藏城市产生了巨大影响。明代进一步加强西藏与中国内地政治、经济、文化的联系，促进了西藏与内地交通沿线一批中小城镇的兴起。还有学者对元代西藏科技做了探讨，认为汉藏文化交流源远流长，史不绝书，元代借一统之势，凭帝师之优，汉藏文化得以深入沟通。科教是文化交流的重要途径，元代汉藏科教领域的合作和交流成果显著。②

六 明代西藏历史研究

2010—2015 年，我国学术界有关明代西藏历史研究的成果主要反映在以下四个领域。

（一）治藏政策与西藏主权归属研究

刘永文、韩殿栋、李军《明代进藏人员论析》③ 一文认为，明代对以乌思藏为主的广大藏族地区采取"广行招谕""多封众建"的政策，有的被封者经常派使者朝贡，有的被封者长期居住在京城，这些活动使藏传佛教扩大了影响，加强了广大藏区与中央政府的联系。在"广行招谕""多封众建"的过程中，明朝中央政府以各种方式派出进藏人员。这些政府官员、宦官、内地僧人、驻京藏僧、藏区首领或宣布诏谕，或延请宗教领袖，或平定动乱，或设置驿站。这些从实际出发的治藏方略能充分反映出当时中央王朝的主权意识。

罗炤《明朝在西藏的主权地位》④ 一文认为，元、明、清三朝在西藏的主权地位具有连续性，明朝在西藏的主权地位继承自元朝，清朝同样继承明朝在西藏的主权。明太祖朱元璋在开国之初，即明确宣示西藏在明朝的"幅员之内"，按照政教分离的原则处置西藏事务，敕封众多西藏首领。永乐皇帝全面继承并大大发展了朱元璋的治藏方略，其诸多创制，奠定了明朝治理西藏的制度性架构，确保了明朝中央政府与西藏地方关系的稳定发展。明朝治理西藏的原则与方式，和元朝相比有很大改变，属于政治理念与治理方式的调整，从未损及主权地位。明代的西藏首领分立、自治的政治架构，与当时云、贵、川、桂等西南少数民族地区的体制基本上是一致的。马啸《明清西北治边政

---

① 何一民、赖小路：《吐蕃元明时期西藏城市的兴衰》，《甘肃社会科学》2013 年第 2 期。

② 贾华、央珍：《元代汉藏科教文化交流》，《青海师范大学民族师范学院学报》2014 年第 1 期。

③ 刘永文、韩殿栋、李军：《明代进藏人员论析》，《西藏大学学报》（社会科学版）2010 年第 1 期。

④ 罗炤：《明朝在西藏的主权地位》，《中国藏学》2011 年第 3 期。

策之比较研究——以 14—18 世纪中央政府与蒙藏民族政治互动为线索》① 一文认为，明朝与清乾隆中期以前，西北边疆问题主要是蒙、藏民族问题。两朝统治者都十分重视对西北蒙藏民族的治理，但由于国力背景、所面临的周边环境及治边思维不同，明、清施行的具体治理之策也存在着较大的差异。该文对西北地区在明清时期的战略地位、明清中央王朝治理蒙藏的措施及治理效果等进行了多角度的比照与考察，认为清朝前期对西北的治边政策比明朝更成熟、更有效。

喜富裕《论明宪宗成化年间对西番朝贡政策的规范调整》② 一文认为，明宪宗成化年间对西番朝贡政策的规范调整是明代历史上的重要事件。由于朝贡政策历经百年，其呈现的问题日渐增多，明宪宗从"冒贡"违制入手，通过定贡期、定人数、定贡道，加大对当地官员随意遣送的惩治，减少对西番僧人的供俸赏赐等措施，使朝贡政策在一定程度上理顺了关系，明确了责任，扭转了"冒贡"违制的局面。从实施效果来看，其采取的措施是及时的和符合当时实际的，成效也是比较显著的。喜富裕《试论明成祖时期宦官出使乌思藏的活动》③ 一文认为，明成祖时期，宦官在国家的政治外交生活中占有重要的地位，以侯显为首的一大批宦官被派遣到乌思藏充当使者，迎请三大法王和五王，实施分封赏赐。宦官之所以担当重任，既有在"靖难之役"中的杰出贡献，又有明成祖坚持"防蒙抚藏"国策及寻访建文帝下落的原因。宦官的出使活动，对于促进乌思藏与内地经济文化交流、加强明政府对地此的管理等方面起了重要作用，但也由此而引发的明成祖信仰藏传佛教、重用宦官，明中后期乌思藏僧俗首领进京泛滥，宦官干政擅权等问题。

（二）僧官与土司研究

张治东《明代藏区僧官制度探究》④ 一文认为，僧官制度尽管由此给明王朝带来一些不良的后果，但是僧官制度对促进西藏地方与中央关系的和谐、维护地方和平和民族团结，起到积极的作用。但武沐、王素英：《明代藏族僧官不属于土官考》⑤ 一文认为，"僧职土官"或"僧职土司"是 20 世纪末提出的概念，此后"僧职土官"或"僧职土司"的称谓被广泛使用。通过对明代藏族僧官与土官体系、运行机制、职能等方面的分析，阐述僧官和土官为两个不同的概念，二者隶属于不同的体系，享有不同的权力，担负不同的责任，具有不同的机构建置，虽然在某些方面具有兼顾性，但是这不能说明僧官就是土官。僧官和土官是两个不容混淆的实体概念。僧职土官是一个不存在的实体称谓。

在明代藏区土司研究方面，贾霄锋《试论明清时期藏族土司地区的社会管理体

①　马啸：《明清西北治边政策之比较研究——以 14—18 世纪中央政府与蒙藏民族政治互动为线索》，《青海民族大学学报》2012 年第 2 期。

②　喜富裕：《论明宪宗成化年间对西番朝贡政策的规范调整》，《西藏研究》2013 年第 6 期。

③　喜富裕：《试论明成祖时期宦官出使乌思藏的活动》，《西藏研究》2015 年第 6 期。

④　张治东：《明代藏区僧官制度探究》，《西藏民族学院学报》2011 年第 1 期。

⑤　武沐、王素英：《明代藏族僧官不属于土官考》，《中南民族大学学报》（人文社会科学版）2014 年第 1 期。

系》① 一文认为，中央政府在部落组织架构基础上建构了一种"土流参治"与"政教合一"的社会管理组织架构，并认为在这种社会管理组织架构中，明清时期中央王朝通过"以政代社"方式在藏族土司地区完成社会管理，成为藏族社会管理的重要管理主体。

（三）茶马贸易研究

敏政《从明代汉藏间的茶马互市看明代的治藏政策》② 一文从明代汉藏间的茶马互市看明代的治藏政策，主要探讨明代"以茶驭蕃"的治藏政策，并分析了汉藏茶马互市在治藏方面所起的作用，并认为汉藏茶马互市制度的实施，是明代有效统治藏区的关键。历代汉藏两地之间单纯互补的经济贸易活动，到明代承载了更多的政治功能，从而达到了良好的治藏效果。何文华《论明代治藏之"以茶驭蕃"政策》③ 一文认为，明代"以茶驭蕃"政策在一定程度有利于维护中央王朝对西藏的控制，但该政策的制定和实施也存在诸多缺失。首先，该政策是明代统治者根据"华夷有别"的不平等民族观念制定，旨在"以夷制夷"，很难真正实现民族团结。其次，"以茶驭蕃"是明代专制官僚政体和商品经济的畸形结合，政府垄断汉藏"茶马互市"且维持着"茶贵马贱"的不等价交换，既破坏客观经济规律，也导致权力滥用。最后，明朝在朝贡往来中赐予藏区宗教首领食茶和允许其购茶返藏，出发点是笼络藏民心，但由于朝贡受益对象和因"以茶驭蕃"而受压迫的对象不同，最终加重了后者负担。

此外，李晓英、牛海桢《明至清初青藏高原手工业发展研究——以朝贡物品为中心》④ 对明代至清初青藏高原地区的手工业发展概况进行了研究，认为由于受自然环境及生产力发展水平的限制，青藏高原地区的手工业生产一直落后于中原地区。但是在长久的历史发展过程中，在与以汉民族为主体的其他周边民族的经济文化交往过程中，明至清初时期，青藏高原地区的手工业生产也有了长足的发展，其不仅继续保持着浓郁的地方特色，而且手工业品的制作工艺也渐趋发展成熟。

（四）蒙藏关系研究

沙勇《明中后期洮岷地区汉、藏、回民族互动关系研究》⑤ 一文对洮岷地区汉、藏、回民族互动关系进行了研究，认为该地自古是内地进入藏区的门户，其战略位置的重要性决定了历代王朝都非常重视对这一区域的经营，明朝也不例外，自建立初期就着力加强对该地区的控制和管理。随着明初大批汉、回移民迁入，他们与当地土著藏族相互协作，相互依存，共同开发洮岷地区。到明中后期，居于这一区域的汉、藏、回三个主要民族在社会生活和文化交流等方面相互影响，共同发展，形成了互惠共生的良性互动关系。

---

① 贾霄锋：《试论明清时期藏族土司地区的社会管理体系》，《青海民族研究》2014 年第 2 期。

② 敏政：《从明代汉藏间的茶马互市看明代的治藏政策》，《青海民族研究》2011 年第 2 期。

③ 何文华：《论明代治藏之"以茶驭蕃"政策》，《贵州民族研究》2013 年第 6 期。

④ 李晓英、牛海桢：《明至清初青藏高原手工业发展研究——以朝贡物品为中心》，《西藏大学学报》2015 年第 1 期。

⑤ 沙勇：《明中后期洮岷地区汉、藏、回民族互动关系研究》，《回族研究》2012 年第 4 期。

张发贤《论固始汗进军西藏之谋略》① 一文认为，固始汗是我国明末清初功标青史的少数民族领袖，是清代藏族史不可不提的风云人物，此人老成谋国，明见万里，具有娴熟的政治手腕和卓越的军事才能。该文通过明末清初固始汗率军进藏的一系列历史事件探析其文韬武略。

宝音德力根《1631—1634 年出兵西藏之喀尔喀阿海岱青身世及其事迹》② 一文，利用《清内阁蒙古堂档》等史料考证了《五世达赖喇嘛自传》所载喀尔喀阿海岱青之身世及其在青藏地区的主要事迹，认为阿海岱青家族在喀尔喀右翼中最早皈依格鲁派，是格鲁派忠实信徒。1631 年，阿海岱青格鲁派之邀，率千人赴藏，与噶玛噶举派及其支持者藏巴汗为敌，多次与藏巴汗属民霍尔人作战。他还介入格鲁派内部利益之争，帮助五世达赖喇嘛收回了对大昭寺的管理权。屡遭打击的噶玛噶举派和藏巴汗只得效仿格鲁派做法，邀自己的施主喀尔喀左翼绰克图举洪台吉入藏。

七　清代西藏历史研究

2010—2015 年，我国学术界有关清代西藏研究的成果数量多、领域广，而且学术论文数量远远超过元、明时期西藏历史的研究。这与清代留下数量较多的档案与史料、清史研究的兴盛、与现实的关联度等因素有关。

（一）多部学术专著出版

一是赵云田《清代西藏史研究》③ 一书从政治、宗教、社会、改革等多方面探讨了清代西藏的历史，内容涉及清代西藏的管理机构、清代的藏传佛教政策、清代西藏的封爵、清末西藏新政、清代西藏的民族政策、金瓶掣签制度等诸多领域。该书在学术上具有创新价值，对百年来的清代西藏史研究进行了较为全面的梳理。二是曾国庆、黄维忠编著《清代藏族历史》④，分十二章，主要内容包括清初中央政府与藏区的政治关系及其对藏传佛教的政策、清朝中央政府治藏机构及制度等。三是李凤珍《清代西藏郡王制初探——读清史札记》⑤ 探讨了清代西藏世俗领主执掌统治权时期影响其政治发展因素中的各种关系，揭示了各种历史事件之间的内在联系和西藏地方政治集团势力的消长变化对执政体制的影响。四是曾国庆《百年驻藏大臣研究论丛》⑥ 对百年来主要研究成果、研究人员、文献资料、论文著述、相关期刊、学术研讨及百年研究中的不足与未来展望等进行了系统的梳理和总结，并将重要文论辑录成集。五是许广智编《鸦片战争前后西藏百年历史研究论文选辑》⑦ 是鸦片战争前后百年历史研究的研究成果之一，共

---

① 张发贤：《论固始汗进军西藏之谋略》，《四川民族学院学报》2011 年第 4 期。

② 宝音德力根：《1631—1634 年出兵西藏之喀尔喀阿海岱青身世及其事迹》，《中国藏学》2012 年第 2 期。

③ 赵云田：《清代代西藏史研究》，社会科学文献出版社 2014 年版。

④ 曾国庆、黄维忠编著：《清代藏族历史》，中国藏学出版社 2012 年版。

⑤ 李凤珍：《清代西藏郡王制初探——读清史札记》，中国藏学出版社 2012 年版。

⑥ 曾国庆：《百年驻藏大臣研究论丛》，中国藏学出版社 2014 年版。

⑦ 许广智编：《鸦片战争前后西藏百年历史研究论文选辑》，民族出版社 2011 年版。

收入学术论文 28 篇，为推动西藏地方史研究特别是鸦片战争前后一百年历史的研究提供了可资参考的资料。

(二) 中央政府治藏政策研究

其一，关于清朝治理西藏的指导思想、行政管理体制、治理方略与特点等。张云认为清朝对西藏地方的治理有其成功的一面，也有值得反思的一面。成功的地方在于，清朝用有限的政治、军事和经济等资源，实现了对西藏地方的有效管辖，保证了地方政治局势的基本稳定和经济社会的平稳发展，并在中前期有效应对了来自内部的准噶尔扰乱西藏、外部的廓尔喀入侵西藏的军事压力。清朝治藏政策的教训也是多方面的，尤其是过度崇奉格鲁派的宗教政策，导致脱离社会生产生。①

清雍正年间，西藏内部发生噶伦内讧，给清朝边疆的安定造成了严重威胁。冯智针对此事件撰文《雍正治藏方略与其起因、影响和启示》②。该文认为雍正帝以高屋建瓴之势运筹对藏的施政，其问题之复杂、事务之繁多、酝酿之繁复，都前所未有，然而雍正能以变通之方针原则，通盘筹划，严厉治乱，其步骤之周详、措施之适当、制度之深入、影响之深远，也是前所未有，是清代治藏史上的一个里程碑。该文除积极肯定雍正治藏的业绩之外，重在对其产生的思想、动因、影响和历史启示及评价做一探讨，弥补了前人的漏遗。杨恕、曹伟《评清朝的西藏政策》③ 一文认为，清朝重新统一西藏后，通过册封、定制、设官、驻军等措施，并扶持达赖、班禅成为西藏的政教领袖，建立了政教合一的噶厦制度，实现了对西藏的有效管理和统治，维护了清朝在西藏的主权和领土完整。其西藏政策对后世产生了深远影响，从反分裂主义的角度重新审视清朝的西藏政策，清朝的治藏政策重政治、军事，而轻经济、文化，导致西藏与祖国内地的经济文化交流、民族融合明显滞后，为近代西藏分裂主义的产生埋下了隐患。星全成《十三至十九世纪初西藏地方上层斗争及其影响》④ 一文认为，13 世纪中期，在西藏地区被纳入祖国版图后，历代中央政府加强了对西藏地区的治理，并取得了积极的成效，但不论是元明清，还是民国时期，西藏地方上层之间一直存在激烈的矛盾和冲突，而这种矛盾和冲突不仅影响到中央政府对西藏的治理和西藏地方政治格局的变化，而且也使西藏地方社会及经济发展受到严重制约。但长期以来，这一问题并没有引起学术界的足够重视，致使其成为藏学研究的一个薄弱环节。马国君《论康乾时期西南边政的决策调整——以"驱准保藏"之战为转折点》⑤ 认为，西南边政在拱卫内地安全的特殊战略作用，自元代始，一直为历代统治者所深知并贯穿于决策实践。然而国内局势变幻莫测，西南边政又得服从于全国局势的整体需要而做出必要的调整。清廷入主中原之初，因国

---

① 张云：《清朝治理西藏地方的方略与制度》，《社会科学战线》2013 年第 7 期；张云：《清朝西藏治理中的若干问题》，《史学集刊》2014 年第 1 期。

② 冯智：《雍正治藏方略与其起因、影响和启示》、《西藏民族学院学报》2011 年第 3 期。

③ 杨恕、曹伟：《评清朝的西藏政策》，《清史研究》2012 年第 1 期。

④ 星全成：《十三至十九世纪初西藏地方上层斗争及其影响》，《青海民族大学学报》2010 年第 3 期。

⑤ 马国君：《论康乾时期西南边政的决策调整——以"驱准保藏"之战为转折点》，《贵州民族研究》2010 年第 1 期。

内局势不稳，边疆战事繁多，不得不对西南各地方派势力采取"绥抚"之策。康熙末年，随着漠西蒙古准噶尔部偷袭拉萨成功后，西南地区遂成了内陆边防的"软肋"，这就迫使清廷果断放弃了"绥抚"之策，转而厉行政治和军事改革，重新建构了牢固的西南边防。此次调整为乾隆朝最终击败漠西蒙古准部，实现祖国的完全统一，奠定了坚实的战略基础。

其二，关于清朝治藏的朝廷权臣。岳小国《略论和珅在乾隆朝治藏方面的贡献》[①]一文认为，和珅，乾隆朝的权臣，他贪婪成性，欺君枉法，早已成为人们口诛笔伐的对象，然而，今天本着求实的态度客观而全面地评价和珅，他并非那种不学无术，一无是处之徒。在乾隆王朝后期，和珅曾多次帮助皇帝处理西北、西南等地区少数民族事务，特别是西藏事务，为清王朝治理西藏做出了重要的历史贡献。彭博《清代嘉庆朝治藏政策探析》[②]一文则认为，嘉庆主政时段是清王朝由盛转衰的关键时期，清朝政府正经历内忧外患，盛世气象如日西沉，但从西藏地方来看，此时中央王朝对西藏的管理正处于顶峰阶段。该文从内政、外交两方面对嘉庆君臣对西藏地方事务处理态度及其深层原因做初步分析和探讨。

其三，关于清朝西藏宗教事务管理的研究。牛绿花对藏传佛教宗教事务的不断规制和调整、册封宗教首领、礼遇喇嘛，设置中央和地方专门管理机构，扶持建立地方政教合一政权，规范限定宗教首领世俗权力、规制大活佛转世的立法等方面进行了研究，并认为这些政策法规的实施不断强化了统一国家主权、保持了藏区社会稳定、促进了藏区经济相对发展。在当今复杂的国内外形势下，这些政策法规对国家如何管理藏传佛教宗教事务和藏传佛教如何谋求自身发展有着重要借鉴意义。[③]

关于金瓶掣签制度，田庆锋、王存河《清代金瓶掣签立法新论》[④]一文认为，宗教行为是信仰者宗教观念、宗教体验的重要外部表现，宗教立法的调整范围应以宗教行为的社会公共性为依据。清代金瓶掣签立法遵循因势利导、循序渐进的宗教立法规律，注重宗教立法的方式和技术，以及立法沟通和宣传工作，以护法降神问题为切入点，较为合理地确立了宗教立法的边界。田庆锋、蒙爱红另外撰文认为，法治视域下宗教行为可分为涉他宗教行为和涉己宗教行为，前者关涉社会、国家、他人的重要利益，是宗教立法的重要理据和调整范围界定的标准，活佛转世的社会公共性是清代宗教立法的基本动因，清代金瓶掣签立法的成功之处在于较为合理地确定了宗教立法的边界、方式与视角，以及藏传佛教宗教团体的法律权利和义务。在宗教立法中积极进行多方的沟通工作，体现了清代国家因势利导、循序渐进的法律原则。[⑤]张曦认为，以乾隆五十六年廓尔喀第二次入侵西藏为发端，清中央政府在西藏地方施行了一系列改革，在制定

---

① 岳小国：《略论和珅在乾隆朝治藏方面的贡献》，《四川民族学院学报》2012 年第 3 期。

② 彭博：《清代嘉庆朝治藏政策探析》，《西藏民族学院学报》2014 年第 3 期。

③ 牛绿花：《元以来历朝对藏传佛教宗教事务的法律调整及其历史启示——藏传佛教宗教事务的法律化研究之一》，《西南政法大学学报》2010 年第 4 期。牛绿花：《清朝对藏传佛教宗教事务的法律调整及其历史启示》，《青海师范大学学报》（社会科学版）2010 年第 2 期。

④ 田庆锋、王存河：《清代金瓶掣签立法新论》，《西藏研究》2012 年第 5 期。

⑤ 田庆锋、蒙爱红：《法治视域下的清代金瓶掣签立法探析》，《河南师范大学学报》2012 年第 6 期。

金瓶掣签制度中，对于是否继续保留护法神通过降神参与转世灵童的认定问题上，乾隆认为存在较多弊端，希望将其取缔，而福康安认为应在改革的基础上予以保留，对乾隆的指示始终实行不力，直到何琳任驻藏大臣后，才坚决执行了乾隆的旨意，通过公开测试，迫使降神者自认其弊，从而为乾隆彻底废除护法神通过降神参与活佛转世提供了依据。① 周燕认为，"金瓶掣签"制度是清军两次征剿廓尔喀战争期间，乾隆皇帝为了整饬格鲁派活佛转世中存在的弊端而制定的一项宗教改革措施，并成为清朝治理西藏宗教政策的核心内容。这一制度在实际执行过程中被不断调整和完善，既体现了清朝中央政府对西藏宗教治理的原则性和灵活性，也保障了其对西藏宗教治理的有效性。②

李凤珍分析政教合一制内僧俗两大系统的构成和权力的实施，以及僧俗官吏的特点，认为清中央通过集权解决政教合一制内僧俗权力之争，以削弱控制宗教的俗官势力，扩大达赖喇嘛与驻藏大臣的职权，加强清朝对西藏的直接管理，完善政教合一制。③ 宝音特古斯认为关于拉藏汗封号，汉文史料有"护法恭顺汗""翊法恭顺汗""扶教恭顺汗""辅教恭顺汗"等不同记载，蒙古文史料中亦有两种说法，根据清廷颁给拉藏汗的印鉴痕迹及满蒙合璧册书抄件等"遗留性史料"，可以论证出其汉文封号应为"翊法恭顺汗"④。赵展撰文通过满文档案反映了咸丰皇帝上谕十一世达赖喇嘛凯珠嘉措的诏令，认为十一世达赖喇嘛与清朝政府一直友好相处，遵奉咸丰皇帝上谕，为大行皇太后诵经，祈求冥福，深得咸丰皇帝的肯定并赏赐礼品。⑤ 关于十三世达赖喇嘛名号被革问题，谭凯、陈先初认为，清朝末年，英军入侵西藏，酿成西藏乱局，其间十三世达赖喇嘛两次出走，一为英军所迫，一为抵制中央派兵入藏。为此中央政府两次革其达赖喇嘛名号，并采取了其他相关措施，但效果并不理想。⑥

关于其他藏传佛教其他活佛的管理，清代驻京八大呼图克图的情况目前存在不同说法。李德成依据《钦定理藩部则例》等有关文献记载，认为驻京八大呼图克图应该是章嘉、噶勒丹锡呼图、敏珠尔、济隆、那木喀、阿嘉、拉果、察罕达尔汗呼图克图，并叙述了驻京八大呼图克图的主要事迹、职责、历史地位和作用，强调了他们不忘国恩，忠于职守，辅政弘教，护国利民的历史功绩，以及为维护祖国统一、加强民族团结、保障社会稳定、增进文化交流，为统一的多民族国家的巩固和发展所做出的重要贡献。⑦ 李德成《清代驻京鄂萨尔呼图克图考》一文认为，鄂萨尔呼图克图应是乾隆年间曾任北京雍和宫堪布等要职的班智达堪布桑吉俄色，堪布桑吉俄色于乾隆三十五年（1770）被任命为承德普陀宗乘之庙总堪布，乾隆四十一年（1776）奉命出任四川广法寺堪布，乾隆四十五年（1780）调入北京任雍和宫堪布等职。乾隆五十一年（1786）因成绩卓

① 张曦：《金瓶掣签制度制定过程中对"护法神"的处理研究》，《中国藏学》2015 年第 3 期。

② 周燕：《略论"金瓶掣签"制度的演变》，《西华师范大学学报》2015 年第 4 期。

③ 李凤珍：《清朝乾隆时期西藏地方政教合一制与中央集权》，《西藏民族学院学报》（哲学社会科学版）2012 年第 5 期。

④ 宝音特古斯：《拉藏汗封号小考》，《西藏研究》2014 年第 2 期。

⑤ 赵展：《清朝政府管辖西藏的历史见证》，《中央民族大学学报》2012 年第 1 期。

⑥ 谭凯、陈先初：《梁启超对清季政府西藏政策之批评》，《求索》2012 年第 8 期。

⑦ 李德成：《清代驻京八大呼图克图述略》，《中国藏学》2011 年第 2 期。

著被封为"墨尔根诺们汗"。无论从名号上看，还是从身份、任职时间上看，堪布桑吉俄色应是驻京鄂萨尔呼图克图。①

张双智等人认为，清朝对蒙古、西藏等边疆民族首领专门制定了朝觐年班行政管理制度，乾隆时期对察木多地区影响最大的强巴林寺帕克巴拉活佛、锡瓦拉活佛颁布朝觐年班制度。在《大清会典》《大清会典事例》《理藩院则例》中对朝正年班的班次、人数、日期、沿途支应、贡道、贡品、馆舍、廪给、筵宴、赏赐、礼仪等方面，都有比较详细的规定。② 另外，李德成《从乾隆的两道训谕看雍和宫的历史地位》一文认为，乾隆五十九年（1794）乾隆皇帝特颁训谕，着重强调雍和宫作为供奉三宝的场所永不更改。同年十月乾隆再颁训谕，再次申明雍和宫必将作为佛寺而不能更改的积极意义。乾隆皇帝的训谕不仅体现了雍和宫的重要历史地位，而且彰显了雍和宫超越宗教意义的更深更广的内涵。雍和宫即可成为宣化清政府巩固专制统治的教育基地，又可成为内地蒙藏佛教的学经中心，既可作为政治纽带，加强清中央政府与蒙藏地方的政治联系，又可作为文化纽带，加强汉、蒙、藏、满等各民族间的文化交流。③

其四，在地方行政管理体制方面，周伟洲《清代西藏的地方行政建制研究》一文认为，清代西藏的地方行政制度是在西藏长期历史发展过程中逐渐形成和完善的，颇具民族和地方特色。该文从宗谿一级，其所辖之下的社会基层组织谿卡（庄园）、部落两级建制，以及特殊的地方行政体制等三个方面，探讨了西藏的地方行政制度及其特点，并认为清朝中央政府在边疆少数民族地区采取"因俗而治"的方针，基本保持在原西藏的地方行政制度的前提下而进行的一些改革。④ 曾国庆《清政府治藏举措辨析》讨论了直辖少数民族事务的专门机构理藩院，制定并实施"兴黄教"战略国策，建立西宁办事大臣及驻藏大臣制度，创设金瓶掣签制度，监管藏传佛教，改革藏事，厘定章程，强化法制等一系列大政方针，分析阐述了清中央政府的治藏措施及其成功原因。⑤

其五，清末西藏新政研究方面。罗布《新政改革与大臣体制》一文认为，就清代治理、经营西藏的总体历史经验而论，清末西藏新政应该说是一次比较有声有色的运动，在一定程度上打破了西藏地区长期以来停滞不前的局面，然而从总体上看，清末西藏新政又没能达到预期的目标而以失败告终，失败的原因错综复杂，而失败的结局又给我们诸多启迪。该文即从清末西藏新政的背景动因、运作结构和体制传统的角度，对此进行了简要的分析与梳理。⑥ 卢祥亮认为，清末随着近代中文报刊的兴办，朝野筹藏观逐渐趋于成熟，对中央政府的西藏施政也起着指引和参谋作用，但国内舆论低估了改革中可能遇到的困难，对政府改革走入误区有一定影响。⑦

---

① 李德成：《清代驻京鄂萨尔呼图克图考》，《中国藏学》2015 年第 4 期。

② 张双智、张羽新：《清代昌都强巴林寺帕克巴拉活佛朝觐年班制度》，《西藏民族学院学报》（哲学社会科学版）2010 年第 5 期。

③ 李德成：《从乾隆的两道训谕看雍和宫的历史地位》，《中国藏学》2012 年第 1 期。

④ 周伟洲：《清代西藏的地方行政建制研究》，《中国边疆史地研究》2012 年第 4 期。

⑤ 曾国庆：《清政府治藏举措辨析》，《四川民族学院学报》2012 年第 5 期。

⑥ 罗布：《新政改革与大臣体制》，《西藏大学学报》（社会科学版）2010 年第 1 期。

⑦ 卢祥亮：《清季报刊中的朝野筹藏观》，《西藏研究》2012 年第 4 期。

（三）治藏法规研究

乾隆五十八年《钦定藏内善后章程二十九条》是学术研究上的一项重要的课题。邓锐龄《清乾隆五十八年（1793）藏内善后章程的形成经过》一文依据原始史料，对章程系列的分批成立过程进行分析，说明其创始时间、议定程序、在文本的若干重大政策问题上中枢与地方如何往复讨论，以及其最后颁布、增修的经过。对由此派生的《藏译藏同善后二十九条章程》的命名及由驻藏大臣衙门咨送的时间等也做了考证。① 李保文利用清代文书档案以及藏学界最新研究成果，探讨了"善后章程二十九条"的题名问题，认为"善后章程二十九条"藏汉文文本俱未曾"钦定"，根据史料提供的各种信息，为其拟题为《大清乾隆五十八年"善后章程二十九条"》比较符合历史实际。② 李圳认为，清代《钦定藏内善后章程二十九条》的颁布和实施为西藏地方政体的运行提供了量化的、可操作性的行政架构。但是，中央政府政治经济实力的由盛转衰，直接影响了驻藏大臣对该章程的执行。西藏僧俗集团借机挑战业已形成的政治架构——僧侣的至高权力、中央王朝、贵族势力互为制约、监督、平衡。这种变化的直接体现就是九世达赖的遴选及其亚谿封地的"被让渡"，其本质是贵族政治对权力的争夺一度占据上风。③

关于西藏地方法典方面。黄全毅认为五世达赖时期制定的《十三法典》，是藏族文化发展史上具有代表性的一部法典，是古代西藏成文法的集大成者。《十三法典》立法严谨、内容丰富，为清代西藏稳定与发展发挥了重要作用。④ 也有学者认为清代中央政府依循"轻其所轻、重其所重"的思路，将赔命价纳入国家法制，利用土司制度解决藏区私人相犯的刑事案件，使赔命价成为藏区社会稳定的有益因素。⑤

（四）驻藏大臣及相关研究

曾国庆就清代驻藏大臣制度设置的年月、首任驻藏大臣是谁等事关清中央政府最初对西藏的治理的重大问题展开了深入的探究，提出了比较客观的结论。⑥ 周瑛是清代为283位驻藏大臣中的第五位，多次跟随年羹尧转战于四川、西藏、青海等地，参与藏事处理，有关史料记载甚少。何晓东对周瑛个人入藏情况做了相关研究，主要涉及其参与剿平罗卜藏丹津之乱，勘定川、青、滇、藏边界二次进藏，平定阿尔布巴之乱等。⑦ 曾

---

① 邓锐龄：《清乾隆五十八年（1793）藏内善后章程的形成经过》，《中国藏学》2010年第1期。

② 李保文：《关于〈大清乾隆五十八年"善后章程二十九条"〉的题名问题》，《中国藏学》2010年第1期。

③ 李圳：《19世纪初期西藏政体架构的演变——以九世达赖喇嘛的亚谿问题为例》，《云南民族大学学报》2015年第2期。

④ 黄全毅：《五世达赖时期制定的十三法典的文化解读》，《西藏民族学院学报》（哲学社会科学版）2011年第3期。

⑤ 王林敏：《清代处理藏区赔命价的模式及其现代启示》，《北方民族大学学报》2014年第2期。

⑥ 曾国庆：《首任驻藏大臣设置及年代辨析》，《中国藏学》2013年第1期。

⑦ 何晓东：《清代周瑛藏事辑论》，《西藏研究》2013年第2期。

国庆《贤臣松筠治藏与贪官和珅蠹国》一文认为，松筠与和珅同为朝廷命官，同是乾隆皇帝的红人，彼此生年仅差两岁，但两人在修身、养性、齐民、安邦、治国等多方面却是南辕北辙，相去甚远。举其荦荦大端有以下几点：刚直不阿与趋炎附势；安民治藏与祸国殃民；扶危济困与蠹国肥家。[①] 白丽娜《清乾隆朝富察家族与涉藏事务》以乾隆朝富察家族为例，对清朝重用满洲贵族作为边务大臣处理西藏事务进行了考察，并认为在乾隆一朝的涉藏事务中，无论政事或是武功，多有富察家族成员参与，其中有三人担任过驻藏大臣，发挥了举足轻重的作用。同时，该文还试图通过乾隆皇帝重视富察家族的史实，进一步探讨其在边疆事务特别是涉藏事务中的用人原则与得失。[②]

叶健《驻藏大臣孟保与森巴战争》认为，孟保是鸦片战争时期清中央政府派往西藏的驻藏大臣，他对清王朝的边疆治理最为卓越的贡献是组织西藏官兵、僧侣、民众抗击道格拉（即森巴）人的武装侵略活动。森巴战争在中国近代反侵略史上占有重要的地位，更影响着孟保的仕途之路。[③]

金雷《琦善在藏举措对清后期治理西藏的影响》一文认为，琦善担任驻藏大臣期间（1843—1846 年），与钟方等人一道，查办了二世策墨林阿旺降白楚臣嘉措案，并针对摄政擅权的弊病，提出了《裁禁商上积弊章程二十八条》，同时在军事上、经济上也采取了一系列措施。一方面，琦善在西藏的改革是以维护清中央政府在西藏地方的有效统治为目的，其施政措施是对乾隆五十七年至五十八年（1792—1793 年）颁行《钦定藏内善后章程二十九条》的修订与补充，另一方面，琦善身为驻藏大臣，放弃了"稽查核办商上及札什伦布一切出纳"的财政审核监督权以及对藏军的训练指挥权，为此后清政府治理西藏埋下了隐患。[④]

邓锐龄《清代驻藏大臣色楞额》一文依据档案史料，重现 19 世纪 80 年代清驻藏大臣色楞额在西藏的施政作为，着重叙述他所遇到的若干重大事件及应对方策。在国势衰弱，英印进逼，矛盾丛生的时代，他力求维持清声威不坠、政令通行无碍、民族和睦、边疆安谧，惜孤身奋战八年，终不能挽回已成的颓势。全篇论叙精详，可补旧史书色楞额传的不足。[⑤]

平措达吉等学者认为，1888 年英帝国主义在对我国西藏发动第一次武装侵略后，开始采用通商为主要手段，开始了对西藏地方长时间的经济侵略。后来英印政府又策划对中国西藏进行直接交往的阴谋遭到失败后，发动了第二次武装入侵西藏的战争。这一时期恰好是有泰担任驻藏大臣并在西藏地方主持政务的时期。面对英帝国主义的武装侵略，驻藏大臣有泰不顾清朝中央政府命他即刻赴边谈判的旨意，采取妥协退让的政策，最终使西藏地方被迫与英帝国主义签订《拉萨条约》。[⑥] 梁忠翠认为 1904 年 7 月英国人荣赫鹏进攻拉萨，十三世达赖喇嘛被迫离开出走，其留有的西藏政治真空给了英国人以

① 曾国庆：《贤臣松筠治藏与贪官和珅蠹国》，《西藏研究》2014 年第 5 期。

② 白丽娜：《清乾隆朝富察家族与涉藏事务》，《中国边疆史地研究》2010 年第 3 期。

③ 叶健：《驻藏大臣孟保与森巴战争》，《四川民族学院学报》2013 年第 5 期。

④ 金雷：《琦善在藏举措对清后期治理西藏的影响》，《西藏研究》2015 年第 2 期。

⑤ 邓锐龄：《清代驻藏大臣色楞额》，《中国藏学》2011 年第 4 期。

⑥ 平措达吉、中德吉、旺宗、次旺、达瓦：《驻藏大臣有泰评述》，《西藏大学学报》（社会科学版）2012 年第 2 期。

可乘之机，他们开始笼络九世班禅喇嘛，最终 1905 年 11 月九世班禅离境赴印。造成九世班禅出关离境的原因是多方面的，但是身为驻藏大臣的有泰有着不可推卸的责任。有泰在班禅赴印、在印、返藏的整个事件上的处理应变迟钝、手段空幻、姿态懦弱，令人深省。①

康欣平认为，在有泰与联豫在西藏期间的交往中，有泰对联豫在态度上有一个前倨后恭的变化过程。这一变化过程与清末张荫棠查办藏事相关。遭受弹劾的有泰对给予其一定帮助的联豫，充满感激之情，进而在态度上产生转变。有泰对联豫前倨后恭的态度变化出自真实情感，而非见风使舵、表面逢迎。② 康欣平另撰文对联豫与十三世达赖喇嘛"失和"析论，认为 1925 年，朱绣记述联豫与十三世达赖喇嘛失和，是由于联豫亲自和派员检查达赖行李所致，联豫与十三世达赖喇嘛"失和"及其第二次出走，实则为清廷对西藏治理思路措施的变化与达赖对清廷西藏治理措施不满之结果。③ 王双梅认为，有泰是清末光绪年间的驻藏大臣，在政治上缺少铁腕般的政治魄力和韬略，在复杂的政治环境中无计可施，任事态发展，用丧权辱国来定位他的边吏功过一点也不过分。有泰是在中国传统文化土壤中被培育出来的，中庸之道是他的处世哲学，明哲保身是他政治生活的底线。但是，在他身上体现出浓厚的文化关怀和存史意识，并以其良好的文学素养，为我们留下了近 40 万字的《驻藏日记》，客观上为藏族文化的传播和蒙汉满多民族文化的融合做出了贡献。观其一生，政治上毫无建树，文化生活上却值得一提。④ 康欣平认为，有泰作为 1903—1904 年间的驻藏大臣，在应对英国侵略西藏地区时，在清廷"勿开边衅"的旨意下，一味迎合侵略者，甚至协助侵略者与西藏地方签约。他的所作所为不仅给国家利权造成重大损失，而且成为促使清末民初西藏政局恶化的因素之一。⑤

扎洛《清末民族国家建设与张荫棠西藏新政》一文认为，辛亥革命前，在中国近代民族国家建设和国族建构的背景下，张荫棠在西藏举办新政，旨在建立一体化的中央集权管理体制和建构具有同质文化的国族，开启了西藏社会现代化转型的序幕。张荫棠试图通过新政，强化中央政府的权威和增强当地人的国家认同，凝聚人心，抵御外侮，增强中国的国际竞争力。但是，受到单一民族国家理念的影响，特别是对民权（民主）思想采取排斥态度，张荫棠未能充分关注当地的文化传统和利益诉求，因而未能实现预期目的。在某种意义上，张荫棠的西藏新政是对在中国这样一个多民族社会如何构建现代民族国家的历史性命题的尝试性解答，其中的得失利弊，值得深入研究。⑥ 赵君《试论张荫棠查办藏事前后的外交思想》一文认为，张荫棠被誉为"外交之良才"。受命于

① 梁忠翠：《论清驻藏大臣有泰在九世班禅赴印度事件中的应对》，《西北民族大学学报》2014年第 4 期。

② 康欣平：《前倨后恭：有泰与联豫在西藏期间的交往》，《西藏民族学院学报》（哲学社会科学版）2013 年第 2 期。

③ 康欣平：《联豫与十三世达赖喇嘛"失和"析论》，《青海民族大学学报》2013 年第 3 期。

④ 王双梅：《浅议清末驻藏大臣有泰——以驻藏期间日常生活为中心》，《内蒙古民族大学学报》2014 年第 5 期。

⑤ 康欣平：《有泰与清末西藏政局的演变》，《青海民族大学学报》（社会科学版）2010 年第 3 期。

⑥ 扎洛：《清末民族国家建设与张荫棠西藏新政》，《民族研究》2011 年第 3 期。

危难之中的张荫棠在入藏"查办藏事"前后，先后多次参与办理西藏的外交事件。在其入藏查办藏事过程中，形成了自己的一系列外交思想，为维护中国在西藏的主权做出了突出贡献。① 陈鹏辉《张荫棠遭弹劾考释》一文认为，1906 年，张荫棠奉派前往西藏查办事件，到藏不久，就遭到以"有令喇嘛尽数还俗，改换洋装之事"的弹劾。这条弹劾见之于《清德宗实录》光绪三十三年正月己亥条，长期以来，人们每每援引此条对张荫棠劝导的藏俗改良做出了"强令""脱离西藏实际"等评判，张荫棠遭弹劾一案需要重新做研究，以还历史真相。②

车明怀《晚清变局中的驻藏大臣》一文认为，晚清时期，驻藏大臣及其藏区事务遇到了严峻的挑战，主要原因是晚清经历了太多的变局，驻藏大臣已难以恢复往日管理西藏的锐气。晚清后期，西藏滋生出一股股分裂的潜流，而驻藏大臣由于缺乏清中央政府的强有力支持和自身的心智短拙，无力应对帝国主义的讹诈和抑制分裂主义势力的膨胀，以致酿成驱逐清兵、拉萨满汉商民和驻藏大臣的悲剧。晚清变局中驻藏大臣的遭遇及驻藏大臣制度的终结，显示出中国近代西藏的命运与祖国命运的紧密联系，同时也昭示了改革驻藏大臣制度的迫切性和历史必然性。③

此外，陈德鹏对驻藏大臣的个人健康做了研究，认为西藏地区环境条件恶劣，清朝皇帝派驻藏大臣时由于没有考虑其年龄、身体条件和缺乏处理复杂西藏事务的才识等因素，导致多名驻藏大臣的死亡。该文依此为线索，对清代驻藏大臣的死亡原因及高死亡率进行探讨与分析。④ 陈德鹏还对几位清代驻藏大臣的籍贯、年龄等情况做了对比，然后进行了查漏、补缺，以期添补对其研究的空白。⑤ 另外，彭陟焱对成都将军做了研究，认为在清乾隆年间对大小金川土司的用兵结束后，为了加强对康藏及川西藏族的统治，乾隆帝特设成都将军，统辖八旗和绿营，治理川边。成都将军在维护川西藏族地区的稳定、保持川藏大道的畅通、巩固西南边疆的安全等方面均起到了积极的作用。⑥

（五）西藏民族关系研究

刘锦认为，顺治、康熙年间青海蒙古墨尔根台吉等与清朝之间发生了有关争夺牧地、牲畜和属民的边境纠纷事件，入关不久的清朝，应如何处理青海蒙古事务，值得研究。但史料的稀缺限制了学术界对此段历史的研究，近年来相关满、蒙文档案的出版，为此段历史的澄清提供了新的资料。该文认为，在边境纠纷事件发生后，清朝即刻表明立场，在交涉过程中几经周折，最终选择让五世达赖喇嘛参与事件的处理。针对大草滩之争，应五世达赖喇嘛之请，曾提出划分边界的政策，后因墨尔根台吉等人的婉拒而失

①　赵君：《试论张荫棠查办藏事前后的外交思想》，《西藏大学学报》（社会科学版）2010 年第1 期。

②　陈鹏辉：《张荫棠遭弹劾考释》，《中国藏学》2012 年第 2 期。

③　车明怀：《晚清变局中的驻藏大臣》，《中央民族大学学报》2013 年第 1 期。

④　陈德鹏：《论清代驻藏大臣的高死亡率及其原因》，《青海民族大学学报》（社会科学版）2015 年第 3 期。

⑤　陈德鹏：《清代驻藏大臣籍贯、出身校勘》，《青海民族大学学报》（社会科学版）2014 年第2 期。

⑥　彭陟焱：《成都将军的设置及其在治理川西藏区中的作用》，《西藏研究》2010 年第 1 期。

败。邀请五世达赖喇嘛参与清朝对蒙古事务的处理，对清代西北边疆历史产生重大影响。[①] 还有马啸文章运用政治互动的视角和理念，对清代满藏间早期互使往来的筹划、原因、经过、结果、特点等重新进行了解释与剖析。[②]

曹培认为，清初驻牧于达木（今西藏当雄）境内的蒙古部落，其属领关系在清一代几经变化，随着清代对西藏地方统治逐渐加强，俨然成为清朝中央在西部边防的一支重要军事力量。达木蒙古历史上对于稳定西藏地方、维护国家的主权、促进统一多民族国家的发展曾起到过至关重要的作用。[③] 阿音娜认为，清朝初年，固始汗征服卫藏以后，留驻一部分蒙古兵驻扎杜北腾格里湖畔的达木草原这支蒙古兵逐渐成为驻藏军队的主力，是护卫西藏政治中心的武装力量，并被清廷编为达木蒙古八旗到清末，同时达木蒙古逐渐藏化。[④] 齐光的论文利用藏文《阿旺罗桑嘉措传》、《布达拉宫壁画》及《拉达克王国：公元950—1842 年》等史料与研究成果，阐明 17 世纪后半期青海和硕特领主噶尔丹策旺征服阿里、拉达克的目的、经过及当时的周边形势，以此探讨此次征服活动给拉达克、青海和硕特、西藏地方政府、准噶尔及其后的内陆亚洲形势所产生的影响。[⑤]

关于西藏与准噶尔关系。刘锦认为，康熙五十六年（1717 年），准噶尔军队远侵西藏，并占领拉萨，终结了青海和硕特汗庭对西藏的统治。青海和硕特、准噶尔、清朝在西南展开了激烈的权力角逐，为实现"驱准保藏"，清朝两度派军远征在藏准噶尔军队，其中青海和硕特在此过程中扮演了重要的角色。该文在分析西南边疆局势及清朝与青海和硕特关系的基础上，深入研究青海和硕特的内争及其影响，进一步厘清清朝如何争取、拉拢青海和硕特联军进藏而实现将西藏纳入清朝版图的过程。[⑥] 吕文利认为，清乾隆六年，蒙古准噶尔部禀报清廷拟派使团进藏熬茶（藏区外喇嘛教信徒表达虔诚的方式），乾隆帝虽应承，但鉴于准噶尔部尚与清廷分庭抗礼，藏区藏王与宗教势力正盛，而途中又要经过青海蒙古诸部，故对此进行周详的准备。结果，准噶尔部使臣恰入藏而折返，虽出人意料，结果却耐人寻味。该文根据准噶尔档案等史料，希冀对此事予以深究。[⑦] 该作者另外撰文认为由乾隆初年，在清朝允许下，准噶尔得以三次入藏熬茶。通过分析清朝与准噶尔、西藏之间的复杂关系，可以发现和平时期准噶尔已经显露出一些衰败的迹象。经济上依赖于清朝；宗教上越来越依赖于藏传佛教格鲁派，而入藏熬茶大量金银的布施更加剧了其经济的衰败。西藏则因为其依赖型经济以及相关的利益考量，藏王和达赖喇嘛亦表现出了不同的态度。清朝在强大的经济统治力下，完成了政

① 刘锦：《边境纠纷与清朝借助达赖喇嘛处理青海蒙古事务的开端》，《清史研究》2013 年第 1 期。

② 马啸：《清朝与西藏早期政治互动研究——以满藏互使的派遣为中心》，《青海民族大学学报》（社会科学版）2010 年第 2 期。

③ 曹培：《清代达木蒙古史事钩沉》，《西藏民族学院学报》（哲学社会科学版）2010 年第 6 期。

④ 阿音娜：《藏北达木蒙古再探》，《西藏研究》2012 年第 1 期。

⑤ 齐光：《17 世纪后半期青海和硕特蒙古对阿里、拉达克的征服》，《中国藏学》2014 年第 3 期。

⑥ 刘锦：《青海和硕特部蒙古与康熙末期"驱准保藏"》，《西北民族大学学报》2015 年第 5 期。

⑦ 吕文利、张蕊：《乾隆年间蒙古准噶尔部第一次进藏熬茶考》，《内蒙古师范大学学报》2010 年第 4 期。

治上的统合。在此过程中，清朝的藩部体系逐渐形成。[1]

（六）西藏地方政权研究

甘丹颇章政权于 17 世纪中叶五世达赖喇嘛开始建立，在清朝中央的领导下，对西藏进行了 300 余年统治，也是西藏研究的传统课题。

罗布认为，1642 年顾实汗打败藏巴汗并在拉萨建立了甘丹颇章政权，这在西藏地方历史发展进程中是非常重要的事件，但在甘丹颇章政权的性质和地位问题上，学界一直存在不同看法，并有明显的盲点。如果从蒙藏历史文化传统和当时具体情境出发，试对这一问题再做探讨，有一定价值。在清初蒙藏联合治藏格局中，蒙藏双方上层间从一开始就存在着争夺权力的暗流，而顾实汗及其继承者坐镇布达拉宫则进一步强化了这一暗流的涌动势头。在此背景下，以达赖喇嘛为首的格鲁派寺院集团在甘丹颇章政权内采取了一系列重要举措，以确立、巩固和发展自己的政教地位和统治权力。罗布从权威象征体系建构的角度对其中的几个重要措施进行了简要的分析和论述。[2] 马啸《17 至 18 世纪清朝与格鲁派上层的互动研究》一文从政治互动的视野，对清代前期与格鲁派上层的政治互动进行多层面的研究，认为清朝对格鲁派的尊崇，显现了清朝统治者高超的政治洞见力、政策创制力和行政执行力。这为解决至今犹存的民族宗教问题，可提供诸多的历史启示与鉴借。[3]

邓建新认为，三世章嘉入藏主持认定七世达赖喇嘛的转世灵童是清代西藏政教关系方面的重大事项，《章嘉国师若必多吉传》对此有简略的记载。目前，学术界的研究成果认同该书的观点。该文依据档案资料发现，七世达赖喇嘛转世灵童的认定过程远比《章嘉国师若必多吉传》的记载复杂与曲折。[4]

刘清涛《"商上"补议》一文认为，"商上"一词本意为财库或管家，后代指达赖喇嘛或其他宗教领主的整个办事机构实体，这两层含义在文献中皆可见使用，可证"商上"源于"强佐（phyag - mdzod）"。"商上"一词指代达赖喇嘛整套办事机构实体的用法，可能最初由蒙古语而来。汉语中"商上"作为达赖喇嘛或其他宗教领主办事机构的总称，然在藏语里原词"强佐"仅指财库、管家。可见"商上"一词的使用，体现的是外部视角，反映了西藏地方领主性政体的特征。[5]

黄博对清初西藏地方政府在阿里地区政教的统治进行了研究，认为自 15 世纪以来，阿里和卫藏地区主导教派的演进渐生分歧，最终造成噶举派和格鲁派之间的争斗。在阿里古格王国灭亡后，格鲁派凭借蒙古和硕特汗王的势力建立起甘丹颇章政权，而噶举派也在周边地区获得政治实力，双方关系长期紧张的结果却使得卫藏与阿里的政教关系更

① 吕文利：《乾隆初年准噶尔三次入藏熬茶看清朝藩部体系的形成过程》，《中国边疆史地研究》2015 年第 2 期。

② 罗布：《清初甘丹颇章政权的性质和地位问题再探》，《中国藏学》2011 年第 1 期；《清初甘丹颇章政权权威象征体系的建构》，《中国藏学》2013 年第 1 期。

③ 马啸：《17 至 18 世纪清朝与格鲁派上层的互动研究》，《青海民族研究》2010 年第 3 期。

④ 邓建新：《三世章嘉入藏主持认定七世达赖喇嘛转世灵童的真相》，《中国藏学》2010 年第 1 期。

⑤ 刘清涛：《"商上"补议》，《社会科学研究》2014 年第 6 期。

加紧密。17世纪后半期卫藏中心政权终于完成了对阿里地区的第二次统一，西藏地方政府在阿里地区的政教统治得以建立。①

（七）历代达赖喇嘛、班禅额尔德尼研究

首先，关于五世达赖喇嘛及历代达赖喇嘛。梁斌《从五世达赖朝清看西藏地方与清政权关系的历史演进》一文认为，试图用清政权敦请五世达赖进京及达赖觐见顺治帝的史实，来探析当时西藏地方与清政权之间关系的历史演进。②阿音娜《五世达赖喇嘛与17世纪喀尔喀蒙古政局变动——以"名号"问题为中心》利用新近公布的蒙古文档案，结合相关的藏汉文史料，以喀尔喀蒙古的"汗"和"济农"号问题为中心，探讨五世达赖喇嘛在17世纪喀尔喀蒙古政局变动中的影响以及清廷治理蒙藏政策的演变，并认为其结局是清朝势力进一步控制喀尔喀，直到1691年多伦会盟喀尔喀正式归附清朝。③张发贤认为，康熙十二年（1673），吴三桂叛清，遣使进藏意图蛊惑西藏参叛，遭五世达赖所拒。清廷察觉滇藏通使，西藏的"中立"策略及此后五世达赖有违圣意的"裂土罢兵"谏言，最终影响五世达赖与朝廷的紧密关系。随着五世达赖积极输诚，"三藩"的平定及治理蒙藏地区五世达赖发挥的巨大作用，康熙帝冰释前嫌，体恤西藏，优渥五世达赖，巩固与西藏上层唇齿关系。④李凤珍认为，蒙古汗王固始汗统治西藏，并建立第巴政府，以五世达赖喇章职员为政府长官，蒙藏统治者通过第巴政府联合掌政。达赖圆寂后，在蒙藏争权中第巴被杀，清朝委任世俗领主总揽政权，逐与僧侣集团产生矛盾。清朝授七世达赖掌政，以驻藏大臣和达赖为最高首领，由达赖喇章和噶厦组成政教合一制地方政府行政体制。⑤有学者认为，1652年，五世达赖喇嘛阿旺罗桑嘉措赴京觐见顺治皇帝，接受清朝中央政府的册封后，达赖喇嘛系统不仅与清王朝建立了密切的政治隶属关系，而且积极协助清王朝治理蒙藏地区，在抵御外侮，维护国家领土完整和调解纠纷，促进蒙藏社会稳定、倾心内附以及忠实履行中央决策等方面发挥了积极的作用达赖喇嘛系统在清朝治理西藏中的作用。⑥

仁青卓玛通过分析七世达赖喇嘛致三世察罕诺门汗文告和加盖的印章内容，探讨了清代康熙、雍正、乾隆三朝解决达赖喇嘛辈次问题的过程和态度的转变，说明了清廷关于格桑嘉措到底是第六世还是第七世达赖喇嘛的认识上的变化过程同时，该文分析了藏文和汉文史料对该问题不同的记载及看法。此外，通过对该文告的分析，还可以了解到历辈察罕诺门汗的身世和七世达赖喇嘛赴察罕诺门汗府邸的时间，以及藏族传教人士到

① 黄博：《试论清初西藏地方政府在阿里地区政教统治的建立》，《贵州民族研究》2013年第3期。

② 梁斌：《从五世达赖朝清看西藏地方与清政权关系的历史演进》，《西藏民族学院学报》（哲学社会科学版）2012年第1期。

③ 阿音娜：《五世达赖喇嘛与17世纪喀尔喀蒙古政局变动——以"名号"问题为中心》，《中国边疆史地研究》2013年第2期。

④ 张发贤：《试论清初五世达赖与"三藩"之乱》，《青海民族研究》2013年第1期。

⑤ 李凤珍：《五世达赖喇章、七世达赖喇章与西藏地方政府的关系》，《西藏民族学院学报》（哲学社会科学版）2015年第1期。

⑥ 陈柏萍：《达赖喇嘛系统在清朝治理西藏中的作用》，《青海民族大学学报》（社会科学版）2010年第3期。

北方蒙古地区调解蒙古诸部间纠纷的情况。①

秦永章《清季十三世达赖喇嘛与塔尔寺阿嘉呼图克图失和经过考述》一文认为，由于史籍记载稀疏，十三世达赖喇嘛与五世阿嘉呼图克图二人不和之原委不为人们所详知，不仅地方史书缺载，亦无人撰文论及。该文对清末十三世达赖喇嘛阿旺洛桑·土登嘉措与青海塔尔寺寺主、驻京呼图克图五世阿嘉·洛桑丹贝旺秋·索南嘉措二人失和的经过做了比较详尽的考述，对深化研究青海地方史、青海佛教史有所裨益。②

其次，历代班禅的研究。这方面主要集中于六世班禅，近年来对其研究成果主要有两个部分，第一是其抵抗早期西方势力的渗透。第二是进京朝觐乾隆皇帝。星全成认为，18世纪70年代，乔治·波格尔进藏，准备与西藏建立联系。但是，其行径遭到以六世班禅为首的西藏地方人士的抵制和反对，粉碎了西方的阴谋，维护了国家统一和领土完整，星全成对之进行了阐述。③ 李若虹认为，六世班禅与东印度公司的交往和东印度公司派印度游方僧普林格尔前往西藏，并跟随班禅东行进京是18世纪后期非常重要的历史事件，并为了解18世纪后半期的西藏和清廷以及双方的关系提供了一个全新的视角。该文指出这一时期的西藏并非一处闭塞之地，而是早期全球化不可分割的一部分，虽然东印度公司努力计划以西藏为通衢来打开清朝的贸易大门，但是由于这一计划的进行缺乏对西藏和清朝的充分了解而终致破产。④ 关于六世班禅致瓦伦·哈斯丁斯信函，学界普遍认为这封信函仅有两个版本，但柳森认为，1774年3月，六世班禅应不丹德布王公之请致函哈斯丁斯，意在及时制止英国东印度公司的侵略行径，恢复地区和平。而1777年由英人约翰·斯图尔特公布的英文版信函，应是目前可见的六世班禅信函的最早版本。⑤

王晓晶《六世班禅与章嘉国师——从〈六世班禅传〉解读六世班禅入京之缘起》一文以藏文《六世班禅传》为基础，解读章嘉国师与六世班禅之间的关系以及章嘉国师对六世班禅与乾隆帝之间联系的影响，为进一步探讨六世班禅东行起因打下了基础。⑥ 在六世班禅进京觐见过程中，当到多伦诺尔时，乾隆命御前侍卫丰绅济伦"赐敕书"，有学者对其宗教地位和社会影响做了探讨。⑦ 柳森认为，六世班禅额尔德尼是清代唯一一位东来朝觐的班禅。这位藏传佛教领袖的朝觐之行，有着重要的政治意义与深远的历史意义，其朝觐之举是在当时不断变化的时代背景与清政府的治藏政策背景下进行的，同时，其朝觐的原因可以从政教、经济及安全三方面加以解析。⑧

---

① 仁青卓玛：《七世达赖喇嘛致三世察罕诺门汗文告考述》，《中国藏学》2012年第4期。

② 秦永章：《清季十三世达赖喇嘛与塔尔寺阿嘉呼图克图失和经过考述》，《青藏高原论坛》2013年第1期。

③ 星全成：《六世班禅与波格尔进藏》，《西北民族大学学报》2011年第6期。

④ 李若虹：《论六世班禅进京前后与东印度公司的交往》，《中国藏学》2013年第1期。

⑤ 柳森：《对约翰·斯图尔特版六世班禅致瓦伦·哈斯丁斯信函解读》，《藏学学刊》2014年第2期。

⑥ 王晓晶：《六世班禅与章嘉国师——从〈六世班禅传〉解读六世班禅入京之缘起》，《西藏民族学院学报》（哲学社会科学版）2011年第3期。

⑦ 郭美兰、霍华：《乾隆皇帝颁赐六世班禅敕书》，《历史档案》2011年第1期。

⑧ 柳森：《论六世班禅朝觐的背景与原因》，《宗教学研究》2011年第4期；《论六世班禅朝觐的影响与意义》，《民族史研究》2011年第1期。

六世班禅东行朝觐是清朝民族关系史上的重要事件。陈庆英、王晓晶认为，六世班禅为保证东行顺利，提出给他的随从种痘，并在甘肃拉卜楞寺的二世嘉木样活佛的大力协助下为200多名随从实施了种痘，这是六世班禅东行途中一件至关重要的大事。但是由于多种原因，在清朝的汉文档案资料中很少提及，在学界还鲜为人知，而此事又与六世班禅大师之后在北京染天花而圆寂相关联，使人产生一些疑惑。该文解读了二世嘉木样活佛率领班禅大师的随从在东行途中前往阿拉善种痘的经过，解释六世班禅本人未种痘的原因，对班禅大师在北京染天花圆寂的始末进行分析，解答了某些人提出的为何六世班禅一行人中仅班禅大师一人在北京得天花以及六世班禅是否因病圆寂的疑问，为解开这一历史的谜团提供了最为直接的证据。[1] 柳森认为，乾隆时期天花对朝觐年班制度产生了重要影响。其时，西藏地方的天花防治水平尚不能为六世班禅的身体健康提供良好的外部医疗条件。六世班禅因特殊身份的原因而主动放弃种痘，从而为其因天花圆寂埋下了隐患。此外，清中央政府对西藏地方在天花防治方面缺少相应的制度保障，其原因亦值得分析。[2]

张亚辉详细梳理了乾隆四十五年六世班禅前来承德朝觐过程中有关礼仪安排与实践的史料，论证了乾隆皇帝与六世班禅之间关系随空间交换而调整的方式，并将这种方式与上古史和封建制度进行比较分析。该文指出六世班禅朝觐事件是中国历史上政教关系的基本格局的呈现，并非清代特有的现象。[3] 王晓晶、陈庆英对六世班禅灵柩返藏的准备过程及行经路线等进行了考证，认为在灵柩回藏的某些方面乾隆仍然延续了尊崇六世班禅的做法，并亲自做了精心的安排，但是由于是灵柩返藏，在有些地方也兼顾了人力、物力等经济方面的考量。[4] 王晓晶另作文认为，六世班禅入京面圣是清代中国历史上的重要事件，它不仅显示了西藏地方与中央的紧密关系，而且显现了地方宗教首领在民族文化交流、宗教传播上所起的正面积极作用。该文通过对六世班禅向乾隆皇帝讲授佛法史实的考证，不但还原了事件的历史原貌，而且分析了在汉文史料中有关该事件的部分记录缺失的深层原因，为更深入研究西藏地方与中央的关系，以及乾隆的治藏政策提供多元化的视角。[5]

（八）西藏地方摄政制度研究

李凤珍针对清代西藏摄政官职的由来问题进行了专门的研究和论述，认为第巴、噶伦、摄政官职是清代西藏历史发展不同阶段出现的产物。摄政的本质属性是代表达赖掌地方政教大权，1757年七世达赖圆寂始设摄政，若将第巴、噶伦看作是代替达赖掌地方政教大权摄政，则将黄教政教合一体制提前到始于五世达赖时期。[6] 李凤珍还认为，喇章初为活佛的私邸，后因布施财物赠予寺院堪布为私人所有，则喇章又成为管理僧人

---

① 陈庆英、王晓晶：《六世班禅东行随从种痘考》，《中国藏学》2012年第3期。

② 柳森：《六世班禅与天花关系考略》，《西藏研究》2012年第6期。

③ 张亚辉：《六世班禅朝觐事件中的空间与礼仪》，《中国藏学》2013年第1期。

④ 王晓晶、陈庆英：《六世班禅灵柩回藏考》，《西北民族研究》2013年第1期。

⑤ 王晓晶：《六世班禅面圣授法史实考》，《中国藏学》2013年第2期。

⑥ 李凤珍：《试析清代西藏摄政官职的缘起》，《西藏民族学院学报》（哲学社会科学版）2010年第2期。

私人财产的行政组织即喇章组织，由喇章职员仓储巴总管。清朝授七世达赖掌行政权后，其喇章主要职员亦随之成为政府官员，清代文献分别称达赖喇章为商上，总管仓储巴为商卓特巴，因他们职高权重，故商上又为泛指地方政权之总称。①

央珍、喜饶尼玛认为，西藏地方的摄政及摄政制度在国内外的摄政历史上具有典型性和特殊性，并对近二百年的西藏地方历史发展产生了重要影响，所以有必要在厘清藏汉文献中"摄政"的不同表述基础上，再论西藏地方摄政的概念和摄政制度确立的时间，较详细阐释西藏地方摄政制度产生的时代背景、制度基础和思想根源。②

贵赛白姆认为，以达赖喇嘛为中心的政教合一的政治体制，无法回避新立达赖喇嘛由转世到其亲政之前事实上的权力真空问题，进入 18 世纪后半期，摄政制度应运而生。直至 20 世纪前半期，历任摄政共 15 人，摄政掌政远远超过达赖世系实际掌政时间。摄政作为当时代掌西藏地方最高权威一职，在西藏地方史以及与中央政府关系史上产生了重大影响和作用。③　央珍《西藏地方历史上的摄政人选》一文围绕历史上西藏地方的摄政现象、摄政人选的惯例以及摄政人选的特例，对西藏地方的摄政人选特征进行研究，并分析了班禅系统与西藏地方摄政之间的关系，并认为西藏地方的摄政及摄政制度在国内外的摄政历史上具有典型性和特殊性。④

邹西成认为，藏族古印章涵盖的历史、人物、政治、宗教的深度和广度，以及文字、图纹、图腾、材质和雕刻工艺，充分反映了藏族文化的博大精深，它的功用渗透到了藏族社会历史的方方面面。⑤

（九）西藏经济社会文化研究

关于西藏经济社会发展政策、制度，梁启俊对康熙朝赏赐西藏政教上层人物、康熙朝与西藏茶马互市、康熙朝体恤西藏百姓等主要经济政策及制定这些政策的历史背景进行分析论述。⑥　邹志伟认为，《铁虎清册》是清代西藏噶厦政府记录清查土地租税的一种档案，内容包括普查的缘由、规定及十世达赖喇嘛的批示和各宗谿的租税数额，对赋税对象进行考证，可以使人们清晰地认识到这一历史时期西藏地方的经济发展状况。⑦杨庆玲就西藏银币的产生背景和发行流通与西藏银币的历史功能进行了论述，认为西藏银币是历史上在藏区及其周边地区流通的银币。它的铸造发行时间并不是很长，只有短短的一百多年。但却留下了一份十分丰富而且非常珍贵的历史文化遗产。西藏银币从产

---

① 李凤珍：《释析清代西藏地方活佛喇章、仓储巴、商卓特巴、商上》，《西藏民族学院学报》（社会科学版）2014 年第 4 期。

② 央珍、喜饶尼玛：《西藏地方的摄政及摄政制度探析》，《西北民族大学学报》2010 年第 5 期。

③ 贵赛白姆：《试探清代西藏"摄政"一职的称谓与特点》，《西藏民族学院学报》（哲学社会科学版）2012 年第 4 期。

④ 央珍：《西藏地方历史上的摄政人选》，《中国藏学》2015 年第 2 期。

⑤ 邹西成：《中国西藏文化博物馆展品中的三枚清代摄政王印章初考》，《中国藏学》2010 年第 3 期。

⑥ 梁启俊：《刍议康熙朝对西藏主要经济政策》，《西藏大学学报》（社会科学版）2013 年第 1 期。

⑦ 邹志伟：《清代西藏〈铁虎清册〉税赋资料探析》，《西藏研究》2012 年第 1 期。

生到消亡都与西藏地方的历史紧密地联系在一起，是清朝中央政府对西藏进行治理的手段和产物。① 李国政撰文认为，西藏是一个传统农牧业社会，在晚清时期产生了近代工业萌芽。清末新政和帝国主义入侵是西藏近代工业产生的时代背景，张荫棠筹藏、联豫改革和十三世达赖新政推动了西藏近代工业的产生。西藏近代工业的发展受到主客观诸多因素的制约，留下了深刻的教训与启示。②

关于清代西藏的社会生活方面。何一民认为，清代中国内陆边疆西藏、新疆、蒙古地区城市出现较快发展，但相比内地的城市发展仍然滞后和缓慢。脆弱的自然地理环境、频发的自然灾害、社会动乱与内外战争、落后的经济基础、人口、思想观念等都是造成藏、新、蒙边疆城市发展滞后和缓慢的原因。当前，制约内陆边疆地区城市发展的各种因素已经发生了较大的改变，部分因素却仍然存在，成为今天制约藏、新、蒙内陆边疆地区城市化的因素，因而从历史的角度进行深入探析有着重要的现实意义。③ 黄博、刘复生利用噶厦档案中阿里地区的雪灾和地震的记录资料，从灾后政治的角度入手，通过非常时期的事务处理观察和分析近代西藏地方政府，特别是西藏内部区域政治的运行机制，进一步认为西藏西部的阿里地区由于自然条件恶劣，是一个自然灾害频发的地方。雪灾和地震的冲击，使得远离政治中心的阿里地区进入噶厦的视野，围绕自然灾害的善后，在世俗政治与宗教因素结合下产生各种利益诉求，为此噶厦、噶尔本、宗本、部落头人之间展现了一系列博弈。④ 黄维忠、张运珍以清代藏汉文献以及入藏人员的记载为基础，分服饰（贵族服饰和官员服饰、平民服饰以及僧装）、饮食（日常饮食、宴会饮食）、居住（贵族居室、农民居室、牧民居室）和出行（交通路线和交通工具）4 部分叙述清代西藏的物质生活。⑤ 王川、刘波《近代西藏昌都地区汉人社会生活初探》一文以西藏昌都地区为考察中心，复原了近代时期（1840—1959 年）该地区汉族人群体的基本状况，分析了近代昌都汉族人的社会生活，包括原籍来源、职业构成、社会组织、精神生活等相关情况，从而论证了历史上藏汉民族人员往来，血脉相连的民族关系。⑥ 郑煦卓认为，清朝统治时期，为了蒙藏地区的安定，利用藏传佛教建立了驻京喇嘛制度，并仿照国家服饰制度建立了驻京喇嘛的服饰制度。在政治权利主宰下的服饰制度成为分等级、辨亲疏的工具，对稳定当时的政教秩序、巩固统治起到了重要的作用，进一步完善了清政府对驻京喇嘛的管理。⑦

关于文化教育方面。王曙明、周伟洲认为，在清末"新政""兴学"和川边"改土归流"的大背景下，川边当局设立关外学务局和劝学员，采取各种优惠政策，划分学

① 杨庆玲：《西藏银币与清政府治藏》，《西藏民族学院学报》（哲学社会科学版）2014 年第 3 期。

② 李国政：《晚清时期西藏近代工业的萌芽与反思》，《乐山师范学院学报》2014 年第 10 期。

③ 何一民：《清代藏、新蒙、边疆城市发展滞后原因探析》，《民族学刊》2012 年第 1 期。

④ 黄博、刘复生：《近代西藏阿里地区自然灾害与政治观察——以噶厦档案中的雪灾、地震为中心》，《中国藏学》2013 年第 3 期。

⑤ 黄维忠、张运珍：《清代西藏的物质生活》，《中国藏学》2010 年第 S1 期。

⑥ 王川、刘波：《近代西藏昌都地区汉人社会生活初探》，《中国藏学》2010 年第 3 期。

⑦ 郑煦卓：《清朝驻京喇嘛服饰制度》，《艺术设计研究》2014 年第 3 期。

区，"强迫"当地藏族子弟入学，注重普及初等教育，重视师范教育与职业教育，拨付较为充足的教育经费，采取结合当地特点的教学课程及课本等措施，使川边藏区近代教育开始起步，并有所发展。清末川边藏区近代教育所取得的成绩及其原因，以及存在的问题，则可为今日西部少数民族地区教育提供借鉴。① 刘永文等人撰文认为，《广益丛报》揭露英帝国主义对西藏的侵略，报道中国政府治理西藏的得失，介绍民间对涉藏问题的关注，记载驻藏官员对外国媒体介绍治藏"新政"，强调主权的不可侵犯其一百多条共四万多字的报道是我们今天研究晚清涉藏问题的重要资料，亦可以作为批判"西藏独立"论的有力证据。②

（十）西藏历史地理研究

2010—2015 年，我国学术界对清代西藏历史地理进行了较为深入的研究。林冠群从西藏的区域地理角度出发分析了所谓"大藏区"名称的荒谬性。首先，藏族治史，首重教法史，对碑铭金文与正史典籍鲜少引用对照，并使用《西藏土臣记》等对唐代吐蕃史事记载非常不可靠的教法史料，致使所宣称之"大西藏"在史实上站不住脚。其次，众所周知，政治统驭的疆域，随着王朝势力而变迁，固定疆域界线的主张，"大藏区"显与历史事实常识不符。最后，青海、四川与云南等多民族聚居且镶嵌的情形在所多有，尤其，藏族在该多民族区域呈现少数弱势状态，一律划入藏区，不易治理，难以服众。③

柳森以藏文版《六世班禅传》为基础，结合相关档案史料和方志的记载，并以日期为顺序对六世班禅朝觐路线进行了详细梳理和考证，并认为对清中央政府与六世班禅来说，该路线是一条"双赢"的路线。④ 何晓东对清代拉萨的扎什城进行了研究，认为其是雍正年间为驻藏清军修建的屯驻之所，后来又陆续在城内外修建了驻藏大臣衙门、关帝庙、万寿寺、武备学堂、造币厂等重要设施和机构，集军事、政务、文化、经济多功能为一体，一度成为有清一代驻藏官员、军队和商民的聚集之所，是清中央开展行政管辖的主要机构和场所。⑤

房建昌撰写多篇论文，对《西藏志》所载清代后期入藏路线进行了考证，对 1721 年《皇舆全览图》木版第 15 幅"冈底斯阿林图"中有冈底斯山边外的一些汉文地名进行了考释，还考察了"近代西藏麝香之路"。其中，对于"近代西藏麝香之路"，他认为从清代至 1959 年，从列城至拉萨的贸易路线是一条西藏的麝香和茶叶之路，这可补充和丰富西藏近代交通史已经有的研究的内容。此外还探讨了拉萨南行经过聂拉木、吉隆、亚东、达旺与尼泊尔、锡金、不丹和印度的贸易交通路线，包括下察隅地区至萨地

① 王曙明、周伟洲：《清末川边藏区近代教育研究》，《中国藏学》2013 年第 2 期。
② 刘永文、赖静：《〈广益丛报〉与晚清中国西藏的社会变迁》，《西藏大学学报》（社会科学版）2012 年第 4 期。
③ 林冠群：《"大西藏"（GreaterTibet）之商榷——西藏境域变迁的探讨》，《中国藏学》2011 年第 S1 期。
④ 柳森：《六世班禅朝觐路线考》，《中国边疆史地研究》2015 年第 1 期。
⑤ 何晓东：《扎什城历史考》，《中国藏学》2015 年第 1 期。

亚的贸易路线等。①

（十一）康区治理及其对西藏治理影响研究

王田以清乾隆十七年（1752）杂谷土司改土归屯为标志性事件，川西北杂谷脑河流域的政治经济体系发生了重大转化。伴随王朝势力的推进，内地汉人商贾得以进入该族群边缘区域。从杂谷脑市镇的汉商类型、经营活动、汉商会馆与地方社会互动等情形，可以窥视川西北族群边缘区域在清季民国时期的历史图景。②

徐法言认为，乾隆十年至十四年，清廷先后用兵征讨川西土司瞻对与大金川，这两次战役关联密切，金川战役尚在进行之时，乾隆帝便与统帅张广泗秘密谋划再次征剿瞻对之事。到战役末期，清军已深陷大金川泥潭，进退不能。乾隆帝不得已，只能纳降撤兵，并运用政治手腕，将一次失败的军事行动粉饰成一场胜利的战争，以保全自己的颜面与朝廷的威严。③

马国君等人撰文认为，康区社会结构的重要特点在于政教合一，致使在当地设置的土司也必然具有双重的政治身份。清前期，朝廷曾在此实施过局部的改土归流，然因其环境恶劣等诸多因素，始终无法在此大规模建构直接统治机构，为此只能继续沿用土司制度略加羁縻。在赵尔丰主持的康区改土归流时，清廷在西藏的经略决策不得不为之一改，必须凭借军事势力以对抗英俄的入侵，只能在康区大力推行改土归流，此政策的推行为维护国家领土和主权完整做出了卓越贡献。④ 代维撰文认为，赵尔丰奉命经营川边藏区，旨在增强清政府在川边地区的控制力以稳定边疆。改土归流内容广泛，影响深远，其中尤以经济方面措施成效显著。赵氏经济改革措施的推行，一定程度上消除了某些阻碍生产力发展的桎梏，减轻了边患，为川边藏区的社会发展奠定了良好基础。⑤

八　民国时期（1912—1949 年）西藏历史研究

2010—2015 年，我国学术界有关民国时期西藏历史研究的成果众多，除了前述《西藏历代的边事边政与边吏》《西藏百年史研究》论及 1912—1949 年西藏地方史事和中央政府治藏政策外，还出版了一些有分量的学术专著和档案文献，并发表了一系列的专题论文。

---

① 房建昌：《〈西藏志〉所载清代后期入藏路线考》，《中国边疆史地研究》2010 年第 3 期；《康熙〈皇舆全览图〉与道光〈筹办夷务始末〉西藏边外诸部考》《西藏研究》2014 年第 2 期；《近代西藏麝香之路考——兼论印度大三角测量局班智达、日本僧人河口慧海和侵藏英军噶大克考察团在沿路的活动等》，《西藏研究》2015 年第 4 期。

② 王田：《清季民国川西北汉商经营与区域社会——以杂谷脑市镇为中心》，《西南民族大学学报》（人文社会科学版）2012 年第 12 期。

③ 徐法言：《一次金川之役起因初探——乾隆帝绥靖川边的努力》，《四川大学学报》2012 年第 5 期。

④ 马国君、李红香：《清末康区"改土归流"的动因及后续影响》，《云南师范大学学报》2012 年第 3 期。

⑤ 代维：《清季赵尔丰川边藏区经济改革述论》，《民族论坛》2013 年第 8 期。

（一）多部学术专著出版

徐百永著《国民政府西藏政策的实践与检讨（1927—1949）》阐述 1927 年至 1949 年国民政府治藏政策及其演变，对国民政府治理西藏的宗教政策、经济贸易政策、教育政策进行较为系统的探讨，并分析了 1927 年至 1949 年中华民国中央政府治藏政策的得失，是一部具有创新意义的学术专著。① 《中华民国时期西藏地方与中央政府关系研究》是祝启源先生去世后由夫人赵秀英等人整理出版的遗著，以 48.2 万字的篇幅，分三章阐述了从辛亥革命到 1949 年西藏地高方与历届中央政府的关系，及西藏地方与内地的经济文化关系。② 段金生《南京国民政府的边政》和《南京国民政府对西南边疆的治理研究》同样值得重视，这两部专著论述了南京国民政府时期（1927—1949）边疆治理边疆观、治边理念与实践、边政机构和治理西南边疆的政策及其得失等问题，都涉及西藏治理的相关问题。③

（二）中央政府与西藏地方关系与西藏地位问题研究

"藏独"分裂势力与西方反华势力极力制造"民国时期西藏独立"的谬论，我国学术界依据档案、文献，用历史事实予以回击。因此，这一领域的研究长期以来就是我国学者关注的重点之一，近年来喜饶尼玛、张绍庸、星全成、李健、黎同柏、段金生、裴儒弟、边巴拉姆等学者运用历史学、国际法、文献学、政治学等多学科的理论、方法，对清末民初拉萨动乱性质、民国时期西藏地方两次"驱汉"事件、民国时期的"西藏"概念等进行了研究，用可信的历史事实，充分证明了民国时期西藏是中国领土不可分割的一部分。④ 其中，星全成、星婕《民国时期西藏地方历史地位辨析》就通过大量的历史事实，论证了民国时期西藏地方隶属于民国政府，是中国领土不可分割的一部分。⑤ 边巴拉姆则从国际法的视角，就辛亥革命后西藏地方政府与中央政府之间的关系变化，西藏地方政府及祖国其他地区与中央政府之间的关系变化比较等进行了史实梳理与法理分析，结合国际法判断与识别一个国家的人民、领土、政府、主权等构成性要素，得出民国时期西藏从未独立过的结论。其人民是中国国民的组成部分，其领土是中国领土的一部分，其地方政权是中国主权管理下的一个地方政权。⑥

---

① 徐百永：《国民政府西藏政策的实践与检讨（1927—1949）》，社会科学文献出版社 2013 年版。

② 祝启源著、赵秀英整理：《中华民国时期西藏地方与中央政府关系研究》，中国藏学出版社 2010 年版。

③ 段金生：《南京国民政府的边政》，民族出版社 2012 年版；《南京国民政府对西南边疆的治理研究》，社会科学文献出版社 2013 年版。

④ 参见张绍庸、喜饶尼玛《清末民初拉萨动乱性质初析》，《中国藏学》2011 年第 1 期；李健《民国时期的"西藏"概念——从 1926—1935 年间的五本〈西藏问题〉著作谈起》，《西北民族研究》2012 年第 2 期；黎同柏《辛亥革命中的中国西藏》，《西北民族大学学报》2012 年第 2 期；段金生、郭飞平《南京国民政府时期的中央与西藏地方关系述论》，《云南行政学院学报》2014 年第 5 期；裴儒弟《民国时期西藏地方两次"驱汉"事件的比较分析》，《中国藏学》2015 年第 3 期。

⑤ 星全成：《民国时期西藏地方历史地位辨析》，《青藏高原论坛》2015 年第 3 期。

⑥ 边巴拉姆：《国际法视域中民国时期的西藏地方》，《中国藏学》2015 年第 3 期。

（三）西藏治理政策研究

该领域主要研究民国时期历届中央政府治理的西藏的政治、军事、经济、文化教育、宗教等方面的政策、措施及成效、影响等，20 世纪 80 年代以相关研究来持续进行。2010 年至 2015 年，我国学者发表了 30 多篇学术论文，进一步深化民国时期历届中央政府治藏政策的研究。

第一，学者们关注民国时期历届中央政府加强与西藏地方政治关系的各项措施，特别是多次派人进藏联络和召开的相关会议。龙珠多杰对民国时期中央政府派甘肃代表团、黄慕松和吴忠信三次组团入藏及其意义进行评析，邱熠华考察了民国元年贡桑诺尔布派遣代表赴藏的事迹，周伟洲、邱熠华都对 1919—1920 年甘肃代表团李仲莲、朱绣等人奉命入藏事件进行了阐述、分析①。张发贤认为 1934 年国民政府遣使黄慕松进藏追封、致祭达赖喇嘛，黄慕松在藏积极活动，妥善处理诸多事件，增进彼此了解，开启了西藏地方与中央政府关系的新纪元。②

国民政府时期多次召开与西藏治理相关的重要会议，张皓对国民政府为解决西藏问题而召开西藏会议、西防会议进行了研究，徐百永对民国政府初期筹备西藏会议及其失败做了分析。③ 张双智认为 1946 年的国民大会通过了赋予西藏"高度自治"的宪章，噶厦却拒绝接受。④ 而车志慧认为国民政府成功挽留西藏代表团参加了国大，终在宪法中规定了西藏地方自治的政治地位。⑤

第二，民国时期中央政府对西藏的军事行动，比较引人注目的是民国初年的四川、云南军队西征和 1943 年国民政府谋划出兵事件。朱映占、段丽波研究了民国初年川、滇两省的"援藏西征"⑥，李正亭、孔令琼则对云南军队入藏问题进行了专文探讨⑦，毕文静则对 1943 年国民政府出兵西藏事件进行了论述⑧。

第三，民国时期中央政府在西藏治理过程采取了一系列的经济、文化、社会发展政策，在交通、邮政、教育等方面也制定过一些规划，民间还提出相关建议。在西藏地方与中央政府政治关系受到国内外因素干扰的背景下，这些政策、措施和建议有利于加强

① 龙珠多杰：《评析民国时期中央三次组团入藏的意义》，《四川民族学院学报》2010 年第 1 期；周伟洲：《1919—1920 年李仲莲、朱绣等奉命入藏事件论析》，《西藏民族大学学报》（哲学社会科学版）2015 年第 2 期；邱熠华：《1919—1920 年甘肃代表团入藏史事探析》，《中国藏学》2013 年第 S2 期；《民国元年贡桑诺尔布派遣代表赴藏事迹考》，《民族研究》2014 年第 3 期。

② 张发贤：《再论黄慕松进藏及其历史意义》，《西北民族大学学报》2012 年第 5 期。

③ 张皓：《从西藏会议到西防会议：国民政府解决西藏问题的初步尝试》，《青海民族研究》2015 年第 2 期。徐百永：《试析民国政府初期西藏会议的筹备与失败》，《西藏研究》2010 年第 5 期。

④ 张双智：《国民政府与噶厦围绕"西藏高度自治"的较量——以 1946 年国民大会为中心》，《青海民族研究》2014 年第 3 期。

⑤ 车志慧：《1946 年制宪国大与国民政府对西藏的政策》，《甘肃社会科学》2014 年第 5 期。

⑥ 朱映占、段丽波：《民国初年川滇两省援藏西征之争研究》，《西南边疆民族研究》2015 年第 1 期。

⑦ 李正亭、孔令琼：《民初滇军入藏问题析论》，《青海民族大学学报》（社会科学版）2014 年第 4 期。

⑧ 毕文静：《1943 年国民政府出兵西藏事件始末考》，《青海民族研究》2015 年第 1 期。

西藏与内地的经济文化交流，维护国家统一。一些学者在这些方面发表论文，进行了较为深入的探讨。孙宏年对民国时期西藏地区交通近代化的构想与实践进行了探讨，指出国内有识之士一再呼吁在西藏发展近代交通事业，并提出一系列的建议和构想，包括修建铁路、公路和机场，发展邮政、电信，开辟邮路和航线等。这些建议和构想对于20世纪上叶西藏交通建设产生了一定影响，既在一定程度上影响了历届中央政府的决策，又促使西藏地方政府为此几度努力，引入邮政、电信等近代交通设施。①

李勇军、李双指出，南京国民政府时期，为打破中央与西藏的隔绝状态，蒙藏委员会与交通部等中央部委合作，在规划通往西藏的航空线路、修筑机场、兴建公路以及筹办各类邮政电信事业方面做了大量工作。由于自然地理条件的限制和英印唆使下西藏分裂势力的阻挠，很多交通规划措施未能贯彻落实。这一时期，西藏与沿边省份的交通、邮政体系逐渐有所改善，蒙藏委员会的工作对于维护国家主权和边疆民族稳定方面具有积极的意义。② 王川考察了近代西藏与祖国内地在蔬菜品种种植交流上的表现、事例，认为清代以来内地与西藏地方交往日益频繁，各类蔬菜也随内地官员、军队和民众的入藏而被引种，这一过程在民国时期（1912—1949）得到了继续。他指出，由于诸多方面的原因，这一交流成绩有限，但是它预示了西藏地区农业的一个发展方向，在中国农业发展史和中国现代边疆开发史上的意义不可忽视。③

喜饶尼玛、王海燕探讨了"留藏学法团"对于民国时期汉藏文化交流的影响，指出1925年6月大勇法师率"留藏学法团"由北京出发，赴藏学法，成为民国时期内地僧人以游学方式自发组织前往西藏求法的先声。作为学法组织的启蒙范本与汉藏关系进程中的重要组织，"留藏学法团"展现了民国时期汉藏宗教文化交流的脉络与趋向，丰富和充实了汉藏文化交流的内容和形式，也成为推动蒙藏委员会此后资助汉藏僧侣游学的动因。④ 苏发祥、安晶晶以民国时期北平蒙藏学校的发展历史（1913—1949）为主线，梳理该校建立背景、班级及课程设置、学生和师资规模等史实，认为北平蒙藏学校的创办不仅为边疆少数民族地区，尤其是蒙藏地区培养了大批具有现代思想意识的知识分子，而且为民国政府培养了不少边疆少数民族事务的管理人才，开启了一个如何发展边疆教育的新型模式。⑤ 徐百永考察了国家政府的西藏教育政策及其实践，认为国民政府为发展西藏的近代教育制定了许多相关政策，并为此进行了诸多努力。由于西藏地方与中央关系的不正常状态，这些政策很难在西藏推行下去，大部成为一纸空文。然而在政策的实践上，国民政府还是取得了一定的成绩，设立了许多教育设施，对于挽救在藏汉人的民族意识、推动汉藏文化交流、抵制英国的文化渗透等方面发挥了积极的重要

① 孙宏年：《20世纪上半叶西藏地区交通近代化的构想与实践述论》，《中国边疆民族研究》2010年第3辑。

② 李勇军、李双：《蒙藏委员会与西藏交通、邮政事业之开发》，《中南民族大学学报》（人文社会科学版）2014年第1期。

③ 王川：《民国时期内地蔬菜传入西藏略考》，《民族研究》2011年第6期。

④ 喜饶尼玛、王海燕：《"留藏学法团"与民国时期汉藏文化交流》，《中国边疆史地研究》2010年第2期。

⑤ 苏发祥、安晶晶：《论民国时期北平蒙藏学校的建立及影响》，《青海民族研究》2013年第4期。

作用。①

第四，国民政府的治藏政策是学者研究的重点领域之一，除了前述徐百永的《国民政府西藏政策的实践与检讨（1927—1949）》等著作外，2010 年至 2015 年还有不少专题论文。其中，陈柏萍、魏少辉都对国民政府对西藏的治理政策进行了总体的阐述。② 张春燕、张丽认为，自元代中国中央政府开始对西藏地方实行有效管理以来，历代中央政府对西藏在主权管辖上一脉相承。南京国民政府在成立之初，为改善与发展同西藏地方的关系，制定过许多政策和措施，体现了中央与西藏地方的紧密联系，也体现了中央与西藏地方的主权隶属关系。③ 张双智则认为，在 1930 年中原大战期间，蒋介石在河南归德前线指挥部，接见了十三世达赖喇嘛的代表贡觉仲尼，就中央政府与西藏地方当局恢复和改善关系进行了商谈。蒋介石随即致函十三世达赖喇嘛，表示中央和西藏地方恢复正常关系的诚意。④

国民政府派员在西藏熬茶布施和传昭活动时的布施都反映了中央政府治藏政策的重要内容，近年有学者给予关注，并做了具有创新意义的分析。徐百永认为，国民政府在西藏地区的著名寺院进行熬茶布施，这一政策是国民政府"从宗教上推动政治"策略的重要体现，目的是通过熬茶布施在西藏构建起支持中央的基本力量，从而达到改善和恢复中央与西藏政治关系的目标。实践表明，这一政策的实施在一定程度上消除了汉藏隔阂，融洽了汉藏感情，密切了西藏地方与中央的政治关系。⑤ 邹敏考察了 1943 年蒙藏委员会驻藏办事处传昭布施，认为由于时局的原因，国民政府蒙藏委员会驻藏办事处在 1943 年新年传昭期间开展的传昭布施，不仅赓续了历史传统，维护了国家在场的原则，彰显了中央政府的治藏主权和对藏"德意"，还对当时政治僵局下的双方关系起到了一定的缓和作用。⑥

第五，民国时期西藏与邻近地区的关系是影响历届中央政府治藏政策的重要方面，特别是西藏与四川、川边（1939 年后为西康省）、青海之间纠纷不断，甚至川藏之间几次发生武装冲突。对此，星全成撰文探讨了民国时期西藏地方与周边地区"构怨"的成因、特点和中央政府的"调停"问题，认为民国时期西藏地方与周边地区多次构怨，曾对西藏及周边地区的社会稳定产生重大影响。"构怨"的影响因素是多方面的，既有历史因素，又有经济因素，既有帝国主义挑唆的因素，又有国内时局影响的因素。他还

---

① 徐百永：《国民政府对西藏教育政策的实践与思考》，《中国藏学》2012 年第 2 期。

② 陈柏萍：《南京国民政府对西藏的治理》，《青海民族大学学报》（社会科学版）2013 年第 1 期；魏少辉：《国民政府治藏政策研究综述》，《西藏民族学院学报》（哲学社会科学版）2013 年第 3 期。

③ 张春燕、张丽：《国民政府成立初期中央政府与西藏地方政府关系刍议——"蒋介石致十三世达赖喇嘛书"撰写时间探析》，《中国藏学》2011 年第 1 期。

④ 张双智：《蒋介石于河南归德前线致十三世达赖喇嘛信解读——兼与张春燕、张丽先生商榷》，《中国藏学》2013 年第 4 期。

⑤ 徐百永：《试析国民政府在西藏的熬茶布施及其效果》，《青海民族大学学报》（社会科学版）2011 年第 4 期。

⑥ 邹敏：《国民政府布施藏传佛教的年度个案：戴新三〈拉萨日记〉1943 年传昭布施记载初探》，《中国藏学》2014 年第 3 期；《国家在场：1943 年蒙藏委员会驻藏办事处传昭布施》，《中国边疆史地研究》2015 年第 3 期。

指出，每当西藏地方与周边地区发生纠纷，民国历届中央政府都从维护国家主权和地区社会稳定考虑，通过各种途径进行调停，和平解决争端。① 高晓波则选取藏边社会纠纷中最为常见寺院、部落社会纠纷，探讨青海、甘肃的军阀介入西藏邻省藏区社会纠纷的影响，认为军阀参与解决社会纠纷的实质是挑起争端，从中渔利，并维持势力均衡，以达到维护社会稳定的目的。②

（四）西藏治理机构、重要人物研究

该领域成果丰富，相关论文有十多篇，并在蒙藏委员会及其驻藏办事处和罗长裿、钟颖、陆兴祺、沈宗濂、孔庆宗等人的研究方面取得新进展。

关于蒙藏委员会的机构、职责及其治藏措施、影响，喜饶尼玛、张子新、王华、谢海涛等学者撰文进行了探讨。③ 其中张子新、喜饶尼玛对南京民国政府蒙藏委员会的治藏措施进行了评述④，认为作为南京国民政府管理蒙藏事务的最高机构，蒙藏委员会基于对民国时期藏事的认识，采取了一系列治藏措施。由于当时国际、国内形势的影响，蒙藏委员会的相关措施不可避免地带有时代烙印和局限性，但从中央政府坚持对藏主权、维护边疆稳定等方面所发挥的作用来看，具有重要的现实意义。

关于蒙藏委员会驻藏办事处机构及其在西藏治理中的影响，王川、陈辉、邹敏等学者对1940—1944年孔庆宗负责的时期驻藏办事处内部人事设置、对在藏汉人的管辖及影响进行了探讨。他们利用相关档案材料和新发现的驻藏办事处戴新三科长《拉萨日记》，对这一时期办事处内部人事设置和纷争进行了梳理、分析，认为孔庆宗实际负责处长一职的近5年间（1940年4月—1944年7月），由于各种原因，在处内形成比较复杂的人事矛盾，引起处内多位职员要求内调，影响了他对于藏事的办理成效，并最终到了他自身无法调和和控制的程度，只得辞去办事处处长一职，呈会内调。⑤ 王川还强调，蒙藏委员会驻藏办事处在藏存在期间所开展的各项工作促进了中央与西藏地方关系的恢复和发展，其中孔庆宗担任首任驻藏办事处处长的5年中（1940年4月—1944年7月），驻藏办事处对在藏汉人管辖工作的展开过程和积极效果。孔庆宗时期蒙藏委员会驻藏办事处的工作，显示了中央政府对西藏的主权管辖，政治上有积极意义。⑥

钟颖在1912年5月被中华民国中央政府任命为西藏办事长官，到1915年被判处死

①　星全成：《民国时期西藏与周边构怨成因及特点》，《青海民族研究》2014年第3期；《民国时期西藏与周边构怨及中央政府的调停》，《西北民族大学学报》2014年第3期。

②　高晓波：《军阀参与下近代藏边社会纠纷的产生及其解决——以马家军阀参与下甘青藏边社会纠纷解决为考察中心》，《西藏研究》2015年第5期。

③　王华：《蒙藏委员会对后世的影响与启示》，《四川民族学院学报》2012年第4期。谢海涛：《南京国民政府蒙藏委员会机构述略》，《北方民族大学学报》2012年第4期；《南京国民政府初期蒙藏委员会的一般职责述略》，《宁夏社会科学》2014年第6期。

④　张子新、喜饶尼玛：《南京民国政府蒙藏委员会治藏措施评述》，《云南民族大学学报》2010年第3期。

⑤　王川、陈辉、邹敏：《民国中期孔庆宗负责时代驻藏办事处内部人事设置及其影响（1940—1944）》，《西藏大学学报》2012年第3期。

⑥　王川：《孔庆宗时期蒙藏委员会驻藏办事处对在藏汉人的管辖及其意义》，《上海大学学报》2010年第4期。

刑。康欣平、陈明就此撰文指出，1915 年钟颖被北洋政府判处死刑，起因是湖南人罗春驭上书大总统袁世凯诉其父罗长裿在藏为钟氏所害，这看起来理由充分，但仔细考辨分析，他死刑的"冤案"成分更大。袁世凯为首的中央政府对钟颖案的处置，既可打造其对藏事高度负责、为忠良申冤的正面形象，又释放对西藏地方统治者的所谓"和解"诚意，还把西姆拉会议后藏的不利局势归于历史原因，达到了一箭多雕的效果。[1]

钟颖在 1913 年 4 月 14 日被迫离开西藏，北洋政府不得不采取应对性的措施，其中重要的一项就是在 4 月 2 日任命陆兴祺为"护理驻藏办事长官"，此后至 1927 年他长期担任这一职务，一度被授予陆军中将。那么，陆氏的职衔、所属机构及其部属情况如何，他在民国时期的西藏治理中的作用、影响如何？这些问题在 2010 年以前研究极为薄弱，近年来邱熠华、孙宏年利用档案文献，大大深化了相关研究。邱熠华利用已公布的档案及相关资料，主要围绕陆兴祺在民国初期涉及的西藏事务，考察北京政府时期设立的西藏办事长官等职官沿革，讨论民国时期中央政府与西藏地方的关系等问题。[2] 撰文邱熠华：《民国政府任命的西藏办事长官——以陆兴祺研究为中心》，《中国藏学》2011 年第 3 期。孙宏年依据《政府公报》和新近公布的民国时期档案等文献，梳理陆氏的职衔、所属机构及其部属等情况，并强调陆兴祺是近代中国西藏治理史上的重要人物，对 20 世纪上半叶，特别是 1912 年至 20 世纪 30 年代的历届中央政府治理西藏的确做出了一定的贡献，呼吁学术界共同努力，进行更为深入的探讨和研究。[3]

对于沈宗濂在民国时期西藏治理中的贡献与影响，魏少辉认为 20 世纪 40 年代前期国民政府和西藏地方一度缓和的关系再度紧张，国民政府的对藏主权受到严峻挑战。为了改善双方关系、巩固对藏主权、稳定抗战后方，国民政府打破常规选派沈宗濂入藏。沈宗濂在藏期间积极活动，取得了一定"战术上"的成绩，但由于此时国民政府并未将解决边疆问题作为重心，加以英国阻挠和西藏上层分裂势力膨胀，沈宗濂此番入藏并未达到预期目的，国民政府仍未能有效控制西藏局势。[4] 张永攀则认为沈宗濂就任国民政府蒙藏委员会驻藏办事处处长后，成就斐然，使中央政府与西藏地方的关系日益紧密。沈宗濂虽然入藏时受到英国政府阻挠，但是在入藏后与英方和西藏地方政府多次展开会谈与交涉，维护了中央在西藏的政治地位，并在任期结束时促成西藏派遣代表参加国民大会，挫败了西藏分离主义者的图谋。[5]

（五）西藏政教上层人士研究

由于上层人士对于西藏政局变化和中央治藏有一定影响，因此民国时期历届中央

[1] 康欣平、陈明：《"冤案"而非"疑案"：与清末民初藏局相关的钟颖死刑案之分析》，《西藏研究》2014 年第 2 期。

[2] 邱熠华：《民国政府任命的西藏办事长官——以陆兴祺研究为中心》，《中国藏学》2011 年第 3 期。

[3] 孙宏年：《陆兴祺与民国时期西藏治理研究——以陆氏职衔、所属机构为中心》《中国边疆史地研究》2013 年第 1 期。

[4] 魏少辉：《论沈宗濂入藏》，《四川民族学院学报》2010 年第 6 期。

[5] 张永攀：《论沈宗濂入藏与中英交涉》，《中国边疆史地研究》2014 年第 3 期。

政府重视政教上层人士的作用。九世班禅与十三世达赖喇嘛及两大系统的关系、西藏派驻内地的僧人、龙夏等都是民国时期中央政府治藏政策必须考虑的因素。这些也成为我国学术界长期研究的重要问题，2010 年至 2015 年围绕相关问题也发表了一系列新成果。

第一，历代班禅爱国爱教，民国时期九世班禅等人的活动在维护国家统一、反对分裂中起到重要作用。近 6 年来，学者继续就此进行了探讨，星全成撰文指出，班禅额尔德尼是藏传佛教格鲁派的著名活佛之一，自该系统建立以来，不仅与历代中央政府保持着密切的联系，而且在抵御外国侵略、维护祖国统一、反对"藏独"和促进藏区社会稳定等方面做出了积极的贡献。[①] 九世班禅系统在南京国民政府建立后立刻与国民政府建立了联系，国民政府对九世班禅系统也给予了高度重视。鉴于受到九世班禅系统的重视，因此九世班禅系统也成了其他藏区政教团体和人士与南京国民政府间建立联系的桥梁，从而为国民政府与这些藏区政教团体和人士间关系的建立和加强发挥了积极作用。[②]

陈柏萍、杜玉梅、陶长雨等撰文论述了九世班禅在内地的政教活动及相关日期。[③] 其中，《事纪：班禅来京与西藏之关系》（原刊于《海潮音》1925 年第六卷第二期，第13—21 页）介绍了 1924 年班禅来京的原因、沿途接待程序、中央接待规格以及中央与西藏的关系等问题。陶长雨据此分析，认为从接待细节描述中，不仅可以看到中央政府对西藏宗教领袖九世班禅的接待规格沿袭了历史传统，而且也看出中央政府对当时西藏、班禅的地位、影响及作用特别关注和重视。[④]

第二，关于十三世达赖喇嘛的言行、活动及其影响的研究成果，主要有梁忠翠、达瓦等人的论文。梁忠翠对 1910—1912 年十三世达赖喇嘛的活动、心态进行了分析，认为晚清政府的藏务实施令西藏地方上下丧失信心，十三世达赖喇嘛对此亦感不满，1910年十三世达赖离境出走印度，此后在印度境内停留两年。此事造成的影响是十三世达赖喇嘛产生了依托英国的思想，英国笼络扶持西藏上层势力的模式取得了成功，之后西藏宗教领袖出走印度成为其政治诉求道路的选择之一。[⑤] 达瓦探讨了十三世达赖扶植的"坚塞"所扮演的历史角色，指出龙夏·多吉次嘉、擦荣·达桑占堆、土登贡培为代表的一批近代重要人物，在十三世达赖喇嘛的扶植和重用之下，被民众称为"坚塞"。他们在维护达赖自身安全和权威、推进"新政"改革措施等方面扮演了重要的角色，成为十三世达赖喇嘛执政时期的独特现象，也是近代西藏地方统治阶级复杂斗争的鲜活表现。[⑥]

第三，民国时期达赖与班禅两大活佛的关系是学术界多年研究的课题，近年又有新成果，特别是邓晓川、田海鹰、魏少辉、张皓、孙宏年等人围绕两大系统失和的原因、

① 星全成：《班禅系统的爱国传统述略》，《青海民族大学学报》（社会科学版）2012 年第 1 期。

② 张子新：《南京国民政府前期班禅系统的作用——以促进南京国民政府与藏区政教团体和人士沟通方面的作用为中心》，《西藏研究》2015 年第 1 期。

③ 陈柏萍：《九世班禅在内地的政教活动述略》，《青海民族大学学报》（社会科学版）2012 年第 2 期；杜玉梅：《对九世班禅驻留内地期间几个重要事件日期的考订》，《世界宗教文化》2012 年第 6 期。

④ 陶长雨：《事纪：班禅来京与西藏之关系》，《西藏民族学院学报》2015 年第 3 期。

⑤ 梁忠翠：《论 1910—1912 年的十三世达赖喇嘛》，《民族学刊》2014 年第 4 期。

⑥ 达瓦：《论十三世达赖扶植的"坚塞"所扮演的历史角色》，《西藏大学学报》2014 年第 4 期。

中央政府治藏政策，提出了新观点、新认识。① 其中，魏少辉、张皓考察了1932年达赖、班禅系统的相互攻讦与国民政府的政策、措施，认为面对达赖、班禅系统的相互攻讦，国民政府在依照历史定制明确达赖、班禅政教地位的基础上，依据双方的"事实表现"，一方面对支持班禅返藏采取了坚定的立场，另一方面也试图通过解释，以消除达赖系统的疑虑。由于噶厦在康藏、青藏战争中双双失利，加之国民政府采取了较为恰当的政策，达赖、班禅系统此次激烈的攻讦最终得以停息。②

第四，民国时期十三世达赖喇嘛、噶厦选派僧人按照清代惯例到内地任职，这些僧人为加强中央政府与西藏地方的联系起到了特殊的作用。对此，邱熠华利用新公布的汉、藏文档案史料，探讨了1919年、1921年西藏新派驻京僧人的问题③。其认为民国中央政府成立后，西藏地方在1919年首次派遣僧人驻京，对西藏方面而言，派遣这批僧人驻京是延续传统，同时也反映出面对尚未明朗的新局势，西藏地方当局对中央政府的模糊态度；对中央政府而言，按例对驻京僧人进行考核、任命，于政府官报公布其任命，持续管理其报销旅费、加封名号、奖惩、离任等事宜，则是保持历史传统，维护对藏主权。因此，驻京僧人成为沟通西藏地方与中央关系的主要渠道，其政治职能大大增强。在1920年后的十多年里，顿珠汪结、楚称丹增和降巴曲汪等西藏新派驻京僧人往返于北京、南京与拉萨等地的一系列活动本身，即是西藏地方与中央政府保持关系的明证，具有积极意义。

第五，根敦群培是近现代藏族史上的佛门奇僧、学术大师、启蒙思想家，是西藏人文主义先驱和藏传佛教世俗化的先驱，在西藏近代化启蒙方面有着重要地位。2012年，《中国藏学》出版《根敦群培研究专刊》，共对根敦群培进行较为全面的研究。④ 其中，李有义《藏族历史学家根敦群培传略》较为全面地回顾了藏族历史学家根敦群培的一生，把根敦群培的成长、求学、游历、蒙冤以及取得的学术成就放在当时的大环境中进行了深入的分析，评价其为我国藏族的一位爱国主义者、民主主义者、朴素的唯物主义者。杜永彬《国内外根敦群培研究的新进展》对国内外根敦群培研究的新进展作了较

① 参见田海鹰《近代达赖与班禅两大活佛失和述略》，《西藏民族学院学报》（哲学社会科学版）2012年第3期；孙宏年《从平等到失衡：达赖、班禅关系与国民政府治藏政策研究（1927—1933）》，《云南师范大学学报》（哲学社会科学版）2012年第5期；张皓《九世班禅三次晋京及其解决返藏问题的努力》，《江苏师范大学学报》2013年第6期；星全成《历史上达赖与班禅两大系统矛盾成因探幽》，《青海民族大学学报》（社会科学版）2014年第1期；邓晓川《达赖与班禅关系嬗变之中的西藏政教格局》，《厦门特区党校学报》2014年第1期；魏少辉《国民政府和西藏地方政府关于九世班禅返藏之磋商》，《青海民族研究》2014年第2期；等等。

② 魏少辉、张皓：《1932年达赖、班禅系统相互之攻讦与国民政府的处理》，《青海社会科学》2013年第5期。

③ 邱熠华：《1919年西藏新派驻京僧人述论》，《中国藏学》2014年第4期；《1921年西藏新派驻京僧人述论》，《西藏研究》2015年第2期。

④ 这组论文刊发于《中国藏学》2012年第S2期，主要有拉巴平措《论根敦群培的历史功绩和精神遗产》，李有义《藏族历史学家根敦群培传略》，霍康·索朗边巴、罗桑旦增《根敦群培大师传·清净显相》，张云《根敦群培与恰白·次旦平措的吐蕃史研究——新史观、新方法、新资料、新发现》，杜永彬《根敦群培著作选译》，沐水《根敦群培年谱（1903—1951）》，沐水、班玛更珠《根敦群培作品目录》，沐水、永巴、班玛更珠《根敦群培研究索引》。

为系统的回顾和梳理，其中包括根敦群培生平研究、根敦群培学术研究、根敦群培思想研究的新进展等三部分，对根敦群培研究进行了展望。张云《根敦群培与恰白·次旦平措的吐蕃史研——新史观、新方法、新资料、新发现》从新史观、新方法、新资料、新发现四个方面对根敦群培和恰白·次旦平措两位著名学者的吐蕃史研究做了全面、系统的分析，在此基础上较为深入地探讨了他们的学术思想、学术历程和治学方法，肯定了两位学者在吐蕃史研究，乃至藏学研究领域中做出的巨大学术贡献。除了这组论文、文献，相关的论文还有尕藏扎西的《更敦群培与"西藏革命党"考略》① 和唐纳德·小洛培兹的《根敦群培生平研究》。②

此外，龙厦是民国西藏史上的重要人物，他在十三世达赖喇嘛实行"新政"之际得到赏识，曾积极跟随十三世达赖喇嘛进行改革的实践。近年来，学界对龙厦的评价已基本取得共识，喜饶尼玛、央珍对他进行了再研究，以得出有较为全面客观的认识。③ 霍康·强巴旦达、道帏·才让加通过简略的问答形式，介绍和再现了霍康家族与西藏近现代史上三位高僧的关系。④

（六）西藏地方政局变动与社会发展问题研究

张曦、罗绍明、文厚泓等学者发表了相关论文。⑤ 张曦撰文分析了十三世达赖喇嘛新政失败的原因，指出学界关于十三世达赖喇嘛新政的失败已有较多的论述，该文从西藏自身特殊的土地分配和经营方式及宗教因素所影响下贵族对新政推行的阻碍这一角度做出阐述，即土地和宗教决定了贵族对新政诸多方面的不配合和排斥。

（七）西康省问题研究

2010—2015 年，我国学术界有关西康（含 1939 年前的川边）政治、经济、文化、教育、交通等研究的论文有 30 多篇⑥，限于篇幅，不再一一介绍。其中王娟考察了从清代至 20 世纪中叶川边康区的行政体制演变，认为在清代的行政建制中，隶属于四川省雅州府打箭炉厅的川边康区为土司辖地，其在清末改土归流中，被废除土司制度，建

①　尕藏扎西：《更敦群培与"西藏革命党"考略》，《西藏民族学院学报》2013 年第 5 期。

②　唐纳德·小洛培兹：《根敦群培生平研究》，杜永彬译，《中国藏学》2013 年第 S1 期。

③　喜饶尼玛、央珍：《再论龙夏其人》，《中国藏学》2013 年第 S2 期。

④　霍康·强巴旦达、道帏·才让加：《近代霍康家族和西藏的几大高僧——西藏档案馆口述系列之一》，《中国藏学》2015 年第 1 期。

⑤　参见罗绍明《1913—1933 年西藏上层的政治抉择》，《西藏研究》2013 年第 2 期。文厚泓《民国时期西藏地方的现代化探索》，《船山学刊》2014 年第 1 期。

⑥　参见范召全、陈昌文《国民政府时期西康地区宗教样态二十年（1928—1948）变迁研究——兼论民国政府宗教政策和西康早期现代化》，《世界宗教研究》2010 年第 4 期。王娟《"藏族"，"康族"，还是"博族"？——民国时期康区族群的话语政治》，《西北民族研究》2012 年第 2 期；《边疆自治运动中的地方传统与国家政治——以 20 世纪 30 年代的三次"康人治康"运动为中心》，《西南民族大学学报》2013 年第 1 期。彭文斌、汤芸《边疆化、建省政治与民国时期康区精英分子的主体性建构》，《青海民族研究》2013 年第 4 期。郑杏《刘文辉与日库活佛关系述论》，《四川民族学院学报》2015 年第 1 期。肖萍《抗战时期对外国人入康活动的管理》，《四川民族学院学报》2015 年第 3 期。罗绍明《民国时期的康藏精英与"康人治康"运动》，《四川民族学院学报》2015 年第 3 期。

立州县体制。民国以降，历经"川边特别行政区""西康特别行政区"和"西康省"的行政建制，直到 1950 年由人民政府接管，川边康区一步步从封建王朝的土司辖地转变为现代国家之同一化行政体系中的一个单元。在这一边疆转型的历程中，一个重要方面是由中央政府委任的流官大规模进入，以取代王朝时期的世袭土司，成为基层政权的领导者。综观这一历程，贯穿始终的线索是国家试图将"土著精英"改造为"国家官员"，以吸纳进正式的行政体系的尝试和努力。这种尝试违背了流官制度的根本属性，却成为国家力量进入具有深厚地方传统的边疆地区时的必然选择。①

九　当代西藏治理研究

当代西藏治理研究以新中国成立以来西藏治理为研究对象，着重探讨 60 多年来中央治理西藏的方略、政策、措施和西藏地方的安全、稳定、发展及相关问题。当代西藏治理研究始于 20 世纪 50 年代，至 2015 年的 60 多年间大致可以分为三个阶段：第一阶段，即 1949 年至 1979 年，当代西藏治理的学术研究成果数量有限，相关的研究领域尚未展开，无论是宏观性的全局性的研究，还是涉及边界、安全、社会发展等具体问题的微观研究，都处于起步阶段。但是，大量的新闻报道、党政部门文件通过报刊中得到发布，学者们深入西藏的社会调查形成了初步的成果，为后来的学术研究提供了宝贵资料。

第二阶段，即 1980 年至 2004 年，当代西藏治理研究在改革开放以后不仅受到中央政府和西藏地方的重视，多次组织学者围绕西藏治理的历史与现实问题进行研讨、总结、研究和分析，而且更多的专家学者投身这一研究之中，形成了老、中、青相结合的研究队伍。而且，一大批有价值的文献资料出版，初步形成了当代西藏治理研究的"文献体系"，为各领域的研究提供日趋丰富的史料；研究领域不断拓展，理论水平明显提高，宏观研究、微观研究同步前进，为以后的各领域学术研究的进一步深化创造了条件。

第三阶段，即 2005 年至 2015 年，我国学者在当代西藏治理研究中不仅一批重要的文献资料的公布、出版，为新中国成立以来的西藏治理研究提供了日益完备、更为丰厚的资料，而且研究领域比 2004 年以前更为宽广，各领域都发表了诸多高质量的学术论文，绝大多数领域出版了一定数量的高质量的学术专著。

限于主题和篇幅，本文重点介绍 2010 年至 2015 年的新进展、新突破。

1. 当代西藏治理的综合性研究进一步深化

该领域无论是成果的数量，还是质量，都在 2010 年以前研究的基础上取得重大的突破。

第一，中国共产党西藏工作及政策的综合性研究取得新进展。据统计，2010 等至 2015 年我国学术界发表的相关论文 20 余篇。② 阴法唐、朱晓明、车明怀、廉湘民、宋

---

　　① 王娟：《流官进入边疆：清初以降川边康区的行政体制建设》，《中南民族大学学报》2014 年第 1 期。

　　② 本文关于 2010 等至 2015 年有关当代中国西藏治理研究的学术论文篇数是孙宏年统计的。统计时以中国知网所收文章为主，参考《中国藏学》第 1、2 期关于上一年研究论文要目，并把学术论文与回忆录、纪念性文章分开，只统计学术论文的数量。同时，限于篇幅，本文中只能介绍部分学术论文的观点，难以全部列举。

月红、毕华、王小彬、梁俊艳等学者都发表过相关论文，其中毕华、王小彬执笔的《中国共产党西藏政策的内涵及决策模式研究》阐述了中国共产党西藏政策的内涵、特点，中国共产党西藏工作及政策实施的历程，分析决策模式的相关要素，从理论上对这一问题进行了很有深度的探讨。[①] 阴法唐在 2012 年撰文较为清晰地回顾了 1950 年 1 月党中央决定进军西藏以来 62 年间西藏革命和建设的历程、巨大成就，总结了这 62 年间西藏治理的经验和教训；由于作者在西藏工作的经历，对一些问题和教训进行了比较深刻的思考。[②] 朱晓明、王小彬在 2015 年撰文回顾和总结了当代西藏地方历史的发展历程，认为当代西藏地方历史可划分为两大时期，即从和平解放到西藏自治区成立，在党的领导下，西藏人民用 16 年时间完成驱逐帝国主义、推翻封建农奴制度两大新民主主义革命任务；西藏自治区成立后，经过社会主义改造和建设，到实行改革开放，走上中国特色社会主义道路。他们在文中阐述了"当代史在西藏的历史定位"，并对 60 多年来中央治理西藏政策、措施进行了总结和分析。[③]

2010 至 2015 年，中国共产党西藏工作及政策综合性研究的学术专著数量明显增加，而且多为高水平的学术成果，代表性的著作中至少有 6 种：一是宋月红著《当代中国的西藏政策与治理》[④]，以 49 万字的篇幅，较为全面地论述了当代中国治理西藏的重大问题，包括西藏实行民族区域自治的思想来源与政策基础，《十七条协议》与西藏地方团结问题的解放及达赖、班禅的地位问题，西藏自治区的成立，邓小平的当代西藏发展观，改革开放以来五次西藏工作座谈会与中央关于西藏工作的政策发展，中央扶持、全国支援西藏发展与加快西藏发展等。

第二，中共西藏自治区委员会党史研究室编《新中国的西藏 60 年》[⑤] 是在纪念中华人民共和国成立 60 周年征文基础上编成的，以 120 万字的篇幅，收入了 15 个专题的 96 篇文章，其中有 7 篇论文阐述了新中国成立 60 年的西藏工作方针政策，13 篇论文论述了 1949 年以来西藏社会发展的历程，17 篇论文介绍 1949 年以来拉萨、那曲等地市和基础设施建设、文化教育、医疗卫生等事业的成就，5 篇论文探讨了民族区域自治制度在西藏的实践，9 篇论文论述了新中国边疆治理的成就、经验和民族、宗教、统战工作的政策，还有一些论文探讨了反分裂斗争、人民军队在西藏稳定发展中的作用、"老西藏精神"、党的建设和全国支援西藏等相关问题。《新中国的西藏 60 年》还对未全文收入的 80 余篇论文进行了观点摘编，总体上看较为全面地反映了西藏自治区专家学者有关当代中国西藏治理研究的成果。

第三，王小彬《中国共产党西藏政策研究》[⑥]，以 45 万字的篇幅，对西藏和平解放、民主改革、反分裂斗争史、西藏工作历史经验和毛泽东、邓小平、汪锋的西藏工作思想进行了研究，对福特《在藏被俘记》、梅·戈尔斯坦《暴风雨前的宁静》进行了评

① 《中国共产党西藏工作理论与实践若干重大问题研究》课题组（毕华、王小彬执笔）：《中国共产党西藏政策的内涵及决策模式研究》，《中国藏学》2011 年第 2 期。

② 阴法唐：《进军及经营西藏 62 年的历史回顾》，《中国藏学》2012 年第 3 期。

③ 朱晓明、王小彬：《西藏地方历史发展的回顾与总结》，《中国藏学》2015 年第 3 期。

④ 宋月红：《当代中国的西藏政策与治理》，人民出版社 2011 年版。

⑤ 中共西藏自治区委员会党史研究室编：《新中国的西藏 60 年》，西藏人民出版社 2011 年版。

⑥ 王小彬：《中国共产党西藏政策研究》，人民出版社 2013 年版。

述，并就"继续防止和克服两种民族主义的错误倾向"、西藏城镇化建设等问题发表观点。

第四，孙勇主编《中国共产党的西藏政策（1989—2005）》① 较为系统地论述1989等至2005年中央治藏思想、政策和措施，内容包括新时期西藏工作指导思想、党的民族政策在西藏的实践、全国支援西藏、经济社会发展战略和改革开放、农业综合开发，以及文化教育、医疗卫生、环境保护、反分裂斗争等诸多方面。

第五，牛治富等《中国特色西藏特点发展路子研究》②，以27.5万字的篇幅，既从哲学的视角解读了2007年以后中央关于"西藏要走出一条具有中国特色西藏特点发展路子"的思想，又结合西藏实际，阐述了西藏的政治、文化、社会、农业、工业、民族手工业、城镇化、旅游业、对外贸易和生态文明各个方面如何走出西藏特点的发展路子的问题。这一专著把理论研究与具体分析结合起来，集中地反映了2015年以前我国学者关于"中国特色西藏特点发展路子"和中央治理西藏相关思想研究的成果。

第六，《西藏百年史研究》③ 共3册，以167万字的篇幅，论述了西藏地方在1888年至2005年的历史进程，包括晚清、中华民国和中华人民共和国三个时期，其中下册阐述了西藏和平解放到"封建农奴制度的彻底覆灭"、民族区域自治实施与发展、文化大革命中的曲折发展和改革开放以来的重要史事，对于1949—2005年的中央治藏政策和西藏经济社会发展进行了分析、探讨。

除了上述学术专著外，一些学者撰写通俗性的著作，主要是降边嘉措《民族区域自治政策在西藏的成功实践》，尽管书名突出了"民族区域自治政策"在西藏的"成功实践"，但是实际上是以通俗易懂的文字，简要介绍了对中国共产党从20世纪30年代到2010年的西藏治理政策。④

2. 特定时期、政治事件研究取得新突破

在解放西藏史的研究方面，杨一真《平息1959年西藏武装叛乱纪实——杨一真回忆录》⑤，尽管以"回忆录"命名，但是作者把亲身经历与档案文献相结合，较为全面地介绍了1959年平定武装叛乱的历史。

在西藏和平解放、民主改革、平定叛乱等问题的专题论文显著增加。据不完全统计，2010年至2015年我国学者有关西藏和平解放研究的学术论文50多篇，回忆文章、纪念性文章10多篇；有关西藏民主改革的专题论文10多篇。这些论文的发表又有一定的周期性特点，2011年是西藏和平解放60周年，相关论文至少50篇，回忆文章、纪念性文章10余篇。王贵、张云、陈崇凯、宋月红、董传奇、张双智、董水群、张慧霞、

① 孙勇主编：《中国共产党的西藏政策（1989—2005）》，社会科学文献出版社2014年版。

② 牛治富等：《中国特色西藏特点发展路子研究》，西藏人民出版社2014年版。

③ 白玛朗杰、孙勇、仲布·次仁多杰总主编：《西藏百年史研究》（上、中、下册），社会科学文献出版社2015年版。

④ 降边嘉措：《民族区域自治政策在西藏的成功实践》，社会科学文献出版社2011年版。

⑤ 杨一真：《平息1959年西藏武装叛乱纪实——杨一真回忆录》，即西藏自治区政协文史资料学习委员会编《西藏文史料选辑》（第26辑），中国藏学出版社2010年版。

万金鹏等学者发表了相关论文①，其中张云在《20 世纪 50 年代中央治理西藏的伟大实践——从执行〈十七条协议〉到实行民主改革》② 中认为，20 世纪 50 年代中央经营和治理西藏经历了十分艰难和曲折的过程，取得了辉煌的成就，也总结出一套极为珍贵的治理经验，包括运用正确的理论与方法、坚持根本原则、重视制定正确工作方针、讲究策略等。

3. 毛泽东、周恩来、邓小平、陈云、习仲勋等老一辈无产阶级革命家有关当代中国西藏治理的思想、贡献与影响的研究取得显著进展

一是有关毛泽东、邓小平与当代中国西藏治理研究的学术专著出版。杜玉芳《毛泽东与西藏和平解放》③ 依据档案文献，梳理了毛泽东和平解放西藏决策的形成过程、实施过程及其发展演变的轨迹，并分析了毛泽东经营西藏的思想变为党的政策的过程，同时考察了西藏社会内部的反应。该书作者认为，《十七条协议》体现了"主权至上"的精神，其内容具有坚决维护中国的主权和治权统一、对西藏社会制度"暂时维持现状不变"两个特点，从而构成了以毛泽东为代表的第一代中央领导集体统一国家的"西藏模式"。王茂侠《邓小平与西藏工作——从和平解放到改革开放》④ 以档案文献为依据，把历史与现实、国际因素与国内因素相结合，探讨了 1949 年至 1989 年邓小平有关西藏工作的思想、政策及其演变过程，同时论述了邓小平民族、宗教和发展的思想在西藏的实践。这两种专著在已有研究基础上，使我国学术界有关毛泽东、邓小平与当代中国西藏治理研究更为系统、完善。

二是发表了一些学术价值高的学术论文，据不完全统计，主要是有关毛泽东治藏思想、贡献的论文有 10 多篇，有关邓小平、习仲勋治藏思想、贡献的论文各有近 10 篇。宋月红、潘建生、文龙、德吉央宗、王春焕、秦永生等学者发表了相关论文，其中王春焕认为，毛泽东对西藏革命和建设理论与实践做出了巨大的贡献，以毛泽东为代表的中国共产党人，把在实践中形成的中国革命和建设理论应用于西藏革命和建设中进行探索，成功地指导西藏革命和建设顺利发展，并初步形成新中国中央治藏的基本思想。⑤秦永生研究了习仲勋同志在中国革命和建设事业上有卓越的贡献，对西藏和平解放发挥了重要的作用，在西藏工作中积极贯彻党的"慎重稳进"政策，有力推动了西藏的和平解放。⑥

4. 21 世纪初中央治理西藏重要思想的研究，特别是中央第五次、第六次西藏工作

---

① 参见宋月红《西藏和平解放若干史实考释》，《中国藏学》2011 年第 2 期；张双智《和平解放西藏是党的民族政策的胜利——纪念〈关于和平解放西藏办法的协议〉签订 60 周年》，《中国藏学》2011 年第 2 期；王小彬《也谈西藏和平解放与"一国两制"》，《西藏研究》2012 年第 2 期；万金鹏《科学认识毛泽东思想在西藏和平解放过程中的地位与作用》，《西藏研究》2014 年第 1 期；董传奇《和平解放西藏谈判方案之成型成熟过程探析》，《西藏民族学院学报》（哲学社会科学版）2015 年第 1 期；张慧霞《民主改革在西藏历史上的地位和作用》，《西藏发展论坛》2015 年第 2 期；等等。

② 张云：《20 世纪 50 年代中央治理西藏的伟大实践——从执行"十七条协议"到实行民主改革》，《中国边疆史地研究》2015 年第 3 期。

③ 杜玉芳：《毛泽东与西藏和平解放》，中国藏学出版社 2011 年版。

④ 王茂侠：《邓小平与西藏工作——从和平解放到改革开放》，中国藏学出版社 2011 年版。

⑤ 王春焕：《论毛泽东对西藏革命和建设的理论与实践的贡献》，《西藏研究》2014 年第 1 期。

⑥ 秦永生：《习仲勋对西藏和平解放的贡献》，《河北民族师范学院学报》2014 年第 1 期。

座谈会精神和"治国必治边、治边先稳藏"重要战略思想的专题研究取得一定进展

2010 年 1 月，中央第五次西藏工作座谈会召开，对推进西藏实现跨越式发展和长治久安做出战略部署。2015 年 8 月，中央第六次西藏工作座谈会召开，对进一步推进西藏经济社会发展和长治久安工作作了战略部署。这两次座谈会是在全面建设小康社会的关键时期召开的，为西藏工作指明了方向，也成为 2010 年以来我国学术界有关当代中国西藏治理研究的重要内容，不仅许多学者以学术讲座、媒体访谈、著书撰文等多种形式，对这两次座谈会的精神进行宣传、解读，而且发表一些学术论著，特别是围绕"治国必治边、治边先稳藏"重要战略思想，"坚持走有中国特色、西藏特点的发展路子"展开研讨。

在中国特色西藏特点发展路子研究方面，前述牛治富等著《中国特色西藏特点发展路子研究》就是学者们研究的成果之一，2010 年以来相关学术论文至少 10 篇，孙勇、牛治富、王春焕、贺新元等学者发表了相关成果。[①]

2013 年以来，"治国必治边、治边先稳藏"重要战略思想成为学术界研究的重要问题。同年 3 月 9 日，习近平同志在参加全国人大十二届一次会议西藏代表团审议时提出"治国必治边、治边先稳藏"重要战略思想，对推进西藏乃至我国边疆地区的治理具有重大的指导意义。在中央第六次西藏工作座谈会上，习近平同志在讲话中指出，西藏工作关系党和国家工作大局，党中央历来高度重视西藏工作，在 60 多年的实践过程中，我们形成了党的治藏方略，"必须坚持治国必治边、治边先稳藏的战略思想，坚持依法治藏、富民兴藏、长期建藏、凝聚人心、夯实基础的重要原则"就是其中的重要内容。从 2013 年以来的 3 年多时间里，我国学术界有关"治国必治边、治边先稳藏"重要战略思想研究的论文至少 10 篇，续文辉、万金鹏、靳海波、郭克范、王春焕、杨世君等学者发表了相关成果[②]。其中，王春焕认为"治国必治边、治边先稳藏"重要战略思想以现代国家理论，阐明了治国、治边、治藏"三位一体"的治国理念，以治国、治边、治藏"三位一体"关系构成了边疆战略思想，以治藏模式为国家治理中的治边提供经验，对于治理西藏、治理边疆以及治理整个国家具有重要意义。[③]

5. 当代西藏的民族、宗教、民族区域自治政策研究取得新进展

一是多种专著出版，不仅前述宋月红著《当代中国的西藏政策与治理》对于新中国成立以来的民族、宗教、民族区域自治政策都有论述，而且有多种专著问世，使各领域的研究进入新阶段。在民族政策研究方面，贺新元等《和平解放以来民族政策西藏

① 参见王春焕《坚持走有中国特色、西藏特点发展路子》，《西藏日报》2011 年 3 月 12 日；贺新元《逐步探索具有中国特色、西藏特点的发展路子》，《中国社会科学报》2015 年 5 月 15 日，等等。

② 参见续文辉、万金鹏、靳海波《治边稳藏战略思想的理论意蕴》，《西藏日报》2013 年 8 月 17 日；郭克范《在西藏话题中建立中国论述》、万金鹏《"治国必治边、治边先稳藏"战略思想的精神旨趣》，均载《西藏研究》2013 年第 4 期；牛治富、向龙飞《中国共产党治国理政稳边兴藏战略的新概括新发展》，《西藏日报》2013 年 11 月 2 日；杨世君《深入研究贯彻落实中央"治边稳藏"战略思想》，《西藏发展论坛》2014 年第 3 期；王春焕《治边稳藏重要思想的战略地位》，《西藏日报》2015 年 5 月 9 日，等等。

③ 王春焕：《治边稳藏重要思想的战略地位》，《西藏日报》2015 年 5 月 9 日。

实践绩效研究》①以 56.7 万字的篇幅，从维护西藏稳定、发展和安全的基点出发，从西藏和平解放以来的历史与现实着手，在民族问题成为全球性问题的大背景下，对 1951 年至 2012 年中国共产党的民族理论与民族区域自治政策、民族平等团结政策、民族干部政策、民族经济政策、民族教育政策、民族文化政策、民族立法政策、宗教信仰自由政策和中央援藏政策在西藏的实践与成效、经验与教训进行梳理与总结，对党的民族政策在西藏的未来发展、完善做了展望与分析。

在宗教政策研究方面，公开出版的学术专著主要有沈阳著《西藏宗教探究》②，该书对西藏宗教的历史与现实问题进行了较为全面的探讨，既研究了历史时期藏传佛教在西藏的形成、演变和佛教寺庙与地方政权的斗争、达赖喇嘛与班禅额尔德尼两大系统的关系，又对当代中国的活佛转世、藏传佛教与藏民族精神塑造、藏传佛教现阶段的基本功能、藏传佛教现现实困境与变革路径、统一战线领域的藏传佛教工作等问题进行梳理、分析和研判。

二是学术论文数量多，不少论文有创新。据统计，2010 年至 2015 年我国学者关于党的西藏民族、宗教、民族区域自治政策及相关工作的论文至少 40 篇，涉及当代中国西藏历史与现实研究的诸多领域。不少成果对新中国成立以来党的民族、宗教、民族区域自治政策在西藏的实践进行了梳理和总结。2015 年是西藏自治区成立 50 周年，陈丽霞撰文总结了西藏自治区成立 50 年来的实践，认为民西藏自治区的成立标志着民族区域自治制度在西藏的正式实施，西藏各族人民充分享有并有效行使宪法和法律赋予的各项权利，西藏经济社会发展取得巨大成就。在西藏实施民族区域自治既是中国共产党解决西藏民族问题的制度选择，又是中国共产党依法治藏的深刻实践。西藏自治区成立 50 年来的发展与进步充分证明，民族区域自治制度是符合中国国情的、解决中国民族问题的行之有效的基本政治制度，必须长期坚持。③ 杨维周、王红阳对民族区域自治与西藏 50 年的发展进行了总结，认为西藏实行民族区域自治是民族因素与区域因素、政治因素与经济因素、历史因素与现实因素所决定的，民族区域自治在西藏 50 年的实践在政治、经济、文化、社会、生态文明建设方面取得了全面发展与进步，证明民族区域自治制度具有强大的生命力，符合我国多民族国家的基本国情和西藏区情。④

6. 当代西藏经济社会发展政策与成效研究出现新领域、新突破

2010 年至 2015 年我国学者有关西藏经济社会发展的论文、著作比较多，这里不一一列出。如果从当代中国边疆治理的视角考察，2010 年以来西藏经济社会发展研究有两个值得关注的新领域，一是西藏铁路的建设，包括历史时期进藏铁路的筹划、青藏铁路和支线建设和川藏铁路等筹建等问题，因为进藏铁路的建设不仅是影响西藏经济社会发展的重要因素，而且对于中国西南边疆的安全、稳定和发展都会产生重大影响。对此，有学者进行了研究，如张永攀认为建设西藏铁路是中国人民的百年宏愿，早在清代

① 贺新元：《和平解放以来民族政策西藏实践绩效研究》，社会科学文献出版社 2015 年版。

② 沈阳：《西藏宗教探究》，中国藏学出版社 2011 年版。

③ 陈丽霞：《西藏实施民族区域自治制度是中国共产党依法治藏的深刻实践》，《西藏发展论坛》2015 年第 S1 期。

④ 杨维周、王红阳：《民族区域自治与西藏发展 50 年》，《西藏民族大学学报》（哲学社会科学版）2015 年第 6 期。

时，中国就提出修建进藏铁路的计划，此后民国政府也对此进行过筹建，但是真正付诸实施是在新中国成立后，尤其是西藏自治区成立与改革开放后进藏铁路才最终修成。[1]德吉卓嘎则探讨了青藏铁路的延伸线拉日铁路在丝绸之路经济带、21 世纪海上丝绸之路（以下简称"一带一路"）背景下对中印关系的影响，认为拉日铁路的开通有利于实现中国西藏与南亚邻国，尤其是与印度的交流与合作，为"一带一路"战略在中亚和南亚的实践做出重大贡献。[2]

二是 2013 年以来西藏参与、融入"一带一路"研究不断升温，至少有 30 多篇论文发表。毛阳海、牛治富、许肖阳、陈朴、杨亚波、温文芳、苏山等学者都发表了相关成果。[3] 其中，毛阳海认为西藏对接"一带一路"战略既有历史基础，又有重大现实意义。西藏在历史上长期是古丝绸之路的重要组成部分，和平解放以后，其经济也通过北向、东向发展，尤其是通过青藏经济一体化，融入西北、西南经济圈，已经在事实上融入了"丝绸之路经济带"[4]陈朴对"一带一路"背景下西藏推动环喜马拉雅经济带建设进行了 SWOT 分析，总结了西藏推动环喜马拉雅经济带建设中的五大优势和劣势、四大机遇和挑战，并根据 SWOT 组合矩阵，提出推动中尼印合作走廊、兴边富民策略、"卅"型开放格局建设、提升沿边开放开发、走出去引进来、提升特色产业发展、借助对口援藏、吸引境内外投资、实施大边疆战略等策略和建议。[5] 温文芳则认为，"一带一路"战略将中国的西部地区和民族地区推向了深化经济发展的前沿，西藏作为这一战略中的重要区域，应将国家战略和民族特色、区域特色相结合，从而实现西藏经济跨越式大发展，并分析了"一带一路"背景下西藏如何结合自身特色从民族旅游、宗教互通和特色边贸三个方面发挥地域优势和民族特色。[6] 许肖阳对"一带一路"视野下的中国西藏与尼泊尔次区域合作进行了探讨，认为西藏与尼泊尔两国之间在参与"一带一路"建设、加强对外交流与合作等方面，具有深厚友好的历史交往传统、独特的区位交通优势，经济互补程度高，藏文化与佛教文化的共同吸引力等优势，建议在西藏构

---

[1] 张永攀：《西藏铁路筹建的历史考察》，《中国边疆史地研究》2015 年第 3 期。

[2] 德吉卓嘎：《"一带一路"背景下拉日铁路在中印铁路外交中的影响》，《中国藏学》2015 年第 3 期。

[3] 参见毛阳海《论"丝绸之路经济带"与西藏经济外向发展》，《西藏大学学报》（社会科学版）2014 年第 2 期；牛治富《试论"一带一路"战略构想的地缘政治学意义及其新发展》，《西藏发展论坛》2015 年第 2 期；毛阳海《西藏对接"一带一路"战略的历史渊源和现实意义》、许肖阳《"一带一路"视野下的中国西藏与尼泊尔次区域合作》，均载《西藏民族大学学报》（哲学社会科学版）2015 年第 4 期；杨亚波《西藏融入"一带一路"战略的现实需求和战略选择》、温文芳《西藏融入"一带一路"应打好特色牌》，均载《西藏发展论坛》2015 年第 5 期；陈朴《"一带一路"背景下西藏推动环喜马拉雅经济带建设的 SWOT 分析》，《西藏发展论坛》2015 年第 6 期，等等。

[4] 毛阳海：《西藏对接"一带一路"战略的历史渊源和现实意义》，《西藏民族大学学报》（哲学社会科学版）2015 年第 4 期。

[5] 陈朴：《"一带一路"背景下西藏推动环喜马拉雅经济带建设的 SWOT 分析》，《西藏发展论坛》2015 年第 6 期。

[6] 温文芳：《西藏融入"一带一路"应打好特色牌》，《西藏发展论坛》2015 年第 5 期。

建对外开放新格局，培育外贸企业，扩大交流，加强友好往来，提升区域合作水平。①

7. 援藏工作及政策研究

对于援藏政策和实践，我国报刊、电台、电视和网络平台等进行持续的报道，一些报刊还编辑了"援藏工作特刊"，如人民日报社主办《人民论坛》杂志在 2010 年派出"援藏干部特别报道"组，到西藏采访第五批援藏干部和相关专家。《人民论坛》总第 292 期发表了《雪域高原之上的心灵超越——写在第五批援藏干部即将离藏之际》，专门介绍第五批援藏干部在西藏工作的情况，其中包括对第五批援藏干部文秋良、彭宏等 17 人的专访，并介绍了 20 世纪 50 年代以来进藏、援藏的阴法唐、孙勇等人和各个时期援藏干部、工作的特点及评价，阐述进藏女兵、援藏干部家属和西藏各族人民从援藏工作受益的情况。该专刊信息量非常大，对于研究第五批援藏干部和这一阶段的援藏工作有很大的参考价值。

就学术研究而言，2010 年以后我国学术界对援藏政策、援藏工作及其成效、影响进行了更为系统、深入的研究，靳薇、杨明洪、贺新元、徐志民、卢秀璋、王浩、王志伟、张涛、王刚、索娜塔杰、潘久艳、周猛、李众民、黄其洲等学者发表了相关论文。② 相关著作主要有靳薇《西藏：援助与发展》③，王代远主编《全国支援西藏工作的经济社会效益研究》④，马新明主编《丰碑——北京对口援藏二十年实践与探索》⑤，柳建文、杨龙主编《从无偿援助到平等互惠——西藏与内地的地方合作与长治久安研究》⑥。一些阐述当代中国西藏治理的著作，如前述《西藏自治区概况》（2009 年修订版）、宋月红《当代中国的西藏政策与治理》、王小彬《中国共产党西藏政策研究》、孙勇主编《中国共产党的西藏政策（1989—2005）》、贺新元等《和平解放以来民族政策西藏实践绩效研究》中，也涉及援藏政策和援藏工作。在这些论著中，靳薇《西藏：援助与发展》是 21 世纪之初国内学术界有关当代中国援藏工作研究的代表性成果之一，该书以 39 万字的篇幅，把文献资料与实地调研结合起来，考察了 1949 年以来中央援藏政策的演进历程，重点分析了财政援助、项目援助、人才援藏对于西藏经济发展的作用和影响，肯定了当代中国援藏政策的成就，又指出了这一政策实施过程中出现的"援助依赖"，进而提出了改进和完善这一政策的建议。

8. 西藏边境地区稳定与发展研究日益受到重视

西藏边境地区的稳定、发展直接影响到我国西南边疆地区局势的稳定与西藏能否在

---

① 许肖阳：《"一带一路"视野下的中国西藏与尼泊尔次区域合作》，《西藏民族大学学报》2015 年第 4 期。

② 徐志民：《当代中国学界的援藏研究述评》，《中国边疆史地研究》2014 年第 4 期。据统计，20 世纪 80 年代末至 2014 年 5 月，我国学术界援藏研究方面有专著 4 部、专题论文 38 篇（含 1 篇博士学位论文、4 篇硕士学位论文）。相关学术论文请参见周猛《经济发展理论演变及其对援藏工作的启示》，《西藏研究》2012 年第 2 期；贺新元《以毛泽东为核心的第一代领导集体对中央"援藏机制"的理论贡献与积极探索》《西藏研究》2012 年第 4 期，等等。

③ 靳薇：《西藏：援助与发展》，西藏人民出版社 2011 年版。

④ 王代远主编：《全国支援西藏工作的经济社会效益研究》，西藏藏文古籍出版社 2012 年版。

⑤ 马新明主编：《丰碑——北京对口援藏二十年实践与探索》，北京联合出版公司 2014 年版。

⑥ 柳建文、杨龙主编：《从无偿援助到平等互惠——西藏与内地的地方合作与长治久安研究》，社会科学文献出版社 2014 年版。

2020 年全面建成小康社会，因此这无疑是当代中国西藏治理的重要内容之一，但由于种种原因，2010 年以前除了少量涉及边境贸易的文章外，我国学者很少发表以西藏边境地区为研究对象的专题论文。2010 年至 2015 年，特别是 2013 年以后，在"治国必治边、治边先稳藏"重要战略思想指导下，学者们日益重视西藏边境地区的稳定、发展研究，周建新、杨静、孙宏年、扎洛、刘勇、纳森等学者在西藏边境政策、边境贸易和跨境民族等领域发表了相关成果，至少有 1 部学术专著、5 篇学术论文。在边境政策研究方面，孙宏年在 2015 年撰文论述了当代中国 60 多年来西藏边境政策及其演变过程，从学术的角度分析其成效及影响，认为中华人民共和国成立以来，中央政府在西藏边境地区实施一系列特殊优惠政策，西藏地方各级党委、政府因地制宜地制定了相关措施，有力捍卫了国家统一与领土完整，促进了边境地区发展，改善了人民生活。① 在边境贸易研究方面，扎洛基于在西藏洛扎县的调查，探讨了西藏的边境小额贸易与边民增收问题，认为中国与不丹边境地区的小额贸易不仅有其深厚的历史传统，而且对增加边民收入、满足生活所需要都有积极意义，因而应当鼓励这种小额边贸，并提出开辟自由交易区域、改善基础设施、提高信息金融服务水平等建议。②

在西藏边境地区的跨境民族研究方面，中尼边境的达曼人研究取得新进展，一是刘勇、纳森对西藏吉隆县的达曼人的族际交往与身份认同关系进行了调查研究，指出吉隆县境内自称"达曼"的人群祖籍尼泊尔、属雅利安人体质，长期以打铁或帮工为生。2003 年中国政府建立达曼村，接待并安置了他们。他们获得中国国籍，享受中国公民的所有权利和义务以及当地政府提供的福利，生活明显改善，这是我国处理边疆民族历史遗留问题的创举。③ 二是周建新、杨静在 2011 年、2012 年进藏调查的基础上出版学术专著，介绍了西藏吉隆边境地区尼泊尔后裔"达曼人"的历史、生活环境、习俗、节日，较为全面地论述了 2003 年加入中国国籍后的经济发展、婚姻家庭等情况。④

9. 西藏维护社会稳定、反对分裂及涉外关系问题研究取得新进展

20 世纪之初，十四世达赖喇嘛和"藏独"势力活动仍然十分猖獗，2008 年西藏拉萨发生"3·14"事件，此后邻省藏区出现多起"自焚"事件，而西方反华势力仍企图利用"西藏问题"干涉中国内政、阻碍中国和平崛起。在这种形势下，维护西藏社会稳定、反对分裂受到我国学术界高度重视，又是当代中国西藏治理研究的重大课题。这一课题包含多个领域的研究内容，既与国内凝聚人心、强基固本政策、措施密切相关，特别是加强基层党组织和基层政权建设、创新社会治理及依法管理宗教事务等方面的相关研究，又包括以学术研究的成果批驳"藏独"势力和西方反华势力的谬论，还涉及中国与南亚邻国关系的研究。2010 年至 2015 年，这些领域的研究都取得一定进展。

一是凝聚人力、强基固本和维护西藏地区社会稳定对策研究取得显著成果。其中，

① 孙宏年：《当代中国的西藏边境政策与成效初探》，《中国边疆史地研究》2015 年第 3 期。

② 扎洛：《西藏的边境小额贸易与边民增收——基于洛扎县的田野调查》，《中国藏学》2015 年第 3 期。

③ 刘勇、纳森：《藏尼走廊吉隆沟达曼村人的族际交往与身份认同关系调查》，《中国藏学》2015 年第 3 期。

④ 周建新、杨静著：《跨越边界的离散者——西藏吉隆边境地区尼泊尔后裔村落调查》，民族出版社 2014 年版。

孙勇编著《维护西藏地区社会稳定对策研究》以 62 万字的篇幅，把当代西藏维护社会稳定的研究置于国际、国内两个大环境之中，从国家安全、边疆治理的大视角，结合区域发展、民族、宗教、意识形态、法治建设、援藏工作、干部队伍建设等问题，全面、系统地论述西藏维护社会稳定的理论、机制，使当代中国西藏治理研究取得重大突破。① 孙宏年、倪邦贵主编《西藏基层政权建设研究》把档案文献与调查资料结合起来，较为系统地阐述了 1949 年至 2009 年西藏的基层党组织、基层政权建设，对"3·14"事件前后西藏的政区设置、政权建设、基层干部队伍建设等进行了评估和分析，并提出了加强基层政权建设的建议。② 刘红旭对西藏经济发展与社会稳定的关系进行了探讨，认为经济发展与社会稳定互为促进，但并不存在必然的因果逻辑；民主改革之后的西藏经济建设进入现代化轨道，并得益于中央财政支持获得前所未有的发展，但是西藏社会稳定的严峻形势却并未因经济增长而缓和。③

二是我国学术界在 2010 年至 2015 年发表了近 30 篇论文和多种专著，并结合 2009 年以后每年"西藏百万农奴解放纪念日"的专题宣讲、媒体专题节目，阐述了西藏是中国领土不可分割的组成部分，批驳了形形色色的"藏独"谬论，揭露了十四世达赖喇嘛和"藏独"势力分裂国家的真实面目。其中，代表性著作主要有厉声、孙宏年、张永攀《香巴拉的迷途：十四世达赖喇嘛人和事》④ 介绍十四世达赖喇嘛在 1935 年至 2011 年间的言论、活动，较为系统地批驳十四世达赖集团的种种谬论。

三是我国学术界在藏传佛教活佛转世问题取得新成果，有力批驳了"藏独"势力的谬论。21 世纪之初，十四世达赖喇嘛多次就转世问题发表谬论，藏传佛教活佛转世问题受到中外各界高度关注，我国学术界以历史事实为依据，以学术研究的成果驳斥了各种谬论。其中，张云在 2011 年撰文论述了藏传佛教活佛转世的由来、清代在西藏实施金瓶掣签的原因，统计了 1793 年《钦定藏内善后章程》颁布历世达赖喇嘛、班禅额尔德尼转世认定的人数，指出十世、十一世、十二世三位达赖喇嘛通过金瓶掣签认定，九世、十三世和十四世达赖喇嘛免予掣签；八世、九世、十一世三位班禅额尔德尼通过金瓶掣签认定，十世班禅免予掣签。他强调，"事实证明，通过金瓶掣签产生的达赖喇嘛、班禅额尔德尼最后是由中央政府任命的，而免于掣签获得认定的达赖喇嘛和班禅额尔德尼也是中央任命的，历代达赖喇嘛没有一个是自我产生、自我认定的"。⑤ 陈庆英、陈立健则出版了《活佛转世——缘起·发展·历史定制》⑥，较为系统地论述了活佛转世制度的产生及其社会基础、格鲁派的活佛转世，特别是历世达赖喇嘛、班禅额尔德尼的转世、认定问题。

四是我国学者针对"藏独"势力的伪"国旗"进行了批驳，提出了具有创新意义

---

① 孙勇编著：《维护西藏地区社会稳定对策研究》，西藏人民出版社 2015 年版。

② 孙宏年、倪邦贵主编：《西藏基层政权建设研究》，中国藏学出版社 2010 年版。

③ 刘红旭：《西藏经济发展与社会稳定的关系探讨》，《西藏民族大学学报》2015 年第 6 期。

④ 厉声、孙宏年、张永攀：《香巴拉的迷途：十四世达赖喇嘛人和事》，世界知识出版社、四川人民出版社 2011 年版。

⑤ 参见张云：《清代在西藏实施金瓶掣签的历史不容否认——评达赖喇嘛宗教声明中有关金瓶掣签的几个论点》，载张云《西藏历史与现实问题论集》，中国藏学出版社 2014 年版，第 165—180 页。

⑥ 陈庆英、陈立健著：《活佛转世——缘起·发展·历史定制》，中国藏学出版社 2014 年版。

的观点。王小彬撰文追溯了藏军军旗起源、喻义及其被重新定义的历史过程，指出藏军军旗是西藏近现代历史上一个很重要的"标志"，一面原本仅仅代表西藏藏军的旗帜，在历史叙述中被篡改，直至被阐述为"西藏国旗"。该文对于澄清事实，还原历史真实，具有重要的意义。①

十　西藏地方涉外关系问题研究

西藏地处我国西南边疆，西藏地方涉外关系是西藏研究的重要内容，2010 年至 2015 年我国学术界主要在历史时期中国西藏与南亚地区经贸文化往来、中国与尼泊尔（廓尔喀）关系、中国与不丹（清代称为"布鲁克巴"）关系、中印关系、西方传教士在藏活动、中国与欧美国家关系中的涉藏问题、中国与南亚邻国边界等问题上取得一定的新进展。

第一，历史时期中国西藏与南亚地区的经贸文化往来频繁，也是我国学术界研究的重要内容之一。房建昌考证了 1684—1944 年拉达克穆斯林朝贡团从列城到拉萨的相关问题，讨论了在西藏与拉达克的一场战争后于 1684 年在丁莫岗签订的一份合约，认为这是一条西藏的麝香和茶叶之路，指出由于对数百驮货物来回免税和沿途提供免费乌拉差及在拉萨的约半年时间提供免费食品，使该朝贡贸易使团颇有盈利空间。② 陈志刚撰文研究了清代西藏与南亚贸易的主导权、影响，认为清代西藏先后与南亚的巴勒布、英国殖民统治下的印度发生阶段性的贸易关系，把中央王朝政府与边地的关系置于这种贸易格局变化的脉络里考察，可以清晰地观察到西藏与南亚贸易的主导权如何深刻地影响着中央政府治理西藏的实际效果。③

第二，中国西藏与尼泊尔（廓尔喀）关系的成果较多，代表性的著作是王宏纬主编《尼泊尔》。该书以 45.8 万字的篇幅，介绍了尼泊尔国土、人口、民族、历史、政治、军事、经济、社会、文化、外交等国情，第九章《与中国的关系》较为详细阐述中尼两国的传统友好关系，重点介绍 1949 年至 2014 年中华人民共和国与尼泊尔的双边关系发展，特别是建立了基于和平共处五项原则的新型关系、互谅互让解决了边界问题、经贸关系日益密切。④

据不完全统计，相关学术论文有十多篇，主要围绕中尼（中廓）经贸文化往来与官方文书、中清代廓尔喀三次侵略西藏的战争、民国时期的尼藏冲突展开。周伟洲、赵萍、王剑智、高晓波、张子新、安灵芝、刘丽楣、魏少辉等学者发表相关论文。在中尼（中廓）经贸文化往来与官方文书方面，周伟洲认为，乾隆时巴勒布商人在藏贸易人数考清朝乾隆年间，在西藏地方贸易的外商中，人数最多的是邻近西藏边界的廓尔喀和克什米尔商人。⑤ 赵萍撰文梳理了古代尼泊尔与西藏在政治、经贸往来及文化交流等史

① 王小彬：《藏军军旗问题研究》，《中国藏学》2013 年第 2 期。

② 房建昌：《拉达克穆斯林朝贡团从列城赴拉萨考（1684—1944）》，《回族研究》2014 年第 1 期。

③ 陈志刚：《论清代西藏与南亚贸易的主导权及其影响》，《中国藏学》2011 年第 4 期；《清代西藏与南亚贸易及其影响》，《四川大学学报》2012 年第 2 期。

④ 王宏纬主编：《尼泊尔》，社会科学文献出版社 2015 年版。

⑤ 周伟洲：《清代藏史杂考三则》，《清史研究》2012 年第 1 期。

实，认为尼泊尔与我国西藏在地缘、宗教、民族、文化以及经济等方面有极强的相关性。[①] 王剑智通过考察中国西藏地方与廓尔喀的近 10 封官方文书及其封套，探讨了藏廓战争、1883 年攘夺巴勒布商民财物事件，以及藏廓驿道等问题，认为自清乾隆至民国年初驻藏大臣、达赖喇嘛、班禅和西藏僧俗文武官员与廓尔喀王之间的文书不断，除登位、请安、朝贡等礼节性交往外，还有大量的通信是涉及政治、军事、宗教、社会、经济等事务的，既有历史价值，也有邮政史意义。[②]

清代和民国时期廓尔喀与西藏战争、冲突及中央相关的治藏政策是学者们关注的重点，无论是清代廓尔喀崛起后的三次侵略西藏的战争，还是民国时期的藏尼冲突，都发表了相关论文。张曦探讨了清廷对廓尔喀首次入侵西藏原因认识的过程，认为入侵原因是西藏地方与廓尔喀之间的经济贸易纠纷，以及聂拉木、济咙两处地方的归属问题。[③] 周燕围绕两次廓尔喀侵藏战争，考察乾隆皇帝的宗教政策，探讨了清朝中央政府在两次廓尔喀战争中的军粮政策，认为这些反映乾隆皇帝对西藏的重视、坚决捍卫国家主权的决心和谋求长治久安的治藏思想。[④] 高晓波撰文探讨了乾隆年间第二次廓尔喀战争的兵员来源、数量、地理分布、军费的来源及消耗数额等问题。[⑤] 黄维忠利用尼泊尔学者的研究成果，对 1855—1856 年廓尔喀第三次侵藏战争的背景、原因、过程及其最终结果进行了梳理，讨论了英国在其中的角色，认为廓尔喀通过不平等条约，取得在我国西藏的治外法权和特殊免税权等各种特权，严重损害了中国的国家主权。[⑥]

1929—1930 年，尼泊尔与中国西藏再次爆发武装冲突的危机，魏少辉认为这一冲突表面是尼泊尔和西藏之间的纷争，实质上是英国和国民政府在西藏问题上进行角逐的体现。为解决这一冲突，噶厦除进行必要的备战外，被迫向英国寻求调解，同时向国民政府请援，英国和国民政府均决定派员入藏调解。最终，尼藏冲突在英国的"调解"下结束，英国扭转了噶厦的政治态度，打断了国民政府与噶厦关系进一步正常化的趋势。[⑦] 刘丽楣则撰文分析国民政府派人调解尼藏战争危机的历史意义，认为在尼泊尔入侵西藏战争一触即发之际，国民政府派员入藏和遣使尼泊尔进行劝慰和调解，促成双方弭兵和解，使英国侵略西藏的图谋又一次破产，进一步密切了西藏地方与国民政府的关系。[⑧]

第三，中国与不丹（布鲁克巴）关系的代表性成果，主要有：扎洛《清代西藏与布鲁克巴》利用丰富的汉文、藏文、满文、英文的档案文献和藏文史料，较为系统梳理了清代西藏与布鲁克巴（今不丹）的关系演变过程，分析了清代中央王朝的宗藩体制是如何移植、运用到喜马拉雅山地区，以及在面临英国殖民势力挑战时所进行的自我

① 赵萍：《尼泊尔与我国西藏早期关系初探》，《西藏研究》2010 年第 1 期。

② 王剑智：《中国西藏地方与廓尔喀的官方文书》，《中国藏学》2010 年第 1 期。

③ 张曦：《试析清廷对廓尔喀首次入侵西藏原因认识的过程》，《西藏研究》2015 年第 1 期。

④ 周燕：《浅谈乾隆皇帝治藏的宗教政策——以平定两次廓尔喀侵藏战争为例》，《西藏大学学报》（社会科学版）2012 年第 3 期；周燕、李文萍：《浅谈乾隆皇帝在两次廓尔喀战争中的军粮政策》，《西藏大学学报》（社会科学版）2010 年第 4 期。

⑤ 高晓波：《乾隆朝第二次廓尔喀之役兵源及军费考略》，《西藏研究》（社会科学版）2013 年第 2 期。

⑥ 黄维忠：《论廓尔喀第三次侵藏战争》，《西藏大学学报》（社会科学版）2013 年第 1 期。

⑦ 魏少辉：《1929—1930 年尼藏冲突研究》，《中国藏学》2014 年第 1 期。

⑧ 刘丽楣：《国民政府化解尼藏战争危机的历史意义》，《中国藏学》2010 年第 4 期。

调整和应对行动。该文提出了"清代的喜马拉雅山宗藩关系模式"的概念，认为在清朝整体性的宗藩体制之下还存在地区性的次级系统。[①] 扎洛、敖见利用档案，探讨了布鲁克巴德布王希达尔流亡西藏的史事，揭示了在中国西藏与布鲁克巴的宗藩关系中，御侮、靖乱、册封、纳贡等责任义务关系的具体实施方式。[②]

第四，中印关系中的涉藏问题研究方面，戴超武、陈菊萍、张安、朱广亮、彭沛等学者发表了相关论文，对 20 世纪五六十年代印度对华政策中涉及西藏币制改革、中印贸易、印度在藏特权等问题进行了具有创新意义的研究。[③] 其中，陈菊萍、张安利用中国外交部解密档案，梳理与分析了十四世达赖企图邀请尼赫鲁访问西藏事件，认为十四世达赖企图邀请尼赫鲁访问西藏有借重印度牵制中国中央政府的目的，这一事件是中印关系由热趋冷过程中的一个重要事件。尼赫鲁煽动达赖邀请其访问西藏的意图主要是力图增强对西藏的影响、分化西藏上层，但由于印度对中国的不友好举动日渐增加，尤其是长期或明或暗地深度介入西藏问题，最终中国政府正式拒绝尼赫鲁访问西藏。[④] 戴超武认为 1959 年西藏平叛后，中央在西藏进行币制改革，收兑藏钞、藏币，禁止外币主要是印度卢比的流通，禁止金银出境，这对藏印贸易产生了直接的影响，成为西藏平叛后中印外交斗争的一个主要内容。通过币制改革，以及迫使印度撤销其驻藏商务代表处，藏印贸易的传统模式基本宣告结束，也达到了清除印度在西藏的政治和经济影响的目的。[⑤]

第五，对于西方传教士在西藏的早期活动，20 世纪 90 年代就由伍昆明等学者进行过研究，近年来有学者继续给予关注。明占秀对明末清初基督教在西藏阿里传播失败原因进行了分析，认为 17 世纪初首批西方传教士踏上了我国西藏阿里地区，开展了为期 18 年的传教活动。初始传教阶段以土王为首的一些人由于自身方面的原因而支持传教士传教，而以高僧大德为首的大多数笃信藏传佛教的藏族僧侣则反对传教。在藏族僧众的大力抵抗下，西方传教士的传教活动以失败而告终。[⑥] 班觉等人对 17—18 世纪西方传教士在西藏的活动进行了总体的评述，指出西方传教士进入西藏传教的同时对西藏地方的地理、自然、历史、宗教、人种、民俗等方面广泛收集信息资料，为后来的帝国主义窥视西藏、侵略西藏提供了有用的情报。传教士们带着西方宗教、文化极度的优越感向西方社会介绍一些西藏的相关知识中尽管充斥着无知、偏见和歪曲，但仍为 19 世纪 30 年代国际上研究西藏正式成为一门称之为国际藏学的学科奠定了最初的基础，或提

① 扎洛著：《清代西藏与布鲁克巴》，中国社会科学出版社 2012 年版。

② 扎洛、敖见：《布鲁克巴德布王希达尔流亡西藏事迹考述——兼论 18 世纪中叶中国西藏与布鲁克巴的关系》，《民族研究》2012 年第 4 期。

③ 参见戴超武《中国和印度关于西藏币制改革的交涉及影响（1959—1962）》，《中共党史研究》2012 年第 5 期；《印度对西藏地方的贸易管制和禁运与中国的反应和政策（1950—1962）（上）》，《中共党史研究》2013 年第 6 期。朱广亮《中印关于"谈判解决"印度在藏特权问题的外交交涉》，《浙江学刊》2014 年第 3 期；彭沛《新中国成立初期印度西藏政策转变中的美国因素》，《江汉大学学报》2014 年第 6 期；等等。

④ 陈菊萍、张安：《十四世达赖企图邀请尼赫鲁访问西藏事件述论——基于中国外交部解密档案的梳理与分析》，《南亚研究》2015 年第 4 期。

⑤ 戴超武：《中国和印度关于西藏币制改革的交涉及影响（1959—1962）》，《中共党史研究》2012 年第 5 期。

⑥ 明占秀：《明末清初基督教在西藏阿里传播失败原因解析》，《边疆经济与文化》2014 年第 2 期。

供了一些基础知识。[①]

第六，中国与欧美国家关系中的涉藏问题，特别是列强侵略、干涉中国西藏与中国反侵略、干涉方面，2010 年至 2015 年，我国学者发表的相关论文至少 30 篇，主要涉及中英、中美、中俄、中德、中日关系中的涉藏问题。

中英关系中的涉藏问题是我国学术界在 2010 年至 2015 年研究的重点之一，代表性专著主要是梁俊艳著《英国与中国西藏》，该书依据英国史料，对 19—20 世纪初期英国侵略西藏的相关史事进行了研究，内容涉及英国对华陆路战略的展开、清朝的战后因应对策及对南亚次大陆的认识、撤除西藏的藩篱等。[②] 张皓、丁勇、梁忠翠、张双智、梁俊艳、刘国武、李若虹、李富森、朱昭华、何文华、孙宏年等人发表近 20 篇相关论文。[③]

英国是较早入侵西藏的帝国主义国家之一，近代以来英国侵略西藏和中国反抗侵略及中英藏事交涉是学者研究的重点内容。何文华关注英国最早的两次涉藏事件，认为哈斯汀斯总督先后派出由乔治·波格尔和塞缪尔·忒涅率领的团队出使西藏，这两次出使是英印政府代表与西藏最早的直接联系，其目的在于与西藏及通过西藏与中国内地通商，获得殖民贸易利益，最终使命虽未完成，但对之后英国的西藏政策影响深远。[④]

对于 1903—1904 年英国侵略军第二次武装入侵西藏，梁俊艳以参与英国第二次入侵西藏的当事人和藏学家瓦代尔所著《拉萨及其神秘》一书为主，辅助其他当事人如荣赫鹏、坎德勒等人所著的行纪资料，揭露英军在西藏的所作所为，并将这些英文传记性资料与汉文、藏文、俄文档案史料、口述史料等一手资料相对照，探析历史真相。[⑤] 丁勇分析了江孜抗英失败及对西藏的影响，认为当时清朝中央政府力量孱弱，无力维护国家的尊严，加之敌我技术装备和力量悬殊及战略战术上的失误从而导致最终失败。这一方面加速了西藏半殖民地化的进程，使西藏人民陷入被剥削被奴役的苦

①　班觉、巴桑旺堆、仓决卓玛：《早期西方传教士在西藏活动综述》，《西藏研究》2015 年第 6 期。

②　梁俊艳：《英国与中国西藏 1774—1904》，兰州大学出版社 2012 年版。

③　参见刘国武《民国时期英国支持和插手康藏纠纷的政策分析》，《安徽史学》2012 年第 2 期；索穷《1946 年西藏官费留学团考》，《西藏研究》2012 年第 3 期；李若虹《论六世班禅进京前后与东印度公司的交往》，《中国藏学》2013 年 1 期；李富森《英国对中国西藏政策的演变与西藏亲英派势力的沉浮》，《河北民族师范学院学报》2014 年第 4 期；梁俊艳《清代亚东关首任税务司戴乐尔》，《中国藏学》2014 年第 4 期；朱昭华《民国时期英国驻锡金政务官的使藏研究》，《中国藏学》2015 年第 1 期。梁忠翠《论古德与英国的西藏军火供应》，《北方民族大学学报》2014 年第 1 期；《中英档案中的九世班禅赴印考——以鄂康诺的侵藏主张和活动为视角》，《山东科技大学学报》2014 年第 1 期；《变局：1947 年的中国西藏——以英国全面收缩对藏政策为视角》，《福建师范大学学报》2014 年第 4 期。张皓《英印私相授受侵藏权益与国民政府的处置》，《中国边疆史地研究》2015 年第 2 期；《1932—1933 年中英藏两国三方围绕康藏青藏冲突的争论与交涉》，《社会科学》2015 年第 3 期；等等。

④　何文华：《论英国最早的两次涉藏事件》，《西藏研究》2010 年第 5 期。

⑤　梁俊艳：《荣赫鹏与英国在新疆和西藏的殖民扩张》，《西域研究》2012 年第 1 期；《第二次入侵西藏的英军：绅士还是强盗》，《中国藏学》2013 年第 S2 期。

难深渊，另一方面帝国主义加紧培植亲帝分裂势力，埋下了西藏分裂动乱的祸根。[1] 温文芳认为，1904 年英国侵略者悍然发动了对西藏的第二次入侵战争，这次入侵距离英国第一次入侵西藏相隔 15 年，迫不及待的入侵反映了英俄两个帝国主义国家在西藏争夺的加剧以及英国在西藏所谓的"直接交往"政策的挫折。[2] 梁忠翠研究了为英国侵藏效力的诺布顿珠，揭示了这位藏人在英国人与噶厦之间的周旋。[3] 赵国栋对印茶入藏问题进行了研究，详细研究了英国人到中国盗取茶籽、茶树苗和藏茶秘密的历史，认为19 世纪末至 20 世纪初，英国扶持印度茶叶发展壮大，同时利用印度茶叶向西藏进行茶叶入侵，妄图以此打破西藏与中国内地的联系，为进一步入侵西藏打下基础。[4]

对于西姆拉会议，李国栋认为所谓调解西藏地方与民国中央政府关系的西姆拉会议是英国推行霸权主义，企图分裂西藏脱离中国的拙劣行为。此次会议虽然最终以失败而告终，但是对民国中央政府与西藏地方的关系产生了恶劣影响和严重后果。近一个世纪以来，境外敌对势力及达赖分裂集团以非法的"西姆拉草约"为依据，图谋"西藏独立"；非法的"麦克马洪线"成为迄今为止仍未解决的中印边界问题产生的根源，成为影响中印两国关系正常发展的桎梏。[5] 孙宏年撰文认为西姆拉会议是"强权政治＋外交阴谋"的产物，反映了西方以强凌弱的典型做法，其非法的"条约"不具有任何效力，而且仍对中国西藏繁荣稳定和中印关系仍有一定消极影响。[6]

中国对西藏拥有主权还是"宗主权"的问题是近代中英交涉的焦点之一，也是2010 年至 2015 年西藏研究中具有创新意义的成果之一。其中，张双智认为，20 世纪上半叶英国以仅承认名义上中国对西藏的"宗主权"和事实上视西藏为"独立国"作为策动西藏独立的策略，持续近 50 年，极大地损害了中国主权。清朝、中华民国历届中央政府始终坚决反对英国的"宗主权"谬论，中英交涉西藏"宗主权"交涉的实质是维护中国主权与制造独立的斗争。[7] 张皓指出 1898 年至 1921 年是英国以"宗主权"为中心的侵藏政策的提出、实施和基本确立的时期。为与俄国争夺中亚，寇松提出中国对西藏只有宗主权，随后英国声称西藏是"一个外国君主统治的国家"，并与俄国合谋以中国只有宗主权来否定中国对西藏的主权。到 1921 年，英国政府一方面反对中国政府恢复设置驻藏大臣和派驻军队，一方面企图制造"大西藏"以分裂中国，以这两大内容为核心、以宗主权为幌子的侵藏政策基本确定。[8]

英国侵略西藏的相关文献及词汇的研究也反映了近年中英关系涉藏问题研究的新成

---

① 丁勇：《江孜抗英失败及对西藏的影响》，《西藏研究》2014 年第 5 期。

② 温文芳：《1904 年英国入侵西藏与〈川藏奏底〉研究》，《西藏大学学报》（社会科学版）2015 年第 3 期。

③ 梁忠翠：《为英国侵略西藏效力的谍报专家诺布顿珠》，《史林》2014 年第 4 期。

④ 赵国栋：《英国盗取中国茶叶秘密并向西藏入侵之原因与过程》，《农业考古》2014 年第 5 期。

⑤ 李国栋：《西拉姆会议及中英交涉》，《中国边疆史地研究》2013 年第 2 期。

⑥ 孙宏年：《西姆拉会议：一场企图分裂中国的历史闹剧》，《人民日报》（海外版）2014 年 7 月 9 日。

⑦ 张双智：《近代中英关于西藏"宗主权"的交涉》，《西藏研究》2012 年第 2 期。

⑧ 张皓：《"宗主权"的提出与加剧：1898 至 1921 年英国侵藏政策的演变》，《青海民族研究》2014 年第 4 期。

果。梁俊艳以国外具有代表性的 6 部著作为考察对象，围绕其作者背景，6 部著作关注的异同点及原因分析、版本、著作特点、价值与影响等问题进行分析，认为荣赫鹏置身英国和俄国在中亚进行的大角逐中，先后深入我国新疆和西藏腹心地区考察，乃至带兵武装入侵西藏，他的行动加重了我国近代的边疆危机。① 扎洛撰文认为，18 世纪晚期以来的涉藏汉文史籍中称南亚的英国人为"披楞"，扎洛认为其是对藏语词的音译，梳理了藏文史籍中"披楞"的多种拼写形式，进而探讨了藏文文献中有关英国人的称谓变化。②

在中美关系中的涉藏问题方面，胡岩、程早霞、曲晓丽、王林平、李四光等学者发表了相关论文。其中，胡岩利用已经公开的汉文、英文档案资料以及当事人的著述，梳理了美国托尔斯泰—杜兰"使团"入藏的背景、经过，认为托尔斯泰—杜兰"使团"进藏增进了美国对于中国西藏的了解，也首开美国政府派遣官方使团进藏与西藏当局建立直接联系、插手"西藏问题"之先河，对于后来美国西藏政策的形成和演变产生了很大影响。③ 一些学者把研究领域拓展到欧美国家报刊舆论等在涉藏态度，如程早霞、曲晓丽关注西藏和平解放前后大约两年的时间里美国《纽约时报》对中国西藏的报道，这些报道反映出冷战思维及西藏的地缘战略重要性是美国关注西藏局势发展的重要考量因素。这一时期美国主流媒体对中国西藏报道内容的选择凸显了美国政府的政治取向，反映了冷战时期美国西藏政策的历史性交化和美国对印度政策的具体行动目的，严重混淆了国际视听。④ 程早霞、王林平通过 1949 年美国国务院西藏问题历史档案对新中国成立前美国插手中国西藏问题进行了分析。⑤ 程早霞、李四光又对 1910—1913 年间美国传统主流媒体对中国西藏的报道做了探析。⑥ 王林平则对冷战末期以来美国西藏政策协调机制述评，认为冷战末期以来美国国会与行政部门在西藏政策上存在一定分歧，通过在国务院设立"西藏事务特别协调员"、国务院以年度报告形式定期向国会报告中国西藏地区的人权与宗教自由状况、在国会内部设立"国会及行政当局中国委员会"等协调机制干涉中国内政，利用所谓西藏人权问题向中国施加压力，在很大程度上弥合了二者的分歧。⑦

在中俄、中日、中德关系的涉藏问题方面，陈春华、秦永章、赵光锐、冯建勇等学者发表了相关论文。⑧ 其中，冯建勇撰文认为，1888—1911 年英俄围绕西藏展开了角

① 梁俊艳：《1903—1904 年英国入侵者涉藏主要著作初探》，《中国藏学》2011 年第 S2 期。
② 扎洛：《"披楞"琐议》，《中国藏学》2011 年第 3 期。
③ 胡岩：《美国托尔斯泰—杜兰"使团"1942—1943 年入藏考》，《中国藏学》2010 年第 2 期。
④ 程早霞、曲晓丽：《西藏和平解放前后〈纽约时报〉对中国西藏的报道探析》，《当代中国史研究》2015 年第 3 期。
⑤ 程早霞、王林平：《新中国成立前美国插手中国西藏问题实录》，《中国浦东干部学院学报》2014 年第 1 期。
⑥ 程早霞、李四光：《1910—1913 年间美国传统主流媒体对中国西藏的报道学术交流》，《学术交流》2014 年第 9 期。
⑦ 王林平：《冷战末期以来美国西藏政策协调机制述评》，《黑龙江社会科学》2014 年第 1 期。
⑧ 参见陈春华《俄国外交文书选译——关于英军第二次侵藏、达赖喇嘛出逃外蒙以及沙俄的对策》，《中国藏学》2013 年第 3 期；赵光锐《德国党卫军考察队 1938—1939 年的西藏考察》，《德国研究》2014 年第 3 期；等等。

逐，从过程来看英国在与俄国的角逐中处于强势地位，然而从实际效果来看，似乎俄国更占优势；由于清政府的坚决反对，英国在英俄协定中所确认的"宗主权"就不具备合法性，俄国人则利用英俄协定，限制了英国对藏政策，并为其随时过问英国对藏政策提供了条约保障。[①] 秦永章分析了日本涉藏政策的演变及特点，认为1959年以来"西藏问题"引起日本当局的关注，冷战结束以后，尤其是进入21世纪以后，"西藏问题"成为日本图谋遏制中国的一个政治筹码，成为影响双边关系的一个重要因素。日本当局的涉藏政策表现出明显的两面性特点，它在承认西藏是中国领土一部分的同时，又以各种方式支持"藏独"活动。[②]

第七，中国西藏与南亚邻国的边界问题研究长期以来就是西藏历史与现状研究的主要内容之一，中印边界、中锡边界的历史则是2010年至2015年我国学术界关注的重点。

有关非法的"麦克马洪线"的论文至少有5篇，李旺旺认为，门隅自古是我国西藏管辖的地方，无论是历史上强大的吐蕃王朝还是其后藏传佛教各教派先后掌权的西藏地方政权，都对门隅地区进行了有效管辖。该文通过藏文史料的分析，梳理门隅与西藏的历史和政治关系，论述我国西藏地方政府对门隅地区统辖与管理的史实。[③] 张永攀探讨了英印色拉（Sela）为界的"麦克马洪线"变更计划及政策分歧问题。张发贤、陈立明、梁俊艳等探讨了英国对藏政策的调整与"麦克马洪线"的前期策划问题。[④] 吕昭义、杨永平还撰文论证了达旺历史归属问题，认为门隅地方古代就是我国西藏地方的一个组成部分，在与西藏地方史一道融入中华民族整体发展史的进程之中，达旺成为门隅政治、宗教、文化中心。英国入主阿萨姆后在相当长时期内沿袭了沿喜马拉雅山南侧坡脚的传统习惯线，1910年英属印度提出战略边界计划，此后英国对战略边界在达旺地区的走向多次修改，谋图将传统边界线北移至山脊，但直至1951年中国西藏地方政府仍然对达旺进行有效治理。[⑤] 此外，格珍撰文对程凤翔第一次进兵察瓦岗进行了探讨。[⑥]

关于清代中国与锡金边界争议的研究，朱昭华认为1887年藏人在隆吐山设卡，引发了中英之间藏锡边界纠纷，迁延多年，英国以此为借口两次发动侵藏战争，并最终撇开清朝中央政府，与西藏地方政府直接谈判，签订《拉萨条约》。在中、英藏锡边界纠纷中，驻藏大臣无力说服西藏地方政府履行条约，反过来又使英国开始"质疑"清政府的治藏主权，在日后的西藏问题上提出所谓的"宗主权"概念、"西藏独立论"等。[⑦] 张永攀探讨了1895年中英有关中国西藏与哲孟雄的勘界问题，指出对英方拆毁

---

① 冯建勇：《1888—1911年英俄在西藏的角逐》，《西藏研究》2010年第6期。

② 秦永章：《试析日本涉藏政策的演变及特点》，《中国藏学》2015年第1期。

③ 李旺旺：《浅谈门隅与西藏的历史关系》，《西藏民族学院学报》（哲学社会科学版）2014年第4期。

④ 张永攀：《英印色拉（Sela）为界的"麦克马洪线"变更计划及政策分歧》，《中国边疆史地研究》2010年第3期；梁俊艳：《英国对藏政策的调整与"麦克马洪线"的前期策划——以1911年威廉遇事件为中心》，《中国边疆史地研究》2011年第4期；张发贤、陈立明：《从战略理论到反复勘测："麦克马洪线"的前期策划》，《西藏民族学院学报》（哲学社会科学版）2012年第3期。

⑤ 吕昭义、杨永平：《达旺历史归属论》，《中国边疆史地研究》2011年第1期。

⑥ 格珍：《程凤翔第一次进兵察瓦岗》，《西藏研究》2010年第1期。

⑦ 朱昭华：《藏锡边界纠纷与英国两次侵藏战争》，《历史档案》2013年第1期。

界碑及奎焕在勘界上的政策做了分析，认为在 1895 年藏哲勘界一事上，帕里收税、甲岗驻兵、则里拉界别被毁、勘界、推延勘界期限等事件无一不显露出英国人企图获取在藏利益的意图。①

如上所述，回顾 2010 年至 2015 年我国学术界的西藏研究，我们有理由为我国学术界的新成果、新进展欣喜，同时要看到，西藏历史与现状研究仍面临种种挑战。

一是境外"藏独"分子、西方反华势力，打着"学术研究"之旗号，炮制了形形色色的"西藏独立"谬论，贬损和否定西藏历史以及西藏与中央政府的历史关系，极力否认西藏是中国领土不可分割的组成部分这一历史事实，无视新中国成立以来西藏社会变革、经济发展、民生改善的成就，通过诋毁社会主义制度在西藏的实践，否定新中国成立以来党和政府的西藏治理政策。

二是大量的档案、文献仍未得到发掘、整理，而资料不足制约许多领域研究的进一步深化。21 世纪之初，西藏历史研究的档案文献陆续出版，当代中国西藏治理的"文献体系"初步形成，但是历史时期的档案的整理、出版仍不能满足学术研究的需要。一方面是海峡两岸的涉藏历史档案都尚未充分整理，内地一些省区档案馆所藏档案的整理、使用刚刚起步。另一方面，当代中国西藏治理的"文献体系"亟待完善，主要是该"体系"是在多种力量推动下自发形成的，总体上看缺少必要的组织、协调，大量的档案、文献的整理、出版工作尚未有组织地展开，特别是中央有关部门和西藏地方的档案尚未有计划地开放、出版，曾经参与西藏解放、建设的各级干部的工作文稿、日记、文集和口述史料都是今后西藏研究的重要史料，尚未有计划地整理。

三是当代西藏治理研究仍需要解答许多重大的理论问题和现实问题。这些问题既包括对新中国成立以来中央治藏方略继续进行理论上的总结、升华，又需要对新时期中央治藏的重要思想，特别是"治国必治边、治边先稳藏"重要战略思想与"依法治藏、富民兴藏、长期建藏、凝聚人心、夯实基础"进行深入的研究。而且，当代西藏治理的实践活动丰富多彩，学术界不仅需要进一步关注中央治藏的方略、思想和政策，而且需要进一步关注西藏地方结合本地实际、创造性地采取的具体措施。学术界如果与这些鲜活的实践脱节，就容易出现"闭门造车"、不知所云的现象，比如近年来西藏各级政府在创新社会治理、依法管理宗教事务方面采取一系列措施，一些学者并未深入基层调研，却发表种种与事实不符的结论。又如援藏工作涉及诸多领域，文化事业领域的援藏工作也是其中之一，援藏工作一线的干部称之为"文化援藏"，学术界对此正在探讨、总结，少数学者并未考察"文化援藏"的实践，却质问"西藏难道没文化？还需要援助？"此类现象经常出现，恰恰说明我国学术界只有把学术研究与当代中国边疆治理、西藏发展的实践有机结合，才能推出具有科学性、前瞻性的学术成果，才能建立起中国特色的当代西藏治理研究话语体系。

面对上述挑战，我们认为，今后的西藏研究仍需要继续深化，需要做好三个方面的工作。

一是努力突破档案资料不足的"瓶颈"，继续加强档案文献的发掘、整理和使用工作。这就需要学术界与档案管理部门、关注西藏研究的各界人士共同努力，形成推动西

① 张永攀：《1895 年中英"藏哲"勘界研究》，《中国边疆史地研究》2013 年第 4 期。

藏历史与现状研究的更强大"合力",有计划地整理、出版海峡两岸的档案文献,有计划地整理、出版曾经在西藏工作的人士的回忆录、诗文集等文献,为深化各领域的研究提供越来越多的资料。

二是理论与实践相结合,加强"治国必治边、治边先稳藏"重要战略思想等重大理论与现实问题研究,努力建立有中国特色的当代西藏治理研究话语体系。这需要学者们加强自身理论修养,深化新中国成立以来中央治藏方略研究,关注当代中国边疆治理、西藏发展的具体问题,把学术研究与当代西藏治理的具体实践结合起来,推出更多创新性、前瞻性的研究成果,建立起我国学术界的当代西藏治理研究话语体系。

三是我国学者加强与同行的交流,在国际学术交流中争取话语权、主动权,同时旗帜鲜明地反对分裂、维护祖国统一,以深入浅出的形式普及西藏地方的历史、文化和宗教知识,为维护国家统一、边疆繁荣、促进西藏发展做出应有贡献。

新疆研究综述（2010—2015）

王义康　白　帆　王　垚*

该文分"新疆历史研究"与"当代新疆问题研究"两部分回顾国内2010—2015年间新疆研究成果。其中当代新疆研究自然科学领域成果占有相当大的比例，即是人文社会科学领域中也以实用性较强的经济类研究为主。该篇从边疆研究的视角出发，撷取人文社会科学领域中涉及新疆稳定与发展的研究成果，以"当代新疆问题研究"为名，将若干研究归类回顾。

一　新疆历史研究

（一）综论

马晓娟阐述了中国历代正史"西域撰述"的产生背景、内容记载、编纂形式、蕴涵思想、特点特色以及成就与价值等问题。[①] 刘安志《敦煌吐鲁番文书与唐代西域史研究》是著者近十余年来利用敦煌吐鲁番文书研究唐朝西域史的成果结集，研究内容涉及唐代西域地方行政、西域政局演变、边防、民族诸方面。[②] 王素为刘安志的著作做评。[③] 叶莲娜·伊菲莫夫纳·库兹米娜（Elena Efimovna Kuzmina）结合气候、地理、环境变化、历史、考古等多个学科知识来分析了丝绸之路沿线游牧经济形成和发展的动力。[④] 王建民介绍了新疆近百年的发展历程。[⑤] 杨镰追溯20世纪新疆探险史，讲述中外探险家在新疆进行探险考察的故事。[⑥] 厉声阐释与新疆稳定、发展相关的新疆历史和现状的著作。[⑦] 包尔汉回顾了杨增新、金树仁、盛世才统治时期，以及国民党统治时期、新疆和平解放的历史。[⑧] 潘志平、耶斯尔以地缘政治角为视角考察了古今新疆，认为新

---

* 王义康：中国社会科学院中国边疆研究所研究员；白帆、王垚：中国社会科学院中国边疆研究所助理研究员。

① 马晓娟：《历代正史"西域撰述"探略》，学苑出版社2014年版。

② 刘安志：《敦煌吐鲁番文书与唐代西域史研究》，商务印书馆2011年版。

③ 王素：《〈敦煌吐鲁番文书与唐代西域史研究〉述评》，《中国史研究》2012年第2期。

④ ［俄］叶莲娜·伊菲莫夫纳·库兹米娜（Elena EfimovnaKuzmina）：《丝绸之路史前史》，梅维恒（Victor H. Mair）、李春长译，科学出版社2015年版。

⑤ 王建民：《新疆史话》，社会科学文献出版社2012年版。

⑥ 杨镰：《寻找失落的西域文明》，北京航空航天大学出版社2010年版。

⑦ 厉声：《中国新疆：历史与现状》，五洲传播出版社2013年版。

⑧ 包尔汉：《新疆五十年：包尔汉回忆录》，中国文史出版社2013年版。

疆的战略地位从来没有如今之重要。[1] 袁剑指出，认识新疆社会内部各种生态结构的变迁发展及其当代命运，不仅需要我们从中国视角进行观察，还应该从内亚和全球视角来加以考量与分析。[2] 赵曼对 20 世纪 30 年代的舆论界、知识界关于新疆问题讨论的内容进行研究，揭示当时国人对新疆问题的认识过程以及存在的问题。[3] 黄达远认为拉铁摩尔从地缘政治视角，将"边缘史"的新疆史转为"中心史"。[4] 德全英认为拉铁摩尔的理论折射出中国多民族国家的历史法理。[5] 许建英叙述了拉铁摩尔的早年经历和两次新疆考察及其与中国新疆研究的关系，初步梳理了拉铁摩尔对新疆研究的几个理论侧面。[6] 封磊虽然是对近十年来的清代西北边疆史地研究所做综述，但是新疆史地是其重要部分。[7] 马大正主要阐述百余年以来新疆反分裂斗争中的六个问题。[8] 马大正另一文分时段对新疆考察的历史进行了回顾与总结。[9] 菅志翔考察了新中国成立以来新疆当地、中央在京学术机构以及一些省地方学术研究中新疆研究的状况。[10] 周弘、郭宏珍、王耀陈述了近年国外新疆研究与国际交流，国内新疆研究重要项目及其学术交流，国内新疆历史研究，以及新疆族际关系、宗教信仰、社会文化与经济、新疆族属语言及其文化研究。[11]

（二）政治军事史

政治与政局变化。潘向明探讨了清代新疆的历次和卓叛乱事件的原因，以及清朝统治者在防范境内外敌对势力相互勾结方面政策的得失。[12] 王希隆、王力陈述了清前期经营回疆的策略。[13] 王希隆阐述了嘉庆年间改变自乾隆以来对白山派和卓后裔的招抚政策是导致之后新疆持续动乱的重要原因之一。[14] 王希隆另一文阐述了叛乱对新疆社会经济

[1] 潘志平、耶斯尔：《西域新疆的战略地位：地缘政治的视角》，《中国边疆史地研究》2013 年第 3 期。

[2] 袁剑：《新疆史地研究的生态视野——环境、历史与社会的一种解释路径》，《新疆师范大学学报》2015 年第 1 期。

[3] 赵曼：《试析 1930 年代的"新疆论"》，硕士学位论文，中央民族大学，2011 年。

[4] 黄达远：《在古道上发现历史：拉铁摩尔的新疆史观述评》，《新疆师范大学学报》2013 年第 4 期。

[5] 德全英：《长城的团结：草原社会与农业社会的历史法理——拉铁摩尔中国边疆理论评述》，《西域研究》2013 年第 1 期。

[6] 许建英：《拉铁摩尔新疆考察及研究》，《中国边疆史地研究》2011 年第 4 期。

[7] 封磊：《近十年来清代西北边疆史地研究述评》，《伊犁师范学院学报》2013 年第 3 期。

[8] 马大正：《论百余年来新疆反分裂的几个问题》，《新疆师范大学学报》2014 年第 1 期。

[9] 马大正：《清至民国中国学者新疆考察史研究评述》，《西域研究》2015 年第 4 期。

[10] 菅志翔：《建国后的新疆研究状况分析报告》，《西北民族研究》2013 年第 1 期。

[11] 周弘、郭宏珍、王耀：《今年新疆研究专题概述》（上、下），《民族论坛》2015 年第 3、5 期。

[12] 潘向明：《清代新疆和卓叛乱研究》，中国人民大学出版社 2011 年版。

[13] 王希隆、王力：《略论清前期对回疆的经营》，《兰州大学学报》（社会科学版）2010 年第 3 期。

[14] 王希隆：《乾隆、嘉庆两朝对白山派和卓后裔招抚政策得失述评》，《兰州大学学报》（社会科学版）2014 年第 2 期。

的破坏及国力的损耗程度。[1] 彭贺超阐述了清末外籍人士在新疆任职或游历时留存的著作的价值所在。[2] 刘国俊陈述了清末科布多与阿勒泰分治始末。[3] 姚焕录、张建春回顾了关于林则徐在新疆的研究成果，并予以展望。[4] 方华玲梳理了林则徐与当地主事官员之间往来的文献。[5] 舒锦华探讨了新疆巡抚潘效苏生平，主政新疆的期间的政治措施、经济措施，评述其功过。[6] 郭院林陈述了袁大化面对新疆新政过程中的诸多复杂问题进行的系列改革。[7]

　　谢海涛阐述了南京国民政府时期西北边疆的政治生态，国人关于西北边疆的社会舆论对西北边疆建设意识的影响。[8] 冯建勇陈述了国民政府试图统合新疆的历程。[9] 段金生分析了杨增新的政治理念、统治方略、对政体的认识，以便了解其统治新疆的各项政策。[10] 买玉华考察了金树仁前期的经历、发家的过程、主新的措施、下台的经过。[11] 刘国俊肯定了新疆都督杨增新对于阿勒泰内政、外交的经营活动。[12] 何永明陈述了外蒙军队西犯科布多、阿尔泰时杨增新军事防御、外交努力抵制俄国干涉，确保新疆辖区完整的事实。[13] 刘国俊陈述了民国初期阿勒泰划入新疆的过程。[14] 文志勇认为争论的实质不仅仅是政见不同，北洋政府与新疆地方统治者在如何看待和治理多民族边疆地区主导思想上的差异和矛盾。[15] 姜刚探讨了这场政变导致的结果以及发生的社会原因。[16] 马戎介绍了盛世才在1940年在新疆制造的"国际阴谋暴动案"档案文件的主要内容，分析了盛世才本人的政治理念及他与斯大林的交往，认识20世纪40年代的盛世才和他治

① 王希隆：《张格尔之乱及其影响》，《中国边疆史地研究》2012年第3期。

② 彭贺超：《清末边疆新政的另类视角——以外籍人士眼中的新疆新政为中心》，《中国边疆史地研究》2015年第4期。

③ 刘国俊：《清末科阿分治与阿勒泰新政》，《新疆社科论坛》2011年第1期。

④ 姚焕录、张建春：《林则徐在新疆研究成果述评》，《伊犁师范学院学报》（社会科学版）2015年第1期。

⑤ 方华玲：《论"废员"林则徐与新疆主事官员之往来》，《伊犁师范学院学报》（社会科学版）2015年第4期。

⑥ 舒锦华：《新疆巡抚潘效苏》，硕士学位论文，新疆大学，2010年。

⑦ 郭院林：《清末新疆巡抚袁大化的抚新作为》，《新疆社科论坛》2011年第5期。

⑧ 谢海涛：《南京国民政府时期西北边疆的社会政治生态与社会舆论》，《云南师范大学学报》（哲学社会科学版）2010年第6期。

⑨ 冯建勇：《1928—1929年白崇禧入新风波——兼论南京国民政府对新疆之统合》，《云南师范大学学报》（哲学社会科学版）2010年第6期。

⑩ 段金生：《论杨增新的政治思想》，《西域研究》2011年第1期。

⑪ 买玉华：《金树仁主政新疆五年述评》，《新疆社会科学》2011年第5期。

⑫ 刘国俊：《杨增新对阿勒泰的经营》，《西域研究》2013年第3期。

⑬ 何永明：《杨增新在外蒙西犯科布多、阿尔泰时的军事与外交努力》，《新疆大学学报》（哲学·人文社会科学版）2012年第4期。

⑭ 刘国俊：《民初阿勒泰危机及阿勒泰归新》，《新疆社科论坛》2012年第5期。

⑮ 文志勇：《杨增新和杨缵绪对新疆财政问题的争论——兼谈新疆各民族的经济负担》，《中国边疆史地研究》2011年第3期。

⑯ 姜刚：《也论新疆"三七政变"》，《中国边疆史地研究》2012年第1期。

理下的新疆。① 厉声指出在苏联错位的民族解放运动导引和苏联势力的控制下，出现了寄生于三区革命运动的分裂政权。② 邵玮楠有类似的看法，认为1944年新疆三区革命的爆发是苏联成功地利用新疆的民族和宗教矛盾促成的。③ 冯建勇回顾了这一时期民国政府整合新疆地方外交权的历程。④ 武斌以新疆1945—1950年的事件发展为线索，论述了这一时期中美苏三国在新疆的活动与政策变化。⑤ 任俊宏认为抗战时期新疆在马克思主义的传播和发展史中具有重要的历史地位。⑥

治疆政策、措施。赵毅、赵继峰回顾与总结了西汉、唐朝、元朝和清朝等治理新疆的军事方略，对当代治疆，试图从历史经验中获取启迪和借鉴。⑦ 甄军伟、郭院林认为清政府统一新疆后既要制约南疆，又要防御北面沙俄的侵扰，加上情感和宗教因素，采取了"重北轻南"政策。⑧ 宫凯、杨丽辉强调新疆民族政策发展历程的研究对当代治疆的重要性。⑨ 张立程、李红卫探讨了清廷面对西北危机采取的对策确保国家统一的原因。⑩ 王力叙述了乌什事变的缘由及其经过，并对事变平息后清政府为巩固统治所采取的一系列补救措施和对回疆治理政策的调整等问题进行了阐述。⑪ 葛浩探讨了杨增新的内政理念以及以此理念治疆的实践。⑫ 李洁以移民实边为视角，探讨历代经营西域的进程及不同阶段的特点与差异。⑬

地方行政制度及变迁。张云论述了乌鲁木齐都统和伊犁将军之间职权变化的关系。⑭ 甘桂琴对新疆军府制时期专辖回疆的参赞大臣整体素质提出质疑。⑮ 周卫平阐述

① 马戎：《1940年的盛世才与他治理下的新疆——读〈盛世才上莫斯科斯大林报告书(1940)〉》，《青海民族研究》2015年第1期。

② 厉声：《三区革命运动中的"二次革命"及其背景》，《石河子大学学报》2011年第2期。

③ 邵玮楠：《动荡之源：新疆三区革命的国际背景》，《西域研究》2013年第3期。

④ 冯建勇：《1942—1943年国民政府对新疆外交权之统合》，《西域研究》2012年第3期。

⑤ 武斌：《中国新疆地区的政治变革（1945—1950）》，硕士学位论文，华东师范大学，2010年。

⑥ 任俊宏：《抗战时期马克思主义在新疆大众化传播》，《和田师范专科学校学报》2014年第4期。

⑦ 赵毅、赵继峰：《中国历代中央王朝治理新疆军事方略研究》，《新疆社科论坛》2014年第1期。

⑧ 甄军伟、郭院林：《清朝新疆"重北轻南"政策形成原因》，《和田师范专科学校学报》2012年第4期。

⑨ 宫凯、杨丽辉：《清朝治理新疆民族政策的历史沿革与现代思考》，《贵州民族研究》2013年第3期。

⑩ 张立程、李红卫：《论晚清西北边疆危机与清廷对策》，《云南师范大学学报》2011年第1期。

⑪ 王力：《浅析乌什事变与清朝回疆治理政策的调整》，《西域研究》2012年第1期。

⑫ 葛浩：《修渠与招垦：治术、策略及其实践——兼论民国初年杨增新治理新疆之道》，《新疆大学学报》（哲学·人文社会科学版）2011年第2期。

⑬ 李洁：《试论边疆治理之移民实边——以新疆为例》，《兰州大学学报》2015年第5期。

⑭ 张云：《试论乌鲁木齐都统与伊犁将军之间的职权关系》，《塔里木大学学报》2010年第3期。

⑮ 甘桂琴：《清代总理回疆事务参赞大臣素质的历史考察》，《西域研究》2010年第1期。

了清代新疆两种管理体制的异同。[①] 周卫平申述了建省之前新疆郡县发展趋势及特点。[②] 卢树鑫针对"新疆六厅"建置沿革存在的争议，探讨清王朝在少数民族地区施政的实态。[③] 王希隆、黄祥深探讨了哈密实行改土归流的根本原因，以及能否成功的相关条件。[④] 赵曼分析了清末民国时期哈密地区的改土归流问题的来龙去脉。[⑤] 周卫平陈述了清末民初新疆职官制度的三次变革。[⑥] 童远忠考察了建省后新疆经济、地方行政管理体制、民族关系等方面发生的变化。[⑦] 陈跃总结了新疆和台湾建省的经验。[⑧] 刘国俊杨增新对新疆行政区划的调整，符合当时新疆经济社会发展的需要，有利于巩固边防与提高行政效率。[⑨] 郭胜利指出民国新疆县制改革奠定了现代新疆行政体制格局，具有其时代特点与变革意义。[⑩] 陈芸、张皓指出金树仁以国民政府为蓝本，多方着力践行，试图改变新疆基层政权的"无政府状态"，严密基层社会控制，但由于诸多因素制约，未得到有效实施。[⑪] 王洪刚分析了区村制的发展过程，并对其具体特点和产生的影响进行探讨。[⑫] 陈芸、张皓分析了盛世才执政时期区村制在不同阶段实施的重点及内容，区村制的作用。[⑬] 陈芸、张皓探讨了新疆警察体制的近代化进程。[⑭] 贾秀慧考察了民国时期新疆的公务员制度建设的内容，制度的特点、作用、意义。[⑮]

军事制度、国防战略、军事事务。鲁靖康考述清代往新疆派遣侍卫时间、职责、类别诸问题，对其充任新疆各地驻防大臣利弊予以评述。[⑯] 耿琦探讨了侍卫满语书写形

---

① 周卫平：《军府制下的伊犁将军与行省制下的新疆巡抚比较研究》，《云南师范大学学报》2011 年第 1 期。

② 郭润涛：《新疆建省之前的郡县制建设》，《西域研究》2013 年第 1 期。

③ 卢树鑫：《清代"新疆六厅"建置考》，《贵州民族研究》2015 年第 9 期。

④ 王希隆、黄祥深：《哈密改土归流述论》，《中国边疆史地研究》2015 年第 3 期。

⑤ 赵曼：《简述近代以来新疆哈密地区的"改土归流"》，《和田师范专科学校学报》2015 年第 4 期。

⑥ 周卫平：《清末民初新疆官制的变迁》，《云南师范大学学报》（哲学社会科学版）2012 年第 5 期。

⑦ 童远忠：《新疆建省与近代新疆社会变迁》，《新疆大学学报》（哲学·人文社会科学版）2011 年第 4 期。

⑧ 陈跃：《晚清新疆与台湾建省之比较研究》，《中国边疆史地研究》2013 年第 3 期。

⑨ 刘国俊：《杨增新对新疆行政区划的调整及其意义》，《西域研究》2015 年第 3 期。

⑩ 郭胜利：《民国新疆县制变革述论》，《西域研究》2014 年第 2 期。

⑪ 陈芸、张皓：《金树仁对国民政府〈县组织法〉践行初探——以〈新疆省政府公报〉为中心的考察》，《新疆社会科学》2011 年第 5 期。

⑫ 王洪刚：《民国时期新疆基层政权组织区村制研究》，《贵州民族研究》2015 年第 6 期。

⑬ 陈芸、张皓：《盛世才执政时期新疆区村制析》，《西域研究》2011 年第 4 期。

⑭ 陈芸、张皓：《金树仁时期新疆各级公安组织改组述论》，《西北民族大学学报》2011 年第 4 期。

⑮ 贾秀慧：《民国时期新疆的公务员制度建设探析》，《新疆社会科学》2011 年第 3 期。

⑯ 鲁靖康：《清代侍卫新疆史迹考——以〈清实录〉为中心》，《北方民族大学学报》2014 年第 4 期。

式，统领系统，具体职责。① 鲁靖康对清代新疆驻防军特殊兵源的进行研究。② 孙守朋考察了乾隆二十八年京口离驻汉军旗人的安置、江宁蒙古旗人移驻京口以及汉军出缺与新疆驻防关系等问题，揭示京口汉军出旗拨补的原因。③ 张华腾、彭贺超探讨了新疆新军编练对于辛亥新疆时局影响。④ 刘超建指出晚清权力冲突引发的国防战略转变对新疆地区社会的稳定和边防安全产生了重大的影响。⑤ 王东指出清末电报线建设滞后其他省份，边疆危机成为新疆电报线建造的重要推动力。⑥ 徐中煜探讨了军事通信系统在收复新疆战役中的作用。⑦ 丁伟指出对左宗棠在西北的重大事件均有涉及，尤其在收复新疆过程中因贷银西征、两次塞防与海防之争等事件，是同时期报道时间最长、最全面的媒体。⑧

吏治。薛天翔介绍了清代乾嘉时期新疆官员奖惩施行的实际状况。⑨ 黄建华探讨了盛世才实行养廉地政策遇到的问题，以及养廉地政策实施的意义。⑩ 陈芸认为，盛世才时期养廉地制再举，既与盛世才的执政考虑有关，也是由新疆历史与现状决定的。⑪ 陈芸探讨了新疆迪化公务员消费合作社创建的目的，以及各演变阶段的特点及存在的问题。⑫

（三）外交、外事

新疆与英国。梁俊艳利用中英文档案资料，分析了荣赫鹏在英国对我国新疆和西藏扩张中起到的作用。⑬ 许建英介绍了近代英国与中国新疆的关系。⑭ 许建英陈述了这一时期英国政府对新疆政策的核心内容。⑮ 许建英另一文陈述了 19 世纪后期清王朝属邦洪扎被英国控制的经过。⑯ 韦性春探讨了清末新疆英侨主要来源，以及管理方式。⑰ 樊

---

① 耿琦：《清代驻守新疆侍卫职任考述》，《清史研究》2015 年第 4 期。

② 鲁靖康：《清代新疆遣勇考》，《清史研究》2013 年第 4 期。

③ 孙守朋：《乾隆二十八年京口驻防汉军出旗拨补与伊犁驻防》，《清史研究》2015 年第 4 期。

④ 张华腾、彭贺超：《新军编练与新疆辛亥革命研究》，《新疆社会科学》2011 年第 2 期。

⑤ 刘超建：《晚清政治和军事地理的变动及对新疆的影响——以满权汉移和国防战略转换为例》，《青海民族大学学报》2012 年第 2 期。

⑥ 王东：《边疆危机与清末新疆电报线的建设》，《西域研究》2014 年第 1 期。

⑦ 徐中煜：《左宗棠收复新疆过程中的军情传递》，《新疆大学学报》（哲学·人文社会科学版）2011 年第 4 期。

⑧ 丁伟：《〈申报〉左宗棠收复新疆的报道分析》，《塔里木大学学报》2015 年第 2 期。

⑨ 薛天翔：《清代乾嘉时期新疆官员奖惩制度研究》，硕士学位论文，新疆大学，2014 年。

⑩ 黄建华：《盛世才统治新疆时期的养廉地政策》，《西北民族大学学报》2011 年第 4 期。

⑪ 陈芸：《盛世才执政时期新疆养廉地制再举探微》，《西北民族大学学报》2013 年第 2 期。

⑫ 陈芸：《新疆迪化公务员消费合作社的创建与演变——盛世才关于整饬吏治的尝试》，《西域研究》2013 年第 4 期。

⑬ 梁俊艳：《荣赫鹏与英国在新疆和西藏的殖民扩张》，《西域研究》2012 年第 1 期。

⑭ 许建英：《近代英国和中国新疆（1840—1911）》，黑龙江教育出版社 2014 年版。

⑮ 许建英：《1933 年前后英国对中国新疆政策述论》，《西域研究》2014 年第 4 期。

⑯ 许建英：《19 世纪后期英俄在中亚的角逐及英国入侵洪扎》，《云南师范大学学报》2015 年第 6 期。

⑰ 韦性春：《清末新疆英国侨民探析》，《和田师范专科学校学报》2014 年第 4 期。

明方、王薇认为荣赫鹏这三次探查既构成当时英国对新疆地区侵略活动的一个组成部分，对当时英国和俄国在该地区的争夺和妥协产生了重要影响。[①] 樊明方、孟泽锦揭示1865—1876 年阿古柏入侵新疆期间，英国无视中国的领土和主权完整，多方面支持阿古柏对新疆地区的侵略。[②]

新疆与苏联。陈建锋陈述了清代内乱外患加剧情况下西北边疆防御体制由原先"筹边"向"筹俄"转变的过程。[③] 赵剑锋考察了晚清俄国领事馆在新疆分布的地点、性质、所作所为。[④] 冯琬琦探讨了帝俄领事馆的势力和活动在新疆渗入的领域，在帝俄吞并我国领土中所起作用等问题。[⑤] 曹伟、杨恕认为20 世纪30 年代苏联出兵新疆，是苏联企图在其周边建立亲苏缓冲地带、维护国家安全的整体战略的一部分。[⑥] 马合木提·阿布都外力肯定了王大刚《苏联庇护下的伊宁事变：1944—1949 年新疆的民族冲突与国际竞争》（*Under The Soveit Shadow—The Yining Incident：Ethnic Conf lictsand International Rivalryin Xinjiang 1944－1949*，HongKong，The Chinese University Press，1999）的创新之处，对其"三区革命"是封建割据政权的结论提出质疑。[⑦] 杨恕、曹伟对解密的哈共（布）中央的报告做了介绍和分析。[⑧] 郝建英探讨了十月革命后苏联与新疆地方政府交涉的重点问题。[⑨] 齐清顺充分肯定了新中国成立初期苏联专家对新疆发展做出的贡献。[⑩]

美国与新疆。闫佼丽探讨了这一时期美国驻迪化领事馆建立的背景以及从事活动涉及的范围。[⑪] 闫自兵探讨了美国介入协调中苏关系，对新蒙边境纠纷解决所起作用。[⑫]

[①]　樊明方、王薇：《荣赫鹏对新疆南部地区和坎巨提部的几次探查》，《西域研究》2010 年第1 期。

[②]　樊明方、孟泽锦：《阿古柏入侵时期英国对中国新疆地区的侵略》，《西域研究》2010 年第3 期。

[③]　陈建锋：《从"安边圉"到"防俄患"：清人西北边疆意识的转变》，《西北民族大学学报》（哲学社会科学版）2014 年第3 期。

[④]　赵剑锋：《晚清俄国驻新疆领事馆考述》，《新疆大学学报》（哲学·人文社会科学版）2014 年第4 期。

[⑤]　冯琬琦：《俄驻新疆领事馆研究（1851 年—1917 年）》，硕士学位论文，兰州大学，2015 年。

[⑥]　曹伟、杨恕：《20 世纪30 年代苏联红军两次出兵新疆及其原因》，《西域研究》2014 年第4 期。

[⑦]　马合木提·阿布都外力：《评王大刚的〈苏联庇护下的伊宁事变：1944—1949 年新疆的民族冲突与国际竞争〉》，《西域研究》2012 年第2 期。

[⑧]　杨恕、曹伟：《从哈共（布）中央的报告看苏联对中国新疆政策的变化》，《中国边疆史地研究》2012 年第3 期。

[⑨]　郝建英：《杨增新时期新疆与苏（俄）在引渡和经贸问题上的交涉》，《中国边疆史地研究》2012 年第2 期。

[⑩]　齐清顺：《前苏联专家及其在新疆的活动》，《云南师范大学学报》（哲学社会科学版）2011 年第4 期。

[⑪]　闫佼丽：《20 世纪40 年代美国驻迪化领事馆的建立及其活动》，《新疆社会科学》2010 年第4 期。

[⑫]　闫自兵：《1944 年新蒙边境纠纷的解决与美国对中苏关系的协调》，《新疆大学学报》（哲学·人文社会科学版）2012 年第4 期。

许建英探讨了这一时期美国对新疆政策的意图以及产生的影响。①

新疆与中亚。李晶重新审视了乾隆年间清朝与阿富汗关系。② 周轩从乾隆帝西域诗中梳理出清朝与中亚国家关系的诸多方面与表现形式。③ 潘志平探讨了清前期与中亚属国之间的关系。④ 张安探讨了中国政府对阿侨实行"入籍"政策的动因，并指出落实这一政策过程中存在的问题，产生的外交纠纷。⑤ 贾丽红认为历史上吉尔吉斯斯坦是阻隔西方大国向新疆扩张的屏障，今天在国家安全方面对中国仍具有极其重要的意义。⑥

新疆与土耳其。许建英梳理了近代土耳其对中国新疆进行政治、宗教渗透发生、演变的历史过程，始于阿古柏入侵新疆时期，经历了民国时期，意识形态方面对新疆影响尤为深远。⑦

涉外事务。张滢探讨了饶应祺主政新疆期间处理涉外事务的原则与态度。⑧ 梁海峡指出俄、英在南疆领事裁判权的确立，对中国司法的负面影响。⑨ 艾海提·斯拉木探讨了清末民初外国传教士在新疆从事的教育活动及其对新疆社会的影响。⑩ 热合木吐拉·艾山探讨了9世纪后期以来俄国籍鞑靼人在新疆的教育活动，对新疆的穆斯林中产生的影响。⑪ 刘明指出马达汉对新疆的考察内容涉及政治、经济、社会、民族、考古、人类学、气候等方面，对我们研究新疆近代史有重要的学术价值。⑫ 杨文炯、柴亚林探讨了19世纪末至抗日战争时期日本在新疆进行的所谓考察，包括绘制地图、组建谍报网络、结交军政要员、刺探各类情报等一系列活动。⑬ 刘建忠梳理瑞典传教团在喀什噶尔期间的活动，以企窥探20世纪40年代喀什噶尔乃至全疆经济社会发展状况。⑭

---

① 许建英：《20世纪40年代美国对中国新疆政策研究》，《云南师范大学学报》（哲学社会科学版）2011年第4期。

② 李晶：《乾隆年间清朝与阿富汗关系新探》，《云南师范大学学报》（哲学社会科学版）2013年第1期。

③ 周轩：《从乾隆帝西域诗看新疆与中亚之关系》，《西域研究》2012年第2期。

④ 潘志平：《清前期中亚地缘政治形势——附论比什凯克的来历》，《西域研究》2012年第4期。

⑤ 张安：《新中国初期新疆阿富汗侨民"入籍"问题述论》，《新疆大学学报》（哲学·人文社会科学版）2015年第3期。

⑥ 贾丽红：《吉尔吉斯斯坦对中国的重要性及其当今局势对中国的影响》，《新疆大学学报》（哲学·人文社会科学版）2010年第6期。

⑦ 许建英：《近代土耳其对中国新疆的渗透及影响》，《西域研究》2010年第4期。

⑧ 张滢：《饶应祺与清代新疆外事》，《伊犁师范学院学报》（社会科学版）2013年第3期。

⑨ 梁海峡：《清末及民国时期新疆南疆涉外刑事犯罪问题研究》，《青海民族大学学报》2010年第4期。

⑩ 艾海提·斯拉木：《清末民初外国传教士在新疆的传教活动及影响》，《和田师范专科学校学报》2012年第6期。

⑪ 热合木吐拉·艾山：《近代俄国鞑靼人在新疆的教育活动及其影响》，《青海民族大学学报》2012年第3期。

⑫ 刘明：《试述芬兰探险家马达汉在新疆的民族学调查》，《新疆社科论坛》2010年第1期。

⑬ 杨文炯、柴亚林：《清末至民国时期日本在我国新疆的阴谋活动述略》，《中国边疆史地研究》2014年第4期。

⑭ 刘建忠：《瑞典传教团在喀什噶尔活动的几个时期》，《新疆财经大学学报》2015年第2期。

（四）经济贸易史

区域经济发展。陈跃探讨了历史时期北疆经济的发展状况，并指出北疆农业的发展不仅改变了新疆"南农北牧"的经济地理格局，更缩小了新疆与内地的差距，在经济上加快了新疆与内地一体化进程。① 季发展、张安福阐述了新疆社会经济发展北重南轻格局的由来及影响。② 孔乾鹏陈述了清代治疆格局的确定对新疆社会经济发展的影响。③ 田自耕阐述了清代建省前后两种管理方式下两个阶段之间经济发展的差异和效果，说明了制度变迁对新疆社会经济的影响，两种制度产生不同的社会功能。④ 杨博惠阐述了阎毓善的进步思想及对新疆实业所起的作用和影响。⑤ 王洁论述了有清一代在不同时期。不同的政治和社会背景下治理新疆所采取的民族经济政策，提出当前制定新疆民族经济政策的原则及应该关注的重点问题、应着重处理好的关系。⑥ 赖洪波陈述了清代伊犁多民族移民过程、移民特点、贡献及其历史作用。⑦

人口。李芳陈述了清代中期汉民族进入新疆的主要途径及其人口概况。⑧ 吴轶群分析了清代新疆伊犁人口变迁及其影响因素，探讨了人口结构特征，即经济结构和民族结构特征。⑨ 齐清顺探讨了清政府解决人地矛盾的措施及作用，该文对今天治疆有借鉴意义。⑩ 贾建飞以内地人的活动为主，讲述了乾嘉时期新疆煤矿业的兴起和发展的经过。⑪ 刘新宇陈述了清统一新疆后大规模移民与北疆地农牧业业格局变化问题。⑫

农牧渔林业。就农业而言，屯田是新疆农业发展史上颇具特色农业生产组织形式，历代沿用不衰，自然就成为新疆农业研究的主要对象。除此之外，这一时期的农业研究还涉及新疆水利、土地制度、赋役制度诸方面。

王希隆、周生贵陈述了自汉以来西域屯垦的类型及历史意义。⑬ 王春辉考察了历代

① 陈跃：《论古代北疆农业的发展》，《西域研究》2011年第2期。
② 季发展、张安福：《清代以来南北疆经济社会发展的差异性分析》，《新疆社科论坛》2011年第5期。
③ 孔乾鹏：《清代前期治理新疆重心转移原因俯视》，《伊犁师范学院学报》（社会科学版）2015年第1期。
④ 田自耕：《清代新疆建省前后经济变化研究》，硕士学位论文，新疆大学，2010年。
⑤ 杨博惠：《阎毓善与民国新疆实业》，《和田师范专科学校学报》2014年第3期。
⑥ 王洁：《清朝治理新疆的民族经济政策研究》，博士学位论文，中央民族大学，2012年。
⑦ 赖洪波：《论清代伊犁多民族移民开发及其历史意义》，《伊犁师范学院学报》（社会科学版）2010年第4期。
⑧ 李芳：《清代中期新疆汉民族来源及人口问题》，《新疆大学学报》（哲学·人文社会科学版）2010年第4期。
⑨ 吴轶群：《清代伊犁人口变迁与人口结构特征探析》，《西域研究》2010年第3期。
⑩ 齐清顺：《论清朝中期新疆解决人口与耕地矛盾的重大措施》，《石河子大学学报》（哲学社会科学版）2010年第1期。
⑪ 贾建飞：《人口流动与乾嘉时期新疆煤矿业的兴起和发展》，《西域研究》2011年第4期。
⑫ 刘新宇：《1644—1840年北疆地区人口和农业开发》，《农业考古》2013年第3期。
⑬ 王希隆、周生贵：《关于新疆屯垦史研究的几点认识》，《石河子大学学报》（哲学社会科学版）2011年第6期。

发展屯垦的内外动因。① 张安福从安全角度审视了历代屯垦。② 曾少聪、罗意探讨了屯垦在新疆多民族共存格局形成和融入中华民族的历史进程中的作用。③ 白关峰、张彦陈述了屯垦为新疆注入多元文化历史事实，及多元文化对新疆各族的影响。④ 买买提祖农·阿布都克力木探讨了汉唐屯垦的规模，在国防、中西交流、新疆经济方面的意义。⑤

刘玉皑对近30年来清代新疆屯垦研究成果涉及的一些重要问题进行综述。⑥ 张晓莉认为，新疆屯田重北轻南的布局在一定程度上抵御了北部沙俄的威胁，也为新疆社会稳定和经济发展埋下了隐患。⑦ 张晓丽探讨了清代屯田性质的变化以及作用、影响。⑧ 蒋静、季发展阐述了清代屯垦态势的变化以及对新疆南北农牧经济格局的影响。⑨

李德政探讨了清政府移民屯田与"保民"之间的内在关系，所谓"保民"实为解决农民生计问题。⑩ 赵海霞探讨了清代商屯兴衰的过程及其原因。⑪ 赵海霞陈述了乌鲁木齐商屯的作用。⑫ 张燕、王友文对清代伊犁将军实行的屯垦戍边的方略予以评价，以企对当代新疆民生和生态建设科学决策提供咨询参考。⑬ 苏奎俊陈述了清代巴里坤屯田的形式及作用。⑭ 薛莉肯定了左宗棠西北屯田在振兴西北经济、维护边疆稳定与祖国统一、文化融合方面的意义。⑮ 王利中陈述了民国时期对新疆开展屯垦的不同认识，以企

① 王春辉：《新疆历代屯垦管理制度发展的动力机制研究》，《伊犁师范学院学报》（社会科学版）2010年第2期。

② 张安福：《中国历代西北边疆安全体系下的屯垦戍边策略选择》，《伊犁师范学院学报》（社会科学版）2011年第3期。

③ 少聪、罗意：《中华民族多元一体格局视野下的清代新疆屯垦》，《石河子大学学报》（哲学社会科学版）2013年第5期。

④ 白关峰、张彦：《论新疆古代屯垦文化的多元性》，《石河子大学学报》（哲学社会科学版）2014年第3期。

⑤ 买买提祖农·阿布都克力木：《汉唐时期西域屯垦及其作用》，《喀什师范学院学报》2010年第1期。

⑥ 刘玉皑：《近30年来国内清代新疆屯垦研究综述》，《西域研究》2013年第1期。

⑦ 张晓莉：《清代新疆屯田布局对我国西北安全的影响》，《石河子大学学报》（哲学社会科学版）2011年第3期。

⑧ 张晓丽：《清代前期新疆屯垦政策演变》，《民族论坛》2011年第10期。

⑨ 蒋静、季发展：《清代新疆屯垦经济发展变化的趋势分析》，《新疆社科论坛》2012年第6期。

⑩ 李德政：《"保民"："屯田戍边"中的另一个重要目的——以清代前期新疆的屯田为例》，《石河子大学学报》2011年第2期。

⑪ 赵海霞：《清代新疆商屯研究》，《西域研究》2011年第1期。

⑫ 赵海霞：《乾嘉时期乌鲁木齐商屯研究》，《新疆大学学报》（哲学·人文社会科学版）2010年第5期。

⑬ 张燕、王友文：《清代伊犁将军屯垦戍边方略——兼及对当代新疆生态民生建设的借鉴》，《云南民族大学学报》2014年第6期。

⑭ 苏奎俊：《清代巴里坤屯田述论》，《新疆社科论坛》2010年第1期。

⑮ 薛莉：《左宗棠西北屯田述略》，《农业考古》2015年第4期。

为今天提供借鉴。① 任冰心探讨了新疆屯垦委员会设立的背景、机构设置、分布及作用。②

王培华探讨了水资源分配制度的主要内容以及体现的原则。③ 王培华探讨了清代新疆地方政府建立分水制度以及预防发生水利纠纷的措施。④ 武明明、姚勇探讨了清代新疆地区官地的来源、分布、管理和开发等问题。⑤ 张文亚利用新疆伊犁州档案馆资料判断清末宁远县征收的田赋税额低于同期新疆其他地方。⑥ 宋超考察了引进苏联农业技术种类，以及对新疆农业技术发展的影响。⑦

关于牧、渔、林研究。赵珍探讨了清中叶马政衰败的原因，认为从近代化的视角，杨遇春变革马政的主张，乃至清廷兵部的议驳标准，更加值得反思。⑧ 鲁靖康探讨了清代新疆的渔业资源分布、渔业生产技术和水产贸易状况。⑨ 何道洪陈述了盛世才主政时期的新疆林政、林业科技、林业教育，并对这一时期新疆林业进行了评价。⑩

财政、邮政、交通、工商、贸易。栾梅荣阐述了杨增新、金树仁执、盛世才、国民党直接统治时期的新疆财政状况以及民国时期新疆财政管理及特点、解决财政赤字途径。⑪ 杨和平陈述了民国时期新疆邮政发展的过程，以及制约发展的因素。⑫ 杨博惠陈述了阎毓善任职新疆期间在公路交通方面所做的工作。⑬ 赵维玺认为饶应祺开发新疆矿产的思想并付诸实践，尽管效果有限，但是对于后来具有重要的参考价值和借鉴意义。⑭ 贾建飞陈述了清统一新疆后金矿开采对内地人从禁止到开放管理的历史过程。⑮ 贾秀慧分析了新疆工商同业公会产生的社会经济背景、内部运作模式、经济社会功能、

---

① 王利中：《民国时期对新疆屯垦问题的认识》，《石河子大学学报》（哲学社会科学版）2010年第1期。

② 任冰心：《新疆屯垦委员会研究》，《新疆大学学报》（哲学·人文社会科学版）2012年第4期。

③ 王培华：《清代新疆的水资源分配制度》，《西域研究》2015年第3期。

④ 王培华：《清代新疆解决用水矛盾的多种措施——以镇迪道、阿克苏道、喀什道为例》，《西域研究》2011年第2期。

⑤ 武明明、姚勇：《清代新疆官地初探》，《新疆大学学报》（哲学·人文社会科学版）2012年第3期。

⑥ 张文亚：《清末伊犁宁远县田赋制度探析》，《西域研究》2010年第2期。

⑦ 宋超：《民国时期新疆引进苏联农业技术的历史考察》，《新疆社会科学》2010年第6期。

⑧ 赵珍：《道光朝陕甘总督杨遇春变革马政的环境史考察》，《中国边疆史地研究》2014年第2期。

⑨ 鲁靖康：《清代新疆渔业考述》，《西域研究》2010年第2期。

⑩ 何道洪：《盛世才主政时期新疆林业研究》，硕士学位论文，新疆大学，2013年。

⑪ 栾梅荣：《民国时期新疆财政研究》，硕士学位论文，新疆大学，2010年。

⑫ 杨和平：《中华民国时期新疆邮政业研究》，硕士学位论文，新疆大学，2011年。

⑬ 杨博惠：《试论阎毓善对新疆公路交通发展的贡献》，《新疆大学学报》（哲学·人文社会科学版）2013年第3期。

⑭ 赵维玺：《饶应祺与新疆矿务》，《新疆大学学报》（哲学·人文社会科学版）2011年第1期。

⑮ 贾建飞：《乾嘉时期新疆的金矿开采——以内地人的活动为中心》，《中国边疆史地研究》2011年第1期。

与商会的关系等方面，并指出其历史作用。① 贾秀慧从不同层面分析了汉族商帮的内部社会结构，肯定了商帮在新疆发展中的作用。② 贾秀慧陈述了汉族商帮在新疆近代经济史上的作用。③ 张慧芝探讨了清中后期包括天山南北和蒙古西部的区域性市场体系形成的过程。④ 王东平陈述了天山南路铜钱私铸现象波及范围及影响程度。⑤ 鲁细珍揭示盛世才对中央的态度决定法币在新疆流通。⑥ 蔡家艺考证了每年输入新疆的官茶额数，进一步说明新疆晋茶与新疆官茶的区别。⑦ 杜玲探讨了清代不同时期新疆与内地茶叶贸易的形式，内地与新疆的茶叶贸易对新疆社会的影响。⑧ 王昕彤介绍了民国不同时期对苏贸易法制的内容，以及贸易法制在贸易中实际运用情况。⑨ 朱卫从贸易档案资料中归纳出 1919—1929 年拉达克与中国新疆和西藏之间在贸易额、主要贸易品种类和数量等方面呈现的特点，揭示出影响这一贸易的复杂因素。⑩

（五）民族与民族关系史

族别史。任宝磊运用最新的考古资料与历史文献、实地调查经验，对突厥历史上的一些重要史地问题作出考释，包括传说中突厥起源活动地乃至西突厥十四部落驻牧地都予以重新考证。⑪ 任宝磊对我国近 30 年来西突厥研究进展及成果的简要评述。⑫ 钱伯泉利用多种资料论述维吾尔族的族源为十姓回纥和九姓乌古斯。⑬ 钱伯泉介绍了维吾尔族史。⑭ 张世才探讨了新疆建省前后天山南路维吾尔社会结构变迁的特征及其意义。⑮ 沙吾提·帕万、买买提玉苏甫·塔依尔根据田野调查收集的口述资料和文献，分析了新中国成立前新疆维吾尔村民社会结构。⑯ 黄建华探讨了札萨克旗制下各级官吏权力的来源

① 贾秀慧：《民国后期新疆的工商同业公会刍议》，《西域研究》2010 年第 4 期。
② 贾秀慧：《社会学视阈下的近代新疆汉族商帮——以内部社会结构分析为例》，《伊犁师范学院学报》（社会科学版）2015 年第 1 期。
③ 贾秀慧：《试析近代新疆汉族商帮的商业经营运作》，《新疆社科论坛》2015 年第 1 期。
④ 张慧芝：《商帮对清代以奇台为中心市场体系发育之作用》，《西域研究》2010 年第 4 期。
⑤ 王东平：《清代天山南路地区的钱币私铸案》，《新疆大学学报》（哲学·人文社会科学版）2014 年第 1 期。
⑥ 鲁细珍：《盛世才时期的法币在新疆》，《新疆社科论坛》2011 年第 5 期。
⑦ 蔡家艺：《清代新疆茶务探微》，《西域研究》2010 年第 4 期。
⑧ 杜玲：《清代内地与新疆茶叶贸易探析》，硕士学位论文，新疆大学，2010 年。
⑨ 王昕彤：《民国时期新疆对苏（俄）贸易法制研究》，硕士学位论文，新疆大学，2014 年。
⑩ 朱卫：《1919—1929 年拉达克与中国新疆、西藏的贸易》，《西域研究》2011 年第 4 期。
⑪ 任宝磊：《新疆地区的突厥遗存与突厥史地研究》，博士学位论文，西北大学，2013 年。
⑫ 任宝磊：《国内近三十年西突厥研究简述（1980—2010）》，《西域研究》2011 年第 4 期。
⑬ 钱伯泉：《维吾尔族的族源及其发祥地问题研究》，《新疆社会科学》2010 年第 4 期。
⑭ 钱伯泉：《通俗维吾尔族史》，新疆人民出版社 2015 年版。
⑮ 张世才：《清代新疆天山南路维吾尔社会结构与变迁》，《西域研究》2012 年第 1 期。
⑯ 沙吾提·帕万、买买提玉苏甫·塔依尔：《建国前新疆维吾尔村民社会结构》，《新疆大学学报》（哲学·人文社会科学版）2012 年第 6 期。

及其行使权力遵循的原则。① 潘志平探讨了新疆近代维吾尔"东突厥斯坦"运动的由来。② 努如拉·莫明·宇里魂探讨了从清朝收复新疆到新疆和平解放时期的维吾尔族家庭手工业的发展情况和主要特点。③ 尚衍斌对鲁明善的名号、出生地、为官经历等相关问题予以考证，并阐述了他的处世态度和政治理想。④ 乌买尔别克·哈米提从经济、政治、社会三方面分析了"安明格尔"制度产生和消亡的原因。⑤ 李云霞对一百余年来锡伯族研究的情况分门别类地加以梳理和评述，以企推动推动锡伯族研究。⑥ 李建平则是关于清代新疆驻军如何解决生计问题的研究。⑦ 苏奎俊梳理了清代满洲八旗驻防新疆始末及满族人口在新疆的变化及制约因素。⑧ 吐娜从四个方面探讨了近现代新疆蒙古族的社会阶层。⑨ 加·奥其尔巴特系统而全面地探讨了与西迁察哈尔蒙古相关的历史问题。⑩ 宝音朝克图充分肯定了这一研究成果的价值。⑪ 吐娜陈述了伊犁察哈尔营在平定内乱及抵御外来入侵中的事实。⑫ 王超探讨了清代"回疆协办大臣"奏折的种类，八旗、维吾尔"回疆协办大臣"奏事的范围、权限。⑬ 王启明指出《新疆图志》将帮办台吉与图萨拉克齐并列记载的错误，实乃不谙帮办即为蒙文 tusalqaci（图萨拉克齐），亦即所谓的协理台吉。⑭ 伏阳探讨了少数民族军事组织——"回队"民族构成以及影响、作用。⑮

民族关系史综论。赵江民汉文化与少数民族文化互动强化了少数民族与汉族的文化

① 黄建华：《新疆维吾尔族札萨克旗制下各级官吏的权力》，《喀什师范学院学报》2013 年第 2 期。

② 潘志平：《俄国鞑靼斯坦"扎吉德"运动与近代维吾尔启蒙运动——新疆"东突厥斯坦"运动的缘起》，《西北民族研究》2014 年第 3 期。

③ 努如拉·莫明·宇里魂：《近代维吾尔家庭手工业研究》，《喀什师范学院学报》2012 年第 4 期。

④ 尚衍斌：《元代兀儿农学家鲁明善事迹再探讨》，《中国边疆史地研究》2012 年第 2 期。

⑤ 乌买尔别克·哈米提：《浅析新疆哈萨克族"安明格尔"制度产生和消亡的原因》，《和田师范专科学校学报》2014 年第 4 期。

⑥ 李云霞：《锡伯族社会历史、文化研究述评》，《中央民族大学学报》（哲学社会科学版）2011 年第 5 期。

⑦ 李建平：《清代新疆锡伯营生产模式对满营八旗的示范作用》，《北方民族大学学报》（哲学社会科学版）2015 年第 3 期。

⑧ 苏奎俊：《满洲八旗驻防新疆及其人口变化》，《西域研究》2015 年第 2 期。

⑨ 吐娜：《试论近现代新疆蒙古族社会阶层》，《伊犁师范学院学报》（社会科学版）2012 年第 4 期。

⑩ 加·奥其尔巴特：《察哈尔蒙古西迁新疆史》，新疆人民出版社 2013 年版。

⑪ 宝音朝克图：《评〈察哈尔蒙古西迁新疆史〉》，《西域研究》2014 年第 4 期。

⑫ 吐娜：《伊犁察哈尔营在维护国家统一斗争中的贡献》，《伊犁师范学院学报》（社会科学版）2014 年第 2 期。

⑬ 王超：《清代"回疆协办大臣"奏折制度研究》，《石河子大学学报》（哲学社会科学版）2015 年第 1 期。

⑭ 王启明：《晚清吐鲁番协理台吉》，《新疆大学学报》（哲学·人文社会科学版）2015 年第 1 期。

⑮ 伏阳：《民国前期新疆回队初探》，《青海民族大学学报》2011 年第 2 期。

认同，密切了民汉关系，促进了新疆经济文化的发展，巩固了统一的多民族国家。[①] 赵海霞主要讲述了清朝统一新疆对新疆民族关系积极作用及局限性。[②] 杨俊杰陈述了抵制"双泛"思潮的措施，并肯定其作用意义。[③] 尹伟先回顾了抗战时期新疆 400 万各族人民积极投身于救亡图存的历史。[④] 闫国疆、郝新鸿以回鹘西迁为例，说明今日新疆的任何一个族裔性群体都是长期历史发展中或远或近、自他乡而来并与当地原住居民交融共生、共同发展的历史之物。[⑤] 赵海霞围绕准噶尔汗国、清朝与新疆各民族、新疆各民族之间的关系，探讨了清代新疆民族关系发展。[⑥] 周轩、何婷婷陈述了林则徐在新疆实地调查处理维吾尔事务的经历对后来处理民族问题的影响。[⑦] 文志勇陈述了民国时期新疆的民族分布格局及其变化、历任执政者的民族政策及实施效果、各阶段的民族关系及其变化，试图总结治理边疆少数民族地区的经验和教训、影响民族关系的基本因素及调解手段，以服务于现实。[⑧] 刘超超陈述了民国时期新疆民族政策的内容，并予以评述。[⑨] 陈志刚揭示了民田的出现推动汉人与维吾尔经济关系发展的事实。[⑩]

（六）宗教史

宗教政策。吴秀菊分析了清代 18—19 世纪新疆地区的民族宗教政策，总结其特点。[⑪] 王希隆陈述了中亚纳和什班底教团教长玛哈图木·阿杂木之后裔在新疆、甘肃、北京经历本土化的过程，并述及清代民族宗教政策。[⑫] 陈文祥、郭胜利探讨了杨增新治理新疆时期民族宗教政策的来源与基础。[⑬] 郭蓓回顾了新中国成立以来，新疆宗教事务

① 赵江民：《历史上新疆少数民族与汉族文化互动探讨》，《中南民族大学学报》2011 年第 1 期。

② 赵海霞：《论清朝统一新疆对新疆民族关系的影响》，《新疆大学学报》（哲学·人文社会科学版）2014 年第 2 期。

③ 杨俊杰：《杨增新抵制"双泛"思潮措施述评》，《伊犁师范学院学报》（社会科学版）2014 年第 4 期。

④ 尹伟先：《论新疆各族人民对抗战做出的贡献》，《西北民族大学学报》（哲学社会科学版）2015 年第 5 期。

⑤ 闫国疆、郝新鸿：《多元共生、动态交融——回鹘西迁后的西域文明与居民身份变化》，《西北民族大学学报》2015 年第 6 期。

⑥ 赵海霞：《清代新疆民族关系研究》，博士学位论文，西北大学，2011 年。

⑦ 周轩、何婷婷：《林则徐南疆勘地与处理民族关系》，《伊犁师范学院学报》（社会科学版）2015 年第 4 期。

⑧ 文志勇：《民国新疆民族关系研究》，博士学位论文，陕西师范大学，2011 年。

⑨ 刘超超：《南京国民政府时期民族政策研究——以新疆地区为例》，硕士学位论文，云南师范大学，2015 年。

⑩ 陈志刚：《清末民国新疆哈密民田与维汉关系》，《中国边疆史地研究》2015 年第 2 期。

⑪ 吴秀菊：《以〈回疆则例〉为中心看清代新疆民族宗教政策》，硕士学位论文，石河子大学，2013 年。

⑫ 王希隆：《玛哈图木·阿杂木后裔在中国的活动与文化变迁——兼论清代民族宗教政策的包容性》，《世界宗教研究》2012 年第 2 期。

⑬ 陈文祥、郭胜利：《论杨增新署理河州时期的民族宗教政策》，《青海民族大学学报》2013 年第 3 期。

管理模式经历了由政治方式到行政管理最终走向法制的转变过程，并反思党和政府运用不同模式处理宗教问题的利弊、总结经验和教训。①

伊斯兰教。佐口透《新疆穆斯林研究》收录了作者有关18世纪中期至20世纪新疆维吾尔族伊斯兰制度的研究成果。② 王志刚、宋德志指出近代意义上的维吾尔族的形成是西迁回鹘与环塔里木原著民族和其他外来民族长期融合的产物，伊斯兰文化在环塔里木地区占据主导地位对于维吾尔族的形成起到了关键性的作用。③ 张运祥通过梳理不同历史时期主政人物的相关历史资料，概括出民国时期新疆地方政府处理新疆伊斯兰教与信教群众的相关政策，并分析其宗教政策对整个新疆的政治、经济、文化教育、民族关系等方面的影响，以及民国时期新疆地方政府伊斯兰教政策的特点。④ 李韦陈述了伊斯兰教在新疆传播的历史背景及新疆伊斯兰教独特体系的形成过程。⑤ 王雪梅探讨了伊斯兰教虎夫耶传入中国的途径。⑥ 司律、曹立中认为维吾尔文化中对宗教的批判精神仍具有现实意义。⑦ 韩中义梳理文献和调查材料，陈述了苏非派的发展脉络。⑧ 白海提阐述了近现代中亚苏非派在新疆的传播及影响。⑨ 王启明利用《清代新疆档案选辑》，考察了晚清吐鲁番地区的伊斯兰教礼拜寺的分布，以及宗教阿洪的人事更替和社会功能等问题。⑩ 陈刚陈述了伊斯兰教在新疆哈萨克族"本土化"历史过程及哈萨克伊斯兰教的特色。⑪

佛教。许建英等译著《中亚佛教艺术》对中亚地区（特别是新疆）的佛教艺术，如壁画艺术、木雕艺术和主要的佛教艺术的创作中心都进行了研究。⑫ 才吾加甫考察了佛教传入新疆2000以来的兴衰史，陈述了新疆各个历史时期佛教发展的历史轨迹，分析了新疆各个地区发展的特点，并介绍了佛教在新疆的重大历史事件和著名佛教人物，

① 郭蓓：《从行政到法制：1949年以来新疆宗教事务管理模式的嬗变》，《新疆社会科学》2014年第5期。

② ［日］佐口透：《新疆穆斯林研究》，章莹译，新疆人民出版社2012年版。

③ 王志刚、宋德志：《伊斯兰文化的传播与维吾尔族近代格局的形成》，《塔里木大学学报》2013年第1期。

④ 张运祥：《民国时期新疆地方政府的伊斯兰教政策研究》，硕士学位论文，新疆师范大学，2013年。

⑤ 李韦：《冲突与融合：伊斯兰教初传新疆的文化考察》，《喀什师范学院学报》2012年第2期。

⑥ 王雪梅：《中国伊斯兰教虎夫耶探源》，《世界宗教研究》2013年第6期。

⑦ 司律、曹立中：《维吾尔族传统文化中的宗教批判思想及其启示——从伊斯兰教传入新疆后谈起》，《喀什师范学院学报》2013年第4期。

⑧ 韩中义：《丝绸之路上的近现代苏非派多维度考察》，《青海民族研究》2015年第2期。

⑨ 白海提：《〈历史记录〉：一部关于20世纪新疆苏非派的未公开写本》，《世界宗教研究》2013年第1期。

⑩ 王启明：《晚清吐鲁番社会中的伊斯兰教首领》，《世界宗教研究》2015年第1期。

⑪ 陈刚：《清末民国时期伊斯兰教在新疆哈萨克族中发展史实钩沉》，《新疆大学学报》（哲学·人文社会科学版）2012年第4期。

⑫ ［意］马里奥·布萨格里、［印］查娅·帕塔卡娅、［印］B. N.普里等：《中亚佛教艺术》，许建英、何汉民等译，中国书店2011年版。

及其新疆佛教对中原佛教的影响。[①] 贾应逸指出山东兖州兴隆塔出土碑文所记于阗法藏法师可能为于阗王族，出土鎏金银棺和石函上的图像与于阗佛教有关。[②] 温玉成考察了于阗僧人法藏入宋时的身份。[③] 张丽香分析了从印度南部、西北部犍陀罗到中国新疆克孜尔和甘肃敦煌降魔细节——魔子阻拦其父的发展轨迹。[④] 李翎分析了新疆地区对于观音秘密身形的信仰。[⑤] 杜斗城、任曜新据新疆库车佛塔出土的4—6世纪梵语婆罗谜文鲍威尔写本，提出了龟兹早期杂密流行的新证据。[⑥] 胡方艳陈述了清朝同治动乱前后，伊犁地区的信仰格局发生此消彼长的转换过程。[⑦] 才吾加甫介绍了土尔扈特蒙古族佛教的传播以及高僧辈出的历史，并对他们的贡献作出评价。[⑧]

道教。衡宗亮回顾了道教传入新疆的时间以及清代新疆道教发展状况。[⑨] 张辉辉梳理了道教在新疆传播与发展的历史脉络。[⑩] 问永宁陈述了道教西传的内容、载体、地域等问题。[⑪]

其他。杨富学陈述了摩尼教在新疆传播与消亡问题。[⑫] 尚衍斌通过拜火教在新疆的流传，说明新疆自古以来就是多民族聚居的地区，"你中有我，我中有你"是历史上形成的一个鲜明特点。[⑬] 刘文锁、曲什曼陈述了新疆发现早期拜火教考古遗存的意义。[⑭] 尼古拉斯·辛姆斯—威廉姆斯、毕波梳理了近几年在中国新疆特别是吐鲁番绿洲发现的粟特语基督教文献的研究成果，并阐述了出土文献的价值。[⑮] 胡方艳、吴茜考察了清末民国间伊犁东正教徒的来源、东正教堂的分布以及各派发展的情况。[⑯]

[①] 才吾加甫：《新疆古代佛教研究》，社会科学文献出版社2011年版。

[②] 贾应逸：《山东兖州兴隆塔地官出土遗物与新疆于阗佛教关系考》，《新疆师范大学学报》（哲学社会科学版）2010年第1期。

[③] 温玉成：《于阗僧人法藏与兖州宋代金棺刍议》，《世界宗教研究》2010年第2期。

[④] 张丽香：《从印度到克孜尔与敦煌——佛传中降魔的图像细节研究》，《西域研究》2010年第1期。

[⑤] 李翎：《试论新疆地区的密教信仰——以千手观音图像为例》，《新疆师范大学学报》（哲学社会科学版）2010年第1期。

[⑥] 杜斗城、任曜新：《鲍威尔写本〈孔雀王咒经〉与龟兹密教》，《世界宗教研究》2012年第2期。

[⑦] 胡方艳：《伊犁河谷藏传佛教寺院考察——以新疆伊犁哈萨克自治州昭苏县圣祐寺为中心》，《世界宗教研究》2013年第4期。

[⑧] 才吾加甫：《新疆土尔扈特蒙古藏传佛教高僧》，《世界宗教研究》2010年第4期。

[⑨] 衡宗亮：《民国时期新疆道教研究》，硕士学位论文，新疆大学，2014年。

[⑩] 张辉辉：《试析新疆道教的发展脉络》，《塔里木大学学报》2015年第3期。

[⑪] 问永宁：《古回鹘文易经与道教因素之西传》，《世界宗教研究》2011年第1期。

[⑫] 杨富学：《回鹘摩尼教的消亡及相关问题》，《西南民族大学学报》（人文社会科学版）2012年第9期。

[⑬] 尚衍斌：《对拜火教及新疆现阶段历史文化教育的思考》，《新疆社科论坛》2014年第5期。

[⑭] 刘文锁、曲什曼：《古代新疆拜火教遗址的新发现》，《新疆师范大学学报》（哲学社会科学版）2015年第2期。

[⑮] 尼古拉斯·辛姆斯—威廉姆斯、毕波：《粟特语基督教文献研究近况》，《新疆师范大学学报》（哲学社会科学版）2014年第4期。

[⑯] 胡方艳、吴茜：《清至民国间新疆伊犁的东正教》，《宗教学研究》2015年第3期。

（七）法制史

关于新疆法制史研究内容主要有两方面。

清代或清末新疆地方法制及相关司法问题。白京兰探讨了清代新疆法律"一体与多元"的实态，以政府为主导的法律一体化构建，"一体与多元"格局形成与发展的历史渊源以及政治基础与法理依据，实践经验与理论价值诸方面的问题。[①] 何永明探讨了清代新疆多种"法"的存在与政治管理之间的关系。[②] 张茹茹陈述了《回疆则例》产生的历史背景、内容、适用范围、历史意义，及今天研究该法的意义。[③] 李崇林从清朝对新疆地区的法律治理中总结出法制统一、从俗从宜，并认为将两种不同的法文化进行整合的法制经验对于现今社会治理仍然具有借鉴意义。[④] 白京兰指出清代新疆的司法体系与运作呈现的特点。[⑤] 白京兰针对代新疆法律呈现多元法律并存的基本格局，探讨清政府在边疆地区法制的统一与多元法律的内部整合过程中的主要举措。[⑥] 范文博分析了清代新疆地区纠纷解决机制与当代国家法的差异和融合。[⑦] 范文博通过分析具体案例，总结出清代新疆民族地区纠纷调解制度的类型、基本特征、成因，评价其价值。[⑧] 朱玉麒梳理了徐松遣戍案件由弹劾到初审、再审、拟罪、三审、定谳的全过程，为清代流放新疆案件的审理提供了详明的个案。[⑨] 王东平专门对清代天山南路地区法律制度予以全面而深入探讨。[⑩] 马晓娟考察了新疆建省后国家法制在吐鲁番地区推行的情况。[⑪]

清末民国时期新疆法制建设方面。王晓峰探讨了民国时期新疆由传统社会迈向近代化过程中宪法在新疆地方的实施情况，及影响其发展的各种因素，并予以评价，总结了民国宪法对新疆地方政治民主化影响的路径，揭示新疆是如何最终走向民族区域自治道路的。[⑫] 欧佳佳梳理清朝和民国时期新疆司法制度的状况和转变内容，对转变过程中新

---

① 白京兰：《一体与多元：清代新疆法律研究（1759—1911 年）》，博士学位论文，中国政法大学，2011 年。

② 何永明：《清代新疆多元"法"文化初探》，《新疆大学学报》（哲学·人文社会科学版）2011 年第 1 期。

③ 张茹茹：《清代新疆地区民族立法研究——以〈回疆则例〉为例》，硕士学位论文，石河子大学，2013 年。

④ 李崇林：《清代对新疆社会控制的法制经验总结》，《新疆社会科学》2013 年第 2 期。

⑤ 白京兰：《军府体制下清代新疆的司法体系及运作》，《西域研究》2014 年第 3 期。

⑥ 白京兰：《清代对边疆多民族地区的司法管辖与多元法律的一体化构建——以新疆为例》，《贵州民族研究》2012 年第 4 期。

⑦ 范文博：《清代新疆地区纠纷调解机制与当代国家法的差异与融合——以〈清代新疆档案选辑〉为考察视角》，《喀什师范学院学报》2014 年第 2 期。

⑧ 范文博：《清代新疆民族地区纠纷调解机制研究——以〈清代新疆档案选辑〉为例》，硕士学位论文，石河子大学，2014 年。

⑨ 朱玉麒：《徐松遣戍新疆案过程新证》，《西域研究》2015 年第 4 期。

⑩ 王东平：《清代回疆法律制度研究》，黑龙江教育出版社 2010 年版。

⑪ 马晓娟：《清朝法制在吐鲁番地区的重建（1877 年—1911 年）》，《新疆大学学报》（哲学·人文社会科学版）2012 年第 1 期。

⑫ 王晓峰：《民国宪法在新疆的实践研究》，博士学位论文，华东政法大学，2011 年。

疆司法制度的实际作用予以评述。① 伏阳发表了关于新疆法制近代化的系列论文，包括他的博士论文。② 伏阳具体分析了两家新疆近代企业对当时新疆公司法律制度的实施和影响进行探究。③ 伏阳认为杨增新实行行政兼理司法的制度，其司法指导思想及具体措施体现了新疆民族宗教地区的特点，对改良新疆传统司法制度起到了一些积极影响，但在向近代法制转型方面并没有实质性进展。④ 伏阳指出了民国时期新疆刑法制度变革的局限性。⑤ 指出了新疆司法近代化过程中新疆司法建设面临的种种困难与问题。⑥ 伏阳阐述了新疆近代民法制度建立积极的历史作用与局限性。⑦ 伏阳阐述了民国时期新疆监狱由旧式向新式转变的状况、过程。⑧ 伏阳探讨了在新疆法制近代化的进程中，宗教法庭的司法权与国家司法机关对维吾尔族民事司法领域的影响力的消长问题，最终后者起到了主导作用，符合历史发展的趋势和方向。⑨ 梁海峡探讨了新疆建省前后南疆的司法制度及民国时期（1912—1949）南疆近代司法制度的建立和发展与近代南疆涉外司法，不仅揭示了南疆司法制度的时代性特征，更加凸显了其区域性、民族性特点，为新时期新疆维吾尔自治区司法制度的建设提供历史借鉴。⑩ 白京兰肯定这一时期的新疆立法有一定程度的发展，是在国家立法框架之下的立法，同时也具有其自身的特点。⑪ 白京兰指出建省后行政建制实现了新疆与内地统一，法律一体化随之推进。⑫ 姬文婷阐述了民国时期新疆经济法制建设的背景、主要内容，并予以评价。⑬ 梁海峡探讨了清至民国时期新疆婚姻法的变迁，以及民国政府建立后婚姻立法的主要内容及意义。⑭ 鲁细珍、白京兰对近代新疆法律教育予以评述。⑮

（八）教育史

何荣探讨了新疆建省前宗教与教育的格局，并指出黄教寺庙教育、儒学教育、伊斯

① 欧佳佳：《近代新疆司法制度转变研究》，硕士学位论文，新疆大学，2011年。

② 伏阳：《民国时期新疆刑事司法制度研究》，博士学位论文，中国政法大学，2011年。

③ 伏阳：《民国时期新疆公司法律制度初探》，《新疆大学学报》（哲学·人文社会科学版）2010年第2期。

④ 伏阳：《杨增新治新时期司法制度研究》，《新疆社会科学》2010年第2期。

⑤ 伏阳：《民国时期新疆刑法制度近代化初探》，《新疆社会科学》2011年第1期。

⑥ 伏阳：《略论新疆独立司法机构的建立》，《西域研究》2014年第3期。

⑦ 伏阳：《新疆民法制度的近代化述论》，《伊犁师范学院学报》（社会科学版）2015年第3期。

⑧ 伏阳：《民国时期新疆监狱状况研究》，《伊犁师范学院学报》（社会科学版）2013年第1期。

⑨ 伏阳：《民国时期新疆维吾尔族民事司法制度研究》，《新疆大学学报》（哲学·人文社会科学版）2011年第1期。

⑩ 梁海峡：《近代新疆南疆司法制度研究》，博士学位论文，陕西师范大学，2010年。

⑪ 白京兰：《1933—1949年新疆地方立法初探》，《新疆社会科学》2010年第1期。

⑫ 白京兰：《清末新疆建省与法律的一体化推进》，《西域研究》2013年第1期。

⑬ 姬文婷：《民国时期新疆经济法制建设研究（1912—1944）》，硕士学位论文，新疆大学，2010年。

⑭ 梁海峡：《清至民国新疆婚姻法制浅谈》，《新疆大学学报》（哲学·人文社会科学版）2010年第1期。

⑮ 鲁细珍、白京兰：《近代新疆法律教育及其特点》，《新疆社科论坛》2010年第3期。

兰经堂教育对培养学生对君权和教权的"二元忠诚"的差别。① 王希隆、黄祥深探讨了新疆书院的发展历程，总结其特色，阐述其在新疆教育史上的作用。② 朱玉麒指出新疆建省后教育投入之巨与收效之微，使执政者反思有教无类、潜移默化的困难，以及普及教育所遭遇的民族、宗教、语文的隔阂，并认为清代遗留的这一教育症结和积极回应，至今仍然是有效治理新疆值得借鉴的重要内容。③ 杨娜陈述了民国时期新疆教育近代化的历程，尤其是发展新疆少数民族教育方面所取得的成绩，并对不同时期统治者所实施的文教政策予以评价。④ 贺朝霞陈述了民国报刊关注新疆教育的重点内容。⑤ 何永明陈述了杨增新主政新疆采取的一系列培养专门人才的措施。⑥ 黄祥深介绍了杨增新时期新疆普通学校的发展情况，认为它是在各种不利因素困扰新疆的情况下得到了有限发展。⑦ 马婷探讨了民国时期新疆回族教育的特点、制约因素，并对今后新疆回族教育发展提出建议。⑧ 郭兰探讨了民国时期新疆推行少数民族双语教育的做法，并予以评述。⑨ 龙开义探讨了清代新疆俄语翻译人才培养的背景、途径，认为此举有利于提高民族素质、促进科技传播，并在外事活动中发挥的作用。⑩ 热合木吐拉·艾山陈述了近代鞑靼扎吉德教育在喀什噶尔的传播及演变。⑪

（九）社会生活史

文化艺术。马迎胜陈述了新疆古代民族文化由多元区隔走向一体多元的进程。⑫ 高静文、秦卫考察了在新疆多元文化的背景下，新疆汉传佛教、新疆本土道教呈现的特点。⑬ 张蓓蓓指出在南北朝至隋唐时期新疆与中原服饰之间的交流是多向的，存在单向性的影响与多元式的交融。⑭ 成珊娜分析了近代南疆维吾尔族的服饰文化变迁的特点、原因与社会功能。⑮ 杨发鹏、黄婷婷陈述了清代新疆文化的变迁与当地的人文地理环境

---

① 何荣：《清代新疆建省前文化教育的三元共存》，《西域研究》2011 年第 4 期。

② 王希隆、黄祥深：《清代新疆书院研究》，《西域研究》2012 年第 4 期。

③ 朱玉麒：《清代新疆官办民族教育的政府反思》，《西域研究》2013 年第 1 期。

④ 杨娜：《民国时期新疆教育事业的发展》，硕士学位论文，新疆大学，2013 年。

⑤ 贺朝霞：《民国报刊中的新疆教育关注》，《新疆社科论坛》2015 年第 6 期。

⑥ 何永明：《略述北洋政府时期新疆的职业培训》，《新疆大学学报》（哲学·人文社会科学版）2013 年第 4 期。

⑦ 黄祥深：《杨增新时期新疆新式教育研究》，硕士学位论文，兰州大学，2012 年。

⑧ 马婷：《民国时期新疆回族教育研究》，硕士学位论文，新疆大学，2010 年。

⑨ 郭兰：《论民国时期新疆少数民族的双语教育及其社会背景》，《西北民族大学学报》（哲学社会科学版）2011 年第 2 期。

⑩ 龙开义：《论清代新疆俄语翻译人才培养》，《青海民族研究》2013 年第 2 期。

⑪ 热合木吐拉·艾山：《从〈巴赫其萨莱致喀什噶尔的信〉看鞑靼扎吉德教育在近代喀什噶尔的传播》，《中国边疆史地研究》2013 年第 2 期。

⑫ 马迎胜：《新疆一体多元文化的历史明证》，《新疆大学学报》（哲学·人文社会科学版）2014 年第 6 期。

⑬ 高静文、秦卫：《新疆汉族宗教文化的历史与现状》，《新疆社科论坛》2010 年第 6 期。

⑭ 张蓓蓓：《南北朝至隋唐时期新疆与中原民族妇女服饰交流》，《民族艺术研究》2015 年第 2 期。

⑮ 成珊娜：《近代南疆维吾尔族服饰文化研究》，《中国边疆史地研究》2015 年第 3 期。

诸因素的关系。① 刘虹探讨了清末民国时期汉文化传播的背景、社会环境、主体人群、内容、途径、意义。② 周泓探讨了杨柳青商绅性文化对近代新疆社会变迁的影响。③ 赖洪波评述了邓缵先在疆活动。④ 赖洪波追述了伊犁塔兰奇民族文化形成的过程与特色。⑤ 李文浩陈述了汉民居聚落文化形成的途径、特色。⑥ 李文浩从内地与吐鲁番地区在政治关系、垦殖移民、商业贸易等方面，分析了自清代以来中原汉式建筑文化影响吐鲁番地区维吾尔传统民居这一现象。⑦ 贾建飞展示了内地戏曲在新疆发展的曲折经历。⑧

社会观念、生活、习俗。买玉华分析了金树仁主政新疆后，时人是如何认识新疆的。⑨ 张少华描述了汉唐时期于阗地区的物质精神生活图景。⑩ 姜宇阐述了清代西迁到新疆的满族人的物质生活和精神生活社会生活。⑪ 韩璐陈述了民国时期新疆汉族人的生产方式、生活状况、风俗习惯，新疆汉族与内地汉族社会生活的异同，新疆汉族与新疆各少数民族文化的交流与融合后新疆汉族社会生活的特点。⑫ 伊斯拉斐尔·玉素甫等记述了西域古代文化遗存与农耕文明、农业生产器具、农作物和石磨、畜牧业与畜牧业经济、饮食习俗与饮食结构诸方面。⑬ 刘学堂认为丝路沿线古代民族崇"七"与新疆、中亚地区远古居民的宇宙结构观和灵魂结构观有关。⑭ 李军指出《新疆赋》所记涉及新疆民居、园艺业、物产、商贸、岁时节日、礼乐教化诸多方面，对于了解清代新疆民俗具有重要的参考价值。⑮ 刘海燕从史料中梳理出哈密人的婚姻家庭、丧葬吊祭、节日庆贺、谚语方言。⑯

① 杨发鹏、黄婷婷：《清代新疆文化变迁的人文环境述略》，《石河子大学学报》（哲学社会科学版）2015 年第 1 期。

② 刘虹：《清末民国时期新疆汉文化传播研究（1884—1949）》，博士学位论文，陕西师范大学，2012 年。

③ 周泓：《清末民国杨柳青商绅性文化在新疆的衍生》，《民族论坛》2011 年第 2 期。

④ 赖洪波：《邓缵先文化援疆实践的历史考察与思考——以邓缵先修纂地方志为例》，《伊犁师范学院学报》（社会科学版）2013 年第 2 期。

⑤ 赖洪波：《清代与民国时期伊犁塔兰奇社会历史文化变迁研究》，《伊犁师范学院学报》（社会科学版）2015 年第 1 期。

⑥ 李文浩：《清代以来东疆地区汉民居聚落文化的形成及其影响》，《甘肃社会科学》2012 年第 2 期。

⑦ 李文浩：《论清代以来吐鲁番地区传统民居的汉文化现象》，《贵州民族研究》2014 年第 9 期。

⑧ 贾建飞：《人口流动与乾嘉道时期新疆的戏曲发展》，《西域研究》2012 年第 4 期。

⑨ 买玉华：《试论金树仁统治时期国人的新疆观》，《西域研究》2011 年第 1 期。

⑩ 张少华：《汉唐时期于阗地区的社会生活》，《和田师范专科学校学报》2014 年第 5 期。

⑪ 姜宇：《清代新疆满族社会生活研究》，硕士学位论文，新疆大学，2013 年。

⑫ 韩璐：《民国新疆汉民族社会生活研究》，硕士学位论文，新疆大学，2011 年。

⑬ 伊斯拉斐尔·玉素甫等：《西域饮食文化史》，新疆人民出版社 2012 年版。

⑭ 刘学堂：《丝路沿线古代民族崇"七"习俗考说》，《石河子大学学报》（哲学社会科学版）2015 年第 6 期。

⑮ 李军：《〈新疆赋〉民俗述考》，《内蒙古民族大学学报》2012 年第 4 期。

⑯ 刘海燕：《清末民初哈密人精神生活的日常呈现》，《新疆大学学报》（哲学·人文社会科学版）2010 年第 4 期。

民间信仰与宗教生活。朱磊阐述了魏晋南北朝时期新疆北斗信仰流传的时间、范围、内容。① 王红梅陈述了《佛说北斗七星延命经》在少数民族中流传的情况，以及出土残卷对研究畏兀儿佛教文学及其印刷术的价值。② 田峰陈述了于阗毗沙门天王信仰及其影响。③ 王志强考察了清代内地汉民族迁移新疆后的民间信仰和日常活动的保持及其变异，描绘、复原了移民社区生活的图景。④ 龙开义陈述了清末民初新疆地方政府对汉族移民民间宗教信仰的政策与移民会馆乡神崇拜的功能。⑤ 徐溪考察了镇西汉民族移民社区的形成、民间神祇的构成、信仰的地域性特征和多元化功能。⑥ 唐智佳探讨了清代伊犁地区多神崇拜的概况、类型，分析了关帝庙设立的三个基本原因。⑦ 贾建飞分析了内地坛庙在新疆的发展过程及其影响。⑧ 许建英叙述了清代新疆内地坛庙的建设及其种类。⑨ 王鹏辉探讨了庙宇与民间信仰在移民的土著化社会建构过程中的作用。⑩ 王鹏辉陈述了这一时期吐鲁番佛寺道观庙宇发展情况。⑪ 王鹏辉阐述了库尔喀喇乌苏汉民乡土社会形成与庙宇之间的关系。⑫ 胡方艳论述了靖远寺的历史、建置、藏经主要的经济来源、宗教活动，以及卡伦寺庙的相关情况。⑬ 王红霞、孙丽莉、秀梅探讨了卫拉特蒙古多元宗教观念的区域文化特色，以及多元宗教观念对卫拉特蒙古居住民俗、人生礼仪和节日庆典中的游艺习俗等方面的影响。⑭

---

① 朱磊：《试论魏晋南北朝时期新疆的北斗信仰》，《西域研究》2013 年第 2 期。

② 王红梅：《元代畏兀儿北斗信仰探析——以回鹘文〈佛说北斗七星延命经〉为例》，《民族论坛》2013 年第 5 期。

③ 田峰：《于阗毗沙门天王信仰研究》，《西北民族大学学报》（哲学社会科学版）2013 年第 4 期。

④ 王志强：《清代新疆汉民族移民社区的信仰和日常生活》，《青海民族研究》2011 年第 2 期。

⑤ 龙开义：《清末民初新疆汉族移民宗教信仰研究》，《北方民族大学学报》（哲学社会科学版）2011 年第 6 期。

⑥ 徐溪：《移民社会的信仰：清代镇西民间信仰之考察》，《新疆大学学报》（哲学·人文社会科学版）2014 年第 3 期。

⑦ 唐智佳：《清代伊犁多神崇拜初探——以关帝庙为中心》，《伊犁师范学院学报》（社会科学版）2011 年第 4 期。

⑧ 贾建飞：《清代新疆的内地坛庙：人口流动、政府政策与文化认同》，《中国边疆史地研究》2012 年第 2 期。

⑨ 许建英：《坛庙与神祇：清代新疆汉族移民的社会文化构建》，《云南师范大学学报》（哲学社会科学版）2014 年第 3 期。

⑩ 王鹏辉：《清代至民国前期新疆玛纳斯县域的庙宇与民间信仰》，《石河子大学学报》（哲学社会科学版）2014 年第 2 期。

⑪ 王鹏辉：《清代至民国前期吐鲁番的佛寺道观庙宇考实》，《新疆大学学报》（哲学·人文社会科学版）2014 年第 6 期。

⑫ 王鹏辉：《清末民初库尔喀喇乌苏的庙宇与汉民社会》，《伊犁师范学院学报》（社会科学版）2013 年第 4 期。

⑬ 胡方艳：《新疆察布查尔锡伯族宗教信仰历史与现状考察之———锡伯族的藏传佛教信仰》，《宗教学研究》2010 年第 3 期。

⑭ 王红霞、孙丽莉、秀梅：《试论新疆卫拉特蒙古多元宗教观念对其民俗文化的影响》，《塔里木大学学报》2010 年第 1 期。

社会群体。王启明从边疆的角度审视清代新疆流放问题。[①] 杨银权陈述了遣犯和流人在新疆社会经济、文化教育发展方面的作用。[②] 方华玲对亲老情在嘉庆朝废员发遣新疆案中的冲突与调适进行了探讨。[③] 徐溪阐述了流放文人群体的主体精神特质的三方面内容。[④] 周学锋是针对清代流放新疆犯人家眷这一群体的研究，描述了他们来新疆后的生活状况，以及对新疆社会经济发展的意义。[⑤]

社会管理。祁美琴、褚宏霞探讨了移民的落籍过程和途径。[⑥] 朱红娜探讨了杨增新时期新疆乡约的特点、在基层社会中所扮演的角色，以及乡约的职能、乡约与基层政权、农民之间的关系，并评价其在基层社会控制中的意义。[⑦] 黄建华探讨了这一时期区村长训练方式、内容及意义。[⑧] 葛浩从基层水利组织、河规与渠规、水利负担与水权实现、水利与乡村社会生态四个方面，探讨了民国新疆汉族乡村社会的水利运作状况。[⑨] 叶盛陈述了清末和民国时期新疆的罂粟种植发展变化的情况，政府的态度及管理措施及问题产生的原因，鸦片对新疆社会产生影响。[⑩] 黄建华指出通过舆论、宗教信仰、道德等方面的引导对维吾尔族民众实行软控制，具有控制的全面、牢固、持久性的特点。[⑪] 何荣以新疆建省为时间分界线，陈述了新疆常平仓由北向南发展的过程。[⑫]

慈善事业与社会救济、民间组织、公共事业。赵毅利用新近影印出版的《清代新疆档案选辑》，结合清代其他汉文文献，探讨清末吐鲁番养济院设立时间、目的、性质、组织机构、作用。[⑬] 阿利亚·艾尼瓦尔陈述了新疆自然灾害状况和清政府的社会救济政策。[⑭] 刘森梳理了民国中国边疆地区慈善事业的兴起背景、发展演进、时代特征及

① 王启明：《清代新疆流放新论》，《新疆大学学报》（哲学·人文社会科学版）2013 年第 5 期。

② 杨银权：《试论清代遣犯和流人群体对新疆开发的贡献》，《青海民族大学学报》（社会科学版）2010 年第 4 期。

③ 方华玲：《论嘉庆朝废员发遣新疆案中的亲老情》，《伊犁师范学院学报》（社会科学版）2014 年第 2 期。

④ 徐溪：《清代新疆流放文人精神特质探析》，《西域研究》2014 年第 4 期。

⑤ 周学锋：《略论清代新疆的"金妇"问题》，《新疆大学学报》（哲学·人文社会科学版）2010 年第 1 期。

⑥ 祁美琴、褚宏霞：《清代嘉道时期新疆移民落籍方式初探》，《西域研究》2013 年第 2 期。

⑦ 朱红娜：《杨增新时期的新疆乡约研究》，硕士学位论文，云南大学，2010 年。

⑧ 黄建华：《盛世才时期维吾尔族聚居区的区村长训练》，《北方民族大学学报》（哲学社会科学版）2013 年第 5 期。

⑨ 葛浩：《民国新疆汉族乡村社会水利运作研究》，《石河子大学学报》（哲学社会科学版）2011 年第 5 期。

⑩ 叶盛：《清末至民国时期新疆的罂粟种植和鸦片贩运》，硕士学位论文，陕西师范大学，2012 年。

⑪ 黄建华：《国民党政府对维吾尔族民众的软控制》，《西北民族大学学报》（哲学社会科学版）2013 年第 1 期。

⑫ 何荣：《清代新疆常平仓的发展与管理》，《新疆大学学报》（哲学·人文社会科学版）2014 年第 2 期。

⑬ 赵毅：《清末吐鲁番养济院》，《清史研究》2015 年第 1 期。

⑭ 阿利亚·艾尼瓦尔：《从清代文献看清政府对新疆的救济》，《清史研究》2011 年第 2 期。

其社会功能，进而揭示出慈善事业与社会变迁的相互关系。^① 何荣探讨了清末民初新疆宗教、官办、民间慈善事业发展过程呈现的特点，以及存在的问题。^② 王俊探讨民国新疆慈善组织经营机制、救助活动和特征、影响。^③ 宋词探讨了社会转型时期新疆妇女协会的发展状况，及其对当时的新疆妇女及新疆的社会产生的影响。^④ 沈建刚阐述了民国时期新疆合作社成立的背景、织机构和人员、业务及运行、特点及其作用和影响。^⑤ 陈芸考察了迪化公务员消费合作社建立、运行的过程、存在的问题、作用。^⑥ 贾秀慧：考察了民国时期工会的产生和发展，对其功能予以评述。^⑦ 吐娜阐述了反帝联合会成立的背景及作用。^⑧ 贾秀慧从公共卫生的建设、卫生观念的演进探讨了晚清民国时期新疆的公共卫生发展。^⑨

灾害。阿利亚·艾尼瓦尔分析了乾隆时期新疆各种自然灾害发生的规律和特点。^⑩ 阿利亚·艾尼瓦尔探讨了清代新疆报灾程序的形成及其演变。^⑪ 阿利亚·艾尼瓦尔、布艾杰尔·库尔班统计了清代新疆地震次数，叙述了清政府的救济措施。^⑫ 阿利亚·艾尼瓦尔分析了自然灾害的发生规律和清政府的应对措施。^⑬ 张付新、张云陈述了清代光绪、宣统年间新疆灾害的种类、地域特征，以及光绪后清政府救灾乏力对新疆民族关系、民族文化、生态环境产生的影响。^⑭ 吐逊古丽·卡热梳理了喀什噶尔地区各类自然灾害，归纳了自然灾害发生的基本情况，并探讨了灾害的救治情形及其灾害与荒政之间的关系。^⑮

① 刘森：《慈善救济事业与民国新疆的社会变迁》，硕士学位论文，新疆大学，2010 年。
② 何荣：《清末民初的新疆慈善事业》，《新疆大学学报》（社会科学版）2011 年第 5 期。
③ 王俊：《民国新疆慈善组织研究》，硕士学位论文，新疆师范大学，2015 年。
④ 宋词：《盛世才时期新疆妇女协会研究》，硕士学位论文，新疆大学，2013 年。
⑤ 沈建刚：《民国时期新疆合作社研究》，硕士学位论文，新疆大学，2015 年。
⑥ 陈芸：《迪化公务员消费合作社的创建与演变：盛世才关于整饬吏治的尝试》《新疆大学学报》（哲学·人文社会科学版）2013 年第 1 期。
⑦ 贾秀慧：《民国新疆工会探析》，《西域研究》2013 年第 4 期。
⑧ 吐娜：《新疆民众反帝联合会在抗战期间的活动》，《西域研究》2010 年第 4 期。
⑨ 贾秀慧：《晚清民国时期新疆的公共卫生建设探析》，《伊犁师范学院学报》（社会科学版）2011 年第 1 期。
⑩ 阿利亚·艾尼瓦尔：《乾隆时期新疆自然灾害研究》，《中国边疆史地研究》2011 年第 3 期。
⑪ 阿利亚·艾尼瓦尔：《清代新疆报灾程序初探》，《中央民族大学学报》（哲学社会科学版）2012 年第 4 期。
⑫ 阿利亚·艾尼瓦尔、布艾杰尔·库尔班：《清代新疆地震及政府对民间的救济》，《北方民族大学学报》（哲学社会科学版）2015 年第 4 期。
⑬ 阿利亚·艾尼瓦尔：《清代新疆宜禾自然灾害与政府应对研究》，《西北民族大学学报》（哲学社会科学版）2015 年第 5 期。
⑭ 张付新、张云：《清代光绪、宣统年间新疆荒政述论》，《云南民族大学学报》2015 年第 2 期。
⑮ 吐逊古丽·卡热：《民国时期新疆喀什噶尔地区自然灾害研究》，硕士学位论文，新疆师范大学，2013 年。

（十）历史地理

水系变迁。孙长龙考察了清乾隆、嘉庆时间库车绿洲河湖水系，如渭干河、库车河、塔里木河以及相关的湖泊、沼泽等变迁情况。① 孙长龙梳理了渭干河、库车河历史时期主要发展脉络。②

城市地理。徐承炎、曹中月认为新疆现存瓮城最早见于北庭故城，其修建年代在唐初的显庆三年（658）至龙朔二年（662）之间，属于中国的边城防御体系的一部分。③ 苏奎俊论述了清代乌鲁木齐的建城历史过程，历经屯田城堡、迪化汉城、巩宁满城、新满城、满汉二城合并最终形成乌鲁木齐城区。④ 彭修建探讨了伊犁九城布局、功能的演变。⑤ 张鹏从地理、经济、人口、文化方面，阐述了民国时期新疆三个城镇的发展状况、发展变化的原因、特点。⑥ 黄达远阐述了俄国经济力量渗透新疆的情况，对新疆城市现代化的影响。⑦

文化地理。周泓探讨了新疆的多元历史文化区的特点。⑧ 水涛指出自青铜时代以来，新疆的帕米尔高原地区大致经历了两个文化发展阶段。⑨

交通地理。徐中煜探讨了交通运输与中央政府经略新疆之间的关系。⑩ 王启明就清道光间冰岭道封禁说与道上的多种文化信仰进行了探讨。⑪ 王启明考证出达瓦奇的逃遁路线为伊犁通乌什道，并对这条道路在清代置废情况做了初步的探讨。⑫

新疆与中国疆域形成。荣新江、文欣探讨了唐朝诸类文献中"西域"一词范围的变化及其原因。⑬ 于逢春以边疆为中心来审视了西域历史。⑭ 贾建飞探讨了清人西域观

① 孙长龙：《清朝乾嘉时期库车绿洲河湖水系的变迁》，《塔里木大学学报》2015 年第 4 期。

② 孙长龙：《安西白马河与昆水河地望探析》，《塔里木大学学报》2014 年第 1 期。

③ 徐承炎、曹中月：《新疆瓮城起源刍议》，《塔里木大学学报》2015 年第 4 期。

④ 苏奎俊：《清代乌鲁木齐城市的构建及演变》，《新疆大学学报》（哲学·人文社会科学版）2011 年第 5 期。

⑤ 彭修建：《清代伊犁九城的布局与战略作用研究》，《伊犁师范学院学报》（社会科学版）2010 年第 2 期。

⑥ 张鹏：《民国时期新疆重点城市研究》，硕士学位论文，新疆大学，2012 年。

⑦ 黄达远：《"西力"与"东力"的交织与竞争：新疆城市早期现代化的曲折展开》，《和田师范专科学校学报》2013 年第 1 期。

⑧ 周泓：《多元生成文化区论说——以新疆历史地缘文化区为例》，《北方民族大学学报》（哲学社会科学版）2014 年第 6 期。

⑨ 水涛：《帕米尔地区早期历史的演变格局》，《新疆社科论坛》2014 年第 5 期。

⑩ 徐中煜：《交通态势与晚清经略新疆研究》，黑龙江教育出版社 2013 年版。

⑪ 王启明：《清代新疆冰岭道研究二题》，《伊犁师范学院学报》（社会科学版）2013 年第 1 期。

⑫ 王启明：《清代新疆伊犁通乌什道——从达瓦齐逃遁路线谈起》，《西域研究》2015 年第 2 期。

⑬ 荣新江、文欣：《"西域"概念的变化与唐朝"边境"的西移——兼谈安西都护府在唐政治体系中的地位》，《北京大学学报》（哲学社会科学版）2012 年第 4 期。

⑭ 于逢春：《"中国疆域五大文明板块"视野下的西域》，《新疆师范大学学报》（哲学社会科学版）2015 年第 1 期。

的变化与近代中国疆域形成的关系。① 黄娟陈述了新疆在清人认识中由"外"至"内"，最终将其视为疆域的边界所在的变化过程。② 席会东比较了清代前期、中期清廷绘制的西域图与噶尔丹策零绘制的《准噶尔汗国图》，认为前者反映了清廷的价值取向，后者则表现了准噶尔游牧民族的西域观和疆域观。③ H. M. 休金娜《中央亚细亚地图是怎样产生的》说明中国以及其他考察家们对绘制中央亚细亚地图所做出的贡献，同时又讲述了俄国地理学家们的考察工作成果。④

沿革地理。王文利、周伟洲论证西汉时西夜、子合为两国；其地理位置在今新疆叶城南，而非今帕米尔高原；居民为原土著羌氏与迁入该地塞种人。⑤ 赖洪波探讨了伊犁地名历史沿革。⑥ 姜付炬从语源学出发考察了喀什河与喀孜温音义演变。⑦ 李建平认为和田的玉龙喀什河就是古玉石之路的源头。⑧

（十一）历史文献

方志。李德龙、达力扎布校注者根据大量文献资料、历史档案，对《新疆四道志》进行爬梳整理，纠其谬误。⑨ 刘超建、冉超对新疆乡土志予以评价，虽有缺陷，仍有重要史料价值。⑩ 刘超建、王恩春分析了《内府舆图》《西域图志》等官修和《西域闻见录》《西陲要略》等私人纂修志书的价值。⑪ 陈剑平研究探讨了民国年间唯一出版的伊犁地方史志所记内容与史料价值。⑫ 黄祥深从《西域图志》《新疆图志》两书修撰的背景、资料来源、主修人员、版本情况等方面进行了比较。⑬ 史国强对《新疆图志·军制志》中出现的人名、地名、时间、官职、数字及叙述的讹误进行了考证。⑭ 蒋小莉区别

① 贾建飞：《清代中原士人西域观探微》，《清华大学学报》（哲学社会科学版）2010 年第 3 期。

② 黄娟：《清人对新疆认识的演变》，《西域研究》2015 年第 3 期。

③ 席会东：《清代地图中的西域观——基于清准俄欧地图交流的考察》，《新疆师范大学学报》（哲学社会科学版）2014 年第 6 期。

④ H. M. 休金娜：《中央亚细亚地图是怎样产生的》，姬增禄、阎菊玲译，新疆人民出版社 2012 年版。

⑤ 王文利、周伟洲：《西夜、子合国考》，《民族研究》2010 年第 6 期。

⑥ 赖洪波：《伊犁地名史源学的艰难探索》，《伊犁师范学院学报》（社会科学版）2013 年第 4 期。

⑦ 姜付炬：《喀什河与喀孜温——伊犁史地论札之七》，《伊犁师范学院学报》（社会科学版）2012 年第 1 期。

⑧ 李建平：《和田玉龙喀什河相关历史文献记载研究》，《和田师范专科学校学报》（哲学社会科学版）2012 年第 2 期。

⑨ 李德龙、达力扎布：《〈新疆四道志〉校注》，中央民族大学出版社 2014 年版。

⑩ 刘超建、冉超：《新疆乡土志在历史地理学上的史料价值研究》，《中国地方志》2013 年第 10 期。

⑪ 刘超建、王恩春：《乾嘉时期新疆舆地学著述研究初探》，《北方民族大学学报》（哲学社会科学版）2012 年第 2 期。

⑫ 陈剑平：《伊犁兵要地理》，《伊犁师范学院学报》（社会科学版）2013 年第 2 期。

⑬ 黄祥深：《〈西域图志〉与〈新疆图志〉比较研究》，《伊犁师范学院学报》（社会科学版）2013 年第 1 期。

⑭ 史国强：《〈新疆图志·军制志〉舛误举证》，《中国地方志》2011 年第 2 期。

了《新疆图志·建置志》关于清代与清代之前西域记载的史料来源。① 黄祥深、王希隆探讨《新疆图志》的编纂过程以及与版本有关的问题。② 姚焕录认为《新疆图志》建置、国界、藩部三志反映出国家认同的三个方面。③ 史明文陈述了《新疆图志》的编纂背景、编纂过程及作者群体和主要内容。④ 赵剑锋梳理了《新疆图志》的编撰者、编撰过程、体例、内容，分析了总志与分志之间的关系，评价其文献价值及史料价值。⑤ 孙文杰探讨了《回疆通过》的学术价值和思想价值。⑥ 徐玉娟将《三州辑略》中关于吐鲁番的史料与清代其他文献中的吐鲁番史料做了比较，以示前者所记史料的独特性和不足。⑦ 高健对存世较早的两部书籍的抄本进行比照，并对新出版的辑注本进行了部分勘正。⑧ 王安芝对《喀什噶尔附英吉沙尔》的版本、成书、作者，及其与稍后的《回疆通志》之间的关系进行了探讨。⑨ 鲁靖康探讨了《伊江汇览》的成书时间及作者生平。⑩

族别文献。杨铭、贡保扎西、索南才让在参考前人研究的基础上，对英国收藏的新疆出土的古藏文加以翻译整理。⑪ 耿世民呼吁重视古代西域汉唐时期使用的几种语文——即吐火罗语与和田塞语。⑫ 艾吉尔·伊米提强调开发新疆少数民族文献资源的意义，并提出建议。⑬ 玉苏甫·依格穆阐述了维吾尔族历代古文献保护与利用的重要性及意义。⑭ 吾斯曼江·亚库甫对瑞典隆德大学图书馆收藏一部被冠名为《伊米德史》的察合台文手抄本与我国所藏进行比勘，史料价值后者高于前者。⑮ 台来提·乌布力、艾力

① 蒋小莉：《清代新疆地方志的优秀之作——〈新疆图志·建置志〉》，《中国地方志》2011 年第 4 期。

② 黄祥深、王希隆：《〈新疆图志〉版本源流考述》，《中国地方志》2013 年第 10 期。

③ 姚焕录：《〈新疆图志〉中的国家认同研究——以〈建置志〉、〈国界志〉、〈藩部志〉为例》，硕士学位论文，石河子大学，2013 年。

④ 史明文：《〈新疆图志〉版本研究》，博士学位论文，中央民族大学，2011 年。

⑤ 赵剑锋：《〈新疆图志〉研究》，硕士学位论文，新疆大学，2010 年。

⑥ 孙文杰：《〈回疆通志〉史学价值论析》，《新疆大学学报》（哲学·人文社会科学版）2015 年第 6 期。

⑦ 徐玉娟：《〈三州辑略〉吐鲁番史料的特点与不足》，《中国地方志》2013 年第 12 期。

⑧ 高健：《〈乌鲁木齐政略〉文献再探》，《西域研究》2013 年第 3 期。

⑨ 王安芝：《〈喀什噶尔附英吉沙尔〉文献考略》，《伊犁师范学院学报》（社会科学版）2012 年第 1 期。

⑩ 鲁靖康：《格琫额〈伊江汇览〉研究》，《伊犁师范学院学报》2011 年第 2 期。

⑪ 杨铭、贡保扎西、索南才让：《英国收藏新疆出土古藏文文书选译》，新疆人民出版社 2014 年版。

⑫ 耿世民：《汉唐时期的西域古代语文及其对中国文明的贡献》，《中央民族大学学报》（哲学社会科学版）2012 年第 2 期。

⑬ 艾吉尔·伊米提：《略论新疆少数民族文献资源的开发》，《民族论坛》2010 年第 9 期。

⑭ 玉苏甫·依格穆：《新疆维吾尔族历代古文献保护与利用思路》，《贵州民族研究》2015 年第 12 期。

⑮ 吾斯曼江·亚库甫：《隆德大学所藏察合台文手抄本〈伊米德史续编〉研究》，《西北民族研究》2014 年第 3 期。

江·艾沙揭示出库车叛乱的主谋——阿吉和卓的罪行，检举人希望官府惩治其罪行。①
王星光探讨了元代高昌的畏兀儿族著名农学家鲁明善防患备灾的思想。②

其他。戴良佐收录汉代、北魏——高昌国、唐代、宋代、元代、清代、民国时期西
域部分碑铭。③ 谢彬记述了自己旅行的全过程，所记内容涵盖当时新疆的政治、经济、
文化、交通、民情、风物等方面，具有较高的参考价值。④ 姚晓菲《〈竹叶亭杂记〉中
的新疆记载述评》认为该书涉及新疆的记载或源于姚元之编撰官书时所见的第一手资
料，或耳闻于曾亲历新疆考证的同年好友徐松的讲述。⑤ 李军阐述了徐松《新疆赋》
《西域水道记》对认识18—19世纪新疆屯垦开发及农业经济发展的价值。⑥ 吴元丰阐述
了中国第一历史档案馆所藏清代满文档案中有关清代新疆历史的部分满文档案的由来、
特点、种类、内容、整理、出版及其价值。⑦ 薛晓东就马仲英研究史料以及有关马仲英
研究论著做一综述。⑧ 史玲、张世才对《〈1873年出使叶尔羌报告〉相关问题探讨》的
成书背景与作者生平、资料来源、版本情况以及所记重要史实进行了系统整理。⑨ 阿地
力·艾尼介绍了《补过斋文牍》的版本、内容及资料价值。⑩

潘理娟探讨了《新疆公报》的性质及其作用。⑪ 朱玉麒新公布了三份与徐松遣戍生
活相关的清宫史料，即《呈原任湖南学政徐松获罪缘由清单》《奏为废员效力七年期满
请旨释回事》《奏为请效力废员徐松赏给职衔帮办伊犁粮饷事》，其提供了徐松遣戍伊
犁时期的一些重要细节。⑫ 赵卫宾对雍正朝西疆事务缺载年月的满文奏折中的系年问题
进行了考辨。⑬

---

① 台来提·乌布力、艾力江·艾沙：《一件关于民国七年库车叛乱的新文书——"玛赫穆德诉
阿吉和卓叛乱状"译释》，《西域研究》2014年第3期。

② 王星光：《鲁明善〈农桑衣食撮要〉的灾害防护措施探析》，《青海民族研究》2014年第3
期。

③ 戴良佐：《〈新疆通史〉研究丛书：西域碑铭录》，新疆人民出版社2013年版。

④ 谢彬：《西域探险考察大系：新疆游记》，新疆人民出版社2013年版。

⑤ 姚晓菲：《〈竹叶亭杂记〉中的新疆记载述评》，《喀什师范学院学报》2015年第1期。

⑥ 李军：《屡丰接乎青黄荒服臻乎富庶——从〈新疆赋〉等看18至19世纪新疆的屯垦开发》，
《北方民族大学学报》（社会科学版）2013年第4期。

⑦ 吴元丰：《清代新疆历史满文档案概述》，《西域研究》2010年第3期。

⑧ 薛晓东：《马仲英研究资料综述》，《和田师范专科学校学报》2013年第5期。

⑨ 史玲、张世才：《〈1873年出使叶尔羌报告〉相关问题探讨》，《新疆大学学报》（哲学·人文
社会科学版）2015年第3期。

⑩ 阿地力·艾尼：《杨增新〈补过斋文牍〉初探》，《新疆大学学报》（哲学·人文社会科学版）
2013年第6期。

⑪ 潘理娟：《〈新疆公报〉考述：基于140份报纸原件的分析》，《新疆社科论坛》2014年第5
期。

⑫ 朱玉麒：《徐松遣戍伊犁时期的新史料》，《伊犁师范学院学报》（社会科学版）2015年第2
期。

⑬ 赵卫宾：《雍正朝西疆事务缺载年月满文奏折考辨》，《伊犁师范学院学报》（社会科学版）
2014年第2期。

（十二）文学史

综论。李炜陈述了 20 世纪中国文学思潮对新疆少数民族文学的影响。[①] 胥丽娟以乾嘉特殊的政治、思想、文化特点为时代背景，考察了乾嘉新疆流人的生存状态以及其思想心态，陈述其文学的特点、价值。[②]

族别文学。贺元秀、曹晓丽探讨了满文译本《三国演义》在锡伯族流传的经过，以及对新疆锡伯族的民间文学、戍边屯垦历史和精神生活的影响。[③] 贺元秀针对锡伯族文学古籍文献大部分已经消失，目前所剩的也都处于濒危的状态，建议尽快推进传承与保护工作。[④] 艾尼玩尔·买提赛地、张海燕对波斯《四侠传》从 17 世纪以来不同维吾尔文版本和文人再创作的情况给予介绍和比较，阐述了该作品在维吾尔文学和文化史上的价值和地位。[⑤] 阿布拉江·买买提、艾尼瓦尔·卡德尔陈述了苏俄文学对维吾尔文化影响的诸多方面。[⑥] 晁正蓉探讨了 20 世纪三四十年代维吾尔作家的创作心理及创作特点。[⑦] 姜迎春以土尔扈特部西迁、东归过程中所产生的叙事民歌来探讨了土尔扈特人这段不同寻常的历史。[⑧] 贾合甫·米尔扎汗陈述了《哈萨克族文学史》的编写情况，并给予初步评价。[⑨] 张璐燕探讨了哈萨克文学批评的转型问题。[⑩] 张璐燕陈述了 20 世纪新疆哈萨克族文学批评在经历了萌芽、形成、发展、停滞和繁荣的过程之后，开启了具有民族特色和现代品格的历史旅程。[⑪] 张显探讨了新疆哈萨克文学批评向现代转型的有效因素。[⑫]

诗词赋。宋彩凤陈述了清代新疆竹枝词兴起、发展、定型三个阶段，以及每个阶段的特征。[⑬] 朱秀敏、宋彩凤探讨了书中出现的个人因素与时代因素。[⑭] 赵目珍认为所选

① 李炜：《20 世纪中国文学思潮与新疆少数民族文学发展》，《新疆社会科学》2011 年第 4 期。

② 胥丽娟：《乾嘉时期新疆流人及文学研究》，硕士学位论文，西南大学，2012 年。

③ 贺元秀、曹晓丽：《论满文译本〈三国演义〉在新疆锡伯族民间的流传及其影响》，《伊犁师范学院学报》（社会科学版）2012 年第 4 期。

④ 贺元秀：《论新疆锡伯族文学古籍文献的传承与保护》，《伊犁师范学院学报》（社会科学版）2014 年第 1 期。

⑤ 艾尼玩尔·买提赛地、张海燕：《〈四侠传〉在维吾尔文学中的流变与影响》，《民族文学研究》2014 年第 5 期。

⑥ 阿布拉江·买买提、艾尼瓦尔·卡德尔：《20 世纪俄苏文学对中国维吾尔文学的影响》，《新疆大学学报》2015 年第 2 期。

⑦ 晁正蓉：《论 20 世纪三四十年代新疆维吾尔作家的创作》，《喀什师范学院学报》2013 年第 1 期。

⑧ 姜迎春：《叙事民歌口述性研究——以新疆土尔扈特蒙古族叙事民歌为例》，《内蒙古民族大学学报》2009 年第 5 期。

⑨ 贾合甫·米尔扎汗：《〈哈萨克族文学史〉评述》，《新疆社会科学》2011 年第 6 期。

⑩ 张璐燕：《少数民族文学批评研究——以 20 世纪三四十年代新疆哈萨克族文学为例》，《贵州民族研究》2013 年第 5 期。

⑪ 张璐燕：《20 世纪新疆哈萨克族文学批评发展研究》，《贵州民族研究》2014 年第 12 期。

⑫ 张显：《20 世纪初新疆哈萨克族现代文学批评的萌芽》，《贵州民族研究》2012 年第 6 期。

⑬ 宋彩凤：《清代新疆竹枝词综论》，《石河子大学学报》（哲学社会科学版）2010 年第 6 期。

⑭ 朱秀敏、宋彩凤：《福庆创作〈异域竹枝词〉原因探析》，《民族文学研究》2011 年第 1 期。

清代六家"新疆竹枝词"体现出"一统极盛"的思想、多元化的风格类型、自然纯熟的艺术特征。① 杨丽指出施补华以特有的政治敏感和使命感，撷取影响新疆稳定发展的政治、经济、军事大事入诗，不仅拓展了西域诗内容，而且其具有了独特的历史文化价值。② 张建春陈述了徐步云的诗对研究当时伊犁地区政治、经济、文化的价值。③ 李宁对《西疆杂述诗》的版本流传及其渊源进行了考证。④ 吴华峰考证了清代诗人在西域的行迹。⑤ 史国强、崔凤霞探讨了徐步云的生平及诗作价值。⑥ 张建春探讨了徐步云在伊犁的经历，肯定了其在史学、民俗学、文学上的价值。⑦ 薛宗正从王树枏诗长剑嵯峨出塞歌、政暇清兴赋西陲、访古论今论史臣心三方面，概括出作者热爱边疆、民族和谐、祖国统一的情怀。⑧ 星汉比较了严金清与易寿崧诗作。⑨ 周轩从不同方面陈述了乾隆帝关于伊犁的诗文内容及其价值。⑩ 鲁靖康陈述清代西域农事诗内容及其价值。⑪ 李军陈述了和宁《西藏赋》、英和《卜魁城赋》及徐松《新疆赋》的价值。⑫

二 当代新疆问题研究

（一）新疆维稳与制度建设

维稳问题，从系统论的视角来看，它应该涉及产生社会不稳定的根源、社会冲突的表现形态、管控方法（包括法制、政策和社会管理技术）、维稳的资源、维稳的程序与目标、维稳的效果评估及反馈等诸方面。

治疆能力。胡鞍钢、马伟、鄢一龙指出实现新疆社会稳定和长治久安的根本思路，就是要坚持"一体多元"、强化统一的制度体系、夯实共同的沟通语言、促进充分的社会交往，从而不断增强国家认同。⑬ 刘成指出危害新疆社会稳定的最主要因素是宗教极

① 赵目珍：《清代"新疆竹枝词"的思想倾向、风格类型及艺术特征——以六种"新疆竹枝词"为中心》，《伊犁师范学院学报》（社会科学版）2012 年第 2 期。

② 杨丽：《论施补华西域诗的历史文化价值》，《西域研究》2011 年第 2 期。

③ 张建春：《徐步云和他的伊犁诗作》，《西域研究》2012 年第 3 期。

④ 李宁：《萧雄〈西疆杂述诗〉版本研究》，《伊犁师范学院学报》（社会科学版）2012 年第 2 期。

⑤ 吴华峰：《萧雄西域事迹考》，《新疆大学学报》（哲学·人文社会科学版）2014 年第 3 期。

⑥ 史国强、崔凤霞：《徐步云生平及其西域诗作研究》，《西域研究》2011 年第 3 期。

⑦ 张建春：《徐步云与〈新疆纪胜诗〉》，《新疆大学学报》（哲学·人文社会科学版）2012 年第 5 期。

⑧ 薛宗正：《王树枏的西疆诗作》，《新疆大学学报》（哲学·人文社会科学版）2011 年第 5 期。

⑨ 星汉：《中俄划界途中严金清与易寿崧唱和诗论》，《新疆大学学报》（哲学·人文社会科学版）2010 年第 1 期。

⑩ 周轩：《乾隆帝伊犁诗文研究》，《伊犁师范学院学报》（社会科学版）2013 年第 2 期。

⑪ 鲁靖康：《清代西域农事诗研究》，《伊犁师范学院学报》（社会科学版）2010 年第 4 期。

⑫ 李军：《论清代边疆舆地赋的双重价值——以〈西藏等三边赋〉为例》，《中央民族大学学报》（哲学社会科学版）2014 年第 3 期。

⑬ 胡鞍钢、马伟、鄢一龙：《新疆如何实现社会稳定和长治久安》，《新疆师范大学学报》（哲学社会科学版）2014 年第 5 期。

端思想的蔓延与传播。① 董兆武论述了随着长期以来制约南疆经济社会发展三大瓶颈的破解，特别是随着中央两次新疆工作座谈会的召开，南疆经济社会发展面临千载难逢的历史机遇。② 余梓东提出治理新疆的方略必须从粗放管理向精细化的彻底转变，以经济发展和民生改善为重要基础，以促进民族团结、遏制宗教极端思想蔓延等为重点，构建新疆和谐民族关系，充分发挥各级党组织的核心领导作用，实现新疆的稳定与发展。③ 中国共产党治疆能力是新疆稳定发展的重要保障，刘红艳说明了加强党的执政能力建设是推进新疆跨越式发展的迫切要求。④ 史春燕梳理了中国共产党新疆民族工作历史进程，并总结新疆民族工作的经验教训，以揭示其发展规律。⑤ 郭泰山认为深化意识形态领域反分裂是实现新疆社会稳定和长治久安目标的现实选择。⑥ 蒋新卫、程世平认为，巩固和加强马克思主义意识形态的话语权是民族地区马克思主义意识形态战略的现实需要。⑦ 热伊丁·阿不都热扎克分析了新疆在少数民族党政人才队伍建设中存在的突出问题，对今后新疆进一步加强少数民族党政人才队伍建设提出了对策建议。⑧

创新治理体制对于维护新疆稳定发展具有重要意义。李晓霞论述了新疆的社会治理体系和治理能力现代化，走适合本地实际的路径。⑨ 刘元贺、孟威说明正确处理市场和政府的关系、强化公民治理这两条主要途径应当齐头并进。⑩ 还有学者从协商民主出发，对和谐新疆的概念进行界定，并探讨以协商民主推进新疆治理的思路和机制。⑪

援疆是中央为促进新疆发展和维护社会稳定而做出的重大战略决策，陈宏撰写两篇论文，《论新中国成立以来的援疆政策》一文阐述了援疆是区域协调发展援助政策的重要组成部分。《论国外援助政策及对援疆工作的启示》一文指出必须明确我国对口援疆政策的发展目标，为政策的实施及有效发挥作用提供制度保障。⑫ 孙峧指出对口援疆把

① 刘成：《影响新疆社会稳定和长治久安的因素探析》，《云南民族大学学报》（哲学社会科学版）2015 年第 2 期。

② 董兆武：《关于新疆南疆地区发展与稳定的战略思考》，《新疆社会科学》2015 年第 5 期。

③ 余梓东：《党中央治疆、稳疆、建疆新方略析究》，《云南民族大学学报》（哲学社会科学版）2014 年第 6 期。

④ 刘红艳：《论党的执政能力建设与新疆的稳定与发展》，《民族论坛》2012 年第 8 期。

⑤ 史春燕：《中国共产党新疆民族工作：回顾与思考》，博士学位论文，苏州大学，2012 年。

⑥ 郭泰山：《坚守意识形态领域反分裂的战略高地》，《新疆社会科学》2014 年第 4 期。

⑦ 蒋新卫、程世平：《话语权视角下对民族地区马克思主义意识形态战略的思考——以新疆维吾尔自治区为例》，《石河子大学学报》（哲学社会科学版）2011 年第 6 期。

⑧ 热伊丁·阿不都热扎克：《新疆少数民族党政人才队伍建设研究》，《新疆社会科学》2010 年第 3 期。

⑨ 李晓霞：《论新疆治理体系与治理能力现代化》，《新疆师范大学学报》（哲学社会科学版）2015 年第 6 期。

⑩ 刘元贺、孟威：《新疆服务型政府建设：职能转变议题与实现途径》，《新疆社科论坛》2014 年第 6 期。

⑪ 马黎晖：《"和谐新疆"及其机制建构——以协商民主为视角》，《新疆大学学报》（哲学·人文社会科学版）2014 年第 5 期。

⑫ 陈宏：《论新中国成立以来的援疆政策》，《新疆师范大学学报》（哲学社会科学版）2012 年第 6 期；《论国外援助政策及对援疆工作的启示》，《西北民族大学学报》（哲学社会科学版）2012 年第 4 期。

重点放在农牧区，构建起农牧产业升级、新型工业化和城镇化建设的发展平台，但在微观层面上，援助模式还要与农牧民主体性的内部结构调整相适应。[①] 在援疆政策的实施过程中，一些学者注意到了其中存在的问题，马戎指出在援疆项目建设过程中，存在着立项机制不明确，项目管理有缺陷，项目论证缺乏透明度，各援助省市之间缺乏协调沟通等问题。[②] 杨富强对 1997 年至 2010 年间援疆政策做了梳理，并提出对口援疆政策在今后实施过程中应注意的几个问题。[③]

反分裂。马大正阐述了百余年以来新疆反分裂斗争中的主要问题，所涉问题既有纵向历史的考察，也有宏观的战略思考。[④] 曹伟分析了提出意识形态领域的反分裂斗争应当围绕国家认同来进行。[⑤] 古丽燕探讨了中央对不同时期新疆社会稳定现实状况进行了科学分析与判断。[⑥]

有的学者讨论新疆地区非传统安全问题及其特点，认为"东突"问题、非法宗教活动、跨国毒品犯罪、水资源短缺和土地荒漠化等问题是近年来新疆地区安全面临的主要非传统威胁。[⑦] 境内外的"东突"势力在新疆制造了多起暴力恐怖事件，潘志平、胡红萍从当年"双泛"的传入，英国和苏联的策动，到近 20 年来境外"三股势力"的泛滥，分析"东突"一直与境外的敌对势力狼狈为奸，并愈来愈得到来自欧美的"人权声援"。[⑧] 贾春阳系统梳理泛突厥主义思潮的由来、演变，研究泛突厥主义对我国新疆的渗透和影响。他的另一篇论文指出"疆独"问题既不是民族问题，也不是宗教问题，而是分裂与反分裂问题，是干涉与反干涉问题。[⑨] 古丽阿扎提·吐尔逊分析了"东突"恐怖分子的个体特征对中国新疆所发生的暴力恐怖犯罪有很大影响。[⑩] 阿地力江·阿布来提考察了 20 世纪 90 年代末以来，以互联网为代表的信息技术广泛传播和应用，成为境外"疆独"势力对中国新疆进行渗透与分裂活动的重要手段。[⑪]

一些学者从宗教极端主义和恐怖主义的视角进行分析。有学者对新疆高校抵御和防

---

① 孙肖：《对口援疆与少数民族农牧民自我发展能力的提升》，《中南民族大学学报》（人文社会科学版）2012 年第 3 期。

② 马戎：《新疆对口支援项目实施情况的调查分析》，《中央民族大学学报》（哲学社会科学版）2014 年第 1 期。

③ 杨富强：《"对口援疆"政策回顾及反思——以 1997 年至 2010 年间政策实践为例》，《西北民族大学学报》（哲学社会科学版）2011 年第 5 期。

④ 马大正：《论百余年来新疆反分裂的几个问题》，《新疆师范大学学报》（哲学社会科学版）2014 年第 1 期。

⑤ 曹伟：《反新疆分裂斗争中的意识形态问题研究》，博士学位论文，兰州大学，2013 年。

⑥ 古丽燕：《新时期新疆反恐怖方略研究》，《新疆社会科学》2014 年第 2 期。

⑦ 李正元：《试论新疆地区非传统安全问题及其特点》，《西北民族研究》2010 年第 3 期；《非传统安全视角下的新疆跨国民族问题》，《塔里木大学学报》2011 年第 2 期。

⑧ 潘志平、胡红萍：《"东突"产生和发展过程中的国际因素》，《西北民族研究》2011 年第 4 期。

⑨ 贾春阳：《泛突厥主义对中国新疆的渗透及影响》，《世界民族》2011 年第 1 期；《关于"疆独"问题的几点思考》，《广西民族研究》2010 年第 3 期。

⑩ 古丽阿扎提·吐尔逊：《"东突"恐怖势力个体特征及其发展趋势评析》，《现代国际关系》2014 年第 1 期。

⑪ 阿地力江·阿布来提：《境外"疆独"势力对新疆的网络渗透及其危害》，《现代国际关系》2013 年第 7 期。

范宗教极端主义渗透进行研究，分析了抵御和防范宗教极端主义渗透面临的诸多难题与困境。① 杨海萍建议新疆高校应积极推进大学生的国家认同教育。② 陈营辉以新疆的地缘因素为基础，从社会根源层面对新疆恐怖主义犯罪进行全面的研究，提出建立新疆反恐防范机制的建议和策略。③ 有的学者阐述了新疆暴力恐怖犯罪的现实危害，分析了其发展趋势，并在此基础上提出了新疆暴力恐怖犯罪的法律对策建议。④ 在国际反恐方面，张文木提出当前中国西域恐怖分裂主义事件日益向南疆喀什一线汇集的事实表明，它们已不是互不联系的偶发事件，而是有着在历史上被新疆分裂主义势力规律性地多次重复过的地缘战略取向。⑤ 龚洪烈、木拉提·黑那亚提总结了中国采取的三项国际合作战略措施。⑥ 马凤强认为中国要积极构建恐怖主义防控机制，打击和抵御中亚恐怖主义的渗透和破坏。⑦

法制建设。在建设法治国家的背景下，诸多学者从法治的视角对现当代新疆问题研究进行理论思考。顾华详指出，法治新疆建设应坚持把政治文明作为总抓手，高度重视民生保障问题，坚持以现代文化为引领，积极构建多元化的纠纷解决机制。他的另一篇论文提出了法治新疆建设应重视的若干问题，指出法治应成为稳疆兴疆、富民固边的基本治疆理念和方式。⑧ 茹贤·吐拉洪提出要抓紧新疆经济开发的良好机遇，培育现代法治理念，加强知识产权保护，保护良好生态资源环境，建立有效的法律人才培养和引进机制。⑨ 张爱玲提出用现代文化的知识、观念和制度去统领转型期各民族法律意识的现代化。⑩

有关法制领域的具体方面，张立哲讨论了援疆的法制保障，依法制疆是保证对口援疆政策全面实施的迫切要求。⑪ 黄元姗、敖慧敏分析了新疆维吾尔自治区地方立法现状，指出重复立法、自我设权现象较为严重。⑫ 刘锦森关注了立法法修改后的新疆地方

---

① 李玲、宋新伟：《新疆高校抵御和防范宗教极端主义渗透研究》，《新疆师范大学学报》（哲学社会科学版）2015 年第 2 期。

② 杨海萍：《新疆大学生国家认同教育的现状调查与路径选择》，《新疆师范大学学报》（哲学社会科学版）2010 年第 4 期；《新疆高校安全稳定长效机制研究》，《新疆社会科学》2013 年第 4 期。

③ 陈营辉：《新疆恐怖主义犯罪研究》，硕士学位论文，中国政法大学，2011 年。

④ 杨立敏、蒲丽霞、刘晶：《关于新疆暴力恐怖犯罪问题的思考》，《新疆师范大学学报》（哲学社会科学版）2012 年第 6 期。

⑤ 张文木：《丝绸之路与中国西域安全——兼论中亚地区力量崛起的历史条件、规律及其因应战略》，《世界经济与政治》2014 年第 3 期。

⑥ 龚洪烈、木拉提·黑那亚提：《国际反恐合作与新疆稳定》，《新疆大学学报》（哲学·人文社会科学版）2010 年第 4 期。

⑦ 马凤强：《中亚恐怖主义犯罪与中国反恐防范机制构建》，《新疆社会科学》2014 年第 6 期。

⑧ 顾华详：《论法治新疆建设的路径选择》，《新疆师范大学学报》（哲学社会科学版）2013 年第 2 期；《法治新疆建设应重视的若干问题》，《新疆社会科学》2014 年第 2 期。

⑨ 茹贤·吐拉洪：《新疆经济和谐发展视角下的法治建设》，《新疆社会科学》2010 年第 5 期。

⑩ 张爱玲：《法律意识的培养在新疆构建和谐社会中的功能探析》，《新疆社会科学》2012 年第 6 期。

⑪ 张立哲：《浅论援疆的法制保障》，《新疆社科论坛》2014 年第 5 期。

⑫ 黄元姗、敖慧敏：《立法自治权行使现状调查及对策研究——基于新疆维吾尔自治区的实证分析》，《中南民族大学学报》（人文社会科学版）2014 年第 2 期。

立法，认为要慎重对待新增设区的市的人民代表大会及其常务委员会和五个自治州的人民代表大会及其常务委员会立法权的范围与界限。① 赵雪军探讨了新疆流动人口犯罪的防治策略。② 李卫刚、姜雨奇进行了新疆的行政执法与刑事司法衔接机制实证分析，指出两法衔接机制的改革探索中暴露出了诸如责任不清、效率不高及地区间发展不均衡等问题。③ 宋红彬、陈育涛、张昆介绍了 20 世纪 90 年代中期以来新疆毒品问题和新疆禁毒工作的变革。④

民族文化领域的法制建设得到了许多学者的关注，魏磊探讨了新疆民族文化遗产保护的法制建设和民族文化遗产保护的法治规范。⑤ 吕睿基于新疆实践分析了民间文学艺术文化属性与行政法律制度、民事法律制度保护的必要性。⑥ 叶芳芳提出非物质文化遗产现行学科分类及保护具有一定的局限性。法律视阈下应以非物质文化遗产的生存状态和濒危程度为标准对其进行分类，并通过国家立法干预以及市场调节的方式进行相应的保护。⑦

民族习惯法是民族法的重要方面，特别是民族习惯法与国家法的关系是中外法学和民族学等领域学者关注的热点问题。薛全忠、许忠明分析了新疆农村防范和化解纠纷的习惯规则，随着农村法治化进程的推进和人们对法律的认可，诉讼作为解决纠纷的重要手段也已经逐渐为当地民众所接受。⑧ 阿依古丽·穆罕默德艾力探讨了新疆少数民族婚姻习俗及伊斯兰习惯法与国家现行婚姻法之间的冲突，须协调好国家现行婚姻法律制度及新疆维吾尔自治区补充条例与伊斯兰习惯法的关系。⑨ 艾力江·阿西木讨论了维吾尔族离婚习俗的法律效力问题。⑩ 白洁、陈宾分析了哈萨克族婚姻制度存在的问题。⑪

在基层管理方面。申德英指出各级党委政府在法制的约束与轨道下要进一步加强和创新社会管理的机制、内容、途径、方式。⑫ 郭沅鑫分析新疆维吾尔自治区党的基层组

---

①　刘锦森：《立法法修改后的新疆地方立法探析》，《新疆社科论坛》2015 年第 3 期。

②　赵雪军：《新疆流动人口犯罪原因及预防对策》，《新疆社科论坛》2014 年第 3 期。

③　李卫刚、姜雨奇：《行政执法与刑事司法衔接机制实证分析——以新疆为例》，《新疆师范大学学报》（哲学社会科学版）2012 年第 5 期。

④　宋红彬、陈育涛、张昆：《20 世纪 90 年代以来新疆毒品问题的质变与禁毒变革》，《新疆社会科学》2012 年第 5 期。

⑤　魏磊：《少数民族文化遗产保护的法律思考——以新疆为例》，《贵州民族研究》2014 年第 12 期。

⑥　吕睿：《基于新疆实践的民间文学艺术法律保护探究》，《新疆社会科学》2014 年第 1 期。

⑦　叶芳芳：《法律视阈下少数民族非物质文化遗产新型分类与保护范式——以新疆哈萨克族为例》，《新疆大学学报》（哲学·人文社会科学版）2014 年第 5 期。

⑧　薛全忠、许忠明：《西部少数民族农村多元纠纷解决机制研究——以新疆少数民族农村为例》，《贵州民族研究》2014 年第 11 期。

⑨　阿依古丽·穆罕默德艾力：《新疆少数民族婚姻家庭的法律问题探析》，《西北民族研究》2011 年第 4 期。

⑩　艾力江·阿西木：《论维吾尔族"塔拉克"离婚习俗的法律效力问题》，《内蒙古民族大学学报》（社会科学版）2011 年第 6 期。

⑪　白洁、陈宾：《新疆哈萨克族婚姻制度的法律思考》，《新疆大学学报》（哲学·人文社会科学版）2012 年第 6 期。

⑫　申德英：《新疆加强与创新社会管理对策研究》，《新疆社会科学》2015 年第 5 期。

织建设的现状和基本经验。① 戴宁宁认为新疆南疆地区基层组织建设存在诸多问题。② 杨清对"访民情、惠民生、聚民心"活动进行了解析。③ 唐文睿、石路分析社区参与公共危机管理的必要性和独特优势。④

新疆兵团。有很多学者从法律和政治的规范性方面探索兵团建设，常安提出可借鉴人民武装警察法等类似立法条例，将兵团的性质、任务、体制以国家法律的形式加以宣示，进而为兵团在法治国家背景下自身地位的进一步巩固起到保障作用。⑤ 朱志燕阐述了现有新疆兵团的国内研究。⑥ 龚先砦探讨军垦文化对兵团法治建设产生的积极和消极两个方面的影响。⑦ 姬亚平、王嘉兴指出兵团法律依据缺失、法律地位不明成为阻碍兵团继续存在与发展的瓶颈，并建议全国人大制定《新疆生产建设兵团法》，以明确兵团党政军企四位一体的特殊政权性质和相应的职责权限，理顺兵团的对内对外法律关系。⑧

此外，王彪、卢大林探讨兵团新建城市政权设置及实践中存在的问题及解决方案、兵团新建城市政权组织的法治化问题、兵团师市合一体制的制度优越性和缺陷分析等三个法律问题。⑨ 李江成认为兵团各师之间城镇化水平普遍偏低，且各师城镇化发展极不平衡，提出兵团在城镇化发展的进程中要协调好突出重点和均衡发展的关系。⑩ 姜志富、刘永萍、连艺菲认为兵团应通过加大基础设施投入，调整团场产业结构，加大团场教育投入，实施特色化经营等措施，积极促进各师域团场的经济发展。⑪ 申笑梅、李辉对兵团人口老龄化现状、特点、养老模式等进行分析，认为应通过控制兵团老龄化增长速度，完善养老保险制度，开发利用老年劳动力资源，完善养老基础设施建设，鼓励养

---

① 郭沅鑫：《新世纪以来新疆维吾尔自治区党的基层组织建设研究》，博士学位论文，武汉大学，2012 年。

② 戴宁宁：《新疆南疆地区基层组织建设存在问题及对策》，《北方民族大学学报》（哲学社会科学版）2015 年第 5 期。

③ 杨清：《善治理论视角下的"访民情、惠民生、聚民心"活动价值内涵》，《新疆大学学报》（哲学·人文社会科学版）2015 年第 6 期。

④ 唐文睿、石路：《新疆城市危机管理中的社区参与探究》，《新疆师范大学学报》（哲学社会科学版）2012 年第 3 期。

⑤ 常安：《法治化：兵团发展与新疆长治久安的有力保障》，《石河子大学学报》（哲学社会科学版）2013 年第 2 期。

⑥ 朱志燕：《新疆生产建设兵团研究述评》，《青海民族研究》2015 年第 3 期。

⑦ 龚先砦：《试论军垦文化对兵团法治建设的影响》，《西部法学评论》2013 年第 1 期。

⑧ 姬亚平、王嘉兴：《依法治国背景下新疆生产建设兵团的法治化研究》，《行政法学研究》2015 年第 1 期。

⑨ 王彪、卢大林：《兵团师市合一体制下新建城市政权建设的三个现实法律问题》，《石河子大学学报》（哲学社会科学版）2013 年第 5 期。

⑩ 李江成：《新疆兵团城镇化综合发展水平实证分析》，《石河子大学学报》（哲学社会科学版）2010 年第 2 期。

⑪ 姜志富、刘永萍、连艺菲：《新疆兵团师域团场经济发展水平的综合评价》，《石河子大学学报》（哲学社会科学版）2010 年第 2 期。

老产业模式创新等手段，应对兵团出现的人口老龄化问题。[1] 顾光海运用行政生态学的观点，分析"师市合一"城镇管理体制的结构、发生机制和基本特征。[2]

（二）民族问题

民族问题，研究重心应当包含国家理论、族群治理、民族关系、身份认同、民族政策、民族法制等。需要指出的是，如果民族研讨涉及宗教问题，它的本质不应该是民族问题，而是宗教问题。

民族政策与理论。杨圣敏以新疆为例阐述了解决民族之间的矛盾与冲突，让不同的民族能够和谐相处，也就是让多民族国家能够维持统一的根本出路是缩小民族之间在经济、社会等方面的差距。[3] 熊坤新讨论了中国的民族政策要检查落实好、应善待少数民族、民族问题宜多提整合少提融合等问题。[4] 安丽以中共中央制定的民族政策、新疆社会发展政策为依据，说明这些政策制定后的实际社会效果，分析中共中央的新疆政策与民族问题之间的深层关系。[5] 徐磊提出了新疆民族团结需加强政治制度与意识形态领域建设。[6] 李丽丽探讨了新阶段新疆民族问题的影响因素、根源和对策性建议。[7]

民族关系。近年来，诸多学者考察了新疆的民族关系，有学者对民族关系的实质和建构方面做了以下思考：葛艳玲关注了北疆地区的民族关系和新特点。她提出在社会主义时期，民族关系的实质就是不同民族共同体之间在利益和精神上彼此影响、相互依存的关系。[8] 李晓霞提出目前新疆民族关系的走向仍存在着不确定性，有平稳和谐型、分异敏感型、断裂冲突型等几种可能。[9] 王茜、李吉和分析了影响当前新疆民族关系和谐发展的政治、经济、文化和心理因素。[10] 吕永红对影响新疆民族之间交往的主要因素进

[1] 申笑梅、李辉：《兵团人口老龄化问题分析》，《石河子大学学报》（哲学社会科学版）2013年第3期。

[2] 顾光海：《新疆兵团"师市合一"城镇化发展道路探析》，《新疆大学学报》（哲学·人文社会科学版）2010年第4期。

[3] 杨圣敏：《如何认识当代中国的民族问题——以新疆为主要案例的分析》，《西北民族研究》2015年第3期。

[4] 熊坤新：《当前中国民族理论研究应坚持的路径和方向》，《中央民族大学学报》（哲学社会科学版）2010年第6期。

[5] 安丽：《分裂与融合——新疆民族问题的政策分析》，硕士学位论文，复旦大学，2011年。

[6] 徐磊：《社会转型期新疆"民族团结"理论新解》，《新疆社会科学》2014年第3期。

[7] 李丽丽：《新阶段新疆民族问题影响因素研究》，硕士学位论文，石河子大学，2014年。

[8] 葛艳玲：《当前新疆北疆基层民族关系研究》，兰州大学，博士学位论文，2012年；《从马克思主义民族观视野下新疆北疆民族关系的新特点》，《北方民族大学学报》（哲学社会科学版）2013年第4期；《浅析马克思主义民族观视野下的新疆民族关系》，《新疆大学学报》（哲学·人文社会科学版）2014年第4期。

[9] 李晓霞：《新疆民族关系走向及其影响因素分析》，《北方民族大学学报》（哲学社会科学版）2012年第1期。

[10] 王茜、李吉和：《影响当前新疆民族关系的主要因素分析》，《黑龙江民族丛刊》2015年第2期。

行了分析，并提出针对性意见和措施。① 史界、张先亮提出要结合新疆的特殊区情，在解决各种民族矛盾中推进新疆和谐建设。② 木拉提·黑尼亚提说明不同民族的文化、经济发展水平和发达程度、文化变迁、文化认同上的差异都影响着新疆的民族关系，要以现代文化引领新疆和谐民族关系。③

一些学者从对口援疆、维汉关系、知识分子、地缘政治影响等方面考察了民族关系，孙岿认为对口援疆使大量资金、技术、人才进入偏远农牧地区，同时要关注社会结构性差异和尊重文化性差异，为各族群众提供交往交流的途径。④ 殷冀锋提出要正确认知援疆工作、从体制和制度上确保援疆工作、培养和使用少数民族干部。⑤ 张国玉、余斌对新疆维汉族群关系状况进行实证分析。⑥ 陈怀川、张素绮论述了在维汉个体互动频度加大、广度拓宽的情形下，由现实基础、历史记忆、中华民族特质决定，维汉互动将导致维汉关系更加和谐。⑦ 赵茜探讨了维吾尔族知识精英处在各种身份认同和文化选择的矛盾之中。如何使他们走出困境，发挥知识精英的引领作用，是维护国家稳定和促进新疆现代化进程的关键所在。⑧ 张丽娟分析了在地缘政治环境的影响下不同历史时期中亚民族问题对中国新疆民族关系所产生的重要影响。⑨ 万雪玉对国内学界近三十年来有关柯尔克孜族研究进行了回顾，针对历史和文化领域的学术研究以及存在的问题进行了总结与反思。⑩

李晓霞具体考察了新疆南部民族关系，其《新疆南部乡村汉人》一书探讨了新疆南部农村汉族居民的生产、生活状况，文化适应及其与维吾尔族居民的关系。她撰写了四篇关于新疆南部维汉关系的论文，分别考察了维汉农民在生产中的合作与竞争关系，并讨论利益对族际关系的影响；通过新疆南部汉族农民居住状况的形成、演变及当地维汉居民对此的态度，探讨居住格局对族际关系的影响；分析南疆维汉通婚的特点，重点阐述汉族村落内的维汉通婚情况，探讨维汉混居村落的通婚少于维吾尔族村落和汉族村

---

① 吕永红：《马克思交往理论视角下新疆和谐民族关系构建》，《西北民族大学学报》（哲学社会科学版）2013 年第 5 期。

② 史界、张先亮：《论新时期民族关系和谐与构建和谐新疆》，《新疆师范大学学报》（哲学社会科学版）2011 年第 3 期。

③ 木拉提·黑尼亚提：《以现代文化引领新疆和谐民族关系研究》，《新疆大学学报》（哲学·人文社会科学版）2011 年第 4 期。

④ 孙岿：《对口援疆背景下的民族关系协调机制》，《中南民族大学学报》（人文社会科学版）2011 年第 4 期。

⑤ 殷冀锋：《论援疆工作中新疆和谐民族关系的构建》，《民族论坛》2012 年第 14 期。

⑥ 张国玉、余斌：《维汉关系中族群意识与国家认同的实证分析》，《西北民族研究》2010 年第 3 期。

⑦ 陈怀川、张素绮：《论族际个体互动视角下维汉关系走向及其深层影响因素》，《新疆社会科学》2010 年第 6 期。

⑧ 赵茜：《现代化进程中少数民族知识精英的困境分析——以维吾尔族知识精英为例》，《宁夏社会科学》2015 年第 1 期。

⑨ 张丽娟：《地缘政治视野下中亚民族问题对中国新疆民族关系的影响》，博士学位论文，中央民族大学，2011 年。

⑩ 万雪玉：《近三十年国内柯尔克孜族研究的回顾与反思》，《西域研究》2010 年第 1 期。

落的原因，指出维汉群体对通婚行为的态度差异还受到各自行为方式的影响；目前生活在新疆南部维吾尔族聚居乡村的少量汉族人口，在社会适应和文化适应方面表现出了不同的形态和特点，其适应态度是决定其适应程度的主要因素。①

民族意识与国家认同。谢贵平指出由多种原因引发的各种认同问题乃至认同危机对新疆民族团结、社会稳定乃至国家安全造成严重的非传统安全威胁，只有通过认同建构，维护各民族的认同安全才能对新疆进行有效的安全治理。② 安晓平、高汝东认为要加强对新疆跨界民族国家认同感的培养和权利义务观的教育，正确处理新疆跨界民族伊斯兰教信仰与民族文化认同的关系。③ 李瑞君、代晓光指出从民族身份向公民身份的转型是解决新疆问题的必然选择。④ 范帆进行了对新疆少数民族国家认同的社会学解析。⑤

另一方面，徐平、张阳阳分析了新疆各群体的国家认同程度非常高，但存在行为和认知、情感的分离。文化认同受教育水平及其相应的职业形态，特别是语言交往能力和风俗习惯对民族关系影响明显。⑥ 高晓锋提出新疆少数民族群众对中华文化认同的整体现状不容乐观，给民族团结和边疆安全带来了潜在的隐患。⑦ 汤先萍、杨露露指出新疆地区的国家意识教育面临来自于西方的价值观念和文化思潮入侵、网络阵地负面信息的能量释放、地区经济发展不平衡干扰等一系列现实挑战。⑧

随着社会的变迁，越来越多的学者开始认识到社会转型和现代化过程对新疆少数民族价值观的影响。李瑞君探讨了市场经济、现代化、全球化背景下，当代新疆文化现代化与国家认同的关系。⑨ 魏昀指出社会转型期影响新疆少数民族价值观变迁的原因。⑩ 吴艳华认为维吾尔传统政治文化要在转型调适中不断增强维吾尔族群众的国家认同。⑪

---

① 李晓霞：《新疆南部乡村汉人》，社会科学文献出版社 2015 年版；《合作与竞争——新疆南部维汉农民的生产交往调查》，《西北民族研究》2011 年第 3 期；《聚居还是混居——新疆南部汉族农民的居住格局与维汉关系》，《新疆大学学报》（哲学·人文社会科学版）2011 年第 3 期；《新疆南部农村维汉通婚调查》，《新疆社会科学》2012 年第 4 期；《新疆南部维吾尔族聚居乡村汉族居民的适应性分析》，《北方民族大学学报》（哲学社会科学版）2013 年第 3 期。

② 谢贵平：《认同建构：新疆安全治理的新路径》，《新疆社会科学》2015 年第 3 期。

③ 安晓平、高汝东：《公民意识视角下新疆跨界民族的文化认同培育》，《云南师范大学学报》（哲学社会科学版）2011 年第 5 期。

④ 李瑞君、代晓光：《从民族认同到公民认同：新疆政治文化转型刍议》，《新疆社会科学》2012 年第 1 期。

⑤ 范帆：《新疆少数民族国家认同的社会学解析》，《贵州民族研究》2014 年第 7 期。

⑥ 徐平、张阳阳：《新疆各族国家认同状况调查与分析》，《中央民族大学学报》（哲学社会科学版）2013 年第 6 期。

⑦ 高晓锋：《新疆少数民族中华文化认同的困境与对策》，《贵州民族研究》2014 年第 8 期。

⑧ 汤先萍、杨露露：《论新疆地区国家意识教育有效途径》，《新疆大学学报》（哲学·人文社会科学版）2014 年第 1 期。

⑨ 李瑞君：《当代新疆民族文化现代化与国家认同研究》，博士学位论文，中央民族大学，2012 年。

⑩ 魏昀：《社会转型期新疆少数民族价值观变迁探析》，《新疆社科论坛》2012 年第 3 期。

⑪ 吴艳华：《国家认同视域下维吾尔传统政治文化的当代调适》，《新疆社会科学》2015 年第 3 期。

此外，吴琼分析了哈萨克族在国家认同上的复杂性和不稳定性心理特征。① 阿达莱提·塔伊尔阐述柯尔克孜族具有自己独特的传统历史文化和语言习俗，同时，柯尔克孜族对待其他民族的态度是积极和开放的，柯尔克孜族的国家认同远远高于民族认同。②

（三）宗教问题

宗教问题是人类文明的元问题之一，因此，检讨宗教问题，可能涉及的内容存在两个视角：神学的视角和世俗的视角。从世俗的角度看，研究宗教问题首要的是宗教理论，其重心是尊重宗教和政治的分离的现代趋势。在此视阈之下，还应涉及的部分包括宗教的类型和宗教派别、宗教冲突与管理、宗教政策与执行、宗教组织与宗教传播及其限度、信众和非信众的关系及其管理等问题。

宗教政策与理论。陈旭论述了中国共产党以马克思主义宗教理论为指导思想，制定了符合我国具体国情的宗教政策，通过在新疆的运用与实践，促进了新疆的民族团结、社会稳定、经济发展，维护了国家安全和统一。③ 李奋分析了新疆宗教文化生态格局的特点，以及在现代化和世俗化的全球趋势下当代新疆宗教文化生态所面临的困境，提出新疆宗教文化生态平衡对于新疆社会具有重大的意义。④ 郭泰山、董西彩分析了当前的新疆工作和政策日益表现出开放性、人本性化，以及呈现出与现代化社会紧密相连的特征。⑤

宗教管理。龙群、吕敏从宗教事务管理内涵及模式、加强和创新新疆宗教事务管理途径、对新疆不同地区宗教事务管理的实证研究以及宗教立法研究等方面进行综述，并提出现阶段加强和创新新疆宗教事务管理需要深入研究的问题。⑥ 戴宁宁、刘继杰指出边疆多民族地区宗教事务管理中的老问题与新挑战，并从理念、组织与方式三方面提出边疆多民族地区宗教事务管理创新的路径选择。⑦ 马黎晖、夏冰指出协商民主有助于促进宗教管理法律、法规与制度的完善，有助于宗教的理念和观念的转变，有助于宗教管理的完善与改进，有助于促进宗教间的对话。⑧ 郭泰山、董西彩提出以新的视角对新疆宗教的基本状况进行一次全面梳理，要实现新疆宗教的现代化转型，积极引导宗教与社

---

① 吴琼：《从心理文化特征看新疆哈萨克族的国家认同意识》，《新疆大学学报》（哲学·人文社会科学版）2012 年第 1 期。

② 阿达莱提·塔伊尔：《中国柯尔克孜族的国家认同和民族认同调查研究》，《新疆大学学报》（哲学·人文社会科学版）2010 年第 6 期。

③ 陈旭：《中国共产党宗教政策在新疆的运用与实践》，《宗教学研究》2014 年第 1 期。

④ 李奋：《新疆宗教文化生态现状研究》，博士学位论文，中央民族大学，2010 年。

⑤ 郭泰山、董西彩：《对当前新疆宗教工作和政策选择的评析》，《世界宗教研究》2012 年第 6 期。

⑥ 龙群、吕敏：《改革开放以来新疆宗教事务管理创新研究综述》，《西北民族大学学报》（哲学社会科学版）2015 年第 3 期。

⑦ 戴宁宁、刘继杰：《从宗教的心理属性看边疆多民族地区宗教事务管理的路径选择——基于新疆南疆等地的田野调查》，《新疆社会科学》2013 年第 1 期。

⑧ 马黎晖、夏冰：《协商民主在新疆和谐宗教关系构建中的作用》，《新疆社会科学》2012 年第 2 期。

会主义社会相适应，发挥宗教的积极作用。①

从现代民族国家经验来看，宗教组织有义务接受世俗的法制管理，针对这一问题，很多学者讨论了相关的法律建设，以及具体的层面，诸如公共场所下蒙面罩袍问题。顾华详从国家长治久安的角度提出加强和创新宗教事务管理法治。② 王英姿认为基于宗教在新疆地区的特殊地位和影响力，以宗教与法律的良性互动促进科学技术服务于地方经济的发展，运用法律手段调整科学与宗教的关系，发挥两者功用从而促进和谐新疆的发展。③ 陈琪对当前宗教事务立法，从国家和新疆地方两个层面进行了梳理，兼评了《新疆维吾尔自治区宗教事务条例》的完善之处，分析了新疆宗教事务立法现存问题与不足，进而提出完善新疆宗教事务立法的几点对策思考。④ 王磊认为新疆非法宗教活动突出表现为私办经文班屡禁不止和零散朝觐问题形势严峻。各级政府部门应当共同努力，强化在这一特殊领域的法制建设。⑤ 李晓霞指出在涉及非法宗教活动在法律规定或实际操作中界定难、处置难，最主要表现为宗教活动与民族风俗习惯的区别难。⑥ 王萍认为《乌鲁木齐市公共场所禁止穿戴蒙面罩袍的规定》应结合相关法律、法规、规定等统一实施。⑦

针对当前高校大学生信教现象，有学者对此进行了调查研究。吴敏分析了当前新疆大学生对宗教问题认识的现状、在教育引导新疆大学生正确认识宗教问题研究中存在的问题，提出了以马克思主义宗教观教育引导新疆大学生正确认识宗教问题的措施建议。⑧

有关境外宗教渗透方面，张春霞、蒲晓刚分析了境外渗透分子首选宗教渗透的原因，并从加强社会主义主流意识形态的合法性建设、重构中华民族的文化认同、加强公民意识的培养与教育、强化主流意识形态工作的实效性四个方面提出相应对策。⑨ 苏畅分析了萨拉菲极端思想可能会经中亚进入新疆，与原有极端思想相结合，衍生出新的极端思想。⑩

---

① 郭泰山、董西彩：《社会转型中的嬗变与应对——谈当前新疆宗教工作及宗教学研究》，《新疆社会科学》2011 年第 6 期。

② 顾华详：《长治久安视域下宗教事务管理创新的法治保障研究》，《新疆大学学报》（哲学·人文社会科学版）2014 年第 3 期。

③ 王英姿：《以宗教与法律的良性互动促进新疆和谐发展的思考》，《新疆社会科学》2010 年第 4 期。

④ 陈琪：《新疆宗教事务立法研究——兼评〈新疆维吾尔自治区宗教事务条例〉》，《新疆社会科学》2015 年第 1 期。

⑤ 王磊：《当前新疆"穆斯林妇女蒙面问题"的审视与对策》，《新疆社会科学》2015 年第 1 期；《新疆非法宗教活动的理论透视及其对策思考》，《新疆社会科学》2013 年第 6 期。

⑥ 李晓霞：《新疆制止非法宗教活动政策及实践分析》，《新疆社会科学》2014 年第 4 期。

⑦ 王萍：《关于公共场所禁止穿戴蒙面罩袍的相关法律适用》，《新疆社科论坛》2015 年第 2 期。

⑧ 吴敏：《当代新疆大学生对宗教问题认识调查报告》，《新疆社会科学》2015 年第 5 期。

⑨ 张春霞、蒲晓刚：《境外宗教渗透与新疆意识形态安全》，《新疆社会科学》2010 年第 1 期。

⑩ 苏畅：《当前中亚宗教极端势力特点及发展趋势》，《新疆师范大学学报》（哲学社会科学版）2014 年第 1 期。

伊斯兰教。热米娜·肖凯提、陈昌文认为，《古兰经》对教职人员产生的抑制作用使新疆南疆农村伊斯兰教教职人员的社会影响力具有显性的和潜伏性的社会影响。[①] 龙群、王立娟通过对现代化进程中新疆伊斯兰教已经取得的适应性成效和影响其适应性的不利因素展开论述，探究现代化进程中新疆伊斯兰教的适应性路径。[②] 于尚平认为把宗教极端主义界定为"瓦哈比派""瓦哈比观点""瓦哈比思想"，容易把政治问题宗教化。[③] 阿布力米提·亚森考察了伊斯兰教什叶派十二伊玛目支派，分析了其认同与历史记忆。[④]

姚学丽撰写了两篇关于伊斯兰教对维吾尔族女性影响的论文，《伊斯兰教对新疆喀什地区维吾尔族女性婚姻的影响研究》一文分析了伊斯兰教在信仰、聘仪、品德和亲缘关系等方面的规定对维吾尔族女性婚姻的缔结有较大影响；《新疆南部维吾尔族女性信教者宗教认知调查研究》分析了维吾尔族女性信教者在个体特征、家庭事件、人生礼仪和个人发展等方面存在明显的宗教归因倾向。[⑤] 任红、马品彦对克拉玛依市少数民族女性中日益增多的戴面纱现象和原因进行了探讨。[⑥] 胡欣霞对新疆信仰伊斯兰教的维吾尔族农民和市民在日常生活中的宗教心理呈现出的不同态势进行分析。[⑦] 马岳勇分析了在新疆本土化过程中，回族穆斯林社区生成与内地回族和新疆其他穆斯林民族同而有异的文化特质。[⑧] 龙群分析了伊斯兰教对新疆回族的影响，从伊斯兰教教义和信仰者自身心理感受与认识来看，反映出伊斯兰教伦理道德思想对公民道德的优化确有积极意义。[⑨] 许建英、王鸣野、孙振玉等人对泛伊斯兰主义在中国的演变和影响亦进行了详细的阐释。[⑩]

其他。姚学丽、刘仲康阐述了藏传佛教在新疆有着悠久的历史，受多种因素影响，

---

① 热米娜·肖凯提、陈昌文：《试论新疆南疆农村伊斯兰教教职人员影响力》，《新疆社会科学》2010 年第 6 期。

② 龙群、王立娟：《现代化进程中新疆伊斯兰教的适应性研究》，《新疆社会科学》2015 年第 1 期。

③ 于尚平：《新疆所谓"瓦哈比派"的实质是当代伊斯兰极端主义》，《新疆社会科学》2014 年第 4 期。

④ 阿布力米提·亚森：《试论新疆维吾尔族中的什叶派穆斯林——来自莎车的调查研究》，《北方民族大学学报》（哲学社会科学版）2010 年第 2 期。

⑤ 姚学丽：《伊斯兰教对新疆喀什地区维吾尔族女性婚姻的影响研究》，《新疆社会科学》2014 年第 2 期；《新疆南部维吾尔族女性信教者宗教认知调查研究》，《新疆大学学报》（哲学·人文社会科学版）2015 年第 2 期。

⑥ 任红、马品彦：《新疆克拉玛依市伊斯兰教信仰现状和妇女戴面纱现象调查》，《新疆社会科学》2014 年第 2 期。

⑦ 胡欣霞：《新疆维吾尔族伊斯兰教信教者阶层心理状态分析》，《新疆社科论坛》2011 年第 3 期。

⑧ 马岳勇：《新疆回族伊斯兰教的宗教人类学考察》，《北方民族大学学报》（哲学社会科学版）2010 年第 6 期。

⑨ 龙群：《和谐社会视阈下伊斯兰教对新疆回族的影响》，《西北民族大学学报》（哲学社会科学版）2010 年第 2 期。

⑩ 许建英、王鸣野、孙振玉：《泛伊斯兰主义问题对中国的影响》，中国人民公安大学出版社2013 年版。

城镇和牧区蒙古族对藏传佛教的态度存在差异。① 姚学丽、周普元概述巴音郭楞蒙古自治州藏传佛教寺庙的现状。② 王建新说明了在现代语境中，维吾尔萨满文化处于边缘状态，较少受到关注，其研究还须深入系统地展开。③ 阿斯卡尔·居努斯论述了新疆塔城地区大多柯尔克孜人信仰藏传佛教，这个特殊的族群由于被动接触，缺乏对藏传佛教的深刻体会和情感联系。④ 李建生认为基督教伦理对新疆"两教"信众有着重要影响。⑤ 张爱春介绍了塔吉克族的历史和现实，分析了塔吉克族的宗教现状和其宗教信仰的基本特点。⑥ 托丽娜依·达列力汗阐述了新疆柯尔克孜族宗教信仰的演变特征，并分析了其伊斯兰教信仰特征的成因。⑦

（四）文化教育艺术

文教问题自古就是政治的核心问题，但在现代科学主义思潮的影响下，正如马克思指出，现代教育主要培养适合市场需要的具有"商业百科全书式知识的人才"，在此意义上，文教问题貌似和政治分离了。实际上，现代文教研究往往并没有关注到这个学术和政治的思想史的双重现代转向，但却不自觉地朝着马克思指明的方向进发。研究的主题往往集中在文教政策、文教资源开发、文化遗产及其保护、文化传播、文化产业及其管理等方面。

文化转型。吴秀杰指出文化传统保护这一领域是可以贯通民间文学、民俗学与人类学的中间地带。⑧ 李建军提出新中国成立后的新疆地域文化变迁的两个阶段。⑨ 李晓霞分析了外力引导或推动的文化变迁是增强文化适应性、缩短文化滞后期的必要手段。⑩ 周泓论述新疆文化的多元性与其地域性和地缘多元性之关联。⑪ 木拉提·黑尼亚提提出启蒙精神是新疆少数民族传统文化转型的主题。⑫ 高静文、张春霞阐述了当代新疆民族

① 姚学丽、刘仲康：《巴音郭楞蒙古自治州城镇和牧区蒙古族藏传佛教态度对比研究》，《世界宗教研究》2010 年第 4 期。

② 姚学丽、周普元：《新疆和静县藏传佛教寺庙调查》，《西南民族大学学报》（人文社会科学版）2012 年第 7 期。

③ 王建新：《现代语境中的新疆维吾尔萨满研究——基于人类学的视角》，《北方民族大学学报》（哲学社会科学版）2010 年第 2 期。

④ 阿斯卡尔·居努斯：《新疆塔城柯尔克孜族的藏传佛教信仰特征》，《新疆大学学报》（哲学·人文社会科学版）2014 年第 3 期。

⑤ 李建生：《基督教伦理对新疆"两教"信众的影响》，《新疆师范大学学报》（哲学社会科学版）2010 年第 1 期。

⑥ 张爱春：《新疆塔吉克族宗教宗教现状研究》，硕士学位论文，新疆师范大学，2013 年。

⑦ 托丽娜依·达列力汗：《新疆柯尔克孜族宗教信仰研究》，硕士学位论文，新疆大学，2010 年。

⑧ 吴秀杰：《文化反思与打造传统》，《新疆师范大学学报》（哲学社会科学版）2011 年第 6 期。

⑨ 李建军：《新中国成立以来的新疆传统文化变迁》，《新疆师范大学学报》（哲学社会科学版）2013 年第 5 期。

⑩ 李晓霞：《新时期新疆快速的社会变迁及其面临的挑战》，《新疆社会科学》2013 年第 3 期。

⑪ 周泓：《新疆多元地缘性与地域性文化演变》，《民族论坛》2014 年第 1 期。

⑫ 木拉提·黑尼亚提：《启蒙精神与新疆少数民族传统文化的转型》，《新疆社会科学》2011 年第 4 期。

文化要向现代文化转型的路径。[①] 王平、蒋帆提出文化冲突是民族地区发展的必经阶段，应通过各方面有效的引导，不断发挥文化冲突的正功能。[②] 张春梅讨论了新疆的文化转型已经不是简单的民族文化现代化的过程，它是各种力量参与其中的融合前现代、现代、后现代于一体的复杂过程。[③] 一些学者还考察了具体少数民族的文化变迁。张应平、董平、郭兰瑛介绍了伊犁州哈萨克居民的的生活、学习轨迹，研究哈萨克民族传统文化与现代化相适应的路径选择。[④] 刘明阐述了塔吉克人的农业环境变迁与文化适应。[⑤]

文化建设。丁守庆指出以现代文化引领新疆跨越式发展和长治久安，除了发挥其催化科技教育崛起、服务于新型工业化、农牧业现代化和新型城镇化的显性作用之外，还在凝神聚力过程中寓含着促进人的现代化和自由全面发展的长远目的。他的另一篇论文以现代文化引领新疆大局要求人们首先是精英人群树立问题意识、反思精神和主体意识，理性对待传统文化的现代转型，挣脱陈旧观念羁绊努力提高自主创新水平。[⑥] 祖力亚提·司马义认为借助国家西部开发、对口援疆的历史机遇，在现代文化引领和保持本民族文化特色的基础上，实现本民族文化的现代转型与发展。[⑦] 张付新、谢贵平提出新疆的文化多样性是一个客观存在，但学术界的研究还不够深入。[⑧] 赵天提出应积极实施中华文化"走出去"战略，努力提高新疆文化对外开放水平。[⑨] 陈宏指出现代文化为引领核心是提升创新力，目的是要全方位凝聚各族人民的智慧和力量，坚定不移地推进新疆跨越式发展和长治久安战略目标的顺利实现。[⑩] 李建军撰写四篇关于新疆现代文化的论文，《论现代文化及新疆以现代文化为引领的依据》一文对现代文化的内涵和适用范围做了界定，提出新疆以现代文化为引领是符合时代发展潮流和新疆各民族人民意愿的现实文化选择；《以地域多元民族文化增强新疆文化软实力》一文提出新疆地域多元民族文化与中华民族共同体文化相交融；《新疆现代文化发展态势及引领路径》一文归纳了中央新疆工作座谈会召开后新疆现代文化发展的基本状况，梳理了新疆现代文化发展

① 高静文、张春霞：《哲学视域中的新疆文化现代转型》，《新疆师范大学学报》（哲学社会科学版）2012 年第 2 期。

② 王平、蒋帆：《冲突·调适·共荣——转型过程中新疆地区文化冲突的几点思考》，《青海民族研究》2015 年第 2 期。

③ 张春梅：《现代化、现代性、文化转型——对"以现代文化为引领"的理性思考》，《新疆师范大学学报》（哲学社会科学版）2011 年第 3 期。

④ 张应平、董平、郭兰瑛：《新疆哈萨克民族文化现代化研究》，知识产权出版社 2014 年版。

⑤ 刘明：《新疆塔吉克族农业环境变迁与文化适应调查研究》，《新疆社会科学》2010 年第 4 期。

⑥ 丁守庆：《论现代文化引领新疆跨越式发展和长治久安的目标归宿》，《新疆师范大学学报》（哲学社会科学版）2012 年第 5 期；《论现代文化引领新疆跨越式发展和长治久安的实践意义》，《新疆大学学报》（哲学·人文社会科学版）2012 年第 5 期。

⑦ 祖力亚提·司马义：《以现代文化引领新疆现代化进程》，《新疆大学学报》（哲学·人文社会科学版）2012 年第 5 期。

⑧ 张付新、谢贵平：《试论新疆的文化多样性》，《西北民族大学学报》（哲学社会科学版）2010 年第 1 期。

⑨ 赵天：《共建丝绸之路经济带的文化交流战略研究》，《新疆社会科学》2015 年第 2 期。

⑩ 陈宏：《论现代文化引领在跨越式发展和长治久安中的重要性》，《新疆师范大学学报》（哲学社会科学版）2011 年第 5 期。

在顶层设计、理论和实践引领等方面亟须面对的问题，并提出相应的引领路径；《新疆现代文化发展战略的实现途径》一文提出了实现路径关系到方向明确后怎样走、如何做的问题，是新疆现代文化发展战略的关键要素和重要组成部分。① 孟凯提出现代文化的社会整合功能是长治久安的可靠保证，新疆变化变革的现实需要呼唤现代文化。②

除了前述现代文化引领新疆发展以外，有学者还考察了文化安全和文化媒体方面。张振华、蒋萌萌介绍了新疆文化安全面临着西方"反华"势力对新疆的文化渗透、境内外"三股势力"以及新疆本土文化的内生性因素的影响。③ 石锋从《纽约时报》对新疆的报道入手，分析在西方视野中改变新疆刻板形象的难点，并从多层面提出建构新疆形象的方略。④ 王斌通过对央视在维吾尔族观众中影响力情况的问卷调查和小组访谈的分析，说明整体上央视的影响力颇为强劲，但也存在一些潜在的问题。⑤

教育。关于双语教育的论文较多。马戎通过对喀什老城区改造和双语教育的分析，提出新疆和西部地区社会发展和民族交往中普遍存在的主要问题。⑥ 米海古丽·司马义结合当前国内双语教学的有关研究，对新疆双语教学的几个基本问题进行了重新审视和探讨。⑦ 赵建梅分析了在新疆为什么要培养双语双文化人以及应该如何培养的问题。⑧ 祖力亚提·司马义通过对"民汉双轨制"教育模式的探讨，检验民族政策在教育领域中的实践结果。⑨ 陈世明通过新疆民汉人民的大量翔实史料，论述了新疆民汉双语教育产生、发展的基础和原因。⑩ 赵建梅通过研究国外双语教育模式以及深入的田野调查，构建出田野点乌鲁木齐市 T 区双语教育模式。⑪ 王阿舒回顾新疆双语教育政策半个多世

① 李建军：《论现代文化及新疆以现代文化为引领的依据》，《新疆师范大学学报》（哲学社会科学版）2011 年第 3 期；《以地域多元民族文化增强新疆文化软实力》，《兰州大学学报》（社会科学版）2012 年第 3 期；《新疆现代文化发展态势及引领路径》，《新疆社会科学》2013 年第 5 期；《新疆现代文化发展战略的实现途径》，《新疆师范大学学报》（哲学社会科学版）2012 年第 1 期。

② 孟凯：《现代文化引领的哲学解读》，《新疆师范大学学报》（哲学社会科学版）2013 年第 3 期。

③ 张振华、蒋萌萌：《新疆文化安全略论》，《石河子大学学报》（哲学社会科学版）2014 年第 6 期。

④ 石锋：《给西方视野一个真实生动的新疆——从西方媒体报道看新疆形象建构策略》，《新疆社会科学》2013 年第 3 期。

⑤ 王斌：《国家级电视媒体在维吾尔族观众中影响力研究》，《中央民族大学学报》（哲学社会科学版）2012 年第 5 期。

⑥ 马戎：《新疆城镇发展和双语教育的进程——南疆地区两个专题调研报告》，《西北民族研究》2011 年第 2 期。

⑦ 米海古丽·司马义：《关于新疆双语教学若干问题的再思考》，《新疆社会科学》2011 年第 4 期。

⑧ 赵建梅：《培养双语双文化人：新疆少数民族双语教育的人类学研究》，博士学位论文，华东师范大学，2011 年。

⑨ 祖力亚提·司马义：《新疆高等院校"民汉双轨制"向"民汉一体化"模式转型研究》，《西北民族研究》2015 年第 3 期。

⑩ 陈世明：《新疆民汉双语教育产生和发展的基础》，《西北民族研究》2011 年第 3 期。

⑪ 赵建梅：《新疆少数民族双语教育模式探讨》，《新疆师范大学学报》（哲学社会科学版）2012 年第 5 期。

纪的历程，对其演进轨迹进行学理性审视与梳理。①

此外，杨清指出新疆少数民族教育立法是不断促进新疆地区少数民族教育事业发展的重要措施之一。② 朱远来指出新疆哈萨克族和哈萨克族地区正发生着深刻的社会变革，这种变化需要与之相适应的新观念和适应新生产生活方式的新行为方式。③ 鲁细珍、解玲指出改革开放以来，哈萨克族每万人拥有大学生的人数居全疆世居少数民族之首。但是进入 21 世纪以后，哈萨克族每万人口中在校大学生的比重有所降低，值得引起深思。④

（五）新疆经济社会发展研究

关于当代新疆经济社会发展，近年来的研究大体可以归纳为以下几个方面的问题。

1. 跨越式发展

一是关于新疆经济跨越式发展的意义阐述。陈尚斌认为新疆跨越式发展将促进新疆经济又好又快的发展，并奠定新疆在国家发展战略中的地位。这是实现"两个大局"战略思想的具体体现，是国家发展战略的重要支点。⑤ 胡鞍钢、王洪川认为全面建成小康社会最根本的是要保证全国各省份能够如期实现目标，新疆全面建成小康社会的战略选择将对全国全面建成小康社会具有战略性意义，能够为全国其他省份全面建设小康社会提供一个分析思路，为全国其他省份尤其是西部省份建成小康社会提供良好的经验借鉴。⑥⑦ 安悦君、江石湍对新疆经济跨越式发展与长治久安之间的关系进行了阐述，认为二者是一体的。⑧

二是关于新疆经济跨越式发展的路径探讨。梁炜昊认为加快转变新疆经济发展方式，深化改革开放，是实现新疆跨越式发展的必由之路和重要战略抉择。⑨ 文峰认为新疆经济未来发展应注重增强南疆民族地区农村劳动力转移能力，实现经济结构转化升级。⑩ 唐

---

① 王阿舒：《新疆双语教育政策的当代演进》，《新疆社会科学》2012 年第 3 期。

② 杨清：《新疆少数民族教育立法探析》，《新疆大学学报》（哲学·人文社会科学版）2012 年第 3 期。

③ 朱远来：《新疆哈萨克族现代教育发展研究》，博士学位论文，中央民族大学，2012 年。

④ 鲁细珍、解玲：《二十世纪以来新疆哈萨克族高等教育发展概览》，《伊犁师范学院学报》（社会科学版）2010 年第 3 期。

⑤ 陈尚斌：《试论新疆跨越式发展的内涵及意义》，《喀什师范学院学报》2012 年第 1 期。

⑥ 胡鞍钢、王洪川：《全面建成小康社会的战略选择——以新疆为例》，《新疆师范大学学报》（哲学社会科学版）2013 年第 4 期。

⑦ 蒙永胜、李琳、夏修国：《新疆新型工业化、农牧业现代化与新型城镇化协调发展研究》，《新疆社会科学》2013 年第 6 期。

⑧ 安悦君、江石湍：《对推进新疆跨越式发展和长治久安的再认识》，《新疆社科论坛》2012 年第 5 期。

⑨ 梁炜昊：《科学发展观视域下新疆转变经济发展方式探析》，《新疆社科论坛》2013 年第 3 期。

⑩ 文峰：《新疆经济和谐发展：现状、问题和对策》，《西北民族大学学报》（哲学社会科学版）2010 年第 1 期。

立久认为新疆经济社会的发展需要协调好经济发展与社会稳定。① 全秉中认为当前新疆经济跨越式发展应充分考虑自治区区情和市场发展阶段的特点，借鉴成熟市场的经验，制定资本市场发展战略。② 陈宏认为推进跨越式发展和长治久安战略的实施，必须始终坚持党的领导不动摇，始终坚持以经济建设为中心不动摇，始终坚持维护社会大局稳定不动摇，始终坚持民生优先不动摇，始终坚持各民族共同团结奋斗、共同繁荣发展不动摇。③ 梁炜昊认为新疆正处于推进跨越式发展和长治久安的重要战略机遇期，加快转变新疆经济发展方式，深化改革开放，是实现新疆跨越式发展的必由之路和重要战略抉择。④ 周斌、王常亮认为以科学发展观为指导，新疆实现跨越式发展的核心是人的跨越发展，基本途径是加快转变经济发展方式。而新疆实现跨越式发展的具体途径是致力于实现文化、民生、人力资源、经济结构、制度、科技、生态环境七个方面的跨越发展。⑤

三是关于新疆经济跨越式发展的影响因素探讨。尚豫新、祝宏辉认为新疆的固定资产投资对经济增长有较大的拉动作用，主要表现为投资额效应、投资结构效应和投资效率效应。⑥ 王玉龙认为自然资源、地理位置、生产方式、政治制度也是影响新疆地区经济跨越式发展的重要因素。⑦ 蔡文伯、燕晋峰认为新疆高等教育对经济增长的贡献较低，新疆应该通过加大高等教育投入，优化高等教育结构从而促进新疆经济跨越式发展。⑧ 韩延玲、陈三景认为促进新疆对外贸易的发展，能够促进新疆经济的跨越式发展。⑨ 夏文斌、刘志尧认为应从区域公平的路径出发促进新疆跨越式发展。⑩

2. 经济转型与产业升级

一是经济转型研究。关于新疆产业结构升级与经济转型关系探讨，齐少虎、高志刚认为新疆主导产业的演化过程显示，资源产业依然是新疆现阶段的主导产业，但非资源型产业发展呈现出强大势头。未来，新疆应不断出台相应的产业政策及激励

---

① 唐立久：《新疆经济跨越发展的战略路径选择》，《新疆师范大学学报》（哲学社会科学版）2010 年第 2 期。

② 全秉中：《完善新疆资本市场推动新疆跨越发展》，《新疆社科论坛》2010 年第 5 期。

③ 陈宏：《党领导新疆实现历史性巨变对跨越式发展与长治久安的启示》，《新疆社会科学》2012 年第 4 期。

④ 梁炜昊：《科学发展观视域下新疆转变经济发展方式探析》，《新疆社科论坛》2013 年第 3 期。

⑤ 周斌、王常亮：《新疆实现跨越式发展的核心与途径》，《新疆社科论坛》2012 年第 5 期。

⑥ 尚豫新、祝宏辉《新疆固定资产投资与经济增长研究》，《石河子大学学报》（哲学社会科学版）2011 年第 1 期。

⑦ 王玉龙：《经济文化类型与新疆地区经济跨越式发展研究》，《贵州民族研究》2013 年第 5 期。

⑧ 蔡文伯、燕晋峰：《新疆高等教育对区域经济增长贡献率的实证分析》，《石河子大学学报》（哲学社会科学版）2014 年第 2 期。

⑨ 韩延玲、陈三景：《新疆对外贸易与经济增长的关系探究——基于协整分析》，《新疆财经》2015 年第 3 期。

⑩ 夏文斌、刘志尧：《区域公平视角下的新疆跨越式发展》，《石河子大学学报》（哲学社会科学版）2013 年第 1 期。

措施，促进现阶段主导产业不断向其他深加工产业转化。① 甘昶春、胡隽秋认为新疆的战略性新兴产业的选择一定要立足自身产业基础和技术水平，选择资源特色鲜明、产业比较优势突出、成长性好、吸收就业多、具有战略增长空间、对当地经济社会发展带动作用大的产业。② 关于新疆产业结构升级与经济增长方面，佟亮、张丽认为新疆产业结构演进对劳动生产率增长的整体贡献度偏低，且贡献趋势不显著。因此，应从增量调整的角度来考虑提升产业结构演进效应对新疆劳动生产率增长的贡献作用，使新疆劳动生产率的提升具有可持续性。③ 尤济红、高志刚认为新疆产业结构处在不断优化过程中，但结构水平偏低。为了进一步优化新疆产业结构，仍需加大力度引导劳动力由第一产业向第三产业的合理流动，进一步挖掘资本边际产出效率较高的部门，从而提高整个新疆的资本和劳动力要素的产出效率和促进产业结构的升级。④ 张丽、佟亮认为应从增量调整的角度来提升产业结构演进效应对新疆全要素生产率增长的贡献作用，不断加大技术升级、高新技术产业发展、管理改善等广义的技术进步作用，使新疆经济增长具有可持续性。⑤ 关于新疆承接产业转移问题，赵新民认为新疆应通过落实棉纺产业布局规划，促进产业集聚；做好产业定位，发挥竞争优势；加强政策引导，培育中间组织等措施，增强棉纺产业本地化。⑥ 张鑫认为积极探索和研究产业援疆模式，有助于实现东西部经济合作，促进产业结构调整，推动新疆自我发展能力的提高。⑦ 龚新蜀、程晓丽、顾成军认为新疆承接转移的重点产业为电气机械及器材制造业、食品制造及烟草加工业、金属矿采选业、石油加工和炼焦及核燃料加工业、农副食品加工业、交通运输设备制造业以及纺织业。⑧ 赵川、纪尚伯认为新疆承接国内产业转移的经济效应和社会效应为正，生态效应为负，总体评价是正向效应大于负向效应。今后，应促进经济与环境协同发展，增强承接产业转移的可持续能力，加大南疆承接产业转移支持力度，并加强全方位人力资源开发力度，破除承接产业转移的劳动力瓶颈，进而促进区域经济社会的协调发展。⑨ 关于新疆主导产业的选择，高志刚、龚维、齐少虎认为新疆新型工业化发展

---

① 齐少虎、高志刚：《新疆工业主导产业演化研究》，《新疆财经》2013 年第 3 期。

② 甘昶春、胡隽秋：《新疆发展战略性新兴产业的现实选择》，《新疆社科论坛》2010 年第 4 期。

③ 佟亮、张丽：《新疆产业结构演进对劳动生产率增长的效应分析》，《新疆财经》2011 年第 6 期。

④ 尤济红、高志刚：《新疆产业结构调整中的要素产出效率分析》，《新疆大学学报》（哲学·人文社会科学版）2013 年第 3 期。

⑤ 张丽、佟亮：《新疆产业结构演进对全要素生产率增长的效应分析》，《新疆社会科学》2013 年第 5 期。

⑥ 赵新民：《承接产业转移下的新疆棉纺产业本地化研究》，《石河子大学学报》（哲学社会科学版）2012 年第 1 期。

⑦ 张鑫：《对口支援政策下的产业援疆模式选择与实现路径》，《石河子大学学报》（哲学社会科学版）2014 年第 1 期。

⑧ 龚新蜀、程晓丽、顾成军：《新疆承接产业转移问题研究》，《石河子大学学报》（哲学社会科学版）2012 年第 6 期。

⑨ 赵川、纪尚伯：《新疆承接国内产业转移的正负效应分析》，《新疆财经大学学报》2015 年第 2 期。

水平落后，现阶段主导产业选择应加快构建循环经济产业链，形成具有一定优势的循环经济工业主导产业集群。①

二是农业与农村问题。新疆作为农业大省，农业与农村问题是学者的重点研究领域。关于新疆农产品竞争力提升问题，刘志林认为改革开放以来，新疆借助于独特的自然地理条件和国家政策支持，特色农业有了长足的发展，其品牌化程度和影响力也不断提升。但在新疆特色农业品牌化过程中也存在着品牌数量少、品牌命名不尽合理、品牌保护开发不足和宣传力度不强等问题，该文就上述问题进行了分析与阐述。② 王磊、田砚认为应当通过培育龙头企业提升新疆农副食品加工业国际竞争力，以技术创新带动农副食品加工业优化升级，以人才队伍建设保障农副食品加工业优质人力资源的需求。③ 关于新疆农业经济增长问题，罗芳、黄燕认为土地、劳动、资金投入对农业经济增长均有正向的影响。该文提出通过加大农业资金投入，合理开发和利用土地资源，增加农业劳动力供给，加大农业科技投入，能够促进新疆农业经济的增长。④ 杨明灿、陈军认为新疆农业人均资本存量不断上升，农业资本不断深化。但是，资本要素已处于边际效益递减阶段，资本深化的速度对农业经济增长促进作用开始减弱。⑤ 谢宗棠、刘燕华、刘宏霞认为正是由于不同阶段乡镇企业组织制度、财政制度、税费制度、农村金融制度和价格制度的变迁，是导致新疆农业经济长期持续增长的因素。因此，应该把农村经济制度创新作为实现新疆农业持续增长的主要途径。⑥ 关于新疆农业现代化方面，瞿建蓉认为对新疆而言，发展现代农业则是新疆实现跨越式发展和长治久安两大历史任务，全面建成小康社会的重要举措。新时期新疆发展现代农业，必须完成好深入推进农业结构调整，加快构建高效特色现代农业产业体系与新型农业经营体系的两大重任。⑦

三是非农经济发展。关于新疆第二产业发展，彭银春认为国家对新疆的支持主要在能源矿产和农业等产业方面，对制造业发展的支持和重视略显不足。随着新疆内外环境的变化，大力发展劳动密集型制造业，发展制造业集群和专业化市场成为主要方向。⑧ 关于新疆第三产业发展，涂远博、马海霞认为未来新疆可以通过对电子信息产业的发展，以信息化推动工业化，巩固和加大新疆传统优势产业的发展，从而推动新疆经济实

① 高志刚、龚维、齐少虎：《新疆新型工业化发展水平评价与主导产业选择》，《新疆财经》2012年第4期。

② 刘志林：《新疆特色农业品牌化过程中存在问题透视》，《新疆财经》2012年第6期。

③ 王磊、田砚：《新疆农副食品加工业竞争力研究》，《石河子大学学报》（哲学社会科学版）2014年第1期。

④ 罗芳、黄燕：《新疆农业经济增长与农业生产要素的相关性分析》，《石河子大学学报》（哲学社会科学版）2013年第3期。

⑤ 杨明灿、陈军：《新疆农业资本深化对农业经济增长的相关性实证分析》，《新疆社科论坛》2015年第1期。

⑥ 谢宗棠、刘燕华、刘宏霞：《农村经济制度变迁与西北民族地区农业增长分析——以新疆为例》，《西北民族大学学报》（哲学社会科学版）2015年第4期。

⑦ 瞿建蓉：《浅析新时期新疆现代农业发展》，《新疆社科论坛》2013年第5期。

⑧ 彭银春：《新疆发展制造业的必要性、可行性及对策研究》，《新疆财经大学学报》2011年第4期。

现跨越式发展。[①] 陈海霞、李磊认为新疆服务业发展对经济增长和就业的贡献有限，生产性服务业所占比重太小，服务业吸纳的劳动力主要集中在低技术水平的传统服务业中。服务业的生产效率总体上处于下降趋势，技术效率是关键的制约因素，由于未能充分利用物质资本和人力资源，所以，新疆服务业基本处于规模报酬递减的阶段。[②] 在新疆高新技术企业发展方面，蒋小凤认为新疆工业发展还存在着很多不足，主要表现为市场化程度不高，协调、融合性不强。因此需要构建具有新疆特色的现代产业体系，推动各类企业加快发展，大力发展非公有制经济，加快推进经济社会各领域信息化[③]。宋香荣、苏斌、唐小玉认为新疆高技术产业主要以内资企业为主，本地企业规模较小，产品开发力度不够。[④] 王永茂、董梅、张启疆认为新疆虽已初步形成国家及自治区层面的良好培育环境和综合政策体系，但支撑高新技术企业发展的多级支持体系还未完全形成，新疆整体创新环境较为薄弱。为此，应促进区域均衡发展、完善科技创新体系、推进高新技术企业产业化发展、完善科技政策与社会服务体系建设。[⑤]

四是能源经济发展问题。新疆作为能源大省，能源经济也是关注的重点之一。关于新疆能源分布现状，龚海涛、张晟义认为新疆的四类能源生物质资源主要为农作物秸秆资源、薪柴资源、牲畜粪便资源和城市生活垃圾。研究表明：一方面新疆能源生物质资源储量巨大，具有广阔的开发利用前景；另一方面新疆各主要地区的能源生物质资源量的人均占有量和空间分布密度不均匀，差异较大。[⑥] 关于新疆低碳经济发展，张艳认为新疆重化工为特征的产业结构导致了碳排放量上升，能源消费需求大幅增加，工业"三废"排放量急剧增加。今后新疆应发展低碳经济。[⑦] 郭元珍、孙雅认为文章以新疆本土企业为研究对象，对影响新疆本土企业低碳成长的因素进行分析，并构建了指标评价体系。在此基础上，通过运用因子分析的方法对企业低碳成长影响因素进行实证研究，旨在找出影响新疆本土企业低碳成长的关键因子。[⑧] 裘品姬认为农村能源是当今世界及我国面临的重大问题，也是关系新疆农村发展进步的重要因素。目前，新疆农村能源建设相对滞后，农村能源的供给水平、保障能力以及能源产品结构等远不能满足农村的现实所需及未来发展的需要。结合新疆实际，大力发展农村能源，是新疆发展战略中的重要任务。[⑨] 关于新疆能源开发的收益分配，潘红祥、戴小明认为新疆拥有丰富的油气资源，但油气资源的开发并没有使新疆地方财政收入获得较快增长，民生保障仍处于

---

① 涂远博、马海霞：《新疆电子信息产业发展研究》，《新疆财经》2011 年第 1 期。

② 陈海霞、李磊：《新疆服务业的发展态势、结构特征及效率评价》，《新疆社会科学》2011 年第 3 期。

③ 蒋小凤：《加速推进新疆新型工业化》，《新疆社科论坛》2013 年第 5 期。

④ 宋香荣、苏斌、唐小玉：《新疆高技术产业发展现状及趋势分析》，《新疆财经》2012 年第 5 期。

⑤ 王永茂、董梅、张启疆：《新疆高新技术企业发展问题探析》，《新疆财经》2015 年第 5 期。

⑥ 龚海涛、张晟义：《新疆能源生物质资源的估算及分布特点》，《新疆财经》2011 年第 2 期。

⑦ 张艳：《新疆发展低碳经济的战略思考》，《新疆大学学报》（哲学·人文社会科学版）2011 年第 4 期。

⑧ 郭元珍、孙雅：《新疆本土企业低碳成长影响因素及对策研究》，《新疆社会科学》2014 年第 6 期。

⑨ 裘品姬：《加快新疆农村能源发展的对策建议》，《新疆社会科学》2010 年第 3 期。

一种低水平的层次。为尽可能减少区域政策中"漏斗效应"，实现新疆经济社会又好又快的发展和各民族共同繁荣，迫切需要构建一个政府、企业和矿区居民共同参与资源开发收益、公平的分配机制。[①] 丁洁认为解决新疆税收与税源背离的措施，应包含如下内容，要完善和规范税收横向分配，理顺资源型产品价值机制，完善我国现行关联交易制度，减少非规范的税收转移和企业的避税行为。[②]

五是旅游业发展。旅游是新疆亟待发展的产业，关注的问题主要集中于两方面。关于新疆旅游业存在的问题，刘凤莲、高素芳认为新疆旅游产业发展存在入境旅游增长缓慢，产业敏感性较强，产业结构中高附加值的非基本消费比重过低，产业结构专业化水平较低，产业部门间发展不协调，旅游产业结构稳定差，结构效益贡献率低等问题。[③] 张艳、李光明认为新疆旅游业对新疆经济的推动作用有限，旅游业自身的发展依赖于交通运输业、批发零售业、住宿餐饮业及交通运输设备业的发展，且旅游业的发展并未带来交通运输业的显著发展。[④] 王松茂、方良彦、邓峰认为新疆旅游经济要素投入产出效率总体不高，要提高新疆旅游经济要素投入产出效率必须加强旅游从业人员专业培养、重视创新能力的提升和做好旅游利用规划与投资的引导等建议。[⑤] 杨宏伟、马腾认为新疆旅游中心地体系中一级旅游中心地首位度严重偏高，等级规模结构松散，处于低水平均衡状态。未来新疆的旅游业发展应从丝绸之路经济带战略下的国际经济地缘关系演变趋势考虑，打造伊犁、喀什两个高水平二级旅游中心地为重点的战略构想和优化对策。[⑥] 关于新疆旅游业的转型与未来发展方向，黄可认为新疆旅游业粗放式发展的问题仍未得到根本改变，必须着力转变发展方式，实现旅游业由规模扩张向质量提升、由低端建设向高端扩展、由资源依赖向创新驱动、由粗放经营向集聚发展转变，不断提高新疆旅游业的综合实力和核心竞争力。[⑦] 朱磊、吕雁琴认为新疆旅游发展正处于巩固阶段后期，但市场潜力巨大。为防止新疆旅游进入停滞阶段，实现新疆旅游业的可持续发展，应加强旅游基础设施建设，积极推动旅游品牌创新，重视营销和旅游服务质量的提升。[⑧] 王慧君认为用文化创意旅游的视域来整合新疆旅游业，以全新的创新观念、创新思维审视新疆的旅游资源。应破除观念瓶颈，实施升级工程，塑造旅游地形象，实施新疆旅游业与文化创意产业的一次变革性的产业深度融合工程。[⑨] 金璐认为新疆文化旅游

---

① 潘红祥、戴小明：《新疆油气资源开发收益分配机制现状分析与对策研究》，《北方民族大学学报》（哲学社会科学版）2012 年第 5 期。

② 丁洁：《新疆税收与税源背离问题研究》，《新疆社会科学》2014 年第 4 期。

③ 刘凤莲、高素芳：《新疆旅游产业结构动态分析与优化研究》，《石河子大学学报》（哲学社会科学版）2010 年第 6 期。

④ 张艳、李光明：《新疆旅游业投入产出分析》，《新疆财经大学学报》2011 年第 4 期。

⑤ 王松茂、方良彦、邓峰：《新疆旅游经济要素投入产出的 DEA 相对效率分析》，《新疆大学学报》（哲学·人文社会科学版）2014 年第 5 期。

⑥ 杨宏伟、马腾：《丝绸之路经济带视阈下新疆旅游中心地体系分形研究》，《石河子大学学报》（哲学社会科学版）2014 年第 6 期。

⑦ 黄可：《推动新疆旅游业发展方式转变的思考》，《新疆社会科学》2010 年第 5 期。

⑧ 朱磊、吕雁琴：《新疆旅游地生命周期分析及其调控研究》，《新疆大学学报》（哲学·人文社会科学版）2011 年第 3 期。

⑨ 王慧君：《文化创意旅游视域下的新疆旅游发展对策》，《新疆社会科学》2011 年第 6 期。

产业应将新疆丰富的各民族文化融入秀美的自然景观中，构建新疆独有的人文景观，充分挖掘新疆旅游产业中的现代文化内涵，实现将新疆文化旅游产业培育成新疆经济的战略性支柱产业，为新疆跨越式发展和长治久安服务。① 王友文认为科学发展北疆沿边地区的生态旅游事业，必须实施生态旅游业可持续发展战略、生态旅游优势资源转换战略、生态旅游与人文旅游融合发展战略、生态旅游市场开发战略、生态旅游人力资源开发战略五大战略。②

六是对外经济与贸易。研究者针对不同问题展开讨论。关于新疆构建向西开放新格局，李新英认为中国经济将步入低谷期，对外贸易面临诸多不确定因素。国内外宏观环境的变化使新疆构建向西开放新格局的各种积极变化和不利因素同时存在。③ 关于新疆对外贸易与新疆经济转型之间的关系，张焕琳、龚新蜀认为新疆加工贸易的发展促进了产业转移和产业结构升级，同时产业结构对加工贸易也有促进作用。④ 关于新疆与中亚地区的对外贸易问题，毕燕茹、秦放鸣认为新疆"外向型"产业基础薄弱，本地产品出口不足以支撑新疆外向型经济的发展。当前新疆外向型产业发展的思路应立足新疆资源优势和中亚市场需求，确定新疆外向型产业发展的重点领域，借助新疆联通内外的地缘优势，利用全国对口援疆带来的资金和技术优势，抓住东部产业升级之机助推新疆外向型产业发展。⑤ 胡国良认为新疆外贸企业数量不断增长，与中亚国家的贸易额不断上升。但是，市场结构总体上竞争性下降。⑥ 黄涛、孙慧、马德认为新疆与中亚五国的贸易潜力很大，提出新疆贸易的健康发展，需要分国别制定差异化的政策引导措施，加强区域协调和经贸合作力度，改善新疆软硬件贸易服务体系，积极释放贸易潜力。⑦ 柴利、顾丽华、张登钧认为中亚地区的哈萨克斯坦、吉尔吉斯斯坦和塔吉克斯坦三国的市场需求为新疆对外承包工程企业发展提供了有效空间。为此，新疆政府应通过合理规划对外承包工程企业分布、引导企业深入了解三国市场需求和加大对外承包工程人才培养等，为新疆对外承包工程企业进一步开拓中亚市场奠定基础。⑧ 关于新疆对外贸易对新疆经济发展重要意义，程云洁认为扩大与周边国家的进口贸易是改善和优化新疆与中亚及周边国家的贸易环境的现实需要，新疆的进口贸易应注重投资与进口互动，同时应形

① 金璐：《论新疆文化旅游产业发展模式》，《新疆师范大学学报》（哲学社会科学版）2012 年第 3 期。

② 王友文：《论新疆北部沿边地区生态旅游发展战略的创新》，《伊犁师范学院学报》（社会科学版）2010 年第 3 期。

③ 李新英：《新疆构建向西开放新格局的国内外宏观环境分析》，《新疆社会科学》2012 年第 3 期。

④ 张焕琳、龚新蜀：《新疆加工贸易与产业结构关系的实证研究》，《新疆财经》2011 年第 3 期。

⑤ 毕燕茹、秦放鸣：《面向中亚，新疆外向型经济跨越式发展的实证分析及思考——基于产业视角》，《新疆大学学报》（哲学·人文社会科学版）2010 年第 5 期。

⑥ 胡国良：《新疆外贸行业市/场结构变动分析》，《新疆财经》2012 年第 5 期。

⑦ 黄涛、孙慧、马德：《"丝绸之路经济带"背景下新疆与中亚贸易潜力的实证分析——基于面板数据的引力模型》，《新疆社会科学》2015 年第 1 期。

⑧ 柴利、顾丽华、张登钧：《新疆对外承包工程企业中亚市场开拓研究》，《新疆财经》2015 年第 4 期。

成政府为主、市场为辅的发展模式。① 关于新疆对外贸易与物流行业的发展之间的联系，葛飞秀、李玉琳认为新疆物流发展与对外贸易之间存在长期均衡关系，新疆的货物运输量与进出口总额之间存在单向因果关系。② 关于新疆对外贸易与外商直接投资之间的关系，张蕾认为新疆的外商投资与进出口贸易之间存在一种正的长期均衡关系，即贸易创造效应，且存在单向的因果关系。新疆地区外商投资是引发出口贸易的原因，而进口贸易则解释了外商投资变化的原因。③

3. 社会经济发展问题

一是扶贫问题。研究者从不同层面探讨这一问题。关于新疆贫困程度，张庆红认为经济增长对降低贫困规模和贫困严重程度效果明显，收入分配的改善对降低贫困人口内部不平等程度效果最好。为有效解决新疆城镇贫困问题，应继续实施快速的经济增长和对贫困人口有利的收入分配相结合的反贫困战略。④ 王宏丽认为新疆贫困县的贫困问题十分突出，贫困广度、贫困深度和贫困强度都较严重并有不断恶化的趋势。⑤ 关于新疆扶贫对策，钱微、郭艳芹认为在新阶段新疆在整村推进扶贫开发、劳动力转移和培训、产业扶贫开发等方面临的问题，应注重创新整村推进的资金滚动使用机制、培育主导产业、增强农民外出创业意识、完善服务体系和各项扶持政策等建议，以期能为推动新疆扶贫事业的发展开创新局面。⑥ 李翠锦、李万明认为新疆现阶段的农村贫困主要是暂时性贫困，政府在未来新疆扶贫工作中，应针对慢性贫困户和暂时性贫困户实施不同的精准扶贫对策。⑦ 李红认为产业化扶贫是推进新疆南疆三地州实现脱贫致富的主要途径。因此，要加快南疆三地州产业化扶贫，就要立足于区域特色优势资源，以脱贫、富民、生态为目标，大力发展就业容量大、具有地域文化特色的富民产业，例如各色民族手工业、旅游及文化产业、餐饮业、纺织业、维吾尔医药等，以期带动扶贫开发。⑧ 张庆红认为新疆城镇人口致贫的因素有：就业不足、下岗失业、社会保障制度等。解决这些问题需要优化就业结构，实现经济与就业同步增长，为农村剩余劳动力提供就业指导服务，完善最低社会保障制度。⑨ 关于新疆扶贫的效果，张庆红认为新疆减贫成就的主要原因是经济持续的高速增长、人力资本的明显改善和政府采取的反贫困行动，减贫趋

① 程云洁：《新形势下促进新疆进口贸易发展的必要性和路径选择》，《石河子大学学报》（哲学社会科学版）2013 年第 2 期。

② 葛飞秀、李玉琳：《丝绸之路背景下新疆物流发展与对外贸易关系的实证研究》，《新疆社会科学》2015 年第 4 期。

③ 张蕾：《新疆地区外商投资与进出口贸易关系的实证分析》，《中央民族大学学报》（哲学社会科学版）2015 年第 S1 期。

④ 张庆红：《新疆城镇贫困的测度及影响因素分析》，《石河子大学学报》（哲学社会科学版）2015 年第 1 期。

⑤ 王宏丽：《新疆少数民族贫困县贫困程度的测度与分析》，《新疆社会科学》2012 年第 5 期。

⑥ 钱微、郭艳芹：《"十二五"时期新疆扶贫开发的战略思考》，《新疆财经大学学报》2012 年第 1 期。

⑦ 李翠锦、李万明：《家庭特征、村庄特征与新疆农村动态贫困》，《新疆大学学报》（哲学·人文社会科学版）2015 年第 1 期。

⑧ 李红：《新疆南疆三地州产业化扶贫研究》，《新疆财经》2013 年第 4 期。

⑨ 张庆红：《新疆城镇贫困的现状、成因及对策分析》，《新疆社科论坛》2014 年第 3 期。

势放缓的原因是农村经济增长质量的下降和农村收入分配的不断恶化。在新时期扶贫工作中，新疆应实施益贫式增长战略，从生产领域着手，在增加就业的同时通过增加贫困人口的资产基础以提高自我发展能力。[①]

二是就业问题。就业问题，特别是新疆少数民族就业问题直接关系到新疆稳定的问题，研究者也是从不同层面予以分析。关于新疆产业结构与就业之间的关系，赵红杰认为新疆工业增长乏力、科技投入不均衡是影响新疆产业结构与就业结构协调性的重要因素。目前，新疆第一产业人口比重偏大，劳动生产率相对较低，存在大量需要转移的剩余劳动力，第二、三产业就业不足。[②] 陈玉萍认为新疆应通过促进各产业之间的协调发展，带动全社会从业人员的增长。[③] 蔡玉洁、马桂花认为新疆就业人数的绝对值在增长，但是三次产业吸纳劳动力的水平低于其生产总值的增长率；新疆产业结构与就业结构的偏离程度较大。[④] 秦放鸣、喻科认为新疆三次产业吸纳就业能力各不相同。第一产业发挥劳动力就业"蓄水池"作用；第二产业产值增加却没有相应增加就业人员，吸纳劳动力就业有限，存在劳动力"挤出效应"；第三产业是吸纳劳动力就业的主要产业部门。[⑤] 赵强认为改革开放 30 年来，新疆就业结构发生显著变化，劳动生产率提高，经济发展带动了就业人数的增加。但与内地工业发达省份还有一定的差距，第一产业存在着大量剩余劳动力需要转移，第二产业吸纳劳动力就业的能力不高，第三产业的就业人数比重、产业规模、质量和层次仍然偏低。[⑥] 关于新疆人才流失问题，秦放鸣、武斯斯认为目前导致新疆人才流失的主要受自然条件、社会环境、经济条件与政策导向等综合因素共同影响。新疆应加大人才投入力度，提升"人才制造"速度；引进急需人才，推动人才合理流动；营造和谐的用人环境，增强人才吸引力。[⑦] 关于新疆少数民族就业问题，赵强认为，新疆城市化水平低和城市体系规模结构不合理，导致少数民族地区农村劳动力就近、就地转移困难，同时少数民族风俗习惯、择业观念和语言文化等方面的差异，影响劳动力向全国范围转移。经济增长对就业的拉动能力较弱，也在一定程度上制约了少数民族地区农村劳动力的转移。[⑧] 关于新疆大学生就业问题，赵若男、朱涛涛认为，大学生综合素质不均、学校教学质量有待提高、社会就业条件较差等是造成目前新疆大学生就业压力增大的原因，今后应采取提高教学质量、加快第三产业发展、畅通就业输送渠道等措施来减轻新疆大学生就业压力，以提高大学生对工作、生活的满意

① 张庆红：《基于经济增长的新疆减贫效果趋势分析》，《新疆财经》2014 年第 5 期。

② 赵红杰：《新疆产业结构与就业结构协调性及影响因素分析》，《石河子大学学报》（哲学社会科学版）2012 年第 3 期。

③ 陈玉萍：《基于产业结构调整的新疆就业前景分析》，《新疆财经》2012 年第 6 期。

④ 蔡玉洁、马桂花：《新疆产业结构及其就业结构变化状况分析（1996～2011）》，《新疆社科论坛》2014 年第 2 期。

⑤ 秦放鸣、喻科：《新疆就业弹性实证研究》，《新疆社会科学》2015 年第 1 期。

⑥ 赵强：《新疆产业结构与就业结构实证分析》，《新疆社会科学》2010 年第 1 期。

⑦ 秦放鸣、武斯斯：《新疆人才吸引力和流失率实证研究》，《新疆师范大学学报》（哲学社会科学版）2013 年第 5 期。

⑧ 赵强：《新疆少数民族地区农村劳动力转移的制约因素分析》，《西南民族大学学报》（人文社会科学版）2015 年第 9 期。

度。① 随着内地在援疆工作的深入，关于援疆企业对新疆就业的影响，孙岿、张晓琼、朱军认为援疆大企业在推动地方产业结构转型升级与促进就业结构良性发展上具有主导作用，但基础设施投入大、劳动者素质低、社会环境复杂导致企业在拉动就业方面存在局限性。地方政府与所辖的企业之间形成的合作关系，有利于激发企业的社会责任感，以提高产业集群的包容性，为就业、教育、人才创造机会。②

三是人口流动问题。首先，研究者对新疆人口流动总体状况进行概括。刘追、苟虹璐分析了新疆区域内迁移人口呈现"北多南少"的态势、净迁移人口中女性人口多于男性人口、中青年人口是新疆区域内迁移人口的主体、迁移人口教育水平呈现"北高南低"的态势等现状，同时认为务工经商和随迁家属是区域内人口迁移的主要原因。③最后，从安全的角度对新疆流动人口进行分析。刘月兰、汪学华认为新疆人口发展存在高增长率与高增长量并存、人口地域分布不均衡、就业人口高度集中在第一产业以及人口文化素质偏低等问题，未来可能面临着人口规模的持续扩大对资源环境的压力增大，部分地区人口的快速增长与经济发展水平滞后的矛盾加剧，人口素质偏低会削弱社会经济对人口发展的持续保障能力等人口安全隐患。④ 其次，分析少数民族人口流动问题。王平认为新疆少数民族人口职业结构发生了较大变化，但变迁速度慢、规模小、区域差异大等问题日益凸显。少数民族人口社会流动问题，制约着少数民族经济社会的发展，影响着和谐民族关系的发展与和谐社会的构建。因此必须加快少数民族地区城市化、工业化步伐，大力发展"双语"教育，落实和完善民族社会政策，促进民族人口的不断合理流动。⑤

四是社会保障问题。评估新疆的社会保障的总体状况。刘玉祥、郭德辉认为新疆社会保障总支出规模逐年增加，人均社会保障总支出也逐年增加，且增速较快，但目前新疆社会保障支出总体看处于不适度水平，且社会保障支出与经济发展状况不相适应。⑥徐晓莉、喻科、周杰认为新疆社会保障水平低，未进入社会保障水平"适度"区间。在此基础上，应促进新疆社会经济发展相协调，以促进新疆社会保障制度良性运行与社会经济协调发展。⑦ 分析新疆城乡养老保障制度。崔登峰认为新疆城乡养老保障制度发展不均衡问题仍较严重，其中城乡二元结构、城镇偏向政策和传统养老保险的制度依赖是导致该结果的主要原因。为解决这一问题，应通过统筹城乡养老保障、加强户籍制度

① 赵若男、朱涛涛：《新疆大学生就业压力调查分析》，《新疆财经大学学报》2014年第4期。

② 孙岿、张晓琼、朱军：《援疆企业对促进就业的作用及其局限性——基于山东援助喀什4县的实证研究》，《中南民族大学学报》（人文社会科学版）2014年第5期。

③ 刘追、苟虹璐：《新疆区域内人口迁移现状及效果评价》，《新疆财经》2014年第3期。

④ 刘月兰、汪学华：《新疆内在性人口安全因素分析》，《石河子大学学报》（哲学社会科学版）2010年第4期。

⑤ 王平：《新疆少数民族人口社会流动问题初探》，《新疆大学学报》（哲学·人文社会科学版）2010年第4期。

⑥ 刘玉祥、郭德辉：《新疆社会保障水平分析：2000年～2010年》，《新疆财经大学学报》2012年第3期。

⑦ 徐晓莉、喻科、周杰：《新疆社会保障水平及其适度选择分析》，《新疆大学学报》（哲学·人文社会科学版）2013年第1期。

改革、加快城镇化建设和法制化建设等措施。[①] 探讨新疆住房保障问题。潘玉珍等人认为新疆城乡居民住房特别是低收入群体住房基本现状及特点，以及城乡住房建设中面临的问题，并以此提出加快新疆城乡住房建设步伐，特别是低收入群体住房保障的对策建议。[②] 分析新疆城乡医疗保险问题。张春林分析目前城乡分割的"二元"医疗保险制度束缚了医疗保障的发展进程，并认为在新疆统筹城乡居民医疗保险制度具有积极的意义。因此，应深化医疗保障制度的改革，以建立新疆城乡医疗保险制度的一体化。[③]

4. 生态保护与可持续发展问题

一是探讨新疆绿洲经济的发展问题。吴玉萍认为绿洲的分布格局决定着新疆城镇的格局，绿洲内外的生态状况也制约着新疆绿洲城镇化的水平和质量。因此，采取科学合理的环境保护措施同步进行环境资源建设，并充分运用包括环境法在内的法律武器，才能确保新疆的城镇化走可持续发展之路。[④] 林萍、蒋莉、吴磊认为节水是新疆绿洲现代农业的重要环节，是实现新疆经济可持续发展的重要保证。绿洲现代节水农业是一个系统工程，就是要建设绿洲现代农业节水抑盐系统工程、绿洲节水生态农业系统工程、绿洲现代节水高效农业系统工程。[⑤] 宋建华在新疆发展现代生态农业总体思路的基础上，提出加快现代生态农业建设，推进新疆农业现代化进程的对策建议。[⑥]

二是探讨新疆水资源的问题。水资源是新疆可持续发展的制约因素，因而也是关注的焦点。黄海平、黄宝连认为新疆水资源短缺而供求矛盾突出，在开发利用中存在的严重问题，应着手从制度措施、经济措施、科技措施等方面，提出了新疆建设节水型社会的思路。[⑦] 王霞、何颖舟认为新疆水资源制约着新疆的绿洲经济发展，分析水土资源之间的关系有助于合理配置水资源。该文通过水土资源之间的关系分析，估算了新疆水资源的承载能力，从而得出新疆水资源量是稳定且有潜力的，并且能够支撑新疆社会经济发展的结论。[⑧] 左文龙、汪寿阳、陈曦、秦艳芳、董纪昌从新疆水资源开发利用的现状出发，深入分析当前水资源开发利用中存在的问题及其在跨越式发展中面临的挑战，制定了符合干旱区特点的、科学合理的水资源开发利用措施，对于确保新疆实现跨越式发

① 崔登峰：《新疆城乡养老保障制度变迁与差异统筹》，《石河子大学学报》（哲学社会科学版）2014 年第 2 期。

② 潘玉珍、王贵荣、黄玲娣、蒋岳薷、庞岩、张洪江、马蕊：《新疆城乡低收入群体住房保障问题研究》，《新疆财经》2012 年第 2 期。

③ 张春林：《关于建立新疆城乡居民医疗保险一体化的思考》，《新疆社会科学》2013 年第 1 期。

④ 吴玉萍：《新疆绿洲城镇化面临的生态瓶颈及其环境法对策》，《石河子大学学报》（哲学社会科学版）2014 年第 2 期。

⑤ 林萍、蒋莉、吴磊：《新疆绿洲现代节水农业发展战略思考》，《石河子大学学报》（哲学社会科学版）2010 年第 2 期。

⑥ 宋建华：《可持续发展视角下的新疆现代生态农业建设之路》，《新疆社会科学》2013 年第 4 期。

⑦ 黄海平、黄宝连：《新疆节水型社会建设相关问题研究》，《石河子大学学报》（哲学社会科学版）2010 年第 6 期。

⑧ 王霞、何颖舟：《新疆水资源承载力探析》，《新疆财经大学学报》2011 年第 2 期。

展的同时保证社会、经济与生态环境的良性循环具有十分重要的现实意义。[①] 陈红梅、李青认为提高复合系统的耦合关系及实现喀什地区经济的稳定快速发展，应优先提高水资源的利用率和产出率，合理配置和利用水资源，进一步利用节水灌溉等高新节水技术。[②] 黄宝连、黄海平、王生贵认为解决新疆水资源问题的出路在于产业结构调整，通过控制农业种植规模发展节水高效现代农业，构建节水型工农业生产体系，在加快工业化、城市化进程中实现水资源利用的战略转移，以实现产业用水结构合理化。[③]

三是分析新疆生态环境与经济之间的关系。马晓钰、马合木提·托尔逊根据生态足迹理论进行实证研究，认为新疆适度人口与现实人口相比，已经出现生态过剩人口，且生态过剩人口呈逐年上升趋势。这说明当前经济活动对生态环境的影响超出了生态承载力范围，也说明新疆人口增长过快已成为现实问题。因此，解决生态人口过剩问题成为缓解新疆生态环境压力的一个关键点。[④] 王东认为在新疆湿地保护中存在的首要问题就是湿地保护法律法规不健全、不完善。因此要从充分考虑新疆特殊资源环境与经济发展的实际情况出发，加快完善新疆湿地保护立法，有针对性地提出湿地保护法律细则，做到有的放矢。[⑤] 刘永萍、王超认为新疆未来在产业结构变迁过程中应重视产业结构变迁与生态环境系统的协调发展。[⑥] 李辉、张晋霞认为新疆应通过增强生态环境保护意识，严格把握市场准入门槛，科学制定产业转移的承接规划，发展循环经济，进一步促进经济、社会和环境全面协调和可持续发展。[⑦] 黄子健认为在新疆确实存在着"资源诅咒"现象，其破解办法就是进行产业升级与整合以及资本投资，让资源资本充分循环起来，以抵御因过度开采资源而带来的挤出效应。在今后的发展中，新疆应注重扩大对外开放，加大与内地的经济技术合作，加快科技创新能力建设并积极培育战略性新兴产业。[⑧] 王宏丽认为新疆没有显现"资源诅咒"效应，但是新疆能源结构不适度，能源结构的产业支撑能力弱、效率低。[⑨] 刘艳、刘杨认为能矿资源是国民经济和社会生产发展的重要物质基础。新疆是一个资源型省区，石油、天然气、煤炭等能矿资源储量大，占全国能矿资源的80%以上，但在近年来的不断开发利用过程中产生了诸多问题和现象，

———

① 左文龙、汪寿阳、陈曦、秦艳芳、董纪昌：《新疆水资源开发利用现状及其应对跨越式发展的战略对策》，《新疆社会科学》2013年第1期。

② 陈红梅、李青：《基于主成分分析法的水资源承载力综合评价——以新疆喀什地区为例》，《塔里木大学学报》2013年第2期。

③ 黄宝连、黄海平、王生贵：《新疆水资源及其产业间用水结构特征研究》，《石河子大学学报》（哲学社会科学版）2012年第5期。

④ 马晓钰、马合木提·托尔逊：《新疆生态足迹与生态过剩人口分析》，《新疆大学学报》（哲学·人文社会科学版）2010年第4期。

⑤ 王东：《新疆湿地生态系统保护法律研究》，《新疆财经大学学报》2011年第1期。

⑥ 刘永萍、王超：《新疆产业结构变迁与生态环境系统协调性测度分析》，《石河子大学学报》（哲学社会科学版）2012年第2期。

⑦ 李辉、张晋霞：《新疆承接产业转移的生态环境效应分析——基于EKC模型》，《石河子大学学报》（哲学社会科学版）2014年第2期。

⑧ 黄子健：《"资源诅咒"：测度与破解——一个来自新疆的经验证据》，《新疆财经大学学报》2013年第4期。

⑨ 王宏丽：《新疆资源开发·能源结构与地区经济增长》，《新疆社会科学》2013年第5期。

影响了资源地的生态环境和农牧民的利益。因此，要认真分析当地矿产资源开发利用现状及其与农牧民利益关系，探索出协调资源开发与保护当地农牧民利益关系的一些路径。[①] 王钜峰、克甦认为新疆工业增长与环境污染之间存在长期均衡关系，同时新疆存在具有自身特点的 U 形特征的 EKC 曲线。新疆应按照"共同但有区别"的原则制定发展规划，逐步转变发展方式，实现工业与环境的协调。[②] 安梅梅、龚新蜀认为新疆工业化进程面临巨大的资源和环境约束，脆弱的生态环境和有限的资源供给已经难以支撑粗放的工业发展方式。新疆必须通过技术创新、转变工业发展方式、发展循环经济来缓解资源环境压力，走新型工业化道路，实现资源环境约束下的新疆工业可持续发展。[③] 安梅梅、龚新蜀认为新疆这样一个生态环境比较脆弱、产业转型存在多重复杂性，因此，新疆未来的发展应重视生态环境保护，发展循环经济，落实和实施基于生态环境保护的长效产业政策。[④]

四是关于新疆生态补偿问题探讨。陈作成认为生态补偿对新疆重点生态功能区经济发展虽在一定程度有促进作用，促进了居民收入的增加，但影响不显著。因此，需建立生态补偿主体的多元化、生态补偿方式的多样化格局以及加快产业结构调整，才能更好地促进新疆产业发展与生态平衡的双赢。[⑤] 方珊媛、王勤认为尽快制定有较完备法律支撑的生态补偿机制；明晰思路，全面设计和完善生态补偿机制；多轮驱动，探索多样化的生态补偿渠道；倡扬新观念，促使生态补偿由资金补偿向能力建设转变；重点领域先行先试，为构建和完善生态补偿机制积累经验。[⑥]

5. 民族经济发展问题

关于民族地区经济发展的路径，李大勇认为新疆天北新区的成立为解决民族地区的社会管理与经济发展提供了一种新的发展模式，提供了非正式手段解决民族地区社会治理的一种模板。[⑦] 徐磊认为南疆蚕桑业发展历史悠久，近代新疆执政者大多倡导蚕桑业，不仅对少数民族百姓生计有益，促进地方经济繁荣，还可缓解地方财税危机以及人口就业的压力。在时代发展的大前提下，资源优势转化为经济优势，势在必行。从长远看，新疆蚕桑业尚有潜力可挖。[⑧] 关于民族地区经济发展存在的问题，张晶晶、綦群高、张涛认为南疆三地州，第二、三产业发展严重滞后，农村劳动力剩余是普遍现象，

① 刘艳、刘杨：《新疆能矿资源开发与保护当地农牧民利益关系研究》，《内蒙古民族大学学报》（社会科学版）2015 年第 5 期。

② 王钜峰、克甦：《新疆工业增长与环境污染关系的计量研究》，《新疆财经大学学报》2011 年第 3 期。

③ 安梅梅、龚新蜀：《资源环境约束下的新疆工业发展方式研究》，《石河子大学学报》（哲学社会科学版）2012 年第 2 期。

④ 安梅梅、龚新蜀：《新疆产业转型与生态环境效应分析》，《新疆财经》2011 年第 4 期。

⑤ 陈作成：《新疆重点生态功能区生态补偿经济效应研究》，《西南民族大学学报》（人文社会科学版）2015 年第 12 期。

⑥ 方珊媛、王勤：《进一步建立健全新疆生态补偿机制》，《新疆社科论坛》2014 年第 1 期。

⑦ 李大勇：《从问题上交到协调解决：传统与创新——以新疆天北新区成立为分析样本》，《西部法学评论》2011 年第 1 期。

⑧ 徐磊：《近代以来南疆发展少数民族经济的探索——从蚕桑业历史发展谈起》，《伊犁师范学院学报》（社会科学版）2015 年第 2 期。

未来少数民族农村剩余劳动力从农村向城市转移，已成为南疆三地州解决农村劳动力过剩、促进民族地区经济发展、实现少数民族地区脱贫致富的重要途径。① 江承凤、米红、王志刚认为新疆少数民族聚居区的人口安全有其特殊性和复杂性。少数民族群体的高文盲率和低文化的人口素质水平，一方面直接影响着制约社会经济发展的人口数量、就业结构、城乡结构和社会稳定的其他人口安全状况的程度；另一方面也直接制约着少数民族聚居区社会经济的快速发展。② 李向阳认为目前新疆产业结构以煤炭、石油等资源的开采生产为主，属于资源开发及初级利用型工业产业格局。在经济高速增长的光环下，掩藏着粗放型的经济发展结构，给新疆民族地区的经济运行质量、生态环境、综合竞争力等方面带来了一系列隐忧。③ 李晓霞认为促进新疆少数民族产业工人队伍建设，是发展经济、改善民生的需要，更是改善少数民族人口职业结构，推动少数民族群体向现代社会转型的需要。新疆少数民族工人队伍长期处于数量少、层次低的状况，长久以来的支持政策并不能使之明显改善，需要加大政策支持力度。④ 关于民族地区经济发展存在的重要性，聂阳认为民族关系受到经济、政治、文化等因素的制约，其中经济因素是影响民族关系的核心因素，同时也是民族团结的基础。⑤ 除此之外，梁润萍分析了维吾尔族的传统商业贸易行为有其自身的特点和成因，既与新疆特殊的地理位置有重要关系，又与维吾尔族特殊经济结构、民风民俗和宗教信仰关系密切，同时受到国家商业政策的影响。⑥

6. 区域与城市经济发展问题

一是区域经济发展问题。关于新疆区域竞争力。韩延玲认为影响新疆区域竞争力的因素包括资源环境、经济实力、产业市场、对外开放、基础设施、人力资本、科技创新和管理服务，其中经济实力对区域竞争力的贡献最大。新疆区域竞争力空间差异性较明显，北疆地区最强，东疆地区次之，南疆地区最弱。⑦ 关于新疆空间经济分布，张帅、孙建光认为新疆县域经济存在全局空间依赖。⑧ 刘振林认为新疆同东部地区的发展差距不断扩大，主要的原因是地方经济结构调整缓慢制约了经济发展。⑨ 付金存、李豫新认为通过对新疆民族地区经济极化时空演变的特征发现，1995—2010 年新疆区域经济极

① 张晶晶、綦群高、张涛：《南疆三地州少数民族农村剩余劳动力转移问题研究——以新疆和田地区墨玉县为例》，《新疆社科论坛》2011 年第 3 期。

② 江承凤、米红、王志刚：《新疆少数民族人口文化素质与社会经济发展研究》，《甘肃社会科学》2014 年第 5 期。

③ 李向阳：《民族地区资源型区域经济的成长与可持续发展——以新疆地区为例》，《贵州民族研究》2014 年第 11 期。

④ 李晓霞：《新疆少数民族产业工人队伍发展及现状分析》，《北方民族大学学报》（哲学社会科学版）2015 年第 4 期。

⑤ 聂阳：《喀什地区经济发展与民族关系和谐》，《民族论坛》2012 年第 16 期。

⑥ 梁润萍：《新疆维吾尔族的传统商业贸易》，《民族论坛》2015 年第 3 期。

⑦ 韩延玲：《新疆区域竞争力组合评价研究》，《新疆财经大学学报》2012 年第 3 期。

⑧ 张帅、孙建光：《新疆县域经济空间集聚模式及空间溢出机制研究》，《新疆财经大学学报》2015 年第 3 期。

⑨ 刘振林：《关于缩小新疆与内地发展差距的思考——差度理论与新疆经济发展差距》，《新疆社科论坛》2011 年第 1 期。

化呈倒"U"形变化，新疆"内核地带""圈层地带"和"远角地带"之间的差异是造成新疆区域经济极化的主要因素。① 彭清认为新疆与区外经济社会发展的不平衡尤其是与发达地区的差距容易被强化为新疆人与内地人的差距，新疆区域内南北疆经济社会发展的不平衡容易被强化为新疆汉族人与新疆少数民族的差距，因此积极探索消除不平衡对新疆意义重大。②

二是区域财政与金融问题。关于新疆地区财政问题，李广舜认为新疆财政改革要与新疆的客观实际紧密结合，走"渐进式"道路；坚持国家支持与自力更生相结合；财政改革要与经济体制改革进程相适应；财政改革必须妥善处理好"六个关系"。③ 达潭枫认为中央财政保费补贴政策的实施，不仅显著促进了新疆农业保险保费收入的增长，大幅提高了农业保险的保障水平，而且显著降低了农业保险的边际赔付水平，使农业保险的平均赔付率下降，对新疆农业保险的可持续发展和实现供求平衡起到了积极的作用。④ 赵国春认为新疆由于其特殊的地理、文化、资源背景，在政府行使其职能有其特殊性，因此应建立符合新疆社会经济发展的财政支出模式，提高新疆财政支出效率。⑤ 唐梁凤、贾亚男认为新疆作为欠发达地区，跨越式发展很大程度上取决于教育的发展水平，教育投入的规模始终影响着该地区未来的经济发展。⑥ 谢煊认为，新疆政府外债利用方面存在着外债缺少规划、项目执行力度不够、还贷意识不强等突出问题。未来外债管理工作的总体思路应重视科学发展、转变发展方式和拓宽工作领域，加大知识合作力度，深化区域合作，加强在建项目管理，重视自身能力建设，充分发挥政府外债的宏观调控功能。⑦ 刘玉祥、赵锡平认为新疆公共支出结构对新疆城乡居民收入差距影响不同，文科教卫支出和行政管理支出的增加扩大了城乡居民收入差距；基本建设支出、支农支出和企业挖潜改造支出能够有效缩小城乡居民收入差距。⑧ 钟永飞认为新疆财政奖励政策对县域金融机构涉农贷款和农户贷款的发放存在正向激励作用，但多个县域个体并未表现出显著的激励效应；财政资金奖励政策对农户和农村企业的信贷需求满足度均有明显影响，但对农村信贷资金价格并未表现出显著的影响。⑨ 关于新疆地区金融问题，卢爱珍认为新疆承接产业转移的金融支持呈现选择性支持、金融政策与承接产

① 付金存、李豫新：《极化理论视角下民族地区经济不均衡及其分解研究——以新疆为例》，《中央民族大学学报》（哲学社会科学版）2013 年第 3 期。

② 彭清：《新疆经济社会发展不平衡的特殊性、影响及成因探究》，《新疆大学学报》（哲学·人文社会科学版）2014 年第 2 期。

③ 李广舜：《新疆财政改革的进程与经验》，《新疆社科论坛》2010 年第 1 期。

④ 达潭枫：《中央财政保费补贴政策对新疆农业保险可持续发展的影响分析》，《新疆大学学报》（哲学·人文社会科学版）2010 年第 5 期。

⑤ 赵国春：《新疆财政支出状况分析与对策建议》，《新疆财经大学学报》2011 年第 1 期。

⑥ 唐梁凤、贾亚男：《新疆公共教育支出与经济发展协调性的实证研究——基于财政性教育支出的视角》，《新疆财经》2012 年第 3 期。

⑦ 谢煊：《加大利用政府外债工作力度促进新疆经济社会发展》，《新疆财经》2012 年第 5 期。

⑧ 刘玉祥、赵锡平：《新疆公共支出对居民收入差距影响的实证分析》，《新疆财经》2013 年第 2 期。

⑨ 钟永飞：《财政奖励政策对农村金融机构信贷行为的影响——基于涉农贷款增量奖励政策的实证研究》，《新疆财经》2013 年第 6 期。

业转移匹配性较低等问题。未来新疆应选择以政府为主导的产业园区金融支持模式，并设立适合承接产业转移的保障机制，以便有效地发挥金融支持新疆有效承接产业转移的作用。① 王晓蕾、谭春兰、阿不都认为新疆农村信用社涉农信贷资金向农村特色种养殖、农副产品生产等转移，非农贷款小幅攀升，民间资本加大参与农村信用社产权改革的力度。因此，新疆农村信用社应以涉农服务为主推进体制改革，建立有效的农业贷款担保和保险制度以严控风险，加快金融产品和服务创新。② 陈文新、马秀娟认为货币政策的信贷渠道是影响新疆经济调控的主要传导渠道，未来应改善新疆地区区域金融发展的环境，完善新疆金融机构、金融市场体系，实行必要的有区域差别的货币政策工具。③

　　三是城镇化问题。关于新疆城镇化的路径，牛汝极、黄达远认为，实施城市优先发展战略可以解决新疆区域发展不平衡问题。④ 安瓦尔·买买提明认为新疆城镇化发展呈现出水平低、分布分散、布局不均衡、趋同性强和产业结构失衡，未来应积极发展新型城镇化，全面推进生态城市建设，加快城乡一体化步伐，转变经济增长发展模式。⑤ 关于新疆城乡居民收入差异的问题，崔登峰、朱金鹤认为政府应积极推动制度创新，推进种植结构调整和农业产业化进程，大力推进城镇化建设，加大农村教育和农民工培训投入，建立和推行城乡统一的社会保障体系，以此来缩小新疆城乡居民收入的差距。⑥ 蒲春玲、孟梅、刘明、刘志有认为新疆城乡差距在波动中先增后减，属于中上等水平，主要受控于经济发展、政策调控和生活质量三大因素。⑦ 关于新疆的城镇化过程中存在的问题，尤立杰、高志刚认为新疆城市体系缺少大城市，不利于大城市带动和辐射作用的发挥以及各规模等级城市间能量的传递，应选取有发展潜力的城市进行重点培育，以完善新疆城市体系。⑧ 龚海涛、翟佳林认为重工业化发展战略、城乡分割体制、产业结构、产业结构与就业结构的变动关系等不合理造成新疆城市化与工业化不协调，今后应通过加快构筑城市带、加强区域合作、加快产业结构的调整、优化城市结构、提高城市聚集能力，促进新疆工业化与城市化的协调发展。⑨ 黎云路、王超认为新疆市区人均道

① 卢爱珍：《新疆承接产业转移的金融支持模式研究》，《新疆财经》2014 年第 5 期。

② 王晓蕾、谭春兰、阿不都：《新疆农村信用社信贷支农现状分析》，《新疆社会科学》2015 年第 6 期。

③ 陈文新、马秀娟：《货币政策传导机制在新疆有效性的实证研究》，《石河子大学学报》（哲学社会科学版）2013 年第 2 期。

④ 牛汝极、黄达远：《实施城市优先发展战略加快新疆城市化进程的构想》，《新疆社会科学》2010 年第 3 期。

⑤ 安瓦尔·买买提明：《推进新疆新型城镇化建设路径探索》，《新疆师范大学学报》（哲学社会科学版）2013 年第 6 期。

⑥ 崔登峰、朱金鹤：《新疆城乡居民收入差距影响因素与对策分析》，《石河子大学学报》（哲学社会科学版）2010 年第 6 期。

⑦ 蒲春玲、孟梅、刘明、刘志有：《新疆城乡统筹发展影响因素及综合评价分析》，《新疆大学学报》（哲学·人文社会科学版）2012 年第 3 期。

⑧ 尤立杰、高志刚：《基于主成分分析的新疆大城市发展问题研究》，《新疆财经》2011 年第 5 期。

⑨ 龚海涛、翟佳林：《新疆城市化与新型工业化关系的研究》，《新疆财经》2013 年第 2 期。

路面积与中心城区人口密度是交通发展的制约因素。[①] 刘雅轩、肖逸、段祖亮认为新疆城市化呈现粗放型增长，效率处于规模报酬递增状态。[②] 高永辉、魏雪梅认为新疆各少数民族人口的城镇化进程呈现出小城镇化水平较高但总体水平较低、增速较缓慢、发展存在不均衡等特点。因此，新疆未来的城镇化应以提升少数民族的城镇化质量为落脚点，以稳定的城市民族关系为根本保障，同时加快人口较多民族的城镇化进程。[③]

7. "丝绸之路经济带"建设

随着"一带一路"战略的提出，给新疆经济发展带来了新的机遇与挑战，因而"丝绸之路经济带"建设也成为近年新疆研究的热点话题，研究者积极探索新疆在"丝绸之路经济带"建设中的地位，以及新疆如何做、发挥什么作用的问题。

关于"丝绸之路经济带"中新疆的定位问题，李金叶、舒鑫认为需要从国家、自治区层面全面思考，既要体现国家需求和国家意志，又要与自治区总体发展战略、规划相协调，还要有利于促进区域经济发展。[④] 秦放鸣、孙庆刚认为新疆在"丝绸之路经济带"中既具有不可替代的战略地位，同时也面临被"通道化"和"边缘化"的风险，需要创新与中亚国家的经济合作模式，采取贸易投资双轮驱动，提高新疆与周边国家的经济融合程度。[⑤] 许建英认为新疆在此过程中将扮演极为重要的作用，新疆文化的构建也意义重大。[⑥] 关于"丝绸之路经济带"建设的战略构想，何伦志认为"丝绸之路经济带"的战略由能源大通道建设、国际商贸中心建设、自由贸易区建设三部分组成。[⑦] 杨恕、王术森认为"丝绸之路经济带"的建设是一个长期目标，第二亚欧大陆桥全线开通及沿桥地区的经济发展是"丝绸之路经济带"的客观基础，因此必须做长远规划，分期、分段来实现这一战略构想。[⑧] 关于"丝绸之路经济带"核心区建设方面，唐立久、穆少波则分析了核心区的建设主要在交通、商贸、金融、服务、能源等方面。[⑨] 陈德峰认构建"丝绸之路经济带"新疆核心区，必须创新思维，例如，动脉在交通、现

① 黎云路、王超：《城市规划和人口密度：城市交通发展影响因素研究——以新疆乌鲁木齐市为例》，《新疆社会科学》2013 年第 3 期。

② 刘雅轩、肖逸、段祖亮：《基于 DEA 的新疆城市化效率研究》，《新疆财经》2014 年第 4 期。

③ 高永辉、魏雪梅：《基于"六普"的新疆各少数民族人口城镇化进程分析》，《新疆大学学报》（哲学·人文社会科学版）2015 年第 6 期。

④ 李金叶、舒鑫：《"丝绸之路经济带"构建中新疆经济定位的相关思考》，《新疆大学学报》（哲学·人文社会科学版）2013 年第 6 期。

⑤ 秦放鸣、孙庆刚：《新疆在"丝绸之路经济带"建设中的定位和选择》，《新疆大学学报》（哲学·人文社会科学版）2013 年第 6 期。

⑥ 许建英：《"丝绸之路经济带"视野下新疆定位与核心区建设》，《新疆师范大学学报》（哲学社会科学版）2015 年第 1 期。

⑦ 何伦志：《东西协同立足新疆直面中亚走向世界——对构建"丝绸之路经济带"战略的认知》，《新疆大学学报》（哲学·人文社会科学版）2013 年第 6 期。

⑧ 杨恕、王术森：《"丝绸之路经济带"：战略构想及其挑战》，《兰州大学学报》（社会科学版）2014 年第 1 期。

⑨ 唐立久、穆少波：《中国新疆："丝绸之路经济带"核心区的建构》，《新疆师范大学学报》（哲学社会科学版）2014 年第 2 期。

代服务业是引擎、相关政策必须差别化。[①] 关于"丝绸之路经济带"建设的路径，陈涛、王习农从地区合作的角度进行分析，认为共建"丝绸之路经济带"需要沿途国家、我国境内相关省区市的通力协作，创新合作模式，建立合作机制。[②] 张燕、高志刚认为加快新疆与周边四国的"贸易畅通"，开辟新兴市场，优化外贸环境，加大贸易通道建设。[③] 赵雅婷认为应在政治、制度、物质和文化方面强化中哈战略伙伴关系，成功打造战略支点，推进"一带一路"的发展。[④] 关于"丝绸之路经济带"建设的路径建设的意义，李捷认为新疆在参与构建"丝绸之路经济"对新疆的经济发展和稳定有积极作用。[⑤] 袁建民认为中巴经济走廊建设能够帮助推动新疆经济发展，使中巴双边关系变成了更广泛的地区性乃至全球性的多边关系。[⑥]

总结

2010—2015 年，国内新疆研究总体情况是范围广泛，数量众多。新疆历史研究涉及政治军事、外交外事、经济贸易、民族、民族关系、宗教、法制、教育、社会生活、地理、文献、文学诸多领域。当代新疆问题研究涉及新疆维稳与制度建设、民族、宗教、文化教育艺术、新疆社会经济发展诸问题。其中新疆维稳与制度建设涉及治疆能力、反分裂、法制建设、基层管理诸多问题的探讨。当代民族问题涉及民族政策与理论、民族关系、民族意识与国家认同。宗教问题主要针对宗教政策与宗教理论、宗教管理、伊斯兰教进行探讨。文化教育艺术针对新疆文化转型、文化建设、少数民族教育事业发展、少数民族艺术传承问题进行了探讨。新疆经济社会发展问题研究涉及跨越式发展、经济转型与产业升级、生态保护与少数民族民经济发展、区域与城市经济发展诸多方面。总之，研究范围广泛，成果数量众多，这是研究深入、水平与质量提高的前提与保证。

新疆历史研究属于传统西北史地的研究范畴。传统西北史地研究以古代政治、民族、地理研究为重，成果颇丰。以上对 2010—2015 年国内新疆历史研究回顾不难发现，当代新疆历史研究趋势发生了变化，研究领域大为拓展。除传统西北史地研究范围之外，近代新疆历史大量研究成果数量大增，范围广法，更注重近代新疆治理及地方制度的建设。这种趋势与研究者从现实关怀出发，试图为当代治疆提供参照密不可分。这是积极的一面，值得充分肯定。我们在肯定这些成绩时，也要看到这些研究成果不足的一

---

① 陈德峰：《构建"丝绸之路经济带"新疆核心区的战略思考》，《新疆社科论坛》2014 年第 4 期。

② 陈涛、王习农：《共建"丝绸之路经济带"路径探析》，《新疆社科论坛》2014 年第 3 期。

③ 张燕、高志刚：《"丝绸之路经济带"背景下新疆与周边四国贸易发展研究——基于贸易竞争性、互补性和增长潜力的实证分析》，《新疆社科论坛》2015 年第 2 期。

④ 赵雅婷：《"一带一路"背景下中国战略支点的选择——以中国同哈萨克斯坦的战略合作为例》，《新疆社会科学》2015 年第 6 期。

⑤ 李捷：《新疆长治久安的新战略——论"丝绸之路经济带"建设对新疆的意义》，《北方民族大学学报》（哲学社会科学版）2014 年第 4 期。

⑥ 袁建民：《中巴经济走廊的战略意义及应对策略——以新疆在"丝绸之路经济带"战略上的地位和作用为例》，《新疆社科论坛》2015 年第 1 期。

面。传统的西北史地研究以多有深厚学术底蕴的佳作而蜚声中外,相比而言,当代新疆研究大量成果普遍存在质量不高的问题。譬如,存在对文献缺乏系统梳理,对现有研究成果吸收不够,选题重复诸多问题,极大地阻碍研究的深入。当前新疆历史研究在很大程度上仍需要做一些实证性研究,这就决定研究者既要详尽地占有资料,又要充分吸收前人研究成果,以便接受其启发和阶段性成果的支持,促进研究继续深入。

当代新疆研究是以深入开展涉疆重大理论和现实问题研究为宗旨,服务于实现新疆社会稳定和长治久安的总目标,聚焦新疆发展稳定的战略性、全局性、前瞻性问题,坚持学术研究和政策研究相结合,为做好新疆工作提供决策参考和政策建议。2010—2015年当代新疆问题研究内容无不直接关系到当前新疆稳定与发展,具有很高现实性,然而局限性也是很明显。许多研究对新疆问题由来、发展、影响缺乏系统梳理,因而难以获得具有理论意义的认识,妨碍了学术研究向决策参考和政策建议的转化,基础研究难以满足现实治疆的需要。这是当代新疆问题研究应该努力克服的问题。

第三篇

学术活动回顾

【中国边疆史地学术讨论会】

20世纪80年代以来，中国边疆研究出现了第三次研究高潮。在这次高潮的发展过程中，1988年至2006年中国社会科学院中国边疆史地研究中心牵头，组织召开了三次全国性的中国边疆史地学术讨论会，为深化中国边疆史地研究起到了不可低估的作用。[①]

1988年10月22日至26日，由中国社会科学院中国边疆史地研究中心与中国人民大学清史研究所联合主办的"中国边疆史地学术讨论会"在北京召开，来自全国17个省、市、自治区，包括汉、蒙古、回、朝鲜、白、柯尔克孜等民族的107位学者参加了会议，会议收到论文80篇，内容包括中国历代边疆政策、边疆管辖、边疆开发、边疆经济与文化、边疆民族与民族关系、边臣疆吏、边界研究、边疆和边界研究概况与评述等多个方面，从不同侧面反映了当时我国边疆史地研究的成果和研究动向。《人民日报》以《中国边疆史地不再是学术禁区》为题，对该次会议作了报道。会议成果以《中国边疆史地论集》结集出版（吕一燃主编，黑龙江教育出版社1991年版），共收录论文33篇。

1999年9月12日至16日，由中国社会科学院中国边疆史地研究中心与浙江省象山县人民政府联合主办的"第二届中国边疆史地学术讨论会"在浙江省象山县召开。来自北京、长春、哈尔滨、西安、兰州、乌鲁木齐、昆明、郑州、烟台、厦门以及象山的近40位学者向会议提交了31篇论文，内容包括中国边疆学构筑、边疆研究相关理论问题、不同历史时期的边疆治理和边疆管理体制、古代至近代的边疆开发、当代边疆民族社会调查与历史档案资料开发利用等方面。基于近百年来中国边疆研究发展的积累，尤其是20世纪80年代以来中国边疆史地研究的兴旺，当代中国边疆问题日益为人们所关注，中国几代学者倾注心血的中国边疆理论研究和努力神往的中国边疆学的学科框架构筑被重新提上议事日程。中国边疆理论研究包括陆疆、海疆和边界的理论问题与实际的结合，致力于探索中国边疆历史发展与统一多民族国家形成的发展规律。中国边疆学的构筑包括概念与范畴、学科性质和任务、体系和功能等，由此建立以马克思主义为指导的、有中国特色的中国边疆学理论体系。此次会议成果与同年8月23日至26日在乌鲁木齐召开的"世纪之交新疆历史研究回顾与展望学术研讨会"成果一并以《中国边疆史地论集续编》结集出版（马大正主编，黑龙江教育出版社2003年版），共收录论文33篇。

2006年8月6日至9日，由中国社会科学院中国边疆史地研究中心与云南大学西南边疆少数民族研究中心联合主办的"第三届中国边疆史地学术研讨会"在昆明召开，来自北京、上海、辽宁、吉林、黑龙江、新疆、内蒙古、云南、四川、江苏等省、市、自治区的70多位学者出席了会议，共提交论文45篇。会议讨论涉及疆域理论研究、边疆治理与开发、边疆民族研究、中国边疆学的构筑等诸多方面。

（供稿：马大正，中国社会科学院中国边疆研究所研究员）

【全国首届高句丽学术研讨会】

1998年6月26日至28日，全国首届高句丽学术研讨会在通化召开。来自中国

[①] 本简介摘自马大正著《热点问题冷思考——中国边疆研究十讲》（上海辞书出版社2013年4月第1版，第140—143页）。

社会科学院、辽宁省社会科学院、吉林省社会科学院、黑龙江省社会科学院、哈尔滨市社会科学院、沈阳东亚研究中心、辽宁省博物馆、本溪市博物馆、抚顺市博物馆、集安市博物馆、桓仁县文管所、吉林大学、东北师范大学、哈尔滨师范大学、延边大学、吉林师范大学、长春师范学院、通化师范学院等院校和单位的 50 多位专家学者参加了会议。

与会专家围绕高句丽的城邑制度与都城、高句丽壁画的保护与研究、好太王碑研究、高句丽文物、高句丽历史、高句丽文化展开研讨，还交流了国外学术界对高句丽历史与文化研究的情况和信息。

（供稿：通化师范学院高句丽研究院）

【西北边疆民族学术研讨会暨中国中亚文化研究会第三届年会】

2002 年 3 月 24—26 日，由陕西师范大学西北民族研究中心、中国社会科学院中国边疆史地研究中心、中国中亚文化研究会联合主办的西北边疆民族学术研讨会暨中国中亚文化研究会第三届年会在陕西师范大学召开。来自北京、四川、甘肃、宁夏、新疆、内蒙古、江苏、陕西等 8 个省市区的 60 余位专家学者与会。会议的中心议题包括西北边疆民族的历史和现状、西部大开发与西北边疆民族、中亚研究的回顾与展望、中亚局势的变化及其对西北民族地区的影响等，收到论文 30 余篇。在此次会议上，马大正先生针对新疆历史研究的方法、出发点和归宿，新疆历史发展的基本问题等阐明了自己的认识；厉声先生全面探讨了清王朝对西北藩属哈萨克的治理政策；周伟洲先生对隋唐时期文献记载中的西北少数民族之一的多弥的历史进行了考述；李方先生依据出土文书对唐代西州的突厥部落进行了探讨；宝音

德力根先生对 15 世纪中叶北元大汗直属六大游牧集团之一的应绍不万户的历史变迁进行了探讨；赵云田先生将目光集中在清末新政时期新疆文化教育的发展；吕建福先生对其土族为吐谷浑后裔的观点补充了许多新的证据；杨建新先生强调要正确处理好少数民族传统文化与现代化的关系问题；孙振玉先生认为西部大开发应该特别重视培育西北少数民族的内聚力、向心力；王欣先生对西部大开发中的民族问题进行了较全面的阐述；李绍明先生的《西北边疆与西南边疆比较研究》为研究西北边疆提出了一个新的思路；孟凡人先生针对斯坦因的探险及其著作提出看法；李范文先生从民族学的角度提出了应该弘扬西部文化的观点；石硕先生对马长寿先生的西北地区嘉戎族群研究及其贡献进行了评述；李大龙先生对 20 世纪学术界汉唐都护制度研究进行了评述；李琪的《周边国家民族关系与新疆稳定发展》从五个方面阐述了周边国家民族关系对我国新疆稳定发展所带来的影响。此外，也有学者对回鹘文买卖文书、唐代长安的译语人、吐谷浑玉石之路、明代哈密危机、茶马互市、近代外蒙古的历史等问题阐明了自己的看法。

（供稿：王　欣，陕西师范大学中国西部边疆研究院院长、教授）

【南海海上安全国际研讨会】

2005 年 12 月 8—9 日，由中国南海研究院和海南省海事局联合举办的"南海海上安全国际研讨会"在海口召开。来自联合国、国际海洋法庭、美国、英国等 10 多个国家、国际组织和我国外交部、交通部、交通部海事局等单位 60 多人参加了会议。与会代表围绕"世界经济与南海航行安全""马六甲海峡与南海航道""南海航道安全与海上执法""海上

反恐反盗与区域合作机制""防止南海原油泄漏与应急反应"等议题进行了研讨与交流。交通部海事局原副局长徐国毅在会上指出，南中国海已成为东亚、东南亚国家、地区能源运输和货物运输的重要通道，南海的航运安全问题对中国以及东亚各国的安全和经济发展具有非常重要的意义，做好南海的海上人命救助工作和海上应急反应工作，不仅符合中国的利益，也符合南海地区各个国家、地区的利益，也需要相邻各个国家、地区的密切合作与配合。

（供稿：中国南海研究院）

【马达汉新疆考察国际研讨会】

2006年8月20日至9月11日，由中国社会科学院中国边疆史地研究中心和芬兰赫尔辛基大学主办、新疆社会科学院协办的"马达汉新疆考察国际研讨会"，分别在芬兰赫尔辛基和中国新疆乌鲁木齐召开。整个会议和考察活动顺利圆满，双方收获颇丰。

马达汉原名为 Carl Gustav Mannerheim，1867年出生在俄属芬兰大公国，为瑞典裔贵族；成年后长期在沙俄宫廷近卫军供职，1906年初被任命为沙俄陆军上校。同年3月，接受沙俄总参谋部命令，赴中国新疆、甘肃等西北地区刺探军事、政治和社会等情报。1906年8月他经中亚进入中国新疆喀什噶尔，开始对中国为时两年多的考察。从1906—1908年，马达汉几乎骑马踏遍了新疆的南北疆，又经甘肃、陕西、河南、山西、河北到达北京，行程14000公里。马达汉广泛搜集大量资料，涉及政治、经济、社会、民族、考古、人类学、气候等方面，留下旅行日记、考察报告、照片和文物等有价值的科学考察资料。

2006年8月下旬和9月上旬分别在芬兰赫尔辛基和中国乌鲁木齐召开了"马达汉新疆考察国际研讨会"。"马达汉新疆考察国际研讨会"赫尔辛基会议于2006年8月21—25日在赫尔辛基大学举行，中方参加赫尔辛基会议的学者共9人，分别来自中国社科院中国边疆史地研究中心、新疆社会科学院、兰州大学和中国民族摄影艺术出版社等4个单位。芬兰与会学者则来自赫尔辛基大学、芬兰科学院、芬兰国防大学、芬兰环境研究所、芬兰国家博物馆等单位。

"马达汉新疆考察国际研讨会"乌鲁木齐会议于9月1—2日举行。中国社会科学院中国边疆史地研究中心、新疆社会科学院、新疆大学、新疆师范大学和石河子大学等40多位中方学者与会；芬兰赫尔辛基大学、芬中学会、芬兰国防大学和芬兰国际事务研究所等8位学者参加会议。乌鲁木齐会议后还专门组织专家赴南疆考察，其线路为乌鲁木齐—吐鲁番—库车—喀什噶尔，喀什噶尔—阿克苏—温宿县城—拜城—库车神秘大峡谷—轮台—库尔勒—和静—乌鲁木齐。

"马达汉新疆考察国际研讨会"共收到24篇论文，分别是《略论芬兰探险家马达汉的新疆考察》《马达汉的新疆考察与其人其事》《论曼涅海姆新疆考察的学术意义》《马达汉在新疆的岁月：1904—1908》《合作与开拓：马达汉跨越亚洲之旅的研究》《马达汉中国探险：新疆考察时的猎人和骑手》《马达汉：俄国的将军，芬兰的元帅》《俄国地缘战略对马达汉的影响》《马达汉〈军事考察报告〉述评》《从军事情报角度看马达汉上校的亚洲之行》《马达汉新疆考察日记和回忆录的史料价值》《马达汉男爵骑马亚洲之行和……》《"定格于瞬间"——马达汉西域考察图片的魅力》《摄影家马达汉》《马背之旅的开始：马达汉1906年在吉尔吉斯斯坦——今天与100年前观点之比较》《新疆维吾尔自治区档案馆馆藏有关马达汉新疆考察档案述论》《马达汉与芬兰国家博物馆》《马达汉新疆考察的资料收集及其方法》《马达汉笔下的新疆民族与社会》《从马达汉日记及报告看1906—1908年的中国铁路修建的状况》《马达汉在拉卜楞寺》《马达汉与十三世达赖喇嘛——以1908年的五台山会见为中心》《芬兰的东方学考察和研究》及《兰司铁与阿尔泰语言学》。这些论文随后都收入论文集《芬兰探险家马达汉新疆考察研究》，并由黑龙江教育出版社出版。

（供稿：许建英，中国社会科学院中国边疆研究所研究员）

【纪念马长寿先生诞辰100周年暨中国民族学百年回顾与展望学术研讨会】

为纪念马长寿先生诞辰100周年，2006年9月9—10日，来自全国各地的百余名专家学者以及马长寿先生的亲属会聚西安，参加由陕西师范大学、西北大学和中国民族史学会共同主办的"纪念马长寿先生诞辰100周年暨中国民族学百年回顾与展望学术研讨会"。

会议开幕式在陕西师范大学启夏苑举行，由陕西师范大学西北民族研究中心主任周伟洲教授主持。马长寿先生的生前好友、同事刘士莪、石兴邦、刘伯鉴、李健超等深情地回忆了他们记忆中的马长寿。马长寿先生之子马午、马丁则简要回顾了马长寿先生的一生，并代表与会亲属对大会的召开表示感谢。

会议收到论文30余篇，主要围绕马长寿先生学术活动与思想、中国民族学百年回顾两个主题展开发言和讨论。前者主要有周伟洲的《马长寿先生的学术思想和治学方法》、华涛的《马长寿先生的治学之路与中国民族研究的方向》、王欣的《马长寿先生的边政研究》、罗丰的《关

中胡人：马长寿和他的〈碑铭所见前秦至隋初的关中部族〉》、马强的《马长寿先生与同治年间陕西回民起义研究》、韩香的《中国古代北方民族史研究的奠基之石》、李青的《马长寿先生的治学方法对当代艺术研究的启示》、秦和平的《马长寿先生与凉山彝族》以及李绍明和石硕的《马长寿先生对藏彝走廊研究的贡献》等；后者主要有张云的《中国民族史的百年发展》、苗普生的《新疆民族问题研究的几个问题》、韩中义的《如何研究民族史以及建立具有本土化的民族研究方法》、樊明方的《北洋北京政府与俄国有关外蒙问题的交涉》、李琪的《坚持科学发展观，正确阐释民族宗教问题与国家安全关系》、陈全方的《周文化在山西地区的扩散和影响》、何宁生的《十六国时期少数民族政权的司法制度》、赵心愚的《唐"松外蛮"考》、徐百永的《国民政府治藏宗教政策及实施》、王建新的《古代游牧文化聚落遗址考古研究》、于志勇的《关于未央宫遗址出土骨签的名物考证》等。与会者的大会发言既总结了马长寿先生的学术思想体系、特点、方法，同时又对诸多民族学、民族史及有关现实的重要问题进行了深入的探究。

（供稿：王　欣，陕西师范大学中国西部边疆研究院院长、教授）

【打击海盗及海上安全合作国际研讨会】

2008年3月15—16日，由中国南海研究院主办的"打击海盗及海上安全合作国际研讨会"在海南三亚举行，来自中国、美国、日本、法、意大利、葡萄牙、西班牙、新加坡及中国港澳台地区的30名余专家学者与会。与会专家学者围绕"南海海盗的历史演进""南海地区的海盗与政治""南海地区海盗与走私的经济影响""南海海事安全现状"等议题，

就新形势下南海地区打击海盗，促进海上安全合作进行广泛而深入的探讨。中国南海研究院院长吴士存博士在主旨发言中说，目前，全球七成以上的贸易通过海上运输，海上通道安全成为影响世界经济和贸易的重要因素。与此同时，海洋传统安全以及包括海盗袭击在内的非传统安全因素处于上升态势，目前，全球海盗袭击造成的损失平均每年高达 160 亿美元，如何确保海上安全成为世界各国共同关注的热点。与会专家学者们认为，当前敏感水域的海盗问题越发受到广泛关注，举办有关打击海盗和海上安全合作问题的国际研讨会，将为涉海国家探讨联合打击海盗、维护海上安全提供交流与合作的平台。

（供稿：中国南海研究院）

【"海峡两岸清代驻藏大臣与边疆治理"学术研讨会】

2008 年 9 月 26 日—10 月 2 日，"海峡两岸清代驻藏大臣与边疆治理"学术研讨会在成都市召开，就清代驻藏大臣制度、西藏地方史、中国古代的边疆治理及相关问题进行了较为深入的研讨。

此次会议由中国社会科学院台港澳学术交流委员会、中国边疆史地研究中心、西南民族大学、西藏自治区社会科学院主办，来自中国社会科学院、中央民族大学、中国西藏信息中心、西藏自治区社会科学院、西藏地方志办公室、西藏档案馆、西藏大学、四川省社会科学院、四川省民族研究所、四川大学、西南民族大学、四川师范大学、陕西师范大学、台湾大学、台湾宜兰大学、台北市教育大学、台湾铭传大学和台湾元智大学等院校的两岸专家学者 60 多人到会，就清代驻藏大臣制度、西藏地方史、中国古代的边疆治理及相关问题进行了为期两天的研讨。会议期间，与会专家参观了西南民族大学的博物馆、新校区、藏学文

献中心和四川大学博物馆，部分专家还前往西藏林芝地区参加了学术考察。

在此次会议上，专家学者们围绕"清代驻藏大臣与边疆治理"，运用历史学、社会学、经济学、文化人类学和法学等学科的理论、方法，从时间、空间的不同视角进行讨论、分析和比较研究。此次会议共收到论文 33 篇，既对驻藏大臣制度及其影响作了综合研究，又对清代驻藏大臣的设置时间、法律地位，对琦善、瑞元、凤全、升泰、张荫棠等人物以及西藏治理与新疆和卓的关系等问题进行了专题论述；既对清代的西藏治理作了分析，又对清末西藏新政、驻藏大臣与晚清西藏政局、十三世达赖等的关系和达赖、班禅两大系统关系及其影响等进行了阐述。在研讨中，与会的专家既努力复原历史的真实，分析清代治藏得失，以史为鉴，寻求当今西藏治理的借鉴之法，又从现实的角度关注台湾原住民问题，从横向比较中探究当代治藏之道；既注意从时间上对唐代西藏地区的历史变迁、行政建置等进行纵向的分析探讨，又注重从空间上对清代治理新疆、台湾、四川及相关军政制度进行横向的比较研究，还涉及清代西藏医学唐卡、藏北牧民传统的牧副业生产与生态环境等问题，对藏族地区的历史、经济、文化进行了多层面研究。

此次会议有力推进了清代边疆史的研究，增进了两岸学术界的了解，与会两岸学者都希望今后继续深化两岸学术界的交流，在中国边疆史研究、藏学研究等方面进一步增进合作。

（供稿：孙宏年，中国社会科学院中国边疆研究所研究员）

【首届"西南论坛"】

2010 年 1 月 22—23 日，由云南大学国际关系研究院与新加坡国立大学东亚研

究所、云南卫视《新视野》联合举办的首届"西南论坛"在昆明召开。会议主题为"后金融危机时期的中国与世界"。出席论坛开幕式的领导和学者主要有中共云南省委常委、统战部长黄毅，农工民主党中央副主席、全国政协常委、云南省政协副主席陈勋儒，世界著名历史学家、新加坡国立大学终身教授王赓武先生，中国社科院亚太所前所长、国际学部召集人、学部委员张蕴岭教授，教育部人文社科委委员、综合学部召集人、中国东南亚研究会会长、厦门大学南洋研究院院长庄国土教授，云南大学党委书记刘绍怀教授，云南大学副校长肖宪教授，云南电视台台长赵树清，新加坡国立大学东亚研究所学术所长黄朝翰教授等25人。

与会学者围绕"后金融危机时期的中国与世界"这个主题，就"金融危机爆发后中国与世界的政治、经济、安全关系""把云南建设成为中国面向西南开放的重要桥头堡""新形势下中国西南与东南亚的区域合作""中国西南与南亚的区域合作及其与东南亚的比较"等4个主要议题进行了深入的讨论。其中有代表性的发言主要有：世界著名学者王赓武教授从恢宏的大历史视角阐述了2008年爆发的世界金融危机与以往经济危机的不同特点。张蕴岭教授认为，云南的对外开放要充分利用现有的品牌和机制，不要老提新战略；经济发展要打生物生态这样的特色牌，走一条可持续发展的道路；印度洋国际大通道这样的敏感战略少提，以免招来国际社会的巨大压力。黄朝翰教授认为，由于西南地区的产业发展不能全靠出口导向，要注重资源开发和资源加工行业，利用地理优势发展生态旅游。翟崑博士指出，云南的桥头堡建设要实施"打包"战略，内外互动，尤其是要充分利用缅甸政治转型的机遇，给予缅甸足够的重视。林文勋教授提出，市场是桥头堡建设的关键，应将国际大市场的建设作为桥头堡战略的核心，要统筹省内市场和省际市场的建设以及国际市场的开拓，等等。与会专家围绕会议主题和主要议题发表了精彩演讲，并就云南与东南亚、南亚的区域合作，尤其是如何把云南建设成为中国向西南开放的重要桥头堡提出了许多很好的建议。

（供稿：云南大学）

【南海非传统安全领域合作国际研讨会】

2010年5月20—22日，由中国南海研究院主办的南海非传统安全领域合作国际研讨会在海口举行。外交部和国家海洋局、交通部海事局等机构代表，南海周边国家和英国、美国、日本、澳大利亚等国，国内及我国台湾知名南海问题专家与会，其中外国学者25人。会议围绕"区域合作与共同开发""南海海上航行安全""南海资源的可持续开发与利用""南海海洋环境保护与海洋科学考察""南海互信与冲突管理机制研究"等议题展开。

（供稿：中国南海研究院）

【高句丽渤海文化研究现状座谈会】

2010年6月24日，吉林省社会科学规划办公室与通化师范学院联合主办的"高句丽渤海文化研究现状座谈会"在通化师范学院召开。吉林省社会科学规划办公室主任金中祥，副主任毕秀梅、张林祥出席座谈会。通化师范学院科研处处长朱俊义主持会议，院长康学伟讲话。介绍了学院高句丽渤海研究的情况。大家就目前中国、朝鲜、韩国、日本学者对高句丽、渤海研究的情况交流了看法，对今后的研究及发展趋势提出意见。最后，金中祥主任作了总结发言。

（供稿：通化师范学院高句丽研究院）

【2010 吉林大学考古学术论坛——辽金元瓷器国际学术研讨会】

2010 年 8 月 6—7 日，"2010 吉林大学考古学术论坛——辽金元瓷器国际学术研讨会"在长春召开。此次研讨会由教育部人文社会科学重点研究基地吉林大学边疆考古研究中心、吉林大学文学院主办，吉林省文物考古研究所协办。来自北京大学、吉林大学、南开大学、复旦大学、中央民族大学、故宫博物院、上海博物馆、辽宁省博物馆、浙江省博物馆、甘肃省博物馆、深圳博物馆、内蒙古文物考古研究所、吉林省文物考古研究所、山西省考古研究所、福建博物院文物考古研究所、成都文物考古研究所、深圳市文物考古鉴定所、辽宁省文保中心、深圳市文管办、河南省社会科学院、台湾历史博物馆、日本爱知县陶瓷资料馆等境内外 20 余所科研院所与文博机构的 30 余位学者参加了研讨会或向论坛提交了论文。在研讨会上，与会学者介绍了内蒙古、辽宁辽金元瓷窑遗址以及河北定窑遗址、甘肃武威塔儿湾窑址、吉林农安金代瓷器窖藏、吉林扶余土城子明墓瓷器、香港竹篙湾遗址明代瓷器、四川成都地区元明瓷器调查、发掘的收获与新认识，对辽瓷的概念、输入辽境的内地瓷器、辽代汉人用瓷取向、金代瓷器的装饰方式、窑变黑釉瓷器、山西地区黑釉剔花瓷器、金元红绿彩、四川地区宋元明瓷业生产与产品流通、水下考古发现的宋元陶瓷、宋元外销瓷的窑口、高丽青瓷等问题展开了热烈的讨论。著名陶瓷考古专家、北京大学考古文博学院博士生导师权奎山教授作研讨会总结发言，并对未来辽金元瓷器的深入研究提出了展望。此次研讨会的成功召开，将辽金元瓷器的整合研究推进了一个新的阶段。

（供稿：吉林大学边疆考古研究中心）

【高句丽、渤海学术研讨会】

2010 年 8 月 8—9 日，通化师范学院主办的"高句丽、渤海学术研讨会"在通化市召开。北京、辽宁、吉林、黑龙江的学者 50 多人参加会议。会议由通化师范学院科研处处长朱俊义主持，通化师范学院院长康学伟致欢迎词。吉林省委宣传部副部长张福有、东北师范大学刘厚生教授讲话。学术会议由通化师范学院高句丽研究院耿铁华主持，辽宁省文物考古研究所所长李新全、吉林省文物考古研究所所长宋玉彬、本溪市博物馆梁志龙、集安市博物馆孙仁杰在大会作学术发言。介绍了辽宁、吉林两省近年来在高句丽、渤海考古调查发掘中的新发现，使与会代表了解了最新的情况和信息，引起了极大的关注和热烈的讨论。

（供稿：通化师范学院高句丽研究院）

【边疆民族发展论坛：新疆、西藏专题讨论会】

2010 年 12 月 18—19 日，由陕西师范大学西北民族研究中心和中央民族大学"985 工程""中国当代民族问题战略研究哲学社会科学创新基地"共同主办的"边疆民族发展论坛：新疆、西藏专题讨论会"在陕西省西安市召开。来自中央民族大学民族学与社会学学院、北京大学社会学系和陕西师范大学西北民族研究中心的 20 多名专家学者及在校研究生参加了此次学术讨论会。开幕式由陕西师范大学西北民族研究中心主任王欣教授主持，陕西师范大学副校长萧正洪教授莅临并致欢迎辞，中央民族大学白振声教授和陕西师范大学周伟洲教授分别代表主办单位致辞。此次会议围绕"西藏""新疆"两大主题，就"西藏法制与宗教信仰""新疆民生建设与经济发展""新疆稳定与发展""边境民族与兴边富民"等议题进行了 9 场专题讨论。在"西藏法制与宗教信仰"专题讨论中，陕西师范大学教授周伟洲作了题为《试论民国时期西藏地方的法律制度》的报告，中央民族大学教授苏发祥报告的题目是《拉萨市周边农村民众宗教信仰状况调查——以堆龙德庆县那嘎村为例》。在"新疆民生建设与经济发展"专题讨论中，北京大学教授马戎作了题为《新疆社会发展和改善民族关系的两个问题》的报告，陕西师范大学博士王超作了题为《中国少数民族经济核心概念及实证分析——以新疆塔什库尔干县经济发展调查为例》的报告。在"新疆稳定与发展"专题研讨中，中央民族大学教授白振声作了题为《新疆稳定与发展的历史启示》的报告，陕西师范大学王欣教授的报告题目为《边境少数民族与新疆社会发展和稳定》。在"边境民族与兴边富民"专题讨论中，陕西师范大学教授李琪作了题为《新疆北部边境哈萨克族的定居化特色——塔城市"牧民社区"模式研析》的报告。中央民族大学教授吴楚克报告的题目为《中国"兴边富民"行动的实施和陆路边界安全》，新疆大学教授黄达远作了题为《乌鲁木齐城市社会空间的变迁与启示》的报告。与会代表一致认为，此次会议集中研讨新疆、西藏问题，积极回应两地民族热点话题，重点关注边疆现实问题，深刻剖析两地民族发展状况，着力提供积极对策与客观建议，现实意义重大。

（供稿：王　欣，陕西师范大学中国西部边疆研究院院长、教授）

【海峡两岸南海问题学术研讨会——两岸视角下的南海新形势】

2011 年 1 月 15—16 日，由中国南海研究院主办的海峡两岸南海问题学术研讨会——两岸视角下的南海新形势在博鳌举行。来自中国大陆、台湾地区以及国外的学者及政府官员 50 余人出席了会议并发表演讲。会议围绕"南海形势新发展与两岸合作前景""南海法理研究与执法合作""南海资源开发与保护""南海问题研究的现状和展望"等议题展开讨论。

（供稿：中国南海研究院）

【中国疆域理论学术研讨会】

2011 年 7 月 27—29 日，由陕西师范大学西北民族研究中心与《中国边疆史地研究》杂志社联合举办的"中国疆域理论学术研讨会"在西安召开。来自全国各地的 20 余位专家学者参加了会议，会议收到论文 15 篇。本次会议围绕多民族国家疆域理论、中国古代疆域观念、境外学者的中国疆域理论研究等 3 个主题进行研讨和交流，代表性论文有周伟洲的《关于中国古代疆域理论若干问题的再探索》、赵永春的《从复数"中国"到单数"中国"——试论统一多民族中国及其疆域的形成》、李大龙的《试论中国疆域形成和发展的分期与特点》、厉声的《宗法制度中的主从关系与隶属身份研究》、毕奥南的《从邑土国家到领土国家的边疆》、于逢春的《论"雪域牧耕文明板块"在中国疆域底定过程中的地位》、王欣的《影响古代中国西北疆域变迁的几个因素》、安介生的《略论明代士人的疆域观》、孙宏年的《清代中国与周边邻国"疆界观"的碰撞、交融刍议》、李鸿宾的《阐释南北关系的一个视角》、黄达远的《民族、边疆与国家：关于拉铁摩尔"中国边疆理论"的思考》、许建英的《拉铁摩尔对中国新疆的考察和研究》等。在闭幕式上，厉声研究员对会议乃至近年来中国疆域理论研究进行了总结；邢广程研究员则指出中国疆域理论研究应该关注俄罗斯的相关研究，同时注重和搞国际关系的学者共同研究，并相信在更多学者的参与下，中国疆域理论研究能够取得更多成果。

（供稿：王　欣，陕西师范大学中国西部边疆研究院院长、教授）

【"西藏历史研究之口述史"学术研讨会】

2011 年 8 月 18—19 日，"西藏历史研究之口述史"学术研讨会在拉萨召开，国内学者 100 余人参加，提交论文 20 余篇。代表性成果：中央民族大学副校长喜饶尼玛《关于口述史的几点想法——从西藏近代史谈起》，中国社会科学院当代研究所研究员宋月红《西藏和平解放口述性史料研究》，中央民族大学民族学院藏学院教授周润年《试论西藏口述史的史学价值和现实意义》，西藏社会科学院宗教研究所副研究员布穷《田野调查的启示——谈口述史与口承史的重要性》，中央民族大学民族学与社会学学院教授祁进玉《河湟地区的民族迁徙与族际融合》，中央民族大学民族学与社会学学院苏发祥《口述史研究的主要类型及其困境》，中国藏学研究中心助理研究员邱熠华《1930 年尼泊尔与西藏地方关系危机：从口述史料莱登拉传谈起》，中国社会科学院当代中国出版社社长周五一主编《口述资料的整理和口述资料的出版》，西藏社会科学院农经所助理研究员张佳丽《我对口述史的几点认识》，中国社科院当代中国研究所研究员姚力《口述历史与中国当代社会史研究》。

（供稿：蓝国华，西藏自治区社会科学院科研处副处长、副编审）

【第二届"西南论坛"】

2011 年 9 月 23—24 日，由云南大学国际关系研究院、新加坡国立东亚研究所、云南卫视《新视野》联合举办的第二届"西南论坛"在云南大学召开。会议主题为"21 世纪的中国边疆治理与发展"。来自我国北京、辽宁、广西、云南及新加坡等国内外 20 多家单位的知名学者、政府官员、媒体记者参加了此次论坛，与会学者提交论文 24 篇。

与会代表围绕"21 世纪的中国边疆治理与发展"的主题，从中国历代治理和发展边疆的经验教训及其对今天的启示、新中国成立后边疆治理和发展的主要成效、边疆治理和发展的国际经验与教训、中国地缘政治中的边疆问题（包括当前中国边疆治理和发展中的外部挑战及其应对）、21 世纪中国边疆治理和发展的战略和政策探析、当代中国边疆的对外开放与次区域合作等方面进行了探讨。其代表性发言主要有：中国社科院国际部主任张蕴岭教授的《如何认识我国周边新形势》，新加坡国立大学东亚研究所所长郑永年教授的《边疆、地缘政治和中国的国际关系》，中国社科院中国边疆研究所副所长李国强研究员的《当代中国海上边界问题的现状与前瞻》，云南省社科院前副院长、云南省政府参事贺圣达研究员的《解放后云南边疆的治理与发展》，新疆社科院中亚研究所所长潘志平研究员的《新疆的治理——兼论美国的"新疆项目"和"可控混沌理论"》，广西民族大学民族学与社会学学院院长周建新教授的《解放后广西边疆的治理与发展》，辽宁社科院吕超研究员的《解放后东北边疆的治理与发展》，中国现代国际关系研究院南亚东南亚及大洋洲研究所所长胡仕胜研究员的《解放后西藏的治理与发展》，云南大学民族研究院院长何明教授的《西南边疆跨国流动及治理问题》，云南师范大学历史与行政学院院长何跃教授的《当代中国西南边疆境外流动人口与边疆安全》，中国国际友好联络会和平与发展研究中心葛瑞明研究员的《当代中国地缘政治视野中的边疆问题》，云南大学国际关系研究院东南亚研究所李晨阳研究员的《缅北民族冲突及其对中国西南边疆的影响》，云南大学民族研究院方铁教授的《历代王朝治边的主要经验》，云南大学国际关系研究院院长刘稚教授的《经济区域化背景下的沿边开放模式》，中央民族大学吴楚克教授的《中国边疆治理与发展的战略和建议》等。

（供稿：云南大学）

【"边疆与中国现代社会"学术研讨会暨中国现代史学会 2011 年年会】

2011 年 11 月 4 日至 6 日，由中国现代史学会、中国社科院近代史研究所、云南大学历史系联合举办的"边疆与现代中国社会"学术讨论会暨中国现代史学会 2011 年年会在昆明召开。会议主题为"边疆与现代中国社会"。来自国内多所高校、科研机构等单位和日本大东文化大学的学者专家、教师、历史工作者，以及云南大学历史系教师、研究生约 110 人参加会议，提交会议论文 70 余篇。

与会学者围绕"边疆与现代中国社会"的会议主题，广泛深入探讨了中国现代史、边疆学理论、边疆开发、边疆政治、边疆经济、边疆军事、边疆社会文化等各方面问题，不少论文选题新鲜、史料翔实、考察周到，有较高的学术意义和应用价值。其代表性成果主要有：沈传亮《朱镕基治理新疆思想初探》、段金生《20 世纪三四十年代中国边疆研究及其发展趋向》、娄贵品《近代时期"边疆学"概念提出与传播的历史考察》、陈先初《梁启超对清季政府西藏政策之批评》、沙文涛《简论戴季陶的治边思想》、戴美政《战时曾昭抡科学考察及其成果研究》、桂立《对于"搁置争议，共同开发"主张的几点看法》、王兆刚《论孙中山的边疆建设思想》、高强《民国初年东北边疆危机与移民实边舆论》、王续添《边疆省区的治理：社会构建和国家构建——以当代云南的治理为例》、马玉华《边疆治理：从清代到民国的历史传承》、秦熠《边疆地区的"党国"化——国民党西康地方党部的建立（1927—1939）》、郭飞平《南京国民政府边疆行政区域的新规划与治理边疆的政治策略》、郝银侠《章炳麟出任东三省筹边始末》、谢海涛《马福祥与清末民国时期的蒙藏边疆治理》、田海林《新疆的边防经略与和谐民族关系的构建》、田利军《1930 年代中期的川西北及康北红色政权研究》、罗群《二十世纪三四十年代外侨在云南的居住与管理——以昆明为个案的考察》、张巨成《近代云南边疆历史与当代云南边疆治理》、赵永忠《殖边队与民国初年怒江上游民族关系的新变化》、储峰《苏联与新疆的和平解放》、高中华《驻藏大臣与抗英斗争——以文硕为中心的考察》、洪小夏《解放战争末期国民党从西南地区撤退境外研究》、范德伟《胡汉民与云南河口起义》、陈廷湘《抗战时期基督教会在西南边疆地区兴办教育活动研究》、齐磊等《20 世纪五六十年代我国边疆与少数民族地区的禁烟禁毒》、郭建荣《文化移民与边疆发展——从西南联大说起》、于波《从滇缅公路行车状况看中国科学化进程》、潘先林等《万里壮游，九州同轨——1937 年京滇公路周览团简论》等。

（供稿：云南大学）

【"落实《南海各方行为宣言》维护南海航行自由与安全"国际研讨会】

2011 年 12 月 24—25 日，由中国南

海研究院和印尼战略与国际问题研究中心合办的"落实《南海各方行为宣言》维护南海航行自由与安全"国际研讨会在海口举行。来自中国、印尼、马来西亚、菲律宾、新加坡、泰国、缅甸、柬埔寨、老挝、美国及中国香港等十多个国家和地区的60余名外交官员、专家、学者出席了会议。在为期两天的研讨会上,与会代表以新形势下加强南海地区航行自由与安全合作为主题,围绕"航行自由安全与地区经济发展""南海航行自由与安全现状""影响南海航行安全的主要因素""周边国家与通道使用国的权利与义务"以及"维护南海航行安全的地区与国际合作"5个议题进行了讨论。

（供稿：中国南海研究院）

【"南海形势新发展及共同开发的前景"国际研讨会】

2012年6月6—7日,由海南省外事侨务办公室和中国南海研究院共同主办的"南海形势新发展及共同开发的前景"国际研讨会在海口举行。来自澳大利亚、文莱、柬埔寨、印度尼西亚、韩国、马来西亚、菲律宾、新加坡、瑞典、英国、美国、越南和中国香港、台湾地区的30余位境外学者、政府官员及油气公司代表与会。会议主要对"南海形势最新发展""南海共同开发的法律环境""争议海域的共同开发实践""南海共同开发的挑战与前景""共同开发中利益相关方的诉求"以及"共同开发与南海区域合作"这几个议题展开讨论。

（供稿：中国南海研究院）

【纪念高句丽好太王逝世1600年学术研讨会】

2012年6月28—30日,通化师范学院主办"纪念高句丽好太王逝世1600年学术研讨会"在通化召开。会议由李乐营主持,康学伟院长致辞。吉林省委宣传部原副部长张福有、东北师范大学教授刘厚生、辽宁省博物馆原馆长王绵厚、中国社会科学院《中国边疆史地研究》主编李大龙、吉林省考古研究所所长宋玉彬、通化师范学院高句丽研究院原院长耿铁华在大会发言。来自北京、辽宁、吉林、黑龙江等地的学者50多人参加会议。

（供稿：通化师范学院高句丽研究院）

【近代以来中国边疆社会变迁学术讨论会】

2012年7月10日,由内蒙古师范大学历史文化学院、中国社会科学院中国边疆史地研究中心联合主办的"近代以来中国边疆社会变迁学术讨论会"在呼和浩特举行。来自中国大陆以及台湾等地区的代表近40人出席了学术讨论会。本次讨论会的主题是探究近代以来的中国边疆社会,尤其是北部边疆地区在转型过程中的历史性反响、边疆与内地互动历程,从而引起学界对边疆的重新思考。会议提交的论文和讨论内容可概括为两个方面:一是关于中国边疆理论、核心概念的讨论;二是对边疆地区社会变迁的研究。

（供稿：内蒙古师范大学历史文化学院）

【海峡两岸南海问题学术研讨会——新形势下的两岸南海合作】

2012年7月10—11日,由中国南海研究院主办的2012年海峡两岸南海问题学术研讨会——新形势下的两岸南海合作在海口举行。来自中国大陆、台湾地区的学者及政府官员60余人出席了会议并发表演讲。研讨会就"南海形势新发展与两岸合作前景""两岸南海合作领域与可行性""两岸视角下的南海资源开发与保护""两岸南海法理研究与执法合作"等议题进行了深入的探讨。

（供稿：中国南海研究院）

【新中国成立以来民族自治地方建设和发展历史经验学术研讨会】

2012 年 8 月 12 日至 13 日，由中国社会科学院当代中国研究所、当代中国史研究杂志社、理论研究室和中共内蒙古自治区委党史研究室、内蒙古师范大学历史文化学院联合主办的新中国成立以来民族自治地方建设和发展历史经验学术研讨会在呼和浩特举行。来自中央单位、北京市和内蒙古、新疆、宁夏、广西等自治区的中共党史、新中国史、民族学与藏学等方面的专家学者共 60 多人参加了本次会议．中国社会科学院副院长、当代中国研究所所长李捷出席会议并发表讲话。出席会议的领导同志还有内蒙古自治区人大常委会副主任吴团英等。会议回顾和总结了新中国民族自治地方建设和发展的历史进程与经验，深入探讨了在新的历史条件下坚持和完善民族区域自治制度，加快少数民族和民族地区经济社会发展等理论与实践问题，推动并拓展了新中国历史经验研究。

（供稿：内蒙古师范大学历史文化学院）

【"中国北方青铜时代与早期铁器时代社会的演进"学术研讨会】

2012 年 7 月 20—24 日，"中国北方青铜时代与早期铁器时代社会的演进"学术研讨会在呼和浩特召开。此次研讨会由教育部人文社会科学重点研究基地吉林大学边疆考古研究中心和内蒙古文物考古研究所共同主办。来自中国人民大学、吉林大学、南京大学、西北大学、内蒙古大学、内蒙古师范大学、内蒙古文物考古研究所、内蒙古博物院、内蒙古文物保护中心、新疆文物考古研究所、鄂尔多斯青铜器博物馆、云南省文物考古研究所、宁夏文物考古研究所、河北省文物研究所、陕西省考古研究院，以及俄罗斯科学院、韩国釜庆大学、日本金泽大学、日本九州大学等境内外 20 余所科研院所与文博机构的 35 位学者参加了研讨会或向论坛提交了论文。讨会上，与会学者主要就以下几个方面做了介绍与探讨：一是对近年来在云南、新疆及长城沿线各地区青铜时代和早期铁器时代遗址和墓地新发现及研究情况的介绍；二是以出土器物为基础的器物起源传播、墓地文化特征、文化因素分析以及人群间关系的研究。三是对墓地所反映的经济方式、社会组织和形态等问题的研究。会议期间，与会代表参观考察了内蒙古博物院、内蒙古文物考古研究所陈列室和林格尔古城子工作站和盛乐博物馆的出土文物。中国北方边疆考古一直是吉林大学考古学科的研究重点，其中有关青铜时代和早期铁器时代的研究更是着重探讨的方向。此次会议向代表展示了内蒙古近年来的工作，尤其是岱海及和林格尔附近若干墓地，并邀请附近省份学者介绍各地的墓地发现。会议还邀请了该领域的众多国内外知名学者共同认识和探讨中国北方游牧文化的社会演进特点以及与中原和草原文化的关系等问题，促进了学术交流，分享了研究成果。此次会议是北方考古高级别专门性学术会议，它的成功召开，将中国北方青铜时代和早期铁器时代考古研究推向了一个新的阶段。

（供稿：吉林大学边疆考古研究中心）

【西藏近现代史学术研讨会】

2012 年 8 月 16—17 日，西藏近现代史学术研讨会在拉萨召开，研讨主题为西藏近现代史。到会学者 100 余人，提交论文 30 余篇，代表性成果为西藏自治区社会科学院编《西藏近现代史学术研讨会论文集》。

（供稿：蓝国华，西藏自治区社会科学院科研处副处长、副编审）

【第三届"西南论坛"】

2012 年 9 月 14 日至 15 日，由云南大学大湄公河次区域研究中心、新加坡国立大学东亚研究所、大湄公河次区域高等教育联合会、云南卫视《新视野》等共同主办的第三届"西南论坛"在昆明召开。会议主题为"GMS 合作 20 年：回顾与展望"。来自中国外交部、教育部、商务部、环保部，云南省政府，GMS 次区域 5 成员国（柬埔寨、缅甸、老挝、泰国和越南），区域外 5 个国家（新加坡、印度尼西亚、日本、菲律宾、新西兰），以及大湄公河高等教育联盟（GMSTEC）、亚洲开发银行（ADB）、湄公学院（MI）等部门、国家和国际组织的官员及专家学者参加此次论坛。

与会学者围绕"GMS 合作 20 年来的主要成就、经验及其面临的挑战与发展前景"的主题，就"GMS 合作 20 年的经验总结""中国在 GMS 合作中的作用""区域外因素对 GMS 合作的影响""GMS 经济合作的可持续发展""GMS 合作面临的挑战与前景"等主要议题进行了深入讨论。其代表性发言主要有：张蕴岭教授的《GMS 合作的新议程》，郑永年教授的《美国"重返"亚洲对中国与东盟关系的影响》，亚洲开发银行区域经济一体化办公室顾问 Biswa N. Bhattacharyay 博士的《亚洲的互联互通：GMS 合作的作用》，越南社会科学院中国研究所所长进森博士的《越南参与 GMS 合作 20 年》，老挝国家经济研究院副院长 Syviengxay Oraboune 先生的《GMS 旅游业发展——湄公河流域国家的可持续发展路径》，云南大学发展研究院陈瑛博士的《影响跨境经济区企业投资和绩效的因素》，云南省科技厅曹大明调研员的《GMS 南北经济走廊建设的影响、意义和对策》，北京大学东南亚学研究中心副主任杨保筠教授的《欧盟与 GMS 的关系》，新加坡国立大学研究所蓝平儿高级研究员的《日本与湄公河流域国家全方位关系》，泰国乌汶大学政治学学院 Titipol Phakdeewanich 博士的《大湄公河次区域外国援助政治及其对 GMS 合作的贡献》，中国社科院亚太与全球战略研究院区域合作研究室主任王玉主教授的《中美在大湄公河次区域的竞争与合作》，云南省政府参事贺圣达研究员的《云南参与 GMS 合作 20 年》，新加坡国立大学东亚所高级研究员杨沐博士的《中国缅甸老挝合作发展替代鸦片的种植经济》等。

（供稿：云南大学）

【"国际化视野下的中国西南边疆：历史与现状"学术研讨会】

2012 年 10 月 26 日，由中国社会科学院中国边疆史地研究中心和云南大学联合主办，《中国边疆史地研究》编辑部与云南大学历史系承办的"国际化视野下的中国西南边疆：历史与现状"学术研讨会在昆明召开。来自中国社会科学院中国边疆研究所、云南省社会科学院、云南师范大学、云南大学等单位的 50 多位学者出席了会议，提交会议论文 30 余篇。

与会专家学者以"国际化视野下中国西南边疆的历史与现状"为主题，就新国际环境下西南边疆面临的历史与现状问题、中国边疆学学科的构筑、历代治理西南边疆的政策、西南边疆历史进程中的经济与社会问题、西南跨境民族与边界问题、西南边疆研究的相关概念与理论问题等进行了热烈交流。其代表性成果主要有：林文勋《"贝币之路"及其在云南边疆史研究中的意义》、邢广程《周边国际环境的新挑战和中国外交政策的调整》、李国强《中国边疆学学科构筑的透视》、李大龙《多民族国家构建视野下的土司制度》、孙宏年《关于中国西南边疆研究的几点思考》、李晨阳《中国发展与东盟互联互通面临的挑战与前景》、罗群《20世纪三四十年代外侨在云南边疆的居住与管理研究——以昆明为中心的考察》、潘先林《民国时期滇北金沙江两岸土司的衰落历程——以丁文江、曾昭抢等的考察为中心》、何平《云南边境地区和境外诸国的阿卡人及其与哈尼族的历史文化关系》、秦树才等《〈边政公论〉之中国边疆研究概论》、陈庆江《清代云南府级政区治所城池的新建与边疆控制的强化》、陈碧芬《边缘·腹地·前沿——从历代治滇看云南历史地位的动态变迁》、杨晓慧《试论印度在"西藏问题"上的双规政策》、沙文涛《构建边疆学科的一次尝试——私立五华文理学院边疆文化学系述略》、娄贵品《"西南学"考论》、王振刚《民国学人研究西南边疆问题兴盛的缘起》、黎志刚《"走夷方"与近代云南边疆民族地区社会变迁》、田晓忠《聚焦云南：在抗战"大后方"与大前沿之间——全球视野下的云南边疆角色与地位》等。

（供稿：云南大学）

【城市与中外民族文化交流学术研讨会】

2012年11月1—3日，由中国中外关系史学会主办，陕西师范大学西北民族研究中心承办的"城市与中外民族文化交流学术研讨会"在陕西师范大学雁塔校区学术活动中心二层学术会议厅隆重召开。来自中国社会科学院、云南社会科学院、广西社会科学院、福建社会科学院、新疆社会科学院、清华大学出版社、台湾兰亭雅集美术会、厦门大学、复旦大学、武汉大学、首都师范大学等单位的50余名专家及学者参加了此次研讨会。

会议开幕式由陕西师范大学西北民族研究中心主任王欣教授主持。陕西师范大学校长助理党怀兴致欢迎词，中国中外关系史学会会长耿昇先生致开幕词，强调了城市与中外民族文化交流的意义，并对该研讨会提出了几点期望。

此次研讨会采取主题报告与分场讨论相结合的方式进行，耿昇、万明、陈佳荣、杨福泉、张一平、连心豪、许全胜、谢贵安、莫小也等近30名专家学者围绕会议主题作了大会发言，并回答了学者们的提问。会议围绕城市在古代中外文化交流中的地位和作用、丝绸之路与城市兴衰、民族迁徙与城市发展、古代东方与西方的城市及中外文化交流等问题进行了充分讨论。本次会议发挥多学科联合的优势，对城市与古代中外民族文化交流进行了全面、系统的研究；系统、深入地探讨了城市在中外交流中的作用和贡献；进一步明确了民族迁徙在城市发展中的作用和地位；探讨了丝绸之路与城市发展兴衰的关系，推动了城市史、中外交流史、移民史的研究。

（供稿：王　欣，陕西师范大学中国西部边疆研究院院长、教授）

【"蓝色南中国海，绿色共同开发"学术研讨会】

2012年11月3日，厦门大学南海研究院召开"蓝色南中国海，绿色共同开发"学术研讨会。傅崐成院长主持此次会议开幕式。厦门大学副校长赖虹凯和厦门市政协副主席陈昌生先生分别致辞，强调了南海问题的重要性和厦门大学在此研究领域的优势，并对会议寄予厚望，希望各位学者能够借助这一平台积极交流、建言献策，为南海地区保护、开发和利用做出积极贡献。随后，新加坡前副总理、现任新加坡国立大学国际法教授贾古玛先生围绕国际法与南中国海做了主题演讲。此后，会议第一部分围绕南海海洋环境及其保护展开，厦门大学海洋与地球学院院长戴民汉博士等学者做了精彩发言，国家海洋局国际合作司司长张占海先生发表报告，深入、实际地指导了本次会议。发言结束后，与会各专家、学者就发言内容进行自由评论和探讨。会议的第二部分于3日下午进行，在印尼前大使及总统海洋问题特别顾问加拉尔博士的主持下，来自台湾海洋大学、菲律宾大学、中山大学等海内外各大高校的学者就南海周边国家的海洋环境法律与政策展开探讨，取得了对南海周边局势的更深入了解和认识。4日上午，与会嘉宾分享了巴伦支海等争端地区的合作开发案例，以期为南海问题的解决提供借鉴。来自中国台湾的戴宗翰研究员、国家海洋局的毛彬教授等人做了精彩发言。会议的第四部分于11月4日下午进行，主题为南海绿色合作开发之方法与手段，新加坡国立大学法律系的巴克曼教授、福州大学的张相君副教授、厦门大学的管松博士等人分别就南海区域划分问题、南海海洋环境保护的法律问题、关于特别敏感海域的研究等问题发表了精彩的见解。其他学者就发言者所做的展示进行了深入的评论和有益的探讨。最后，巴克曼教授对会议作了简短的评论，傅崐成教授作了闭幕致辞，对到会的嘉宾表示了真诚的感谢并希望各位专家学者有机会能够再临厦门大学，此次"蓝色南中国海，绿色共同开发"学术

研讨会到此圆满落幕。

（供稿：厦门大学南海研究院）

【"中国历史民族地理"学术研讨会】

2012年11月17—18日，"中国历史民族地理"学术研讨会在复旦大学历史地理研究中心召开。会议由国家社科基金重点项目"中国历史民族地理研究"课题组承办。与会代表来自中国社会科学院边疆史地研究中心、复旦大学历史地理研究中心、南京大学、四川大学、山西大学、上海财经大学、云南大学、广西师范大学、苏州大学、台北"中央研院"史语所等相关单位。两天的会议以中国历史民族地理研究为主题，围绕着历史民族地理的理论研究、历史民族地理的实证研究、历史民族地理研究的史料运用、GIS方法在历史民族地理研究中的运用等专题展开，与会代表对历史民族地理与边疆史地研究所涉及的各种问题进行了深入的剖析，并对学界关心的热点问题进行了激烈的讨论。此次会议分为3个环节。主题报告环节：中国社会科学院边疆史地研究中心主任邢广程研究员的报告题目为《中国边疆稳定发展与周边国际环境》；复旦大学历史地理研究中心姚大力教授的报告题目为《中国历史上的国家建构模式与版图构成——兼论少数民族的"家园"问题》；陕西师范大学西北历史环境与经济社会发展研究院侯甬坚教授的报告题目为《初论山地民族的垂直分布研究》；云南大学历史系陆韧教授的报告题目为《羁縻、圈层与特殊政区：元明清西南边疆民族地区政区解构》。分组报告会环节是本学科领域内最新成果的展示：复旦大学历史地理研究中心的安介生教授以西南潘州的考证为切入点探讨了历史时期边疆政区建置所需主客观条件；台北"中央研院"历史语言研究所的邱仲麟研究员以

翔实的史料和缜密的逻辑叙述了万历年间陕西错综复杂的回变问题；中国社会科学院边疆史地研究中心的孙宏年研究员根据自己多年的实地考察总结了西藏民族地理的相关经验；南京大学历史系杨晓春教授从乾隆四十七年海富润携书案相关档案资料考察了 18 世纪下半叶中国内地回民的分布问题；四川大学历史系李勇先教授从多年文献整理的实践出发，重点论述了西南地理文献整理及其在研究西南民族地理方面的价值。最后是圆桌讨论环节，与会代表经过热烈的讨论后，一致认为在历史民族地理实证研究的基础上丰富理论研究是十分重要的工作。

（供稿：复旦大学历史地理研究中心）

【第一届东海论坛"国际化视野下的中国东海——历史·现实·未来"高端学术研讨会】

第一届东海论坛"国际化视野下的中国东海——历史·现实·未来"高端学术研讨会于 2012 年 12 月 7—9 日在浙江舟山召开。此次论坛由浙江海洋学院、中国社会科学院中国边疆史地研究中心主办，来自中国社会科学院世界经济研究所、中国社会科学院日本研究所、国家海洋局宣教中心、国家海洋局海洋发展战略研究所、海军军事学术研究所、香港中文大学、香港浸会大学、复旦大学、福建师范大学等 20 余位专家和领导齐聚一堂，聚焦中国东海问题和东海局势，研判东海的战略和未来。

（供稿：浙江海洋学院东海发展研究院）

【跨境经济合作区理论与实践研讨会】

2012 年 12 月 15—16 日，武汉大学中国边界与海洋研究院与外交部边界与海洋事务司联合举办了"跨境经济合作区理论与实践研讨会"。会议由实务界牵头，学术界配合，实现了学界与实务界对话，使理论与实践相结合，会议围绕"区域经济一体化与跨境经济合作""跨境经济合作区建设的法律与政策""中国跨境经济合作区建设的现状与问题""跨境经济合作区建设的国际经验与启示"等议题展开了卓有成效的研讨。来自外交部、商务部以及辽宁、吉林、黑龙江、内蒙古、甘肃、新疆、西藏、云南、广西等边境省区的政府官员，以及中国社科院亚太与全球战略研究院、新疆社科院、黑龙江社科院、广西社科院、福建社科院、辽宁大学、云南大学、广西师范大学、内蒙古大学、湖北大学以及武汉大学法学院、经济与管理学院、WTO 学院、国际法研究所、中国边界与海洋研究院的专家学者共 80 余人参加了研讨会。代表性的论文有《跨境经济合作区的法律特征与机制保障》《TPP 对东亚跨境经济合作的影响及中国对策》《跨境经济合作区内人民币结算问题与对策思考》《中、日、韩区域合作的进展及其对中国跨境经济合作影响》《跨境经济合作区性质与争端解决机制》等。

（供稿：武汉大学中国边界与海洋研究院）

【2013 年高句丽与东北民族研究年会】

2013 年 7 月 2—4 日，通化师范学院主办的"高句丽与东北民族研究年会"在通化召开。来自北京、河南、辽宁、吉林、黑龙江等地的学者 80 多人参加会议。会议由李乐营主持，延边大学原校长朴文一教授，东北师范大学刘厚生教授，《中国边疆史地研究》李大龙教授，东北师范大学李德山教授，辽宁省考古研究所所长田立坤研究员、李新全研究员，本溪博物馆馆长梁志龙，集安博物馆馆长董峰在大会上发言。会后，代表们赴集安高句丽碑出土地麻线河边考察。

（供稿：通化师范学院高句丽研究院）

【古代东亚佛教文化交流与丝绸之路】

2013 年 8 月 15—16 日，由韩国高丽大学韩国史研究所与陕西师范大学西北民族研究中心共同主办的"古代东亚佛教文化交流与丝绸之路"国际学术研讨会在陕西师范大学雁塔校区学术活动中心启夏苑隆重召开。此次会议是陕西师范大学与韩国高丽大学合作交流活动的一部分，也是围绕该主题联合召开的第二次国际学术会议。来自韩国高丽大学、东国大学、金刚大学、仁济大学、德成女子大学，日本早稻田大学，北京大学、南京师范大学、西北大学、宁夏回族自治区文物考古研究所等高校和科研单位的 40 余名专家学者参加了此次研讨会。陕西师范大学部分研究生旁听了会议。会议开幕式由韩国高丽大学朴尚洙教授主持。陕西师范大学校长助理党怀兴、韩国高丽大学高丽史研究所所长郑泰宪、韩国驻西安总领事全哉垣均致辞。随后，韩国前文化体育观光部部长崔光植与周伟洲教授分别作了主题报告。在两天的会议时间里，陕西师范大学西北民族研究中心主任王欣教授、北京大学韦正教授、陈凌教授以及高丽大学朴大在教授、东国大学文武王教授、金刚大学石吉岩教授、早稻田大学大桥一章名誉教授、南京师范大学王志高教授、西北大学冉万里教授等近 20 名专家学者围绕会议主题进行了大会发言，并回答了与会学者的提问。此次会议报告内容覆盖面广、主题新颖，学者们发言精彩，气氛活跃，会上讨论热烈，会下深入交流。通过此次会议，为东亚地区各国学者之间的相互交流和合作提供了良好的平台，同时亦提高了学界对于丝绸之路和东亚地区佛教文化交流等问题的研究和认识水平。

（供稿：王　欣，陕西师范大学中国西部边疆研究院院长、教授）

【"中国历代边疆治理研究"学术研讨会】

2013 年 8 月 6 日，由新疆大学西北少数民族研究中心、兰州大学西北少数民族研究中心主办，伊犁师范学院人文学院承办，新疆大学人文学院协办的"中国历代边疆治理研究"学术研讨会在伊犁师范学院召开。

此次研讨会到会代表 50 名，分别来自中央民族大学、兰州大学、新疆大学、南京师范大学、内蒙古大学、广西师范大学、哈尔滨师范大学等 12 家单位。与会代表共向研讨会提交了 29 篇学术论文，并围绕"中国历代边疆治理"这一主题展开了广泛而深入的讨论，全面客观地对中国历代边疆治理的相关问题进行了科学分析，相互分享了丰富的田野调查资料和研究史料，提出了许多扩展边疆地区研究的新视角。此次会议对推动边疆民族地区的研究、学科的整体发展，以及扩大研究领域都具有十分重要的意义，对边疆地区社会经济的发展、和谐社会的构建也具有现实影响。①

【"中国在南海东海的国家利益和全球影响"研讨会】

2013 年 9 月 18 日，厦门大学南海研究院挪威访问团应南森研究院（Fridtjof Nansen Institute）之邀，在该院成功举办

① http：//www.gx211.com/news/2013816/n8871153329.html.

题为"China in the South – and East China Seas – national interest and global implications"（"中国在南海东海的国家利益和全球影响"）的研讨会。厦门大学南海研究院院长傅崐成教授首先作了关于南海问题的主题报告，接着将讨论议题推进到北冰洋开发利用的合作方面，既分析了当前北冰洋开发的现状，又强调了中国在北冰洋开发，尤其是北极航道探索方面能够起到的积极作用。包括中华人民共和国驻挪威大使馆秘书，俄罗斯、日本研究学者等在内的 20 多位嘉宾出席了研讨会，并进行了充分的讨论。下午，南海研究院访问团先后单独会见了挪威国防研究所 Christopher Weidacher Hsiung 研究员、日本访问学生等多位学者。傅崐成教授、蔡从燕教授对他们提出的问题一一做出回答，双方进行了热烈的讨论，增进了学术共识。

（供稿：厦门大学南海研究院）

【第四届"西南论坛"】

2013 年 9 月 14—15 日，由云南大学国际关系研究院和新加坡国立大学东亚研究所共同主办的第四届"西南论坛"在昆明召开。论坛主题为"中国向西开放：历史与现实的考察"。此次论坛得到了实务部门与学术界的高度重视、关注与支持。来自中央党校、中国社会科学院、中国现代国际关系研究院、中国国际问题研究所、上海国际问题研究院、云南省社会科学院、新加坡国立大学、北京大学、复旦大学、厦门大学、四川大学、云南大学、新疆大学、广西大学等研究机构和高等院校的知名专家学者近 80 人参加论坛，收到代表性论文 25 篇。

与会代表以"中国向西开放"为主题，围绕"中国地缘战略与向西开放""向西开放的国内外因素""向西开放的

战略价值、困境及构想"3 个议题次第展开。其代表性成果主要有：王缉思《东西南北，中国居"中"———一种战略大棋局思考》、张蕴岭《中国对外开放战略的思考》、郑永年《如何处理海洋地缘政治与陆地地缘政治的关系》、彭光谦《战略西进：以正能量平衡美国战略东移的负能量》、李绍先《"向西开放"与我国的战略机遇》、陈志敏《向西开放与中国外交：东部沿海的视角》、林文勋《中国向西开放需要解决的若干重大问题》、肖宪《关于中国"向西开放"的几点思考》、刘学成《云南在中国"向西开放"战略中的地位和作用》、潘志平《中国外交大战略与向西开放》、文富德《西向战略的意义、挑战及举措》、刘鸿武《构建中非命运共同体与实现中非共同梦想》、杨沐《中国和东盟互联互通的进展和中国的向西开放》、张春《中非关系转型与中国的"西进"战略》、陆建人等《向西开放战略中的新疆：机遇、挑战与对策》、胡仕胜《中国与南亚互联互通的机遇与挑战》、贺圣达《缅甸与中国西南对外开放：从公元前后到 1940 年代》、刘稚《新形势下关于推进孟中印缅经济走廊的若干思考》、李晨阳《缅甸的政治转型与中缅关系》、黎良福《东盟—中日韩互联互通：动力、途径和前景》、李红等《互联互通中的保税物流体系：集聚还是阻滞？——以广西为例》、毕世鸿《区域外大国围绕中国西南周边国家合作的博弈》、罗圣荣《试论战后以来的印马关系》、梁益坚《非洲的产业聚集与中国的合作机遇》、李丽《21 世纪以来的滇印合作探析》等。

（供稿：云南大学）

【"民国时期的新疆"学术研讨会】

2013 年 9 月 22—24 日，由《新疆通

史》编委会主办的"民国时期的新疆"学术研讨会在乌鲁木齐昆仑宾馆举行。"民国时期的新疆"学术研讨会是《新疆通史》继史前、两汉、清代、元明、辽宋金、隋唐等研讨会之后，召开的有关通史各分卷的第八次学术研讨会。

此次研讨会吸引了中共中央文献研究室、中国社科院中国边疆史地研究中心、中央民族大学、华东师范大学、南京中国第二历史档案馆、兰州大学、云南民族大学及疆内科研院所从事民国历史研究的60多位专家学者，尤其是不少已过古稀之年的老学者，诸如金冲及、马大正、白振生、蔡锦松等专家，不顾路途颠簸，远涉关山，参加会议。

与会学者提交40余篇论文，围绕着多个专题，诸如杨增新、金树仁、盛世才、"三区革命"、民国时期与周边关系等重大问题展开讨论。不少论文挖掘和使用了相当多的新资料，对一些重要的历史人物和历史事件提出了不少新的观点，并达成一致共识。

（供稿：许建英，中国社会科学院中国边疆研究所研究员）

【《联合国海洋法公约》与南海国家实践国际研讨会】

2013年10月24—25日，由中国南海研究院与南京大学"中国南海研究协同创新中心"联合主办的《联合国海洋法公约》与南海国家实践国际研讨会在海口举行。来自联合国、中国、美国、澳大利亚、印尼、韩国、马来西亚、菲律宾、越南、新加坡、瑞典、英国、意大利以及中国台湾、中国香港等10多个国家与地区的官员、智库学者、国际机构代表、媒体记者等80多人参加了会议。包括国际海洋法法庭大法官、联合国大陆架界限委员会委员等一批国际知名海洋法专家学者与会。为期两天的会议围绕"领海基线与岛屿制度""外大陆架声索：现实与可能性""历史性权利及其在南海的适用性""海洋科学研究、水文勘测与军事勘测""航行机制"以及"争端解决机制"等议题展开深入的研讨。

（供稿：中国南海研究院）

【高句丽、渤海文化学术研讨会】

2013年10月16日至18日，由吉林大学边疆考古研究中心、吉林省文物考古研究所和吉林大学文学院联合主办的"高句丽、渤海文化学术研讨会"在长春举行。来自中国社会科学院考古研究所、中国社会科学院边疆史地研究中心、中国文化遗产研究院、中国文物报社、中国社会科学杂志社东北站、中山大学、黑龙江省文物考古研究所、黑龙江博物馆、《北方文物》杂志社、牡丹江师范学院、辽宁省文物考古研究所、辽宁省文物保护中心、沈阳市文物考古研究所、本溪市博物馆、东北师范大学、吉林省社会科学院、吉林省高句丽研究中心、长春师范大学、北华大学、通化师范学院、延边大学、集安市博物馆等20余家高校、科研院所、新闻媒体的50余位专家学者济济一堂，共飨盛会。会议开幕式由吉林大学文学院副院长赵宾福教授主持，吉林省文化厅副厅长、文物局局长金旭东研究员与吉林大学边疆考古研究中心副主任滕铭予教授分别致贺词。开幕式后，吉林大学匡亚明特聘教授魏存成先生作了题为《高句丽、渤海文化发展的考古学观察》的主旨演讲，从考古学遗存出发，对高句丽、渤海文化的起源、发展与流向进行了深入细致的探讨，并对高句丽、渤海文化的历史定位作了客观而精当的阐述。

会议闭幕式由吉林省文物考古研究所所长宋玉彬研究员主持，李新全研究员与刘晓东研究员分别就各自小组的报告与讨论情况作总结发言，宋玉彬研究员在闭幕词中充分肯定了此次会议的价值和意义，并对今后高句丽、渤海文化的研究工作提出了要求和展望。

此次"高句丽、渤海文化学术研讨会"是高句丽、渤海考古与历史研究领域召开的规模较大、规格较高的会议，与会代表几乎囊括了该领域研究者中的佼佼者，参会论文既有理论研究，也有田野实践；既有综合研究，也有专题探讨，其中的一些论文代表了目前本领域研究的最高水平，必将推动高句丽、渤海文化研究进一步走向深入。

（供稿：吉林大学边疆考古研究中心）

【纪念开罗会议七十周年与中日钓鱼岛争端学术研讨会】

2013 年 11 月 8—9 日，中国边界与海洋研究院与中国第二次世界大战史研究会、国家领土主权与海洋权益协同创新中心在北京举办"纪念开罗会议七十周年与中日钓鱼岛争端学术研讨会"。原国务委员戴秉国、原国防大学副政委李殿仁中将、外交部部长助理张明参加会议并作重要讲话，中央外办邓中华局长，外交部边海司欧阳玉靖司长，中国社科院世界历史所张顺洪所长，中国第二次世界大战史研究会会长、国家领土主权和海洋权益中心主任、武汉大学中国边界与海洋研究院院长胡德坤教授等先后致辞。中央相关部委所属研究机构，国防大学、军事科学院等军事院校，北京大学、清华大学、武汉大学、复旦大学等高等学校的知名学者，中国第二次世界大战史研究会理事、会员等150 多人参加了研讨会。胡德坤、石源华、牛力、高洪、刘江永、张海文、李国强、徐勇、谢必震、韩永利等一批国内知名学者作了精彩的大会发言。会议围绕《开罗宣言》70 周年展开讨论，对战后国际秩序及对日本领土的处置、《开罗宣言》的法律地位、中日钓鱼岛争端的相关议题展开讨论，取得了丰硕成果。会议从法律、历史、军事等多方位视角解读了开罗会议，用《开罗宣言》的国际法依据认识了中日钓鱼岛之争的本质，探讨和还原了钓鱼岛属于中国的历史真相，对维护我国领土主权与海洋权益，服务当前海洋维权斗争具有重要意义。

（供稿：武汉大学中国边界与海洋研究院）

【国际渔业合作研讨会】

2013 年 11 月 9 日，由厦门大学主办，厦门大学南海研究院承办的"国际渔业合作研讨会"在厦门大学隆重召开。来自韩国、中国台湾等国家和地区的 20 多位专家、学者参加了此次研讨会。上午的开幕式上，厦门大学南海研究院院长傅崐成和厦门大学社科处处长张明志分别致辞，他们对各位专家、学者的到来表示诚挚的欢迎和感谢。此次研讨会受到了国家海洋局国际合作司的指导，旨在为我国及相关国家的国际法及渔业专家、学者搭建交流平台，共商渔业养护与开发合作，借鉴国际成功实践，为我国与相关国家间渔业争端的和平解决提出切实可行的建议和意见。第一场的议题是"加强国际合作，共同促进渔业资源的养护与开发"，由厦门大学南海研究院教授，厦门大学海洋政策与法律中心主任张克宁教授担任会议主持人。厦门大学南海研究院兼职研究员、中国水产科学研究院南海水产研究所研究员邱永松发表"中国在南海的渔业管理"主题演讲；上海海洋大学副校长黄硕琳教授发表"国际渔业法律的发展趋势"主题演讲；韩国海事研究院渔业资源研究部主任 Dr. Jung Hee Cho 发表"渔业合作以促进渔业的可持续发展——来自韩国的教训和影响"主题演讲；台湾高雄中山大学张水锴教授发表"透过由下而上跨界合作，共同养护西北太平洋跨界鱼种资源"主题演讲。下午的议题是"以国际合作方式，推动渔业争端的解决"，厦门大学南海研究院院长傅崐成教授担任会议主持人，韩国海事研究院国际海事及领土研究中心主任 Dr. Young Kil Park 发表题为"外国渔船 IUU 渔业活动的法律评析：韩国的视角"的主题演讲；中山大学法学院副院长黄瑶教授发表"南海沿岸国渔业合作路径的新探讨——以《海洋法公约》第 123 条为视角"主题演讲；中国海监北海总队调研员孙秀云发表"加强磋商与沟通，稳步推进海上执法协作机制的运行"主题演讲。在讨论环节中，到场的嘉宾，观众都热情地参与进来。

（供稿：厦门大学南海研究院）

【首届中国边疆学论坛】

2013 年 11 月 14—15 日，首届中国边疆学论坛暨中国边疆史地研究中心成立 30 周年座谈会在京举行。此次会议由中国边疆史地研究中心、国家领土主权与海洋权益协同创新中心共同主办。来自全国各地的百余位专家学者参会，收到会议论文近 70 篇。

在为期两天的论坛上，与会专家学者围绕中国边疆学前沿理论和中国边疆学重大应用问题展开广泛深入的交流，对中国边疆学的未来发展发表了诸多高见，取得良好的学术效果。在历代治边政策、历代治边思想、藩属与朝贡体系、海疆领土问题、边疆民族与文化、当代边疆稳定与发展、边疆地区与周边关系等诸多方面，学者们发表了看法。与会学者认为，改革开放以来，中国边疆的内外形势发生了很多变化，中国边疆问题理论研究需要关注的领域和范围大大拓宽，因此应立足于中国边疆所面临的新情况、新问题和新挑战，努力构筑边疆研究学科体系，以中国边疆学为基本框架，全面、深入、客观地分析和审视中国边疆安全、稳定及发展问题，不断以创新性的研究成果，深化和繁荣边疆理论研究，切实维护我国领土完整以及边疆的稳定与发展，促进我国周边环境的和谐。

（供稿：中国社会科学院中国边疆研究所）

【"民族史视角下的国家、人群与地域社会"学术研讨会】

2013 年 11 月 16—17 日，"民族史视角下的国家、人群与地域社会"学术研讨会在复旦大学召开。来自国内外 15 所高校的 27 位学者作了主题学术报告，报告之后为讨论环节。

第一天的学术报告主要有：首都师范大学美术学院谢继胜的《拉孜平措林寺六体六字真言碑再考》、复旦大学中国历史地理研究中心安介生的《略论清代至民国时期户籍管理与民族人口——以川西松潘为例》、西北民族大学历史文化学院牛宏的《甘南藏区建置沿革和藏族部落述要》、厦门大学哲学系陈立华的《敦煌本古藏文〈般若波罗密多心经〉解读》、美国印第安纳大学中央欧亚研究系 Christopher Atwood 的《史学与民族身份的变化在蒙古帝国：汪古部之事例》、南京大学历史学系刘迎胜的《经堂语还是表意词——论"小儿锦"中的波斯/阿拉伯文借词的使用问题》、复旦大学中国历史地理研究中心姚大力的《"混一疆理图"中的印度半岛》、北京大学历史学系党宝海的《〈至元二十年永寿吴山寺执照碑〉考释——兼论元代八思巴字的象征意义》、云南大学历史系陆韧的《明朝对西南边疆的特殊管控："信符"与"金字红牌"制》等。

第二天的学术报告主要有：南开大学历史学院杜家骥的《清廷与漠南、漠北蒙古之关系、统治形式不同略谈》、中央民族大学历史文化学院达力扎布的《清代在边疆一些民族中施行蒙古律现象初探》、中央民族大学历史文化学院钟焓的《北美"新清史"研究的基石何在》、日本东京外国语大学亚非语言文化研究所中见立夫的《乾隆皇帝的"世界""地域"和"疆域"认识》、日本创价大学文学部村上信明的《干嘉时期驻藏大臣与达赖喇嘛会见礼仪之变迁》、中国人民大学国学院乌云毕力格的《萨斯迦派与新兴的清朝》、日本东北学院大学文学部小沼孝博的《游牧国家的资源利用：准噶尔的农业与交易》等。会议取得圆满成功，得到与会学者及各方学界的积极肯定。会议的论文集被日本"东洋文库"收藏。

（供稿：复旦大学中国历史地理研究中心）

【中国疆域形成的路径与模式研究学术研讨会】

2013 年 11 月 23—24 日，由陕西师范大学中国西部边疆研究院黄达远教授主持的"边疆热点地区城市民族关系发展态势与对策研究项目组"主办、浙江师范大学环东海海疆与海洋文化研究所协办的"中国疆域形成的路径与模式研究"学术研讨会在北京举行。来自陕西师范大学、浙江师范大学、中国社会科学院、中央民族大学、解放军相关研究机构、全国政协文史委、国防大学、中国人民武装警察学院、清华大学、北京外国语大学、西北大学、新疆师范大学等单位的专家学者20 多人参加研讨会。陕西师范大学、中

国社会科学院研究生院、中央民族大学部分相关专业的研究生参加了学术研讨会。

此次学术会议第一天专门为青年学者开辟了"边疆热点地区城市民族关系发展态势与对策研究"学术论坛。在陕西师范大学教授黄达远先生主持下，中国社会科学院研究生院两位青年学者薛飞、孙超分别就"海外流亡藏人问题""绿洲社会形态视域下的维吾尔民族共同体形成问题"，陕西师范大学中国西部边疆研究院两位青年学者王亚楠、赵斌分别就"新疆焉耆盆地的商人群体问题""维吾尔古尔邦节晚会问题"等在论坛上作了专题报告。与会专家与年轻学子们共同就这些议题进行了热烈的争论、质疑与研讨。会议第二天，浙江师范大学特聘教授、中国社科院中国边疆史地研究中心研究员于逢春就"构筑中国疆域的五大文明板块理论"作了专题发言。

（供稿：王　欣，陕西师范大学中国西部边疆研究院院长、教授）

【中国边疆及边疆治理理论的挑战与创新学术研讨会】

2013 年 12 月 5—6 日，由云南大学与中国社会科学院中国边疆史地研究中心联合主办，云南大学政治学系、中国社会科学院《中国边疆史地研究》编辑部、云南大学历史系共同承办的"中国边疆及边疆治理理论的挑战与创新学术研讨会"在昆明召开。来自中国社会科学院、国家民委民族问题研究中心、国家清史编纂委员会、中国藏学研究中心、复旦大学、中央民族大学、吉林大学、兰州大学、山东大学、武汉大学、陕西师范大学、新疆大学、西南民族大学、云南民族大学、新疆社会科学院、云南社会科学院、新加坡国立大学等国内外研究机构和高校的近80 位边疆研究领域的专家学者

出席了会议，提交会议论文29篇。

与会专家学者围绕"中国历代王朝的治边思想与政策""中国历代边疆治理与开发""中国多民族国家疆域的形成与发展""国家发展与边疆及边疆治理理论的创新""国家的海洋战略与海洋边疆的维护""利益边疆理论与中国利益边疆的探索""地缘政治形势与中国战略边疆构建"等重大议题进行了深入研讨。其代表性成果主要有：邢广程《关于中国边疆研究的几个问题》、周平《中国边疆观的挑战与创新》、周伟洲《关于构建中国边疆学的几点思考》、王欣《中国边疆学构建面临的几点理论挑战——以拉铁摩尔、狄宇宙和濮德培为例》、秦和平《关于民族区域自治与中国边疆治理的思考》、吴楚克《构建中国边疆治理与防御理论的几个问题》、吴楚克等《论中国陆地边疆的硬治理模式》、郑汕《中国人民的海权意识与对海疆的经略》、刘俊珂《新中国成立后我国海疆战略与海权维护论析》、方铁《论中原王朝的治边战略》、都永浩《历史疆域、历史民族、民族文化与现实主权疆域的关系》、段金生《范式变迁："边缘"与"中心"的互动——近代民族国家视域下的边疆研究》、赵文洪《世界历史进程中我国陆疆与海疆地区的经济发展》、陆韧《近代以来西方对中国西南边疆的认识和研究》、程妮娜《朝贡制度对古代王朝疆域形成与治理的历史作用——以东北边疆为中心，兼论两种朝贡制度的区别》、李大龙《"藩属体系"还是"朝贡体系"？——对唐朝前期"天下"制度的几点认识》、李鸿宾《唐朝北部疆域的变迁——兼论疆域问题的本质与属性》、刘清涛《南宋至明初的海防与海权意识》、罗群等《民国时期越侨在云南边疆地区社会活动与管理的历史考察》、姚大力《多民族背景下的中国边陲》、孙宏年《从黎峻使团来华看中法战争前的中越关系——兼议清代东亚"国际秩序"的虚实》、宋培军《从"南洋宣抚使"到"华侨参议员"的法理考察——以北京临时参议院对云南华侨土司案的议决为中心》、潘先林《家国情怀、书生本色：方国瑜先生的西南边疆史地研究》等。

（供稿：云南大学）

【第二届东海论坛】

第二届东海论坛于2013年12月6—8日在浙江舟山召开，由浙江海洋学院主办。来自清华大学、同济大学、中国科学院海洋研究所等单位的6位院士、10多位专家以"开发东海资源、维护海洋权益"为主题，与现场近400名师生进行了交流。中国科学院院士焦念志和中国工程院院士潘德炉、陈冀胜，分别就海洋碳汇与气候变化、卫星遥感与海洋渔业、海洋药物研究与发展作主题报告。其他与会专家介绍了蓝色生物技术研发、东海渔业权益、深海工程水动力学、海底观测、海洋电子信息技术研究等科研前沿动态，并提出自己的设想与建议。

（供稿：浙江海洋学院东海发展研究院）

【首届中国边疆研究青年论坛】

2013年12月28—29日，首届中国边疆研究青年论坛，即"立体、多元、跨越时空：中国边疆治理与周边环境"青年学术研讨会在北京召开。

此次论坛是改革开放以来从事中国边疆研究的青年学者的第一次全国性研讨会，由中国社会科学院中国边疆史地研究中心主办，国内各高校、科研机构的48名青年学者参加研讨。

会议期间，青年学者围绕"中国边

疆学理论创新""历史时期中国边疆治理与周边关系""当代中国边疆的开放、发展与周边关系""新疆、西藏、海疆的历史与现实"等问题，提交 40 篇论文，运用历史学、政治学、民族学、社会学、法学等多学科的理论、方法，提出了不少具有创新意义的观点。大家通过 7 场学术报告会和"跨越时空——中国边疆治理与周边环境纵横谈"学术沙龙，就中国边疆治理与周边关系研究中的一系列学术前沿问题进行了较为深入的讨论，这些问题包括中国疆域的历史地位与法理依据、南亚邻国的涉藏问题、边防与边境管理、历史时期的新疆治理、南海开发与维权、民间信仰的价值与影响等。在一些问题上，大家有共识，也有交锋、争鸣，比如对于中国疆域的历史地位与法理依据如何阐述，"民族国家"理论的概念、内涵，这个理论能否清晰地阐述中国和东方其他国家疆域形成和疆土合法性研究，就从不同学科的角度展开了争论。

会议特邀华东师范大学冯绍雷教授、中国社会科学院俄罗斯东欧中亚研究所程亦军研究员和边疆中心李大龙研究员、孙宏年研究员担任沙龙主讲嘉宾，与青年学者进行了较为充分的交流、互动。

（供稿：中国社会科学院中国边疆研究所）

【"宗教与历史的交叉点：丝绸之路"国际学术会议】

中韩"宗教与历史的交叉点：丝绸之路"国际学术会议于 2014 年 3 月 21—22 日在西安成功举办。此次会议由陕西师范大学中国西部边疆研究院承办，金刚大学校长郑柄朝先生亲自带队参会，陕西师范大学党委书记甘晖教授出席了会议开幕式并致热情洋溢的欢迎词。韩国金刚大学校长郑柄朝先生在致辞中首先对此次会议的成功举办表示祝贺，并特别感谢陕西师范大学对此次会议的大力支持，强调在三星项目落户西安和构建"新丝绸之路经济带"的新形势下，此次会议的召开具有特别的意义和价值。他表示相信，以丝绸之路文化学术交流为纽带，必将促进中韩两国在政治、经济与文化之间的全面交流与合作。他在致辞中指出，作为两校合作交流活动的一部分，此次会议是一个良好的开端并将继续延续下去。在为期两天的会议时间里，来自中韩两国的 30 余位专家和学者就丝绸之路研究的回顾与展望、丝绸之路的历史演变、丝绸之路上的民族与宗教、丝绸之路与东西文化交流、丝绸之路上的新发现与新材料等问题进行了紧张而热烈的讨论和交流，不仅推动了中韩两国有关丝绸之路的研究，而且也进一步促进了中韩学术界之间的学术交流与两校之间的友谊。来自校内外的 50 余名教师和学生旁听了会议。

（供稿：王　欣，陕西师范大学中国西部边疆研究院院长、教授）

【民族国家理论的再反思暨构建中国自身"边疆"话语体系学术研讨会】

2014 年 3 月 31—4 月 1 日，由《学术月刊》杂志社与陕西师范大学中国西部边疆研究院国家重大项目组"边疆热点地区城市民族关系发展态势与对策研究"共同主办的"民族国家理论的再反思暨构建中国自身'边疆'话语体系学术研讨会"在上海举行。来自中国社会科学院、复旦大学、中央民族大学、四川大学、陕西师范大学、华东师范大学、上海政法学院等单位的十余位学者就民族国家理论与中国边疆话语进行了深入系统的讨论，并在一定程度上达成了共识，对于后续进一步研究提供了更全面、更有力的话语与实践资源。复旦大学姚大力教授首先跟大家分享了他近期对于拉铁摩尔的边疆研究经典著作《中国的亚洲内陆边疆》的阅读体会，认为我们在内亚边疆的写作上，不仅需要对于细节的考辨，还需要历史学之外的学科知识来加以观照。会议首场发言主要围绕"边疆"这一关键词展开，着力关注的是边疆在各种语境与关系格局中所展现的意义。复旦大学纳日碧力戈教授、中央民族大学关凯教授、华东师范大学刘琪副教授以及中央民族大学张亚辉副教授分别探讨了"边疆"的语言学意向、作为知识议题的"边疆""边缘"的知识可能性以及藏边社会场景下的边疆意向问题，这些问题直接关系后续边疆研究问题话语场域的展开。第二场发言更多地讨论具体历史时空中的疆域观与边疆观。中国社会科学院于逢春研究员、陕西师范大学黄达远教授、西北大学席会东博士和中央民族大学李如东博士生分别就"前近代环中国海儒教文化圈诸国的'中华'意向""准噶尔汗国之后的欧亚腹地秩序与民族主义""近代欧洲的中国疆域观与边疆观"以及"单向西域史叙述的初步思考"等问题展开论述，进而展示出各个历史维度下的边疆社会与边疆观。第三场发言部分侧重于边疆与国家关系。四川大学韦兵副教授、中央民族大学袁剑博士、上海政法学院郑非博士分别围绕"二十世纪西北边疆与中国现代国家形成""统合型国家、复线边疆与话语资源""族群问题'非政治化'？——兼论'第二代民族政策'争论中的尺蠖效应"提出了自己的看法，这些相关论述主要阐述的是边疆在当代中国国家结构构建中的位置与特殊性问题。31 日下午的圆桌会议主要集中于对民族国家理论的再反思以及对构建中国自身"边疆"话语体系的可能性的探讨，与会学者从各自关注的角度提出了相应看法。4 月 1 日上午的圆桌会议则围绕更为宏观的当代中国边疆与民族问题加以展开，着力就研究中的历史、现实、理论与价值关怀展开讨论。与会者探讨了当今中国边疆与民族问题研究的契机与挑战，分析了制度结构与边疆话语实践之间的相互关系，并就未来的边疆与民族问题研究提出了诸多具有前瞻性和可操作性的意见。

（供稿：王　欣，陕西师范大学中国西部边疆研究院院长、教授）

【博鳌亚洲论坛——南海：共赢与合作的创新思路分论坛】

2014 年 4 月 11 日，由中国南海研究院负责举办的 2014 年博鳌亚洲论坛——南海：共赢与合作的创新思路分论坛在博鳌举行。此次会议规格高、规模大、参与面广，议题设置更具开放性和全局性，来自南海区域内外十多个国家与地区的官员及学者等近百人应邀参加了研讨。会议由全国人大外委会主任委员傅莹女士主持。会议讨论嘉宾既包括泰国前副总理素拉杰、中国外交部亚洲事务特使王英凡、菲律宾前能源部长拉斐尔等熟谙本地区事务的前政府高官，也包括中国南海研究院院长吴士存、美国海洋安全政策专家瓦伦西亚、马来西亚海洋问题专家纳泽瑞、台湾南海问题专家刘复国等长期从事涉海事务研究的国际知名学者。在论坛友好、务实的氛围下，与会官员、学者等重点就维护南海和平稳定、推进南海合作发展等话题展开了深入交流和务实研讨，取得了不少积极共识和建设性意见。与会人士普遍认为，鉴于当前南海局势的深刻复杂变化，维护南海和平稳定大局的机遇与挑战并存，当务之急是避免南海局势进一步复杂化、扩大化，这要求有关各方切实加强对话交流，照顾彼此利益关切，增进相互理解和信任。此次会议就是一次务实、高效的南海议题对话会，相信将在"稳南海、促合作、增互信"方面发挥积极而重要的作用。

（供稿：中国南海研究院）

【第四次全国藏学工作协调会】

由中国藏学研究中心主办的第四次全国藏学工作协调会 2014 年 5 月 17—18 日在北京召开。全国 60 多个相关科研机构、高等院校及有关部门的负责人近 100 人参加会议。

会议认真学习贯彻中共中央总书记习近平系列重要讲话精神，认真学习贯彻中央领导人关于做好涉藏工作的重要指示，回顾总结了第三次全国藏学工作协调会以来的工作，深入探讨在全面深化改革的新形势下做好藏研工作的新思路新举措，提出今后几年的任务，推动中国藏学研究工作再上新水平。中央统战部副部长、中国西藏文化保护与发展协会副会长斯塔出席会议并讲话，他要求全国藏学研究工作者深入贯彻落实中央涉藏工作部署，不断提高藏学研究为中央涉藏工作服务、为西藏和四省藏区发展稳定和精神文明建设服务的能力和水平。中国藏学研究中心党组书记游洛屏致欢迎词，中国藏学研究中心总干事拉巴平措作工作报告。会议期间，与会代表认真学习领会习近平总书记系列重要讲话精神，深入学习贯彻中央领导人关于涉藏工作的重要指示，对如何在全面深化改革的新形势下做好藏研工作，更好地形成全国藏学研究一盘棋，凝聚全国藏学研究力量进行了深入探讨。与会代表一致认为，第三次全国藏学工作协调会以来，在中央统战部的领导下，中国藏学研究中心积极发挥牵头协调作用，全国藏学研究机构建设不断加强，广大藏研工作专家学者团结协作，努力推动藏研事业科学发展，为维护祖国统一、增强民族团结，促进西藏与四省藏区实现跨越式发展和长治久安发挥了积极作用。与会代表一致表示，当前藏研工作面临新的发展机遇，广大藏研工作者要认真贯彻落实党的十八大和十八届二中、三中全会精神，以习近平总书记系列重要讲话精神为指针，围绕党和国家涉藏工作大局，加强牵头协调，深化团结协作，努力开拓创新，不断取得新成绩，做出新贡献。第三届中国藏学研究珠峰奖颁奖仪式也在会议现场举行。本届珠峰奖设汉文研究专著、藏文研究专著、汉文学术论文、藏文学术论文、英文研究成果和基础资料成果等六大类奖项，另设特别奖和荣誉奖。作为国内藏学研究领域的国家级奖项，中国藏学研究珠峰奖以"支持藏学事业，弘扬民族文化"为宗旨，每四年举办一次。[1]

【西南边疆研究的回顾与前瞻学术研讨会】

2014 年 6 月 10—12 日，为推动西南边疆历史与现状综合研究项目（以下简称"西南边疆项目"）可持续发展，按照项目专家常委会的工作安排，由中国社科院科研局"西南边疆项目"办公室主办，社会科学文献出版社、云南大学承办的"西南边疆研究的回顾与前瞻学术研讨会"在昆明召开。全国社科规划办副主任杨庆存、中国社科院副秘书长晋保平、"西南边疆项目"专家委员会主任马大正、中国社科院人事教育局副局长、"西南边疆项目"办公室主任刘晖春、中国社科院科研局副局长陈文学、云南省委宣传部副部长张瑞才、云南大学校长林文勋、云南大学党委副书记张昌山、云南社科院副院长杨正权、项目专家委员会部分专家委员，以及全国社科规划办，云南、

---

① http://www.fmprc.gov.cn/ce/cohk/chn/xwdt/jzzh/t1157309.htm.

广西两省区社科规划办相关领导，中国社科院、云南大学、云南社科院、云南民族大学、云南师范大学、广西社科院、广西民族大学的部分学者和社会科学文献出版社相关同志出席会议。会上，云南省委宣传部副部长张瑞才、云南大学校长林文勋、云南大学党委副书记张昌山、云南社科院副院长杨正权分别致辞。中国社科院副秘书长晋保平、"西南边疆项目"专家委员会主任马大正、中国社科院科研局副局长陈文学发表讲话，着重从项目课题结项、成果出版与转化、人才培养和学科建设等角度，总结了西南边疆项目自2008年启动以来进展情况，对项目的二期发展提出了相关计划和要求。中国社会科学院科研局"西南边疆项目"办公室宋学立报告了项目管理工作。社会科学文献出版社人文分社社长宋月华报告了项目出版的总体情况。广西、云南两省区规划办负责同志分别介绍了两省区"西南边疆项目"承担情况、课题完成情况，特别是"西南边疆项目"对两省区哲学社会科学研究的重要推动作用。围绕"西南边疆项目"的进一步发展，与会领导和广大专家提出了做好项目二期申报、组织管理以及研究选题设计等方面的意见和建议。在听取了项目总体进展情况和与会专家发言后，全国社科规划办副主任杨庆存高度肯定了"西南边疆项目"启动以来开展的各项工作，认为这次研讨会内容实在、问题具体、交流充分、信息丰富，取得了很好的成效。

（供稿：云南大学）

【2014年纪念集安申遗10年暨好太王碑建立1600年学术讨论会】

2014年6月24—26日，通化师范学院和吉林省社会科学院联合举办的"纪念集安申遗10年暨好太王碑建立1600年学术讨论会"在通化召开。中国社会科学院边疆史地研究中心副主任李大路，吉林省社会科学院副院长刘信君与来自北京、辽宁、吉林、黑龙江等地90多位学者出席会议。通化师范学院副校长朱俊义主持召开开幕式，党委书记王忠致欢迎辞，李大路、刘信君讲话。学术发言由李乐营主持，分组讨论由李德山、姜维公、李新全主持。会后，代表们到集安好太王碑进行参观考察以资纪念。

（供稿：通化师范学院高句丽研究院）

【第六届晚清史研究国际学术研讨会】

2014年7月17日，西北民族大学与中国社会科学院近代史研究所联合举办的"清末新政·边疆新政与清末民族关系——第六届晚清史研究国际学术研讨会"在西北民族大学召开。开幕式上，西北民族大学副校长何烨致欢迎辞，中国社会科学院近代史研究所党委书记周溯源致开幕辞，法兰西科学院人文及政治学院院士巴斯蒂教授、华东师范大学思勉人文高等研究院院长茅海建教授及中国社会科学出版社社长赵剑英分别代表国内外学者和出版界同人致辞。开幕式由西北民族大学历史文化学院院长尹伟先主持。此次会议围绕海内外边疆新政和民族关系研究回顾、清末边政思想研究、清末边防政策研究、清末边疆民族关系研究、清末新政在西北、清末新政在东北、清末新政在内蒙古、清末新政在西南、清末边疆新政人物研究、清末边疆新政与近代化、清末政治改革、清末经济改革、清末军事改革、清末教育改革、清末法制改革、清末金融财政改革等主题展开为期2天的讨论。来自海内外高等院校、科研院所的90多名专家学者参加此次盛会。在我国"兴边富民行动"如火如荼开展的今天，举行"清末新政·边疆新政与清末民族关系"

国际学术讨论会，既有重要的学术价值，又有一定的现实意义。①

【第二届中国边疆学论坛】

2014 年 8 月 2—3 日，第二届中国边疆学论坛——"丝绸之路经济带""海上丝绸之路"与我国边疆的稳定与发展研讨会在内蒙古锡林郭勒盟锡林浩特召开。此次会议由中国社会科学院中国边疆史地研究中心主办，内蒙古社会科学院承办，内蒙古锡林郭勒职业学院协办。来自全国 13 个省区市 20 多个科研单位的 50 余位专家代表就会议主题发表看法、深入探讨。会议收到 44 篇学术论文。

2013 年 9 月 7 日，习近平主席在访问哈萨克斯坦期间，首次倡议共同建设"丝绸之路经济带"，该项倡议得到中亚五国的积极响应。同年 10 月，在访问东南亚国家期间，习近平主席又提出共同建设"21 世纪海上丝绸之路"的倡议并同样得到相关国家的关注。随之，在国内迅速掀起"一带一路"建设的热潮，沿边及中西部各省区市纷纷提出本地区在"一带一路"建设中希望承担的角色、发挥的作用。此次会议的召开恰逢其时，相关智库团队、专家学者集中研讨"一带一路"与我国边疆安全、稳定和发展问题。专家学者热议的话题包括：从地缘政治及经贸关系角度阐释"一带一路"的现实意义及推进构想；从史学研究的角度，对古代陆上丝绸之路、海上丝绸之路进行学术回顾与总结，为"一带一路"建设构想提供历史经验借鉴；分析"一带一路"构想的理论架构；分析会商各相关省区市在"一带一路"建设中应当发挥的作用。

会议代表普遍认为，"一带一路"建设不是单纯的经济考量，而应是国际交流、社会发展的系统工程。具体应该包括五个方面的内容：安全快捷的通道，经贸交流的纽带，文化旅游的长廊，区域合作的平台以及文明交融的载体、大同世界的示范。会议认为，今后还应该加强"一带一路"与中国边疆安全、稳定和发展之间的关系研究，加强中国边疆治理体系和能力现代化问题研究。

（供稿：范恩实，中国社会科学院中国边疆研究所副研究员）

【"民国时期的边疆与社会研究（1911—1949）"学术研讨会】

2014 年 8 月 11—12 日，由中国社会科学院中国边疆史地研究中心、四川师范大学、四川大学"中国西部边疆安全与发展协同创新中心"共同主办的"民国时期的边疆与社会研究（1911—1949）"学术研讨会在成都召开，来自全国的 100 余位专家学者齐聚一堂，共同探讨我国的边疆问题。四川师范大学副校长张健在致辞中表示，中国是一个统一多民族国家，边疆地区民族众多、土地广袤、资源丰富，在我国的发展中具有举足轻重的地位。历史上强盛的王朝都十分注重边疆的开发与治理。研究边疆与社会是中国史学的一项优良传统，本次会议围绕边疆地区的经济、文化、宗教、民族关系、教育、医疗卫生、城市变迁等有关问题展开研讨，不仅为中国边疆史地学科的建设贡献力量，也为当前社会建设献计献策。四川大学党委常务副书记、四川大学"中国西部边疆安全与发展协同创新中心"主任罗中枢认为，民国时期的边疆与社会研究是史地学科领域的一个重要研究课题。在中国广大的边疆，尤其是西部，边疆问题与民族问题、宗教问题、文化问题、安

---

① http://study.ccln.gov.cn/fenke/lishixue/lsxkdt/lsxsxw/95396.shtml.

全问题、社会问题等密不可分。边疆稳则
国家安，边疆强则国力盛。今天的中国由
历史的中国发展而来，今天的边疆也是历
史边疆的延续和发展。民国时期的边疆与
社会研究，虽属历史研究的范畴，但涵盖
了众多的学科，具有非常重要的现实意
义。研究历史上的边疆和边疆少数民族社
会历史的各种问题，不仅对边疆学、边疆
史地学、民族学、民族史学、边疆社会史
学的学科发展具有重要的学术意义，而且
能为今天我们国家制定解决边疆问题、治
边问题的政策提供不可或缺的历史参照。
中国社会科学院中国边疆史地研究中心研
究员李大龙表示，民国时期的边疆与社会
处于一个大变革时期，中华民国取代清王
朝并不是简单的政权更替，而是实现了中
国社会由传统王朝走向近现代主权国家，
其中存在的很多重大问题值得去关注。就
边疆研究而言，利用大量的档案材料揭示
边疆地区社会发展的一些具体问题固然是
重要的，但更重要的是充分发挥社会科学
研究的功能。社会科学研究的基本功能包
括自我提高和教化别人两个方面。自我提
高是指通过研究来增加自己的知识储备，
提高自己认识问题、解决问题的能力，而
教化别人是通过各种方式用自己的研究所
得去影响别人，甚至是政府的决策。四川
师范大学历史文化与旅游学院院长王川认
为，这次会议的召开，继承了中国传统史
学重视边疆、民族、区域、宗教、文化研
究的传统。随着我国从大国走向强国，进
入社会主义现代化建设新阶段，边疆问题
的研究在现今具有特别重要的意义。边疆
民族治理、跨境民族问题、涉藏涉疆问
题，以及我国与周边国家的关系问题等，
无一不是当今决定中国西部形势的重大
问题。

（供稿：中国社会科学院中国边疆研
究所）

【"落实《南海各方行为宣言》精神，构建南海区域合作机制"国际研讨会】

2014 年 8 月 14—15 日，由中国南海
研究院举办的"落实《南海各方行为宣
言》精神，构建南海区域合作机制国际
研讨会"在海口召开，来自中国、印度
尼西亚、越南、菲律宾、马来西亚、新加
坡、美国、英国、澳大利亚及中国台湾等
国家和地区的涉海部门官员与专家学者
40 余人参加了会议。为期 2 天的会议围
绕"保护南海生物资源：问题、挑战与
实践""养护海洋生物资源多样性：国际
经验与实践""构建南海海洋环境保护与
合作机制""打击海上犯罪合作机制"
"落实《宣言》：现状与困难"以及"南
海问题的中国—东盟关系"等议题展开
深入的研讨。中新社、新华社、《海南日
报》等媒体均作了报道。

（供稿：中国南海研究院）

【"全球化视野下的中国西南边疆民族环境变迁"国际学术研讨会】

2014 年 8 月 18 日至 19 日，由云南大
学人文学院历史系主办、云南大学西南环
境史研究所承办的"全球化视野下的中
国西南边疆民族环境变迁国际学术研讨
会"在昆明召开。旨在借鉴国内外环境
史研究的新理论、新方法和新经验，进一
步推动区域环境史、边疆民族环境史乃至
中国环境史的深入发展。来自中国大陆、
香港地区、台湾地区，美国、德国等高校
与研究机构的近 80 位环境史学者莅会进
行了交流讨论，提交会议论文 50 余篇。
与会学者以"全球化视野下的中国西南
边疆民族环境变迁"为主题，紧紧围绕
区域环境、环境史理论与方法、疾病与环
境、灾害与环境、水环境和世界环境史等
6 个议题进行了热烈讨论。其代表性成果
主要有：台湾"中央研究院"院士刘翠

溶的"Urbanization in Modern Yunnan from a Perspective of Environmental History"、德国海德堡大学汉学系助理研究员Nanny Kim（金兰中）的《清代滇东北矿业、运输和环境变迁》、复旦大学历史地理研究中心教授满志敏的《清代登陆海南岛台风对西南地区的影响》、南开大学中国生态环境史研究中心主任王利华的《探寻吾土吾民的生命轨迹——浅谈中国环境史研究的"问题"与"主义"》、云南大学西南环境史研究所所长周琼的《开展并推进边疆环境史的研究》等文章。

（供稿：云南大学）

【南海仲裁案国际研讨会】

2014年8月21—22日，由中国南海研究院和中国南海研究协同创新中心共同主办的"南海仲裁案国际研讨会"在北京召开。来自中国、英国、加拿大、澳大利亚、韩国、新加坡以及国际海洋法法庭等国家、地区和国际组织的专家学者、法官40余人参加了会议。此次国际研讨会为期2天，围绕"南海争端的起源与发展""南海仲裁案的管辖权与可受理性问题""中国不参与仲裁在《联合国海洋法公约》争端解决机制下的法律依据""南海断续线与中国的领土和海洋权利主张""岛礁的法律地位""菲律宾对南海的权利声索与中国的海上维权执法活动""国际司法在国际争端解决中的作用"以及"南海仲裁案的影响"等议题展开深入讨论。外交部副部长刘振民会见了与会代表。中新社、新华社、《环球时报》等国内知名媒体均作了报道，并对多名参会的法官、学者进行了专访。

（供稿：中国南海研究院）

【南海争端与东南亚国际关系学术研讨会】

2014年9月27日—28日，由国家领土主权与海洋权益协同创新中心与武汉大学历史学院共同承办的"南海争端与东南亚国际关系学术研讨会"在武汉大学召开。来自中国社会科学院、中国国际问题研究院、华中师范大学、中山大学、郑州大学、黑龙江大学、湖南湘潭大学等20多所高校和科研单位的60多位专家、学者参加了会议。与会专家从历史学、国际关系、国际法、外交学等多学科多角度地对南海争端和东南亚国际关系问题进行了探讨和研究。会议有两场主题报告及24场分报告，提交论文40余篇，代表性报告有国家海洋局海洋发展战略研究所副所长贾宇研究员的《南海历史性权利的有关问题》，中国边界与海洋研究院院长、武汉大学人文社科资深教授胡德坤的《从民国档案看南海断续线的形成》，以及中国国际问题研究院赵青海研究员的《战后美国南海政策演变及未来发展趋势》、武汉大学中国边界与海洋研究院常务副院长余敏友教授的《南海断续线法律依据之争及其对南海争端的影响》、黑龙江大学郭渊教授的《冷战时期马来西亚在南海的领土争议及地缘政治思维》、郑州大学越南研究所于向东教授的《论析越美全面伙伴关系》等。

（供稿：武汉大学中国边界与海洋研究院）

【"抗战时期西南边疆与民族"学术研讨会】

2014年10月11—12日，由中国社会科学院近代史研究所、云南民族大学、中共云南省龙陵县委县政府联合举办，《抗日战争研究》编辑部、云南民族大学民族研究所及人文学院、中共龙陵县委统战部具体承办的"抗战时期西南边疆与民族"学术研讨会在云南省龙陵县召开。中国社会科学院近代史研究所副所长金以林研究员主持开幕式，中共龙陵县委副书记赵国志致欢迎辞，中国社会科学院近代史研究所所长王建朗研究员致开幕辞，中国抗日战争史学会会长步平研究员、云南民族大学人文学院院长郭飞平教授受云南民族大学常务副校长和少英教授委托也先后致辞。

西南边疆地处祖国边陲，地域广阔、资源丰富、民族众多、地理环境特殊、地缘政治复杂，是沟通东南亚、南亚的重要区域。抗战时期，国民政府西迁，西南边疆成为抗击日本侵略的大后方，在战略物资供应、交通运输等方面为支撑全国抗战做出了重要贡献。与会学者在会议上围绕抗日战争与中华民族复兴、抗日战争时期西南边疆的社会政治与民族关系、抗日战争时期西南边疆的地缘政治与国际关系等主题进行了深入的交流与讨论。这是一次高规格、高质量的学术会议，来自中国社会科学院、复旦大学、南开大学、南京大学、西南大学、华南师范大学、云南民族大学、社会科学文献出版社、国家图书馆出版社等单位的近 30 位学者、专家参加了研讨。会议气氛热烈、讨论认真，学者们不断擦出火花，新见迭出。会议期间，与会学者考察了惠通桥、松山抗战遗址、腾冲国殇墓园、滇西抗战纪念馆等抗战遗址及纪念场馆，并向国殇墓园的抗战英烈敬献了鲜花。与会学者还与龙陵县委、县政府、县人大、县政协负责人就龙陵县抗战文化的保护与利用进行了广泛座谈和深入交流，部分学者受聘为龙陵县松山抗战文化研究中心顾问。2014 年是抗日战争胜利 69 周年，也是滇西大反攻胜利 70 周年，此次会议的召开具有重要的历史与现实意义，相信能进一步促进滇西抗战遗迹的保护与宣传。[1]

【2014 中韩东亚海洋管理现状及问题学术研讨会】

2014 年 10 月 16—17 日，由武汉大学中国边界与海洋研究院、韩国水道测量学会共同主办的"2014 中韩东亚海洋管理现状及问题学术研讨会"在武汉召开。来自韩国釜庆国立大学、仁荷大学、首尔大学、韩国地球科学与矿产资源研究所、韩国地理系统研究公司、武汉大学等高校和科研单位的 30 余位专家学者参加了此次会议。来自韩国地球科学与矿产资源研究所的金盛弼博士作了"韩国海洋管理现状及问题"的报告，中国国家海洋局国际合作司的徐贺云处长相应作了"中国海洋管理现状及问题"的报告，各自对本国海洋的管理现状及面临困境进行了很好的梳理，为接下来的会议研讨奠定了良好的基础。与会学者从海洋政策、海洋管理、海洋共同开发与海洋安全问题、海上执法、海洋边界划定等诸多领域，围绕东亚海洋管理的现状进行了探讨。会议论文主要有仁荷大学法学院国际法金显洙教授的《共同开发区对海洋边界的影响》，韩国海洋信息技术公司康永东的《对用于高频雷达的 SAMCHEOK 沿海观测数据的精确分析》，武汉大学法学院、中国边界与海洋研究院杨泽伟教授的《中韩渔业争端的现状及未来：中国学者的观点》，韩国首尔大学生物信息学崔云秀教授的《韩国地方政府间海洋边界划定标准》，武汉大学中国边界与海洋研究院黄伟副教授的《中韩海上执法合作》，武汉大学中国边界与海洋研究院张愿博士的《海洋事故的预防与中韩海洋安全合作》，

---

①　http://jds.cass.cn/Item/26850.aspx.

武汉大学中国边界与海洋研究院王佳佳博士的《朴槿惠政府的海洋政策：中国学者的解读》等。

（供稿：武汉大学中国边界与海洋研究院）

【纪念好太王碑建碑 1600 周年国际学术会议】

2014 年 10 月 19—22 日，由中国社会科学院中国边疆研究所和韩国东北亚历史财团主办、通化师范学院协办的"纪念好太王碑建碑 1600 周年国际学术会议"在集安市召开。中国社会科学院原副院长武寅与韩国东北亚历史财团理事长金学俊出席开幕式并先后致辞，对这次会议给予高度评价。武寅指出，学术界关注和研究好太王碑不仅因为它提供了大量的历史信息，还在于它是东北亚历史发展中不可多得的瑰宝之一，值得后人不断挖掘、不断研究。她指出，进一步推进和深化好太王碑研究离不开各国学者的共同努力，此次会议对扩大和深化各国学者间的学术交流和合作提供了良好的平台。她相信，只要各国学者坦诚相见、相互理解、求同存异、彼此尊重，在诸多历史问题上的学术研究一定能迈上新台阶。此次会议有来自韩国、朝鲜、日本及中国的学者 44 人，收到论文 30 篇。在为期 2 天的会议中，与会专家学者围绕"好太王碑"研究、有关高句丽的石刻史料研究、有关高句丽史上的好太王时代研究、有关高句丽的考古研究等议题展开讨论交流。学者们从好太王碑与集安高句丽碑的关系、好太王碑文争议性纪事、从好太王碑看高句丽的历史地位、好太王碑的"始祖传说"模式、好太王碑文所载北方经略纪事、好太王军事战略、碑文"新来韩秽"、近年来中国大陆所见好太王碑研究资料、日本藏好太王碑拓本等方面展开专题报告，从石刻史料方面阐释了广开土王碑文，对该碑难辨认文字、该碑书体特征、该碑的表述及其文体、该碑在高句丽史学史上的地位，并就高句丽建国神话、黄龙与高句丽早期历史、高句丽守墓制研究现状及争论、好太王时代高句丽地方统治制度、征战纪事与迁都平壤、三国关系、高句丽与后燕的对外关系、辽东半岛高句丽山城等议题进行论述。此外，与会学者们还就好太王的陵墓、高句丽壁画墓、近年韩国高句丽遗址、望江楼类型主要遗存、高句丽陶器研究、永陵南城址发掘等内容进行了讨论。会议期间，与会学者们本着严谨求实的精神，畅所欲言，深入探讨，坦诚交流，营造了良好的学术氛围，会议达到了预期目标。通过此次学术会议，进一步深化了中、韩、朝、日 4 国学者间的学术交流，有助于深化高句丽乃至东北亚历史问题的理论研究，有助于加强各国学术界的交流和沟通。中国社会科学院中国边疆研究所党委书记李国强主持开幕式并在闭幕式上作总结发言。

（供稿：通化师范学院高句丽研究院）

【第二届中国边疆研究青年学者论坛】

2014 年 11 月 2 日，第二届中国边疆研究青年学者论坛在上海召开。此次会议由中国社会科学院中国边疆研究所与华东师范大学俄罗斯研究中心、周边中心和上海市国际关系学会共同主办，邢广程、李大路参加会议。

来自国内 20 多个高校、科研机构的近 40 位青年研究者参加此次会议，收到 30 篇论文。会议论文有 3 方面特点：一是视野宽，既有从云南、新疆、内蒙古等边疆地区出发的"区域视角"，又有立足于中国全局的"国家视野"和从"全球大棋局"出发的"国际视野"。二是领域广。既对边界学研究范式、中国民族史研究理论框架、疆域历史与历史疆域理念、边境安全与国家安全关系进行了理论思考，又涉及历史时期中国边疆治理、中国边疆研究史学史、海疆历史与现实研究、中国与俄罗斯、中亚关系以及当代中国边疆的稳定发展与生态文明等领域，还从美国、俄罗斯、中亚和中美印"战略三角关系"等不同视角出发探讨中国边疆地区及其周边环境。三是多学科结合。青年学者运用历史学、国际关系与国际政治、政治学、经济学、社会学、国际法、民族学等诸多学科的理论与方法，共同探讨中国边疆治理与周边关系问题，激起了学术火花。

（供稿：中国社会科学院中国边疆研究所）

【2014 年海峡两岸南海问题学术研讨会】

2014 年 11 月 6—7 日，由中国南海研究院举办的"第十二届海峡两岸南海问题学术研讨会"在海口举行，来自海峡两岸的 30 多名专家学者围绕"当前南海形势分析与评估""菲律宾南海仲裁案与两岸合作""南海历史与海洋权益"和"两岸南海合作展望"等 4 个议题开展交流。与会学者一致认为，近期南海形势发生了新的变化，两岸关系发展也面临着诸多新挑战，对南海合作造成了一定影响，两岸南海问题专家学者应摒弃嫌隙、携手合作，共同研判南海形势新特点，分析两岸合作新困境，提出合作可行的新框架与新思路。新华社、中新社、《海南日报》等媒体均作了报道。

（供稿：中国南海研究院）

【"陆海二元格局下的边疆战略与文化联结"研讨会】

2014 年 11 月 14 日，由中国人民武装警察部队学院边境与出入境安全研究基地主办，浙江师范大学环东海海疆与海洋文化研究所协办的"陆海二元格局下的边疆战略与文化联结"学术研讨会在河北省廊坊市召开。武警学院政委、研究基地主任崔芝崑，武警学院边防系主任、研究基地副主任张保平，中国改革开放论坛战略研究中心副主任马加力，中国边疆史地研究中心研究员于逢春，浙江师范大学环东海海疆与海洋文化研究所常务副所长陈国灿，《新华文摘》副主编王善超，《光明日报》总编室华挺等受邀参加了此次研讨会。专家们认为，此次研讨会确定的"陆海二元格局下的边疆战略与文化联结"视角十分新颖，确需深入探讨。张保平教授认为，中国边疆陆海二元格局既是地理的，也是心理的，地理意义上的二元格局是客观存在，但心理意义上的二元格局是伴随着海洋意识的觉醒才形成的；既要意识到我国边疆地理陆海二元格局，更要意识到这种二元格局的不均衡性；应当通过确立陆海统筹的边疆战略，培育陆海相通的文化因子，从而实现陆海边疆在战略与文化上的联结。①

【第五届"西南论坛"】

2014 年 11 月 29—30 日，由中国社会科学院中国边疆研究所、云南大学、新加坡国立大学东亚研究所、云南省保山市人民政府联合举办的"中国社会科学论坛·西南论坛（第五届）"在云南省保山市腾冲县召开。论坛主题为"中国沿边开发开放与周边区域合作"。来自新加坡、俄罗斯、越南、德国、日本、英国及

---

① http：//theory. gmw. cn/2014 - 11/19/content_ 13889621. htm.

中国大陆和台湾地区数十家高校及科研院所的120余位专家学者参加了会议，会议收到论文50余篇。与会学者以"中国沿边开发开放与周边区域合作"为主题，围绕"'一带一路'：战略与政策""周边外交与区域合作：理论与实践""沿边开发开放：作用与路径"等3个议题展开，其代表性成果主要有：邢广程《现代丝绸之路战略：中国与世界深度互动的新型衔接方式》，周伟洲《关于新丝绸之路经济带构建的思考》，林文勋《关于建设南方丝绸之路经济走廊的构想》，余虹《21世纪海上丝绸之路背景下云南作为中国通向亚洲的大门》，范建华《云南在一带一路建设中的地位和作用》，吕文利《论云南是连接"一带"和"一路"的中心——以交通建设为基础的讨论》，杨沐《全球治理中的双轨制——对中国一带一路战略的经济学思考》，德国 Nadine Godehart（高亭亭）博士"Silk road Economic Belt：A Chance for Chinese - European Cooperation"，英国剑桥大学 Sayana Namsaraeva（萨亚娜）研究员"'It is all built on our money!'：Russian border - traders in and about Manzhouli"，日本北海道大学 Akihiro Iwashita（岩下明裕）教授"Eurasian Borders in Comparative Studies：The Interaction between Physical and Mental Aspects"，杨先明《加快沿边开放、重塑周边经济地理》，常欣欣《环北部湾区域经济合作发展中的石油战略构想》，李方《丝绸之路经济带视野下的新疆对外合作刍议》，魏玲《中国东盟命运共同体钻石十年的发展前景》，李晨阳《滇越铁路对中国——东盟互联互通发展的历史启示》，肖宪《中印人文交流，促进双方互信建设》，朱翠萍《西向开放战略与中印合作前景》，陆南泉《以中俄关系步入新阶段为契机积极推进两国区域合作》，陈玉荣《一带一路深化中国与周边国家互利合作》，许建英《简论土耳其维吾尔华人华侨与丝绸之路经济带建设》，汪荣《对外开放新格局与周边区域合作》，杨烨《孟中印缅地区合作历程与思考》，吕余生《一带一路建设新机遇与广西沿边开放新举措》，李大龙《利益边疆与利益共同体——对沿边开放与国外投资安全的几点思考》，吴磊《建设中缅油气管道复线几点思考》等。

（供稿：云南大学）

【"新型东亚海洋安全：建立中美海上和谐秩序"国际研讨会】

2014年12月4日，"新型东亚海洋安全：建立中美海上和谐秩序"国际研讨会在海口市举行，该会由中国南海研究院、美国康奈尔大学中国与亚太研究中心和北京大学国际关系学院共同主办。来自美国康奈尔大学、美国海军分析研究中心、美国国防大学、美国亚太安全研究中心、新加坡南洋理工大学、北京大学、中国南海研究院、中国社科院、海军军事学术研究所、上海交通大学等研究机构和高校的专家学者20余人参加了会议。为期2天的会议围绕"中美新型大国关系与东亚海洋争端""中国海洋权益与美国国家利益的契合点""国际法的角色""协调、合作与危机管控""中美海洋关系的地区视角"等议题展开深入研讨。此次研讨会是在东亚海洋争端日益加剧、地缘政治形势日趋复杂的背景下召开的。会议代表就各议题进行了坦诚并深入的探讨。与会学者普遍认为构建中美新型大国关系、增进互信、加强合作对和平解决东亚海洋争端意义重大，并相信此次会议的成功举办将会对推动中美海上安全交流与合作发挥积极作用。新华社、中新社等媒体作了报道。

（供稿：中国南海研究院）

【第三届东海论坛】

2014 年 11 月 28 日—12 月 1 日在浙江舟山召开，由中国社会科学院日本研究所、日本东京财团牵头，浙江海洋学院主办。以东海相关的历史问题、国际法问题、海洋资源环境问题、军事安全问题为主题进行中日两国高层智库间直接对话，为我国的对日政治、外资策略、军事决策提供重要的智力支撑。中日专家 30 余人参加。

（供稿：浙江海洋学院东海发展研究院）

【邓锐龄先生九十诞辰暨明清藏族史学术研讨会】

2014 年 12 月 27 日，"邓锐龄先生九十诞辰暨明清藏族史学术研讨会"在中国藏学研究中心召开。此次会议由中国藏学研究中心历史研究所和中国藏学杂志社合办。来自中国藏学研究中心、中央民族大学、中国社会科学院科研局、中国社会科学院民族学与人类学研究所、中国边疆史地研究中心、西藏大学等单位的 40 多位专家学者与会。

（供稿：张　云，中国藏学研究中心历史研究所所长、研究员）

【21 世纪"海上丝绸之路"建设国际学术研讨会】

2015 年 2 月 7 日，由中国南海研究院举办的 21 世纪"海上丝绸之路"建设国际学术研讨会在海口召开。来自中国、美国、印度尼西亚、越南、新加坡、中国台湾等国家和地区的官员、智库学者、媒体记者等 80 多人参加了会议。与会代表围绕"南海区域合作与 21 世纪'海上丝绸之路'建设""中国—东盟关系与 21 世纪'海上丝绸之路'建设""中国沿海省份的角色定位与 21 世纪'海上丝绸之路'建设"和"建设 21 世纪'海上丝绸之路'的机遇与挑战"等议题，就建设 21 世纪"海上丝绸之路"构想的背景、内涵、意义及实施过程中可能面临的挑战进行了坦诚并深入的探讨。会议特别邀请外交部边界与海洋事务司欧阳玉靖司长和新加坡国立大学东亚研究所所长郑永年教授分别作了题为"维护南海和平稳定，共建 21 世纪海上丝绸之路"和"丝绸之路与全球增量再平衡战略"的主旨发言。此次研讨会是在中国—东盟海上合作日趋深入，"一带一路"规划不断推进的背景下召开的。与会学者普遍认为"一带一路"倡议意义重大，建设 21 世纪"海上丝绸之路"对维护地区和平与稳定具有积极意义，并相信此次会议的成功举办将对推进"一带一路"构想实施，推动中国与沿线国家的交流与合作发挥积极作用。

（供稿：中国南海研究院）

【"南方丝绸之路经济带与'一带一路'协调发展"学术研讨会】

为从理论与实践角度进一步深化认识"南方丝绸之路经济带与'一带一路'协调发展"的关系问题，云南大学于 2015 年 3 月 14 日在东陆校区科学馆举办了"南方丝绸之路经济带与'一带一路'协调发展"学术研讨会。来自云南省人大、云南省委宣传部、中国社会科学院中国边疆研究所、新华社云南分社、云南省社会科学院、云南大学等单位的 30 余名专家学者到会交流、思想碰撞、建言献策。云南大学校长林文勋表示，当前要紧紧围绕国家战略和云南发展的需要，对南方丝绸之路进行新的历史审视，要全面研究西南，特别是云南的对外开放问题。他坦言，研讨会的召开旨在集思广益，为把相关研究工作做得更好奠定坚实基础。对于后续研究，林文勋表示，云南大学将发挥综合性大学的学术优势，在培养研究队伍、推出优秀成果、推进智库建设等方面作出努力。云南省人大法制委主任郑维川表示，云南大学有人才有力量有担当开展相关研究，他对此充满信心。同时，他认为，云南大学应借助校内外已有的平台、已有的研究、已有的成果进行整体性的大策划，把项目策划与力量组织有机结合起来，不断推出创新性成果。云南省委宣传部副部长张瑞才对云南大学主动融入国家战略和服务云南发展取得的新成绩表示祝贺，并希望云南大学整合校内、校际、省内外的研究力量推动学术创新，更好地服务云南跨越式发展。新华社云南分社副社长兼总编辑李自良回顾了与云南大学此前开展的诸多良好合作，并希望双方能进一步在智力支持等方面加强沟通。受会议邀请，中国社会科学院中国边疆研究所党委书记兼副所长李国强，作了关于"一带一路"战略与云南发展选择的主旨发言，在分析国家及云南周边形势后提出了有针对性的建议。教育部长江学者特聘教授、云南大学公共管理学院政治学系主任周平，云南省社会科学院副院长、研究员王文成，云南省社会科学院研究员贺圣达，云南大学人文学院历史系教授吕昭义，中国社会科学院中国边疆研究所研究员李大龙，云南大学人文学院历史系教授陆韧，云南省社会科学院南亚研究所研究员陈利君，云南大学、教育部西南边疆少数民族研究中心教授方铁，云南省发改委桥堡办处长孙富文，云南大学国际关系研究院研究员刘稚，云南省社会科学院科研处处长马勇，云南省发改委桥堡办副处长郭金华等政治、历史、国际关系研究领域的专家学者，结合会议主题并从各自的视角依次作了发言。云南大学校长办公室主任戴顺祥，社会科学处处长杨毅、副处长李晨阳，国际关系研究院院长吴磊，人文学院副院长罗群及人文学院历史系、国际关系研究院的部分师生全程参与了研讨会。

（供稿：云南大学）

【博鳌亚洲论坛"南海：双轨思路与合作共赢"分论坛】

2015 年 3 月 28—29 日，由博鳌亚洲论坛秘书处与中国南海研究院共同主办的 2015 年博鳌亚洲论坛南海分论坛国际研讨会在海南博鳌举行，来自南海区域内外 10 多个国家和地区的近百位专家、学者参会。在 28 日、29 日两天的会议中，与会专家、学者将就解决南海问题的"双轨思路"、南海各沿岸国间的合作等议题进行了讨论，达成广泛共识。外交部刘振民副部长应邀出席 28 日的研讨会并发表主旨演讲。刘振民表示，中国在坚定维护领土主权和海洋权益的同时，从地区和平稳定大局出发，始终致力于同直接有关的主权国家通过谈判协商解决南海有关争议。中国的崇高目标是努力推动南海的和平稳定，并为此做出了切实的努力。南海是各沿岸国人民的共同家园。各沿岸国应携起手来，大力推动海上务实合作，寻求一条创造性的思路，打造"南海命运共同体"，早日将南海建设成为"和平、合作、友谊"之海。与会专家、学者对此纷纷表示赞同，普遍认为中国和东盟国家共同倡导的"双轨思路"是解决南海问题的有效途径，各方应在此框架下进一步加强交流与沟通，并推动南海沿岸国间的海上务实合作。全国人大外事委员会主任委员傅莹应邀出席并主持 29 日的闭门会议。傅莹强调"双轨思路"被证明是解决南海有关问题的有效途径，并呼吁各位专家学者积极为南海各沿岸国间开展务实合作建言献策。与会人士普遍认为维护南海和平与稳定的机遇和挑战并存，有关各方需进一步凝聚共识，加强对话交流，推动海上务实合作。2014 年中国和东盟国家明确以"双轨思路"处理南海问题以来，得到各方高度关注与认可。中国南海研究院院长吴士存表示，未来南海分论坛可进一步机制化，议题将更加具体，力求通过学术渠道探讨如何通过谈判协商解决相关争议，以及如何由中国与东盟国家共同维护南海和平稳定。

（供稿：中国南海研究院）

【第四届东海论坛】

第四届东海论坛于 2015 年 4 月 24—27 日在浙江舟山召开，由浙江省舟山市文化广电新闻出版局、浙江海洋学院、浙江省海洋文化研究会主办。以探讨舟山群岛在海上丝绸之路的历史地位和作用、挖掘海上丝绸之路（舟山段）的历史遗迹和文献记载，展望舟山群岛"一带一路"建设为主题，来自中国社科院及中日韩三国相关研究学者、专家近 200 人参加论坛。

（供稿：浙江海洋学院东海发展研究院）

【2015 年纪念高句丽研究院建院 20 周年学术研讨会】

2015 年 7 月 1—2 日，通化师范学院高句丽研究院、高句丽与东北民族研究中心举办了纪念高句丽研究院建院 20 周年学术研讨会。来自中国社会科学院、台湾大学、台湾师范大学、黑龙江省社会科学院、哈尔滨师范大学、辽宁省社会科学院、沈阳建筑大学、营口市博物馆、桓仁县文物管理局、吉林省社会科学院、吉林省考古研究所、吉林大学、东北师范大学、吉林省民族研究所、集安市博物馆、通化师范学院等院校、科研机构、文博系统的近百名专家学者参加了此次学术研讨

会。7 月 1 日上午大会开幕，通化师范学院副校长朱俊义教授主持了会议开幕式。通化师范学院党委书记王忠教授、校长康学伟教授、高句丽研究院原院长杨春吉教授、特聘院长耿铁华教授、院长李乐营教授、宣传部部长卞睿、学报主编章永林等出席会议。通化师范学院康学伟教授、黑龙江省社会科学院魏国忠教授、东北师范大学刘厚生教授、吉林大学魏存成教授、中国社会科学院李大龙教授、通化师范学院杨春吉教授先后致辞庆祝高句丽研究院建院 20 周年。校长康学伟教授介绍了通化师范学院的办学层次和办学特色，讲解了高句丽研究的学术成果、现状及展望，代表校方表示将继续支持以高句丽史为研究中心的中国史学科的建设与发展。东北师范大学教授、满学专家刘厚生先生认为高句丽研究院成立 20 年来成果丰硕，影响深远，在学术传承和人才梯队建设上卓有成效。吉林大学魏存成教授强调，高句丽研究今后应该更加注重历史文献资料和最新考古资料的结合，并呼吁开展学科交叉研究，以实现多学科协同创新。开幕式后代表合影留念。第二阶段的主题发言由高句丽研究院院长李乐营教授主持。东北师范大学李德山教授、台湾师范大学张崑将教授、中国社会科学院范恩实副研究员、吉林省考古研究所李东研究员、沈阳建筑大学朴玉顺教授、中国社会科学院王飞峰助理研究员、吉林省社会科学院祝立业副研究员、通化师范学院高句丽研究院特聘院长耿铁华教授分别进行了主题发言。李德山教授指出包括高句丽史在内的东北民族研究属于历史学范畴之内的问题，在研究方法上应重视文献研究法，加强对现有历史文献的搜集整理和考据分析。中国社会科学院考古所王飞峰助理研究员介绍了新发掘的盖州高丽城山城的考古情况。高句丽研究院特聘院长耿铁华教授回顾并总结了高句丽研究院建院 20 年

来高句丽历史与考古研究的历程和经验。下午与会专家学者分为历史、考古两个分会场进行讨论。历史分会场由魏国忠教授、李德山教授主持。考古分会场由魏存成教授、肖景全研究员主持。与会专家就高句丽历史与文化、高句丽考古、东北民族疆域等议题进行了研究讨论，分别从制度史、思想史、女性史、佛教史、历史地理考据、建筑艺术、音乐考古、服饰考古等多个角度介绍了各自最新研究成果。最后由高句丽研究院特聘院长耿铁华教授就专家学者的发言讨论情况进行了总结，交流了高句丽研究院20年来的研究状况及学科建设经验，强调了创新研究方法和拓展研究视野的重要性。7月2日，在辽宁省桓仁县文物管理局原副局长王俊辉研究员的主持下，与会代表赴辽宁省桓仁县高句丽世界文化遗产五女山城进行学术考察。参观了五女山博物馆，考察了五女山城城墙、建筑遗址、蓄水池等遗迹。本次研讨会具有"观点新、资料新、方法新、视野新"的特点，不仅充分总结了高句丽研究及东北史研究领域20年来的学术成果，更展示了该领域丰富的近期研究成果，规划了学科建设方向，而且大量年轻的高句丽与东北民族研究方面博硕士人才的参会，必将进一步促进包括高句丽史在内的东北史研究的深入发展。

（供稿：通化师范学院高句丽研究院）

【第三届中国边疆研究青年学者论坛】

2015年7月5—7日，由中国社会科学院中国边疆研究所、云南民族大学共同主办的第三届中国边疆研究青年学者论坛在昆明召开。

此次论坛汇集了中国社会科学院、中国人民大学、云南大学、云南民族大学、云南师范大学、昆明理工大学、广西民族大学、西北大学、陕西师范大学、黑龙江大学等单位的60位青年学者参加。与会学者提交了55篇论文，围绕"中国边疆治理的理论思考""海疆的历史与现实""西南边疆史地研究""西北史地研究""边疆民族地区历史地理""边疆司法与边疆治理""边疆民族地区文化与社会变迁""近代中国边疆治理及涉外关系""多学科视角下的边疆研究"等多个议题展开研讨。

此次论坛还举办了学术沙龙"历史与现实：中国边疆研究纵横谈"，特邀李国强研究员、云南大学方铁教授作学术报告，就中国边疆史地研究的理论、方法和青年研究者的成长进行学术指导。

（供稿：中国社会科学院中国边疆研究所）

【"多维视野下的中国边疆与族群"学术研讨会】

2015年8月14日至15日，由云南大学历史系、上海市《学术月刊》联合举办的"多维视野下的中国边疆与族群学术研讨会"在昆明召开。会议主题为"多维视野下的中国边疆与族群"。来自北京、上海、吉林、新疆、陕西、四川、广西、云南等省市自治区的70多位学者出席了会议，提交会议论文60余篇。与会学者紧紧围绕"多维视野下的中国边疆与族群"这一主题展开了热烈讨论。其代表性成果主要有：姚大力《内陆亚洲与中国历史：读〈中国的亚洲内陆边疆〉札记》、王鹏辉《清末新政背景中的边疆民族社会——以吴禄贞内蒙东四盟调查为例》、李大龙《东亚"天下"传统政治格局的形成及演变趋势——以政权建构与族群聚合为中心》、李硕《在西部发现历史——对拉铁摩尔学术的解读》、昝涛《从历史的角度看"双泛"》、尤佳《边疆治理视阈下土司分袭制度研究》、王小平《明清时期的边疆屯田与边疆治理》、程妮娜《羁縻与统治：中国古代边疆建构与发展的历史轨迹——以东北边疆民族朝贡制度演进为中心》、陈国保《地方势力的崛起与唐代安南都护府的兴衰演变——晚唐南疆离心的社会根源管窥》、刘俊珂《建设与重构——战后南京国民政府对台湾的经略及其历史局限》、刘祥学《边疆认同与安全保障：中国古代王朝治理边疆的教训钩沉》、刘正寅《别失八里或 MO-GHULISTAN：多文化视野下的元明西域》、马戎：《民国时期的社会转型、政权建设与民族关系》、方素梅《抗战时期回族的国民外交与国民政府的策略——以"中国回教朝觐团"为中心的考察》、韩昇《分子生物学与民族史研究》、林超民《云南：中国边疆与亚洲中心》、罗群《冲突与调适：晚清政府对群体性事件的应对——以道咸年间云南汉回互斗为中心》、黄纯艳《宋代海洋知识的传播与海洋意象的构建》、吕昭义《清末察隅标界与招抚慰宣僜人史实考释三则》、秦树才等《中国历史疆域与历史空间范围关系辨析——中国历史疆域讨论的反思》、段红云《明清时期云南边疆土司的区域政治与国家认同》、王振刚《土官土司制度的兴衰与西南历史疆域的形成——以云南为中心的考察》、娄贵品《全面抗战时期西南夷苗请愿代表活动述论》、杨煜达《族群流动与王朝边疆：明清时期西南边境银矿开发》、潘先林《民国时期的土司政策——以云南为中心的讨论》等。

（供稿：云南大学）

【中国社会科学论坛（2015）："一带一路"与中国周边国际区域合作会议】

2015 年 8 月 21 日，由中国社会科学院中国边疆研究所主办的中国社会科学论坛（2015）："一带一路"与中国周边区域合作会议在京召开。中国社会科学院副院长蔡昉，中国社会科学院国际合作局局长王镭、中国边疆研究所所长邢广程出席开幕式并致辞，中国边疆研究所党委书记李国强作主题发言。

蔡昉在致辞中指出，在"一带一路"沿线国家中，中国周边国家占据重要位置，建立和谐的周边关系是"一带一路"战略顺利推进的基础。在"一带一路"建设中，中国边疆作为连接中国与众多邻国的门户和纽带，稳定与发展是推进"一带一路"建设不可或缺的前提。本次论坛从不同视角探讨在"一带一路"战略背景下中国周边区域合作与中国边疆发展的理论和实践问题可谓正当其时，具有重要的学术价值和现实意义，把握住了"一带一路"战略的精髓和可能面临的挑战。

此次论坛汇集了来自加拿大、德国、俄罗斯、哈萨克斯坦、蒙古、日本、新加坡、南非及全国各地的 30 多位著名专家学者。在为期一天的会议中，与会专家学者围绕"一带一路"与中国边疆发展、"一带一路"与中国周边国际环境这两个主题，畅所欲言、交流思想、分享经验，提出了很多有益的建议，也达成了诸多共识。

（供稿：中国社会科学院中国边疆研究所）

【首届新疆智库论坛】

2015 年 10 月 19—20 日，首届新疆智库论坛在乌鲁木齐市隆重举办。首届论坛的主题是围绕着新疆社会稳定和长治久安总目标，畅谈新疆维吾尔自治区成立 60 年来，特别是中央新疆工作座谈会以来各项事业取得的辉煌成就，交流新疆现实关注的热点问题。

2015 年 10 月 19 日，新疆智库专家一行 70 余人赴喀什市，实地参观考察了喀什市城市规划展览馆、喀什市老城区保护综合治理展览馆、老城区保护综合治理、香妃园改造、喀什行政审批局、新城深圳城、远方物流园区、喀什市经济开发区综合保税区、深圳产业园、思科电子等多处；还专门赴乃则巴格镇二村调研了"访惠聚"工作。20 日上午专家们在乌鲁木齐参观了《在祖国的怀抱中——庆祝新疆维吾尔自治区成立 60 周年成就展》。

20 日下午首届智库论坛会议在新疆迎宾馆举行。中央新疆办副主任李昭、中国社科院副院长李培林、新疆维吾尔自治区党委常委肖开提·依明出席会议，新疆智库专家共计 81 人与会。会议由新疆智库专家委员会副主任李昭主持，新疆维吾尔自治区党委宣传部常务副部长张可让代表自治区党委常委、宣传部长李学军介绍新疆维吾尔自治区成立 60 年以来，特别是中央新疆工作座谈会以来新疆经济社会发展及"去极端化"工作情况；中国社科院李培林副院长代表新疆智库作 2015 年度工作总结报告。

会议还就新疆热点问题展开了交流。新疆智库专家委员会专家杨圣敏、杨恕、许建英、田卫疆、阿巴拜克里·阿不来提、马大正等专家，分别作了题为《如何看待民族区域自治制度在新疆的实践》《三区革命中苏联的作用》《关于维吾尔族和土耳其人形成以及土耳其涉新疆的几个问题》《近代土耳其"泛突厥主义"的兴盛及其对新疆的影响》《南疆开展"去极端化"工作成效及今后的工作思路》和《关于去极端化斗争的几点认识或者是几个问题》的专题发言。

该届论坛通过实地调研和热点问题交流，使新疆智库专家亲身感受到了变化的新疆、发展的新疆、真实的新疆，感受到新疆面临的热点和难点问题，更好地凝聚了专家们的共识，更加坚定了专家们为新疆稳定和长治久安出谋划策的信心与决心。

（供稿：许建英，中国社会科学院中国边疆研究所研究员）

【第六届"西南论坛"】

2015 年 10 月 12 日至 13 日，由云南大学、新加坡国立大学东亚研究所、中国社会科学院中国边疆研究所、云南省迪庆藏族自治州人民政府联合举办的第六届"西南论坛"在云南省迪庆州香格里拉召开。论坛主题为"'一带一路'战略与西南边疆的开放、稳定与发展"。来自北京大学、中央民族大学、云南大学、四川大学、华南理工大学、广西大学、西藏民族大学、新加坡国立大学、新加坡南洋理工大学、中国社会科学院、云南社会科学院、广西社会科学院等国内外高校、研究机构的 60 余位专家学者参加了论坛。与会专家学者以"'一带一路'战略与西南边疆的开放、稳定与发展"为主题，紧紧围绕"一带一路"与西南边疆的开放与发展、"一带一路"与西南边疆的稳定与治理、"一带一路"与西南边疆地区的民族团结和宗教和谐等议题，深入探讨了"一带一路"战略的实施对西南边疆地区发展所带来的机遇和挑战，境外因素以及西南边疆地区的民族宗教因素对西南边疆地区参与"一带一路"建设的影响，西南边疆地区在"一带一路"战略推进中如何处理好开放、稳定与发展的关系等问题，进而形成了在"一带一路"战略背景下构建西南边疆民族地区现代化治理体系的政策建议。其代表性成果主要有：迪庆藏族自治州州委书记阎柏《走出一条具有迪庆特点的民族宗教工作之路》，中国社会科学院国际学部主任、学部委员张蕴岭《"一带一路"的创新意义》，新加坡国立大学东亚研究所所长郑永年《"一带一路"、TPP 与开放状态下的民族关系》，中国社会科学院民族学与人类学研究所所长王延中《云南民族团结进步示范区建设需要注意的几个问题》，云南大学民族研究院院长何明《"一带一路"战略实施过程中边疆地区发展的若干问题》等。

（供稿：云南大学）

【二战、战后秩序与边界海洋争端国际研讨会】

2015 年 10 月 24—25 日，由国家领土主权与海洋权益协同创新中心、中国二战史研究会联合主办，武汉大学中国边界与海洋研究院承办的首届"边海论坛"——二战、战后秩序与边界海洋争端国际研讨会在武汉举行。来自中国、美国、俄罗斯、英国等 100 余名代表参加了会议。研讨会围绕"二战与战后秩序""战后秩序与国际法""领土与海洋争端"三个议题展开。专家学者集中讨论了中国抗战在世界反法西斯战争中的地位和作用、第二次世界大战与战后国际秩序的建构、殖民主义与亚洲的领土海洋争端、领土海洋争端的管控和解决等热点问题。专家学者认为，中国作为反法西斯的第二次世界大战东方主战场，付出了巨大的民族牺牲，为世界赢得反法西斯战争胜利、为联合国的诞生做出了重要贡献；在第二次世界大战胜利基础上诞生的联合国以及由世界反法西斯国家共同制定的《联合国宪章》奠定了战后国际秩序的基石，确立了现代国际关系准则，开启了战后和平、发展、合作、共赢的新时代；亚洲国家当前面临的领土和海洋争端是由殖民扩张造成的，是第二次世界大战遗留问题；有关当事国应通过友好协商和平管控及解决争端，不应让争端影响国与国关系的大局，不应影响地区乃至世界的和平、稳定与发展。会议在联合国成立 70 周年之际召开，具有特殊的纪念意义。

（供稿：武汉大学中国边界与海洋研究院）

【第三届南海合作与发展论坛】

2015 年 10 月 29—30 日，由国家海洋局海洋发展战略研究所和国家领土主权与海洋权益协同创新中心共同举办的第三届南海合作与发展论坛在武汉举行。来自美国、比利时、英国、印度、菲律宾、新加坡、德国、印度尼西亚、澳大利亚、马来西亚、葡萄牙等国家和地区的研究机构，以及国际海洋法法庭等国际组织的 80 多名专家学者参加了会议。与会专家学者围绕"南海的历史与法律问题""南海争端的和平解决""南海合作及其前景"等议题进行了广泛而深入的讨论和交流，会议论文集共计收纳论文近 20 篇，其中代表性的作品有 "Recent Study of the Historical Archives Related to the South China Sea" "On the Impacts of Building the 21st – Century Maritime Silk Road on the South China Sea Dispute Settlement" "The Philippine South China Sea Arbitration：Some Reflections to the Tribunal's Award on the Jurisdiction and Admissibility Matters" 等。此次会议，对于宣传和强调中国在南海的一贯立场和主张，澄清和消除外界对中菲南海仲裁案以及中国南沙岛礁建设的误解和误导，宣传中国建设 21 世纪海上丝绸之路，促进南海周边国家共同发展等具有积极作用。

（供稿：武汉大学中国边界与海洋研究院）

【中韩海洋法圆桌会议】

2015 年 11 月 7 日，由中国边界与海洋研究院、韩国海洋法学会共同主办的"中韩海洋法圆桌会议"在武汉大学召开。来自韩国首尔市里大学、韩半岛国际法研究所、釜庆大学、庆熙大学、韩南大学、国民大学、韩国海洋科学技术院、韩国海洋水产部等高校与科研院所的十几位韩国专家及 20 余位中方专家学者进行了学术交流。与会学者从海洋政策、海洋管理、海洋共同开发与海洋安全问题、海上执法、海洋边界划定等诸多领域进行了探讨。代表性的会议论文有：中韩海洋科学共同研究中心副主任郑伟的《中韩海洋合作历程与未来展望》、国民大学郑珍锡教授的《海洋纠纷和和平解决》、韩南大学李锡龙教授的《中韩海洋划界》、武汉大学国际法研究所杨泽伟教授的《中韩渔业争端的现状及其背景》、武汉大学中国边界与海洋研究院蒋小翼副教授的《中日韩自贸区的海洋与环境法律问题》等。

（供稿：武汉大学中国边界与海洋研究院）

【当代新疆治理研究学术研讨会】

2015 年 11 月 9 日，由新疆智库和中国社会科学院中国边疆研究所主办的当代新疆治理学术研讨会在北京召开，此次会议是当代新疆治理的系列会议之一。参加会议的主要有中国社会科学院中国边疆研究所、考古研究所、宗教研究所和新疆社科联、新疆大学、新疆师范大学、西北大学、新疆生产建设兵团党校、深圳大学、新疆财经大学、塔里木大学等研究所和高校 20 多位专家学者。中国社会科学院中国边疆研究所所长、新疆智库办公室主任邢广程研究员，中国社会科学院中国边疆研究所党委书记、副所长、新疆智库办公室副主任李国强研究员，中国社会科学院中国边疆研究所副所长、新疆智库办公室副主任李大路出席会议；新疆研究著名专家马大正研究员、潘志平研究员也参加会议。

各位专家学者提供了 20 篇论文。主要有马大正《新疆"去极端化"斗争六题》、孙庆桥《警惕塔里木河流域所面临的"水的危机"》、许建英《新疆新型民族关系的建立、维护及其启示与思考》、戢广南《构建反分裂理论　加强国家认同建设》、赵敏《文化交融与新疆治理》、白帆《社会转型与新疆族群治理》、王平与杨鹍飞《国家与社会之间：南疆乡村社区治理问题透视——以皮山县央阿克勒克村为例》、陈跃《新疆伊犁哈萨克自治州管理体制演变》、王垚《经济增长时期中国民族地区居民幸福感研究：以新疆为例》、席霍荣《新疆兵团人口结构调研报告之一——兵团人口结构状况及存在问题》、席霍荣《新疆兵团人口结构调研报告之二——优化兵团人口结构的途径》、王义康《关于新疆兵团"师市合一"的建议与思考》、阿地力《新疆生产建设兵团新一轮体制改革中存在的一些问题及相关建议》、褚宏霞《新疆生产建设兵团与黑龙江垦区农垦城镇建设与发展特点探析》、周卫平《新疆少数民族干部群体"双重信仰"现象亟待关注》、王鸣野《苏联对中亚地区进行现代化改造对治疆的启示》、杨凌《中国新疆与中亚合作发展中软实力构建的必要性探析》等。与会代表围绕着当代新疆治理的理论建设问题、当代新疆的社会发展问题以及新疆治理的其他重大问题，积极发言，热烈讨论。此次会议对深入认识新疆治理的重要性、复杂性、紧迫性、艰巨性和长期性有了更全面的认识，对提高新疆治理能力现代化和治理体系现代化有了更深刻的感悟。

（供稿：许建英，中国社会科学院中国边疆研究所研究员）

【第三届亚洲海洋安全论坛】

2015 年 11 月 13 日，由中国南海研究院和加拿大阿尔伯塔大学中国研究院共同主办的"第三届亚洲海洋安全论坛"在加拿大渥太华举行，来自加拿大、中国、美国、日本、韩国，以及中国台湾、国际海洋法庭（ITLOS）等国家、地区和国际组织的专家学者及代表 50 余人参加会议。本次论坛以亚太海洋安全合作为主题，围绕"当前亚太地缘政治挑战""经贸交流与推动地区合作""国际法适用性的挑战""沿岸国与非沿岸国利益协调"等议题进行讨论和交流。中国南海研究院吴士存院长在致辞中指出，地区安全机制缺失、大国竞争和地缘政治博弈是造成当前亚太海上争议频发的重要原因，如若应对和管控不当，将对本地区的和平与稳定产生负面影响。为此，有关各方应坚持通过对话协商加强彼此政治互信，建立机制化磋商交流平台。积极推进"南海行为准则"（COC）磋商进程，推动海上务实合作，减小分歧，避免摩擦，妥善管控海上争议，防止突发事件。此次论坛是中国南海研究院和加拿大阿尔伯塔大学中国研究院合作备忘录框架下的重要合作机制，也是继 2014 年 6 月在北京举办的"第二届亚洲海洋安全论坛"后又一次重要学术活动。

（供稿：中国南海研究院）

【"多语言史料背景下的西北研究"青年学者会议】

2015 年 11 月 14—15 日，"多语言史料背景下的西北研究"青年学者会议在复旦大学举办。来自复旦大学、中央民族大学、中国藏学研究中心、内蒙古大学、兰州大学、安徽大学、陕西师范大学、宁夏大学、西藏大学、西藏自治区档案馆及日本下关市立大学的近 25 名学者参加了此次会议。会议第一天的报告主要有：内蒙古大学蒙古史研究中心主任齐木德道尔吉教授以《多语言档案史料在 17 世纪蒙古史研究中的应用——以内蒙古大学为例》为题进行特别演讲；宁夏大学西夏学研究院段玉泉的报告题目为《多语言文本对勘在西夏学研究中的运用》；陕西师范大学中国西部边疆研究院马强的报告《西北回族和伊斯兰教研究中的多语言史料问题——以表话仪式为视角》关注回族表话问题；复旦大学中国历史地理研究中心路伟东报告题目为《GIS 支撑下的明清回族进士与回族人口空间分布》；西藏大学地球科学与资源学系古格·其美多吉利用藏文文献史料，作了《论松赞干布时期的行政区划》的报告；复旦大学中国历史地理研究中心任小波作了题为《763 年吐蕃陷长安之役——吐蕃帝国军政体制探例》的报告；兰州大学西北少数民族研究中心阿旺嘉措的报告《敦煌文献 P. T. 1047 译评及相关苯教术语释义》；中国藏学研究中心徐华兰的报告题目为《萨迦派三世祖扎巴坚赞传略——以〈萨迦道果文献集〉所录〈扎巴坚赞传记〉为中心》等。第二天报告主要有：西藏自治区档案馆编译研究室道帏·才让加的报告题目为《有关西藏贵族世家江洛金的三件重要藏文铁券文书档案考述》；内蒙古大学蒙古历史学系宝音特古斯的报告题目为《准噶尔远征军进藏线路考》；复旦大学中国历史地理研究中心齐光的报告题目为《西藏王公颇罗鼐及清朝与准噶尔情报战的开端》；安徽大学历史系黄凰的报告主要探讨古代中原人士所使用的化妆品，是否受到"西北"民族的影响，或一部分化妆品是否由来于"西北"的问题；陕西师范大学西北历史环境与经济社会发展研究院张莉的报告题目为《气候、水、土地与思想——清代以来天山北麓的环境史》；复旦大学中国历史地理研究中心樊如森的报告题目为

《近代西北茶叶市场结构的多维整合》。

（供稿：复旦大学中国历史地理研究中心）

【第三届中国边疆学论坛】

2015 年 11 月 14—15 日，中国社会科学院中国边疆研究所与陕西师范大学中国西部边疆研究院联合举办的第三届中国边疆学论坛在西安召开，来自全国各地高校与科研院所的近 70 位学者参加了此次学术论坛。

"一带一路"是中国当前重要的包容性、全球化的倡议，通过中国边疆地区，向世界传达"和平、合作、发展、共赢"的理念。"一带一路"的实施将对中国边疆地区、周边国家乃至世界产生深远的影响。有学者从边疆的视角挖掘"丝绸之路"的文化内涵，探讨大一统思想的形成与实践、边疆史研究的方法论问题、海上丝绸之路的形成与发展，这也成为这次论坛的重要研讨主题。有学者认为，中国的陆地边疆和海疆是"一带一路"倡议的起跑线，是"一带一路"倡议的重要契合线，是中国与周边国家合作的重要平台，是中国与外部世界构建利益共同体、命运共同体和责任共同体的重要空间，因此"一带一路"倡议包含着诸多边疆学命题。

会议分为嘉宾主题演讲和专题讨论两个部分，专题讨论分为"一带一路与边疆学""边疆概念、理论与问题""边疆安全与对外活动""汉唐边疆治理""元明清边疆治理"及"民族关系与民族文化"六大研讨议题。会议期间，各位学者就专业所长，从微观到宏观、从理论到现实，就中国的边疆学研究展开了富有学术质量和成效的讨论。

（供稿：初冬梅，中国社会科学院中国边疆研究所助理研究员）

【南海仲裁案相关国际法问题国际学术研讨会】

2015 年 12 月 5 日，国家领土主权与海洋权益协同创新中心承办的外交部边海司委托的"南海仲裁案相关国际法问题国际学术研讨会"在武汉大学召开。来自英国、韩国、新加坡、荷兰、菲律宾等国共计 50 余位中外学者参加了会议。共同研讨南海仲裁案所涉及的国际法问题。外交部边界与海洋事务司边界与海洋事务代表周健参赞阐释了我国在该案上的立场和主张，明确指出我国对南海诸岛享有无可争辩的主权，南海争端的实质是领土主权和部分主张重叠海域的划界问题。我国坚持不接受、不参与的基本立场，仲裁裁决对我国不具有拘束力。长江学者特聘教授、中国边界与海洋研究院、国际法研究所首席专家易显河从维持国际法连续性和一致性角度，深入剖析了初步裁决对国际法治的影响。在专题研讨阶段，与会专家深入研讨了争端的定性、菲方诉求与领土主权的关系、菲方诉求与海洋划界的关系、中国的群岛主张和历史性权利主张等国际法问题，专家们认为裁决在法律依据、事实证据、法律推理等方面存在重大问题。

（供稿：武汉大学中国边界与海洋研究院）

【"21 世纪海上丝绸之路与南海两岸合作展望"研讨会】

2015 年 12 月 28 日，由中国南海研究院主办的"21 世纪海上丝绸之路与南海两岸合作展望"研讨会在海口举行，来自国防部、外交部、中国社会科学院、北京大学、南京大学、上海交通大学、中山大学、台湾政治大学、台湾开南大学、台北大学等两岸的政府官员、智库学者、企业人士等 50 余人参加了会议。此次研讨会是在两岸领导人实现历史性会晤、21世纪"海上丝绸之路"建设不断推进以及南海问题持续升温的背景下召开的。与会专家学者就"21世纪海上丝绸之路的重要路径""海上丝绸之路与南海的关联性""海上丝绸之路发展与两岸合作的展望""中菲南海仲裁案的两岸共同应对"等议题展开了卓有成效的探讨和互动。

（供稿：中国南海研究院）

第四篇

刊物介绍

《中国边疆史地研究》

《中国边疆史地研究》季刊是由中国社会科学院主管、中国社会科学院中国边疆研究所（原中国边疆史地研究中心）主办的中国边疆研究领域的唯一综合性学术刊物。本刊以马列主义、毛泽东思想、邓小平理论为指导，坚持"双百"方针，提倡不同学术观点之争鸣，为促进中国边疆地区的发展、中国边疆研究学科的发展服务。

《中国边疆史地研究》前身是由中国边疆史地研究中心 1988 年开始创办的内部刊物《中国边疆史地研究导报》，至 1990 年共发行 16 期。1991 年《中国边疆史地研究》正式创刊后，以邢玉林先生为主任的第一届编辑部成立，牛平汉、范秀传、毕奥南成为最早的成员。至 2001 年编辑部进行了调整，第二届编辑部组建，由李大龙先生出任主任，之后编辑部人员常有进出，但人数始终仅有两三人，这一状况一直维持至今，现在有宋培军、刘清涛两位编辑。可以说从《中国边疆史地研究导报》到《中国边疆史地研究》正式创刊，一开始就极大地提升了中国边疆史地研究的学术地位和学术影响力，汇集了国内众多边疆史地领域的专家、学者，成为中国边疆史地研究进入蓬勃发展时期的重要标志之一。

在 2001 年前《中国边疆史地研究》杂志以所设"学者论坛"为主，附有"探索与交流""图书评介"等栏目；至新千年来临，随着国内边疆地区出现的新形势及边疆研究的深入，在 2001 年进行了改版，对栏目进行充实和调整。新栏目有："边疆理论研究""边政研究""历代疆域""边疆开发""边疆民族""边务交涉""边疆地理""边界研究""海疆研究""周边地区研究""边疆研究史""边疆考察"，几乎涵盖了边疆研究的所有内容；另增设"学术动态""新书评介"等栏目。近年来，为突出学术重点热点，采取了围绕边疆学理论、海疆研究、藩属与朝贡等重点热点问题组建特色栏目，其他研究论文列为专题论文的栏目设置形式。在栏目设置调整的同时，版面也不断扩大，从最初的 118 页，到 150 页，又增加到现在的 182 页。

据粗略统计，2001 年第 1 期至 2016 年第 1 期，《中国边疆史地研究》共刊发文稿 982 篇，全部与边疆有关，其中属于历代边疆治理的文稿 298 篇，占全部用稿的 30.3%；边疆民族方面的文稿 106 篇，占全部用稿的 10.8%；边疆地理方面的文稿 86 篇，占全部用稿的 8.8%；海疆方面的文稿 69 篇，占全部用稿的 7%。在这几个方面用稿比例较高，正体现了刊物"为促进中国边疆地区的发展、中国边疆研究学科的发展服务"的办刊方针。

《中国边疆史地研究》自创刊以来，一直强调学术质量，得到学界与社会的广泛认可，在各类期刊评价体系中均被列为核心期刊，并成为"国家社会基金资助期刊"。刊物被"中文社会科学引文索引"（CSSCI）连续收录为来源期刊；被《中文核心期刊要目总览》连续收录为核心期刊；中国学术期刊电子杂志社《中国学术期刊影响因子年报》（2014、2015）史学类刊物中名列前茅；被中国社会科学院中国社会科学评价中心《中国人文社会科学期刊评价报告》连续列为核心期刊。刊物每年都有多篇论文被《新华文摘》《中国社会科学文摘》《人大报刊复印资料》《高等学校文科学术文摘》等期刊转载，在学界影响不断扩大。

2016 年第 2 期，恰逢《中国边疆史地研究》发行第 100 期，百期是一个沉甸甸的数字，在百期的背后，凝聚了中国边疆研究所尤其是编辑部同人 25 年的努力和心血、25 年的付出和坚守。25 年间，两届编辑部同人兢兢业业、矢志不渝，从而使《中国边疆史地研究》成为本学术领域的一个重要阵地，成为我国边疆研究的一个学术品牌。当前，随着中国边疆地区的发展和不断出现的形势变化，中国边疆研究也在持续向前推进，中国边疆研究所及编辑部同人将继续努力，争取把《中国边疆史地研究》办得更好。

（供稿：《中国边疆史地研究》编辑部）

《西域研究》

《西域研究》是新疆社会科学院主办的专业史学期刊，1991年创刊，大16开本，季刊，每期144页。主要栏目有"西域历史""考古与文物""吐鲁番学研究""域外西域研究""经济史研究""历史地理""宗教研究""丝绸之路与东西方交流""文化文学艺术""学术综述""学术信息""图书评介"等。实行双向匿名专家审稿制度，作者主要来自高等院校和科研单位。编辑部现有编辑4人，其中高级职称3人，现任主编刘国防。

《西域研究》创刊后，以汇集国内外西域史学者研究成果为己任，努力把其打造成西域史领域作者和读者学术交流的园地和平台。走特色办刊之路一直是《西域研究》坚持的办刊宗旨，新疆历史、民族、宗教等方面的稿件，一直是刊物发稿的重点，经过20多年的发展，《西域研究》从内容到形式已经形成了自己的特色和风格，在西域史研究领域有着较大的影响力，在国内外西域史、中亚史研究领域具有相当知名度，国内外许多研究机构都订购和入藏本刊。

正确阐明和宣传新疆历史，特别是新疆民族史、宗教史，有着极其重要的学术价值和现实意义。历史的原因，一些欧洲国家如德国、法国、英国，以及美国、日本等国19世纪后期就开始了对包括新疆在内的西域、中亚地区历史的研究，《西域研究》不断推出我国学界在这一领域的学术成果，纠正国外学者对新疆历史的认识偏差，匡正国外学术界的谬误，正本清源，不断消除双方由于长期隔膜、互不了解而发生的文化误读，致力于提高我国学界在这一研究领域的话语权，使我国学者在这一领域发出更多更强的声音。《西域研究》在新疆这一古称西域的地方编辑出版，这对展示新疆形象、维护新疆地区的稳定与发展具有重要的现实意义。

在国内核心期刊的评定中，《西域研究》先后被南京大学、北京大学、中国社科院评定为中文社会科学引文索引来源期刊（CSSCI）、全国中文核心期刊和中国人文社会科学核心期刊，并一直保持这些荣誉。2012年，《西域研究》入选中国人民大学人文社会科学学术成果评价研究中心、中国人民大学报刊资料中心"复印报刊资料"重要转载来源期刊（2012版），同年，《西域研究》获得全国社科规划办每年40万元的资助，是全国200种受到资助的学术期刊之一，并连续在年度考核中被评定为"良好"。

1998年起，《西域研究》连续九届获得新疆出版界最高奖项——"新疆期刊奖"（截至目前共评选九届）；2000年被国家新闻出版总署授予"中国期刊方阵双效期刊"称号；2014年荣获第三届中国出版政府奖提名奖。

（供稿：刘国防）

《西藏研究》

《西藏研究》是由西藏社会科学院主办的大型综合性哲学社会科学和藏学研究的学术理论研究刊物，汉文版 1981 年创刊（双月刊），藏文版 1982 年创刊（季刊），藏汉文版分别组稿。

《西藏研究》以弘扬西藏传统文化优秀遗产、推进西藏走向现代化为宗旨，坚持"二为"方向和"双百"方针，鼓励学者以历史问题研究推进现实问题研究，以现实问题研究带动基础理论研究；始终贯彻唯物主义历史观和方法论，高度重视刊物的社会效益、经济效益、政治导向性和学术价值的有机统一，保持了较高的学术品位和学术价值，在同类学术期刊中独树一帜，是人们了解西藏现实情况的一面镜子和考察西藏历史的一扇窗口，是促进西藏哲学社会科学和藏学研究的一个平台。

刊物设有"政治""经济""历史""宗教""文化""文学""语言文字""藏医""历法""艺术""文物""考古""民俗""教育""建筑""书评""国外藏学""人物介绍""名胜古迹""争鸣"等 20 多个栏目，内容翔实、观点新颖、可读性强、信息量大。同时，编辑部还根据需要，及时开辟各种专栏或出版专刊、特刊，既注重推出学术大师、大家、名家，也努力发现和培养学术新秀、学界俊才。

多年来，《西藏研究》取得了骄人的成绩，在多家全国权威的学术期刊评价研究机构的测评中，《西藏研究》的各项测评指标均排在同类期刊的前列。《西藏研究》编辑部曾先后被评为"全国民族团结先进集体""西藏自治区民族团结先进集体""中国出版政府奖先进出版单位奖"；刊物连续获得"新中国 60 年有影响力的期刊""全国百家重点社科期刊"称号和"国家期刊奖""双高奖"（高知名度、高学术水平）等多种国家最高殊荣，并入选为中文核心期刊（北大）、中国人文社会科学核心期刊（中国社科院）、中文社会科学引文索引（CSSCI）来源期刊、人大复印资料重要转载来源期刊、中国民族学类核心期刊、中国学术期刊综合评价数据库（CAJCED）统计源期刊、中国人文社会科学引文数据库来源期刊、中国期刊网和《中国学术期刊》（光盘版）全文收录期刊、万方数据——数字化期刊全文收录期刊、中国期刊全文数据库（CJFD）全文收录期刊等。

《西藏研究》编辑部现有 10 人，其中正高职称 2 人、副高职称 6 人、中级职称 1 人，高级技术工 1 人。在未来的发展中，《西藏研究》将以更为宏阔的视野，关注藏学研究前沿，关注学科专业发展，面向全国藏学，面向国际藏学，创新办刊理念，开放办刊、合作办刊，争创一流的学术、一流的杂志、一流的品牌，使我国的藏学家和藏学研究成果在国际藏学界发挥主导性的影响力。

（供稿：蓝国华）

《黑龙江民族丛刊》

《黑龙江民族丛刊》（以下简称《民族丛刊》）是由黑龙江省民族研究所主办的综合性民族学类专业学术期刊，也是黑龙江省唯一的民族学类专业学术期刊，编辑部现有9人。《民族丛刊》创刊于1985年5月5日，内部发行，从1987年第一期开始转为向国内外公开发行，最初为季刊，2003年改为双月刊，至2015年底已出版149期，发表文章4369篇。

《民族丛刊》以民族、宗教问题为研究领域，集纳民族理论与民族政策、民族经济学、民族史学、文化人类学等多个学科，设置"民族问题研究""民族经济与现代化""民族历史与边疆学""民族学与人类学""民族教育""宗教研究"等栏目。坚持立足本省、面向全国的办刊方针，注重对东北地区民族、人口较少民族以及边疆民族的研究，并在突出民族特色的同时，对全国性的民族研究热点问题进行长期、广泛、深入的探讨，使其在国内学术界的影响逐步扩大。其中，有许多具有很高学术理论价值、富有原创性的文章引起了国内外学界的广泛关注。这些学术成果不仅推动了我国民族研究事业的发展，还宣传了党的民族、宗教政策，维护了平等、团结、互助、和谐的社会主义民族关系。《民族丛刊》多次被评为中国人文社会科学核心期刊、中国中文核心期刊及中国中文社会科学引文索引来源期刊，并荣获黑龙江省第一届、第二届北方优秀期刊称号。在《光明日报》于每年3月5日公布的全文转载量排名中，《民族丛刊》始终位列全国民族学类报刊的前列。多年以来，《民族丛刊》在促进民族发展、加强民族团结、推动民族工作、繁荣民族研究等方面取得了显著的社会效益和学术影响。1998年，国家民委、黑龙江省人民政府授予《民族丛刊》编辑部"民族团结进步模范称号"。

自创刊以来，《民族丛刊》始终坚持正确的办刊宗旨。民族与宗教问题涉及面广、敏感而复杂，与其有关的学术研究成果同样如此。《民族丛刊》多年来始终围绕主旋律，坚持正确的舆论导向，坚持为民族工作服务、为民族研究事业服务的办刊宗旨。同时，鼓励创新和富有开拓性的研究。在办刊过程中，《民族丛刊》全面落实科学发展观，始终坚持以传播先进文化为己任，紧紧围绕为少数民族和民族地区经济社会发展服务；始终坚持高标准和严要求，努力追求"精品意识"，不断提高刊物的质量和水平，使之成为广大学者所喜爱、广大同行所认同的精品期刊。

（供稿：汤　洋）

《云南师范大学学报》

《云南师范大学学报》（哲学社会科学版）由云南师范大学主办、云南省教育厅主管。《云南师范大学学报》（哲学社会科学版）办刊坚持正确的政治导向，秉承西南联大自由和民主的学术精神，关注人文社会科学发展的热点、难点和与当下现实紧密相关的问题，注重文章思想性、学术性、前沿性和当下性，始终强调站在学科发展的前沿，强调文章的现实针对性。

《云南师范大学学报》创刊于1958年8月，即当时经中共云南省委宣传部批准创办的昆明师范学院《红色教师》（文理科综合版），在"文化大革命"前夕停刊。1969年8月，昆明师范学院《教育革命》非公开不定期出版发行。1978年6月，《昆明师院学报》出版，分为哲学社会科学版和自然科学版独立出版发行，双月刊。1984年更名为《云南师范大学学报》。《云南师范大学学报》（哲学社会科学版）现任主编是罗骥教授，常务副主编是杨恬编审，副主编是黄龙光副教授。

《云南师范大学学报》（哲学社会科学版）的主要栏目有："中国边疆学研究""语言国情研究""人地关系研究""民族学人类学研究""法学研究""社会学研究""经济学研究""教育学研究""非物质文化遗产研究""西南联大研究"等。

其中，"中国边疆学研究"栏目自2008年创栏以来，已累计发文226篇，其中多篇次被《新华文摘》《高校文科学术文摘》和《中国社会科学文摘》转载，为中国边疆学研究做出了重要贡献。2009年和2013年连续两次获得第三届和第四届云南期刊奖"优秀栏目奖"，2014年，"中国边疆学研究"入选教育部高校哲学社会科学学报名栏建设第三批名单，在25个入选栏目中名列第二，使哲社版成为云南省第一个、西部地区第三个进入教育部名栏的刊物。

《云南师范大学学报》（哲学社会科学版）已被国内诸多重要的学术评价体系选入，是教育部名栏入选期刊、中文社会科学引文索引（CSSCI）来源期刊、全国中文核心期刊、中国人文社会科学核心期刊（CASS）、中国科学评价研究中心核心期刊（RCCSE）、中国高校系列专业期刊、全国高校30佳社科期刊、中国期刊方阵"双效期刊"、云南省优秀期刊和云南省A级期刊。

（供稿：李有江）

《中国边疆学》

《中国边疆学》辑刊 2013 年创刊，已经编辑出版 4 辑。第 1、2 辑由中国社会科学院中国边疆研究所编辑，从第 3 辑开始，改由中国社会科学院中国边疆研究所、武汉大学国家领土与海洋权益协同创新中心编辑。主编邢广程，副主编李国强、李大龙。第 2 辑开始，坚持首发、原创。《中国边疆学》（第 1 辑、第 2 辑、第 3 辑、第 4 辑），由社会科学文献出版社于 2013 年 9 月、2014 年 12 月、2015 年 10 月、2015 年 12 月出版。辑刊作为连续出版物，有助于开拓学人研究思路，推动中国边疆学的发展。

第 1 辑包括"欣慰的回忆""疆域理论研究""边疆治理研究""与周边地区关系研究""边疆民族与文化研究""边疆地理研究""研究动态"等栏目，涉及南海地名、中国疆域发展分期、先秦边疆、东北边疆、中古西域治理、清代东北疆域统合、乾隆西藏治理、台湾行政区划、清末达赖班禅关系、辛亥边疆、新疆建省，中俄边疆合作、"麦克马洪线"、钓鱼岛、滇文化、靺鞨、突厥、新疆庙宇、蒙古语、清代入藏路线、拉铁摩尔新疆考察、拉铁摩尔边疆范式、特纳边疆假说、清初辽金元三史翻译等内容。吕一燃先生特意写作《欣慰的回忆——纪念中国边疆史地研究中心建立三十周年》，置于卷首。

第 2 辑包括"丝绸之路与丝绸之路经济带专稿""边政研究""边疆民族与政权研究""文献与资料"等栏目，涉及东北和西部边疆、南方丝绸之路、海上丝绸之路、草原丝绸之路建设，北魏与西域、南宋至明初海防、清朝前期政治联姻、张格尔之乱、民国西藏、近代云南边防、恰克图商民，游牧行国与王朝藩属、唐朝长城区域、箕子朝鲜、高句丽王号、姚锡光、西藏辛亥编年、图理琛使团、边疆史地丛书评议等内容。

第 3 辑包括"'一带一路'研究专稿""边政研究""边疆开发研究""边疆政权与民族研究""文献研究""动态与资料"等栏目，涉及广西、西南边疆、东北边疆参与"一带一路"建设，游牧行国和王朝藩属关系、准噶尔赴藏熬茶、云南边疆开发方案、太平岛驻守、归化城商贸、内蒙古沿边口岸清代边疆遗产、三田渡满汉碑文、哈密图考、边疆学的研究框架，乃至中国边疆研究文库书目、云南大学中国边疆研究丛书书目等内容。

第 4 辑包括"'一带一路'研究""边政研究""边疆开发研究""边疆民族研究""边疆地理""与周边地区关系研究""动态与资料"等栏目，涉及云南、广西参与"一带一路"建设，汉初北部边疆置郡、北魏经略西北边疆、九世班禅转世、民国甘肃改土归流、藏边与舆情、唐与突厥和亲，边疆城市社区民族工作、少数民族地区人口外流、藏传佛教政教关系、清代新疆英吉沙尔城市研究、苏联与外蒙古"独立"，边疆理论研究综述、西藏治理研究综述等内容。

（供稿：李大龙　刘清涛　宋培军）

《中国边疆民族研究》

2005 年中央民族大学中国边疆史地学科被列入国家教育部"985 工程"重点建设学科，中央民族大学建立了"中国边疆民族地区历史与地理研究中心"作为学术创新平台，2014 年被批准为国家民委人文社会科学重点研究基地（培育）。为了推动该学科的发展与学术研究的深入，于 2008 年创办《中国边疆民族研究》刊物。由"中国边疆民族地区历史与地理研究中心"主任暨历史文化学院达力扎布教授担任主编，委托中央民族大学出版社出版，每年出版 1 辑，现今已出版 9 辑。《中国边疆民族研究》编辑部的工作人员仅有两名，主编 1 人、编务 1 人，如此精干的队伍，却坚持每年保质保量地完成少则 20 篇、多则 30 余篇，约 55 万字数刊物的编辑出版。

《中国边疆民族研究》是一份人文社会科学综合性学术理论辑刊，创刊以来始终以促进学术交流，培育史学新人，推动中国边疆民族地区历史与地理研究的深入为办刊理念。发稿侧重于中国边疆民族历史与地理、中国少数民族法制史、宗教史、民俗、民族语文历史文献、汉文有关少数民族历史古籍等方面的研究成果，兼及有关边疆少数民族的社会学、民族学、语言学调查的优秀成果以及现实民族问题调查报告等。为了确保刊发的文章具有较高的学术性与实用性，本刊所有稿件先由编委或相关专家进行匿名评审，在初审基础上，召开委员会会议决定是否采用，最终由出版社三审后确定编辑出版。选题注重于文章的原创性，坚持以学术为本，理论创新与现实重大问题研究并重的原则。常设栏目有"专题研究""古籍文献研究""学术评论""研究综述""读史札记""国外论著翻译""学术回顾""田野调查""民族学研究""语言文字"等，并根据稿源内容适时予以调整。

《中国边疆民族研究》自创刊以来，每辑的字数少则 45 余万、多则 65 余万，短短的 8 年时间内，为学术界呈现了 229 篇各类优秀的学术成果。大量有新见解的原创性文章不断涌现，使得刊物引用量逐年递增，学术影响力也在稳步提升。不仅受到从事中国边疆历史与地理研究专家学者的好评，同时亦受到中青年史学研究者的青睐。每年新一辑的出版皆会受到国内学者、高校图书馆、研究机构的竞相购买，甚至致电索取。国外如日本的京都大学、大阪大学、早稻田大学、东京大学，美国的哈佛大学、斯坦福大学、哥伦比亚大学、加州大学等图书馆或研究机构亦有购买。

刊物通过编辑和刊发国内外中国边疆民族地区历史与地理研究领域的相关成果，及时反映边疆研究的动态，并培养各民族的青年学者，加强各方面的学术交流，从而促进中央民族大学中国边疆史地学科的发展，同时也为中国边疆学研究的进一步发展发光发热。如今在中央民族大学领导的关心下，以及广大从事中国边疆历史与地理研究专家学者的支持下，《中国边疆民族研究》正以矫健的步伐前行。

（供稿：赵　毅）

《西北民族论丛》

《西北民族论丛》是陕西师范大学中国西部边疆研究院（西北民族研究中心）主办的学术集刊，创刊于2002年，现已出版12辑。1—10辑为年刊，由中国社会科学出版社出版。从第11辑开始，本刊改为半年刊，每年出版2辑，并改由社会科学文献出版社出版。本刊曾于2012—2013年入选CSSCI来源集刊。

《西北民族论丛》主要发表有关西北民族研究和西部边疆的论文及民族调查报告、译文、书评等，并收录陕西师范大学中国西部边疆研究院（西北民族研究中心）举办的面向国内外的"马长寿民族学讲座"论文。刊物发表的论文重点围绕西北民族史与民族关系史、西北民族与邻国交流史、西北民族宗教文化研究、西北民族地区自然环境与社会发展研究以及西部边疆问题等研究方向。从学科来讲，西北民族及西部边疆研究不仅涉及民族学、人类学和历史学中的民族史、中外关系史及丝绸之路、历史地理、历史文献学、科技史、文物考古等学科，而且也涉及社会学、地理学、法学、经济学、边疆学等哲学社会科学。因此，西北民族研究和西部边疆研究虽然仅是对西北地域乃至整个西部边疆的历史与现状的研究，包含的内容却非常丰富；且其学术价值和现实意义，在当代新形势下尤为重大。

《西北民族论丛》编辑委员会由国内在西北民族和西部边疆等研究方向具有较深造诣的24位学者组成。从编委会人员的来源方面而言，既有本研究院的科研人员，亦有外聘的相关领域的专家，两者大致各占一半的比例。从研究方向而言，从事藏学研究和新疆研究的学者相对较多，这也与刊物以藏学研究和新疆研究为重心的规划相符合。研究院创始人周伟洲教授任主编，研究院现任院长王欣教授任副主编。研究院设有两位执行编辑，专职负责刊物的日常事务。

《西北民族论丛》面向国内外公开征稿，并采用匿名审稿制度；以创新性和学术水平作为择稿的主要标准；不囿于一家之言，提倡平等争鸣。近5年来，刊物的作者群不断得到优化，每期的作者中，本研究院人员所占比例为1/2（甚或更少），从而初步实现了稿源的多样化。从作者的学历及职称来看，90%以上的作者获得了博士学位，70%以上的作者具有副高及以上职称。刊物刊发的论文大致包括3部分，其一，与西北民族史及西北边疆史地相关的论文；其二，与西北民族现状相关的田野调查报告及研究论文；其三，与西北民族及西北边疆相关的译文。

《西北民族论丛》曾于2012—2013年入选CSSCI来源集刊。自2002年至今，刊物已连续出版14年，是国内民族学类出版较早且持续时间较长的集刊之一，自出版以来，日益受到相关领域从业者的关注和重视。

（供稿：尹波涛）

《边疆考古研究》

《边疆考古研究》是吉林大学考古学科于2002年创办的大型学术年刊，刊载内容包括：中国边疆及毗邻地区的考古新资料、探讨中国及邻近地区古代文化、人类与环境的专题论文；相关周邻国家最新考古发现与研究的综述或译文；考古学理论及方法方面的论文以及中国边疆地区文化遗产的保护、利用等方面的学术论文。

刊物编辑委员会主任为林沄，副主任为魏存成、朱泓，委员有王巍、王立新、王培新、冯恩学、朱泓、朱永刚、乔梁、李伊萍、杨建华、陈全家、陈国庆、张文立、林沄、周慧、赵辉、赵宾福、高星、彭善国、滕铭予、潘玲、霍巍、魏存成。主编为朱泓，副主编为滕铭予、彭善国（执行），编辑有邵会秋、王春雪、唐淼、赵俊杰、冯楠。

作为国内唯一一份以边疆考古为办刊宗旨的学术刊物，《边疆考古研究》至2015年底已由国内文物考古书刊出版的知名出版社——科学出版社连续出版了18辑，刊文近600篇。《边疆考古研究》的作者群，主要是国内外高校及科研院所的考古研究人员等。刊物常设栏目有："考古新发现""研究与探索""考古与科技""学术动态"等。

由于作者群体不断扩大，2012年开始刊物由年刊扩容为半年刊。2012—2015年，《边疆考古研究》共出版8辑，刊文200余篇。

《边疆考古研究》创办14年来，已经成为中国边疆地区古代人类、文化与环境方面资料刊发及学术研究的重要园地，在国内外学术界的影响不断扩大。《边疆考古研究》是唯一连续两次（2008—2009年，2014—2015年）为"中文社会科学引文索引（CSSCI）"收录的考古学类集刊，被"中国知网（CNKI）"全文收录，被列入"人大报刊复印资料"索引和转载。

（供稿：彭善国）

《元史及民族与边疆研究集刊》

《元史及民族与边疆研究集刊》（以下简称《集刊》）于 1977 年创刊，由韩儒林教授率陈得芝、丁国范、邱树森先生创办，刊名为《元史及北方民族史研究集刊》。最初的几辑非公开出版物，标为"内部交流"（1977 年第 1 辑—1978 年第 3 辑）。

《集刊》从第 5 辑（1981 年）起，成为《南京大学学报》专辑。初创之时，元史研究作为南京大学史学重点方向，《集刊》得到学校大力支持。1987 年由于学校经费紧缺，第 11 辑出版之后，南大学报不再支持，《集刊》发展进入到一个艰难的时期。最后陈得芝先生决定，用元史室承担《西域通史》所得费用，将第 12—13 辑合为一册，于 1990 年出版，但刊头仍然标明"南京大学学报专刊"。

此后因再无经费支持，《集刊》中断达 10 年。2000 年在暨南大学工作的邱树森教授与陈得芝先生商量，共同合作恢复《集刊》，并任顾问，刊名改为《元史及民族史研究集刊》，由两校学者轮流担任编辑。邱树森先生公子邱禹大力给予经费支持，由南方出版社出版了第 14、15、16 辑，第 17 辑改由澳亚卫视出版有限公司出版。各辑英文提要均由任职香港教育学院的方骏博士负责。

陈得芝、邱树森先生退休后，元史研究室决定独自将刊物办下去。一是接受杨晓春副教授（现已晋升教授）建议，改变过去出版社不固定、出版时间不定、自办发行的做法，自 2006 年第 18 辑开始，择定上海古籍出版社出版并负责发行，相对稳定为每年 1 辑。二是实行匿名审稿制。与此同时，从第 18 辑起，刊名改为《元史及民族与边疆研究集刊》。在此期间，南京大学以元史室为基础，建立民族与边疆研究中心，并确定为校级重点人文科学研究基地。为稳定出版，研究室将几乎所有学校划拨的经费投入其中。三是样刊每年赠送给各大高校图书馆。同时，出版 1 年以后，也会把刊物内容上传至清华知网，以便学界利用。在全室人员的努力之下，集刊的影响日增，稿源逐渐扩大，从同人学刊发展为国内外学术同行的成果园地。目前稿源非常充足，且不乏国外作者的稿件。2011 年、2013 年连续两次被中国社会科学研究评价中心教育部学科评价中心列入"CSSCI 来源集刊"。

从 2011 年开始，为适应学科发展趋势，研究室决定改 1 年 1 辑为 1 年两辑。同时，中国南海研究协同创新中心设立后，确定以元史室为基础设立"史地平台"。在中心大力支持下，从 26 辑（2013 年 12 月）开始，每辑设立"海疆及海洋活动史"专栏，使刊物发展进入一个新阶段。2005—2014 年的 10 年间，杨晓春副教授主要负责刊物工作。从 2014 年冬开始，于磊博士接手编务工作。任职于香港东华书院的何启龙博士负责英文校对。

截至 2015 年 12 月，《集刊》已出版到第 30 辑（2015 年 12 月）。相对稳定的专栏有"元史研究""民族、宗教及边疆研究"两大块，自26辑（2013年12月）开始，又新设"海疆及海洋活动史"专栏，成为一个新的学术增长点。不定期会出版专辑，如第26辑为"陈得芝教授八十华诞庆寿专辑"，第30辑为"中国历代涉海碑刻学术研讨会论文专辑"。

《元史及民族与边疆研究集刊》自1977年创刊以来，经历了从同人学刊向公共学术集刊的巨大转变，取得了长足进步及发展。已成为国内元史及民族边疆研究领域颇具影响力的学术集刊，在国外也有相当的学术知名度和良好的学术影响力。

（供稿：陈　波　于　磊）

《西南边疆民族研究》

《西南边疆民族研究》是由教育部人文社会科学重点研究基地云南大学西南边疆少数民族研究中心主办的民族学专业性集刊。《西南边疆民族研究》于2003年创刊,视稿件质量,每年不定期出版数辑,至2016年6月已出版20辑,发表论文500余篇。

2008年3月,经中文社会科学引文索引指导委员会第七次会议评审并报教育部批准,《西南边疆民族研究》被确定为全国中文社会科学引文索引收录来源(CSSCI)辑刊的86种之一,是当年全国民族学和人类学学科唯一入选的辑刊。2012年、2014年刊物再次入选该目录。此外,刊物已加入"中国高校系列专业期刊"《民族·人类学报》专刊,每期为该网刊推荐3篇至8篇文章供网络出版。

刊物主编为教育部人文社会科学重点研究基地云南大学西南边疆少数民族研究中心主任何明研究员,云南大学民族学与社会学学院副院长李志农教授、云南大学民族学与社会学学院朱凌飞副教授担任副主编,部分编辑由云南大学西南边疆少数民族研究中心研究人员兼任。此外,刊物特别聘请国内外相关领域专家共15人组成编委会,由云南大学林文勋教授任主任,中国社科院民族学与人类学研究所刘世哲研究员任副主任,履行为刊物投稿、荐稿、审稿的职责,并为本刊的长远发展出谋献策。

刊物以"立足民族问题、关注边疆发展、重视理论探讨"为定位,力争在一些重要问题的研究上突出特色,形成优势栏目,如"东南亚及边疆问题研究""发展问题研究""民族史与历史人类学研究""民族学人类学理论及其反思""民族关系研究"等。自创刊以来,刊物已成为民族学、人类学、社会学、民族史等学科的重要学术平台,为相关学科的理论探讨、问题研究做出了应有的贡献。

(供稿:《西南边疆民族研究》编辑部)

《华西边疆评论》

　　《华西边疆评论》创刊于 2014 年，是四川大学社会发展与西部开发研究院主办、中国西部边疆安全与发展协同创新中心与四川大学中国藏学研究所协办的以刊发国内外边疆研究相关成果为主的学术辑刊。《华西边疆评论》现任主编为孙勇教授，副主编为杨明洪教授与姚乐野教授，执行编辑朱金春博士，并邀请到罗中枢教授、吴楚克教授、王春焕教授、李锦教授、罗绒战堆教授、袁剑副教授与王鹏辉副教授等多位边疆研究资深专家作为特约编辑与栏目主持人。

　　《华西边疆评论》在学术史脉上追溯华西边疆研究学会发行的《华西边疆研究学会杂志》（英文版）。为继承并发扬边疆"华西学派""兼容并蓄"学术精神，传承"经世致用"学术传统，以《华西边疆评论》为名，以拾《华西边疆研究学会杂志》余韵，另开当代华西边疆研究新风。在栏目设置上，突出重点、热点与创新，设置的栏目主要有"边疆学学科建设研究""边疆理论与战略研究""边疆史地研究""边疆政治研究""边疆社会研究""边疆经济研究"等，其中特色在于每一辑都选译《华西边疆研究学会杂志》（英文版）的研究论文，这既体现了历史传承，也是面向国内的译介。同时，在已经出版的辑刊中，每辑都设置了特稿，以刊发重磅长文，并设置了"学术争鸣""学术笔谈"等体现学术思辨、观点碰撞的栏目。

　　《华西边疆评论》自创刊以来，在学术界引发了广泛影响，被中国知网期刊全文数据库收录，下载与引用数量十分可观。其中孙勇教授关于大边疆战略的论文受到学者们的广泛关注，在学术界引发了热烈讨论。相关学术刊物与媒体也对《华西边疆评论》进行了介绍，《光明日报》专门刊文介绍，并对刊物给予高度评价，《中国图书评论》有学者介绍中国边疆年度研究时专门提到《华西边疆评论》，并将之视为有特色的重要平台。此外，依托《华西边疆评论》，还创办了公众微信号"边疆学微刊"，持续推送《华西边疆评论》所刊文章以及国内外学者最新研究成果，阅读量与转载量一直攀升，在学术界形成了持续广泛的影响。

（供稿：孙　勇）

第五篇

论著撷英

一、文献资料书目介绍

【新疆巡抚饶应祺稿本文献集成】（全38册）

李德龙主编，学苑出版社2009年版

饶应祺（1837—1903），字子维，号春山，祖籍江西，生于湖北恩施（清湖北宣恩县晓关）。清咸丰年贡生，同治元年（1862）中举人，由知县、知府，官至新疆、安徽巡抚。在关陇、新疆前后30余年，整顿地方，功勋卓著。光绪二十八年九月，奉命调任安徽巡抚，在赴任途中因劳累病卒于哈密。

饶应祺的名声显赫于晚清朝野，始于他出任陕西同州（今陕西大荔）知府之时。《新疆巡抚饶应祺稿本文献集成》也是以此时为始。在饶应祺从政的数十年间，产生过无数的行政文书和往来信函与电报文书。正是饶应祺一生心路历程的真实写照。此丛书整理刊布了绝大部分奏疏、信函、电报原稿和抄稿。这些珍贵的稿本文献，原为饶应祺孙女饶毓苏与孙女婿、著名民族学、人类学家、中央民族大学教授林耀华先生之家藏，1971年5月4日，在著名清史专家、中央民族大学教授王钟翰等人的建议下，以林耀华先生的名义，将这批文献全部捐献给了中央民族大学图书馆古籍部。

《新疆巡抚饶应祺稿本文献集成》有文稿7000余件，为同州、甘州、新疆奏折、奏片、公牍；反映饶氏与清朝皇帝、大臣以及地方官衙、亲朋好友往来的明电、密电、信函稿本，附有母亲行述等。另有是与饶应祺收藏在一起的左宗棠的部分文书。这些文献全部为手写稿本，其中，由饶应祺向清廷上疏的奏折有617件，各种电报稿4437件，书信稿1677件，本传与家传等文稿数十件，左宗棠稿本1函232件。这批稿本目前已经是国内外收藏的孤本文献，其存史价值与文物价值无可替代。许多内容是上疏新疆民族问题、中俄、中英边界问题的，奏本和电稿都请求皇帝或朝廷六部及总理各国事务衙门做出答复，大部分奏折和往复电报稿本上，也附有皇帝或朝臣的批示意见，从而真实地体现着光绪朝廷的对内、对外政策和在边疆、民族问题上的方针策略，这又是研究晚清外交、民族政策和策略尤其是有关新疆边界、民族治理、民族关系等重大问题不可或缺的重要文献。是研究清代晚期政治制度、行政机制的第一手珍贵资料。

新疆首任巡抚为刘锦棠，第二任为陶模，饶应祺是第三任。前两任新疆巡抚的奏稿文本，均早已刻板或影印出版。刘锦棠的文稿共有360件，被编辑在16卷的《刘襄勤公奏稿》之中。陶模的遗稿共有12卷，民国十二年（1923）由陆洪涛校勘的《陶勤肃公奏议遗稿》铅印本问世。刘锦棠于光绪十六年病卒，在他死后8年，长沙就刻印了他的奏稿，陶模于光绪二十八年（1902）去世，10年后的1912年也有了陶模奏稿铅印本发行。而一向被誉为清官的第三任新疆巡抚饶应祺的奏稿、信稿和电稿，距饶巡抚离世已经过了105年之久终于公之于世，为国内外史学家提供了最珍贵的历史文献资料。

【越南汉文燕行文献集成】（全25册）

复旦大学文史研究院越南汉喃研究院编著，复旦大学出版社2010年版

此书搜集了现存于越南的79种独立成书或成卷的燕行文献，以影印文献原书并为每一种文献撰著提要的形式，从一个特殊的侧面，系统地展示了公元1314年至1884年这500多年间中越两国友好交往的历史，同时也通过"异域之眼"，直观地呈现元明清时期中国地感性样态。此丛书收录的主要是越南陈朝、后黎朝、西山朝和阮朝出使中国的燕行使者的著述。

【清代蒙藏回部典汇】（全书75册）

吴燕绍纂，中华书局2005年版

《清代蒙藏回部典汇》是一部汇辑中国清代边疆地区（蒙古、西藏、回部）历史文献的大型史料长编，收录了清朝有关的圣训、起居注、上谕、奏章、军机密档、图书等各类原始资料，举凡蒙藏回部的政治、经济、史地、军政、外交、宗教、风土等，无不涉及，内容极为丰富，具有极高的史料价值。作者吴燕绍先生（1868—1944），是中国著名的边疆史地方面的专家，清光绪二十年进士，民国时参与了《清史稿》的撰写。1894年起，吴燕绍任内阁中书后，即对中国边疆问题密切关注，开始抄录涉及西藏、蒙古、回部（新疆）的奏章批示、文件、档案等，是为此书编撰的肇始。当时清朝国势衰微，列强虎视，作者有感于此，立志对中国边疆历史源流、地理沿革进行考辨梳理，以期完成一部清代边疆史料长编，破灭列强的分裂企图，促进中华民族主权的完整和各民族的团结。《清代蒙藏回部典汇》以时间为线，纪事始于明万历十一年（1583），终于清宣统三年（1911），编年排列。现存原稿共400余册、34000多页，约1500万字。

【民国藏事史料汇编】（全30册）

张羽新　张双志编纂，学苑出版社2005年版

此丛书是迄今为止规模最大、史料最全的民国藏事史料文献，共收录文献120余种，约计2450万字。

一、民国藏事史料搜罗详备。共收录有关藏事的官方文献、私家著述等各种史料120余种；民国时期（1912年1月至1949年9月）凡有关藏事的政府公文秘档、专家论著、社会调查、报刊资料等，大体齐备。内容包括政治、经济、机构、职官、民族宗教、文化教育、涉外事宜、风土人情等各个方面。读者可以多侧面、多角度地了解、考察民国期间藏事问题。从这个意义上可以说，它是一个民国期间藏事问题的小型数据库。

二、推出了一批鲜为人知的珍稀文献。例如，《藏文白话报》、前日本末次研究所《西藏问题》情报数据，以及一批重要著述的手稿或有名人题签的原刊本和孤本、秘本原刊本。此次影印出版，公诸于世，为藏学研究提供了新史料。

三、展现了藏学研究的新成果。作为社会科学研究基础的文献史料，本身就是一门专业性很强的学问，文献史料的整理、编纂也是重要的科研工作。此丛书新编文献史料，展现了藏学家的科研成果。例如《民国藏事档案编年》等，不仅为专家提供了便利，其本身也是重要的科研成果。

四、延聘名家评点序跋，为研究利用指引津梁。凡收录的重要文献史料，都请专家学者进行考证，并就作者简况、版本源流、研究价值等作了简要介绍，供读者研究利用作参考。

五、影印存真，保持史料的原始性。文献史料的科研价值大于真实，而真实的基本要求是其原始性，即人们常说的第一手数据。此丛书除新编史料外，所有文献

史料都是影印，保持"原汁原味"，以完整地保存其所携带的全部历史信息。

【民国边事研究文献汇编】（全20册）

姜亚沙等主编，全国图书馆文献缩微复制中心2007年版

此丛书汇集了一大批有研究和收藏价值的文献，如《边事研究》《边声》《边政》《西南边疆》《边事月刊》等。各刊设有论著、边情记述、边疆消息，大多反映了我国东北、西南、西北的政治、经济、边防、边疆政策、民族论丛、边疆沿革考、述闻、人物志、文化考略、宗教、民俗风情等，涉及地区有新疆、四川、云南、青海、福建等地，为研究边疆和民族问题的研究者和有关机构提供了极为翔实的珍贵文献。

【东北边疆档案选辑】（全151册）

中国边疆史地研究中心　辽宁省档案馆　吉林省档案馆　黑龙江省档案馆　合编，广西师范大学出版社2007年版

此丛书收录了辽宁省、吉林省和黑龙江省档案馆所藏的清代及民国时期的东北边疆档案资料。其中辽宁省档案馆所选档案，包括"旗人生计""外交""安东关贸易""边务"和"朝鲜移民"5个专题，共84册；吉林省档案馆所选档案，包括"边务""开发"和"外交"3个专题，共37册；黑龙江省档案馆所选档案，主要为农业开发类档案，共30册。这批档案形成于东北各地方机构，始于清前期，止于20世纪30年代，时间跨度长达300多年，除部分日文资料外，绝大部分为汉文资料。清代、民国时期的东北历史档案，不仅保存数量大、文件种类多，而且内容丰富，包罗万象，内容涉及政治、经济、军事、文化、外交、民族等方方面面，是研究清代东北边疆史、中外关系史、东北民族史的第一手资料。

【珲春副都统衙门档】（全238册）

中国第一历史档案馆　中国边疆史地研究中心　吉林省延吉档案馆　合编，广西师范大学出版社2006年版

此丛书收录了中国第一历史档案馆和吉林省延边朝鲜族自治州档案馆所藏的珲春协领和副都统衙门的公文档案。这批档案始于1737年，止于1909年，时间跨度长达173年，前期档案多为满文，后期档案多为汉文，此丛书所辑以汉文档案居多。其中绝大部分是簿册类档案，少部分是折件类档案。珲春协领和副都统衙门的档案，不仅保存数量大、文件种类多，而且内容丰富，包罗万象，涉及面极为广泛。凡职官、军务、旗务、民政、司法、财政、农业、矿产、商业、货币金融、文化教育、进贡物品、建筑工程、通信、天文地理、礼仪祭祀、涉外事务等均有涉及。这批资料的出版，对加深东北边疆史的研究具有重要价值。同时，它也是研究八旗制度史、中外关系史、东北民族史不可多得的第一手资料。

【清代新疆档案选辑】（全91册）

中国边疆史地研究中心　新疆维吾尔自治区档案局　合编，广西师范大学出版社2012年版

此丛书收录新疆清代档案58000余件，内容涵盖政治、经济、文化、教育、司法等多个方面。为保持档案的历史原貌，除采取影印出版的方式外，在编辑过程中，还充分利用了档案形成的原有基础，在整体按时间排序的情况下，保持了所记载事件的连续性和完整性。旨在为史学研究提供第一手资料，同时，也为今日新疆之开发建设提供借鉴与参考。

【清代新疆满文档案汇编（满文）】（全283册）

中国边疆史地研究中心 中国第一历史档案馆 合编，广西师范大学出版社2012年版

清朝统一新疆天山南北后，在全疆各地建立其统治机构，行使中央政府对边疆地区的主权。清朝对新疆的治理主要采用军府制。在伊犁设置总统伊犁等处地方将军，简称伊犁将军，统辖新疆天山南北地区军政事务。在乌鲁木齐、塔尔巴哈台、喀什噶尔、哈密等地分设都统、参赞大臣、办事大臣、领队大臣等官员，分管该地区军政事务。这些驻防将军、都统和大臣等多为满洲或蒙古官员。所以，他们多用满文书写公文向皇帝请示汇报，皇帝也用满文撰写谕旨颁给有关官员。因此，在清代中央机关的满文档案内保存下来了近10万件新疆历史资料，时间跨度长达250年。其内容极其丰富，可谓包罗万象，涉及面甚广。主要包括职官、军务、民政、司法、宗教、民族、财政、农业、牧业、矿产、贸易、货币、教育、文化、卫生、地理、交通、运输、工程、外交以及重大历史事件等方面情况，对历史研究具有重要的意义，而且绝大部分未曾公布。

【清代边疆满文档案目录】（全12册）

中国第一历史档案馆 中国人民大学清史研究所 中国社会科学院中国边疆史地研究中心 合编，广西师范大学出版社1999年版

为了广泛深入地研究清代边疆史，同时真实再现边疆地区各族人民劳动、奋斗的历史，中国社会科学院中国边疆史地研究中心与中国第一历史档案馆满文部、中国人民大学清史研究所密切合作，着手进行《清代边疆满文档案目录》编选和汉译的浩大工程。将编译的重点放在中国第一历史档案馆藏满文月折包上。满文月折包是清代军机处按一定秩序打包保存的满文公文档案的总称。满文月折包内文件数量之巨大、内容之丰富，均居军机处其他满文档案之首，具有重要的研究利用价值。清代定满语为国语，称满文为清字。中央到地方和各级满蒙官员，特别是承办八旗事务及边疆事务的满蒙官员，一般都用满文缮写公文，不准擅自使用汉文。与此相适应，有关谕旨、寄信及各部院的行文，也都用满文书写。因此，有清一代形成了大量的满文公文档案。经5年时间的努力，编译者著成《清代边疆满文档案目录》12册，收录12万余条目，共计900万字。作为一部大型专题档案史料的检索工具书，它的编译、出版，必将为国内外学者查阅利用有关档案提供极大方便和更多更新的信息，不仅能够推动清代中国边疆史研究更加广泛深入地开展，而且也有利于清史、民族史和满学研究的发展。

【清代新疆地区涉外档案汇编】（全6册）

全国图书馆文献缩微复制中心 编辑，全国图书馆文献缩微复制中心2008年版

此丛书汇编清咸丰至宣统间清政府与派驻新疆等官员来往文档，凡19种。

19种原始文档均为墨笔书写。收录清皇帝、清总理各国事务衙门、军机处、户部、伊犁将军、定边将军、乌里雅苏台将军、科布多参赞大臣等重要机构、军政要员请示、处理、上呈、汇报新疆诸项问题之上谕、会奏、密奏、文、抄折、咨等，附俄、英照会、函札，内容丰富，凡咸丰至宣统间新疆政治、军事、外交、民族、经济、法律等问题均有涉及。

如：浩罕国（今乌兹别克斯坦）阿古柏入侵新疆、沙俄强占伊犁、新疆回族、维吾尔族大规模起义、恰克图演枪炮、新疆通商、伊犁试办钱法、英使请查

往喀什噶尔官员、沙俄在新疆设领事修使馆、巴燕岱塔尔巴哈尔危急、商借俄军卡伦递送折报公文、俄人在中方放牧、中俄两国商民互借银两、俄人在新疆贩卖牲畜茶叶、俄属哈萨克逃入新疆、中俄新疆塔城、乌什等地交涉办理、借道俄国边卡行走兵饷银两等。

新疆幅员广阔，物产丰富，民族众多，是中国通往西亚的要道，具有很高的战略价值。一直以来，英、俄觊觎新疆之心不死，尤其是沙俄，多次侵占新疆。有清一代，清政府为新疆的收复、平定、治理做出极大努力，并派驻官员管理新疆事务。

此丛书所收 19 种文档，从一个侧面反映了清代晚期新疆地区的社会经济状况，对于考察晚清新疆地区的政治事件、边防军务、货币铸造、货币流通、政治律例、牧场牲畜、物品转运、民族关系；对于考察晚清新疆地区中俄、中英交聘往来、商业贸易、边界纠纷、拿送逃犯、诉讼案件；对于考察了解清政府治边思想和对外交涉方略，都有着极大的参考价值和史料价值，特影印出版。

【清代边疆史料抄稿本汇编】（全 50 册）

国家图书馆分馆 编，线装书局 2003 年版

清代作为一个统一的多民族国家，其广袤面积、边疆众多民族的融合及丰富的边疆史料，历来为中外学者所珍视。

这部"汇编"是国家图书馆从事古籍研究的专业人员经多年搜集整理，选出的清代边疆史料的抄稿本著作，多达 160 余种。如抄本《东三省地理图说》、抄本《调查松花江上流森林报告》、稿本《丹噶尔分府禀稿簿》、抄本《陕西一提五镇官兵马匹程途里数册》、稿本《西北三宗藩地通译》、稿本《考察哈密水利报告》等。其中不乏首次披露的历史史料，对研

究清代边疆的政治军事、经济文化、民族风俗、大事记等，具有很高的史料价值。

【中国西北文献丛书（正编）】（包括目录全 201 册）

中国西北文献丛书编委会组 编，兰州古籍书店 1990 年版

《中国西北文献丛书》（正编）是一部原始资料性中国西北文献总汇，是西北学者数十余年不断抢救、发掘和研究、整理的成果，是全国文献丛书重要的组成部分。此丛书自 1990 年首次出版以来，得到了学术界高度评价，并被广泛使用。

全书选录文献区域范围以历史自然形成的"西北地区"为概念性区域，选录文献时间范围以 20 世纪中叶为终止时段（特殊情况除外）。全书保持原有体例，共分为《西北稀见方志文献》《西北稀见丛书文献》《西北史地文献》《西北民俗文献》《西北少数民族文字文献》《西北文学文献》《西北考古文献》和《敦煌学文献》等 8 个学术专辑。各专辑以陕西、甘肃、宁夏、青海、新疆以及内蒙古部分地区为单元，单元内以历史年代先后为选录文献的组合顺序。

全书共收录西北问题多学科、各时代稀有文献 560 余种，其中收录第一次公开问世的发掘型文献 100 余种（千余万字），约占《丛书》种量 20%；收录明清珍善刻本 300 余种，约占《丛书》种量 70%；收录民国罕见重要文献数十种。

为便于中外学者广泛使用和研究，选录各文献均附有原本尺寸和版本注录；为使研究者彻底了解原编纂者的学术研究思路，此丛书对文稿不作任何处理，原样影印，部分文献同时附有原文整理件；对漫漶不清的重要文献均进行了全文整理，并附有重要内容注释。全书设《目录卷》《索引卷》《前言卷》专册。

全书除汉文文献外，还选录有维吾尔

文、蒙文、藏文、阿拉伯文以及回鹘文、托忒文等少数民族文字文献，并对部分少数民族稀有语种文字文献进行了古译今和汉译工作，目的是充分满足各类型研究者的研究需要，最大限度地发挥古代珍稀文献的历史作用。

【中国西北文献丛书·二编】（包括目录全 51 册）

中国西北文献丛书编委会组　编，线装书局 2006 年版

《中国西北文献丛书·二编》在选录文献区域范围以历史自然形成的"西北地区"为概念性区域，选录文献时间范围以 20 世纪中叶为终止时段（特殊情况除外）。全书依据《正编》体例共分为《西北稀见方志文献》《西北史地文献》《西北民俗文献》《西北少数民族文字文献》《西北文学文献》《西北考古文献》等 6 个学术专辑。各专辑以省区为单元，单元内以历史年代先后为选录文献的组合顺序。

全书共收录西北问题多学科、各时代稀有文献 240 余种，其中收录第一次公开问世的发掘型文献 80 余种（千余万字）；收录明清珍善刻本 100 余种；收录民国罕见重要文献数十种。大量珍稀文献的初次问世，尤其是新疆地区文献的首次部分集中公布，为西北边疆多学科学术的全面展开和深入研究创建了一座崭新的权威资源库，它将在《正编》之后继续开拓性地填补国内外出版界、典藏界的空白，同时也将进一步缓解中国西北问题研究资料世界性奇缺的难题。

为便于中外学者广泛使用和研究，选录各文献均附有原本尺寸和版本注录；为使研究者彻底了解原编纂者的学术研究思路，全书对文稿不作任何处理，原样影印，部分文献同时附有原文整理件；对漫漶不清的重要文献均进行了全文整理，并附有重要内容注释。全书设《目录索引》专册。

全书除汉文文献外，还选录有维吾尔文、蒙文、藏文、阿拉伯文以及回鹘文、托忒文等少数民族文字文献，并对部分少数民族稀有语种文字文献进行了古译今和汉译工作，目的是充分满足各类型研究者的研究需要，最大限度地发挥古代珍稀文献的历史作用。

【中国西南文献丛书（正编）】（包括目录全 201 册）

中国西南文献丛书编委会组　编，兰州大学出版社 2003 年版

《中国西南文献丛书》（正编）是有史以来第一部中国西南部地区原始资料性古籍文献总集。丛书初编为 200 册（加目录 1 册），共分 8 个专辑，即第一辑《西南稀见方志文献》；第二辑《西南稀见丛书文献》；第三辑《西南史地文献》；第四辑《西南民俗文献》；第五辑《西南少数民族文字文献》；第六辑《西南文学文献》；第七辑《西南考古文献》；第八辑《西南石窟文献》，共收录各类历史文献 947 种。

《中国西南文献丛书》（正编）以历史上自然形成的"西南地区"为选录文献的地理范围。包括现行界定的四川省、重庆市、云南省、贵州省和西藏自治区等五省（市）区，以及周边地区包括广西壮族自治区、湖南省、湖北省、陕西省、甘肃省和青海省等省（区）的部分地区。

《中国西南文献丛书》（正编）共收录历代稀有文献 800 余种。其中首次公布的稿本、清稿本为 200 余种，约占全书选题量的 25%；明清珍善刻本为 400 余种，约占全书选题量的 60%；其他稀见珍贵文献约占全书选题量的 15%。

《中国西南文献丛书》（正编）以先秦至 20 世纪中叶为选录文献的时间范围。

在特殊情况下，为保证资料的完整和延续性，部分选录文献时间略有后移。

《中国西南文献丛书》（正编）选录文献均具有原始资料性。版本以宋、金、元、明、清、民国或稿本、清稿本、本刻本、泥铜活字本、石印本、铅印本和传抄本为正常筛选顺序，对部分精善版本另行调整收录。对同一文献，由于版本不同，内容略异且版本孤善者，同时进行了收录，对部分稿本、抄本和残损较重、漫漶不清的文献进行了重新整理。

《中国西南文献丛书》（正编）除汉文文献外，还以专辑形式收录了藏、彝、傣、纳西、白、壮、回等7种少数民族文字文献，并对部分重点少数民族文献进行了汉译、英译等工作，翻译文献原著与译著均并列选用。

【中国西南文献丛书·二编】（包括目录全51册）

中国西南文献丛书编委会组　编，学苑出版社2009年版

《中国西南文献丛书·二编》是继《中国西南文献丛书》（正编）之后又一部补缺拾遗性的大型文献资料汇集。它以发掘、抢救和保护中国西南古籍文献为宗旨，在广泛征集、系统整理的基础上严格再现西南古籍文献的全貌。

全书收录《中国西南文献丛书》（正编）未收入的历代文献资料近千余种，分50册出版。其中明清两代文献约占总容量的70%，均为今世稀见孤善之珍品。为了满足当代研究领域的需要，全书分为《西南稀见方志文献》《西南稀见丛书文献》《西南史地文献》《西南民俗文献》《西南少数民族文字文献》《西南文学文献》《西南考古文献》7个学术专辑。各专辑文献分类条理清晰。辑内文献以省（市）为单元；各专辑除文献部分外，还附有出版说明、前言、综述、提要及注录

等；为了便于读者研究利用，全书另编有《目录索引卷》。

全书坚持以影印为主的出版原则，在编辑过程中，以全面系统地展示区域历史文献为选题原则，确保文献的史料性和学术性。全书选录的文献由文字资料、拓片资料和图片资料组成；以稿本、木刻本、铜泥活字本、石印本、铅印本、传抄本为版本顺序；对同一书体，由于版本不同，观点有异，且版本孤善者，同时进行选录；对部分严重漫漶不清但较为重要的稿件进行重新整理和编排，并根据收录文献的实际情况分别进行版本源流、编著者、收藏者、刻版者（或书写者、印刷者）、出版者（仅限石印或铅印本）等的版本注录，对每件文献的发掘时间、发掘地点、发掘者和简要发掘过程做出极为详尽的阐述。

《中国西南文献丛书·二编》是中国文献丛书工作指导委员会统一规划下的中国古籍文献整理工程的又一硕果，它的问世将有力地推动西南古籍整理和研究工作的开展，为全国的古籍保护、整理事业做出巨大的贡献。

【禹贡：半月刊】（全11册）

顾颉刚等　主编，中华书局2010年版

《禹贡（半月刊）（套装全11册）》是《尚书》（一作《书经》，简称《书》）中的一篇。汉马融说："上古有虞氏之书，故曰尚书。"唐孔颖达说："尚者，上也，言此上代以来之书，故曰尚。"《尚书》是我国现存最早的官方史料集，保存了上古部落活动的历史文件和政史论文，是儒家重要的经典著作之一。《尚书》相传由孔子所测定，实际上有些篇是后来儒家补充进去的。《禹贡》篇者，历代学者一般设为贡赋之法。其说导源于是书"禹别九州，随山浚川，任土作贡"。汉孔安国就"任土作贡"释作"禹

制九州贡法"。后之学者注释大致类此。此篇既以浚川——治水为主，而贡赋仅占很小分量（在全文 257 个短句 1193 字中，直接间接说贡赋者不过 57 句 299 字，所占比重较小），所以不能看作贡赋的文献。今天看来，它其实是上古人类对天下的认识。虽然有一定的局限性，但保留了非常重要的远古地理资料，是我们研究古代历史地理的重要文献，也可见上古中国人活动的区域。

【云南史料丛刊】（全 13 册）

　　方国瑜　主编，云南大学出版社 1998 年版

　　一、《云南史料丛书》收录史料 400 余部。上起汉代、下迄清代，近 2000 年。凡云南古代的历史、地理、政治、经济、军事、交通、民族、风土、物产等重要的中文文献资料，力求囊括其中。

　　二、每篇史料分 3 部分，前为方国瑜先生对该篇史料的考证，即《概说》；次为所收史料正文，再为整理者就史料的版本、价值等问题所写的《后记》。

　　三、所收的史料基本上按照方国瑜先生《云南史料目录概说》的时间顺序编排，分为汉晋、唐宋、元、明、清 5 个阶段，各个阶段再按史料体裁归类编排。

　　四、收入《云南史料丛刊》的史料，以校点的方式进行整理，对有价值的前人所作的注、疏、证、解、索引等均保留原貌，仅改行小字注为单行小字注。

　　五、全书文字统一使用简化字，异体字据 1999 年版《辞海》径改规范字，不再改正校记，同时考虑到人名、地名、书名以及一些古籍文句，改用简化字或选用规范字后可能引起误解的，仍保留原来的繁体或异体。

　　六、由于《云南史料丛刊》分量巨大，内容丰富，目录繁多，不便翻检，将各卷目录按顺序汇总，单独成册，以方便读者检索。

二、书评辑选

阐释南北关系的一个视角
——读狄宇宙《古代中国与其强邻：东亚历史上游牧力量的兴起》

李鸿宾[*]

美国学者狄宇宙（Nicola Di Cosmo）的英文著作"Ancient China and Its Enemies：The Rise of Nomadic Power in East Asian History"（Cambridge，NewYork：Cambridge University Press，2002）汉译本（贺严、高书文合译），2010 年由中国社会科学出版社推出，汉译名为《古代中国与其强邻：东亚历史上游牧力量的兴起》。阅读之后，我对该书阐述的若干问题比较有兴趣，是文打算就此谈谈我的想法并做伸展性的议论，不当之处，祈请批评校正。

一

这部书的重点是讨论东亚北部地区游牧势力兴起的问题，因此区域的南部已经形成黄河流域为核心的中原政权，所以东亚北部势力形成并与之相对应的主要是中原政权，即人们常常以"中国"称之的王朝。毋庸讳言，东亚北部游牧势力之崛兴，一直是中外学术界关注并试图解释清楚的问题。虽然长城地区以南传统的农耕王朝——夏商周及此后春秋战国，其发展演变的诸多细节过程仍旧值得学者们花费心力去研究，但中原王朝发展变迁的线索或脉络毕竟比较完整地展现出来，且几乎成为常识，进而主导了人们讨论中原王朝过去历史的话语权。然而东亚北部草原早期的历史线索，却仍旧被迷茫所遮盖，这也就成为吸引学者投入精力进行研究的兴趣所在。这里我先谈谈这部书的主要内容，然后再作议论。

该书所展示的分析理路如下：

"引言"之后，由 4 个部分构成。第一部分由第 1 章"草原之路——作为欧亚奇观的游牧民族的兴起"和第 2 章"青铜、黑铁与黄金——中国北部边疆地区游牧文化的演进"构成。讨论的中心问题是游牧文化的兴起。作者描述的方式先从欧亚整体的角

---

 * 李鸿宾：中央民族大学历史文化学院教授。

度揭示游牧势力的扩张与游牧文化的出现，然后进入中国北方草原的游牧化过程。这种演绎式描述的背后，隐藏着作者的意图，即人类文化发展的进程，因所处自然环境的差别而亦有发展的先后。草原的游牧生计方式随着这个地区青铜冶炼和手工制作技术的提高，特别是骑马技术及马车运输的发展而极大地促进了游牧文明的进程。这个过程分布在欧亚大陆的北缘，中国北方的游牧化正是其中的组成部分。其游牧化的进程始于西周晚期，至战国晚期成形。其成形的条件是"先进的冶金技术和马匹管理所需要的专业化技术的发展"。

第二部分由第 3 章"野兽和飞鸟——中国先民对于北方民族的认识的历史渊源"和第 4 章"城墙和战马——马背上的游牧民族和中国各诸侯国之间历史接触之始"组成。这个部分是在前一部分的基础上进行比较具体化的讨论。第一部分刻画的欧亚大陆游牧文化的兴起与中国北方草原的游牧化进程，因资料少见，依凭更多的是考古发掘资料。第二部分侧重于文献史料，作者明确说道："关于中国人如何从文化和政治的视角看待北方的问题，就只能通过书画的原始文献来了解。"作者在第 4 章里要解决的问题是中国早期农耕文明与游牧文明两个文化形成的界限。草原异质于中原农耕的文化生成后，开始出现两种有差异的文化方式和观念。这种观念一直支配此后的历朝历代。作者解释说这种文化差异的形成取决于政治和军事的战略。第 4 章就是对中原诸侯国与游牧势力之关系的具体研究。

第三部分由第 5 章"拉弓的人——匈奴帝国的兴起以及各游牧民族的政治联合"、第 6 章"从和平走向战争——中国从绥靖政策到军事进攻的转变"组成。这个部分与上文有直接的联系：上文讨论的是中原诸侯国与北部各个分散的游牧势力发生的关系。到公元前 3 世纪农耕地区走向一统化的王朝之时，北方也出现了游牧帝国的一统化。匈奴崛起与秦汉对峙，导致"两个具有影响的大的区域"的出现。北方强权政治势力的出现，改变了以往中原拓展和支配的主动权，形成"北强南弱"的格局，汉朝不得不采用绥靖政策对待北方势力。作者接着在第 6 章描述这种局势的进一步发展：汉朝最终又改变了绥靖政策，以进攻取而代之，其根本原因是汉朝的统治者观念发生了转变。在双方交往的过程中，双方对自身应当承担什么样的责任和义务，理解出现了分歧。

第四部分由第 7 章"逐水草而居——《史记》中有关北方民族的民族志学和历史学"、第 8 章"驯服北方民族——司马迁史学思想中对于游牧民族的理性化态度"构成。这个部分的写作与前文不同的是，专门就南北生计差异的现象之描述进行讨论。作者认为，司马迁《史记》将这种现象进行了经验主义的描述并最终形成了南北对峙的叙述架构，这个架构一直支配着后世的历史观察。司马迁的贡献就是突破了神话传说的窠臼，将历史描写带进并主导了南北模式的构造。由此，本部分应当属于对历史文本自身的考察，与前 3 个部分依托考古报告与文献研究的"历史层面"形成了呼应。

最后是全书的总结。

二

由上文对狄宇宙作品的简要概括可以看出，作者试图要阐释的就是中国历史上存在的南北分隔的情形，特别是北方草原的游牧势力如何崛起的问题。这个问题随着考古发掘的进展而日益引起人们的关注。学术界在研究这个问题时，是从各自不同的角度着眼的，我认为主要有 3 个观察的视角，即中原王朝的中心观、欧亚草原的纵横观和东亚体系观。其领域分别以中国包括港台的学术界，以及欧美学术界和日本学术界为代表，形成了 3 种观察的思路或模式。

中原中心模式（或中原王朝的主流观念）及其意涵、特点。

第一，这种模式的基本出发点是以中原为核心，向周边辐射并最终统合成一个王朝国家的认识思路。其理路是：中国文明的早期呈现出多文化、多中心的分布，但最终是从中原地区走出了朝向国家道路发展的政权。这个国家是以耕地为根基，以农业生产为经济命脉，以固着于土地之上的农业伦理思想（儒家为主）维系人与人的关系，以中央集权的控制方式主导王朝的发展所构建的王朝模式。其发展的方向则呈现自农耕地区不断向周围辐射的态势。伴随这个趋势固然有文治武功的种种办法，但其最终的指向则是以文化的传承为其旨归，于是，中原王朝通过周边不断被纳入核心腹地的进程，如同滚雪球一般，将王朝扩大到农耕以外的游牧和半农半牧乃至渔猎游耕之地。中华文明的范式自此得以确立。

第二，这种模式得以建立的地缘基础是核心区所在的农耕地区北迄长城沿线、南部和东部直接临海、西达青藏高原东麓，中间分布着黄河、长江等众多水系，以华北平原为中心勾连东西南北的广阔区域；这个区域的生态环境，构成了旱作和水田生产的生计方式，成为中原王朝生存的经济与环境基础。这辽阔的平原及其农业经济区域，在世界其他地区并不多见，为其发展提供了广袤的空间。秦始皇的所谓统一，就是农业社会的一统化。秦始皇以后的王朝使命，则是突破这个区域，向周边推进，其方式既有政治上的追求、军事上的进攻，也有经济的开发、贸易的交流和文化的浸透，是"文化"综合体的全面性的进展。这是中国儒家汉文化模式的本质特点。

第三，正因为这个模式的动态化，中原王朝的发展呈现出本土核心区与周边外围区的不断博弈和互动。本土核心区就是农耕地区，是王朝依托的根据地；在这片土地上耕种的民族群体（以汉人为主）也就成为王朝建立的民众基础，他们是王朝运转的支撑力量。与此对应，核心区的周边则是游牧、半农半牧和渔猎游耕之地，这些是王朝发展的方向；其地所处的各族民众，也是王朝扩展所依凭的势力。在一个动态的、相互联系的过程中，王朝依靠核心区和核心区的民族群体向四周开拓的时候，周边地区特别是当地的各个民族势力，无疑是王朝争取（征服）的对象，一旦被其纳入王朝的范围内，经过磨合、融化，这些周边民族连同其居地就转成王朝的核心，此时，他们就从"对象"转变成"主人"，与早先的"核心"一体化了。在这个动态的变迁中，我们所看到的"边疆""边界"，都是一个非恒定的概念，这个概念也呈现扩大的趋势。

易言之，夏商周的"边疆"与唐元清的"边疆"，后者蕴含的范围和广度，都是前者不可比拟的，其内容也同样越来越丰富。

第四，这种模式的特点，是以中原为中心、以周边不断中原化为旨归所形成的叙事系统。这个系统具有强烈的以自我为中心的话语系统，由此构建出中国文明体发展的模式。在人类文明进程中，这种叙述与其他文明相近，都有一个自我中心，由中心而四周，有一个文化与文明不断再建构的发展过程。这样的叙述模式，成为中国大陆学界的主导或曰主流。我们所看到的有关中国早期文明史和后来社会发展的一般性途径，几乎都是在这个框架的模式下展开的。

与中原核心区相对应的另一个话语系统，就是盛行于日本、韩国学术界的"东亚体系"。这个观察的视角，是将东亚社会看作一个整体，在这个整体中，中华王朝是体系的核心，周边各国与中原王朝维持着朝贡（或封贡）式的关系。其模式的特点在于：第一，比较重视东亚社会的整体考察，特别关注于这个地区的一体化系统。第二，中原王朝的作用不可忽略，但尤其强调中心区之外的其他地区的战略地位，特别是作为东亚社会的组成部分——日本和朝鲜半岛国家自身的作用，也不应当受到漠视。从东亚社会的日本或朝鲜半岛的角度出发看待整体，周边地区、社会的功能，尤有强化的必要。欧亚大陆南北对应的观察模式，主要流行于欧美学术界。这种观察的基本特征是：第一，关注的视野扩展到亚洲和欧洲整个大陆，在宏阔的视角中体察农业社会与游牧社会的分化及互动。这种互动从东亚延伸到西亚和欧洲，借用法国学者格鲁塞的表述，那就是："我们欧洲的几乎全部，小亚细亚、伊朗、印度及中国都早已经达到了同一阶段的物质文明。不过，还有一个同样重要的地带曾经摆脱了这种运动。这就是那伸展于欧亚大陆中部和北部的一条长方形的领土，草原地带。它从满洲边界直至布达佩斯和西伯利亚森林，是在它的北方边缘延伸着。"一部欧亚的整体历史进程，就是南部农业社会与北方草原游牧社会的互动展现。中国历史上的南部农业区与北方草原的游牧社会，只不过是这个整体中的一个组成部分。第二，从这种观察的架构出发，不论是南部还是北部，都形成了各自的中心，它们之间只是农业文明与草原文明的形态差异。双重或多重中心区的概念，支配了这个观察的模式，实际上打破了各自中心说框架的局限。同时，这个观察的视角更重视不同文明核心区之间的相互关系，不论是军事上的攻伐，还是政治上的纵横捭阖，抑或经济与贸易的交流或阻隔，南北相互的联系，成为这个观察模式的突出特点。第三，由此而引出的直接话题，是这种观察视角对交叉区的重视。有关中国南北交叉地区的描述，显然是以拉铁摩尔的作品为代表的。这个问题是我下文要讨论的内容，此处暂略。

三

该书的撰写，应当属于西方学术界观察中国南北关系的一个作品。至少从作者研究的内在思路讲，是欧美学界考察亚洲南北互动的展现。实际上，在我看来，该书的学术价值，首先就体现在这个层面。我在上文大略描述了中外学者治学路向、观察视角的差别，这未必十分准确，应当说是我的一个粗浅的认识。实际上，中外学者讨论和观察的角度，也不是泾渭分明，有着先天界限的。不过，考虑到中国历史上的南北地区存在的自然和人为的差别及其多面性，人们认识的路径自然就存在着诸多的面向。中外学者研究的周围环境、研究的态度均有差异，我做上述的分类亦不至于妄说。我将本书的刻写，放置在欧美学界观察的属列，就我阅读的感受和作者写作的意图而言，应当如此。实际上，近年中国大陆乃至海外华人学术圈对中国南北的研究，也在开始突破传统中原王朝的区限，试图从更广阔的视野去考察中国的南北方。近年表现比较突出且有一定代表性的作品，应当是台湾学者王明珂撰写的著作。他的《华夏边缘》一书的突出贡献，就是抓住了汉人社会与游牧人社会交叉的"边缘"，通过边缘众多民族的区隔、联系、交往与互动，在彼此差别明显的状态下通过强调"异己"去凸显"自己"。他特别强调："我怀疑'族群'是一有共同的客观体质、文化特征的人群，而认为族群由族群边界来维持；造成族群边界的是一群人主观上对外的异己感，以及对内的基本情感联系。"王明珂此书的重点是考察"华夏""汉人"之所以成为华夏汉人的因缘，其观察的视角突破了从华夏和汉人自身世界定位的界限，确立了汉人华夏以外又与其有密切关系的"蛮夷戎狄"的角度观察的范式。这是民族学、人类学中"主位""客位"关系在历史学的反映。他的另一部作品《游牧者的抉择》"以人类学的游牧社会研究成果及思考取径，对中国早期游牧社会——汉代的匈奴、西羌以及鲜卑与乌桓——作一些新考察"，这个考察之区别于前人的地方，也是打开中原的界限，试图从北方草原的角度、从游牧人的立场去观察他们自身。

导致史学界视野的扩大，是来自考古学研究的发展。至少最近数十年来，有关长城地区、草原地区自新石器以后，古人生活的痕迹相继被揭示出来，特别是进入历史时期的夏商周考古发掘，使得人们对中原农耕地区北边，具体说草原的游牧社会的出现，有了更深入的认识。人们认识到北方有别于农业社会的游牧势力的形成，是西周以后特别是春秋战国时期逐渐形成的。从考古发掘调查中，人们发现长城地区有这样一个特点：在早期（新石器时代），这里的考古遗址文化中保留着较多的定居性农业生活方式的痕迹，但到西周以后，这些地区的农业生活遗迹逐渐减少，牧业特征逐渐增加，最后则是牧业取代农业成为这些地区的主要生活形式。

这种情况反映在文献里，就是建立在中原地区的王朝对北方的关注也呈现增加的趋势，到了秦汉之际，汉文文献中有关北方游牧势力活动的记述明显上升，即覆盖草原东西的"匈奴帝国"的建立对南部施加压力的持续，迫使中原王朝采取措施加以应对和防范，于是就出现了秦始皇修建万里长城、汉高祖刘邦北征匈奴和汉武帝出兵长城之外等重大活动。秦汉时期中原王朝面临的重要任务之一，就是处理与草原游牧势力的关系。这种自春秋后期对中原构成"威胁"的现象，随着北方势力的强大而变得日益重要，一直演变成后来南北关系的主干，到清朝中期，才最终解决。

那么，南北关系早期的情景，究竟是什么样态？考古发掘以前，人们了解的线索，基本限定在文献的记述之内。而文献对早期北方社会的记载，也多属传说和神话。司马迁的《史记》第一次打破了这个范式，他的记载开始进入了经验性的历史境界。尽管如此，文献对北方游牧社会的描写仍很缺乏，而且汉文文献（至少流传至今的文献）从汉人中心的立场出发，具有中原倾向。考古发掘的成果，则突破了文献的限制，将游牧社会的"本真相貌"更清晰地揭示出来，从而构筑了该地区社会发展的"真实进程"。王明珂上述《游牧者的抉择》所选取的角度及其所依托的证据，就是考古发掘成果丰富到足以令历史学家们对北方游牧社会重新检讨程度的展现。而王明珂研究依托的西方研究成果之一，就是狄宇宙的这部著作。如上文所介，狄宇宙《古代中国与其强邻：东亚历史上游牧力量的兴起》研究的基本思路，就是将以《史记》为代表的传世文献与考古发掘报告这些新资料结合起来重新考察中国北方草原与农业对应的游牧势力兴起及其早期活动的状况。狄宇宙所试图建立的早期游牧社会发展形态的"模式"，是从游牧社会内部的角度着眼；我在上文里说王明珂对匈奴、西羌与乌桓和鲜卑人的社会建构，他所研究的方式同样从北方社会自身的角度探索。他们两人讨论的出发点是相似的，即都有企图突破汉文文献建构的中原王朝自我为中心的意图，其学术上的新视野主要就体现在这个层面之上。狄宇宙著作研究的时代是王明珂著作的上限，他更关注游牧社会的兴起，然后才是它们早期的活动。在这样的思路指引下，我们再回过头去观察文献里涉及的"历史"，似乎就有不一样的感觉。这是我阅读狄宇宙包括王明珂著作最大的感受，如上所述，我觉得他们作品的学术价值，主要体现在这个地方。为此，我再从以下一个比较具体的角度谈谈看法：长城的价值和意义。

四

长城在中国人心目中毫无疑问是防护工程。这是人们认定长城在历史上起作用的最本质的概念。这个概念直到今天仍旧延续。但这个问题之产生有一个前提，即从中原中心的角度观察，长城的确起到保护农业生产地区安全的作用。这个立论是从定居者的角度考虑的，由此就伸展出另一个逻辑：定居者的土地是不动产，他们生存的地理空间是恒定不变的，与之相对应，北方草原的游牧势力"逐水草迁徙"的灵活性以及对谷物粮草和布匹丝绸这类生活必需品和奢侈品的需求促动，引起了游牧民族向农业地区的侵略性行为的必然趋势，如同格鲁塞所说的"游牧民族的南下几乎是一种受草原上居住条件支配下的自然法则"一般。这样的认识思路，已经成为学术界的主流。而其之所以成为这样的"定论"还有两个要素不可忽略：一是文献记载的主流是源自农业性的定居社会，中国后来历史发展的结局是以农业社会兼容游牧社会的形式展现的，从主流的趋势进行的历史追溯，则不可避免地彰显着主流社会的话语；二是迄今为止的记述亦以汉文文献为主导，游牧社会的文字记录几乎被隐藏在汉文文献之下未能显露。其原因还是受制于第一个因素。那么，长城果真就是这样定位的吗？为什么会出现这样的认识？这看起来简单不过的问题背后所隐藏的意义，则是相当深远和复杂的。显然，如同历史上连接不同政治势力、不同王朝的长城所表现出的多面性一样，长城的意义也不止于一个层面。从单个角度所体悟的结论如果超出体察的限域，其含义也会随之转变。如果说狄宇宙其书从游牧社会角度观察而具有学术价值的话，那么长城所展现出来的多重含义也就随之而呈现。他在第4章辟出专门段落讨论长城，他的基本思路是这样的：

第一，长城的最初建立，本是春秋晚期以后特别是战国时期诸侯国之间为在征战中防御自身并保持进攻而建立的，随着中原北部诸侯国向周边特别是向北方扩展，它们将那些地区的异族人征服或者驱赶到更北的地方，然后修建城墙以保护新占领的地区。伴随这个过程的一个趋势则是周围外族与北部诸侯国的融合。

第二，秦始皇将北部诸侯国建立的长城连接起来，其目的旨在向北开拓取得游牧人的地区后以修建长城的方式保持其新有的疆土，并将农耕生产迁居到那些地区，"从而产生了一个假定的抵御游牧族的屏障"，"在华夏族和北方游牧民族之间构筑起了一个连续的防御工事"。

第三，在狄宇宙看来，长城的修筑与其说是防御，不如说是为了驱入外族领土后，"击退"或"兼并"那些游牧势力而修筑的。"换一种说法就是，秦国、赵国和燕国只有从外族人那里获得了大部分的领土，并且将游牧民族从它们自己的故乡驱逐出去以后，才需要保护它们自己不受游牧民族的侵扰。"

第四，就此，狄宇宙不认为长城是修建在华夏人与游牧人之间的地带，而是在后者活动的地区修建的。这就导致二者之间的关系趋向紧张和对立。传统的观点只是看到了这种对立，但将对立的局面引起长城的修筑归咎于北方游牧势力南下的攻击，这是长城被视为"防守"的原因。而狄宇宙的认识正好相反，是中原诸侯国与继承其后的秦汉帝国将自身的势力扩展到游牧地区后，再将征服过来的土地与其他游牧民族分隔开来。

所以"长城就是华夏北方各国整个扩张策略的一个组成部分，长城的建立是为了支持并且保护华夏各国向迥异于周族世界的外族地域进行政治和经济渗透"。

第五，正是有南部王朝北上修筑长城的行为，才有北方分散的游牧势力凝结的对应，而凝结行为的支撑则是它们对自身认同的加强，从而使它们走向一体化的道路。"匈奴帝国"势力的坐大，除了自身政治、经济、自然环境提供的条件之外，南部王朝成熟的政治性发展，特别是它们对北方的征服并修筑长城防线的举措，无疑是一催化剂。狄宇宙在书中刻画了这样的思路：中国北方早期的形势很可能是农业定居的民族与北方游牧民族尚处于各自的发展之中，双方并没有十分密切的交往，然而随着农业民族势力的加强，尤其是政权建设的发展，其向北部开拓的势头也逐渐强化，并北上进入游牧人生活的空间；与此同时，北方游牧民族自身也在迅速地发展，于是南北势力相互交叉出现的"碰撞"就不可避免。长城的修筑，是双方接触的结果之一。所以它不是单独一个政治体的"构建"，而是多重政治体互动的产物。

第六，从这个思路出发，狄宇宙认为"匈奴帝国"的结成，实是游牧势力为抗衡农业定居王朝的"压力"而做出的回应。反过来说，一旦游牧帝国形成强大的势力之后，它对定居王朝构成的威胁也是空前的，这就导致汉朝先是出兵征服匈奴，失败之后则改由"和亲"以维持稳定政策的出台。但其主导地位被匈奴削弱的局面一直不被朝廷认可，于是才有后来汉武帝的反击。匈奴与秦汉的关系，以及此后南北的往还，均由双方早期的上述局面所决定。

上述 6 点是我阅读狄宇宙著作根据他对长城的描写总结出来的。虽然未必一定准确无误，但我想基本上算是靠谱的，他的思想表达得应当说是比较分明的。这样的认识与中原王朝为核心的观察具有很大的差别，正如姚念慈教授述及清史学界讨论"康乾盛世"是一种价值判断而不属事实认证一样，对长城的讨论，很大程度上也属于价值的判定。自然，早期历史面相的残缺，特别是有关北方游牧势力记载的疏失，使长城的研究较诸后世历史，其事实认定的分量仍旧很大，所以狄宇宙对长城的讨论，如他所说，仍然处于事实澄清的层次。也因为这样，他所说的不无理据。说到此，联想到我平时所持的一个观点，即我们多数对历史所做的"阐释"，本质上无"对""错"之别，更多表现的是此种或彼种说法的根据与合理性成分的多与少。长城价值与意义的断判，应当属于这个层面。由此，我们今天再来看待长城，除了依据具体王朝的长城讨论具体长城的价值与意义之外，就本书所涉及的早期长城而言，除了有中原核心区长城的功能、价值与意义的理解，还应有长城所"防护"对象一方的理解，即从长城的东西南北看待长城，所得到的解释显然是超越任何单方面的解读的。狄宇宙一书给我的启发，就在这里。由此我还想到长城的另一个相应的问题：长城与民族到底是什么关系？

五

一个不加考虑的想法流行在人们的头脑中：长城是历史上汉人王朝防护北方游牧民族（势力）的工程。从中国历史上南北民族互动的角度讲，长城正好（大致）处在南北民族活动区域的交界地带。事实果真如此吗？我的理解如下：长城的修建，最初的目的是中原诸侯国在相互征战的过程中为自身免遭对手的进攻而采取的措施。城墙的建筑在那个时代有着重要的防护作用。春秋晚期至战国时期，随着北方游牧势力的崛起，北方诸侯国也将这种军事攻防的措施用于北部的防护上面。当时南北势力的对比，诸侯国的能力远超北方分散的游牧势力，北部诸侯国征服或融合当地游牧民族的进程使得这些国家向北开拓的时候采取修筑城墙的办法以保护新获得的地区。秦始皇的举措正是这些诸侯国方法的延续，只不过他在统一农耕地区之后，所加诸的动作幅度远远超越了单个诸侯国的能量。如此看来，长城在这里本质上的属性只是军事措施或攻防手段，与民族没有直接的关联，如果有联系，也只是与不同的政治势力（国家、政权）之间的关系。秦汉之际是草原游牧势力统合并汇聚于"匈奴王朝"之下的时代，于是形成了中原王朝与游牧王朝对峙的局面。

长城则是这种对峙局面的产物，如同诸侯国对峙一般。但问题恰恰就是两者对峙所依托的，一个是汉人为主体的王朝，一个则是非汉人（游牧人）为主体的王朝。这种王朝依托民族群体的差异，本质上取决于经济、文化、生活方式的差异，而这些差异最终则取决于自然生态环境的差别，所谓长城地区正好处在不同生活环境的交界地带，于是不同族群的分布与生态环境之间的对应，与不同王朝之间对立的产物——长城——修筑就纠结在一起，这就是人们将长城与民族联系起来一起考察的直接原因。实际上，长城与政权、民族与文化生活方式、文化生活方式与自然生态环境这三组概念之间是彼此对应的，这三种对应的关系彼此属于不同的逻辑范畴，不可混淆，而"长城与民族关系"的表述恰恰就混淆了其间的差异。

与此相关的另一个地理界线是长江。长江在历史上并没有成为阻隔不同民族交往的障碍，换句话说，长江南北各个民族的往来互动，并没有因为长江的存在而阻断，也没有因为长江而区别彼此，这主要是长江南北分布的族群其经济、文化与生活方式大体是相似的，均处在农业生产的范围内，其差异则是旱作农耕或是水田农耕，这样的差异阻止不了文化的、政治的与认同的统一化趋势，因此远较长城难以逾越的长江自然天险并没有阻隔民族交往，而地理沟通相对顺畅的长城却被人们视作划分、阻隔民族群体的界线而引出汉人与游牧人的分别，这个说法显然将地理、自然区域与民族（或族群）的差异直接联系在一起了。为此，我再一次表述我对上述三组对应概念的关系如下：长城是政治体（王朝、国家等）军事攻防的产物，它与政治体发生直接关系，而与民族（族群）、生活方式、自然环境没有必然的联系。然而政治体是由不同的民族或族群组成，民族、族群的划分则是由生活方式或文化生活决定的；而文化生活、生活方式则受制于自然生态环境的影响。这三组对应的概念是逐次递进的，后者决定前者，一层决定一层，不可僭越。将长城与民族联系在一起的说法，恰恰僭越了这种关系，我认为是不妥当的。

（原载《中国边疆史地研究》2011 年第 3 期）

移民：事项背后的隐喻

——苗威著《高句丽移民研究》书后

李鸿宾[*]

移民概念的表述本身并不复杂，但它涉及的现象尤其是现象背后隐藏的意涵则随着人们认识程度的加深而不断衍化。古代地处东北亚地区的高句丽移民，其迁转的原因和路径、人口的流散程度乃至映照的社会阶层的状况，这些具体细微的个案情形，至今仍旧处于模糊的状态。揭示这个相貌不单是史学家的责任，历史学拥有的"永久"性魅力也恰恰就表现在这里。苗威教授的《高句丽移民研究》（吉林大学出版社 2011 年版）就是这类研究中最新的作品。笔者对此书的关注除了提供的具体内容之外，支配作者描述的学术动机，尤其是动机支配下的书写模式，更引起了笔者的兴趣。

一

动机就是作者写作的意图，史学研究的目的是求真求实，揭示原来的面貌，这可以用来概括几乎所有的同类研究，因而是一个宽泛而具有普适性的诉求，苗著同样如此。苗著之选择这样的问题，本属她的研究领域，笔者没有解释的必要，但这个动机蕴含的书写模式则值得我们做一番思考。笔者下面着意的与其说是顺着作者的思路进一步发挥，不如说是借该书话题谈笔者自己的"伸张"想法，这是要特别说明的。什么是移民？移民就是人群的移动。移民的本质就是一群人离开世代生活的母地到客地生活。移民是伴随人类的活动出现的，它本身就是人类生活的组成部分，不移民或少移民才是个别现象。古代社会的人类群体移动，最典型地反映在游牧社会中。欧亚草原东西南北的纵横，成为工业革命之前的古典王朝时期全球性移民的突出现象，也引起历史学家们长期而持续的关注。游牧人群的移动是建立在广阔的草原空间和逐水草而迁徙的自然与社会经济的基础上，移动是它的根本性，其结果是移动体之间的相互影响与相互融合。

这样的表述建立在游牧社会自身属性的基础之上。从适合其生存的欧亚草原的角度讲，游牧族群及其建立的国家、王朝和政权能够纵横于草原之东西，本质上更决定于草原东西之间地理环境所分布的高山、草场等适宜于畜牧放养，至于半农半牧、渔猎游耕等作为次生状态的生计方式则是依托于游牧的。这种条件下的生存组织往往集中体现为部族和部落，并由它们再组建成更高一级的政权，一旦具备这种条件，政权就进一步演变成游牧帝国。欧亚草原帝国的出现，相似的草原环境使它们容易驰骋东西，游牧人的东西移动，就发生在这样的环境中。但游牧帝国的南向移动，特别是其群体的移动，与

* 李鸿宾：中央民族大学历史文化学院教授。

东西移动相比，就较少体现在环境与生态制约下的经济方式，而更受制于政治支配了。这就是说，游牧人南向的发展不是草原，而是与草原完全不同的农业耕作地区，那里早有农业王朝存在，不论是东亚的中原，还是中亚的沙漠绿洲，抑或西亚的波斯高地，草原民族南下的目标就是奔向这些地区，他们被南向进攻的草原政治势力所裹挟，他们的移动与其说是移民，不如说是政治支配下的军事行动。笔者认为，草原东西向的移民属于同一生态环境下的相互适应，是经济生产的产物；而南向的移民则属政治性行为，表现在草原帝国与农耕王朝之间的政治和军事的攻伐之上，属于非经济行为。值得关注的是后一种行为。

学术界对草原势力南下涉入农耕地区的行为表现出强烈的关注，其中一个中心的话题就集中在游牧势力"南侵"的解释上。相信到今天，人们对游牧势力南下动力的解答超出了我们的想象，不过，这种解释依赖的主体与其说是建立在游牧社会自身的基础上，不如说是从农耕社会的角度出发更加精准。从后者角度讲，游牧势力的南向主要瞄准的是农耕地区丰富的粮食、布帛和高档的消费品，而游牧社会自身经济的单一性迫使他们超越限制向农业社会索取也就成为人们解释其南向发展的逻辑推衍了。如此推衍，农业王朝便赋予类似修筑长城一样的措施是为应对南下进攻的游牧势力这一正当理由，并将游牧势力的南下视为缺乏道义，而自身的行为为正当防卫的意义。话题至此，就涉及了话语系统背后的观念中心的架构问题。

游牧社会族群的移动，不论是东西之间还是南北之间，虽然性质有别，但移动的主体都是建立在游牧社会为中心的基础上的，然而上述话语中的农耕王朝防御的正当性则是建立在农耕地区的中心之上。这两个截然相对的体系，其共同点是都有自己的本位中心观。以突厥为例，他们将可汗驻地视为天下的中心，突厥系各族活动在中心地区，周边则是它的敌人；农耕的中原王朝更是早就形成了以自身所在的黄河流域为中心的建构。这两个中心并行其间，相互接触、碰撞，扩展各自的领域，常常波及彼此的中间地带甚至直达对方的视域。之所以出现互为中心，乃是各自力量经国家王朝的推动进而膨胀，却未能消泯对方，终演成势均力敌之结果。这在亚洲东部地区尤其具有典型性。自中原的秦汉王朝与匈奴帝国始，农耕王朝与北方草原游牧势力之间保持了长达千百年的对峙局面，直到清朝的建立，才最终被一统化所消解。本文述及的秦汉至隋唐时代，正是南北势力对峙消长的显现时期，苗著刻画的高句丽移民就发生在这个时段里，然而高句丽移民呈现的趋势与特征，倘若与上文对比，显然有诸多的差异。

二

这个差异，归根结底还是与核心区的建构有直接关联。高句丽所在的地区，不论是从草原核心区的角度观察，还是从中原核心区考虑，它都处在边缘地带。苗著刻画的高句丽早期活动的地区，大致上在今东北的南部，随后推向朝鲜半岛北部。这个地带既远离草原势力的中心譬如阴山、鄂尔多斯高原一带，或者兴安岭南缘西拉木伦河、老哈河地区，也与中原的核心区黄河中下游有较长的距离。这是否说高句丽政权的形成是借助了核心区之外的地缘条件呢？从起自传说并被高句丽官方认可的"朱蒙建国"的叙事可以看到，公元前37年在沸流水流域建立的高句丽国，并不处于中心区王朝建构的时代，而是位列中原王朝的秦和草原游牧帝国的匈奴形成之后。易言之，当中原和草原走上一统化的王朝建国之路后，边缘地带的东北处也形成了一个区域性的小国。这类现象在边缘地区并非普遍，是否反映出辽东地区走向权力建构的欲望超越其他地区，还是这里的文明积累到优越于其他地区的程度使然，抑或受到外力的拉动？如果联系"箕子朝鲜建国"的话语，东北地区南部和朝鲜半岛北部走向权力建构的诉求，至少有历史传说的支撑。这如同太伯东南走引致吴国的构立一样，后者政权建成之后的反向回溯，使得传说与政权结合到了一起。我相信，辽东的"朱蒙建国"，无论是传说，还是被高句丽后人记忆，这一套政治性建构的话语和行为，应当是中原诸侯国纷争引发王朝国家走向并形成中原核心秦汉王朝政治体的连锁性反应。至于没有普及到中心区外围各地，则受制于各个地区具体的环境和条件。这又涉及了政权、国家、王朝产生的区域性差异的问题。黄河流域的中原、鄂尔多斯与阴山周围的高地草原，于公元前3世纪以后形成两个幅员广阔的王朝，其中的前者经历了长期的诸侯国混争但线索明晰的历程，草原的一统化帝国构建的细节虽然至今仍扑朔迷离，但这两个核心区王朝构成的事实是无可怀疑的。东北地区南部的自然环境和生态系统比较适合农业定居性的生活方式，与东北西部的开阔性草原形成了鲜明的对照，高句丽群体农业性的组成，其"建国"应当是这种条件提供的。如果我们将它的建国视作受中原中心区走向一统化王朝方式的影响，则其移民的出现，也应当活跃在这个范式的框罩之内。至少可以说，高句丽移民属于定居式的农业群体移动而不是游牧群体式的移动，它与后者的本质差别是我们关注的焦点，引起其移动的原因特别是移动的方向，同样值得我们注意。

三

先说高句丽移民与游牧民移动的差别。苗著将高句丽移民置放在高句丽政权从形成到解体的全部过程中，将移民与高句丽势力的变迁结合在了一起，这实际上赋予移民为理解高句丽历史建构的基本面相了。如果这样理解不误，那么，移民与政权的建构到底存在着怎样的关系呢？我们知道，游牧政权建立的程式基本上是从一个有强势的部族或部落集团开始，通过协调、收买乃至征伐等方式逐步（也常常快速地）兼并相邻的部族（落），再随其势力的擢升兼并那些遥远的势力。游牧政权的都城分作冬夏多处部署在相对确定的地点，同样具有移动性。与之相对的以农耕经济为主的政权或王朝，选择固定的地区建构国家，地域的稳定是其经济发展的基础，虽然其周边遭受外力的干扰而经常变化，但核心区一直处于"恒常不变"的状态。这说明，农耕王朝的特性体现在稳定而不是游移上面，易言之，移动并不构成王朝的"天然属性"。建构政权之后的高句丽，耕作经济为主的特性决定了它需要固定的地区而不是到处游走，这既是苗著刻写的基础，也是我们了解高句丽的前提。其政权内从事种植生计的族群始终占据主流，如其政权性质所系，也是与定居有关而与移动没有必然的联系。

然而频繁的移民却打破了这种定居的逻辑，这又如何解释呢？定居性的高句丽族群与移动难道超越了一般法则而使二者具备了特殊的协调性关联吗？假如这个联系能够成立，那么，这种定居型群体移民的本质又是什么？如上所述，游牧群体的移动受制于自然（无阻隔草原的广阔空间）和社会（逐水草迁徙的生计方式）两个方面的因素，只要具备这样的条件，定居就会被移动替代，所以游牧群体的移动具有天然的特性而不是"人为"的造成。然而可以看到，组成高句丽政权之后其主体族群的生活空间和这个空间之内的生计方式显然与草原有本质的差别：适合耕作的土地种植。这表明，固着于土地的定居而不是移动才是他们生活的特性。高句丽的移动经久不衰，显然其自然属性发生了矛盾：移动应当是其属性之外的因素所促成。苗著也是如此处理的。她的整部书描写的主旨就是移民现象的不断展现，从高句丽政权的诞生延续到政权的灭亡之后近 700 年间，移民或多或少，或分散或集中，不论朝向什么地方（多数朝向中原）也无论移入还是移出（以此为多），移民的行为前后不绝。甚至高句丽政权建立本身，就是当地各个民族互动和移民的结果。如作者所说，高句丽民族的复合性聚成，就涵括了夫余、秽貊和汉人，其主源是高夷，"高句丽民族的形成是与古代东亚民族的移动相伴生的，其民族主体形成之后，高句丽政权即在此基础上建立起来"。① 群体的移动与高句丽政权的产生、发展结成了天然的密切关系，这是苗著刻写的一个重心。至少在作者看来，以移民与定居为主的高句丽政权产生了超越常理的联系！这再一次促使笔者回到高句丽移民的本质是什么的问题上。作者展示给我们的是，高句丽的移民不是自生、主动、内发式的，而是受到外力的冲击导致的结果，多数是在政权与政权的交往尤其是彼此争衡和控制的战争与争夺中显现的。换句话说，所谓移民，是在战争的裹挟中出现的。

其次是其移民的方向问题。正因为移民受制于政治关系的制约，高句丽移民的方向也随着政权的政治运作而改变。

从政权建立到灭亡，其移民的方向与政权互动的方向形成了直接的对应。高句丽政权建构及随后向朝鲜半岛北部的移动，实际上是由政权周围特别是西部势力的冲击造成的。当汉朝强盛后向东北地区开拓并建立起隶属朝廷的乐浪、真番、临屯、玄菟四郡，而这些地区自身酝酿政权建构的空间被挤压之后，东北地区政权建立的可能性就依赖于朝廷势力的衰减并退出这个地区了。东汉王朝的解体虽然提供了这样的机会，然而华北和东北南部出现的其他政治势力又成为高句丽王国新的威胁，特别是慕容鲜卑和拓跋政权东北向的扩展，直接触及高句丽，这应当是迫使高句丽东向推进的一个外因。移民的出现，就是它们之间角力的结果。

当西部势力浸染高句丽，通过掳掠人口迫使其就范的时候，西向和南向的移民就随之出现；而高句丽（遭受挤压）东向发展，其移民的东向也随之跟进。这一东一西（南）的反向移动，正表明移民与政治角逐的密切关联。如果说游牧势力移民之出现乃是其自身向外发展带动的话，那么这样的移民实际上是游牧势力发自内部或自我膨胀的结果；高句丽的移民显然不是自身的膨胀导致，而是外力的作用产生的。既然如此，其方向也随外力与高句丽角逐博弈的结局而定。苗著描写高句丽移民的主旨方向对准西南方即中原，就是中原及其东北边缘势力拉动的结果。为什么中原方向的拉动力超出其他方向？作者在描述这一问题时明确地将后者具有的先进文明作为吸引力而提出，笔者所感兴趣的是吸引力背后隐藏的中心—边缘二元制的地缘构造的述说话语，于是，移民方向的问题又回到上文讨论的中心与周边的格局之上。

四

首先，笔者想引用苗著中的几段话：（曹）魏在战争之后移民（高句丽）的目的，

---

① 苗威：《高句丽移民研究》，吉林大学出版社 2011 年版，第 3 页。

是惩罚高句丽国，借以削弱其生存发展的能力，对高句丽政权来说，绝非好事，但是，对高句丽居民来说，显然是因祸得福。由高句丽的大山深谷之中远徙于高度文明的中原地区，并自成村落，从事自食其力的农业生产，远离"多惧"之地。在这种优越的生活环境之中，人口繁衍迅速，也便是顺理成章的了。显然，无论如何，这些高句丽人及其后裔，皆毫无例外地与荥阳的汉族相互融合。而透过这一现象可以得知，高句丽人被移居至荥阳之后，生活是较为平和稳定的。同时，魏晋王朝对于移民的安置政策还是较为稳妥的，彼时的民族政策，亦是比较宽松的。① 尤其"八王之乱"与"永嘉之乱"严重地削弱了西晋对东北边疆地区的控制力，于是高句丽趁机东山再起，成为东北边疆地区安宁的一大隐患。② 高句丽移民在辽西的生活可谓安居乐业。③ 上述话语是作者对进入中原的高句丽人生活的典型性的描写，类似的现象散见于全书各处。作者的意图很明显：进入中原的高句丽人生活幸福的保障，就是这个地区文明的高度发达，与此对应的则是他们原居地的落后。史学研究的目的就是追求真相，但我们秉持追求真相的同时也赋予了它以某种价值取向，不管我们自身怀有强烈的动机与否。于是历史学家追寻的真貌，就与特定的面相产生了关联。这应当引起警惕：历史的真相常常由历史学家所决定。苗著的一个突出、鲜明的特点，就是高句丽人在其国家存在与灭亡的前后，其人口流动的中原旨向，成为该书叙述的主旨（实际上也成为撰写的主要动机）。中原旨向的真谛，是作者眼中的中原王朝与周边诸国二元关系的展露。这种展露恰恰揭橥了这个关系的学术界的主流叙述话语，特别流行于华人学术圈，那就是以中国为中心的东亚世界体系。这样的话语也成为国际学术研究的一个支配性的表现。作者在该书中试图采用东北亚整体的观察视角，虽然表述不多，但其意图非常清楚。进化论支配下的现代史学的叙述，将中原、周边二者置于不同的境地，从而赋予其价值以高低，这已经成为主流的话语模式。中心—边缘二元制的建构，就是这个模式的地缘格局的展现。正是基于建立在中心—边缘范式下的书写，该书将高句丽移民展示的两个层面交织在一起：一个层面就是移民自身的前后出现及其变化的轨迹，另一个则是其迁徙方向所反映的中原拉力与边缘（高句丽）的博弈与互动。全书采用的篇幅虽然聚焦于前者（移民现象），但其反映的主旨则是后者（向往中原）。对东西（或西南）反向移民尤其是朝向中原转移背后的政治角逐的刻画，表现了作者试图将考察的视阈突破边缘的局部进而回应二元制整体构建的意图，那就是如何处置区域与整体的关联。在这种观照下，区域性的高句丽移民问题，特别是移民中原旨向的连续浮现，透露的就不是单独个体的区域性意识，而是边缘与核心的整体架构。在此必须说明，"区域史"的优势就在于，它可以使我们比较清晰地揭示一个具体的事物在确定的范围内发生、演变的过程，这样的过程在中心区整体框架下的宏观史学的研究中并不被凸显，宏观架构具有的优势使研究者和读者能够进入到超越地区和时空的境相中具备整体性的观照，却常以细节和边缘的忽略为代价，"区域史"足可弥补整体史之缺憾。苗著的重点就在"区域"，这是它的学术价值所在，笔者认可作者的这个诉求。然而她又将移民的区域史框架在整体考察的环境里，高句丽区域性的移民所展示出来的意涵就超越了"区域"自身的限度。这一考察的方法论视角，

---

① 苗威：《高句丽移民研究》，吉林大学出版社 2011 年版，第 27—28 页。

② 同上书，第 28 页。

③ 同上书，第 36 页。

既是引起笔者的注意力所在，也是笔者企图进一步阐释的鹄的。正是在这样的建构下，苗著才将迁往中原而不是其他地区的移民赋予了"美好生活"的意义，其实质不在于"中原"这个地区本身，而是这里的社会发展与文明程度超越了其他地区。她论述的根本点还是主流话语里所谓社会阶段不断递进的现代性支配的套路，譬如在人们熟知的 5 个社会阶段的递进中，农业社会是工业社会以前最具有发展高度的文明，游牧社会和其他的次生社会均不具有这样的水准，所以边远地区的移民到农业中心区的旨向，无疑就意味着从"落后"迈入"先进"的行列了。在这种思路支配下，进入中原之后的高句丽移民，面临的文化转型就是汉化，而汉化也就被视作接受先进文化的表现，"汉化"意味着进步、发展，总之，是个好事情。我们看到该书这样的描写：在魏、齐、周三朝，虽然亦有民族矛盾、民族歧视，但鲜卑人主动要求汉化，乃是人所共知的。而（高句丽）高琳从其六世祖越过辽河西迁，至高琳这一代，已历时近 2 个世纪，长期生活在汉族、鲜卑族之中，其汉化的情况是不言而喻的。[1] 同样，秉持这种想法的描述在全书中也随处可见。值得我们留意的是，这段话并不是具体个案性的归纳，而是阶段性的总结，如果说这三个王朝的高句丽移民具有奔向高度文明的典范意义的话，那么高句丽灭亡之际投附唐廷的泉男生家族"汉化"的演进，则是这一话语的进一步伸展。作者选择高句丽望族泉男生、泉献诚、泉玄隐、泉毖祖孙数代自投附唐朝到在唐朝生活的经历作为个案，描述了他们怎样从高句丽人转变成为唐人的过程。这个转变，就是文化的转型即所谓汉化，从高句丽人到高句丽裔，族性的记忆被外化的忠诚于朝廷、任官仕职和享受富贵生活所冲淡，记忆只是生活情趣的一个寄托而已，它的功能仅仅停留在了回想之中。[2] 这种典范的意义还是建构在群体的模式而非个性化的案例之上。

五

以上是笔者对苗著有关高句丽移民主体话语的伸张性臆想。苗著将其重点放置在高句丽移民的具体情节的揭示上，这是该书的主旨，笔者的专业领域与此有别，对具体的讨论因缺少实证性研究而不能做实证性评论，因此笔者没有将这篇文字定性为评论，而是借着该书说想说的话，即上文所谓撰述此书的动机背后隐藏的话语体系。笔者将这个体系描绘为中原中心区与四周边缘区对峙的二元制框架，并赋予二者地位的非对等性，由此引发中心区对边缘区的吸引，不论是来自中心区的"强制"，还是边缘区的"向心"，这种吸引力始终是存在的。如上文所述，对高句丽所在的辽河流域的政权而言，能够吸引它的中心区实际上并不仅是中原，还有草原的游牧中心区，然而高句丽的被吸引为什么主要表现在中原区而非草原区呢？可以看到，草原区的势力发展至强盛的时候也曾经到达过辽河流域，譬如匈奴、东突厥、后突厥乃至后来的蒙古等势力，但若仔细研究则会发现，游牧中心区对高句丽所在地区的吸引，在历史上并不十分常见，上述势力中只有突厥和蒙古达到，匈奴则受到大兴安岭南缘的东胡等势力的制约。看来被游牧势力吸引的其他势力还是（或主要是）来自草原地区，能够吸引农业定居区的力量显然并非草原而是与此同类的其他更具有诱惑力的中心带，中原中心区的"魅力"正在

---

① 苗威：《高句丽移民研究》，吉林大学出版社 2011 年版，第 71 页。

② 同上书，第 131—156 页。

于此，所以东北南部历史上与中原产生的联系要远远大于该地与草原的联系。这就是高句丽移民旨向中原的缘由。

值得思考的是，二元制叙述话语的支撑点是中原中心说的架构。诚如西方中心论在叙述非西方世界时的语境那样，它们涉及的对象虽是非西方，但其话语的基础则是西方的，或以西方作为主宰和支配，具有自我为中心的旨向。中原核心说同样建构在中原为中心的基础上，对周边地区的叙述形成的一套认知系统与其说是指向周边，不如说是针对中原。其思路与西方中心论如出一辙。对此，大陆学术界近年开始有突破这种说法的尝试，譬如葛兆光提出"从周边看中国"推衍出的一系列想法就是一例；姚大力从研究对象的自身进行主体性叙事并关注主体意识的现代民族史学术的主张，强调研究对象的自主性，同样突破了以往的局限。

虽然有上述尝试性的突破，但中原核心区的主体支配仍旧是叙述的主流话语，况且那种突破并非否定以往的中心—边缘的架构，只是提醒学者们倘若完全局限在这个中心则有遗忘边缘的疏漏，其架构隐藏的以进化为鹄的的现代性叙述的进路仍然是我们描述历史的基本动力。这个动力同样支配了苗著，或者说是苗著写作的宗旨。然而按照这个思路，也就不能回避相关的问题：既然存在着高句丽移民的南向发展，而且将这种发展视为其自身环境和社会之外的因素即政治力量的角逐所拉动的话，那么也就相应地存在着其他政治力量的反向性拉动。换句话说，建立政权之后的高句丽移民的旨向，是随着该政权与周邻政权的关系和它自身内部的运作而变动的。当高句丽与中原或其地方势力纵横捭阖的同时，它与其东、北、西各方的势力（这些均非中原势力）同样存在着各种交往和争战，因此它的移民旨向就不只是中原一方。至于高句丽移民多向中原，乃是中原的拉动力量大于其他各方，这应归咎于中原核心区的角色。谈论至此，可以清楚地看出，高句丽移民之出现，不是其自身内部及其衍生的因素所促成，而是外力作用的结果；与草原自生导致移民不同，外力，具体说是政治力的拉动，促使高句丽移民，这才是其移民的本质。

（原载《中国边疆史地研究》2013 年第 2 期）

首部探索构建中国边疆学学科体系的专著

——评郑汕教授《中国边疆学概论》

陈明富*

国内外学术界对边疆学有不同的看法和立场，在国内只有边防学而无边疆学，与之相反的是在国外有边疆学而无边防学。郑汕教授《中国边疆学概论》（云南人民出版社2012年版）是国家哲学社会科学研究基金项目（项目编号：07GJ391－381）的结项成果，由云南省哲学社会科学学术著作出版专项经费资助出版。全书分9章，58万字，以边疆与国家中心区域、边疆与周边国家的关系为主线，以"底定边疆""经略边疆"为主题，从历史演变和现代观念的构建两方面，"中国边疆学"的理论与研究方法、研究对象与问题领域做了比较系统的阐述，提出了建构中国边疆学学科体系的必要性，读后颇多启迪，觉得有必要介绍给学界并做简要评价。

一 系统学科："中国边疆学"的学科定位

对于"边疆"这一概念，国内外文献的解释是很相近的，或认为是"边疆，边境之地"；或认为是"边疆靠近国界的领土"；或认为是指"一个国家的边远地区"。国内学者一般把边疆解释为是一个国家比较边远的靠近国境的地区或地带。在此基础上，郑汕教授提出构建的中国边疆学是以中国边疆为研究对象的多学科、多领域组成的系统学科。下述郑汕教授的观点均源自《中国边疆学概论》一书绪论部分，恕不一一注明。

（一）中国边疆学是底定中国边疆理论的学科

中国边疆是中国疆域相对于统治中心区域的边缘部分，是一个动态性概念，边疆问题包括了边防问题，把边疆问题"边防化"，不可能囊括边疆学的全部内容。郑汕教授认为，中国的古代边疆、近代边疆、现代边疆，在地缘、社会、人文和历史形态上都有明显的差别，学界在筹边观念、边疆政策、边疆的开发和发展等问题上对许多深层次的矛盾和理论问题没有深入进行研究和发掘。国外边疆学研究的是各国边疆形态发展演变的普遍规律，而中国边疆学研究的则是中国边疆形态发展演变的特殊规律。如中国国家的起源与边疆概念的确立、中国疆域的形成与边疆形态演变的关系、中华文明的多元一体性与中华民族的多元一体性之间的关系、中国国家利益在边疆不同战略方向的体现和反映、中国历代行政的层级性与边疆形态演变的关系、中国发展的不平衡性与中心区域及边疆地区的差别之间的关系等，都体现了普遍性与特殊性之间的联系和差别。既然边

* 陈明富：中国人民解放军昆明民族干部学院教研部讲师。

疆概念是地理、行政、政治和军事概念，中国边疆学的研究对象必然要从理论上解决地理、行政、政治、军事等领域的普遍性规律和特质性矛盾，其内涵的包容性和深邃性都要在学科的理论体系上反映出来。

（二）中国边疆学是总结底定边疆历史经验的实践学科

中国边疆学是一门实践性学科，这是由其研究的对象决定的。中国人民在缔造祖国的过程中，为开拓疆域、稳定疆域做出了突出的贡献，历朝各代在控边治边方面积累了丰富经验。郑汕教授认为，这种历史经验就是底定和经略边疆的实践知识体系。中国古代边疆是以皇权主义为核心的边疆体系，筹边观念、边疆政策等，都有很强的奴隶制和封建制特征。中国近代边疆反映了近代社会风云变化的历史特征，西方列强侵华造成的边患和中国人民反帝反封建的斗争，都在边疆问题上得到了充分的体现。新中国成立后的边疆，反映了中国各族人民在新的历史条件下筹边、安边、治边的新情况与新经验。自中国实施改革开放以来，广袤的边疆地区既是维护国家主权和领土完整的前沿阵地，也是对外开放的前进基地。在全球化、多极化的时代背景下，西部大开发战略的实行和沿边沿海地区的改革开放，使边疆面貌发生了深刻的变化。这些经验都充分体现了中国不同历史阶段边疆建设的实践特色。从古至今，中国边疆的区域特色既体现了国家利益的一致性，也反映了边疆治理经验的多样性。因此，中国边疆学是总结底定和经略边疆历史经验的实践学科。

（三）中国边疆学是新兴的社会综合学科

新中国成立以后的社会实践，中国特色社会主义事业在边疆的发展，有许多的新情况、新问题需要进行研究和探讨。由于历史发展的不平衡性，边疆各族人民进入社会主义初级阶段的社会形态各不相同，边疆的特殊性决定了边疆社会发展的特殊性，边疆"直接过渡区"的现代化建设有其特殊的规律。边疆学研究牵涉到历史、地理、民族、社会、国防等诸多方面，需要运用多学科的理论和方法进行研究，因此郑汕教授认为中国边疆学是一门新兴的社会综合学科。

二 学科要素融会贯通与叠加交汇：中国边疆学研究的方法

中国边疆学是一门新兴学科，研究中国边疆学必须把握中国边疆形成的历史，清楚不同时代边疆形态的时代背景，立足现实，把安邦与兴邦结合起来，总结历代治边、定边的历史经验，着眼于边疆政策的科学组型。郑汕教授认为，研究边疆学，要把学科要素的关联交叉融合起来，贯彻经世致用的原则，把历史与现实联系起来，把继承和理论创新结合起来，创新边政，巩固边防，促进边疆的稳定发展，为维护国家主权和领土完整提供系统的边疆理论知识。

（一）经世致用与综合对比的方法

《中国边疆学概论》的撰著继承和发扬了"经世致用"和"同土济民"的优良传统。

所谓"经世致用"，就是指强调学术研究要为"修身齐家治国平天下"提供理论依据，为"经邦治国"所用。郑汕教授认为，中国边疆学必须在历史和现实的综合对比上，在国际和国内的联系对照上，找寻规律，建构理论，使学科研究建立在与党和国家战略全局要求及时代发展步伐相一致，在与学科性质、任务、特点相适应的基础上，既要重视学科基础理论的研究，也要重视应用理论的研究，使范围的宽厚性与重点的明确性统一起来，《中国边疆学概论》在内容的设计和具体撰写上都体现了这些思想。

（二）理论联系实际与实践调查的方法

作为实践性很强的学科，边疆学研究要求在研究方法上需通过实践调查，增强理论与实践结合的力度，提高理论的针对性。《中国边疆学概论》提出"底定边疆"和"经略边疆"是中华文明史上的一个重要课题，要求我们从中华民族文明史的高度和国家长治久安的战略问题来论及边疆与内地的关系，不是就边疆而论边疆。边疆学的概括性需要求进行实践调查，通过调查研究把实践经验上升为理论，才能提纲挈领，才能把知识的概括性和事物的规律性结合起来。

（三）要素交汇融通与理论创新的方法

中国边疆学相关的知识要素很多，最主要的是历史、地理、社会、国防等相关学科的知识，并呈现出相关学科的知识特征。在信息化、全球化时代，各学科相关知识的交汇关联比任何时候都多，其知识容量也在不断增大。郑汕教授认为就中国边疆学的容量和知识交汇而言，大多集中在边政、边防两个核心问题上。边政是边疆学的核心内容，边政理论的创新在于对筹边观念、疆域观念、边界管控、周边政策、边民管理、经济开发、社会稳定、民族团结、宗教和谐、边政体制和边疆行政运转的效率等问题的融会贯通。边防是边疆学的骨干内容，边防的发展受政治、经济、军事、文化等诸多因素的影响和制约，与国防大势、战略方计、军队建设、作战思想等军事学理论紧密联系在一起。不同的时代有不同的边防形态。从中国边疆学的核心内容和骨干内容都可以看出，知识要素的融会贯通与知识量的叠加交汇，既是中国边疆学的研究方法，也是中国边疆学的创新特色。

三 "经略边疆""底定边疆"：中国边疆学的架构体系

《中国边疆学概论》从国际、国内两个大局出发，提出构建具有中国特色的边疆学学科体系。边疆学的内容体系包括筹边观念、疆域、边界、周边关系、边政、边民、边务、边防与边疆形态等知识要素。郑汕教授以"底定边疆""经略边疆"为纽带，在理论创新的基础上，确立了《中国边疆学概论》的架构体系。通观全书，郑汕教授总结历代筹边治边的历史经验，分析强边固防出现的新情况、新问题、新变化，把握边疆理念、边疆规模、边疆政策、周边关系、边政实践、边防斗争等理论和实践问题，论述了中国古代、近代、现代边疆形态的变化及其特征，从发展战略、外事战略、国防战略三方面构建了边疆学的学科体系，厘定了中国边疆学的研究对象是由组成这门学科的知识元素的相互联系所构成的。边疆学的系统性体现为框架体系的完整性。在边疆形态的研究上，著作者既总结历史经验，又为现实服务，强调以科学发展观为指导建立全球化条件下的大边疆观念。

不同的历史时期，不同国家的边疆形态，有不同的理论和实践，实践永远是理论的源泉。不同的边疆政策形成不同的边疆战略，不同的边疆战略造就不同的边疆形态，古今中外，概莫能外。中国历史的悠久性和实践的动态性，决定了边疆学是一门有着丰富实践经验的系统学科。从历史发展的轨迹和联系中，郑汕教授阐明了边疆形态的发展变化，着眼未来发展和时代要求，论述新世纪、新阶段边疆建设的基本趋势。它涉及国家利益、国家行政体制、国防军事体制、民族宗教政策、邻国关系和边境外交。

四 《中国边疆学概论》的鲜明特点与玉鼎微瑕

《中国边疆学概论》从历史演变和现代观念的构建两方面，对中国边疆学的理论与研究方法、研究对象与问题领域作了比较系统的阐述论证，提出了一系列有深度的见解和观点，是一部有探索性和现实针对性、具有较高价值的学术专著。通观全书，其突出的特点和不足主要有：

（一）研究主题明确、内容层次分明、框架结构合理。《中国边疆学概论》由9章构成。第一章绪论，论述中国边疆学学科建设。第二章筹边观，阐述各民族在共同缔造祖国过程中相互融合、携手奋斗，走过一条由多元融合成中华一体的和平发展道路，形成了具有历史连续性而又各具时代特色的筹边理念。第三章疆域，论述疆域理念和疆域规模的变化及中国古代、近代、现代疆域的理念、规模、特征。第四章边界，阐述古代王朝边界的变化和古代、近代、现代边界的共同特征等。第五章周边关系，论述中华民族的先贤们自古以来就十分重视发展与周边邻国的关系，传承着睦邻友好、大而不霸、协和万邦的民族美德，倡导了"与邻为善、以邻为伴"的周边政策，形成了睦邻和谐的周边关系。第六章边政，阐述不同时代有不同的筹边观念，"底定边疆"有不同的举措，在不同时期都有很大的差异，显示出不同时代边政的不同特征。第七章边务，阐述边务是指"底定边疆"的相关事务性工作，可操作性很强，无论是涉边的内务还是外务都很繁杂具体，有规律可循。第八章边防，论述边防是安邦定国之根本，具有鲜明的国家主体性、目的明确性、空间广阔性和内涵确定性。第九章边民社会，阐述边民在国家"底定边疆"的过程中起着至关重要的作用，边疆各族人民在边疆的聚居和开发，构成了有别于中心区域居民的边民社会。总体看，主题明确、内容层次分明、框架结构合理。

（二）初步构建起了紧密结合中国实际的本土化边疆学学科理论框架，具有较高学术价值和创新意义。独特而科学的结构和体例设计为《中国边疆学概论》的创新性提供了保证。郑汕教授一直致力于中国边疆民族史的研究。《中国边疆学概论》是郑汕教授继《西藏发展史》《中国边防史》之后的又一边疆研究力作。著作者认为"底定边疆"是"经略边疆"的目标任务，而"经略边疆"则是"底定边疆"的必然途径。因此，《中国边疆学概论》抓住了"底定边疆""经略边疆"这个纲，"经略边疆"的各项举措也就能一目了然。而"底定边疆"必须处理好"两个关系"，即边疆与中心区域的内部关系以及边疆与周边国家的外部关系。这是研究边疆问题的两条主线。这样，以"底定边疆""经略边疆"为主题，以"两个关系"为主轴，就为边疆学的研究提供了范式。这是《中国边疆学概论》的创新之处。

（三）涉及社会、历史、政治、军事等多学科领域，内容广泛，但也限制了对某些学术问题的深入研究。《中国边疆学概论》是首部"中国边疆学"学科体系构建的学术专著，从立项到出版，经历了 7 年时间，规模浩巨，任务重、难度大，涉及社会、历史、政治、军事、经济、民族、宗教等多学科领域，加之"边疆学概论"体裁的概括性要求，导致了叙述难以详尽、面面兼顾。在具体阐述过程中，该书引用了大量的史料，但导致个别地方出现交叉现象，同时对于近年来的一些学术研究成果也未及广泛吸收，致使个别部分的内容不尽如人意。其实，任何研究成果都是在一代代研究者不断推陈出新的基础上日臻成熟完善，任何研究课题都不可能一蹴而就，都需要研究者和后人不断更新和完善。故而，这些玉鼎微瑕无损于《中国边疆学概论》中国边疆学学科体系建构方面的价值，同时也期待越来越多的学者投身到中国边疆学学科的建设上来，共同促进中国边疆学学科的发展，为中国边疆地区的和谐稳定做出贡献。

（原载《中国边疆史地研究》2013 年第 3 期）

何谓西域，谁之新疆

——《文本解读与田野实践——新疆历史与民族研究》读后

尹波涛[*]

　　1936年，曾问吾的《中国经营西域史》由商务印书馆出版发行，该书可以视为通论新疆历史的开山之作。进入21世纪，由新疆社会科学院历史研究所集体合作撰写的《新疆简史》（全3册陆续出版发行。进入21世纪，余太山主编的《西域通史》、苗普生和田卫疆主编的《新疆史纲》、厉声主编的《中国新疆历史与现状》、马大正等撰写的《新疆史鉴》相继出版，将新疆历史的通论性研究推入了一个高潮。此外，耿世民的《新疆历史与文化概论》虽然没有严格的撰述体例，但也可以看作另一种形式的通论性著作。王欣《文本解读与田野实践——新疆历史与民族研究》则是通论性著作中的最新成果，笔者认为该书对上述通论性著作既有继承，亦有创新，而其研究方法和思路极具前瞻性，值得重视。

一

　　《文本解读与田野实践——新疆历史与民族研究》分为上、下两编，上编为文本篇，由8章构成，主要阐述史前至清代新疆的历史；下编为田野篇，由5章构成，基本是关于新疆社会现状的调查报告。在文本篇第一章中，作者首先对先秦秦汉时期活跃在今新疆地区的印欧人——吐火罗人、月氏人、乌孙人、塞人及康居人进入新疆地区的过程和分布的区域进行了自成体系的论述。同时，对属于蒙古人种的羌人进入今新疆地区的过程和分布区域等亦进行了讨论。

　　此外，根据考古资料，对吐鲁番地区土著民族车师人的经济和文化诸方面的状况进行了系统研究。在第二章中，作者首先对敦煌悬泉置遗址出土汉简进行考释，就其中反映的西汉与乌孙、莎车之间的关系进行了详细的论述。其次，通过对常惠的人生经历，尤其是他在西汉管理乌孙的作用的考证，梳理了乌孙由西汉的盟国变为西汉属国的过程。在第三章中，作者对魏晋南北朝时期西域地区的基本形势进行了梳理和阐述，对活跃在今吐鲁番及其邻近地区的麹氏高昌王国和占据今塔里木盆地南部的鄯善国的政治、经济、文化以及其与中原王朝和北方游牧政权之间的关系进行了系统论述。在第四章中，作者将魏晋南北朝时期的西域文化划分为东方汉文化和西方印度犍陀罗文化并行的鄯善文化圈、中西诸种文化大汇聚和大融合的高昌文化圈、以佛教文化为主体的于阗龟兹文化圈以及嚈哒、悦般、高车、柔然等游牧民族的行国文化圈，作者强调这一时期西

* 尹波涛：陕西师范大学西北民族研究中心2011级博士研究生。

域地区的文化以汇聚和交融东西方文化为其特色。在第五章中，作者首先通过考证和论述吐鲁番出土文书中所涉及的晋唐法制和唐代"译语人"，从侧面呈现了隋唐帝国在西域地区的统治。其次，通过钩稽考索吐蕃驿站制度在西域地区的实施情况及特征，使我们得以管窥唐代中后期吐蕃占领下的西域地区的基本面貌。最后，论述了唐末宋初西域地区具有代表性的于阗王国的社会经济状况。在第六章中，作者对（主要是汉—唐时期）中国西北边疆的演进过程及其特点和规律进行了理论探讨。

在第七章中，作者梳理了宋元时期西域地区历史发展的基本线索。首先，对耶律大石西迁时期西域地区的基本形势及其建立西辽王朝对于这一地区历史进程的影响进行了梳理和论述。其次，对蒙古西征及蒙古帝国在西域建立统治的过程进行了初步的描述。最后，梳理了忽必烈及其子孙与察合台和窝阔台后王在西域地区的斗争及这一时期西域地区伊斯兰化进程的基本线索和特点。在第八章中，作者对明清时期活跃在西域地区的瓦剌（卫拉特）蒙古及其建立的准噶尔汗国的历史进行了论述，并对清朝在今新疆地区建立统治的过程及其统治的方式进行了详细描述。最后，描述了在面对以沙皇俄国为代表的西方势力在新疆地区的渗透和侵略，清王朝收复失地并在新疆建省的大致过程。

在田野篇中，作者通过田野调查，对新疆地区的经济制度、宗教、民族关系、民族教育以及民族问题进行了深入研究。在第九章中，作者以世纪年代的综合社会调查为基本资料，对此前流行于南疆地区的伙种制度的历史背景、基本形式及特点等进行详细的考证和论述。在第十章中，作者以鄯善吐峪沟艾苏哈卜·凯赫夫麻札为例，对曾经或正流行于新疆地区的祆教、摩尼教、佛教及伊斯兰教之间的影响和传承关系进行了详细考证和叙述。在第十一章中，作者以其在德外里都如克哈萨克民族乡的田野调查为基础，对该乡的民族关系、经济生活、社会文化等方面进行了细致描述。第十二章和十三章是作者根据其自身的研究，对西部大开发过程中如何发展西北少数民族教育及处理西北民族问题提出的对策建议。

总体而言，《文本解读与田野实践——新疆历史与民族研究》是作者近年从事新疆历史与民族研究的阶段性总结，就研究方法而言，作者以历史文本研究为基础，尝试将民族学的理论和方法尤其是田野实践经验运用于历史文本的分析及解读，并在历史文本的情境下观照田野实践。

二

耿世民认为，"国内出版的有关新疆历史的著作，多限于利用汉文史籍（当然汉文史籍对研究新疆历史是重要的），对近百年来新疆考古的新发现（特别对新发现的古代塔里木盆地当地的语文文献）研究、使用的不够"。傅斯年就史料曾言："史料在一种意义上大致可以分作两类：一、直接的史料；二、间接的史料。凡是未经中间人手修改或省略或转写的，是直接的史料；凡是已经中间人手修改或省略或转写的，是间接的史料。"乌云毕力格亦有类似的认识，他将史料分为"遗留性史料"和"记述性史料"两种，并认为遗留性史料是指"原属过去历史事物的一部分而遗留至今的、从其最初形成就不以讲授历史为目的，而是因别的目的或原因形成的、给人们无意中提供可靠的历史信息和知识的那些史料"；记述性史料是指"专门以给世人讲授历史为目的，由一个或若干个有明确目的的作者编者）创作的文献。它们是对历史的记述，其中贯穿着作者的目的、立场、观点、感情以及编撰水平等众多的主观和客观因素"。一般而言，直接史料（或遗留性史料）在真实性方面相对较具优先权，而间接史料（或记述性史料）在完整性和系统性方面略具优势。

关于直接史料和间接史料相互之间的关系和地位，傅斯年指出，"自然，直接的材料是比较最可信的，间接材料因转手的缘故容易被人更改或加减；但有时某一种直接的材料也许是孤立的、是例外的，而有时间接的材料反是前人精密归纳直接材料而得的。这个都不能一概论断，要随时随地的分别着看"。"必于旧史史料（即间接史料——引者注）有功夫，然后可以运用新史料（即直接史料——引者注）；必于新史料能了解，然后可以纠正旧史料。新史料之发见与应用，实是史学进步的最要条件；然而但持新材料，而与遗传者接不上气，亦每每是枉然。从此可知抱残守缺，深固闭拒，不知扩充史料者，固是不可救药之妄人；而一味平地造起，不知积薪之势，相因然后可以居上者，亦难免于狂狷者之徒劳也。"陈寅恪亦有类似的看法，他认为："自昔长于金石之学者，必为深研经史之人。非通经无以释金文，非治史无以证石刻。群经诸史乃古史资料多数之所汇集，金文石刻则其少数脱离之片段，未有不了解多数汇集之资料，而能考释少数脱离之片段不误者。"总体而言，今日治新疆历史而有所偏颇者，往往不出傅、陈二氏所批评之两端。

或许是对傅、陈二氏的批评深有感悟，《文本解读与田野实践——新疆历史与民族研究》的作者能够巧妙发挥新、旧史料（即直接史料和间接史料）各自的特点，做到合理运用。如在第二章中，作者结合传世文献中的记载，考证出敦煌悬泉置遗址出土汉简中的乌孙公主为解忧公主，长罗侯指常惠，并对简文中关于解忧公主东归、常惠出使西域的记载做出了详细论述，从而补充了传世文献的相关记载。傅斯年说："我们要能得到前人所得不到的史料，然后可以超越前人；我们要能使用新得材料于遗传材料上，然后可以超越同见这材料的同时人。"王欣的新著在很大程度上达到了傅斯年的要求。进而言之，在今后关于新疆地区历史的研究中，将新出土的材料与传世文献紧密结合，应受到应有的重视并成为努力的方向。

三

马长寿认为："今日的中国民族血统，我们不能说是汉族血统或其他任何一个边疆民族的血统。今日的中国文化，我们也不能说是汉族文化或其他任何一种边疆民族的文化，而是汉族与一切边疆文化同化的文化。"无论是血缘还是文化，中国包括汉族在内的各民族自古以来一直处于不断混融、彼此塑造的状态。少数民族从历史上看绝非固定的人群，而是一个相对的概念。有学者认为马长寿是"通过讨论历史上中国各民族之间相互依赖的关系，包括政治、经济、社会、文化、血缘各方面的关联，来论证中国国家内部早已存在的一体性"。"从民族交往史出发理解现代少数民族是马长寿始终坚持的研究路径"，而"重视从民族交往的历史讨论问题让他看到了中国民族在彼此混融的状态下得以形塑的过程，并认识到正是这个过程造成了中国民族血统多源、文化亦多元的景象"。在转向民族史研究时，马先生依然坚持上述思路和看法，并将民族迁徙和融合作为民族史研究的重要内容。如他认为，拓跋鲜卑是由鲜卑与匈奴融合而成的，而"在乌桓、鲜卑史上，人口迁徙和部族融合是比较突出的两大问题"。

笔者认为王欣在撰写《文本解读与田野实践——新疆历史与民族研究》的过程中深受马先生上述思路和认识的影响。在该书中，作者认为在新疆古代史上曾经有过两个民族大迁徙和民族大融合的时期：第一次是魏晋南北朝时期，第二次是蒙元时期。而作为个体的人成为某个民族或某个地区文化的载体，在流动中传播着文化。因此，西域地区的人口流动和民族迁徙是影响当地各文化圈形成的一个重要因素。魏晋南北朝时期，在西域地区形成了多个文化圈，但其均以交融东西方文化为特点。佛教的东传和这一时期的民族交往与融合相互激荡，至隋唐时期，月氏、康居、车师、乌孙等民族或远徙，或与其他民族相混融，最终在历史记载中消失。蒙元时期，大规模的人口迁徙和民族融合，是回族等民族形成的重要因素。尤其值得注意的是，在第十章中，作者采用了一种类似于顾颉刚"层累地造成中国古史"的思路，论述了鄯善吐峪沟艾苏哈卜·凯赫夫麻札形成的历史，并阐述了其中或隐或现的基督教、佛教、祆教以及波斯教文化遗迹。笔者认为，这为理解新疆历史的连续性提供了一个新思路。细言之，从表面看来，新疆地区的文化，汉唐时期表现为以佛教为主（包括祆教、波斯教及景教）的诸种宗教文化取代土著文化的过程，而宋元以后则表现为伊斯兰教确立统治地位的过程。其中历史的连续性更多地表现为断裂。然而，由鄯善吐峪沟艾苏哈卜·凯赫夫麻札的形成历史可以窥见，从深层结构而言，历史的连续性更多地表现为延续而非断裂。

卡尔（Carr）认为："根据过去了解现在也意味着根据现在去了解过去。历史学的功能就是通过了解两者之间的相互关系获得对过去和现在的更深刻理解。"笔者非常赞同卡尔的看法。以《何谓西域，谁之新疆》作为本文的大标题，是因为笔者认为该书在一定程度上从历史的角度回答了这个问题。在《文本解读与田野实践——新疆历史与民族研究》中，作者指出，受地理条件的限制，北方游牧民族与中原农业王朝是影响西域政治局势的主要因素。换言之，西域是古代中国北方地区游牧民族、中原地区农业民族与西域地区民族不断混融、彼此塑造的地方。北方游牧民族和中原农业民族迁入西域地区以及西域民族东徙中原的事迹史不绝书，而三者之间融合的过程更是班班可考。在该书中，作者花费大量的精力和篇幅对上述内容进行了浓墨重彩的描述。按照前述马长寿先生的思路，作为中国各民族自古以来不断混融、彼此塑造的重要地域，今新疆地区毫无疑义是中国不可分割的领土。王明珂在给该书所作的序中说："西域和新疆这两个词，一为汉代以来中原人对其近西之域的称谓，一为清代以来中原政权西部疆土之名。"笔者认为，这或许可以作为对《文本解读与田野实践——新疆历史与民族研究》撰述主旨的一个概括性总结。

当然，《文本解读与田野实践——新疆历史与民族研究》亦存在一些问题，其中最为明显的是，该书是在已经发表的有关新疆历史和民族研究成果的基础上选编而成的，缺乏严格的撰述体例，而其中一些重要的问题亦未曾涉及或详论。当然，瑕不掩瑜，《文本解读与田野实践——新疆历史与民族研究》依然是一本个性鲜明、极具学术价值的关于新疆社会通论性的著述，其中体现的研究方法和思路极具前瞻性，值得重视。

（原载《中国边疆史地研究》2014 年第 2 期）

评《国际边疆与边界》

——兼论边界问题的研究方法

孔令杰[*]

2008 年，普莱斯考特和崔格斯合著的《国际边疆与边界：法律、政治与地理》一书由 Martinus Nijhoff 出版社出版。该书从历史、地理、政治、外交、法律、文化等角度系统研究了国际边界的基本问题，梳理了世界各国的边界情况，是国际边界研究领域最权威和最具影响力的学术著作之一。2009 年夏，笔者首次拜读了此书。渐渐地发现，它已经成为案头上使用频率最高的参考书，成了笔者研究领土和边界问题的"百宝箱"。笔者认为该书是学习和研究边界问题者及相关实务工作者应当精读的首部著作，并萌发了把它译介到国内的想法。

2012 年，国家领土主权与海洋权益协同创新中心启动了"领土海洋研究国外名著汉译项目"，计划陆续翻译并在国内出版一批领土海洋研究领域的经典外文著作，以夯实国内研究基础，带动国内研究发展。作为项目负责人之一，笔者随即与普莱斯考特教授取得联系，商讨将该书纳入本项目。得知我们的想法后，普莱斯考特教授对此项目大加赞赏，虽已 90 多岁高龄，仍热心地帮助我们协调版权事宜。这样，此书成为入选"领土海洋研究国外名著汉译项目"的首部著作。如今，经过各方近两年的努力，《国际边疆与边界》一书的中文版终于要与读者见面了。作为该书的主要译者和校对人，笔者觉得有必要向读者交代翻译该书的缘由，介绍其结构、内容、特色和创新之处，向读者们推介此书，并借机阐述笔者关于国际边界研究的想法。

一 翻译该书的缘由

对于译者而言，翻译学术专著是一种学术再创作活动，也是一项富有挑战性的艰苦工作。如若翻译得好，它可能有幸成为一件"舍己为人"的好事；翻译得不好，它便可能不幸地成为一件"出力不讨好"的事。无论如何，基于如下两点基本认识，我们决心"冒险"挑战这一高难度的工作。

第一，该书研究主题具有重大的现实意义。陆地和海洋边界问题事关国家主权和领土完整、安全和发展等核心利益，始终是国家战略和外交政策最基础、最重要的内容之一。早在 1907 年，曾任印度总督和英国外相的寇松在牛津大学的学术报告中便明确指出，"边界如同剃须刀的刀锋，关涉当代的战争与和平问题"。实际上，国际体系变革、

* 孔令杰：武汉大学中国边界与海洋研究院副教授，国家领土主权与海洋权益协同创新中心研究员。

战争、领土边界大调整往往密切相关，领土边界争端也经常是直接导致或引发战争和冲突的导火索。如今，除亚洲、非洲、拉美、中东等地区仍存在领土边界争端外，世界大多数国家已经划定了本国的陆地边界，但已定边界的管理、边境安全、边疆发展对有关国家而言将是一项长期和艰巨的任务。"二战"后，随着国际海洋法的发展，尤其是随着1982年《联合国海洋法公约》的生效，相邻或相向的沿海国之间出现了400多条潜在的海洋边界，目前得以划定的仅约160条，海洋划界争端不断凸显。

中国既是陆地大国，也是海洋大国，地缘环境和边界状况极为复杂。在陆上，我国有14个邻国，海上有8个相邻和相向的国家。当前，东海、南海的岛礁主权和海洋权益争端持续发酵，加之美国重返亚太，利诱我国周边国家挑起事端，我国的领土海洋维权斗争呈现尖锐化、复杂化、长期化的态势。目前，中印、中不边界问题尚未解决，我国已定边界的工作重心已经由防边、控边转向管边、用边，边境安全、跨境经济、跨界水资源等方面的合作问题日益突出；我国的海洋划界工作刚刚起步，海洋维权形势日趋严峻，海洋合作亟待推进，有关工作仍任重而道远。

在这种背景下，全面梳理国际边界的历史演变和现实状况，系统总结各国解决边界争端的经验和教训，深入研究国际边界的历史、地理、政治、外交、法律和经济问题，无疑具有十分重大的现实意义。

第二，该书具有重大的学术价值。领土边界问题一直是国外学界研究的热点和重点，在《国际边疆与边界》一书出版之前，相关研究成果已经相当丰硕，且具有如下几个特点。

一是，个案研究先行，系统研究跟进。个案研究方面，尼克尔森、鲍林、盖瑞特等人详细论述了北美地区的国际边界。埃尔兰分时段考察了南美和中北美国际边界的演变。赫斯莱特出版了《欧洲边界条约集》，详细介绍了欧洲在19世纪末的边界划界情况，并随后出版了关于非洲边界的3卷著作。在此基础之上，国际法学家布朗利编纂了非洲边界条约集。普莱斯考特考察了亚洲大陆和东南亚边界。除了区域性的研究成果外，边界问题的国别研究成果更为丰硕。系统研究方面，20世纪60年代以后，美国国务院情报和研究局完成了关于世界上200多条国际边界的系列研究，2002年经汇编后以光盘形式出版。1994年，英国杜伦大学国际边界研究中心与Routledge出版社合作出版了《世界边界》丛书，分全球边界、中东和北非边界、欧亚边界、美洲边界、海洋边界5卷，详细讨论了边界划界、边界争端管控和解决、边界管理、领土变化与世界秩序等问题。该中心还出版了《边界与安全通讯》和《边界与领土简报》，梳理了众多国家的边界历史和动态。此外，卡尔弗特编辑出版了《世界边界与领土争端》，按大洲简要介绍了各国的边界情况。整体上看，国外关于国际边界的研究已经触及世界的各个角落，基本做到了各国边界的全覆盖。

二是，理论研究与实证研究并重。针对边界的性质、国家边界政策、边界争端解决等关键问题，学界极为重视相关的理论探讨。不同历史时期各国有不同的边界认知和理论，有的渐被扬弃，有的是新的理论综合。例如，德国地理学家拉采尔将各国对本国领土可能的界限的自我认知界定为"空间认知"，将边界的变化视为有关国家政治和力量平衡的结果，提出了预测国家边界行为的理论模型。美国政治学家斯派克曼认为，"边界的变化反映了国家力量均衡的变化，边境一侧力量的增加与另一侧抵抗力量的减弱均可以导致力量均衡发生改变。"法国法学家拉普拉戴尔与美国地理学家琼斯归纳了确定国家边界可能经历的领土分配、划界和勘界等基本阶段。认识到边界的特殊性，不少学者开始从政治、社会、经济等信息中总结关于边界的规律。例如，戈尔茨和迪尔通过构建理论模型，实证考察了国际体系变革与领土变化和国际冲突之间的关联。安德森编制了 197 个国家的边界指数，包括边界的开放性、稳定性、安全风险等指数，并借此计算出了国家陆地边界的脆弱性。

三是，从单一学科研究转向跨学科研究。国际边界研究涉及多个学科，各学科的研究重点略有不同：历史学重在考察国际边界的演变，地理学关注各国边界的地理变迁，政治学注重边界争端的管控和解决，国际法学注重领土归属及划界的原则、规则和方法，经济学关注边界、边疆和边境地区的经济发展，民族学关注边疆民族、宗教和文化问题，制图等技术研究主要旨在提高划界和勘界的精度，方便边界管理。国际边界的基本理论问题是复杂的，某特定边界争端也是多维度的，需要多个学科的密切配合。英国杜伦大学、皇后大学，荷兰内梅亨大学，美国得克萨斯大学、亚利桑那州立大学，加拿大维多利亚大学，澳大利亚墨尔本大学等高校先后成立了一批专门的研究机构，组建了边境研究协会并出版了《边境研究》等刊物。在这些机构的带动下，边界、边境和边疆问题的跨学科研究获得了快速发展。

国内关于国际边界问题的研究起步较晚，除中国社科院中国边疆史地研究中心、武汉大学中国边界与海洋研究院等少数专门的研究机构外，研究力量仍比较分散。目前，中国的边界问题仍然是学界研究的重点，其中，关于中国近代边界史的研究较为成熟，关于新中国边界的研究多聚焦中俄、中印、中越、中缅等边界争端，尚不成体系。2004— 2005 年，中国外交部条约与法律事务司编辑出版了《中华人民共和国边界事务条约集》，编纂了关于中国与各陆地邻国划界、勘界和边界管理的法律文件，为研究新中国的边界问题提供了重要的素材。关于外国边界的研究多关注非洲和中东等地区。总体上看，与国外相比，国内现有研究成果数量少，视野有限，方法单一，全面、系统、深入研究国际边界问题的专著较少，国际边界国别研究、国际边界基本问题研究、国际边界大百科全书等系列成果还比较罕见。

《国际边疆与边界》一书集普莱斯考特教授关于国际边界历史、地理、政治的毕生研究之所成，加之崔格斯教授在领土边界国际法研究上的建树，使该书成为国际边界研究领域的权威著作，也是相关领域的学生、研究者和实务工作者最好的教科书、参考书。与既有研究相比，该书将宏观研究和微观研究相结合，既站在全局探讨国际边界的基本问题，也细致入微地总结普遍规律和一般做法；将理论研究与实证研究相结合，既总结关于国际边界演变和边界争端解决等重要问题的一般规律，也详细考察个案情况；将国别、区域和全球视野相结合，多维度分析世界各地的边界情况；将历史、地理、政治、法律等研究方法相结合，多角度探讨国际边界问题。总之，该书并非关于某一具体国际边界问题的专著，而更像是国际边界研究的总纲，既是对过往研究的最好总结，也可以为将来的研究提供指引。

基于以上认识，笔者决定将该书译介到国内，以期能够带动国内相关研究的发展。

二 该书的主要内容和逻辑结构

全书共有两大部分。第一部分系统研究了国际边界的若干基本问题。其中，第一章界定了国际边界，强调该书重点研究陆地边界，介绍了国际边界问题的研究现状，分析了相关的理论和研究方法。第二章从历史地理角度回顾了一国内部的拓殖边疆和国家之间的政治边疆的形成和演变。第三章对世界各大洲国际边界的建构过程和方式进行了比较研究，总结了边界划界程序，探讨了在未来重新划定边界的可能性，并以泰国、老挝和柬埔寨的边界演变为实例论证了有关结论。第四章总结了边界争端的类型、起因、发生的时间、当事国的诉求和依据、争端解决方式及处理结果的影响。第五章研究了国际法与领土边界，在界定边界争端性质和解决方式的基础上，通过法理研讨和案例分析的方法，深入探讨了规制领土主权归属和边界划界的法律原则与规则，包括保持占有原则，获取领土主权的方式，承认、默认、禁止反言、地理和政治因素、时际法和关键日期，以及民族自决权和人类共同遗产等国际法原则对领土和边界的影响。第六章专门研究了领土边界的地图证据，结合国际司法判例，详细考察了地图证据在证明争议领土主权归属及争议边界地区划界上的地位和作用。第七章考察了河流边界与国际法，重点分析了河流中间线、主航道中心线、河岸等原则在划定河流边界中的应用，探讨了水道变化、跨界水资源利用和保护争端解决的相关国际法问题。第二部分依次介绍了美洲、中东、非洲、亚洲、欧洲、东南亚群岛和南极洲的国际边界与领土争端情况。

三　该书的特色和创新

该书具有如下 4 个显著特点，既保证了研究的广度和深度，也使它能够在既有研究的基础上取得创新，并成为引领国际边界研究的总纲性的权威著作。

一是，研究主题注重宏观微观相结合。该书的研究主题是陆地边界，它是作者在2005 年出版的《世界海洋政治边界》一书的姊妹篇。世界上没有一条完全相同的国际边界。陆地边界是一个极为庞杂的研究领域，所涉对象和问题的时间跨度大、空间散布广、维度层面多，宏观把握和系统梳理的难度显而易见。该书从国际边界问题的全局着眼，在整合相关具体问题的基础上，从 5 个层面构建了国际边界研究的完整体系：（1）基本概念界定：界定并明确区分边疆、边境和边界等基本概念，区分陆地、海洋和空中边界，确定陆地边界问题所涉的时间、空间、维度、层面和学科。（2）国际边疆研究：国家的政治边疆是国际边界的前身。该书重点考察了政治边疆的性质、功能、内部组织和缩减原因，并以尼日尔与贝努埃地区的边疆和边界演变为例阐释了有关论点。（3）国际边界演变研究：比较欧洲与其他地区国际边界构建方式和历史过程的异同，总结国家确定边界的相关程序，探讨未来调整边界的可能性，并以泰国、老挝和柬埔寨的边界演变为例论证有关观点。（4）国际边界争端研究：从历史、地理、政治、法律等角度，总结领土边界争端的类型、引发争端的原因、争端发生的时间、当事国的诉求和依据、争端解决方式、争端可能造成的后果、争端解决相关国际法问题。（5）世界各地国际边界研究：依据地区特性，按大洲和国别介绍世界各地的边界情况。

二是，研究视野覆盖国家、区域和全球。边界问题是国家的、地区的，更是世界性的。理论研究探索的是各国边界的共性，需要全球视野；实证研究关注的是具体问题，需要地区和国别视野。为此，在理论研究上，该书从全球视野入手，梳理国际边界演变的历史进程，总结各国解决边界问题的方式、方法、依据、程序，并以个案研究作为例证论述有关规律性的认识；在个案研究上，该书分论部分涵盖了各大洲和主要国家的边界。

三是，研究方式注重理论实证相结合。该书扬弃了既有的国际陆地边界理论，认为给国际陆地边界创设一整套可靠理论的做法并不可行。例如，针对关于国际边界变化的邻国政治力量平衡理论，该书依据 1945 年以后的国际实践进行批驳，并指出邻国在这一时期的力量平衡变化多数并未导致国家边界发生变化。相反，该书认为试图为国际边界问题研究总结一套程序和方法的努力却相当成功，并注重总结普遍性的规律和一般性的做法。譬如，该书将确定边界的过程归纳为领土分配、划界、勘界和边界管理几个阶段，并指出并非每条边界均需要经历各阶段。欧洲国家边界的建构完全是一个本土化的过程，其他地区则受到殖民活动等外来因素的影响。将边界争端归为 4 类，其中，领土归属争端和边界准确位置争端可通过调整边界线解决，功能性边界争端和跨界资源争端可以不通过调整边界线解决。将边界争端的起因归为 3 类：有关国家在未能全面掌握有关信息的情况下划定边界；战争结束后，战败国被迫接受新的边界，该边界可能与之前的民族分布、行政管理和经济活动不符；划定边界后，居民分布的发展可能导致一国提出新的领土主张。将领土争端造成的后果分为 3 类：争端发生造成的后果，争端无法通过谈判解决造成的后果，争端解决造成的后果。将领土争端未能得以解决可能导致的结果归为 3 种：两国政府承认存在争端，两国关系恶化，声索国使用武力占领争议领土。将边界争端的解决方法归结为政治方法和法律方法。对上述国家实践总结，作者从大量的案例中精心挑选了最贴切的例证。

四是，研究方法注重学科交叉与融合。该书的副标题《法律、政治与地理》表明了其采用的主要研究方法。实际上，该书还广泛使用了国际关系、外交、经济、民族、宗教、文化等方面的研究方法。在学科交叉研究方面唯一令人感到不足的是，普莱斯考特教授撰写的第四章与崔格斯教授完成的第五章至第七章均讨论边界争端这一主题，前后在内容上有重叠，研究方法上有割裂，需要设置专章细致研究。

四 关于国际边界研究的建议

基于上述对《国际边疆与边界》一书的评析，对于我国未来的边界研究，笔者有如下建议。

第一，就研究方向而言，我们应立足本国，着眼周边，放眼全球。陆地和海洋边界问题事关我国的国内稳定、周边和谐与和平发展大局，中国与周边国家间的边界和海洋问题自然应当是学界首要的研究方向。然而，边界尤其是海洋问题向来是一个世界性的问题，中国不仅要与他国互鉴成功解决边界争端的方式和方法，更需要分享在边界管理、边境安全、边疆发展等共同问题上的经验。此外，随着我国的和平发展，中国的海外利益也在不断拓展，有关国家的边界问题与我国利益的相关度增强，全面掌握全球国际边界情况，尤其是未决边界争端的历史和情势，对我国来说将会变得越发重要。在这种情况下，我们应更加重视对其他国家和地区的边界研究，以期在不远的将来实现国际边界问题的全覆盖。

第二，就研究思路而言，我们应努力做到以战略研究领航，以时政研究为重心，以基础研究为依托。边界和海洋政策是国家总体外交与发展战略的一个重要组成部分，我们需要在统筹国内国际大局的基础上，从陆海兼顾、东海南海统筹、近海远洋联动的角度分析国家边界海洋政策，加强研究中国边界海洋政策与整体发展战略、总体外交布局、周边和谐建构、领土海洋维权的关系，构建中国边界政策的理论体系。时政研究方面，当前和今后一个相当长的时期内，中印和中不边界争端的管控与解决将是我国边界谈判与定界工作的重点任务，已定边界地区的工作重心则转向了边界管理、边境安全、跨境经济、跨界水资源合作；海上，钓鱼岛和南沙群岛争端、中国管辖海域的权益维护、争议海域的海洋划界将保持高"热度"，成为摆在研究者面前的一个难题。基础研究方面，中国陆疆和海疆的历史文化、领土边界法、海洋法、边界政治、边疆治理等领域的研究需要更加注重成果向实际应用的转化。

第三，就研究方式而言，我们应努力做到个案研究和系统研究互促。国内关于陆地和海洋边界的个案研究取得了长足的发展，但系统的理论研究相对滞后。例如，对于新中国的边界和海洋政策，学界考察对象多为新中国与某特定邻国之间的边界争端在某特定时期的情况，或新中国在某时期处理边界争端的政策和成就，往往重个案研究、轻系统分析，重实践总结、轻学理研讨，重热点追踪、轻基础研究，全面、系统、深入研究新中国领土边界政策的成果比较匮乏。2008年，美国学者弗拉维尔出版了《强边安邦：中国领土争端中的合作与冲突》一书，运用国际政治、国际关系、国家安全等理论，构建了关于国家在领土争端上选择合作或冲突的理论体系，系统考察了促使新中国在领土争端上采取合作或对抗策略的动因，并预测了中国领土争端的未来走向，这种理论和实践相结合的系统研究方法对我们不无启示和借鉴价值。

第四，就研究方法而言，我们需要努力实现从单一学科的分散研究到多学科深度交叉研究的转变。边界问题本身是复杂的，两国为了解决某边界争端，需要弄清边界的历史、地理、政治、经济和人文等情况，需要依据历史和法律证据提出本国的主张，需要统筹国际国内大局制定本国的政策，在边界划界、勘界、定界、管理及推进跨境合作过程中，也需要综合考虑上述各项因素。这就要求我们在研究边界问题时注重各相关学科的交叉融合，这也是在某些关键问题研究上取得突破及学术创新的必要和有效的方法。

（原载《中国边疆史地研究》2014年第3期）

三、论文、论著摘要

（一）精选论文摘要

《中国边疆史地研究》代表性论文摘要

【关于中国古代疆域理论若干问题的再探索】

周伟洲，《中国边疆史地研究》2011年第3期

在完善以前观点的基础上，文章认为："中国古代的疆域在各个历史时期是可以确定的。其依据就是基于古代中国史一个有联系性的统一的多民族国家，当国家统一时有统一的疆界，由统一走向分裂时，有分裂时期的疆界。"进而中国疆域的发展经历了古代疆域和近现代疆域两个大的阶段。中国古代疆域的形成和发展规律主要体现在："第一，中国古代统一多民族国家是按其国家统一、分裂、再统一的规律，有连续性呈现出一个统一政权（王朝）的疆域和众多分裂割据政权的多个疆域的交替的模式。中国古代疆域即在这一过程中形成、发展、巩固，直到近代统一政权——清朝的疆域最后奠定，即近代中国疆域的形成。""第二，中国古代统一多民族国家的疆域形成和发展的形式，主要是各个历史时期统一政权或分裂割据政权向四周开疆拓土，以及四周边地各民族为内地的经济、文化所吸引，而自愿的、和平地纳入到内地统一或分裂政权之中，成为其疆域的一部分；而且以前者为主。""第三，古代中国统一多民族国家有一整套传统的政治观、民族观和相应的边疆民族政策，如上述许多学者所论述的'大一统''天下观''服事制'儒家的'夷夏观''用夏变夷'论，以及由此而产生的有关的边疆民族政策、朝贡体系、多样的地方行政制度（包括'藩属体制'），等等。""第四，中国古代统一多民族国家的疆域形成和发展的另一个特点，是它有一个以历代统一政权或相对统一政权大致相对集中的核心或称为政治、经济、文化的中心地区，也即是这些政权京畿所在地区。"

【论中原王朝治边的文化软实力】

方铁　黄禾雨，《中国边疆史地研究》2013年第2期（《新华文摘》2013年第19期转载）

该文为2012年度国家社科基金重大项目"中国土司制度史料编纂整理与研究"（项目批准号：12&ZD135）的阶段性研究成果。中原王朝治理边疆施用的文化软实力，是中原王朝综合实力的一部分。治边文化软实力的基础是夷夏有别观

与用夏变夷观。治边文化软实力的内容，主要是彰显中原王朝的文化、实力和制度，施用目标是实现"守在四夷"。治边文化软实力的载体是封贡制度，传播的机制是文化传播。宋代以后，天下形势与治边文化软实力的内容、传播载体等发生了变化。

【我与中国边疆学】

马大正，《中国边疆史地研究》2013年第4期

古代中国疆域之边有"内边""外边"之分。统一时期的边疆治理，通常是指中央政权对控制薄弱的少数民族地区所采取防范和治理措施；分裂时期的边疆治理，通常是指在政权与政权之间的对峙地区和对边远少数民族地区采取的防范措施。古代中国历史疆域内的大小政权的"边"，可视之"内边"。明代以后，情况发生了变化，明代的倭寇延续了近200年，随着西方殖民主义的东来，17世纪以降，荷兰侵占台湾，俄罗斯侵入黑龙江流域。1840年鸦片战争后，我国新疆、西藏、云南、广西等一些边疆省区和沿海地区外患日益突出，出现了边疆全面危机的严重局面。殖民主义入侵，可称为"外边"之患。应该说，明代以降，特别是近代，在中国内边防务依然存在的同时，现代意义的边防即外边防务问题日益凸显。可是清朝统治者面对边疆防务这种变化的形势，仍沉迷于治理"内边"的传统边疆政策而不思防备外患之策，致使清朝前期边疆政策的成功与辉煌很快成了明日黄花，清后期边疆政策的全面破产，是清朝丧权辱国、割地赔款的一个重要因素。以清代边疆政策研究而言，只有具备了世界视野，能认识到清代的边疆治理未能正确应对由内边防务到外边防务为主的根本性转变，这是清代边疆政策由成功到失败的主要原因。

【"藩属体系"还是"朝贡体系"？——以唐王朝为例】

李元晖 李大龙，《中国边疆史地研究》2014年第2期

该文被中国社会科学院图书馆调查与数据信息中心评为国家哲学社会科学学术期刊数据库2015年度"年度热文"。在中国边疆学研究中，多民族国家疆域理论的研究是一个很重要的方面，而在疆域理论的探讨中，相关概念的厘清和统一则已经成为研究不断深入的制约因素，其中对历史上东亚政治秩序的命名即是其一，事关对诸多政权之间关系的认识和阐述，有必要进行深入讨论。关于历史上东亚存在的政治秩序，以往学者有不同的称呼和解读，该文在梳理已有观点的基础上，以唐王朝构建的政治秩序为例，认为朝贡活动只是唐朝构建和维持"天下"秩序运转的政策之一，其存在的前提是政治上的隶属关系。东亚历史上藩属体制的存在多数情况下呈现多样化，既有中原王朝主导的一个大藩属体制，也有数个藩属体制并存的情况，而在大的藩属体制之下又经常会存在着若干个小的藩属体制，其内部也会存在着各种不同的朝贡现象。但无论是册封，还是朝贡，都是历代王朝维持这一体制运转的具体治策和措施，本意是"藩卫"核心地区的安全，而且从"藩臣""属国"区域共同构成"边疆"的角度，称为藩属体系也更为恰当。

【全球化时代的疆域与边疆】

周 平，《中国边疆史地研究》2014年第3期

该文是国家社科基金重大项目"中国的边疆及边疆治理理论研究"（项目批准号：11&ZD122）研究成果。该文认为国家占有或控制的地理空间即是国家的疆域。国家的疆域会随着人类活动范围的拓展和国家形态的变化而变化，并呈现出不

同的形态。通常所说的边疆，乃国家疆域的边缘部分，并不是纯客观的存在，而是在客观基础上进行主观构建的产物。肇始于 20 世纪中期并在该世纪末全面显现的全球化时代，国家的疆域及边疆具有了新的内涵、形态和特点。在国家疆域形态日渐多样的同时，由于国家的拥挤和相互间的竞争，国家间的边疆争夺也日渐频繁。在全球化时代快速崛起的中国，传统的疆域观念和边疆架构已经不适应新的形势和国家发展的要求，亟待构建完整的疆域理论、疆域构想和完善的边疆治理体系。

【云南大学的中国边疆学——基于学科建构的回顾与展望】

林文勋 罗 群 潘先林，《中国边疆史地研究》2015 年第 3 期

该文系云南省哲学社会科学研究基地"滇学研究基地"重点项目"滇学通论"（项目批准号：JD2010ZD05）、"二十世纪云南地方历史文化研究述论"（项目批准号：JD2011ZD05）、"滇学研究体系构建研究"（项目批准号：JD2014ZD04）的阶段性研究成果。由于区位的因素，云南大学一直是中国边疆学研究的重镇之一，取得了丰硕的学术成果和调研咨询报告，积累了丰富的资料、经验，拥有深厚的学术传统，在国家有关西南边疆重大战略选择与政策制定中扮演着重要的角色，受到国际学术界的肯定与重视。当前，面对复杂多变的国际局势和国家地缘战略的调整，梳理 90 多年来云南大学的中国边疆学研究，总结成就，讨论不足，分析特点，展望未来，有着极为重要的学术价值与现实意义。云南大学提出建设中国边疆学学科，目标是将云南大学建成全国重要的中国边疆问题研究的高水平研究中心和人才培养基地，将云南大学中国边疆学学科建设成为国内外有重要影响的优势和特色学科。建设计划围绕以下主要方向重点开展研究：中国边疆学理论、边政理论与实践、中国边疆史地研究、边疆经济开发与对外经济合作、中国西南边疆问题研究等。

【中国海疆史话语体系构建的思考】

李国强，《中国边疆史地研究》2015 年第 4 期

该文认为我国的"海疆"至少应该由两部分构成：一是我国拥有主权、管辖权同时与相邻国家的陆地或海域毗连的海域；二是我主权范围内的沿海领土。中国边疆是陆疆和海疆共同构成的，因此，从学科范畴而言，中国海疆史是中国边疆学的有机组成部分和重要学科分支。着力构建中国海疆史话语体系，不仅符合理论创新的要求，而且符合"建设海洋强国"战略的要求，顺应"海上丝绸之路"建设的时代潮流，有益于维护我海洋权益的多种战略需求，对于回应现实关切、占领国际舆论高地、引领学术和舆论导向是至关重要的。按照学术界对"话语权"基本含义的界定，中国海疆史话语体系的基本内涵可以归纳为以下方面：海疆领土主权的要素、海疆历史的时空脉络、海疆历史的基本范畴、海疆历史的中外比较。

（供稿：李大龙 刘清涛 宋培军）

《西域研究》代表性论文摘要

【近代土耳其对中国新疆的渗透及影响】

许建英，《西域研究》2010 年第 4 期

作为中国与土耳其关系的一部分，土耳其与中国新疆关系有着十分独特的地

位，土耳其对"东突"势力的同情、包庇和支持，在某种程度上一直是新中国成立后中土关系的障碍，长期以来影响着中土关系的发展。该文详细梳理了近代土耳其对中国新疆渗透发生、演变的历史过程，认为：近代土耳其对中国新疆的渗透是在一种非常状态下开始的，土耳其借助阿古柏侵略政权向新疆渗透，带有扩展性，侵犯中国国家利益；民国时期土新关系是在一种非正常状态下演变的，土耳其与中国新疆的往来始终没有获得新疆地方政府的认可，一直处于某种特殊的"民间"状态，而土新之间这种交往的内容大多违逆新疆地方政府的社会管理，一直受到禁止；土耳其对中国新疆意识形态领域的影响甚于其他方面，多呈现为负面，成为"东突"势力理论体系的基础，对近代新疆社会危害甚巨；土耳其为民国时期"东突"势力提供政治模型和理论依赖。土耳其对新疆的影响之大、持续之久，都远远超过我们的一般想象。

【略论中国的"青铜时代革命"】

韩建业，《西域研究》2012 年第 3 期

中国在公元前 2000 年左右进入青铜时代以后，自西向东掀起了青铜之风，标志着生产力水平的一次革命性提升，大部分地区在技术经济、文化格局、社会形态等方面都发生了显著的变革现象。伴随着青铜技术快速普及，制陶技术盛极而衰；社会结构急剧复杂化，刺激了王国文明的出现；与此同时，畜牧经济出现并迅猛发展，从而造成文化格局的重大调整，使得中国首次出现分别以农业经济和畜牧经济为主的人群南北对峙的局面，大致在长城沿线形成农牧交错带；堪称一次"青铜时代革命"。这次重大文化变革当与西方青铜文化的影响和刺激密切相关，其根本原因还在于当时气候向干冷转化这个大的环境背景。此后随着气候冷暖干湿的波

动，农业人群和畜牧人群南北移动，形成血缘和文化上持续不断的深刻交流，在这种战争与和平并存的交流过程当中，畜牧色彩浓厚的广大北方地区和中南部农业区互通有无、相互依存，逐渐融为不可分割的统一体，文化上"早期中国"的范围大为扩展，文化内容越来越丰富，应对挑战的能力和活力不断增强。这种情况历经商周秦汉，一直持续到明清时期。

【长城的团结：草原社会与农业社会的历史法理——拉铁摩尔中国边疆理论评述】

德全英，《西域研究》2013 年第 1 期

拉铁摩尔以长城为标志，对中国历史边疆（满洲、蒙古、新疆、西藏）展开历史地理比较研究。以草原、绿洲、农业等人文地理概念为范畴，对中国北方边疆区域地理生产方式、经济政治交往的相互性因素进行宏观考察。提出中国历史是草原社会与农业社会两种秩序相互循环的历史理论。拉铁摩尔的研究恰好反映出，中国作为统一的多民族国家在历史发展中形成你中有我，我中有你，各民族相互离不开的历史关系。这是中国多民族国家的历史法理。20 世纪中叶起，中国进入东部（海洋）与西部（陆地）区域间的新地理循环，以构建中国的工业化。

【动荡之源：新疆三区革命的国际背景】

邵玮楠，《西域研究》2013 年第 3 期

1944 年新疆三区革命的爆发有着非常复杂的原因。1933 年盛世才主新后，他的亲苏与反苏、苏联的对新政策、美国在新疆势力的扩张、国民政府的因应使新疆成为各方势力角逐的舞台，"二战"的爆发及发展则使这个舞台变得更加纷繁复杂，战局的进展变幻在很大程度上左右了中美苏新三国四方的关系，进而推及各自在新疆所采取的攻守态势。其中，尽管由

于历史和现实的原因，在这十余年间，苏联对新疆的影响可以说最为深远，但苏联不同阶段的对新政策则在根本上受制于国际局势的发展和中美苏关系的变动。1943年以后，基于以上几点因素的考量，苏联不甘心失去新疆利益，以及不愿意看到国民政府、美国挺进新疆，便以伊斯兰教和民族主义为工具，对新疆少数民族进行长期的宣传和动员，成功地利用新疆的民族和宗教矛盾，促成了三区革命的爆发。

【两汉中印关系考——兼论丝路南道的开通】

杨巨平，《西域研究》2013年第4期

印度（身毒）之名首次为中国人所知是在汉武帝时期张骞出使西域之后。随着丝绸之路南道的开通，印度的一些王国与西汉王朝逐渐开始了直接的接触和交往，印度西北部的罽宾甚至成了中国的藩属。中国对印度由耳闻到目睹，再到发生密切的政治、商贸和文化关系，中国方面始终处于主动地位，这是以汉武帝为肇始的开边拓土、开发经营西域的必然结果。东汉初年，月氏—贵霜帝国建立，印度与中国的关系得到进一步的扩大和加强，丝路南道与海上丝路的联通和佛教的传入就是最好的说明。这些关系的发展轨迹不仅在《史记》《汉书》《后汉书》等关于西域的记载中有所反映，而且在西方古典作家的笔下和印度的考古资料中也有体现。二者的互证使古代中印文明之间的关系变得更加清晰与明确。正是随着丝路的延伸，印度的物产、佛教，希腊化文化信息传到了中国，从而实现了古代希腊、印度和中国文化的三流合一。这是人类文明交流史上的奇迹。

（供稿：刘国防）

《黑龙江民族丛刊》代表性论文摘要

【略论辽朝边疆统驭方略的演变】

郑毅，《黑龙江民族丛刊》2012年第5期

契丹人长期游牧在内蒙古中东部的辽河上游地区，这一带地势平坦、易攻难守，并不是理想的肇兴之地，而契丹统治者以此为根基，先后采取不同的边疆经略方策，在历史不同时期始终存在着战略重心的变化，加之采用"因俗而治"的基本国策羁縻统治各民族，所以仅以百万之众，却雄治我国北方200余年，其灵活权变的边疆统驭方略无疑起到最重要的作用。辽朝边疆方略的屡经调整应与其地理形胜密不可分，作为四战之地，弱时为害，强时为益，这也是契丹民族历史屡遭侵伐，部落离散，而一旦崛起又势不可当的主因。天祚年间，东北女真变乱，辽帝国随之土崩瓦解。契丹北疆经略的得失成为左右帝国盛衰的主因。辽朝统治者一直忽视对东北部的防范，结果推翻大辽二百年统治的，却是女真人。极为人诟病的西北边疆经略，反以其荒远疏阔，成为契丹残部的避难所和缓冲地。漠北成为大石西征的前进基地，西辽的建立则是契丹百年戍边结出的意外果实。所谓失之东隅，收之桑榆，历史的辩证关系体现得如此生动具体。契丹民族不愧是一个善于学习、勇于进取的优秀民族。

【非传统安全视角下云南沿边民族工作析论】

彭谦 李聪，《黑龙江民族丛刊》2014年第3期

东欧剧变、苏联解体，国际政治体系

格局向多级转型，全球安全问题在这一体系变迁中，也悄然发生改变，非传统安全问题日益严重。而沿边民族地区由于地缘因素的影响，导致其成为非传统安全问题的高危区域。云南省与越南、缅甸、老挝等国接壤，沿边州市多是少数民族聚居地区，很多少数民族几乎是全民信仰宗教，导致云南沿边地区的非传统安全问题具有沿边性、民族性、宗教性相互叠加的特点。中共十八大对新时期民族工作提出了新的要求，"促进各民族和睦相处、和衷共济、和谐发展"（简称"三和理论"）成为各级党委、政府开展民族工作的指针。该文从理论上梳理了非传统安全问题与"三和理论"视域下沿边民族工作的亲和性，阐述了云南沿边民族工作面临的挑战，主要聚焦于艾滋病传播、国外宗教渗透、邪教传播、民族认同与国家认同等问题，并提出了对策建议。实现"三和理论"的要求，一方面，政府需要进一步加大扶持沿边地区的跨越式发展力度，尽快缩小沿边地区与内地发展的差距；另一方面，政府需要创新体制、机制，解决沿边地区日益凸显的非传统安全问题隐患，维护沿边地区的长治久安。

【清代东北北部沿海少数民族部落的归属与管辖】

张公政，《黑龙江民族丛刊》2015年第1期

东北北部沿海世居民族包括赫哲、费雅喀、库页、奇勒等，其分布于黑龙江下游流域及沿海地区，包括库页岛在内的广大地区。他们主要以渔猎经济为主，居住分散，部落较多。经过努尔哈赤与皇太极的努力，赫哲、费雅喀等少数民族部落纷纷朝贡，确立政治隶属关系。清入关之后，清廷在此设治并采取"贡貂赏乌林"与"赐婚联姻"的政策，笼络这些民族部落，使其作为清王朝的内藩。清廷在东北北部沿海所实行的"贡貂赏乌林"制度及和亲政策中所确立的政治隶属关系有不计成本、厚往薄来的特点，这正是清代宗藩关系理念中最为核心的因素。在管辖东北沿海民族部落中，清廷在此区域形成了一套"驻防将军—驻防副都统—世管佐领（姓长、边长）"的政治组织体系。在东北北部海疆驻防中，由内而外形成了"将军衙门—副都统衙门—世管佐领（姓长、乡长）"这一在重点地区设防并以点带面的驻防格局。该文从东北亚区域的视角，从历史反思角度来检视清廷管辖东北北部沿海少数民族部落的得失，有益于丰富对清代治边观念的认知。

【影响当前新疆民族关系的主要因素分析】

彭谦 李聪，《黑龙江民族丛刊》2015年第2期

新疆维吾尔自治区民族关系在社会发展全局中占有重要地位，发挥着特殊作用。和平解放60多年来，新疆经济社会发展发生了翻天覆地的变化，在党的民族理论和民族政策的指引下，民族关系总体和谐，但影响民族关系的因素依然存在，有些还比较突出。民族关系对于新疆社会稳定和长治久安具有根本性的影响。在实现社会稳定和长治久安的进程中，无论从国家层面还是地区层面，新疆作为我国典型的多民族聚居、多宗教并存、多元文化共存的欠发达边疆地区，都在采取积极态度和有效措施修复、弥合和改善民族关系。当前新疆的民族关系是历史发展过程中形成的，既有民族关系的延续，又因快速的社会变迁和特殊的区情，容易受到社会现实环境中各种因素的影响。在影响当前新疆民族关系和谐发展的诸因素中，政治因素是首要因素，经济因素是重要因素，文化因素是深层次因素，心理因素是隐性因素，深入分析这些因素，有助于客

观认识新疆关系的现状，消除不利因素的影响，推进新疆平等、团结、互助、和谐的社会主义民族关系的巩固和发展。

【黑龙江省边境乡新型城镇化建设研究——以鄂伦春族、赫哲族为例】

相 华，《黑龙江民族丛刊》2015 年第 4 期

黑龙江省 18 个边境县（市、区）中有民族乡 17 个。其中，鄂伦春民族乡有 5 个、赫哲民族乡有 3 个，主要分布在黑龙江省北部边境民族地区和东部民族边境地区。目前，由于原有发展模式陈旧、僵化，导致黑龙江省边境民族乡的发展失去活力，再难有新的突破。新型城镇化建设理念的提出可以说是为黑龙江省边境民族乡，尤其是鄂伦春、赫哲民族乡的发展提供了良好契机。鄂伦春、赫哲民族乡的经济社会发展成效是有目共睹的，但如果想优质、高效、可持续地进行新型城镇化建设，这些民族乡仍面临着一些不容忽视的困难和问题，包括民族乡工作还没有得到各级政府的足够重视、民族乡经济发展仍然存在薄弱之处、依赖心理深植和主观发展意识不强、民族乡基础设施建设和社会事业发展水平仍然较低、传统民族文化的日趋没落等。该文提出了几点建议。一方面，改造思想、摆脱惰性，为新型城镇化建设提供有力思想保证。依托区位优势发展民族特色产业，为新型城镇化建设奠定坚实基础；另一方面，提高特色村寨建设水平，为新型城镇化建设创造良好环境。

（供稿：汤 洋）

《云南师范大学学报》代表性论文摘要

【国家认同的建构——从边疆民族跨国流动视角的讨论】

何 明，《云南师范大学学报》2010 年第 4 期

在多民族国家，公民不仅由阶级或阶层群体、职业群体等构成，而且由归属于不同民族的文化群体构成。国家的特殊职能和所拥有的绝对资源优势，使其无论在民族与民族的关系中，还是民族与国家关系中，均居于核心位置。关涉国家和民族问题的深层动因，则是民族如何在意识中定义"我群"与"他群"的关系、"我群"与国家的关系，即包括民族认同和国家认同的社会认同。因此，各民族的国家认同问题是关系国家团结统一的重要基础。而边疆民族因其居住地属于国家边缘地带和其族群属于非主体民族而形成了民族认同与国家认同之间的张力，在国家认同问题上存在着一定的模糊性并具有选择的地缘条件和社会条件。为此，必须高度重视边疆民族的国家认同建构，而且应从边疆各民族主体出发，既要重视边疆民族物质生活条件的改善，也要重视其民族文化价值的满足。在制定边疆管理、发展规划、民族扶持政策时首先通过深入细致的田野调查弄清边疆民族的真实诉求特别是文化价值诉求；其次要充分认识把握边疆各民族之间的文化差异及其各方面的诉求特别是文化价值诉求的差异性。以工具理性和价值理性相统一并以文化价值为目标的原则，进行国家认同的建构。

【明朝的国家疆域观及其明初在西南边疆的实践】

陆 韧，《云南师范大学学报》2010 年第 5 期

明朝的国家疆域观包含了明朝对国家的基本认识和在此基础上形成的疆域观。

明朝国家基本认识以明初"中国"一词演进为涵括我国历代王朝疆域范围的多民族统一国家的通称，在此基础上肯定元朝是多民族统一国家正统的延续，认为元朝继承历代王朝发展形成了"中国封疆"，在此疆域内各民族活动的区域均是中国疆域不可分割的部分。在治理西南边疆方面，明初建立的云南的第一套行政区划宣示了明朝西南边疆的疆域范围和主权性，是明朝国家疆域观的重要体现。在处置麓川势力防备和善后措施方面，运用行政区划手段分解麓川势力，使明朝势力深入西南边疆；重新建构云南西部军事防卫体系，形成行政区划建置与军事防务相辅相成的边疆控制机制；明朝派遣使者深入西南边疆，了解麓川状况，调解族群部落、土司间矛盾三类措施是明朝国家疆域观在西南边疆的重要实践。总之，明初国家疆域观在治理西南边疆和正确处置麓川势力扩张引发西南边疆危机过程中得到充分的体现和实践，从而实现了西南边疆较长时间的稳定。

【论清代边疆问题与国家"大一统"】

李治亭，《云南师范大学学报》2011年第1期

由边疆问题而引发的"边患"，自秦以来，一直是历代中央王朝所面临的严重威胁，几无一个王朝无"边患"。至清代，清王朝所面临的边疆问题，无论从形式还是内容上都与之前的历代王朝有所不同，更复杂、更尖锐、更严重，也更难解决。在形式上，"边疆概念"与"中外"观念的变化使得所谓"边疆问题"的内涵也发生重大变化。在内容上，东北边疆地区、北部边疆地区、西北边疆地区、西藏边疆地区、西南边疆地区、东南沿海及台湾地区或内忧外患，或有其一，加剧了清代边疆问题的危机。概而言之，既有民族问题，又有统一与割据甚或分裂的问题，更有列强的觊觎与侵略。如何应对或解决这些复杂的边疆问题，不仅关系清王朝的存亡，也关系到国家的主权、统一和领土完整。清朝以民族"大一统"观念取代了以往的华夷之辨，以这种新型民族观念为指导，通过将郡县制深入推进到边疆地区、在内外蒙古地区设盟旗制、开发与发展边疆经济、实行满蒙联姻、尊崇喇嘛教等各种措施，推进边疆与内地的一体化进程，较成功地解决了之前历代王朝难以解决的一些复杂的边疆问题，其做法值得总结和重视。

【土司制度基本概念辨析】

李世愉，《云南师范大学学报》2014年第1期

该文通过对土官、土司、土职、土弁这些涉及土司制度基本概念的辨析，提出了规范使用这些概念的问题。关于土官与土司，文章指出：土官一词早已有之，土司制度建立后成为该制度的专用语，指由朝廷任命的少数民族世袭地方官。土司一词是土司制度建立过程中出现的，初指土官机构，后亦指土官，而且这一内涵逐渐成为土司的主要用法。就此而言，土司与土官是一样的。土司一词出现后，使用极为普遍，而土官一词反而用得不多了。建议在今后的研究中使用"土司"和"土司制度"，目的是一方面为了顺从多数人的习惯，另一方面是为了规范化。同时，文章还对土职与土弁的内涵进行了深入的探讨。认为土职的主要内涵包括三个方面，一指土司职衔，多用于泛指；二指具有土职身份的人，即土职人员；三指土司职责。土弁的主要内涵亦包括三个方面，一指低级武职土司；二指对武职土司带有贬义和轻视的称谓；三指按绿营职衔设置的土守备、土千户、土把总、土外委等武职。但不论土弁用作泛称还是专指，其土司武职的这一基本含义是不变的。

【深化对土司制度的研究】

方　铁，《云南师范大学学报》2014年第1期

土司制度是元明清王朝在西南边疆及其他南方类型少数民族地区实行的统治制度。土司制度存在600余年，在实行地区产生了重大而深远的影响。1949年以来，我国对土司制度的研究持续升温，取得不少重要成果。但是，现今的研究也存在一些弱点，如研究地域仅限于南部边疆及南方类型的蛮夷地区，基于整体边疆制度与比较研究的视角，研究者关注的范围可进一步拓展。探讨细小问题及重复研究的选题仍然偏多，对土司制度问题的理论构架、土司制度的制度建设及规范、土司制度领域其他重大及深层问题的探讨，都还需要加强。目前学界对土司制度研究不断深入，主要体现在土司制度形成与发展的过程、土司制度的制度性特征、实行土司制度与边疆治理的关系、实行土司制度的社会基础、中原王朝边疆治策的重大改变等方面。基于上述视角，作者认为学界可以拓展的研究方向包括土司制度与其他重要制度在发展演变方面的互动关系；边疆社会环境、周边环境的变化与中原王朝的应对；元明清王朝对土司地区的统治与治理；元明清三朝统治土司地区异同的比较；清朝治边较有全局意识并刻意经营，对南部边疆的治理与开发十分重视；元明清时期政府对土司地区的管控；元明清时期边疆各地统治制度的发展变化；土司制度对土司地区社会发展的影响；土司地区的社会史与草根史；土司地区民族的群体性格与相关文化。文章回顾近百年的研究，总结学界对土司制度的认识，提出拓展的方向，并就深化研究提出建议。

（供稿：李有江）

《中国边疆学》代表性论文摘要

【试论中国疆域形成和发展的分期和特点】

李大龙，《中国边疆史地研究》2011年第3期（《中国边疆学》第1辑）

该文是李大龙教授疆域理论系列论文之一，对中国疆域形成和发展的分期和特点进行了探讨。认为"将'中国疆域'作为一个整体，依据其形成和发展的阶段特点来进行分期"是改革开放以来疆域研究的特点，但"但所谓'历史上中国'的提法模糊了一个史实：清代之前中华大地上并不存在一个以'中国'为名的政治体，没有政权作为依托，何来'疆域'？""认为清朝的疆域才是我们探讨的'中国疆域'的范围，更具体地说是康熙二十八年（1689）《尼布楚条约》的签订到1840年鸦片战争爆发期间清朝的疆域。"进而认为中国疆域形成和发展的历程大致经历了4个时期："自然凝聚时期：从中华大地人类文明的出现，到康熙二十八年（1689）《尼布楚条约》的签订。这一时期的中国疆域的形成和发展处于自然凝聚状态。""疆域明晰时期：从康熙二十八年（1689）《尼布楚条约》的签订到1840年鸦片战争爆发。这一时期中国疆域内部的凝聚依然存在，外部边缘逐渐清晰，疆域性质也由王朝传统疆域向近现代主权国家疆域转化。""列强的蚕食鲸吞时期：从鸦片战争爆发到中华人民共和国成立。这一时期，中国疆域的内部凝聚虽然依然延续，但列强的蚕食鲸吞不仅使外围藩属国彻底脱离了中国疆域凝聚的轨道，而且通过一系列不平等条约的签订，鲸吞了大量的边疆地区，中国疆域呈

现急剧萎缩的态势。""现代疆域巩固时期：中华人民共和国成立后为维护疆域完整而做的种种努力。这一时期中国疆域虽然尚未实现完全统一，但收回了被列强抢占的香港和澳门，和多数邻国的陆路边界已经划定，中国疆域进入稳定时期。"

【拉铁摩尔对中国新疆的考察与研究】

许建英，《中国边疆史地研究》2011年第4期（《中国边疆学》第1辑）

该文简要叙述了拉铁摩尔两次考察新疆及其与中国新疆研究的关系，初步梳理了拉铁摩尔对新疆研究的几个理论侧面，即新疆与内地、西藏、内蒙古的结构关系，新疆的内部文明结构与交通结构和特点，新疆在现当代内陆亚洲地缘政治中的枢纽地位等，最后对拉铁摩尔的新疆研究做了简要评价，认为是其中国边疆史研究的重要组成部分，也是其从中国边疆研究中国历史的重要环节，同时他的考察与研究相结合以及广阔的地缘政治视角值得借鉴。

【"丝绸之路经济带"与中国边疆安定和发展——以我国东北和西部边疆为视角】

邢广程，《中国边疆学》2014年第2辑

2013年中国提出的建构"丝绸之路经济带"，是中国在不断持续发展过程中面对不断变化的世界所提出的战略构想。该文从挖掘"丝绸之路"的历史文化价值、"草原丝绸之路经济带"的战略定位、绥芬河作为东部陆海丝绸之路经济带的桥头堡的意义、积极发挥新疆在"丝绸之路经济带"建设中的重要作用4个方面进行论证，提出要特别关注"丝绸之路经济带"建构中新疆与中亚合作问题、阿富汗局势对中国新疆的影响两大问题，为"丝绸之路经济带"构想的建设和落实提供了我国东北和西部边疆的视角。

【南方丝绸之路经济带与中国地缘经济政治拓展】

王志民，《中国边疆学》2014年第2辑

建设南方丝绸之路是新形势下我国对外开放的模式创新，有利于推进地区一体化进程，发挥我国作为横跨"心脏地带"和"边缘地带"并使两者两连的地缘经济政治优势。"南方丝绸之路经济带"的建成，将贯通西南国际大通道，推动"出海出洋"战略，进而拓展中国地缘经济政治空间。

【瑞典人施尼茨克尔及其有关图理琛使团的记述】

阿拉腾奥其尔，《中国边疆学》2014年第2辑

北方战争中重骑兵旗手施尼茨克尔被俘，1713年进入俄军服役，受命护送出使伏尔加河流域土尔扈特汗国的清朝图理琛使团，身后留下详细札记，记述使团的活动。该文对札记做了全面考察和探讨，澄清了不是阿玉奇汗"跪接"，而是清朝使臣殷札纳向阿玉奇汗"抱膝"这一涉及清朝国体的大问题。

【九世班禅圆寂、转世与国民政府的治藏政策研究（1937—1949）】

孙宏年，《中国边疆学》2015年第4辑

九世班禅圆寂后，国民政府把致祭、转世等事务置于治理西藏、维护西南边疆稳定和国家统一的"大方略"之中，治藏与安边相互协调，努力稳定西南边疆局势，维护国家统一，在复杂的国内外局势变化中有力地维护了中央政府在边疆地区的权威。

（供稿：李大龙　刘清涛　宋培军）

《中国边疆民族研究》代表性论文摘要

【历史学研究的人类学化及其存在的问题——评王明珂《游牧者的抉择：面对汉帝国的北亚游牧部族》】

钟焓，《中国边疆民族研究》2009年第3辑

该文认为此书出色地整合了文献、考古及田野调查等资料，并在微观考察和宏观阐释的层次上都大大深化和拓宽了前人的研究成果，在此前两岸历史学界和人类学界都是缺乏先例的，堪称迄今为止汉语学术圈内对传统游牧社会研究最具纵深的一部力作。然而其在方法论和论述上尚存在不足，主要表现为：对"游牧"与"放牧"的概念并未做到有效的区分；在民族志材料的选取和演绎推理的限度上仍需重新考量；还须认真检验和审视运用气候启动论来解释中国北方地带的转型问题；慎重对待文献分析与史实考证；草原（匈奴）—"森林草原"（东胡）—高原河谷（西羌）的三分法模式，存在大量与基本史实相出入的论述，影响了其所构建的理论体系的基石。而其背后所依赖的生态环境决定论相当有心无力，故在解释史前北方地带的农牧转型上及被用于解说历史时期的族群结合形式的演进上，陷入一种带有强烈循环色彩的历史停滞论之中。最后就实证史学与社科理论的相互关系作了大致的评估和展望。

【元代高昌鲁氏家族研究】

尚衍斌，《中国边疆民族研究》2012年第6辑

此文利用《元史》本传及元人文集、方志中的碑刻资料全面深入地探讨了高昌鲁氏三代在元代的历史活动和贡献。作者考证认为，因鲁明善之父迦鲁纳答思精通西域诸国语言且学识渊博，所以受到元初畏吾儿名臣安藏等人的赏识，被举荐进入朝堂为忽必烈翻译佛经，由此鲁氏家人步入政坛。作者在文中还分别考辨了迦鲁纳答思子孙鲁明善和重喜的名号、出生地、为官经历等相关问题。分析了他们的处世态度和政治理想，清晰的勾勒出鲁氏家族成员在元朝基层社会活动的基本面貌。最终得出鲁氏家族成员或因精通西域诸国语言文字，或因在基层社会勤勉为官，造福百姓，渐次在政治、外交以及农业生产技术传播等方面得以名世的结论。作者还就鲁明善《农桑衣食撮要》一书进行了深入细致的考证，认为该书成于延祐元年（1314）至延祐四年（1317）之间，至于纂修原因或许受到当地官员重视及民众对农业生产技术迫切需要等而得以编撰。鲁明善在书中对江南农作物或农事活动的重视以及对蚕桑生产经验的总结和介绍，对当时及后世农业生产技术的发展和推广无疑起到非常重要的作用。

【关于川滇藏区推行人民币、制止流通银元、改造经济领域的认识】

秦和平，《中国边疆民族研究》2013年第7辑

推行人民币是民主改革时人民政府开展的重要行动，以实现改革旧体制，完成国家货币的使用、流通及结算统一。该文通过对档案及文献资料的梳理和分析，认为清末四川总督为抗衡英印殖民地的卢比对川滇藏区的经济侵蚀，便着手进行改革货币，推行藏元（洋），对抵制卢比、稳定社会经济产生积极功效，维护了国家利益。民国时期藏区币值混乱，各种货币并行，严重影响社会经济，可能导致分治的

格局。新中国成立后，人民政府大力推行人民币，逐渐替代各种旧币，以建立统一的金融体系。可是，和平解放后西藏与内地的交流畅通，公路通车后运输便捷，大量银元再次流向西藏、走私商品流入内地，使得川藏藏区银元与人民币比值不断提升，妨碍了人民币的流通。论文揭示群众要求及上层人士的反映，推行及扩大人民币、禁止银元流通也是民主改革在经济领域的表现；阐述人民政府采取有力措施，制止银元"西流"与外货"东进"，维护币制统一和市场稳定；说明只有深化及拓展改革，改变旧的体制，才能从经济领域完成民主改革；最重要的是，藏区建立以人民币为核心的金融体制，实现了全国经济体制的一体化，从经济领域保障了国家统一。

【北美"新清史"研究的基石何在——是多语种史料考辨互证的实证学术还是意识形态化的应时之学？】（上）

钟焓，《中国边疆民族研究》2013年第7辑

此文概括归纳了最近20多年来北美中国学界所流行的"新清史"研究的学术理路及其依据的语境资源。认为貌似巍峨壮观的"新清史"，绝非建立在对于多语种文献史料进行审慎严格的实证考察基础之上，而对其学术著述进行分析评估的结果，也表明难于相信该学者群业已具备了将传统的中国断代史研究与自伯希和以来得到纵深发展的内亚史研究相贯通整合的治学功力。实际上"新清史"学术共同体的研究工具及其依托的学术资源，更多地来自各种以后现代面目大行其道的社科理论，他们还进一步将其整饬建构并打造强化成凸显意识形态色彩的学术话语，以指导统合其具体研究，因此带有鲜明的为现实服务的趋时性，而非传统汉学研究

和内亚史研究共同讲求倡导的实证性。就这一群体的学术共性而论，族性（ethnicity）/民族主义语境下的认同决定论、帝制晚期的征服叙事和后帝制时代的"民族帝国主义"话语才是真正构筑支撑起整座"新清史"大厦不可或缺的三大基石。故该学派的着力点不在于史实重建，而在话语构建。

【清代蒙古律的适用范围及其法律文本】

达力扎布，《中国边疆民族研究》2015年第8辑

崇德八年（1643），理藩院将清太宗时期（1627—1643）颁布的法令、法规编纂为一部法典——蒙古《律书》，颁发给外藩蒙古各扎萨克施行。后又继续制定和颁布法令、法规，依法管理外藩蒙古各部。"蒙古律"不仅适用于外藩蒙古，而且适用于内属蒙古，即边外八旗游牧察哈尔和归化城土默特二旗。而随着清朝统治疆域的扩大，"蒙古律"还被推行于理藩院管辖之今青海、四川北部和西藏北部的"番子"（今藏族），东北的达呼尔、索伦（今达斡尔族、鄂温克族），以及新疆哈密、吐鲁番的"回子"（今维吾尔族）等地。此外，"蒙古律"在制定和推行期间曾被多次增删、修订，乾隆朝开始有蒙、满、汉3种文体，以适应清朝管理蒙古地区的需求。其名称经由蒙古《律书》《蒙古律例》到《理藩院则例》几次变化，现存康熙朝至光绪朝修订的多种文本。"蒙古律"和"番例""苗例""回疆则例"等有关边疆民族的特别法与"大清律例"共同构成了清朝完整的法律制度，从而为清代管理边疆民族方面发挥着重要作用。

（供稿：赵 毅）

《西北民族论丛》代表性论文摘要

【有关中国疆域理论研究的几个问题】

李大龙，《西北民族论丛》2012年第8辑

该文中，作者从"中国疆域"的指称范围及其属性、"中国疆域"的动态发展过程、"中国疆域"形成的标志及"中国疆域"形成的内在动因等4个方面阐述了其关于中国疆域形成的理论。具体而言，首先，在清代以前中华大地上没有形成过一个近现代意义上的主权国家，所谓"历史上的中国"的提法于中国疆域研究而言不是一个科学的命题。自秦汉以来的中国历史中，"中国"都是一个由多民族构成的"政治体"，它的核心区域可以确定为中原地区。其次，"中国疆域"不是静止的而是一个动态的过程。不同的历史时期中华大地有着不同的民族或政权分布，或分裂或统一，构成了不同时期现实的天下；与此同时，在不同时期人们的心目中还有一个理想的大一统的天下；现实的天下与理想的天下相互影响并相互作用导致"中国疆域"呈现动态发展的形态。再次，《尼布楚条约》的签订，标志着清朝开始由传统的天下国家向现代意义的主权国家转变，通过签订一系列类似的条约和划分边界的行动，中国的边界逐渐清晰，疆域也由王朝疆域向条约疆域转变。然而，1840年鸦片战争中断了"中国疆域"这一自然转变的过程。最后，作者在回顾了关于"中国疆域"形成理论之后，强调要从多角度探讨中国疆域形成的成因。

【清代川康藏区土司建制及其社会组织】

周伟洲，《西北民族论丛》2013年第9辑

该文主要论述了清初康熙、雍正年间，特别在平定青海蒙古罗卜藏丹津反叛之后，清廷沿明朝旧制，在川康藏区（即今四川西部及云南西北藏区）逐渐恢复和重建土司制度的过程；并详细讨论了今四川西北（今阿坝藏族羌族自治州）、西部（今甘孜藏族自治州）和云南西北（今迪庆藏族自治州）土司建制、分布和人户等情况。在这一基础上，对有清一代川康藏区土司制的"改土归屯""改土设弁""改土归流"等的流变，作了较为深入的分析和论述。总体而言，自雍正年间川康藏区土司制度重新确立后，历经200余年，其总趋势是日益削弱。清朝虽然恢复或添设土司甚多，但同时加强了这一地区行政和军事力量，流官、营讯增防各地，即增强了"以流统土"的力度。最后，以卓克基长官司、德格宣慰司、"改土归屯"和"改土归流"后土司等为例，探讨了川康土司的社会组织及其变化。

【试论当代中国边疆治理的几个问题】

马大正，《西北民族论丛》2014年第10辑

该文主要从当代中国边疆地区的战略地位、中国边疆治理的当代演进及边疆治理的战略思考等3个方面对当代中国边疆治理进行了宏观论述。具体而言，首先，从历史发展的角度来看，中国的边疆在中国历史发展的全过程中，具有特殊的战略地位。中国这个统一的多民族国家，如果没有了边疆这个因素的话，就不成为一个统一多民族国家。就现实而言，边境的战略地位表现在：其一，边疆地区仍然是中国国防的前线。其二，边疆是改革开放的前沿，是中国走向世界并展示实力的前沿舞台。其三，边疆是当代中国可持续发展的一个重要组成部分。其次，边疆治理演进的过程大致可分为从新中国成立到"文

化大革命"结束和改革开放以来 2 个时期，而前一个时期又可分为从新中国成立初期到"文化大革命"前和"文化大革命"十年两个阶段。同时，边疆治理的举措主要包括：其一，边疆省区实行省制和民族区域自治并行的行政区划体系；其二，解决历史上遗留的边界问题；其三，中国现代边防体制的历次调整；其四，海疆和海防问题。最后，在构建边疆治理战略时，要重视中长期治疆战略及治理边疆历史经验的总结，并坚持实事求是的思想路线；同时，要处理好发展与稳定、文化认同与国家认同之间的关系。

【论唐朝对吐蕃攻势的应对与决策】

　　张　云，《西北民族论丛》2015 年第 11 辑

　　该文主要探讨唐朝如何应对吐蕃战和

无常所造成的复杂局面，以及所采取的应对之策。具体而言，这些应对之策主要包括和亲政策、选猛士武力征讨、寻御蕃良策、采取反间计、联合回纥等以牵制吐蕃、传播儒学经典以进行思想化导、怀之以德、与吐蕃频繁接触交涉、承认唐蕃之间平等关系并进行"防秋"及倾听吐蕃方面的意见和看法等 10 个方面。通过对这些措施的简明分析，考察了唐朝处理与边疆地区政权关系的政策和存在问题，认识唐朝与吐蕃的互动关系，以及中国历史发展进程中一个曲折复杂的断面。此外，亦明确指出了唐朝对吐蕃存在的偏见与认识误区，以及其对于唐朝应对吐蕃的不利影响。

（供稿：尹波涛）

《西藏研究》代表性论文摘要

【进军及经营西藏六十二年的历史回顾】

　　阴法唐，《西藏研究》2012 年第 3 期

　　2012 年 1 月 2 日，距 1950 年 1 月 2 日党中央、毛泽东主席正式做出进军西藏、经营西藏的决策，时间整整过去 62 年。自那时起，作者的人生也就与西藏高原紧密地联系在了一起。该文包括以下几方面内容：进军及经营西藏历史任务的最终确定；签订《十七条协议》，西藏和平解放；执行与维护《十七条协议》；平叛改革，把西藏改造为人民民主的西藏；稳定发展，成立西藏自治区；"文化大革命"，西藏进行社会主义改造；拨乱反正，工作重点转移到改革开放和社会主义现代化建设上；一个转折点，两个里程碑，西藏步入经济发展的快车道；西藏革命与建设取得的巨大成就等。

【论藏传佛教活佛转世制度实施中的中央权威性】

　　白玛朗杰　次仁德吉　王春焕，《西藏研究》2015 年第 1 期

　　活佛转世是藏传佛教首领权力传承的一种特有的方式。元朝以来，历代中央政府扶持藏传佛教，册封有关教派首领，逐渐形成了活佛转世制度，成为政教合一制度的组成部分。西藏地方各教派为取得统治西藏地区的教权和政权，都力争得到中央政府的支持。各教派转世活佛因得到中央政府的册封，成为管理西藏地方的中央命官。藏传佛教活佛转世制度的形成、发展和完善，是元朝以来中央政府管理西藏的政权和西藏地方宗教影响社会的教权相结合的产物。藏传佛教活佛转世有其宗教理论基础，但是成为一种制度并被后世继承下来，根本原因在于中央政府对藏传佛

教有关教派的扶持，运用宗教力量管理西藏地方。藏传佛教活佛转世制度从产生一直持续实施至今，体现了历代中央政府管理西藏政治、社会和宗教的权威性。藏传佛教活佛转世制度成为历代中央政府治理西藏体系的重要内容，藏传佛教活佛转世制度的存续、转世活佛的立废权力都在中央政府，这表明中国中央政府对西藏地区行使着主权。

【宋代西北吐蕃与甘州回鹘、辽朝、西夏的关系】

陈庆英　白丽娜，《西藏研究》2013年第 5 期

北宋时期，宋、辽、夏三国在西北地区展开了激烈的争夺，并导致这一地区民族关系错综复杂。北宋初年，西北地区的吐蕃部族已基本结束族种分散的混乱局面，先后在河西、河湟两地建立政权，即"凉州六谷蕃部"（11 世纪初期至 1028 年）和"唃厮啰政权"（1008—1104 年），成为影响当地局势的重要力量，受到周边民族政权的极大关注。西北吐蕃为其自身生存壮大，积极发展与这些民族政权的关系。党项西夏是西北吐蕃的最大威胁。因此，西北吐蕃始终将"联宋抗夏"作为其基本的对外政策。虽然双方也曾有过友好合作的时期，却十分短暂和脆弱。至于辽朝，当党项尚未崛起之时，将西北吐蕃，特别是凉州吐蕃视为其征服的对象，当西夏建立，辽朝更多时候充当的是河湟吐蕃的同盟者。关于甘州回鹘，由于地理位置的相似性和利益的统一性，其始终是西北吐蕃的忠实合作者。

【刘朴忱驻藏经过及刘公亭的遭遇】

车明怀，《西藏研究》2015 年第 6 期

民国政府初设西藏办事处任上的第一任办事长官刘朴忱，于 1934 年 4 月 26 日，随黄慕松进藏致祭十三世达赖喇嘛。刘朴忱作为专使行署总参议，沿途了解政情民俗，搜集情报，对西藏的历史与现状特别是英国人对西藏的渗透进行研究，掌握了许多资料。在藏期间，与黄慕松圆满完成致祭事宜，并就民国中央政府与西藏地方政府关系做出极大努力和贡献。1935 年 1 月病殁于民国政府西藏办事处任上。刘公亭原在拉萨东郊，是为纪念原民国政府蒙藏委员会驻拉萨办事处处长刘朴忱而建的，成为民国时期中央政府对西藏行使主权的象征。

【近代西藏麝香之路考——兼论印度大三角测量局班智达、日本僧人河口慧海和侵藏英军噶大克考察团在沿路的活动等】

房建昌，《西藏研究》2015 年第 4 期

清代以来至 1959 年，从列城至拉萨的贸易路线是一条西藏的麝香和茶叶之路。1891—1892 年冬季英国驻印度上尉包尔从阿里地区沿藏北东行，发现昌都地区游牧民向他们兜售的麝香已经有明显的掺假痕迹。当时西藏进口的茶叶主要来自四川一线，内地具体产地不一，均为砖茶。根据印度班智达调查的朝贡贸易使团路经阿里地区漫漫官道长路的具体路线和驿站的状况，对国内学人的地名记述定位提出了不同的看法，这可补充和丰富西藏近代交通史已有的研究内容。此外探讨了拉萨南行经过聂拉木、吉隆、亚东、达旺与尼泊尔、锡金、不丹和印度的贸易交通路线，包括□人下察隅地区至萨地亚的贸易路线等。

（供稿：蓝国华）

《西南边疆民族研究》代表性论文摘要

【和谐文化视野下的边疆治理研究】

王越平，《西南边疆民族研究》2010年第 8 辑

现阶段我国边疆治理的基本现状是尚缺乏完备的边疆政策框架体系，对于边疆地域空间的复杂性和边疆民族关系及民族间的结构性差异未给予充分的重视，存在着用民族政策代替边疆政策的倾向。有鉴于此，文章从和谐文化构建的视角，提出以公民文化为内核，以弹性的政策体系为基础，推行以边疆民族文化诉求表达机制为制度保障的边疆治理策略。

【中国边疆社会管理模式的转型与重构研究】

朱碧波，《西南边疆民族研究》2013年第 12 辑

自中华人民共和国成立以来，我国建构了政府主导的一元化边疆社会管理模式，此种模式重稳定、轻发展；重管制、轻服务；重刚性管理、轻柔性管理。随着我国社会转型和地缘政治形势的变化，传统边疆社会管理模式内在弊端逐渐凸显，客观要求我们不失时机地完成边疆社会管理的理念重构、组织重构、制度重构、技术重构，维护边疆社会的稳定、安全与和谐。

【略论近代云南的边防建设及特别政区设置】

王文光 李丽双，《西南边疆民族研究》2015年第 16 辑

鸦片战争后，作为仍在独立行使国家主权的中央政府，针对英法的入侵和省内土司势力强大且易发生事端的地区，积极加强军事力量和边境管控，采取了诸如加强少数民族土兵建设、设置特别政区等措施，对稳定边疆、维护国家主权，具有十分重要的意义。

（供稿：朱凌飞）

《元史及民族与边疆研究集刊》代表性论文摘要

【《元史·太祖本纪》（部分）订补】

陈得芝，《元史及民族与边疆研究集刊》2010年第 22 辑

《〈元史·太祖本纪〉（部分）订补》一文是陈得芝先生汇集伯希和《圣武亲征录注》《史集》《元朝秘史》等中外古今多国文献及学术成果对于《元史·太祖本纪》部分史事所作的注释，也是国家社科重大项目《元史会注考证》的范本。该文代表了目前国内外对于《元史·太祖本纪》研究与利用所能达到的学术水准。

【"吐蕃"一名的读音与来源】

姚大力，《元史及民族与边疆研究集刊》2013年第 26 辑

西藏在汉文史料中的名称"吐蕃"，并非起源于粟特文碑铭中的 *tuput*。它很可能源自粟特文用于称呼西藏的另一词汇 *tupun*，即藏语"大蕃"/ *bon chen-po* 的对译语词。其中 *tu*-系粟特语词汇，译言"伟大的"，用以意译藏文 *chen-po*；而 *pun* 即藏语 *bon* 的音译。后者与 *bod* 同样，是藏人的自我称谓。古代文献

学家对"吐蕃"之"蕃"的音注,以及汉文古诗中与"吐蕃"之"蕃"相押韵的用字,也都表明它的读音为 fán。

【《元朝名臣事略》史源探讨】

周清澍,《元史及民族与边疆研究集刊》2015 年第 29 辑

《元朝名臣事略》是元末苏天爵私修的本朝名臣传记,传文辑录自行状、家传、碑文、墓志及时人文集等第一手资料,部分已佚篇章仅存于此书。由于苏天爵对辑文作者皆讳本名,而以字号、里贯、官称、谥号代替,为此本文逐一考订引文的作者是谁、在当时文坛的地位、有何著作、与传主的关系等,并追溯引文的存佚情况,存者现存何书、何地(石刻、方志),原文篇名及与《事略》引文的异同等,有助于研究者充分认识本书的史料价值,以便于参考和利用。

【有关宋末泉州蒲氏史料的几个疑点】

刘迎胜,《元史及民族与边疆研究集刊》2015 年第 30 辑

近半个世纪以来,学界在研究东西海上交通史与中国伊斯兰文化史中占有重要地位的宋末泉州蒲氏家族时,陆续使用了 4 种新史料,即文莱的蒲公之墓碑铭、清代泉州《西山杂志》残抄本、存世之《泉州蒲氏族谱》与 1998 年成都市东北郊发现的北宋宋京夫人蒲氏墓志铭。其中第一种与最后一种,因系墓碑与墓志,最为可靠,该文以此二者为据,核查《西山杂志》与《蒲氏族谱》的相关记载,得出《蒲氏族谱》与《西山杂志》有关蒲寿庚家族的记载均不能视为可信史料,而蒲公之墓与蒲寿庚之间的关系仍存疑问。《宋史·瀛国公纪》称蒲寿庚:"提举泉州舶司,擅蕃舶利者三十年。"该文从蒲寿庚曾经担任的"制干"官职入手,认为此职即"沿海制置使司干办公事官",后来晋升为制置使。

【从《奉使波斯碑》看元朝同伊利汗国使臣往来】

四日市康博撰　赵莹波译,(《元史及民族与边疆研究集刊》2015 年第 30 辑

该文通过对《奉使波斯碑》墓主出使伊利汗国的记载进行考证,探讨元朝与伊利汗国之间的政治关系。元朝—伊利汗国同属拖雷家族,即使在合赞汗朝伊斯兰化之后,双方依然不断遣使,这其中有来自大汗承认伊利汗即位的敕书、历书、授予食邑,下嫁皇女,赐予宝物,以维持元朝和伊利汗国间的相互提携关系。这也是巩固大汗家和旭烈兀家的同盟、承认大汗和诸侯王之间关系不可或缺的行为,而《奉使波斯碑》墓主的出使也应该被看成这其中的组成部分。

(供稿:陈　波　于　磊)

《华西边疆评论》代表性论文摘要

【中国大边疆战略研究论纲——多重世界非恒称视角下的力量博弈】

孙勇,《华西边疆评论》2014 年第 1 辑

全球化时代国家的边疆形态与各国的边疆战略,决定了"大边疆"的视野与理论研究将居于领先和主流地位,并产生出"大边疆战略"的实践,而如果不能认识这一点并未雨绸缪,则将会对整体的国家战略形成与具体问题的处理产生十分负面的影响。文章以多重世界非恒称视角下的力量博弈为研究视点,从哲学的高度

审视了中国大边疆战略的相关问题，其中着重讨论了中国边疆战略研究的兴起、世界近现代边疆理论、国家博弈之中的边疆战略、国家边疆兴衰的历史概率、大国边疆战略的结构基点等问题，并就中国环疆形势进行了简要分析，指出了中国主次边疆带治理的重点指向，就国家战略与边疆战略进行了哲学上的思辨，最后指出了中国未来边疆战略的取舍。文章内容具有论纲性质，旨在对中国大边疆战略研究的相关重大问题进行系统梳理，具有较高的理论深度与鲜明的实践指向。

【西藏共享性发展理路述要——基于藏汉文明共同体的解读兼应 Andrew M. Ficher 等作者】

周兴维，《华西边疆评论》2014 年第 1 辑

欧美藏学界关于"西藏问题"的叙事主题，无论臧否，似乎都对藏汉文明之历史性质重视不够，对中国中央政府对西藏的援助及其指向的西藏共享性发展，Andrew M. Ficher 等欧美学者的指摘也是体现了这一论断。中国西藏的共享性发展，区别于其他共享性发展的显著之处是：中国的藏汉文明，已融合为一个文明共同体；中国的藏族汉族，已结成国家民族——国族。中国西藏的共享性发展理路，植根于"三原"文明的融合，生成于中华统一法统，巩固于制度性国家认同，支藏、援藏，是中华民族国族的分内之事。所以，亚洲腹地"三原"文明的融合，构筑了中国藏汉文明的共同根基；植根于藏汉文明共同体的西藏共享性发展理路，从来就不是主观人为的"预设"，而是中国的历史传承和现实结构决定的，是客观历史的抉择。作者进一步讨论了的国内外认识产生差异的观念基础，认为历史文化传统对国家关系有着深刻的影响，因此无论欧美还是中国都需要改造自己的历史文化观。

【"对口援藏"的若干关键问题讨论与争鸣】

杨明洪，《华西边疆评论》2014 年第 1 辑

"对口援藏"这一制度性安排自出台以来就受到广泛关注，其有效性受到了集中批评与质疑。该文就关于"对口援藏"存在争议的几个问题进行了论述，认为"主权焦虑"并非是"对口援藏"的动因，"对口援藏"增强了西藏与内地的密切联系并促进了西藏自我发展能力增强，中央财政对西藏的支持是国家区域发展战略的正常职能而非"援助"。要正确认识"对口援藏"就必须避免"交易"思维，将西藏的发展与中国整体的经济发展方式联系起来，改进"对口援藏"的科学性。

【中国未来边疆战略的取舍】

孙　勇，《华西边疆评论》2015 年第 2 辑

该文在世界体系与国际体系变动的视野内考察了中国未来边疆战略的指向，认为中国的国家战略以及大边疆战略，是面对世界体系中心转移的进程中，国际体系在不变与多变的格局下，多重世界的非恒称视角下的力量博弈。面对美国"重返亚太""再平衡"战略以及对中国边疆的影响，作者明确中国要提出"推动亚太体系新平衡"以纠偏美国的"再平衡"，而这是中国国家战略之中大边疆战略最宏观的视点，因此，中国国家战略及边疆战略的内在要求应该是：在最低限度上，确保国家政治不陷于混乱，军事不陷于被动，经济不陷于滑落，文化不陷于抵牾，民心不陷于分崩；在最高目标上，追求政治上内稳外昌，军事上内强外张，经济上内实外扬，文化上内坚外挺，民心上内趋外附。针对多重世界互搏与边疆战略交叉

的边疆态势，中国大边疆措施可以概括为：提升边略，三层整备，区域治理，外固环疆，内敛人心，走向一体，保障国安。该文最后提出了中国大边疆战略自组织的愿景，并对大边疆战略的各个层面进行了基于自组织理论的阐述。

（供稿：孙　勇）

（二）精选著作摘要

【西藏基层政权建设研究】

孙宏年　倪邦贵主编，中国藏学出版社2010年版

该书以西藏基层政权为研究对象，在吸收中国基层政权研究、当代边疆研究等成果的基础上，简要论述了1951年以前西藏地区宗、谿、卡政权的历史变迁，重点研究了1951年以后西藏地区县及县以下基层政权的演变、现状及特点。该书对于人们了解和研究西藏基层政权的演变有重要参考价值。

【清代西北史地学研究】

贾建飞著，新疆人民出版社2010年版

该书近30万字，主要从清代初期至嘉庆前期西北史地学的发端、清代西北史地学的兴起、道咸时期西北史地学的发展、同光时期西北史地学的没落、清末西北史地学的复兴和繁荣等几个方面，对清代西北史地学的发展轨迹进行了宏观梳理。该书对清代新疆的学术史、政治史、中外文化交流史研究有着重要的参考价值。

【清末东北新政研究】

高月著，黑龙江教育出版社2012年版

该书作为"中国边疆研究文库"之一种，已于2012年11月由黑龙江教育出版社出版。全书28万字，以档案资料为依托，从疆域统合的角度切入，认为清王朝通过在东北实施新政，意图实现疆域的均质化，达到对疆域进行统合的目的。通过对东北地方传统政治体制的改造，在"龙兴之地"的东北实行与内地同质的行省体制，彻底袪除东北地方"满洲故地"的疆域属性；通过重建基层治理模式突破传统王朝国家权力的下限，将国家权力渗透到州县以下的基层；通过实行财政改革，清算中央、地方财权倒置的弊端，增强中央政府权威，重建中央与地方的关系；通过建立新式教育体制，将国民教育权统于中央，增强国民对王朝国家的认同。该书进而在肯定民族国家相对于传统王朝国家具有进步性的基础上，引入民族国家概念作为清王朝疆域统合的参照系，认为清王朝在实施以疆域统合为目标的东北新政改革过程中，通过对传统王朝国家的改造，走上了构建近代民族国家的道路。

【都护制度研究】

李大龙著，黑龙江教育出版社2012年版

该书作为"边疆史地丛书"之一种由黑龙江教育出版社出版，此次修订后被纳入国家出版基金项目"中国边疆研究文库"，由黑龙江教育出版社2012年12月重新出版。修订后的《都护制度研究》全书32万字，由原来的6章变为了8章，不仅对全文做了进一步梳理，完善了一些观点，同时也删节了一些烦琐的引文，对各章内容进行了调整，补充了大事年表和

图片，结构更趋合理，论述更加集中，更便于读者阅读。该书全面系统阐释了都护制度形成、发展和消亡的历史，对于了解和研究历代王朝边疆管理制度有重要参考价值。

【清代对俄外交礼仪体制及藩属归属交涉（1644—1861）】

陈维新著，黑龙江教育出版社于2012年版

全书34万字，由绪论、"中华世界秩序原理"的理论介绍、盛清时期中俄外交礼仪体制论争、清中叶后俄国对外交礼仪体制的冲击、乾隆时期土尔扈特部归属交涉、道光时期哈萨克归属之交涉、结论等7章构成。作者认为中华世界秩序原理之"封贡体制""名分秩序论""兴灭继绝观"等理论是清朝处理与周边藩属关系的原则，也是对俄外交礼仪体制问题的主轴，同时对土尔扈特部和哈萨克两藩部的归属争议及其给清朝与周边藩属国、藩部间的秩序带来的影响进行了系统研究。该书对于了解清朝的藩属观念、外交礼仪制度的形成和发展，尤其是清朝和俄国的关系有重要参考价值。

【先秦西南民族史论】

翟国强著，黑龙江教育出版社2012年版

该书是国家出版基金项目。全书34万字，除"绪论"外，正文共8个部分，依历史发展顺序，分别对先秦西南地区旧石器时代、新石器时代、青铜时代的地方文化以及早期国家形态及其权力结构的物化形式——城邑和区域性统一体——蜀国、巴国、滇国、夜郎等进行了全面深入的研究。该书研究中国西南民族在中华民族凝聚力的形成、发展中的地位和作用，从而丰富和发展中华民族多元一体格局的理论，并对中华民族凝聚力形成的诸因素

及其发展的内在规律有一个比较清楚的认识，在西南民族史研究上是一次开拓性的创新。

【夫余兴亡史】

范恩实著，黑龙江教育出版社2013年版

全书31.2万字，共分4章，系统研究了我国东北地区古代族群夫余的兴亡历程。第一章充分利用考古材料讨论夫余兴起以至建国的过程，并与高句丽勃兴史做比较研究，论证华夏文明在其中发挥的不同作用。第二章突破史料局限，选取3个侧面考察夫余与两汉政权之关系，即西汉玄菟郡辖区、西岔沟古墓群的族属、两汉的东北边疆政策。第三章夫余政治体系研究，借鉴人类学、社会学理论，论证夫余是由王、诸加、诸使者以及国人4个等级构成统治阶级的"家族国家"；利用考古材料——榆树老河深墓地中层遗存，讨论夫余的地方统治体制；同时讨论了高句丽政治体制中的内、外爵制，以及"使者""皂衣先人"等名号，深化对夫余政治体系的理解。第四章讨论夫余政权的衰亡历程、遗民的流徙，以及夫余衰亡对地区历史进程的影响；并通过对《冉牟墓志》的重新解读，分析了高句丽对夫余的征服与统治。

【中国边疆史地考论】

吕一燃著，中国社会科学出版社2013年版

全书分领土与边界研究、俄国与中国边疆、边疆民族研究、边疆历史人物研究、东北城市城站研究、边疆科技研究、中国边疆研究史7个专题，包含《驳柳条边"国界"说》《俄国东侵与伊犁索伦营卡伦的变迁》《薛福成与中英滇缅界务交涉》《民国初年俄国对阿尔泰地区的侵略》《阿勒坦诺尔乌梁海究竟属于何族》

《葛尔丹"服毒自杀"说辨伪》《关于西域回回炮及其东传的研究》等一系列考证、论辩文章，广泛涉及钓鱼岛、台湾等海疆以及西南、西北、东北等陆疆论题，论辩性文章更有针对性，对于促进中国边疆研究、保卫国家领土主权、建立中国边疆学，都有不可替代的作用。

【中缅边疆问题研究】

朱昭华著，黑龙江教育出版社出版2013年版

该书曾经于 2007 年作为"边疆史地丛书"之一种由黑龙江教育出版社出版，此次修订重新改写了绪论、第一章、第六章；第二章第一节第一部分、第二节第一第二部分、第三节第一部分、第五章部分、结语部分等在行文或注释方面进行了修改；删节了后记，增添了再版前言、附录（包括近代以来的中缅划界条约文本、文中涉及的主要地名和人名中英文对照表及中英文参考书目）等。修订部分超过了全书内容的 30%。该书利用大量档案资料，完整论述了近代中缅边界纠纷的来龙去脉，纠正了前人的一些谬论，对于了解中缅边界沿革史有着重要参考价值。

【元朝中央政府治藏制度研究】

张云著，黑龙江教育出版社 2013年版

该书由 14 章及附录构成，35 万字。作者以汉藏史料为基础，充分吸收了国内外学术界的研究成果，对元朝治理西藏的各项制度和政策进行了较为系统而深入的研究，基本厘清了元朝治理西藏的体制和政策的演变轨迹、元朝与西藏地方各宗教派别的关系及其宗教政策、元朝在西藏实施的各项政令以及在西藏地方建立基层组织等问题。该书对于了解元朝治理西藏的各项政策、元代西藏地方宗教以及基层组织的发展，有着重要参考价值。

【《皇朝藩部要略》研究】

吕文利著，黑龙江教育出版社 2013年版

该书是在《历史书写与藩部政治——〈皇朝藩部要略〉研究》的基础上的修订版。全书内容如下：第一章对《皇朝藩部要略》的作者祁韵士和张穆进行了详细研究。第二章是对《皇朝藩部要略》的成书背景及版本进行细节性研究。第三章是对《皇朝藩部要略》的史实考证，主要对"卫拉特""厄鲁特"进行了考辨，对内喀尔喀五部中的斋赛进行了史实考证，对外喀尔喀硕垒的两封信进行了考证和解读，最后对西藏珠尔默特那木札勒事件进行了研究。第四章和第五章重点探讨了《皇朝藩部要略》中"藩部"概念的提出及其形成过程，并提出了"藩部体系"的概念。第六章是对《皇朝藩部要略》的评价。该书最后部分，编纂了清朝藩部大事编年，大事编年以时间为经，以部落为纬，全面总结了各藩部与清朝发生关系的历史。

【唐代和边疆民族使者往来研究】

李大龙著，黑龙江教育出版社 2013年版

全书 30 余万字，分为代前言使者论，第一章唐代的疆域与边疆民族概况，第二章唐代派往边疆民族地区的使者，第三章边疆民族政权派往唐朝的使者，第四章使者往来路线与选派、接待礼仪，第五章使者来往在唐朝边疆管理中的作用，附录唐朝与边疆民族使者互使大事年表，以及后记几部分。修订版不仅增加了篇幅、容量，而且结构更为严谨、精致，全面展现了唐代中央王朝与边疆民族使者来往的不同面向，对各种使节的分类研究以及对使节制度的细致梳理对于中国边疆学的构建必将起到有力的推进作用。

【中国古代中央客馆制度研究】

王静著,黑龙江教育出版社 2013 年版

全书 25 万字。全书主要分为绪论,第一章先秦至汉中央客馆建制的萌芽与产生,第二章魏晋南北朝时期中央客馆建制的发展,第三章隋唐时期中央客馆建制的进一步发展,第四章宋辽金中央客馆建制的再发展,第五章元明时期中央客馆建制的基本完备,第六章清代中央客馆建制的完备及其衰落,以及大事年表几部分。修改版不仅纵向上梳理了中国古代中央客馆制度的整个历史脉络,而且横向上展现了不同时期中国古代中央客馆的设置类型及其特点,有利于推动相关研究的进一步拓展。

【中蒙国家关系历史编年(1949—2009)】

毕奥南主编,黑龙江教育出版社 2013 年版

中华人民共和国与蒙古国的当代关系是新型国际关系,目前学术界尚无中蒙国家关系编年这种题材的学术资料整理著作,该书以中蒙两国文字对译出版,不失为有益的探索。全书以建交 60 年间两国发生的种种关系及双边往来为主要内容,从两国公开出版的官方公报、外交年鉴、报纸、杂志、资料汇编以及部分公开档案中,选取相关资料,按年、月、日,逐条编排。该书为两国民众了解 60 年来中蒙两国关系发展历程提供了一个窗口,为中国学者进一步研究提供了翔实的线索,对于推动相关领域研究有一定意义。

【汉代中国边疆史】

李大龙著,黑龙江教育出版社 2014 年版

全书内容如下:第一章西汉王朝的边疆政策,第二章王莽新朝的边政改革及评价,第三章东汉王朝的边疆政策,第四章两汉王朝边吏的选拔和任用制度,附录有两汉王朝重要边吏小传、两汉王朝特设边疆民族管理机构主要官吏简表、两汉王朝边郡太守简表。作者以汉代边疆民族概况、疆域的形成、两汉王朝的治边政策、边疆管理机构以及两汉王朝边疆官吏选拔任用等为视角,引用统计学的方法,对两汉王朝的边疆问题和边疆政策进行了详细而系统的梳理,对中国边疆史、民族关系史的研究有重要意义。

【靺鞨兴嬗史研究——以族群发展、演化为中心】

范恩实著,黑龙江教育出版社 2014 年版

20 世纪五六十年代以来,人类学、民族社会学学界对"民族""族群"等概念的内涵进行了深入的讨论,提出了许多新的理论和观点。其中英国民族社会学家安东尼·史密斯提出古代族群演化的三阶段理论,即"族类"(ethnic network)、"族群网络"(ethnic network)、"族团"(ethnic community)。该书即以此为视角,重新审视靺鞨族群的历史演化线索:其一,挹娄是汉魏之际分布在三江平原及其以北的一支族类人群,魏晋与南北朝时期入贡中原的肃慎与勿吉,是挹娄族类内部先后兴起的不同政治势力。其二,勿吉在北朝末期改称靺鞨,是族类内部粟末、白山两支族团先后入贡中原的结果,这一过程充分反映了族类、族团名称相互影响的情况。其三,在靺鞨族称用字方面,根据作者对石刻史料及宋元刊本古籍的检索,发现"靺羯"为官文书中的正式用字,而"靺鞨"则最早出现在《玉篇》等字书中。到北宋初期,重新编订、刊刻古籍时,除了那些直接抄录古籍的类书外,更多受字书、韵书的影响,采用"靺鞨"二字,并最终统一为"靺鞨"。其四,渤

海是靺鞨兴嬗史上重要的一环，阐明渤海种族的复杂性与文化的多元性，是解读靺鞨兴嬗史的关键。其五，随着盛唐与渤海文化的北进，远在黑龙江中下游的黑水靺鞨人有了两次勃兴历程，从而为中国东北边疆的开发与底定奠定了基础。其六，随着辽灭渤海，在与新的强大政治势力接触、冲突、互动的过程中，靺鞨族类人群分化、演变为渤海、女真、五国部与兀惹等数支新的人群集团。

【中国西部开发史研究】

王双怀著，人民出版社 2014 年版

该书第一章西部开发的历程，第二章西部政区的沿革，第三章西部民族的发展，第四章西部城市的兴衰，第五章西部交通的演进，第六章西部水利的开发，第七章西部产业的发展，第八章西部文化的传承，第九章西部环境的变迁，第十章西部开发的启示。该书认为农牧并重、多种经营，是西部开发的重要经验，并且提出了解决水资源、土地退化等问题的可行路径，对西部大开发提供了历史借鉴。

【西风万里交河道：明代西域丝绸之路上的使者和商旅研究】

杨林坤著，兰州大学出版社 2014 年版

该书第一章明代西域舆地交通，第二章明朝西域朝贡贸易体系，第三章明代西域贡使和商旅群体，第四章明朝奉使西域使者群体，第五章明代西域丝绸之路上的特殊使者，第六章多元历史书写视角下的大明与西域，附录一是明代西域贡使年表，附录二是明朝奉使西域年表。该书将明代丝绸之路分为东中西三段，认为西域朝贡的外藩更看重中央政府惠赐的经济价值，政治意蕴反而退居次要地位。该书对明代西域研究和丝绸之路研究均有一定

价值。

【中国边疆治理的"主辅线现代化范式"思考】

宋培军著，社会科学文献出版社 2015 年版

该书分为：导言唯物史观与中国边疆学是一个被一再延宕的课题，第一章乾隆君臣的新疆经略与内边外边"双边界框架"，第二章拉铁摩尔的边疆行走与内边疆外边疆"双边疆范式"，第三章中国边疆的体用观、层级论及其近代转型，第四章"一带一路"核心区建设中的现代化新社会参照，第五章战后台湾的现代化与边疆地位超越，终章世界历史的"主辅线现代化范式"视域下的中国边疆治道变革。该书从世界历史与中国历史结合的角度，侧重于中国边疆动力论提出了一些思考。

【方略与施治：历朝对西南边疆的经营】

方铁著，社会科学文献出版社 2015 年版

全书 49.8 万字，由回顾与展望、中原王朝治边的理论与施治、中原王朝经营西南边疆的方略、中原王朝对西南边疆的施治、边疆地缘政治与中原王朝施治、边疆政权的治边方略与施治等 6 章构成。在系统总结以往研究的基础上，作者对历代王朝包括边疆政权对西南边疆的经营做了系统探讨，提出了许多新的见解，具有很高的学术价值和现实意义。

【中国边疆学（第三辑）】

邢广程主编　李国强　李大龙副主编，社会科学文献出版社 2015 年版

该书包括"'一带一路'研究专稿""边政研究""边疆开发研究""边疆政权与民族研究""文献研究""动态与资料"等栏目，涉及广西、西南边疆、东北边疆

参与"一带一路"建设、游牧行国和王朝藩属关系、准噶尔赴藏熬茶、云南边疆开发方案、太平岛驻守、归化城商贸、内蒙古沿边口岸清代边疆遗产、三田渡满汉碑文、哈密图考、边疆学的研究框架，乃至中国边疆研究文库书目、云南大学中国边疆研究丛书书目等内容，有助于开拓学人研究思路、推动中国边疆学的发展。

【从"天下"到"中国"：多民族国家疆域理论解构】

李大龙著，人民出版社 2015 年版

该书是云南大学林文勋教授主编的"中国边疆研究丛书"之一。全书 30 万字，分为前言，第一章东亚"天下"政治格局演变与多民族国家疆域形成和发展的分期，第二章"中国"与"天下"的重合：多民族国家建构的理论与现实，第三章"藩属"体系与"殖民"体系的碰撞：多民族国家疆域构建形式解构，第四章治策与疆域："羁縻"、吏治与历代治边政策，第五章疆域形成的黏合剂：传统夷夏观的变化与中华民族（国民）的形成，结语，主要参考文献，后记。李大龙编审从 2004 年以来侧重于对多民族国家疆域形成与发展理论进行探讨，该书是一个相对完整的展现、整理和补充，必将推动中国疆域理论研究和中国边疆学的深入开拓。

（供稿：李大龙　刘清涛　宋培军）

第六篇

研究机构概况

一、近代中国边疆研究机构之演变及其概况

近代以来，中国边疆研究异军突起。相对于晚清时期的西北史地研究而言，民国时期边疆研究更多具有群体与组织的特性，研究者除了独立开展实地调查和学术研究之外，往往依托一些以边疆研究为主要使命的社团、学会及各类官方和民间机构，开展学术交流和合作，提供学术成果发表平台，极大促进了边疆研究及其成果的产生和传播。学界关于边疆研究机构的研究，大多集中在禹贡学会、新亚细亚学会、华西边疆研究学会及《边政公论》《边疆通讯》等刊物上，对近代以来中国边疆研究机构的整体状况及其演变态势关注尚少（更多边疆研究机构的个案研究也需学界继续发掘）。笔者在此仅从宏观角度对前者略作述论，期待学界更多先进投注于此，构建更为完整的中国近现代边疆学术史。

一 近代中国边疆研究机构之演变

历代多有设掌理边务之机构，有籍可考者，如秦代的"典客"，汉代的"大鸿胪"，隋唐设"鸿胪寺"，南宋并其职掌于礼部；元代设"宣政院"掌理佛教僧侣及吐蕃事宜，明代亦设"鸿胪寺"，清代始改"蒙古衙门"，后改为"理藩院"。这些机构既然处理边务，对边疆的调查研究也应是其职责，但显然不是其主要工作。民初基于"现在五族共和，凡蒙、藏、回疆各地方，同为我中华民国领土，则蒙、藏、回疆，即同为我中华民国国民，自不能如帝政时代，再有藩属名称，此后，蒙、藏、回疆等处，自应通筹规画，以谋内政之统一，而冀民族之大同"的立场，"理藩院事务，著即归并内务部接管"①，设置蒙藏事务处，后设蒙藏事务局，改由国务院直辖。1914 年 5 月，袁世凯改在总统府设蒙藏院。南京国民政府于 1929 年 2 月成立蒙藏委员会，隶行政院。其主要工作是根据蒙藏地方的特殊情形，对其民政、教育、交通、实业等提出建设规划。蒙藏委员会先后成立的边疆研究机构有蒙藏文研究会、边事研究会、边疆政教研究会、边疆研究会等，并成立了蒙藏旬报社和边政公论社，聘请边疆问题专家担任委员，研究边疆事务，报道边疆资讯。

南京国民政府时期中央层面涉及边政研究的其他相关机构散布在国民党中央组织部、教育部等部门。中组部设有边疆党务处和边疆语文编译委员会，负责处理在边疆民族地区党务、意识形态和语文编译工作。顾颉刚、韩儒林等著名学者都曾参与

---

① 《中国大事记》，《东方杂志》1912 年第 8 卷第 12 号。

其工作。① 教育部 1930 年设蒙藏教育司（1946 年更名边疆教育司），专管蒙藏及其他边疆教育。为强化对边疆教育的研究与指导，教育部 1938 年还成立边疆教育委员会，由教育部、蒙藏委员会、经济部、内政部、中组部、中央政治学校、中英庚款董事会等单位派员参加，并聘边疆教育专家 12—16 人担任委员。其主要任务是研究边疆教育办理的原则和实际问题、审议推进边疆教育方案等。教育部还要求边疆各省区亦成立地方边疆教育委员会。② 1941 年国民党五届八中全会通过《边疆施政纲要》），提出："设置边政研究机关，敦促专家，搜集资料，研究计划边疆建设问题，以贡献政府参考，并以提倡边疆建设之兴趣。"③ 会后国民政府行政院"为研究计划边疆建设问题"，设立了边疆政治研究计划委员会，其主要职能是"约请对于边疆政治建设富有研究及经验之专家研究计划边疆建设方案，提经本会通过后送给行政院院长采择施行。"④

参谋本部是南京国民政府 1928 年成立的掌管国防用兵事宜的机构，1932 年改受军事委员会指挥。同年，蒋介石为直接掌握边疆少数民族情况，在参谋本部设置边务组，由该部次长黄幕松担任组长，聘请著名学者、留心边务的专家任职。为培养边疆地区语文人才，1934 年成立边区语文讲习所，后改为边务研究所，设立边疆历史地图编纂委员会，负责边疆史地材料收集、边疆历史地图的编纂、审校、清绘、制作、撰述及边疆宗教、军事、人口、物产各沿革的调查等事项。⑤

一些地方政府设置的边政管理机构，也有边疆研究的职责和功能。1927 年，刘文辉成立西康特区政务委员会，在成都国民革命军 24 军总部设置边务处，延揽一批熟悉边情的学者和政治家，成为辖区内各边远县区施政设计和领导机构。⑥ 1935 年 8 月，国民政府军事委员会委员长行营组织"川康甘青边政研究委员会"，分为两组，一组从事边政调查设计及实施，一组从事边民政治训练。⑦ 1938 年 6 月，贵州教育厅成立民俗研究会，旨在调查研究省内各地民俗与方言，分为体质、心理、社会、语言 4 组，并拟定

---

① 朱家骅曾介绍这两个机构的职能，前者"时常讨论关于边疆的各种问题和工作"，后者是"把重要的国父著作和中央文告译成边疆各种文字，希望边疆同胞都能明白中央的旨意，并认识我国固有文化和现代世界文化；再把边疆文字的著作，次第译成国文，好使内地同胞也都能观摩你们的文化"。朱家骅：《朱部长讲边疆问题与边疆工作》，中央组织部边疆语言编译委员会编印，1942 年，第2 页。按：朱家骅兼任边疆语文编译委员会主任，聘请顾颉刚担任副主任，后顾推荐韩儒林继任。边疆党务处处长李永新曾兼理会务。参见顾颉刚：《〈文史杂志〉与边疆语文编译委员会》，《顾颉刚自述》，河南人民出版社 2005 年版，183—185 页。

② 《教育部边疆教育委员会章程》，1938 年 9 月 10 日教育部公布，1940 年 5 月 8 日修订，参见《边疆教育法令汇编》第 1 辑，教育部蒙藏教育司编印，1941 年 5 月，第 8—10 页。

③ 《八中全会通过边疆施政纲领》，《边政公论》创刊号，1941 年，第 137 页。

④ 《边疆政治研究计划委员会组织规程》，《云南省政府公报》1941 年第 92 期，第 2 页。

⑤ 参见陈长河：《国民党政府参谋本部组织沿革概述》，《历史档案》1988 年第 1 期。

⑥ 中国人民政治协商会议甘孜藏族自治州委员会文史办编：《西康史拾遗》上卷，1993 年，第65、90 页。

⑦ 《国民政府军事委员会委员长行营川康甘青边政研究委员组织大纲》，1935 年 8 月，四川省档案馆藏：民 54 - 7725，第 2—3 页。

改良习俗及讲习方言的方案，编辑关于民俗方言的调查研究报告。① 1940 年，"云南苗夷民族问题研究会"成立；1943 年，云南省边疆行政设计委员会成立；1945 年，贵州省边胞文化研究会成立，制定宣抚边疆民族具体办法，撰写不少调查报告和建议方案。② 1947 年，川康滇三省边区边务设计委员会成立，主要任务是调查研究边务问题，改进边区地方行政及教育，调查勘测及开发设计工矿资源等。③

以上所述多种边政机构，多有边政研究、设计的职能，体现了中央和地方政府（也有党务部门）层面对边疆研究的重视。这些官方机构，通过延揽学者参与，加强了政府与学界的联系，也激励了学界对边疆研究的投入。需要指出的是，抗战时期国民政府迁到重庆，促成了中国权势的一次重大转移，很多重要的政府部门、工业设施和教育、科研机构都向内地相对安全的地方迁移，从而促成了中国学术高教与学术地图的显著变化，推动了中国边疆研究的复兴及其格局变动。④

在 20 世纪三四十年代，随着中国边疆民族危机的日益加深，边疆研究已成显学，"各科人士皆谈边疆，无论社会学家、历史学家、语言学家，其所学学科与边疆有密切之关系，其谈也固无不宜。然一般不相干的人士，或劳驾远征，或闭门坐谈，亦往往以边事边情为集注之点"，"无论公私机关，或学术的与政治机关都先后成立研究边疆的机构"，研究边疆的专门期刊，"无论是在数量或品质上较战前进步多倍"⑤。这个时期的边疆研究，与晚清西北史地研究有了明显不同，除了研究范围扩展外，研究主体和载体都有了很大变化。以研究主体言之，清代边疆研究成绩卓著者，多为地方官员，或为高官幕僚。民国时期，边疆研究者多为以学术为职业的学者，研究行为多具有"组织与合作"的群体性特征。这些学者或来自同一大学专业，或同一研究机构，或同为一新式学会成员，使边疆研究群体化、学术活动经常化。民国时期，"研究科学之机关，在北京政府时代，尚未普遍"，而在国民政府时期有了"长足之进展"⑥。禹贡学会、新亚细亚学会、中国民族学会、中国边疆学会、中国边疆学术研究会、中国边政学会等学术团体不断成立。作为近代学术体制重要内容的学术团体或新式学会，往往离不开大学和相关研究机构的支持或发起。当时不少高校成立了边疆研究的系、所、研究室等研究机构。大学的边疆研究机构，通常有一支由知名专家、教授组成的固定的学术队伍，有较为完整的教学和科研计划；相关系科的师生以及边疆专业工作者往往又组织学术团体，会聚同道，加强边疆研究和交流。以载体言之，《禹贡》《边铎》《边事研究》《边疆通讯》《新亚细亚》《边政公论》等具有较大影响的边疆研究刊物应运而生，《新青

---

① 贵州省档案馆编：《贵州社会组织概览（1911—1949）》，贵州人民出版社 1996 年版，第 245 页。

② 参见马玉华：《国民政府对西南少数民族调查之研究（1929—1948）》，云南人民出版社 2006 年版。

③ 《川滇康三省边区边务设计委员会组织规程》，四川省档案藏：民 54 全宗 7573 卷，第 106—107 页。

④ 参见汪洪亮：《20 世纪三四十年代中国学术地图变化及边疆研究的复兴》，《四川师范大学学报》2015 年第 2 期，第 5—15 页。

⑤ 马长寿：《十年来边疆研究的回顾与展望》，《边疆通讯》第 4 卷第 4 期，1947 年，第 1—4 页。

⑥ 蒋致远：《第三次中国教育年鉴：第八编学术文化》，教育部，1947 年，第 1 页。

海》《康藏前锋》《新蒙古》《西南边疆》《西北学术》等区域性的边疆研究刊物亦相继出版。众多学术期刊与报纸，刊载了各界人士对边疆问题的研究论著，促成了国人对边疆与边政问题的认识，激发了国人关注边疆和建设边疆的热情。

二 民国时期边疆研究机构之概况

大量边疆社团和边疆刊物是边疆研究的主要推动者和研究成果发布平台。东北边疆沦陷最早，也较早受到国人瞩目，东北研究团体成立较多，如东北青年学社、东北行健学会、东北前锋社、东北论坛社、东北问题研究社、东方快报社、北强学社等，但多昙花一现。东北沦陷后，西北地位凸显，西北研究蔚然成风。不过多数研究机构存在时间较短，影响亦小。如汪昭声所言，"民二十年间，研究边疆之团体，风起云涌，全国统计，三十有七"，到后来却仅存一二，原因在于"有志之士，互不相下，各树一帜，以相标榜，力量既分，成效斯渺"，所以没有形成规模较大的研究团体；而且这些小团体"徒事宣传，不务实际，竞出刊物，不事生产，经济不充，终于失败"[①]。

国民政府西迁以后，西部边疆地位陡然提升，成为中国长期抗战大后方和中华民族复兴基地。随着很多大学和研究机构迁移到了西南地区，大批学人移驻西部地区。比如，华西大学"驰书基督教各友校迁蓉"，"既而金陵女子文理学院、金陵齐鲁两大学均先后莅止，而燕京大学亦于太平洋战起被迫解散，旋即复校成都，于是有华西五大学之称"，五大学资源共享、联合办学，成为战时中国规模最大、学科设置最完整的大学联合体。边疆地区此时近在咫尺，吸引了不少学者关注，刺激了很多学者的学术兴趣，促成了中国边疆研究的勃兴。朝野各方或出台政策，或深入边疆，奔走各地调研，积极献计献策，为实现边政改良和国族构建付出了相当的努力。边疆研究的几个中心地带由此形成。四川堪称边疆研究第一中心。从事边疆研究较有影响者有地处重庆的丁骕、戈定邦、胡焕庸、严德一（中央大学），沙学俊、言心哲、卫惠林（复旦大学），萨孟武、肖铮（中央政治学校），胡耐安（蒙藏学校）；地处成都的林耀华（燕京大学），顾颉刚、张伯怀（齐鲁大学），徐益棠、柯象峰、马长寿（金陵大学），郑德坤、李安宅、任乃强（华西大学），以及吴定良、芮逸夫、马学良（中央研究院历史语言研究所）等。蒙藏委员会的周昆田、楚明善、孔庆宗，教育部边疆教育司司长凌纯声、国防委员会边疆问题参事吴文藻等对边疆研究也有相当热情。云南是边疆研究的又一中心。大批学者云集在西南联大和云南大学，倡导和从事边疆研究，先后有陶云逵、向达、陈达、潘光旦、吴景超、李景汉、李方桂在西南联大工作，费孝通、杨堃、李有义、白寿彝在云南大学工作。地处陕西的西北联大有李式金、王均衡、谢再善、黄国璋。地处贵州的有浙江大学的张其昀、谭其骧，大夏大学的吴泽霖、陈国钧等。中山大学的杨成志、岑家梧、王兴瑞一度迁到云南。这些学者构成了那时中国边疆民族研究的骨干队伍。

清季民初，西北研究一直是大宗。但在抗战前后，中国边疆研究格局有所变化，西南研究后来居上，逐步取得了可以与西北研究等量齐观的地位。西北研究的式微，显然与国家重心渐向西南转移有关。马长寿分析学人之所以热忱于西南边疆研究，是因为"中央播迁西南，川康藏滇边区成为中央的要屏。西南边区人民在战略上与政治上有举

---

① 汪昭声：《西北建设论》，青年出版社 1943 年版，第 2—3 页。

足轻重之势。故朝野视听再不如以前之忽略、羁縻，而须周密考察，以作怀柔训练利赖之资"，"抗战时期，边疆研究似乎成为一种显学。逊清末叶，名公巨卿，好谈西北问题，一时风起云会，莫不以谈西北为识时务之俊杰。抗战之顷，各科人士皆谈边疆"[①]。从"谈西北"到"谈边疆"，可见那时边疆研究领域已得到很大拓展。从下表也不难看出，边疆团体在20世纪30年代多以西北为研究对象，而在20世纪40年代则多以整个"边疆"为研究对象，表明那时学人对边疆研究对象的理解有一个从侧重西北到统筹西南西北的变化过程。

下表所列主要为笔者所注意到的政学两界倡办的部分边疆研究机构。这些机构聚集了大量学者，也因其组织学术活动和编辑学术刊物，笼聚了大批有志于边疆研究和边疆建设的同道中人。前文所述具有边疆调查研究职能的中央和地方行政机构，没有列入。

研究机构	成立时间	成立地点	主要负责人	出版刊物	备注（宗旨）	运行情况
中国地学会	1909.9.28	天津（1912年迁北京）	张相文、白毓昆、陶懋立、韩怀礼、张伯苓、吴鼎昌	《地学杂志》	兴地学研究，以救国图强	1930年与北平研究院合作，1933年改名中国地理学会，1937年停止活动，1946年学会恢复活动，黄国璋为总干事
华西协合大学华西边疆研究学会	1922	成都	W. R. 莫尔思 D. S. 戴谦和	《华西边疆研究学会杂志》（英文）	一个国际性的学术团体，由来自不同国度的学者组成，具有跨学科、跨区域的特点。主要研究华西民族风俗及环境	学会与华西协合大学博物馆、图书馆合作，以图书馆为藏书之地，以博物馆为研究基地。初以外国学者为主，后中国学者占据主导地位。1950年以后停止活动
中华西北协会	1923.7.1	北京	薛笃弼	《西北》	以调查西北边境实况，研究该地教育、实业、交通、经济之发达方法，力谋进行为宗旨	内设董事、干事、研究3部，会长薛笃弼，董事冯玉祥、郭秉文等，会员80余人
北京筹边协会	1924	北京	吴史铭、黄成序、顾训忠等	《边事》	重视蒙藏边防	
清华大学边疆问题研究会	1928.12.7	北京	朱希祖、张星烺、翁文灏、罗家伦、冯友兰等	《华北日报》"边疆周刊"	切实研究边地之地理形势、社会状况、天产富源、外人势力、政治现象及其他与边地有关之各种重要问题，期得确切之知识及妥善之解决方法	初设东三省组、内外蒙古组、新疆组、康藏组、滇桂组与海疆组。1929年底，确定集中研究东北经济、外交与地理。抗战初结束活动

---

① 马长寿：《十年来边疆研究的回顾与展望》，《边疆通讯》1947年第4期，第1—4页。

研究机构	成立时间	成立地点	主要负责人	出版刊物	备注（宗旨）	运行情况
西北文化促进会	1929	北京	赵堪、刘汉	《西北》	研究西北问题，发展西北实业，促进西北文化	
中国边疆问题研究会	1930	南京	金陵大学	《边疆研究通讯》	调查边疆实况，研究边疆建设，提倡边疆生产，研习边疆文字	抗日战争爆发后西迁，会务一度停顿，1938年依托中央大学。抗战胜利后，总会迁南京
新亚细亚学会	1931	南京	戴季陶、马鹤天等	《新亚细亚》	信行三民主义，发扬中国文化，复兴亚细亚民族	下设干事会及评事会、研究部、编审部、发行部等机构。抗日战争爆发后，西迁重庆。抗战胜利后迁南京
开发西北协会	1932	南京，后迁西安	戴任、萧铮、马鹤天等	《开发西北》	协赞政府开发西北，达到国家社会之繁荣	1936年更名为西北建设协会。理事长陈立夫，副理事长安汉。设总务、研究两部。研究部设农业、矿业、工商、文化、交通、水利、社会事业等7组
中山大学西南研究会	1932	广州	杨成志等		"为挽救国家危亡"，"发扬科学探讨"，"唤醒政府及民众注意西南边疆问题与设施"	
西北问题研究会	1933	上海	胡庶华、林康侯、郭维屏等	《西北问题季刊》	研究西北史地，供给开发西北材料，巩固国防	有分会3个。曾组织西北物产、文物展览会，并组织暑假考察团赴各地考察。出版有会刊及《国防知识丛书》
边疆政教制度研究会	1933.3.11	南京	参谋本部、内政部、外交部、教育部、桂叙部、蒙藏委员会。设于蒙藏委员会内	《边疆通讯》	以沟通并联系边疆建设与边疆研究之工作为宗旨	主要研究蒙藏新及其他边疆区域的国防、政治、经济、交通、文化、社会、司法、宗教等问题。该会建立后积极开展边疆研究和调查工作，曾出版《清代边政通考》

研究机构	成立时间	成立地点	主要负责人	出版刊物	备注（宗旨）	运行情况
西北论衡社	1933	北平	白宝瑾、靳仙舟等	《西北论衡》	以"发扬三民主义，研究西北实际问题"为宗旨	七七事变后迁西安，下设战时西北问题研究会。先后在兰州、西宁、宁夏、榆林成立分社
西北春秋社	1934	北平		《西北春秋》		
禹贡学会	1934	北平	顾颉刚、谭其骧等	《禹贡》	研究中国地理沿革史	编辑印行期刊、研究报告、丛书和会务报告4种。1937年学会工作停顿。1946年学会在北平复员。1955年，学会结束业务活动
边事研究会	1934.10.7	南京	朱霁青、赵丕廉、白云梯、唐柯三等	《边事研究》	研究边疆问题，唤起国人注意边事，促进政府开发边疆，以期巩固国防，复兴中华民族	下设总务、组织、调查、编译、设计等组，下属分会有归绥、康定2个
中国民族学会	1934.12.16	南京	黄文山、凌纯声、蔡元培、卫惠林、徐益棠、胡鉴民等	《西南边疆》《民族学报》	联络全国民族学者，提倡民族科学，调查研究边疆民族，发表关于民族科学之刊物及丛书	1937年11月入川，抗战胜利后迁回南京。其会员多系中央研究院研究员、大学教授及著名学术团体领导人
西南夷族文化促进会	1934.5.26	南京	曲木藏尧、阿弼鲁德		本三民主义原则，以谋改善夷族生活，促进夷族文化	下设分会有云南、贵州、川康、昭通支会。后国民政府以其有"招摇之嫌"，令停止活动
边疆史地学会	1937	北平	袁复礼			清华大学历史系、地学系联合创立
西北史地学会	1937	西安	张鹏一、徐炳昶、梁午峰、黄仲良	《西北史地季刊》	研究西北史地学术，发扬民族文化	
西南边疆民族文化经济协进会	1938.12.1	重庆	阎宝航、陶行知、沈钧儒、史良、张西曼等		奉行三民主义与抗战建国纲领，促进西南边疆民族生活文化，开发经济，贡献国家	

续表

研究机构	成立时间	成立地点	主要负责人	出版刊物	备注（宗旨）	运行情况
西北研究社	1939.2.23	兰州	梅贻宝、熊德元、朱允明等	《西北研究》	从事西北问题研究，以促进西北文化，开发西北富源，改善西北人民生活，增加国家民族力量	内设社务组织和研究组织两种，社务组织有社员大会，研究组织设史地、经济、社会、教育、地质、生物、理化及农村8个研究组
中国边疆学术研究会	1939	重庆	张西曼、杨成志、马鹤天、黄文山	《边疆研究》周刊	弘扬边疆学术，团结民族感情	
中国边疆文化促进会	1939.3.11	重庆	陈立夫、卞宗孟、马亮、喜饶嘉措	《边疆研究季刊》	促进边疆文化，加强民族团结，集中力量，宣扬国策，以完成抗建大业	下设研究、调查、事业、总务4组。出版有《抗日的蒙古》《抗日与边疆》等小型丛书。抗日战争胜利后，迁设南京
中国边疆学会	1940	重庆	赵守钰、黄奋生等	《中国边疆》月刊	研究中国边疆学术文化及政教、经济、社会等问题，拟具治边建边方案，贡献政府采择，促进民族团结与建设边疆	1940—1941年，顾颉刚在四川成都，马鹤天在陕西榆林，赵守钰在重庆分别发起组织中国边疆学会。后商定在重庆设立总会，在成都、榆林设立分会，于1941年成立。1946年迁南京
中国边疆建设协会	1940	重庆	于右任	《中国边疆建设集刊》	侧重于西南边疆研究	
东北大学东北史地经济研究室	1941	四川三台	金毓黻		以研究东北4省及其他相关区域之文物资源、历史地理、社会经济等问题为宗旨	
中国边政学会	1941	重庆	吴忠信	《边政公论》《边疆政教丛书》	阐发边政学会，备作边政实施之张本，并以研讨边疆政治文化及其实际问题，供边疆建设之参考	理事会设总务、研究、出版3组。学会设立了西藏问题研究会、边政公论社，刊行《边政公论》杂志，编辑边疆政教丛书

续表

研究机构	成立时间	成立地点	主要负责人	出版刊物	备注（宗旨）	运行情况
华西边疆研究所	1942	成都	华西协合大学，张凌高、李安宅		以研究华西边疆并造就是项服务及教学人才，以谋华西边疆之改进为宗旨	与社会学系实行"系所合一"。1951年1月被收归国有，李安宅等参军入藏
边疆人文研究室	1942	昆明	南开大学文学院、黄钰生、冯文潜、陶云逵	《边疆人文》	以边疆人文为工作范围，以实地调查为途径，协助推进边疆教育	下设边疆语言、人类学（包括社会人类学和体质人类学）、人文地理和边疆教育4组。1946年停办
边疆社会研究室	1942	成都	金陵大学文学院社会学系、卫惠林、徐益棠	《边疆研究通讯》	以中国边疆民族文化与边疆社会问题为研究范围	
西南文化研究室	1942	昆明	云南大学，熊庆来、方国瑜			编印学报1期，出版西南研究丛书10种。1953年10月图书资料移交云南省民族委员会
东北问题研究社	1944	四川三台	东北大学，陈震、李康等		研究东北，收复东北	研究的重点是东北人民的抗日斗争和东北经济。1945年解体
贵州省政府边胞文化研究会	1945	贵州	贵州省政府	《边铎》	开发边疆，改进边胞习俗，提高生活水准、文化水准	设调查、研究、出版3个组。发行有《边铎旬刊》《边铎月刊》，并定期辑印边疆文化丛书
边疆研究会	1947	成都	国立四川大学	《中国边疆》		

注：1. "备注"栏所列宗旨大多参考其"章程"或"工作计划"及相关工具书。因所涉甚繁，出处从略。2. 资料来源：马大正、刘逖《20世纪的中国边疆研究———门发展中的边缘学科的演进历程》，黑龙江教育出版社1998年版；韦清风《近代中国边疆研究的第二次高潮与国防战略》，《中国边疆史地研究》1996年第3期；房建昌《简述民国年间有关中国边疆的机构与刊物》，《中国边疆史地研究》1997年第2期；汪洪亮《20世纪三四十年代中国学术地图变化与边疆研究的复兴》，《四川师范大学学报》2015年第2期。

　　上述边疆研究团体大多办有刊物。学术刊物是研究成果发布和传播的重要平台，学术论文因其问题意识和针对性强，成为学者发表研究成果、表达学术见解的最重要形式，而各类调查报告也为国人提供了认识边疆的文本。正如《边疆通讯》发刊词中所指出，边疆研究团体"分布在边区或国内各地，东西南北，相距遥远，加以交通的阻隔，彼此之间，工作上的联系，极感缺乏，当然更谈不到消息与资料的交换"，而学术期刊可"作相互间的一个传导工具"。①

三 具有代表性的边疆研究机构之介绍

民国时期边疆研究机构虽多，但大多存世时间短暂，或因经费掣肘而办刊不能持续，或因颠沛流离而人员星散。下面仅就其中影响较大、存世时间较长者作稍微详细一点的介绍。

（一）中国地学会

中国地学会 1909 年由张相文、傅增湘、袁希涛、陈垣、黄攻素、翟富文、张伯苓等人创办，成立于天津，1912 年迁北京。学会设总理（傅增湘、蔡元培等曾任此职）、评议员（蔡儒楷、丁文江等曾任此职）、会长（张相文首任此职）和干事部长、编辑部长等职。从 1930 年起，张继任学会会长。抗战时期学会活动停止，1946 年恢复活动，黄国璋为总干事。学会 1910 年出版《地学杂志》，初为月刊，后改为双月、季刊，1930 年与北平研究院合作，至 1937 年抗战爆发被迫停刊。学会还出版有《地学丛书》。

《地学杂志》是中国第一份地学期刊。创刊号"启示"指出："人生缘大地以为食息，聚国族以谋生存。而天演剧烈，势不能各守封疆，无相侵夺，则每每员舆，实与民族为消长，日辟百里，日蹙百里，固随其人之自取。然溯厥由来，亦惟地理上之知识优劣不齐，其影响遂被于国家，其祸端并延于种族。此亦物竞天择之公例矣。近世以来，持帝国主义者，类能浮海辟新地，以蕃殖其种族；而我国地大物博，坐资强敌，外交失败，边事日亟，虽欲划疆自守，聊固吾圉，而犹不可得。"该刊除 1925—1927 年间因经费不足而休刊外，至 1937 年止共出刊 181 期，刊文 1500 多篇，反映了 20 世纪上半期中国地学研究的发展水平。

中国地学会的边疆研究内容广泛，从会员论著及《地学杂志》刊发文章来看，大致包括以下方面：一是边疆史地问题研究，如张相文《长城考》、朱希祖《鸭江行部志地理考》、丁义明《西域要考》、傅运森《秦长城东端考》、杨敏曾《青海罗卜藏丹津战地考》、丁谦《大唐西域记地理考证》、丁锡田《辽东行部志地理今释》等。二是近代边界沿革与边患问题研究，如白眉初《边界失地史略》、叶秉诚《西藏交涉之研究》、陶懋立《帕米尔形势及中俄英分界略述》、邹代钧《中俄交界记》、翁文灏《中俄国界史地考》、杨耀恺《吉林旧界变迁纪要》、宋教仁《间岛问题》、王龙章《片马问题》、刘仲仁《滇南形势今昔谈》、李培栋《滇缅勘界痛史》等。三是边疆经济社会研究，如孟森《调查东三省拓殖事业之报告》、张印堂《内蒙经济地理辑要》、张相文《河套与治河之关系》、智珠《云南之新建设》、程其保《台湾开创记》、王光玮《由经济地理上讨论琼崖的开发问题》、林兢《新疆交通纪略》、李晋年《新疆回教考》、王悼《黑龙江及其水运》、杨成志《中国西南民族中的罗罗族》、铁岩《蒙古风俗志》、李安陆《西藏风俗记》等。四是边政问题研究，如林传甲《阿尔泰改省议》、刘仲仁《蒙古建省议》、苏萃《论新疆边防》、赵南森《改土归流之计划》等。另外发表有不少边疆考察报告及游记，如林传甲《台湾之新调查》、冯际隆《河套调查记》、如柏《塔尔巴哈

---

① 边疆政教制度研究会：《发刊词》，《边疆通讯》1942 年第 1 期。

台调查录》、张与权《云南纪行》、谢彬《新疆游记》、贾树模《新疆归途记》，以及有关西北科学考察团、中亚调查团、安得思蒙古考察团等边疆考察团体的工作消息。①

（二）华西边疆研究学会

华西边疆研究学会1922年成立于华西协合大学（West China Border Research Society），是中国近代第一个以华西边疆研究为宗旨的国际学术机构。学会由莫尔思（W. R. Morse）、赫立德（G. G. Helde）、戴谦和（D. S. Dys）、布礼士（A. J. Brace）、茂尔（J. R. Muir）、周芝德（A. E. Johns）、彭普乐（T. E. Plewman）、冬雅德（E. Dome）等发起。学会总部设在成都，1924年学会与大学博物馆、图书馆合作，以图书馆为藏书之地，以博物馆为研究基地。学会成员早期以西方学者为主，后期以中国学者为主，与海内外数十家学术机构有合作交流关系。学会组织各类科考活动，重点考察川西北、川康、川藏及滇北少数民族地区，研究内容涉及人文、自然、科学领域，成果丰硕。1950年停止活动。②

会刊《华西边疆研究学会杂志》（*Journal of the West China Border Research Society*），1922年4月创刊，1940年起，每卷分为A（人文）、B（自然）编，1947年停刊，共发行16卷20册、发表文章339篇。这是近代华西第一份由外国传教士创办的大型综合性外文学术刊物，向海内外发行，是中国近代边疆研究领域中创办时间最早，且持续时间最长的刊物之一，至今仍被国际汉学界视为研究华西社会和人文地理的珍贵文献，在中国边疆学术史上具有独特地位。③马长寿认为当时从事边疆研究的众多机构中，该学会是"工作最为努力"的，其会刊是"最有历史性"的。④

（三）新亚细亚学会

新亚细亚学会是20世纪较早成立、存在时间较长、影响很大的边疆研究团体。1930年戴季陶、马鹤天等酝酿成立新亚细亚学会，是年在上海发行《新亚细亚》月刊，次年5月在南京召开成立大会。学会以"信行三民主义，发扬中国文化，复兴亚细亚民族"为宗旨。蒋介石、戴季陶、张继、方冶、马福祥、陈立夫、于右任等政府要员都曾担任新亚细亚学会名誉董事、会长、理事、监察委员、评议员等职位，以顾颉刚、马鹤天、许崇灏、华企云、杨成志、刘家驹等为代表的大批专家引领了学会的边疆研究。抗战爆发后，新亚细亚学会随国民政府西迁，会务一度停顿。1941年，学会重新恢复组织，但因经费短缺，基本未开展活动，抗战胜利后迁回南京，后解散。

该学会在研究边疆民族文化的同时，鼓吹大亚洲主义，提倡由中国复兴带动亚洲民族复兴："中国问题是亚细亚一切民族问题的枢纽，中国复兴是亚细亚民族复兴的起

---

① 相关情况可以参考刘逖：《中国地学会》，《中国边疆史地研究》1991年第2期，第103—106页。

② 周蜀蓉：《华西边疆研究学会之再诠释》，《中华文化论坛》2010年第3期，第82—89页。

③ 周蜀蓉：《中国近代第一份研究华西边疆的珍贵文献——〈华西边疆研究学会杂志〉》，《南方民族考古》第9辑，第205—235页。

④ 马长寿：《十年来边疆研究的回顾与展望》，《边疆通讯》1947年第4期。

点。"① 故其在《新亚细亚》杂志创刊号上声明，其使命是"为整个中国建设而研究中国的边疆"，"为实现民族主义而研究东方民族的解放"，故其研究委员会分为两组，中国边疆问题组和东方民族问题组。学会通过创办《新亚细亚》月刊，出版边疆研究丛书，举办边疆文物展览会，组织边疆考察团，开办东方语文班等，在边疆研究方面取得了丰硕成果，提出了整饬边防、加强教育、移民实边、发展交通等诸多边疆建设意见。关于东方民族问题，尤其是各国民族解放运动与华侨状况，学会也给予高度关注，呼吁与东方民族加强沟通合作。学会的成立切合了当时国人要求保卫边疆、了解世界的客观需要，推动了边疆研究高潮，受到政学两界普遍重视。

《新亚细亚》由上海新亚细亚月刊社创办于 1930 年 10 月 1 日，1 年出版 2 卷。从第 5 卷起，随学会迁往南京。1937 年停刊，1944 年在重庆复刊，由史学书局代为发行，仅出两期即再度停刊，共出版 14 卷 78 期。刊文主要有三个方面：一是对实业计划的专门研究，侧重经济理论及发展方略；二是中国边疆问题研究，主要研究边疆史地及开发建设措施；三是亚细亚民族问题研究，包括印度、菲律宾、安南、朝鲜、台湾琉球、南洋、土耳其等。

学会出版了很多边疆史地书籍，多为作者实地考察之后撰写，具有较高的学术价值，其中代表性论著有：戴季陶等《西北》、任乃强《西康札记》、杨希尧《青海风土记》、华企云《中国边疆》、马鹤天《救国嘤鸣集》、刘家驹《康藏》、马鹤天《内外蒙古考察日记》、谭云山《印度周游记》、任乃强《西康图经》、唐柯三《赴康日记》、王应榆《黄河视察日记》、许公武《内蒙古地理》、马鹤天《东北考察记》等。许公武（崇灏）编著甚丰，有《游日纪要》《内蒙古地理》《中印历代关系史略》《边疆述闻》《新疆志略》《伊思兰教志略》等著作，并编有《青海志略》《漠南蒙古地理》《琼崖志略》等。任乃强《西康图经》一书分为境域篇、民俗篇、地文篇 3 册出版，内容精详，堪称民国时期有关西康问题的百科全书。

（四）禹贡学会

禹贡学会是由顾颉刚、谭其骧等人发起组织的我国学术史上第一个专门研究沿革地理学的民间学术团体，1934 年 2 月在北平筹备成立，1934 年 3 月 1 日发行《禹贡》半月刊。命名《禹贡》，乃因"禹贡一篇于吾国地理书中居最早，其文罗列九州，于山川、土壤、物产、交通、民族诸端莫不系焉；今之所谓自然地理、经济地理者，毕于是乎见。以彼时闭塞之社会而有此广大之认识，其文辞又有此严整之组织，实为吾民族史上不灭之光荣，今日一言'禹城'，畴不思及华夏之不可侮与国土之不可裂者！以此自名，言简而意远。且论沿革地理之书，自《汉书·地理志》以来，莫不奉是篇以为不祧之祖，探源导流，同人之工作固当发轫于此尔"②。其成立动机有二，如史念海所言，一是集中各方力量解决"历史学有许多有关地理的问题"，"更有急于此者"是九一八事变以后，"钻研历史地理之学虽不能与执干戈卫社稷有同等的作用，然明辨疆理，昭告国人，神州版图，岂容强邻侵吞，激起同仇敌忾的义愤，也是不可或缺的工

---

① 《〈新亚细亚〉创刊宣言》，《新亚细亚》1930 年第 1 期。
② 《禹贡学会募集基金启》，《禹贡》第 4 卷第 10 期。

作。禹贡学会的成立，正是要作这样的努力。"① 学会在《本会三年来工作略述》中回顾："强邻肆虐，侵略不已，同人谋以沿革地理之研究，裨补民族复兴之工作，俾尽书生报国之志。"② 1936 年 5 月 24 日，学会在燕京大学临湖轩召开成立大会。顾颉刚、钱穆、冯家昇、谭其骧、唐兰、王庸、徐炳昶当选为常选理事，刘节、黄文弼、张星烺当选为常选候补理事。《禹贡学会会章》宣布"本会以集合同志研究中国地理沿革史及民族演进史为宗旨"。1937 年七七事变后，学会工作陷于停顿，刊物也停办。1946 年 3 月，禹贡学会在北平召开复员第一次会议，顾颉刚继任理事长，王光玮、吴丰培、冯世五为常务委员。但因内战爆发，诸多计划未及实施。1955 年，学会正式结束业务活动。

《禹贡》半月刊自 1934 年 3 月 1 日创刊，至 1937 年 7 月 16 日停刊，共出版 7 卷 82 期，其中有专号 10 期，包括《利玛窦地图专号》《西北研究专号》《回教与回族专号》《东北研究专号》《后套水利调查专号》《南洋研究专号》《康藏专号》《回教专号》《古地理专号》《察绥专号》等。该刊发表文章 700 余篇及各类信息、通讯，凡 800 万言。内容涉及古代地理文献、古代史地、自然地理、学科理论与学科史、边疆史地、民族史、方志学、历史地图、中外交通及外国史、地方小记和游记等方面。为刊物撰稿者达 300 多人。学会开拓了中国历史地理学、边疆民族研究的新境界，造就了大批学者，堪称现代学术史上史地研究的摇篮。

禹贡学会在边疆研究方面成绩颇丰，除了《禹贡》半月刊中的大量边疆调查及研究论文外，还出版了顾颉刚、史念海《中国疆域沿革史》，此为学会研究中国疆域沿革的初步总结性成果。学会编辑出版了《边疆丛书甲集》（吴丰培、顾廷龙编校）6 种，即陈克绳《西域遗闻》、钟方《哈密志》、富俊《科布多政务总册》、允礼《西藏日记》、常钧《敦煌杂钞》、《敦煌随笔》；出版了"游记丛书"5 种，有李书华《黄山游记》《房山游记》《天台雁荡山游记》、谢彬《两粤纪游》、谭惕吾《新疆之交通》；出版了《边疆丛书续编》6 种，即宋大业《北征日记》、赵钧彤《西行日记》、佚名《巴勒布纪略》、永保《塔尔巴哈台事宜》、苏尔德《新疆回部志》、永保《乌鲁木齐事宜》。

（五）边事研究会

边事研究会 1934 年 10 月 7 日在南京成立，以"研究边事问题，唤起国人注意边事，促进政府开发边疆，以期巩固国防，复兴中华民族"为宗旨。冷融、朱霁青、赵丕廉、白云梯、唐柯三为理事会常务委员，李剑华为常务监事。下设总务、组织、调查、编译、设计等组。调查组主要调查边疆地区的历史、地理、政治、经济、文化、军事等方面。编译组负责编辑刊物、征集图书、编订边疆中小学教育教材。组织组主要负责总会及分会具体事宜。设计组主要研究边疆现实问题及各项专门问题，提出解决边疆问题、发展边疆经济及改良边疆政治的具体举措。

边事研究社 1934 年 12 月创办《边事研究》月刊，至 1942 年 3 月停刊。该刊使命有二，一是对边疆问题"予以有组织与计划之切合事实的研究"，二是"费一番调查与

---

① 史念海：《史念海自述》，见高增德、丁东编《世纪学人自述（第四卷）》，十月文艺出版社 2000 年版。

② 《本会三年来工作略述》，《禹贡》第 7 卷第 1—3 期合刊。

统计的工夫，企求得到很详细的调查，很确实的统计，制成具体而适用的方案，贡献政府，促进边疆事业之开发的早日实现"。刊物"一切纯取公开的态度，凡有以真确数字之调查材料及详细之译文惠赐，无不乐于刊布，冀效力救亡之工作于万一，尚望海内贤哲有以教之"。① 刊物出版 13 卷，设有"社评""边疆研究""时事论著""边疆通讯""边事辑要"等栏目，刊载文章 700 多篇，内容广泛涉及边疆调查研究及边疆建设方案建议等方面。

（六）中国民族学会

1934 年夏，凌纯声、徐益棠、孙本文、何联奎、胡鉴民等在南京民族学家成立中国民族学会筹备会，同年 12 月 16 日在中央大学举行中国民族学会成立大会，通过了学会章程，选举产生了学会理事与监事成员。学会"以研究中国民族及其文化为宗旨"，主要工作计划有：搜集民族文化之实物，调查中国民族及其文化，研究中国民族及其文化，讨论中国民族及其文化问题，编行刊物与丛书。② 1936 年成立中国民族学会西南分会，设于中山大学历史研究所人类学组，宗旨是研究民族学、人类学及其相关学科。抗战时期高校内迁，成都、昆明、贵阳等地聚集了大批中国民族学会成员，但学会工作处于停顿状态。1942 年，卫惠林、吕叔湘、徐益棠、凌纯声、芮逸夫等 10 余名学会理事、会员集聚成都，决定维持理事和监事会。1944 年，中国民族学会成立 10 周年，徐益棠、马长寿等出版《中国民族学会十周年纪念论文集》。

学会组织了 3 届学术年会及多次座谈会。会员多次赴边疆民族地区进行实地调查并写出学术著作，如卫惠林与杨晓方赴丰都县考察宗教习俗，著《丰都宗教习俗调查》一书；徐益棠赴广西傜山，作《广西象平傜民之生死习俗》《广西象平间之宗教及其宗教的文献》《广西象平间傜民之房屋》；胡鉴民前往川西北，作《羌族之信仰与习为》《羌民的经济活动型式》；林耀华到凉山彝族地区，撰《大小凉山考察记》；吴泽霖考察云南丽江纳西族，作《么些人之社会组织与宗教信仰》；凌纯声、芮逸夫与陶云逵到云南大理、丽江、西萌等地调查彝族、佧瓦（佤族）、倮黑（拉祜）、傈僳、山头（景颇）及摆夷（傣）等族，作体质测量和民俗调查。

民族学会原拟出版《民族学报》，但因经费问题未能实施。但是中山文化教育馆民族学组黄文山、卫惠林为民族学会成员，他们 1936 年主持编辑的《民族学研究集刊》邀请中国民族学会全体会员为其撰稿人，为会员们发表民族学论著提供了平台。王建民认为，《民族学研究集刊》是"中国民族学早期发展史中的一份专业化的核心发展期刊"③。1938 年 10 月，由学会成员方国瑜主持的《西南边疆》创刊，其"主要旨趣"，"即在以学术研究的立场，把西南边疆的一切介绍於国人，期於抗战建国政策的推行上有所贡献。"④ 自第 13 期起，该刊迁至成都发行，冠名为中国民族学会，改由徐益棠任主编。中国民族学会对中国民族学研究内容、研究方法都进行了理论与实践的探讨，深化了人们对于民族学的了解与认识，促进了民族学学科的发展。

---

① 边事研究社：《发刊词》，《边事研究》1934 年第 1 期，第 2—3 页。

② 《中国民族学会简章草案》，《新社会科学》，1934 年第 1 卷第 2 期，第 276 页。

③ 王建民：《中国民族学史·上卷（1903—1949）》，云南教育出版社 1997 年版，第 188 页。

④ 《西南边疆》发刊词，《西南边疆》1938 年第 1 期。

（七）中国边疆学会

中国边疆学会初由榆林、成都、重庆三个学会合并而成。中国边疆学会（重庆）成立于 1940 年 7 月 10 日，会员有赵守钰、黄奋生、吴云鹏等。中国边疆学会（陕西榆林）成立于 1940 年 8 月 1 日，马鹤天为理事长，会员有曾庆锡、黎圣伦、史念海、邹焕宇等。中国边疆学会（成都）成立于 1941 年 3 月 1 日，顾颉刚任理事长，会员有黄文弼、韩儒林、郑成坤、徐益棠等。1941 年 6 月 1 日，国民政府社会部要求 3 个中国边疆学会合并，总会设于重庆，成都和榆林设分会。学会具有官方色彩，对国民政府边疆民族政策与理论多有呼应，对边政改良提出了一系列重要建议。1946 年，中国边疆学会迁南京。其间因赵守钰主持黄河委员会改任名誉理事长，顾颉刚担任理事长。学会蓬勃发展，分会遍布边疆地区，包括四川、陕西、青海、云南、察哈尔、甘肃、热河等地。

中国边疆学会总会 1942 年 1 月 31 日创办《中国边疆》月刊，"想追步同志同道之后，分担起边疆学术研究的使命"，任务有三："确立治边理论""研究建边方案""介绍边地智识"。1944 年 8 月停刊，1947 年 3 月复刊，1948 年 6 月终刊，共出版 3 卷 12 期 126 篇文章，其中黄奋生 20 篇、马鹤天 7 篇，顾颉刚、许崇灏 6 篇。刊物主体内容为边疆现实问题研究，余多为边疆游记和随笔。中国边疆学会及其分会所出版或主编的丛书有 4 种：《中国边疆学会丛书》《中国边疆学会丛刊》《中国边疆学会陕西分会丛书》《边疆丛书》，其中以边疆学会丛书影响最大。四川分会发行《边疆》周刊，共出版 36 期，曾在《党军日报》以副刊的形式刊行《边疆周刊》，共发行 56 期。陕西分会曾办《边疆》月刊，在《陕北日报》出版副刊《边疆》双周刊。

（八）中国边政学会

中国边政学会隶属于国民政府蒙藏委员会。学会 1941 年 9 月 29 日成立于重庆，"以集合对于边事夙具热望，边政饶有兴趣之士，以研究边疆政治及其文化，介绍边疆实际情况，促进边疆建设，加强中华民族之团结为宗旨，上以襄赞政府之政治设施，下以建立国人之正确舆论，期于边政前途，有所裨益"[①]。戴季陶、孔祥熙担任名誉理事长。蒙藏委员会委员长吴忠信任学会理事长，该委员会职员大多成为学会会员。政治学者陈之迈为会长。下设理事会和监事会，理事会设总务、研究、出版 3 组。学会设立了西藏问题研究会、边政公论社，刊行《边政公论》杂志，编辑边疆政教丛书，其经费由国民政府有关部门及边疆各省政府拨付。边政学会成立后先后召开了多次理监事会议、会员大会，其主要任务是确定会章、讨论提案、确定研究内容和策划出版边疆丛书。边政学会学术活动主要有：编辑边政丛书、举行边疆问题公开演讲、组织边疆学术座谈、委托研究边疆问题、编辑出版《边政公论》杂志等。1941 年 10 月 12 日，中国边政学会召开第一次理事会，推选出总务组主任曾少鲁、研究组主任吴文藻、出版组主任周昆田。1942 年 10 月 19 日，中国边政学会召开第二次理监事会议。1943 年 12 月 19 日，边政学会举行第三次理监事联席会议。理事长吴忠信均出席并主持会议。1947 年 6 月 30 日，学会"还都"以后第一次会员大会召开，仍由吴忠信主持。会议决议修改会

---

① 《中国边政学会成立》，《边政公论》1941 年第 1 卷第 3、4 期合刊，第 205 页。

章，通过了年度工作方案，选举了新一届理事和监事。吴忠信仍为理事长。

中国边政学会有极强的吴氏班子色彩。戴季陶在第一届理事会中担任名誉理事长，但在第二届理事名单中则无名誉理事长的安排，表明吴忠信经多年经营，在国家边事系统中已站稳脚跟。学会"领导班子"大多具有国民政府官员身份，尤其是蒙藏委员会职员占据了主导位置；另有少量其他政府部门官员，不少是吴在新疆、西藏任职期间的下属。会员中吴文藻、江应樑、凌纯声、梁瓯第、丁致聘等都曾在各级机关中担任过与边政相关的工作。边政学会汇集了大批从事边疆研究的一流学者。这在很大程度上体现了政学两界对边政研究的合力倡导和共同参与。在第一届成员中，曾在大学任教，具有教授身份的学者有陈之迈、吴文藻、王化成、张西曼、徐益棠、顾颉刚、蒋廷黻、浦薛凤等8人，都在各自专业领域内卓然成家；但是除了徐益棠无政府任职，算是比较纯粹的大学教授，其他人都已在政府相关部门担任职务。第二届理事会、监事会中，上届留任者中知名学者有吴文藻、顾颉刚、张西曼、徐益棠、浦薛凤等5人。在新增理事中，具有大学教授身份的知名学者有凌纯声、吴泽霖、柯象峰、芮逸夫、卫惠林、黄国璋、李安宅等7人，其中凌纯声兼任教育部边疆教育司司长，芮逸夫兼任立法院的立法委员，其他人多是较纯粹的大学教授。如果再从学科背景来判断，则第一届学会班子成员中，具有社会学、人类学等学科背景的只有吴文藻、徐益棠2人；第二届中则增加了凌纯声、吴泽霖、柯象峰、芮逸夫、卫惠林、李安宅等6人，可见从事社会学、人类学研究的学者在边政研究中的重要性受到承认，主体性进一步凸显。《边政公论》无论是就其学术水准还是社会宣传而言，都产生了很大的影响。这类半官方的学术团体，相对纯粹社会团体来说，能够获得较多的经济、社会资源，其主办各项事业能够得到极大支持，影响力亦非一般学术团体所能比拟。

《边政公论》由中国边政学会下设边政公论社编辑发行。该刊1941年8月10日创刊于四川巴县，比边政学会成立略早。初为月刊。1946年7月第5卷迁至南京出版，为半年刊；出版两期后改为季刊，共发行7卷58期，历时近8年。其实际负责人为边政学会出版组主任周昆田。该刊总发文373篇，特约撰稿人发表91人的文章231篇，占发文总量62%。其中部分还兼任了学会理事、监事或编委，是刊物得以运行的主要作者来源。刊物登载了关于边疆地区边疆政治、经济、社会、文化、交通、教育、宗教、民族、言语、史地等诸问题的论著、译文和资料，亦探讨了边疆建设和边政改革的步骤和方法。大批学者将其实地调查及研究成果通过《边政公论》发表，保证了该刊的学术性，促进了社会各界对边疆民族地区的认识，对政府决策也起到了借鉴参考作用。

（特约撰稿：汪洪亮，四川师范大学教授）

二、当代中国边疆研究机构

【中国社会科学院中国边疆研究所】

中国边疆研究所（原称"中国边疆史地研究中心"）成立于1983年，是中国社会科学院直属的开放性研究机构，先后由翁独健（已故）、吕一燃、马大正、厉声任主任。主要任务是以马列主义、毛泽东思想、邓小平理论、"三个代表"重要思想、科学发展观为指导，贯彻习近平总书系列重要讲话精神，坚持科研改革开放和学科建设与发展的正确政治方向；继承和弘扬中国边疆史地研究的优秀遗产和中华民族的爱国主义传统；组织和协调本单位及全国边疆史地领域的学术研究；为本学科的学术繁荣，为维护国家统一，为我国边疆地区的稳定和发展做出贡献。

中国边疆研究所坚持基础研究与应用研究并重的方针，主要研究方向是：以中国近代边界研究、中国古代疆域研究和中国边疆研究史三大研究系列为内容，重点研究中国近代边界变迁，中国统一多民族国家形成和发展的规律，历史上治边政策的经验教训，以及中国边疆研究的历史遗产。同时对当代中国边疆地区热点问题、重点问题进行对策性和预测性研究。

中国边疆研究所下设东北与北部边疆研究室、新疆研究室、西南边疆研究室、海疆研究室、疆域理论研究室、编辑部、办公室（下设科研处）7个部门。现有人员34人，其中专业技术人员31人，管理人员3人。专业技术人员中，正高级职称人员9人，副高级职称人员12人。

继1996年、1999年成立"中国边疆历史与社会研究云南工作站""中国边疆地区历史与社会研究东北工作站"之后，又先后成立了"中国边疆历史与社会研究新疆工作站""中国边疆历史与社会研究广西工作站"。这些新的科研组织形式，为加速学科建设和发展、为促进利用社会力量开展学术研究、为扩大中国边疆研究所在该学科的优势地位发挥了积极作用。

中国社会科学院研究生院中国边疆历史系于2003年成立，现有博士生导师4人、硕士生导师13人。2005年中国边疆历史系正式列入研究生院招生计划，2009年经研究生院批准，中国边疆历史系获得"中国边疆史地"自主设置学科专业的博士学位授予权，2010年正式开始招收博士研究生。目前，在读博士12人、硕士6人。

中国边疆研究所主办的《中国边疆史地研究》（季刊）是我国边疆史地研究的重要学术园地。"中国边疆研究所网站"及"中国边疆网"为本学科研究提供了资源共享的网络平台。通过近30年的科研实践，大量科研成果陆续面世，从而对中国边疆史地学科建设发挥了积极的推动作用，使中国边疆史地研究的学术框架更加丰满，并使我们保持了在中国边疆史地学术研究上的领先地位，为中国边疆学的构筑奠定了良好的基础。

中国边疆学的建立是中国边疆史地学科发展的必然趋势，为此中国边疆研究所的科研工作围绕着构筑中国边疆学这一总目标而展开，本学科本着为边疆研究学科建设服务、为中国边疆稳定服务的原则，坚持基础研究与应用研究并重；坚持精品战略，出成果出人才；坚持面向社会、实施开放性科研工作方法。

在新的世纪，中国边疆研究所全体同仁将以更加饱满的热情和审慎严谨的科学态度深入开展这一领域的学术探索，并以不懈的努力，促进该领域学术研究以良好的态势持续发展。我们相信在新的世纪本学科将会涌现出一大批具有时代特点和创新意义的学术成果，从而极大地推动中国边疆学的进步和繁荣。

（供稿：中国社会科学院中国边疆研究所）

【中国藏学研究中心历史研究所】

中国藏学研究中心历史研究所，原称历史宗教所，成立于 1986 年，1999 年与宗教所分开后改今名。主要研究藏族历史和文化，有 3 个研究方向，即古代史、近代史和专门史研究，其中西藏古代史研究成就突出，近代史方向研究正在加强。目前有科研人员 11 人，其中正高职称 3 人，副高职称 3 人，中级职称 5 人，拥有博士学位者 8 人，民族成分包括汉、藏、蒙古、回、纳西、达斡尔等，是一个团结和睦的学术研究团体。陈庆英、周源先后担任所长，现任所长张云，副所长冯智。

历史研究所在全国藏学研究领域，特别是西藏历史研究领域具有一定的学术影响力和较高的学术地位，邓锐龄、陈庆英等知名学者是其中的杰出代表，目前正处在一个承前启后的发展时期，学术队伍整齐，年轻人才队伍迅速成长，发展势头良好。

一、承担重点科研课题

历史研究所承担并完成了具有重大影响的国家社会科学基金课题、青年基金课题和其他重点课题 15 项。介绍如下：

（一）《元以来西藏地方与中央政府关系研究》，国家哲学社会科学七五规划重点课题，中国藏学研究中心重点课题。1986—1990 年。多杰才旦主持，历史所承担，1995 年完成。出版《元以来西藏地方与中央政府关系研究》（上、下册，98 万字，中国藏学出版社 2005 年），多杰才旦主编，邓锐龄副主编，邓锐龄、陈庆英、张云、祝启源著。该书根据大量汉藏文献档案，深入研究元、明、清、民国时期西藏政治形势、中央治藏措施、西藏地方与中央关系，系统全面地展示了元以来历代中央政府与西藏地方的关系历史，特别是中央政府对西藏地方的主权管辖，理清了重大历史脉络，并用扎实的史实和史料纠正了各种歪曲西藏历史、宣扬"西藏独立"的谬说，起到明辨是非、正本清源的作用。

（二）《西藏通史》，国家财政专项拨款重大科研课题，中国藏学研究中心重点课题。2002—2015 年。拉巴平措主持，历史所承担，组织全国 90 余位专家历时 13 年完成。拉巴平措、陈庆英总主编，张云执行总主编《西藏通史》（8 卷 13 册，900 余万字，中国藏学出版社，2015 年 9 月）。该成果利用多种文献、考古资料，借鉴国内外研究成果，重点探讨了新石器时代至当代西藏的政治、经济、社会、文化、军事，旨在全面、系统地研究和展现西藏的历史，探讨其发展规律。本书是目前国内，也是国际藏学界最全面、系统展现西藏历史研究的重要著作，集中体现了中国西藏历史研究的成就，具有重要的学术价值和社会、政治意义。《西藏通史》课题出版的成果，还包括正式出版的总字数达 800 余万字的《西藏通史专题研究丛刊》18 部；藏文历史资料丛刊《历代达赖喇嘛传》15 部，《历代班禅传》8 部；内部刊印的总字数达 2000 多万字的《西藏通史资料丛刊》42 种 50 册等。历史所邓锐龄、陈庆英、张云、周源、冯智、梁俊艳、邱熠华、严永山（班玛更珠）、白丽娜、魏文等参加撰稿。

（三）《达赖喇嘛转世系统历史及现状研究》，国家社科基金项目，中国藏学研究中心重点课题。1998—2003 年。陈庆英主持，冯智、熊文彬、王维强、安七一、刘洪记、吉美桑珠、马林、星全成参与。出版资料汇编《历辈达赖喇嘛转世情况及寻访认定情况》（7 册，170 万字）、专著《历辈达赖喇嘛生平》（藏文，80 万字，民族出版社 2000 年）、《达赖喇嘛转世及历史定制》（10 万字，五洲传播出版社 2003 年）、《历辈达赖喇嘛生平形象历史》（59 万字，中国藏学出版社 2006 年）。该书主要依据历辈达赖喇嘛藏文传记等，探讨了一至十四世历辈达赖喇嘛的生平事迹及其历史地位和作用。

（四）《上古西藏与波斯文明》，国家社科基金青年项目。1997—1999 年。张云独立承担。出版《上古西藏与波斯文明》（25 万字，中国藏学出版社 2005 年），被评为优秀等级。该书依据文献考古资料，吸收国内外成果，从宗教、医学、艺术、技能、娱乐、物产、丧葬习俗、婚姻制度、赞神崇拜等方面，分别考察了前吐蕃时期波斯与象雄地方的关系，以及吐蕃王朝时期波斯与整个吐蕃地区的关系。

（五）《新疆与西藏关系史研究》，国家社科基金特别项目"新疆历史与现状综合研究"项目。2006—2008 年。张云主持。该课题利用文献考古资料，借鉴国内外研究成果，以新疆、西藏各民族的交往为内容，考订两地政治、经济、文化、风俗等交流的史实，探讨历代中央治边政策对于两地稳定及双方关系的影响，探讨两地人民交往对边疆稳定及开发所发挥的

作用，探讨两地与内地的互动关系。已完成《新疆与西藏关系史研究》一书，待出版。

（六）《历代西藏的边事边政与边吏研究》，国家社会科学基金重大特别委托项目"西藏历史与现状综合研究项目"课题。2012—2014 年。张云独立承担，被评定为优秀成果，出版《历代西藏的边事边政与边吏》（66.3 万字，社会科学文献出版社 2015 年）。重点研究西藏重大边事产生的原因、发展脉络、产生的影响与后果；中央政府或中原王朝为处理这些事件所采取的政策措施，上层内部关于这些措施的讨论、政策的调整，执行过程中中央政府（或中原王朝）与西藏地方之间的互动，这些政策措施实施的路径、经验及其成败得失；治边代表性人物的生平事迹、思想及功过是非。

（七）《多元一体国家中的西藏》，西藏自治区哲学社会科学重点委托课题，2013—2015 年。张云独立完成。该课题核心就是立足学术，讲清楚西藏自古是中国一部分、西藏历史和文化是多元一体中国历史和文化的重要组成部分的理论，讲清楚西藏地方与中央政府的关系，西藏地方历史文化与祖国内地汉族、各个兄弟民族历史文化相互交融的关系，讲清楚西藏地方各族人民对祖国历史和文化的重要贡献。

（八）《验证西藏：回应〈西藏百题问答〉》翻译，国家社会科学基金重大特别委托项目"西南边疆历史与现状综合研究项目"课题。2008—2009 年。梁俊艳独立承担。完全翻译《验证西藏——回应〈西藏百题问答〉》（40 万字，方志出版社 2010 年），被评为优秀成果。

（九）《西藏，中国和印度》翻译，国家社会科学基金重大特别委托项目"西藏历史与现状综合研究项目"课题。2010—2011 年。梁俊艳独立承担。完成

翻译《西藏，中国和印度》，被评为优秀成果。

（十）《麦克马洪线》翻译，国家社会科学基金重大特别委托项目"西藏历史与现状综合研究项目"课题。2012—2013 年。梁俊艳独立承担。已完成《麦克马洪线》一书翻译，被评为优秀成果。

（十一）《雪域旧旅：清代西藏游记研究》，国家社科基金青年项目。2009—2012 年。2015 年完成。孟秋丽独立承担。该课题主要试图通过对于游记的作者、历史背景及内容全面系统的整理研究，并参照其他史料，来研究清代西藏社会，以澄清西藏政治、经济以及社会风貌等方面的相关问题。

（十二）《古代藏族与西域文化关系史研究》，国家社科基金青年项目。2013—2016 年。严永山（班玛更珠）独立承担。课题以古代藏族与西域民族之间文化关系发展的历史时期为经，以两者相互交流的文化形态和内容为纬，从历时与共时相结合的角度分析双方的文化关系。

（十三）《11—15 世纪藏传佛教上乐教法在西藏、尼泊尔和河西的传播》，国家社科基金青年项目。2015—2018 年。魏文独立承担。研究主要聚焦：上乐教法在印度产生和兴起以根本续和注释续为主的印度传承体系文本的情况；上乐教法从印度传入西藏的历史脉络；上乐密续文本在藏传密教体系分类中的类属和体系。

（十四）《西藏历史若干重大问题研究》，中国藏学研究中心重点课题，拉巴平措主持，历史所承担，包括 7 个支课题：《西藏行政区划沿革研究》（陈庆英）、《西藏地方政治制度研究》（张云）、《明代藏汉艺术交流研究》（熊文彬）、《藏族在中华民族多元一体发展进程中的地位》（冯智）、《"藏独"的由来》（周源）、《蒙藏关系史》（格桑达尔基）、阿玛尔·考尔·贾斯比尔·辛格《喜马拉雅三角：英属印度与西藏、锡金和不丹关系史，1765—1950 年》及《印度事务部图书档案馆藏 1765—1950 年间西藏、锡金和不丹历史之原始资料指南》翻译（梁俊艳）。

（十五）《西藏政治史与藏文文献翻译整理研究》，中国藏学研究中心重点课题，张云主持，包括 7 个支课题：《西藏地方政治思想史研究》（张云）、《清初西藏地方政治史研究——以翻译〈五世班禅自传〉为资料中心》（冯智）、《藏传佛教蒙古高僧传》（格桑达尔基）、《20 世纪 40 年代西藏重大政治事件研究》（梁俊艳）、《新近公布的涉藏档案与清朝对西藏地方的治理》（孟秋丽）、《西藏近代史上的格鲁派高僧》（邱熠华）、翻译和注释《西藏王统世系水晶鉴》（严永山）。

二、学科建设

历史所长期以来极为重视学科建设，以为长远持续发展之本，既重视基础研究，又不忽视当代和现实问题研究，取得了较好的成就，出版了大批具有较高学术水平和价值的学术研究成果，拓宽了研究领域，深化了研究主题，为藏族古代史特别是西藏古代史研究做出了独到的贡献。历史所的专家学者大多具有较为扎实的专业基础知识、藏语言条件和较为良好的外语条件。翻译出版了大量藏文历史文献和外文名著。出版了《邓锐龄藏族史论文译文集》（上下册）、《陈庆英藏学论文集》（上下册）等高质量的学者文集，在吐蕃及高原早期文明史研究领域、宗教研究领域、边疆历史和文化领域、民族关系史研究领域均有出色的研究成果。

《西藏通史》的出版被认为是具有里程碑意义的一件大事，该书坚持以辩证唯物主义和历史唯物主义为指导，摈弃西藏历史上的唯心史观和有神论思想；立足史料，充分吸收学术界已有研究成果，遵循

"厚今不薄古"的原则，实事求是，努力探究西藏地方历史发展的客观规律；重视西藏历史发展的特点，重视西藏地方与中央政府关系的论述，重视对西藏历史研究中的薄弱、疑难和热点问题的研究；正确处理好西藏历史与藏族历史，即地方史与民族史的关系，从而填补了西藏地方通史研究领域的一项空白，取得了多方面的突破与创新。而《元以来西藏地方与中央政府关系研究》则是本领域一部具有较高学术水平的专著，为相关研究奠定了坚实的基础。此外，历史所的学者没有局限在西藏古代历史研究领域一隅，积极关注现实问题，酌古准今，经世致用，在承担上级交办的西藏白皮书、涉藏理论文章、媒体应对、担任涉藏题材嘉宾顾问，以及涉藏外宣等方面均以学术特长发挥了积极而突出的作用。

三、历史所举办的会议

1. 2002 年 9 月 1—3 日，在北京举办"海峡两岸西藏历史学术研讨会"，来自北京、西藏、江苏、四川、陕西、台湾等省市自治区的专家学者共 40 余人与会，会议主要围绕编写多卷本《西藏通史》而召开。

2. 2003 年 7 月，在西藏召开《西藏通史》专题研讨会，来自北京和西藏社会科学院、西藏大学、西藏档案馆、西藏博物馆、西藏自治区党校等相关部门的专家学者 50 余人参加了会议。

3. 2007 年 6 月 8—11 日，与奥地利维也纳大学合作举办的"藏传佛教后弘期上路弘传历史艺术文化"专题研讨会，来自奥地利、法国、德国、英国等国家的学者，与来自中国北京、四川、陕西、西藏等地的学者 20 余人参加了会议。

4. 2009 年 8 月 24—28 日，四川社会科学院康藏研究中心、四川大学中国藏学研究所合办"任乃强与康藏史研究学术研讨会"，来自四川、北京等地的近百人参加了学术会议。

5. 2010 年 7 月 6—8 日，历史所承办中国藏学研究中心第二届海峡两岸藏学研讨会，来自台湾中国文化大学、政治大学、中正大学、"中央研究院"、佛光大学、南华大学、台北市立教育大学、中华科技大学、龙华科技大学和祖国大陆南京大学、复旦大学、南开大学、内蒙古大学、西北民族大学、中国社会科学院、中国人民大学、北京师范大学、中央民族大学、首都师范大学、民族文化宫、中国藏学研究中心，以及美国哈佛大学等 20 多个单位的约 50 位专家学者出席会议，研讨范围涵盖藏学、蒙古学、历史、地理、哲学、宗教、教育、战略及国际事务、文化艺术等多个领域。

5. 2011 年 4 月 5—9 日，在维也纳大学召开"8—15 世纪中西部西藏的艺术历史"国际学术研讨会，来自中国藏学研究中心、四川大学、中国人民大学、首都师范大学等单位的学者与奥地利、法国、美国和英国等国学者 30 余人参加了会议。

6. 2014 年 12 月 27 日，"邓锐龄先生九十诞辰暨明清藏族史学术研讨会"在中国藏学研究中心召开。此次会议由中国藏学研究中心历史研究所和中国藏学杂志社合办。来自中国藏学研究中心、中央民族大学、中国社会科学院科研局、中国社会科学院民族学与人类学研究所、中国社会科学院中国边疆史地研究中心、西藏大学等单位的 40 多位专家学者与会。

（供稿：张　云，中国藏学研究中心历史研究所所长、研究员）

【中国南海研究协同创新中心】

中国南海研究协同创新中心（以下简称"南海中心"）成立于 2012 年 7 月，于 2013 年 5 月获批成为教育部、财政部首批协同创新中心。

南海中心由南京大学为牵头单位，得到了外交部、海南省人民政府和国家海洋局3个政府部门的大力支持，协同中国南海研究院、海军指挥学院、中国人民大学、四川大学、中国科学院地理科学与资源研究所、中国社会科学院中国边疆研究所等多家研究机构，以国家重大政策需求为导向，以维护中国海洋权益和海洋安全为目标，以多学科协同创新为主体，以"文理—军地—校所—校校"协同为路径，以体制机制创新为保障，全面推进南海问题的基础研究和应用对策研究，努力服务于国家的南海战略决策，为国家建设"海洋强国"提供智力支持。

南海中心自成立以来，依托南京大学在国际关系、文献情报、地理信息、海洋海岛研究、边疆史学、新闻传播、国际法等方面的多学科优势，协同国内外相关研究力量，全力打造跨校、跨院、跨地域的人才、科研与管理创新体制，现已成为集"一流交叉学科群""一流人才培养基地"和"一流高校新型智库"为一体的中国南海研究及海洋安全研究的协同创新体。

南海中心作为教育部首批"文化传承类协同创新中心"，是南京大学的"改革特区"，目前已经建立了较为独立、完整的治理结构：理事会领导并负责重大决策；管理委员会负责监督和决定中心的财务、人事、管理等重大事项；学术委员会负责制定、监督和评审中心的学术发展规划；中心主任委员会负责运营中心的日常工作，执行和落实中心的发展规划、人才培养、科学研究、学科建设、平台协同、国际交流与合作等工作；南海中心下设的九大"研究平台"和11个"研究团队"负责承担和落实中心年度重大研究任务（见图1）。

南海中心的中长期任务是：系统推进南海维权数据库建设、南海问题话语权建设、南海预警及应急响应研究、南海战略

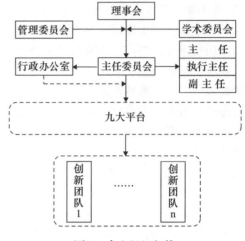

图1　中心组织架构

决策支持、南海高端人才培养等五大工程，致力于打造集"学术创新体、高端智库、人才培养基地、国际交流对话平台"四大功能于一体的中国南海研究与海洋安全研究的创新基地。目前，中心已经建立了"海疆和海洋安全"学位点，汇聚了一批国内顶尖的研究力量。在海洋资源、环境和遥感领域，有王颖院士、周成虎院士、长江学者李满春教授牵头的研究团队；在国际关系与国际法领域，有高之国教授、朱锋教授、邹克渊教授、傅崐成教授、贾兵兵教授领衔的研究团队；在南海政策与战略研究领域，有吴士存教授、李国强教授、贾宇教授担纲的研究团队；在南海历史与证据链研究领域，有刘迎胜教授、沈固朝教授、郭渊教授主持的研究团队；在海洋文化传播与舆情监测领域，有卜宇教授、杜骏飞教授率领的研究团队；在南海军事与安全斗争领域，有朱文泉教授、冯梁教授为首的研究团队。

南海中心目前每年招收20名"南海计划"博士生。除了博士生的专业培养方案之外，中心开设有"南海战略形势专题""南海历史证据研究""国际关系与国际法""国际安全理论与实践""南海资源与环境研究"等基础课程。从

2013年起，南海中心每年主办全国性南海研究年会"南海论坛"；2015年起，南海中心组织和主办"全国高校博士生南海研究论坛"。南海中心编辑和主办的《亚太安全与海洋研究》学术期刊，已经成为国内涉海安全研究领域具有代表性的学术阵地。南海中心编辑和出版《南海文库》，集中反映国内外南海研究的最新学术成果。南海中心组织力量撰写《南海局势年度分析报告》，及时、全面和准确地提供南海局势深度动态分析。南海中心还以组织和出版《南海通讯》《南海战略研究报告》等形式，随时跟踪南海局势的最新动向，及时提供涉海问题的中心专家意见。在海洋权益维护和全球和平发展中"社会发声""政策发声"和"国际发声"是南海中心工作的重要任务，"中国南海研究协同创新中心"已经成为传播和沟通中国南海政策的代表性智库力量。中心开展多层次、活跃的国际合作，打造多形式的涉海"二轨对话"管道。

南京大学中国南海研究协同创新中心的组织架构：

中心理事会、理事长：南京大学人文社会科学资深教授，洪银兴；

中心管理委员会主任：南京大学党委常务副书记，杨忠教授。

中心学术委员会：

主任：中国外交学院院长，秦亚青教授；

副主任：上海国际问题研究院学术委员会主任，杨洁勉教授；

南京大学党委副书记，朱庆葆教授。

中心主任委员会：

主任：中国科学院院士，王颖教授；

执行主任：南京大学国际关系研究院院长，朱锋教授。

（供稿：南京大学中国南海研究协同创新中心）

【中国南海研究院】

一、中国南海研究院简介

中国南海研究院前身是1996年2月经海南省政府批准设立的"海南南海研究中心"。2004年7月，国务院正式批准"海南南海研究中心"更名为"中国南海研究院"，在政策和业务上受外交部和国家海洋局指导。研究院直属海南省政府，为正厅级事业单位，是目前我国唯一以南海为研究对象的专门学术研究机构，也是外交部确定的我国南海问题研究基地和"海峡两岸南海问题民间学术论坛"的牵头单位。

经过近20年的发展，中国南海研究院已形成了研究领域广泛、人员结构合理、研究成果丰硕、国际影响力与日俱增的良好发展格局。目前，研究院下设海洋法律与政策研究所、海洋经济研究所、海洋科学研究所、海上丝绸之路研究所、对外交流部等业务部门，研究范围覆盖南海法律、政治、经济、资源开发、海洋管理、地区合作、地区安全、公共外交、21世纪"海上丝绸之路"建设等诸多领域。全院拥有专兼职研究人员40多人，其中聘请国际资深海洋法、海洋问题兼职研究人员20多名。2012年，中国南海研究院正式成为我国首批"2011计划"国家协同创新中心——南京大学中国南海研究协同创新中心核心成员单位。2013年，中国南海研究院在北京设立分院，标志着研究院的发展进入了新的阶段。2015年4月，中国南海研究院成功实现走向海外，在美国首都华盛顿搭建新的学术交流平台，成为我国第一家走向海外的智库。2016年3月，经中央批准，中国南海研究院正式设立了"中国—东南亚南海研究中心"。

二、取得的主要成果

在外交部、国家海洋局等中央有关部门的指导下，在海南省委、省政府的正确领导下，研究院以服务国家总体外交大局和建设海洋强国为目标，积极开展涉南海问题公共外交、海洋维权与决策咨询、海洋高端人才培养和国际智库合作网络建设等5个方面工作，主要围绕决策咨询、公共外交、舆论引导、人才培养等方面，同时为海南地方经济社会发展献计献策，取得了一批具有重要决策参考价值和国际影响力的成果，主要体现在以下几个方面：

一是积极发挥涉南海问题决策咨询作用。研究院坚持以公共政策研究为主，基础性研究为辅，突出学术研究对政府决策咨询的导向作用，积极为我周边海洋维权维稳提供智力支撑。截至目前，我院已在国内外公开发表中英文涉南海和地区安全问题等领域的专著30余部，论文和研究报告等数百篇。尤其是2009年南海问题持续升温以来，我院共累计完成外交部、国家海洋局等中央有关部委局委托课题50多项，提交专题研究报告100多份。

二是打造涉南海问题公共外交平台。长期以来，我院积极开展涉南海和海洋问题公共外交，采取"请进来"和"走出去"相结合的方式，通过搭建权威国际学术会议平台、走访域内外知名涉海智库、推动建立国际智库合作网络等方式，有效发挥涉南海和海洋问题专业智库"桥梁"作用。2009年以来，我院连续召开系列涉南海和海洋问题国际学术会议30多场，累计邀请来自美国、英国、日本等全球30多个国家和地区的2000多名专家学者、政府和企业代表参会；应邀出访美国、英国、澳大利亚、加拿大、日本、韩国、新加坡和东盟等20多个国家和地区的50多家世界知名智库，与全球30多家智库和研究机构建立了固定学术联系，并与韩国海洋战略研究所（KIMS）、印尼战略与国际研究中心（CSIS）、加拿大阿尔伯塔大学等10多家国外知名智库签署合作备忘录。

三是积极引导和塑造涉南海和海洋问题国际国内舆论。作为南海和海洋问题专业智库机构，我院广泛利用各种国际场合主动发声，为我国总体外交营造有利的国内外舆论氛围。近年来，研究院先后派员参加美国战略与国际研究中心（CSIS）、英国战略与国际研究中心（IISS）等国际知名智库举办的涉南海和海洋问题高端国际学术会议近百场。此外，我院研究人员还主动利用国内外主流传播媒介平台，积极推介我南海政策主张、立场及历史法理依据，针对南海问题持续升温和国际社会舆论关切发表高水平文章100多篇。

四是扎实推进涉南海和海洋问题高端国际人才培养。我院充分发挥国内外智库网络交流优势，通过与国家外国专家局和南京大学中国南海研究协同创新中心等国内有关单位开展合作，共同设立"南海法理维权人才专项"培养计划，已成功培养具有国际化水平的国际法、海洋法和海洋问题研究高端人才20多名。着眼于青年一代的海洋意识培养，我院自2012年以来与台湾岛内有关高校和研究机构共同举办4届"两岸青年学生南海夏令营"，为增强两岸青年一代海洋意识、促进两岸文化交流、推动两岸南海合作奠定了人才基础。此外，为密切中国—东盟人文往来、推动双方海洋事务务实合作，依托"中国—东盟海上合作基金"，2016年1月，我院成功举办了首届"中国—东盟海洋法律与治理"高级研修班，并拟机制化运作，从而将其打造成中国与东盟涉海领域专业人才培养和交流平台，有效推动区域互信与合作。

五是不断探索建设具有国际影响力的

新型智库。经过长期努力，我院已经形成"海峡两岸南海问题民间学术论坛""两岸南海地区形势评估报告""数字南海""民国南海历史档案馆"等一系列具有国际影响力的学术品牌和平台，其中"数字南海"系统包含南海岛礁与海洋空间信息系统、南海文献数据库、南海档案资料库和南海及周边地区环境与资源遥感监测分析等多重功能，已经成为我政府决策部门进行涉南海问题决策的重要依托。作为"海峡两岸南海问题民间学术论坛"的大陆牵头单位，我院与台湾政治大学已连续合作举办13届南海问题民间学术论坛。

六是服务海南地方经济社会发展和南海资源开发。作为落户海南的国家级战略研究机构，自建院以来，我院始终坚持"立足海南、面向全国、走向世界"的发展宗旨，在服务国家总体外交和南海维权与开发的同时，积极服务海南地方经济社会发展，参与了海南省第五、六届党代会文件起草工作，近年来共累计完成海南省委、省人大、省政府、省政协等各级地方政府委托专项决策咨询研究数十项，取得了一批具有重要价值的研究成果，为海南地方经济社会发展做出了突出贡献。2011年，我院完成了《关于国际旅游岛建设几个重大问题的思考和对策建议》研究报告，得到省有关领导的高度评价；2014年，受海南省政协委托，我院顺利完成"海南省参与21世纪海上丝绸之路建设的定位、优势与挑战"专项研究，为海南参与"一带一路"建设提供政策咨询建议。2015年，我院还承担了海南省"十二五"规划《纲要》实施总结评估和"十三五"规划编制咨询工作，服务海南海洋强省建设和海洋经济发展。

三、未来工作目标及发展方向

立足当前，面向未来，我院将根据现实工作需要和未来发展规划，以服务国家海洋强国建设和总体外交需要为导向，围绕"三个基地、一个平台、二个中心"（"3＋1＋2"）建设目标——即南海问题研究基地、国民海洋意识教育基地、海洋人才培养基地，涉海问题公共外交平台，南海文献资料信息数据中心和服务海南地方经济社会发展智力支撑中心，力争在未来5—10年内将研究院打造成为国际知名海洋问题研究智库。

一是南海问题研究基地。针对当前国内南海问题研究所存在的问题，我院将继续发挥研究院核心业务优势，依托现有基础研究资料及应用研究成果，继续抓好"中国—东南亚南海研究中心"组建后续相关工作，努力整合国内南海问题研究资源，形成研究合力，打造具有重要国际影响力的南海问题研究基地。

二是国民海洋意识教育基地。我院将进一步贯彻落实习近平总书记关于"关心海洋、认识海洋、经略海洋"重要指示、充分利用现有涉海系列研究成果，定期面向社会大众开展国民海洋意识宣传教育活动，通过海洋知识普及的系列专题讲座开展、举办青少年主题夏令营、公共媒体宣传等多种方式，营造国民海洋意识学习氛围，普及海洋基本知识，强化国民海洋维权、海洋环保、资源开发等全方位海洋意识。

三是海洋人才培养基地。针对我国海洋人才队伍数量不足、水平不高等现实问题，通过与外交部、教育部、国家外国专家局等有关单位合作，设立专项研究资助计划，鼓励并支持国内涉海研究人员赴国外开展培训学习，全面提升我国海洋人才国际化水平，积极开展涉南海问题国际话语权争夺，为南海法律战储备人才队伍，培养出一批"政治立场坚定、业务水平过硬"的国际化、高层次海洋人才。

四是涉海问题公共外交平台。发挥我

院多年来开展"二轨"公共外交活动基础及现有学术人脉网络优势，通过人员交流与互访、学术会议举办与参与、政策主张推介与游说等多种形式，进一步强化我"软实力"能力建设，积极开展对美国、英国、加拿大、澳大利亚、日本及东盟国家研究智库、学者涉海问题公共外交，使其能够正面理解、认知我南海政策主张，全面提升涉南海问题国际舆论引导及塑造能力，影响并推动相关国家对华政策朝利我方向发展。

五是南海文献资料信息数据中心。依托我院现有南海档案文献库，进一步深入挖掘、整理历史文献资料。因应南海外交法理斗争需要，开展南海维权证据链搜集工作，整合具有国际法、海洋法支撑效力证据，为南海法律斗争提供历史支撑。努力建设成为国内规模最大、范围最广、领域最全的文献、档案、地图、报刊、图书一体化南海文献资料信息数据中心，根据实际需要有选择性对外开放。

六是服务海南地方经济社会发展智力支撑中心。发挥我院地处海南区位优势，结合涉海问题智库"桥梁"作用，积极服务海南地方经济社会发展。围绕海南国际旅游岛建设、生态立省、国家"一带一路"战略对接、省域"多规合一"试点，以及三沙总体规划建设等，有针对性研提如何用好用足国家赋予海南的优惠政策。发挥自身优势，为海南建设海洋强省提供智力支撑。

（供稿：中国南海研究院）

【武汉大学中国边界与海洋研究院】

武汉大学中国边界与海洋研究院（以下简称"边海院"，Wuhan University China Institute of Boundary and Ocean Studies，CIBOS）是 2007 年 4 月在外交部建议、支持下成立的跨学科实体性研究机构。边海院以武汉大学国际法、世界历史、测绘遥感、水利水电、世界经济、环境法、公共管理等学科优势为依托，以"校部共建、资政服务、专兼结合、平台开放"为建设思路，现已成为国内涉边海问题实力雄厚、独具特色的知名智库。

边海院现有专兼职教学科研人员 119 人，其中专职人员 59 人（含博导），兼职教授、客座教授 60 人。兼职人员以国内外高校和科研机构的知名专家为主，同时还聘请了外交部、海洋局等相关国家部委局的实务工作者。形成了以首席专家为核心、中青年教师为骨干、老中青相结合、专职与兼职相结合的研究队伍。

边海院研究与咨询的重点为国家主权与领土完整、边界与海洋争端、周边外交与周边合作、海洋利益的维护与拓展、"一带一路"战略实施、极地战略与利益等问题，并已在国家边界与海洋理论、国际秩序、国际法、海洋法、边界法、"二战"与边界海洋遗留问题等基础性与前瞻性问题研究方面取得系列研究成果。边海院近 5 年来承担数十项中宣部、中央外办、全国人大外事委、外交部、水利部、国家海洋局等相关部委局委托的研究任务及国家社科基金、教育部社科基金重大重点研究项目。在涉及东海南海争端、钓鱼岛西沙南沙群岛历史档案收集整理与研究、菲律宾南海仲裁应对、我国海疆形势与海洋经略、南海断续线历史性权利、海洋共同开发的法律与政策、中韩海洋划界、我国边界立法等问题上，向国家有关单位提交了一系列高水平、有影响力的研究成果。

边海院自 2007 年以来，按照"精法律、通历史、会外语、懂技术"的跨学科人才培养目标，以国际法（边海问题研究）方向招收培养博士和硕士研究生，形成了成熟的跨学科人才培养方案和课程体系。现已毕业硕士生 120 人，博士生

24 人。现有在读硕士生 89 人,博士生 62 人。与外交部边海司共同开办"陆地边界管理干部培训班",先后培训管理干部 200 余人次。与水利部国际经济技术合作交流中心共同开办"跨界河流管理干部培训班",培训相关省区水利系统管理人员 43 人。

近 5 年来,边海院共举办国外专家讲学 61 人次,召开重要国际学术会议 8 次(如:"二战"、战后秩序与边界海洋争端、南海合作发展论坛、菲律宾南海仲裁案研讨会、"一带一路"与中哈经贸合作等国际会议)。与英国剑桥大学国王学院、英国杜伦大学国际边界研究中心、俄罗斯联邦立法与比较法研究院、俄罗斯科学院远东研究所、日本早稻田大学亚太研究科、韩国水路学会、韩国成均馆大学中国研究中心、荷兰乌特勒支大学海洋法研究所等境外边海问题研究知名大学和研究机构签署了全面合作协议或建立了密切的学术交流关系。

(供稿:武汉大学中国边界与海洋研究院)

【国家领土主权与海洋权益协同创新中心】

国家领土主权与海洋权益协同创新中心(以下简称"中心"Collaborative Innovation Center for Territorial Sovereignty and Maritime Rights,CICTSMR)组建于 2012 年 9 月,由武汉大学牵头,联合复旦大学、中国政法大学、外交学院、郑州大学、中国社科院中国边疆研究所、水利部国际经济技术合作交流中心、国家海洋局海洋发展战略研究所等协同单位共同组建。中心的组建得到了中央外办、外交部、水利部、国家海洋局、国家测绘地理信息局等中央和国家部委局的大力支持。2014 年经教育部、财政部正式认定为"2011 协同创新中心"。

中心设理事会、主任联席会议、学术委员会,实行理事会领导下的主任负责制。理事会负责中心发展战略的规划与指导、中心主任聘任、中心章程制订以及其他重大事项的决策。中心在 8 家协同单位同时挂牌,在各协同单位设立分中心。中心主任联席会议负责日常运行管理,完成理事会确定的目标任务。学术委员会负责把握学术方向,为中心制定发展规划、团队人员遴选、职称评审、协调国内外合作、推动研究成果转化等提供评议。

中心理事长:韩进

中心主任:胡德坤

学术委员会主任:高之国

中心首席专家:胡德坤、高之国、易显河、曾令良

中心研究领域基本实现涉边海问题的全覆盖,全面回应了维护我国领土主权与海洋权益问题研究与决策咨询需求。目前已组建了 11 个创新团队:

团队一:国家海洋战略与边海外交

团队二:中国与周边国家关系

团队三:"一带一路"与中国周边

团队四:海洋争端解决与国际法

团队五:海洋权益的保障与拓展

团队六:钓鱼岛与南海诸岛档案资料整理与研究

团队七:中国极地政策与极地权益

团队八:中国疆域历史与现状

团队九:陆地边界争端与跨境合作

团队十:界河管理与跨境水资源争端

团队十一:数字边海与测绘遥感技术

中心以服务国家战略为宗旨,按照"国家急需、世界一流、制度先进、贡献突出"的要求,瞄准国家领土海洋维权的重大问题,承担"战略研究、政策建言、人才培养、舆论引导、公共外交"等五大任务,打造人才、学科、科研三位一体的国家战略平台、世界一流智库。

中心先后承担中办、中宣部、中央外办、中联办、全国人大外事委、外交部、国家安全部、水利部、国家海洋局等相关部委局委托的研究任务及国家社科基金、教育部社科基金重大重点研究项目等，共计130余项，经费累计3000余万元。

中心专家向国家有关单位提交了一系列高水平、有影响力的研究成果。胡德坤、高之国、易显河、李国强、石源华等一批国际法、海洋法、外交学、历史学领域的代表性学者，为我国边海问题、国家安全问题的决策咨询做出了突出贡献。中心获最高领导人批示报告3份，党和国家领导人批示报告3份，被各部门采纳咨询报告120余份。中心全程参与了钓鱼岛、南海维权等决策咨询工作，在每个关键阶段都提交了"直接管用"的咨询报告，核心成果在相关国家政策制定和外交斗争中发挥了关键作用，起到了国家智库的作用。

中心拥有面积2800平米的办公楼。中心现有边海研究相关中外文核心图书资料8万余册，期刊155种，相关研究数据库29项58个子库。中心主办的《边界与海洋研究》双月刊（ISSN 2096—2010），2016年5月正式出刊。

（供稿：武汉大学中国边界与海洋研究院）

【新疆智库】

新疆智库（Xinjiang Think Tank）成立于2015年2月9日，是在中央领导的直接关怀下，由新疆工作协调小组办公室、中国社会科学和新疆维吾尔自治区党委联合成立。新疆智库旨在中央新疆办领导下，依托中国社科院，协调全国高校和研究机构的涉疆研究专家，直面新疆现实问题，兼顾基础研究和应用研究，服务于国家新疆治理与新疆稳定和长治久安的大局。

新疆智库力争创新组织结构和运行机制。新疆智库组织机构和运行机制可简要概括为"三个层次"和"一个结合"。所谓"三个层次"：一是专家委员会，从全国研究机构、高校和实务部门遴选出涉疆研究领域较高水平的研究人员组成专家委员会，由中国社科院一名副院长任主任（现为王京清同志）任副主任、国家民委一名副主任（现为李昭同志）和新疆维吾尔自治区党委常委、宣传部长（现为闫国灿同志）；专家委员会是新疆智库的主体，承担着智库的决策和执行职能。二是设立专家委员会常务委员会，由专家委员会主任、副主任和若干名专家组成。常务委员会的职责主要是组织落实专家委员会全体会议决定的事项，审议提交专家委员会全体会议审议决定的事项，及时处理专家委员会全体会议闭会期间的重要事项。三是设立新疆智库办公室，办公室依托中国社会科学院中国边疆研究所新疆研究室设立，为新疆智库常设办事机构，负责专家委员会日常运转，完成专家委员会交办的各项工作。

所谓"一个结合"是实体机构和非实体平台相结合。按照中央提出的建立高端智库的标准，智库应有遵守国家法律法规、相对稳定、运作规范的实体性研究机构。为此，中国社科院将在现有研究人员的基础上，进一步充实和加强专业研究力量，依托院属中国边疆研究所组建一个实体研究机构，保障有一部分优秀专家学者能够持续从事新疆研究。同时，按照"不求所有、但求所用"的原则，搭建全国涉疆研究的学术交流平台，整合全国研究资源，把全国高等院校、科研院所、实务部门和新疆等各方面涉疆研究优秀人才集聚起来，形成涉疆研究的合力。新疆智库将定期举办新疆论坛，为全国涉疆研究人员提供交流平台。在新疆建立调研基地，组织专家学者深入基层，掌握第一手资料。设立新疆研究数据库，全面、系统和深入地掌握新疆各领域的数据和资料，为全国涉疆研究提供数据和资料支撑。

新疆智库以新疆为研究对象，坚持基础研究和应用研究并举。作为中国特色的新型智库，新疆智库以涉疆战略问题和公共政策为主要研究对象、以服务党和政府科学民主依法决策为宗旨，以重大理论和现实问题为主攻方向，兼顾基础研究和资料积累。新疆智库紧紧围绕新疆社会稳定和长治久安的战略总目标，聚焦新疆发展稳定的战略性、全局性、前瞻性问题，坚持学术研究和政策研究相结合，研究长期性问题和研究当前紧迫问题相结合，服务当前现实工作和着眼未来发展相结合，力求研究与决策相通、相融、相助，努力提高研究成果的理论和应用价值，为涉疆决策提供有价值、有分量的决策参考和政策建议。

新疆智库研究成果丰富多样。新疆智库的主要成果形式包括专著、译著、资料集、专题论文、研究报告等。

新疆智库有畅通的成果发表和报送渠道。新疆智库研究成果发表和报送渠道有下列几方面，一是基础研究成果发表渠道，包括专著、译著和论文等，可通过出版社、学术期刊公开出版和发表。二是研究报告上报渠道，中国社科院信息情报院专门开辟有新疆智库上报通道，刊发重要研究报告，可直接上报中央及有关部门；此外，新疆智库办公室创办有《新疆调研》，刊发一般研究报告，可上报国家有关部委和新疆维吾尔自治区党委、新疆生产建设兵团等部门；三是创办《新疆研究》杂志，旨在为新疆智库研究提供学术论文刊发渠道。

作为中国社科院的新型智库，新疆智库在管理上将追求创新，拟定《新疆智库管理办法》《新疆智库经费管理办法》和年度《课题指南》。这些管理办法将会根据国家高端智库建设的政策规定，逐步调整和完善。

（供稿：许建英，中国社会科学院中国边疆研究所研究员）

【云南大学】

云南大学建于 1922 年，时为私立东陆大学，1934 年更名为省立云南大学，1938 年改为国立，是我国西部边疆最早建立的综合性大学之一。1946 年被《不列颠百科全书》列为中国 15 所世界著名大学之一。2012 年成为国家"中西部高校基础能力建设工程"和"中西部高校提升综合实力工程"实施院校。现有教职工 2899 人，专任教师 1691 人。

由于区位的因素，云南大学一直十分重视边疆研究。私立东陆大学即有筹设滇边调查部的计划；1935 年方国瑜参加中英会勘滇缅南段未定界并考察滇西；1938 年方国瑜与凌纯声在昆明创办《西南边疆》、顾颉刚负责编辑昆明《益世报·边疆周刊》；1942 年成立西南文化研究室，出版"西南研究丛书"10 种；1948 年江应樑代表社会学、民族学、人类学界阐述"西南学"；1950 年以后，参加少数民族社会历史调查和民族识别工作、承担《中国历史地图集》西南部分的编绘工作、成立西南边疆民族历史研究所、西南古籍研究所等科研机构；2000 年建立教育部重点研究基地云南大学西南边疆少数民族研究中心。经过几代学者长期的努力，到 21 世纪初，云南大学在边疆问题研究方面已形成了一支颇具规模的学术队伍，产生了大批有重要学术影响的成果，受到学术界的广泛关注。

有鉴于此，2002 年林文勋教授牵头向学校提出开展中国边疆学学科建设的建议。学校因而抓住"211 工程"三期建设的契机，设立了"西南边疆史与中国边疆学"重点建设项目。2008年，在历史学一级学科之下自主增设中国边疆学专业博士点，并开始招收博士研究生。通过将区位优势转化为学科优势，再将学科优势转化为人才培养的优势，云南大学边疆问题的研究与人才培养蓬勃发展，积累了深厚的学术基础，并呈现出旺盛的发展潜力。

目前，边疆研究已经成为云南大学重要的优势和特色学科。研究人员集中分布在历史系、民族研究院、国际关系学院、民族政治与边疆治理研究院、中国陆地边疆治理协同创新中心等。

历史系现有中国古代史、中国近现代史、中国民族史和世界史4个教研室；有中国经济史研究所、民族考古研究与文物评估中心、亚非研究中心、西南古籍研究所、西南环境史研究所等研究机构；以"立足边疆、跟踪前沿、发挥优势、办出特色、服务社会"为建设思路，通过建设提升学科的创新能力和服务社会能力，力争建设成为科学研究的高地、人才培养的基地、国家与地方政府在民族、边疆及有关问题方面的思想库，在历史学科领域内形成一支高水平的具有可持续创新能力的学术队伍。

民族研究院下设宗教文化研究所、民族史研究所、边疆学研究所和人类学研究所。其中，边疆学研究所以云南边疆民族社会文化变迁为重点研究对象，力图在跨境民族问题及东南亚民族问题研究中突出学科特色，在学科发展与学术为社会服务中做出更大贡献。

国际关系研究院下设西南亚研究所、东南亚研究所、南亚研究所、非洲研究所（中心）4个实体，以及中国西南对外开放与周边安全研究中心、GMS研究中心、印度研究中心、能源安全与战略研究中心、缅甸研究中心等开放式机构。国际关系学科以西亚非洲、东南亚南亚为重点，以周边问题和能源安全研究为亮点，融国际政治、国际经济与贸易、国际法律、国际教育、国际河流与跨境生态安全研究为一体，同时将国际关系学科与中国边疆问题有机结合，积极推进中国边疆学和国际关系学科区域建设。

民族政治与边疆治理研究院主要开展民族政治学基本理论的深化和拓展研究、中国民族问题的政治学研究、中外民族政治比较研究、边疆政治学基础理论研究、边疆治理理论与实践研究、我国陆地边疆及其治理研究、我国利益边疆及其治理研究、我国安全边疆及其治理研究、中外边疆治理的比较研究、周边国家治边政策对我国边疆治理带来的挑战研究。并在协同创新、咨政服务、国家重点学科建设等方面付出努力。

2013年10月，由云南大学牵头组建的中国陆地边疆治理协同创新中心获省级认定。中心核心目标是在国家治理体系和治理能力现代化推进过程中服务国家战略。

团队成员入选2011年《国家哲学社会科学成果文库》1项，近3年获得国家哲学社会科学基金重大项目3项、云南省哲学社会科学重大规划项目2项、云南省哲学社会科学重大招标项目近10项。其中，仅云南通志馆征集各县资料整理汇编就达一千余万字。

已出版云南大学史学丛书、云南大学民族研究丛书、云南大学宋史研究丛书、云南大学中国经济史研究丛书、云南地方经济史研究丛书、云南大学中国民族史丛书、云南大学"中国边疆研究丛书"近百种。方国瑜教授主编的《云南史料丛刊》13卷被学术界誉为"云南文化建设的里程碑""有益当今，嘉惠后世的名山事业"。《西南古籍研究》2009年入选杨玉圣教授整理的《中国人文社会科学学术集刊名录》。《西南边疆民族研究》多次入选 CSSCI 集刊目录。

经过一代又一代学者的辛勤耕耘，云南大学在中国西南边疆史地、开发、政区、社会、文化、经济、民族与考古、历代治边思想与治边政策、中国西南边疆研究的学术史、西方中国西南边疆研究的学术史、云南与南亚东南亚关系研究、南亚东南亚研究、边疆学学科体系研究等方面积累了丰富的资料，取得了突出的成绩，形成了优良的学风，凝练了明确的学科方向，"已初步在全国树立起了中国边疆学学科的大旗"。

今后，云南大学在前期奠定的基础上，拟拓展研究视野与空间，将云南大学的边疆研究与中国南部边疆的安全问题结合起来；紧密结合国家"一带一路"战略的开展，抓住"走出去"战略及与周边国家和地区的互联互通工程，将云南大学的中国边疆学建设融入"一带一路"战略及"孟中印缅经济带"的建设之中，主动服务国家战略，推动学科建设的发展；加强档案资料、《云南通志馆征集各县资料暨各县地志资料》、少数民族文献资料尤其是域外西南边疆外文（英文、法文）资料的整理与研究；结合政府部门及有关单位智库建设的需要，努力将云南大学的边疆学研究建设成为国家有关中国南部边疆安全及西南边疆与周边国家互联互通工程的最为重要的智库。

（供稿：云南大学）

【复旦大学历史地理研究中心】

复旦大学历史地理研究中心成立于1999 年 6 月，是目前国内研究人员最多、研究方向最全的中国历史地理研究机构。其前身是成立于 1957 年，由我国历史地理学奠基人、著名历史地理学家和历史学家、已故中国科学院院士谭其骧教授创办的复旦大学历史系中国历史地理研究室。1982 年 6 月，经教育部批准，在研究室基础上建立中国历史地理研究所，谭其骧为首任所长。1981 年被确定为首批硕士、博士学位授予点。1987 年被国家教委确定为全国首批重点学科。1988 年被国家教委批准为全国重点学科，九五期间又被列为复旦大学"211 工程"重点学科建设项目。1999 年，入选教育部首批人文社会科学重点研究基地，历史地理研究中心成立。2005 年，历史地理研究国家哲学社会科学创新基地正式挂牌。

历史地理研究中心现有在职人员 33人：教授（研究员）16 人，副教授（副研究员）9 人，讲师（助理研究员）2人，工程师 1 人，行政教辅人员 5 人。其中周振鹤、葛剑雄、姚大力教授为复旦大学文科资深特聘教授。现任所长为张晓虹教授。近年来研究中心引进多为能使用满、蒙和藏等民族语言史料的青年研究人员。全所目前已形成 9 个研究方向：历史自然地理与环境变迁研究；历史疆域政区与历史政治地理研究；历史人口地理与人口史研究；边疆史地研究；历史经济地理研究；历史城市地理研究；历史文化地理研究；历史社会地理研究；历史地理信息系统研究。这些研究方向涵盖了历史自然地理和人文地理两大分支的主要方向，拥有一批国内公认的学科带头人，人才梯队层次分明。

为了推动包括蒙古、西藏、西南地区边疆史地研究，经 2012 年复旦大学第 79次学位评定委员会会议审议，历史地理研究中心在博士学位授权一级学科范围内自主设置了"边疆史地"专业。现有博士生导师及学术带头人姚大力、安介生、王建革、李晓杰等，已招收博士研究生两名。中心边疆史地方向近年的重大课题有：2005 年立项的复旦大学哲学社会科学创新基地重大项目《明清北方边塞地区部族分布与地理及生态基础研究》（安介生主持，2009 年结项）；2008 年立项的教育部人文社会科学重点研究基地重大项目《前现代中国的治边实践与边陲的社会历史变迁》（安介生主持，2011 年结项）；2012 年立项的国家社科重点项目《中国历史民族地理研究》（安介生主持，将于 2016 年结项）等。中心边疆史地方向近年的学术成果主要有：2006 年王建革教授出版《农牧生态与传统蒙古社会》（山东人民出版社）；2007 年安介生教授出版《历史民族地理》（山东教育出版社）；2011 年姚大力教授出版《蒙元制度与政治文化》（北京大学出版社）等。近年来，中心边疆史地方向的重要学术活动有：2012 年 11 月 17—18 日，召开由国家社科重点项目"中国历史民族地理研究"课题组承办的为期两天的"中国历史民族地理"学术研讨会；2013 年 11 月 16—17 日，召开由复旦大学中国历史地理研究所主办的"民族史视角下的国家、人群与地域社会"学术研讨会，此次会议得到与会学者及各方学界的积极肯定，会议的论文集也被日本"东洋文库"收藏；2015 年 11 月 14—15 日，复旦大学西北史地研究青年创新团队举办了"多语言史料背景下的西北研究"青年学者会议。

（供稿：复旦大学历史地理研究中心）

【内蒙古师范大学历史文化学院】

内蒙古师范大学历史文化学院的前身是 1952 年内蒙古师范学院建校时成立的史地专修科和 1953 年成立的文史科。1954 年，史地专修科与内蒙古师专的历史科合并为历史科。1955 年，文史科的历史专业并入。1958 年历史科改建为历史系。2006 年历史系改建为历史文化学院。

目前历史文化学院有历史学、考古学、博物馆学和文化产业管理 4 个全日制本科专业，其中历史学专业设有蒙语授课方向和汉语授课方向，分别使用蒙汉两种语言授课，在校全日制本科生近 700 人；有中国史和世界史两个一级学科硕士学位授权点和中国少数民族史二级学科硕士学位授权点，另有学科教学·历史和课程教学论·历史两个硕士招生方向，在校生研究生近 200 人。截至 2016 年 6 月，历史文化学院有在编教师 38 人，其中党政教辅人员 4 人，专任教师 34 人。专任教师中有教授 8 人，副教授 10 人，讲师 16 人，有博士学位者 21 人，在读博士 8 人。另，学院从中国人民大学、中国社会科学院、陕西省博物馆、内蒙古文物考古研究所、内蒙古博物院、内蒙古社会科学院等教学科研机构外聘兼职教授及硕士研究生导师 20 余人。学院下设有资料室、阅览室、内蒙古通史博物馆、文化产业工作室等教学辅助设施。

学院设有中国北疆史研究中心。2006 年，中国社会科学院中国边疆史地研究中心与内蒙古师范大学签订了合作协议，在内蒙古师范大学筹建中国边疆史地研究中心内蒙古工作站，与内蒙古师范大学中国北部边疆史研究中心合署办公。双方在诸多领域进行了合作与交流。

历史文化学院坚持以科研促教学的理念，立足于中国北部边疆史和中国北方民族史领域，鼓励教师开展科学研究。历史文化学院自 2006 年组建以来，科研工作有了较大的进步。自 2006 年至 2016 年 6 月，共获批国家社科基金项目 14 项、国家社科基金特别项目子课题 9 项、教育部人文社科项目 4 项、内蒙古自治区社科项目 13 项，到账各级各类科研经费 400 余万元。年均发表和出版科研成果 50 项左右，在《中国史研究》《近代史研究》

《世界历史》《当代中国史研究》《史学月刊》《史林》等国内史学专业期刊均有论文发表。出版了 20 余部学术著作；多次获内蒙古自治区哲学社会科学优秀成果政府奖一、二、三等奖。其中以学院教师为主组织编写的《内蒙古通史》于 2008 年被评选为内蒙古自治区哲学社会科学优秀成果第二届政府奖一等奖，并被内蒙古党委组织部、宣传部和新闻出版局推荐为内蒙古自治区处级以上干部选读书目。

历史文化学院经过 60 年的沉淀，学科建设呈现良好发展势头，最近十余年历史学先后被评选自治区级品牌专业（2005 年）、国家级特色专业（2007 年），专门史被遴选为自治区重点学科（2007 年），中国北疆史研究中心被批准为内蒙古自治区人文社会科学重点研究基地（2009 年），教学科研平台体系基本形成。历史学院因此被评选为内蒙古师范大学"十一五"学科建设先进单位；2012 年，被评选为内蒙古师范大学科研工作先进单位。

（供稿：内蒙古师范大学历史文化学院）

【内蒙古社会科学院】

内蒙古社会科学院成立于 1979 年 2 月，是内蒙古自治区直属的综合性哲学社会科学研究机构。目前，全院在职职工 227 人，其中各类专业技术人员 160 名，包括正高级专业技术资格人员 44 名，副高级专业技术资格人员 53 名，中级专业技术资格人员 63 名。享受国务院特殊津贴 11 人，自治区有突出贡献的中青年专家 8 人，入选"草原英才"6 人，入选"新世纪 321 人才工程"42 人次，1 名学者列入中央组织部联系专家行列，5 名学者列入自治区领导干部联系的百名专家行列，4 名学者被确定为自治区非党优秀人才，3 名学者被自治区党委宣传部确定为

意识形态领域"四个一批"人才，1 名学者被评为"改革开放 30 年内蒙古最具影响力的经济人物"。

全院现有历史（成吉思汗）、蒙古语言文字、文学、经济、牧区发展、哲学与宗教、社会学、政治学与法学、民族、草原文化、俄罗斯与蒙古国、公共管理、城市发展等 13 个研究所和图书馆、杂志社、蒙古语言信息技术研发中心和《蒙古学研究年鉴》《领导参阅》编辑部等；设有一个蒙古语言应用开发科研实体和邓小平理论研究中心、蒙古学研究中心、"三少民族"研究中心、内蒙古舆情研究中心等 4 个中心；设有院办公室、科研组织处、人事处、机关党委等 4 个职能部门；还建有设在盟市、不占编的鄂尔多斯分院、呼伦贝尔分院、乌海市分院等 11 个分院。"中国社会科学院内蒙古国情调研基地""中国草原文化研究中心"和"内蒙古草原文化研究基地"设在内蒙古社会科学院。

按照"巩固、调整、发展"的原则，进一步突出优势学科、强化应用学科、扶持新兴学科，学科建设沿着特色鲜明、布局合理的方向不断加强。蒙古学传统优势学科在国内外领先地位进一步巩固和扩大；应用学科在跨学科研究领域开始确立新的优势；草原文化学学科体系基本形成；蒙古语言信息技术等新兴交叉学科已呈现出良好发展势头。特别是中国社会科学院内蒙古国情调研基地、中国草原文化研究中心、内蒙古草原文化研究基地、内蒙古舆情研究中心等设在内蒙古社会科学院，必将有力地推动学科建设和发展。

内蒙古社会科学院加强蒙古学学科建设，在推进人才队伍建设和学术理论创新的同时，抓好平台建设，在我国蒙古学研究进入一个新的发展阶段之际，内蒙古社会科学院抓住机遇，在党和政府的亲切关怀下，经过积极组织联络协调，组建成立

了中国蒙古学学会，于 2011 年 1 月 10 日召开了中国蒙古学学会成立大会。蒙古学学科由此具备由"两会"（即"中国蒙古学学会"和"中国蒙古学国际学术讨论会"）、"两刊"（即《中国蒙古学》和《蒙古学研究年鉴》）构成的高端学术平台，为蒙古学学科的深入发展创造了良好的条件，大大提升了我院在国内蒙古学界的地位和话语权。截至 2015 年，内蒙古社会科学院举办了 4 届中国蒙古学国际学术研讨会（其中第三、四届两次国际学术研讨会是与中国蒙古学学会联合在"十二五"期间召开的），出版 3 本研讨会论文集，在国际学术界产生了较大影响。

草原文化研究依托"中国草原文化研究中心""内蒙古草原文化研究基地""内蒙古草原文化学会"和"中国·内蒙古草原文化主题论坛"等学术平台，不断深化草原文化的学科体系、理论体系研究，继续加强草原文化区域分布、草原文化高峰期及草原文化的历史贡献等方面的研究，取得了长足进步。"草原文化研究工程"二期工程成果《草原生态文化研究》等 10 部专著已交付出版。目前，草原文化研究的理论体系趋于完善，得到领导层、学术界和社会的广泛认可，产生了重大影响。2014 年 6 月和 10 月，由内蒙古社会科学院和内蒙古广播电视大学合作编写的《草原文化》教材（本科生版、高职高专版）由中央广播电视大学出版社出版发行，标志着草原文化研究成果的转化利用迈出了关键的一步，由此开始草原文化真正走进校园、走进课堂、走进人们的头脑。草原文化已成为我区最具影响力的文化品牌。《草原文化研究资料选编》第九、十辑（2 册）、《论草原文化》第十、十一、十二辑已经出版，《草原文化简明读本》作为草原文化研究成果转化的重要项目已于 2015 年开始实施编写

工作。

在应用学科方面，内蒙古社会科学院围绕中心、服务大局，进一步加大应用对策研究的力度，通过主持、承担国家、自治区课题以及实施"中长期工程"等项目形式，对自治区经济社会发展中的重点、难点、热点问题开展研究，取得了显著成效。"十二五"期间，内蒙古社会科学院主持完成国家和自治区级课题的数量显著增加，承担国家社科基金课题 33 项，同比增长 106.25%，已结项 10 项。内蒙古社会科学院承担自治区社科规划课题 19 项，同比增长 171.42%，已结项 12 项。

2013 年，内蒙古社会科学院组织近 30 人的调研力量，分 6 个调研组赴 12 个盟市和区直 5 大文化企业集团进行专题调研，形成《内蒙古文化产业发展研究报告》并获得 2014 年度全区宣传思想文化调研优秀调研报告，受到内蒙古自治区党委宣传部表彰。

内蒙古社会科学院创办的"两刊"（《领导参阅》《内蒙古舆情》）、"一书"（《内蒙古自治区经济社会发展报告》，即蓝皮书）作为经济社会应用对策研究的重要平台，服务咨询水平不断提升。刊登于《领导参阅》《内蒙古舆情》的研究报告先后有近 20 篇得到自治区多位领导同志的肯定性批示，保持了每年较高的批示率，并得到上级领导机关的肯定和自治区同行的广泛赞许。"十二五"期间，完成了一批自治区党委、政府委托的课题，参与自治区、有关厅局、盟市相关重要文件和规划的调研、起草工作并产生良好的影响。

近年来，内蒙古社会科学院承担了一批重大科研项目，完成了一批重要成果，主要是：1. "北部边疆历史与现状研究项目"：该项目是继《东北边疆历史与现状系列研究工程》《新疆历史与现状综合研究项目》《西南边疆历史与现状综合研

究项目》之后又一重大的边疆系列研究工程。"北疆工程"的立项与实施将极大地完善我国边疆地区的系列研究。

2010 年 8 月 23 日，《北部边疆历史与现状研究》项目（以下简称《北疆项目》）领导小组会议暨项目启动仪式在呼和浩特市举行。"十二五"以来，"北疆项目"共立项课题 186 项，已结项课题 115 项，未结项课题 71 项，按期结项率达 90% 以上。已经出版《达斡尔族当代文学研究丛书》（4 册）、《内蒙古边境管理与防务研究》等 5 本专著，已交付出版《布特哈衙门军政制度沿革研究》等 10 部成果。实施跨国、跨领域项目合作，合力打造一批重要成果，与蒙古国有关方面合作出版了《中蒙关系研究》（一）、《中蒙历史学研究文集》；与"内蒙古民族文化建设研究工程"办公室共同立项《清代库伦办事大臣衙门档案汇编》《蒙古族部落的历史变迁》等 27 项《蒙古族部落史》研究项目及《内蒙古农村牧区村嘎查现状抽样调查》项目。

2. "内蒙古中长期经济社会发展研究工程"：自 2012 年该工程立项至今，共立项课题 173 项。2014 年，在确立年度一般性课题基础上，根据习近平总书记考察内蒙古重要讲话精神，并结合自治区党委、政府的中心工作，设立"内蒙古转变发展方式研究"等 27 项长期跟踪研究的系列重点课题。2015 年，围绕自治区党委、政府的中心工作，针对内蒙古经济社会发展中的重大现实问题与理论问题新立项子课题 33 项，在研跨年度课题 16 项。鉴定等级获得优秀、良好的《"十三五"内蒙古城市发展思路研究》等课题成果均提出切实可行、行之有效的对策建议，为内蒙古经济社会发展提供了重要的决策参考。

3. "内蒙古民族文化建设研究工程"：2013 年 5 月 14 日，"内蒙古民族文化建设研究工程"正式启动。该工程计划用 6 年时间完成，经费总投入 1.3 亿元。这是迄今为止内蒙古自治区在民族文化研究领域设立的规模最大、投入资金量最多的研究项目。自工程启动以来，共立项子项目 280 项。2015 年新立项子项目 58 项，其中社会历史调查系列 33 项；研究系列 25 项；蒙古文蒙古学文献、档案扫描整理出版项目进展顺利，即将出版蒙古学文献、档案 40 种，其中蒙古学文献 14 种、阿拉善档案 16 种、鄂尔多斯档案 10 种；翻译系列第一批 23 项成果已与社科文献出版社签订出版合同，即将出版；"内蒙古民族文化数据库"完成标准制定、平台搭建等重要工作环节，部分子库开始进行数据加工。

在内蒙古民族文化建设研究工程中已有《内蒙古十大文化符号调查评选》《内蒙古知名敖包普查》《蒙古族图腾调查》等项目结项。其中《内蒙古十大文化符号调查评选》课题成果通过新闻发布会向社会公布后，引起了广泛关注和热烈反响，得到中共中央政治局委员、书记处书记、中宣部部长刘奇葆同志的重要批示，获得了自治区党委宣传部 2015 年度文化工作创新奖。我院与内蒙古蒙语卫视联合摄制的 11 集电视系列访谈节目——《专家解读"内蒙古十大文化符号"》，播出后引起很好的社会反响。

4. "草原文化研究工程"："草原文化研究工程"是内蒙古社会科学院重大学术文化工程。其一期工程系 2004、2005 年度国家社科基金特别委托项目、重大委托项目、自治区建设民族文化大区重点项目。该"工程"首次将草原文化作为整体的独立的研究对象进行深入、系统的研究，已出版、发表以《草原文化研究丛书》（11 卷 12 册）为标志的 1000 多万字的科研成果，提出系统的前沿观点，初步构建了草原文化学科的理论体系，并逐步把草原文化研究推向国际学术领域。在全国率先提出的"草原文化核心理念""关于设立草原文化遗产保护日的建议"，被自治区政府采纳。"工程"实施以来，已有5篇系列论文和《草原文化研究丛书》分获自治区第八、九届哲学社会科学优秀成果奖政府奖一等奖。2008年6月，该"工程"二、三期工程项目获准立项为2008年度国家社科基金特别委托项目。

该"工程"一期工程取得的一系列突破性成果，在学术文化领域引起较大反响，得到党和国家领导人的肯定与好评。全国社科规划办公室"简报"指出："这一重要成果开辟了中国文化研究和民族文化研究的一个新领域，使草原文化研究向理论化、系统化和体系化发展。"

"工程"三期项目进展顺利，2015年新立子项目10项，其中，《草原文化简明读本》作为草原文化研究成果转化的重要项目已于2015年开始实施。《草原文化研究丛书》第二辑（10册），《论草原文化》第十、十一、十二辑已经出版。

5. 蒙古语语料库建设工程：2015年完成近2000万词的文献语料的扫描、编号、录入工作，完成500万词的机器校对和人工校对工作，一期工程成果蒙古语言语语料库展示系统于2015年12月30日通过专家评审。

6. 其他项目：《〈元史〉汇注》项目已于2016年4月29日通过专家会议评审，专家评审组认为，《〈元史〉汇注》的完成是对《元史》所做的一项功德无量的研究工作，体现了中外自明代至今的《元史》研究重要成果和当代《元史》研究的最高水平，是对《元史》研究的重要贡献，具有重大的学术意义。

完成了蒙古文《大藏经》400卷影印本的出版工作。"蒙古语大辞典"完成了工程编写、文本语料选择及外国文学作品

语料的搜集等工作，已按计划开始编纂。《内蒙古旅游文化丛书》（修订再版）经过修订已于2014年1月重新编撰出版。《内蒙古自治区经济社会发展报告》（蓝皮书）于2014年全面改版，提高了服务决策的水平和时效，并及时向自治区"两会"的人大代表、政协委员赠阅。《固什汉蒙词典V2.5》完成了全部研发工作并已投入使用，成为首部将汉蒙对照词典的蒙译部分全部用传统蒙古文和西里尔蒙古文两种文字表述的词典。

（供稿：内蒙古社会科学院）

【陕西师范大学中国西部边疆研究院】

陕西师范大学中国西部边疆研究院是2013年在我校原西北民族研究中心基础上组建的独立研究实体，正式成立于2001年9月，为陕西省（高校）首批哲学社会科学重点研究基地。目前（2016年5月）研究院共有专职教师和研究人员14人，其中教授（研究员）8人，副教授（副研究员）4人，讲师2人，在站博士后科研人员2人。此外，研究院还聘请了兼职教授10人，专兼职研究人员总规模为24人。研究院下设5个研究所、4个田野工作站以及办公室、资料信息中心、民族学田野实验室等常设机构；另设学术委员会，为研究院最高学术评价与决策机构。

研究所是研究院的核心机构，目前设置的5个研究所分别为西部边疆发展战略研究所、西部边疆民族历史与文化研究所、西部边疆国际环境与地缘政治研究所、西部边疆宗教文化研究所和回族—东干学研究所。

田野工作站是研究院的派出机构，由我校与西部边疆地区相关单位合作组建，计划设置的5个工作站分别是：新疆乌鲁木齐工作站、和田工作站、伊犁工作站、

喀什工作站和西藏拉萨工作站。

自从 20 世纪 50 年代以来，经过马长寿先生及其弟子半个多世纪、3 代人的共同努力，本研究院目前在西部民族史和民族关系史、西部边疆民族与邻国交往史、西部民族文化与宗教、西部民族地区环境与社会经济发展、中亚地缘政治与中国西部边疆国家安全等方向的研究在国内民族学界独树一帜，一些领域的研究成果居于全国领先水平，成为有一定影响的学术团体。理论与实证、历史与现实、田野与文献研究相结合是研究院的最大特色。

本研究院学科带头人周伟洲教授为教育部社会科学学术委员会社会学与民族学学部委员，国家有突出贡献专家，陕西师范大学首批资深教授。专任教师中有教育部"长江学者"民族学（藏学）特聘教授 1 人，3 人入选教育部"新世纪人才支持计划"，1 人入选陕西省"百人计划"，2 人入选陕西省"青年人文英才"，1 人获得"福特基金"前往海外进行田野研究。中青年教师都具有博士学位，大部分有留学哈佛大学、哥伦比亚大学、斯坦福大学、加州大学伯克利分校、康奈尔大学和伦敦大学等国外一流高校的经历，国际化视野较好。

研究院于 2003 年获得民族学、中国少数民族艺术硕士学位授予权；2006 年获得民族学硕士一级学科授予权，同时还获得中国少数民族史、宗教学两个博士点；其中中国少数民族史和宗教学学科为陕西省重点学科。2012 年民族学专业获准设立博士后科研流动站。研究院目前在读硕博士研究生 112 名（含国外留学生）。2013 年，我院边疆学立项成为我校重点建设的交叉学科。在 2013 年 1 月 29 日教育部发布的 2012 年学科评估结果中，研究院主持建设的民族学学科在全国综合排名为第六，2015 年成为我校一流学科第一层重点建设学科。

研究院专职科研人员近 5 年争取到了包括国家社科基金重大招标项目、重大委托项目以及重点项目在内的 23 项省部级以上科研课题，在研经费达到 500 万元以上；在包括《中国社会科学》《民族研究》《世界民族》《中国史研究》《世界宗教研究》等权威刊物在内的学术期刊上发表论文 80 余篇，在人民出版社、中华书局、商务印书馆、中国社会科学出版社在内的国家级出版社出版专著十余部；获得了包括教育部科学研究（人文社科）优秀成果一等奖在内的一批标志性学术成果；主持了包括国家社科基金重大项目和重点项目以及教育部重点研究基地重大项目等在内的一批标志性科研项目；获得了包括全国百篇优博论文（提名奖）和"万人计划青拔人才"在内的标志性高层次人才培养成果。1 名教师当选教育部首届民族学教学指导委员会委员，5 人次担任全国一级学会副会长以上职务，10 人次当选常务理事和理事。

自 2002 年开始，本中心按照国际学术规范已经举办了 16 届"马长寿民族学讲座"，邀请海内外一流学者开展前沿性的学术交流活动；以年刊的形式连续出版了 12 辑《西北民族论丛》（2012—2013 年入选 CSSCI 核心集刊），并主编出版了 15 种"西北民族研究丛书"（均由中国社会科学出版社出版），集中展示研究院具有标志性的科研成果。2006 年中心整理出版了马长寿先生和周伟洲先生的 10 部民族史著作，由广西师范大学出版社出版，并将马长寿先生的遗作整理、编辑出版，主要包括《马长寿民族学论集》（人民出版社 2003 年）、《凉山罗彝考察报告》（巴蜀书社 2006 年）。

此外，研究院还与欧美、东亚、东南亚、中亚和中东等地的高校及科研机构建立了广泛的学术联系，通过人员互访、共同举办学术会议、开展合作研究、联合培养研究生等形式构建学术共同体，共同为国家"一带一路"建设战略，特别是"丝绸之路经济带"沿线各国和地区民心相通创造良好的社会氛围。至于每年主办全国性的各种学术会议、学者互访和讲学、研究生访学与学术信息交流，早已成为一种常态。

在社会服务和咨政参政方面，研究院陆续撰写并提交了包括《成果要报》在内的一批标志性咨政报告，得到中共中央政治局、中央统战部、国家民委、教育部和陕西省委等领导的批示和好评。1 名教师受中国外交部派遣和乌兹别克斯坦共和国中央选举委员会邀请，担任乌兹别克斯坦共和国议会和总统大选国际观察员。研究院为中央民族工作会议提交 4 篇咨询报告，2 名教师应邀参加了中央"7.5 事件"调研活动，3 名教师入选国家新疆智库首批专家委员会委员，1 名教师受聘为中央统战部民族工作咨询专家，3 名教师受聘为首批陕西省宗教工作专家。此外，研究院长期为省市党政各级部门提供政策咨询和专题学术讲座，并连续 3 年为省干部培训基地讲授"丝绸之路经济带上的民族与宗教问题"专题课程，得到省委、省政府领导和各级干部的好评，为国家和地方社会发展做出了一定的贡献。

依据学校建设规划，将进一步提高研究院的硬件条件建设标准，确保研究院的办公与科研空间达到 600—800 平方米。学校将采取积极措施，在研究院建设一个数量满足研究要求、有特色的文献信息中心；同时还将努力推进研究院的数字化平台建设。

研究院的建设目标是：围绕国家和西部边疆社会经济发展战略中具有重大影响和学科前沿性的理论与实践问题，组织高水平的科研项目，产出创新性的成果；建立知识创新机制，使科学研究的整体水平居国内外领先地位；重点提高解决重大实践问题的综合研究能力和参与重大决策的能力，3—5 年内成为全国在国家西部边疆安全战略、西部边疆经济社会发展、民族与宗教问题等领域知名的思想库和咨询服务基地。

（供稿：王欣，陕西师范大学中国西部边疆研究院院长、教授）

【黑龙江大学】

黑龙江大学是教育部与黑龙江省人民政府共建的有特色、高水平、现代化地方综合性大学，坐落于北国冰城哈尔滨，其前身是 1941 年成立的中国人民抗日军政大学第三分校俄文队。自建校以来，黑龙江大学一直秉持教学立校，以优质的教育资源为依托，为国际社会经济发展培养高素质、复合型、创新性高级专门人才。黑龙江大学学科门类齐全、综合优势明显，共设有 31 个教学院部，拥有涵盖哲、经、法、教、文、史、理、工、农、管、艺 11 个学科门类的本科专业 81 个，拥有博士学位授权一级学科 5 个，硕士学位授权一级学科 28 个，硕士专业学位类别 12 个，可设置二级学科博士点 54 个、二级学科硕士点 199 个；2 个国家重点学科（含培育），1 个学科群、12 个一级学科为省级重点学科；拥有 7 个博士后科研流动站，3 个博士后科研工作站。现拥有国家级特色专业 10 个、省级重点专业 27 个，国家级精品课程 10 门、省级精品课程 50 门，国家级教学团队 6 个、省级教学团队 8 个，国家级人才培养模式创新实验区 2 个，国家级实验教学示范中心 1 个、省级教学示范中心 6 个，入选国家"十一五"规划教材 34 部，被教育部确定为全国首批 9 所创业教育试点院校之一。与俄罗斯新西伯利亚国立大学联合设立的中俄学院被教育部列入全国 17 所国家教育体制改革试点学院之一。

黑龙江大学历史文化旅游学院前身是1959年筹备设立的历史系，2000年3月更名为历史文化旅游学院。学院现设有历史学、旅游管理、考古学3个本科专业，拥有世界史和考古学两个硕士学位一级学科授权点以及中国古代史、专门史、史学理论与史学史、旅游管理等4个硕士学位二级学科授权点。历史学和旅游管理专业为省级重点专业，拥有黑龙江流域文明研究中心和黑龙江旅游产业发展研究中心2个省高校重点人文社科研究基地。学院还拥有中国北部边疆历史文化研究所、国际礼仪与跨文化沟通研究所和《当代旅游》学术期刊。学院拥有一支素质较高、梯队合理、科研能力强、教学质量优的师资队伍。在国内具有一定知名度和影响力的专家学者，成为学院教学科研的骨干力量。学院现有教职工42人，其中专任教师34人，教授11人，副教授13人，教师中具有博士学历（包括在读博士）24人，基本形成一支职称、学历、年龄、学缘结构合理，专业基础扎实、教学水平较高、科研能力强的师资队伍。近年来学院教师科研成果丰硕，先后承担国家社科规划重点及一般项目14项，教育部社科规划重点及一般项目6项，全国古籍整理项目2项，黑龙江省社科规划重大委托、重点和一般规划项目22项。其中比较有代表性的成果有霍明琨教授主持的国家社科基金特别项目"北部边疆历史与现状研究"、石岩教授主持的教育部人文社会科学研究项目"中国北方先秦时期青铜器研究"、段光达教授主持的黑龙江省社会科学研究规划年度项目重大决策咨询项目"黑龙江历史文化资源与文化产业对接研究"、祁颖教授主持的黑龙江省社科规划项目"黑龙江民族旅游地文化变迁与发展研究"、王乐文副教授主持的黑龙江省社科规划项目

"唐以前黑龙江流域聚落考古研究"等。

（供稿：黑龙江大学历史文化旅游学院）

【吉林大学边疆考古研究中心】

吉林大学考古专业成立于1972年，由张忠培先生任专业负责人，1973年开始招收本科生。考古专业成立之初即把田野考古作为教学和科研的重点，先后发掘了大安汉书、江陵纪南城、易县燕下都、东宁团结等遗址。80年代初又在张家口、晋中等地设立田野考古基地。1985年增设博物馆学专业，并招收本科生。1986年成立独立的校属科研机构——吉林大学中国北方考古研究室。1987年经学校批准，考古学专业和博物馆学专业从历史系分离出来，组建独立的考古学系，由林沄教授任系主任。1999年，为进一步发挥我校在边疆考古研究方面的优势，有利于相关综合性研究课题的设计与实施，在原北方考古研究室的基础上，通过人员重组和机构改革组建吉林大学边疆考古研究中心，由朱泓教授任中心主任。2000年经教育部批准，该中心入选教育部百所人文社会科学重点研究基地。

边疆考古研究中心所依托的考古学及博物馆学学科是1981年国务院学位委员会颁布的第一批博士学位授权点，后成为吉林省重点学科。中心成立之后，吉林大学考古学及博物馆学学科进入了一个新的发展阶段。2000年获得历史学博士后科研流动站，同年中心承担的东北边疆考古研究课题被列入"十五"期间国家"211工程"重点学科建设项目。2005年，以边疆考古研究中心为依托单位申报的中国边疆史地创新基地入选"985工程"国家哲学社会科学创新基地。2007年考古学及博物馆学增列为国家重点学科，在2012年教育部公布的全国大学一级学科排名中，吉林大学考古学科在参评的35

所大学中排名第二位。2013 年 8 月，吉林大学与北京大学、西北大学、四川大学等单位联合共建的"边疆考古与中国文化认同"协同创新中心正式挂牌运行，成为"2011 计划"的重点培育学科。同年，边疆考古研究中心与加拿大西蒙菲莎大学合作建立了生物考古联合实验室。2014 年，吉林大学被国家文物局批准为体质人类学与分子考古学重点科研基地。

边疆考古研究中心以中国边疆及毗邻地区的古代人类、文化与环境为主要研究对象，下设史前考古研究室、历史考古研究室、人类学研究室、考古 DNA 实验室 4 个子机构，现有专职科研人员 11 人（均为正高级职称），兼职科研人员 16 人（正高级 14 人，副高级 2 人），行政人员 3 人。第二届中心学术会委员主任为林沄教授（吉林大学），副主任为朱泓教授（吉林大学），委员为：王巍（中国社会科学院考古研究所）、霍巍（四川大学）、高星（中国科学院古脊椎动物与古人类研究所）、赵辉（北京大学）、乔梁（中国文化遗产研究院）。现任中心主任为朱泓教授，副主任为滕铭予教授、王立新教授、刘艳副研究员，主任助理为彭善国教授。

2000 年以来，中心先后承担了多项重大课题，取得了一系列创新成果，已成为中国边疆考古领域最富影响力的研究重镇；通过吸纳研究生参与重大课题的实施，造就了一批具有较强研究能力的人才，已成为国内高层次考古人才的培养基地；中心与美、俄、蒙、以等国家积极合作开展考古调查与发掘，构建了边疆考古领域开放的国际学术交流平台；通过不断丰富、充实图书及研究标本，成为边疆考古重要的信息资料库；中心还利用研究优势，在世界文化遗产申报、文物保护等方面积极为国家提供决策咨询及技术支持。

边疆考古研究中心的总体目标是以中国边疆地区的人类、文化与环境作为主攻方向，保持聚焦学术前沿，引领学术发展，将中心建设成为国内领先、国际一流的科学研究中心、人才培养中心与信息交流中心。

边疆考古研究中心的建设思路是：

1. 通过平台建设整合各类科研资源，开展学科创新。重点建设具有特色和优势的生物考古学，使其综合研究实力进入国际领先行列。

2. 围绕国家、地方与学校的重大需求，积极争取各级各类科研项目。同时，保质保量完成已有科研项目，进一步提高科研成果质量。

3. 在抓好现有在编人员特别是青年教师的培养和提高的同时，吸引海内外名校的优秀博士来中心工作，促成不同学术传统、不同学术风格在同一学术团体中的有机交融。

4. 坚持以科研促进教学的方针，注重科研成果向教学资源的转化。

5. 采取"请进来，送出去"的办法，不断加大国际合作的广度与深度，提升基地在国际考古界的影响力。

6. 发挥基地在边疆地区文化、民族与疆域研究方面的优势，为政府主管部门制定相关对策提供咨询服务，并积极承担边疆地区文化遗产的规划设计及保护工作。

（供稿：吉林大学边疆考古研究中心）

【吉林省社会科学院（社科联）】

吉林省社会科学院（社科联）是中共吉林省委直属的、全省唯一的社会科学综合性研究机构，是全国地方社科院中历史较悠久、学科较齐全、科研力量较雄厚的科研单位之一。2001 年在全国率先完成了事业单位的改革，4 个单位即吉林省社会科学院、吉林省社科联、吉林省经团联和吉林省委讲师团合并重组，整合了省内的社会科学资源，实现了优势互补。

吉林省社会科学院（社科联）现有人员296人，其中科研人员及科辅人员189人，行政人员94人，其他人员13人。在学术梯队上，形成了一批老中青结合、在学术上有一定造诣、在我省具有一定学术地位的专家队伍。现有研究员49人，副研究员65人；全国文化名家及"四个一批"人才1人，享受国务院政府津贴4人，省管专家6人，资深专家1人，省突出贡献中青年专业技术人员11人，省拔尖创新人才11人。吉林省社科院现已出版7批21本《吉林省社会科学院专家文集》，宣传这些专家学者的学术观点和影响。按照教育部《学位授予和人才培育学科目录》分类统计，重组后的院（会）拥有14个研究所，2个研究中心（吉林省日本侵华历史研究中心、伪满洲国史研究中心），代管吉林省东北亚研究中心和吉林省高句丽研究中心。13个重点学科基地，共有一级学科13个，二级学科29个。现已形成三大研究领域，即吉林经济与社会发展研究、东北边疆历史与文化研究、东北亚国际关系问题研究，形成了具有吉林省社会科学院（社科联）特色的科研优势。

其中东北边疆历史与文化研究具有传统科研优势，在东三省及全国具有一定影响。如吉林省高句丽研究中心，日常工作由省委宣传部负责管理，机构设在吉林省社会科学院，中心设办公室、研究室、《东北史地》杂志社三个处级机构。主要职责是负责制定全省高句丽等边疆史地重大问题的规划及重点课题的确定；负责对省内大专院校、科研院所和专家、学者研究高句丽等边疆史地重大问题的组织、协调、联络、服务工作；负责高句丽研究队伍建设规划，开展培训、指导和交流活动；负责高句丽研究成果的宣传、普及工作等。

历史研究所前身是成立于1958年的中国科学院吉林分院历史所和成立于1962年的东北文史所，主要侧重于东北边疆地方史、民族史、经济史、文化史，以及图们江鸭绿江流域开发史和东北人民反侵略斗争史的研究。

吉林省社会科学院（社科联）以学术著作、论文、调查研究报告、资料翻译和文献整理等形式向社会提供科研产品。建院以来，共发表科研成果近一万项，其中著作类成果一千余部，学术论文与研究报告类成果一万余篇。这些成果获国家级奖励30余项，获省社会科学优秀成果奖260余项。主要代表作有《中国东北史》（6卷）、《吉林通史》（3卷）、《吉林历史与文化研究丛书》（10卷）、《东北文学通史》（2卷）及《中朝边界史》。近年来，积极响应中央加强中国特色新型智库建设的号召，深入开展决策咨询研究。2013年创办《决策咨询专报》以来，共上报研究报告68篇，其中多项建议直接进入省委省政府的相关文件，有些建议直接被中央领导人肯定，有些建议已经转化为实际生产力。

2001年，吉林省社会科学院（社科联）提出"开门办院、合作办学"的方针，与省内十几所高校在共建重点学科基地、创新人才培养模式、搭建协同创新平台、打造高端智库、开展学术交流等方面开展多层次合作。

近几年，由吉林省社科院牵头主办的"东北亚智库论坛"产生了重大影响，已成为中国四大智库论坛之一。论坛每两年一次，根据东北亚发展的态势和走向每年选定不同的主题和议题。2015年，吉林省社会科学院成功举办了首届"中国吉林省与俄罗斯远东地区经济合作圆桌会议"，该圆桌会议一年一次，由中俄双方轮值举办。

为促进哲学社会科学事业的发展，拓宽学术领域，繁荣学术研究，吉林省社会科学院（社科联）先后接待了来自日本、韩国、朝鲜、美国、俄罗斯等十几个国家和港澳地区的访问学者，选派多批研究人员到美国、日本、韩国、朝鲜、意大利等国家进行考察、讲学、进修和参加国际会议。

吉林省社会科学院（社科联）有3个在国内外公开发行的学术性期刊《社会科学战线》《经济纵横》和《东北史地》；一个公开发行的社会科学普及刊物《现代交际》；其中，《社会科学战线》是改革开放前面世的大型综合性学术期刊。《东北史地》于2004年1月出刊，在国内外具有特殊影响力，被誉为"中国高句丽研究第一刊"。

吉林省社会科学院（社科联）图书馆，总藏书达10万余种，46万余册。馆藏书门类齐全，数量较大，种类繁多，学术价值较高。特别是新中国成立前及五六十年代出版的文史哲方面的学术著作基本完备，有一批珍贵的东北边疆史地文献资料。

（供稿：吉林省社会科学院）

【吉林大学高句丽渤海研究中心】

吉林大学高句丽渤海研究中心的前身是2002年由著名历史学家张博泉教授、著名考古学家魏存成教授共同创建的"吉林大学东北历史与疆域研究中心"，2014年5月更名为"吉林大学高句丽渤海研究中心"。2014年12月15日，该中心被列为"吉林省人文社会科学重点研究基地"，2015年12月被列为"吉林省教育厅首批吉林特色新型高校智库"，2016年4月被列为"吉林大学哲学社会科学学校级重点研究基地"。目前，中心下设高句丽渤海考古、高句丽渤海历史、

朝鲜半岛问题3个研究室，拥有校内专职、兼职研究人员16人，其中，教授11人、副教授2人、讲师3人。在学术研究方面，中心成员正在开展的课题项目包括——国家社科基金重大课题项目2项、教育部重大攻关项目1项、教育部人文社会科学重点研究基地重大项目5项、国家社科基金一般项目3项、国家社科基金特别委托项目3项。在学术成果方面，该中心成员出版了《东北古代民族、考古与疆域》《高句丽考古》《渤海考古》《古代东北民族朝贡制度史》等数十部学术专著，在CSSCI类专业学术期刊发表学术论文数百篇；其中，一些著作、论文被国外学术界翻译成韩文、日文、俄文出版或刊载，形成了广泛的国际学术影响。在对外学术交流方面，2015年9月，中心与吉林大学边疆考古研究中心联合主办了"东北亚古代社会与文化国际学术研讨会"。

（供稿：吉林大学高句丽渤海研究中心）

【通化师范学院高句丽研究院】

一、发展历程

1995年7月，通化师范学院高句丽研究所成立，这也是我国东北地区大专院校和科研部门中最早成立的高句丽历史文化研究机构。2006年1月，扩建为高句丽研究院。目前承建首批吉林特色新型高校智库——高句丽问题研究智库、吉林省重大需求协同创新中心——高句丽研究重大需求协同创新中心、吉林省高校创新团队——高句丽研究智库建设创新团队、吉林省哲学社会科学研究基地——高句丽文化研究基地、吉林省高校人文社会科学重点研究基地——高句丽与东北民族研究中心、吉林省重点学科——中国史6个省级

科研平台。以高句丽历史与文化为中心研究内容，兼及渤海史与东北民族疆域史研究。下设高句丽史、渤海史、东北民族疆域史3个研究室，现有院长室、研究室、资料室、陈列室、专家咨询室等300多平方米的研究办公面积。

二、团队建设

高句丽研究院研究团队以通化师范学院历史与地理学院为依托，同时广纳校内其他专业人员开展学科交叉研究。现有专职研究人员15人，形成老中青、硕博后、初中高相结合的稳定研究团队。其中教授（研究员）5人，副教授7人，助理研究员2人，助教1人；博士后1人，博士5人，在读博士5人，硕士4人。团队首席专家耿铁华教授获"国务院特殊津贴"，刘智文教授获"吉林省第五批拔尖创新人才"荣誉称号，李岩副教授获"吉林省春苗人才"荣誉称号。团队成员在坚持传统高句丽历史、文化、考古、典籍研究的基础上，研究方向不断拓展至高句丽疆域、礼乐、宗教、灾荒、体育、旅游、都城环境以及和高句丽相关的渤海与东北其他民族历史文化方面。

通化师范学院地处长白山区古代高句丽人活动的中心地域，与高句丽两座都城所在地——辽宁省桓仁县、吉林省集安市相距都在100公里左右，开展高句丽研究具有地缘优势。研究人员不断深入高句丽故都集安、桓仁等地对高句丽文物遗迹深入考察，边学习边研究，边出成果边出人才。还与中国社会科学院中国边疆研究所、吉林省社会科学院、吉林大学、延边大学、集安市博物馆等相关部门和机构建立联系，进行协同创新。

三、研究成果

高句丽研究院20多年来承担并完成了国家和省部级研究项目75项，其中院长李乐营教授主持的"王氏高丽、李氏朝鲜与高句丽关系研究"、首席专家耿铁华教授主持的"高句丽碑刻研究"开创了高句丽历史文化研究团队申报国家级课题的先例。出版《中国高句丽史》《高句丽研究史》《通化师范学院藏好太王碑拓本》等学术著作36部。在《中国边疆史地研究》等国内外专业期刊上公开发表学术论文350多篇，《潘祖荫藏好太王碑早期拓本刍议》被《近代史研究》转载，《新发现的集安高句丽碑初步研究》被《新华文摘》全文转载。学术著作《中国高句丽史》获国家图书奖提名、吉林省政府图书出版奖一等奖、第六次吉林省社会科学优秀成果著作类二等奖。《高句丽古墓壁画研究》获吉林省第八届社会科学优秀成果著作类一等奖，这也是目前业内高句丽研究成果所获最高奖项。《佛教向高句丽传播路线的探析》获吉林省第八届社会科学优秀成果论文类三等奖。《高句丽研究史》获吉林省第十届社会科学优秀成果著作类三等奖。《新发现的集安高句丽碑初步研究》获吉林省第十届社会科学优秀成果论文类三等奖。《高句丽史简编》获吉林省普通高等学校优秀教材二等奖。"发挥特色优势、建设高句丽学科"获吉林省高等教育教学成果三等奖。

四、学术交流

1998年6月高句丽研究院与吉林省社会科学院联合主办了"全国首届高句丽学术研讨会"，参与了中国社会科学院边疆史地研究中心主持的"高句丽问题座谈会"，在通化、集安主办了十多次学术研讨会。2014年协助中国社会科学院中国边疆研究所成功举办"纪念好太王碑建碑1600周年国际学术会议"。团结和凝聚了国内高句丽与东北民族研究的学者和科研队伍，加强了同朝鲜、韩国、日本等国高句丽研究学者之间的交流与往来。研究人员宋伟参加"2015年亚洲及大洋洲体育合作发展论坛暨中国—东盟大众体育合作发展论坛",其论文《高句丽古墓壁画中的民俗体育文化》获评会议论文一等奖,并作大会主题发言,彰显了高句丽研究院研究团队的实力,提高了研究成果的国际影响力。

五、未来目标

20多年来,通化师范学院高句丽研究院无论学术研究的气候冷暖,一直坚守在东北边疆历史文化研究尤其是高句丽历史文化研究的前沿。从历史文献记载出发,尊重考古发掘的成果,尊重历史的真实性,努力还原历史的本来面貌。坚持"研究无禁区,宣传有纪律",坚持"历史与现实分开,学术与政治分开",脚踏实地地进行研究。团队精诚合作,团结奋进,致力于将高句丽研究院打造成为东北亚高句丽研究的资料中心、研究中心、人才培养中心、学术交流中心、咨询中心、协同创新中心,建成东北亚高句丽问题研究智库。

（供稿：通化师范学院高句丽研究院）

【新疆社会科学院】

新疆社会科学院作为自治区党委直属的综合性哲学社会科学研究机构,成立于1981年3月,其前身是中国科学院新疆分院民族研究所和自治区党委宣传部政治理论研究室。目前,设有哲学、经济、中亚、法学、民族、宗教、历史、语言、少数民族文化、农村发展、社会学和中国特色社会主义理论体系研究等12个研究所（中心）；设有图书馆和杂志社,出版有维吾尔、汉、哈萨克3种文字的《新疆社会科学》和汉文《西域研究》共4种刊物；设有办公室、组织人事处、科研外事处等9个职能处室。全院现有在职干部职工230人,离退休130人。有专业技术职称的科研人员178人,研究员33人,副研究员64人,国务院特贴专家21人（其中在职7人,自治区优秀贡献专家15名,中宣部"四个一批"人才2人,自治区"四个一批"人才4人。

自治区党委、政府对新疆社会科学院的定位是"自治区研究宣传马克思主义的坚强阵地,自治区党委、政府重要的思想库智囊团,自治区哲学社会科学研究的学术殿堂,自治区文化软实力的摇篮"。鉴于新疆特殊区情,我院的研究内容和研究成果在全国哲学社会科学领域具有不可替代性。

35年来,我院先后推出了《新疆通史》《绿洲经济论》《泛伊斯兰主义泛突厥主义研究》《福乐智慧》（维汉译本）、《突厥语大词典》（维汉译本）、《新疆少数民族文学史》等重要学术著作,产生了较大的社会影响。我院共承担和完成国家、自治区社科基金项目465项,其中国家社科基金项目133项,自治区社科基金项目89项,其他各类课题243项；出版著作802部,发表学术论文、调查报告1万数千篇。获省部级以上奖励240项,其中获全国精神文明建设"五个一"工程奖5项,获国家级科技进步奖1项。

根据国务院新闻办、中央外宣办和自治区党委的要求,我院组织专家起草了我国政府首次发表的《新疆的历史与发展》《新疆的发展与进步》《新疆各民族平等团结发展的历史见证》等3部白皮书,有力地配合了中央和自治区党委关于新疆的涉外宣传工作,受到了社会各界的广泛好评。

我院始终与党中央、自治区党委保持高度一致,始终不折不扣地执行自治区党委的决定和指示。在维护祖国统一、维护民族团结、维护社会稳定和反对"三股势力"的斗争中，我院先后组织专家撰写了《马克思主义"五观"教育读本》《正确阐明新疆历史》《正确阐明新疆民族发展史》《正确阐明新疆伊斯兰教史》《"四个认同"读本》《马克思主义历史观与新疆历史问题》《马克思主义民族观与新疆民族问题》《马克思主义宗教观与新疆宗教问题》等新疆干部学习读本，大力宣传新疆统一于祖国的历史进程，宣传新疆各民族为维护我国统一的多民族国家的形成和发展所做出的贡献，有力地配合了各族干部群众的"五观"教育和意识形态领域反分裂斗争再教育。

长期以来，我院专家学者常年深入南北疆基层、机关和群众中开展宣讲活动，基本覆盖了全疆各县市、各系统、各领域，有力配合了自治区的宣传思想和舆论引导工作，为巩固新疆社会稳定和长治久安的思想基础做出了应有贡献。

2003年以来，我院以《要报》《专报》和《新疆社会舆情报告》为智库建设平台向中央和自治区报送决策咨询意见，并多次得到中央和自治区领导的重要批示，较好发挥了智库作用。

2010年中央新疆工作座谈会以来，我院紧紧围绕社会稳定和长治久安总目标，围绕自治区"去极端化"战略部署，积极作为，主动担当，在发声亮剑、理论研究、舆论引导、咨询建政等方面做了大量富有成效的工作。

近年来，我院每年组织专家完成《新疆经济社会形势分析与预测》《新疆文化发展报告（年度）》和《新疆企业发展报告（年度）》3本蓝皮书，深化细化对新疆经济社会发展的跟踪研究，为党政部门和企事业单位提供理论支持，成为自治区有重要影响的社会科学研究成果，受到自治区党委、政府和社会各界的好评。

今后，我院将进一步深入学习贯彻习近平总书记在全国哲学社会科学座谈会上的讲话精神，紧紧围绕社会稳定和长治久安总目标，依托体制机制创新，加快新型智库建设步伐，不断加大"去极端化"、新疆伊斯兰教中国化、民族团结、"一带一路"、新疆社会治理等重大战略问题的研究力度，不断推出一批有前瞻性、有针对性、有系统性的重要理论成果，为社会稳定和长治久安提供坚实的智力成果，努力谱写具有中国特色、新疆特点的新型智库的新篇章。

（供稿：新疆社会科学院）

【西藏社会科学院（社科联）】

西藏自治区社会科学院于1978年12月筹建，1985年8月5日正式成立，属财政全额拨款的事业单位。2011年5月26日，西藏自治区哲学社会科学界联合会正式挂牌成立，属参公的学术性社会团体，与西藏社科院"一套人马，两块牌子"。目前，单位内设16个工作研究机构，其中，行政职能部门5个（院办公室、政工人事处、科研管理处及社科联学术工作处、联络协调处）、科研所8个（马克思主义理论研究所、民族研究所、宗教研究所、农村经济研究所、当代西藏研究所、经济战略研究所、南亚研究所、贝叶经研究所）；科研辅助部门3个（西藏藏文古籍出版社、《西藏研究》编辑部和文献信息管理处）。同时，西藏社科院（联）对外还承担着3个研究中心和3个协调办公室的挂牌研究工作职能，兼具"西藏藏学研究中心""西藏经济社会发展研究中心""西藏《格萨尔》研究中心"和自治区《格萨尔》抢救办公室、6省区市藏文古籍协作领导小组办公室等职责。现有人员117人，其中科研人员75人、博士6人、硕士50人、本科35人，正高12人、副高25人、中级19人、初级 19 人。

西藏社科院（联）作为自治区哲学社会科学、藏学研究的专门学术机构和学术团体，在自治区党委政府的高度重视和坚强领导下，高举中国特色社会主义伟大旗帜，以马克思列宁主义、毛泽东思想和中国特色社会主义理论为指导，按照中央和区党委关于推进哲学社会科学繁荣发展的部署要求，以高度的政治责任和文化自觉，牢牢把握正确的政治方向和学术导向，紧紧围绕区党委政府的中心工作，服务西藏稳定发展大局，把重大理论和现实问题作为主攻方向，艰苦创业、积极探索、潜心科研、砥砺奋进，发挥好区党委政府"思想库""服务部"的作用，形成了现实与传统并举、基础与应用同步、理论与咨询相结合的学科架构，为建设中国特色、西藏特点的新型智库奠定了哲学社会科学和藏学研究的良好基础。

西藏社科院（联）成立以来，共完成学术专著 200 余部、编著 300 余部、译著 160 余部；在全国各类学术期刊上发表学术论文 4000 余篇，研究报告 500 余篇，立项国家社科基金项目 54 项、西藏自治区哲学社会科学专项资金项目 7 项。一批专著和论文获得"五个一"工程奖、国家图书奖、藏学研究珠峰奖；一批重大成果得到了中央领导和自治区党委、政府领导的重要批示，为西藏各项事业的发展进步提供了学术诠释和理论总结。

同时，西藏社科院（联）坚持开放办院（联）的方针，不断加强与各民族的学术交往交流，积极致力于赢得国际藏学学术话语权。除以强化部门联合为切入点，通过为区直单位，全区市、地、县各级政府和企业提供决策咨询，来加强不同单位、不同部门的合作攻关外，还以推进协同联合为突破口，大力加强社科研究机构之间的交流与合作，不断拓展开放办院的形式和内涵，加强与区内外社会科学研究机构及高校的联系和交流，同时还与世界知名藏学研究机构及藏学家进行交流合作，与全球 20 多个国家和地区的学术机构建有图书交换关系，并与哈佛大学、弗吉尼亚大学、华盛顿大学、牛津大学、剑桥大学、柏林高级研究院、奥地利科学院等国外一些著名大学、科研机构合作进行学术研究。30 多年来，西藏社科院（联）专家学者二百多人次出国访问、讲学、学习，参加各种国际藏学学术会议。在第六届至第十三届国际藏学会和其他各种国际大型学术会议上，西藏社科院的专家学者提交的近百篇学术论文均被收入会议的论文集中。建院（联）以来，西藏社会科学院（联）举办和参与举办有关西藏历史、语言、文学、民族、宗教、哲学等单学科或多学科的学术讨论会，以及全国性、国际性的其他大、中型学术会议 50 多次。

（供稿：西藏自治区社会科学院）

【云南省社会科学院】

云南省社会科学院成立于 1980 年，是云南省人民政府直属的唯一省级综合性哲学社会科学研究机构。主要职责包括：承担综合性哲学社会科学研究工作，负责推动云南哲学社会科学繁荣发展，组织开展马克思列宁主义、毛泽东思想、邓小平理论、"三个代表"重要思想、科学发展观、习近平总书记系列重要讲话精神的学习、研究和宣传；以云南跨越式发展和面向南亚东南亚开放合作中重大战略问题和重大现实问题为重点，开展前瞻性、针对性和储备性政策研究，为省委、省政府提供决策咨询参考；加强新型"云南智库"建设，建设马列主义、毛泽东思想、中国特色社会主义理论体系研究创新的思想宝库，哲学社会科学繁荣发展的学术殿堂，向省委、省政府和社会各界提供具有深厚学理支撑的应用研究和决策咨询研究成果的决策智囊，国际国内学术交流及文化传播的重要平台；围绕国家战略、针对南亚东南亚国家关系、地区安全、国际政治和周边国家与中国关系等重大问题开展全局性、战略性、前瞻性研究，为省委、省政府提供决策咨询和对策建议；组织推动研究成果的宣传与转化，开展与国内外相关智库和研究机构的学术探讨交流，积极展示与宣传云南智库研究成果，不断提高研究能力和水平，扩大云南省在相关研究领域的影响力，增强在相关研究领域的话语权。2006年，省委、省政府给云南省社会科学院加挂了"云南省东南亚南亚研究院"牌子；2009年，依托云南省社会科学院揭牌成立"云南智库"；2015年9月，省委、省政府批准组建"中国（昆明）南亚东南亚研究院"，与云南省社会科学院合署办公，为云南省人民政府直属正厅级公益一类事业单位。目前，云南省社会科学院、中国（昆明）南亚东南亚研究院正在努力建设省内一流、国内知名、国际有影响力的哲学社会科学研究机构和重要智库。

云南省社会科学院、中国（昆明）南亚东南亚研究院现设8个机关处室、19个正处级公益一类事业单位、2个公益二类事业单位；主办《云南社会科学》《华夏地理》《东南亚南亚研究》等公开学术刊物；拥有云南面向南亚开放理论与实践、云南高原特色农业理论与实践研究等2个省级创新团队，成立了8个研究中心，18个科研工作室，16个分院所，15个"科学研究与社会服务基地"。

云南省社会科学院、中国（昆明）南亚东南亚研究院现有专业技术人员252人，占职工总数的88.1%。研究员、副研究员126人，占专业技术人员的44%。拥有国突专家、全国"百千万"人才、万人计划领军人才、中宣部"四个一批"

人才、国贴专家、国家社科基金学科规划评审组专家、云岭文化名家、省突专家、省贴专家、省中青年学术技术带头人及后备人才、省宣传文化"四个一批"人才、优秀社科专家、博士导师等141人次。现有博士37名，在读博士23人，硕士118人，硕士以上人员占专业技术人员的54%。

建院以来共出版专著1500余部，出版工具书、论文集、译著等著作200余部，完成调研报告2000余篇，发表论文20000余篇，提供给各级政府、党委部门的决策咨询研究报告500余份。先后承担国家社会科学基金研究项目109项（其中重大项目1项、重点项目3项）；承担云南省社会科学规划项目114项；承担云南智库课题160余项；承担东南亚南亚研究院课题和民族研究院课题20项；承担省院合作重大项目29项；承担中央有关部委、云南省委、省政府及各有关部门下达的重点研究项目200余项，承担国际合作项目40余项。举办了中国—南亚智库论坛、云南智库论坛（云南智库学习交流活动），组织了"云南智库专家走基层活动"，取得了一批有重要现实意义和重大学术价值的优秀成果。

（供稿：云南省社会科学院）

【广西社会科学院】

广西社会科学院成立于1977年9月，是自治区人民政府直接领导的哲学社会科学综合研究机构，现有11个科研所即东南亚研究所、哲学研究所、区域发展研究所、工业经济研究所、数量经济研究所、农村发展研究所、民族研究所、社会学研究所、文化研究所、台湾研究中心和当代广西研究所；2个科辅部门即信息中心和院刊编辑部；5个行政部门即办公室、人事处、科研处、党群处和后勤处。主管主办 4 个学术刊物即《学术论坛》《东南亚纵横》《经济与社会发展》和《沿海企业与科技》。每年编辑出版广西经济、社会、文化和对外开放等系列蓝皮书 10—12 本。截至 2014 年年底，全院在职人员 135 人，其中副高以上职称 68 人，拥有国家有突出贡献中青年专家 4 人、享受国务院政府特殊津贴专家 19 人、自治区有突出贡献科技人员 6 人、广西优秀专家 9 人，入选自治区"新世纪十百千人才工程"第二层次人选 7 人；有自治区政府参事 2 人、文史馆员 3 人、八桂学者 1 人、自治区特聘专家 1 人。建院以来，承担国家级课题 79 项，省部级课题 133 项，获国家"五个一工程奖"3 项。获历届广西社会科学优秀成果奖共 365 项，其中一等奖 13 项、二等奖 154 项、三等奖 198 项。从 2008 年至 2014 年间获广西社会科学优秀成果奖 91 项，其中一等奖 5 项、二等奖 29 项、三等奖 57 项。近年来，在自治区党委政府的正确领导和自治区党委宣传部的关心指导下，广西社会科学院积极建设中国特色新型智库，努力当好自治区党委政府的"思想库"和"智囊团"，为推动广西与全国同步全面建成小康社会，打造成为西南、中南地区开放发展新的战略支点做出了积极的贡献。

（供稿：广西社会科学院）

【海南省社会科学院】

海南省社会科学院是中共海南省委、省政府管理的正厅级公益一类事业单位，与海南省社会科学界联合会机关合署办公，简称海南省社科联（院），实行"一套人员，两块牌子"的管理体制，主要负责哲学与社会科学研究工作。

海南省社会科学院成立于 2013 年 12 月 25 日，现设科研管理处、国际旅游岛研究所、南海经济社会发展研究所、地方历史与文化研究所等 4 个处级机构。现有财政预算管理事业编制 9 名。以"虚实结合、一体两用""小机构、大网络"为发展思路，致力于马克思主义的坚强阵地、哲学社会科学研究的最高殿堂、地方党委和政府重要的思想库和智囊团建设，努力走具有海南特点的中国新型智库建设之路，以海南经济社会文化改革和发展中的重大理论与现实问题为主攻方向，重在为地方党委和政府的决策服务。

科研管理处主要职责：承担院科研组织、管理及学术活动组织工作，制定实施本院科研工作规划，参与省社科联组织的国家课题的申报、管理及部分课题成果鉴定和转化，负责对外联络及日常办公事务管理。

国际旅游岛研究所主要职责：承担国家和省、市、县有关海南国际旅游岛建设的重大课题研究，重点围绕国际旅游岛建设中的经济社会发展相关重大问题展开应用性研究，为有关单位提供决策咨询和服务。

南海经济社会发展研究所主要职责：承担国家和省、市、县涉及南海问题的研究，重点围绕南海区域的经济发展、资源开发、行政管理、国际关系，以及影响南海经济社会发展的有关问题和东南亚地区的政治发展走向问题开展研究，为有关单位提供决策咨询和服务。

地方历史与文化研究所主要职责：承担国家和省、市、县有关海南历史和文化方面的重大课题研究，重点围绕富有地域特色的琼崖文化、南海文化和黎族苗族文化以及海南现代文化开展研究，为有关单位提供咨询服务。

（供稿：海南省社会科学院）

【东海发展研究院】

"东海发展研究院"是由国家海洋

局、中国社会科学院中国边疆研究所与浙江海洋学院共建的以东海问题为主要学术研究方向的研究机构，成立于 2012 年，拥有一支长期从事东海问题研究的学术团队，团队成员涵盖中、日、韩高校和学术研究机构及国内知名海洋战略、海洋经济及东亚国际问题专家。现有专职人员 12 名，兼职人员 14 名，具有教授职称比例达 40%。

研究院下设"东海战略与安全""东海资源与环境""东海海洋文化遗产保护与传播""东海经济与区域合作"等 4 个主要研究方向。目前主要承担"中国海疆历史图录""清代海洋史大事编年""中国古代海洋文献总目提要"等国家及省部级项目。

研究院先后举办了 3 届"东海论坛"，承办了"中日东海论坛—中日智库对话"等国际东海研究学术会议。邀请国内外著名海洋文化研究专家，聚焦海洋文化、海洋法律、海洋政治等议题，产生重大学术影响。

研究院与日本神奈川大学常民文化研究所、韩国木浦大学岛屿文化研究院等建立了良好的合作关系，构建国际合作进行东海问题研究的良好机制。

研究院的发展目标：建设集学术研究、人才培养、政策咨询、国际交流、社会服务为一体的特色研究基地，成为国家东海问题研究的高端智库。

（供稿：浙江海洋学院东海发展研究院）

【厦门大学南海研究院】

厦门大学南海研究院是在朱崇实校长的倡议支持下于 2012 年 5 月成立并于同年 11 月 3 日正式挂牌运行。其前身可追溯至 2001 年 1 月成立的厦门大学海洋法律中心。南海研究院是由海内外知名学者，国家"千人计划"特聘教授傅崐成老师带领并组织多领域研究人员形成的，以南海问题为主要研究对象的跨学科综合性研究机构。研究院的建立旨在研究南海相关问题并提供政策咨询。

人员组成：学院现有全职教授 4 人、副教授 1 人、助理教授 3 人，博士生导师 2 人，兼职研究人员 130 余人。行政人员 3 人，分别担任办公室秘书、研究生秘书和财务人员。《中国海洋法学评论》编辑部 3 人。学院现设"海洋法学""国际法学"专业，面向海内外招生博士、硕士研究生。学院现有来自伊朗、泰国、孟加拉籍以及国内在校生共 16 人。

厦门大学南海研究院结合厦门大学在东南亚、国际法学及海洋学等研究方面的综合学科优势，对南海问题做了大量基础性及拓展性研究，积极推进国内外及海峡两岸人员的双向流动，成为国家南海法律与政策研究的智库。主要研究领域有：海洋政策与法律、海洋划界与维权、海洋国际关系、航行安全与海上执法、海峡两岸海洋合作、海洋环境保护与资源管理、海洋史地与水下文化遗产、中国海疆的历史文化档案资料、21 世纪海上丝绸之路。海洋法学科是南海研究院的重点学科。南海研究院为了推进海洋法学科的发展，立足南海问题做了大量基础性及拓展性研究，积极推进国内外及两岸人员的双向流动，致力于为国家培养相关领域人才。2006 年创办的马可·波罗—郑和国际海洋法律与政策高等研修班，至今共吸纳近 30 个国家和地区的学员，累计培训近千人。

2014 年 7 月，由南海研究院牵头的福建省社会科学研究基地——海洋法与中国东南海疆研究中心正式成立。该中心旨在以中国东南海域为核心，广泛深入研究该海域所涉及的国际海洋法律与政策、人文历史以及环境与资源保护，为维护我国海洋权益提供国际法及历史依据，为我国东南海域环境保护与资源开发管理建言献策，最终成为具有国际一流水平的国家智库，同时培养硕士、博士及以上层级的高端相关专业人才。中心现拥有校内外主要专、兼职研究员逾百名，其中中组部国家"千人计划"专家2名，中组部"青年千人计划"专家1名，中科院院士1名，"长江学者"特聘教授3名，"闽江学者"特聘学者1名，国际海底管理局（ISA）前首席法律事务官1名，现任联合国大陆架界限委员会委员1名。

南海研究院在各位同仁的努力下，迄今向国家、省部级机构提供十余项重要政策要报，并被重要部门如中央办公厅、外交部、国务院海洋局、海南省委以及最高人民法院等采纳；承担多项国家级、省部级重大课题；出版多部海洋法、国际法系列著作，如《南（中国）海法律地位之研究》《海洋法专题研究》《海洋法精要》《中国与南中国海问题》等；在国内外知名刊物发表论文数十篇。

南海研究院院长傅崐成教授于2005年创办了《中国海洋法学评论》，该刊是由海峡两岸及港澳五校联合主办的海洋法领域中英双语对照的优秀国际学术期刊，被多家国内外知名数据库收录。《南海导报》为中英双语刊物，于2013年1月创刊，旨在为南海研究提供信息咨询，提升我国的话语权。迄今，已发刊逾40期，国际影响力正日益扩大。外媒《THE DIPLOMAT》2015年7月13日发表文章：《中国海洋法律与政策趋向成熟——厦门（大学）的南海研究院体现中国海洋问题研究的成熟》。作者格雷格·奥斯汀对我院进行了专门介绍，称其促进了两岸关系，而《中国海洋法学评论》凸显出了中国在海洋法律与政策学术研究上某种程度的成熟。《环球时报》于2015年7月16日转载了这篇评论。

南海研究院非常重视学术交流，针对各海洋理论与实务问题，先后举办大型国际、国内学术会议53场。邀请多位国内外知名海洋法专家来校做讲座、座谈112次，如葡萄牙海洋部副部长Vasco Becker-Weinberg、国际海洋法法庭书记官Philippe Gautier、台湾大学法学院刘宗荣教授等。2016年3—5月，傅崐成院长受邀先后前往美国、加拿大、荷兰等地参加学术会议，并就南海问题发表了系列演讲。多家主流国际媒体对此进行了报道。傅崐成院长的这一系列演讲使得长期熏陶在欧美观念下的听众更清楚地了解中国的南海政策，澄清了他们对中国南海立场的误解，起到了宣传中国合情、合理、合法的南海政策和正面影响国际秩序的作用。南海研究院在未来的发展中将继续提升整体实力，提高海洋法研究综合实力，增强在国内国际的话语权和影响力；继续增强科研实力，打造一支结构合理、功底扎实、勇于创新的优秀学术团队；积极与各部门合作，打造高端研究平台；坚持走国际化的路线，加强与"21世纪海上丝绸之路"沿线国家的科研合作；深化科研体制改革，加强实务研究，进一步提高育人规模和服务社会的水平。

（供稿：厦门大学南海研究院）

第七篇

中国边疆研究大事记

（1980—2015）

1980 年

3 月 14—15 日，中共中央书记处在北京召开西藏工作座谈会，形成《西藏工作座谈会纪要》。此次座谈会后来一般称为"中央第一次西藏工作座谈会"。

4 月 3 日，中国古代铜鼓研究会成立。

6 月 17 日，著名科学家、中国科学院新疆分院副院长彭加木，在率领科学考察队赴新疆罗布泊考察时神秘失踪。

6 月 30 日至 7 月 11 日，国务院在北京召开海南岛问题座谈会。

是年，云南省社会科学院成立。

1981 年

3 月，新疆社会科学院成立。

4 月，由新疆社会科学院主办的《新疆社会科学》创刊。

7 月 16 日，中共中央书记处召开第 111 次会议，听取了内蒙古自治区工作情况汇报，形成《中央书记处讨论内蒙古自治区工作的纪要》。

12 月，《西藏研究》（汉文版）创刊。

1982 年

3 月 8 日至 4 月 30 日，第三次联合国海洋法会议第 11 期会议以 130 票赞成、4 票反对、17 票弃权的表决结果，通过了《联合国海洋法公约》。

6 月 2—6 日，中国辽金契丹女真史学术讨论会在沈阳召开。

6 月，复旦大学中国历史地理研究所成立，谭其骧为首任所长。

1983 年

3 月 19 日，中国社会科学院中国边疆史地研究中心成立，翁独健为首任主任，邓锐龄为副主任。

4 月 1 日，中共中央、国务院批转《加快海南岛开发建设问题讨论纪要》。

4 月 24 日，中华人民共和国地名委员会受权公布《我国南海诸岛部分标准地名》，共计 287 个标准地名，每条地名包括其标准的汉字书写形式、汉语拼音、部分地名的当地渔民习用名称。

5 月，中国民族史学会成立，选举翁独健为会长。

1984 年

2 月 27 日至 3 月 28 日，中央第二次西藏工作座谈会在北京召开，形成《西藏工作座谈会纪要》。

3 月 1 日，国家民委向国务院作关于抢救、整理少数民族古籍的请示。

4 月 19 日，国务院批准了国家民委关于抢救、整理少数民族古籍的请示，责成各地、各有关部门加强对这一工作的领导，建立全国少数民族古籍整理出版规划小组，由国家民委、教育部、文化部、中国社会科学院下属有关单位和国家档案局共同组成。

5 月 31 日，第六届全国人民代表大会第二次会议审议了国务院关于成立海南行政区人民政府的议案，决定设立海南行政区。西沙群岛、南沙群岛、中沙群岛的岛礁及其海域划归海南行政区管辖。

1985 年

5 月 5 日，由黑龙江省民族研究所主办的《黑龙江民族丛刊》创刊，内部发行。该刊从 1987 年第 1 期开始转为向国内外公开发行，最初为季刊，2003 年改为双月刊。

8 月 5 日，西藏社会科学院成立。

1986 年

5 月 20 日，中国藏学研究中心在北京正式成立，多杰才旦任总干事。

8 月 1 日，全国藏学讨论会在拉萨召开。

8 月 7 日，西藏藏学会在拉萨成立，东嘎·洛桑赤列当选为会长。

1987 年

4 月 17 日，中共中央、国务院转中央统战部、国家民委《关于民族工作几个重要问题的报告》。

9 月，兰州大学历史系主办的《西北史地》上开辟"中国边疆史地研究"学术专栏。至 1989 年 12 月，共出刊 10 期，发表文章 44 篇，40 余万字。

10 月，中国社会科学院中国边疆史地研究中心创办《中国边疆史地研究报告》。至 1993 年 12 月，共出刊 17 期。

12 月 2 日，"纪念中瑞西北科学考察团 60 周年座谈会"在北京科学会堂召开。

1988 年

4 月 13 日，第七届全国人民代表大会第一次会议通过关于设立海南省的决定和关于建立海南经济特区的决议。西沙群岛、南沙群岛、中沙群岛的岛礁及其海域划归海南省管辖。

6 月，中国社会科学院中国边疆史地研究中心创办《中国边疆史地研究导报》。至 1990 年 12 月，共出刊 16 期。

10 月 22—26 日，由中国社会科学院中国边疆史地研究中心与中国人民大学清史研究所联合主办的"中国边疆史地学术讨论会"在北京召开。

是年，《中国藏学》汉文、藏文版正式创刊，为季刊。

是年，中国社会科学院中国边疆史地研究中心组织的"中国边疆史地研究资料丛书""中国边疆史地资料丛刊"开始出版。前者至 1995 年出版 5 种，即《清代边疆史地论者索引》（中国人民大学出版社 1988 年版），刘美崧著《两唐书回纥传回鹘传疏证》（中央民族学院出版社 1988 年版），刘戈、黄咸阳编《西域史地论文资料索引》（新疆人民出版社 1988 年版），李国强、寇俊敏编《海南及南海诸岛史地论著资料索引》（中州古籍出版社 1994 年版），范秀传主编《中国边疆古籍题解》（新疆人民出版社 1995 年版）。后者至 1995 年已出版了 6 卷 9 种 10 册，包括《清代理藩院资料辑录》（赵云田编）、《蒙古律例·回疆则例》等。

是年，"中日共同尼雅遗址学术考察"开始，共历时 16 年，成果丰硕。

1989 年

5 月 6 日，政治大学边政研究所在台北召开"中国边疆研究理论与方法研讨会"。

是年，中国社会科学院中国边疆史地研究中心开始策划"边疆史地丛书"，1990 年黑龙江教育出版社开始出版该丛书，至 2009 年共出版 70 余种。

1990 年

5 月 15 日，中国社会科学院中国边疆史地研究中心召开"边疆史地研究与边疆现状座谈会"。

12 月 7 日，中华人民共和国新闻出版署发文，正式批准中国社会科学院中国边疆史地研究中心创办公开发行的期刊《中国边疆史地研究》。

是年，中国社会科学院中国边疆史地研究中心组织"中国边疆史地研究丛书"由中国社会科学出版社开始出版，至 1995 年第一批出版选题 8 种，已出版 7 种，即《中国古代边疆政策研究》（马大正主编）、《清代的边疆政策》（马汝珩、马大正主编）、《清代边疆开发研究》（马汝衍、马大正主编）、《中国边疆民族管理机构沿革史》（赵云田著）、《辽代经营和开发北部边疆》（林荣贵著）、《康雍乾经营与开发北疆》（袁森坡著）、《中亚浩罕国与清代新疆》（潘志平著）。

1991 年

3 月 1 日，由新疆社会科学院主办的《西域研究》创刊。

7 月，由中国社会科学院中国边疆史地研究中心主办的《中国边疆史地研究》创刊。

是年，中国藏学研究中心、中国西藏文化保护与发展协会、西藏社会科学院主办的"北京国际藏学研讨会"召开，为大型国际性学术会议，此后每 4 年召开一次。

1992 年

2 月 25 日，《中华人民共和国领海及毗连区法》颁布，规定"中华人民共和国的陆地领土包括中华人民共和国大陆及其沿海岛屿、台湾及其包括钓鱼岛在内的附属各岛、澎湖列岛、东沙群岛、西沙群岛、中沙群岛、南沙群岛以及其他一切属于中华人民共和国的岛屿"。该法经中华人民共和国主席令第 55 号公布实施。

9 月 23 日,《西藏的主权归属与人权状况》白皮书发布。

10 月 3 日,由中国社会科学院中国边疆史地研究中心、新疆维吾尔自治区文联西域艺术研究会与瑞典国家民族博物馆、瑞典斯文·赫定基金会联合主办的"西域考察与研究"国际学术讨论会在乌鲁木齐召开。会后进行了穿越塔克拉玛干沙漠的学术考察。

1993 年

6 月,中国社会科学院中国边疆史地研究中心在乌鲁木齐主持召开"新疆周边问题及对策研究"研讨会。

是年,中国社会科学院中国边疆史地研究中心组织的"中国边疆史地文库"开始由社会科学文献出版社出版,至 1995 年底已出版了 4 种,即《中东铁路护路军与东北边疆政局》(薛衔天著)、《中国边防史》(郑汕主编)、《南海诸岛史地研究》(韩振华著)、《中越边界史资料选编》(萧德浩等编)。

1994 年

7 月 20—23 日,中央第三次西藏工作座谈会在北京召开。会议做出了"中央关心西藏,全国支援西藏"的决策,同年安排 14 个省市与西藏 7 个地市建立了对口援藏关系。

1996 年

1 月 31 日,中国社会科学院办公厅、中国边疆史地研究中心联合主办的"当代中国边疆治理研究"座谈会在北京召开。

2 月,经海南省政府批准,"海南南海研究中心"设立。

3 月,中国社会科学院中国边疆史地研究中心在昆明组织召开"云南边疆地区稳定与发展现状及其对策"研讨会。

4 月,石河子大学成立。

5 月 15 日,第八届全国人民代表大会常务委员会第十九次会议决定批准《联合国海洋法公约》。按照《公约》规定,中华人民共和国享有二百海里专属经济区和大陆架的主权权利和管辖权。同时中国发表 4 点声明,其中之一是重申对 1992 年 2 月 25 日颁布的《中华人民共和国领海及毗连区法》第二条所列各群岛及岛屿的主权。

同日,中华人民共和国政府根据 1992 年 2 月 25 日《中华人民共和国领海及毗连区法》,宣布中华人民共和国大陆领海的部分基线和西沙群岛的领海基线。

7 月,通化师范学院高句丽研究所成立。

1997 年

1 月 31 日，中国社会科学院办公厅、中国边疆史地研究中心联合召开"当代中国边疆治理研究"座谈会。

是年，为配合阿里地区的文物保护与考古发掘，西藏自治区文物局成立了"阿里文物抢救办公室"，具体负责阿里地区的文物保护与考古发掘工作。5—9 月，托林寺遗址进行首次科学考古发掘。

1998 年

2 月 1 日，《西藏自治区人权事业的新进展》白皮书发布。

3 月 20 日，中国社会科学院办公厅、中国边疆史地研究中心联合召开"当代中国边疆治理研究"座谈会。

6 月 26 日，第九届全国人民代表大会常务委员会第三次会议通过《中华人民共和国专属经济区和大陆架法》，规定"中华人民共和国的专属经济区，为中华人民共和国领海以外并邻接领海的区域，从测算领海宽度的基线量起延至二百海里"。

6 月 26—28 日，全国首届高句丽学术研讨会在通化召开。

1999 年

1 月，杨镰主编"中国西部探险丛书"，由中共中央党校出版社出版。

3 月 24 日，中国社会科学院办公厅、中国边疆史地研究中心联合召开"当代中国边疆治理研究"座谈会。

6 月，复旦大学历史地理研究中心成立。

9 月 12—16 日，由中国社会科学院中国边疆史地研究中心与浙江省象山县人民政府联合主办的"第二届中国边疆史地学术讨论会"在象山县召开。

是年，在吉林大学北方考古研究室的基础上，吉林大学边疆考古研究中心成立。

2000 年

2 月 26 日，中国社会科学院办公厅、中国边疆史地研究中心联合召开"当代中国边疆治理研究"座谈会。

2 月，马大正主编"边地文化探踪丛书"，由新疆人民出版社出版。

3 月，"中日尼雅遗址学术考察"成果研讨会在乌鲁木齐市举行。

6 月，《西藏文化的发展》白皮书发布。

10 月 12 日，中国社会科学院新疆发展研究中心在北京成立。

2001 年

3 月 23 日，中国社会科学院办公厅、中国边疆史地研究中心联合召开"当代中国边疆治理研究"座谈会。6 月 25—27 日，中央第四次西藏工作座谈会在北京召开。会议决定将原定 10 年的"对口援藏"计划再延长 10 年，对口支援关系基本不变，新增 3 个省、17 家中央直属企业对口支援西藏。

6 月，由新疆维吾尔自治区档案馆和日本佛教大学尼雅遗址学术研究机构合编《近代外国探险家新疆考古档案史料》由新疆美术摄影出版社出版。

9 月，陕西师范大学西北民族研究中心成立。

11 月 24 日，由中国社会科学院中国边疆史地研究中心、新疆维吾尔自治区政府、新华社新疆分社共同主办的首届新疆稳定与发展高层论坛召开。

11 月，《西藏的现代化发展》白皮书发布。

2002 年

1 月 21 日，国务院新闻办公室发表题为《"东突"恐怖势力难脱罪责》的文章。

3 月 24—26 日，由陕西师范大学西北民族研究中心、中国社会科学院中国边疆史地研究中心、中国中亚文化研究会联合主办的西北边疆民族学术研讨会暨中国中亚文化研究会第三届年会在陕西师范大学召开。

5 月 16 日，中国社会科学院办公厅、中国边疆史地研究中心联合召开"当代中国边疆治理研究"座谈会。

9 月 1—3 日，中国藏学研究中心举办的"海峡两岸西藏历史学术研讨会"在北京召开。

11 月 4 日，中国和东盟在柬埔寨金边举行的第八届东盟首脑会议上签署了《南海各方行为宣言》（DOC）。《宣言》以政治性文件形式体现，旨在避免领土争端的进一步紧张局势。

12 月，陕西师范大学中国西部边疆研究院（西北民族研究中心）主办的《西北民族论丛》创刊。该刊至 2015 年底已经出版第 1—12 辑。

是年，吉林大学东北历史与疆域研究中心成立；吉林大学考古学科主办的《边疆考古研究》创刊，该刊至 2015 年 12 月已经出版第 1—18 辑。

2003 年

3 月，《西藏的生态建设与环境保护》白皮书发布。

4 月 15 日，中国社会科学院办公厅、中国边疆史地研究中心联合召开"当代中国边疆治理研究"座谈会。

5 月 26 日，《新疆的历史与发展》白皮书发布。

12 月，云南大学西南边疆少数民族研究中心主办的《西南边疆民族研究》创刊。该刊至 2015 年 12 月已经出版第 1—18 辑。

2004 年

5 月 23 日，《西藏的民族区域自治》白皮书发布。

5 月，国家社科基金特别项目"新疆历史与现状综合研究"获批。

7 月，经国务院批准，"海南南海研究中心"更名为"中国南海研究院"。

2005 年

2 月 1 日，《新疆通史》编委会在乌鲁木齐召开第一次全体会议。

4 月 22 日，中国社会科学院办公厅、中国边疆史地研究中心联合召开"当代中国边疆治理研究"座谈会。

12 月 8—9 日，由中国南海研究院和海南省海事局联合举办的"南海海上安全国际研讨会"在海口召开。

2006 年

1 月，在通化师范学院高句丽研究所基础上，通化师范学院高句丽研究院成立。

8 月 6—9 日，由中国社会科学院中国边疆史地研究中心与云南大学西南边疆少数民族研究中心联合主办的"第三届中国边疆史地学术研讨会"在昆明召开。

8 月 20 日至 9 月 11 日，由中国社会科学院中国边疆史地研究中心和芬兰赫尔辛基大学主办、新疆社会科学院协办的"马达汉新疆考察国际研讨会"，分别在芬兰赫尔辛基和中国新疆乌鲁木齐召开，中、芬学者于乌鲁木齐会议后联合赴南疆，沿着马达汉当年在南疆考察的主要线路进行了野外考察。

9 月 9—10 日，"由陕西师范大学、西北大学和中国民族史学会共同主办的纪念马长寿先生诞辰 100 周年暨中国民族学百年回顾与展望学术研讨会"在西安召开。

2007 年

4 月，武汉大学中国边界与海洋研究院成立。

8 月 2 日，"海峡两岸清代伊犁将军研究"学术讨论会在新疆伊犁霍城县召开。

2008 年

1 月，中央民族大学中国边疆民族地区历史与地理研究中心主办的《中国边疆民族研究》创刊。该刊至 2015 年 12 月已经出版了第 1—9 辑。

3 月 15—16 日，中国南海研究院主办的"打击海盗及海上安全合作国际研讨会"在三亚举行。

9 月 25 日，《西藏文化的保护与发展》白皮书发布。

9 月 26 日至 10 月 2 日，"海峡两岸清代驻藏大臣与边疆治理"学术研讨会在四川省成都市、西藏自治区林芝地区召开。

此次会议由中国社会科学院台港澳学术交流委员会、中国边疆史地研究中心、西南民族大学、西藏自治区社会科学院联合主办。

12月8日，"中国海监46""中国海监51"组成的编队达到钓鱼岛12海里内实施巡航，这是中国公务船首次进入钓鱼岛周边12海里区域。

2009 年

3月2日，《西藏民主改革50年》白皮书发布。

8月24—25日，中国藏学研究中心历史研究所、四川省社会科学院四川省康藏研究中心、西南民族大学民族研究院联合主办的"任乃强与康藏研究学术研讨会"在成都举行。

9月21日，《新疆的发展与进步》白皮书发布。

是年，国家社科基金特别委托项目"西藏历史与现状综合研究项目"正式启动。

2010 年

1月18—20日，中央第五次西藏工作座谈会在北京召开。

1月22—23日，由云南大学国际关系研究院与新加坡国立大学东亚研究所、云南卫视《新视野》联合举办的首届"西南论坛"在昆明召开。

5月17—19日，中央第一次新疆工作座谈会在北京召开。

5月20—22日，中国南海研究院主办的"南海非传统安全领域合作"国际研讨会在海口举行。

6月24日，吉林省社会科学规划办公室与通化师范学院联合主办的"高句丽渤海文化研究现状座谈会"在通化师范学院召开。

8月6—7日，"2010吉林大学考古学术论坛——辽金元瓷器国际学术研讨会"在长春召开。

8月8—9日，通化师范学院主办的"高句丽、渤海学术研讨会"在通化召开。

12月18—19日，由陕西师范大学西北民族研究中心和中央民族大学"985工程""中国当代民族问题战略研究哲学社会科学创新基地"共同主办的"边疆民族发展论坛：新疆、西藏专题讨论会"在西安召开。

2011 年

5月19日，中国社会科学院与中国藏学研究中心共同举办的"纪念西藏和平解放60周年学术研讨会"在北京举行。

7月27—29日，由陕西师范大学西北民族研究中心与《中国边疆史地研究》杂志社联合举办的"中国疆域理论学术研讨会"在西安召开。

8月18—19日，"西藏历史研究之口述史"学术研讨会在拉萨召开。

9月23—24日，由云南大学国际关系研究院、新加坡国立东亚研究所、云南卫视

《新视野》联合举办的第二届"西南论坛"在昆明召开。

10月8日，《新疆文库》出版工程正式启动。

11月4—6日，由中国现代史学会、中国社科院近代史研究所、云南大学历史系联合举办的"边疆与现代中国社会"学术讨论会暨中国现代史学会2011年年会在昆明召开。

2012年

5月，厦门大学南海研究院成立，同年11月3日正式挂牌运行。

6月1日，中国国务院批准设立地级三沙市，管辖西沙群岛、中沙群岛、南沙群岛的岛礁及其海域。三沙市人民政府驻西沙永兴岛。

6月6—7日，由海南省外事侨务办公室和中国南海研究院共同主办的"南海形势新发展及共同开发的前景"国际研讨会在海口举行。

6月28—30日，通化师范学院主办"纪念高句丽好太王逝世1600年学术研讨会"在通化召开。

7月10日，由内蒙古师范大学历史文化学院、中国社会科学院中国边疆史地研究中心联合主办的"近代以来中国边疆社会变迁学术讨论会"在呼和浩特举行。

7月，中国南海研究协同创新中心成立。

8月12—13日，新中国民族自治地方建设和发展的历史经验学术研讨会在呼和浩特举行。此次会议由中国社会科学院当代中国研究所、当代中国史研究杂志社、理论研究室和中共内蒙古自治区委党史研究室、内蒙古师范大学历史文化学院联合主办。

8月16—17日，西藏近现代史学术研讨会在拉萨召开。

9月10日，中国政府根据1992年2月25日《中华人民共和国领海及毗连区法》，宣布了关于钓鱼岛及其附属岛屿的领海基线。

10月26日，由中国社会科学院中国边疆史地研究中心和云南大学联合主办的"国际化视野下的中国西南边疆：历史与现状"学术研讨会在昆明召开。

11月3日，厦门大学南海研究院召开"蓝色南中国海，绿色共同开发"学术研讨会。

11月17—18日，"中国历史民族地理"学术研讨会在复旦大学历史地理研究中心召开。

12月7—9日，由浙江海洋学院、中国社会科学院中国边疆史地研究中心主办的第一届东海论坛"国际化视野下的中国东海——历史·现实·未来"高端学术研讨会在浙江舟山召开。

12月13日，中国海监编号B-3837的运12飞机与4艘海监船密切配合，顺利完成我国钓鱼岛海域海空立体巡航任务。这是我国首次派出飞机进入我钓鱼岛领空开展维权行动。

12月15—16日，武汉大学中国边界与海洋研究院与外交部边界与海洋事务司联合举办"跨境经济合作区理论与实践研讨会"。

是年，浙江海洋学院东海发展研究院成立。

2013 年

5 月，中国南海研究协同创新中心获批成为教育部、财政部首批协同创新中心。

6 月 18—21 日，在韩国光州举行的联合国教科文组织世界记忆工程国际咨询委员会会议上，西藏自治区档案馆申报的《元代西藏官方档案》成功入选为联合国教科文组织的"世界记忆名录"。

6 月 22—24 日，由中国藏学研究中心和西藏大学联合举办的首届"创新·发展——全国藏学研究暨学术期刊研讨会"在拉萨召开。

7 月 2—4 日，通化师范学院主办的"高句丽与东北民族研究年会"在通化召开。

7 月 13—15 日，四川大学与美国哈佛—燕京学社联合举主办的"7 至 17 世纪西藏历史与考古、宗教与艺术研究国际学术研讨会"在成都召开。

8 月 6 日，由新疆大学西北少数民族研究中心、兰州大学西北少数民族研究中心主办，伊犁师范学院人文学院承办，新疆大学人文学院协办的"中国历代边疆治理研究"学术研讨会在伊犁师范学院召开。

9 月 14—15 日，由云南大学国际关系研究院和新加坡国立大学东亚研究所共同主办的第四届"西南论坛"在昆明召开。

9 月，中国社会科学院中国边疆研究所主办的《中国边疆学》（辑刊）创刊。该刊至 2015 年 12 月已经出版第 1—4 辑。

9 月 22—24 日，由"新疆通史"编委会主办的"民国时期的新疆"学术研讨会在乌鲁木齐举行。

10 月 10—11 日，"乾隆皇帝与六世班禅学术研讨会"在北京举行，此次会议由中国藏语系高级佛学院、中国民族古文学研究会、北京市公园管理中心、北京市雍和宫管理处、北京市香山公园管理处等单位共同举办。

10 月 13 日，西藏民族学院举行"西藏社会经济与文化发展"学术研讨会。

10 月 16—18 日，由吉林大学边疆考古研究中心、吉林省文物考古研究所和吉林大学文学院联合主办的"高句丽、渤海文化学术研讨会"在长春举行。

10 月 24—25 日，由中国南海研究院与南京大学"中国南海研究协同创新中心"联合主办的《联合国海洋法公约》与南海国家实践国际研讨会在海口举行。

11 月 8—9 日，中国边界与海洋研究院与中国第二次世界大战史研究会、国家领土主权与海洋权益协同创新中心在北京举办"纪念开罗会议七十周年与中日钓鱼岛争端学术研讨会"。

11 月 14—15 日，首届中国边疆学论坛暨中国边疆史地研究中心成立 30 周年座谈会在北京举行。此次会议由中国边疆史地研究中心、国家领土主权与海洋权益协同创新中心共同主办。

12 月 5—6 日，由云南大学与中国社会科学院中国边疆史地研究中心联合主办的"中国边疆及边疆治理理论的挑战与创新学术研讨会"在昆明召开。

12 月 6—8 日，浙江海洋学院主办的第二届东海论坛在舟山召开。

12 月 25 日，海南省社会科学院成立。

12 月 28—29 日，中国社会科学院中国边疆史地研究中心主办的首届中国边疆研究青年论坛，即"立体、多元、跨越时空：中国边疆治理与周边环境"青年学术研讨会在北京召开。

是年，在陕西师范大学西北民族研究中心基础上，陕西师范大学中国西部边疆研究院成立。

2014 年

4 月 11 日，中国南海研究院负责举办的 2014 年博鳌亚洲论坛——"南海：共赢与合作的创新思路"分论坛在博鳌举行。

4 月 24—25 日，厦门大学南海研究院、厦门大学海洋法与中国东南海疆研究中心主办的"海洋法的新发展国际研讨会"在厦门召开。

5 月 14—15 日，由中国社会科学院中国边疆史地研究中心与黑龙江省社会科学院共同主办的"渤海国史问题学术研讨会"在渤海国上京遗址所在地黑龙江省牡丹江市召开。

5 月 28—29 日，第二次中央新疆工作座谈会在北京举行。

5 月，吉林大学东北历史与疆域研究中心更名为"吉林大学高句丽渤海研究中心"。

6 月 25—26 日，中国社会科学院中国边疆史地研究中心主办，吉林省社会科学院、通化师范学院承办的"纪念'高句丽王城、王陵及贵族墓葬'列入'世界遗产名录'10 周年暨好太王碑建立 1600 周年学术研讨会"在通化举办。

7 月 17 日，西北民族大学与中国社会科学院近代史研究所联合举办"清末新政·边疆新政与清末民族关系——第六届晚清史研究国际学术研讨会"在西北民族大学召开。

8 月 2—3 日，第二届中国边疆学论坛——"丝绸之路经济带""海上丝绸之路"与我国边疆的稳定与发展研讨会在内蒙古锡林郭勒盟锡林浩特召开。此次会议由中国社会科学院中国边疆史地研究中心主办，内蒙古社会科学院承办，内蒙古锡林郭勒职业学院协办。

8 月 11—12 日，由中国社会科学院中国边疆史地研究中心、四川师范大学、四川大学"中国西部边疆安全与发展协同创新中心"共同主办的"民国时期的边疆与社会研究（1911—1949）"学术研讨会在成都召开。

8 月 18—19 日，由云南大学人文学院历史系主办、云南大学西南环境史研究所承办的"全球化视野下的中国西南边疆民族环境变迁国际学术研讨会"在昆明召开。

9 月 29 日，根据《中央编办关于中国社会科学院中国边疆史地研究中心更名的批复》（中央编办复字〔2014〕84 号）的批复精神，中国社会科学院中国边疆史地研究中心更名为中国社会科学院中国边疆研究所。

10 月 5 日，《新疆生产建设兵团的历史与发展》白皮书发布。

10 月 11—12 日，由中国社会科学院近代史研究所、云南民族大学、中共云南省龙陵县委县政府联合举办的"抗战时期西南边疆与民族"学术研讨会在云南省龙陵县召开。

10 月 16—17 日，由武汉大学中国边界与海洋研究院、韩国水道测量学会共同主办的"2014 中韩东亚海洋管理现状及问题学术研讨会"在武汉召开。

10 月 20—23 日，由中国社会科学院中国边疆研究所和韩国东北亚历史财团历史研究室共同主办、通化师范学院协办的"纪念好太王碑建碑 1600 周年国际学术会议"在吉林省集安市召开。

11 月 2 日，由中国社会科学院中国边疆研究所与华东师范大学俄罗斯研究中心、周边中心和上海市国际关系学会共同主办的第二届中国边疆研究青年学者论坛在上海召开。

11 月 29—30 日，"中国社会科学论坛·西南论坛（2014）：中国沿边开发开放与周边区域合作"国际研讨会在云南腾冲召开，此次会议由中国社会科学院中国边疆研究所、云南大学、新加坡国立大学东亚研究所和云南省保山市人民政府联合举办。

2015 年

2 月 7 日，中国南海研究院主办的 21 世纪"海上丝绸之路"建设国际学术研讨会在海口召开。

2 月 9 日，新疆智库在北京成立。

3 月 14 日，云南大学召开"南方丝绸之路经济带与'一带一路'协调发展"学术研讨会。

4 月 15 日，《西藏发展道路的历史选择》白皮书发布。

4 月 24—27 日，由浙江省舟山市文化广电新闻出版局、浙江海洋学院、浙江省海洋文化研究会主办的第四届东海论坛在舟山召开。

5 月 8—11 日，由陕西师范大学中国西部边疆研究院回族—东干学研究所与吉尔吉斯斯坦国家科学院东干学与汉学研究中心共同举办的"第三届国际东干学研讨会：丝绸之路经济带与中亚东干人"在西安召开。

5 月 28—29 日，台湾中国文化大学文学院、淡江大学西藏研究中心与中国藏学研究中心联合举办的"海峡两岸西藏历史文化学术研讨会"在台北召开。

5 月 29 日，中国社会科学院中国边疆研究所在京召开"中国边疆智库合作发展座谈会"。会上同时举行了中国边疆研究所更名暨揭牌仪式，中国社会科学院院长、党组书记王伟光出席会议并为中国边疆研究所更名揭牌。

7 月 5—7 日，由中国社会科学院中国边疆研究所、云南民族大学共同主办的第三届中国边疆研究青年学者论坛在昆明召开。

8 月 14—15 日，由云南大学历史系、上海市《学术月刊》联合举办的"多维视野下的中国边疆与族群学术研讨会"在昆明召开。

8 月 17 日，由中国出版协会、西藏自治区新闻出版广电局主办，西藏自治区报刊出版中心承办的首届"全国出版行业援藏研讨会暨援藏图书展示会"在拉萨举行。

8 月 18 日，2015 中国新疆发展论坛在乌鲁木齐开幕，这是我国首次举办以新疆发展为主题的大型国际会议。

8 月 21 日，由中国社会科学院中国边疆研究所主办的"中国社会科学论坛（2015）：'一带一路'与中国周边区域合作"在北京召开。

8 月 24—25 日，中央第六次西藏工作座谈会在北京召开。

9 月 6 日，《民族区域自治制度在西藏的成功实践》白皮书发布。

9月，云南省委、省政府批准组建"中国（昆明）南亚东南亚研究院"，与云南省社会科学院合署办公。

10月12—13日，由云南大学、新加坡国立大学东亚研究所、中国社会科学院中国边疆研究所、云南省迪庆藏族自治州人民政府联合举办的第六届"西南论坛"在迪庆召开。

10月20日，首届新疆智库论坛在乌鲁木齐召开。

10月24—25日，由国家领土主权与海洋权益协同创新中心、中国二战史研究会联合主办，武汉大学中国边界与海洋研究院承办的首届"边海论坛"——二战、战后秩序与边界海洋争端国际研讨会在武汉举行。

11月9日，由中国社会科学院新疆智库和中国边疆研究所主办的当代新疆治理学术研讨会在北京召开。

11月14—15日，中国社会科学院中国边疆研究所与陕西师范大学中国西部边疆研究院联合举办的第三届中国边疆学论坛在西安召开。

12月5日，国家领土主权与海洋权益协同创新中心承办的外交部边海司委托的"南海仲裁案相关国际法问题国际学术研讨会"在武汉大学召开。

12月20日，由拉萨市委、市政府主办，市委宣传部、市文化局承办的第二届西藏拉萨象雄文化学术研讨会在拉萨召开。

（供稿：马大正　周卫平　张永攀　王晓鹏　玄花等，孙宏年增补、定稿）

附　　　录

附录一　中国边疆研究论著目录

一　《中国边疆史地研究丛书》

马汝珩，马大正主编：《清代边疆开发研究》，黑龙江教育出版社 1990 年版。

林荣贵：《辽朝经营与开发北疆》，黑龙江教育出版社 1995 年版。

马汝珩、马大正：《漂落异域的民族——17 至 18 世纪的土尔扈特蒙古》，黑龙江教育出版社 1991 年版。

马大正主编：《中国古代边疆政策研究》，黑龙江教育出版社 1990 年版。

袁森坡：《康雍乾经营与开发北疆》，黑龙江教育出版社 1991 年版。

赵云田：《中国边疆民族管理机构沿革史》，黑龙江教育出版社 1993 年版。

潘志平：《中亚浩罕国与清代新疆》，黑龙江教育出版社 1991 年版。

马汝珩、马大正主编：《清代的边疆政策》，黑龙江教育出版社 1994 年版。

吕一燃主编：《中国边疆史地论集》，黑龙江教育出版社 1991 年版。

吕一燃：《中国北部边疆史研究》，黑龙江教育出版社 1991 年版。

《俄国外交文书选译——关于蒙古问题（1911 年 7 月—1916 年 3 月）》，陈春华译，黑龙江教育出版社 1991 年版。

［苏］С·Б·戈列里克：《1898——1903 年美国对满洲的政策与"门户开放"主义》，高鸿志译，黑龙江教育出版社 1991 年版。

吕光天、古清尧编著：《贝加尔湖地区和黑龙江流域各族与中原的关系史》，黑龙江教育出版社 1991 年版。

［苏］С.Г. 克利亚什托尔内：《古代突厥鲁尼文碑铭——中亚细亚史原始文献》，李佩娟译，黑龙江教育出版社 1991 年版。

吕一燃主编：《南海诸岛地理·历史·主权》，黑龙江教育出版社 1992 年版。

刘民声、孟宗章、步平编：《十七世纪沙俄黑龙江流域史资料》，黑龙江教育出版社 1992 年版。

吕一燃编：《马克思恩格斯论国家领土与边界》，黑龙江教育出版社 1992 年版。

马大正：《边疆与民族——历史断面研考》，黑龙江教育出版社 1993 年版。

［日］若松宽：《清代蒙古的历史与宗教》，马大正等编译，黑龙江教育出版社 1994 年版。

魏良弢主编：《叶尔羌汗国史纲》，黑龙江教育出版社 1994 年版。

吕一燃主编：《中国海疆历史与现状研究》，黑龙江教育出版社 1995 年版。

华立：《清代新疆农业开发史》，黑龙江教育出版社 1995 年版。

卢明辉主编：《清代北部边疆民族经济发展史》，黑龙江教育出版社1994年版。

张羽新：《清代前期西部边政史论》，黑龙江教育出版社1995年版。

薛宗正：《安西与北庭——唐代西陲边政研究》，黑龙江教育出版社1995年版。

李大龙：《两汉时期的边政与边吏》，黑龙江教育出版社1996年版。

包文汉整理：《清朝藩部要略稿本》，黑龙江教育出版社1997年版。

马大正、刘逖：《二十世纪的中国边疆研究——一门发展中的边缘学科的演进历程》，黑龙江教育出版社1997年版。

高鸿志：《英国与中国边疆危机：1637——1912》，黑龙江教育出版社1998年版。

黄定天：《东北亚国际关系史》，黑龙江教育出版社1999年版。

吕一燃编：《北洋政府时期的蒙古地区历史资料》，黑龙江教育出版社1999年版。

［俄］伊·温科夫斯基著，［俄］尼·维谢洛夫斯基编：《十八世纪俄国炮兵大尉新疆见闻录》，宋嗣喜译，黑龙江教育出版社1999年版。

安京：《中国古代海疆史纲》，黑龙江教育出版社1999年版。

郝建恒主编：《中俄关系史译名辞典：俄汉对照》，黑龙江教育出版社2000年版。

马曼丽主编：《中国西北边疆发展史研究》，黑龙江教育出版社2001年版。

李大龙：《唐朝和边疆民族使者往来研究》，黑龙江教育出版社1999年版。

马大正、杨保隆、李大龙等：《古代中国高句丽历史丛论》，黑龙江教育出版社2001年版。

阿拉腾奥其尔、闫芳编著：《清代新疆军府制职官传略》，黑龙江教育出版社2000年版。

张永江：《清代藩部研究——以政治变迁为中心》，黑龙江教育出版社2001年版。

吴丛众：《西藏察隅僜人的社会与文化》，黑龙江教育出版社2001年版。

周伟洲：《边疆民族历史与文物考论》，黑龙江教育出版社2000年版。

纪大椿：《新疆近世史论稿》，黑龙江教育出版社2002年版。

李方：《唐西州行政体制考论》，黑龙江教育出版社2002年版。

刘为：《清代中朝使者往来研究》，黑龙江教育出版社2002年版。

孟广耀：《北部边疆民族历史研究》（上、下册），黑龙江教育出版社2002年版。

马大正：《中国边疆研究论稿》，黑龙江教育出版社2002年版。

王静：《中国古代中央客馆制度研究》，黑龙江教育出版社2002年版。

马大正主编：《中国边疆史地论集续编》，黑龙江教育出版社2003年版。

厉声、李国强主编：《中国边疆史地研究综述：1989—1998》，黑龙江教育出版社2002年版。

张云：《元朝中央政府治藏制度研究》，黑龙江教育出版社2003年版。

王东平：《清代回疆法律制度研究：1759—1884》，黑龙江教育出版社2002年版。

厉声：《哈萨克斯坦及其与中国新疆的关系：15世纪——20世纪中期》，黑龙江教育出版社2004年版。

李国强：《南中国海研究：历史与现状》，黑龙江教育出版社2003年版。

李大龙：《都护制度研究》，黑龙江教育出版社2003年版。

赵云田：《清末新政研究——20世纪初的中国边疆》，黑龙江教育出版社2004年版。

杨茂盛：《中国北疆古代民族政权形成研究》，黑龙江教育出版社2004年版。

马大正、李大龙：《20世纪中国西部开发史》，黑龙江教育出版社2005年版。

杨铭：《唐代吐蕃与西域诸族关系研究》，黑龙江教育出版社2005年版。

许建英：《近代英国和中国新疆：1840—1911》，黑龙江教育出版社2004年版。

孙宏年：《清代中越宗藩关系研究》，黑龙江教育出版社2006年版。

［日］日野强：《伊犁纪行》，华立译，黑龙江教育出版社2006年版。

于逢春：《中国国民国家构筑与国民统合之历程——以20世纪上半叶东北边疆民族国民教育为主》，黑龙江教育出版社2006年版。

朱昭华：《中缅边界问题研究——以近代中英边界谈判为中心》，黑龙江教育出版社2007年版。

林荣贵主编：《中国古代疆域史》，黑龙江教育出版社2007年版。

马大正、厉声、许建英主编：《芬兰探险家马达汉新疆考察研究》，黑龙江教育出版社2007年版。

李方主编：《唐西州官僚政治制度研究》，黑龙江教育出版社2008年版。

吕文利：《历史书写与藩部政治——〈皇朝藩部要略〉研究》，黑龙江教育出版社2009年版。

（供稿：闫　芳）

二　《当代中国边疆·民族地区典型百村调查》丛书

耶斯尔：《边陲多民族和谐聚居村：新疆布尔津县冲乎尔乡奇巴尔托布勒克村调查报告》，黑龙江教育出版社2010年版。

马媛、古丽夏·托依肯娜：《从游牧至定居：新疆布尔津县杜来提乡阿合达村调查报告》，黑龙江教育出版社2010年版。

石岚：《边村新貌：新疆布尔津县杜来提乡哈拉塔尔村调查报告》，黑龙江教育出版社2010年版。

李晓霞：《戍边人：新疆六十一团农二连调查报告》，黑龙江教育出版社2010年版。

尹强：《宁夏中部交通枢纽处的13省移民村：宁夏中宁县宁安镇古城子村调查报告》，黑龙江教育出版社2010年版。

于舒心：《六盘山下有人家：宁夏回族自治区固原市泾源县冶家村调查报告》，黑龙江教育出版社2010年版。

杨文林：《依托城市发展的新农村：宁夏银川市兴庆区大新镇塔桥村调查报告》，黑龙江教育出版社2010年版。

孙嫱：《长城塬上长城村：宁夏彭阳县城阳乡长城村白庙组调查报告》，黑龙江教育出版社2010年版。

娄自昌、浦加旗：《嬗变中的瑶村苗寨：云南省文山州麻栗坡县猛硐瑶族乡坝子村调查报告》，黑龙江教育出版社2010年版。

罗有亮：《国境苗族新村：云南省河口县桥头乡下湾子村社会经济调查报告》，黑龙江教育出版社 2010 年版。

赵旭峰、何作庆：《边境布依家园：云南省河口县桥头乡老汪山村社会与经济发展调查报告》，黑龙江教育出版社 2010 年版。

王谦、何作庆、黄明生：《陆疆侨乡名村：云南省红河州红河县迤萨镇跑马路社区安邦村调查报告》，黑龙江教育出版社 2010 年版。

孙继琼：《民族手工业村经济与社会发展：西藏山南地区贡嘎县杰德秀居委会调查报告》，黑龙江教育出版社 2010 年版。

陈朴：《青藏铁路带来的新农村：西藏拉萨市柳梧乡柳梧村调查报告》，黑龙江教育出版社 2010 年版。

杨本锋、唐文武、王雪锋：《天路带来吉祥：西藏那曲地区那曲县那曲镇门地 22 村调查报告》，黑龙江教育出版社 2010 年版。

郑洲：《扶贫综合开发绩效研究：西藏扎囊县德吉新村调查报告》，黑龙江教育出版社 2010 年版。

郑一省、蒋婉：《一个移植在海滨的村庄：广西防城港市企沙镇华侨渔业新村调查报告》，黑龙江教育出版社 2011 年版。

郑一省、蒋婉、刘萍：《国门第一村：广西凭祥市友谊镇礼茶村中礼屯调查报告》，黑龙江教育出版社 2011 年版。

王柏中、张小娟、马菁：《兴边富民新壮村：广西靖西县龙邦镇其龙村调查报告》，黑龙江教育出版社 2011 年版。

王柏中、刘萍、肖可意：《短衣壮的家乡：广西大新县宝圩乡板价村板价屯调查报告》，黑龙江教育出版社 2011 年版。

黄河、王羽强、郭喜：《黄河古道新农村：内蒙古准格尔旗十二连城乡五家尧村调查报告》，黑龙江教育出版社 2012 年版。

李卉青：《承泽黄河的村落：内蒙古杭锦后旗双庙镇继丰村调查报告》，黑龙江教育出版社 2012 年版。

韩巍著：《霍林河畔的嘎查：内蒙古科尔沁右翼中旗中旗高力板镇国光嘎查调查报告》，黑龙江教育出版社 2012 年版。

孙驰、杨建国、王海峰：《长城黄河萦绕的村庄：内蒙古清水河县窑沟乡老牛湾村调查报告》，黑龙江教育出版社 2012 年版。

周建新、雷韵：《蓝瑶的甜蜜生活：广西百色市右江区龙川镇六能村六能屯调查报告》，黑龙江教育出版社 2011 年版。

周建新、雷韵：《沿边公路进深山：广西大新县下雷镇新丰村弄得屯调查报告》，黑龙江教育出版社 2011 年版。

吕俊彪、寇三军、农青智：《"那"人社会的嬗变：广西宁明县明江镇洞廊村社会发展调查报告》，黑龙江教育出版社 2011 年版。

郝国强、严月华：《边境上的村落：广西龙州县金龙镇横罗村板门屯调查报告》，黑龙江教育出版社 2011 年版。

杜莉：《乡村巨变：西藏山南勒布门巴民族乡调查报告》，黑龙江教育出版社 2011 年版。

范远江：《发展中的藏北牧区：西藏那曲县罗玛镇 14 村调查报告》，黑龙江教育出版社 2011 年版。

徐君：《狼牙刺地上的村落：西藏拉萨市曲水县达嘎乡其奴九组调查报告》，黑龙江教育出版社 2011 年版。

边巴：《乡村变迁：西藏日喀则市东嘎乡通弄和帕热两村调查报告》，黑龙江教育出版社 2011 年版。

刁丽伟、宋伟东：《中俄边境新农村：黑龙江绥芬河市阜宁镇建新村调查报告》，黑龙江教育出版社 2011 年版。

韩磊、董鑫：《悠悠穆棱河，青青粮台山：黑龙江穆棱市兴源镇东村调查报告》，黑龙江教育出版社 2011 年版。

阚德刚、马树森：《打造民俗特色综合发展的新农村：黑龙江宁安市渤海镇江西村调查报告》，黑龙江教育出版社 2011 年版。

王利文、董刚：《古驿站上鄂族村：黑龙江塔河县十八站鄂伦春民族乡鄂族新村调查报告》，黑龙江教育出版社 2011 年版。

邹建达：《独具特色的边境佤寨：云南沧源县勐董镇永和社区调查报告》，黑龙江教育出版社 2012 年版。

金少萍、唐晓云：《蓝靛瑶村寨调查：云南河口县老范寨乡斑鸠河小牛场村调查报告》，黑龙江教育出版社 2012 年版。

杨永福、田景春、黄梅：《开放视野下的边境苗寨：云南麻栗坡县董干镇马崩村调查报告》，黑龙江教育出版社 2012 年版。

杨磊、何廷明、李和：《普通的八里坪：云南麻栗坡县董干镇八里坪村调查报告》，黑龙江教育出版社 2012 年版。

何运龙：《西气东输源头上的维吾尔族村庄：新疆库车县牙哈镇守努提一村调查报告》，黑龙江教育出版社 2012 年版。

古丽燕、陈琪：《和谐发展的维汉村庄：新疆库车县比西巴格乡格代库勒村调查报告》，黑龙江教育出版社 2012 年版。

杨富强：《西境村事：新疆霍城县清水河镇二宫村调查报告》，黑龙江教育出版社 2012 年版。

马秀萍：《回族乡的多民族村落：新疆霍城县三宫回族乡下三宫村调查报告》，黑龙江教育出版社 2012 年版。

于永等：《燕北山区的蒙汉杂居村：内蒙古喀喇沁旗王爷府镇富裕地村调查报告》，黑龙江教育出版社 2012 年版。

金泉：《茂盖图山下的农牧演替：内蒙古扎鲁特旗鲁北镇宝楞嘎查调查报告》，黑龙江教育出版社 2012 年版。

哈达：《科尔沁沙地边缘的半农半牧村：内蒙古扎鲁特旗道老杜苏木保根他拉嘎查调查报告》，黑龙江教育出版社 2012 年版。

赵淑梅等：《东北边陲的俄罗斯民族村：内蒙古额尔古纳市室韦俄罗斯民族乡恩和村调查报告》，黑龙江教育出版社 2012 年版。

李香喜、崔振东：《长白山下朝鲜族第一村：吉林安图县万宝镇红旗村调查报告》，黑龙江教育出版社 2012 年版。

沈万根、张晗、崔振东：《东北边疆新农村：吉林珲春市杨泡满族乡杨木林子村调查报告》，黑龙江教育出版社 2012 年版。

张艳春、崔振东：《边疆盛开的黑牡丹：吉林敦化市黄泥河镇双泉村调查报告》，黑龙江教育出版社 2012 年版。

姜学洙、崔振东：《发展中的延边农村：吉林延吉市依兰镇春兴村调查报告》，黑龙江教育出版社 2012 年版。

孟楠、杨巍：《一个古老庄园的新生：新疆墨玉县扎瓦乡夏合勒克村调查报告》，黑龙江教育出版社 2013 年版。

阿达莱提·塔伊尔、哈米提·阿哈甫、蒲燕妮：《塔克拉玛干沙漠腹地的畜牧村：新疆墨玉县喀尔赛乡喀尔墩村调查报告》，黑龙江教育出版社 2013 年版。

廖冬梅、姜龙、单昕：《昆仑山脚下的维吾尔族村庄：新疆墨玉县扎瓦乡依格孜艾日克村调查报告》，黑龙江教育出版社 2013 年版。

赵平、杨磊：《沙漠瀚海中的绿洲：新疆墨玉县喀尔赛乡塔村调查报告》，黑龙江教育出版社 2013 年版。

（供稿：闫　芳）

三　《中国边疆研究文库》

（一）"中国边疆研究文库·近代稀见边疆名著点校及题解"（中国边疆研究文库初编）书目，主编：于逢春，厉声

·西南边疆卷（一）

马玉华分册主编：《普思沿边志略》《云南省农村调查》《云南问题》，黑龙江教育出版社 2013 年版。

·西南边疆卷（二）（上下册）

马玉华分册主编：《云南边地问题研究》（上下册），黑龙江教育出版社 2013 年版。

·西南边疆卷（三）

马玉华分册主编：《云南全省边民分布册》《边疆行政人员手册》《腾龙边区开发方案》《思普沿边开发方案》《大小凉山开发方案》、《西南夷族考察记》，黑龙江教育出版社 2013 年版。

·西南边疆卷（四）

马玉华分册主编：《云南勘界筹边记（五种）》（包括：《云南勘界筹边记》《片双紧要记》《关于片马交涉案条约成案汇录》《英侵片马的写真》《片马小志》《非常时期之云南边疆》《滇缅界务北段调查报告》，黑龙江教育出版社 2013 年版。

·西南边疆卷（五）

马玉华分册主编：《咸阳王抚滇绩》《全滇纪要》，黑龙江教育出版社 2013 年版。

·西南边疆卷（六）

王柏中分册主编：《粤江流域人民史》，黑龙江教育出版社 2015 年版。

·西南边疆卷（八）

王柏中分册主编：《广西边事旁记》《广西郡邑建置沿革表》，黑龙江教育出版社

2015 年版。

· 西南边疆卷（九）

王柏中分册主编：《刘永福历史草》，黑龙江教育出版社 2015 年版。

· 西南边疆卷（十一）

黄维忠分册主编：《西藏奏疏》《驻藏须知》《番僧源流考》，黑龙江教育出版社 2015 年版。

· 西南边疆卷（十三）

黄维忠分册主编：《藏牍劫余》，黑龙江教育出版社 2015 年版。

· 西南边疆卷（十四）

黄维忠分册主编：《清代驻藏大臣考》，黑龙江教育出版社 2015 年版。

· 西南边疆卷（十五）

黄维忠分册主编：《藏语》，黑龙江教育出版社 2015 年版。

· 东北边疆卷（一）

姜维公、刘立强分册主编：《中俄界记》《中俄外交沿革史》，黑龙江教育出版社 2014 年版。

· 东北边疆卷（二）（上下）

姜维公、刘立强分册主编：《东北边防辑要》《西伯利东偏纪要》《北徼纪游》《呼伦贝尔边务调查报告书》《巡阅东省铁路纪略》《赐福楼启事》《抚东政略》《东三省舆地图说》，黑龙江教育出版社 2014 年版。

· 东北边疆卷（三）

姜维公、刘立强分册主编：《龙江公牍存略》《黑龙江述略》，黑龙江教育出版社 2014 年版。

· 东北边疆卷（四）

姜维公、刘立强分册主编：《奉天边务辑要》《盛京典制备考》《盛京奏议》，黑龙江教育出版社 2014 年版。

· 东北边疆卷（五）

姜维公、刘立强分册主编：《光绪丁未延吉边务报告》《间岛问题》《延吉厅领土问题之解决》，黑龙江教育出版社 2014 年版。

· 东北边疆卷（六）

姜维公、刘立强分册主编：《程将军守江奏稿》，黑龙江教育出版社 2014 年版。

· 东北边疆卷（七）

姜维公、刘立强分册主编：《东三省交涉辑要》《吉林勘界记》《皇华纪程》，黑龙江教育出版社 2014 年版。

· 东北边疆卷（八）

姜维公、刘立强分册主编：《柳边纪略》《龙沙纪略》《吉林地志》《吉林舆地说略》《卜魁纪略》《宁古塔纪略》，黑龙江教育出版社 2014 年版。

· 东北边疆卷（九）

姜维公、刘立强分册主编：《东三省蒙务公牍汇编》，黑龙江教育出版社 2014 年版。

· 东北边疆卷（十）

姜维公、刘立强分册主编：《吉林外记》《黑龙江外记》，黑龙江教育出版社 2014 年版。

·东北边疆卷（十一）

姜维公、刘立强分册主编：《黑龙江舆图说》《布特哈志略》《沈故》《辽阳州志》，黑龙江教育出版社 2014 年版。

·东北边疆卷（十四）

姜维公、刘立强分册主编：《东三省纪略》，黑龙江教育出版社 2014 年版。

·北部边疆卷（一）

忒莫勒、乌云格日勒分册主编：《奉使俄罗斯日记》《出塞纪略》《从西纪略》《科布多巡边日记》《奉使科尔沁行记》《奉使鄂尔多斯行记》《巴林纪程》《东盟古纪程》《考察蒙古日记》《塞北纪行》《西盟游记》，黑龙江教育出版社 2014 年版。

·北部边疆卷（二）

忒莫勒、乌云格日勒分册主编：《西盟会议始末》《侦蒙记》《征蒙战事详记》《吉林剿抚蒙乱详细报告书》《昭乌达盟纪略》《蒙事一斑》，黑龙江教育出版社 2014 年版。

·北部边疆卷（四）

忒莫勒、乌云格日勒分册主编：《哲里木盟十旗调查报告书》，黑龙江教育出版社 2014 年版。

·北部边疆卷（五）

忒莫勒、乌云格日勒分册主编：《乌里雅苏台志略》《科布多政务总册》《东四盟蒙古实纪》《经营蒙古条议》《条陈内外蒙古上理藩部书》《近边建置概略》《经营蒙古说帖》《筹蒙刍议》，黑龙江教育出版社 2014 年版。

（二）"中国边疆研究文库·当代学人边疆研究名著"

中国边疆研究文库二编·综合卷

李大龙：《都护制度研究》，黑龙江教育出版社 2012 年版。

李大龙：《汉代中国边疆史》，黑龙江教育出版社 2014 年版。

冯建勇：《辛亥革命与近代中国边疆政治变迁研究》，黑龙江教育出版社 2012 年版。

张世明、王济东、牛畑畑主编：《空间、法律与学术话语：西方边疆理论经典文献》，黑龙江教育出版社 2014 年版。

吕文利：《〈皇朝藩部要略〉研究》，黑龙江教育出版社 2013 年版。

王静：《中国古代中央客馆制度研究》，黑龙江教育出版社 2013 年版。

于逢春：《时空坐标、形成路径与奠定：构筑中国疆域的文明板块研究》，黑龙江教育出版社 2012 年版。

包文汉、陶继波、包姝妹编著：《清朝藩部要略研究辑录》，黑龙江教育出版社 2014 年版。

张永江：《清代藩部研究——以政治变迁为中心》，黑龙江教育出版社 2014 年版。

林荣贵、毕奥南、刘逖：《中国古代疆域史》（全 4 册），黑龙江教育出版社 2007 年版。

厉声、李国强主编：《中国边疆史地研究综述》，黑龙江教育出版社 2014 年版。

赵永春：《从复数"中国"到单数"中国"：中国历史疆域理论研究》，黑龙江教育出版社 2014 年版。

厉声等：《中国历代边事边政通论》（全 4 册），黑龙江教育出版社 2014 年版。

毕奥南主编：《中蒙国家关系历史编年：1949—2009》（上下卷），黑龙江教育出版社 2013 年版。

赵云田：《清末新政研究》，黑龙江教育出版社 2014 年版。

中国边疆研究文库二编·东北边疆卷

李大龙：《唐朝和边疆民族使者往来研究》，黑龙江教育出版社 2013 年版。

于逢春：《国民统合之路：近代中国民族国家构筑视野下的内蒙古东部蒙旗教育》，黑龙江教育出版社 2012 年版。

范恩实：《靺鞨兴嬗史研究——以族群发展、演化为中心》，黑龙江教育出版社 2014 年版。

高月：《清末东北新政研究》，黑龙江教育出版社 2012 年版。

李大龙：《〈三国史记·高句丽本纪〉研究》，黑龙江教育出版社 2013 年版。

李凤飞、刁丽伟主编：《东北古代边疆史料学》，黑龙江教育出版社 2014 年版。

于逢春等：《古代中朝移民史研究》，黑龙江教育出版社 2014 年版。

王庆祥、雷大川、蒋戎、朱旭红：《伪满时期东北边界冲突与界务交涉研究》，黑龙江教育出版社 2014 年版。

刘家磊：《东北地区东段中俄边界沿革及其界牌研究》，黑龙江教育出版社 2014 年版。

中国边疆研究文库二编·北部边疆卷

林恩显：《中国古代和亲研究》，黑龙江教育出版社 2012 年版。

陈维新：《清代对俄外交礼仪体制及藩属归属交涉（1644—1861）》，黑龙江教育出版社 2012 年版。

陈春华：《俄国外交文书选译——关于蒙古问题》，黑龙江教育出版社 2013 年版。

吕一燃编：《北洋政府时期的蒙古地区历史资料》，黑龙江教育出版社 2014 年版。

杨茂盛：《中国北疆古代民族政权研究》，黑龙江教育出版社 2014 年版。

孙懿：《民国时期蒙古教育政策研究》，黑龙江教育出版社 2013 年版。

王玉海、王楚：《从游牧走向定居——清代内蒙古东部农村社会研究》，黑龙江教育出版社 2014 年版。

中国边疆研究文库二编·西北边疆卷

许建英：《近代英国和中国新疆（1840—1911）》，黑龙江教育出版社 2014 年版。

李方：《唐西州官僚政治制度研究》，黑龙江教育出版社 2013 年版。

李方：《唐西州行政体制考论》。

王东平：《清代回疆法律制度研究（1759—1884）》，黑龙江教育出版社 2014 年版。

厉声、石岚：《哈萨克斯坦及其与中国新疆的关系》，黑龙江教育出版社 2014 年版。

徐中煜：《交通态势与晚清经略新疆研究》，黑龙江教育出版社 2013 年版。

王义康：《唐代边疆民族与对外交流》，黑龙江教育出版社 2013 年版。

吴晓军：《近代甘肃社会变迁研究（1840—1949 年）》，黑龙江教育出版社 2013

年版。

中国边疆研究文库二编·西南边疆卷

杨铭：《唐代吐蕃与西域诸族关系研究》，黑龙江教育出版社 2014 年版。

翟国强：《先秦西南民族史论》，黑龙江教育出版社 2012 年版。

朱昭华：《中缅边界问题研究》，黑龙江教育出版社 2013 年版。

张云：《元朝中央政府治藏制度研究》，黑龙江教育出版社 2012 年版。

孙宏年：《清代中越关系研究（1644—1885）》，黑龙江教育出版社 2013 年版。

中国边疆研究文库二编·海疆卷

吕一燃主编：《南海诸岛：地理·历史·主权》，黑龙江教育出版社 2014 年版。

汤开建：《明代澳门史论稿》（上下卷），黑龙江教育出版社 2012 年版。

李金明：《中国南海疆域研究》，黑龙江教育出版社 2014 年版。

李国强：《南中国海研究：历史与现状》，黑龙江教育出版社 2003 年版。

四　云南大学《中国边疆研究丛书》

段红云：《明代云南民族发展论纲》，人民出版社 2011 年版。

段丽波：《中国西南氐羌民族源流史》，人民出版社 2011 年版。

［美］李中清：《中国西南边疆的社会经济（1250——1850）》，林文勋、秦树才译，人民出版社 2012 年版。

卢光盛：《地缘政治视野下的西南周边安全与区域合作研究》，人民出版社 2012 年版。

张高翔：《印度教派冲突研究》人民出版社 2012 年版。

张轲风：《民国时期西南大区区划演进研究》，人民出版社 2012 年版。

吴晓亮、徐政芸主编：《云南省博物馆藏契约文书整理与汇编》（共 6 卷 8 册）人民出版社 2013 年版。

陆韧、凌永忠：《元明清西南边疆特殊政区研究》，人民出版社 2013 年版。

罗群主：《边疆与中国现代社会研究》（上下册），人民出版社 2013 年版。

马琦：《国家资源：清代滇铜黔铅开发研究》，人民出版社 2013 年版。

林文勋、邢广程主编：《国际化视野下的中国西南边疆：历史与现状》，人民出版社 2013 年版。

王振刚：《民国学人西南边疆问题研究》，人民出版社 2013 年版。

吕昭义、孙建波：《中印边界问题印巴领土纠纷研究》，人民出版社 2013 版。

娄贵品：《方国瑜与中国西南边疆研究》，人民出版社 2014 年版。

李大龙：《从天下到中国——多民族国家疆域理论解构》，人民出版社 2015 年版。

林文勋主编：《"南方丝绸之路"与"一带一路"协调发展研究》，人民出版社 2015 年版。

（供稿：闫　芳）

五　《中国边疆史地资料丛刊》

中国人民大学清史研究所，中国社会科学院中国边疆史地研究中心编：《清代边疆史地论著索引》，中国人民大学出版社 1988 年版。

吕一燃主编：《清代理藩院资料辑录》（影印版），北京全国图书馆文献缩微复制中心 1988 年版。

中国社会科学院中国边疆史地研究中心主编：《蒙古律例、回疆则例》（影印版），北京全国图书馆文献缩微复制中心 1988 年版。

中国社会科学院中国边疆史地研究中心主编：《光绪朝黑龙江将军奏稿》（上下册）（复制版），北京全国图书馆文献缩微复制中心 1993 年版。

中国社会科学院中国边疆史地研究中心主编：《清末蒙古史地资料荟萃》（影印版），北京全国图书馆文献缩微复制中心 1990 年版。

中国社会科学院中国边疆史地研究中心主编：《清代蒙古高僧传译辑》（影印版），北京全国图书馆文献缩微复制中心 1990 年版。

中国社会科学院中国边疆史地研究中心主编：《清代新疆稀见史料汇辑》（复制版），北京全国图书馆文献缩微复制中心 1990 年版。

中国社会科学院中国边疆史地研究中心主编：《苍悟总督军门志》（复制版），北京全国图书馆文献缩微复制中心 1991 年版。

中国社会科学院中国边疆史地研究中心主编：《达赖喇嘛三世、四世传：三世达赖喇嘛索南嘉措传，四世达赖喇嘛云丹嘉措传》，北京全国图书馆文献缩微复制中心 1992 年版。

（清）阿旺洛桑嘉措著：《五世达赖喇嘛传·云裳》（全三函），陈庆英等译，中国藏学出版社 1997 年版。

（供稿：闫　芳）

六　中国边疆研究主要著作目录（2010—2015 年）

（一）中国边疆理论研究

罗崇敏：《中国边政学新论》，人民出版社 2010 年版。

葛兆光：《宅兹中国：重建有关"中国"的历史论述》，中华书局 2011 年版。

周平等：《中国边疆治理研究》，经济科学出版社 2011 年版。

陈霖：《中国边疆治理研究》，云南人民出版社 2011 年版。

郑汕等：《中国边疆学概论》，云南人民出版社 2012 年版。

于逢春：《时空坐标、形成路径与奠定：构筑中国疆域的文明板块研究》，黑龙江教育出版社 2012 年版。

于逢春：《国民统合之路：近代中国民族国家构筑视野下的内蒙古东部蒙旗教育》，黑龙江教育出版社 2012 年版。

冯建勇：《辛亥革命与近代中国边疆政治变迁研究》，黑龙江教育出版社 2012

年版。

段金生：《南京国民政府的边政》，民族出版社 2012 年版。

马大正：《热点问题冷思考——中国边疆研究十讲》，上海辞书出版社 2013 年版。

张世明主编：《西方边疆理论经典文献》，黑龙江教育出版社 2013 年版。

余潇枫、徐黎丽、李正元等：《边疆安全学引论》，中国社会科学出版社 2013 年版。

何新华：《最后的天朝：清代朝贡制度研究》，人民出版社 2013 年版。

汪荣祖主编：《清帝国性质的再商榷：回应新清史》，台湾远流出版公司 2014 年版。

汪洪亮：《民国时期的边政与边政学（1931—1948）》，人民出版社 2014 年版。

赵永春：《从复数"中国"到单数"中国"：中国历史疆域理论研究》，黑龙江教育出版社 2014 年版。

李大龙著：《从"天下"到"中国"：多民族国家疆域理论解构》，人民出版社 2015 年版。

许倬云：《说中国：一个不断变化的复杂共同体》，广西师范大学出版社 2015 年版。

（供稿：冯建勇）

（二）东北与北部边疆研究

1. 东北边疆研究

乔凤岐：《隋唐皇朝东征高丽研究》，中国社会出版社 2010 年版。

姜清波：《入唐三韩人研究》，暨南大学出版社 2010 年版。

丁志刚、侯选明：《政治学视野中的西北地区治理研究》，兰州大学出版社 2010 年版。

杨家余：《伪满社会教育研究（1932—1945）》，高等教育出版社 2010 年版。

苗威：《高句丽移民研究》，吉林大学出版社 2011 年版。

马一虹：《靺鞨、渤海与周边国家、部族关系史研究》，中国社会科学出版社 2011 年版。

郑永振：《渤海史论》，吉林文史出版社 2011 年版。

陈慧：《穆克登碑问题研究：清代中朝图们江界务考证》，中央编译出版社 2011 年版。

李花子：《明清时期中朝边界史研究》，知识产权出版社 2011 年版。

程妮娜：《古代中国东北民族地区建置史》，中华书局 2011 年版。

石艳春：《日本"满洲移民"社会生活研究》，高等教育出版社 2011 年版。

耿铁华：《高句丽研究史》，吉林大学出版社 2012 年版。

高凯军：《通古斯族系的兴起》，中华书局 2012 年版。

杨军：《夫余史研究》兰州大学出版社 2012 年版。

拜根兴：《唐代高丽百济移民研究》，中国社会科学出版社 2012 年版。

高月：《清末东北新政研究》，黑龙江教育出版社 2012 年版。

南龙瑞：《日伪殖民统治与战后东北重建》，中央编译出版社 2012 年版。

范恩实：《夫余兴亡史》，社会科学文献出版社 2013 年版。

集安市博物馆编著：《集安高句丽碑》，吉林大学出版社 2013 年版。

李大龙：《〈三国史记·高句丽本纪〉研究》，黑龙江教育出版社 2013 年版。

霍明琨：《东北史坛巨擘金毓黻〈静晤室日记〉研究》，黑龙江大学出版社 2013 年版。

张志强：《东北近代史与城市史研究》，社会科学文献出版社 2013 年版。

武育文：《东北近代史研究》，社会科学文献出版社 2013 年版。

高晓燕：《东北沦陷时期殖民地形态研究》，社会科学文献出版社 2013 年版。

杨军：《东北亚古代民族史》，中国社会科学出版社 2014 年版。

张福有编著：《集安麻线高句丽碑》，文物出版社 2014 年版。

范恩实：《靺鞨兴嬗史研究——以族群发展、演化为中心》，黑龙江教育出版社 2014 年版。

高福顺、刘矩、姜维东：《东北亚研究论丛（八）——高句丽官制研究》，东北师范大学出版社 2014 年版。

杨军、高福顺、姜维公、姜维东：《高句丽官制研究》，吉林大学出版社 2014 年版。

孙昊：《辽代女真族群与社会研究》，兰州大学出版社 2014 年版。

何晓芳等：《兴边富民与安邻、睦邻、富邻关系研究》，人民出版社 2014 年版。

刘泉、梁江：《近代东北城市规划的空间形态元素》，大连理工大学出版 2014 年版。

于永奎：《濡史东极：东北三江流域古代历史简记》，黑龙江教育出版社 2014 年版。

刘家磊：《东北地区东段中俄边界沿革及其界牌研究》，黑龙江教育出版社 2014 年版。

尚侠：《伪满历史文化与现代中日关系》，商务印书馆 2014 年版。

李淑娟：《日本殖民统治与东北农民生活（1931—1945 年）》，社会科学文献出版社 2014 年版。

雷大川：《伪满时期东北边界冲突与界务交涉研究》，黑龙江教育出版社 2014 年版。

高福顺：《高句丽中央官制研究》，吉林大学出版社 2015 年版。

梁志龙：《沸流集：高句丽及辽东史地论稿》，辽宁人民出版社 2015 年版。

魏存成：《高句丽渤海考古论集》，科学出版社 2015 年版。

郑春颖：《高句丽服饰研究》，中国社会科学出版社 2015 年版。

梁玉多：《渤海国经济研究》，黑龙江大学出版社 2015 年版。

东北抗日联军史编写组：《东北抗日联军史》（上下），中共党史出版社 2015 年版。

解学诗：《伪满洲国史新编》（修订本），人民出版社 2015 年版。

祝力新：《〈满洲评论〉及其时代》，商务印书馆出版社 2015 年版。

2. 北部边疆研究

薄音湖主编：《蒙古史词典》（古代卷），内蒙古大学出版社 2010 年版。

郝维民、齐木德道尔吉主编：《内蒙古通史》，人民出版社 2012 年版。

吴洪琳：《铁弗匈奴与夏国史研究》，中国社会科学出版社 2011 版。

［苏］c.и. 鲁金科：《匈奴文化与诺彦乌拉巨冢》，孙危译，中华书局 2012 年版。

河南博物院：《匈奴与中原：文明的碰撞与交融》，中州古籍出版社 2012 年版。

沈阳东亚文化研究中心编著：《东胡、乌桓、鲜卑研究集成》，中州古籍出版社 2010 年版。

陈永志：《契丹史若干问题研究》，文物出版社 2011 年版。

赵文：《明朝后期对蒙古策略研究》，中央民族大学出版社 2013 年版。

赵现海：《明九边长城军镇史》，社会科学文献出版社 2012 年版。

加·奥其尔巴特等：《察哈尔蒙古西迁新疆史》，新疆人民出版社 2013 年版。

毕奥南编：《中蒙国家关系历史编年（1949—2009）》，黑龙江教育出版社 2013 年版、2014 年再版。

代林、马静：《大盛魁闻见录》，内蒙古人民出版社 2011 年版。

周竞红：《蒙古民族问题述论》，社会科学文献出版社 2011 年版。

长命：《资料分析与历史解读——从百灵庙自治运动到绥境蒙政会成立》，内蒙古教育出版社 2011 年版。

樊明方：《中国北部边疆史若干问题研究》，西北工业大学出版社 2012 年版。

张建军：《清末民初蒙古族议员及其活动研究》，中央民族大学出版社 2012 年版。

王大方、张文芳编著：《草原金石录》，文物出版社 2013 年版。

阿拉腾奥其尔：《清朝图理琛使团与〈异域录〉研究》，广西师范大学出版社 2015 年版。

（供稿：毕奥南　阿拉腾奥其尔　范恩实）

（三）海疆研究

郑海麟：《钓鱼岛列屿之历史与法理研究》（增订本），中华书局 2012 年版。

吴天颖：《甲午战前钓鱼列屿归属考》（增订本），中国民主法制出版社 2013 年版。

褚静涛：《中日钓鱼岛争端研究》，海峡学术出版社 2013 年版。

郑海麟：《钓鱼岛列屿之历史与法理研究》（增订本），海洋出版社 2014 年版。

韩结根：《钓鱼岛历史真相》，复旦大学出版社 2014 年版。

国家图书馆中国边疆文献研究中心编：《文献为证：钓鱼岛图籍录》，国家图书馆出版社 2015 年版。

傅崐成：《美国海岸警备队海上执法的技术规范》，中国民主法制出版社 2013 年版。

傅崐成：《琉球问题与国际法》，台北问津堂书局 2013 年版。

傅崐成：《开罗宣言 70 周年纪念论文集》，台湾问津堂书局 2013 年版。

［美］宋恩：《海洋法精要》，傅崐成译，上海交通大学出版社 2014 年版。

常虹：《现代科技背景下海洋法中的海洋科学研究》，厦门大学出版社 2014 年版。

李永隆：《越南政治系统：自 1986 年迄今》，台湾沧海书局 2015 年版。

李永隆：《越南公证法》（中越文版），台湾沧海书局 2015 年版。

徐鹏：《海上执法比例原则研究》，上海交通大学出版社 2015 年版。

（供稿：侯　毅　王晓鹏　玄　花）

（四）西南边疆研究

1. 西藏部分

何耀华：《吐蕃史论丛》，生活·读书·新知三联书店 2014 年版。

张云：《唐代吐蕃史研究论集》，中国藏学出版社 2014 年版。

阿贵：《吐蕃小邦时代历史研究》，西藏人民出版社 2014 年版。

达琼：《吐蕃社会官职综述》，西藏人民出版社 2013 年版。

道吉塔：《吐蕃赞普名称考释》，甘肃民族出版社 2013 年版。

杨铭：《唐代吐蕃与西域诸族关系研究》，黑龙江教育出版社 2014 年版。

周伟洲：《藏史论考》，兰州大学出版社 2010 年版。

次旦扎西、杨永红：《西藏古近代军事史研究》，西藏人民出版社 2010 年版。

全国图书馆文献缩微复制中心《晚清民初西藏事务密档》，全国图书馆文献缩微复制中心 2010 年版。

白玛朗杰、孙勇、仲布·次仁多杰总主编：《记忆中的百年沧桑：西藏名人回忆录》，中国藏学出版社 2010 年版。

程越主编：《中国共产党西藏昌都地区历史大事记 1949—2009》，中国藏学出版社 2010 年版。

冯明珠：《中英西藏交涉与川藏边情》，中国藏学出版社 2010 年版。

孙宏年、倪邦贵主编：《西藏基层政权建设研究》，中国藏学出版社 2010 年版。

孙炯：《西藏旧事》，中国社会科学出版社 2010 年版。

刘科：《记忆西藏》，山东人民出版社 2010 年版。

周德仓：《西藏新闻传播史》，中央民族大学出版社 2010 年版。

夏玉·平措次仁：《西藏历史大事年表》，西藏人民出版社 2010 年版。

罗布：《甘丹颇章时期西藏地方史纵论——以十三世达赖喇嘛新政改革为中心》，民族出版社 2010 年版。

《西藏风物志》编委会编：《西藏风物志》，西藏人民出版社 2010 年版。

拉巴平措等：《西部西藏的文化历史》，中国藏学出版社 2010 年版。

中共西藏自治区委员会党史研究室编：《新中国的西藏 60 年》，西藏人民出版社 2011 年版。

恰白学术思想研究课题组编：《探究西藏历史的现代人》，中国藏学出版社 2010 年版。

杨一真：《平息 1959 年西藏武装叛乱纪实》，中国藏学出版社 2010 年版。

［英］特纳：《西藏札什伦布寺访问记》，苏发祥、沈桂萍译，西藏人民出版社 2010 年版。

普布次仁：《中国共产党在西藏工作的决策与实践研究》，西藏人民出版社 2010 年版。

徐志民编：《西藏史话》，社会科学文献出版社 2011 年版。

杨一真编：《西藏记忆：进军西藏解放军西藏回忆文集》，海风出版社 2011 年版。

魏克：《进军西藏日记》，中国藏学出版社 2011 年版。

降边嘉措：《周恩来与西藏的和平解放》，社会科学文献出版社 2011 年版。

杜玉芳：《毛泽东与西藏和平解放》，中国藏学出版社 2011 年版。

阴法唐：《阴法唐西藏工作文集》（上下），中国藏学出版社 2011 年版。

宋月红：《当代中国的西藏政策与治理》，人民出版社 2011 年版。

［巴基斯坦］侯赛因阿巴迪、［巴基斯坦］哈斯拉特：《巴尔蒂斯坦（小西藏）的历史与文化》，中国藏学出版社 2011 年版。

白玛朗杰、孙勇主编，孙勇执行主编：《学者视野下的西藏发展探讨》，西藏藏文古籍出版社 2011 年版。

卢小飞主编：《西藏的女儿——60 年 60 人口述实录》，中国藏学出版社 2011 年版。

汪晖：《东西之间的"西藏问题"外二篇》，生活·读书·新知三联书店 2011 年版。

郭永虎：《美国国会与中美关系中的"西藏问题"》，世界知识出版社 2011 年版。

张晓明：《百年西藏 20 世纪的人和事》，华文出版社 2011 年版。

厉声、孙宏年、张永攀：《香巴拉的迷途：十四世达赖喇嘛人和事》，世界知识出版社 2011 年版。

北京建藏援藏工作者协会编：《亲历西藏和平解放》，中国藏学出版社 2011 年版。

王茂侠：《邓小平与西藏工作——从和平解放到改革开放》，中国藏学出版社 2011 年版。

许广智编：《鸦片战争前后西藏百年历史研究论文选辑》，民族出版社 2011 年版。

降边嘉措：《民族区域自治政策在西藏的成功实践》，社会科学文献出版社 2011 年版。

夏玉·平措次仁：《西藏苯教寺院历史及其现状》，多吉平措译，西藏人民出版社 2011 年版。

曾国庆、黄维忠编：《清代藏族历史》，中国藏学出版社 2012 年版。

李凤珍：《清代西藏郡王制初探——读清史札记》，中国藏学出版社 2012 年版。

扎洛：《清代西藏与布鲁克巴》，中国社会科学出版社 2012 年版。

白玛朗杰、孙勇、仲布·次仁多杰主编：《口述当代西藏第一》，中国藏学出版社 2012 年版。

恰白·次旦平措、诺章·吴坚、平措次仁：《西藏简明通史》，五洲传播出版社 2012 年版。

［瑞士］泰勒：《发现西藏》，中国藏学出版社 2012 年版。

［法］古伯察：《鞑靼西藏旅行记》中国藏学出版社 2012 年版。

吴彦勤校注：《西藏奏议川藏奏底》，上海古籍出版社 2012 年版。

周晶：《纷扰的雪山：20 世纪前半叶西藏社会生活研究》，兰州大学出版社 2012 年版。

邓锐龄：《清前期治藏政策探赜》，中国藏学出版社 2012 年版。

李凤珍：《清代西藏郡王制初探》，中国藏学出版社 2012 年版。

萨班·贡噶坚参：《萨迦格言：西藏贵族世代诵读的智慧珍宝》，当代中国出版社

2012 年版。

魏伟：《西藏历史聚落研究》，中国建筑工业出版社 2012 年版。

梁俊艳：《英国与中国西藏（1774—1904）》，兰州大学出版社 2012 年版。

和宁：《西藏赋》，池万兴、严寅春校注，齐鲁出版社 2013 年版。

扎洛：《清代西藏与布鲁克巴》，中国社会科学出版社 2012 年版。

［意］图齐：《西藏宗教之旅》，中国藏学出版社 2012 年版。

次旦扎西：《西藏地方简史》，西藏人民出版社 2012 年版。

白玛朗杰、孙勇、仲布·次仁多杰主编：《水牛年（乾隆五十八年）西藏噶厦商上所收公文译辑》，中国藏学出版社 2012 年版。

"民主改革以来西藏妇女社会地位变迁研究"课题组：《民主改革以来西藏妇女社会地位变迁研究》，西藏藏文古籍出版社 2012 年版。

叶拉太：《吐蕃地名研究》，人民出版社 2012 年版。

张云：《元朝中央政府治藏制度研究》，黑龙江教育出版社 2013 年版。

王小彬：《中国共产党西藏政策研究》，人民出版社 2013 年版。

赵云田：《清代代西藏史研究》，社会科学文献出版社 2014 年版。

曾国庆：《百年驻藏大臣研究论丛》，中国藏学出版社 2014 年版。

中共西藏自治区委员会党史研究室编著：《和平解放西藏与执行协议的历史纪录》，中共党史出版社 2014 年版。

孙勇主编：《中国共产党的西藏政策（1989—2005）》，社会科学文献出版社 2014 年版。

牛治富等：《中国特色西藏特点发展路子研究》，西藏人民出版社 2014 年版。

河口慧海：《100 年前西藏独行记》，金城出版社 2014 年版。

白玛朗杰、孙勇、仲布·次仁多杰总主编：《西藏百年史研究》，社会科学文献出版社 2015 年版。

侯希文编：《西藏与历代中央政府来往政务公文选编》，社会科学文献出版社 2015 年版。

沈卫荣：《想象西藏：跨文化视野中的和尚、活佛、喇嘛和密教》，北京师范大学出版社 2015 年版。

许建英：《中国西藏的治理》，湖南人民出版社 2015 年版。

张云：《西藏历代的边事边政与边吏》，社会科学文献出版社 2015 年版。

康欣平：《〈有泰驻藏日记〉研究：驻藏大臣有泰的思想、行为与心态》，民族出版社 2015 年版。

2. 广西、云南部分

郑维宽：《历代王朝治理广西边疆的策略研究——基于地缘政治的考察》，社会科学文献出版社 2014 年版。

王文光、朱映占、赵永忠：《中国西南民族通史》，云南大学出版社 2015 年版。

翟国强：《先秦西南民族史论》，黑龙江教育出版社 2012 年版。

段金生：《南京国民政府对西南边疆的治理研究》，社会科学文献出版社 2013 年版。

孙宏年：《中国西南边疆的治理》，湖南人民出版社 2015 年版。

范宏贵：《中越跨境民族研究》，社会科学文献出版社 2015 年版。

何平：《傣泰民族的起源与演变新探》，社会科学文献出版社 2015 年版。

白耀天：《南天国与宋朝关系研究》，社会科学文献出版社 2014 年版。

吕俊彪：《京族人的族群认同与国家认同》，社会科学文献出版社 2014 年版。

陈季君、党会先、陈旭：《播州土司史》，中央民族大学出版社 2015 年版。

秦和平：《四川民族地区民主改革研究——20 世纪 50 年代四川藏区彝区的社会变革》，中央民族大学出版社 2011 年版。

赵永忠：《当代中国西南民族发展史论》，云南大学出版社 2012 年版。

张刚、伍雄武：《云南民族关系的历史与经验》，社会科学文献出版社 2014 年版。

中国社会科学院"云南省民族团结进步边疆繁荣稳定示范区建设研究"课题组编：《民族团结云南经验——"民族团结进步边疆繁荣稳定示范区"调研报告》，社会科学文献出版社 2014 年版。

黄振南、蒋钦挥主编：《〈申报〉广西辛亥革命资料选编》，广西师范大学出版社 2012 年版。

颜小华：《广西基督宗教历史与现状研究》，社会科学文献出版社 2014 年 1 版。

邹建达、唐丽娟：《清前期云南督抚边疆事务奏疏汇编》，社会科学文献出版社 2015 年版。

朱端强、许新民主编：《历代文集西南边疆篇目分类索引》（初编），社会科学文献出版社 2014 年版。

林文勋主编：《民国时期云南边疆开发方案汇编》，云南人民出版社 2013 年版。

吴喜：《民国时期云南彝族上层家族口述史》，社会科学文献出版社 2014 年版。

罗群、黄韩鑫：《王炽与晚清云南商业社会》，云南人民出版社 2014 年版。

王振刚：《民国学人西南边疆问题研究》，人民出版社 2013 年版。

杨寿川：《云南矿业开发史》，社会科学文献出版社 2014 年版。

丁世青：《区域差异与调控：西南边疆人口发展论》，社会科学文献出版社 2014 年版。

陈果、李昆声：《中国云南与越南的青铜文明》，社会科学文献出版社 2013 年版。

徐方宇：《越南雄王信仰研究》，世界图书出版公司 2014 年版。

孙宏年：《清代中越关系研究（1644—1885）》，黑龙江教育出版社 2014 年版。

王柏中等辑录：《〈大南实录〉中国西南边疆相关史料辑》，社会科学文献出版社 2015 年版。

广西社会科学院编：《越南国情报告（2014）》，社会科学文献出版社 2014 年版。

周平、李大龙主编：《中国的边疆治理：挑战与创新》，中央编译出版社 2014 年版。

许清章：《缅甸历史、文化与外交》，社会科学文献出版社 2014 年版。

莫小莎等：《广西国际河流研究》，社会科学文献出版社 2013 年版。

赵德美《云南少数民族历史档案数字化建设》，社会科学文献出版社 2014 年版。

林超民编：《方国瑜诞辰一百一十周年纪念文集》，云南大学出版社 2013 年版。

林超民编：《薪火相传 继长增高——方国瑜冥诞一百十一周年纪念文集》，云南大学出版社 2014 年版。

娄贵品：《方国瑜与中国西南边疆研究》，人民出版社 2014 年版。

（供稿：翟国强　孙宏年　张永攀　刘　洁）

（五）新疆研究

马晓娟：《历代正史"西域撰述"探略》，学苑出版社 2014 年版。

刘安志：《敦煌吐鲁番文书与唐代西域史研究》，商务印书馆 2011 年版。

叶莲娜·伊菲莫夫纳·库兹米娜（Elena Efimovna Kuzmina）：《丝绸之路史前史》，梅维恒（Victor H. Mair）、李春长译，科学出版社 2015 年版。

王建民：《新疆史话》，社会科学文献出版社 2012 年版。

杨镰：《寻找失落的西域文明》，北京航空航天大学出版社 2010 年版。

厉声：《中国新疆：历史与现状》，五洲传播出版社 2013 年版。

包尔汉：《新疆五十年：包尔汉回忆录》，中国文史出版社 2013 年版。

潘向明：《清代新疆和卓叛乱研究》，中国人民大学出版社 2011 年版。

许建英：《近代英国和中国新疆（1840—1911）》，黑龙江教育出版社 2014 年版。

钱伯泉：《通俗维吾尔族史》新疆人民出版社 2015 年版。

加·奥其尔巴特：《察哈尔蒙古西迁新疆史》，新疆人民出版社 2013 年版。

佐口透：《新疆穆斯林研究》，章莹译，新疆人民出版社 2012 年版。

才吾加甫：《新疆古代佛教研究》，社会科学出版社 2011 年版。

王东平：《清代回疆法律制度研究》，黑龙江教育出版社 2010 年版。

伊斯拉斐尔·玉素甫等：《西域饮食文化史》，新疆人民出版社 2012 年版。

徐中煜：《交通态势与晚清经略新疆研究》，黑龙江教育出版社 2013 年版。

H. M. 休金娜：《中央亚细亚地图是怎样产生的》，姬增禄、阎菊玲译，新疆人民出版社 2012 年版。

李德龙、达力扎布：《〈新疆四道志〉校注》，中央民族大学出版社 2014 年版。

杨铭、贡保扎西、索南才让：《英国收藏新疆出土古藏文文书选译》，新疆人民出版社 2014 年版。

戴良佐：《〈新疆通史〉研究丛书：西域碑铭录》，新疆人民出版社 2013 年版。

谢彬：《西域探险考察大系：新疆游记》，新疆人民出版社 2013 年版。

许建英、王鸣野、孙振玉：《泛伊斯兰主义问题对中国的影响》，人民公安大学出版社 2013 年版。

周卫平：《清代新疆官制边吏研究》，新疆人民出版社 2014 年版。

周卫平：《中国新疆的治理》，湖南人民出版社 2015 年版。

李晓霞：《新疆南部乡村汉人》，社会科学文献出版社 2015 年版。

张应平、董平、郭兰瑛：《新疆哈萨克民族文化现代化研究》，知识产权出版社 2014 年版。

段金生：《新疆都督杨增新》，云南人民出版社 2015 年版。

（供稿：王义康　王　垚　白　帆）

七　中国边疆研究主要论文目录（2010—2015 年）

（一）中国边疆理论研究

林开强：《清王朝国家疆域边界意识简析》，《社会科学研究》2010 年第 1 期。

于逢春：《疆域视域中"中国"与"天下""中原王朝"与"中央王朝"之影像》，《云南师范大学学报》（哲学社会科学版）2010 年第 1 期。

马曼丽、马磊：《论跨国族体问题的发展及其对中国边疆安全的威胁与对策》，《中南民族大学学报》（人文社会科学版）2010 年第 1 期。

邹吉忠：《边疆·边界·边域——关于跨国民族研究的视角问题》，《中央民族大学学报》2010 年第 1 期。

吴楚克：《中国国防与边疆防御问题研究新论》，《云南师范大学学报》（哲学社会科学版）2010 年第 1 期。

段金生：《试论南京国民政府边政研究的内容和方法》，《云南师范大学学报》（哲学社会科学版）2010 年第 1 期。

刘正寅：《"大一统"思想与中国古代疆域的形成》，《中国边疆史地研究》2010 年第 2 期。

张永江：《国家、民族与疆域——如何研究中国古代疆域史》，《中国边疆史地研究》2010 年第 2 期。

李鸿宾：《古今中国之衔接——疆域观察的一个视角》，《中国边疆史地研究》2010 年第 2 期。

李方：《开阔思路，深化中国边疆史研究》，《中国边疆史地研究》2010 年第 2 期。

杜芝明、黎小龙：《"极边""次边"与宋朝边疆思想探析》，《中国边疆史地研究》2010 年第 2 期。

陈尚胜：《试论清朝前期封贡体系的基本特征》，《清史研究》2010 年第 2 期。

周书灿：《从外服制看商代四土的藩属体制与主权形态》，《中国边疆史地研究》2010 年第 3 期。

周平：《论我国边疆治理的转型与重构》，《云南师范大学学报》（哲学社会科学版）2010 年第 2 期。

夏维勇：《中国周边关系与边疆治理的互动：历史、模式及影响因素》，《云南师范大学学报》（哲学社会科学版）2010 年第 2 期。

周平：《论我国边疆治理的转型与重构》，《云南师范大学学报》（哲学社会科学版）2010 年第 2 期。

王建娥：《国家建构和民族建构：内涵、特征及联系——以欧洲国家经验为例》，《西北师大学报》（社会科学版）2010 年第 2 期。

杨念群：《重估"大一统"历史观与清代政治史研究的突破》，《清史研究》2010 年第 2 期。

赵璇、高静文：《边疆民族心理是边疆社会稳定的深层因素》，《西北民族研究》2010 年第 3 期。

李国强：《海岛与中国海疆史的研究》，《云南师范大学学报》（哲学社会科学版）

2010 年第 3 期。

林岗：《从古地图看中国的疆域及其观念》，《北京大学学报》（哲学社会科学版）2010 年第 3 期。

厉声：《先秦国家形态与疆域、四土刍见——以殷商国家叙述为主》，《中国边疆史地研究》2010 年第 3 期。

何明：《国家认同的建构——从边疆民族跨国流动视角的讨论》，《云南师范大学学报》（哲学社会科学版）2010 年第 4 期。

陆海发、袁娥：《边疆少数民族国家认同建设的意义、挑战与对策》，《青海民族研究》2010 年第 4 期。

张越：《近代历史研究与民族文化认同》，《史学史研究》2010 年第 4 期。

李崇林：《边疆治理视野中的民族认同与国家认同研究探析》，《新疆社会科学》（汉文版）2010 年第 4 期。

黄兴涛：《"清代政治与国家认同"国际学术研讨会简述》，《光明日报》2010 年 8 月 31 日第 12 版。

陆韧：《明朝的国家疆域观及其明初在西南边疆的实践》，《云南师范大学学报》（哲学社会科学版）2010 年第 5 期。

李大龙：《多民族国家疆域研究的历程及其特点》，《云南师范大学学报》（哲学社会科学版）2010 年第 6 期。

董经胜：《特纳的"边疆假说"与拉丁美洲的边疆史研究》，《拉丁美洲研究》2010 年第 6 期。

胡冬雯：《"民族——国家"建构下的边政学与边疆视野》，《四川民族学院学报》2010 年第 6 期。

黄秀蓉：《论清代改流与中国西南疆域的整合》，《云南师范大学学报》（哲学社会科学版）2010 年第 6 期。

石正义、邓朴：《试论我国边疆少数民族地区公共危机管理的多元主体体系》，《社会科学研究》2010 年第 6 期。

范可：《"边疆发展"献疑》，《中南民族大学学报》（人文社会科学版）2011 年第 1 期。

邵丹：《故土与边疆：满洲民族与国家认同里的东北》，《清史研究》2011 年第 1 期。

李治亭：《论清代边疆问题与国家"大一统"》，《云南师范大学学报》（哲学社会科学版）2011 年第 1 期。

马雁：《利益结构变迁与边疆民族地区社会稳定的关系》，《广西青年干部学院学报》2011 年第 1 期。

马洪伟：《国家安全场域中边疆民族地区基层政权建设探析》，《云南社会科学》2011 年第 2 期。

赵永春：《从复数"中国"到单数"中国"——试论统一多民族中国及其疆域的形成》，《中国边疆史地研究》2011 年第 3 期。

安介生、穆俊：《略论明代士人的疆域观——以章潢图书编为主要依据》，《中国边疆史地研究》2011 年第 4 期。

周卫平：《特纳的"边疆假说"与当代中国边疆研究》，《甘肃社会科学》2011 年第 4 期。

孙宏年：《辛亥革命前后治边理念及其演变》，《民族研究》2011 年第 5 期。

黄达远：《边疆、民族与国家：对拉铁摩尔"中国边疆观"的思考》，《中国边疆史地研究》2011 年第 4 期。

马大正：《关于中国边疆学构筑的几个问题》，《东北史地》2011 年第 6 期。

张世明：《拉铁摩尔及其相互边疆理论》，《史林》2011 年第 6 期。

马玉华：《民国时期边政学研究中相关问题辨析》，《昆明学院学报》2012 年第 1 期。

陈跃：《"因俗而治"与边疆内地一体化——中国古代王朝治边政策的双重变奏》，《云南师范大学学报》（哲学社会科学版）2012 年第 2 期。

张勇进等：《作为国际社会的朝贡体系》，《国际政治科学》2012 年第 3 期。

李虹：《试论我国边疆民族地区的认同问题》，《西北民族大学学报》（哲学社会科学版）2012 年第 3 期。

韩献栋：《东亚国际体系转型：历史演化与结构变迁》，《当代亚太》2012 年第 4 期。

王日根：《明初海权扩张与朝贡体制重建》，《人民论坛·学术前沿》2012 年第 6 期。

王来特：《朝贡贸易体系的脱出与日本型区域秩序的构建——江户前期日本的对外交涉政策与贸易调控》，《日本学刊》2012 年第 6 期。

马大正：《深化中国边疆政策研究之我见》，《社会科学战线》2012 年第 7 期。

娄贵品：《近代中国"边疆学"概念提出与传播的历史考察》，《学术探索》2012 年第 8 期。

高月：《从"大一统"到清末新政：清代疆域统合方式的变迁——以边疆地区为中心》，《通化师范学院学报》2012 年第 9 期。

于逢春：《论"海上文明"板块在中国疆域底定过程中的地位》，《社会科学辑刊》2012 年第 5 期。

于逢春：《论中国疆域最终形成的路径与模式》，《长春师范学院学报》2012 年第 11 期。

王邵励：《美利坚式的"边疆"：词义源流及历史学家特纳的再阐释》，《社会科学战线》2012 年第 8 期。

马大正：《"边疆政治"与西方话语》，《中国图书评论》2012 年第 5 期。

朱金春：《游牧帝国的历史循环——兼读〈中国的亚洲内陆边疆〉与〈危险的边疆：游牧帝国与中国〉》，《中国图书评论》2012 年第 5 期。

张经纬：《嵌入历史深处的人类学——评巴菲尔德〈危险的边疆：游牧帝国与中国〉》，《中国图书评论》2012 年第 5 期。

杨洪远：《从欧文·拉铁摩尔到王明珂：解读中国边疆研究的另一个视角》，《内蒙古社会科学》（汉文版）2012 年第 6 期。

王铭铭：《三圈说：另一种世界观，另一种社会科学》，《西北民族研究》2013 年第 1 期。

德全英：《长城的团结：草原社会与农业社会的历史法理——拉铁摩尔中国边疆理论评述》，《西域研究》2013 年第 1 期。

谷家荣、罗明军：《中国古代边疆治理历谱识认》，《学术探索》2013 年第 1 期。

陈明富：《首部探索构建中国边疆学学科体系的专著——评郑汕教授〈中国边疆学概论〉》，《中国边疆史地研究》2013 年第 3 期。

吕文利：《中国古代天下观的意识形态建构及其制度实践》，《中国边疆史地研究》2013 年第 3 期。

李勇军《时局与边疆：民国时期边政学的发展历程》，《中国边疆史地研究》2013 年第 3 期。

邢广程：《关于中国边疆学研究的几个问题》，《中国边疆史地研究》2013 年第 4 期。

马大正：《略论中国边疆学的构筑》，《新疆师范大学学报》（哲学社会科学版）2013 年第 5 期。

安介生：《中国古代边疆意识的形成与发展——基于历代王朝边疆争议的分析》，《社会科学》2013 年第 3 期。

宋培军：《拉铁摩尔"双边疆"范式的内涵及其理论和现实意义》，《云南师范大学学报》（哲学社会科学版）2013 年第 2 期。

袁剑：《"内陆亚洲"视野下的大边疆：拉铁摩尔的实践路径——基于一些相关作品的阅读》，《西北民族大学学报》（哲学社会科学版）2013 年第 3 期。

熊鸣琴：《超越"夷夏"：北宋"中国"观初探》，《中州学刊》2013 年第 4 期。

施展、王利：《东北观天下——重塑中国历史哲学》，《领导者》2013 年第 4 期。

邝云峰、刘若楠：《美国的朝贡体系》，《国际政治科学》2013 年第 4 期。

张启雄：《东西国际秩序原理的差异："宗藩体系"对"殖民体系"》，台湾"中研院"《近代史研究所集刊》2013 年第 3 期。

任晓：《论东亚"共生体系"原理——对外关系思想和制度研究之一》，《世界经济与政治》2013 年第 7 期。

关凯：《反思"边疆"概念：文化想象的政治意涵》，《学术月刊》2013 年第 6 期。

王东杰：《多文明共生的中国与"多史叙述"之可能》，《学术月刊》2013 年第 6 期。

韦兵：《完整的历史经验：天下的"夷狄之维"》，《学术月刊》2013 年第 6 期。

黄达远：《区域史视角与边疆研究——以"天山史"为例》，《学术月刊》2013 年第 6 期。

纳日毕力戈：《"绝地天通"与边疆中国》，《学术月刊》2013 年第 6 期。

冯建勇：《近现代以来中国海洋文化的重构历程》，《浙江学刊》2013 年第 6 期。

方盛举、吕朝辉：《中国陆地边疆的软治理与硬治理》，《晋阳学刊》2013 年第 5 期。

张燚：《制度均衡：边疆多民族地区国家认同的基础》，《中南民族大学学报》（人文社会科学版）2013 年第 2 期。

谷家荣、蒲跃：《"道义"发展：有序边疆社会构造的根本出路》，《云南师范大学学报》（哲学社会科学版）2013 年第 5 期。

张锦鹏：《公民文化：构筑边疆民族地区和谐发展的基石》，《云南师范大学学报》（哲学社会科学版）2013 年第 5 期。

邹芙都、敬德：《封建园林在边疆民族地区经略中的功能——以两汉皇家园林为例》，《社会科学战线》2013 年第 5 期。

甄军伟等：《乾嘉时期新疆维吾尔族的国家认同研究》，《兰台世界》2013 年第 6 期。

张启雄：《"宗藩"对"独立"：朝鲜壬午兵变的国际秩序原理论述》，《"国立"政治大学历史学报》2013 年总第 40 期。

冯建勇：《想象的朝贡记忆与现实的主权诉求：1946—1948 年坎巨提内附问题研究》，《东吴历史学报》2013 年总第 30 期。

周伟洲：《关于构建中国边疆学的几点思考》，《中国边疆史地研究》2014 年第 1 期。

周平：《论中国的边疆政治及边疆政治研究》，《思想战线》2014 年第 1 期。

袁剑：《边疆理论话语的梳理与中国边疆学的可能路径》，《中国边疆史地研究》2014 年第 1 期。

方盛举、吕朝辉：《宗教信仰与中国陆地边疆治理》，《云南民族大学学报》（哲学社会科学版）2014 年第 1 期。

朱圣明：《有层次的"天下"与有差别的"政区"——兼论秦汉天下格局视域下的人群划分与认同建构》，《中国边疆史地研究》2014 年第 1 期。

肖晞、董贺：《中国传统国际秩序观及其当代启示》，《复旦国际关系评论》2014 年第 1 期。

于逢春：《边疆研究视域下的"中原中心"与"天山意象"》，《新疆大学学报》2014 年第 1 期。

董新兴、俞炜华：《冲突经济学与中国边疆学研究——以农耕游牧关系为例》，《制度经济学研究》2014 年第 2 期。

李云泉：《话语、视角与方法：近年来明清朝贡体制研究的几个问题》，《中国边疆史地研究》2014 年第 2 期。

胡鞍钢：《"丝绸之路经济带"：战略内涵、定位和实现路径》，《新疆师范大学学报》（哲学社会科学版）2014 年第 2 期。

王铭铭：《谈"作为世界体系的闽南"》，《西北民族研究》2014 年第 2 期。

冯建勇：《近现代中国民族国家构建之历程：民国中央政府统合边疆民族地区的理论探讨》，《社会科学》2014 年第 2 期。

丁晓星：《丝绸之路经济带的战略性与可行性分析》，《人民论坛·学术前沿》2014 年第 2 期。

常安：《国族主义的话语建构与边疆整合（1928—1949）》，《法律和社会科学》2014 年第 2 辑。

刘祥学：《地域形象与中国古代边疆的经略》，《中国史研究》2014 年第 3 期。

孔令杰：《评〈国际边疆与边界〉——兼论边界问题的研究方法》，《中国边疆史地研究》2014 年第 3 期。

王欣：《中国边疆学构建面临的几点理论挑战：以拉铁摩尔、狄宇宙和濮培德为例》，《思想战线》2014 年第 3 期。

张峰峰：《论边疆人类学的提出及其发展》，《国外社会科学》2014 年第 4 期。

王义康：《唐代的化外与化内》，《历史研究》2014 年第 5 期。

韩东育：《清朝对"非汉世界"的"大中华"表达——从〈大义觉迷录〉到〈清帝逊位诏书〉》，《中国边疆史地研究》2014 年第 4 期。

程妮娜：《羁縻与外交：中国古代王朝内外两种朝贡体系——以古代东北亚地区为中心》，《史学集刊》2014 年第 4 期。

周方银、李源晋：《实力、观念与不对称关系的稳定性：以明清时期的中朝关系为例》，《当代亚太》2014 年第 4 期。

纳日碧力戈：《生存交互性：边疆中国的另一种解释》，《学术月刊》2014 年第 8 期。

周平：《全球化时代的疆域与边疆》，《中国边疆史地研究》2014 年第 3 期。

王希隆、杨代成：《论明清时期嘉峪关职能旳演变》，《青海民族大学学报》2014 年第 4 期。

吕文利：《论中国古代边疆治理中的"云南模式"》，《云南师范大学学报》（哲学社会科学版）2014 年第 4 期。

李大龙：《关于中国古代治边政策的几点思考——以"羁縻"为中心》，《史学集刊》2014 年第 4 期。

王希隆、杨代成：《论明清时期嘉峪关职能的演变》，《青海民族大学学报》2014 年第 4 期。

贺金瑞：《当代中国边疆地区治理体系和治理能力现代化》，《中国民族报》2014 年 11 月 14 日第 6 版。

秦和平：《关于民族区域自治与中国边疆治理的思考》，《民族学刊》2014 年第 3 期。

管彦波：《明代的舆图世界："天下体系"与"华夷秩序"的承转渐变》，《民族研究》2014 年第 6 期。

黄达远：《多维视野下的西域——以 1759—1864 年的天山史为例》，《新疆师范大学学报》（哲学社会科学版）2014 年第 6 期。

席会东：《清代地图中的西域观——基于清准俄欧地图交流的考察》，《新疆师范大学学报》（哲学社会科学版）2014 年第 6 期。

尹学朋、王国宁：《利益分化进程中少数民族国家认同与边疆治理》，《广西民族研究》2014 年第 6 期。

段红云：《清代中国疆域的变迁及其对中国民族发展的影响》，《中国边疆史地研究》2015 年第 1 期。

罗中枢：《中国西部边疆研究若干重大问题思考》，《四川大学学报》（哲学社会科学版）2015 年第 1 期。

钱云：《宋代舆地图中对边界的表示及其含义》，《历史地理》2015 年第 1 期。

周伟洲：《论中国与西方之中国边疆研究》，《民族研究》2015 年第 1 期。

朱碧波：《论我国边疆理论的言说困境与创制逻辑》，《云南师范大学学报》（哲学社会科学版）2015 年第 1 期。

张宏利、刘璐：《试论辽人的疆域观》，《湖湘论坛》2015 年第 1 期。

陈尚胜：《朝贡制度与东亚地区传统国际秩序：以 16—19 世纪的明清王朝为中心》，《中国边疆史地研究》2015 年第 2 期。

李大龙：《东亚"天下"传统政治格局的形成及演变趋势：以政权建构与族群凝聚为中心》，《中国边疆史地研究》2015 年第 2 期。

施展、尚观：《西北望长安——重塑中国历史哲学》（二），《领导者》2015 年第 2、3 期。

袁剑：《边疆民族志与中国边疆学：理念、方法与可能》，《青海民族研究》2015 年第 3 期。

李燕琴、束晟：《聚焦旅游视域下的中国边疆研究》，《地理研究》2015 年第 3 期。

李国强：《中国海疆史话语体系构建的思考》，《中国边疆史地研究》2015 年第 4 期。

周平：《强化边疆治理补齐战略短板》，《光明日报》2015 年 6 月 10 日第 13 版。

孙保全：《历史上中原王朝边疆治理中的"成本—收益"观》，《中国民族报》2015 年 8 月 21 日第 7 版。

马大正：《试论当代中国边疆治理的几个问题》，《西北民族论丛》2015 年第十辑。

周平：《陆疆治理：从"族际主义"转向"区域主义"》，《国家行政学院学报》2015 年第 6 期。

孙保全：《论中国陆地边疆治理体系的转型与重构》，《昆明学院学报》2015 年第 5 期。

李庚伦：《"一带一路"战略与中国边疆治理》，《云南民族大学学报》（哲学社会科学版）2015 年第 5 期。

冯建勇、罗静：《认知、因应与期待——边疆省区融入"一带一路"战略刍议》，《中国边疆学》2015 年第 3 辑。

丁忠毅：《"一带一路"建设中的西部边疆安全治理：机遇、挑战及应对》，《探索》2015 年第 6 期。

韩昭庆：《康熙〈皇舆全览图〉与西方对中国历史疆域认知的成见》，《清华大学学报》（哲学社会科学版）2015 年第 6 期。

周建新：《边疆中心视角下的理论与实践探索》，《广西民族研究》2015 年第 6 期。

杨斯童：《从"西域"到"西北"——西北边疆拓殖与开发的历史启示》，《东北师大学报》（哲学社会科学版）2014 年第 6 期。

杨明洪：《困惑与解困：是边疆经济学，还是经济边疆学?》，《中国图书评论》2015 年第 12 期。

王文光：《〈汉书〉〈后汉书〉民族列传与汉代边疆民族历史的文本书写》，《中国边疆史地研究》2015 年第 4 期。

（供稿：冯建勇）

（二）东北与北部边疆研究

1. 东北边疆研究

张全超、朱泓：《靺鞨人种考》，《史学集刊》2010 年第 1 期。

郑春颖：《〈后汉书·高句骊传〉史源学研究》，《中国边疆史地研究》2010 年第 1 期。

梁玉多：《定安国小考》，《北方文物》2010 年第 1 期。

康鹏：《东丹国废罢时间新探》，《北方文物》2010 年第 2 期。

郑永振：《对渤海的建国年代和建国地的讨论》，《北方文物》2010 年第 2 期。

郑永振：《论渤海国的建国集团与国号、年号》，《北方文物》2010 年第 4 期。

李新全：《高句丽建国传说史料辨析》，《东北史地》2010 年第 5 期。

祁美琴：《论北方民族族称的变化及其意义》，《黑龙江民族丛刊》2010 年第 6 期。

刘炬：《关于高句丽早期历史研究体系的几点看法》，《东北史地》2010 年第 6 期。

沈一民：《〈晋书·肃慎氏传〉文献来源考》，《北方文物》2010 年第 4 期。

李延铁、于建华：《从索离沟的考古发现看古索离国的地望》，《北方文物》2010 年第 2 期。

冯永谦：《东北燕秦汉长城的考古调查与研究》，载辽宁省文物考古研究所编《辽宁考古文集（二）》，科学出版社 2010 年版。

赵红梅：《玄菟郡经略夫余微议》，《北方文物》2010 年第 2 期。

魏存成：《玄菟郡的内迁与高句丽的兴起》，《史学集刊》2010 年第 5 期。

程妮娜：《汉代东北亚封贡体制初探》，《学习与探索》2010 年第 3 期。

宋卿：《唐代平卢节度使略论》，《中国边疆史地研究》2010 年第 2 期。

辛时代：《唐代安东都护府行政级别与废置时间问题探析》，《东北史地》2010 年第 1 期。

栾凡：《明代辽东的米价、军粮与时局》，《东北史地》2010 年第 3 期。

张士尊：《明代辽东儒学建置研究》，《鞍山师范学院学报》2010 年第 1 期。

阿鲁贵·萨如拉：《论清代呼伦贝尔地方的旗兵制度及其特征》，《中国边疆史地研究》2010 年第 1 期。

周喜峰：《试论清朝前期对黑龙江各民族的行政管理》，《学习与探索》2010 年第 5 期。

张士尊：《清代中江贸易和中江税收》，《商业研究》2010 年第 6 期。

张士尊：《清代乾隆年间奉天民人口数探究》，《东北师大学报》（哲学社会科学版）2010 第 4 期。

李慧：《论清末黑龙江地方政权改革的原因》，《北方文物》2010 年第 3 期。

李朋：《吉黑两省铁路交涉局的"嬗变"——1898—1917 年中东铁路附属地行政管理权研究》，《中国边疆史地研究》2010 年第 1 期。

姜茂发：《"满铁"在华时期经济掠夺问题新探》，《黑龙江社会科学》2010 年第 6 期。

霍学梅：《东北沦陷时期日伪对新闻的控制与垄断》，《东北史地》2010 年第 6 期。

蒋蕾：《东北沦陷区中文报纸：文化身份与政治身份的分裂——对伪满〈大同报〉

副刊叛离现象的考察》,《社会科学战线》2010 年第 1 期。

邢广程:《俄罗斯的欧亚选择与中俄边疆区域合作》,《中国边疆史地研究》2010 年第 4 期。

金凤君、陈明星:《东北振兴以来东北地区区域政策评价研究》,《经济地理》2010 年第 8 期。

肖瑶:《影响东北边疆民族地区社会稳定的问题及对策》,《理论界》2010 年第 3 期。

范恩实:《论隋唐营州的靺鞨人》,《中国边疆史地研究》2011 年第 1 期。

魏存成:《如何处理和确定高句丽的历史定位》,《吉林大学社会科学学报》2011 年第 4 期。

辛时代:《李楷固东征与渤海建国问题新考察》,《史学集刊》2011 年第 5 期。

苗威:《定安国考论》,《中国边疆史地研究》2011 年第 2 期。

潘玲:《西汉时期乌桓历史辨析》,《史学集刊》2011 年第 1 期。

洪勇明:《古代民族文献所见"奚"考》,《民族研究》2011 年第 1 期。

蒋戎:《元代的"水达达"》,《东北史地》2011 年第 5 期。

陈慧:《中国女真族的领土意识初探》,《史学集刊》2011 年第 1 期。

朱永杰、韩光辉:《明代建州女真发展前期农业区域特征述论》,《北方文物》2011 年第 2 期。

隋丽娟、何丽文:《清末民初达斡尔族文化变迁原因分析》,《北方文物》2011 年第 3 期。

沈一民:《清初喀木尼堪部降叛考述——兼论清初的使鹿部》,《黑龙江民族丛刊》2011 年第 4 期。

李树林、李妍:《吉林省燕秦汉辽东长城考古调查概述》,《社会科学战线》2011 年第 10 期。

范恩实:《第一玄菟郡辖区侧证》,《北方论丛》2011 年第 1 期。

李智裕、高辉:《明代辽东东部山区开发考略》,《东北史地》2011 年第 4 期。

张士尊:《清代山海关税收及税务监督研究》,《社会科学战线》2011 年第 6 期。

张士尊:《清代盛京苇税研究》,《鞍山师范学院学报》2011 年第 3 期。

张士尊:《清代盛京大凌河马厂兴废研究》,《东北师大学报》(哲学社会科学版)2011 年第 4 期。

魏影:《清光绪朝京旗回屯呼兰始末》,《北方文物》2011 年第 4 期。

张士尊:《清代辽东海运的发展与天妃庙的修建》,《鞍山师范学院学报》2011 年第 1 期。

曲晓范、王凤杰:《沈(阳)吉(林)铁路的修建与 1920 年代奉天、吉林两省东部地区的城市化》,《史学集刊》2011 年第 2 期。

谷风、徐博:《试论中东铁路历史的分期问题》,《北方文物》2011 年第 3 期。

齐春晓:《奉系军阀统治东北时期张氏父子的教育理念和教育实践》,《北方文物》2011 年第 4 期。

武向平:《满铁对满鲜历史地理"调查"及实质》,《社会科学战线》2011 年第 8 期。

车霁虹：《沦陷时期东北农村基层政治结构的嬗变》，《史学集刊》2011 年第 4 期。

于春英：《伪满时期东北地区小农经营的发达及原因》，《北方文物》2011 年第 4 期。

孙进己：《东北史研究中的若干理论问题》（上），《东北史地》2012 年第 5 期。

孙进己：《东北史研究中的若干理论问题》（下），《东北史地》2012 年第 6 期。

郭孟秀：《肃慎与挹娄关系再议》，《民族研究》2012 年第 5 期。

李大龙：《唐代契丹的衙官》，《中国边疆史地研究》2012 年第 3 期。

王旭：《高句丽后期官位等级及排序浅探》，《北方文物》2012 年第 3 期。

范恩实：《论西岔沟古墓群的族属——兼及乌桓、鲜卑考古文化的探索问题》，《社会科学战线》2012 年第 4 期。

李海叶：《慕容氏昌黎时期的建国道路与胡汉分治制度》，《中山大学学报》（社会科学版）2012 年第 3 期。

邓天红：《满族的崛起与黑龙江流域的统一》，《中国边疆史地研究》2012 年第 3 期。

赵俊杰：《乐浪、带方二郡的兴亡与带方郡故地汉人聚居区的形成》，《史学集刊》2012 年第 3 期。

赵俊杰：《乐浪、带方二郡覆亡前后当地汉人集团的动向与势力发展》，《吉林大学社会科学学报》2012 年第 1 期。

王雪萍、吴树国：《辽代东北路统军司考论》，《吉林大学社会科学学报》2012 年第 1 期。

程妮娜：《辽朝黑龙江流域属国、属部朝贡活动研究》，《宋史研究论丛》2012 年第 1 期。

谷风、李凤英：《元朝黑龙江中、下流域的地方机构设置问题》，《北方文物》2012 年第 4 期。

刘明：《明辽东都司及其北路开原地方部分建置考略》，《东北史地》2012 年第 4 期。

时仁达：《明代辽东徭役述略》，《黑龙江社会科学》2012 年第 3 期。

栾凡：《明后期辽东军人群体的生存状态研究——以粮饷为中心》，《东北史地》2012 年第 3 期。

张士尊：《牛庄"还堂案"与天主教传入东北》，《鞍山师范学院学报》2012 年第 3 期。

倪屹：《穆克登碑原址考证》，《北方文物》2012 年第 2 期。

高月：《权力渗透与利益纠葛：清末财政预算的编制——以东北三省为例》，《东北史地》2012 年第 2 期。

张正：《中东铁路的修筑与"中俄文化交流"》，《东北史地》2012 年第 3 期。

易丙兰：《东北铁路自主化的开端——奉海铁路》，《东北史地》2012 年第 6 期。

毕万闻：《张作霖张学良主政期间东北近代化进程新探》，《东北史地》2012 年第 6 期。

康艳华、胡玉海：《张作霖时期奉天省金融财政整顿探析》，《东北史地》2012 年第 6 期。

王庆祥：《溥仪与九一八事变》，《社会科学战线》2012 年第 4 期。

张玉新、李天籽：《跨境此区域经济合作中我国沿边地方政府行为分析》，《东北亚论坛》2012 年第 6 期。

陈雪婷、陈才、徐淑梅：《国际区域旅游合作模式研究——以中国东北与俄、蒙毗邻地区为例》，《世界地理研究》2012 年第 3 期。

魏存成：《关于东北史研究的几个问题——〈读东北史研究中的若干理论问题〉》，《东北史地》2013 年 1 期。

刘晓东：《挹娄、靺鞨关系的考古学讨论》，《北方文物》2013 年第 1 期。

刘晓东：《渤海"珍陵"问题的再检讨——纪念金毓黻先生逝世 50 周年》，《北方文物》2013 年第 3 期。

王绵厚：《立足地域文化研究前沿 把握东北史研究的若干重大问题》，《东北史地》2013 年第 1 期。

王绵厚：《东亚视角与中国东北史释读》，《东北史地》2013 年第 2 期。

王禹浪：《"索离"国及其夫余的初期王城》，《黑龙江民族丛刊》2013 年第 1 期。

范恩实：《高句丽祖先记忆解析》，《东北史地》2013 年第 5 期。

王旭：《高句丽中央行政机制的演变》，《北方文物》2013 年第 4 期。

王旭：《高句丽与中原王朝财经制度比较研究》，《东北史地》2013 年第 5 期。

范恩实：《论女真族群的形成与演变》，《黑龙江社会科学》2013 年第 3 期。

刘翀：《西汉辽西郡郡治、都尉治再考——从考古资料的应用说开去》，《北方文物》2013 年第 3 期。

赵红梅：《汉四郡设置述评》，《北方文物》2013 年第 4 期。

赵红梅：《玄菟郡建置沿革及其特点述论》，《黑龙江社会科学》2013 年第 6 期。

宋卿：《唐代营州研究综述》，《东北史地》2013 年第 4 期。

程妮娜：《隋唐高丽朝贡制度研究》，《社会科学战线》2013 年第 2 期。

程妮娜：《唐朝渤海国朝贡制度研究》，《吉林大学社会科学学报》2013 年第 3 期。

吴树国：《金代蒲与路军事问题探析》，《北方文物》2013 年第 2 期。

栾凡、贺飞：《略论元末明初的东北社会局势》，《东北史地》2013 年第 6 期。

薛刚：《清代珲春驻防旗官管理相关问题考论》，《黑龙江民族丛刊》2013 年第 6 期。

陈鹏、范劲兴：《清代东北地区"新满洲"编设消极影响探析》，《北方文物》2013 年第 3 期。

刘丽丽：《京旗屯垦与松花江上游地区的农业开发》，《北方文物》2013 年第 2 期。

范立君、谭玉秀：《清前中期东北移民政策评析》，《北方文物》2013 年第 2 期。

齐旭：《奉系军阀统治时期沈阳工业聚集区的形成与发展》，《东北史地》2013 年第 2 期。

高乐才、季静：《奉系时期东北国内移民考略》，《东北史地》2013 年第 6 期。

杨彦君：《美国保存的日本细菌战档案主要内容、史料价值及利用建议》，《北方文物》2013 年第 2 期。

李力：《伪满前期满铁对东北煤炭业的控制——满洲炭矿株式会社成立经纬》，《东北史地》2013 年第 1 期。

董宝奇：《东北地区的经济振兴与社会发展及政策建议》，《今日中国论坛》2013年第 19 期。

乔梁：《关于靺鞨族源的考古学观察与思考》，《吉林大学社会科学学报》2014 年第 2 期。

李乐营、孙炜冉：《也谈高句丽的相关问题》，《社会科学战线》2014 年第 2 期。

魏存成：《渤海墓葬演变与渤海初期人口的民族构成》，《吉林大学社会科学学报》2014 年第 2 期。

毕德广：《辽代奚境变迁考论》，《中国边疆史地研究》2014 年第 3 期。

高然：《慕容鲜卑早期历史考论》，《地方文化研究》2014 年第 4 期。

孙昊：《说"舍利"——兼论契丹、靺鞨、突厥的政治文化互动》，《中国边疆史地研究》2014 年第 4 期。

胡梧挺：《渤海"振（震）国"名号新探——以唐朝册封周边民族爵号类型为视角》，《东北史地》2014 年第 6 期。

李大龙：《视角、资料与方法——对深化高句丽研究的几点认识》，《东北史地》2014 年第 4 期。

程妮娜：《"高句丽"改称"高丽"再考论》，《东北史地》2014 年第 4 期。

程妮娜：《汉至唐时期肃慎、挹娄、勿吉、靺鞨及其朝贡活动研究》，《中国边疆史地研究》2014 年第 2 期。

范恩实：《渤海"首领"新考》，《中国边疆史地研究》2014 年第 2 期。

孙炜冉、苗威：《粟特人在渤海国的政治影响力探析》，《中国边疆史地研究》2014 年第 3 期。

孙炜冉：《高句丽文咨明王对外政策述论》，《通化师范学院学报》（人文社会科学版）2014 年第 4 期。

华阳：《论高句丽平原王的外交策略》，《东北史地》2014 年第 6 期。

孙炜冉：《五世纪的丽倭战争述论》，《东北史地》2014 年第 3 期。

魏国忠：《论大祚荣政权初称"靺鞨"》，《社会科学战线》2014 年第 8 期。

沈岩：《元代朝鲜半岛女真人的分布与行政建置研究》，《史学集刊》2014 年第 4 期。

滕绍箴：《论清初赫哲族的大迁徙与旗籍化问题》，《黑龙江民族丛刊》2014 年第 6 期。

金鑫：《清代前期达斡尔、鄂温克两族农业发展考述》，《中国边疆史地研究》2014 年第 3 期。

王绵厚：《沈抚交界处"青桩子"古城的新发现及考古学意义——兼论秦汉辽东郡"中部都尉"与"侯城县"的关系》，《东北史地》2014 年第 1 期。

王绵厚：《燕秦汉"辽东故塞"诸问题考论——从对〈史记〉一段文字的释读谈起》，《社会科学战线》2014 年第 7 期。

程妮娜：《汉魏晋时期东部鲜卑朝贡制度研究》，《学习与探索》2014 年第 4 期。

程妮娜：《夫余国与汉魏晋王朝的朝贡关系》，《求是学刊》2014 年第 4 期。

宋卿：《试述唐代东北边疆重镇营州的权力伸缩》《史学集刊》2014 年第 3 期。

赵智斌：《安东都护府初建时行政建置考略——兼论高句丽末期政区与安东都护府

行政建置的关系》，《东北史地》2014 年第 1 期。

沈一民：《论唐朝对鄂霍次克海的认知》，《国家航海》2014 年第 4 期。

王雪萍、吴树国：《辽代东北路统军司考论》，《中国边疆史地研究》2014 年第
1 期。

杜洪涛：《明代辽东与山东的关系辨析——兼论地方行政的两种管理体制》，《中国
边疆史地研究》2014 第 1 期。

梁志龙、靳军：《明代鸦鹘关考》，《东北史地》2014 年第 6 期。

张士尊：《明代辽东都司盐场百户所的地理分布》，《鞍山师范学院学报》2014 年
第 3 期。

沈一民：《试析明代地图中的女真地区》，《民族研究》2014 年第 6 期。

李智裕：《明代中朝之间"瓯脱"地带人口变迁考》，《东北史地》2014 年第 6 期。

张士尊：《清代盛京大凌河东马厂的设置、放垦与建治研究》，《渤海大学学报》
（哲学社会科学版）2014 年第 4 期。

王景泽、丛佳慧：《试论清末东三省道的设置与作用》，《东北史地》2014 年第
5 期。

吴明罡：《近代东北西部的铁路建设对区域社会经济的影响》，《社会科学战线》
2014 年第 5 期。

武向平：《九一八事变前满铁与关东军的东北"参谋旅行"》，《东北史地》2014 年
第 5 期。

苏智良：《日本实施性奴隶制度的新证据——新发现的关东军"慰安妇"档案解
读》，《社会科学战线》2014 年第 7 期。

赵朗、廖晓晴：《日本在东北地区实施的鸦片侵略政策——以抚顺千金寨地区鸦片
毒品贩卖活动为中心》，《社会科学战线》2014 年第 4 期。

庄严、穆占一、王放、朱巍等：《日本军国主义对中国东北的思想文化侵略研
究——以吉林省档案馆藏日本侵华档案为主要依据》，《社会科学战线》2014 年第 8 期。

李天籽：《中国东北地区参与东北亚次区域合作的边界效应》，《学习与探索》2014
年第 7 期。

李大龙：《黄龙与高句丽早期历史——以〈好太王碑〉所载邹牟、儒留王事迹为中
心》，《青海民族大学学报》（社会科学版）2015 年第 1 期。

祝立业：《唐丽战争期间丽倭交往述析》，《北方文物》2015 年第 1 期。

王卓、刘成新：《高句丽王族的族源神话建构及其历史影响》，《东北史地》2015
年第 2 期。

韩世明、都兴智：《渤海王族姓氏新考》，《中国边疆史地研究》2015 年第 2 期。

张福有：《夫余后期王城在辽源》，《东北史地》2015 年第 6 期。

王绵厚：《扶余城、扶余府与扶余川再考论》，《东北史地》2015 年第 6 期。

冯恩学：《夫余北疆的"弱水"考》，《中国边疆史地研究》2015 年第 4 期。

范恩实：《高句丽早期地方统治体制演化历程研究》，《东北史地》2015 年第 1 期。

范恩实：《好太王时代高句丽地方统治制度研究》，《通化师范学院学报》（人文社
会科学版）2015 年第 1 期。

范恩实：《高句丽后期地方统治体制研究》，《通化师范学院学报》（人文社会科学

版）2015 年第 6 期。

范恩实：《论渤海史上的族群问题》，《社会科学战线》2015 年第 5 期。

王旭：《高句丽、渤海中央行政机制之异同》，《东北史地》2015 年第 6 期。

赵智滨：《高句丽占领辽东时间略考》，《东北史地》2015 年第 2 期。

冯立君：《高句丽"西进"辽东问题再探讨》，《东北史地》2015 年第 3 期。

程妮娜：《东部乌桓从朝贡成员到编户齐民的演变》，《民族研究》2015 年第 5 期。

王丽娟：《奚族部落的发展与演变》，《东北史地》2015 年第 5 期。

孙国军：《从使辽诗看奚族社会生活》，《黑龙江民族丛刊》2015 年第 1 期。

罗继岩、辛时代：《金朝始祖函普研究》，《社会科学战线》2015 年第 12 期。

王耘：《金初女真人的崛起与文化认同之变迁》，《北方论丛》2015 年第 6 期。

张雅婧：《明代女真部族社会中"两头政长"制的历史考察》，《史学集刊》2015 年第 1 期。

栾凡：《明代女真商人与东北亚丝绸之路》，《东北史地》2015 年第 6 期。

谢春河：《试析清代黑龙江左岸达斡尔人的"南迁"》，《东北史地》2015 年第 2 期。

凌文超：《汉西安平方位考》，《东北史地》2015 年第 3 期。

赵晓刚、姜万里：《沈阳宫后里城址刍议》，《东北史地》2015 年第 2 期。

范恩实：《燕秦汉东北"长城"考论——障塞烽燧线性质再分析》，《中国边疆史地研究》2015 年第 3 期。

苗威：《汉武帝设置乐浪等四郡述考》，《东北史地》2015 年第 4 期。

程妮娜：《高句丽与汉魏晋及北族政权的朝贡关系》，《安徽史学》2015 年第 4 期。

宋卿：《唐代营州军事设置探究》，《中国边疆史地研究》2015 年第 3 期。

刘晓溪、姜铭：《延边州辽金时期城址及其分布情况概述》，《东北史地》2015 年第 2 期。

王成科：《明代辽阳东宁卫——以新出土的东宁卫指挥使官印为例》，《北方文物》2015 年第 1 期。

刘俊勇：《明代辽东海防城堡的调查与考证——以金州卫、复州卫为中心》，《东北史地》2015 年第 4 期。

张士尊：《明代辽东铁厂百户所的地理分布》，《鞍山师范学院学报》2015 年第 1 期。

沈一民：《黑龙江驻防八旗兵额考述》，《满语研究》2015 年第 1 期。

聂有财：《清代珲春巡查南海问题初探》，《清史研究》2015 年第 4 期。

程妮娜：《17—18 世纪东北边地族群朝贡活动》，《东北史地》2015 年第 6 期。

刘小萌：《清代东北流民与满汉关系》，《清史研究》2015 年第 4 期。

李花子：《中朝边界的形成及特点——以明清为中心》，《黑龙江社会科学》2015 年第 2 期。

王希亮：《"皇姑屯事件"：日本军权蔑视政权之肇始》，《东北史地》2015 年第 3 期。

曲晓范：《张学良及国民政府与九一八事变后黑龙江省的抗日高潮》，《东北史地》2015 年第 3 期。

陈宏：《"关东军特别演习"与日本对苏备战》，《东北史地》2015 年第 3 期。

郑毅、李少鹏：《国际舆情视阈下的中日"间岛"交涉问题研究——以日本的舆情外交策略为中心》，《吉林大学社会科学学报》2015 年第 4 期。

曾景忠：《有关东北抗日义勇军研究的若干问题》（上），《东北史地》2015 年第 1 期。

曾景忠：《有关东北抗日义勇军研究的若干问题》（下），《东北史地》2015 年第 2 期。

李娜：《浅析满铁右翼团体的崛起及侵华活动》，《社会科学战线》2015 年第 8 期。

王希亮：《满铁及日本民间势力对"九一八"事变的策动》，《社会科学战线》2015 年第 8 期。

李淑娟：《满铁铁路自警村探析》，《社会科学战线》2015 年第 8 期。

赵昌文：《对新东北现象的认识与东北增长新动力培育研究》，《经济纵横》2015 年第 7 期。

2. 北部边疆研究

（1）匈奴研究

葛根高娃、王佳：《北方游牧民族历史体系研究》，《内蒙古社会科学》2015 年第 4 期。

陈立柱：《三十年间国内匈奴族源研究评议》，《学术界》2011 年第 9 期。

王子今《前张骞的丝绸之路与西域史的匈奴时代》，《甘肃社会科学》2015 年第 2 期。

干振瑜：《中国境内匈奴墓葬研究初探》，《赤峰学院学报》2015 年第 2 期。

吴洪琳：《统万城、大城及相关问题》，载张柱华主编《"草原丝绸之路"学术研讨会文集》，甘肃人民出版社 2010 年版。

吴洪琳：《铁弗匈奴的族源、族称及其流散》，《青海民族大学学报》（社会科学版）2011 年第 3 期。

胡玉春：《铁弗匈奴迁居朔方考》，《西夏研究》2014 年第 3 期。

牧仁：《论匈奴帝国解体的阶段性》，《内蒙古师范大学学报》2014 年第 2 期。

牧仁：《匈奴两次大内乱对匈奴史与汉匈关系史的影响》，《黑龙江史志》2014 年第 9 期。

李明瑶：《从西汉与匈奴的交往过程看西北部疆域变迁》，《吉林省教育学院学报》2014 年第 10 期。

王绍东：《论游牧民族对中国历史发展的贡献》，《内蒙古大学学报》2014 年第 1 期。

王绍东：《汉文帝处理与匈奴关系的思想探析》，《青海民族大学学报》（社会科学版）2014 年第 4 期。

史继东：《张骞凿空与西汉中期对匈奴策略探析》，《兰台世界》2015 年第 17 期。

朱绍侯：《两汉对匈奴西域西羌战争战略研究》，《史学月刊》2015 年第 5 期。

张书艳：《匈奴和亲政策初探》，《烟台大学学报》2010 年第 1 期。

王埔帮：《蒙古国境内的汉长城》，《嘉峪关文鉴》2013 年

衣保中、王世红：《汉代匈奴粮食生产及其与中原的经济关系研究》，《中国农史》

2015 年第 2 期。

盖志毅：《匈奴的生态文明及其现代价值》，《前沿》2011 年第 5 期。

王海：《论匈奴社会中的定居因子》，《河北学刊》2014 年第 1 期。

李春梅：《匈奴与乌桓的关系考述》，《内蒙古社会科学》2012 年第 2 期。

林梅村《乌禅幕东迁蒙古高原考—兼论匈奴文化对汉代艺术之影响》，《欧亚学刊》（新 3 辑）2015 年

（2）东胡研究

王禹浪、许盈：《国内近三十年东胡族研究综述》，《哈尔滨学院学报》2015 年第 5 期。

曹永年：《关于拓拔鲜卑的发祥地问题——与李志敏先生商榷》，《中国史研究》2010 年 3 期。

王冉：《早期鲜卑与东胡的渊源》，《剑南文学》2012 年第 2 期。

沈波：《对鲜卑族种属的多角度探析》，《赤峰学院学报》2010 年第 11 期。

梁云：《拓跋鲜卑西迁大泽、匈奴故地原因探析》，《内蒙古社会科学》2011 年第 4 期。

崔向东：《乌桓、鲜卑南迁西进与北方民族关系演变》，《内蒙古社会科学》2014 年第 4 期。

张慧聪：《乌桓的三次迁徙与中原农耕文化的交融》，《中央民族大学学报》2015 年第 4 期。

吴洪琳：《十六国北朝时期统万城附近活动的民族》，《中国历史地理论丛》2015 年第 4 期。

毕德广：《北朝时期库莫奚居地变迁考》，《内蒙古社会科学》2014 年第 4 期。

洪勇明：《古代民族文献所见"奚"考》，《民族研究》2011 年第 1 期。

王丽娟：《隋唐时期奚族与突厥族关系探讨》，《内蒙古社会科学》2013 年第 5 期。

胡玉春：《北魏六镇起义的原因和启示》，《内蒙古社会科学》2011 年第 3 期。

胡玉春：《从柔然汗国与北魏的关系看北魏北边防务的兴衰》，《内蒙古社会科学》2012 年第 4 期。

何建国、郭建菊：《北魏六镇与柔然关系探析》，《文博》2014 年第 4 期。

毕德广、曾祥江：《西乌珠尔墓群族属补证的探讨》，《文博》2014 年第 4 期。

白玉冬：《十至十一世纪漠北游牧政权的出现——叶尼塞碑铭记录的九姓达鞑王国》，《民族研究》2013 年第 1 期。

王文光、曾亮：《〈新唐书·北狄传〉研究三题》，《中央民族大学学报》2015 年第 2 期。

杨军：《契丹始祖传说与契丹族源》，《首都师范大学学报》2014 年第 6 期。

内蒙古文物考古研究所：《内蒙古凉城县水泉辽代墓葬》，《考古》2011 年第 8 期。

任世芳、任伯平：《南北朝北方诸突厥语族及契吴考》，《西北民族大学学报》2013 年第 5 期。

（3）突厥研究

冯懿：《20 世纪上半期突厥碑铭研究成就述论》，《牡丹江师范学院学报》2013 年第 1 期。

洪勇明：《北蒙古碑铭的学术价值探析》，《兰台世界》2013 年第 4 期。

洪勇明：《古代突厥文〈苏吉碑〉新释》，《中央民族大学学报》2010 年第 1 期。

白玉冬：《〈苏吉碑〉纪年及其记录的"十姓回鹘"》，《西域研究》2013 年第 3 期。

白玉冬：《回鹘王子葛啜墓志鲁尼文志文再释读》，《蒙古史研究》2013 年第十一辑。

艾克拜尔·吐尼亚孜：《浅析古代突厥文〈暾欲谷碑〉中出现的 türk sir bodun——兼论薛延陀汗国灭亡以后的薛延陀部落的历史》，《中央民族大学学报》2011 年第 5 期。

白玉冬、包文胜：《内蒙古包头市突厥鲁尼文查干敖包铭文考释——兼论后突厥汗国"黑沙南庭"之所在》，《西北民族研究》2012 年第 1 期。

李娟：《漠北回鹘碑铭与汉文回鹘史料比较考证》，《西北民族大学学报》2013 年第 5 期。

张铁山：《〈故回鹘葛啜王子墓志〉之突厥如尼文考释》，《西域研究》2013 年第 4 期。

葛承雍：《新出土〈唐故突骑施王子志铭〉考释》，《文物》2013 年第 8 期。

温玉成：《论"索国"与突厥部的起源》，《新疆师范大学学报》（哲学社会科学版）2011 年第 1 期。

闫德华：《突厥政权和亲史述略》，《内蒙古民族大学学报》2010 年第 4 期。

崔晓莉：《突厥与中原王朝联姻政策探析》，《安顺学院学报》2011 年第 4 期。

彭建英：《东突厥汗国属部的突厥化——以粟特人为中心的考察》，《历史研究》2011 年第 2 期。

岳雪莲：《试析隋与突厥经济关系的特点及存在的问题》，《前沿》2010 年第 14 期。

朱建华：《武则天圣历元年唐与突厥战役考》，《赤峰学院学报》2012 年第 4 期。

朱建华：《唐中宗景龙元年唐与突厥战役考》，《赤峰学院学报》2012 年第 5 期。

许震：《唐中宗神龙二年唐与突厥鸣沙之战考》，《重庆科技学院学报》（社会科学版）2012 年第 8 期。

袁志鹏：《默啜可汗时期的后突厥汗国》，《赤峰学院学报》2012 年第 4 期。

李秀莲：《后东突厥阿布思及其同罗部的族属考证》，《哈尔滨师范大学社会科学学报》2015 年第 6 期。

曾宝栋：《突厥考古学文化的透视》，《黑龙江史志》2014 年第 13 期。

李鸿宾：《唐朝北部疆域的变迁——兼论疆域问题的本质与属性》，《中国边疆史地研究》2014 年第 2 期。

岳东：《唐初北陲都护府几则问题辨析》，《阴山学刊》2014 年第 1 期。

包文胜：《唐代漠北铁勒诸部居地考》，《内蒙古社会科学》2013 年第 1 期。

包文胜：《铁勒族名考——兼谈史料中的狄系诸族名》，《西北民族研究》2014 年第 1 期。

黑文凯：《公元 745—840 年间回鹘对西域地区的争夺》，《鲁东大学学报》2014 年第 1 期。

王洁：《两汉至唐黠戛斯活动区域史料辨析》，《广播电视大学学报》2010 年第 4 期。

王洁：《黠戛斯汗国政治制度浅析》，《内蒙古师范大学学报》2010 年第 3 期。

王洁：《7 至 10 世纪黠戛斯军事历史探究》，《内蒙古师范大学学报》2012 年第 1 期。

王洁：《唐咸通年间授封黠戛斯考》，《内蒙古社会科学》（汉文版）2014 年第 2 期。

王洁：《后黠戛斯历史流变浅说》，《内蒙古师范大学学报》2012 年第 5 期。

王洁：《黠戛斯汗国形成时间考辨》，《内蒙古社会科学》2013 年第 3 期。

王洁：《汉译黠戛斯族名考释》，《古代文明》2013 年第 3 期。

张国平、高菲池：《打破鄂尔浑河传统：论公元 840 年以后黠戛斯对叶尼塞河流域的坚守》，《内蒙古师范大学学报》2014 年第 5 期。

（4）辽金时期北疆史地研究

包乌日斯嘎拉、塔娜：《蒙元时期契丹民族的分布浅述契丹民族的走向》，《赤峰学院学报》2014 年第 1 期。

李海群、崔世平：《葛逻禄部族研究历史回顾》，《黑龙江史志》2013 年第 16 期。

O. 普里查克、魏良弢：《从葛逻禄到喀喇汗王朝》，《新疆大学学报》2014 年第 5 期。

雪莲：《蒙古国土拉河流域的契丹古城》，《西部蒙古论坛》2013 年第 1 期。

陈永志等：《蒙古国前杭爱省瓷器城遗址的调查及相关问题探讨》，《草原文物》2013 年第 1 期。

宋阳：《草原丝绸之路兴盛时期中西交流的考古学观察——以辽上京、元上都及其周边发现为例》，《沧桑》2013 年第 4 期。

宁波：《金朝与蒙古诸部关系研究》，《边疆经济与文化》2014 年第 11 期。

黄鹏：《略论金世宗的北疆经略——以对契丹、蒙古政策为例》，《佳木斯大学学报》2011 年第 1 期。

长海：《岭北金界壕修筑时代初析》，《草原文物》2013 年第 1 期。

（5）蒙元时期史地研究

周良霄：《元史北方部族表》，《中华文史论丛》2010 年第 1 期。

谢咏梅：《札剌亦儿部若干家族世系》，《元史论丛》2010 年第十三辑。

张岱玉：《元代漠南弘吉剌部首领事迹考论之二》，《元史论丛》2010 年第十二辑。

张岱玉：《元朝公主忙哥台世系、爵号考》，《元史及民族与边疆研究集刊》2008 年第二十二辑。

康建国：《辽金时期的弘吉剌部及其与乞颜部关系》，《赤峰学院学报》2014 年第 5 期。

孙国军、康建国：《辽金元时期蒙古弘吉剌部领地考》，《赤峰学院学报》2015 年第 2 期。

陈得芝：《成吉思汗墓葬所在与蒙古早期历史地理》，《中华文史论丛》2010 年第 1 期。

张文平：《蒙元时期汪古部投下城邑探考》，《草原文物》2013 年第 2 期。

乌兰杰、乌兰：《"朵因温都儿"小考》，《内蒙古大学艺术学院学报》2011 年第 3 期。

白初一：《试论 13 世纪巴林部的重要地位及其驻地变迁》，《赤峰学院学报》2015 年第 2 期。

魏梓秋：《试论元代甘宁青地区民族新格局的形成及特点》，《西夏研究》2013 年第 1 期。

朱建路：《英藏黑水城所出两件粮食相关文书再研究》，《宁夏社会科学》2010 年第 1 期。

陈玮：《元代亦集乃路伊斯兰社会探析——以黑城出土文书、文物为中心》，《西域研究》2010 年第 1 期。

兰天祥：《黑城出土柬帖文书刍议》，《宁夏社会科学》2010 年第 2 期。

吴超：《关于亦集乃分省问题的探讨——以黑水城出土文书为中心》，《阴山学刊》2011 年第 1 期。

吴超：《〈黑水城出土文书〉所见亦集乃路达鲁花赤》，《阴山学刊》2011 年第 2 期。

杨富学、张海娟：《蒙古豳王家族与元代亦集乃路之关系》，《敦煌研究》2013 年第 3 期。

杨富学、张海娟、安玉军：《从蒙古豳王到裕固族大头目》，《河西学院学报》2014 年第 3 期。

钟焓：《从"海内汗"到转轮王——回鹘文〈大元肃州路也可达鲁花赤世袭之碑〉中的元朝皇帝称衔考释》，《民族研究》2010 年第 6 期。

邱轶皓：《舆图原自海西来——〈桃里寺文献集珍〉所载世界地图考》，《西域研究》2011 年第 2 期。

张文平：《蒙元时期汪古部投下城邑探考》，《草原文物》2013 年第 2 期。

石坚军、张晓：《元初汪古部政治中心变迁考》，《中国历史地理论丛》2014 年第 3 期。

周良霄：《沽源南沟村元墓与阔里吉思考》，《考古与文物》2011 年第 4 期。

黄可佳：《沽源梳妆楼蒙元贵族墓葬墓主考略》，《草原文物》2013 年第 1 期。

党宝海：《察罕脑儿行宫与蒙古皇室的鹰猎》，《西北民族大学学报》（哲学社会科学版）第 6 期。

徐良利：《论蒙古第三次西征的历史动因》，《船山学刊》2010 年第 1 期。

刘刚：《试论旭烈兀西征》，《黑龙江史志》2014 年第 19 期。

国春雷：《蒙古入侵期间罗斯东正教会拒绝与天主教会合并的原因》，《内蒙古大学学报》2010 年第 3 期。

韩华：《蒙元时期传教士与中西交通》，《西南民族大学学报》2010 年第 10 期。

刘迪南：《13 世纪至 14 世纪欧洲人游记中的蒙古人形象》，《西北民族大学学报》（哲学社会科学版）2011 年第 5 期。

李超、孟楠：《马·雅巴拉哈三世生平考略》，《宗教学研究》2013 年第 1 期。

张佳佳：《元济宁路景教世家考论——以按檀不花家族碑刻材料为中心》，《历史研究》2010 年第 5 期。

罗贤佑：《西方教士出使蒙古之目的试析》，《西部蒙古论坛》2014 年第 3 期。

乌云高娃：《元上都与元丽关系——以高丽元宗、忠烈王在上都奏事为例》，《元史论丛》2010 年第十二辑。

乌云高娃：《元朝公主与高丽王室的政治联姻》，《元史论丛》2010 年第十三辑。

于磊：《辽阳洪氏家族与高丽王室关系述论——以蒙丽关系史为视角》，《元史论丛》2010 年第十三辑。

梁英华：《1218—1259 年蒙丽关系述论》，《东北史地》2013 年第 5 期。

沈岩：《元代朝鲜半岛女真人的分布与行政建置研究》，《史学集刊》2014 年第 4 期。

李治安：《元巩昌汪总帅府二十四城考》，《南开学报》2010 年第 2 期。

李治安：《元陕西四川蒙古军都万户府考》，《历史研究》2010 年第 1 期。

李治安：《元代西部、北部六行省与边疆控驭》，《河北学刊》2011 年第 6 期。

刘春玲：《元代阴山地区的行政建制述论》，《前沿》2010 年第 17 期。

薛磊：《元代东北统治考述》，《历史教学》2011 年第 8 期。

樊运景、王旭：《试论金末元初文人的蒙古之行及创作》，《内蒙古大学学报》2014 年第 4 期。

默书民：《政治中心的地理变迁对交通运输的影响——以元代为中心的讨论》，《元史论丛》2010 年第十三辑。

默书民：《元代河南行省的站道研究》，《历史地理》2010 年第 24 辑。

默书民：《元代两都之间及以北地区的站道研究》，《元史论丛》2010 年第十二辑。

默书民：《辽阳行省的站道研究》，《中国社会科学院历史研究所学刊》2010 年第 6 集。

默书民：《元代湖广行省的站道研究》，《元史及民族与边疆研究集刊》2008 年第二十二辑。

(6) 明代北疆史地、明蒙关系及蒙藏关系研究

晓克：《略论北元时期蒙古的会盟》，《西蒙古论坛》2011 年第 4 期。

刘丁勇：《朱元璋对蒙古民族的怀柔政策探微》，《大连民族学院学报》2013 年第 4 期。

陈武强：《明洪武朝对蒙战争的时空分布》，《北方论丛》2014 年第 6 期。

范传南、姜彬：《明代北部边防战略思想变迁刍议》，《东北史地》2014 年第 4 期。

王元林、梁姗姗：《明代北方边疆防御中"智防"策略的应用》，《甘肃社会科学》2014 年第 5 期

毕奥南：《明朝长城防御体系考述》，《中国边疆史地研究》2012 年第 4 期。

范熙旸：《明长城军事防御体系内部机制解读》，《建筑与文化》2014 年第 9 期。

赵现海：《长城与边界：明朝北疆边界意识及其前近代特征》，《求是学刊》2014 年第 4 期。

何建国、赵家勇：《明大同镇新平路考述》，《山西大同大学学报》2014 年第 3 期。

马顺平：《"界在羌番、回房之间"——明代甘肃镇边墙修建考》，《社会科学辑刊》2011 年第 4 期。

张小永、侯甬坚：《明朝边军对河套蒙古部落的捣巢研究》，《贵州民族研究》2014 年第 6 期。

马鸣：《明代蒙古部落入迁青海的历史成因及其影响》，《攀登》2016 年第 2 期。

刘芳:《明代蒙古统一及俺达西入青海》,《城市地理》2015 年第 2 期。

杨荣斌、马一:《荡空松山碑考述》,《西夏研究》2013 年第 3 期。

吉日嘎拉:《明清时期与蒙古的马市分析》,《赤峰学院学报》2014 年第 6 期。

金星:《隆庆、万历年间明朝与蒙古右翼边境贸易》,《内蒙古社会科学》2011 年第 5 期。

牛淑贞:《明末归化城兴起研究》,《历史地理》2013 年第 2 期。

李月新:《明初全宁卫置废考》,《西部学刊》2015 年第 2 期。

敖拉:《明末朵颜卫南下及其驻牧地考》,《赤峰学院学报》2014 年第 9 期。

周向永、张剑:《李成梁与明代辽东边疆蒙古部族关系研究》,《辽宁省博物馆馆刊》2011 年。

施新荣:《明代西北地缘政治之演变》,《人文杂志》2011 年第 2 期。

陈光文:《明朝弃置敦煌考略》,《敦煌学辑刊》2011 年第 1 期。

戴燕、杜常顺:《和硕特蒙古与明末清初甘青地区格鲁派寺院势力的扩张》,《西北师范大学学报》2012 年第 5 期。

陆军:《林丹汗的改宗及与却图汗藏巴汗结盟一事考述》,《西藏民族学院学报》2014 年第 3 期。

尹波涛:《统万城明代城址考论——兼论忻都城、察罕脑儿城》,《西北民族论丛》2015 年第十二辑。

刘锦:《边境纠纷与清朝借助达赖喇嘛处理青海蒙古事务的开端》,《清史研究》2013 年第 1 期。

姚卫霞:《〈译语〉和〈北虏风俗〉比较研究》,《语文学刊》2015 年第 2 期。

哈斯:《浅论〈皇明北虏考〉的成书背景》,《赤峰学院学报》2015 年第 1 期。

(7) 清代北疆史地研究

孙浩洵:《论皇太极对蒙古的"恩养"政策》,《内蒙古师范大学学报》2014 年第 3 期。

齐木德道尔吉:《天聪六年爱新国大军征略库库和屯史实解读(一)(二)——以〈满文原档〉为中心》,《内蒙古大学学报》2014 年第 4、5 期。

吕文利:《十八世纪中叶准噶尔失败于清朝原因探析——以〈熬茶档〉〈使者档〉等相关档案为中心》,《明清论丛》2014 年第 2 期。

哈斯巴根:《传教士与康熙朝蒙古舆图的绘制》,《中央民族大学学报》2010 年第 3 期。

哈斯巴根、成崇德:《关于〈口外诸王图〉》,《清史研究》2010 年第 1 期。

哈斯巴根:《北京大学图书馆所藏康熙〈河套图〉初探》,《内蒙古社会科学》2015 年第 1 期。

王惠荣:《位卑未敢忘忧国——〈蒙古游牧记〉著述年代考》,《中国边疆史地研究》2010 年第 1 期。

那顺达来:《〈蒙古游牧记〉考辨》,《内蒙古师范大学学报》2011 年第 1 期。

乌云毕力格:《察哈尔扎萨克旗游牧地考补证》,《中央民族大学学报》2015 年第 2 期。

沈一民:《清初喀木尼堪部降叛考述——兼论清初的使鹿部》,《黑龙江民族丛刊》

2011 年第 4 期。

范丽君：《阿勒坦车臣汗与沙俄的关系》，《内蒙古社会科学》2010 年第 5 期。

孙丽华：《康熙帝对蒙古地区的治理》，《白城师范学院学报》，2011 年第 6 期。

张双智：《清朝外藩体制内的朝觐年班与朝贡制度》，《清史研究》2010 年第 3 期。

周乌云：《试论清代蒙古地区喇嘛洞礼年班制度》，《内蒙古民族大学学报》2010 年第 4 期。

杨耀田：《康熙朝对内蒙古地区汉族移民的政策浅析》，《内蒙古民族大学学报》2011 年第 2 期。

吴斯芹：《论清代初期对漠南东部蒙古的管理——以实施盟旗为例》，《内蒙古民族大学学报》2013 年第 3 期。

吐娜：《清代伊犁察哈尔营的戍边》，《内蒙古社会科学》2014 年第 4 期。

吐娜：《清代伊犁将军直辖的两蒙古营制研究》，《新疆大学学报》2010 年第 4 期。

阿鲁贵·萨如拉：《论清代呼伦贝尔地方的旗兵制度及其特征》，《中国边疆史地研究》2010 年第 1 期。

阿拉腾奥其尔：《瑞典人施尼茨克尔及其有关图理琛使团的记述》，《中国边疆学》2014 年第 2 辑。

张春燕：《清代蒙古史地学研究》，《山西经济管理干部学院学报》2011 年第 1 期。

杜成超等：《独石口驿路口外六站古今地名研究》，《阴山学刊》2013 年第 3 期。

何一民：《国家战略与民族政策：清代蒙古地区城市之变迁》，《学术月刊》2010 年第 3、4 期。

侯宣杰：《论清代内陆边疆城市发展的特征》，《云南民族大学学报》2010 年第 4 期。

许檀：《清代山西归化城的商业》，《中国经济史研究》2010 年第 1 期。

张威：《喇嘛教对归化城兴建及城市形态演变的影响》，《内蒙古社会科学》2011 年第 5 期。

杨虎军：《从清朝以来归绥地区行政归属看晋蒙关系》，《边疆经济与文化》2014 年第 9 期。

李艳洁：《绥远城市功能变迁研究》，《内蒙古大学学报》2011 年第 2 期。

孙召华：《清代张家口城市功能考论》，《明清论丛》2014 年第 2 期。

包翠珍：《清代蒙古地区经济法律制度初探》，《北方经济》2010 年第 4 期。

何宝祥、李文玲：《清末蒙古地区经济商品化》，《内蒙古民族大学学报》2010 年第 2 期。

布庆荣：《清末蒙古王公振兴蒙古的经济思想探析》，《内蒙古民族大学学报》2010 年第 5 期。

李治国：《复杂的利益分配——旅蒙商予以蒙古负面影响的再认识》，《兰州学刊》2011 年第 4 期。

周建波、项凯标：《旅蒙晋商明清时代开发蒙古市场研究》，《商业研究》2010 年第 4 期。

马燕平、冯建明：《晋商在恰克图市场上居于垄断地位的经济学分析》，《山西广播电视大学学报》2011 年第 4 期。

乌兰巴根:《乾隆二十八年恰克图撤回商民事件》,《中国边疆学》2014第2辑。

鲍海燕:《旅蒙商对呼和浩特的影响——以大盛魁商号为例》,《呼伦贝尔学院学报》2011年第3期。

许静:《鸦片战争前旅蒙商垄断蒙古商贸的条件》,《河西学院学报》2014年第3期。

刘秉贤:《清政府挽救蒙古茶叶利权的措施——围绕〈中俄陆路通商章程〉的签订及两次修订》,《内蒙古民族大学学报》2010年第3期。

衣长春、吕晓青:《清代中俄恰克图至天津茶路的形成与影响》,《农业考古》2013年第2期。

李晓标:《耶稣会士张诚眼中的蒙古地区》,《内蒙古社会科学》2013年第4期。

王鹏辉:《吴禄贞视野中的边疆民族社会——以内蒙古东四盟调查为例》,《北方民族大学学报》2015年第5期。

(8) 民国时期北疆史地研究

张建军:《民国北京政府时期察哈尔、热河境内镇守使沿革述论》,《内蒙古社会科学》2011年第1期。

张建军:《从蒙疆经略使到热察绥巡阅使——民国北京政府后期奉直两系对蒙古地区的争夺》,《内蒙古师范大学学报》2011年第1期。

王英维:《百灵庙自治运动的起因再研究》,《包头职业技术学院学报》2013年第3期。

田宓:《"蒙古青年"与内蒙古自治运动》,《近代史研究》2014年第5期。

李玉伟、王星晨:《试论内蒙古自治运动联合会察哈尔盟分会的历史贡献》,《中央民族大学学报》2013年第1期。

鲍海燕:《北洋政府对呼伦贝尔"独立"事件应对举措新探》,《黑龙江史志》2014年13期。

郭胜利:《民国宁夏"改土归流"研究》,《宁夏大学学报》2014年第5期。

邓明:《甘肃分为三省述略》,《档案》2014年第9期。

(9) 蒙古部落史研究

加·奥其尔巴特:《蒙古中央部落——"察哈尔"的由来及其演变》,《西部蒙古论坛》2012年第3期。

谢咏梅:《札剌亦儿部若干家族世系》,《元史论丛》2010年。

宝玉柱:《喀喇沁部氏族构成分析》,《内蒙古民族大学学报》2013年第3期。

白玉双:《达玛拉与达鲁嘎—保甲制在喀喇沁蒙古社会中的推行》,《蒙古史研究》2010年第十辑。

古丽巴哈尔·麦麦提:《蒙古朵豁剌惕部各异密对喀什噶尔的统治》,《边疆经济与文化》2013年第8期。

王海军:《西海蒙古的兴盛》,《兰台世界》2013年第16期。

艾丽曼:《青海蒙古会盟祭海制度述略》,《青海师范大学学报》2013年第1期。

齐光:《清朝时期蒙古阿拉善和硕特部扎萨克王爷的属众统治》,《清史研究》2013年第2期。

齐光:《清朝时期蒙古阿拉善和硕特部的社会行政组织》,《历史地理》2013年第

27 辑。

谢咏梅、乌日汗:《清代阿拉善蒙古地区查嘎沁阿拉特考略》,《蒙古史研究》2010年第十辑。

冯玉新:《清代阿拉善蒙古与甘州、凉州二府的划界纷争及边界调整》,《中国历史地理论丛》2012年第1期。

白莹:《扎鲁特蒙古昂罕系统进入清军八旗始末研究》,《内蒙古社会科学》2014年第4期。

张艳华:《喀喇沁旗蒙古族的来源及喀喇沁旗的形成》,《赤峰学院学报》2014年第6期。

青松:《清代乌喇特三公旗所领旗分探析》,《黑龙江史志》2014年第11期。

李·蒙赫达赉:《巴尔虎蒙古族起源和名称研究》,《呼伦贝尔学院学报》2011年第4期。

包梅花:《呼伦贝尔地区索伦八旗制的施行和民族的构成》,《中国蒙古学》(蒙文)2012年第6期。

包梅花:《黑龙江将军所属布特哈达斡尔迁移考》,《蒙古学问题与争论》2015年11月。

(10) 中蒙历史关系研究

达力扎布:《清太宗和清世祖对漠北喀尔喀部的招抚》,《历史研究》2011年第2期。

红霞:《清代喀尔喀蒙古王公的朝觐制度述略》,《内蒙古民族大学学报》2010年第2期。

黑龙:《1688—1690年康熙救助南下蒙古喀尔喀之新史料》,《中国边疆史地研究》2011年第2期。

吉日嘎拉:《简述清朝对漠北喀尔喀的赈济措施》,《赤峰学院学报》2011年第12期。

香莲:《简述漠北喀尔喀归附清朝的过程》,《赤峰学院学报》2011年第12期。

香莲:《论述清朝赈济漠北喀尔喀蒙古赈济政策的作用》,《赤峰学院学报》2011年第11期。

包梅花:《关于雍正时期喀尔喀巴尔虎逃亡俄罗斯事件》《内蒙古大学学报》2012年第5期。

杨春君:《康雍时期清军北路的城池兴建》,《清史研究》2014年第1期。

赖惠敏:《清代库伦的买卖城》,《内蒙古师范大学学报》2015年第2期。

张爱梅:《同治九年陕甘回民起义军攻陷乌里雅苏台城札记》,《内蒙古师范大学学报》2012年第6期。

崔瑾:《浅析晋商发展北路贸易的历史环境与社会条件》,《新乡学院学报》2013年第6期。

张爱梅《关于乌里雅苏台将军表中署理问题的探讨》,《集宁师范学院学报》2015年第2期。

宝音朝克图、王国军:《浅析清代科布多屯田》,《西部蒙古论坛》2014年第2期。

马长泉:《康熙、雍正两朝中俄划界原则探析——以〈尼布楚条约〉〈恰克图条约〉

为中心》，《中国边疆史地研究》2015 年第 1 期。

乌云其木格：《第十三世达赖喇嘛出走库伦是否投俄问题探析》，《西部蒙古论坛》2015 年第 3 期。

董杰、于志勇：《沙俄在外蒙架设电报活动及实质分析》，《兰台世界》2011 年 7 月上旬

赵岳：《蒙古邮政历史纲要（1921 年前）》，《上海集邮》2015 年第 7 期。

嵇勇：《简评新疆建省的成功与外蒙古"新政"的失败》，《科技向导》2011 年第 23 期。

刘国俊：《民初阿勒泰危机及阿勒泰归新》，《新疆社科论坛》2012 年第 5 期。

何永明：《杨增新在外蒙西犯科布多、阿尔泰时的军事与外交努力》，《新疆大学学报》2012 年第 4 期。

周学军：《民国元年袁世凯与哲布尊丹巴八世往来电报日期考》，《西部蒙古论坛》2013 年第 1 期。

毕奥南：《中俄关系与蒙古问题（1911—1924）》，载徐曰彪主编《中苏历史悬案的终结》，中共党史出版社 2010 年版。

毕奥南：《1920 年代中国朝野对"蒙古问题"的反响》，载徐曰彪主编《中苏历史悬案的终结》，中共党史出版社 2010 年版。

［日］中见立夫：《辛亥革命时期的内蒙古王公——以喀喇沁右翼旗贡桑诺尔布郡王为例》，《明清论丛》（第十一辑）2011 年

［蒙古国］C·楚伦：《博克多汗制蒙古国政府高官之死》（基立尔文），《蒙古史研究》2010 年第十辑。

裴霏霏：《杭达多尔济和车林齐密特研究——以 1911 年外蒙古赴俄国代表团为考察基点》，《内蒙古师范大学学报》2012 年第 6 期。

裴霏霏：《略论第八世哲布尊丹巴呼图克图》，《内蒙古师范大学学报》2014 年第 1 期。

张永江：《民族认同还是政治认同：清朝覆亡前后升允政治活动考论》，《清史研究》2012 年第 2 期。

吴楚克：《从民族关系到国家关系：中蒙关系的历史特殊性》，《思想战线》2015 年第 4 期。

王英维：《1911 年外蒙古独立过程中的黄教因素》，《阴山学刊》2011 年第 1 期。

张曦：《中国近代史上的外交概念——外蒙及西藏问题中的"主权"与"宗主权"》，《中央民族大学学报》2013 年第 1 期。

冯建勇：《"政治博弈"与"国家构建"——辛亥革命场域的外蒙古问题》，《青海民族研究》2014 年第 2 期。

穆畅：《中俄针对外蒙古独立问题的交涉》，《宜宾学院学报》2010 年第 7 期。

杨德春：《外蒙古独立与三民主义的关系》《湖州职业技术学院学报》2015 年第 4 期。

赵尔阳：《论 20 世纪初（1902—1915）外蒙古自中国的分离》，《临沧师范高等专科学校学报》2013 年第 4 期。

杨荣：《恰克图会议与〈中俄蒙协约〉》，《内蒙古大学学报》2012 年第 3 期。

樊明方：《〈中俄蒙协约〉签订后中国政府与自治外蒙古的关系》，《中国边疆史地研究》2011 年第 2 期。

樊明方：《北京政府废除〈中俄蒙协约〉的努力》，《中国边疆史地研究》2013 年第 3 期。

时威：《试析中俄蒙协约的签订》，《黑龙江史志》2015 年第 1 期。

冯理达：《外蒙古撤治浅析》，《黑龙江史志》2014 年第 3 期。

陈国忠、吴翔：《徐树铮与外蒙撤治》，《湖北第二师范学院学报》2013 年第 3 期。

杨亚男：《陈毅与徐树铮办理外蒙撤治之比较》，《乐山师范学院学报》2014 年第 4 期。

曹心宝《陈毅在外蒙撤治中的功过述论》，《黑河学刊》2015 年第 7 期。

应俊：《皖系军阀外蒙政策研究》，《求索》2013 年第 9 期。

樊明方：《1921 年 2 月库伦之战》，《新疆社会科学》2011 年第 6 期。

赵金辉：《1921 年接运库恰难民数量考》，《北华大学学报》2014 年第 3 期。

樊明方：《苏俄军队进占库伦与外蒙古人民党政权的建立》，《新疆社会科学》2010 年第 3 期。

董海鹏：《苏俄与孙中山国民党的合作、矛盾及其对第一次国共合作的影响》，《哈尔滨学院学报》2010 年第 4 期。

李玉贞：《孙文越飞会谈的幕后台前》，《广东社会科学》2011 年第 1 期。

张世均：《从外蒙独立历程论苏（俄）联对华政策中的民族利己主义》，《西南民族大学学报》2012 年第 11 期。

吴春娟、彭传勇：《20 世纪 30 年代斯大林对外蒙古政治的干预及其影响》，《西伯利亚研究》2014 年第 3 期。

萨茹拉：《丹巴道尔吉执政时期之外蒙古》，《呼伦贝尔学院学报》2015 年第 5 期。

赵金辉：《1911—1932 年中国内地与外蒙古贸易述略》，《通化师范学院学报》（人文社会科学）2014 年第 3 期。

杨雯筠：《张库大道衰落之因探究》，《张家口职业学院学报》2012 年第 4 期。

毕奥南、刘德勇：《张家口至库伦交通之现代变迁考察》，《中国边疆史地研究》2014 年第 3 期。

石岩：《苏联承认伪满洲国原因浅探》，《大连近代史研究》2011 年第 8 卷。

冯建勇：《传说与隐喻：1937—1938 年"外蒙古出兵论"研究》，《中国边疆史地研究》2012 年第 3 期。

马玉彬：《近代新疆和外蒙古道路不同之探析》，《牡丹江大学学报》2014 年第 2 期。

赵逸妍、彭武麟：《中国近代政治重建与国家转型中的危机与挑战——1921 年的外蒙古问题为中心》，《中国边疆民族研究》2014 年第八辑。

车志慧：《国际角逐背景下国民政府统合新疆之困境——中苏关于年新疆外蒙古边境冲突事件的交涉》，《民国研究》2013 年秋季号总 24 辑。

葛美荣：《中国丢失外蒙古的经过》，《档案时空》2014 年第 9 期。

张刃：《抗战胜利后的苏、蒙、日问题》，《炎黄春秋》2015 年第 3 期。

吴跃农：《蒋经国争取外蒙古不背离祖国受挫真相》，《文史精华》2013 年 10 期。

尤淑君：《蒋介石与 1945—1952 年的外蒙古独立问题》，《抗日战争研究》2015 年第 1 期。

张曦：《中国近代史上的外交概念——外蒙及西藏问题中的"主权"与"宗主权"》，《中央民族大学学报》2013 年第 1 期。

郭晔旻：《苏联一手操纵全票赞成公投独立的外蒙古样本》，《国家人文历史》2014 年第 8 期。

傅敏：《蒋廷黻与 1961 年"蒙古人民共和国入会案"》，《当代中国史研究》2014 年第 3 期。

迪南：《〈新蒙古〉月刊中所记之"外蒙古"》，《东方论坛》2013 年第 5 期。

2. 北疆社会变迁研究

白玉双：《清代喀喇沁蒙古人的北迁及其影响》，《内蒙古师范大学学报》2011 年第 1 期。

佟双喜：《清代蒙古人的北迁研究——以迁居郭尔罗斯公旗外旗蒙古人为中心》，《中央民族大学学报》2013 年第 3 期。

王晗、李大伟：《清代蒙陕农牧交错带土地垦殖过程研究——以怀远县伙盘地为例》，《苏州大学学报》 2013 年第 1 期。

付海晏：《山西商人曹润堂与清末蒙旗垦务》，《暨南学报》2013 年第 1 期。

张世明：《清末贻谷参案研究》，《中国人民大学学报》2014 年第 4 期。

王国庆：《略论清末贻谷被参劾案》，《黑龙江史志》2015 年第 1 期。

吴承忠、韩光辉、舒时光：《清陕蒙黑界地的范围研究》，《中国农史》2014 年第 5 期。

吴承忠、韩光辉、舒时光：《清陕西内蒙"黑界地"的由来与发展研究》，《西南民族大学学报》2014 年第 5 期。

吴承忠、韩光辉、舒时光：《清代陕蒙交界地区的土地开垦过程》，《地理研究》2014 年第 8 期。

李宏、陈永春：《试论内蒙古东部地区汉族移民蒙古化现象——以李姓一家为例》，《前沿》2014 年总第 351、352 期。

王晗：《清代蒙陕农牧交错带土地垦殖过程研究——以怀远县伙盘地为例》，《明清论丛》2014 年第 2 期。

杨虎军：《从清朝以来归绥地区行政归属看晋蒙关系》，《广播电视大学学报》2014 年第 3 期。

柳岳武《清末蒙边"置省"探略》，《中州学刊》2015 年第 3 期。

陶继波、崔思朋、刘野：《山西人走西口选择"归化城"的原因》，《边疆经济与文化》2014 年第 9 期。

王换芳、包乌云：《西口移民运动的成因及对蒙汉关系的影响》，《恩施职业技术学院学报》2015 年第 3 期。

赵金辉：《清代蒙古地区区域构成与演变探析》，《辽宁行政学院学报》2014 年第 6 期。

衣保中、张立伟：《清代以来内蒙古地区的移民开垦及其对生态环境的影响》，《史学集刊》2011 年第 5 期。

谢咏梅：《清代阿拉善和硕特旗汉族移民的形成》，《内蒙古师范大学学报》2010年第3期。

刘艺侠：《额济纳蒙古族近50年生产方式变化及原因分析》，《内蒙古师范大学学报》2013年第2期。

马得汶：《内蒙古额济纳旗人口与经济变迁浅考》，《民族论坛》2013年第10期。

席连花：《清末扎萨克图旗蒙荒行局及洮南府的设立》，《内蒙古社会科学》2015年第3期。

于志勇：《中国北部边疆地区灾害史研究模型的建构思考》，《内蒙古师范大学学报》2013年第5期。

王利中：《1958—1964年内蒙古地区场社合并问题研究》，《内蒙古师范大学学报》2013年第4期。

于永：《三年自然灾害时期内蒙古灾情分析》，《内蒙古师范大学学报》2013年第4期。

李玉伟：《试论内蒙古关于牧主和牧主经济的民主改革》，《前沿》2013年第5期。

3. 北部边疆现状研究

王宇昕、吕伟：《促进内蒙古战略性新兴产业发展的财政政策研究》，《科学管理研究》2013年底1期。

杜永威、毛斯琴、段玉英：《内蒙古地区产业结构、能源消费与经济增长关系的实证研究》，《科技经济市场》2012年第9期。

王芳、宋玉祥、王文刚：《内蒙古区域经济差异及其演化研究》，《经济地理》2012年第11期。

乌云布日德、刘海艳：《新时期内蒙古地区发展理念研究》，《价值工程》2015年第8期。

王芳、高晓路：《内蒙古县域经济空间格局演化研究》，《地理科学》2014年第7期。

王晓志、吉孟振：《内蒙古城镇化：现状、问题及对策》，《内蒙古农业大学学报》（社会科学版）2012年第1期。

高晓霞、侯智惠、乌云德吉、薛玉梅：《内蒙古城镇化发展现状及问题分析》，《内蒙古科技与经济》2014年第7期。

同丽嘎、李百岁、张靖：《内蒙古城镇体系空间结构分形特征分析》，《干旱区资源与环境》2011年第2期。

何雪妍：《分析旅游业发展对内蒙古社会文化的影响》，《城市旅游规划》2015年第2期。

赵涛、米国芳：《内蒙古生态环境可持续发展评价模型研究》，《北京理工大学学报》（社会科学版）2012年第2期。

孙根年、安景梅：《中国内蒙古与蒙古国出入境旅游与进出口贸易互动关系分析》，《干旱区资源与环境》2014年第8期。

陈桂月、李海涛、梁涛：《内蒙古经济发展与环境污染之间关系的检验》，《自然资源学报》2012年第11期。

塔娜：《内蒙古资源、经济、环境系统协调发展实证研究》，《中小企业管理与科技》2015 年第 4 期。

徐杰：《"一带一路"背景下内蒙古经济发展面临的契机》，《财经理论研究》2015 年 6 期。

杨臣华：《"一带一路"建设中的内蒙古机遇》，《北方经济》2015 年第 5 期。

张国：《内蒙古推进"丝绸之路经济带"建设的举措研究》，《理论研究》2015 年第 8 期。

马永真、梅园：《构建"草原丝绸之路经济带"的若干思考》，《内蒙古社会科学》2014 年 6 期。

李加洞：《构筑丝绸之路右翼——草原丝绸之路经济带的可行性分析与内蒙古的路径选择》，《前沿》2015 年 3 月

文风：《内蒙古参与中俄蒙经济走廊建设几个问题的研究》，《北方经济》2015 年第 5 期。

单浩杰：《内蒙古在建立"中俄蒙经济走廊"战略中的几点思考》，《物流科技》2015 年第 12 期。

张永军：《我区推进"中蒙俄经济走廊"建设的着力点》，《北方经济》2015 年第 8 期。

曹清波：《地缘安全视角下的跨界民族问题研究——以内蒙古地区为例》，《才智》2015 年第 3 期。

马尚云、李慧勇：《内蒙古城市化进程中民族问题的表现及对策研究》，《内蒙古大学学报》2011 年第 2 期。

赵茜：《内蒙古地区民族关系发展现状调查》，《广西民族研究》2015 年第 2 期。

张星光、尹韶华、闫涛、苏俐：《内蒙古人口变动及人口分布分析》，《西北人口》2015 年第 2 期。

（供稿：毕奥南　阿拉腾奥其尔　范恩实）

（三）海疆研究

李国强：《中国南海诸岛主权的形成及南海问题的由来》，《求是》2011 年第 15 期。

卢晓莉：《浅析南海问题的历史、现状及中国的立场》，《南昌教育学院学报》2012 年第 1 期。

郑华芳：《南海问题解决方案研究综述》，《东方企业文化》2012 年第 1 期。

金永明：《论南海问题法律争议与解决步骤》，《云南大学学报》2012 年第 1 期。

朱元凯：《中国南海问题面临的挑战及解决途径》，《工会论坛》（山东省工会管理干部学院学报）2012 年第 1 期。

李国强：《南海问题的观察与分析》，《思想理论教育导刊》2012 年 2 期。

孙晓玲：《中越南海争端中的美国因素》，《东南亚研究》2012 年第 3 期。

胡娜：《印越关系对南海问题的影响》，《郑州航空工业管理学院学报》（社会科学版）2012 年第 4 期。

娄亚萍：《中美在南海问题上的外交博弈及其路径选择》，《太平洋学报》2012 年

第 4 期。

李国强：《关于南海问题的若干理论思考》，《外交评论》2012 年第 4 期。

张海文：《从国际法视角看南海争议问题世界知识》2012 年第 4 期。

周鑫宇：《南海问题由来与中美关系》，《思想理论教育导刊》2012 年第 6 期。

吴士存：《南海问题面临的挑战与应对思考》，《行政管理改革》2012 年第 7 期。

王晓鹏：《国内学术界南海问题研究：回顾与思考》，《云南师范大学学报》2013 年第 1 期。

郭渊：《南越对西沙、南沙群岛的侵占及行为评析》，《云南师范大学学报》2013 年第 1 期。

金永明：《论海洋法解决南海问题争议的局限性》，《国际观察》2013 年第 4 期。

邢广梅：《中国拥有南海诸岛主权考》，《比较法研究》2013 年第 6 期。

李金明：《中菲南海争议不断升温的成因分析》，《国际关系研究》2013 年第 6 期。

唐茂林：《南海共同开发原则及其实施》，《广东行政学院学报》2013 年第 6 期。

张学昆：《美国介入南海问题的现状、动因及趋势》，《和平与发展》2013 年第 6 期。

葛红亮：《东盟与南海问题》，《国际研究参考》2013 年第 11 期。

杨继龙：《论南海争端中的日本因素》，《太平洋学报》2013 年第 12 期。

朱坚真：《多视角下南海争议岛屿权益问题及对策研究》，《太平洋学报》2013 年第 12 期。

江宏春：《美国对南海问题的介入及其政策演变》，《太平洋学报》2013 年第 12 期。

任念文：《国际公法条件下南海诸岛主权问题的史地考证》，《太平洋学报》2013 年第 12 期。

李任远：《时际法视野下的南海诸岛主权归属问题》，《太平洋学报》2013 年第 12 期。

何田田：《菲律宾提交"南海问题国际仲裁"的国际法分析》》，《太平洋学报》2013 年第 12 期。

王晓鹏、张春阳：《郑和航海活动的历史功绩及其对建设 21 世纪"海上丝绸之路"的启示》，《世界海运》2014 年第 1 期。

宋燕辉：《由〈南海各方行为宣言〉论"菲律宾诉中国案"仲裁法庭之管辖权问题《国际法研究》2014 年第 2 期。

韦健锋：《印度介入南海问题——中国视角下的地区安全思考》，《南亚研究》2013 年第 3 期。

王传剑：《南海问题与中美关系》，《当代亚太》2014 年第 2 期。

何维保：《再论〈旧金山对日和约〉关于西沙、南沙群岛的规定及影响》，《美国研究》2014 年第 4 期。

李国强：《南海争端是中美之间的较量和博弈》，《世界知识》2014 年第 10 期。

吴士存：《当前南海形势及走向》，《中国井冈山干部学院》2015 年第 1 期。

侯毅：《略论中国南海"断续线"的历史性权利》，《齐鲁学刊》2015 年第 2 期。

金永明：《海上丝绸之路与南海问题》，《南海学刊》2015 年第 4 期。

罗国强、叶泉：《争议岛屿在海洋划界中的法律效力——兼析钓鱼岛作为争议岛屿的法律效力》，《当代法学》2011 年第 1 期。

刘江永：《中日关系"从善如登，从恶如崩"——论钓鱼岛问题与日本防卫计划大纲的影响》，《日本学刊》2011 年第 1 期。

王秀英：《中日钓鱼岛争端解决方法探析》，《中国海洋大学学报》2011 年第 2 期。

包霞琴：《中日钓鱼岛领土争端的演变与现状——以"搁置争议"原则为中心》，《日本研究》2011 年第 3 期。

刘江永：《论中日钓鱼岛主权争议问题》，《太平洋学报》2011 年第 3 期。

郑海麟：《日本声称拥有钓鱼岛领土权的论据辨析》，《太平洋学报》2011 年第 7 期。

徐龙腾：《国际海洋法对钓鱼台列屿历史与主权问题的探讨》，《台北海洋技术学院学报》2012 年第 2 期。

王军杰：《历史与主权——驳日本关于钓鱼岛主权的三项依据》，《四川大学学报》（哲学社会科学版）2012 年第 3 期。

张卫彬：《论地图在国际法院解决领土争端中的证明价值——析地图证据之于钓鱼岛列岛争端》，《太平洋学报》2012 年第 4 期。

管建强：《对钓鱼岛主权"搁置争议"的国际法评述》，《学术界》2012 年第 4 期。

翟新：《日本政府钓鱼岛事件对策的演变及其原因》，《社会科学》2012 年第 4 期。

李理：《近代日本对钓鱼岛的"踏查"及窃取》，《中国边疆史地研究》2012 年第 4 期。

蒋立峰：《钓鱼岛问题与中日关系》，《日本学刊》2012 年第 5 期。

王少普：《野田内阁激化钓鱼岛争端的内外因分析》，《国际观察》2012 年第 6 期。

高振会、李宝钢：《关于钓鱼岛维权工作的思考》，《行政管理改革》2012 年第 11 期。

管建强：《国际法视角下的中日钓鱼岛领土主权纷争》，《中国社会科学》2012 年第 12 期。

郑海麟：《从中外图籍看钓鱼岛主权归属》，《太平洋学报》2012 年第 12 期。

王军杰：《国际法视域下钓鱼岛主权的历史沿革》，《社科纵横》2012 年第 7 期。

韩昭庆：《从甲午战争前欧洲人所绘中国地图看钓鱼岛列岛的历史》，《复旦学报》2013 年第 1 期。

朱建荣：《辨析日本关于钓鱼岛主权主张的结构性缺陷》，《日本学刊》2013 年第 1 期。

高岩松、陈晓律：《试析钓鱼岛危机给中国提供的战略机遇》，《学海》2013 年第 1 期。

季烨：《国际法的局限性：钓鱼岛主权争端的一个补论》，《台湾研究集刊》2013 年第 1 期。

张亚中：《两岸共同维护钓鱼岛主权：国际政治的观点》，《台海研究》2013 年第 1 期。

万明：《明人笔下的钓鱼岛：东海海上疆域形成的历史轨迹》，《北京联合大学学报》2013 年第 2 期。

王建朗：《钓鱼岛三题》，《抗日战争研究》2013 年第 2 期。

邱静：《钓鱼岛问题与日本政治中的若干问题》，《外交评论》2013 年第 3 期。

李秀石：《日本海洋战略的内涵与推进体制——兼论中日钓鱼岛争端激化的深层原因》，《日本学刊》2013 年第 3 期。

黄世席：《钓鱼诸岛主权归属与条约法的适用》，《外交评论》2013 年第 4 期。

张磊：《关于中日对钓鱼岛"有效管辖"主张探微》，《中国边疆史地研究》2013 年第 4 期。

褚静涛：《知识精英与收复琉球、钓鱼岛》，《江海学刊》2013 年第 4 期。

刘江永：《事实胜于雄辩：钓鱼岛确属中国——评日本某学者在钓鱼岛问题上的谬说》，《日本学刊》2013 年第 4 期。

孙观清、吴建华：《试论档案文献信息资源的选择性利用——以钓鱼岛之争中的档案文献利用为例》，《档案学研究》2013 年第 6 期。

韩结根：《从琉球语"友昆姑巴甚麻"及久米赤岛等地名考释看钓鱼岛及其附属岛屿的主权归属》，《复旦学报》2013 年第 6 期。

翟新：《岛争搁置默契和安倍内阁的政策变化》，《国际问题研究》2013 年第 6 期。

李振广：《台日钓鱼岛纠纷与马英九当局的应对策略》，《台湾研究》2013 年第 6 期。

刘江永：《"安麻体制"与中日关系》，《现代国际关系》2013 年第 6 期。

刘江永：《再论钓鱼岛为什么属于中国——兼评尾崎重义所谓的历史、法律根据》，《太平洋学报》2013 年第 7 期。

李国强：《钓鱼岛主权若干问题辨析》，《太平洋学报》2013 年第 7 期。

刘丹：《领土争端解决判例中的"关键日期"因素及对钓鱼岛争端的启示》，《太平洋学报》2013 年第 7 期。

谢必震：《从中琉历史文献看钓鱼岛的主权归属》，《太平洋学报》2013 年第 7 期。

金永明：《批驳日本针对钓鱼岛列岛问题"三个真实"论据之错误性》，《太平洋学报》2013 年第 7 期。

王军敏：《从国际法中的关键日期看钓鱼岛的主权归属》，《太平洋学报》2013 年第 11 期。

廖大珂：《〈琉球诸岛图〉的作者及相关问题之管见》，《闽南文化研究》2014 年第 1 期。

金永明：《钓鱼岛主权若干国际法问题研究》，《中国边疆史地研究》2014 年第 2 期。

左希迎：《中国在钓鱼岛争端中的战略动员》，《外交评论》2014 年第 2 期。

刘江永：《钓鱼岛之争的历史脉络与中日关系》，《东北亚论坛》2014 年第 3 期。

刘文波、王丽霞：《钓鱼岛争端的战略态势与中国的应对方略》，《东北师大学报》2014 年第 3 期。

金永明：《批驳日本"尖阁诸岛宣传资料"论据的错误性》，《太平洋学报》2014 年第 4 期。

刘丹、何笑青：《雅尔塔条约体系在处理钓鱼岛争端上的国际法地位》，《太平洋学报》2014 年第 4 期。

蔄伟伟：《从国际法的视角论钓鱼岛争端的解决模式》，《太平洋学报》2014年第4期。

刘江永：《古贺辰四郎最早开发钓鱼岛伪证之研究——兼论日本政府购买钓鱼岛的非法性》，《清华大学学报》2014年第4期。

李理：《钓鱼岛不属于琉球的历史证据》，《太平洋学报》2014年第4期。

王军敏：《从琉球问题的演变看钓鱼岛的主权归属》，《太平洋学报》2014年第4期。

廉德瑰：《日本国内政治及其对"搁置争议"的影响》，《太平洋学报》2014年第4期。

黄德明、李若瀚：《论中国在钓鱼岛主权争端问题上的策略调整——以法律为导向的争端解决思路》，《求索》2014年第4期。

张卫彬：《国际法上的"附属岛屿"与钓鱼岛问题》，《法学家》2014年第5期。

张卫彬：《中日钓鱼岛之争中的条约动态解释悖论》，《当代法学》2015年第4期。

启晓：《它山之石可证为错——关于日方在钓鱼岛归属宣传中谬误的考证》，《太平洋学报》2014年第4期。

韩永利、关敬之：《〈开罗宣言〉对台湾及钓鱼岛归还中国的认定》，《太平洋学报》2014年第4期。

吴巍巍、张永钦：《康熙时期中国天文生测绘琉球地图考——兼论钓鱼岛主权归属问题》，《国家航海》2014年第9辑。

张卫彬《钓鱼岛主权归属与〈马关条约〉的演进解释问题》，《法学评论》2015年第1期。

袁咏红：《台湾与钓鱼岛问题刍议》，《湖北大学学报》2015年第2期。

吕耀东：《试析日本海洋战略理念及对华政策取向》，《外交战略》2015年第2期。

廖大珂：《早期西方文献中的钓鱼岛》，《暨南学报》2015年第3期。

费杰：《新发现19世纪西文地图与钓鱼岛及其附属岛屿的主权归属》，《台海研究》2015年第3期。

刘江永：《日本赢不了钓鱼岛地图战》，《人民日报》（海外版）2015年3月8日。

李国强：《中国海疆史话语体系构建的思考》，《中国边疆史地研究》2015年第4期。

疏震娅、李志文：《从相关国际条约考察钓鱼岛主权归属》，《郑州大学学报》2015年第5期。

（供稿：侯　毅　王晓鹏　玄　花）

（四）西南边疆研究

1. 西藏早期历史研究

霍巍：《考古学所见西藏文明的历史轨迹》，《民族研究》2010年第3期。

李宗俊：《唐禄赞萨逻墓志考释》，《民族研究》2010年第2期。

汤惠生：《青藏高原旧石器若干问题的讨论》，《青海民族大学学报》（社会科学版），2010年第2期。

陆离：《吐蕃统治敦煌的监军、监使》，《中国藏学》2010 年第 2 期。

林冠群：《唐代吐蕃的氏族》，《中国藏学》2010 年第 2 期。

冉永惠、赵萍：《尼泊尔与我国西藏早期关系初探》，《西藏研究》2010 年第 1 期。

冉永忠：《有关〈册府元龟〉冉永忠：〈旧唐书〉中唐蕃战争的季节考析》，《西藏民族学院学报》2010 年第 1 期。

周润年、黄颢：《〈贤者喜宴——吐蕃史〉的内容及其史料价值》，《西藏民族学院学报》2010 年第 1 期。

张海龙：《外戚集团对吐蕃政治的影响探析》，《西藏民族学院学报》2010 年第 1 期。

陈武强：《论北宋真宗、仁宗时期关于甘青蕃部的民族立法问题》，《西藏民族学院学报》2010 年第 2 期。

旺多：《古代汉文史籍中的吐蕃大臣名考》，《西藏大学学报》2010 年第 1 期。

次旦扎西、杨永红：《吐蕃军队兵器简论》，《西藏大学学报》2010 年第 1 期。

佘静芳：《西藏古代兵器的制作及武艺发展》，《西藏大学学报》2010 年第 1 期。

刘兴亮：《宋代西北吐蕃联姻问题探析》，《西藏大学学报》2010 年第 2 期。

洲塔、何成：《河州土司何锁南考辨》，《西藏大学学报》2010 年第 2 期。

杨铭：《论吐蕃治下的土谷浑》，《青海民族研究》2010 年第 2 期。

张延清：《吐蕃钵阐布考》，《历史研究》2011 年第 5 期。

刘力钢：《吐蕃在唐蕃战争中的战略战术思想初探》，《青海民族大学学报》（社会科学版）2010 年第 2 期。

拉先：《藏族文化视野下的南诏境内族属解读》，《青海民族大学学报》（社会科学版）2010 年第 1 期。

南卡诺布：《远古象雄人起源概说》，阿旺嘉措译注，《西北民族大学学报》（哲学社会科学版）2010 年第 2 期。

陆军：《吐蕃族源“西羌说”的困境》，《四川民族学院学报》2010 年第 3 期。

崔凤祥、崔星：《西夏党项族尚武精神在岩画中的演绎》，《四川民族学院学报》2010 年第 3 期。

张廷清：《吐蕃和平占领沙州城的宗教因素》，《西南民族大学学报》2010 年第 4 期。

朱悦梅：《吐蕃中节度考》，《民族研究》2010 年第 3 期。

颜廷亮：《敦煌地区早期的宗教问题》，《敦煌研究》2010 年第 1 期。

何峰：《论吐蕃政治文明进程》，《中国藏学》2010 年第 3 期。

霍巍：《昌都卡若：西藏史前社会研究的新起点》，《中国藏学》2010 年第 3 期。

扎西当知：《噶尔世家对唐军事战略研究》，《中国藏学》2010 年第 3 期。

陈庆英、马丽穆罕默德·尤素夫·侯赛因阿巴迪：《巴基斯坦卡杜县发现的吐蕃王朝时期的藏文碑刻》，《中国藏学》2010 年第 4 期。

黄博：《喇嘛与国王：早期古格王国政教合一初探》，《中国藏学》2010 年第 4 期。

杨惠玲、尚明瑞：《论宋元时期藏区通用的货币》，《西藏研究》2010 年第 4 期。

石坚军：《内蒙古四汗时期蒙藏关系新探——以“斡腹之谋”为视角》，《西藏大学学报》2010 年第 3 期。

陈武强：《北宋前中期吐蕃内附账考》，《西藏大学学报》2010 年第 3 期。

扎西当知：《吐蕃末期名僧拉隆·贝吉多杰生平拾零》，《西藏大学学报》2010 年第 3 期。

杨永红：《吐蕃军队作战的特点》，《西藏研究）2010 年第 6 期。

扎西当知：《唐蕃外甥舅会盟碑"相关一年问题探讨——访著名藏族学者高瑞先生》，《西藏大学学报》2010 年第 4 期。

曾现江：《吐蕃东渐与藏彝走廊的族群互劝及族群分布格局演变》，《西藏大学学报》2010 年第 4 期。

陈楠：《P. T. 1047 写卷卜辞与吐蕃相关史事考释》，《西北民族大学学报》（哲学社会科学版）2010 年第 4 期。

黄维忠：《关于唐代吐蕃军事占领区建制的几个问题》，《西北民族大学学报》（哲学社会科学版）2010 年第 4 期。

林冠群：《吐蕃王朝的分裂与灭亡》，《西北民族大学学报》（哲学社会科学版）2010 年第 4 期。

罗桑开珠：《论佛教对吐蕃社会文化的影响》，《西北民族大学学报》2010 年第 5 期。

沙武田：《莫高窟吐蕃期洞窟第 359 窟供养人画像研究——兼谈粟特九姓胡人对吐蕃统治敦煌的态度》，《敦煌研究》2010 年第 5 期。

何双全、谢晓燕：《唐、宋时期甘肃茶马古道互市与茶马古道》，《丝绸之路》2010 年第 1 期。

陈武强：《北宋对西北边防军政情报的控制——从法制视角》，《青海民族研究》2010 年第 3 期。

田峰：《吐蕃通往勃律、罽宾之道考略》，《青海民族大学学报》（哲学社会科学版）2010 年第 4 期。

王英：《承风戍考辨——兼论隋唐时入青海的南北两道》，《青海民族大学学报》（哲学社会科学版）2010 年第 4 期。

赵心愚：《南诏吐蕃联盟关系走向破裂的记录——赵昌奏状的研究》，《西南民族大学学报》2010 年第 10 期。

尼玛岗：《和平解放西藏始末》，《中国西藏》2011 年第 3 期。

霍巍：《镂金刻银铸珍奇：漫话吐蕃金银器》，《中国西藏》2011 年第 3 期。

张云：《唐蕃之间的书函往来、对话与沟通》，《中国藏学》2011 年第 S1 期。

陈又新：《〈致吐蕃臣民与僧众书〉略探》，《中国藏学》2011 年第 S1 期。

田峰：《吐蕃向西域的开拓》，《西藏民族学院学报》2011 年第 3 期。

田峰：《吐蕃与川西交往交通述略》，《青海民族大学学报》2011 年第 1 期。

汤惠生：《青藏高原史前的"广谱革命"》，《青海民族学院学报》（哲学社会科学版）2011 年第 1 期。

王祥伟：《试论吐蕃政权对敦煌寺院经济的管制——敦煌世俗政权对佛教教团经济管理之一》，《敦煌学辑刊》2010 年第 3 期。

安多·卡尔梅·桑丹坚参：《吐蕃赞普赤达尔玛的统治及其后的简要历史》，德康·索南曲杰译（藏译汉），《西北民族大学学报》（哲学社会科学版）2011 年第 1 期。

王树森:《唐蕃角力与盛唐西北边塞诗》,《北京大学学报》(哲学社会科学版)2014 年第 4 期。

田峰:《吐蕃别馆考》,《中国边疆史地研究》》2014 年第 4 期。

巴桑旺堆:《吐蕃石刻文献评述》,《中国藏学》2013 年第 4 期。

王红梅:《元代吐蕃高僧与畏兀儿的关系述论》,《昌吉学院学报》2012 年第 3 期。

霍巍:《从考古发现看西藏史前的交通与贸易》,《中国藏学》2013 年第 2 期。

黄博:《试论古代西藏阿里地域概念的形成与演变》,《中图边疆史地研究》2011 年第 1 期。

吕红亮:《西藏旧石器时代的再认识——以阿里日土县夏迭错东北岸地点为中心》,《考古》2011 年第 3 期。

霍巍:《青藏高原东麓吐蕃时期佛教摩崖遗像的发现与研究》,《考古学报》2011 年第 3 期。

汤惠生:《青藏高原旧石器时代晚期至新石器时代初期的考古学文化及经济形态》,《考古学报》2011 年第 4 期。

郎维伟、郎艺:《中国古代藏族形成解析》,《民族学刊》2011 年第 4 期。

强巴次仁、卓玛:《关于藏王墓数目及墓主身份的重考》,《西藏民族学院学报》2011 年 4 期。

邹廷波:《试析墀都松赞普时期的唐蕃关东》,《西藏民族学院学报》2011 年第 6 期。

杨惠龄、杨鸿光:《论宋元时期藏区的黄金》,《西藏大学学报》2011 年第 3 期。

刘国宁:《青海都兰吐蕃墓葬群的文化蕴含及法律保护》,《青海民族研究》2011 年第 3 期。

林冠群:《唐代吐蕃众相制度研究》,《中国藏学》2012 年第 1 期。

朱悦梅:《吐蕃王朝人口研究》,《中国藏学》2012 年第 1 期。

巴桑罗布:《吐蕃赞普后裔在门隅的繁衍与承袭》,《中国藏学》2012 年第 1 期。

高启安:《敦煌的"团"组织》,《中国藏学》2012 年第 2 期。

杨铭:《唐代吐蕃与于阗的交通路线考》,《中国藏学》2012 年第 2 期。

玲辉:《唐蕃文化交流对吐蕃体育的影响》,《中国藏学》2012 年第 2 期。

古格·次仁加布:《略论十世纪中叶象雄王国的衰亡》,《中国藏学》2012 年第 2 期。

陈武强:《北宋后期吐蕃内附族帐考》,《西藏研究》2012 年第 2 期。

刘建丽:《元朝陇南吐蕃的行政机构与社会经济》,《西藏研究》2012 年第 2 期。

齐德舜:《〈宋史·阿里骨传〉笺证》,《西藏研究》2012 年第 2 期。

王祥伟:《吐蕃对敦煌寺院属民的管理考论》,《西藏研究》2012 年第 3 期。

陈武强、才旺贡布:《宋代茶马互市的法律规制》,《西藏大学学报》2012 年第 1 期。

强俄巴·次央、王清华:《试论吐蕃时期布达拉宫的建筑规模》,《西藏大学学报》2012 年第 2 期。

黎桐柏:《简析吐蕃王朝边境后拓辖区的军政区划》,《西藏民族学院学报》2012 年第 4 期。

杨铭：《再论吐蕃小邦制的演变及其外来影响》，《青海民族研究》2012 年第 2 期。

薛生海、韩红宇：《吐谷浑亲族与部族的关系探微》，《青海民族研究》2012 年第 2 期。

贾伟、李臣玲：《论安多地区民族关系模式及其形成的历史基础》，《青海民族研究》2012 年第 2 期。

武沐：《元代吐蕃等处宣慰司都元帅府的机构设置》，《青海民族研究》2012 年第 3 期。

马海龙：《万里吐蕃行 笔载异域情——唐入吐蕃使吕温及其异域情怀》，《青海民族大学学报》2012 年第 1 期。

董春林：《安史之乱后起和河西铁勒部族的迁徙——以唐代契苾族为例》，《青海民族大学学报》（社会科学版）2012 年第 1 期。

贺冬：《试析吐蕃军事制度形成的原因》，《青海民族大学学报》（社会科学版）2012 年第 2 期。

索南才让：《吐蕃第一位钵阐布娘·定埃增桑波》，《青海民族大学学报》（社会科学版）2012 年第 3 期。

陈松黄、辛建：《唐与吐蕃首次遣使互访史实考略》，《西南民族大学学报》2012 年第 4 期。

丁柏峰：《几首唐诗所反映的唐、吐谷浑、吐蕃之间的战和关系》，《中国土族》2012 年第 2 期。

次旦顿珠：《西藏世居穆斯林考略》，《中国藏学》2012 年第 3 期。

张延清：《吐蕃时期的抄经纸张探析》，《中国藏学》2012 年第 3 期。

伊尔·赵荣璋：《纪录——抢救与保护涉藏碑刻的战略手段》，《中国藏学》2012 年第 3 期。

黄博：《三围分立：11 世纪前后阿里王朝的政治格局与政权分化》，《中国藏学》2012 年第 3 期。

汤惠生、李一全：《高原考古学：青藏地区的史前研究》，《中国藏学》2012 年第 3 期。

刘京幅：《近二十年来吐蕃研究综述》，《哈尔滨学院学报》2012 年第 9 期。

黄知珍、马振、朱悦梅：《吐蕃王朝时期吐蕃与西域的交通及释站述考》，《社科纵横》2012 年第 3 期。

朱悦梅：《吐蕃占领西域期间的社会控制》，《探索与争鸣》2012 年第 3 期。

王东：《"投毒"与唐代吐蕃政治——以敦煌文献为中心的考察》，《中国藏学》2013 年第 1 期。

林冠群：《从〈吐蕃大事纪年〉论唐代吐蕃的史学》，《中国藏学》2013 年第 1 期。

罗布：《清初甘丹颇章政权权威象征体系的建构》，《中国藏学》2013 年第 1 期。

李树辉：《〈唐会要·葛逻禄国〉疏证辨误》，《中国藏学》2013 年第 2 期。

罗宏：《茶叶初传时期吐蕃人对茶的认识及利用》，《西藏研究》2013 年第 2 期。

洲塔、樊秋丽：《"羌"：青藏高原的骨系血亲氏族——以语言学视角探古羌人渊源》，《青海民族研究》2013 年第 1 期。

陈庆英、白丽娜：《论唃厮啰政权的兴起》，《青海民族大学学报》（社会科学版）

2013 年第 2 期。

达瓦次仁：《门隅早期历史——吐蕃对门地区的治理》，《中国藏学》2013 年第 3 期。

董莉英：《中国西藏与缅甸关系》，《中国藏学》2013 年第 4 期。

何峰：《论吐蕃王朝的会议决策制度》，《中国藏学》2013 年第 4 期。

张云：《藏文史书：〈柱间史〉有关西藏社会史的若干记载及辨正》，《中国藏学》2013 年第 S1 期。

龚剑、李永开：《从藏族冷兵器看汉藏关系》，《中国藏学》2013 年第 Sl 期。

张云：《唐朝中原汉人徙居吐蕃地区考》，《中国藏学》2013 年 S2 期。

陆离：《吐蕃河西北道节度使考——兼论吐蕃王国对河西北部地区的经略》，《中国藏学》2013 年第 S2 期。

陈楠：《吐蕃统辖敦煌时期之藏文抄经活动考述》，《中国藏学》2013 年第 S2 期。

陈武强：《宋代藏族部落地区纠纷解决的法律机制》，《西藏研究》2013 年第 5 期。

陈庆英、白丽娜：《宋代西北吐与甘州回鹘、辽朝、西夏的关系》，《西藏研究》2013 年第 5 期。

韩雪梅：《论藏族古代侵权行为法的历史演进及其特点》，《青海社会科学》2013 年第 6 期。

王文光、陈燕：《扩展、遏制与融合〈新唐书·吐蕃传〉中唐朝与吐蕃关系述论》，《云南师范大学学报》2013 年第 6 期。

秦永生：《浅析〈新红史〉中西藏（吐蕃）王统史事考证》，《长春教育学院学报》2013 年第 8 期。

徐涛：《唐史所载两"出蕃使李銛"辨正》，《中国藏学》2014 年第 1 期。

刘凤强：《敦煌吐蕃历史文书的"春秋笔法"》，《中国藏学》2014 年第 1 期。

杨学东：《唐蕃会盟碑唐廷与盟官员名单补证》，《西藏研究》2014 年第 1 期。

杨铭：《有关吐蕃"九大尚论"的若干问题》，《历史研究》2014 年第 1 期。

张蓉、昊疆：《宋神宗时期在河湟地区兴立"蕃学"的必要性》，《中国藏学》2014 年第 3 期。

林冠群：《唐代吐蕃僧相官衔考》，《中国藏学》2014 年第 3 期。

刘洁：《象雄与嚈哒关系考略》，《中国藏学》2015 年第 1 期。

林冠群：《唐朝君臣建构"吐蕃观"之研究》，《中国藏学》2015 年第 2 期。

齐德舜：《〈宋史·唃厮罗传〉笺证》，《西藏研究》2015 年第 3 期。

刘凤强：《从敦煌文献看札在吐蕃文化中的地位》，《西藏民族大学学报》2015 年第 2 期。

郭志合：《甥舅与舅甥：历史叙事中的唐蕃关系》，《西藏民族大学学报》2015 年第 3 期。

南晓民：《汉语词"吐蕃"的起源和本真音读考》，《西藏大学学报》2014 年第 3 期。

李文萍、罗央：《吐蕃佛苯之争》，《西藏艺术研究》2014 年第 4 期。

2. 元代西藏研究

牛绿花：《元明两朝对藏传佛教宗教事务的法律调整及其历史启示》，《青海社会科学》2010 年第 4 期。

罗广武：《为什么说"西藏自古以来就是中国的一部分"》，《西藏民族学院学报》2010 年第 6 期。

张向耀：《略述明代以前藏族对中原王朝的朝贡交流》，《四川民族学院学报》2011 年第 2 期。

王尧：《西藏历史进程中的两座丰碑——萨班·贡噶坚赞与阿沛·阿旺晋美合论》，《中国藏学》2011 年第 3 期。

葛艳玲：《浅析蒙元与甘青藏族关系的建立及民族间的友好往来》，《西北民族大学学报》（哲学社会科学版）2011 年第 5 期。

王继光：《〈蒙古佛教史〉与蒙藏文化交流》，《西北民族研究》2011 年第 3 期。

陈杉、刘康乐：《试论元代的宗教政策与宗教管理体制》，《西南民族大学学报》2011 年第 5 期。

武沐：《元代吐蕃等处宣慰司都元帅府的机构设置》，《青海民族研究》2012 年第 3 期。

叶小琴：《元代乌思藏十三万户府空间分布与环境关系探讨》，《牡丹江师范学院学报》2012 年第 1 期。

余光会：《试论八思巴步入历史的原因》，《四川民族学院学报》2012 年第 4 期。

王红梅：《元代吐蕃高僧与畏兀儿的关系述论》，《西部蒙古论坛》2012 年第 2 期。

杨周相：《蒙元时期藏民族宗教文化心理研究》，《人民论坛》2012 年第 2 期。

罗睿：《论元代中央政府对藏区赈济》，《西藏民族学院学报》2013 年第 2 期。

何一民、赖小路：《吐蕃元明时期西藏城市的兴衰》，《甘肃社会科学》2013 年第 2 期。

贾华、央珍：《元代汉藏科教文化交流》，《青海师范大学民族师范学院学报》2014 年第 1 期。

次旦扎西、顿拉：《略述元中央政府管理西藏宗教事务的基本经验》，《西藏大学学报》2014 年第 4 期。

陈得芝：《藏文史籍中的蒙古祖先世系札记》，《中国藏学》2014 年第 4 期。

李文萍、张付新：《元朝统治者信奉藏传佛教倚重萨迦派的原因探析》，《西藏大学学报》2015 年第 1 期。

张洁：《西藏元代驿站设置内因探析》，《城市地理》2015 年第 8 期。

3. 明代西藏研究

刘永文、韩殿栋、李军：《明代进藏人员论析》，《西藏大学学报》2010 年第 1 期。

张治东：《明代藏区僧官制度探究》，《西藏民族学院学报》2011 年第 1 期。

敏政：《从明代汉藏间的茶马互市看明代的治藏政策》，《青海民族研究》2011 年第 2 期。

罗焰：《明朝在西藏的主权地位》，《中国藏学》2011 年第 3 期。

郝相松：《明代河、湟、岷、洮地区的藏族分布》，《西北师范大学学报》2011 年第 4 期。

张发贤：《论固始汗进军西藏之谋略》，《四川民族学院学报》2011 年第 4 期。

宝音德力根：《1631—1634 年出兵西藏之喀尔喀阿海岱青身世及其事迹》，《中国藏学》2012 年第 2 期。

马啸：《明清西北治边政策之比较研究——以 14—18 世纪中央政府与蒙藏民族政治互动为线索》，《青海民族大学学报》（社会科学版）2012 年第 2 期。

沙勇：《明中后期洮岷地区汉、藏、回民族互动关系研究》，《回族研究》2012 年第 4 期。

何文华：《论明代治藏之"以茶驭蕃"政策》，《贵州民族研究》2013 年第 6 期。

喜富裕：《论明宪宗成化年间对西番朝贡政策的规范调整》，《西藏研究》2013 年第 6 期。

武沐、王素英：《明代藏族僧官不属于土官考》，《中南民族大学学报》（人文社会科学版）2014 年第 1 期。

贾霄锋：《试论明清时期藏族土司地区的社会管理体系》，《青海民族研究》2014 年第 2 期。

李晓英、牛海桢：《明至清初青藏高原手工业发展研究——以朝贡物品为中心》，《西藏大学学报》2015 年第 1 期。

喜富裕：《试论明成祖时期宦官出使乌思藏的活动》，《西藏研究》2015 年第 6 期。

4. 清代西藏史研究

星全成：《十三至十九世纪初西藏地方上层斗争及其影响》，《青海民族大学学报》（社会科学版）2010 年第 3 期。

马国君：《论康乾时期西南边政的决策调整——以"驱准保藏"之战为转折点》，《贵州民族研究》2010 年第 1 期。

张双智、张羽新：《清代昌都强巴林寺帕克巴拉活佛朝觐年班制度》，《西藏民族学院学报》2010 年第 5 期。

罗布：《新政改革与大臣体制》，《西藏大学学报》2010 年第 1 期。

邓锐龄：《清乾隆五十八年（1793）藏内善后章程的形成经过》，《中国藏学》2010 年第 1 期。

李保文：《关于〈大清乾隆五十八年"善后章程二十九条"〉的题名问题》，《中国藏学》2010 年第 1 期。

康欣平：《有泰与清末西藏政局的演变》，《青海民族大学学报》（社会科学版）2010 年第 3 期。

扎洛：《清末民族国家建设与张荫棠西藏新政》，《民族研究》2011 年第 3 期。

赵君：《试论张荫棠查办藏事前后的外交思想》，《西藏大学学报》2010 年第 1 期。

黄维忠、张运珍：《清代西藏的物质生活》，《中国藏学》2010 年 S1 期。

何文华：《论英国最早的两次涉藏事件》，《西藏研究》2010 年第 5 期。

邹西成：《中国西藏文化博物馆展品中的三枚清代摄政王印章初考》，《中国藏学》2010 年第 3 期。

央珍、喜饶尼玛：《西藏地方的摄政及摄政制度探析》，《西北民族大学学报》（哲学社会科学版）2010 年 5 期。

马啸：《17 至 18 世纪清朝与格鲁派上层的互动研究》，《青海民族研究》2010 年第 3 期。

吕文利：《乾隆初年准噶尔三次入藏熬茶看清朝藩部体系的形成过程》，《中国边疆史地研究》2015 年第 2 期。

大卫·阿提威、尼玛扎西、彭文斌、刘源：《十九世纪滇藏关系解释范式的反思》，《民族学刊》2010 年第 2 期。

曹培：《清代达木蒙古史事钩沉》，《西藏民族学院学报》2010 年第 6 期。

王剑智：《中国西藏地方与廓尔喀的官方文书》，《中国藏学》2010 年第 1 期。

牛绿花：《元以来历朝对藏传佛教宗教事务的法律调整及其历史启示——藏传佛教宗教事务的法律化研究之一》，《西南政法大学学报》2010 年第 4 期。

牛绿花：《清朝对藏传佛教宗教事务的法律调整及其历史启示》，《青海师范大学学报》2010 年第 2 期。

赵萍：《尼泊尔与我国西藏早期关系初探》，《西藏研究》2010 年第 1 期。

雷克斯、周云水：《尼泊尔林布族的社会变迁——喜马拉雅山地文化的女性视角》，《西藏民族学院学报》2010 年第 1 期。

王川、刘波：《近代西藏昌都地区汉人社会生活初探》，《中国藏学》2010 年第 3 期。

白丽娜：《清乾隆朝富察家族与涉藏事务》，《中国边疆史地研究》2010 年第 3 期。

赵艾东：《从西方文献看 19 世纪下半叶中国内地会在康区的活动及与康藏社会的互动》，《西藏大学学报》2010 年第 2 期。

冯建勇：《1888—1911 年英俄在西藏的角逐》，《西藏研究》2010 年第 6 期。

彭陟焱：《成都将军的设置及其在治理川西藏区中的作用》，《西藏研究》2010 年第 1 期。

格珍：《程凤翔第一次进兵察瓦岗》，《西藏研究》2010 年第 1 期。

李凤珍：《试析清代西藏摄政官职的缘起》，《西藏民族学院学报》2010 年第 2 期。

邓建新：《三世章嘉入藏主持认定七世达赖喇嘛转世灵童的真相》，《中国藏学》2010 年第 1 期。

马啸：《清朝与西藏早期政治互动研究——以满藏互使的派遣为中心》，《青海民族大学学报》2010 年第 2 期。

郭胜利：《清代西藏地方兵制考》，《西藏研究》2010 年第 2 期。

周燕、李文萍：《浅谈乾隆皇帝在两次廓尔喀战争中的军粮政策》，《西藏大学学报》2010 年第 4 期。

吕文利、张蕊：《乾隆年间蒙古准噶尔部第一次进藏熬茶考》，《内蒙古师范大学学报》2010 年第 4 期。

陈柏萍：《达赖喇嘛系统在清朝治理西藏中的作用》，《青海民族大学学报》（社会科学版）2010 年第 3 期。

房建昌：《〈西藏志〉所载清代后期入藏路线考》，《中国边疆史地研究》2010 年第 3 期。

吕昭义、杨永平：《达旺历史归属论》，《中国边疆史地研究》2011 年第 1 期。

李德成：《清代驻京八大呼图克图述略》，《中国藏学》2011 年 S2 期。

黄全毅：《五世达赖时期制定的十三法典的文化解读》，《西藏民族学院学报》2011 年第 3 期。

冯智：《雍正治藏方略与其起因、影响和启示》，《西藏民族学院学报》2011 年第

3 期。

邓锐龄：《清代驻藏大臣色楞额》，《中国藏学》2011 年第 4 期。

罗布：《清初甘丹颇章政权的性质和地位问题再探》，《中国藏学》2011 年第 1 期。

王晓晶：《六世班禅与章嘉国师——从〈六世班禅传〉解读六世班禅入京之缘起》，《西藏民族学院学报》2011 年第 3 期。

郭美兰、霍华：《乾隆皇帝颁赐六世班禅敕书》，《历史档案》2011 年第 1 期。

柳森：《论六世班禅朝觐的背景与原因》，《宗教学研究》2011 年第 4 期。

柳森：《论六世班禅朝觐的影响与意义》，《民族史研究》2011 年第 1 期。

星全成：《六世班禅与波格尔进藏》，《西北民族大学学报》（哲学社会科学版）2011 年第 6 期。

梁斌：《清末"编练新军、川军入藏"军事策略述论》，《四川民族学院学报》2011 年第 2 期。

林冠群：《"大西藏"（GreaterTibet）之商榷——西藏境域变迁的探讨》，《中国藏学》2011 年 S1 期。

赵心愚：《〈西藏志考〉成书时间及著者考》，《西南民族大学学报》2011 年 12 期。

梁俊艳：《1903—1904 年英国入侵者涉藏主要著作初探》，《中国藏学》2011 年 S2 期。

扎洛：《"披楞"琐议》，《中国藏学》2011 年第 3 期。

彭陟焱、扎洛译：《拉达克王国年第公元 950—1842 年》（1—10），《西藏民族学院学报》2009 年第 2 期—2011 年第 2 期。

陈志刚：《论清代西藏与南亚贸易的主导权及其影响》，《中国藏学》2011 年第 4 期。

杨恕、曹伟：《评清朝的西藏政策》，《清史研究》2012 年第 1 期。

赵展：《清朝政府管辖西藏的历史见证》，《中央民族大学学报》2012 年第 1 期。

岳小国：《略论和珅在乾隆朝治藏方面的贡献》，《四川民族学院学报》2012 年第 3 期。

李凤珍：《清朝乾隆时期西藏地方政教合一制与中央集权》，《西藏民族学院学报》2012 年第 5 期。

李德成：《从乾隆的两道训谕看雍和宫的历史地位》，《中国藏学》2012 年第 1 期。

周伟洲：《清代西藏的地方行政建制研究》，《中国边疆史地研究》2012 年第 4 期。

曾国庆：《清政府治藏举措辨析》，《四川民族学院学报》2012 年第 5 期。

谭凯、陈先初：《梁启超对清季政府西藏政策之批评》，《求索》2012 年第 8 期。

陈鹏辉：《张荫棠遭弹劾考释》，《中国藏学》2012 年第 2 期。

田庆锋、蒙爱红：《法治视域下的清代金瓶掣签立法探析》，《河南师范大学学报》（哲学社会科学版）2012 年第 6 期。

卢祥亮：《清季报刊中的朝野筹藏观》，《西藏研究》2012 年第 4 期。

平措达吉、中德吉、旺宗、次旺、达瓦：《驻藏大臣有泰评述》，《西藏大学学报》2012 年第 2 期。

田庆锋、王存河：《清代金瓶掣签立法新论》，《西藏研究》2012 年第 5 期。

王田：《清季民国川西北汉商经营与区域社会——以杂谷脑市镇为中心》，《西南民族大学学报》2012 年 12 期。

徐法言：《一次金川之役起因初探——乾隆帝绥靖川边的努力》，《四川大学学报》（哲学社会科学版）2012 年第 5 期。

马国君、李红香：《清末康区"改土归流"的动因及后续影响》，《云南师范大学学报》2012 年第 3 期。

赵书彬、达娃：《康熙五十七年额伦特、色楞兵败那曲营地遗址考》，《西藏研究》2012 年第 4 期。

梁斌：《从五世达赖朝清看西藏地方与清政权关系的历史演进》，《西藏民族学院学报》2012 年第 1 期。

邹志伟：《清代西藏〈铁虎清册〉税赋资料探析》，《西藏研究》2012 年第 1 期。

何一民：《清代藏新蒙边疆城市发展滞后原因探析》，《民族学刊》2012 年第 1 期。

黄博、刘复生：《近代西藏阿里地区自然灾害与政治观察——以噶厦档案中的雪灾、地震为中心》，《中国藏学》2013 年第 3 期。

刘永文、赖静：《〈广益丛报〉与晚清中国西藏的社会变迁》，《西藏大学学报》2012 年第 4 期。

陈志刚：《清代西藏与南亚贸易及其影响》，《四川大学学报》（哲学社会科学版）2012 年第 2 期。

梁俊艳：《荣赫鹏与英国在新疆和西藏的殖民扩张》，《西域研究》2012 年第 1 期。

梁俊艳：《第二次入侵西藏的英军：绅士还是强盗》，《中国藏学》2013 年 S2。

贵赛白姆：《试探清代西藏"摄政"一职的称谓与特点》，《西藏民族学院学报》2012 年第 4 期。

仁青卓玛：《七世达赖喇嘛致三世察罕诺门汗文告考述》，《中国藏学》2012 年第 4 期。

陈庆英、王晓晶：《六世班禅东行随从种痘考》，《中国藏学》2012 年第 3 期。

柳森：《六世班禅与天花关系考略》，《西藏研究》2012 年第 6 期。

张艳璐：《俄国探险家波塔宁对晚清西北蒙古的考察》，《北方民族大学学报》（哲学社会科学版）2012 年第 5 期。

普莱姆·拉尔·梅赫拉：《20 世纪初俄国在西藏的阴谋》，杨铭、赵晓意译，《民族学刊》2012 年第 2 期。

赵心愚：《〈西藏考〉与〈西藏志〉、〈西藏志考〉的关系》，《西藏大学学报》2012 年第 1 期。

周燕：《浅谈乾隆皇帝治藏的宗教政策——以平定两次廓尔喀侵藏战争为例》，《西藏大学学报》2012 年第 3 期。

周伟洲：《清代藏史杂考三则》，《清史研究》2012 年第 1 期。

Е·А·别洛夫、О·И·斯维亚、捷茨卡娅、Т·Л·绍米扬、陈春华：《未公布档案文件所反映 20 世纪初叶的俄国与西藏——〈俄国与西藏——俄国档案汇编（1900—1914）〉序言》，《中国藏学》2012 年第 1 期。

张云：《清朝治理西藏地方的方略与制度》，《社会科学战线》2013 年第 7 期。

曾国庆：《首任驻藏大臣设置及年代辨析》，《中国藏学》2013 年第 1 期。

何晓东：《清代周瑛藏事辑论》，《西藏研究》2013 年第 2 期。

叶健：《驻藏大臣孟保与森巴战争》，《四川民族学院学报》2013 年第 5 期。

黄博：《试论清初西藏地方政府在阿里地区政教统治的建立》，《贵州民族研究》2013 年第 3 期。

刘锦：《边境纠纷与清朝借助达赖喇嘛处理青海蒙古事务的开端》，《清史研究》2013 年第 1 期。

康欣平：《前倨后恭：有泰与联豫在西藏期间的交往》，《西藏民族学院学报》2013 年第 2 期。

康欣平：《联豫与十三世达赖喇嘛"失和"析论》，《青海民族大学学报》（社会科学版）2013 年第 3 期。

车明怀：《晚清变局中的驻藏大臣》，《中央民族大学学报》2013 年第 1 期。

代维：《清季赵尔丰川边藏区经济改革述论》，《民族论坛》2013 年第 8 期。

朱昭华：《藏锡边界纠纷与英国两次侵藏战争》，《历史档案》2013 年第 1 期。

张永攀：《1895 年中英"藏哲勘界"研究》，《中国边疆史地研究》2013 年第 4 期。

张亚辉：《六世班禅朝觐事件中的空间与礼仪》，《中国藏学》2013 年第 1 期。

王晓晶、陈庆英《六世班禅灵柩回藏考》，《西北民族研究》2013 年第 1 期。

王晓晶：《六世班禅面圣授法史实考》，《中国藏学》2013 年第 2 期。

赵心愚：《〈西藏记〉与〈西藏志〉关系考》，《西藏民族学院学报》（哲学社会科学版）2013 年第 1 期。

赵心愚：《清末藏东南方志类著作〈门空图说〉〈杂瑜地理〉考论》，《民族学刊》2013 年第 3 期。

王曙明、周伟洲：《清末川边藏区近代教育研究》，《中国藏学》2013 年第 2 期。

高晓波：《乾隆朝第二次廓尔喀之役兵源及军费考略》，《西藏研究》2013 年第 2 期。

黄维忠：《论廓尔喀第三次侵藏战争》，《西藏大学学报》2013 年第 1 期。

李若虹：《论六世班禅进京前后与东印度公司的交往》，《中国藏学》2013 年第 1 期。

罗布：《清初甘丹颇章政权权威象征体系的建构》，《中国藏学》2013 年第 1 期。

阿音娜：《五世达赖喇嘛与 17 世纪喀尔喀蒙古政局变动——以"名号"问题为中心》，《中国边疆史地研究》2013 年第 2 期。

张发贤：《试论清初五世达赖与"三藩"之乱》，《青海民族研究》2013 年第 1 期。

梁启俊：《刍议康熙朝对西藏主要经济政策》，《西藏大学学报》2013 年第 1 期。

高晓波：《乾隆朝第二次廓尔喀之役兵源及军费考略》，《西藏研究》2013 年第 2 期。

黄维忠：《论廓尔喀第三次侵藏战争》，《西藏大学学报》2013 年第 1 期。

李若虹：《论六世班禅进京前后与东印度公司的交往》，《中国藏学》2013 年第 1 期。

罗布：《清初甘丹颇章政权权威象征体系的建构》，《中国藏学》2013 年第 1 期。

阿音娜：《五世达赖喇嘛与 17 世纪喀尔喀蒙古政局变动——以"名号"问题为中心》，《中国边疆史地研究》2013 年第 2 期。

张发贤：《试论清初五世达赖与"三藩"之乱》，《青海民族研究》2013 年第 1 期。

梁启俊：《刍议康熙朝对西藏主要经济政策》，《西藏大学学报》2013 年第 1 期。

秦永章：《清季十三世达赖喇嘛与塔尔寺阿嘉呼图克图失和经过考述》，《青藏高原论坛》2013 年第 1 期。

马元明、蒋至群、韩殿栋：《〈清稗类钞〉中的西藏史料研究》，《西藏大学学报》2013 年第 4 期。

李军：《〈三边赋〉之〈西藏赋〉的史料价值》，《西藏民族学院学报》2013 年第 4 期。

韩殿栋、马元明、蒋至群：《清代笔记中的西藏》，《西北民族大学学报》（哲学社会科学版）2013 年第 6 期。

王双梅：《有泰〈驻藏日记〉的宗教文献价值》，《图书馆学研究》2013 年第 1 期、8 期。

柳森：《对约翰·斯图尔特版六世班禅致瓦伦·哈斯丁斯信函解读》，《藏学学刊》2014 年第 2 期。

陈春华：《俄国外交文书选译》（1—6），《中国藏学》2012 年第 S1、3 期；2013 年第 1—4 期。

阿音娜：《藏北达木蒙古再探》，《西藏研究》2012 年第 1 期。

张云：《清朝西藏治理中的若干问题》，《史学集刊》2014 年第 1 期。

宝音特古斯：《拉藏汗封号小考》，《西藏研究》2014 年第 2 期。

彭博：《清代嘉庆朝治藏政策探析》，《西藏民族学院学报》2014 年第 3 期。

王林敏：《清代处理藏区赔命价的模式及其现代启示》，《北方民族大学学报》（哲学社会科学版）2014 年第 2 期。

曾国庆：《贤臣松筠治藏与贪官和珅蠹国》，《西藏研究》2014 年第 5 期。

梁忠翠：《论清驻藏大臣有泰在九世班禅赴印度事件中的应对》，《西北民族大学学报》（哲学社会科学版）2014 年第 4 期。

王双梅：《浅议清末驻藏大臣有泰——以驻藏期间日常生活为中心》，《内蒙古民族大学学报》（社会科学版）2014 年第 5 期。

陈德鹏：《清代驻藏大臣籍贯、出身校勘》，《青海民族大学学报》（社会科学版）2014 年第 2 期。

李旺旺：《浅谈门隅与西藏的历史关系》，《西藏民族学院学报》2014 年第 4 期。

高晓波：《英国参与下近代藏边社会纠纷的产生及其解决——以藏尼、大白、尕旦寺纠纷为考察中心》，《西藏研究》2014 年第 1 期。

王晓：《晚清巴塘梅玉林案考述》，《青海民族大学学报》（社会科学版）2014 年第 2 期。

罗布：《甘丹颇章政权初期经济制度的调整》，《中国藏学》2014 年第 3 期。

齐光：《17 世纪后半期青海和硕特蒙古对阿里、拉达克的征服》，《中国藏学》2014 年第 3 期。

康欣平、陈明：《"冤案"而非"疑案"年第与清末民初藏局相关的钟颖死刑案之分析》，《西藏研究》2014 年第 2 期。

李何春：《清末川滇藏交界带之盐井"腊翁寺事件"起因分析——兼与保罗和觉安拉姆商榷》，《云南民族大学学报》（哲学社会科学版）2014 年第 2 期。

王娟：《流官进入边疆年第清初以降川边康区的行政体制建设》，《中南民族大学学报》（人文社会科学版）2014 年第 1 期。

刘清涛：《"商上"补议》，《社会科学研究》2014 年第 6 期。

梁俊艳：《清代亚东关首任税务司戴乐尔》，《中国藏学》2014 年第 4 期。

赵国栋：《英国盗取中国茶叶秘密并向西藏入侵之原因与过程》，《农业考古》2014 年第 5 期。

明占秀：《明末清初基督教在西藏阿里传播失败原因解析》，《边疆经济与文化》2014 年第 2 期。

杨庆玲：《西藏银币与清政府治藏》，《西藏民族学院学报》2014 年第 3 期。

李国政：《晚清时期西藏近代工业的萌芽与反思》，《乐山师范学院学报》2014 年 10 期。

郑煦卓：《清朝驻京喇嘛服饰制度》，《艺术设计研究》2014 年第 3 期。

房建昌：《康熙〈皇舆全览图〉与道光〈筹办夷务始末〉西藏边外诸部考》，《西藏研究》2014 年第 2 期。

赵心愚：《道光〈拉萨厅志·杂记〉的有关问题及作伪证据》，《西藏大学学报》2014 年第 1 期。

赵心愚：《〈藏纪概〉现流传版本中的两个问题》，《中央民族大学学报》2014 年第 4 期。

王宝红：《〈西藏赋校注〉校注商榷》，《西藏民族学院学报》2014 年第 3 期。

道帏·才让加：《西藏甘丹颇章地方政权的文书档案制度综述》，《中国藏学》2014 年第 3 期。

冯智：《八世司徒所记康雍时期西藏历史片段——藏文〈八世司徒自传〉选译》，《中国藏学》2014 年第 4 期。

丁勇：《江孜抗英失败及对西藏的影响》，《西藏研究》2014 年第 5 期。

房建昌：《拉达克穆斯林朝贡团从列城赴拉萨考（1684—1944）》，《回族研究》2014 年第 1 期。

胡瑛：《〈有泰驻藏日记〉所见清末拉萨物价资料》，《西藏民族学院学报》2014 年第 1 期。

温文芳：《1904 年英国入侵西藏与〈川藏奏底〉研究》，《西藏大学学报》2015 年第 3 期。

何晓东：《扎什城历史考》，《中国藏学》2015 年第 1 期。

陈德鹏：《论清代驻藏大臣的高死亡率及其原因》，《青海民族大学学报》2015 年第 3 期。

刘锦：《青海和硕特部蒙古与康熙末期。"驱准保藏"》，《西北民族大学学报》2015 年第 5 期。

玉珠措姆：《瞻对工布朗结事件对清末汉藏关系的影响》，《中国藏学》2015 年第 2 期。

李凤珍：《五世达赖喇章、七世达赖喇章与西藏地方政府的关系》，《西藏民族学院学报》，2015 年第 1 期。

李凤珍：《释析清代西藏地方活佛喇章、仓储巴、商卓特巴、商上》，《西藏民族学院学报》，2014 年第 4 期。

央珍：《西藏地方历史上的摄政人选》，《中国藏学》2015 年第 2 期。

张曦：《试析清廷对廓尔喀首次入侵西藏原因认识的过程》，《西藏研究》2015 年第 1 期。

扎洛、敖见：《布鲁克巴德布王希达尔流亡西藏事迹考述——兼论 18 世纪中叶中国西藏与布鲁克巴的关系》，《民族研究》2012 年第 4 期。

金雷：《琦善在藏举措对清后期治理西藏的影响》，《西藏研究》2015 年第 2 期。

班觉、巴桑旺堆、仓决卓玛：《早期西方传教士在西藏活动综述》，《西藏研究》2015 年第 6 期。

房建昌：《近代西藏麝香之路考——兼论印度大三角测量局班智达、日本僧人河口慧海和侵藏英军噶大克考察团在沿路的活动等》，《西藏研究》2015 年第 4 期。

柳森：《六世班禅朝觐路线考》，《中国边疆史地研究》2015 年第 1 期。

赵心愚：《宣统〈西藏新志〉"地理部·驿站"的主要资料来源考》，《西藏大学学报》2015 年第 1 期。

王金凤、胡志杰：《试论清人游记〈西藏纪游〉的文献价值》，《西藏民族学院学报》2015 年第 1 期。

张皓：《〈有泰驻藏日记〉研究序》，《西藏民族大学学报》2015 年第 5 期。

扎雅·洛桑普赤：《甘丹颇章政权时期藏文历史公文档案中标题汉译的若干问题——藏文历史公文档案系列研究之一》，《中国藏学》2014 年第 3 期。

扎雅·洛桑普赤：《甘丹颇章政权时期藏文历史公文档案中标题汉译的若干问题——藏文历史公文档案系列研究之二》，《西藏研究》2014 年第 4 期。

扎雅·洛桑普赤：《甘丹颇章政权时期藏文历史公文档案中标题汉译的若干问题——藏文历史公文档案系列研究之三》，《西藏研究》2015 年第 5 期。

群培、孙林、张月芬：《清代早期藏文珍稀文献〈藏四茹兵册〉的历史及学术价值探析》，《西藏研究》2015 年第 1 期。

陈祖军、赤列次仁、旺久：《拉萨〈磨盘山新建关帝庙碑〉及铜钟铭文重录与相关问题略考》，《西藏研究》2015 年第 2 期。

阿拉斯泰尔·兰姆：《1816—1861 年的西部西藏》，梁俊艳译，《中国边疆民族研究》2015 年第八辑。

李德成：《清代驻京鄂萨尔呼图克图考》，《中国藏学》2015 年第 4 期。

李圳：《19 世纪初期西藏政体架构的演变——以九世达赖喇嘛的亚谿问题为例》，《云南民族大学学报》（哲学社会科学版）2015 年第 2 期。

张曦：《金瓶掣签制度制定过程中对"护法神"的处理研究》，《中国藏学》2015 年第 3 期。

周燕：《略论"金瓶掣签"制度的演变》，《西华师范大学学报》2015 年第 4 期。

5. 近现代西藏研究

霍康·强巴旦达、道帏·才让加：《近代霍康家族和西藏的几大高僧——西藏档案馆口述系列之一》，《中国藏学》2015 年第 1 期。

朱昭华：《民国时期英国驻锡金政务官的使藏研究》，《中国藏学》2015 年第 1 期。

秦永章：《试析日本涉藏政策的演变及特点》，《中国藏学》2015 年第 1 期。

张子新：《南京国民政府前期班禅系统的作用——以促进南京国民政府与藏区政教团体和人士沟通方面的作用为中心》，《西藏研究》2015 年第 1 期。

董传奇：《和平解放西藏谈判方案之成型成熟过程探析》，《西藏民族大学学报》2015 年第 1 期。

周伟洲：《1919—1920 年李仲莲、朱绣等奉命入藏事件论析》，《西藏民族大学学报》2015 年第 2 期。

陶长雨：《班禅来京与西藏之关系》，《西藏民族大学学报》2015 年第 3 期。

罗布：《论西藏近代史研究的新视角》，《西藏大学学报》2015 年第 2 期。

毕文静：《1943 年国民政府出兵西藏事件始末考》，《青海民族研究》2015 年第 1 期。

张皓：《从西藏会议到西防会议：国民政府解决西藏问题的初步尝试》，《青海民族研究》2015 年第 2 期。

郑杏：《刘文辉与日库活佛关系述论》，《四川民族学院学报》2015 年第 1 期。

肖萍《抗战时期对外国人入康活动的管理》，《四川民族学院学报》2015 年第 3 期。

朱映占、段丽波：《民国初年川滇两省援藏西征之争研究》，《西南边疆民族研究》2015 年第 1 期。

张皓：《英印私相授受侵藏权益与国民政府的处置》，《中国边疆史地研究》2015 年第 2 期。

张培：《1932—1933 年中英藏两国三方围绕康藏青藏冲突的争论与交涉》，《社会科学》2015 年第 3 期。

胡岩：《美国托尔斯泰——杜兰"使团"1942—1943 年入藏考》，《中国藏学）2010 年第 2 期。

龙珠多杰：《评析民国时期中央三次组团入藏的意义》，《四川民族学院学报》2010 年第 1 期。

王海燕、喜饶尼玛：《"留藏学法团"与民国时期汉藏文化交流》，《中国边疆史地研究》2010 年第 2 期。

徐百永：《试析民国政府初期西藏会议的筹备与失败》，《西藏研究》2010 年第 5 期。

孙宏年：《20 世纪上半叶西藏地区交通近代化的构想与实践述论》，达力扎布主编：《中国边疆民族研究》2010 年第三辑。

刘丽楣：《国民政府化解尼藏战争危机的历史意义》，《中国藏学》2010 第 4 期。

魏少辉：《论沈宗濂入藏》，《四川民族学院学报》2010 年第 6 期。

张永攀：《英印色拉（Sela）为界的"麦克马洪线"变更计划及政策分歧》，《中国边疆史地研究》2010 年第 3 期。

王川：《孔庆宗时期蒙藏委员会驻藏办事处对在藏汉人的管辖及其意义》，《上海大学学报》2010 年第 4 期。

张子新、喜饶尼玛：《南京民国政府蒙藏委员会治藏措施评述》，《云南民族大学学报》2010 年第 3 期。

周良书：《毛泽东与班禅及达赖的交往记录——新中国成立后中央关注西藏发展的

一个侧面》，《青海社会科学》2010 年第 3 期。

仁真旺姆：《忆西藏著名爱国人士——詹东·计晋美》，《中国西藏》2010 年第 3 期。

余春水：《西藏岁月永峥嵘——访老红军惠毅然》，《西藏党史资料》2010 年第 2 期。

王小彬：《汪锋同志与西藏工作》（二），《西藏党史资料》2010 年第 2 期。

拉巴平措：《世纪老人的关切》，《中国西藏》2010 年第 2 期。

魏克：《深切缅怀伟大的爱国主义者阿沛·阿旺晋美》，《西藏党史资料》2010 年第 2 期。

李荟芹、徐万发：《朱德对西藏和平解放的贡献》，《西藏大学学报》2012 年第 4 期。

吴楚：《历史的跨越恢宏的篇章年第看西藏和平解放六十年的发展进步》，《统一论坛》2011 年第 4 期。

张春燕、张丽：《民国政府成立初期中央政府与西藏地方政府关系刍议——"蒋介石致十三世达赖喇嘛书"撰写时间探析》，《中国藏学》2011 年第 1 期。

张绍庸、喜饶尼玛：《清末民初拉萨动乱性质初析》，《中国藏学》2011 年第 l 期。

宋月红：《西藏和平解放若干史实考释》，《中国藏学》2011 年第 2 期。

朱文惠：《1912—1940 年康藏纠纷的多方对话——以康巴观点为例》，《中国藏学》2011 年第 S1 期。

林冠群：《"大西藏"（Greater Tibet）商榷——西藏境域变迁的探讨》，《中国藏学》2011 年第 S1 期。

萧金松：《欧阳无畏教授（君庇亟美喇嘛）的学术贡献与影响》，《中国藏学》2011 年第 S1 期。

桑丁才仁：《民国玉树县建政史略及相关问题研究》，《中国藏学》2011 年第 S2 期。

肖杰：《印度主要涉藏研究机构及人员概况》，《中国藏学》2011 年第 S2 期。

柳森：《由〈筹藏刍议〉看姚锡光的筹藏观》，《西藏研究》2011 年第 1 期。

刘建丽：《略述〈康輶纪行〉的史料价位》，《西藏研究》2011 年第 2 期。

尼玛扎西、田茂旺：《1900 年至 1950 年边茶、鸦片与松潘城的帮派政治》，《西北民族大学学报》（哲学社会出版社）2011 年第 1 期。

田利军：《1935—1936 年国共内战与川西北土司（官）的政治态度》，《西南民族大学学报》2011 年第 2 期。

邱熠华：《民国政府任命的西藏办事长官——以陆兴祺研究为中心》，《中国藏学》2011 年第 3 期。

李健胜：《河西儒学对吐蕃的影响》，《西藏研究》2011 年第 5 期。

王川：《民国时期内地蔬菜传入西藏略考》，《民族研究》2011 年第 6 期。

张皓、刘杰：《十世班禅与西藏和平解放及班禅问题的解决》，《当代中国史研究》2011 年第 2 期。

孙宏年：《达赖、班禅关系与新中国治藏方略研究（1949—1959）》，《中国边疆史地研究》2011 年第 2 期。

梁俊艳：《英国对藏政策的调整与"麦克马洪线"的前期策划——以 1911 年威廉遇事件为中心》，《中国边疆史地研究》2011 年第 4 期。

徐百永：《试论国民政府在西藏熬茶布施及其效果》，《青海民族大学学报》（社会科学版）2011 年第 4 期。

张曦：《土地和宗教束缚下的贵族对近代西藏的影响——试析十三世达赖喇嘛新政的失败》，《四川民族学院学报》2011 年第 5 期。

丹巴见参、乌金：《西藏第一个基层党组织年第克松乡党支部》，次仁口述，普布次仁整理，次仁翻译，《西藏研究》2011 年第 3 期。

范召全：《毛泽东治藏思想理论研究——以从民族语宗教视角分析》，《西藏研究》2011 年第 3 期。

贺新元：《90 周年与西藏和平解放 60 周年》，《西藏研究》2011 年第 4 期。

边吉：《西藏六十年的跨越》，《中国西藏》2011 年第 4 期。

张成治：《和平解放西藏的先锋——回忆十八军先遣支队进藏》，《中国西藏》2011 年第 4 期。

闻鸣：《和平解放开辟了新西藏社会主义文化发展的广阔道路》，《中国西藏》2011 年第 5 期。

周德仓：《西藏当代新闻传播 60 年》，《西藏民族学院学报》2011 年第 5 期。

狄方耀、占治民、杨慧：《西藏金融 60 年：历程·政策·成就》，《西藏民族学院学报》2011 年第 5 期。

张清：《西藏 60 年法制建设主要成就、经验与启示》，《西藏发展论坛》2011 年第 5 期。

黄博：《试论古格时期藏传佛教诸教派在阿里地区的弘传与纷争》，《四川师范大学学报》2012 年第 1 期。

王川：《民国时期戴新三著〈拉萨日记〉选注》，《中国藏学》2012 年第 2 期。

拉巴平措：《论根敦群培的历史功绩和精神遗产》，《中国藏学》2012 年 S2 期。

李有义：《藏族历史学家根敦群培传略》，《中国藏学》2012 年 S2 期。

霍康·索朗边巴、罗桑旦增：《根敦群培大师传·清净显相》，《中国藏学》2012 年 S2 期。

张云：《根敦群培与恰白·次旦平措的吐蕃史研究——新史观、新方法、新资料、新发现》，《中国藏学》2012 年 S2 期。

杜永彬：《根敦群培著作选译》，《中国藏学》2012 年 S2 期。

沐水：《根敦群培年谱（1903—1951）》，《中国藏学》2012 年 S2 期。

张双智：《近代中英关于西藏"宗主权"的交涉》，《西藏研究》2012 年第 2 期。

索穷：《1946 年西藏官费留学团考》，《西藏研究》2012 年第 3 期。

阴法唐：《进军及经营西藏六十二年的历史回顾》，《西藏研究》2012 年第 3 期。

土呷：《西藏昌都历代帕巴拉活佛与中央政府的关系研究》，《西藏研究》2012 年第 3 期。

张保见：《民国时期（1912—1949）川西北畜牧业番众与布局述论》，《西藏大学学报》2012 年第 1 期。

喜饶尼玛、塔娜：《尹昌衡西征与西姆拉会议》，《西藏民族学院学报》2012 年第

1 期。

刘曼卿、韦素芬：《西藏纪行》（一—五），《西藏民族学院学报》2012 年第 2、3、4、5、6 期。

田海鹰：《近代达赖与班禅两大活佛失和述略》，《西藏民族学院学报》2012 年第 3 期。

张发贤、陈立明：《从战略理论到反复勘测："麦克马洪线"的前期策划》，《西藏民族学院学报》2012 年第 3 期。

东嘎·晋美：《从活佛到教授——追忆我的父亲东嘎·洛桑赤列》，《西藏教育》2012 年第 6 期。

石硕、姚乐野：《我国现代藏学的发轫：民国时期康藏研究三种学术期刊及其价值——〈康藏前锋〉〈康导月刊〉〈康藏研究月刊〉》，《青海民族研究》2012 年第 2 期。

徐百永：《试论国民政府对藏宗教政策视野下的汉僧事务》，《青海民族研究》2012 年第 3 期。

星全成：《班禅系统与中央政府关系发展分期及特点》，《青海民族研究》2012 年第 3 期。

星全成：《班禅系统的爱国传统述略》，《青海民族大学学报》（社会科学版）2012 年第 1 期。

陈柏萍：《九世班禅在内地的政教活动述略》，《青海民族大学学报》（社会科学版）2012 年第 2 期。

王娟：《"藏族""康族"，还是"博族"？——民国时期康区族群的话语政治》，《西北民族研究》2012 年第 2 期。

李健：《民国时期的"西藏"概念——从 1926—1935 年间的五本〈西藏问题〉著作谈起》，《西北民族研究》2012 年第 2 期。

黎同柏：《辛亥革命中的中国西藏》，《西北民族大学学报》（哲学社会科学版）2012 年第 2 期。

宗喀·漾正冈布、妥超群：《美国藏学家柔克义的两次安多考察》，《甘肃社会科学》2012 年第 1 期。

秦和平：《关于盐井刚达寺驱赶天主教传教士杜忠贤的认识》，《西南民族大学学报》2012 年第 1 期。

田利军：《苏维埃阶级政策和川西北及康北各民族的左右分化》，《西南民族大学学报》2012 年第 4 期。

侯萍：《辛亥革命时期以汶川为中心的阿坝羌藏民众的反清斗争》，《阿坝师范高等专科学校学报》2012 年第 1 期。

达巴姆：《1950 年以前之康区土司制度综述》，《兰台世界》2012 年第 1 期。

朱广亮：《中印两国关于 1954 年"中印协定"期满失效问题的外交交涉》，《党史研究与教学》2012 年第 1 期。

刘国武：《民国时期英国支持和插手康藏纠纷的政策分析》，《安徽史学》2012 年第 2 期。

赵睿：《西藏和平解放初期陈云对西藏经济工作的贡献》，《文史博览》（理论）2012 年第 2 期。

阴法唐：《进军及经营西藏 62 年的历史回顾》，《中国藏学》2012 年第 3 期。

张双智：《蒋介石抗战期间应对西藏危机之策》，《中国藏学》2012 年第 4 期。

王川陈、辉邹敏：《民国中期孔庆宗负责时代驻藏办事处内部人事设置及其影响（1940—1944）》，《西藏大学学报》2012 年第 3 期。

黎同柏：《辛亥革命中的中国西藏》，《西北民族大学学报》（哲学社会科学版）2012 年第 2 期。

张发贤：《再论黄慕松进藏及其历史意义》，《西北民族大学学报》（哲学社会科学版）2012 年第 5 期。

王华：《蒙藏委员会对后世的影响与启示》，《四川民族学院学报》2012 年第 4 期。

黄辛建：《从遗子入侍看唐对吐蕃吸纳中原文明的争议》，《西南民族大学学报》2012 年第 8 期。

孙宏年：《从平等到失衡：达赖、班禅关承与国民政府治藏政策研究（1927—1933）》，《云南师范大学学报》2012 年第 5 期。

杜玉梅：《对九世班禅驻留内地期间几个重要事件日期的考订》，《世界宗教文化》2012 年第 6 期。

戴超武：《中国和印度关于西藏币制改革的交涉及影响（1959—1962）》，《中共党史研究》2012 年第 5 期。

胡小鹤、崔永利：《近年国内有关吐蕃盟誓的新资料与新问题——以汉文资料为主》，《社会科学战线》2012 年第 3 期。

谢海涛：《南京国民政府蒙藏委员会机构述略》，《北方民族大学学报》2012 年第 4 期。

王小彬：《藏军军旗问题研究》，《中国藏学》2013 年第 2 期。

魏少辉：《国民政府治藏政策研究综述》，《西藏民族学院学报》2013 年第 3 期。

陈柏萍：《南京国民政府对西藏的治理》，《青海民族大学学报》（社会科学版）2013 年第 1 期。

星全成：《沙俄及日本对我国西藏的渗透》，《青海民族大学学报》（社会科学版）2013 年第 2 期。

戴超武：《印度对西藏地方的贸易管制和禁运与中国的反应和政策（1950—1962）》（上），《中共党史研究》2013 年第 6 期。

张双智：《蒋介石于河南归德前线致十三世达赖喇嘛信解读——兼与张春燕、张丽先生商榷》，《中国藏学》2013 年第 4 期。

杜永彬：《根敦群培生平研究》，《中国藏学》2013 年第 S1 期。

邱熠华：《1919—1920 年甘肃代表团入藏史事探析》，《中国藏学》2013 年第 S2 期。

孙宏年：《陆兴祺与民国时期西藏治理研究——以陆氏职衔、所属机构为中心》，《中国边疆史地研究》2013 年第 1 期。

喜饶尼玛、央珍：《再论龙厦其人》，《中国藏学》2013 年第 S2 期。

邱熠华：《林孝庭及其〈西藏与国民政府时期的中国边疆（1928—1949）：阴谋与族群政治〉》，《西藏民族学院学报》2013 年第 4 期。

尕藏扎西：《更敦群培与"西藏革命党"考略》，《西藏民族学院学报》2013 年第

5 期。

魏少辉、张皓：《1932 年达赖、班禅系统相互之攻讦与国民政府的处理》，《青海社会科学》2013 年第 5 期。

苏发祥、安晶晶：《论民国时期北平蒙藏学校的建立及影响》，《青海民族研究》2013 年第 4 期。

央珍、喜饶尼玛：《关于口述史的思考——基于近代西藏历史的研究》，《中南民族大学学报》（人文社会科学版）2013 年第 6 期。

张皓：《九世班禅三次晋京及其解决返藏问题的努力》，《江苏师范大学学报》2013 年第 6 期。

梁忠翠：《1943 年英国的西藏地位论》，《聊城大学学报》（社会科学版）2013 年第 6 期。

魏少辉：《1929—1930 年尼藏冲突研究》，《中国藏学》2014 年第 1 期。

魏少辉：《国民政府和西藏地方政府关于丸世班禅返藏之磋商》，《青海民族研究》2014 年第 2 期。

星全成：《历史上达赖与班禅两大系统矛盾成因探幽》，《青海民族大学学报》）（社会科学版）2014 年第 1 期。

梁忠翠：《论古德与英国的西藏军火供应》，《北方民族大学学报》2014 年第 1 期。

李勇军、李双：《蒙藏委员会与西藏交通、邮政事业之开发》，《中南民族大学学报》2014 年第 1 期。

王娟：《流官进入边疆：清初以降川边康区的行政体制建设》，《中南民族大学学报》（人文社会科学版）2014 年第 1 期。

梁忠翠：《变局：1947 年的中国西藏——以英国全面收缩对藏政策为视角》，《福建师范大学学报》2014 年第 4 期。

邓晓川：《达赖与班禅关系嬗变之中的西藏政教格局》，《厦门特区党校学报》2014 年第 1 期。

梁忠翠：《中英档案中的九世班禅赴印考——以鄂康诺的侵藏主张和活动为视角》，《山东科技大学学报》2014 年第 1 期。

胡晓：《20 世纪初法国在四川藏区的宗教与政治势力》，《贵州民族研究》2014 年第 4 期。

文厚泓：《民国时期西藏地方的现代化探索》，《船山学刊》2014 年第 1 期。

邹敏：《国民政府布施藏传佛教的年度个案：戴新三〈拉萨日记〉1943 年传昭布施记载初探》，《中国藏学》2014 年第 3 期。

道帏·才让加：《西藏甘丹颇章地方政权的文书档案制度综述》，《中国藏学》2014 年第 3 期。

邱熠华：《1919 年西藏新派驻京僧人述论》，《中国藏学》2014 年第 4 期。

达瓦：《论十三世达赖扶植的"坚塞"所扮演的历史角色》，《西藏大学学报》2014 年第 4 期。

张双智：《国民政府与噶厦围绕"西藏高度自治"的较量——以 1946 年国民大会为中心》，《青海民族研究》2014 年第 3 期。

张皓：《"宗主权"的提出与加剧：1898 至 1921 年英国侵藏政策的演变》，《青海民族研究》2014 年第 4 期。

李正亭、孔令琼：《民初滇军入藏问题析论》，《青海民族大学学报》（社会科学版）2014 年第 4 期。

星全成：《民国时期西藏与周边构怨及中央政府的调停》，《西北民族大学学报》（哲学社会科学版）2014 年第 3 期。

张双智：《抗战前后南京国民政府应对美国侵藏的经济举措》，《兰州学刊》2014 年第 9

何溯源、汤芸：《巴塘事变：康区及其在近代汉藏史上的重要性》，《西南民族大学学报》2014 年第 3 期。

郭建勋、朱茂青：《抗战时期康东旅外青年笔下的"康区"——以〈康藏前锋〉所成文章为例》，《西南民族大学学报》2014 年第 3 期。

段金、郭飞平：《南京国民政府时期的中央与西藏地方关系述论》，《云南行政学院学报》2014 年第 5 期。

张永攀：《论沈宗濂入藏与中英交涉》，《中国边疆史地研究》2014 年第 3 期。

邱熠华：《民国元年贡桑诺尔布派遣代表赴藏事迹考》，《民族研究》2014 年第 3 期。

梁忠翠：《论 1910—1912 年的十三世达赖喇嘛》，《民族学刊》2014 年第 4 期。

朱广亮：《中印关于"谈判解决"印度在藏特权问题的外交交涉》，《浙江学刊)2014 年第 3 期。

彭沛：《新中国成立初期印度西藏政策转变中的美国因素》，《江汉大学学报》2014 年第 6 期。

李富森：《英国对中国西藏政策的演变与西藏亲英派势力的沉浮》，《河北民族师范学院学报》2014 年第 4 期。

谢海涛：《南京国民政府初期蒙藏委员会的一般职责述略》，《宁夏社会科学》2014 年第 6 期。

程早霞、李四光：《1910—1913 年间美国传统主流媒体对中国西藏的报道探析》，《学术交流》2014 年第 9 期。

赵光锐：《德国党卫军考察队 1938—1939 年的西藏考察》，《德国研究》2014 年第 3 期。

陈柏萍：《十世班禅返藏与中国共产党和平解放西藏》，《青藏高原论坛》2014 年第 4 期。

孙宏年：《当代中国的西藏边境政策与成效初探》，《中国边疆史地研究》2015 年第 3 期。

张永攀：《西藏铁路筹建的历史考察》，《中国边疆史地研究》2015 年第 3 期。

朱晓明、王小彬：《西藏地方历史发展的回顾与总结》，《中国藏学》2015 年第 3 期。

6. 广西、云南及历史时期西南边疆的研究

王文光、朱映占：《中国西南民族史论纲》，《西南边疆民族研究》2010 年第 1 期。

翟国强：《滇文化与北方地区文化及族群关系研究》，《中国边疆史地研究》2012 年第 1 期。

翟国强：《北方草原文化南渐研究——以滇文化为中心》，《思想战线》2014 年第 3 期。

石硕：《关于藏彝走廊的民族与文化格局——试论藏彝走廊的文化分区》，《西南民族大学学报》2010 年第 12 期。

段丽波：《宋元时期中国西南乌蛮的民族关系》，《广西民族大学学报》2015 年第 5 期。

雷信来、郑明钧：《南诏大理国对唐宋王朝的历史文化认同》，《广西社会科学》2015 年第 6 期。

赵心愚：《八世纪中期南诏与吐蕃的结盟及其关系的发展——以〈南诏德化碑〉相关记载为线索》，《民族研究》2015 年第 3 期。

王文光、李宇舟：《论南诏国史研究中的几个关键问题》，《云南师范大学学报》2015 年第 4 期。

吕文利：《论中国古代边疆治理中的"云南模式"》，《云南师范大学学报》2014 年第 4 期。

袁剑：《旧疆新命：西南少数族群的"再发现"》，《西南边疆民族研究》2010 年第 2 期。

吴喜、杨永福：《论清前期西南边疆治理思想与治策》，《贵州民族研究》2012 年第 3 期。

段金生：《清前期对云南边疆与民族的认识及治理》，《广西民族大学学报》2015 年第 6 期。

董春林：《以盐制夷：宋代西南民族地区羁縻政策管窥》，《广西民族研究》2015 年第 4 期。

苍铭：《清前期烟瘴对广西土司区汉官选派的影响》，《中国边疆史地研究》2015 年第 3 期。

覃彩銮：《骆越文化与布洛陀文化关系述论》，《广西民族大学学报》2015 年第 4 期。

李怀宇：《近十年有关近代中国西南民族关系研究综述》，《西南边疆民族研究》2010 年第 1 期。

刘艳：《从文化乡愁到家园记忆的历史书写——以於梨华和严歌苓为例》，《西南民族大学学报》2010 年第 1 期。

林庆：《民族文化的生态性与文化生态失衡——以西南地区民族文化为例》，《云南民族大学学报》2010 年第 2 期。

黎小龙：《传统民族观视域中的巴蜀"北僚"和"南平僚"》，《民族研究》2014 年第 2 期。

张勇：《唐宋人眼中的西南沿边民族地区研究》，《云南社会科学》2014 年第 3 期。

卢华语、邹涛：《清至民国时期西南地区乡土志民族特色初探》，《社会科学战线》2014 年第 6 期。

周毓华、田廷广：《21 世纪以来国内"藏彝走廊"研究考述》，《西藏民族学院学报》2014 年第 2 期。

方铁：《论羁縻治策向土官土司制度的演变》，《中国边疆史地研究》2011 年 2 期。

李怀宇：《土司制度及对南方少数民族的影响》，《中南民族大学学报》（人文社会科学版）2012 年 1 期。

邹建达：《乾隆年间"云南边外土司"建置研究》，《中国边疆史地研究》2011 年 2 期。

田敏：《元明清时期湘西土司的设置与变迁》，《中南民族大学学报》（人文社会科学版）2011 年 1 期。

洪涵：《国家权力在民族地区的延伸——以云南德宏傣族土司制度为例》，《云南民族大学学报》2011 年 2 期。

彭福荣：《重庆土家族土司的社会控制研究》，《乌江论丛》2012 年 1 期。

莫代山：《明清时期土家族地区"自立土司"研究》，《西南民族大学学报》2015 年第 11 期。

常建华：《清雍正朝改土归流起因新说》，《中国史研究》2015 年第 1 期。

段红云：《明清时期云南边疆土司的区域政治与国家认同》，《中央民族大学学报》2015 年第 1 期。

李良品、邹淋巧：《论播州"末代土司"杨应龙时期的民族关系》，《贵州民族研究》2010 年第 5 期。

周渝津：《论明代秀山杨氏土司战争与民族关系》，《乌江论丛》2011 年第 3 期。

裴一璞：《南宋乌江流域少数民族地方武力》，《乌江论丛》2012 年 1 期。

卢春樱：《略论明代水西安氏土司的历史功绩》，《贵州民族研究》2011 年 6 期。

田利军：《民国时期川西北土司土屯史事辨析》，《贵州民族研究》2012 年 2 期。

岳小国：《武陵民族走廊土司宗族文化研究——以容美土司为例》，《贵州民族研究》2011 年 6 期。

彭福荣：《试论土司文学的特征》，《西南民族大学学报》2010 年第 9 期。

成臻铭：《论土司与土司学——兼及土司文化及其研究价值》，《青海民族研究》2010 年第 1 期。

邹立波：《从土司封号看嘉绒藏族土司与宗教的关系》，《西南民族大学学报》2010 年第 2 期。

方铁：《深化对土司制度的研究》，《云南师范大学学报》（哲学社会科学版）2014 年第 1 期。

商传：《从土官与夷官之别看明代土司的界定》，《云南师范大学学报》（哲学社会科学版）2014 年第 1 期。

李世愉：《土官不同于土司：土司制度基本概念辨析》，《云南师范大学学报》2014 年第 1 期。

李良品、李思睿：《构建"土司学"的几点思考》《青海民族研究》2014 年第 2 期。

彭武麟：《土司制度研究：一个多学科交叉研究的学术领域——兼论近代中国的土司制度与改土归流》，《青海民族研究》2014 年第 2 期。

彭文斌：《近年来西方对中国边疆与西南土司的研究》，《青海民族研究》2014 年第 2 期。

李小文、胡美术：《明清时期广西土司地区的里甲制度研究》，《广西民族大学学报》2014 年第 4 期。

成臻铭：《新世纪十三年内的中国土司学——2000—2012 年土司研究的理论与方法论的取向》，《青海民族研究》2014 年第 2 期。

魏超：《明初交趾都司卫所建置研究》，《中国历史地理论丛》2015 年第 1 期。

罗勇：《明代云南金齿军民指挥使司设置研究》，《中国历史地理论丛》2015 年第 1 期。

衣长春：《论雍正帝西南边疆治理方略》，《社会科学战线》2015 年第 4 期。

赵艾东：《唐古巴的考察与英国对中国西南边疆的觊觎》，《中国边疆史地研究》2010 年第 4 期。

梁初阳：《岑毓英国防思想在中缅边界危机中的实践》，《云南师范大学学报》（哲学社会科学版）2014 年第 3 期。

姚勇：《中英滇缅界碑"有脚"——清末民国时期国家争界与边民生计之角力》，《广西师范大学学报》2015 年第 3 期。

陆韧：《近代以来西方对中国西南边疆的认识和研究》，载周平、李大龙主编《中国的边疆治理：挑战与创新》，中央编译出版社 2014 年版。

张轲风：《民国初年地域政治视野下的"西南"概念》，载周平、李大龙主编《中国的边疆治理：挑战与创新》，中央编译出版社 2014 年版。

宋培军：《从"南洋宣抚使"到"华侨参议员"的法理考察——以北京临时参议院对云南华侨土司案的议决为中心》，载周平、李大龙主编《中国的边疆治理：挑战与创新》，中央编译出版社 2014 年版。

张瑞安：《张鸣岐与广西近代军事变革研究》，《广西社会科学》2014 年第 7 期。

翟国强：《略论近代云南的边防建设及政区设置》，《中国边疆学》2014 年第 2 辑。

曾黎梅：《边疆社会各阶层对民国政府"殖边"的态度和应对——以云南军都督府经营怒俅为例》，《云南社会科学》2015 年第 5 期。

王越平：《和谐文化视野下的边疆治理研究》，《西南边疆民族研究》2010 年第 2 期。

马丽萍、桂皎：《边疆少数民族的国家认同——基于云南省玉溪市、西双版纳州的村寨调查》，《云南民族大学学报》2014 年第 1 期。

王志民：《西南周边地缘态势与"南方丝绸之路"新战略》，《东北亚论坛》2014 年第 1 期。

王志民：《南方丝绸之路经济带与中国地缘经济政治拓展》，《中国边疆学》2014 年第 2 辑。

郭声波、姚帅：《石刻资料与西南民族史地研究——〈唐南宁州都督爨守忠墓志〉解读》，《中南民族大学学报》（人文社会科学版）2010 年第 4 期。

王振刚：《学界对民国学人西南边疆问题著述研究综述》，《中国边疆史地研究》2010 年第 4 期。

杨永福：《近 20 年清代西南边疆民族教育研究的回顾与展望》，《云南民族大学学报》2015 年第 6 期。

陆韧：《泛朝政化与史料运用偏差对边疆史地研究的影响——以明代"三征麓川"研究为例》，《中国边疆史地研究》2010 年第 1 期。

兰花：《从广西骑楼的地理分布透视两广地缘经济关系》，《西南边疆民族研究》2010 年第 2 期。

李荣华：《秦汉时期南土卑湿环境恶劣观念考述》，《云南社会科学》2014 年第 3 期。

马琦：《清代黔铅京运研究》，《中国历史地理论丛》2014 年第 3 期。

方铁：《清代普洱茶与滇东南多民族社会》，《清史论丛》2015 年第 2 辑。

赵善庆：《清末民初云南"商绅"阶层的变动及其与近代商业的转型》，《云南民族大学学报》2015 年第 4 期。

方铁：《简论西南丝绸之路》，《长安大学学报》2015 年第 3 期。

黄翰鑫：《民国时期越侨在云南的社会活动及其管理》，《中国边疆史地研究》2015 年第 1 期。

曾贝、刘雄：《元朝时期中国与越南关系研究述评》，《洛阳师范学院学报》2010 年第 4 期。

吴云霞：《论越南婚嫁习俗与中国文化的渊源关系》，《中国文化研究》2010 年第 4 期。

陈明富：《中越关系的历史、现状审视》，《南亚与东南亚研究》2014 年第 3 期。

孙宏年：《传承与嬗变：从黎峻使团来华看晚清的中越关系——兼议清代东亚"国际秩序"的虚实》，《中国边疆史地研究》2014 年第 2 期。

罗群、黄翰鑫：《民国时期越侨在云南边疆地区社会活动与管理的历史考察》，《东南亚纵横》2014 年第 4 期。

范宏伟：《日本、中国与缅甸关系比较研究》，《吉林大学社会科学学报》2012 年第 3 期。

刘新生：《缅甸大变革及其对中缅关系的影响》，《东南亚纵横》2013 年第 1 期。

贺圣达：《缅甸政局发展态势（2014—2015）与中国对缅外交》，《印度洋经济体研究》2015 年第 1 期。

谢士法、杨蓓：《中缅特殊关系及其发展前景》，《河北经贸大学学报》2011 年第 1 期。

赵洪：《中国——缅甸经济走廊及其影响》，《东南亚南亚研究》2012 年第 4 期。

蔡鹏鸿：《变动中的缅甸政局与中缅关系分析》，《国际关系研究》2015 年第 4 期。

贾琳：《西南国际河流的流域共同开发法律机制》，《生态经济》2010 年第 7 期。

郝素娟：《元代汉族人移民西南边疆考论》，《史学集刊》2015 年第 2 期。

马勇、代艳芝：《论明清时期腾冲汉族移民的历史记忆与族群认同》，《云南民族大学学报》2015 年第 3 期。

黎小龙：《〈南夷两粤朝鲜传〉三传合一体例与两汉边疆民族思想》，《中国边疆史地研究》2015 年第 2 期。

黄梅：《清代西南边疆地区"汉奸"问题述论》，《云南师范大学学报》2015 年第 2 期。

（供稿：翟国强　孙宏年　张永攀　刘　洁）

（五）新疆研究

王素：《〈敦煌吐鲁番文书与唐代西域史研究〉述评》，《中国史研究》2012 年第 2 期。

潘志平、耶斯尔：《西域新疆的战略地位：地缘政治的视角》，《中国边疆史地研究》2013 年第 3 期。

袁剑：《新疆史地研究的生态视野——环境、历史与社会的一种解释路径》，《新疆师范大学学报》2015 年第 1 期。

黄达远：《在古道上发现历史：拉铁摩尔的新疆史观述评》，《新疆师范大学学报》2013 年第 4 期。

德全英：《长城的团结：草原社会与农业社会的历史法理——拉铁摩尔中国边疆理论评述》，《西域研究》2013 年第 1 期。

封磊：《近十年来清代西北边疆史地研究述评》，《伊犁师范学院学报》2013 年第 3 期。

马大正：《论百余年来新疆反分裂的几个问题》，《新疆师范大学学报》2014 年第 1 期。

马大正：《清至民国中国学者新疆考察史研究评述》，《西域研究》2015 年第 4 期。

菅志翔：《建国后的新疆研究状况分析报告》，《西北民族研究》2013 年第 1 期。

周弘、郭宏珍、王耀：《今年新疆研究专题概述》（上、下），《民族论坛》2015 年第 3、5 期。

王希隆、王力：《略论清前期对回疆的经营》，《兰州大学学报》（社会科学版）2010 年第 3 期。

王希隆：《乾隆、嘉庆两朝对白山派和卓后裔招抚政策得失述评》，《兰州大学学报》（社会科学版）2014 年第 2 期。

王希隆：《张格尔之乱及其影响》，《中国边疆史地研究》2012 年第 3 期。

彭贺超：《清末边疆新政的另类视角——以外籍人士眼中的新疆新政为中心》，《中国边疆史地研究》2015 第 4 期。

刘国俊：《清末科阿分治与阿勒泰新政》，《新疆社科论坛》2011 年第 1 期。

姚焕录、张建春：《林则徐在新疆研究成果述评》，《伊犁师范学院学报》（社会科学版）2015 年第 1 期。

方华玲：《论"废员"林则徐与新疆主事官员之往来》，《伊犁师范学院学报》（社会科学版）2015 年第 4 期。

郭院林：《清末新疆巡抚袁大化的抚新作为》，《新疆社科论坛》2011 年第 5 期。

谢海涛：《南京国民政府时期西北边疆的社会政治生态与社会舆论》，《云南师范大学学报》（哲学社会科学版）2010 年第 6 期。

冯建勇：《1928—1929 年白崇禧入新风波——兼论南京国民政府对新疆之统合》，《云南师范大学学报》（哲学社会科学版）2010 年第 6 期。

段金生：《论杨增新的政治思想》，《西域研究》2011 年第 1 期。

买玉华：《金树仁主政新疆五年述评》，《新疆社会科学》2011 年第 5 期。

刘国俊：《杨增新对阿勒泰的经营》，《西域研究》2013 年第 3 期。

何永明：《杨增新在外蒙西犯科布多、阿尔泰时的军事与外交努力》，《新疆大学学报》2012 年第 4 期。

刘国俊：《民初阿勒泰危机及阿勒泰归新》，《新疆社科论坛》2012 年第 5 期。

文志勇：《杨增新和杨缵绪对新疆财政问题的争论——兼谈新疆各民族的经济负担》，《中国边疆史地研究》2011 年第 3 期。

姜刚：《也论新疆"三七政变"》，《中国边疆史地研究》2012 年第 1 期。

马戎：《1940 年的盛世才与他治理下的新疆——读〈盛世才上莫斯科斯大林报告书（1940）〉》，《青海民族研究》2015 年第 1 期。

厉声：《三区革命运动中的"二次革命"及其背景》，《石河子大学学报》2011 年第 2 期。

邵玮楠：《动荡之源：新疆三区革命的国际背景》，《西域研究》2013 年第 3 期。

冯建勇：《1942—1943 年国民政府对新疆外交权之统合》，《西域研究》2012 年第 3 期。

任俊宏：《抗战时期马克思主义在新疆大众化传播》，《和田师范专科学校学报》2014 年第 4 期。

赵毅、赵继峰：《中国历代中央王朝治理新疆军事方略研究》，《新疆社科论坛》2014 年第 1 期。

甄军伟、郭院林：《清朝新疆"重北轻南"政策形成原因》，《和田师范专科学校学报》2012 年第 4 期。

宫凯、杨丽辉：《清朝治理新疆民族政策的历史沿革与现代思考》，《贵州民族研究》2013 年第 3 期。

张立程、李红卫：《论晚清西北边疆危机与清廷对策》，《云南师范大学学报》（哲学社会科学版）2011 年第 1 期。

王力：《浅析乌什事变与清朝回疆治理政策的调整》，《西域研究》2012 年第 1 期。

葛浩：《修渠与招垦：治术、策略及其实践——兼论民国初年杨增新治理新疆之道》，《新疆大学学报》2011 年第 2 期。

李洁：《试论边疆治理之移民实边——以新疆为例》，《兰州大学学报》（社会科学版）2015 年第 5 期。

张云：《试论乌鲁木齐都统与伊犁将军之间的职权关系》，《塔里木大学学报》2010 年第 3 期。

甘桂琴：《清代总理回疆事务参赞大臣素质的历史考察》，《西域研究》2010 年第 1 期。

周卫平：《军府制下的伊犁将军与行省制下的新疆巡抚比较研究》，《云南师范大学学报》（哲学社会科学版）2011 年第 1 期。

郭润涛：《新疆建省之前的郡县制建设》，《西域研究》2013 年第 1 期。

卢树鑫：《清代"新疆六厅"建置考》，《贵州民族研究》2015 年第 9 期。

王希隆、黄祥深：《哈密改土归流述论》，《中国边疆史地研究》2015 年第 3 期。

赵曼：《简述近代以来新疆哈密地区的"改土归流"》，《和田师范专科学校学报》2015 年第 4 期。

周卫平：《清末民初新疆官制的变迁》，《云南师范大学学报》（哲学社会科学版）

2012 年第 5 期。

童远忠：《新疆建省与近代新疆社会变迁》，《新疆大学学报》2011 年第 4 期。

周卫平：《清代新疆塔尔巴哈台参赞大臣研究》，《中国边疆史地研究》2013 年第 4 期。

陈跃：《晚清新疆与台湾建省之比较研究》，《中国边疆史地研究》2013 年第 3 期。

刘国俊：《杨增新对新疆行政区划的调整及其意义》，《西域研究》2015 年第 3 期。

郭胜利：《民国新疆县制变革述论》，《西域研究》2014 年第 2 期。

陈芸、张皓：《金树仁对国民政府〈县组织法〉践行初探——以〈新疆省政府公报〉为中心的考察》，《新疆社会科学》2011 年第 5 期。

王洪刚：《民国时期新疆基层政权组织区村制研究》，《贵州民族研究》2015 年第 6 期。

陈芸、张皓：《盛世才执政时期新疆区村制探析》，《西域研究》2011 年第 4 期。

陈芸、张皓：《金树仁时期新疆各级公安组织改组述论》，《西北民族大学学报》（哲学社会科学版）2011 年第 4 期。

贾秀慧：《民国时期新疆的公务员制度建设探析》，《新疆社会科学》2011 年第 3 期。

鲁靖康：《清代侍卫新疆史迹考——以〈清实录〉为中心》，《北方民族大学学报》2014 年第 4 期。

耿琦：《清代驻守新疆"侍卫"职任考述》，《清史研究》2015 年第 4 期。

鲁靖康：《清代新疆遣勇考》，《清史研究》2013 年第 4 期。

孙守朋：《乾隆二十八年京口驻防汉军出旗拨补与伊犁驻防》，《清史研究》2015 年第 4 期。

张华腾、彭贺超：《新军编练与新疆辛亥革命研究》，《新疆社会科学》2011 年第 2 期。

刘超建：《晚清政治和军事地理的变动及对新疆的影响——以满权汉移和国防战略转换为例》，《青海民族大学学报》（社会科学版）2012 年第 2 期。

王东：《边疆危机与清末新疆电报线的建设》，《西域研究》2014 年第 1 期。

徐中煜：《左宗棠收复新疆过程中的军情传递》，《新疆大学学报》2011 年第 4 期。

丁伟：《〈申报〉左宗棠收复新疆的报道分析》，《塔里木大学学报》2015 年第 2 期。

黄建华：《盛世才统治新疆时期的养廉地政策》，《西北民族大学学报》（哲学社会科学版）2011 年第 4 期。

陈芸：《盛世才执政时期新疆养廉地制再举探微》，《西北民族大学学报》（哲学社会科学版）2013 年第 2 期。

陈芸：《新疆迪化公务员消费合作社的创建与演变——盛世才关于整饬吏治的尝试》，《西域研究》2013 年第 4 期。

梁俊艳：《荣赫鹏与英国在新疆和西藏的殖民扩张》，《西域研究》2012 年第 1 期。

许建英：《1933 年前后英国对中国新疆政策述论》，《西域研究》2014 年第 4 期。

韦性春：《清末新疆英国侨民探析》，《和田师范专科学校学报》2014 年第 4 期。

樊明方、王薇：《荣赫鹏对新疆南部地区和坎巨提部的几次探查》，《西域研究》

2010 年第 1 期。

樊明方、孟泽锦：《阿古柏入侵时期英国对中国新疆地区的侵略》，《西域研究》2010 年第 3 期。

陈建锋：《从"安边圉"到"防俄患"：清人西北边疆意识的转变》，《西北民族大学学报》（哲学社会科学版）2014 年第 3 期。

赵剑锋：《晚清俄国驻新疆领事馆考述》，《新疆大学学报》2014 年第 4 期。

曹伟、杨恕：《20 世纪 30 年代苏联红军两次出兵新疆及其原因》，《西域研究》2014 年第 4 期。

马合木提·阿布都外力：《评王大刚的〈苏联庇护下的伊宁事变〉》，《西域研究》2012 年第 2 期。

杨恕、曹伟：《从哈共（布）中央的报告看苏联对中国新疆政策的变化》，《中国边疆史地研究》2012 年第 3 期。

郝建英：《杨增新时期新疆与苏（俄）在引渡和经贸问题上的交涉》，《中国边疆史地研究》2012 年第 2 期。

齐清顺：《前苏联专家及其在新疆的活动》，《云南师范大学学报》（哲学社会科学版）2011 年第 4 期。

闫佼丽：《20 世纪 40 年代美国驻迪化领事馆的建立及其活动》，《新疆社会科学》2010 年第 4 期。

闫自兵：《1944 年新蒙边境纠纷的解决与美国对中苏关系的协调》，《新疆大学学报》2012 年第 4 期。

许建英：《20 世纪 40 年代美国对中国新疆政策研究》，《云南师范大学学报》（哲学社会科学版）2011 年第 4 期。

许建英：《拉铁摩尔新疆考察及研究》，《中国边疆史地研究》2011 年第 4 期。

许建英：《清政府对英国侵占洪扎的交涉及有关问题的解决》，《社会科学研究》2013 年第 5 期。

许建英：《19 世纪后期英俄在中亚的角逐及英国入侵洪扎》，《云南师范大学学报》（哲学社会科学版）2015 年第 6 期。

李晶：《乾隆年间清朝与阿富汗关系新探》，《云南师范大学学报》（哲学社会科学版）2013 年第 1 期。

周轩：《从乾隆帝西域诗看新疆与中亚之关系》，《西域研究》2012 年第 2 期。

潘志平：《清前期中亚地缘政治形势——附论比什凯克的来历》，《西域研究》2012 年第 4 期。

张安：《新中国初期新疆阿富汗侨民"入籍"问题述论》，《新疆大学学报》2015 年第 3 期。

贾丽红：《吉尔吉斯斯坦对中国的重要性及其当今局势对中国的影响》，《新疆大学学报》2010 年第 6 期。

许建英：《近代土耳其对中国新疆的渗透及影响》，《西域研究》2010 年第 4 期。

张滢：《饶应祺与清代新疆外事》，《伊犁师范学院学报》（社会科学版）2013 第 3 期。

梁海峡：《清末及民国时期新疆南疆涉外刑事犯罪问题研究》，《青海民族大学学报》（社会科学版）2010 年第 4 期。

艾海提·斯拉木：《清末民初外国传教士在新疆的传教活动及影响》，《和田师范专科学校学报》2012 年第 6 期。

热合术吐拉·艾山：《近代俄国鞑靼人在新疆的教育活动及其影响》，《青海民族大学学报》（社会科学版）2012 年第 3 期。

刘明：《试述芬兰探险家马达汉在新疆的民族学调查》，《新疆社科论坛》2010 年第 1 期。

杨文炯、柴亚林：《清末至民国时期日本在我国新疆的阴谋活动述略》，《中国边疆史地研究》2014 年第 4 期。

刘建忠：《瑞典传教团在喀什噶尔活动的几个时期》，《新疆财经大学学报》2015 年第 2 期。

陈跃：《论古代北疆农业的发展》，《西域研究》2011 年第 2 期。

季发展、张安福：《清代以来南北疆经济社会发展的差异性分析》，《新疆社科论坛》2011 年第 5 期。

孔乾鹏：《清代前期治理新疆重心转移原因俯视》，《伊犁师范学院学报》（社会科学版）2015 年第 1 期。

杨博惠：《阎毓善与民国新疆实业》，《和田师范专科学校学报》2014 年第 3 期。

赖洪波：《论清代伊犁多民族移民开发及其历史意义》，《伊犁师范学院学报》（社会科学版）2010 年第 4 期。

李芳：《清代中期新疆汉民族来源及人口问题》，《新疆大学学报》2010 年第 4 期。

吴轶群：《清代伊犁人口变迁与人口结构特征探析》，《西域研究》2010 第 3 期。

齐清顺：《论清朝中期新疆解决人口与耕地矛盾的重大措施》，《石河子大学学报》2010 年第 1 期。

贾建飞：《人口流动与乾嘉时期新疆煤矿业的兴起和发展》，《西域研究》2011 年第 4 期。

刘新宇：《1644—1840 年北疆地区人口和农业开发》，《农业考古》2013 第 3 期。

王希隆、周生贵：《关于新疆屯垦史研究的几点认识》，《石河子大学学报》2011 年第 6 期。

王春辉：《新疆历代屯垦管理制度发展的动力机制研究》，《伊犁师范学院学报》（社会科学版）2010 年第 2 期。

张安福：《中国历代西北边疆安全体系下的屯垦戍边策略选择》，《伊犁师范学院学报》（社会科学版）2011 年第 3 期。

少聪、罗意：《中华民族多元一体格局视野下的清代新疆屯垦》，《石河子大学学报》2013 年第 5 期。

白关峰、张彦：《论新疆古代屯垦文化的多元性》，《石河子大学学报》2014 年第 3 期。

买买提祖农·阿布都克力木：《汉唐时期西域屯垦及其作用》，《喀什师范学院学报》2010 年第 1 期。

刘玉皑：《近 30 年来国内清代新疆屯垦研究综述》，《西域研究》2013 年第 1 期。

张晓莉：《清代新疆屯田布局对我国西北安全的影响》，《石河子大学学报》2011

年第 3 期。

张晓丽:《清代前期新疆屯垦政策演变》,《民族论坛》2011 年第 10 期。

蒋静、季发展:《清代新疆屯垦经济发展变化的趋势分析》,《新疆社科论坛》2012 年第 6 期。

李德政:《"保民":"屯田戍边"中的另一个重要目的——以清代前期新疆的屯田为例》,《石河子大学学报》2011 年第 2 期。

赵海霞:《清代新疆商屯研究》,《西域研究》2011 年第 1 期。

赵海霞:《乾嘉时期乌鲁木齐商屯研究》,《新疆大学学报》2010 年第 5 期。

张燕、王友文:《清代伊犁将军屯垦戍边方略——兼及对当代新疆生态民生建设的借鉴》,《云南民族大学学报》2014 年第 6 期。

苏奎俊:《清代巴里坤屯田述论》,《新疆社科论坛》2010 年第 1 期。

薛莉:《左宗棠西北屯田述略》,《农业考古》2015 年第 4 期。

王利中:《民国时期对新疆屯垦问题的认识》,《石河子大学学报》2010 第 1 期。

任冰心:《新疆屯垦委员会研究》,《新疆大学学报》2012 年第 4 期。

王培华:《清代新疆的水资源分配制度》,《西域研究》2015 年第 3 期。

王培华:《清代新疆解决用水矛盾的多种措施——以镇迪道、阿克苏道、喀什道为例》,《西域研究》2011 年第 2 期。

何汉民:《清代新疆官地初探》,《新疆大学学报》2012 年第 3 期。

张文亚:《清末伊犁宁远县田赋制度探析》,《西域研究》2010 年第 2 期。

宋超:《民国时期新疆引进苏联农业技术的历史考察》,《新疆社会科学》2010 年第 6 期。

赵珍:《道光朝陕甘总督杨遇春变革马政的环境史考察》,《中国边疆史地研究》2014 第 2 期。

鲁靖康:《清代新疆渔业考述》,《西域研究》2010 年第 2 期。

杨博惠:《试论阎毓善对新疆公路交通发展的贡献》,《新疆大学学报》2013 年第 3 期。

赵维玺:《饶应祺与新疆矿务》,《新疆大学学报》2011 年第 1 期。

贾建飞:《乾嘉时期新疆的金矿开采——以内地人的活动为中心》,《中国边疆史地研究》2011 年第 1 期。

贾秀慧:《民国后期新疆的工商同业公会刍议》,《西域研究》2010 年第 4 期。

贾秀慧:《社会学视阈下的近代新疆汉族商帮——以内部社会结构分析为例》,《伊犁师范学院学报》(社会科学版)2015 年第 1 期。

贾秀慧:《试析近代新疆汉族商帮的商业经营运作》,《新疆社科论坛》2015 年第 1 期。

张慧芝:《商帮对清代以奇台为中心市场体系发育之作用》,《西域研究》2010 年第 4 期。

王东平:《清代天山南路地区的钱币私铸案》,《新疆大学学报》2014 年第 1 期。

鲁细珍:《盛世才时期的法币在新疆》,《新疆社科论坛》2011 年第 5 期。

蔡家艺:《清代新疆茶务探微》,《西域研究》2010 年第 4 期。

朱卫:《1919—1929 年拉达克与中国新疆、西藏的贸易》,《西域研究》2011 年第

4 期。

任宝磊：《国内近三十年西突厥研究简述（1980—2010）》，《西域研究》2011 年第 4 期。

钱伯泉：《维吾尔族的族源及其发祥地问题研究》，《新疆社会科学》2010 年第 4 期。

张世才：《清代新疆天山南路维吾尔社会结构与变迁》，《西域研究》2012 年第 1 期。

沙吾提·帕万、买买提玉苏甫·塔依尔：《建国前新疆维吾尔村民社会结构》，《新疆大学学报》2012 年第 6 期。

黄建华：《新疆维吾尔族札萨克旗制下各级官吏的权力》，《喀什师范学院学报》2013 年第 2 期。

潘志平：《俄国鞑靼斯坦"扎吉德"运动与近代维吾尔启蒙运动——新疆"东突厥斯坦"运动的缘起》，《西北民族研究》2014 年第 3 期。

努如拉·莫明·宇里魂：《近代维吾尔家庭手工业研究》，《喀什师范学院学报》2012 年第 4 期。

尚衍斌：《元代畏兀儿农学家鲁明善事迹再探讨》，《中国边疆史地研究》2012 年第 2 期。

乌买尔别克·哈米提：《浅析新疆哈萨克族"安明格尔"制度产生和消亡的原因》，《和田师范专科学校学报》2014 年第 4 期。

李云霞：《锡伯族社会历史、文化研究述评》，《中央民族大学学报》2011 年第 5 期。

李建平：《清代新疆锡伯营生产模式对满营八旗的示范作用》，《北方民族大学学报》2015 年第 3 期。

苏奎俊：《满洲八旗驻防新疆及其人口变化》，《西域研究》2015 年第 2 期。

吐娜：《试论近现代新疆蒙古族社会阶层》，《伊犁师范学院学报》（社会科学版）2012 年第 4 期。

宝音朝克图：《评〈察哈尔蒙古西迁新疆史〉》，《西域研究》2014 年第 4 期。

吐娜：《伊犁察哈尔营在维护国家统一斗争中的贡献》，《伊犁师范学院学报》（社会科学版）2014 年第 2 期。

王超：《清代"回疆协办大臣"奏折制度研究》，《石河子大学学报》2015 年第 1 期。

王启明：《晚清吐鲁番协理台吉》，《新疆大学学报》2015 年第 1 期。

伏阳：《民国前期新疆回队初探》，《青海民族大学学报》（社会科学版）2011 年第 2 期。

赵江民：《历史上新疆少数民族与汉族文化互动探讨》，《中南民族大学学报》（人文社会科学版）2011 年第 1 期。

赵海霞：《论清朝统一新疆对新疆民族关系的影响》，《新疆大学学报》2014 年第 2 期。

杨俊杰：《杨增新抵制"双泛"思潮措施述评》，《伊犁师范学院学报》（社会科学版）2014 年第 4 期。

尹伟先：《论新疆各族人民对抗战做出的贡献》，《西北民族大学学报》2015 年第 5 期。

闫国疆、郝新鸿：《多元共生、动态交融——回鹘西迁后的西域文明与居民身份变化》，《西北民族大学学报》（哲学社会科学版）2015 年第 6 期。

周轩、何婷婷：《林则徐南疆勘地与处理民族关系》，《伊犁师范学院学报》（社会科学版）2015 第 4 期。

陈志刚：《清末民国新疆哈密民田与维汉关系》，《中国边疆史地研究》2015 年第 2 期。

王希隆：《玛哈图木·阿杂木后裔在中国的活动与文化变迁——兼论清代民族宗教政策的包容性》，《世界宗教研究》2012 年第 2 期。

陈文祥、郭胜利：《论杨增新署理河州时期的民族宗教政策》，《青海民族大学学报》（社会科学版）2013 年第 3 期。

郭蓓：《从行政到法制：1949 年以来新疆宗教事务管理模式的嬗变》，《新疆社会科学》2014 年第 5 期。

王志刚、宋德志：《伊斯兰文化的传播与维吾尔族近代格局的形成》，《塔里木大学学报》2013 年第 1 期。

李韦：《冲突与融合：伊斯兰教初传新疆的文化考察》，《喀什师范学院学报》2012 年第 2 期。

王雪梅：《中国伊斯兰教虎夫耶探源》，《世界宗教研究》2013 年第 6 期。

司律、曹立中：《维吾尔族传统文化中的宗教批判思想及其启示——从伊斯兰教传入新疆后谈起》，《喀什师范学院学报》2013 年第 4 期。

韩中义：《丝绸之路上的近现代苏非派多维度考察》，《青海民族研究》2015 年第 2 期。

白海提：《〈历史记录〉：一部关于 20 世纪新疆苏非派的未公开写本》，《世界宗教研究》2013 年第 1 期。

王启明：《晚清吐鲁番社会中的伊斯兰教首领》，《世界宗教研究》2015 年第 1 期。

陈刚：《清末民国时期伊斯兰教在新疆哈萨克族中发展史实钩沉》，《新疆大学学报》2012 年第 4 期。

贾应逸：《山东兖州兴隆塔地宫出土遗物与新疆于阗佛教关系考》，《新疆师范大学学报》（哲学社会科学版）2010 年第 1 期。

温玉成：《于阗僧人法藏与兖州宋代金棺刍议》，《世界宗教研究》2010 年第 2 期。

张丽香：《从印度到克孜尔与敦煌——佛传中降魔的图像细节研究》，《西域研究》2010 年第 1 期。

李翎：《试论新疆地区的密教信仰——以千手观音图像为例》，《新疆师范大学学报》（哲学社会科学版）2010 年第 1 期。

杜斗城、任曜新：《鲍威尔写本〈孔雀王咒经〉与龟兹密教》，《世界宗教研究》2012 年第 2 期。

胡方艳：《伊犁河谷藏传佛教寺院考察——以新疆伊犁哈萨克自治州昭苏县圣祐寺为中心》，《世界宗教研究》2013 年第 4 期。

才吾加甫：《新疆土尔扈特蒙古藏传佛教高僧》，《世界宗教研究》2010 年第 4 期。

张辉辉：《试析新疆道教的发展脉络》，《塔里木大学学报》2015 年第 3 期。

问永宁：《古回鹘文易经与道教因素之西传》，《世界宗教研究》2011 年第 1 期。

杨富学：《回鹘摩尼教的消亡及相关问题》，《西南民族大学学报》（人文社会科学版）2012 年第 9 期。

尚衍斌：《对拜火教及新疆现阶段历史文化教育的思考》，《新疆社科论坛》2014 年第 5 期。

刘文锁、曲什曼：《古代新疆拜火教遗址的新发现》，《新疆师范大学学报》（哲学社会科学版）2015 年第 2 期。

尼古拉斯·辛姆斯威廉姆斯、毕波：《粟特语基督教文献研究近况》，《新疆师范大学学报》（哲学社会科学版）2014 年第 4 期。

胡方艳、吴茜：《清至民国间新疆伊犁的东正教》，《宗教学研究》2015 年第 3 期。

何永明：《清代新疆多元"法"文化初探》，《新疆大学学报》2011 年第 1 期。

张茹茹：《清代新疆地区民族立法研究——以〈回疆则例〉为例》，硕士学位论文，石河子大学，2013 年。

李崇林：《清代对新疆社会控制的法制经验总结》，《新疆社会科学》2013 年第 2 期。

白京兰：《军府体制下清代新疆的司法体系及运作》，《西域研究》2014 第 3 期。

白京兰：《清代对边疆多民族地区的司法管辖与多元法律的一体化构建——以新疆为例》，《贵州民族研究》2012 年第 4 期。

范文博：《清代新疆地区纠纷调解机制与当代国家法的差异与融合——以〈清代新疆档案选辑〉为考察视角》，《喀什师范学院学报》2014 年第 2 期。

范文博：《清代新疆民族地区纠纷调解机制研究——以〈清代新疆档案选辑〉为例》，硕士学位论文，石河子大学，2014 年。

朱玉麒：《徐松遣戍新疆案过程新证》，《西域研究》2015 年第 4 期。

马晓娟：《清朝法制在吐鲁番地区的重建（1877 年—1911 年）》，《新疆大学学报》2012 年第 1 期。

王晓峰：《民国宪法在新疆的实践研究》，博士学位论文，华东政法大学，2011 年。

欧佳佳：《近代新疆司法制度转变研究》，硕士学位论文，新疆大学，2011 年。

伏阳：《民国时期新疆刑事司法制度研究》，博士学位论文，中国政法大学，2011 年。

伏阳：《民国时期新疆公司法律制度初探》，《新疆大学学报》2010 年第 2 期。

伏阳：《杨增新治新时期司法制度研究》，《新疆社会科学》2010 年第 2 期。

伏阳：《民国时期新疆刑法制度近代化初探》，《新疆社会科学》2011 年第 1 期。

伏阳：《略论新疆独立司法机构的建立》，《西域研究》2014 年第 3 期。

伏阳：《新疆民法制度的近代化述论》，《伊犁师范学院学报》（社会科学版）2015 年 3 期。

伏阳：《民国时期新疆监狱状况研究》，《伊犁师范学院学报》（社会科学版）2013 年第 1 期。

伏阳：《民国时期新疆维吾尔族民事司法制度研究》，《新疆大学学报》2011 年第 1 期。

白京兰：《1933—1949 年新疆地方立法初探》，《新疆社会科学》2010 年第 1 期。

白京兰：《清末新疆建省与法律的一体化推进》，《西域研究》2013 年第 1 期。

梁海峡：《清至民国新疆婚姻法制浅谈》，《新疆大学学报》2010 年第 1 期。

鲁细珍、白京兰：《近代新疆法律教育及其特点》，《新疆社科论坛》2010 年第 3 期。

何荣：《清代新疆建省前文化教育的三元共存》，《西域研究》2011 年第 4 期。

王希隆、黄祥深：《清代新疆书院研究》，《西域研究》2012 年第 4 期。

朱玉麒：《清代新疆官办民族教育的政府反思》，《西域研究》2013 年第 1 期。

贺朝霞：《民国报刊中的新疆教育关注》，《新疆社科论坛》2015 年第 6 期。

何永明：《略述北洋政府时期新疆的职业培训》，《新疆大学学报》2013 年第 4 期。

郭兰：《论民国时期新疆少数民族的双语教育及其社会背景》，《西北民族大学学报》（哲学社会科学版）2011 年第 2 期。

龙开义：《论清代新疆俄语翻译人才培养》，《青海民族研究》2013 年第 2 期。

热合木吐拉·艾山：《从〈巴赫其萨莱致喀什噶尔的信〉看鞑靼扎吉德教育在近代喀什噶尔的传播》，《中国边疆史地研究》2013 年第 2 期。

马迎胜：《新疆一体多元文化的历史明证》，《新疆大学学报》2014 年第 6 期。

高静文、秦卫：《新疆汉族宗教文化的历史与现状》，《新疆社科论坛》2010 年第 6 期。

张蓓蓓：《南北朝至隋唐时期新疆与中原民族妇女服饰交流》：《民族艺术研究》2015 年第 2 期。

成珊娜：《近代南疆维吾尔族服饰文化研究》，《中国边疆史地研究》2015 年第 3 期。

杨发鹏、黄婷婷：《清代新疆文化变迁的人文环境述略》，《石河子大学学报》2015 年第 1 期。

周泓：《清末民国杨柳青商绅性文化在新疆的衍生》，《民族论坛》2011 年第 2 期。

赖洪波：《邓缵先文化援疆实践的历史考察与思考——以邓缵先修纂地方志为例》，《伊犁师范学院学报》（社会科学版）2013 年第 2 期。

赖洪波：《清代与民国时期伊犁塔兰奇社会历史文化变迁研究》，《伊犁师范学院学报》（社会科学版）2015 年第 1 期。

李文浩：《清代以来东疆地区汉民居聚落文化的形成及其影响》，《甘肃社会科学》2012 年第 2 期。

李文浩：《论清代以来吐鲁番地区传统民居的汉文化现象》，《贵州民族研究》2014 年第 9 期。

贾建飞：《人口流动与乾嘉道时期新疆的戏曲发展》，《西域研究》2012 年第 4 期。

买玉华：《试论金树仁统治时期国人的新疆观》，《西域研究》2011 年第 1 期。

张少华：《汉唐时期于阗地区的社会生活》，《和田师范专科学校学报》2014 年第 5 期。

刘学堂：《丝路沿线古代民族崇"七"习俗考说》，《石河子大学学报》2015 年第 6 期。

李军：《〈新疆赋〉民俗述考》，《内蒙古民族大学学报》2012 年第 4 期。

刘海燕：《清末民初哈密人精神生活的日常呈现》，《新疆大学学报》2010 年第 4 期。

朱磊：《试论魏晋南北朝时期新疆的北斗信仰》，《西域研究》2013 年第 2 期。

王红梅：《元代畏兀儿北斗信仰探析——以回鹘文〈佛说北斗七星延命经〉为例》，《民族论坛》2013 年第 5 期。

田峰：《于阗毗沙门天王信仰研究》，《西北民族大学学报》（哲学社会科学版）2013 年第 4 期。

王志强：《清代新疆汉民族移民社区的信仰和日常生活》，《青海民族研究》2011 年第 2 期。

龙开义：《清末民初新疆汉族移民宗教信仰研究》，《北方民族大学学报》（哲学社会科学版）2011 年第 6 期。

徐溪：《移民社会的信仰：清代镇西民间信仰之考察》，《新疆大学学报》2014 年第 3 期。

唐智佳：《清代伊犁多神崇拜初探——以关帝庙为中心》，《伊犁师范学院学报》（社会科学版）2011 年第 4 期。

贾建飞：《清代新疆的内地坛庙：人口流动、政府政策与文化认同》，《中国边疆史地研究》2012 年第 2 期。

许建英：《坛庙与神祇：清代新疆汉族移民的社会文化构建》，《云南师范大学学报》（哲学社会科学版）2014 年第 3 期。

王鹏辉：《清代至民国前期新疆玛纳斯县域的庙宇与民间信仰》，《石河子大学学报》2014 年第 2 期。

王鹏辉：《清代至民国前期吐鲁番的佛寺道观庙宇考实》，《新疆大学学报》2014 年第 6 期。

王鹏辉：《清末民初库尔喀喇乌苏的庙宇与汉民社会》，《伊犁师范学院学报》（社会科学版）2013 年第 4 期。

胡方艳：《新疆察布查尔锡伯族宗教信仰历史与现状考察之一——锡伯族的藏传佛教信仰》，《宗教学研究》2010 年第 3 期。

王红霞、孙丽莉、秀梅：《试论新疆卫拉特蒙古多元宗教观念对其民俗文化的影响》，《塔里木大学学报》2010 年第 1 期。

王启明：《清代新疆流放新论》，《新疆大学学报》2013 年第 5 期。

杨银权：《试论清代遣犯和流人群体对新疆开发的贡献》，《青海民族大学学报》（社会科学版）2010 第 4 期。

方华玲：《论嘉庆朝废员发遣新疆案中的亲老情》，《伊犁师范学院学报》（社会科学版）2014 年第 2 期。

徐溪：《清代新疆流放文人精神特质探析》，《西域研究》2014 年第 4 期。

周学锋：《略论清代新疆的"金妇"问题》，《新疆大学学报》2010 年第 1 期。

祁美琴、褚宏霞：《清代嘉道时期新疆移民落籍方式初探》，《西域研究》2013 年第 2 期。

朱红娜：《杨增新时期的新疆乡约研究》，硕士学位论文，云南大学，2010 年。

黄建华：《盛世才时期维吾尔族聚居区的区村长训练》，《北方民族大学学报》2013

第 5 期。

葛浩：《民国新疆汉族乡村社会水利运作研究》，《石河子大学学报》2011 年第 5 期。

叶盛：《清末至民国时期新疆的罂粟种植和鸦片贩运》，硕士学位论文，陕西师范大学，2012 年。

黄建华：《国民党政府对维吾尔族民众的软控制》，《西北民族大学学报》（哲学社会科学版）2013 年第 1 期。

何荣：《清代新疆常平仓的发展与管理》，《新疆大学学报》2014 年第 2 期。

赵毅：《清末吐鲁番养济院》，《清史研究》2015 年第 1 期。

阿利亚·艾尼瓦尔：《从清代文献看清政府对新疆的救济》，《清史研究》2011 年第 2 期。

何荣：《清末民初的新疆慈善事业》，《新疆大学学报》2011 年第 5 期。

陈芸：《迪化公务员消费合作社的创建与演变：盛世才关于整饬吏治的尝试》，《新疆大学学报》2013 年第 1 期。

贾秀慧：《民国新疆工会探析》，《西域研究》2013 年第 4 期。

吐娜：《新疆民众反帝联合会在抗战期间的活动》，《西域研究》2010 年第 4 期。

贾秀慧：《晚清民国时期新疆的公共卫生建设探析》，《伊犁师范学院学报》（社会科学版）2011 年第 1 期。

阿利亚·艾尼瓦尔：《乾隆时期新疆自然灾害研究》，《中国边疆史地研究》2011 年第 3 期。

阿利亚·艾尼瓦尔：《清代新疆报灾程序初探》，《中央民族大学学报》2012 年第 4 期。

阿利亚·艾尼瓦尔、布艾杰尔·库尔班：《清代新疆地震及政府对民间的救济》，《北方民族大学学报》（哲学社会科学版）2015 年第 4 期。

阿利亚·艾尼瓦尔：《清代新疆宜禾自然灾害与政府应对研究》，《西北民族大学学报》（哲学社会科学版）2015 年第 5 期。

张付新、张云：《清代光绪、宣统年间新疆荒政述论》，《云南民族大学学报》2015 年第 2 期。

吐逊古丽·卡热：《民国时期新疆喀什噶尔地区自然灾害研究》，硕士学位论文，新疆师范大学，2013 年。

孙长龙：《清朝乾嘉时期库车绿洲河湖水系的变迁》，《塔里木大学学报》2015 年第 4 期。

孙长龙：《安西白马河与昆水河地望探析》，《塔里木大学学报》2014 年第 1 期。

徐承炎、曹中月：《新疆瓮城起源刍议》，《塔里木大学学报》2015 年第 4 期。

苏奎俊：《清代乌鲁木齐城市的构建及演变》，《新疆大学学报》2011 年第 5 期。

彭修建：《清代伊犁九城的布局与战略作用研究》，《伊犁师范学院学报》（社会科学版）2010 年第 2 期。

张鹏：《民国时期新疆重点城市研究》，硕士学位论文，新疆大学，2012 年。

黄达远：《"西力"与"东力"的交织与竞争：新疆城市早期现代化的曲折展开》，《和田师范专科学校学报》2013 年第 1 期。

周泓：《多元生成文化区论说——以新疆历史地缘文化区为例》，《北方民族大学学报》2014 年第 6 期。

水涛：《帕米尔地区早期历史的演变格局》，《新疆社科论坛》2014 年第 5 期。

王启明：《清代新疆冰岭道研究二题》，《伊犁师范学院学报》（社会科学版）2013 年第 1 期。

王启明：《清代新疆伊犁通乌什道——从达瓦齐逃遁路线谈起》，《西域研究》2015 第 2 期。

荣新江、文欣：《"西域"概念的变化与唐朝"边境"的西移——兼谈安西都护府在唐政治体系中的地位》，《北京大学学报》（哲学社会科学版）2012 年第 4 期。

于逢春：《"中国疆域五大文明板块"视野下的西域》，《新疆师范大学学报》（哲学社会科学版）2015 年第 1 期。

贾建飞：《清代中原士人西域观探微》，《清华大学学报》（哲学社会科学版）2010 年第 3 期。

黄娟：《清人对新疆认识的演变》，《西域研究》2015 年第 3 期。

席会东：《清代地图中的西域观——基于清准俄欧地图交流的考察》，《新疆师范大学学报》2014 年第 6 期。

王文利、周伟洲：《西夜、子合国考》，《民族研究》2010 年第 6 期。

赖洪波：《伊犁地名史源学的艰难探索》，《伊犁师范学院学报》（社会科学版）2013 年第 4 期。

姜付炬：《喀什河与喀孜温——伊犁史地论札之七》，《伊犁师范学院学报》（社会科学版）2012 年第 1 期。

李建平：《和田玉龙喀什河相关历史文献记载研究》，《和田师范专科学校学报》2012 年第 2 期。

刘超建、冉超：《新疆乡土志在历史地理学上的史料价值研究》，《中国地方志》2013 年第 10 期。

刘超建、王恩春：《乾嘉时期新疆舆地学著述研究初探》，《北方民族大学学报》2012 年第 2 期。

陈剑平：《伊犁兵要地理》，《伊犁师范学院学报》（社会科学版）2013 年第 2 期。

黄祥深：《〈西域图志〉》与〈新疆图志〉比较研究》，《伊犁师范学院学报》（社会科学版）2013 年第 1 期。

史国强：《〈新疆图志·军制志〉舛误举证》，《中国地方志》2011 年第 2 期。

蒋小莉：《清代新疆地方志的优秀之作——〈新疆图志·建置志〉》，《中国地方志》2011 年第 4 期。

黄祥深、王希隆：《〈新疆图志〉版本源流考述》，《中国地方志》2013 年第 10 期。

姚焕录：《〈新疆图志〉中的国家认同研究——以〈建置志〉〈国界志〉〈藩部志〉为例》，硕士学位论文，石河子大学，2013 年。

史明文：《〈新疆图志〉版本研究》，博士学位论文，中央民族大学，2011 年。

赵剑锋：《〈新疆图志〉研究》，硕士学位论文，新疆大学，2010 年。

孙文杰：《〈回疆通志〉史学价值论析》，《新疆大学学报》2015 年第 6 期。

徐玉娟：《〈三州辑略〉吐鲁番史料的特点与不足》，《中国地方志》2013 年第

12 期。

　　高健：《〈乌鲁木齐政略〉文献再探》，《西域研究》2013 年第 3 期。

　　王安芝：《〈喀什噶尔附英吉沙尔〉文献考略》，《伊犁师范学院学报》（社会科学版）2012 年第 1 期。

　　鲁靖康：《格琫额〈伊江汇览〉研究》，《伊犁师范学院学报》（社会科学版）2011 年第 2 期。

　　耿世民：《汉唐时期的西域古代语文及其对中国文明的贡献》，《中央民族大学学报》第 2012 年第 2 期。

　　艾吉尔·伊米提：《略论新疆少数民族文献资源的开发》，《民族论坛》2010 年第 9 期。

　　玉苏甫·依格穆：《新疆维吾尔族历代古文献保护与利用思路》，《贵州民族研究》2015 年第 12 期。

　　吾斯曼江·亚库甫：《隆德大学所藏察合台文手抄本〈伊米德史续编〉研究》，《西北民族研究》2014 年第 3 期。

　　台来提·乌布力、艾力江·艾沙：《一件关于民国七年库车叛乱的新文书——"玛赫穆德诉阿吉和卓叛乱状"译释》，《西域研究》2014 年第 3 期。

　　王星光：《鲁明善〈农桑衣食撮要〉的灾害防护措施探析》，《青海民族研究》2014 年第 3 期。

　　姚晓菲：《〈竹叶亭杂记〉中的新疆记载述评》，《喀什师范学院学报》2015 年第 1 期。

　　吴元丰：《清代新疆历史满文档案概述》，《西域研究》2010 年第 3 期。

　　薛晓东：《马仲英研究资料综述》，《和田师范专科学校学报》2013 年第 5 期。

　　史玲、张世才：《〈1873 年出使叶尔羌报告〉相关问题探讨》，《新疆大学学报》2015 年第 3 期。

　　阿地力·艾尼：《杨增新〈补过斋文牍〉初探》，《新疆大学学报》2013 年第 6 期。

　　潘理娟：《〈新疆公报〉考述：基于 140 份报纸原件的分析》，《新疆社科论坛》2014 年第 5 期。

　　朱玉麒：《徐松遣戍伊犁时期的新史料》，《伊犁师范学院学报》2015 年第 2 期。

　　赵卫宾：《雍正朝西疆事务缺载年月满文奏折考辨》，《伊犁师范学院学报》（社会科学版）2014 年第 2 期。

　　李炜：《20 世纪中国文学思潮与新疆少数民族文学发展》，《新疆社会科学》（社会科学版）2011 年第 4 期。

　　胥丽娟：《乾嘉时期新疆流人及文学研究》，硕士学位论文，西南大学，2012 年。

　　贺元秀、曹晓丽：《论满文译本〈三国演义〉在新疆锡伯族民间的流传及其影响》，《伊犁师范学院学报》（社会科学版）2012 年第 4 期。

　　贺元秀：《论新疆锡伯族文学古籍文献的传承与保护》，《伊犁师范学院学报》2014 年第 1 期。

　　艾尼玩尔·买提赛地、张海燕：《〈四侠传〉在维吾尔文学中的流变与影响》，《民族文学研究》2014 年第 5 期。

　　阿布拉江·买买提、艾尼瓦尔·卡德尔：《20 世纪俄苏文学对中国维吾尔文学的影响》,《新疆大学学报》2015 年第 2 期。

晁正蓉:《论 20 世纪 30、40 年代新疆维吾尔作家的创作》,《喀什师范学院学报》2013 年第 1 期。

姜迎春:《叙事民歌口述性研究——以新疆土尔扈特蒙古族叙事民歌为例》,《内蒙古民族大学学报》2009 年第 5 期。

贾合甫·米尔扎汗:《〈哈萨克族文学史〉评述》,《新疆社会科学》)2011 年第 6 期。

张璐燕:《少数民族文学批评研究——以 20 世纪三四十年代新疆哈萨克族文学为例》,《贵州民族研究》2013 年第 5 期。

张璐燕:《20 世纪新疆哈萨克族文学批评发展研究》,《贵州民族研究》2014 年第 12 期。

张显:《20 世纪初新疆哈萨克族现代文学批评的萌芽》,《贵州民族研究》2012 年第 6 期。

宋彩凤:《清代新疆竹枝词综论》,《石河子大学学报》2010 年第 6 期。

朱秀敏、宋彩凤:《福庆创作〈异域竹枝词〉原因探析》,《民族文学研究》2011 年第 1 期。

赵目珍:《清代"新疆竹枝词"的思想倾向、风格类型及艺术特征——以六种"新疆竹枝词"为中心》,《伊犁师范学院学报》(社会科学版)2012 年第 2 期。

杨丽:《论施补华西域诗的历史文化价值》,《西域研究》2011 年第 2 期。

张建春:《徐步云和他的伊犁诗作》,《西域研究》2012 年第 3 期。

李宁:《萧雄〈西疆杂述诗〉版本研究》,《伊犁师范学院学报》(社会科学版)2012 年第 2 期。

吴华峰:《萧雄西域事迹考》,《新疆大学学报》2014 年第 3 期。

史国强、崔凤霞:《徐步云生平及其西域诗作研究》,《西域研究》2011 年第 3 期。

张建春:《徐步云与〈新疆纪胜诗〉》,《新疆大学学报》2012 年第 5 期。

薛宗正:《王树枏的西疆诗作》,《新疆大学学报》2011 年第 5 期。

星汉:《中俄划界途中严金清与易寿崧唱和诗论》,《新疆大学学报》2010 年第 1 期。

周轩:《乾隆帝伊犁诗文研究》,《伊犁师范学院学报》(社会科学版)2013 年第 2 期。

鲁靖康:《清代西域农事诗研究》,《伊犁师范学院学报》2010 年第 4 期。

李军:《论清代边疆舆地赋的双重价值——以〈西藏等三边赋〉为例》,《中央民族大学学报》2014 年第 3 期。

胡鞍钢、马伟、鄢一龙:《新疆如何实现社会稳定和长治久安》,《新疆师范大学学报》2014 年第 5 期。

刘成:《影响新疆社会稳定和长治久安的因素探析》,《云南民族大学学报》2015 年第 2 期。

董兆武:《关于新疆南疆地区发展与稳定的战略思考》,《新疆社会科学》2015 年第 5 期。

余梓东:《党中央治疆、稳疆、建疆新方略析究》,《云南民族大学学报》2014 年第 6 期。

刘红艳：《论党的执政能力建设与新疆的稳定与发展》，《民族论坛》2012 年第 8 期。

史春燕：《中国共产党新疆民族工作：回顾与思考》，苏州大学，博士学位论文，2012 年。

郭泰山：《坚守意识形态领域反分裂的战略高地》，《新疆社会科学》2014 年第 4 期。

蒋新卫、程世平：《话语权视角下对民族地区马克思主义意识形态战略的思考——以新疆维吾尔自治区为例》，《石河子大学学报》2011 年第 6 期。

热伊丁·阿不都热扎克：《新疆少数民族党政人才队伍建设研究》，《新疆社会科学》2010 年第 3 期。

李晓霞：《论新疆治理体系与治理能力现代化》，《新疆师范大学学报》（哲学社会科学版）2015 年第 6 期。

刘元贺、孟威：《新疆服务型政府建设：职能转变议题与实现途径》，《新疆社科论坛》2014 年第 6 期。

马黎晖：《"和谐新疆"及其机制建构——以协商民主为视角》，《新疆大学学报》2014 年第 5 期。

陈宏：《论新中国成立以来的援疆政策》，《新疆师范大学学报》（哲学社会科学版）2012 年第 6 期。

陈宏：《论国外援助政策及对援疆工作的启示》，《西北民族大学学报》（哲学社会科学版）2012 年第 4 期。

孙岿：《对口援疆与少数民族农牧民自我发展能力的提升》，《中南民族大学学报》（人文社会科学版）2012 年第 3 期。

马戎：《新疆对口支援项目实施情况的调查分析》，《中央民族大学学报》2014 年第 1 期。

杨富强：《"对口援疆"政策回顾及反思——以 1997 年至 2010 年间政策实践为例》，《西北民族大学学报》（哲学社会科学版）2011 年第 5 期。

马大正：《论百余年来新疆反分裂的几个问题》，《新疆师范大学学报》2014 年第 1 期。

曹伟：《反新疆分裂斗争中的意识形态问题研究》，博士学位论文，兰州大学，2013 年。

古丽燕：《新时期新疆反恐怖方略研究》，《新疆社会科学》2014 年第 2 期。

李正元：《试论新疆地区非传统安全问题及其特点》，《西北民族研究》2010 年第 3 期；《非传统安全视角下的新疆跨国民族问题》，《塔里木大学学报》2011 年第 2 期。

潘志平、胡红萍：《"东突"产生和发展过程中的国际因素》，《西北民族研究》2011 年第 4 期。

贾春阳：《泛突厥主义对中国新疆的渗透及影响》，《世界民族》2011 年第 1 期。

贾春阳：《关于"疆独"问题的几点思考》，《广西民族研究》2010 年第 3 期。

古丽阿扎提·吐尔逊：《"东突"恐怖势力个体特征及其发展趋势评析》，《现代国际关系》2014 年第 1 期。

阿地力江·阿布来提:《境外"疆独"势力对新疆的网络渗透及其危害》,《现代国际关系》2013 年第 7 期。

李玲、宋新伟:《新疆高校抵御和防范宗教极端主义渗透研究》,《新疆师范大学学报》2015 年第 2 期。

杨海萍:《新疆大学生国家认同教育的现状调查与路径选择》,《新疆师范大学学报》(哲学社会科学版)2010 年第 4 期。

杨海萍:《新疆高校安全稳定长效机制研究》,《新疆社会科学》2013 年第 4 期。

陈营辉:《新疆恐怖主义犯罪研究》,中国政法大学刑法学,硕士学位论文,2011 年。

杨立敏、蒲丽霞、刘晶:《关于新疆暴力恐怖犯罪问题的思考》,《新疆师范大学学报》(哲学社会科学版)2012 年第 6 期。

张文木:《丝绸之路与中国西域安全——兼论中亚地区力量崛起的历史条件、规律及其因应战略》,《世界经济与政治》2014 年第 3 期。

龚洪烈、木拉提·黑那亚提:《国际反恐合作与新疆稳定》,《新疆大学学报》2010 年第 4 期。

马凤强:《中亚恐怖主义犯罪与中国反恐防范机制构建》,《新疆社会科学》2014 年第 6 期。

顾华详:《论法治新疆建设的路径选择》,《新疆师范大学学报》(哲学社会科学版)2013 年第 2 期。

顾华详:《法治新疆建设应重视的若干问题》,《新疆社会科学》2014 年第 2 期。

茹贤·吐拉洪:《新疆经济和谐发展视角下的法治建设》,《新疆社会科学》2010 年第 5 期。

张爱玲:《法律意识的培养在新疆构建和谐社会中的功能探析》,《新疆社会科学》2012 年第 6 期。

张立哲:《浅论援疆的法制保障》,《新疆社科论坛》2014 年第 5 期。

黄元姗、敖慧敏:《立法自治权行使现状调查及对策研究——基于新疆维吾尔自治区的实证分析》,《中南民族大学学报》(人文社会科学版)2014 年第 2 期。

刘锦森:《立法法修改后的新疆地方立法探析》,《新疆社科论坛》2015 年第 3 期。

赵雪军:《新疆流动人口犯罪原因及预防对策》,《新疆社科论坛》2014 年第 3 期。

李卫刚、姜雨奇:《行政执法与刑事司法衔接机制实证分析——以新疆为例》,《新疆师范大学学报》(哲学社会科学版)2012 年第 5 期。

宋红彬、陈育涛、张昆:《20 世纪 90 年代以来新疆毒品问题的质变与禁毒变革》,《新疆社会科学》2012 年第 5 期。

魏磊:《少数民族文化遗产保护的法律思考——以新疆为例》,《贵州民族研究》2014 年第 12 期。

吕睿:《基于新疆实践的民间文学艺术法律保护探究》,《新疆社会科学》2014 年第 1 期。

叶芳芳:《法律视阈下少数民族非物质文化遗产新型分类与保护范式——以新疆哈萨克族为例》,《新疆大学学报》2014 年第 5 期。

薛全忠、许忠明:《西部少数民族农村多元纠纷解决机制研究——以新疆少数民族农村为例》，《贵州民族研究》2014 年第 11 期。

阿依古丽·穆罕默德艾力：《新疆少数民族婚姻家庭的法律问题探析》，《西北民族研究》2011 年第 4 期。

艾力江·阿西木：《论维吾尔族"塔拉克"离婚习俗的法律效力问题》，《内蒙古民族大学学报》（社会科学版）2011 年第 6 期。

白洁、陈宾：《新疆哈萨克族婚姻制度的法律思考》，《新疆大学学报》2012 年第 6 期。

申德英：《新疆加强与创新社会管理对策研究》，《新疆社会科学》2015 年第 5 期。

郭沅鑫：《新世纪以来新疆维吾尔自治区党的基层组织建设研究》，博士学位论文，武汉大学，2012 年。

戴宁宁：《新疆南疆地区基层组织建设存在问题及对策》，《北方民族大学学报》2015 年第 5 期。

杨清：《善治理论视角下的"访民情、惠民生、聚民心"活动价值内涵》，《新疆大学学报》2015 年第 6 期。

唐文睿、石路：《新疆城市危机管理中的社区参与探究》，《新疆师范大学学报》（哲学社会科学版）2012 年第 3 期。

常安：《法治化：兵团发展与新疆长治久安的有力保障》，《石河子大学学报》2013 年第 2 期。

朱志燕：《新疆生产建设兵团研究述评》，《青海民族研究》2015 年第 3 期。

龚先砦：《试论军垦文化对兵团法治建设的影响》，《西部法学评论》2013 年第 1 期。

姬亚平、王嘉兴：《依法治国背景下新疆生产建设兵团的法治化研究》，《行政法学研究》2015 年第 1 期。

王彪、卢大林：《兵团师市合一体制下新建城市政权建设的三个现实法律问题》，《石河子大学学报》2013 年第 5 期。

李江成：《新疆兵团城镇化综合发展水平实证分析》，《石河子大学学报》2010 年第 2 期。

姜志富、刘永萍、连艺菲：《新疆兵团师域团场经济发展水平的综合评价》，《石河子大学学报》2010 年第 2 期。

申笑梅、李辉：《兵团人口老龄化问题分析》，《石河子大学学报》2013 年第 3 期。

顾光海：《新疆兵团"师市合一"城镇化发展道路探析》，《新疆大学学报》2010 年第 4 期。

杨圣敏：《如何认识当代中国的民族问题——以新疆为主要案例的分析》，《西北民族研究》2015 年第 3 期。

熊坤新：《当前中国民族理论研究应坚持的路径和方向》，《中央民族大学学报》2010 年第 6 期。

安丽：《分裂与融合——新疆民族问题的政策分析》，硕士学位论文，复旦大学，2011 年。

徐磊：《社会转型期新疆"民族团结"理论新解》，《新疆社会科学》2014 年第 3 期。

李丽丽：《新阶段新疆民族问题影响因素研究》，硕士学位论文，石河子大学，2014 年。

葛艳玲：《当前新疆北疆基层民族关系研究》，博士学位论文，兰州大学，2012 年。

李晓霞：《新疆民族关系走向及其影响因素分析》，《北方民族大学学报》2012 年第 1 期。

王茜、李吉和：《影响当前新疆民族关系的主要因素分析》，《黑龙江民族丛刊》2015 第 2 期。

吕永红：《马克思交往理论视角下新疆和谐民族关系构建》，《西北民族大学学报》（哲学社会科学版）2013 年第 5 期。

史界、张先亮：《论新时期民族关系和谐与构建和谐新疆》，《新疆师范大学学报》（哲学社会科学版）2011 年第 3 期。

木拉提·黑尼亚提：《以现代文化引领新疆和谐民族关系研究》，《新疆大学学报》2011 年第 4 期。

孙岿：《对口援疆背景下的民族关系协调机制》，《中南民族大学学报》（人文社会科学版）2011 年第 4 期。

殷冀锋：《论援疆工作中新疆和谐民族关系的构建》，《民族论坛》2012 年第 14 期。

张国玉、余斌：《维汉关系中族群意识与国家认同的实证分析》，《西北民族研究》2010 年第 3 期。

陈怀川、张素绮：《论族际个体互动视角下维汉关系走向及其深层影响因素》，《新疆社会科学》2010 年第 6 期。

赵茜：《现代化进程中少数民族知识精英的困境分析——以维吾尔族知识精英为例》，《宁夏社会科学》2015 年第 1 期。

张丽娟：《地缘政治视野下中亚民族问题对中国新疆民族关系的影响》，博士学位论文，中央民族大学，2011 年。

万雪玉：《近三十年国内柯尔克孜族研究的回顾与反思》，《西域研究》2010 年第 1 期。

谢贵平：《认同建构：新疆安全治理的新路径》，《新疆社会科学》2015 年第 3 期。

安晓平、高汝东：《公民意识视角下新疆跨界民族的文化认同培育》，《云南师范大学学报》（哲学社会科学版）2011 年第 5 期。

李瑞君、代晓光：《从民族认同到公民认同：新疆政治文化转型刍议》，《新疆社会科学》2012 年第 1 期。

范帆：《新疆少数民族国家认同的社会学解析》，《贵州民族研究》2014 年第 7 期。

徐平、张阳阳：《新疆各族国家认同状况调查与分析》，《中央民族大学学报》2013 年第 6 期。

高晓锋：《新疆少数民族中华文化认同的困境与对策》，《贵州民族研究》2014 年第 8 期。

汤先萍、杨露露：《论新疆地区国家意识教育有效途径》，《新疆大学学报》2014 年第 1 期。

李瑞君：《当代新疆民族文化现代化与国家认同研究》，博士学位论文，中央民族大学，2012 年。

魏昀：《社会转型期新疆少数民族价值观变迁探析》，《新疆社科论坛》2012 年第
3 期。

吴艳华：《国家认同视域下维吾尔传统政治文化的当代调适》，《新疆社会科学》
2015 年第 3 期。

吴琼：《从心理文化特征看新疆哈萨克族的国家认同意识》，《新疆大学学报》2012
年第 1 期。

阿达莱提·塔伊尔：《中国柯尔克孜族的国家认同和民族认同调查研究》，《新疆大
学学报》2010 年第 6 期。

陈旭：《中国共产党宗教政策在新疆的运用与实践》，《宗教学研究》2014 年第
1 期。

李奋：《新疆宗教文化生态现状研究》，博士学位论文，中央民族大学，2010 年。

张洁、张梅：《新疆少数民族双语教育发展历程综述》，《西北民族大学学报》（哲
学社会科学版）2012 年第 1 期。

郭泰山、董西彩：《对当前新疆宗教工作和政策选择的评析》，《世界宗教研究》
2012 年第 6 期。

龙群、吕敏：《改革开放以来新疆宗教事务管理创新研究综述》，《西北民族大学学
报》（哲学社会科学版）2015 年第 3 期。

戴宁宁、刘继杰：《从宗教的心理属性看边疆多民族地区宗教事务管理的路径选
择——基于新疆南疆等地的田野调查》，《新疆社会科学》2013 年第 1 期。

马黎晖、夏冰：《协商民主在新疆和谐宗教关系构建中的作用》，《新疆社会科学》
2012 年第 2 期。

郭泰山、董西彩：《社会转型中的嬗变与应对——谈当前新疆宗教工作及宗教学研
究》，《新疆社会科学》2011 年第 6 期。

顾华详：《长治久安视域下宗教事务管理创新的法治保障研究》，《新疆大学学报》
2014 年第 3 期。

王英姿：《以宗教与法律的良性互动促进新疆和谐发展的思考》，《新疆社会科学》
2010 年第 4 期。

陈琪：《新疆宗教事务立法研究——兼评〈新疆维吾尔自治区宗教事务条例〉》，
《新疆社会科学》2015 年第 1 期。

王磊：《当前新疆"穆斯林妇女蒙面问题"的审视与对策》，《新疆社会科学》
2015 年第 1 期。

王磊：《新疆非法宗教活动的理论透视及其对策思考》，《新疆社会科学》2013 年
第 6 期。

李晓霞：《新疆制止非法宗教活动政策及实践分析》，《新疆社会科学》2014 年第
4 期。

王萍：《关于公共场所禁止穿戴蒙面罩袍的相关法律适用》，《新疆社科论坛》2015
年第 2 期。

吴敏：《当代新疆大学生对宗教问题认识调查报告》，《新疆社会科学》2015 年第
5 期。

张春霞、蒲晓刚：《境外宗教渗透与新疆意识形态安全》，《新疆社会科学》2010年第1期。

苏畅：《当前中亚宗教极端势力特点及发展趋势》，《新疆师范大学学报》（哲学社会科学版）2014年第1期。

热米娜·肖凯提、陈昌文：《试论新疆南疆农村伊斯兰教教职人员影响力》，《新疆社会科学》2010年第6期。

龙群、王立娟：《现代化进程中新疆伊斯兰教的适应性研究》，《新疆社会科学》2015年第1期。

于尚平：《新疆所谓"瓦哈比派"的实质是当代伊斯兰极端主义》，《新疆社会科学》2014年第4期。

阿布力米提·亚森：《试论新疆维吾尔族中的什叶派穆斯林——来自莎车的调查研究》，《北方民族大学学报》2010年第2期。

姚学丽：《伊斯兰教对新疆喀什地区维吾尔族女性婚姻的影响研究》，《新疆社会科学》2014年第2期。

姚学丽：《新疆南部维吾尔族女性信教者宗教认知调查研究》，《新疆大学学报》2015年第2期。

任红、马品彦：《新疆克拉玛依市伊斯兰教信仰现状和妇女戴面纱现象调查》，《新疆社会科学》2014年第2期。

胡欣霞：《新疆维吾尔族伊斯兰教信教者阶层心理状态分析》，《新疆社科论坛》2011年第3期。

马岳勇：《新疆回族伊斯兰教的宗教人类学考察》，《北方民族大学学报》2010年第6期。

龙群：《和谐社会视阈下伊斯兰教对新疆回族的影响》，《西北民族大学学报》（哲学社会科学版）2010年第2期。

姚学丽、刘仲康：《巴音郭楞蒙古自治州城镇和牧区蒙古族藏传佛教态度对比研究》，《世界宗教研究》2010年第4期。

姚学丽、周普元：《新疆和静县藏传佛教寺庙调查》，《西南民族大学学报》（人文社会科学版）2012年第7期。

王建新：《现代语境中的新疆维吾尔萨满研究——基于人类学的视角》，《北方民族大学学报》2010年第2期。

阿斯卡尔·居努斯：《新疆塔城柯尔克孜族的藏传佛教信仰特征》，《新疆大学学报》2014年第3期。

李建生：《基督教伦理对新疆"两教"信众的影响》，《新疆师范大学学报》（哲学社会科学版）2010年第1期。

张爱春：《新疆塔吉克族宗教宗教现状研究》，硕士学位论文，新疆师范大学，2013年。

托丽娜依·达列力汗：《新疆柯尔克孜族宗教信仰研究》，硕士学位论文，新疆大学，2010年。

吴秀杰：《文化反思与打造传统》，《新疆师范大学学报》（哲学社会科学版）2011年第6期。

李建军：《新中国成立以来的新疆传统文化变迁》，《新疆师范大学学报》（哲学社会科学版）2013 年第 5 期。

李晓霞：《新时期新疆快速的社会变迁及其面临的挑战》，《新疆社会科学》2013 年第 3 期。

周泓：《新疆多元地缘性与地域性文化演变》，《民族论坛》2014 年第 1 期。

木拉提·黑尼亚提：《启蒙精神与新疆少数民族传统文化的转型》，《新疆社会科学》2011 年第 4 期。

高静文、张春霞：《哲学视域中的新疆文化现代转型》，《新疆师范大学学报》（哲学社会科学版）2012 年第 2 期。

王平、蒋帆：《冲突·调适·共荣——转型过程中新疆地区文化冲突的几点思考》，《青海民族研究》2015 年第 2 期。

张春梅：《现代化、现代性、文化转型——对"以现代文化为引领"的理性思考》，《新疆师范大学学报》（哲学社会科学版）2011 年第 3 期。

刘明：《新疆塔吉克族农业环境变迁与文化适应调查研究》，《新疆社会科学》2010 年第 4 期。

丁守庆：《论现代文化引领新疆跨越式发展和长治久安的目标归宿》，《新疆师范大学学报》（哲学社会科学版）2012 年第 5 期

丁守庆：《论现代文化引领新疆跨越式发展和长治久安的实践意义》，《新疆大学学报》2012 年第 5 期。

祖力亚提·司马义：《以现代文化引领新疆现代化进程》，《新疆大学学报》2012 年第 5 期。

张付新、谢贵平：《试论新疆的文化多样性》，《西北民族大学学报》（哲学社会科学版）2010 年第 1 期。

赵天：《共建丝绸之路经济带的文化交流战略研究》，《新疆社会科学》2015 年第 2 期。

陈宏：《论现代文化引领在跨越式发展和长治久安中的重要性》，《新疆师范大学学报》（哲学社会科学版）2011 年第 5 期。

李建军：《论现代文化及新疆以现代文化为引领的依据》，《新疆师范大学学报》（哲学社会科学版）2011 年第 3 期。

李建军：《以地域多元民族文化增强新疆文化软实力》，《兰州大学学报》（社会科学版）2012 年第 3 期。

李建军：《新疆现代文化发展态势及引领路径》，《新疆社会科学》2013 年第 5 期。

李建军：《新疆现代文化发展战略的实现途径》，《新疆师范大学学报》（哲学社会科学版）2012 年第 1 期。

孟凯：《现代文化引领的哲学解读》，《新疆师范大学学报》（哲学社会科学版）2013 年第 3 期。

张振华、蒋萌萌：《新疆文化安全略论》，《石河子大学学报》2014 年第 6 期。

石锋：《给西方视野一个真实生动的新疆——从西方媒体报道看新疆形象建构策略》，《新疆社会科学》2013 年第 3 期。

王斌：《国家级电视媒体在维吾尔族观众中影响力研究》，《中央民族大学学报》

2012 年第 5 期。

马戎：《新疆城镇发展和双语教育的进程——南疆地区两个专题调研报告》，《西北民族研究》2011 年第 2 期。

米海古丽·司马义：《关于新疆双语教学若干问题的再思考》，《新疆社会科学》2011 年第 4 期。

赵建梅：《培养双语双文化人：新疆少数民族双语教育的人类学研究》，博士学位论文，华东师范大学，2011 年。

祖力亚提·司马义：《新疆高等院校"民汉双轨制"向"民汉一体化"模式转型研究》，《西北民族研究》2015 年第 3 期。

陈世明：《新疆民汉双语教育产生和发展的基础》，《西北民族研究》2011 年第 3 期。

赵建梅：《新疆少数民族双语教育模式探讨》，《新疆师范大学学报》（哲学社会科学版）2012 年第 5 期。

王阿舒：《新疆双语教育政策的当代演进》，《新疆社会科学》2012 年第 3 期。

杨清：《新疆少数民族教育立法探析》，《新疆大学学报》2012 年第 3 期。

鲁细珍、解玲：《二十世纪以来新疆哈萨克族高等教育发展概览》，《伊犁师范学院学报》（社会科学版）2010 年第 3 期。

王永亮：《新疆维吾尔族民间工艺文化内涵及其价值分析》，《贵州民族研究》2014 年第 11 期。

袁志刚：《新疆维吾尔族民间土陶艺术及其保护》，《民族艺术研究》2011 年第 5 期。

徐迪刚、董馥伊：《新疆乡土文化艺术语境下的图式与符号》，《贵州民族研究》2014 年第 12 期。

李季莲：《新疆非物质文化遗产的奇葩：各民族传统舞蹈》，《西北民族研究》2011 年第 1 期。

廖梦、薛洁：《试析新疆曲子的社会功能》，《民族论坛》2012 年第 10 期。

刘敏、徐敦广：《新疆伊犁地区民歌研究综述与思考》，《民族艺术研究》2015 年第 4 期。

木亚赛尔托乎提：《论维吾尔族戏剧现状与发展》，《西北民族大学学报》（哲学社会科学版）2012 年第 1 期。

李勇：《略论新疆少数民族题材美术创作的特性和价值》，《新疆社会科学》2010 年第 1 期。

芦甲川：《新疆当代油画家群体与其创作风格特征》，《民族艺术研究》2013 年第 1 期。

周建朋：《新疆山水画写生的地域特征研究》，《石河子大学学报》2010 年第 3 期。

阿斯亚买买提：《维吾尔族服饰色彩的文化传承》，《民族艺术研究》2010 年第 2 期。

陈剑：《新疆维吾尔族传统文化的传承与发展》，《贵州民族研究》2014 年第 11 期。

韩慧萍、薛洁：《新疆哈萨克族女性民俗变迁》，《民俗研究》2010 年第 2 期。

王敏：《"巴扎"（集市）里的空间与文化含义》，《西北民族研究》2013年第3期

王敏：《"巴扎"（集市）日的时间规制》，《西北民族研究》2014年第2期。

王敏：《南疆乡村"巴扎"（集市）间的空间结构与文化含义》，《西北民族研究》2015年第2期。

张梅：《新疆区情与语言规划》，《中南民族大学学报》（人文社会科学版）2012年第3期。

尹小荣：《语言安全视角下的新疆语言战略研究》，《新疆社会科学》2015年第6期。

王莉、连吉娥：《新疆维吾尔族聚居区的语言生活及其发展问题研究》，《新疆社会科学》2015年第6期。

董印其、陈岳：《新疆汉语方言研究30年文献述评》，《新疆师范大学学报》（哲学社会科学版）2012年第4期。

刁小卫、杜秀丽：《新疆锡伯语言文字使用的调查与思考》，《中南民族大学学报》（人文社会科学版）2015年第3期。

马晓玲：《新疆回族话使用现状调查》，《新疆社会科学》2015年第6期。

尹小荣、刘静：《锡伯族家庭语言保持现状透析》，《新疆师范大学学报》（哲学社会科学版）2013年第6期。

张春梅：《新疆当代小说创作状况的回顾与反思》，《新疆大学学报》2010年第3期。

胡昌平、李昌云：《新疆当代多民族文学的"地方性"问题》，《石河子大学学报》2015年第3期。

艾光辉、艾美华：《新疆当代各民族文学关系的实证分析》，《新疆师范大学学报》（哲学社会科学版）2014年第3期。

王志萍：《革命进程中民族、性别关系的文学构建——以新疆革命题材作品为中心》，《民族文学研究》2011年第2期。

王志萍：《当代新疆文学的现状与反思》，《新疆社科论坛》2015年第2期。

张新艳、汪娟：《新疆当代散文作家的行走写作》，《新疆大学学报》2013年第6期。

何莲芳、矫健：《在纪实的空间里奔突探索——新疆新时期报告文学文体发展嬗变研究》，《新疆社科论坛》2012年第2期）

罗艳：《维吾尔当代文学中的壮美意象及其民族审美趣尚》，《新疆社会科学》2012年第4期。

星汉：《天山诗派初探》，《新疆社科论坛》2010年第1期。

陈尚斌：《试论新疆跨越式发展的内涵及意义》，《喀什师范学院学报》2012年第1期。

胡鞍钢、王洪川《全面建成小康社会的战略选择——以新疆为例》（《新疆师范大学学报》（哲学社会科学版）2013年第4期。

梁炜昊：《科学发展观视域下新疆转变经济发展方式探析》，《新疆社科论坛》2013年第3期。

文峰：《新疆经济和谐发展：现状、问题和对策》，《西北民族大学学报》（哲学社

会科学版）2010 年第 1 期。

唐立久：《新疆经济跨越式发展的战略路径选择》，《新疆师范大学学报》（哲学社会科学版）2010 年第 2 期。

陈宏：《党领导新疆实现历史性巨变对跨越式发展与长治久安的启示》，《新疆社会科学》2012 年第 4 期。

尚豫新、祝宏辉《新疆固定资产投资与经济增长研究》，《石河子大学学报》（哲学社会科学版）2011 年第 1 期。

王玉龙《经济文化类型与新疆地区经济跨越式发展研究》（《贵州民族研究》2013 年第 5 期。

蔡文伯、燕晋峰：《新疆高等教育对区域经济增长贡献率的实证分析》，《石河子大学学报》2014 年第 2 期。

韩延玲、陈三景：《新疆对外贸易与经济增长的关系探究——基于协整分析》，《新疆财经》2015 年第 3 期。

夏文斌、刘志尧：《区域公平视角下的新疆跨越式发展》，《石河子大学学报》2013 年第 1 期。

蒙永胜、李琳、夏修国：《新疆新型工业化、农牧业现代化与新型城镇化协调发展研究》，《新疆社会科学》2013 年第 6 期。

安悦君、江石湍：《对推进新疆跨越式发展和长治久安的再认识》，《新疆社科论坛》2012 年第 5 期。

周斌、王常亮：《新疆实现跨越式发展的核心与途径》，《新疆社科论坛》2012 年第 5 期。

齐少虎、高志刚：《新疆工业主导产业演化研究》，《新疆财经》2013 年第 3 期。

甘昶春、胡隽秋：《新疆发展战略性新兴产业的现实选择》，《新疆社科论坛》2010 年第 4 期。

佟亮、张丽：《新疆产业结构演进对劳动生产率增长的效应分析》，《新疆财经》2011 年第 6 期。

尤济红、高志刚：《新疆产业结构调整中的要素产出效率分析》，《新疆大学学报》2013 年第 3 期。

张丽、佟亮：《新疆产业结构演进对全要素生产率增长的效应分析》，《新疆社会科学》2013 年第 5 期。

赵新民：《承接产业转移下的新疆棉纺产业本地化研究》，《石河子大学学报》2012 年第 1 期。

张鑫：《对口支援政策下的产业援疆模式选择与实现路径》，《石河子大学学报》2014 年第 1 期。

龚新蜀、程晓丽、顾成军：《新疆承接产业转移问题研究》，《石河子大学学报》2012 年第 6 期。

赵川、纪尚伯：《新疆承接国内产业转移的正负效应分析》，《新疆财经大学学报》2015 年第 2 期。

高志刚、龚维、齐少虎：《新疆新型工业化发展水平评价与主导产业选择》，《新疆财经》2012 年第 4 期。

刘志林：《新疆特色农业品牌化过程中存在问题透视》，《新疆财经》2012 年第 6 期。

王磊、田砚：《新疆农副食品加工业竞争力研究》，《石河子大学学报》2014 年第 1 期。

罗芳、黄燕：《新疆农业经济增长与农业生产要素的相关性分析》，《石河子大学学报》2013 年第 3 期。

杨明灿、陈军：《新疆农业资本深化对农业经济增长的相关性实证分析》，《新疆社科论坛》2015 年第 1 期。

谢宗棠、刘燕华、刘宏霞：《农村经济制度变迁与西北民族地区农业增长分析——以新疆为例》，《西北民族大学学报》（哲学社会科学版）2015 年第 4 期。

瞿建蓉：《浅析新时期新疆现代农业发展》，《新疆社科论坛》2013 年第 5 期。

彭银春：《新疆发展制造业的必要性、可行性及对策研究》，《新疆财经大学学报》2011 年第 4 期。

涂远博、马海霞：《新疆电子信息产业发展研究》，《新疆财经》2011 年第 1 期。

陈海霞、李磊：《新疆服务业的发展态势、结构特征及效率评价》，《新疆社会科学》2011 年第 3 期。

蒋小凤：《加速推进新疆新型工业化》，《新疆社科论坛》2013 年第 5 期。

宋香荣、苏斌、唐小玉：《新疆高技术产业发展现状及趋势分析》，《新疆财经》2012 年第 5 期。

王永茂、董梅、张启疆：《新疆高新技术企业发展问题探析》，《新疆财经》2015 年第 5 期。

龚海涛、张晟义：《新疆能源生物质资源的估算及分布特点》，《新疆财经》2011 年第 2 期。

张艳：《新疆发展低碳经济的战略思考》，《新疆大学学报》2011 年第 4 期。

郭元珍、孙雅：《新疆本土企业低碳成长影响因素及对策研究》，《新疆社会科学》2014 年第 6 期。

裘品姬：《加快新疆农村能源发展的对策建议》，《新疆社会科学》2010 年第 3 期。

潘红祥、戴小明：《新疆油气资源开发收益分配机制现状分析与对策研究》，《北方民族大学学报》2012 年第 5 期。

丁洁：《新疆税收与税源背离问题研究》，《新疆社会科学》2014 年第 4 期。

刘凤莲、高素芳：《新疆旅游产业结构动态分析与优化研究》，《石河子大学学报》2010 年第 6 期。

张艳、李光明：《新疆旅游业投入产出分析》，《新疆财经大学学报》2011 年第 4 期。

王松茂、方良彦、邓峰：《新疆旅游经济要素投入产出的 DEA 相对效率分析》，《新疆大学学报》2014 年第 5 期。

杨宏伟、马腾：《丝绸之路经济带视阈下新疆旅游中心地体系分形研究》，《石河子大学学报》2014 年第 6 期。

黄可：《推动新疆旅游业发展方式转变的思考》，《新疆社会科学》2010 年第 5 期。

朱磊、吕雁琴：《新疆旅游地生命周期分析及其调控研究》，《新疆大学学报》2011

年第 3 期。

王慧君：《文化创意旅游视域下的新疆旅游发展对策》，《新疆社会科学》2011 年第 6 期。

金璐：《论新疆文化旅游产业发展模式》，《新疆师范大学学报》（哲学社会科学版）2012 年第 3 期。

王友文：《论新疆北部沿边地区生态旅游发展战略的创新》，《伊犁师范学院学报》（社会科学版）2010 年第 3 期。

李新英：《新疆构建向西开放新格局的国内外宏观环境分析》，《新疆社会科学》2012 年第 3 期。

张焕琳、龚新蜀：《新疆加工贸易与产业结构关系的实证研究》，《新疆财经》2011 年第 3 期。

毕燕茹、秦放鸣：《面向中亚，新疆外向型经济跨越式发展的实证分析及思考——基于产业视角》，《新疆大学学报》2010 年第 5 期。

胡国良：《新疆外贸行业市场结构变动分析》，《新疆财经》2012 年第 5 期。

黄涛、孙慧、马德：《"丝绸之路经济带"背景下新疆与中亚贸易潜力的实证分析——基于面板数据的引力模型》，《新疆社会科学》2015 年第 1 期。

柴利、顾丽华、张登钧：《新疆对外承包工程企业中亚市场开拓研究》，《新疆财经》2015 年第 4 期。

程云洁：《新形势下促进新疆进口贸易发展的必要性和路径选择》，《石河子大学学报》2013 年第 2 期。

葛飞秀、李玉琳：《丝绸之路背景下新疆物流发展与对外贸易关系的实证研究》，《新疆社会科学》2015 年第 4 期。

张蕾：《新疆地区外商投资与进出口贸易关系的实证分析》，《中央民族大学学报》2015 年第 S1 期。

张庆红：《新疆城镇贫困的测度及影响因素分析》，《石河子大学学报》2015 年第 1 期。

王宏丽：《新疆少数民族贫困县贫困程度的测度与分析》，《新疆社会科学》2012 年第 5 期。

钱微、郭艳芹：《"十二五"时期新疆扶贫开发的战略思考》，《新疆财经大学学报》2012 年第 1 期。

李翠锦、李万明：《家庭特征、村庄特征与新疆农村动态贫困》，《新疆大学学报》2015 年第 1 期。

李红：《新疆南疆三地州产业化扶贫研究》，《新疆财经》2013 年第 4 期。

张庆红：《新疆城镇贫困的现状、成因及对策分析》，《新疆社科论坛》2014 年第 3 期。

张庆红：《基于经济增长的新疆减贫效果趋势分析》，《新疆财经》2014 年第 5 期。

赵红杰：《新疆产业结构与就业结构协调性及影响因素分析》，《石河子大学学报》2012 年第 3 期。

陈玉萍：《基于产业结构调整的新疆就业前景分析》，《新疆财经》2012 年第 6 期。

蔡玉洁、马桂花：《新疆产业结构及其就业结构变化状况分析，1996—2011）》，

《新疆社科论坛》2014 年第 2 期。

秦放鸣、喻科：《新疆就业弹性实证研究》，《新疆社会科学》2015 年第 1 期。

赵强：《新疆产业结构与就业结构实证分析》，《新疆社会科学》2010 年第 1 期。

秦放鸣、武斯斯：《新疆人才吸引力和流失率实证研究》，《新疆师范大学学报》（哲学社会科学版）2013 年第 5 期。

赵强：《新疆少数民族地区农村劳动力转移的制约因素分析》，《西南民族大学学报》（人文社会科学版）2015 年第 9 期。

赵若男、朱涛涛：《新疆大学生就业压力调查分析》，《新疆财经大学学报》2014 年第 4 期。

孙峈、张晓琼、朱军：《援疆企业对促进就业的作用及其局限性——基于山东援助喀什 4 县的实证研究》，《中南民族大学学报》（人文社会科学版）2014 年第 5 期。

刘追、苟虹璐：《新疆区域内人口迁移现状及效果评价》，《新疆财经》2014 年第 3 期。

刘月兰、汪学华：《新疆内在性人口安全因素分析》，《石河子大学学报》2010 年第 4 期。

王平：《新疆少数民族人口社会流动问题初探》，《新疆大学学报》2010 年第 4 期。

刘玉祥、郭德辉：《新疆社会保障水平分析：2000 年—2010 年》，《新疆财经大学学报》2012 年第 3 期。

徐晓莉、喻科、周杰：《新疆社会保障水平及其适度选择分析》，《新疆大学学报》2013 年第 1 期。

崔登峰：《新疆城乡养老保障制度变迁与差异统筹》，《石河子大学学报》2014 年第 2 期。

潘玉珍、王贵荣、黄玲娣、蒋岳蘅、庞岩、张洪江、马蕊：《新疆城乡低收入群体住房保障问题研究》，《新疆财经》2012 年第 2 期。

张春林：《关于建立新疆城乡居民医疗保险一体化的思考》，《新疆社会科学》2013 年第 1 期。

吴玉萍：《新疆绿洲城镇化面临的生态瓶颈及其环境法对策》，《石河子大学学报》2014 年第 2 期。

林萍、蒋莉、吴磊：《新疆绿洲现代节水农业发展战略思考》，《石河子大学学报》2010 年第 2 期。

宋建华：《可持续发展视角下的新疆现代生态农业建设之路》，《新疆社会科学》2013 年第 4 期。

黄海平、黄宝连：《新疆节水型社会建设相关问题研究》，《石河子大学学报》2010 年第 6 期。

王霞、何颖舟：《新疆水资源承载力探析》，《新疆财经大学学报》2011 年第 2 期。

左文龙、汪寿阳、陈曦、秦艳芳、董纪昌：《新疆水资源开发利用现状及其应对跨越式发展的战略对策》，《新疆社会科学》2013 年第 1 期。

陈红梅、李青：《基于主成分分析法的水资源承载力综合评价——以新疆喀什地区为例》，《塔里木大学学报》2013 年第 2 期。

黄宝连、黄海平、王生贵：《新疆水资源及其产业间用水结构特征研究》，《石河子大学学报》2012 年第 5 期。

马晓钰、马合木提·托尔逊：《新疆生态足迹与生态过剩人口分析》，《新疆大学学报》2010 年第 4 期。

王东：《新疆湿地生态系统保护法律研究》，《新疆财经大学学报》2011 年第 1 期。

刘永萍、王超：《新疆产业结构变迁与生态环境系统协调性测度分析》，《石河子大学学报》2012 年第 2 期。

李辉、张晋霞：《新疆承接产业转移的生态环境效应分析——基于 EKC 模型》，《石河子大学学报》2014 年第 2 期。

黄子健：《"资源诅咒"：测度与破解——一个来自新疆的经验证据》，《新疆财经大学学报》2013 年第 4 期。

王宏丽：《新疆资源开发·能源结构与地区经济增长》，《新疆社会科学》2013 年第 5 期。

刘艳、刘杨：《新疆能矿资源开发与保护当地农牧民利益关系研究》，《内蒙古民族大学学报》（社会科学版）2015 年第 5 期。

王钜峰、克翘：《新疆工业增长与环境污染关系的计量研究》，《新疆财经大学学报》2011 年第 3 期。

安梅梅、龚新蜀：《资源环境约束下的新疆工业发展方式研究》，《石河子大学学报》2012 年第 2 期。

安梅梅、龚新蜀：《新疆产业转型与生态环境效应分析》，《新疆财经》2011 年第 4 期。

陈作成：《新疆重点生态功能区生态补偿经济效应研究》，《西南民族大学学报》（人文社会科学版）2015 年第 12 期。

方珊媛、王勤：《进一步建立健全新疆生态补偿机制》，《新疆社科论坛》2014 年第 1 期。

胡青江、马红：《新疆相对资源承载力分析》，《新疆社科论坛》2012 年第 5 期。

韩桂兰：《新疆人口分布与土地资源承载力协调的量化评价与分析》，《新疆财经》2012 年第 4 期。

李大勇：《从问题上交到协调解决：传统与创新——以新疆天北新区成立为分析样本》，《西部法学评论》2011 年第 1 期。

徐磊：《近代以来南疆发展少数民族经济的探索——从蚕桑业历史发展谈起》，《伊犁师范学院学报》（社会科学版）2015 年第 2 期。

张晶晶、綦群高、张涛：《南疆三地州少数民族农村剩余劳动力转移问题研究——以新疆和田地区墨玉县为例》，《新疆社科论坛》2011 年第 3 期。

江承凤、米红、王志刚：《新疆少数民族人口文化素质与社会经济发展研究》，《甘肃社会科学》2014 年第 5 期。

李向阳：《民族地区资源型区域经济的成长与可持续发展——以新疆地区为例》，《贵州民族研究》2014 年第 11 期。

李晓霞：《新疆少数民族产业工人队伍发展及现状分析》，《北方民族大学学报》2015 年第 4 期。

聂阳：《喀什地区经济发展与民族关系和谐》，《民族论坛》2012 年第 16 期。

梁润萍：《新疆维吾尔族的传统商业贸易》，《民族论坛》2015 年第 3 期。

韩延玲：《新疆区域竞争力组合评价研究》，《新疆财经大学学报》2012 年第 3 期。

张帅、孙建光：《新疆县域经济空间集聚模式及空间溢出机制研究》，《新疆财经大学学报》2015 年第 3 期。

刘振林：《关于缩小新疆与内地发展差距的思考——差度理论与新疆经济发展差距》，《新疆社科论坛》2011 年第 1 期。

付金存、李豫新：《极化理论视角下民族地区经济不均衡及其分解研究——以新疆为例》，《中央民族大学学报》2013 年第 3 期。

彭清：《新疆经济社会发展不平衡的特殊性、影响及成因探究》，《新疆大学学报》2014 年第 2 期。

李广舜：《新疆财政改革的进程与经验》，《新疆社科论坛》2010 年第 1 期。

达潭枫：《中央财政保费补贴政策对新疆农业保险可持续发展的影响分析》，《新疆大学学报》2010 年第 5 期。

赵国春：《新疆财政支出状况分析与对策建议》，《新疆财经大学学报》2011 年第 1 期。

唐梁凤、贾亚男：《新疆公共教育支出与经济发展协调性的实证研究——基于财政性教育支出的视角》，《新疆财经》2012 年第 3 期。

刘玉祥、赵锡平：《新疆公共支出对居民收入差距影响的实证分析》，《新疆财经》2013 年第 2 期。

钟永飞：《财政奖励政策对农村金融机构信贷行为的影响——基于涉农贷款增量奖励政策的实证研究》，《新疆财经》2013 年第 6 期。

卢爱珍：《新疆承接产业转移的金融支持模式研究》，《新疆财经》2014 年第 5 期。

王晓蕾、谭春兰、阿不都：《新疆农村信用社信贷支农现状分析》，《新疆社会科学》2015 年第 6 期。

陈文新、马秀娟：《货币政策传导机制在新疆有效性的实证研究》，《石河子大学学报》2013 年第 2 期。

安瓦尔·买买提明：《推进新疆新型城镇化建设路径探索》，《新疆师范大学学报》（哲学社会科学版）2013 年第 6 期。

崔登峰、朱金鹤：《新疆城乡居民收入差距影响因素与对策分析》，《石河子大学学报》2010 年第 6 期。

蒲春玲、孟梅、刘明、刘志有：《新疆城乡统筹发展影响因素及综合评价分析》，《新疆大学学报》2012 年第 3 期。

尤立杰、高志刚：《基于主成分分析的新疆大城市发展问题研究》，《新疆财经》2011 年第 5 期。

龚海涛、翟佳林：《新疆城市化与新型工业化关系的研究》，《新疆财经》2013 年第 2 期。

黎云路、王超：《城市规划和人口密度：城市交通发展影响因素研究——以新疆乌鲁木齐市为例》，《新疆社会科学》2013 年第 3 期。

刘雅轩、肖逸、段祖亮：《基于 DEA 的新疆城市化效率研究》，《新疆财经》2014 年第 4 期。

高永辉、魏雪梅：《基于"六普"的新疆各少数民族人口城镇化进程分析》，《新疆大学学报》2015 年第 6 期。

李金叶、舒鑫：《"丝绸之路经济带"构建中新疆经济定位的相关思考》，《新疆大学学报》2013 年第 6 期。

秦放鸣、孙庆刚：《新疆在"丝绸之路经济带"建设中的定位和选择》，《新疆大学学报》2013 年第 6 期。

许建英：《"丝绸之路经济带"视野下新疆定位与核心区建设》，《新疆师范大学学报》（哲学社会科学版）2015 年第 1 期。

杨恕、王术森：《丝绸之路经济带：战略构想及其挑战》，《兰州大学学报》（社会科学版）2014 年第 1 期。

唐立久、穆少波：《中国新疆："丝绸之路经济带"核心区的建构》，《新疆师范大学学报》（哲学社会科学版）2014 年第 2 期。

陈德峰：《构建"丝绸之路经济带"新疆核心区的战略思考》，《新疆社科论坛》2014 年第 4 期。

陈涛、王习农：《共建"丝绸之路经济带"路径探析》，《新疆社科论坛》2014 年第 3 期。

张燕、高志刚：《丝绸之路经济带背景下新疆与周边四国贸易发展研究——基于贸易竞争性、互补性和增长潜力的实证分析》，《新疆社科论坛》2015 年第 2 期。

赵雅婷：《"一带一路"背景下中国战略支点的选择——以中国同哈萨克斯坦的战略合作为例》，《新疆社会科学》2015 年第 6 期。

李捷：《新疆长治久安的新战略——论丝绸之路经济带建设对新疆的意义》，《北方民族大学学报》（哲学社会科学版）2014 年第 4 期。

袁建民：《中巴经济走廊的战略意义及应对策略——以新疆在"丝绸之路经济带"战略上的地位和作用为例》，《新疆社科论坛》2015 年第 1 期。

（供稿：王义康　王　垚　白　帆）

附录二　当代中国边疆治理重要文献

新疆的历史与发展
（2003 年 5 月）

2003 年 5 月 26 日，国务院新闻办发表《新疆的历史与发展》白皮书。[①] 全文如下：

前　言

新疆维吾尔自治区（简称新疆）地处中国西北边陲，亚欧大陆腹地，面积 166.49 万平方公里，占中国国土面积六分之一，陆地边境线 5600 公里，周边与八个国家接壤，是古丝绸之路的重要通道。据 2000 年统计，新疆人口为 1925 万人，其中汉族以外的其他民族为 1096.96 万人。新疆现有 47 个民族成分，主要居住有维吾尔、汉、哈萨克、回、蒙古、柯尔克孜、锡伯、塔吉克、乌孜别克、满、达斡尔、塔塔尔、俄罗斯等民族，是中国五个少数民族自治区之一。

新疆自古以来就是一个多民族聚居和多种宗教并存的地区，从西汉（公元前 206 年—公元 24 年）开始成为中国统一的多民族国家不可分割的组成部分。中华人民共和国成立五十多年来，新疆各民族人民团结协作，努力开拓，共同书写了开发、建设、保卫边疆的辉煌篇章，新疆的社会面貌发生了翻天覆地的变化。

一、新疆自古是多民族聚居的地区

在古代历史上，曾有许多部落、民族在新疆聚居。新疆居民的族属，从汉代（公元前 206 年—公元 220 年）开始才有明确的记载，当时主要有：塞、月氏（音：肉支）、乌孙、羌、匈奴和汉人。

塞人，原游牧于东起伊犁河、楚河流域，西抵锡尔河地区。因被月氏排挤而西迁，一部分退至锡尔河北岸，另一些南下帕米尔，散居各地。月氏人，战国（公元前 475 年—公元前 221 年）时期活动于河西走廊到塔里木盆地的广大地区，秦（公元前 221 年—公元前 206 年）汉之际最为强盛。公元前 176 年前后，受匈奴的攻击，被迫向伊犁河流域迁徙，驱走那里的塞人而居其地。乌孙，最初活动于河西走廊。秦末汉初，受月氏人的攻击而依附于匈奴，后在匈奴的支持下，袭击月氏人，并将其逐出伊犁河流域。

---

①　该白皮书源自新华网，2003 年 5 月 26 日发布。

羌人，最初活动于黄河中上游地区。春秋（公元前 770 年—公元前 476 年）战国时期，一部分羌人经河西走廊，沿祁连山、昆仑山向西迁徙，从而在新疆留下了足迹。匈奴人，主要是在公元前 176 年前后进入新疆的。汉人，是较早进入新疆地区的民族之一。公元前 101 年，汉朝军队开始在轮台、渠犁等地屯田，后来扩大到全疆各地，各屯田点成为汉人进入新疆后最初的分布区域；公元前 60 年西域都护府设立以后，或为官、或从军、或经商，进入新疆的汉人连续不断。

魏晋南北朝（公元 220 年—公元 589 年）时期，是中国民族大融合时期，各民族迁徙往来频繁，又有许多古代民族进入新疆，如柔然、高车、嚈哒、吐谷（音：玉）浑等。柔然，是北方草原古老民族东胡人（中国古族名）后裔，五世纪初兴起于蒙古草原，公元 402 年建立了强大政权，同北魏（公元 386 年—公元 534 年）争夺西域。高车，亦称敕勒、铁勒，最初游牧于贝加尔湖及鄂尔浑河、土拉河流域。公元 487 年，高车副伏罗部首领阿伏至罗与其弟穷奇率所属十余万部落（户）西迁，在车师前部（今吐鲁番交河故城）西北建立高车国。嚈哒，起于塞北（古指长城以北地区），五世纪末东进塔里木盆地，南攻月氏，建立政权，并越过帕米尔高原，曾一度控制南疆部分地区。吐谷浑源于鲜卑（中国古族名），四世纪初自辽东（泛指辽河以东地区）西迁，逐渐控制了今甘南（甘肃南部地区）、四川和青海地区的氐（中国古族名）、羌等民族，建立政权。

隋（公元 581 年—公元 618 年）唐（公元 618 年—公元 907 年）时期，突厥、吐蕃等古代民族对新疆历史进程产生了重要影响。突厥是公元六世纪到八世纪活跃于中国西北和北方草原的古代游牧民族。公元 552 年突厥首领土门打败柔然，以漠北（蒙古高原大沙漠以北地区）为中心建立政权，尔后分裂为东西两部，为争夺汗权争斗不休。八世纪中叶，东、西突厥汗国相继灭亡，其后裔融入了其他民族之中。吐蕃是藏族的祖先，六世纪末兴起于青藏高原，占领青海后，开始与唐朝争夺西域。公元 755 年，中原地区爆发"安史之乱"（唐代安禄山、史思明发动的叛乱），大批驻守西域的唐军调往内地，吐蕃乘机占领南疆及北疆部分地区。

公元 840 年，大批回鹘人进入新疆。回鹘，原称回纥，是铁勒（中国古族名）诸部之一。最初活动于色楞格河和鄂尔浑河流域，后迁居土拉河北。公元 744 年，发展壮大了的回鹘于漠北建立政权，并两次出兵帮助唐朝中央政权平息"安史之乱"。公元 840 年，回鹘汗国因自然灾害侵袭、统治集团内讧及黠戛斯（中国古族名）的进攻等原因而崩溃，其部众大部分向西迁徙。其中一支迁往今吉木萨尔和吐鲁番地区，后建立高昌回鹘王国；还有一支迁往中亚草原，分布在中亚至喀什一带，与葛逻禄、样磨等民族一起建立了喀喇汗王朝。自此，塔里木盆地周围地区受高昌回鹘王国和喀喇汗王朝统治，当地的居民和西迁后的回鹘互相融合，这就为后来维吾尔族的形成奠定了基础。

1124 年，辽朝（公元 916 年—1125 年）皇族耶律大石率众西迁，征服新疆地区，建立西辽政权，一批契丹人（中国古族名）由此进入新疆。十三世纪初，成吉思汗率军进入新疆后，把他征服的地方分封给其子孙。回鹘人进一步同化、融合了部分契丹人、蒙古人。

瓦剌，是明代（1368 年—1644 年）对漠西蒙古的总称，初分布于叶尼塞河上游地区，后不断向额尔齐斯河中游、伊犁河流域扩展。十七世纪初，逐渐形成了准噶尔、杜尔伯特、和硕特、土尔扈特四部。十七世纪七十年代，准噶尔占据伊犁河流域，成为四部之主，并统治南疆。

十八世纪六十年代以后，清朝（1644 年—1911 年）政府为进一步加强新疆边防，从东北陆续抽调满、锡伯、索伦（达翰尔）等族官兵驻防新疆，他们成为新疆少数民族中的新成员。以后，又有俄罗斯、塔塔尔等民族移居新疆。至十九世纪末，新疆已有维吾尔、汉、哈萨克、蒙古、回、柯尔克孜、满、锡伯、塔吉克、达翰尔、乌孜别克、塔塔尔、俄罗斯共 13 个民族，以维吾尔族为主体，形成了新的多民族聚居分布格局。

二、多种宗教在新疆并存与传播

新疆作为古代东西方经济文化交流的主要通道和枢纽，自古以来就是一个多种宗教并存的地区。早在伊斯兰教传入前，祆教、佛教、道教、摩尼教、景教等多种宗教，就相继沿着丝绸之路传播到新疆，与当地土生土长的原始宗教一起在各地流传。伊斯兰教传入后，新疆不仅继续维持了多种宗教并存的局面，而且又有基督教、天主教等宗教传入。

在外来宗教传入以前，新疆的古代居民信仰本地土生土长的原始宗教及由原始宗教发展而成的萨满教。至今新疆的一些少数民族都还程度不同地保留着原始宗教和萨满教的观念及遗俗。

公元前四世纪前后，产生于古代波斯的琐罗亚斯德教即中国所称之祆教（俗称拜火教）经中亚传入新疆。南北朝至隋唐时期，祆教流行于新疆各地，吐鲁番地区尤为盛行。当时的高昌政权专门设置了机构和官员来加强对祆教的管理。新疆一些信仰伊斯兰教的民族历史上曾信仰过祆教。

公元前一世纪前后，产生于印度的佛教经克什米尔传入新疆。不久，佛教就在各地统治者的大力推行下，发展成为新疆的主要宗教。佛教鼎盛时期，在塔里木盆地周缘各绿洲，佛寺林立，僧尼众多，还形成了于阗、疏勒、龟兹（音：秋词）、高昌等著名的佛教中心。新疆佛教在造像、绘画、音乐、舞蹈、寺院和石窟建筑艺术等方面，都达到了很高的水平，留下了大量珍贵的文化遗产，丰富了中国和世界文化艺术宝库。

公元五世纪左右，中国内地盛行的道教随着汉人的不断到来传入新疆。但是传播范围不广，主要盛行于汉人比较集中的吐鲁番、哈密等地。直到清代，道教才传播到全疆各地。

公元六世纪前后，摩尼教由波斯经中亚传入新疆。九世纪中叶，以摩尼教为国教的回鹘西迁新疆后，促进了摩尼教在新疆的发展。信仰摩尼教的回鹘人在吐鲁番地区建造寺院，开凿洞窟，翻译经典，绘制壁画，弘扬摩尼教教义和文化。在摩尼教传入前后，景教（基督教的早期派别聂斯脱利派）也传入了新疆，但早期传播不够广泛。到元朝（1206 年—1368 年）时，才因为大量回鹘人接受景教而兴盛起来。

九世纪末十世纪初，伊斯兰教经中亚传入新疆南部地区。十世纪中叶，信仰伊斯兰教的喀喇汗王朝发动了对于阗佛教王国历时四十余年的宗教战争，于十一世纪初灭亡于阗，把伊斯兰教推行到和阗地区。十四世纪中叶起，在察合台汗国（蒙古成吉思汗二子察合台在西域建立的藩属国）的强制推行下，伊斯兰教逐渐成为察合台汗国的蒙古人、维吾尔人、哈萨克人、柯尔克孜人、塔吉克人等信仰的主要宗教。十六世纪初，伊斯兰教最终取代佛教成为新疆的主要宗教。

伊斯兰教成为维吾尔等民族信仰的主要宗教后，原来主要由这些民族信仰的祆教、摩尼教、景教在新疆随之逐渐消失，但佛教、道教仍然存在。从明朝起，藏传佛教还有了重大发展，成为与伊斯兰教并列的新疆两大主要宗教。十七世纪后期，伊斯兰教白山派首领阿帕克和卓借助藏传佛教的力量，消灭了自己的政敌黑山派和卓势力，并灭亡了叶尔羌汗国（蒙古察合台汗后代于 1514 年—1680 年间以今莎车为中心建立的地方政权），足见当时藏传佛教势力之大。大约从十八世纪起，基督教、天主教相继传入新疆，佛教、道教和萨满教也有了较大发展。这些宗教的寺院、教堂遍布天山南北，有些穆斯林甚至改信了基督教等其他宗教。

历史上，新疆的宗教虽然一直在不断演变，但自从外来宗教传入以来所形成的多种宗教并存的格局却一直保持下来。现在新疆主要有伊斯兰教、佛教（包括藏传佛教）、基督教、天主教、道教等。萨满教在一些民族中仍然有较大影响。

三、历代中央政府对新疆的治理

新疆与中原地区的密切联系由来已久。西汉之初，西域各地处在匈奴统治之下。公元前 138 年，为击退匈奴对汉朝边境地区的劫掠，汉朝派遣张骞出使西域。公元前 121 年，汉军大败驻牧在河西走廊一带的匈奴军队，汉朝在此先后置武威、张掖、酒泉、敦煌四郡。公元前 101 年，西汉王朝在天山南部的轮台、渠犁等地驻兵数百人进行屯田，并设"使者校尉"地方官员统领之，后"使者校尉"改称"护鄯善以西使者"。

公元前 60 年（汉宣帝神爵二年），设置"西域都护府"。当时，匈奴统治层内部发生动乱，驻守西域的匈奴日逐王贤掸"率其众数万骑"自愿归服汉朝，西汉王朝委任郑吉为"西域都护"，驻乌垒城（今轮台县境内），治理西域全境，西域各地的首领和主要官吏均接受西汉赐予的印绶。西域都护府的设立，标志着西汉开始在西域行使国家主权，新疆成为中国统一多民族国家的一个组成部分。

东汉（公元 25 年—公元 220 年）政府在西域先设"西域都护"，后置"西域长史"，继续行使对天山南北各地的军政管辖。公元 221 年，三国（魏、蜀、吴）曹魏（公元 220 年—公元 265 年）政权继承汉制，在西域设"戊己校尉"，治设高昌（吐鲁番），后又置西域长史以对西域各地诸多民族进行管理。西晋（公元 265 年—公元 316 年）末年，前凉政权（公元 301 年—公元 376 年）创建者张骏发兵西征，占领高昌地区，设立高昌郡。北魏王朝设置鄯善镇、焉耆镇，加强对西域的治理。

隋唐时期，中央政府加强对新疆的统治。公元六世纪末，隋朝统一中原，隋炀帝（公元 604 年—公元 618 年在位）即位之初，就派遣吏部侍郎裴矩到张掖、武威主管与西域的互市，了解西域民情。公元 608 年，隋军进驻伊吾，建筑城郭，设鄯善（今若羌）、且末（今且末西南）、伊吾（今哈密境内）三郡。

公元七世纪初，唐朝代隋而兴。公元 630 年，原属西突厥的伊吾城（今哈密）主率所属七城归顺唐朝，唐朝设西伊州（后改称伊州）。公元 640 年，唐军击败随突厥反唐的高昌麹氏王朝（公元 501 年—公元 640 年），于该地置西州，又于可汗浮图城（今吉木萨尔）设庭州；同年在高昌设安西都护府，这是唐朝在西域建立的第一个高级军政管理机构，后迁至库车，改置为安西大都护府。唐朝打败西突厥后，统一了西域各地，于公元 702 年在庭州设置北庭都护府，后又升为北庭大都护府，管理天山北麓及新疆东部地区的军政事务，而安西大都护府管理天山南部和葱岭以西的广大地区。唐玄宗年间（公元 712 年—公元 756 年在位），唐朝又在两大都护府之上设"碛西节度使"，是当时全国八大节度使之一。

唐朝中央政府对西域各地实行的是藩汉分别管理制度，即在汉民集中居住的伊州、西州和庭州等地，行政上采用与内地一样的府、州、县、乡、里管理制度；经济上推行"均田制"（唐朝田制）与"租庸调制"（唐朝赋税制度）；军事上实行"府兵制"（唐朝军事制度）。非汉民聚居区，则设置"羁縻府州"，即继续维护当地本民族首领的行政管理制度，冠以唐朝都护、都督、州刺史的名号，允其以旧俗治理其部众。同时，还在龟兹、于阗、疏勒、碎叶（一度是焉耆）设军事建制，史称"安西四镇"。

五代宋辽金时期，因中原地区诸朝争夺统治权而无暇顾及西域，西域出现了几个地方政权并列的局面。其中主要有高昌、喀喇汗和于阗等地方政权，但它们同中原诸王朝都保持着密切关系。

高昌与喀喇汗王朝都是公元840年漠北回鹘汗国覆灭后，由西迁西域的回鹘人汇同其他操突厥语诸族建立的地方政权，前者以吐鲁番地区为中心，后者控制包括天山南部、中亚河中等广大地区。

回鹘人落居西域及其建立的这些地方政权与中原王朝关系十分密切，喀喇汗王朝的统治者就自称"桃花石汗"，意即"中国之汗"，表示自己是属于中国的。1009年，占领于阗地区的喀喇汗王朝派出使臣向北宋（公元960年—1127年）进献方物。1063年，北宋册封喀喇汗王朝可汗为"归忠保顺左鳞黑韩王"。北宋建立后第三年，高昌回鹘就派遣使者42人前往北宋进贡方物。

于阗系塞人居地。唐朝以后，于阗尉迟王族执政，与中原地区往来密切，因曾受过唐朝册封而自称李姓。公元938年，后晋高祖遣张匡邺、高居海出使于阗，封李圣天为"大宝于阗国王"。北宋初，于阗使臣、僧人向宋朝进贡不断。

元朝时期成吉思汗完成对天山南北的政治统一。蒙古汗最初设立"达鲁花赤"（蒙古官名，意为镇守官）、"别失八里等处行尚书省"等军政管理机构，对西域进行军政管辖。元朝建立后，在发展西域各地社会经济的同时，在吐鲁番地区设立提刑按察司，以后，又在吐鲁番等地建立交钞提举司（印钞机构）和交钞库等机构，设置"别失八里元帅府"以总管派往该地的"新附兵"（元朝以俘降的南宋士卒组成的军队）屯垦事务，派兵到和阗、且末等地屯田，在别失八里设立冶场"鼓铸农具"。在畏兀儿（元朝称回鹘为"畏兀儿"）地区实行"计亩输税"。1406年，明朝设立了哈密卫，任用哈密当地的世族首领为各级官吏统辖当地军政事宜，维持中西商贸通道之安全，并对西域其他地区实施羁縻控制。

清朝政府对西域的统一规模和管辖范围。1757年，清朝平定长期割据西北的准噶尔政权。两年后，清朝平定伊斯兰教白山派首领大、小和卓（大和卓波罗泥都、小和卓霍集占）叛乱，巩固了对西域各地的军政统辖。在管理制度方面以1762年设立的"伊犁将军"统一行使对天山南北各地的军政管辖，官府驻地在"惠远城"（今霍城县境），分设都统、参赞、办事、领队大臣管理各地军政事务。清朝政府依据"因地制宜""因俗施治"的原则，对天山北部汉、回族居住区实行郡县制管理；在伊犁地区和天山南部各地维吾尔族中维持当地的"伯克制"，但是伯克（突厥语音译，地方官吏称号）的任免权归于中央，并严格实行政教分离；对蒙古族和哈密、吐鲁番地区的维吾尔族则实行"扎萨克（蒙古语音译，意为支配者）制"，即册封王、贝子、公等世袭爵位。清朝政府在官员的任用方面还采取了以满族为主、各族官员并用的政策；经济方面，推行以农业为主，农牧并举的经济措施，采取减轻赋税，确定财政定额补贴制度等。清朝统治时期，新疆的社会经济得到了稳步的发展。

1840年鸦片战争以后，新疆受到沙俄等列强的侵略。1875年，陕甘总督左宗棠就任钦差大臣，督办新疆事务。到1877年底，清军陆续收复了中亚浩罕汗国（费尔干纳）阿古柏侵占的天山南北诸地。1881年2月，清政府收复被沙俄强行占领长达十一年之久的伊犁。1884年，清政府正式在新疆建省，并取"故土新归"之意改称西域为"新疆"。新疆建省，是清朝政府对历朝各代治理新疆的一次重大改革。自此，由巡抚统管全疆各项军政事务，新疆军政中心由伊犁移至迪化（今乌鲁木齐）。至1909年，新疆省下辖4道，道以下共隶有6府、10厅、3州、21个县或分县，新疆行政建置与内地完全一致。

1911年辛亥革命爆发后第二年，革命党人在伊犁策动起义成功，成立新伊大都督府，宣告了清朝在伊犁地区政治统治的结束。民国政府建立后，不断强化新疆防务。

1949年9月25日新疆和平解放。随着全国解放形势的发展和新疆各族人民革命斗争形势的高涨，国民党新疆警备司令陶峙岳、新疆省政府主席包尔汉宣布起义，中国人民解放军第一野战军第一兵团在王震将军率领下进驻新疆。1949年10月1日，新疆各族人民同全国人民一起，迎来了中华人民共和国的成立。

综上所述，自汉朝于公元前60年在新疆设"西域都护府"之后，中国历代中央政府都对新疆进行军政管辖。由于历代统治时强时弱，中央政府对新疆地区的管辖也时强时弱。新疆各族人民积极维护与中央政府的关系，为中华民族大家庭的形成和巩固作出了自己的贡献。

四、"东突厥斯坦"问题的由来

在中世纪阿拉伯地理学著作中，曾出现过"突厥斯坦"一词，意为"突厥人的地域"，是指中亚锡尔河以北及毗连的东部地区。随着历史的演进，中亚近代各民族相继确立，到十八世纪，"突厥斯坦"的地理概念已相当模糊，在当时史籍中也已基本无人使用。十九世纪初，随着帝国主义列强在中亚地区殖民扩张的深入，地理名词"突厥斯坦"重新被提出。1805年，俄国人季姆科夫斯基在使团出使报告中又使用了"突厥斯坦"的名称，用以从地理上表述中亚及中国新疆南部塔里木盆地。鉴于两地历史、语言、习俗的差异和政治归属的不同，他将位于"突厥斯坦"东部的中国新疆塔里木盆地称为"东突厥斯坦"，或称为"中国突厥斯坦"。十九世纪中期，俄国先后吞并了中亚希瓦、布哈拉、浩罕三汗国，在中亚河中地区设立了"突厥斯坦总督区"，于是西方一些人称中亚河中地区为"西突厥斯坦"，或"俄属突厥斯坦"，把中国新疆地区称为"东突厥斯坦"。

二十世纪初以后，极少数新疆分裂分子和宗教极端分子，受国际上宗教极端主义和民族沙文主义思潮的影响，根据老殖民主义者炮制的说法，将不规范的地理名词"东突厥斯坦"政治化，编造了一套所谓的"东突厥斯坦独立"的"思想理论体系"。鼓吹"东突厥斯坦"自古以来就是一个独立的国家，其民族有近万年历史，"是人类历史上最优秀的民族"；鼓噪所有操突厥语和信奉伊斯兰教的民族联合起来，组成一个"政教合一"的国家；否认中国各民族共同缔造伟大祖国的历史；叫嚣"要反对突厥民族以外的一切民族"，消灭"异教徒"，中国是"东突厥斯坦民族3000年的敌国"，等等。

所谓的"东突"理论形成后，形形色色的分裂分子都打着"东突"的旗号进行活动，企图实现其建立"东突厥斯坦国"的妄想。

从二十世纪初至四十年代末，"东突"势力在外国敌对势力的怂恿、支持下，多次制造动乱。1933 年 11 月，沙比提大毛拉等在喀什建立了所谓"东突厥斯坦伊斯兰共和国"，但在新疆各族人民的反对下，不到三个月便垮台了。1944 年，爆发了反对国民党统治的、作为中国人民民主革命运动一部分的"三区革命"（"三区"是指当时新疆的伊犁、塔城和阿勒泰三个地区），分裂分子艾力汗·吐烈（原苏联乌兹别克人）窃取了"三区革命"初期的领导权，在伊宁成立了所谓"东突厥斯坦共和国"，自任"主席"。1946 年 6 月，"三区革命"领导人阿合买提江、阿巴索夫等撤消了艾力汗·吐烈的职务，将"东突厥斯坦共和国"改组为伊犁专区参议会，分裂势力受到了致命的打击。

新疆和平解放后，"东突"势力并不甘心失败。极少数逃到国外的新疆分裂分子和在境内的分裂分子里应外合，在国际反华势力的支持下伺机从事分裂破坏活动。尤其是进入二十世纪九十年代，在宗教极端主义、分裂主义和国际恐怖主义的影响下，境内外部分"东突"势力转向以恐怖暴力为主要手段的分裂破坏活动。一些"东突"组织公开宣扬要通过恐怖暴力手段达到分裂目的。在中国新疆和有关国家，"东突"势力策划、组织了一系列爆炸、暗杀、纵火、投毒、袭击等血腥恐怖暴力事件，严重危害了中国各族人民群众的生命财产安全和社会稳定，并对有关国家和地区的安全与稳定构成了威胁。

"9·11"事件发生后，国际反恐怖斗争与合作的呼声日趋强烈，"东突"势力为了摆脱尴尬的处境，又一次打着所谓维护"人权""宗教自由"和"少数民族利益"的旗号，编造所谓"中国政府借机打击少数民族"的谎言，混淆视听，欺骗国际舆论，试图逃脱国际反恐怖主义的打击。

五、新中国成立后新疆经济的发展

中华人民共和国成立前的新疆，国民经济是以农牧业为主体的自然经济，工业十分落后，没有一寸铁路，没有像样的工厂和矿山，一些地方粮荒不断，人民生活贫困不堪。1949 年 9 月 25 日，新疆和平解放，1955 年 10 月 1 日，新疆维吾尔自治区成立，掀开了新疆历史发展的新篇章。五十年来，新疆经济和社会各项事业得到了迅速发展。

国民经济快速增长。2001 年，新疆国内生产总值达 1485.48 亿元，按可比价格计算，比 1952 年增长 41.9 倍，年均递增 8.0%。人均国内生产总值由 1952 年的 166 元提高到 2001 年的 7913 元。2001 年财政收入已达 178.07 亿元，比 1955 年新疆维吾尔自治区成立时的 1.73 亿元增长了 101.9 倍。产业结构得到不断调整和优化，2001 年，一、二、三产业占国内生产总值的比重分别为 19.4%、42.4% 和 38.2%，与 1955 年相比，第一产业比重下降 35 个百分点，第二产业比重上升 16.3 个百分点，第三产业比重上升 18.7 个百分点。

农业综合生产能力显著提高。经过五十多年特别是改革开放以来的开发建设，新疆的农田灌溉网络初步形成，现代化装备水平提高。到 2001 年，农业机械总动力 880.85 万千瓦，农用化肥施用量（折纯）83.29 万吨，农村用电量 25.45 亿千瓦时；全疆总播种面积达到 3404.12 千公顷，比 1955 年扩大 1 倍；粮食、棉花、甜菜总产量分别达到 796 万吨、157 万吨和 455 万吨，比 1955 年分别增长 4.4 倍、61.5 倍和 4550.2 倍。久负盛名的吐鲁番葡萄、库尔勒香梨、哈密瓜等远销国内外市场，特色园艺业、种植业近年来迅速发展。农牧结合、依靠科技的现代畜牧业不断发展，2001 年，牲畜年末存栏 4603.78 万头，比 1955 年增长 1.8 倍。新疆已成为全国最大商品棉、啤酒花和番茄酱生产基地，全国重要的畜牧业和甜菜糖生产基地。

工业实力迅速增强。新中国成立初，新疆仅有工业企业 363 个，年产值 0.98 亿元。2001 年，全区已有乡及乡以上工业企业 6287 个，工业增加值为 450 亿元；主要工业产品产量成数倍增长，原油 1946.95 万吨，原煤 2819.61 万吨，棉纱 30.27 万吨，发电量 197.62 亿千瓦小时，分别比 1955 年增长 590.78 倍、42.68 倍、80.8 倍和 358.3 倍；机制糖 41.98 万吨、钢 131.83 万吨、水泥 981.29 万吨、化肥 72.9 万吨。工业实力大大增强，技术水平明显提高，形成以农副产品深加工为主导力量，包括石油、石油化工、钢铁、煤炭、电力、纺织、建材、化工、医药、轻工、食品等资源工业为主体的门类基本齐全，具有一定规模的现代工业体系。

水利建设成就显著。根据"绿洲生态，灌溉农业"的特点，新疆展开了大规模的农田水利建设，全面启动塔里木河综合治理工程，先后四次从博斯腾湖向下游调水 10.5 亿立方米。以克孜尔水库、和田乌鲁瓦提水利枢纽等为代表的一批现代大型水利工程和大批干支渠及其防渗工程的建成，使全区的引水量、水库库容和有效灌溉面积迅速增加。到 2000 年已建成水库 485 座，总库容达到 67.16 多亿立方米，分别是 1949 年的 162 倍和 200 倍，总灌溉面积 338.8 万公顷；建成防洪堤坝 5129 公里，是 1949 年 289 公里的 17.7 倍。

交通运输业突飞猛进。新中国成立前的新疆，人们远行、运物主要借助畜力，现代交通基本空白。新中国成立后五十多年来，新疆的交通运输业发生了翻天覆地的变化。1962 年底兰新铁路铺轨到乌鲁木齐，结束了新疆没有铁路的历史；1984 年全长 476 公里的南疆铁路吐鲁番至库尔勒西段建成通车，1990 年全长 460 公里从乌鲁木齐至阿拉山口的兰新铁路西线顺利建成通车，贯通第二亚欧大陆桥；1994 年兰新铁路复线建成通车，1999 年全长 975 公里的南疆铁路库尔勒西至喀什段建成通车；到 2001 年，正线营运里程已达 3010.4 公里。1949 年新疆只有几条简易公路，通车里程仅 3361 公里，到 2001 年底，全区公路通车里程已达 8.09 万公里，其中高速公路 428 公里，一级公路 230 公里，二级公路 5558 公里；穿越塔克拉玛干大沙漠的沙漠公路，是世界上首次在流动性大沙漠上修筑的长距离等级公路；目前已形成了以乌鲁木齐为中心，以 7 条国道为主骨架，东联甘肃、青海，西出中亚、西亚各国，南通西藏，并与境内 68 条省道相连接，境内地市相通，县乡相连的公路交通运输网。新疆民航现已新建扩建了乌鲁木齐等 11 座机场，开通了乌鲁木齐至阿拉木图、塔什干、莫斯科、伊斯兰堡的国际航线，至香港的包机航线和跨省（区）航线及自治区区内航线 92 条，形成了以乌鲁木齐为中心，连接国内外 65 个大中城市和区内 12 个地、州、市的空运网，通航里程已达 16.18 万公里。

通信设施与全国发展水平同步。新疆目前已先后建成了乌鲁木齐经奎屯、博乐至伊犁，奎屯经克拉玛依到阿勒泰，吐鲁番经库尔勒、阿克苏、喀什至和田的数字微波干线电路；南北疆数字微波工程，西安经兰州、乌鲁木齐、伊宁到霍尔果斯口岸的四条群干线光缆；乌鲁木齐经吐鲁番、库尔勒、若羌从茫崖出疆的第二出疆光缆，亚欧光缆；乌鲁木齐至南北疆及各主要地州市光缆。全疆所有县市均已实现全国电话长途直拨，全疆电话数达 262.6 万户。数据通信网、多媒体通信网发展迅速，相继建成了覆盖各地州市的 ATM 宽带网，并开展了 IP 宽带网城域网的建设。移动通信网络能力大幅提高，建成了覆盖全疆的移动网，全区移动通信交换机容量已达 292.4 万户。

对外贸易快速发展。现汇贸易、边境小额贸易、来料加工、补偿贸易、旅游购物贸易等一系列灵活多样的贸易方式，使新疆对外贸易蓬勃发展。到 2001 年，新疆与 119 个国家和地区建立了贸易往来关系，产品达到 22 类上千个品种，其中出口在 1000 万美元以上的商品 10 种，全区外贸进出口总额已达 17.7 亿美元。出口产品的结构不断改善，由附加值较低的初级大宗产品扩展到附加值较高的机电设备、精密仪器等产品，目前工业制成品出口占出口的比重已上升到 67%。作为国家实施沿边开放战略的重点省区，新疆已经逐步形成了沿边、沿桥（亚欧大陆桥）和沿交通干线向国际、国内拓展的全方位、多层次、宽领域的对外开放格局，成为中国向西开放的前沿。

旅游业蓬勃兴起。依托神奇独特的自然景观和绚丽多彩的风俗民情，新疆旅游业的发展令人瞩目。2001 年，新疆接待国际旅游人数 27.3 万人次，旅游外汇收入 9856 万美元；国内旅游人数达到 839.3 万人次，旅游收入 71.8 亿元。旅游接待能力迅速扩大。2001 年，全区已拥有涉外饭店 250 个，其中星级饭店（酒店）173 个。旅游业已成为新疆国民经济发展新的经济增长点。

六、教育科技文化卫生事业的进步

新中国成立五十多年来，新疆各项社会事业发生了历史性变化。

教育事业稳步发展。2001 年与 1949 年相比，全区小学由 1335 所增加到 6221 所，中学由 9 所增加到 1929 所，中等专业学校由 11 所增加到 99 所，普通高校由 1 所增加到 21 所，高校在校学生数由 0.04 万人增加到 11 万人，五十多年来累计培养普通高校毕业生 18.5 万人；中等专业学校在校学生数由 0.20 万人增加到 9.73 万人；基础教育不断加强，实现九年义务教育的县（市、区）已达 65 个；各类成人教育进一步发展，多层次、多形式的职业技术培训体系基本形成。全区受教育人口比例显著增大，青壮年文盲率已降至 2% 以下。

科技事业不断进步。科学技术的整体实力大为增强，建立起了专业比较配套、布局比较合理、具有新疆区域特征的研究与开发体系、技术推广体系、科技管理和服务体系；培养了一批学术造诣较深的科技专家，造就了一支具有较强研究、开发、试验、推广和管理能力的多民族科技队伍；重点建设了一批反映新疆科技优势的实验中心、试验基地。科技成果产业化、市场化进程加快，改变了新疆农业传统生产经营的方式，在保护性栽培、灌溉技术、品种改良等方面取得了明显成效，工业企业技术改造提高了企业经济效益，增强了市场竞争实力，科学技术在国民经济发展和社会进步中发挥着重要作用。到 2001 年末，全区企事业单位各类专业技术人员已达 38.51 万人。新中国成立五十多年来，新疆共取得重大科技成果 7102 项，其中获国家奖励的 201 项，中国美利奴羊推广技术达到国内先进水平，沙漠公路修筑技术等处于国际领先水平。

文化艺术事业欣欣向荣。新中国成立前，新疆没有一个专业文艺团体，没有艺术研究机构和艺术学校。2001 年，全区共有艺术表演团体 89 个，艺术研究和创作单位 107 个和一批艺术学校；维吾尔、哈萨克、回、柯尔克孜、蒙古、塔吉克、锡伯等民族都有自己的专业文艺团体，涌现了一批杰出的民族艺术家。新中国成立前，新疆没有一座公共图书馆和博物馆，现自治区有公共图书馆 81 个，博物馆 23 个。近年来，广播电视事业得到快速发展，现有广播发射台及转播电台 41 座，电视发射台及转播台 826 座，全区广播人口覆盖率已达 91.3%，电视人口覆盖率达 90.93%。文学艺术创作硕果累累，《天山彩虹》、《木卡姆先驱》等一批优秀艺术作品获国家级大奖，大型歌舞《我们新疆好地方》轰动全国，一批具有浓郁民族风格的文学艺术作品走出新疆，走向世界；图书、报纸、杂志出版的种类和数量成倍增长，报纸由 1952 年的 4 种发展至 2001 年的 98 种，其中少数民族文字报纸有 43 种。

卫生事业快速发展。1949 年，新疆只有 54 个医疗机构、696 张病床，每万人只有 1.6 张病床、0.19 名医生，而且卫生机构都集中在少数城市（镇）。2001 年，已有各类卫生机构 7309 个，其中各类医院 1357 所，三级以上医院 11 所，病床位 7.1 万张，平均每万人拥有医院床位 35.1 张；专业卫生技术人员 9.75 万人，其中少数民族卫生技术人员 3.36 万人，每千人拥有的医生数、每千农业人口拥有乡镇卫生院床位数、乡镇卫生人员数均高于全国平均水平。广大农牧区已初步形成了县、乡、村三级医疗预防保健网。现在，全区的 85 个县（市），县县都有医院、卫生防疫站和妇幼保健机构，乡乡都有卫生院，村村有医疗点。农牧民缺医少药、备受疾病折磨的历史已经结束。医疗水平有了很大提高，自治区及地州的一些大医院已装备了一大批现代化诊疗设备，医疗专业分科日趋完善，很多疑难病症已能在区内得到诊治。全区有卫生防疫站 207 个，地方病等专科防治所（站）17 个，历史上遗留下来的危害各族群众健康的地方病、传染病已基本被消灭。以自治区、县（市）、乡（镇）为单位计划免疫接种率达到 85%，传染病发病率显著下降。在中央政府的关怀下，自治区大规模地开展改水防病工程，取得阶段性成果，改水受益人口达 850 多万，其中饮用自来水人口达到 810 万。妇幼卫生工作受到重视，目前，农村新法接生率达 70% 以上，住院分娩率达 50% 左右；孕产妇系统保健管理覆盖率，城市达 90%，农村达 50%；儿童系统保健管理覆盖率，城市达 70%，农村达 30%。

七、人民生活水平和生活质量的提高

伴随经济和社会各项事业的发展，新疆各族人民的生活水平逐年提高。

城乡居民收入水平不断提高。2001 年农民人均纯收入达到 1710.44 元，实现温饱有余；城镇在岗职工年平均工资 10278 元，城镇居民已经整体上实现小康。

居民消费结构不断优化。恩格尔系数（食品消费比重）逐年下降。从农村居民看，1978 年恩格尔系数高达 60.8%，2001 年则降至 50.4%；从城镇居民看，1978 年恩格尔系数为 57.3%，2001 年降到 35.5%。

居民拥有耐用消费品数量迅速增加。2001 年，农民平均每百户拥有自行车 122.3 辆、电视机 93.3 台、洗衣机 22.13 台、录音机 53.1 台，仅与 1985 年比，分别增长 78.4%、8.3 倍、9.5 倍和 6.1 倍。2001 年城市居民家庭平均每百户拥有彩色电视机 107.39 台、电冰箱 84.47 台、洗衣机 94.69 台、照相机 41 架，分别比 1985 年增长 1.9 倍、7 倍、76.7% 和 3.3 倍；另外还拥有影碟机 42.96 台、录放像机 18.59 台、组合音响 17.33 台、移动电话 15.89 部。从住房的变化情况看，2001 年农民人均住房面积为 18.04 平方米，比 1981 年增长 1.3 倍；2001 年城市居民人均居住面积 15.54 平方米，比 1981 年增长 1.6 倍。

居民生活质量明显提高。教育普及率和受教育程度提高，广播、电视覆盖面广，群众性文化、体育活动丰富多彩，医疗卫生保健条件有了很大改善，城乡各族群众的生活富裕、稳定。目前新疆人口平均期望寿命延长到71.12岁。人口增长模式呈现低出生、低死亡、低增长的特点。1985年新疆被国际自然医学会列为世界上四个长寿地区之一，每百万人口百岁老人数居全国之冠。

八、坚持民族平等团结、宗教信仰自由

中华人民共和国成立以来，中国政府为实现国内各民族的平等、团结和共同发展，从中国民族和宗教的实际状况出发，制定了一系列民族政策和宗教政策，并在实践中不断使之丰富和完善。新疆作为中国实行民族区域自治地方之一，全面贯彻了中央政府的民族政策和宗教政策，维护了各族人民的根本利益，形成、发展和巩固了平等、团结、互助的新型民族关系。

保障民族平等，促进民族团结。《中华人民共和国宪法》规定："中华人民共和国各民族一律平等。国家保障各少数民族的合法的权利和利益，维护和发展各民族的平等、团结、互助关系。禁止对任何民族的歧视和压迫，禁止破坏民族团结和制造民族分裂的行为。"

宪法保障各民族公民广泛享有宪法和法律赋予的各项平等权利。年满18周岁的公民，不分民族、种族、性别、宗教信仰，都有选举权和被选举权；各民族公民的人身自由和人格尊严不受侵犯；各民族都有宗教信仰自由的权利；各民族公民都有接受教育的权利；各民族都有使用和发展自己的语言文字的自由等等。政府采取各种特殊的政策措施，努力使宪法和法律规定的各民族一律平等的权利在社会生活和政府行为中得到有效落实和保障。

中华人民共和国成立后，新疆地方政府发布行政命令，废除了带有侮辱性的称谓、地名，如"迪化"改为"乌鲁木齐"，"镇西"改为"巴里坤"等。有的少数民族称谓虽然没有侮辱性的含义，也根据少数民族自己的意愿进行了更改，如1958年，根据达斡尔族自己的意愿，将"达呼尔"改为"达斡尔"。

为进一步巩固和发展各民族的大团结，从1983年起，自治区政府每年都在全区范围内集中开展民族团结教育月活动，以生动活泼的形式和赋予时代特点的内容，集中、广泛、深入地进行宣传教育，使平等、团结、进步成为各族人民相互关系的主旋律，互相信任、互相尊重、互相学习、互相支持、互相谅解成为各族人民共同遵守的行为准则。

少数民族的自治权利得到法律和制度的保障。根据中国宪法，各少数民族聚居的地方实行区域自治，这是中国的一项基本政治制度。新疆维吾尔自治区是以维吾尔族为主体的民族自治地方。在自治区境内，还存在着其他民族聚居的地区，也成立了相应的民族自治地方。目前全区有哈萨克、回、柯尔克孜、蒙古等4个民族的5个自治州，以及哈萨克、回、蒙古、塔吉克、锡伯等5个民族的6个自治县，还有43个民族乡。

根据中国宪法和民族区域自治法的规定，民族自治地方享有广泛的自治权利，在行使地方国家机关职权的同时，还行使立法权、对不适合民族自治地方实际情况的上级国家机关决定的变通执行或者停止执行权、经济发展权、财政权、少数民族干部培养使用权、发展教育和民族文化权等等。新疆维吾尔自治区人民代表大会及其常委会根据民族

区域自治法赋予的权力和新疆的实际，制定了适应新疆特点和需要的各种法规和决议，依法保障了民族自治地方的自治权利。截至 2000 年底，自治区人大及其常委会共制定地方性法规 119 件，法规性决议、决定 71 件，批准地方人大制定的地方性法规 31 件，单行条例 3 件；自治区政府制定的行政规章 173 件。

民族自治地方的主要领导由自治民族的公民担任。各级民族自治地方的政府主席、州长、县长，均由实行区域自治民族的公民担任；自治地方人民政府的其他组成人员，也都配备了实行区域自治的民族或其他少数民族的人员。为切实保障民族区域自治和少数民族各项权利，新疆十分重视为少数民族干部创造学习和培训的机会，把大批少数民族干部送往内地院校学习，在新疆也建立了各级民族干部学校和民族干部培训班，培养了大批从事政治、经济和文化等各个领域工作的少数民族行政和专业技术干部。1950 年，新疆少数民族干部仅 3000 人，1955 年，新疆维吾尔自治区成立时，少数民族干部 4.6 万人，目前，已达 34.8 万人，占全区干部总数的 51.8%，少数民族妇女干部占全区妇女干部总数的 46% 以上。

少数民族在各级人民代表大会有充分代表权。为切实保障少数民族的权利，在自治区各级人民代表大会代表中，少数民族代表的比例都高于同期少数民族人口在新疆各地区人口中的比例约 4 个百分点。在历届全国人民代表大会的新疆代表中，少数民族代表所占名额的比例，都在 63% 以上，均高于同期在全疆人口中所占的比例。

少数民族使用发展本民族语言文字的自由和权利得到充分尊重和保障。自治区政府于 1988 年和 1993 年相继颁布了《新疆维吾尔自治区民族语言使用管理暂行规定》和《新疆维吾尔自治区语言文字工作条例》，进一步从法律上保障了少数民族使用本民族语言文字的自由和权利。无论在司法、行政、教育等领域还是在政治和社会生活中，少数民族语言文字都得到广泛使用。自治区机关执行公务时，同时使用两种以上语言文字；各自治州、自治县机关在执行公务时，也同时使用自治民族的语言文字。少数民族有权使用本民族的语言文字进行选举或诉讼。新闻、出版、广播、电影、电视广泛使用民族语言文字。新疆人民广播电台用维吾尔、汉、哈萨克、蒙古、柯尔克孜等五种语言广播，新疆电视台有维吾尔、汉、哈萨克等三种语言的频道节目，维吾尔、汉、哈萨克、柯尔克孜、蒙古、锡伯等各民族都有本民族文字的报纸和书刊。

少数民族的风俗习惯受到充分尊重。少数民族的风俗习惯与群众生产生活息息相关，与宗教信仰密切相联。为尊重少数民族风俗习惯，中央和自治区人民政府颁布了一系列规定。为保证少数民族特别是信仰伊斯兰教民族特需食品的供应，人民政府颁布法规，采取了一系列具体措施，要求大中城市和有穆斯林群众的小城镇保持一定数量的清真饭馆；在交通要道以及有少数民族职工的单位，设立"清真食堂"或"清真灶"；供应穆斯林群众的牛羊肉，按照其习惯进行宰杀与处理，并单独储运和销售；各少数民族在自己的传统节日，如"古尔邦节"和"肉孜节"期间，都能享受到法定的节日假期和节日特殊食品的供应；在有土葬习俗的少数民族中，政府不推行火葬，并采取划拨专用土地、建立专用公墓等具体措施予以保障；对一些带有宗教色彩的民族风俗习惯，如婚丧仪式、割礼、起经名等都不加限制。

少数民族教育水平不断提高。新中国成立后，为改变少数民族教育十分落后的情况，采取了一系列措施，把发展少数民族教育事业作为教育工作的重点，在发展规划、资金投入、师资培训等方面对少数民族教育给予重点和优先的安排与扶持。为改变牧区民族教育落后的问题,投巨资在牧区建立寄宿制学校,对牧区寄宿制学校和中学、大中专院校的少数民族特困生设立助学金,如 2002 年资助寄宿制学校免费课本 1200 万元、助学金 3000 万元;对南疆少数民族聚居的和田、喀什、阿克苏和克孜勒苏柯尔克孜自治州等四个地州义务教育阶段中小学生实施免费教育,延长义务教育时间,使少数民族学生接受九年至十二年的义务教育。对其他一些边境县和贫困县的少数民族中小学免除学杂费和课本费。全疆单独设置的民族中小学 5882 所,占全疆中小学总数的 69%。同时还有不少学校实行民汉合校。目前,全区已形成结构合理、多层次办学、协调发展的少数民族教育体系。到 2001 年,小学适龄儿童入学率已达 97.41%,初中达 82.02%。在高等学校招生考试中,根据目前生源的实际情况,对少数民族考生采取降低分数线的优惠政策等。

少数民族传统文化得到保护和光大。新疆各族人民创造了丰富多彩的传统历史文化,为中华民族文化的发展作出了独特的贡献。自治区政府有计划地组织对各少数民族文化遗产进行搜集、整理、翻译和出版的工作,保护少数民族的名胜古迹、珍贵文物和其他重要历史文化遗产。自 1984 年以来,自治区古籍整理办公室已搜集少数民族古籍 5000 多册,整理出版 100 多部。濒于失传的十一世纪喀喇汗王朝的两部宏篇巨著《福乐智慧》和《突厥语大词典》,在政府的大力支持和各族学者的长期共同努力下,于二十世纪八十年代翻译、出版了维吾尔文译本,之后又出版了汉文译本。对在中国少数民族三大英雄史诗中产生于新疆蒙古族和柯尔克孜族的《江格尔》和《玛纳斯》两部史诗的搜集、整理、翻译和研究取得了很大成就。被誉为维吾尔族"音乐之母"的维吾尔族大型古典音乐套曲"十二木卡姆",在新中国成立前已濒于灭绝,新疆地方政府将其列为重点抢救的艺术品种组织力量搜集、整理。现在,"十二木卡姆"已由半个世纪前仅有两三个艺人能够较完整地演唱,发展到成立木卡姆艺术团、木卡姆研究室,并广泛演唱。历史悠久的民族传统体育项目得到发扬光大,如叼羊、赛马、摔跤、射箭等十分普及,为群众所喜爱;维吾尔族的传统体育项目达瓦孜(高空走绳),近年来享誉国内外。

对少数民族实行宽于汉族的生育政策。根据计划生育国策,新疆维吾尔自治区人民代表大会结合具体情况,制定了《新疆维吾尔自治区少数民族计划生育暂行规定》,实行少数民族可宽于汉族的生育政策,保障了少数民族人口的增长,并使得新疆少数民族的人口自然增长速度高于当地汉族的人口自然增长速度。2001 年少数民族人口自然增长率为 13.04‰,汉族为 8.25‰。1953 年全国第一次人口普查时,新疆的少数民族人口为 454 万人;2000 年第五次人口普查时,新疆的少数民族人口达到 1096.96 万人。

宗教信仰自由得到尊重和保护。新疆少数民族群众大多信仰宗教,有的民族群众性信仰某种宗教,如维吾尔、哈萨克、回等民族群众性信仰伊斯兰教,蒙古、锡伯、达斡尔等民族群众性信仰佛教。各民族人民宗教信仰自由的权利得到充分的尊重,正常的宗教活动都受到法律的保护。新疆现有宗教活动场所 2.4 万余座,其中伊斯兰教清真寺 23753 座;宗教教职人员 2.68 万人,其中伊斯兰教教职人员 2.65 万人。政府每年还拨专款用于维修重点寺院教堂,仅 1999 年中央政府就拨款 760 万元人民币用于重修乌鲁木齐的洋行大寺、伊宁拜图拉清真寺、和田加麦大寺。

宗教界人士享有充分的参政议政权利。目前,在各级人民代表大会、政治协商会议担任职务的新疆宗教界人士有 1800 多人,其中在全国人大的 1 人,全国政协的 4 人;

在自治区人大的有 21 人，自治区政协的 27 人。他们代表信教群众积极参政议政，并对政府贯彻宗教信仰自由政策进行监督。为保证宗教人士正常地履行教务，政府对一些生活困难的宗教人士，发放一定的生活补助费。

依法保障宗教团体的合法权益。1982 年以来，全区共恢复和新建宗教团体 88 个，其中自治区伊斯兰教协会 1 个，佛教协会 1 个；地、州、市伊斯兰教协会 13 个，佛教协会 3 个，基督教"三自爱国运动委员会" 1 个；县、市伊斯兰教协会 65 个，佛教协会 2 个，基督教"三自爱国运动委员会" 2 个。各宗教团体在法律允许的范围内，自主地开展教务活动。在宗教教职人员的培养、教育和管理，宗教学校的设置，以及开展国际间宗教交流活动等方面，各宗教团体都发挥着重要的作用。

为保证宗教活动的正常开展，新疆成立了伊斯兰教经学院，专门培养伊斯兰教高级教职人员。各地、州、市伊斯兰教团体根据实际需要，开设了伊斯兰教经文班，培养宗教教职人员。为提高宗教人士学识水平，培养高素质宗教人士队伍，建立了自治区、地、县三级培训体系，政府财政拨款，对在职的宗教教职人员进行轮训，组织宗教人士参观考察，开阔眼界，增长见识。

保证宗教人士获得经文等宗教读物。在新疆翻译、出版和发行了维吾尔、哈萨克、汉等多种文字和版本的《古兰经》、《卧尔兹选编》、《新编卧尔兹演讲集》等一批伊斯兰教经典和宗教书刊，以及佛教、基督教等其他宗教的经典。发行了《中国穆斯林》杂志维吾尔文版和汉文版。为方便信教群众，各地还批准设立了专营宗教书刊的销售点。

正常的宗教活动得到法律保护。自治区政府根据宪法和法律，制定并颁布了《新疆维吾尔自治区宗教活动场所管理暂行规定》等法规。信教群众根据各自信仰宗教的教规、礼仪等进行正常的宗教活动，并受到法律的保护。近年来，圆满进行了新活佛转世；随着人民生活水平的提高，有数万穆斯林去麦加朝觐；经学院学生参加国际国内《古兰经》诵经比赛，并获得好成绩。

九、新疆生产建设兵团的建立、发展和作用

1954 年组建的新疆生产建设兵团，承担着国家赋予的屯垦戍边的职责，是在自己所辖的垦区内，依照国家和新疆维吾尔自治区的法律、法规，自行管理内部的行政、司法事务，在国家实行计划单列的特殊社会组织，受中央政府和新疆维吾尔自治区人民政府双重领导。新疆生产建设兵团也称中国新建集团公司。兵团现有 14 个师（垦区），174 个农牧团场，4391 个工业、建筑、运输、商业企业，有健全的科研、教育、文化、卫生、体育、金融、保险等社会事业和司法机构，总人口 245.36 万人，在岗职工 93.3 万人。

新疆生产建设兵团是在特殊历史背景下建立的。1949 年，新疆和平解放。驻新疆人民解放军部队为巩固边防，加快新疆发展，减轻新疆当地政府和各族人民的经济负担，将主要力量投入到生产建设中，开展了大规模的生产建设。到 1954 年，解放军驻新疆部队经过艰苦创业，共建成农场 34 个，牧场 8 个，拥有耕地 77.2 千公顷，收获的农牧产品解决了驻新疆部队的后勤供给，而且还兴建了一批现代工矿商贸企业，兴办了学校、医院等一批事业单位。

1954 年 10 月，中央人民政府命令驻新疆人民解放军的大部集体就地转业，脱离国

防部队序列，组建生产建设兵团，其使命是劳武结合，屯垦戍边。1956 年 5 月起，兵团受国家农垦部和新疆维吾尔自治区双重领导。

屯垦戍边是中国几千年开发和保卫边疆的历史遗产。据史料记载，中国历朝历代都把屯垦戍边作为开发边疆、巩固边防的一项重要国策。中央政府在新疆地区大规模屯垦戍边始于西汉，以后历代相袭。这对统一国家、巩固边防，促进新疆社会和经济发展都发挥了重要的历史作用。1954 年，中央人民政府决定在新疆组建生产建设兵团，则是这一历史经验在新的历史条件下的继承和发展。

新疆生产建设兵团在艰苦创业中发展壮大。新疆生产建设兵团成立后，以屯垦戍边、造福新疆各族人民为己任，朝着工农商学兵相结合，农林牧副渔全面发展，工交商建服综合经营的方向发展。

二十世纪五十年代和六十年代初，兵团按照"不与民争利"的原则，在天山南北的塔克拉玛干、古尔班通古特两大沙漠边缘和自然环境恶劣的边境沿线，兴建水利，开垦荒地，在茫茫戈壁荒漠上建成一个个田陌连片、渠系纵横、林带成网、道路畅通的绿洲生态经济网络。兵团从农副产品加工业起步，发展现代工业，逐步形成以轻工、纺织为主，钢铁、煤炭、建材、电力、化工、机械等门类较多的工业体系。随着兵团国民经济体系的确立，兵团的教育、科技、文化等各项事业也得到长足发展。到 1966 年底，兵团的各项事业发展到较高的水平。

1981 年 12 月，中央政府决定恢复曾于 1975 年被撤消的新疆生产建设兵团，生产建设兵团开始了第二次创业，其建设和发展进入了一个新时期。到 2001 年，新疆生产建设兵团在两大沙漠边缘兴修水利、植树造林、防风固沙，建起了数千公里的绿色屏障，形成了 1064 千公顷新绿洲，建起了石河子、五家渠等一批新兴城镇；国内生产总值占自治区的 13.2%。

新疆生产建设兵团对新疆的发展发挥了重要作用。兵团的农牧团场、工交建商企业在依法向当地政府纳税的同时，几十年来坚持为新疆各族人民服务的宗旨，积极支援地方建设，每年抽调大批技术人员到附近的县、乡、村举办种植、农机等各类培训班，推广先进技术；从 1964 年起，每年筹集资金帮助地方搞规划和建设，为各民族群众送医送药，给予各方面的帮助。为支持新疆工业发展，兵团还把已经建设起来的规模较大的一批工交建商企业无偿移交给地方，为自治区的现代化建设作出了贡献。

兵团作为新疆稳定、边防巩固的重要力量，坚持劳武结合，与军队、武警、人民群众共同在边境地区建立了"军、警（武警）、兵（兵团）、民"四位一体的联防体系，近五十年来在打击和抵御境内外分裂势力的破坏和渗透活动，保卫祖国边疆的稳定和安全等方面，发挥了不可替代的特殊作用。

在屯垦戍边中建立与地方政府的密切关系。兵团自觉接受自治区人民政府的领导，遵守政府的各项法规和法令，尊重少数民族的风俗习惯和宗教信仰，努力为新疆各族人民办好事、办实事，积极发展融合型经济，密切了与各族群众的血肉联系，做到边疆同守、资源共享、优势互补、共同繁荣。

兵团的发展，始终得到了自治区各级政府和各族人民的帮助与支持。在屯垦初期，各族群众当向导，提供生产工具，给予各种支持；自治区各级政府给兵团划拨了大片的国有荒地和草场、矿山及天然林等资源，奠定了兵团发展的基础。改革开放以来，自治区人民政府出台的相当多的政策都明确适用于兵团，促进了兵团和地方经济的融合发展。

在长期发展中，新疆生产建设兵团已有汉族、维吾尔族、哈萨克族、回族、蒙古族等 37 个民族成分。垦区主要有伊斯兰教、佛教、基督教和天主教等，信仰伊斯兰教的少数民族人口约 25 万人。新疆生产建设兵团全面贯彻中央政府制定的民族宗教政策，依法管理宗教事务，使兵团成为各民族团结的大家庭。

新疆生产建设兵团近五十年的发展，对加快新疆经济发展，促进民族团结，保持社会稳定，巩固边防，维护祖国统一，发挥着十分重要的作用。

十、国家对新疆发展的支持

新中国成立以来，依据《中华人民共和国宪法》规定，中央政府把帮助边疆少数民族地区发展政治经济和文化、走中国各民族共同富裕之路作为一项基本国策。

加大在新疆的固定资产投资。中央政府制定实施的十个"五年计划"中，始终把新疆基础设施建设项目、农业基础发展项目、现代工业体系建设项目等列为国家重点项目，出台一系列优惠和特殊的政策，保障计划的顺利实施。新中国成立五十多年来，在国家的大力支持下，新疆进行了大规模的投资建设，1950 年至 2001 年，全社会固定资产投资累计完成 5015.15 亿元，其中中央投资 2662.23 亿元，占同期全社会投资的 53.1%；累计建成投产项目 9 万多个，其中包括 178 个大中型项目和一大批对新疆经济发展有重大影响的项目，为支持新疆经济的持续增长奠定了扎实的基础。

给新疆以巨大财力支持。据初步统计，从新疆维吾尔自治区成立的 1955 年到 2000 年，中央政府给新疆的财政补助累计达 877.41 亿元。特别是 1996 年以来，随着中央政府财力的增强和西部大开发战略的实施，中央政府给新疆的一般性财政补助逐年增长：1996 年为 59.07 亿元，1997 年为 68.38 亿元，1998 年为 80.12 亿元，1999 年为 94.00 亿元，2000 年为 119.02 亿元，2001 年为 183.82 亿元。中央政府还通过各种专项财政转移支付、民族优惠政策财政转移支付，加大资金的投入和支持。

支持自治区政府积极利用国际金融组织和外国政府贷款。到 2001 年底，在中央政府的支持和安排下，自治区已完成和正在执行的世界银行贷款项目 22 个，总投资额 179895 万美元，按现行汇率折合人民币 1493128 万元，三个中外合资企业获准使用亚洲开发银行贷款 552.4 万美元；利用加拿大等几个国家和政府金融组织的贷款 41067 万美元，已生效执行和完成的项目 68 个。充分利用国际组织和外国政府的贷款，对促进新疆经济发展发挥了积极、重要的作用。

通过石油天然气开发造福新疆。新疆拥有丰富的石油、天然气资源。新中国成立以来，中央政府为促进新疆经济的发展，坚持对新疆油气大勘探、大开发和大投入的方针，以造福于新疆各族人民。为实现把新疆建成全国最大的石油化学工业基地的战略构想，在国内外油气价格下跌，而新疆油气勘探开发成本较高的情况下，中央政府逐年加大了新疆石油天然气勘探开发的投资力度，1995 年为 181.96 亿元，2000 年为 292.23 亿元。已经开工建设的以新疆为主要气源的"西气东输"工程，计划投资额达 1200 多亿元。

石油、天然气及石化工业的快速发展，不仅满足了新疆经济发展对能源和石化产品的需求，而且有力地带动了机械、交通运输、通信、建筑、电力、水利、农业、食品和纺织、化工、塑料、橡胶、医药等产业的发展，刺激了服务行业的增长，对新疆区域经济结构的形成和升级产生了重大影响；极大地促进了就业人口的增加，仅巴音郭楞蒙古自治州从 1994 年以来，随塔里木油田开发，每年新增职工人数超过 18%；大大推动了城市化进程，克拉玛依、独山子、阜东、泽普等一批石油新城在戈壁荒滩建起，乌鲁木齐、库尔勒、阜康、轮台等城市现代化建设加快；有效支援了当地经济发展，新疆克拉玛依、吐哈、塔里木等各大油田和泽普、独山子、乌鲁木齐、克拉玛依等各大石化企业，都充分发挥人才、资金、技术优势，扶持地方企业，投资搞建设，贯穿塔克拉玛干大沙漠南北的沙漠石油公路，就是由塔里木油田投资 7.85 亿元建设的。新疆石油、天然气及石化工业的发展也为新疆财政增加了大量收入，仅"西气东输"项目，每年可为新疆增加 10 多亿元的财政收入，为促进新疆各项事业的发展作出了极大的贡献。

制定优惠政策，促进新疆发展。新中国成立以来，尤其是实行改革开放政策以来，中央政府在经济发展及各项政策上给予新疆以倾斜。颁布实施沿边开放战略的有关法规，赋予新疆等西部地区扩大对外开放八条优惠政策；提出搞好新疆的粮棉生产基地建设，建设"三北"（东北、华北和西北）防护林以及防沙治沙工程；执行扶持贫困地区经济发展的各项优惠政策；建设边境公路，完善配套边境口岸公路设施；加快塔里木河生态和水资源综合治理，优先在新疆安排资源开发和基础设施建设项目；实行规范的中央财政转移支付制度，逐步增加财政支持，提高国家政策性贷款、国际金融组织贷款和外国政府贷款的比重。2001 年，中央政府在《关于西部大开发若干政策措施实施意见的通知》中，规定和提出了十八个方面的 68 条具体优惠政策。自治区政府依据国家这些规定，制定颁布了《新疆维吾尔自治区关于西部大开发税收优惠政策有关问题的实施意见》，出台十条吸引国内外企业及农牧民参与新疆社会基础设施、生态环境保护工程、优势和特色产业、高科技产业等领域投资经营的具体税收优惠政策。

为新疆输送和培养优秀专业技术人才。新中国成立以来，针对新疆较为偏远落后、缺乏高素质人才的困难，国家通过分配、调动和鼓励内地 80 多万知识分子和专业技术人员到新疆工作，为工业、农业、教育、文化、科学研究、医疗卫生等行业输送了大批大学毕业生、科学技术人员及高学历的专门人才。这些专门人才为新疆的现代化建设事业作出了杰出的贡献。

从 1989 年起，中央政府组织内地 80 多所高校支援新疆，共招收新疆少数民族大学本专科学生 1 万人，定向培养研究生 640 人，培训教师和少数民族教育行政管理干部860 多人，培训少数民族经济和企业管理干部 1400 人，派出一定数量的少数民族访问学者出国进修。从 2000 年起，北京、上海、天津、南京、杭州、广州、深圳、大连、青岛、宁波、苏州、无锡等 12 个发达城市在所属的省级重点高中举办了新疆高中班，每年招收 1540 名新疆民族学生，政府向这些在校学生提供财政补贴。

全国其他省区市大力支持新疆。几十年来，各省区市向新疆提供了大量的技术和人才支援。在新疆工业企业发展落后的情况下，中央政府把东南沿海较发达地区的一些企业、工厂全部搬迁至新疆，从内地调进工程技术人员充实到新疆初建的骨干企业中去，并选送一大批少数民族工人到内地先进企业进修实习，在很短的时间内在新疆培养起一支工程技术骨干队伍。改革开放以来，随着社会主义市场经济体制的逐步确立，新疆与内地各兄弟省区市的经济技术合作与交流，人才的互相流动日益兴起和扩大，以市场为导向，以资本为纽带，以"物流""人才流"为特征，以优势互补为原则的新的支援新疆经济和社会发展的形式已迅速发展起来；尤其是近年来，根据中央政府的要求，北京、上海、广东、山东、浙江等20多个较发达的省市对口支援新疆的各地州市，取得了明显成效。

结束语

在中央政府的领导和支持下，经过新疆各族人民五十多年的艰苦奋斗，新疆经济社会等各方面的发展取得了历史性的辉煌成就。但是由于新疆地处中国西北边陲，自然条件较差，经济基础薄弱，教育、文化、卫生等各项社会事业的发展还面临不少困难，提高各族人民生活水平的任务还十分艰巨。加快新疆的发展是新疆各族人民的共同愿望，也是中央政府的战略规划。

1999年，中央政府作出实施西部大开发战略的重大决策，为新疆的发展提供了一次难得的历史机遇。根据国家实施西部大开发战略的总体部署，自治区制定了第十个五年计划和到2010年的发展规划。根据这一计划，到2005年，全区按2000年价格计算的国内生产总值达到2100亿元，年均增长9%，人均国内生产总值达到万元以上；完成全社会固定资产投资4200亿元左右；全区城镇居民人均可支配收入年均增长7%左右，农民人均纯收入年均增加150元左右；全区城镇居民人均住宅建筑面积达到23平方米，农村居民居住环境、住房质量、卫生条件有较大提高。到2010年，实现国内生产总值比2000年再翻一番以上，人民的生活更加宽裕。新疆经济和社会发展的前景是美好的。新疆各族人民在中央政府和各兄弟省区市的支持下，通过艰苦努力，一定会把新疆建设得更加美丽富饶。

新疆的发展与进步

（2009 年 9 月）

2009 年 9 月 21 日：国务院新闻办公室发表了《新疆的发展与进步》白皮书。[①] 全文如下：

前　言

在中华人民共和国版图的西北部，有一片占陆地国土面积约六分之一的广阔疆域，这就是新疆维吾尔自治区。

新疆历史上曾是欧亚大陆交通和文明交往的通道，连接古代东西方文明的著名的"丝绸之路"从这里经过。特定的地理区位，使新疆历史发展呈现出鲜明的多民族并存与融合、多种文化兼容与并蓄的特色。自公元前 1 世纪起，新疆地区就是中国的重要组成部分，并在中国统一多民族国家构建和发展中发挥了重要作用。

60 年前，在新中国开国大典的前夕，新疆迎来了和平解放，饱经磨难的新疆各族人民同全国人民一道，成为国家的主人。从此，新疆的发展进入了新时代。

60 年来，在中国共产党和中央政府的领导和关心下，在全国各族人民的大力帮助和支援下，新疆各族人民艰苦奋斗，锐意进取，建设美好家园，创造幸福生活，使新疆一穷二白的面貌得到彻底改变，天山南北发生了翻天覆地的变化，实现了社会发展的历史性跨越。

新疆的发展与进步，是新疆各族人民高举民族团结大旗共同奋斗的结果，也是中国民族政策的成功实践。

---

① 该白皮书源自新华网，2009 年 9 月 21 日发布。

一、经济快速发展

1949 年新中国成立前，新疆经济是以农牧业为主体的自然经济，生产力水平低下，生产方式落后，发展处于停滞状态。当时的新疆，没有一寸铁路，没有农场和成规模的良田，工业企业几乎全是私营小作坊，人民生活贫困不堪。

新中国成立以来，特别是 20 世纪 70 年代末实行改革开放政策以来，新疆进入了经济社会快速发展、综合实力明显增强、各族群众得到实惠最多的时期。中国政府从国家发展战略和各族人民根本利益出发，高度重视新疆的发展和建设，始终把帮助边疆地区发展经济、实现共同富裕作为一项基本政策，适时作出一系列推动和促进新疆发展的重大战略决策。2000 年国家开始实施西部大开发战略，把促进新疆发展摆在更加突出的位置。多年来，新疆充分发挥自身比较优势，着力调整经济结构和转变经济增长方式，着力加强基础设施建设和生态环境保护，着力改善民生和提高基本公共服务水平，努力实现新疆发展与全国发展相协调、南疆发展与北疆发展良性互动的发展新格局。

——综合实力明显增强。按不变价格计算，2008 年新疆地区生产总值达 4203 亿元人民币，比新疆维吾尔自治区成立（1955 年）前的 1952 年增长了 86.4 倍，年均递增 8.3%；比 1978 年改革开放初期增长了 19.6 倍，年均递增 10.4%；比 2000 年西部大开发开始实施时增长了 2.2 倍，年均递增 10.6%。2008 年新疆地方财政收入达 361.06 亿元人民币，是 2000 年的 4.56 倍，1978 年的 50.57 倍，1955 年的 208.71 倍。

——经济结构逐渐优化。近年来，新疆工业、农业和第三产业均保持快速发展。工业化进程加快，工业取代农业成为主要产业。第三产业在经济发展中的作用突出，批发、零售贸易和餐饮业发展迅速，邮电通信网络快速普及，房地产、金融等新兴行业快速发展。2008 年，一、二、三产业占地区生产总值的比重分别为 16.4%、49.7%、33.9%。

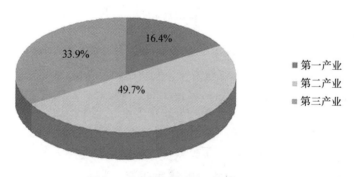

图表1　新疆产业结构　新华社发

——基础设施建设不断加强。新疆根据"绿洲生态、灌溉农业"的特点，建成了以阿克苏克孜尔水库、和田乌鲁瓦提水利枢纽等为代表的一批现代大型水利工程和大批干支渠及其防渗工程，全区的引水量、水库库容和有效灌溉面积迅速增加。投资 100 多亿元人民币的塔里木河综合治理项目 2008 年完成，结束了塔河下游 300 多公里河道断流 30 年的历史。全面推进三北（东北、华北、西北）防护林、平原绿化、退耕还林、退牧还草等生态工程建设，改善农业生产条件。建成喷灌、滴灌等高效节水农田近 80

万公顷，年节水 50 亿立方米以上。2008 年底，新疆已有国道主干线 8 条、省道 66 条、县级公路 600 多条，通车总里程达到 14.7 万公里，基本形成以乌鲁木齐为中心，以国道干线为主骨架，环绕两大盆地（准噶尔盆地、塔里木盆地）、穿越两大沙漠（古尔班通古特沙漠、塔克拉玛干沙漠），横贯天山、连接南北疆的干支线公路运输网络。相继建成南疆铁路、北疆铁路以及兰新铁路复线等工程，2008 年新疆铁路营运里程达 3000 多公里。航空事业发展迅速，已形成以乌鲁木齐为中心，联结国内外近 70 个大中城市和区内 12 个地州市，拥有 114 条国内外航线的空运网，通航里程达到 16 万多公里，成为国内拥有航站最多、航线最长的省区。邮电通信业快速发展，基本形成程控交换、光纤通信、数字微波、卫星通信、移动通信等完整的现代化通信体系，光缆、数字微波和卫星通信等现代化传输网络已覆盖全疆。

——农业综合生产能力显著增强。新疆的农业资源十分丰富。近年来，围绕粮食、棉花、特色林果、优质畜牧业基地和设施农业建设，新疆农业产业化经营加快发展，优势特色农产品产业带逐步形成，农业基础地位、农业综合生产能力进一步加强和提高，农产品有效供给成倍增长。2008 年农业增加值达 691 亿元人民币，比 2000 年增长了 1.4 倍。2008 年粮食总产量达 1022.85 万吨，保持了自治区内供需平衡，并且略有节余。新疆是中国重要的商品棉基地，2008 年棉花总产量达 301.55 万吨，棉花总产、单产和人均占有量均位居中国首位。现代畜牧业加快发展，已占农业总产值的 27%，2008 年肉类产量达 175.49 万吨，比 2000 年增长了 95%。特色林果业发展迅速，2008 年林果总面积突破 100 万公顷，林果总产量 400 多万吨，总产值超过 60 亿元人民币。截至 2008 年，新疆有各类农产品加工企业 1059 家，并成为中国最大的番茄制品加工出口基地。乳品日加工能力在短短几年里从不足 1000 吨提高到近 3000 吨，是全国增长最快的省区之一。甜菜糖生产能力达到 60 万吨，成为全国最大的甜菜糖生产基地。葡萄酿酒业发展迅猛。农产品加工企业使新疆 50% 以上的种植面积实现了订单生产，辐射带动了新疆 65% 的农户。

——现代工业体系逐步形成。新疆的工业经历了从无到有、从小到大的发展过程。近年来，通过实施优势资源转换、大企业大集团战略和中小企业成长工程，新疆的新型工业化进程加快，主要工业产品产量成倍增长，逐渐形成了包括石油、煤炭、钢铁、化工、电力、建材、纺织等门类比较齐全的现代工业体系，形成了天山北坡经济带、乌昌（乌鲁木齐和昌吉回族自治州）一体化经济区、库尔勒—库车石化工业带等工业聚集区，建成了 32 个国家和自治区级工业园区。2008 年，工业对国民经济增长的贡献率达 52.3%，工业增加值达 1790.7 亿元人民币，比 1952 年增长 274 倍，比 1978 年增长 16.6 倍，比 2000 年增长 3.98 倍，成为推动新疆经济快速增长的重要因素。重点行业和领域的信息技术应用不断加强，主要污染物排放总量得到初步控制，节能减排工作取得成效。

——矿产资源有效开发。新疆是中国的石油、天然气、煤炭等矿产资源最为丰富的地区之一。国家坚持对新疆油气大勘探、大开发和大投入的方针，努力将资源优势转化为经济优势，通过资源开发带动新疆经济快速发展，造福新疆各族人民。2008 年，新疆原油产量达 2722 万吨，成为国家第二大原油产区；天然气产量 240 亿立方米，居全国第一位。随着新疆石油、天然气的开发以及中国与西亚国家在相关领域的合作，新疆的管道运输建设快速发展，2008 年新疆拥有各类油气输送管道 4000 多公里，基本形成了北疆、南疆、东疆油气管网的框架。近年来，依托煤炭资源进行的煤电煤化工产业在新疆快速兴起。能源及化工业的快速发展，不仅满足了新疆经济发展对能源和石化产品的需求，而且有力带动了相关产业的发展，刺激了服务业的增长，对促进区域经济结构的形成和升级、解决就业以及推动城市化进程等发挥了重要作用。

——开放水平不断提高。新疆是中国向西开放的重要门户，也是新亚欧大陆桥的重要通道。新疆与蒙古、俄罗斯、哈萨克斯坦、吉尔吉斯斯坦、塔吉克斯坦、阿富汗、巴基斯坦、印度8个国家接壤，是中国陆地边境线最长的省区。改革开放以来，新疆实现了由封闭、半封闭向全方位开放的历史性转变。目前，新疆有国家批准的一类口岸17个、自治区批准的二类口岸12个，辐射周边十几个国家。截至2008年底，新疆已与167个国家和地区开展了经济贸易合作和科技文化交流。2008年，新疆外贸进出口总额达222.17亿美元，居全国第12位（中西部省区市第2位）；非金融类对外直接投资1.64亿美元，居全国第13位；对外承包工程业务完成营业额7.95亿美元，居全国第14位；对外劳务合作业务派出各类劳务人员8548人，居全国第13位。

——旅游业快速发展。近年来，新疆旅游业快速发展，成为新的经济增长点。截至2008年，新疆共有景区（点）近500处，形成了以"丝绸之路"为主线，以喀纳斯湖生态旅游区，天池、赛里木湖和博斯腾湖风景旅游区，吐鲁番、库车古文化遗址旅游区，喀什民俗风情旅游区，伊犁塞外江南风光旅游区为重点的发展格局。2008年新疆接待国内外入境游客达2231.32万人次，当年旅游总收入近200亿元人民币。

——区域经济协调发展。国家和新疆自治区积极支持有优势有条件地区率先发展，并采取特殊政策措施，促进南疆三地州（喀什地区、和田地区、克孜勒苏柯尔克孜自治州）以及牧区和边境地区加快发展，推动形成南北协调互动、区域竞相互促、城乡统筹互进的发展新格局。加快天山北坡经济带主动承接东部沿海地区产业转移，构建新型工业化发展高地。加快乌昌一体化进程，加快国家级出口加工区、开发区和工业园区建设，积极发展现代服务业。推进天山南坡吐哈（吐鲁番、哈密）地区石化产业带发展，以石油天然气、煤电煤化工为依托，发挥大型项目的聚集效应，形成连环配套的产业集群。大力促进南疆三地州经济社会发展，抓好抗震安居工程、喀什老城区改造工程、农村基础设施建设、地下水开发、盐碱地改造、饮水安全、农村沼气等一批事关长远发展和民生改善工程。抓紧改善牧区和边境地区生产生活条件，采取特殊扶持政策，促进牧区和边境地区加快发展。

新疆经济发展取得的巨大成就是新疆各族人民团结奋斗的结果，也是在中央政府和全国人民长期支持帮助下实现的。多年来，中央政府在制定国民经济和社会发展计划或规划时，始终把新疆基础设施项目、农业基础发展项目、现代工业体系建设项目等列为国家重点项目，给予政策资金支持。1950年至2008年，中央政府在新疆的投资达3862.3亿元人民币，占同期新疆总投资的25.7%。从新疆维吾尔自治区成立的1955年到2008年，中央政府给新疆的财政补助累计达3752.02亿元人民币。特别是2000年以来，随着西部大开发战略的实施，中央政府给新疆的财政补助逐年增长，年均递增24.4%，2008年达685.6亿元人民币。中央政府还通过利用国际金融组织和外国政府贷款等多种途径加大对新疆的资金投入和支持。近年来，为优化新疆产业结构布局，中央政府把东南沿海较发达地区的一些企业、工厂搬迁至新疆，从内地调进工程技术人员充实到新疆初建的骨干企业中去，并选送大量少数民族工人到内地企业进修实习，在很短的时间内为新疆培养了一支工程技术骨干队伍。全国其他省市还以对口的形式向新疆提供了大量的资金、技术和人才支援，在新疆的发展中发挥了重要作用。一方面，发达地区派技术人员、教师、医生、企业管理人员等各类专业人才作为援疆干部，到新疆地（州）县挂职，传播并示范先进的技术和观念；另一方面，新疆党政机关工作人员、经济管理部门工作人员和各类专业技术人员则分批到内地对口支援省市挂职学习。近年来，根据中央政府的要求，由北京、浙江、天津、山东、辽宁、江西、上海、河南等8个省市和15个国有骨干企业，对南疆33个县（市）进行经济、科技、文化全方位对口支援。

二、人民生活水平显著提高

在经历了消除贫困、解决温饱发展阶段后，目前新疆各族人民生活正在向小康迈进，生活质量大幅提高。2008年，新疆农民人均纯收入达3503元人民币，比改革开放初期的1978年增长28倍，比西部大开发初期的2000年增长1.2倍；城镇居民人均可支配收入11432元人民币，比1978年增长35倍，比2001年增长1倍。城乡居民人均储蓄存款余额1955年为14元人民币、1978年为52元人民币、2000年为4913元人民币，2008年为11972元人民币。居民人均消费水平1952年为122元人民币、1978年为181元人民币、2000年为2662元人民币，2007年为4890元人民币。

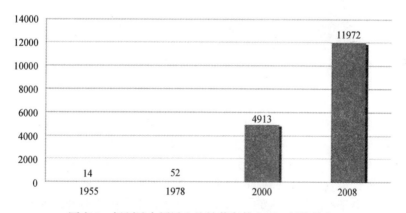

图表2　新疆城乡居民人均储蓄存款余额　新华社发

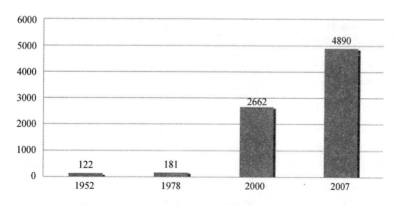

图表3　新疆城乡居民人均消费水平　新华社发

城乡居民收入增长呈多元化特点。在农村，除粮食和棉花等传统农作物外，林果等产业成为农牧民增收的新渠道。2008 年农牧民人均从林果业获得收入 340 元人民币。在一些林果业发展较早的县市，林果收入已经占到农牧民收入的 40% 以上。外出务工特别是到东部地区务工成为农牧民增收的又一新途径。2008 年外出务工的新疆农牧民达 150 万人次以上，全疆农牧民人均劳务增收 150 元人民币。旅游业的发展带动了民族旅游产品的开发销售，也带动了民族手工业的发展，直接或间接带动了几十万人就业，增加了居民的家庭收入。

城乡居民的消费总量不断提高。人均粮食占有量从 1949 年的 195.62 公斤、1978 年的 300.09 公斤，增长到 2008 年的 426.60 公斤；人均棉花占有量由 1949 年的 1.18 公斤、1978 年的 4.46 公斤，增长到 2008 年的 141.52 公斤；人均肉类占有量由 1949 年的 11.68 公斤、1978 年的 7.83 公斤，增长到 2008 年的 53.85 公斤。

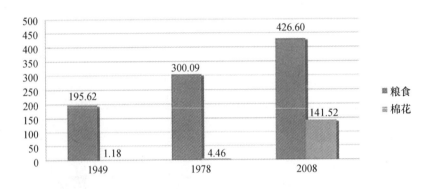

图表 4　新疆粮食、棉花人均占有量　新华社发

居民消费结构发生变化。农村居民 1978 年恩格尔系数（食品消费比重）为 60.8%，2001 年为 50.0%，2008 年为 42.5%；城镇居民 1980 年恩格尔系数为 57.3%，2001 年为 36.4%，2008 年为 37.3%。消费层次已从一般家庭消费向服务、文化、教育、旅游、保健、信贷、信息、小轿车和高档住房消费发展。消费结构正从温饱型农产品消费向小康型电子产品消费转变。食品消费从主食型向追求多种营养成分合理摄取的副食型转变。衣着消费向成衣化、时装化、名牌化、个性化发展。耐用消费品经历了从自行车、缝纫机、手表和收音机等，到彩电、冰箱、洗衣机、照相机等，再到电脑、摄像机、钢琴、健身器材等的发展变化，小轿车正逐渐走入百姓家中。

城乡居民家庭耐用消费品数量不断增长。农村居民家庭每百户拥有洗衣机数量从 1990 年的 12.58 台、2000 年的 20.87 台，增长到 2008 年的 38.00 台；冰箱数量从 1990 年的 0.40 台、2000 年的 9.93 台，增长到 2008 年的 30.32 台；摩托车数量从 1990 年的 1.37 辆、2000 年的 18.33 辆，增长到 2008 年的 50.77 辆；移动电话数量从 2000 年的 0.33 部，增长到 2008 年的 54.00 部。城镇居民家庭每百户拥有空调器从 2000 年的 2.78 台增长到 2008 年的 11.18 台；移动电话从 2000 年的 4.81 部增长到 2008 年的 144.40 部；家用电脑从 2000 年的 5.68 台增长到 2008 年的 41.32 台；家庭汽车从 2000 年的 0.82 辆增长到 2008 年的 4.62 辆。

人民群众生活条件不断改善。交通工具多样化使人们出行更加方便快捷，改革开放

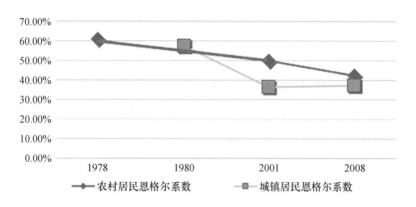

图表5　新疆城乡居民恩格尔系数　新华社发

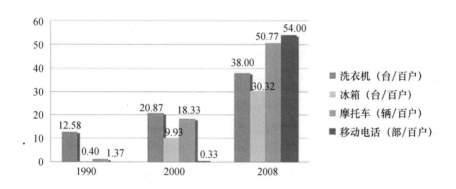

图表6　新疆农村居民家庭耐用品消费量　新华社发

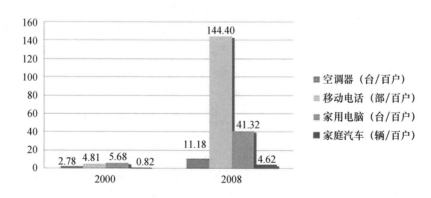

图表7　新疆城镇居民家庭耐用品消费量　新华社发

初期从乌鲁木齐到北京乘火车需耗时近一周，现今乘飞机仅需3个多小时。城市每万人拥有铺装道路由1978年的1.6公里、2000年的4.5公里，增长到2008年的15.7公里；城市每万人拥有公共汽车数量从1978年的3.1标台，增加到2008年的13.2标台。住房条件得到极大改善。农村人均住房面积从 1983 年的 10.20 平方米、2000 年的 17.25 平方米，增长到 2008 年的 22.79 平方米；城镇人均住房面积从 1983 年的 11.90 平方米、2000 年的 20.06 平方米，增长到 2008 年的 27.30 平方米。目前，全疆设市城市自来水普及率为 97.86%，县城为 87.18%；城镇集中供热普及率为 51.2%，污水处理率为 68%，生活垃圾无害化处理率为 16%；城市燃气普及率为 89.33%，县城为 66.67%；城市绿化覆盖率为 30.49%，绿地率为 26.19%，人均公共绿地面积为 6.94 平方米。近年来，南疆库尔勒、和田、喀什、阿图什、阿克苏、墨玉、洛浦、疏勒等 23 个县市的 30 多万户各族群众用上了清洁且价格优惠的天然气。目前，南疆地区天然气新用户以每月上千户的规模增长，"砍胡杨、烧胡杨"正在成为历史。

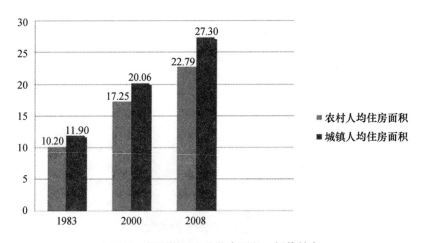

图表 8　新疆居民人均住房面积　新华社发

三、各项社会事业不断发展

新中国成立前，新疆只有 1 所大学、9 所中学、1355 所小学，学龄儿童入学率只有 19.8%，全疆文盲率高达 90% 以上。新中国成立后，新疆教育事业取得历史性进步，目前义务教育实现了基本普及九年制和基本扫除青壮年文盲，各类成人教育、职业教育从无到有，稳步发展。2006 年，随着新的农村义务教育经费保障机制的推行，新疆所有农村中小学生实现了免费教育。2008 年，贫困寄宿生全部享受生活补助，城市义务教育阶段学生全部免除学杂费。从 2007 年开始，国家每年投入 1.29 亿元人民币用于资助 5.1 万名普通高校和 9.5 万名高、中等职业学校特困生，其中 70% 为少数民族学生。2008 年，全疆共安排支持教育资金 187.7 亿元人民币，比上年增长 32.3%。2008 年，新疆共有小学 4159 所、在校学生 201.2 万人，小学学龄儿童入学率达 99.6% 以上；中等学校 1973 所，在校学生 172.2 万人；普通高等学校 32 所，在校学生 24.1 万人，在校研究生 1.03 万人。

国家坚持优先发展少数民族教育，通过实施特殊扶持政策，推动少数民族教育事业发展。为确保少数民族考生能够接受高等教育，从 20 世纪 50 年代开始，国家实行高等学校招生对少数民族考生的照顾政策，此后又提出按比例录取的优惠政策，并对少数民族考生实行单独命题考试、单划分数线录取等政策，这种照顾一直持续至今。国家在农牧区建立了提供食宿和学习用品的寄宿制中小学校。国家通过实施"新疆少数民族科技人才特培"工程、"少数民族高层次骨干人才计划"，以及公派少数民族留学生等，对少数民族高层次人才进行培养。在发展少数民族教育中，国家坚持用本民族语言文字进行教学。在新疆，凡有文字的民族，均使用本民族的语言文字教学。多年来，国家拨付专款，专门用于编印维吾尔、哈萨克、蒙古、锡伯、柯尔克孜等5种少数民族文字教材，满足了少数民族学校主课教材的需要。一年一度的全国高等学校招生考试中，新疆使用维吾尔、汉、哈萨克、蒙古等多种文字的试卷。随着经济社会的发展，各民族间交流日益频繁，越来越多的少数民族群众要求掌握汉语。针对全疆1000多万少数民族人口中约70%尚未掌握或根本不懂汉语文字，对少数民族和自治区发展造成不利影响的情况，自治区政府于2004年作出在少数民族学生中大力推进"双语"教学的决定，要求少数民族学生高中毕业达到"民汉兼通"的目标。2008年，在维吾尔广大基层干部群众的倡议下，新疆开展"双语"教师培训，稳步推进学前"双语"教育。实践证明，实施"双语"教育，对增进民族间的了解和沟通，发展平等团结互助和谐的民族关系，促进各民族共同繁荣发展有着重要意义。

为使边远地区少数民族学生能够接受更高水平的基础教育，从2000年起，国家在北京、上海等12个经济发达省市的13所中学开设新疆高中班。截至2008年，新疆高中班扩大到12个省（直辖市）28个城市的50所学校，招生规模从最初的1000人扩大到5000人，目前累计完成9届2.4万人的招生任务，毕业生中90%以上顺利升入内地高校进行学习，其中85%的毕业生考取重点院校。从2003年开始，新疆自治区人民政府参照内地新疆班形式，在乌鲁木齐、石河子等新疆8个城市开办区内初中班，目前每年招生5000人。初中班主要招收农牧区乡（镇）、村小学或贫困、边境县城市小学的应届毕业生，其中少数民族农牧民子女占80%以上。

1949年以前，新疆科技事业尚属空白。经过60年的努力，新疆已建立起专业比较配套、布局比较合理，并具有区域特征的科学研究和开发体系，培养了一支学术造诣较深的多民族科研队伍。2007年底，地方人才总量达197.2万人。截至2008年底，共取得重大科技成果6000余项，获得国家级奖励近200项，申请专利达20多万件。科技型企业创新能力不断增强，涌现出"金风科技""特变电工"等一批国际知名品牌。

新中国成立前，新疆没有一个专业文艺团体，更无艺术研究机构。60年来，在国家的大力扶持下，新疆各类文化设施逐步建立并形成规模，各族群众文艺活动丰富多彩。截至2008年，全区共有艺术表演团体119个、文艺科研机构2个、艺术创作机构2个、群众艺术馆15个、文化馆94个、乡镇文化站1034个，从事专业表演创作的各族文化工作者达4355人；共有公共图书馆93个、博物馆47个；共有自治区级广播电台6座、电视台8座，广播和电视综合人口覆盖率均达到93.5%，有线电视用户达163.89万户，有线数字电视用户达32.42万户。实施西部大开发战略以来，国家投入24.84亿元人民币的专项经费，加强新疆文化建设。近年来，新疆各地广泛开展"百日广场文化活动""乡村百日文体活动竞赛"和文化、科技、卫生"三下乡"活动，先后实施了"百县千乡宣传文化工程""民族民间文化保护工程""丝绸之路边疆文化长廊建设""万村书库"工程、广播电视"西新工程"、图书出版"东风工程""文化信息资源共享工程"等文化建设重点工程，有力地推动了新疆文化事业的发展。

新中国成立前，新疆医疗卫生水平极其低下，地方病、传染病频发，人口死亡率达

20.82‰，婴儿死亡率高达 420‰至 600‰，人口平均预期寿命不到 30 岁。1949 年，新疆仅有医疗机构 54 个、病床 696 张，每万人只有 1.6 张病床、0.19 名医生，且卫生机构都分布在少数城市（镇）。60 年来，政府不断加大医疗卫生投资，2008 年新疆拥有各类卫生机构 7238 个，其中有各类医院 1629 所、病床位 9.36 万张、医生 4.38 万人，平均每万人拥有医院床位 36 张、医生 21 人。卫生防疫机构从无到有，形成了较为完善的城乡卫生防疫体系，防病、灭病水平和能力显著提高，消灭了天花病等一些地方病，各类地方病和传染病发病率大幅度下降。自 20 世纪 70 年代中期起，新疆开始试行计划免疫，纳入计划免疫的各类疫苗接种率逐年提高。医疗卫生水平的不断提高使人民健康状况得到极大改善，人口质量显著提高。2008 年人口死亡率为 4.88‰，婴儿死亡率为 29.76‰，人口平均预期寿命提高到 72 岁。广大农牧区医疗条件明显改善，形成了县、乡、村三级医疗预防保健网。2003 年，新疆开始实施农村新型合作医疗制度，到 2008 年已经开展新型农村合作医疗工作的县（市）达 89 个，覆盖农牧业人口 1005.90 万人，实际参加农村合作医疗的农牧民达 950.30 万人，覆盖率和参合率分别达到 94.6% 和 94.5%。

就业是民生之本。多年来新疆坚持实施积极的就业政策，以经济持续较快发展促进就业增长，采取多种措施增加就业岗位，扩大就业规模。2008 年，新疆就业人数达 847.58 万人，城镇登记失业率为 3.7%。西部大开发战略实施以来，新疆每年有 30 万以上的人实现就业再就业。新疆的人力资源市场从无到有、从小到大，市场机制在人力资源配置中的基础性作用基本确立，初步形成了由县区以上综合性服务机构、街道（乡镇）社区基层服务窗口以及各类服务实体共同组成的公共就业服务体系。2008 年，新疆居民服务和其他服务业机构达 107 家，从业人员 3944 人。

近年来，劳务输出成为新疆扩大就业的新途径。为了解决南疆等偏远农牧区农民非农业收入比重低、脱贫致富难的问题，从 2006 年起，劳务输出从南疆伽师县逐步向全疆推广。通过自愿报名和职业技能培训选拔，新疆农牧民工可以从有需求的内地企业中选择自己的务工单位，由政府出资选派带队工作人员和新疆清真厨师陪同前往。伽师县从 2006 年至今，已向内地企业输出劳动力 1.9 万人次，劳务创收近 2 亿元人民币，年人均纯收入超过 7000 元人民币，比 2008 年新疆农牧民人均纯收入高出 1 倍。政府加强对农民工的培训，每年仅支付农民工外出就业培训费就达 3—4 亿元人民币。

改革开放以来，新疆的社会保障从无到有、渐成体系，各族群众基本生活得到保障。2008 年，新疆拥有城镇各种社区服务设施 799 个，基本养老保险、失业保险、医疗保险、工伤保险、生育保险等五大保险参保人数达 964.57 万人，城镇居民中有 63.80 万人得到政府最低生活保障救助。各类收养性社会福利单位拥有床位 1.90 万张，收养各类人员 1.40 万人。从 2007 年 7 月起，新疆全面启动农村最低生活保障工作，确定对人均年收入低于 700 元人民币的农牧民给予补助，农村居民最低生活保障制度开始建立，2008 年新疆有 131 万名特困农牧民群众享受到了低保待遇。新疆医疗救助工作发展迅速，到 2007 年底全疆所有县（市、区）都建立了城乡医疗救助制度。2008 年，全区共救助 216.4 万人次，其中资助参保参合 122.6 万人，直接救助 93.8 万人次，支出资金 3.1 亿元人民币。

新疆地域辽阔，各地经济发展不平衡。从 20 世纪 80 年代中期起，新疆开展了以解决农村贫困人口温饱问题为主要目标、以改变贫困地区经济文化落后状态为重点的大规模扶贫开发，并经历了由单纯的救济式扶贫向有组织、有计划、有目标的开发式扶贫的转变。从 1978 年到 2008 年，新疆的贫困人口由 532 万人减少到 253 万人，贫困人口生产生活条件明显改善。近年来，国家不断加大对贫困状况严重的南疆三地州扶贫力度。2001 年至 2007 年，中央和自治区用于扶贫的财政资金、以工代赈资金和信贷贴息资金中，有 78% 投到了南疆三地州，全部扶贫项目的 70% 以上安排在南疆三地州。从 2004 年起，新疆开始在地震高发、多发地区实施抗震安居工程，计划用 6 年时间，让多震、易震地区的群众全部住上抗震房。截至 2008 年底，已累计投入城乡抗震安居工程建设资金 412 亿元人民币，新建和改造抗震安居房 189.5 万户，其中南疆三地州农村共有 74.23 万户贫困农牧民入住抗震安居房。

四、民族文化得到保护

历史上，新疆各族人民创造了丰富多彩的文化，为中华文化的发展作出了独特贡献。由于历史上地处"丝绸之路"的要冲，使新疆文化具有明显的地域性和民族性特征。新疆各地区、各民族的文化积淀深厚、文化形态多样、民间文艺丰富多彩。多年来，国家有计划有组织地对各少数民族文化遗产进行搜集、整理、翻译和出版，保护少数民族名胜古迹、珍贵文化和其他重要历史文化遗产，形成了政府主导、学术支持、社会参与的保护格局，使各民族优秀文化遗产得到了继承和发扬。

少数民族音乐舞蹈在新疆民族文化中占有十分重要的地位。新中国成立以来，新疆通过建立各级艺术表演团体，成立艺术院校、艺术研究所等机构，抢救、搜集、整理、保护了一大批民间音乐舞蹈作品，通过培养一代又一代各类艺术人才，使传统的民间音乐舞蹈后继有人，并且不断发扬光大。20 世纪 90 年代，先后编纂出版了《中国民族民间器乐曲集成·新疆卷》、《中国戏曲音乐集成·新疆卷》、《中国民间歌曲集成·新疆卷》、《中国民族民间舞蹈集成·新疆卷》等集成系列丛书，使新疆各民族优秀传统乐舞艺术的各个门类以音、谱、图、文、像的形式全面集中保存下来。

维吾尔"十二木卡姆"是集歌、舞、乐于一体的维吾尔古典音乐套曲，被誉为维吾尔族"音乐之母"，也是中华民族音乐文化瑰宝。新中国成立前夕，"十二木卡姆"已濒临失传。新中国成立不久，当时的新疆省人民政府即于 1951 年 8 月将"十二木卡姆"列为重点抢救的艺术品，组织力量对木卡姆艺术进行了较为全面的普查、搜集和整理工作，并于 1955 年完成了录音、记谱和歌词整理工作，于 1960 年出版"十二木卡姆"乐谱。从此，"十二木卡姆"完成了由口头传承向文本传承的转折。20 世纪 80 年代以来，自治区成立了新疆木卡姆研究机构和艺术团，专门搜集、整理、研究和表演以木卡姆为主的维吾尔古典音乐和民间歌舞，进一步推进了木卡姆抢救、保护和弘扬工作。2003 年，新疆维吾尔木卡姆被列为"中国民族民间文化保护工程"首批试点项目。2005 年"中国新疆维吾尔木卡姆艺术"被联合国教科文组织批准为"人类口头和非物质文化遗产代表作"。"六十二阔恩尔"（意为六十二套优美的乐曲），是一种以"簧"（器乐曲）为主的配以民歌、舞蹈、弹唱等多种艺术表演形式于一体的综合艺术，是哈萨克族最具代表性的民族民间优秀传统文化。自 20 世纪 90 年代以来，国家成立专门机构，搜集、整理、出版了《阿克鹄阔恩尔》（即白天鹅套曲）。

新疆民族民间文学资源丰富。多年来，在国家的大力支持下，自治区政府有组织、有计划地抢救、保护民族民间文学作品，先后搜集、整理、翻译、出版了维吾尔、哈萨克、蒙古、柯尔克孜、塔吉克、锡伯和乌孜别克等民族大量的民歌歌词、神话传说、民间笑话、民间故事、寓言、谚语等丰富多彩的民间文学遗产。《玛纳斯》、《江格尔》、《格斯尔》（在藏族地区称《格萨尔》）等著名少数民族英雄史诗的搜集、整理、翻译、出版和研究取得重要成果。《突厥语大词典》等一批少数民族优秀历史文化遗产得到有效保护。维吾尔族古典文学《热比亚与赛丁》、《帕尔哈特与西琳》，哈萨克族民间长诗《萨里哈与萨曼》等先后被整理，并翻译汉文出版。《中国民间文学集成》（新疆卷）的编纂工作已经完成。

新疆少数民族古籍文种语种多、分布广泛，是中华民族传统文化遗产的重要组成部分。20世纪80年代初期，成立了自治区少数民族古籍搜集、整理和出版规划领导小组及办公室，全区有4个自治州、8个地区和1个地级市及部分县也相继成立了有关机构。此后在全区范围内开展抢救、搜集、整理和出版少数民族古籍的工作。截至2008年，自治区少数民族古籍整理办公室已累计搜集、登记造册的少数民族古籍达20518册（件）；已整理出版少数民族古籍上百种，其中包括维吾尔族不朽名著《福乐智慧》的三种抄本影印本，哈萨克族医学名著《医药志》，以及锡伯族萨满教经典《萨满神歌》等。

为了更好地抢救、整理、研究、保护新疆的非物质文化遗产，自治区成立了"新疆非物质文化遗产保护研究中心"，并制定颁布非物质文化遗产保护工程管理办法和非物质文化遗产代表作申报评定暂行办法。2006年、2008年，柯尔克孜族史诗《玛纳斯》、蒙古族史诗《江格尔》和哈萨克族的《阿依特斯》等63项新疆非物质文化遗产项目分别列入第一、二批国家级非物质文化遗产名录。

新疆文物古迹遗址十分丰富。截至2008年，新疆已发现的文物点有4000多处，其中全国重点文物保护单位58处。国家重视对新疆文物古迹的保护和修缮，文物保护立法、考古调查发掘、文物维修保护、博物陈列等取得重要进展。在"保护为主、抢救第一"的方针指导下，自治区对重点文物进行了较大规模的抢救维修，其中包括克孜尔千佛洞、库木吐拉千佛洞、森木赛姆千佛洞、柏孜克里克千佛洞、高昌故城、哈密回王坟、伊犁将军府等。一批代表维吾尔、蒙古、回、锡伯等少数民族优秀历史文化遗产的著名建筑，如喀什阿帕克和卓麻扎、霍城秃黑鲁·帖木尔汗麻扎、昭苏喇嘛庙、和静蒙古王爷府、且末托乎拉克庄园等，得到了妥善维修和保护。2009年，自治区启动"丝绸之路（新疆段）重点文物抢救保护工程"，集中必要的财力物力，对新疆古代"丝绸之路"主干道上的大型遗址保护区和重点文物保护单位实行区域性、综合性抢救和保护。

近年来，国家对喀什等历史文化名城的保护取得重要进展。喀什历史上曾是"丝绸之路"重镇，城市风貌和地域文化具有浓郁的民族特色。但喀什处于地震多发区，老城区房屋大都简陋、陈旧，抗震及防火能力极差。为保障人民生命财产安全，改善居民的居住条件，加强喀什老城区房屋的抗震性能，同时也为了更好地保护喀什古城文化风貌，2009年2月国家正式对喀什老城区危旧房改造综合治理计划立项，预计投入30亿元人民币，按照国家历史文化名城的要求对其进行保护性修缮。古城改造重视对原有风貌的保护，改造后的建筑形式将保留原有建筑特征和文化特色。

各民族文化艺术在继承基础上得到发展。维吾尔族"麦西来甫"、哈萨克族"阿依特斯"、柯尔克孜族"库姆孜弹唱会"、蒙古族"那达慕大会"、锡伯族"西迁节"、汉族"元宵灯会"等民族传统文艺活动广泛开展。一批反映时代巨变的具有浓郁民族特色、地域特点的优秀剧节目，如话剧《蕴倩姆》、维吾尔剧《艾里甫与赛乃姆》，杂技《达瓦孜》，哈萨克族的《阿依特斯》、柯尔克孜族"玛纳斯奇"弹唱《玛纳斯》等剧节目相继搬上艺术舞台。进入新世纪后，大型民族歌舞《我们新疆好地方》、《天山欢歌》、《喀什噶尔》等20多台优秀剧节目先后荣获国家级奖励。

为使各少数民族语言跟进时代发展，国家建立"新疆维吾尔自治区民族语言文字工作委员会"和各级民族语言文字研究机构，负责少数民族语言文字的规范化、标准化和科学化研究管理。在政府的支持下，已研发出"博格达维哈柯文排版系统""锡伯文、满文文字处理和轻印刷系统""新疆2000"多文种图文排版系统、"阿拉伯文及多文种排版系统"等软件，通过制定标准和软件研制方式，为各类民族文字软件的代码、键盘布局、输入法等提供规范。

五、坚持各民族平等团结

新疆民族众多。据2000年全国第五次人口普查，新疆共生活着维吾尔、汉、哈萨克等55个民族。2008年，新疆总人口为2130.8万人，其中汉族以外的其他民族1294.5万人，占全疆人口的60.8%。截至2007年，百万以上人口的民族有3个：维吾尔族（965.1万）、汉族（823.9万）、哈萨克族（148.4万）；10—100万人口的民族有3个：回族（94.3万）、柯尔克孜族（18.2万）、蒙古族（17.7万）；1—10万人口的民族有6个：塔吉克族（4.5万）、锡伯族（4.2万）、满族（2.6万）、乌孜别克族（1.6万）、俄罗斯族（1.2万）以及东乡族。其余民族人口不到万人。

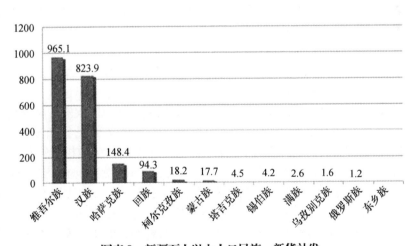

图表9　新疆万人以上人口民族　新华社发

新疆自古以来就是多民族聚居地区，今天生活在新疆的各民族都是在历史上先后移居而来的。据史载，公元前101年，汉朝（公元前206年—公元220年）军队开始在轮台、渠犁等地屯田，后来扩大到全疆各地。公元前60年汉朝中央政府设立西域都护府以后，或为官、或从军、或经商，进入新疆的汉人连续不断。至汉朝末年，汉人在新疆各地已经形成大分散和各屯田点小集中的分布格局。汉族是较早进入新疆地区的民族之一。清朝统一新疆（1759年）后，为了移民戍边和开发新疆，清政府组织满、蒙古

（察哈尔）、锡伯、达斡尔（索伦）、汉、回官兵移驻新疆，并鼓励南疆的维吾尔人到北疆伊犁，内地汉族、回族民众到新疆，发展生产。19 世纪后期至 20 世纪前期，有许多俄罗斯人、乌孜别克人和塔塔尔人进入新疆并留居下来。1949 年中华人民共和国成立时，新疆共有 13 个民族成分，呈现以维吾尔族为主体，各民族"大杂居、小聚居、混杂居住"的特点。南疆以维吾尔族为主，北疆以汉族和哈萨克族为主，柯尔克孜、锡伯、塔吉克和达斡尔等民族分布比较集中，其他民族大多为杂居。

新中国成立后，新疆的人口自由流动日益增多，多民族混居状况更为明显。特别是改革开放以来，受市场导向作用影响，以上学、工作、经商、务工为主要目的的自发、自愿人口流动，在新疆城乡之间、北疆和南疆之间、新疆和内地之间频繁增加。2008年，新疆约有 24 万富余劳动力前往沿海经济发达地区务工。另外，每年还有大量的季节性流动人口在新疆境内和新疆与内地之间流动。每年 8 月下旬至 11 月的棉花收获期间，都有来自其他省市的数十万人到新疆从事棉花采摘工作。

经济和社会发展带来的人口频繁流动，导致新疆的民族构成及分布格局发生了变化。一是民族成分增加。2000 年，除基诺族外，中国的其他 55 个民族都有成员在新疆定居生活。二是各民族人口数量普遍增加。1978 年到 2007 年，全疆人口最多的维吾尔、汉、哈萨克、回等 4 个民族人口分别增长了 74%、61%、81% 和 78%。三是各民族传统居住地的本民族人口比重不断下降。南疆喀什、和田和阿克苏三地的维吾尔族人口占全疆同族人口的比例，由 1944 年的 84.6% 下降到 2007 年的 71.5%；伊犁哈萨克自治州的哈萨克族人口占全疆同族人口的比例由 1944 年的 83.4% 下降为 2007 年的76.8%。四是城镇多民族混居状况更为明显。城市中的少数民族人口比例增加。乌鲁木齐市有 52 个民族成分，少数民族占全市人口总数的比例由 1978 年的 18% 增长至 2007年的 27%。

新疆各族人民在长期共同生活中结下了深厚情谊。60 年来，新疆各族人民相互尊重，相互信任，相互帮助，共同进步，形成、发展和巩固了平等团结互助和谐的民族关系，这既是新疆发展进步的重要内容，也是新疆发展进步的根本保证。

承认中国各民族的存在并保障其各方面的平等权利，是中国政府解决民族问题的基本原则和根本政策，也是中国各项民族政策的基础。《中华人民共和国宪法》规定："中华人民共和国各民族一律平等。国家保障各少数民族的合法的权利和利益，维护和发展各民族的平等、团结、互助关系。禁止对任何民族的歧视和压迫，禁止破坏民族团结和制造民族分裂的行为。"在新疆，各民族公民广泛享有宪法和法律赋予公民的各项平等权利，包括选举权与被选举权、平等参与国家事务管理的权利、宗教信仰自由的权利、接受教育的权利、使用和发展本民族语言文字的权利、保护和发展本民族传统文化的权利等。

60 年来，为切实保障新疆各民族享有平等的政治权利和社会地位，实现各民族共同发展、共同繁荣，中央和自治区各级政府做了大量工作。新中国成立前，南疆部分地区尚存在农奴制残余，个别地区农奴制甚至完整保存。20 世纪 50 年代，新疆进行了民主改革，废除了旧制度，使世代受压迫的少数民族人民得到了基本人权。少数民族参与行使国家权力的权利受到特殊保障。历届全国人民代表大会，新疆各少数民族都有适当名额的代表。出席第十一届全国人民代表大会的新疆代表共计 60 名，由 11 个民族成分组成，其中 60% 是少数民族代表。目前，全国人大常委会和全国政协的领导成员中，都有来自新疆的少数民族人士。自治区地方人民代表大会，当地每一少数民族聚居区都有代表参加。自治区第九届人民代表大会共有代表542名，有13个民族代表，其中少数民族代表占到65.5%，比少数民族人口在新疆总人口中的比重高出4个百分点。

在新疆，各民族间政治地位的平等主要通过民族区域自治制度得以实现。在国家统一领导下，在少数民族聚居地区实行民族区域自治，使少数民族自己管理本自治地方的内部事务，是中国解决民族问题的一项基本政策，也是中国的一项重要政治制度。成立于1955年的新疆维吾尔自治区，是以维吾尔族为主体的民族自治地方。在维吾尔族以外的新疆其他少数民族聚居地区，还成立了哈萨克、回、柯尔克孜、蒙古等4个民族的5个自治州，以及哈萨克、回、蒙古、塔吉克、锡伯等5个民族的6个自治县，还有43个民族乡。新疆是全国唯一的三级（区、州、县）自治地方俱全的自治区。各级自治机关在历届人民代表大会代表组成以及干部配备上，坚持各民族平等参与、共同管理的原则，保证各民族共同当家作主。各级自治机关根据本地实际制定并实施自治法规、地方性法规和具有法律效力的决议，依法保障民族自治地方的自治权利。截至2008年底，自治区人大及其常委会制定的现行有效的地方性法规127件，通过法规性决议、决定28件，批准乌鲁木齐市地方性法规，各自治州、自治县单行条例100件。

国家和自治区一直把选拔、培养和使用少数民族干部作为实行民族区域自治政策的关键，通过送去学习、加强培训、基层锻炼、异地交流、挂职轮换等多种形式，培养和造就了一大批优秀少数民族干部，少数民族干部队伍的人数和素质大幅提高，并保证各级各类少数民族干部的相应比例。1955年，全疆有少数民族干部4.6万人，1965年为6.7万人，1975年为9.3万人，1985年为20.2万人，1995年为27.2万人，2005年为34.0万人，2008年为36.3万人，占全疆干部总数的51.25%。目前，自治区的政府主席、各自治州的州长、自治县的县长以及相应的人大常委会主任、人民法院院长、人民检察院检察长都由实行民族区域自治的民族的公民担任，绝大多数的地、州、市的专员、州长和市长以及县长、区长由少数民族干部担任。

国家坚持各民族语言文字一律平等的原则，反对任何形式的语言特权。自治区政府根据新疆的具体情况，于1988年和1993年相继颁布了《新疆维吾尔自治区民族语言使用管理暂行规定》和《新疆维吾尔自治区语言文字工作条例》，从制度上保障少数民族使用本民族语言文字的自由和权利。新疆目前13个世居民族使用10种语言和文字。自治区及各自治州、自治县机关执行公务时，同时使用自治民族和汉语两种语言文字。新闻、出版、广播、电影、电视等都广泛使用少数民族语言文字。《新疆日报》用维吾尔、汉、哈萨克、蒙古四种文字发行。新疆电视台用维吾尔、汉、哈萨克、蒙古四种语言播放节目。新疆人民出版社用维吾尔、汉、哈萨克、蒙古、柯尔克孜、锡伯六种文字出版各类图书。新疆各出版社出版的图书与音像制品中使用少数民族语文的占到70%以上。

尊重少数民族风俗习惯，是保护各民族平等权利的一项重要内容。国家和自治区各级政府在承认各民族都有保持或改革本民族风俗习惯自由的基础上，制定一系列政策、法规，尊重和照顾少数民族饮食、衣饰、年节、婚姻、丧葬等方面的习俗。自治区政府每年都要对少数民族生活必需的肉食和副食品的生产和供应作出专项安排，保证各民族特需食品的生产和供应，特别注意照顾10个普遍信仰伊斯兰教的民族。在新疆，每年的肉孜节和古尔邦节，信仰伊斯兰教的各族人民都可以享受节日的假期，俄罗斯族在圣诞节、复活节也有法定假期。

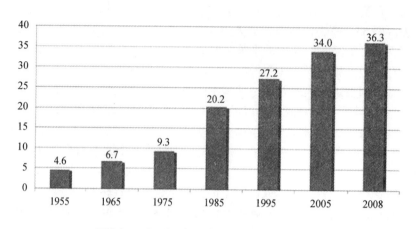

图表10　新疆少数民族干部人数　新华社发

　　自治区政府采取各种特殊政策措施，努力使各民族一律平等的权利在社会生活和政府行为中得到落实和保障。1993年颁布、2002年修改的《新疆维吾尔自治区语言文字工作条例》，从法律上保障各民族语言文字平等的权利，提倡和鼓励各民族互相学习语言文字。1996年颁布的《新疆维吾尔自治区实施〈中华人民共和国消费者权益保护法〉办法》中规定，在自治区境内生产并销售的商品，其包装和说明书上应有少数民族文和汉文；经营者在其经营场所悬挂和在食品包装、装潢上标注"清真"字样或标记，必须经县级以上人民政府民族事务管理部门批准。

　　民族团结，是促进各民族真正平等的保障。国家保障各少数民族的合法权利和利益，反对民族之间的隔阂、歧视、仇恨和冲突，反对大民族主义，主要是大汉族主义，也反对地方民族主义。在新疆，加强各民族间的团结有着特别重要的意义，是做好新疆一切工作的重要保证。多年来，自治区政府大力倡导"人人都有民族团结思想，人人都讲民族团结，人人都懂民族政策，人人都做民族团结的好事。"新疆各族人民在实践中提出了"汉族离不开少数民族，少数民族离不开汉族，各少数民族之间也相互离不开"的"三个离不开"思想。1982年新疆在全国各省区市中率先开展民族团结进步表彰活动，至今已召开五次民族团结进步表彰大会，共有862个民族团结进步模范单位和1520名模范个人受到自治区的表彰。1983年开始在每年5月开展民族团结教育月活动，集中、广泛地进行民族平等团结的宣传教育，至今已坚持27年。新疆的小学至大学各类学校教育中均设置民族团结及民族知识教育的课程。通过坚持不懈的民族团结教育，各民族平等团结的观念和"三个离不开"的思想不断深入人心，各民族间互帮互助、互敬互爱蔚然成风。

　　在新疆，平等团结互助和谐的民族关系表现在社会生活的各个方面。受传统生产生活方式影响，维吾尔族人与回族人在经商和餐饮业方面，汉族人在种植蔬菜方面，哈萨克族人在放马牧羊方面各有所长，统一的市场和相同的生产目的，使各民族相互协作，共同发展。共同的社会制度、共同的政治经济组织、共同的社区生活使不同民族成员结成同志、同事、邻居和朋友这样一些稳定的合作关系，彼此间的了解和友谊大大增强。据2004年、2005年在新疆10余个县（市）进行的一项问卷调查，城镇维吾尔族居民和汉族居民中，有两个以上异族朋友的分别占65%和61%，没有异族朋友的人分别占30%和29%。近年来，不同民族成员通婚的现象逐渐增多。在乌鲁木齐市，1980年婚姻登记中2.1%为族际婚姻（218对），2003年上升为5.9%（811对）；在塔城市，婚姻登记总数中族际婚姻的比例，1995年为5.5%，2003年增至39.5%。据1987年对伊宁市一个4个民族共居的街巷的调查，在具有语言能力的141人中，会2种语言的48人，会3种语言的16人，会4种语言的6人，会5种语言的1人。每逢维吾尔、哈萨克、回等普遍信仰伊斯兰教的民族欢度古尔邦节和肉孜节，汉、蒙古等民族欢度春节，各民族友邻、同事都问好祝福，共享喜庆。

六、保护公民宗教信仰自由权利

新疆历史上就是多种宗教并存的地区，且一直持续至今。目前新疆主要有伊斯兰教、佛教、基督教、天主教、道教等。中国政府实行宗教信仰自由政策，新疆全面贯彻执行这一政策，依法保护公民宗教信仰自由权利，保障宗教界的合法权益，促进宗教事业健康有序发展。

宗教信仰自由是中国宪法赋予公民的一项基本权利。《中华人民共和国宪法》规定："中华人民共和国公民有宗教信仰自由。""任何国家机关、社会团体和个人不得强制公民信仰宗教或者不信仰宗教，不得歧视信仰宗教的公民和不信仰宗教的公民。""国家保护正常的宗教活动。"国务院颁布的《宗教事务条例》规定："公民有宗教信仰自由。任何组织或者个人不得强制公民信仰宗教或者不信仰宗教，不得歧视信仰宗教的公民或者不信仰宗教的公民。信教公民和不信教公民、信仰不同宗教的公民应当相互尊重、和睦相处。"中国的其他相关法律法规，对保障公民宗教信仰自由也有具体规定。国家强调在法律面前人人平等，公民有信教自由，也有不信教的自由，公民宗教信仰自由的权利与承担相应的义务相一致。侵犯公民宗教信仰权利要承担法律责任，无论是否信仰宗教，违反法律规定同样要承担法律责任。

在新疆，各族人民充分享有宗教信仰自由的权利，信教或不信教完全由公民自由选择，受法律的保护，任何机关、团体和个人不得干涉。截至2008年，全区有清真寺、教堂、佛道教寺庙等宗教活动场所约2.48万座、宗教教职人员2.9万多人、宗教团体91个、宗教院校2所。20世纪80年代以来，新疆赴沙特朝觐的人数已累计超过5万人，近年朝觐人数保持在每年2700人左右。截至2008年，新疆宗教界人士在各级人民代表大会、政治协商会议担任职务的有1800多人，他们代表信教群众积极参政议政，并对政府贯彻宗教信仰自由政策进行监督。

国家和自治区依照法律法规对宗教事务进行管理，依法保护宗教团体、宗教活动场所和信教公民的合法权益。多年来，国务院颁布了《宗教事务条例》，自治区人大常委会制定颁布了《新疆维吾尔自治区宗教事务管理条例》，自治区人民政府制定了《新疆维吾尔自治区宗教活动场所管理暂行规则》、《新疆维吾尔自治区宗教教职人员管理暂行规定》、《新疆维吾尔自治区宗教活动管理暂行规定》等三个政府规章。这些法规和规章进一步明确公民有宗教信仰自由权利，国家依法保护正常的宗教活动，维护宗教团体、宗教活动场所和信教公民的合法权益；宗教团体、宗教活动场所和信教公民应当遵守宪法、法律、法规和规章，维护国家统一、民族团结和社会稳定；任何组织或者个人不得利用宗教进行破坏社会秩序、损害公民身体健康、妨碍国家教育制度，以及其他损害国家利益、社会公共利益和公民合法权益的活动，不得利用宗教干预国家行政、司法等国家职能的实施等基本原则。

自治区依照相关法律、法规和规章，保护在宗教活动场所内以及按宗教习惯在信徒自己家里进行的一切正常的宗教活动，拜佛、诵经、烧香、礼拜、祈祷、讲经、讲道、弥撒、受洗、受戒、封斋、过宗教节日、终傅、追思等，都由宗教组织和信徒自理，受法律保护，任何人不得加以干涉。依法制止利用宗教干预国家行政、司法、教育、婚姻、民事诉讼等活动。

在新疆，宗教事业正常有序发展。目前已发行了维吾尔、汉、哈萨克、柯尔克孜等文字的《古兰经》、《布哈里圣训实录精华》、《古兰经》注释、《卧尔兹选编》等宗教经典、宗教书籍和汉、维吾尔文版的《新编卧尔兹演讲集》系列及《中国穆斯林》杂志，数量达到 100 多万册。新疆大量的清真寺被列入国家、自治区、县级重点文物保护单位。1999 年中央政府就拨款 760 万元人民币用于重修乌鲁木齐的洋行大寺、伊宁拜图拉清真寺、和田加麦大寺。喀什艾提尕尔清真寺、香妃墓（阿帕克和卓麻扎）和吐鲁番苏公塔，多次由政府拨款修缮。仅 2008 年国家就拨款 3300 万元人民币，用于艾提尕尔清真寺和香妃墓的修缮。

新疆现有 10 个少数民族的大多数群众信仰伊斯兰教，人口 1130 多万。伊斯兰教清真寺由改革开放之初的 2000 多座发展到现在的约 2.43 万座，教职人员由 3000 多人增加到 2.8 万多人。新疆伊斯兰教经学院成立以来，使用维吾尔语等少数民族语言授课，为全疆各地培养了 489 名伊玛目、哈提甫或宗教学校教师，现有在校生 161 人。2001—2008 年，新疆伊斯兰教经文学校培训宗教教职人员达 2 万多人次。由各地（州、市）伊斯兰教协会举办的经文学校、经文班和宗教人士代培的塔里甫有 3133 名，毕业塔里甫 1518 名，已有 803 名担任宗教教职。从 2001 年开始，为了培养高层次的伊斯兰教教职人员，新疆先后选派 47 人赴埃及、巴基斯坦等伊斯兰国家的伊斯兰教高等学府留学深造。

历史上，新疆地区不同宗教之间、同一宗教的不同教派之间发生过很多冲突。10 世纪中叶，信仰伊斯兰教的喀喇汗王朝和信仰佛教的于阗王国进行了 40 余年的宗教战争；明清时期，伊斯兰教内部进行了几百年的争斗。这些宗教之间的战争和宗教内部的争斗，严重影响了各宗教和教派之间的团结、社会的和谐与稳定。新中国成立以来，宗教信仰自由政策的贯彻实施和对宗教事务的依法管理，促进了新疆各宗教的和睦相处，信教和不信教公民以及不同宗教信仰公民的相互尊重和理解，各族群众没有因为宗教信仰的不同和教派的不同而产生矛盾和冲突。

七、维护国家统一和社会稳定

新疆的发展与进步，是在中华人民共和国这个统一的多民族国家中实现的，是在稳定的社会环境中实现的，也是各族人民共同团结奋斗的结果。离开了国家统一，离开了社会稳定，离开了民族团结，新疆的一切都无从谈起。多年来，境内外"东突"势力不顾新疆各族人民福祉，鼓吹民族分裂主义，在新疆策划组织实施了一系列暴力恐怖活动，危害国家统一、社会稳定和民族团结，严重干扰和破坏了新疆的发展与进步。

长期以来，"东突"势力不断制造分裂活动。"东突"为"东突厥斯坦"简称，"东突厥斯坦"一词出现于 19 世纪末期。20 世纪初，部分狂热的新疆分裂分子与宗教极端势力,将"东突"一词进一步政治化,编造了一套"东突厥斯坦独立"的"思想理论体系"。新疆形形色色的分裂分子打着"东突"的旗号,形成"东突"势力,企图建立所谓"东突厥斯坦国"分裂政权。20世纪30年代初和40年代中期,"东突"势力在外国势力的怂恿、支持下,公然打出"杀汉灭回"和"反汉排汉"等口号,制造动乱、滥杀无辜,企图分裂祖国,建立非法政权,遭到了各族人民的坚决反对。

新中国成立后,新疆形成了民族团结和社会稳定的大好局面,但是从旧中国延续下来的"东突"势力依旧存在,潜流涌动。在境外一些势力的支持下,境内外"东突"势力一再制造骚乱和武装暴乱,企图分裂国家。20世纪90年代以来,受恐怖主义、分裂主义、极端主义的影响,境内外"东突"势力转向以实施暴力恐怖为主要手段进行分裂活动,"东突"势力的恐怖性质逐步为全世界所认识。2002年,"东突厥斯坦伊斯兰运动"(简称"东伊运")被联合国安理会列入恐怖主义制裁名单。近年来,"东突"势力为逃避打击,打着"民主""人权""自由"的幌子,极力洗刷恐怖罪名,变换手法继续从事反华分裂活动。2004年,"东突"势力在境外拼凑成立了"世界维吾尔代表大会"(简称"世维会")。此后,"东突"势力一直在密谋策划分裂和暴力破坏活动。"东突"势力一方面加紧向意识形态领域渗透,鼓吹分裂思想,宣扬"圣战";另一方面加紧制造暴力恐怖活动,组织、唆使中国境内的一些人出境接受宗教极端思想、分裂思想和暴力恐怖技能的培训,公开号召中国境内的极端分子通过爆炸、投毒等手段,针对幼儿园、学校、政府等目标制造恐怖事件或袭击中国武装力量和政府部门。

2008年以来"东突"势力开始新一轮的破坏活动,针对北京奥运会先后制造了多起暴力恐怖事件。特别是2009年7月5日发生的新疆维吾尔自治区乌鲁木齐市打砸抢烧严重暴力犯罪事件,是由境内外恐怖主义势力、分裂主义势力、极端主义势力精心策划组织的,给各族群众生命财产造成重大损失,给当地正常秩序和社会稳定造成严重破坏。事件发生后,中央政府和自治区政府、中央和国家机关有关部门、军队和武警部队,紧紧依靠各族干部群众,坚决维护社会稳定、维护社会主义法制、维护人民群众根本利益,采取果断有力措施,依法坚决制止暴力犯罪行为,迅速平息事态,恢复了乌鲁木齐社会稳定。

"东突"势力对新疆的发展稳定构成严重威胁。

"东突"势力严重侵害新疆各族人民生存和发展的基本人权。20世纪90年代以来,"东突"势力大量组织实施暴力恐怖活动,严重侵害新疆各族人民的生命财产安全。据不完全统计,1990年至2001年,境内外"东突"势力采取爆炸、暗杀、投毒、纵火、袭击、骚乱及暴乱等方式,在中国新疆境内制造了200余起暴力恐怖事件,造成各民族群众、基层干部、宗教人士等162人丧生,440多人受伤。2002年后,又先后在新疆境内制造多起暴力恐怖事件。乌鲁木齐"7·5"事件给各族人民的生命和财产造成了巨大损失。截至2009年7月17日,造成197人死亡(其中绝大部分是无辜群众)、1700多人受伤,331个店铺和1325辆汽车被砸烧,众多市政公共设施被损毁。

"东突"势力严重干扰破坏新疆的经济发展。一是投资环境遭到严重破坏,外地对新疆的投资大幅减少。在1997—1998年暴力恐怖犯罪的高发期里,新疆经济发展明显减缓,尤其是引进投资呈现下滑趋势,许多外商纷纷撤资,使新疆失去不少发展机会。1997年伊宁"2·5"事件后,伊犁地区经济在一段时间内呈大滑坡态势,房地产市场萧条,税收大幅下降,许多投资者对伊宁投资环境产生疑问,刚刚发展起来的伊宁经济技术开发区一度陷入半瘫痪状态，经济状况严重恶化。二是直接冲击新疆旅游业。旅游业是新疆的重要产业。乌鲁木齐"7·5"事件给新疆旅游业带来了较大的冲击，一时间游客骤然减少，收入大幅下降。三是分散了宝贵资源。为维护国家安全和社会稳定，大量人力、物力和财力被投入到防范和打击暴力恐怖犯罪上。四是破坏了新疆的对外交往。新疆的国际通道建设、对外贸易等受到严重影响。

"东突"势力还对地区安全与稳定构成了威胁。以"东伊运"为代表的多个"东突"恐怖组织长期在中亚、南亚等地活动，在这些地区制造了多起暗杀、纵火及袭警等暴力恐怖事件，而且还秘密参与国际恐怖组织的恐怖活动，对有关国家的和平稳定造成威胁。

"东突"势力对新疆各族人民实施的暴力恐怖活动，是对中国宪法和法律的公开挑战，是严重的反社会、反人类的暴力犯罪行为。国家统一是新疆各族人民根本利益之所在，社会稳定是新疆发展进步的前提和保障，民族团结是新疆各族人民的生命线。民族团结是各族人民之福，民族分裂是各族人民之祸。中国政府依法打击"东突"势力的破坏活动，为新疆的发展进步创造一个安定、祥和的社会环境，符合新疆各族人民的共同心愿，得到了各族人民的衷心拥护和大力支持。

结束语

新疆的发展与进步有目共睹。

今天，新疆各族人民更加清醒地认识到，国家统一，民族团结，社会稳定，各族人民休戚与共、和睦相处、和谐发展，是新疆发展与进步的生命线。新疆各族人民十分珍惜来之不易的大好局面，坚持以经济建设为中心不动摇，坚持维护社会大局稳定不动摇，坚持各民族共同团结奋斗、共同繁荣发展不动摇，同呼吸、共命运、心连心，巩固和发展平等团结互助和谐的社会主义民族关系，不断推进新疆的发展与进步。

美丽而富饶的新疆在中国人民心中的地位是崇高的，守护与建设这片土地的新疆各族人民是伟大而光荣的。当前，中国人民正在为建设一个富强、民主、文明、和谐的社会主义现代化国家而奋斗。有中国共产党和中央政府的关怀和支持，有新疆各族人民团结一心、共同奋斗，伴随国家的发展与进步，新疆的明天一定会更加美好。

黑龙江和内蒙古东北部地区沿边开发开放规划

（2013 年 8 月）

国家发展改革委关于印发黑龙江和内蒙古东北部地区沿边开发开放规划的通知①

发改地区〔2013〕1532 号

黑龙江省、内蒙古自治区人民政府，国务院有关部门、直属机构：

根据《国务院关于黑龙江和内蒙古东北部地区沿边开发开放规划的批复》（国函〔2013〕81 号），现将《黑龙江和内蒙古东北部地区沿边开发开放规划》（以下简称《规划》）印发你们，并就有关事项通知如下：

一、《规划》实施要高举中国特色社会主义伟大旗帜，以邓小平理论、"三个代表"重要思想、科学发展观为指导，积极实施国家沿边开放战略，以开放促开发，着力转变发展方式，完善沿边城镇体系，构筑外向型产业体系，推进基础设施内外对接，加快边疆社会事业发展，加强生态建设和环境保护，努力将黑龙江和内蒙古东北部地区建设成为我国对俄罗斯及东北亚开放的桥头堡和枢纽站，在新一轮沿边开发开放中作出更大贡献。

二、请黑龙江省、内蒙古自治区人民政府加强对《规划》实施的组织领导，制定实施方案，明确分工，落实责任，完善机制，推动规划实施。要建立黑龙江省和内蒙古自治区人民政府主要负责同志牵头的区域协作机制，协调解决《规划》实施过程中的重大问题。要加强地方总体规划、专项规划、区域规划与本规划的衔接，全面落实《规划》明确的各项任务。《规划》实施涉及的重大政策和建设项目按程序另行报批。

三、请国务院有关部门结合各自职能分工，制定具体政策措施，加强对规划实施的指导，做好与相关专项规划的衔接协调，在政策实施、项目建设、资金投入、体制创新等方面给予积极支持，帮助解决《规划》实施中遇到的重大问题，为促进黑龙江和内蒙古东北部地区沿边开发开放营造良好的政策环境。

四、我委将按照国务院的批复精神，加强对《规划》实施的统筹协调和跟踪分析，会同黑龙江省和内蒙古自治区人民政府开展规划实施情况的评估工作，及时向国务院报告实施情况。

附件：黑龙江和内蒙古东北部地区沿边开发开放规划

国家发展改革委

2013 年 8 月 9 日

---

① 该文件源自中华人民共和国国家发展与改革委员会网，2013 年 9 月 23 日发布。

附件：

黑龙江和内蒙古东北部地区沿边开发开放规划
（2013 年 8 月）

前 言

黑龙江和内蒙古东北部地区包括黑龙江省全部行政区域和内蒙古自治区呼伦贝尔市，面积 70.7 万平方公里，是我国对俄罗斯及东北亚开放的重要区域，在全国沿边开放格局中具有重要战略地位。

为落实国家沿边开放战略和振兴东北地区等老工业基地战略，加快建成面向俄罗斯及东北亚开放的重要枢纽，根据《中华人民共和国国民经济和社会发展第十二个五年规划纲要》、《全国主体功能区规划》和《中华人民共和国东北地区与俄罗斯联邦远东及东西伯利亚地区合作规划纲要（2009—2018 年）》，编制本规划。

规划期为 2013 至 2020 年，展望到 2025 年。

第一章 开放基础与发展背景

改革开放特别是实施东北地区等老工业基地振兴战略以来，黑龙江和内蒙古东北部地区对外开放取得显著成就，对俄罗斯及东北亚开放格局初步形成，具有在新形势下进一步推进开发开放的良好条件，也面临重要的机遇和挑战。

第一节 开放合作条件

开放区位优势明显。地处东北亚腹地，与俄罗斯外贝加尔边疆区、阿穆尔州、犹太自治州、哈巴罗夫斯克边疆区、滨海边疆区毗邻，边境线长 4032 公里，占我国与俄罗斯边境线总长的 93%，目前拥有 33 个口岸，是我国对俄开放的重要窗口。

交通设施相互连接。绥芬河—满洲里铁路与俄罗斯西伯利亚大铁路东西相连，连接腹地与边境口岸的干线公路基本贯通，国际航线开通 34 条，跨境江海联运、陆海联运通道基本建成，中俄跨境输油管道投入运行，初步形成了对外开放综合交通运输体系。

沿边城镇互动密切。哈尔滨、呼伦贝尔、牡丹江、佳木斯等区域中心城市综合服务和辐射带动能力明显增强，各具特色的城镇发展较快，边境口岸城市对外开放的平台和枢纽作用日益显现，区域内 11 个城市与俄罗斯相关城市建立了友好城市关系，初步形成了沿边开放的城镇体系。

产业合作基础扎实。该区域是全国最大的商品粮和重要的畜产品生产基地，初步形成了以装备、石化、能源、食品、医药为主体的工业体系，边境贸易、国际物流、跨境旅游等服务业快速发展，在农业、林业和加工制造业等方面形成了境内外合作产业链。

人文交流底蕴深厚。该区域是我国最早与俄开展经贸文化交流的地区，历史上有众多俄罗斯侨民在此生活工作，中俄友谊源远流长。与俄毗邻地区建立了合作机制，一批企业在俄营造了良好的公共关系，在文化艺术、教育科技、生态环保等领域开展了广泛合作，俄语人才居全国首位。

第二节　机遇与挑战

在新的形势下，黑龙江和内蒙古东北部地区开发开放面临着难得的战略机遇。经济全球化和区域经济一体化深入发展，国际产业分工不断深化，东北亚各主要经济体合作交流日益密切，俄罗斯加入世界贸易组织并启动实施远东开发战略，为沿边开发开放提供了良好的国际环境。中俄全面战略协作伙伴关系进一步深化，两国元首共同签署《中华人民共和国东北地区与俄罗斯联邦远东及东西伯利亚地区合作规划纲要（2009—2018年）》，俄罗斯将中国东北地区定位为优先合作方向，为沿边开发开放创造了良好的条件。国家沿边开放战略和振兴东北地区等老工业基地战略深入实施，国家经济实力显著增强，对沿边地区发展支持力度不断加大，为沿边开发开放提供了有力的保障。

目前，由于沿边开发开放尚未解决的深层次矛盾和外部环境不确定性影响相互交织，沿边开发开放优势还没有得到充分发挥。产业结构不合理，外向型产业发展有待进一步加快；基础设施不完善，对外通道建设有待进一步加强；开放层次不高，合作潜力有待进一步释放；社会事业发展不平衡，基本公共服务能力有待进一步提高；体制机制创新不足，政策支持体系有待进一步健全。

第三节　战略意义

加快这一地区开发开放，有利于完善我国区域开放格局，协同推动沿海、内陆、沿边开放，全面提高对外开放水平。有利于巩固提升中俄全面战略协作伙伴关系，建立互利共赢合作机制，带动东北亚合作深入发展。有利于促进东北地区等老工业基地全面振兴，形成沿边经济发展新的增长点，推动全国区域协调发展。有利于推进这一地区经济社会又好又快发展，形成民族团结进步、边疆和谐繁荣的新局面，与全国同步实现全面建成小康社会目标。

第二章　战略定位与发展目标

第一节　指导思想

高举中国特色社会主义伟大旗帜，以邓小平理论、"三个代表"重要思想、科学发展观为指导，积极实施国家沿边开放战略，以开放促开发，着力转变发展方式，着力完善沿边城镇体系，着力构筑外向型产业体系，着力推进基础设施内外对接，着力加快边疆社会事业发展，着力加强生态建设和环境保护，努力建设成为我国对俄罗斯及东北亚开放的桥头堡和枢纽站，在新一轮沿边开发开放中做出更大贡献。

第二节　基本原则

坚持互利共赢，共同发展。以中俄双方共同利益为合作基础，深化战略协作伙伴关系，优势互补，互惠互利，共同推进经济发展，共同分享发展机遇和发展成果。

坚持"进""出"结合，互动发展。实施"引进来"和"走出去"战略，利用国内国际"两种资源、两个市场"，积极利用外资和扩大对外投资，形成境内外紧密联系、协调互动的发展格局。

坚持发挥优势，错位发展。立足比较优势，优化区域功能定位，积极参与国际产业分工，培育发展战略性新兴产业，做大做强优势特色产业，提升区域发展的核心竞争力。

坚持制度创新，转型发展。围绕对外开放深化改革，创新开放合作的体制机制，完善开发开放的政策体系，建立与国际通行规则相适应的制度，推动结构调整和转型升级。

坚持统筹兼顾，协调发展。统筹国内国际两个大局，积极创造参与国际经济合作和竞争新优势，以开放促开发、促改革、促创新，促进经济与人口、资源、环境协调发展。

第三节　战略定位

我国沿边开放新高地。充分利用独特的区位优势和现有的合作基础，赋予对外开放先行先试政策，转变发展方式，创新开放体制机制，改善开放政策环境，打造我国与俄罗斯及东北亚开放合作的重要平台。

我国面向俄罗斯及东北亚开放的重要枢纽站。以跨境通道和口岸建设为重点，加快铁路、公路、航空、水运、管道交通基础设施建设，形成对接俄罗斯、辐射东北亚、内联国内腹地的综合交通运输体系，建设功能配套、衔接紧密、快速便捷的国际大通道。

我国沿边重要经济增长区域。发挥区域比较优势，提高科技进步和自主创新能力，加强国际国内产业分工与合作，做大做强优势特色产业，构筑外向型产业体系，建设全国重要的商品粮生产、绿色食品加工、重大装备制造和能源资源保障供应基地。

我国东北地区重要生态安全屏障。加强森林、草原、河湖、湿地生态系统保护和建设，加大重点流域和重点区域环境整治力度，加快界河治理和黑土地整治，大力发展循环经济，保障东北地区生态安全。

第四节　发展目标

到 2020 年，全国对俄罗斯及东北亚沿边开放重要的桥头堡和枢纽站基本建成，成为全国沿边地区重要经济增长区域，与全国同步实现全面建设小康社会目标。以口岸城镇和区域中心城市为节点的城镇体系初步形成，外向型产业体系基本建立，适应对外开放的基础设施体系基本建成，对外合作进一步深化，边疆基本公共服务能力显著提高，生态安全屏障作用进一步增强。人均地区生产总值达到 84500 元，城镇化率达到 65%以上，对俄罗斯进出口总额达到 700 亿美元，对俄罗斯投资年均增长 20% 以上，城镇居民人均可支配收入和农牧民人均纯收入分别达到 43000 元和 19200 元。

到 2025 年，沿边开放桥头堡和枢纽站地位进一步巩固，成为全国有重要影响力的经济增长区域。开放型经济体系全面建成，社会全面进步，人民更加富足，建成经济繁荣、民族团结、社会和谐、生态良好的新边疆。

第三章　总体布局与区域协调发展

按照国家沿边开放战略总体部署，根据区位优势、发展基础和资源环境承载能力，依托区域中心城市、边境口岸和开放通道，形成以边境地区为先导带、绥满铁路沿线地区为支撑带、其他区域为带动区的"两带一区"沿边开发开放格局，推动区域协调发展。

第一节　沿边开发开放先导带

根据自然地理特征、主要合作对象和开放通道分布，统筹沿边开发开放先导带布局，形成牡绥、三江、兴安和呼满组团式开放格局。

——牡绥组团。包括牡丹江市的市辖区、绥芬河市、穆棱市、东宁县和鸡西市。依托毗邻俄罗斯远东重要经济中心和最大港口符拉迪沃斯托克，充分发挥口岸密集、过货和加工能力强、人文交流密切的优势，大力发展跨境陆海联运，加快发展跨境经济、经贸合作，重点发展木材加工、机电装备、电子信息、轻纺建材、绿色食品、石油化工产业和国际物流、跨国旅游，扩大互市贸易规模，建成物流集散中心、贸易投资服务平台、进出口加工基地和国际旅游目的地。

——三江组团。包括佳木斯市的市辖区、抚远县、桦川县、同江市、富锦市，鹤岗市，双鸭山市的饶河县。依托毗邻俄罗斯远东中心城市哈巴罗夫斯克和林木矿产资源富集地区，发挥现代农业发达、通道畅达、口岸集中的优势，大力建设边境城镇，加强跨境基础设施建设，重点发展冶金建材、绿色食品、农机制造、木材加工、煤炭深加工和石墨新材料产业，建设现代农业示范、境外资源合作开发利用、进出口加工基地和国际物流枢纽。

——兴安组团。包括黑河市的市辖区、北安市、五大连池市、逊克县、孙吴县，伊春市的市辖区、嘉荫县，大兴安岭地区。依托紧邻俄罗斯远东区域中心城市布拉戈维申斯克和科教资源集聚区，发挥林木矿产丰富、旅游资源独特、人文交流密切、对外能源合作基础较好的优势，加强科技合作，推动跨境基础设施建设，重点发展硅基新材料、林木产品加工、商贸物流和特色旅游，有序开发矿产资源，建设外向型产业集聚区、对外商品集散地和休闲度假胜地。

——呼满组团。包括呼伦贝尔市的满洲里市、额尔古纳市、新巴尔虎左旗、新巴尔虎右旗和陈巴尔虎旗。依托毗邻俄罗斯东西伯利亚区域中心城市赤塔和资源富集地区，发挥主要口岸过货和疏运能力强、资源能源丰富、人文交流密切的优势，加快口岸跨境通道建设，重点发展煤炭深加工、木材综合利用、冶金建材产业和商贸物流、文化旅游，建设进出口加工、能源开发转化、国际贸易合作、跨境旅游基地和国际物流枢纽。

第二节　沿边开发开放支撑带

沿边开发开放支撑带包括哈尔滨市的市辖区、宾县、双城市、尚志市、五常市，齐齐哈尔市的市辖区、龙江县、泰来县，大庆市的市辖区、肇州县、肇源县、杜尔伯特蒙古族自治县，牡丹江市的林口县、海林市、宁安市，绥化市的安达市、肇东市，呼伦贝尔市的海拉尔区、扎兰屯市、牙克石市、鄂温克族自治旗。依托绥满铁路、绥满高速公路和哈大齐工业走廊，充分发挥区域中心城市辐射带动能力强、产业基础雄厚、科技实力较强的优势，大力发展总部经济，重点发展高端装备制造、能源化工、食品医药、电子信息、冶金建材等制造业，积极发展金融服务、研发设计、信息咨询、现代物流、服务外包、文化创意等现代服务业，建设高端产业集聚区、开放合作综合服务平台和综合交通枢纽。

第三节　沿边开发开放带动区

沿边开发开放带动区包括哈尔滨市的依兰县、方正县、巴彦县、木兰县、通河县、延寿县，齐齐哈尔市的依安县、甘南县、富裕县、克山县、克东县、拜泉县，佳木斯市的桦南县、汤原县，大庆市的林甸县，双鸭山市的市辖区、集贤县、友谊县、宝清县，伊春市的铁力市，七台河市，黑河市的嫩江县，绥化市的市辖区、海伦市、望奎县、兰西县、青冈县、庆安县、明水县、绥棱县，呼伦贝尔市的根河市、阿荣旗、莫力达瓦达斡尔族自治旗、鄂伦春自治旗。充分发挥自然资源丰富、农村劳动力富集、农业综合生产能力较强、发展潜力较大的优势，统筹推进城乡一体化，加快城镇化进程，推进双鸭山、七台河等资源型城市可持续发展，大力发展现代农牧业，重点发展农畜和林产品加工、煤炭采掘和精深加工、新能源、建筑材料、装备和石化配套产业，建设全国重要的粮食生产、绿色农畜产品生产加工和承接产业转移基地。

第四节　区域协调发展

加强沿边开发开放先导带、支撑带和带动区之间的联系互动，先导带要强化对外开放门户和引领功能，加强与俄罗斯的合作交流，引导支撑带和带动区发展外向型经济。支撑带要强化区域辐射和带动功能，发挥对先导带和带动区的服务保障作用。带动区要强化密切联系先导带、支撑带的桥梁和纽带功能，加强协作对接，增强自我发展能力。

第四章　合作平台建设与开放水平提升

实施更加积极主动的开放战略，创新对外开放模式，深化互利共赢的全面务实合作，促进生产要素在更大范围内优化配置，提升对外开放水平。

第一节　提升口岸功能

优化口岸布局。根据境内外资源分布和现有口岸基础，统筹口岸发展，形成优势互补、分工合理、功能完善的口岸群。加强满洲里、绥芬河、黑河、抚远、东宁、同江重点边境口岸基础设施建设，建成面向俄罗斯及东北亚的现代化口岸。完善饶河、密山、虎林、萝北、嘉荫、黑山头、室韦边境口岸功能，提高通关能力。推动开通洛古河、二卡、呼玛、孙吴口岸。提高哈尔滨、齐齐哈尔、牡丹江、佳木斯、满洲里、海拉尔航空口岸综合服务能力，提升松花江干流哈尔滨、佳木斯、富锦、桦川、绥滨内河口岸开放功能。

改善通关条件。以提高通过能力为重点，加强通关硬件和软件建设。推进绥芬河跨境铁路站场改造和满洲里新国际货场建设，加快同江界河铁路大桥建设，推动黑河、洛古河、饶河、萝北、东宁等口岸界河公路大桥建设，推进密山、虎林、东宁、黑山头、室韦跨境铁路建设，加快黑河、萝北、嘉荫、漠河等口岸跨境浮箱固冰通道建设。强化"大通关"区域合作机制，加快电子口岸建设，搭建集口岸通关执法管理和相关物流商务服务于一体的"大通关"统一信息平台，实现"一站式"通关服务。

第二节　构建开放合作平台

加快境内合作平台建设。按照扩大合作、强化功能、集聚产业的原则，提升现有边境经济合作区、综合保税区、跨境经济合作区、互市贸易区和高新技术产业开发区、经济技术开发区的功能，打造面向俄罗斯及东北亚开放合作的重要平台。加强黑河、绥芬河、满洲里边境经济合作区建设，支持在条件成熟的地区设立综合保税区，规范并促进边民互市贸易区（点）的发展，促进满洲里、绥芬河中俄互市贸易区双向开通。充分发挥哈尔滨、大庆、齐齐哈尔国家级高新技术产业开发区和哈尔滨、利民、海林、宾西、呼伦贝尔国家级经济技术开发区作用。

推进境外合作园区建设。根据俄罗斯产业发展方向，充分发挥比较优势，建成境内外产业联动、上下游产业衔接的境外投资合作基地。支持乌苏里斯克经济贸易合作区发展。加快境外经济贸易合作区、工业园区、农业园区、木材加工园区和科技园区、物流园区建设。

第三节　打造对外贸易新优势

根据国际市场需求推动贸易结构转型升级，坚持以质取胜，培育出口竞争新优势。利用良好的经贸基础，巩固俄罗斯市场，拓展东北亚其他地区市场，扩大进出口贸易。积极发展边境贸易，建立规范的边境贸易秩序。促进加工贸易转型升级，培育出口名优品牌，加强名优商品境外展销中心和营销服务网络建设，提高电站成套设备、重型装备、数控机床等高端产品和轻工纺织产品出口比重。促进文化教育、中医药、金融保险、软件和信息服务出口，加强哈尔滨、大庆国家级服务外包示范城市建设。优化进口结构，扩大先进技术、关键设备、资源能源及粗加工产品进口，建设绥芬河、满洲里进口木材加工交易示范基地，提升牡丹江、呼伦贝尔木材集散功能。规范开展劳务输出，完善境外劳务纠纷、突发事件应急处理机制和劳务人员救助机制，建设对外劳务公共服务平台和外派劳务基地。

第四节　加强对外交流合作

扩大投资合作。坚持"走出去"和"引进来"相结合，加大境外投资力度，积极利用外资，提高投资合作的规模和水平。发挥产业优势，利用中俄地区合作发展（投资）基金，巩固与俄罗斯毗邻地区在跨境基础设施、建筑建材、商贸旅游和能源、森林、农业、矿产开发利用领域投资合作，拓展与俄罗斯西部发达地区在石油化工、机械制造、电力工程、电子信息、生物技术、航空装备、新材料和环保领域投资合作。推动建立对外电力、林业、农业、物流、能源矿产、基础设施投资合作联盟。按照政府指导、企业为主、协商一致、商业运作的原则，推进重要对外投资合作项目建设。鼓励企业在俄罗斯阿拉布加、毛盖图、苏维埃港经济特区投资，推动在俄罗斯合作建设经济特区。提高利用外资水平，鼓励外资投向技术密集型和符合环保要求的劳动密集型产业，支持企业利用境外资本市场上市，积极利用国际金融组织和外国政府优惠贷款。

专栏1　重要对外投资合作项目

农业林业。滨海边疆区"新友谊"农场、华森伊瓦农场、呼伦贝尔农垦集团中俄达斡里亚农业合作项目，下列宁斯阔耶、巴什科沃、比罗比詹木材加工，阿玛扎尔林浆一体化、中俄—伊曼木材加工、呼伦贝尔—伊尔库茨克州森林采伐与木材加工项目、满洲里外贝加尔斯克木材加工综合体、呼伦贝尔—阿穆尔州森林采伐与木材加工项目。

油气矿产。阿穆尔—黑河边境油品储运与炼化综合体、乌斯季库特石油天然气综合加工及储运项目，图瓦共和国克兹尔—塔什特克多金属矿、犹太自治州南兴安锰矿、萨哈林州多林斯克煤矿、别列佐夫铁矿、诺永达拉果铅锌矿项目。

建筑建材。绥芬河境外房地产开发，阿穆尔州年产50万吨水泥粉磨站、呼伦贝尔乌兰乌德和赤塔建材项目。

商贸物流。宾西开发区中俄木材交易中心、黑河—阿穆尔州建材综合大市场、阿穆尔州黑龙江名优商品展销中心、弗拉基米尔宏达物流工业园区项目。

科技园区。乌苏里斯克经贸合作区光伏发电和LED照明、跃进工业园区电子产业大厦、车里雅宾斯克州创新工业园中国园区、阿拉布加哈尔滨工业园区、毛盖图工业园区建设项目。

电力。特罗伊茨克660MW机组建设、中俄边界跨境国际输电线路、联合循环热电联供电站、乌苏里斯克热电站项目。

环保。哈巴罗夫斯克边疆区可再生资源综合利用项目。

加强科技人文合作。推进与俄罗斯在技术研发、成果转化方面的合作，加强人员往来和文化交流，建设面向俄罗斯及东北亚的科技创新合作和文化交流基地。推进与俄罗斯科研机构在航空航天、信息通信、核电装备、复合材料、船舶制造、生态环保、矿山装备等领域的研发合作，支持在哈尔滨建立中俄联合研究平台，在满洲里建立中俄高科技孵化合作平台。推进研发成果产业化，在牡丹江经济开发区内建设牡丹江中俄科技信息产业园，加强境外科技合作平台建设，推动建设符拉迪沃斯托克中俄信息园区。发挥社会中介组织的桥梁纽带作用，积极开展经常性的双边文化交流、文艺互访、体育赛事活动。加强与俄罗斯在检验检疫技术标准方面的交流对接。建立完善中俄地方政府间互访交流机制，推动缔结友好城市。

第五章　沿边城镇发展与城乡一体化

按照国家城市化战略和沿边开放战略要求，优化城镇布局，提升城市功能，加强新农村建设，形成边境口岸城镇与区域中心城市开放互动、城乡经济社会一体化发展的格局。

第一节　加快边境口岸城镇发展

重点口岸城镇。依托边境口岸和城镇发展基础，科学定位城镇功能，推动产业集聚，引导人口合理流动，形成功能明确、各具特色、繁荣开放的城镇发展新格局。

——绥芬河市、东宁县。合理划分城镇功能，推动城镇协调发展，提高一体化发展水平。绥芬河市重点发展国际商贸、国际物流、旅游会展和信息咨询等现代服务业，积极发展进出口加工。东宁县重点发展境外投资服务、进出口加工，培育境内外上下游衔接的加工产业链。推动交通、能源、水利基础设施和开发区共建共享，建设跨国贸易投资服务平台、进出口加工基地和跨国物流枢纽、国际旅游集散地。

——黑河市。以加快跨境通道和口岸基础设施建设为龙头，优化提升城市综合服务功能。重点发展机械制造、农林产品加工，积极发展商贸物流、国际旅游和科技服务等服务业，打造国际物流枢纽、开放合作服务平台、进出口加工基地和国际旅游集散地，建设中俄黑河—布拉戈维申斯克"双子城"。

——抚远县。围绕黑瞎子岛保护开发和莽吉塔深水港建设，提升城镇综合承载能力和服务功能。重点发展国际旅游、商贸物流等服务业，积极发展水产品加工、电子信息产业，打造国际商品集散地、国际旅游目的地、进出口产品加工基地和江海联运枢纽，建设黑瞎子岛中俄合作示范区。

——同江市。依托同江界河铁路大桥和同江港建设，发展桥头经济和临港经济，优化城市功能。重点发展矿产木材加工、机电产品出口装配、绿色食品出口加工，积极发展商贸物流和特色文化旅游，建设外向型产业集聚区和国际物流枢纽，打造边境新兴工业重镇。

——满洲里市。围绕产业、贸易结构调整和释放开发开放潜力，优化提升城市综合服务功能。重点发展国际贸易、现代物流、跨境旅游、会展等服务业，积极发展进出口加工制造、煤炭深加工、矿产品冶炼，建设国际贸易、能源化工、集成材加工基地和国际物流枢纽、跨境旅游集散地，打造具有民族风情的国际口岸城市。

其他口岸城镇。积极发展密山市、虎林市、饶河县、萝北县、嘉荫县、逊克县、呼玛县、漠河县、额尔古纳市、陈巴尔虎旗、新巴尔虎左旗、新巴尔虎右旗等边境口岸城镇，加强跨境基础设施和配套公共服务设施建设，加快资源开发利用、进出口加工、商贸物流、跨境旅游产业发展，推动有条件的口岸城镇发展成中小城市。

第二节　加强区域中心城市建设

哈尔滨。充分发挥开放大通道中心节点和特大城市作用，提升东北亚区域性中心城市功能。大力发展面向东北亚的总部经济，推动临空经济发展。重点发展高技术服务、国际物流、国际金融、国际商务会展、休闲旅游等高端服务业，积极发展高端装备、现代医药、新材料、新能源、生物等先进制造业，打造对俄罗斯开放合作服务中心、外向型高端产业集聚区、国际物流枢纽、科技研发和人才教育基地，建设现代化国际化城市。

其他区域中心城市。大力发展齐齐哈尔、牡丹江、佳木斯、大庆、鹤岗、鸡西、双鸭山、伊春、七台河、绥化、加格达奇、呼伦贝尔等区域中心城市，强化城市辐射带动功能，提高沿边开放支撑能力，带动周边地区加快发展。

专栏2　区域中心城市发展重点和定位

齐齐哈尔。全国重要的重型装备制造基地，重要的绿色食品加工、煤油化工、精品钢材、科技孵化和生态旅游基地，外向型产业为主的特色工业城。

牡丹江。重要的国际商贸、国际物流、科技信息合作、旅游休闲度假和进出口产品精深加工、新能源、新材料基地，中俄地区友好合作示范城市。

佳木斯。全国重要的绿色食品加工基地，重要的农机煤机制造、林纸一体化生产、新材料基地和国际物流枢纽。

大庆。全国重要的石油化工基地，重要的石化装备和汽车制造、油气化工信息服务、食品加工、文化创意、生态旅游基地和服务外包示范城市。

鹤岗。重要的煤电和煤炭深加工、石墨新材料、农产品加工、新型建材基地。

鸡西。重要的煤电和煤炭深加工、煤机制造、农产品生产出口、石墨新材料基地。

双鸭山。重要的煤电和煤炭深加工、冶金建材、食品加工基地。

伊春。重要的木材加工、生态旅游、林下产品加工、矿产资源加工和新能源基地，生态旅游城市。

七台河。重要的煤焦化工、农机制造、家具生产和煤炭资源综合利用基地，国家循环经济示范城市。

绥化。全国重要的绿色农产品加工基地，重要的现代物流、农牧良种繁育推广、硅基新材料基地，绿色田园城市。

加格达奇。重要的绿色食品、林木产品、矿产资源加工基地和特色生态旅游集散地。

呼伦贝尔。全国重要的能源和有色金属生产加工基地，重要的绿色农畜产品加工、新型建材、装备制造、生物制药和商贸物流、文化创意、特色旅游基地。

第三节　统筹城乡发展

统筹城乡发展规划，促进城乡基础设施、公共服务、社会管理一体化。加强村镇发展建设规划编制，把国有农场、林场、牧场管理局和场部所在地建设纳入城镇规划体系统筹规划。加强建制村内部道路（含机耕道）和田间机耕道建设，加快实施农村饮水安全工程、农村电网改造工程、农村清洁工程和农村沼气工程，全面推进农村危房改造和国有林区（场）、棚户区、垦区危房改造，鼓励边境地区小型农居点可持续就地发展，加大兴边富民行动和游牧民定居工程的实施力度。完善农村基本公共服务体系，积极开展农村社区建设，有序推进农民工市民化进程。加强农村基层自治组织建设，建立源头治理、动态管理和应急处置相结合的社会管理机制。以大兴安岭南麓集中连片特困地区为重点，加大扶贫开发力度，提升革命老区、少数民族聚居区、边境地区和贫困地区造血功能和自我发展能力。

第六章　产业布局与开放型产业体系建设

根据沿边开放总体布局，推进产业结构优化升级，加快农业现代化进程，走中国特色新型工业化道路，提升服务业发展水平，形成以现代农业为基础、现代工业为主体、现代服务业为支撑的开放型产业体系。

第一节　大力发展现代农业

种植业。稳定提高粮食综合生产能力，加快中低产田改造，建设旱涝保收、高产稳产农田，提高农业机械化水平和农业科技进步贡献率，在松嫩平原、三江平原重点建设全国重要的粳稻、非转基因大豆、优质专用玉米和马铃薯生产基地，打造维护国家粮食安全的战略基地。面向俄罗斯市场，在临近边境的宁安市、密山市、富锦市、黑河市、呼伦贝尔市建设绿色有机果蔬生产出口基地。积极发展油菜、甜菜、亚麻、白瓜子、花卉等经济作物，扶持发展蓝莓、食用菌、北药等特色种植业，支持优质牧草、青贮饲料种植。建设绿色有机食品种植基地，推进标准化农产品出口基地建设，完善农产品检验检疫监管体系。

养殖业。大力发展规模化、标准化养殖，积极推行健康养殖方式，促进养殖业可持续发展。优化畜牧业生产布局，在农区重点发展奶牛、肉牛、生猪、家禽养殖，在牧区重点发展肉牛、肉羊、良种马养殖，在山区半山区重点发展林蛙、狐貂、野猪、黑熊、鹿、鹅和蜜蜂养殖，在大江大河和湖泊水库发展鲟鳇鱼、大白鱼、大马哈鱼、怀头鲇、细鳞鱼、黄颡鱼生态养殖和鲤鱼、鲫鱼养殖，建设全国重要的畜牧业生产基地和寒地水产养殖基地。实施畜牧业良种工程，健全质量安全保障体系，加强养殖标准化示范场和备案饲养场制度建设，生产符合出口标准的优质畜产品，积极开拓国际市场。

第二节　积极发展现代工业

高端装备制造业。加强重大技术装备的研发制造，提升关键零部件配套、加工和集成水平，提高自主创新和产业配套能力，推进产业国际化、集群化和成套化，建设全国重要的高端装备制造基地。依托资源禀赋、产业基础和技术优势，在哈大齐工业走廊重点发展核电装备、燃气轮机、冶金石化装备、重型数控机床、飞机、轨道交通装备、汽车等产业，在佳木斯、齐齐哈尔、大庆、七台河、呼伦贝尔发展农牧机械制造产业，在大庆、牡丹江发展石油机械装备制造产业，在佳木斯、鸡西、呼伦贝尔发展矿产采选机械成套设备制造产业，打造具有国际竞争力的先进装备制造出口基地。

化学工业。依托丰富的石油、天然气、煤炭、生物质资源，充分发挥毗邻俄罗斯东部石油天然气产地的区位优势，按照循环经济发展要求，采用先进技术，优化产业结构，促进产业升级，建设以哈大齐工业走廊为主体的石油化工基地。在哈尔滨、大庆、齐齐哈尔、牡丹江发展石油炼化和乙烯、丙烯、芳烃及下游产业，在双鸭山、鹤岗、鸡西、七台河和呼伦贝尔推进煤化工产业结构调整，加快向深加工升级转型，提高资源综合利用水平，推进煤层气综合利用，积极发展生物化工。加快推进阿穆尔—黑河边境油品储运与炼化综合项目进程，积极参与俄罗斯萨哈林聚烯烃生产综合体建设。

矿产采掘加工业。依托境内外丰富的矿产资源和现有的产业基础，坚持保护与开发并重，加大矿产资源勘查开发力度，集约发展矿产资源采选、冶炼和精深加工，建设东北地区重要的矿产资源深加工基地。在大兴安岭、伊春、黑河、呼伦贝尔发展铜、钼、铅、锌、铁、金、铝等金属矿产开采加工，在鹤岗、鸡西发展石墨精深加工和综合利用，在牡丹江东宁发展宝玉石加工，积极推进水气、地热资源开发利用。支持企业"走出去"，积极参与境外矿产资源合作开发，在边境地区合作建设矿产资源进出口加工基地。

食品加工业。实施大企业带动和品牌战略，加强食品安全体系建设，建设全国重要的绿色、有机食品加工基地。依托粮食主产区，在松嫩平原、三江平原发展水稻、大豆、玉米、马铃薯精深加工。充分发挥现有产业基础较好的优势，在支撑带发展高端乳制品加工，在哈尔滨、大庆、绥化、牡丹江、齐齐哈尔、佳木斯、呼伦贝尔发展肉制品加工，积极发展绿色、有机蔬菜加工。支持境外农业合作园区生产的粮食等农产品回运，在境内开展精深加工。

林木加工业。加大木材资源的综合利用，建设全国重要的木材资源合作开发利用产业基地。依托境内外丰富的森林资源，在哈尔滨、齐齐哈尔、大兴安岭、伊春、七台河、牡丹江、呼伦贝尔发展高档实木家具、木屋、板材、家居建材、木制工艺品等木材加工，在牡丹江、佳木斯发展林浆纸一体化。在资源富集的林区发展野生浆果、坚果、食用菌、山野菜、药材等林下产品加工。扩大境外投资合作，积极推进俄罗斯阿玛扎尔林浆一体化等合作项目建设。

新材料产业。加强科技创新，突破关键技术，推进科研成果的产业化，促进国际化、集群化、规模化发展，建设重要的新材料产业基地。依托科技和人才优势，在哈尔滨发展铝镁合金材料、高性能纤维及先进复合材料、半导体照明材料产业集群。充分发挥资源优势，在大庆发展高分子合成材料、高性能胶粘剂、改性塑料等化工新材料，在鹤岗、鸡西发展柔性石墨、锂电池负极材料、人造金刚石等石墨新材料，在扎兰屯发展玄武岩加工产业。

生物产业。面向重大发展需求，加强共性关键技术和工艺装备开发，推进规模化发展，打造在全国具有影响力的生物产业集群。依托国家级高新技术产业开发区和经济技术开发区，重点在支撑带发展基因工程药物、酶工程药物、现代中药、蒙药、化学原料药、人用和动物用疫苗等高端生物医药产品。利用资源和技术优势，在哈尔滨、大庆、牡丹江、绥化、呼伦贝尔发展生物育种、生物农药、生物肥料、生物饲料等绿色农用生物产品，在齐齐哈尔、大庆、绥化、佳木斯发展淀粉基生物降解塑料、生物基高分子材料、新型酶制剂、生物食品添加剂等生物化工产品。积极发展纤维素乙醇、生物质燃料。

电子信息产业。立足现有产业基础，面向俄罗斯及东北亚市场，积极发展数字集群通信、汽车电子、敏感器件、LED 和家用电器产业，加强与俄罗斯在电子信息产品研发和成果应用转化方面的合作。加快哈尔滨、牡丹江中俄电子信息合作平台建设，推进中俄乌苏里斯克合作区建设，打造我国与俄罗斯及东北亚的电子信息产业开放合作平台。

第三节　加快发展现代服务业

旅游业。坚持保护和开发并重，突出冰雪、生态、民族、边境、红色旅游特色，整合开发旅游资源，加强旅游基础设施建设，完善旅游服务体系，建设国内外知名的旅游胜地。以哈尔滨为核心，呼伦贝尔、牡丹江、伊春、大兴安岭、黑河、佳木斯为节点，建设区域旅游集散中心。利用大小兴安岭林区、呼伦贝尔草原、松嫩和三江平原湿地，建设生态旅游目的地。加强哈尔滨太阳岛、黑河五大连池、牡丹江镜泊湖和扎兰屯等国家级风景名胜区建设，打造国际旅游休闲度假区。积极开发以牡丹江—哈尔滨—呼伦贝尔为主的冰雪旅游带，以伊春—黑河—漠河—根河为主的森林生态旅游带，以额尔古纳—满洲里—新巴尔虎左旗为主的天然草原旅游带，以呼伦贝尔—齐齐哈尔—大庆—哈尔滨—牡丹江—鸡西—佳木斯为主的红色旅游带，以满洲里—漠河—黑河—嘉荫—萝北—同江—抚远—密山—绥芬河为主的边境界江旅游带。积极发展蒙古族和鄂伦春、鄂温克、达斡尔、赫哲、俄罗斯民族风情文化旅游，支持发展黑龙江、乌苏里江、额尔古纳河等界江游、跨国邮轮游和口岸游客出入境自驾游、低空飞行观光旅游，鼓励旅游企业参与贝加尔湖等俄罗斯旅游休闲经济开发区建设，共同开发跨境旅游资源。加强旅游人才队伍建设，组建旅游企业联盟，完善旅游信息服务网络，提高旅游服务质量。

现代物流业。推进现有物流资源的整合利用，培育一批大型物流集团和专业物流企业，加强物流基础设施建设，建成面向俄罗斯及东北亚的社会化、专业化、信息化、标准化现代物流服务体系。优化物流业发展区域布局，形成以哈尔滨为中心，牡丹江、佳木斯、大庆、齐齐哈尔、绥化、呼伦贝尔为枢纽，满洲里、绥芬河、东宁、黑河、同江、饶河、抚远、黑山头为节点的现代物流格局。加大物流通道、仓储配送、信息服务基础设施建设力度，积极发展国际陆海联运、江海联运，建立区域性物流公共信息系统。大力推进物流企业兼并重组和联合，推动各类物流企业业务整合和服务创新，大力发展第三方物流。推广现代物流管理，提高物流智能化和标准化管理水平。

商务服务业。充分发挥人才集聚、信息畅通的优势，提升商务服务业水平，建设面向俄罗斯及东北亚的商务服务中心。大力发展高端咨询、中介服务、人力资源服务、广告会展等商务服务，改善贸易投资环境，降低商务成本。在哈尔滨建设国家电子商务示范城市，在哈尔滨、黑河、绥芬河、抚远、满洲里建设面向俄罗斯及东北亚贸易投资合作商务服务基地。

国际金融服务业。优化金融发展环境，推动金融资源整合，创新金融服务产品，大力发展跨境金融，在哈尔滨建设面向俄罗斯及东北亚的区域金融服务中心。引导大型金融机构强化对外开放的综合服务功能。推动人民币跨境使用，在绥芬河、抚远、黑河和满洲里建立对俄罗斯贸易结算中心。积极落实与俄罗斯签订双边本币结算协议，完善双边银行间的本币支付清算机制，为双边贸易投资提供支持。探索建立政府引导、社会参与的对俄罗斯合作投融资平台，引导社会资本进入金融服务领域。扩大直接融资，支持符合条件的与俄罗斯合作重点企业上市融资和发行企业债券。加大出口信用保险支持力度。

文化产业。深入挖掘传统文化内涵，大力发展新型文化业态，推进传统文化与新兴文化产业协调发展，构建优势互补、资源共享、开放合作的文化产业体系。发挥民族文化和地域性特色文化底蕴深厚的优势，积极发展广播影视、新闻出版、演艺娱乐、工艺美术等传统文化产业，大力发展网络传媒、动漫游戏、创意设计等新兴文化产业，扶持发展一批拥有自主知识产权和文化创新能力的文化企业集团，在哈尔滨建设绿色印刷和数字出版产业基地。加强与俄罗斯文化交流合作，鼓励文化企业采取多种形式在境外兴办文化实体，吸引俄罗斯企业在境内依法开展各类文化活动。

第七章 基础设施建设与开放保障能力提高

按照统筹规划、合理布局、适度超前的原则，加快交通、能源、水利、信息等基础设施一体化建设，形成合作对接、功能完善、安全高效的基础设施体系，提升开放保障能力。

第一节 完善综合交通运输体系

铁路。加强面向俄罗斯铁路大通道建设，构筑以哈尔滨为枢纽，绥芬河—满洲里铁路为主通道，哈尔滨—佳木斯—抚远为主干线的东向通道、哈尔滨—绥化—伊春—乌伊岭为主干线的东北向通道、哈尔滨—北安—黑河和牙克石—根河—漠河为主干线的北向通道、哈尔滨—齐齐哈尔—加格达奇—漠河和海拉尔—黑山头为主干线的西北向通道，形成扇形放射铁路网。加快建设哈尔滨至齐齐哈尔铁路客运专线、牡丹江至绥芬河铁路扩能等项目，建设哈尔滨至绥芬河、哈尔滨至佳木斯、牡丹江至佳木斯快速铁路，规划建设海拉尔至黑山头、室韦至莫尔道嘎等铁路，推进齐齐哈尔至漠河铁路提速改造，实施滨洲、滨绥等干线铁路电气化扩能改造和支线铁路建设。

公路。加强区域内国省（区）干线公路建设，形成以哈尔滨为轴心、绥满高速公路为轴边、连接边境口岸高速公路为骨架、沿边高等级公路为弧线的扇形公路网。加快边境城镇间公路连接，提高公路等级。加快建设绥满高速公路甘南—满洲里段和鹤岗—伊春高速公路，规划建设伊春—嘉荫、拉布大林—室韦、海拉尔—乌兰浩特、建三江—抚远、嫩江—漠河、抚远—同江、绥化—大庆、扎兰屯—博克图、阿里河—拉布大林—满洲里等高等级公路，推进林区、垦区、矿区、景区公路网建设。

水运。加强黑龙江、松花江、乌苏里江和嫩江航道改造，加快抚远水道航道整治和嫩江齐齐哈尔至大安段航道建设，推进黑龙江上中游、松花江富锦至绥东段浅滩疏浚，实施依兰、悦来航电枢纽工程，建设相互衔接、功能完善、通江达海的跨国水运体系。在松花江重点建设哈尔滨呼兰港、佳木斯宏力港和同江港，在黑龙江重点建设抚远港、萝北港、嘉荫港，在乌苏里江重点建设饶河港，在嫩江重点建设齐齐哈尔富拉尔基港。大力发展重型装备和粮食、煤炭、木材、建材等大宗货物水上运输，积极发展跨境客运。

机场。优化机场布局，形成以哈尔滨国际机场为中心，区域性中心城市和口岸城市机场为骨干，通勤和通用机场为补充的基本格局。实施哈尔滨、齐齐哈尔、大庆、满洲里等机场改扩建工程，研究迁建海拉尔机场，建设抚远、五大连池、绥芬河、建三江、扎兰屯机场。合理布局通勤和通用机场，推进呼伦贝尔通用机场群建设。优化航线网络结构，加密俄罗斯及东北亚地区国际航线和航班，有序深化三江平原地区和呼伦贝尔低空空域管理改革。

第二节 加强能源基础设施建设

能源资源开发。建设大庆百年油田和海拉尔盆地油气田，加快油页岩和天然气资源的勘探开发。依托呼伦贝尔和鸡西、双鸭山、鹤岗、七台河煤电基地，推进现有煤矿资源整合和产业升级改造，有序建设大中型现代化煤矿。优化电源点布局，合理开发呼玛河、牡丹江、海浪河、毕拉河水能资源，建设荒沟抽水蓄能电站和龙虎山、红山、东升、余庆、大杨木、五道库、毕拉河水电站。充分发挥资源优势，科学推进风、光、生物质能源开发，优先发展风、光等分布式电源，就近消纳可再生能源，在区域东部和西部有序发展风电，在齐齐哈尔、大庆、哈尔滨、牡丹江、呼伦贝尔根据资源状况和电力需求发展光伏发电，在粮食主产区、林区鼓励发展生物质能发电。在大型城市鼓励发展大容量热电联产机组，中小型城市适时布局背压式热电联产机组。推动与俄罗斯合作开发界江水力资源。

电网管网建设。加强北电南送骨干电网建设和区域坚强智能电网建设，建设 500千伏主网架，优化 220 千伏网架结构，改造提升配电网。加强油气管网建设，加快建设大庆—锦西原油管道和大庆—齐齐哈尔成品油管道，建设哈尔滨至绥化、伊春、鹤岗、佳木斯、七台河、鸡西、牡丹江天然气环线管道和呼伦贝尔—哈尔滨煤气管道。积极推动中俄天然气管道建设，鼓励企业参与俄罗斯国家电力建设和电网改造。

第三节　加快水利基础设施建设

防洪减灾设施。加强江河沿岸城镇堤防建设，实施黑龙江、松花江、嫩江、额尔古纳河干流县城和农林场局所在地堤防达标工程，重点推进哈尔滨、齐齐哈尔、佳木斯、大庆、牡丹江、伊春、呼伦贝尔城区防洪和胖头泡蓄滞洪区建设，根据实际需要对关键堤防适当提高建设标准，加快中小河流治理和山洪地质灾害防治，基本建成综合防洪抗旱减灾体系。

水利保障设施。统筹规划和科学布局水利保障设施，根据规划在山区半山区实施大中型水利枢纽工程，在松嫩平原、三江平原和呼伦贝尔草原地区实施引水灌溉工程，在重要缺水城市依托江河和水库实施供水工程。加强林海、阁山、花园、奋斗、关门嘴子、五花山、亚布力大中型水库和塔林西、扎罗木得、扎敦、扬旗山、晓奇子水利枢纽建设，完成大中小型病险水库和大中型病险水闸除险加固。加快引嫩扩建骨干一期工程建设，适时开工建设引嫩扩建骨干二期工程，推进三江平原、尼尔基水库下游、绰勒水库下游大中型灌区建设，推进呼玛河引水、引松补挠、逊别拉河引水等工程前期工作。实施鸡西、双鸭山引供水工程，加快海拉尔、满洲里、牙克石、额尔古纳、扎兰屯城市供水设施改造。

第四节　推进信息基础设施建设

按照电信网、广电网和互联网三网融合的方向，整合信息网络资源，完善信息网络基础设施，建设面向俄罗斯及东北亚的通信枢纽和区域信息汇集中心。加快建设下一代信息基础设施，推广物联网技术开发应用，加快哈尔滨云计算服务创新发展。加强电子政务、电子商务、互联网等信息基础设施建设，建设哈尔滨、满洲里、绥芬河数字化城市。加强通信网络和互联网业务合作，推动建设中俄高速通信干线，促进形成欧亚电信重要枢纽。

第八章　社会事业发展与边疆民生改善

坚持民生优先，加快教育、文化、卫生社会事业发展，完善就业和社会保障的制度安排，推进基本公共服务均等化，建设开放和谐新边疆。

第一节　大力发展教育、文化和卫生事业

教育事业。基本普及学前三年教育，大力发展公办幼儿园，积极扶持民办幼儿园，建成覆盖城乡、布局合理的学前教育公共服务体系。均衡发展义务教育，科学整合义务教育资源，优化学校布局，在人口集中的边远农牧区适当布局建设必要的寄宿制学校，推动教师、设备、图书、校舍等教育资源均衡配置。积极稳妥推进双语教育，加大双语人才培养力度。大力发展职业教育，适应沿边开发开放需要，加强哈尔滨现代应用职业学校、青冈职业技术教育中心、绥芬河职业技术教育中心、呼伦贝尔职业技术学院、满洲里俄语职业教育学院建设，提高职业教育基础能力。普及高中阶段教育，推动普通高中多样化发展。优化发展高等教育，支持哈尔滨工业大学创建世界一流大学，重点支持哈尔滨工程大学、东北农业大学、东北林业大学、内蒙古大学满洲里学院建设，鼓励黑龙江大学等高等学校与俄罗斯高等学校开展中外合作办学。

文化事业。加强公共文化设施建设，在区域中心城市加强特色历史民族文化街区、艺术广场、博物馆等城市标志性文化设施保护和建设，加快县级图书馆、文化馆等公益性文化设施建设，加大社区和乡村文化设施建设力度，推动公益性文化机构免费开放。加强文化遗产保护利用，实施金上京会宁府、金界壕、昂昂溪新石器时代、拓跋鲜卑文化、蒙元文化、扎赉诺尔猛犸象遗址保护和展示工程，加强中东铁路建筑群保护。大力弘扬"铁人精神""北大荒精神"，积极发展冰雕雪塑、北大荒版画文化艺术，加大达斡尔族鲁日格勒舞、赫哲族伊玛堪、望奎皮影、蒙古族那达慕、桦树皮制作技艺等非物质文化遗产的保护与传承工作力度。加强俄罗斯、哈尔滨犹太人、边疆少数民族历史文化合作研究和交流，积极举办文化交流与贸易活动。加强广播、电视、视听新媒体、报刊、网络等传播媒体设施建设，建立健全公共文化服务体系。

卫生事业。优化医疗资源配置，调整医院布局，加快省级儿童专科医院建设，重点支持医疗资源短缺地区的地市级医院建设。加强县级综合医院、乡镇卫生院、村卫生室和中（蒙）医院建设，加快城市社区卫生服务机构能力建设。完善重大疾病防治体系和突发公共卫生事件应急机制，加强承担重大疾病防治任务的专业卫生服务设施建设，加强碘缺乏病、饮水型地方性氟中毒、大骨节病、克山病、鼠疫和布鲁氏菌病等地方病防治。在医疗保健、传染病防治等领域强化与俄罗斯的合作，提高医疗卫生服务水平。

第二节　扩大就业和完善社会保障体系

积极扩大就业。健全统一规范灵活的人力资源市场，拓宽就业渠道，扩大就业规模，引导劳动力合理有序流动。加强公共就业服务平台建设，推动就业信息区域联网。建立健全政府投资和重大项目建设带动就业机制，大力发展劳动密集型产业，增加就业岗位。在国家级和省级开发区设立高校毕业生创业就业园，促进高校毕业生就业。在资源型城市发展接续替代产业，解决林区、矿区就业困难人员就业。积极开发公益性就业岗位，扩大残疾人和零就业家庭人员就业。适应沿边开发开放需要，引导农村富余劳动力到边境口岸城镇就业。加强职业技能培训和公共实训基地、创业孵化基地建设，积极开展职业技能培训和创业培训，提高劳动者职业技能和创业能力。建立健全劳动人事争议预防调解仲裁机制，维护劳动者合法权益。

完善社会保障体系。统筹城乡居民社会养老保险制度，支持黑龙江做实基本养老保险个人账户，建立基本养老金正常调整机制，按照国家统一部署提高企业退休人员基本养老金标准。完善职工、城镇居民和新型农村合作医疗保险制度，推进医疗保险异地就医结算，鼓励有条件的地区推进基本医疗保险城乡统筹，将未参保的厂办大集体企业职工和退休人员纳入基本养老保险、基本医疗保险范围。完善失业保险制度，建立失业保险预防失业、促进就业的长效机制，扩大失业保险覆盖面。加强社会救助体系建设，健全城乡低保标准调整机制，完善临时救助和农村五保供养制度，逐步拓展社会福利覆盖范围。加快推进社会养老服务体系建设，大力提升残疾人福利水平，探索建立困境儿童分类保障制度。积极推进合法就业的外国劳务人员参加社会保险。加强保障性住房建设与管理，加大棚户区改造力度，全面推进农村危房改造。

第九章　生态建设与环境治理

坚持保护优先，加强生态建设和环境治理，提高资源集约节约利用水平，建设资源节约型和环境友好型社会，打造东北地区重要绿色生态屏障。

第一节　加强生态保护和建设

构筑生态屏障。依托森林、草原、湿地、河流、湖泊等自然生态空间，构筑以大小兴安岭和东南部山地森林、松嫩平原和三江平原湿地、呼伦贝尔草原五大重点生态功能区为主体的区域生态格局。在大小兴安岭和东南部山地森林地区，重点加强天然林保护和植被恢复，提高涵养水源和固碳能力，保护生物多样性。在松嫩平原和三江平原湿地，强化保护生物多样性、维持淡水资源、调蓄洪水、调节气候、降解污染物功能，发挥湿地对环境的调节作用和生态效益。在呼伦贝尔草原，加强防风固沙，恢复草原植被，促进草畜平衡。

加大生态保护力度。加强森林保护，全面实施天然林资源保护二期工程，建设现代化森林防火设施和林业有害生物防治体系。加强防护林建设，加大三北防护林工程实施力度，巩固退耕还林成果，加快平原植树造林。加强草原保护，在呼伦贝尔和松嫩平原天然草原实施退牧还草工程，推进呼伦贝尔草原沙带治理，落实草原禁牧和草畜平衡制度，发展生态草原畜牧业，恢复草原生态环境。加强湿地保护，推进河湖水生态修复，实施湿地保护与恢复工程、扎龙自然保护区核心区居民搬迁工程。加强黑土地保护，实施黑土区水土保持工程，依法落实生产建设项目水土保持方案报告制度，防止新增人为水土流失，保护生态环境。加强湖泊保护，推进兴凯湖、呼伦湖保护开发。加强三河马、三河牛、蒙古马、东北民猪品种资源和东北虎、丹顶鹤、天鹅、红松、红豆杉等野生动植物保护，实施呼伦贝尔草原生物多样性保护工程，加强对各类生态建设工程的生态效益评估。加强自然保护区、风景名胜区、地质公园、森林公园、湿地公园建设和监管，加大对违法行为的检查和处罚力度。积极应对气候变化，在大庆实施碳捕集与封存示范工程，在大兴安岭、伊春、大庆、呼伦贝尔开展国家低碳城市试点。

第二节　加强环境污染整治

水污染防治。加大重点流域和湖泊水污染防治力度，加强城镇污水处理设施建设，控制农业和工业污染，改善界河水质环境。在松花江流域，重点加强嫩江、阿什河、呼兰河、安邦河支流治理。在兴凯湖和穆棱河流域，加强区域水环境综合治理，加快城镇和工矿企业污水处理设施建设，加大农业面源污染防治。在镜泊湖和呼伦湖，加强沿湖周边污水处理设施建设和管理，严格控制上游污染。强化工业聚集区清洁生产和污水集中处理，鼓励城镇开展中水回用，提高水资源利用效率。加强船舶污染防治，实现船舶垃圾的有效处置。

大气污染防治。以减少二氧化硫、氮氧化物、工业烟粉尘排放为重点，加强大气污染防治。在城镇发展集中供热和热电联产，实施城市燃气工程，推进机动车污染减排，提高重点城市排放控制标准，加强城市扬尘综合管理。在热力行业推广脱硫技术和低氮燃烧技术，在电力行业推广低氮燃烧技术、脱硫和脱硝技术，在冶金行业实施烧结烟气脱硫工程，在水泥行业实施低氮燃烧和脱硝示范工程。全面推进高效除尘。在农村发展生物质能源，加快沼气工程建设，推广秸秆综合利用。

固体废物综合处理。按照减量化、再利用、资源化的原则，加强建筑垃圾、煤矸石、粉煤灰等大宗固体废弃物综合处理和利用。建立健全城镇垃圾收运系统，在哈尔滨、伊春、佳木斯、鸡西、肇东建设垃圾发电厂，加快县级以上城市垃圾处理厂建设。加强危险废弃物全过程管理，安全处置危险废弃物，在区域中心城市布局建设医疗废弃物无害化集中处理中心。推广大宗固体废弃物利用先进适用技术，重点在鸡西、鹤岗、双鸭山、七台河、呼伦贝尔建设煤矸石和粉煤灰综合利用基地。加强城镇建筑渣土和餐厨废弃物管理和综合利用。加快宾西经济技术开发区循环化改造。推进废弃电器电子产品、废旧轮胎及废钢铁等再生资源回收和加工利用，在七台河建设"城市矿产"示范基地。

第三节 加强资源节约和管理

节约集约利用土地资源。实行最严格的耕地保护制度和节约用地制度，强化土地利用总体规划和年度土地利用计划管控，确保 1.9 亿亩耕地红线不突破。实施土地整治工程，有效保护耕地资源。加大对松嫩平原、三江平原、牡丹江流域、蚂蚁河流域、倭肯河流域及黑龙江沿岸基本农田保护力度，增加园地、林地面积，稳定草地、湿地面积。加强统筹规划，科学开发盐碱地、滩涂等未利用土地和工矿废弃地，合理提高单位土地投资强度和产出效益。加强城市和工矿企业污染场地环境监管，禁止对未经评估和无害化治理的被污染场地进行土地流转和开发利用。严格规范城乡建设用地增减挂钩，逐步建立城乡统一的建设用地市场。

合理利用和保护水资源。实行最严格的水资源管理制度，合理调度和配置水资源，实施用水总量控制，加强水资源节约保护。统筹生活、生产、生态用水，优先满足生活用水，重点保障生产用水，适度增加生态用水，对扎龙湿地、呼伦湖实施生态补水。合理利用地表水，完善取水许可和水资源有偿使用制度。严格控制地下水开发，逐步减少哈尔滨、大庆和三江平原腹地地下水开采量，在有条件的地区建设地下水库。创建节水型企业，加快石油、化工、冶金、火电、医药高耗水企业节水改造，控制新上高耗水工业项目。推广农业高效节水灌溉技术，大力发展节水型农业。加快城镇供水管网更新改造，普及生活节水器具，节约生活用水。加强水功能区管理。

第四节 加强生态环境保护国际合作

建立健全中俄地方生态环境保护合作机制，完善跨界生态环境重大事项通报会晤制度，合作开展跨境水体、水质监测和保护磋商。加大兴凯湖和乌苏里江、额尔古纳河流域等界河、界湖生态环境保护力度。落实中俄兴凯湖自然保护协定，推进跨境自然保护区建设，辟建跨境生态廊道，共同保护野生动植物。

第十章 支持政策与保障措施

加大政策支持力度，完善更加适应沿边开发开放的制度，建立健全实施保障机制，全面落实规划部署的各项任务，确保规划目标顺利实现。

第一节 完善开发开放政策

投资和产业政策。对中央安排老少边穷地区的公益性建设项目，取消县级并逐步减少市级配套资金。根据国家产业政策，利用境内外优势资源和市场，优先布局和发展资源加工重大项目。制定促进风力、太阳能发电行业发展的上网电价，开展大用户直供电试点。根据资源环境承载能力和区域节能减排目标，合理确定区域能源消费、污染物排放控制总量和碳排放控制比例。

财税政策。加大中央财政均衡性转移支付和边境地区转移支付力度，中央财政专项转移支付向沿边地市和特困片区倾斜。对粮食加工技术改造、境外投资合作项目给予贷款贴息。将符合条件的公益性国债转贷资金全部转为拨款。中俄地区合作发展（投资）基金向中俄合作项目倾斜，加大国外矿产资源风险勘查专项资金投入力度。完善机关事业单位收入分配制度，落实艰苦边远地区津贴动态调整机制。

外贸政策。支持境外合作企业权益农林产品、能源和矿产品进口和加工。推动在哈尔滨和满洲里设立俄罗斯领事机构，支持地方政府与俄罗斯毗邻州区互设经贸代表机构。进一步简化出入境手续，为公民因私出国提供办证便利。

国土资源政策。支持列入国家战略的基础设施建设、产业发展项目和开发区用地需求，优先安排用地计划指标，加快用地审批。国家重点建设项目中的控制工期单体工程，可申请办理先行用地手续。在确保生态安全的前提下支持使用未利用地。支持建立矿山地质环境保证金和生态恢复保证金制度，中央地质勘查基金和地质矿产调查评价、矿山地质环境治理资金向重点矿产资源地区倾斜。

金融政策。支持符合条件的边境地区开展扩大卢布使用范围试点。鼓励商业银行在防范风险的前提下加大对外贸合作企业的信贷支持力度。加大农业保险保费补贴支持力度，支持保险资金间接投资基础设施项目。

第二节 创新开发开放制度

加快体制机制创新。按照更加适应发展开放型经济的要求，推进相关领域和关键环节的改革。深化行政审批制度改革，减少和规范人员出入境、境外投资、对外贸易等方面的行政审批，降低行政成本，提高行政效率。深化投融资体制改革，优化政府投资结构，鼓励和引导民间资本进入跨境通道、石油化工、电力电信等领域。深化涉外经济体制改革，进一步推进贸易投资便利化，稳步放宽跨境资本交易限制。深化国有企业改革，推进林区、垦区政企分开，分离企业办社会职能，在优势产业领域组建外向型大企业集团。

开展重大改革发展试验。加强满洲里国家重点开发开放试验区建设，推进绥芬河、抚远、黑河开发开放试验。根据国家统一部署，选择有条件的地区开展生态补偿机制、资源型地区可持续发展试点，在松嫩平原和三江平原建设现代农业综合改革试验区。发挥绥芬河—东宁一体化发展示范作用，推动满洲里、海拉尔和牙克石一体化发展。

第三节 加强组织协调

　　黑龙江省和内蒙古自治区人民政府要切实加强规划实施的组织领导，制定实施方案，明确分工，落实责任，完善机制，推动规划实施。建立两省区人民政府主要负责人牵头的联席会议制度，协调解决规划实施过程中的重大问题。加强地方总体规划、专项规划、区域规划与本规划的衔接，推动落实规划明确的重大事项、重大政策和重大项目。

　　国务院有关部门要根据本规划制定具体的政策措施，加强对规划实施的指导，做好与相关专项规划的衔接协调，在政策实施、项目建设、资金投入、制度创新等方面给予积极支持，帮助解决规划实施中遇到的重大问题。发展改革委要加强对规划实施情况的跟踪分析和督促检查，及时向国务院报告重大问题。要会同两省区人民政府适时开展规划实施中期评估，评估结果作为规划修订、绩效考核和社会监督的重要依据。建立规划实施的公众参与和民主监督机制，推动规划顺利实施。

　　加快黑龙江和内蒙古东北部地区沿边开发开放，事关国家对外开放、东北地区等老工业基地振兴和国家区域协调发展大局。两省区和国务院有关部门要抓住机遇、加强合作、狠抓落实，努力推动这一地区在新一轮对外开放中实现更好更快发展。

新疆生产建设兵团的历史与发展
（2014 年 10 月）

2014 年 10 月 5 日，国务院新闻办发表了《新疆生产建设兵团的历史与发展》白皮书。[①] 全文如下：

前　言

屯垦戍边是中国几千年开发和保卫边疆的历史遗产。中央政府在西域新疆大规模屯垦戍边始于 2000 多年前的西汉，以后历代沿袭。1949 年新疆和平解放，1954 年中央政府决定在新疆成立生产建设兵团。这是符合中国国情和新疆实际的战略举措，也是历史经验在新的历史条件下的继承和发展。

60 年来，新疆生产建设兵团白手起家，艰苦奋斗，忠实履行着国家赋予的屯垦戍边的光荣使命。广大兵团军垦职工栉风沐雨，扎根边疆，同当地各族人民一道，把亘古戈壁荒漠改造成生态绿洲，开创了新疆现代化事业、建成了规模化大农业、兴办大型工矿企业，建起了一座座新型城镇，充分发挥了生产队、工作队、战斗队的作用。兵团为推动新疆发展、增进民族团结、维护社会稳定、巩固国家边防作出了不可磨灭的历史贡献。

值此新疆生产建设兵团成立 60 周年之际，特发表白皮书，全面介绍兵团的历史和发展状况，以助国际社会了解和认识兵团发挥什么样的作用、兵团是一个什么样的社会组织、兵团人是一个什么样的社会群体。

一、建立与发展

新疆地处中国西北边陲。新疆生产建设兵团是在特殊的地理、历史背景下成立的。

1949 年新疆和平解放时，当地经济是以农牧业为主体的自然经济，生产力水平低下，生产方式落后，发展处于停滞状态，人民生活贫苦不堪。为巩固边防、加快发展，减轻新疆当地政府和各族人民的经济负担，1950 年 1 月，驻新疆人民解放军将主要力

---

① 该白皮书源自新华网，2015 年 10 月 5 日发布。

量投入到生产建设之中，当年实现粮食大部分自给、食油蔬菜全部自给。1953年，新疆军区将所属部队整编为国防部队和生产部队两个部分，其中生产部队建有军垦农牧团场43个，拥有耕地77.26千公顷。同时还兴办工业、交通、建筑、商业企业和科技、教育、文化、卫生等事业单位，为之后组建生产建设兵团奠定了基础。

1954年10月，中央政府命令驻新疆人民解放军第二、第六军大部，第五军大部，第二十二兵团全部，集体就地转业，脱离国防部队序列，组建"中国人民解放军新疆军区生产建设兵团"，接受新疆军区和中共中央新疆分局双重领导，其使命是劳武结合、屯垦戍边。兵团由此开始正规化国营农牧团场的建设，由原军队自给性生产转为企业化生产，并正式纳入国家计划。当时，兵团总人口17.55万。此后，全国各地大批优秀青壮年、复转军人、知识分子、科技人员加入兵团行列，投身新疆建设。从1956年5月起，兵团受国家农垦部和新疆维吾尔自治区双重领导。

1962年，新疆伊犁、塔城地区先后发生了边民越境事件。根据国家部署，兵团调遣了1.7万余名干部、职工奔赴当地维护社会治安，施行代耕、代牧、代管，并迅速在新疆伊犁、塔城、阿勒泰、哈密地区和博尔塔拉蒙古自治州等长达2000多公里的边境沿线建立了纵深10公里到30公里的边境团场带。这对于稳定新疆、维护国家边防安全发挥了不可替代的重要作用，改善了国家西北边防的战略态势。到1966年底，兵团总人口达到148.54万，拥有农牧团场158个。

"文化大革命"（1966—1976年）期间，兵团屯垦戍边事业受到严重破坏。1975年3月，兵团建制被撤销，成立新疆维吾尔自治区农垦总局，主管全疆国营农牧团场的业务工作。1981年12月，中央政府决定恢复兵团建制，名称由原有的"中国人民解放军新疆军区生产建设兵团"改为"新疆生产建设兵团"，兵团开始了二次创业。30多年时间里，兵团对国有农牧场进行了大包干责任制、兴办职工家庭农场、企业承包经营责任制、发展多种经济成分等方面的改革，兴办工业，建设城镇，兵团的屯垦戍边事业不断迈向新的阶段。

60年来，兵团以屯垦戍边为使命，遵循"不与民争利"的原则，在天山南北的戈壁荒漠和人烟稀少、环境恶劣的边境沿线，开荒造田，建成了一个个农牧团场，逐步建立起涵盖食品加工、轻工纺织、钢铁、煤炭、建材、电力、化工、机械等门类的工业体系，教育、科技、文化、卫生等各项社会事业取得长足发展。截至2013年底，兵团下辖14个师，176个团，辖区面积7.06万平方公里，耕地1244.77千公顷，总人口270.14万，占新疆总人口的11.9%。

二、职责与体制

新疆生产建设兵团是新疆维吾尔自治区的重要组成部分。兵团承担着国家赋予的屯垦戍边职责，实行党政军企合一体制，是在自己所辖垦区内，依照国家和新疆维吾尔自治区的法律、法规，自行管理内部行政、司法事务，在国家实行计划单列的特殊社会组织，受中央政府和新疆维吾尔自治区双重领导。

屯垦戍边是国家赋予兵团的职责。兵团的"屯垦"，以现代农业开发为基础，同时大力发展第二、第三产业，着重保护和改善生态环境，促进新疆的社会进步与民族团结。兵团的"戍边"，一方面守卫国家边防，另一方面维护国家统一和新疆社会稳定，防范和打击恐怖势力的犯罪破坏活动。20世纪80年代后，分裂势力、宗教极端势力、暴力恐怖势力等"三股势力"及其破坏活动成为影响新疆社会稳定、危害国家统一的严重威胁，兵团戍边的重点转移到防范和打击"三股势力"破坏活动的任务上。

1990年中央政府批准兵团在国家实行计划单列。兵团在继续作为新疆维吾尔自治区的重要组成部分、接受自治区领导的同时，逐渐由中央政府有关部门对口管理。这种双重领导体制的建立，是兵团行政隶属关系上的创造性变革，有利于中央与自治区对兵团的协调领导，有利于兵团履行肩负的各项职责，理顺了兵团与国家机关各部门的关系，进一步推动了兵团事业的发展。多年来，中央政府对兵团在公共服务和公共安全、教科文卫、农林水事务等领域给予政策支持和资金投入，为兵团经济社会发展注入了强大的活力和新的生命力。

兵团实行党政军企高度统一的特殊管理体制。兵团各级都建有中国共产党的组织，发挥着对兵团各项事业的领导作用。兵团设有行政机关和政法机关，自行管理内部行政、司法事务。兵团是一个"准军事实体"，设有军事机关和武装机构，沿用兵团、师、团、连等军队建制和司令员、师长、团长、连长等军队职务称谓，涵养着一支以民兵为主的武装力量。兵团也称为"中国新建集团公司"，是集农业、工业、交通、建筑、商业，承担经济建设任务的国有大型企业。兵团的党、政、军、企四套领导机构与四项职能合为一体。

兵团全面融入新疆社会，所属师、团场及企事业单位分布于新疆维吾尔自治区各地（州）、市、县（市）行政区内，主要由兵团自上而下地实行统一领导和垂直管理。在战略地位重要、团场集中连片、经济基础好、发展潜力大的垦区，设有7个"师市合一"的新疆维吾尔自治区直辖县级市和5个"团（场）镇合一"的建制镇，由兵团实行统一分级管理。"师和市""团（场）和镇"党政机构设置均实行"一个机构、两块牌子"。

三、开发与建设

兵团的经济建设是新疆维吾尔自治区经济建设的重要组成部分。长期以来，特别是改革开放后，兵团充分发挥自身优势，积极适应市场经济要求，调整经济结构和转变发展方式，大力推进城镇化、新型工业化和农业现代化建设，着力保护生态环境，改善民生，促进就业，提高公共服务和社会保障水平，各项事业取得显著成就。

不断提升综合经济实力。2013年兵团生产总值达1499.87亿元人民币，比兵团成立时的1954年增长了220倍，年均增长9.6%；比1981年兵团恢复时增长了22.9倍，年均增长10.4%。农业基础地位进一步加强，新型工业化进程加快，工业成为主导产业，第三产业在经济发展中的作用日益突出。2013年，三次产业结构比为29.0∶41.8∶29.2。

大力推进城镇化建设。在中央和自治区的统一领导和规划下，兵团以人口分布、土地利用空间为重点，统筹产业布局和城镇布局，按照"师市合一、团镇合一"的原则和师建城市、团场建镇的思路，大力推进城镇化进程。截至目前，兵团已建成阿拉尔市、铁门关市、图木舒克市、双河市、五家渠市、石河子市、北屯市等7个县级市和金银川镇、草湖镇、梧桐镇、蔡家湖镇、北泉镇等5个建制镇，初步形成以城市、垦区中心城镇、一般团场城镇、中心连队居住区为发展架构，与新疆城镇职能互补，具有兵团特色的城镇体系，城镇化率已达62.3%。城镇基础设施明显改善，公共服务设施不断完备，城镇规划、建设、管理、服务水平显著提高。兵团城镇已经逐步发展为区域的经济和文化中心，成为人口、资金、产业、人才、文化、教育、医疗卫生等资源的集聚之地，推进了新疆城镇化进程。石河子市 2000 年被联合国评为人类居住环境改善良好范例城市，2002 年被正式命名为国家园林城市。

大力推进新型工业化建设。兵团的工业从农副产品加工业起步，逐步形成以轻工、纺织为主，钢铁、煤炭、建材、电力、化工、机械等多门类的工业体系，为新疆现代工业发展奠定了基础。21 世纪初国家实施西部大开发战略以来，兵团立足新疆资源和地缘优势，形成了食品医药、纺织服装、氯碱化工和煤化工、特色矿产资源加工、石油天然气化工、新型建材和装备制造等支柱产业。由兵团生产的节水灌溉器材、番茄制品、棉纺锭等产量和规模名列全国前茅。2013 年，兵团实现工业增加值 426.61 亿元人民币，比上年增长 27.8%，占兵团生产总值的 28.5%，工业对兵团生产总值的贡献率达 45.3%。

大力推进农业现代化建设。农业是兵团的基础产业和优势产业。兵团始终坚持走农业现代化之路，大规模引进、吸收、研发和推广先进生产技术，持续开展规模化、机械化、现代化国营农场建设，开创了新疆现代农业的先河。2007 年以来，兵团大力推进全国节水灌溉示范基地、农业机械化推广基地、现代农业示范基地等"三大基地"建设，在节水灌溉、农业机械和植物育种与栽培、牲畜育种与饲养等先进技术的引进和研发上取得突破，并在全疆大规模推广应用。依靠科技创新和组织化规模化的优势，兵团的农业现代化建设取得显著成效。2013 年，兵团高新节水灌溉占有效灌溉面积的 74.4%，综合机械化水平达 92%，农作物精量半精量播种面积 857.20 千公顷、测土配方施肥面积超过 682.33 千公顷。兵团已建成国家重要的优质商品棉和特色林果生产基地。棉花总产量达 146.52 万吨，分别占新疆及中国棉花总产量的 41.6% 和 23.2%，棉花单产、机械化率、人均占有量连续多年位居全国首位。番茄、红枣、苹果、香梨、葡萄、核桃、薰衣草等特色农产品已形成优势，有 91 个农产品被评为中国和新疆名牌或驰名商标。

着力加强生态文明建设。兵团多数团场建在沙漠边缘和边境沿线，是抵御风沙袭击、保护新疆绿洲的第一道屏障。多年来，兵团把区域生态环境建设摆在突出位置，通过大规模植树造林、兴修水利、防风固沙、排盐治碱、节水灌溉，对 800 千公顷的荒漠植被采取封沙育林育草等措施，逐步建起环绕塔克拉玛干和古尔班通古特两大沙漠的绿色生态带，形成乔木、灌木、草场结合的综合防护林体系，在茫茫戈壁荒漠上建成了绿洲生态经济网。通过大力推广喷、滴、微灌等节水技术，年农业节水量超过 10 亿立方米，增加了向下游河道的下泄水量，一些已经萎缩甚至干涸的湖泊重现生机，改善了沙漠边缘的生态环境，创造了"人进沙退"的奇迹。至 2013 年，兵团建成近 3000 千公顷的人工新绿洲，森林覆盖率达 20%；绝大多数团场实现了农田林网化，80% 以上农田得到林网的有效保护。

着力改善民生。兵团始终把保障和改善民生放在优先位置，着力解决好职工群众最关心最直接最现实的利益问题，促进社会公平正义，增进职工群众福祉，实现发展成果更多更公平惠及职工群众。经过多年努力，兵团的居民收入、住房、社会保障、就业等民生水平有了相当程度的提高。2013 年，兵团城镇居民人均可支配收入 2.31 万元人民币、团场农牧工家庭人均纯收入 1.43 万元人民币、在岗职工平均工资 4.40 万元人民币，分别比上年增长 17.8%、18.2%、17.4%；近几年，兵团累计投入 347.8 亿元人民币改善民生，开工建设城镇保障性住房 14.3 万户，实施城镇棚户区改造 7.2 万户，完成农村安居工程 5.5 万户。截至目前，已有 70% 以上的职工群众迁居新房。城镇居民养老保险实现全覆盖，参加基本医疗保险 226.48 万人，9.4 万人享受最低生活保障，20 多万人次得到医疗救助。2013 年，兵团从业人数达 125.34 万人，在岗职工 71.11 万人，全年新增劳动力就业 8.57 万人，年末城镇登记失业率 2.55%。

全面发展社会事业。兵团建立了从幼儿教育到大学教育的完整教育体系，实现了基本普及九年制义务教育和基本扫除青壮年文盲。截至 2013 年，兵团拥有普通和成人高等学校 7 所、中等职业学校 24 所、普通中学 243 所、小学 55 所，各民族在校生 48.13 万人。兵团的科技事业不断发展，拥有农垦科学院等科学研究与技术开发机构 18 个，各类专业技术人员约 12 万人。建有各类重点实验室 14 个，企业技术中心 40 个，工程技术研究中心 24 个。兵团公共文化服务体系建设步伐加快，建立了影剧院、文化馆、博物（纪念）馆、图书馆（室）、文化广场等一批文化活动场所，拥有专业文艺团体 8 个、业余文艺团队数百个，广播电视播出机构 197 座、网站 66 家，广播、电视综合覆盖率分别达到 97% 和 98.8%，公开出版发行报刊杂志 35 种，每年出版各类文化图书 100 多种。兵团不断加大医疗卫生投入，建立了较为完善的公共卫生服务体系，医疗卫生条件不断改善，职工群众健康水平得到明显提高。拥有各类卫生机构 1348 个，各类卫生技术人员 2.48 万人，平均每千人拥有执业（助理）医师 3.18 人、注册护士 3.89 人、医院床位 10 张。2013 年人口死亡率为 4.94‰，婴儿死亡率为 7.56‰，人均期望寿命 76.79 岁。

不断提升对外开放水平。兵团发挥农业生产及农副产品加工领域的产业特长，大力发展口岸经济和物流产业，积极开拓中亚及欧洲等国际市场，进出口商品的品种和总量逐渐扩大。目前，兵团已拥有 5 个国家级经济技术开发区和 24 个自治区、兵团级园区，与 160 多个国家和地区建立了经贸关系，与 20 多个国家和地区开展经济技术合作。2013 年，兵团进出口总额达 115.91 亿美元，其中货物出口额 103.7 亿美元，对外承包工程和劳务合作营业额 5.42 亿美元。

兵团各项事业取得重大成就，是一代代兵团人实践"热爱祖国、无私奉献、艰苦创业、开拓进取"的兵团精神的结果。60 年来，兵团人克服罕见的生存、生产困难，扎根边疆，报效国家，在天山南北、亘古荒原上创造出人类发展奇迹。兵团的发展，也是在中央政府、新疆维吾尔自治区和全国各省市长期支持帮助下实现的。多年来，中央财政对兵团的投入力度逐步加大。2010 年中央政府明确提出，对自治区的支持政策，兵团同样适用；对困难地区和对口支援的政策，所在地兵团师团场同样适用。新疆维吾尔自治区向兵团划拨土地、草场和水利资源、矿山资源，拨售机器设备，出台适用于兵团的政策，直接支持兵团的开发与建设，促进兵团与地方经济的融合发展。全国其他各省市也以对口的形式向兵团提供了大量的资金、技术和人才支援，对兵团的经济社会发展起到了重要作用。

四、维稳戍边与促进民族团结

新疆陆地边境线漫长，戍守边防是国家赋予兵团的重要职责。兵团从组建开始，就是一支高度组织化的准军事力量。多年来，兵团坚持亦兵亦民、劳武结合、兵民合一，拥有一支数量足够、素质较高的民兵武装力量和兵团武警部队，一手拿枪，一手拿镐，与军队、武警和各族群众建立起边境安全联防体系，在维护国家统一和新疆社会稳定、打击暴力恐怖犯罪活动中发挥出特殊作用。

兵团的边境团场是戍边的重要力量。兵团对边境团场实行团场包面、连队包片、民兵包点的生产与守边双承包责任制，实行兵团值班民兵连队与当地驻军、武警和地方民兵四位一体的军民联防机制，共同维护国家边防安全。按照国家的战略部署，兵团不断加强边境团场建设的力度。从 2000 年起，兵团在边境团场实施以危旧房改造、饮水、交通、文化、就医、电视广播、环境卫生等为重点的"金边工程"，发挥区位优势实施沿边对外开放，开展区域对外经贸、文化交流合作，进一步改善了职工群众的生产生活条件，增强了边境团场的凝聚力、吸引力，提升了边境团场戍边的综合实力。

维护新疆稳定是兵团的重要职责，也是实现长治久安的现实需要。20 世纪 80 年代以来，"三股势力"破坏活动对新疆社会稳定的危害日益凸显。针对这种情况，根据统一部署，兵团所属师、团、连和企事业单位建立了应急民兵营、连、排，随时应对各种暴力恐怖突发事件。在反恐维稳斗争中，兵团发挥了特殊作用。尤其是 1990 年阿克陶县巴仁乡"4·5"事件、1997 年伊宁"2·5"事件发生后，兵团民兵发挥熟悉情况、就近就便的优势，快速反应、迅速出击，与武警部队和各族群众携手联动，共同打击暴恐犯罪，维护了社会稳定。2009 年乌鲁木齐"7·5"事件发生后，兵团迅速组织民兵担负起执勤、巡逻和对重点目标的守卫任务。当前，兵团正着力建设全国一流民兵队伍，建立融生产、训练、执勤、应急于一体的民兵常态化轮训备勤机制。

新疆是多民族地区，民族团结是国家统一和新疆社会稳定的最长远的根本问题。兵团高度融入新疆社会，长期与地方各民族毗邻而居、和睦相处、守望相助，构成各民族相互交往交流交融的"嵌入式"社会发展模式，做到了边疆同守、资源共享、优势互补、共同繁荣。60 年来，兵团坚持为新疆各族人民服务的宗旨，积极支援地方建设，为各族群众办好事、办实事。兵团医疗机构常年组织医疗队深入地方农村、牧区开展巡回医疗，防病治病，送医送药。兵团在修建各种水利、道路等工程时，同时考虑地方各族人民的利益，使兴修的各项工程成为兵地双方受益的"两利工程"。20 世纪 50 年代，为支持新疆工业发展，兵团把已经建设起来的规模较大的一批工交建商企业无偿移交给地方。60 年代中期，兵团每年拿出 800 多万元人民币专项资金帮助地方进行农田规划建设。80 年代初兵团恢复后，连续 5 年投资 9000 多万元人民币，支援喀什、塔城等地区兴办农田水利建设，并与地方共建文明单位 400 多个。90 年代以来，帮助地方建设"双语"幼儿园和"双语"学校，培训"双语"教师。1999 年开始，连续 14 年在北疆 7 个师的 57 个团场，接收来自南疆四地州 32 个县（市）15 批 2156 名基层少数民族干部挂职锻炼培训。进入 21 世纪后，兵团与地方大力发展融合经济，建立起经济联合体 87 个，合作项目 200 多个。兵团还常年抽调大批科技人员，为地方举办种植、养殖、农机等各类培训班，向各族农牧民传授和推广各类先进技术。兵地相互支援、融合发展，促进了各民族交往交流交融。

兵团有汉、维、哈、回、蒙古、锡伯、俄罗斯、塔吉克、满等 37 个民族，少数民族人口达 37.54 万人，占总人口的 13.9%，有 37 个少数民族聚居团场。兵团把加快少数民族聚居团场发展作为改善民生的重中之重，加大政策支持和扶贫开发力度。近年来，兵团共实施少数民族聚居团场建设项目 114 个，总投资 10.8 亿元人民币，项目涉及城镇基础设施建设、安居工程、设施农业、畜牧养殖业等多个领域。2012 年，兵团 37 个少数民族聚居团场实现生产总值 111.03 亿元，比上年增长 42.8%，比兵团平均水平高出 24.4 个百分点。

兵团全面贯彻国家的民族宗教政策，促进宗教和谐，尊重和保护少数民族风俗习惯，倡导民族和谐发展、文化共同繁荣、民俗相互尊重。多民族聚居的状况，使兵团具备了传播先进文化、弘扬中华文化，不断吸纳融合新疆民族文化，在边疆地区促进一体多元中华民族文化发展的基础。在兵团，文化的相互交流进一步增进了各民族成员之间的了解和认同，推进了新疆中华民族先进文化的建设，增强了边疆地区中华民族的凝聚力。

斗转星移，兵团走过了不平凡的 60 年。

当前，中国各族人民正在为实现中华民族伟大复兴的中国梦而努力奋斗，新疆正处于实现社会稳定和长治久安的关键时期。支持兵团发展壮大是中央政府的一贯方针，发挥好兵团的维稳成边特殊作用是国家的长远大计。新形势下，兵团建设只能加强不能削弱。

兵团正处在新的历史起点上，兵团的发展面临前所未有的机遇。在新的历史时期，兵团要当好安边固疆的稳定器、凝聚各族群众的大熔炉、汇集先进生产力和先进文化的示范区，壮大实力，深化"兵地融合"发展，聚焦新疆社会稳定和长治久安总目标，履行好中央赋予的各项职能。

有中央政府的坚强领导和支持，有全国人民的积极支援，有新疆维吾尔自治区和各族人民的大力帮助，有兵团 60 年发展打下的坚实基础，完全有理由相信，兵团的明天一定会更加美好！

西藏发展道路的历史选择
（2015 年 4 月）

2015 年 4 月 15 日，国务院新闻办公室发表了《西藏发展道路的历史选择》白皮书。[①] 全文如下：

西藏发展道路的历史选择

（2015 年 4 月）

中华人民共和国

国务院新闻办公室

目录

前言

一、旧制度必然退出西藏历史舞台

二、新西藏走上了一条正确发展道路

三、"中间道路"的实质是分裂中国

四、"和平""非暴力"的假象

五、中央政府对十四世达赖的政策

结束语

前　言

中华人民共和国是中国各族人民共同缔造的统一的多民族国家。在长期的历史发展中，中国各民族形成了休戚与共的中华民族命运共同体。西藏自古是中国的一部分，藏族是中华民族命运共同体的一员。西藏的命运始终与伟大祖国和中华民族的命运紧密相连。

历史上，藏族人民创造了辉煌的历史和文化，为丰富和发展中国历史、中华文化作出了贡献。但是，直到 20 世纪中期，西藏仍处于政教合一的封建农奴制统治之下，生产力水平极其低下，社会保守封闭、衰败落后。

西藏真正步入现代文明始于 1949 年中华人民共和国成立后。历经和平解放、民主改革、自治区成立、改革开放等重要发展阶段，西藏不仅建立起全新的社会制度，而且实现了经济社会发展的历史性跨越，走上了中国特色社会主义道路。

西藏走上今天的发展道路，是现代文明发展的客观要求，顺应了人类社会进步潮流，符合中国国情和发展实际，符合西藏各族人民的根本利益。在这条道路上，西藏各族人民当家作主，成为国家、社会和自己命运的主人；西藏实现了由贫穷落后向富裕文

---

① 该白皮书源自国务院新闻办公室网站，2015 年 4 月 15 日发布。

明的跨越，以崭新姿态呈现在世人面前；西藏各族人民与全国人民和睦相处、和衷共济，共同创造幸福美好新生活；西藏以开放的姿态面向世界，积极吸纳人类文明优秀成果。

西藏发展进步所取得的巨大成就，充分说明西藏走上的发展道路是正确的。但是，长期流亡海外、代表封建农奴主阶级残余势力的十四世达赖集团，出于"西藏独立"的政治目的和对旧西藏政教合一的封建农奴制的眷恋，在长期推行暴力"藏独"路线遭受失败后，这些年又大肆鼓吹"中间道路"。"中间道路"貌似"妥协""折衷""和平""非暴力"，实则否定新中国成立以来西藏走上的正确发展道路，企图在中国领土上建立由十四世达赖集团统治的"国中之国"，分步达到实现"西藏独立"的目的。

一、旧制度必然退出西藏历史舞台

20世纪50年代，当奴隶制、农奴制、黑奴制已为现代文明所彻底唾弃之时，西藏社会依然处于政教合一的封建农奴制统治之下。政教合一的封建农奴制粗暴践踏人类尊严，严重侵犯基本人权，根本阻碍西藏社会发展，完全背离中国和世界进步潮流。

——政教合一，神权至上，神权政治的典型代表

在旧西藏，神权至上，政权庇护神权，神权控制政权，神权与政权融为一体，共同维护官家、贵族和寺院上层僧侣三大封建领主的统治。据统计，1959年民主改革前，西藏共有寺庙2676座，僧众114925人。僧众人数约占男性人口的四分之一，其比例远超欧洲中世纪神职人员，世所罕见。

在神权政治下，宗教被封建农奴制玷污，寺庙并非单纯的潜心礼佛的清净之地，而是集开展宗教活动、控制一方政权、实施经济剥削、囤积武装力量、进行司法审判等功能为一体的统治堡垒。有的寺庙内部私设公堂，不仅有手铐、脚镣、棍棒，还有用来剜目、抽筋的残酷刑具，惩罚农奴手段极其残忍。现存的20世纪50年代初西藏地方政府有关部门致热布典头目的一封信内记载，一次，为了给十四世达赖念经祝寿，下密院全体人员需要念忿怒十五施食回遮法，"为切实完成此次佛事，需于当日抛食，急需湿肠一副、头颅两个、多种血、人皮一整张，望立即送来"。寺庙领主在三大领主中放债最多，约占总额的80%。

由于大量人口不从事生育和生产，并且成为神权政治压榨的工具，导致社会资源严重匮乏，人口增长长期停滞。据19世纪中期成书的《圣武记·西藏后记》记载，清乾隆二年（1737年）理藩院汇造西藏达赖、班禅所辖地区，共有喇嘛31.62万人以上，而当时西藏（不含今昌都地区）共有人口约109万。到20世纪50年代初，西藏人口依然徘徊在100多万，200多年间几乎没有增长。

利用宗教加强对社会的控制，是神权政治的突出特点。原国民政府蒙藏委员会驻拉萨办事处官员、20世纪40年代在西藏工作的著名藏学家李有义在回忆文章《西藏，神秘的和不再神秘的》中感叹道："西藏的农奴遭受着如此残酷的剥削和压迫，他们为什么不起来反抗呢？我也向农奴问过这个问题。不料他们的答复却是'第，赖哉'，意为这是业果。他们相信今世受苦是前世造了孽，今世受苦才能洗净罪孽，下世就能转生到更好的境界。这就是喇嘛对他们的教导，而藏民是坚信不疑的。"在李有义看来，正是这种思想控制，使"农奴一生一世都是为未来积累功德，贵族用鞭子抽他们，他们还以为是在为他们洗罪呢！"

亲历西藏的英国人查尔斯·贝尔在《十三世达赖喇嘛传》中说："你下一辈子是人还是猪，难道对你没什么关系吗？达赖喇嘛能保你投胎成人，当大官，或者更好一些——在一个佛教兴盛的国度里当大喇嘛。"他进而指出："毫无疑问，喇嘛采用了精神恐怖手法以维持他们的影响和将政权继续控制在他们手中。"

——等级森严，践踏人权，封建农奴制在东方的最后堡垒

1959 年以前的西藏，仍然保留着封建农奴制。法国旅行家亚历山大·大卫·妮尔 1916—1924 年间曾先后 5 次到西藏及其周边地区考察。1953 年，她出版了《古老的西藏面对新生的中国》，对旧西藏的农奴制有过这样的描述："在西藏，所有农民都是终身负债的农奴，在他们中间很难找到一个已经还清了债务的人。""为了维系生活，农奴不得不借钱、借粮、借牲畜，支付高额利息。然而，来年的收获永远还不完膨胀的利息。""在毫无办法的情况下，他们只好再借，借口粮，借种子。……如此下去，年复一年，永无完结，直到临死的时候也不能从债务中解脱出来，而这些债务就落到了他儿子的身上，可怜的儿子从刚一开始种田生涯起，就受到这些祖传的债务的压榨，而这些债的起源早已是遥远的过去的事了，他根本不知道这从什么时候说起。""这些可怜的人们只能永远待在他们贫穷的土地上。他们完全失去了一切人的自由，一年更比一年穷。"

在封建农奴制下，人被划分为等级。在旧西藏通行了数百年的《十三法典》和《十六法典》，明确将人分成三等九级，将森严的等级制度法律化。法典规定："人分上中下三等，每一等人又分上中下三级。此上中下三等，系就其血统贵贱职位高低而定"，"人有等级之分，因此命价也有高低"，"上等上级人命价为与尸体等重的黄金"，"下等下级人命价为一根草绳"。

落后的封建农奴制以及政教合一的神权政治，使旧西藏成为一个贫富分化极其悬殊的社会。至 20 世纪 50 年代末，占西藏人口不足 5% 的三大领主及其代理人几乎占有西藏全部耕地、牧场、森林、山川、河流、河滩以及大部分牲畜。据统计，1959 年民主改革前，西藏有世袭贵族 197 家，大贵族 25 家，其中居前的七八家贵族，每家占有几十个庄园，几万克土地（15 克相当于 1 公顷）。十四世达赖家族占有 27 座庄园、30 个牧场，拥有农牧奴 6000 多人。十四世达赖本人手上有黄金 16 万两，白银 9500 万两，珍宝玉器 2 万多件，有各种绸缎、珍贵裘皮衣服 1 万多件。而占西藏人口 95% 的农奴和奴隶，则一无所有，处境悲惨，毫无人权可言。对这些人，西藏有民谚称："生命虽由父母所生，身体却为官家占有。纵有生命和身体，却没有做主的权利。"

——封闭落后，远离现代文明，绝非想象中的"香格里拉"

20 世纪 30 年代，英国作家詹姆斯·希尔顿在《消失的地平线》一书中，描绘了梦幻般美妙绝伦的人间乐土——"香格里拉"。此后，追寻"香格里拉"成为许多人的梦想，有人甚至把西藏视为"香格里拉"的原生地。然而，这只是人们的善良愿望，旧西藏根本不存在"香格里拉"。

旧西藏的落后从以下情况可略窥一斑：直至 1951 年和平解放时，西藏没有一所近代意义上的学校，青壮年文盲率高达 95%；没有现代医疗，求神拜佛是大部分人医治疾病的主要办法，人均寿命只有 35.5 岁；没有一条正规公路，货物运输、邮件传递全靠人背畜驮；仅有一座 125 千瓦的小电站，且只供十四世达赖及少数特权者使用。

亲历旧西藏的中外人士无不被其落后的社会场景所触动，并留下许多身临其境的描

述。1945 年，李有义在西藏实地考察数月后观察道："在沿着雅鲁藏布江中下游约 1700 多英里的旅程中，我所看到的是一派衰败的景象。在每天的旅程中都能看到几处人去楼空的废墟，垄亩痕迹依稀可辨，人烟却已杳杳。我所经过的这种'鬼镇'何止百处……我出发考察时正是秋收季节。这个季节就是在内地比较落后的农村里，你也可以在农民的脸上看到收获的喜悦。但是在 1945 年的西藏农村，我却不曾看到一副喜悦的面孔。我所看到的是贵族和'差领巴'（收租人）对农奴的怒吼和鞭打，我所听到的是农奴的哭泣和叹息声。"

原英国《每日邮报》驻印度记者埃德蒙·坎德勒在 1905 年出版的《拉萨真面目》中也写道：拉萨"这座城市脏得无法形容，没有下水道，路面也没有铺砌石块。没有一栋房子清洁干净或经常有人打扫。下雨之后，街道就成了一洼洼的死水塘，猪狗则跑到这些地方来寻找废物渣滓"。

曾任西藏自治区广电厅厅长的杜泰（藏族）回忆说："当 1951 年我来到拉萨的时候，这座城市的贫困和破败确实也出乎我的意料。那时候，拉萨除了大昭寺周围的八廓街，几乎没有一条像样的街道，也没有任何公共服务设施，没有路灯，没有供水和排水设备。街头经常看到冻饿而死的人的尸体，还有乞丐、囚犯和成群的狗。大昭寺西面是叫'鲁布邦仓'的乞丐村，小昭寺周围也是乞丐聚合地。当时乞丐竟有三四千之多，占城市人口的十分之一强。"

1950 年，原西藏地方政府噶伦、后来担任过中国全国人大常委会副委员长的阿沛·阿旺晋美向噶厦发电反映昌都地区情况时说："因时世混浊，民不堪命，这里有的宗（相当县）内仅有七、八户还有糌粑，其余全以食元根（即蔓菁）为生，乞丐成群，景象凄凉。"

大量事实证明，到 20 世纪中叶，西藏的旧制度已经走到了尽头。阿沛·阿旺晋美曾回忆说："记得在 40 年代，我同一些知心朋友曾多次交谈过西藏旧社会（制度）的危机，大家均认为照老样子下去，用不了多久，农奴死光了，贵族也活不成，整个社会就将毁灭。"

20 世纪 50 年代，世界上大多数国家和地区已实现了政教分离，此时的西藏仍然实行着这种落后的制度，严重阻碍着西藏社会的发展进步，使西藏与现代文明渐行渐远。19 世纪后，世界许多国家和地区掀起废奴运动，英国、俄国、美国等国纷纷废除奴隶制度。1807 年，英国议会通过法令禁止本国船只参与奴隶贩运交易。1861 年，俄国皇帝亚历山大二世正式批准了废除农奴制度的"法令"和"宣言"。1862 年美国总统林肯发表《解放黑人奴隶宣言》，1865 年美国国会通过《宪法第 13 条修正案》，正式废除奴隶制。1948 年，联合国大会通过的《世界人权宣言》规定：任何人不得使为奴隶或奴役；一切形式的奴隶制度和奴隶买卖，均应予以禁止。在农奴制近乎绝迹的 20 世纪中叶，世界上最大的农奴制堡垒依然盘踞在中国的西藏，这不仅阻碍着中国社会发展进步，也是对人类文明、良知和尊严的羞辱。

随着新中国的建立及中国社会的发展进步，在 20 世纪 50 年代末 60 年代初，西藏旧制度被彻底废除。然而，十四世达赖集团却逆历史潮流而动，非但不反思旧西藏政教合一制度的黑暗残暴，反而留恋不舍，梦想着有朝一日把这种制度重新搬回西藏。对此，十四世达赖集团的有关文件有着清楚的记载。1963 年制定的《西藏未来民主宪法（草案）》中称："西藏以佛祖所教诲之佛法精神为基础，建立一个民主统一的国家"。

1991 年制定的《流亡藏人宪法》规定："未来西藏的政治是在坚持非暴力原则的基础上建立一个政教合一、自由安定的民主联邦共和国。"1992 年制定的《西藏未来政体及宪法要旨》将"政教相辅"规定为未来西藏的政治性质。2011 年修订后的《流亡藏人宪法》规定：未来西藏政治是"政教结合"。

二、新西藏走上了一条正确发展道路

1949 年中华人民共和国成立后，西藏发生了历史性的转变。1951 年，西藏实现和平解放，为彻底将帝国主义势力驱逐出西藏创造了条件。1959 年，西藏实行民主改革，一举结束了延续几百年的政教合一的封建农奴制。1965 年，西藏自治区成立，社会主义制度建立。1978 年后，中国开始改革开放，西藏现代化建设不断取得新成就。进入 21 世纪以来，西藏的发展驶入快车道，全面建设小康社会不断取得新进展。经过 60 多年的建设发展，西藏各族人民逐步探索出具有中国特色、西藏特点的发展路子，一个传统与现代交相辉映的新西藏呈现在世人面前。

——新西藏的发展道路，是中华民族大团结之路

近代以来，由于帝国主义的侵略，西藏面临着是统一于中华民族大家庭还是从中华民族大家庭中分裂出去的两种命运。英国殖民者先后于 1888 年和 1904 年两次武装侵略西藏，强迫当时的中国清朝（1644—1911 年）政府签订不平等条约，取得在西藏的大量特权。清朝灭亡后，英国殖民者积极培植西藏分裂势力，制造"西藏独立"问题。1949 年中华人民共和国成立后，西藏上层分裂分子和帝国主义势力加紧策划"西藏独立"，企图把西藏从中国分裂出去。中央人民政府根据西藏的历史和现实情况，决定采取和平解放西藏的方针，坚定维护国家的统一和领土完整。十世班禅等藏族各界爱国人士也纷纷发出解放西藏的呼吁，要求中国人民解放军进驻西藏，维护国家统一。1951 年 5 月 23 日，中央人民政府和西藏地方政府的代表签订《关于和平解放西藏办法的协议》（以下简称《十七条协议》），西藏宣告和平解放。十四世达赖于 10 月 24 日致电中央政府主席毛泽东，表示："西藏地方政府及藏族僧俗人民一致拥护，并在毛主席及中央人民政府的领导下积极协助人民解放军进藏部队巩固国防，驱逐帝国主义势力出西藏，保护祖国领土主权的统一。"

和平解放使西藏摆脱了帝国主义侵略势力的羁绊，宣告了帝国主义制造"西藏独立"图谋的破产，实现了中华民族在新的历史条件下的大团结。和平解放还解决了达赖和班禅相互之间的历史遗留问题，促成了西藏内部的大团结。西藏和平解放后，中国政府逐步废除了外国在西藏长期享有的特权。1954 年，中国和印度签订了《关于中国西藏地方和印度之间的通商和交通的协定》，取消了印度继承的英国侵略西藏遗留下来的特权。1956 年，中国和尼泊尔签订《中华人民共和国和尼泊尔王国保持友好关系以及关于中国西藏地方和尼泊尔之间的通商和交通协定》，解决了西藏地方与尼泊尔历史上的遗留问题。

在此后的半个多世纪里，在中华民族大家庭中，西藏各族人民与全国各族人民同心同德，风雨同舟，建立起平等、团结、互助、和谐的民族关系，藏族与其他民族你中有我、我中有你，谁也离不开谁。在维护国家统一、反对民族分裂的斗争中，西藏各族人民紧密团结在中央政府周围，经受住了各种困难和风险的考验，维护了中华民族的团结和国家统一。在实现中华民族伟大复兴的进程中，西藏各族人民与全国各族人民共享国

家发展成果和荣耀。

为帮助西藏摆脱贫穷落后状态，加快发展步伐，中央政府发挥社会主义制度和体制优势，举全国之力支援西藏建设，以优惠的政策和巨大的人力、物力、财力，不断为西藏的发展注入新的动力。60多年来，中央财政不断加大对西藏的财政转移支付力度。1952—2013年，中央政府对西藏的各项财政补助达5446亿元，占西藏地方公共财政支出的95%。1980年以来，中央先后五次召开西藏工作座谈会，从中国社会主义现代化建设全局出发，对西藏的发展建设作出整体规划。从1994年中央第三次西藏工作座谈会开始，中央实施对口支援西藏的政策，安排60个中央国家机关、18个省市和17家中央企业对口支援西藏。20年来，先后有七批5965名优秀干部进藏工作，实施援藏项目7615个，投入援藏资金260亿元，主要用于改善民生和基础设施建设，为西藏经济社会发展作出了重要贡献。2010年中央第五次西藏工作座谈会后，中央政府按照省市财政收入的千分之一核定了17个援藏省市的援助资金量，并建立了稳定增长机制。

——新西藏的发展道路，是人民当家作主之路

把农奴主掌权的旧西藏改造为人民当家作主的新西藏，是西藏社会发展的必然要求和西藏各族人民的根本愿望。在中国特色社会主义民主政治框架内，西藏已走上现代民主之路，人民的各项政治权利得到充分尊重和保障。

在西藏，藏族和门巴族、珞巴族、纳西族、回族、汉族等民族，共同享有平等参与国家事务管理的权利。作为国家根本政治制度的人民代表大会制度，是中国各族人民行使民主权利的主要途径。目前在全国人民代表大会中，西藏自治区有21名代表，其中12名为藏族公民，门巴族、珞巴族虽然人口极少，也分别各有1名代表。人民政协是中国社会主义民主政治的特有形式和独特优势，是中国人民实行协商民主的重要机构。目前在中国人民政治协商会议中，西藏自治区有委员29名，其中藏族和其他少数民族委员有26名。在西藏自治区34244名四级人大代表中，藏族和其他少数民族代表31901名，占93%以上，门巴族、珞巴族、纳西族、回族、壮族等均有自己的代表。西藏自治区十届人大常委会44名组成人员中有藏族和其他少数民族25名，14名常委会主任、副主任中有藏族和其他少数民族8名。基层民主建设不断加强。在西藏，目前95%以上的村建立了村民代表会议制度，选举产生村民自治组织。村务公开、民主管理实现全覆盖，90%以上的村设立公开栏，保障群众的知情权、参与权、决策权、监督权。192个城镇社区全部建立了社区居民代表大会、社区居委会等社区组织，社区居民自治有充分的组织保证。

中国从国情出发，实行民族区域自治制度。西藏是中国的五个自治区之一。按照《中华人民共和国宪法》和《中华人民共和国民族区域自治法》，西藏自治区享有广泛的自治权利，包括立法权、对国家有关法律的变通执行权、使用民族语言文字的权利、人事管理权、财政管理权和自主发展文化教育权等。自1965年以来，西藏自治区人大及其常委会先后制定了290多部地方性法规和具有法规性质的决议、决定，对多项全国性法律制定了适合西藏特点的实施办法。在婚姻制度方面，西藏自治区分别于1981年和2004年制定变通条例，将《中华人民共和国婚姻法》规定的男女法定婚龄分别降低两岁，并规定对执行变通条例之前已经形成的一妻多夫和一夫多妻婚姻关系，凡不主动提出解除婚姻关系者，准予维持。在生育制度方面，根据《西藏自治区计划生育暂行管理办法（试行）》，西藏自治区对汉族干部、职工及家属实行"一对夫妇只生育一个

孩子"的政策，而对藏族和纳西族、回族、壮族等民族干部、职工及户口在单位的家属城镇居民，一对夫妇可以有间隔地生育两个孩子，对农牧区的农牧民不限制生育数量，对门巴族、珞巴族以及夏尔巴人、僜人不提倡生育指标。西藏自治区在执行全国性法定假日的基础上，还将"藏历新年""雪顿节"等西藏传统节日列入法定节假日。

《中华人民共和国宪法》规定，国家帮助民族自治地方从当地民族中大量培养各级干部、各种专业人才和技术工人。《中华人民共和国民族区域自治法》规定，自治区主席、自治州州长、自治县县长由实行民族区域自治的民族的公民担任；民族自治地方的自治机关所属工作部门的干部中，应当合理配备实行区域自治的民族和其他少数民族的人员。《中华人民共和国公务员法》规定，民族自治地方录取公务员时，要对少数民族考生予以适当照顾。目前，在西藏自治区干部队伍中，藏族和其他少数民族干部占70.95%，其中县乡两级领导班子中，藏族和其他少数民族占70.13%。西藏自治区历届人民代表大会常务委员会主任和人民政府主席由藏族公民担任。在全国高考录取和国家公务员考试中，藏族等少数民族都享受加分政策。

——新西藏的发展道路，是各民族共同繁荣进步之路

几十年来，在中央政府的大力支持和全国各族人民的积极帮助下，经过西藏各族人民的团结奋斗，西藏的发展水平迈上新台阶，各项事业不断取得新成就。

人民生活水平不断改善。2013年，西藏地区生产总值达到807.67亿元，农牧民人均纯收入达到6578元，城镇居民人均可支配收入达到20023元。西藏绝大多数人口摆脱了延续上千年的贫困，基本达到了小康生活水平。2006年以来实施的农牧民安居工程全面完成，46.03万户、230万农牧民住上了安全适用的房屋。农牧民人均居住面积达30.51平方米，城镇居民人均居住面积达42.81平方米。人口大幅增长，2013年达到312.04万人，人均预期寿命为68.2岁，分别是20世纪50年代初期的三倍和两倍。在国家统计局、中国邮政集团公司和中央电视台联合举办的"CCTV经济生活大调查"中，拉萨市连续5年被评为中国幸福指数最高的城市。

教育卫生和社会保障事业全面发展。西藏在全国率先实现学前教育、城乡义务教育和高中阶段教育15年免费教育，小学学龄儿童入学率达99.59%，初中毛入学率达到98.75%，高中阶段毛入学率达到72.23%。人口素质明显提升，基本扫除了青壮年文盲，15周岁以上人口人均受教育年限达到8.1年。基本医疗卫生服务体系基本建立，现有医疗卫生机构6660个（含村卫生室）。以免费医疗为基础的农牧区医疗制度覆盖全体农牧民，政府经费补助标准2014年提高至年人均380元。在全国率先实现城乡居民免费健康体检。

现代化水平不断提高。现代工业和基础设施不断发展，建立起包括20多个门类、富有西藏特色的现代工业体系。以水电为主，地热、风能、太阳能等多能互补的新型能源体系全面建成。2013年，电力装机容量128万千瓦，用电人口覆盖率100%。以公路、航空、铁路、管道运输建设为重点的综合交通运输体系逐步完善。2014年，基本实现县县通公路、乡乡通公路，其中62个县通油路，青藏铁路延伸线拉萨至日喀则铁路建成通车。西藏已建成通航机场5个，8家航空公司在藏运营，开通国内航线45条。遍布全区的光缆、卫星和长途电话网全面建成，县以上基本实现3G通信技术全覆盖，基本实现乡乡通宽带、村村通电话。2013年年底，电话普及率达到98.1部/百人，互联网普及率为37.4%。

对外开放水平不断提高。西藏经济逐步由封闭型向开放型、由供给型向经营型转变，发展步伐基本上与全国同步。目前，西藏已经融入全国统一的市场体系，来自全国和世界各地的商品源源不断地进入西藏，西藏特色商品也大量进入全国乃至世界市场。2013 年，全区进出口总额为 33.19 亿美元，赴藏旅游人数达到 1291 万人次，其中境外游客 22 万人次。

——新西藏的发展道路，是西藏优秀传统文化得到传承和弘扬之路

藏语言文字得到有效保护。西藏自治区分别于 1987 年、1988 年、2002 年通过立法，将学习、使用和发展藏语言文字工作纳入法制化轨道。教育系统推行以藏语文授课为主的双语教学体系，所有农牧区和部分城镇小学实行藏汉语文同步教学，主要课程用藏语授课。中学阶段也同时用藏语文和汉语文授课，并在内地西藏班中学开设藏语文课。在普通高等学校招生入学考试中可以使用藏语文答卷。藏文字符计算机编码通过国家标准和国际标准，藏文编辑系统、激光照排系统、电子出版系统得到广泛应用。藏语文在政治生活中得到广泛应用。各级人民代表大会通过的决议、法规，西藏各级人民政府及所属部门发布的正式文件和公告都使用藏、汉两种文字。在司法诉讼程序中，对藏族诉讼参与人都使用藏语文审理案件，法律文书也使用藏文。国家在保护和发展藏语言文字的同时，也在包括西藏自治区在内的全国各地公民中推广、学习和使用国家通用语言文字，促进各民族、各地区经济文化交流。

优秀传统文化得到保护和传承。西藏自治区制定《西藏自治区文物保护管理条例》、《西藏自治区人民政府关于加强文物保护的布告》等，加强文物保护。现有各类文物点 4277 处，国家重点文物保护单位 55 处，自治区级文物保护单位 391 处，市县级文物保护单位 978 处，国家历史文化名城 3 座。布达拉宫、罗布林卡、大昭寺被列入世界文化遗产名录，拉萨、日喀则、江孜被列为国家级历史文化名城，西藏博物馆被列为国家一级博物馆，西藏档案馆收藏有 300 多万件重要历史档案。现有国家级非物质文化遗产名录 76 处，自治区级 323 项，地市级 76 项，县级 814 项。国家级非遗代表性传承人 68 名，自治区级 350 名，民间藏戏队 117 支。格萨尔、藏戏被列入人类非物质文化遗产代表作名录。现代公共文化日益普及，广播电视综合覆盖率分别达到 94.38%、95.51%。西藏所有行政村都有农家书屋、所有藏传佛教寺庙都有寺庙书屋。2011 年，西藏设立文化产业发展专项资金，扶持西藏文化产业发展。

公民宗教信仰自由权利得到保障。西藏自治区存在藏传佛教、苯教、伊斯兰教和天主教等多种宗教，在藏传佛教内部还存在宁玛、噶举、萨迦、格鲁等不同教派。各民族宗教信仰自由权利受到宪法和法律的保护。各种宗教、各个教派都平等地得到尊重和保护，实现了真正的宗教宽容。任何国家机关、社会团体和个人不得强制公民信仰宗教或者不信仰宗教，不得歧视信仰宗教的公民和不信仰宗教的公民。西藏现有各类宗教活动场所 1787 座，住寺僧尼 4.6 万余人，活佛 358 名；清真寺 4 座，伊斯兰教信徒 3000 余人；天主教堂 1 座，信徒 700 余人。寺庙学经、辩经、晋升学位、受戒、灌顶、诵经、修行等传统宗教活动正常进行，每逢重大宗教节日都循例举行各种活动。信教群众家中普遍设有经堂或佛龛，转经、朝佛、请寺庙僧尼做法事等宗教活动正常进行。活佛转世作为藏传佛教特有的传承方式得到国家的尊重。1995 年，西藏自治区按照宗教仪轨和历史定制，经过金瓶掣签，报国务院批准，完成了第十世班禅转世灵童的寻访、认定以及第十一世班禅的册立和坐床。2007 年，国家宗教事务局通过《藏传佛教活佛转世管

理办法》，进一步规范了活佛转世。民主改革以来，已有 60 余名新转世活佛按历史定制和宗教仪轨得到批准认定。

——新西藏的发展道路，是可持续发展之路

西藏是国家重要的生态安全屏障，对亚洲乃至世界都有着重要意义。多年来，西藏在发展过程中，始终遵循经济规律、社会规律和自然规律，不以牺牲自然环境为代价，注重经济、社会、生态的和谐统一，走可持续发展之路。中央政府坚持以人为本的科学发展观，把环境保护放在突出位置，作为发展的重要选项。西藏自治区政府提出了建设西藏生态安全屏障以及建设生态西藏、美丽西藏的战略目标，努力探索高原环境下实现西藏可持续发展的新路子。

多年来，中央和西藏自治区编制实施了一系列生态环境保护与建设规划，对西藏的生态环境保护与建设进行全面规划与部署。中国政府在 1998 年和 2000 年制定的《全国生态环境建设规划》和《全国生态环境保护纲要》中，将青藏高原冻融区作为全国八大生态建设区之一，进行专门规划，建立保护措施。2009 年，中国政府通过《西藏生态安全屏障保护与建设规划（2008—2030 年）》，计划投资 158 亿元，争取到 2030 年基本建成西藏生态安全屏障。西藏自治区编制实施了《生态环境建设规划》、《水土保护规划》、《农牧区环境综合整治规划》、《生态功能区规划》等一系列生态环境保护与建设规划，并加大通过立法保护生态环境力度，近年来修订了《西藏自治区环境保护条例》，出台了《西藏自治区生态环境保护监督管理办法》等规章。

国家和自治区地方政府采取了严格的环境保护措施。实施天然林保护工程、退耕还林、退牧还草工程和天然草地保护与建设、游牧民定居、人工种草、草场改良等草地生态环境建设项目；启动了国家森林生态效益补偿基金，开展了防沙治沙、水土流失和小流域综合治理及地质灾害防治工作。坚持慎重发展工业的原则，严格限制高能耗、高污染、高排放行业在区内发展，推广使用清洁能源，努力减少温室气体排放。多年来，中央政府和西藏自治区政府采取严格措施，严禁矿产资源开发。2013 年，政府进一步严格环境准入，新颁布实施生态环境保护监督管理办法、矿产资源勘查开发监督管理办法和环境保护考核办法，特别是实行了矿产资源勘查开发自治区政府统一管理和环境保护一票否决制。

在各方面的共同努力下，西藏的生态文明建设取得明显成效。目前，西藏的自然保护区面积达到 41.37 万平方公里，占全区国土面积的 33.9%，居全国之首；森林覆盖率达 11.91%，活林木总蓄积量居全国首位；各类湿地面积 600 多万公顷，居全国首位。125 种国家重点保护野生动物、39 种国家重点保护野生植物在自然保护区得到很好保护。截至 2012 年年底，西藏有天然草地面积 8511 万公顷，其中可用天然草地面积 6910 万公顷。目前，西藏仍是世界上环境质量最好的地区之一，大部分区域处于原生状态。

三、"中间道路"的实质是分裂中国

经过西藏各族人民长达半个多世纪的团结奋斗，西藏已经走上一条符合时代发展要求和人民根本利益的发展道路，取得了举世瞩目的发展成就。但是，十四世达赖集团出于"西藏独立"的政治目的，不仅从来对西藏的发展进步视而不见，而且还极力抹杀西藏各族人民的奋斗成果，试图否定西藏走上的正确道路。

多年来，十四世达赖集团的"藏独"策略一直在不断变化。1959 年 3 月，十四世达赖集团发动全面武装叛乱、失败逃往印度后，公开主张以暴力为手段实现"西藏独立"。20 世纪 70 年代末之后，随着中美关系缓和，十四世达赖集团看到国际形势于其不利，开始变换策略，提出所谓"中间道路"，由公开独立转为变相独立。1989 年苏东剧变后，十四世达赖集团错误地判断形势，以为实现"西藏独立"的时机到来，又提出实现"完全独立"。1994 年之后，十四世达赖集团发现"西藏独立"无望，再次变换口径，重新捡起"中间道路"招牌，要求所谓"高度自治"。近年来，十四世达赖集团加大了对"中间道路"的鼓吹力度，并加紧进行包装。

"中间道路"，又称"中观道路"，本属佛教用语，十四世达赖集团却将其政治化。纵观"中间道路"，其核心有五条：一是不承认西藏自古是中国的一部分，宣称"西藏历史上是一个完全独立的国家"，"1951 年被中国占领"，"从历史上看，藏人有独立的权利"。二是图谋建立历史上从来不存在的"大藏区"，宣称"西藏问题"是 600 万藏人的问题，要将西藏、四川、云南、甘肃和青海等藏族及其他民族聚居区合并在一起，建立统一的行政区。三是要求实行不受中央约束的"高度自治"，不承认中央政府的领导和西藏现行的社会政治制度，宣称建立"自治政府"，"除外交和国防，其他所有事务都由藏人（即十四世达赖集团）负责，并负有全权"。四是反对中央在西藏驻军，表面上认可中央负责国防，但又提出中国军队"全部撤出去"，把西藏变成"国际和平区"。五是无视青藏高原自古多民族杂居共处的事实，限制其他民族进入"大藏区"，驱赶在青藏高原世代居住的其他民族。

"中间道路"以表面上承认中国对西藏的"主权"换取十四世达赖集团对西藏的"治权"，建立由他们控制的"半独立"政治实体；待"治权"巩固后再谋求"主权"，最终实现"西藏独立"。"中间道路"作为分步实现"西藏独立"的政治纲领，既不符合中国的历史、现实、宪法、法律、基本制度，也不符合西藏的历史、现实和民族关系，更有违包括藏族人民在内的全中国人民的根本利益。

——西藏自古就是中国的一部分，从来不是独立国家

西藏自古就是中国的一部分，藏族是中国境内具有悠久历史的民族之一，为中华民族命运共同体的形成与发展作出了贡献。大量考古、历史研究表明，在中国境内，藏族与汉族和其他民族自古就有血缘、语言和文化等方面的密切联系，西藏地方与中国内地在长期的历史发展中从来没有中断过经济、政治、文化往来。公元 7 世纪在西藏发展起来的吐蕃政权，是中国历史上的一个地方政权，为开发中国西南边疆作出了重要贡献。

中国古代正式将西藏地方纳入中央政府行政管辖之下，是在元朝（1271—1368 年）。元朝设立释教总制院和宣政院，直接管理西藏地区军政、宗教事务，在西藏清查民户、设置驿站、征收赋税、驻扎军队、任命官员，并将元朝刑法、历法颁行西藏，充分行使有效管辖。明朝（1368—1644 年）时，在西藏实施多封众建，给西藏各地宗教领袖封以"法王""灌顶国师"等名号。同时，西藏地方王位的继承必须经皇帝批准，遣使册封，新王方可继位。清朝（1644—1911 年）时，中央政府先后册封藏传佛教格鲁派首领五世达赖和五世班禅，正式确立达赖喇嘛与班禅额尔德尼的封号和政治、宗教地位。此后，历世达赖、班禅均由中央政府册封，遂成定制。从 1727 年开始，清朝设驻藏大臣，代表中央监督、管理西藏地方行政，先后派遣驻藏大臣百余人。1751 年，清朝废除世俗郡王掌政制度，正式任命七世达赖掌管西藏地方政府，实行政教合一，设

立由四位噶伦组成的噶厦，听命于驻藏大臣和达赖喇嘛。1774 年，当英国东印度公司派人到扎什伦布寺企图与西藏直接建立联系时，六世班禅答复说，西藏属于中国领土，一切要听从中国大皇帝的圣旨办事。1793 年，清朝颁布《钦定藏内善后章程二十九条》，完善中央政府治理西藏地方的多项制度，明确规定达赖等大活佛转世须经金瓶掣签认定，并报请中央政府批准。此后，十、十一、十二世达赖和八、九、十一世班禅都经金瓶掣签认定。十三、十四世达赖和十世班禅都是报经中央政府批准免于金瓶掣签认定的。

中华民国（1912—1949 年）继承了历史上形成的中央政府对西藏的主权，继续对西藏实施主权管辖。清朝最后一位皇帝在 1912 年的《清帝逊位诏书》中宣布"将统治权归诸全国，定为共和立宪国体"，"仍合满、汉、蒙、回、藏五族完全领土，为一大中华民国"。1912 年制定的《中华民国临时约法》和 1931 年制定的《中华民国训政时期约法》，均明确规定西藏是中华民国领土。1929 年，南京国民政府设立蒙藏委员会，行使对西藏的行政管辖。1940 年，国民政府在拉萨设立蒙藏委员会驻藏办事处，作为中央政府在西藏地方的常设机构。十四世达赖和十世班禅的认定、坐床，均经当时的中华民国政府批准。虽然民国时期军阀混战，内乱频仍，国家屡弱，但中央政府仍在十分艰难的条件下维护了国家在西藏的主权。

中华人民共和国成立后，结束全国割据状态，在新的历史条件下实现国家统一成为历史发展的必然。和平解放西藏、人民解放军进驻西藏，是中国中央政府在中央政权更替后行使国家主权、维护国家统一、捍卫国家领土完整的正义之举。中央政府和原西藏地方政府签订的《十七条协议》，正是在尊重和确认西藏是中国一部分的历史事实的基础上产生的国内约法。和平解放后，西藏逐步走上社会主义道路，西藏各族人民与全国各族人民一道共同推动国家发展进步。

历史事实充分说明，西藏自古以来就是中国的一部分，从来不是一个独立国家。在当今世界，各国普遍承认西藏是中国的一部分，没有一个国家承认过"西藏独立"，根本不存在西藏"政治地位"问题。十四世达赖自 1959 年因抵制废奴改革而叛逃国外后，根本无权代表西藏人民，更无权决定西藏的前途命运。所谓"流亡政府"更是一个从事分裂中国活动的非法政治组织，毫无合法性，在国际上也没有任何一个国家承认。

—— "大藏区"纯属虚构，不符合中国历史和国情

十四世达赖集团在兜售其"中间道路"主张时，总是津津乐道所谓的"大藏区"。按照十四世达赖集团的假想，"大藏区"在范围上北至新疆南部和河西走廊，东至甘肃中部和四川中部，南至云南中部，囊括了西藏自治区和青海省的全部、四川省的二分之一、甘肃省的二分之一、云南省的四分之一以及新疆维吾尔自治区南部，总面积超过中国国土面积的四分之一。

"大藏区"在中国行政区划历史上毫无根据。当代中国的行政区划是在漫长的历史进程中形成的。在唐朝（618—907 年），吐蕃政权是由吐蕃人联合居住在青藏高原及周边地区的各个民族、部落共同组成的多民族政权。吐蕃政权灭亡以后，居住在青藏高原地区的吐蕃人和其他各民族杂居相处，并无统一政权。元朝时期，在西藏地方设立乌思藏纳里速古鲁孙三路都元帅府（即乌思藏宣慰司）来管理西藏地方，而在其他藏族聚居区分别设立吐蕃等路宣慰使司都元帅府（即朵甘思宣慰司）和吐蕃等处宣慰使都

元帅府（即脱思麻宣慰司）。以上三路宣慰司统属于中央管理机构宣政院（初为总制院）。明朝时期，在西藏设立乌思藏卫指挥使司和俄力思军民元帅府，后升级为乌思藏行都指挥使司。在朵甘思地区则设有朵甘指挥使司（后升为朵甘行都指挥使司）。清朝雍正四年（1726年），针对西藏地方出现的动乱，中央调整西藏与周边川、滇、青等省区的行政区划，形成了清代管理西藏和其他藏族聚居区行政区划的基本格局，并延续至今。直到1951年和平解放前，西藏地方政府的行政管辖范围从未超过今天西藏自治区范围。

"大藏区"是西方殖民者侵略中国、企图分裂中国的产物。"大藏区"的概念并非十四世达赖集团首创，而是在1913—1914年"西姆拉会议"上由英国殖民主义者提出并写入非法的"西姆拉条约"。该条约将中国藏族聚居区划分为"外藏"和"内藏"："外藏"即今天的西藏自治区，实行"自治"；"内藏"即除西藏自治区之外的四川、云南、甘肃、青海的四省所属藏族聚居区，中国政府可以派遣官员军队。由于中国各族人民的强烈反对，当时的中国政府代表未签字并不予承认，"西姆拉会议"以破产而告终，"西姆拉条约"也成为一纸空文。但英国殖民主义者依然积极培植并支持西藏地方上层分裂势力，西藏地方上层分裂势力也一度幻想在英国支持下实现"自治"。直到晚年，曾被英国殖民主义者利用的十三世达赖喇嘛终于觉醒，1930年他在拉萨对当时的中央政府代表刘曼卿说："都是中国领土，何分尔我，倘武力相持……兄弟阋墙，甚为不值"。

"大藏区"无视青藏高原各民族共同创造的历史和文化。中国各民族经过长期的交往，形成了大杂居、小聚居的分布特点。在中国，一个民族往往分布在不同行政区域，而一个行政区域又往往聚居着不同民族。在青藏高原地区特别是毗邻区域，自古以来就生活着汉、藏、回、门巴、珞巴、羌、蒙古、土、东乡、保安、裕固、撒拉、傈僳、纳西、普米、怒等十几个民族，他们是这块土地上的共同主人。今天的西藏和川、滇、甘、青四省，都是多民族杂居区，这是中国各民族人民长期交往交流交融的历史结果。由于地理、历史和风俗习惯等各个方面的原因，川、滇、甘、青地区的藏族不同部落分别由中国不同的省份管理，并和各地的其他民族长期交错相处。在长期的历史发展中，分布在不同行政区域的藏族人民既保持着共同的民族特点，又在部落语言、习俗等方面存在差异，各有特色。同时，不同区域的藏族与当地其他各族人民在政治、经济、文化等方面的交往非常频繁，特别是经济联系非常紧密，拥有共同的或相似的地域文化特色。

"大藏区"完全脱离中国现实国情。在中国，民族区域自治制度是国家的一项基本政治制度。民族区域自治是在国家统一领导下，各少数民族聚居的地方实行区域自治，设立自治机关，行使自治权。民族自治地方分为自治区、自治州、自治县三级。各民族自治地方都是中华人民共和国不可分离的部分。新中国成立后，除西藏自治区外，还在四川、云南、甘肃、青海等省的藏族聚居区成立了8个藏族自治州、1个藏族羌族自治州、1个蒙古族藏族自治州和2个藏族自治县，有的藏族自治州中还建立了其他民族的自治县。这种行政区划既充分照顾到民族分布的历史特点，又着眼于今后的发展，体现了民族因素与区域因素、历史因素与现实因素、政治因素与经济因素的结合，有利于各民族在祖国大家庭中共同繁荣发展，实践证明这一制度安排是成功的。《中华人民共和国民族区域自治法》第14条规定："民族自治地方一经建立，未经法定程序，不得撤销或者合并；民族自治地方的区域界线一经确定，未经法定程序，不得变动；确实需要撤销、合并或者变动的，由上级国家机关的有关部门和民族自治地方的自治机关充分协商拟定，按照法定程序报请批准。"

以上可见，十四世达赖集团谋求建立"大藏区"，既有违历史，也违背现实，完全脱离中国国情。"大藏区"无视青藏高原数千年来多民族杂居共处的事实，把各民族共同开发青藏高原的历史歪曲为单一民族的历史，在中国各民族之间制造矛盾和分歧，图谋建立排斥其他民族的纯而又纯的"大藏区"，是典型的极端民族主义和种族主义的表现。

——"高度自治"是图谋制造"国中之国"，完全违背中国宪法和国家制度

"高度自治"，又称"真正自治""名副其实的自治"，是十四世达赖集团宣扬"中间道路"的又一核心内容。表面上，"高度自治"是在中华人民共和国的主权范围内，追求语言、文化、宗教、教育、环境保护等方面的"自治权"。但是，在十四世达赖集团关于"高度自治"的言论中，还清楚地包括破坏中国国家统一、主权和国家制度的内容，"高度自治"实质是建立不受中央政府约束的"国中之国"。

一是关于"自治政府"与中央政府的关系。"高度自治"宣称"除了外交和国防，其他所有事务都应由藏人负责并负有全权"，"自治政府"有权在外国设立"代表处"。这实质是要把"自治政府"置于不受中央政府约束的独立地位，推翻西藏自治区现行的各项政治制度而另搞一套。

二是关于西藏的军事防务。十四世达赖集团提出，"只有中共军队的完全撤退，才能开始真正的和解过程"，又提出，"应该召开地区性的和平会议，以确保西藏的非军事化"，企图把西藏变成"国际和平区"和"中印之间的缓冲区"，把中国内部事务变为国际事务。西藏是中华人民共和国的组成部分，中央政府在西藏驻军是国家主权的象征，也是国家安全的需要。十四世达赖集团反对中央政府在西藏驻军，再清楚不过地反映了其"西藏独立"的政治用心。

三是关于其他民族的权利。十四世达赖集团提出，必须"停止向西藏移民，并使移民入藏的汉人回到中国"。十四世达赖集团重要成员桑东 2005 年在一次讲话中声称："整个藏人居住区要由藏人自己来行使民族区域自治权，汉人等其他民族就像客人一样，不应以任何形式约束我们的权利。"如前所述，在十四世达赖集团所谓"大藏区"范围内，特别是青藏高原毗邻地区，历史上就是中国各民族频繁迁徙的民族走廊，形成了交错居住、互相依存的局面。十四世达赖集团要让这片地区数以千万计的其他民族迁离世代居住的故土，透露出一种荒唐而恐怖的逻辑，即所谓的"高度自治"实现之日，就是青藏高原民族清洗之时。

四是关于"高度自治"与"一国两制"。十四世达赖集团声称要按照"一国两制"的办法，在整个"大藏区"实行"高度自治"，并且西藏情况更"特殊"，自治权利应当比香港、澳门更大。"一国两制"是中国为解决台湾问题以及香港、澳门问题，实现国家和平统一而提出的基本国策。西藏与台湾以及香港、澳门的情况完全不同。台湾问题是国共内战遗留下来的问题。香港、澳门问题是帝国主义侵略中国的产物，是中国恢复行使主权的问题。而西藏始终处在中央政府主权管辖之下，根本不存在以上问题。

由此可见，所谓的"高度自治"，"自治"是假，"独立"是真，目的是要否定中国对西藏的主权，建立不受中央政府管辖的"大藏区"。如此的"高度自治"，根本没

有实现的基础和条件。

其一，"高度自治"根本违背了《中华人民共和国宪法》关于中国各民族关系的精神和原则。《中华人民共和国宪法》序言明确表明："中华人民共和国是全国各族人民共同缔造的统一的多民族国家。平等、团结、互助的社会主义民族关系已经确立，并将继续加强。在维护民族团结的斗争中，要反对大民族主义，主要是大汉族主义，也要反对地方民族主义。"第4条规定："中华人民共和国各民族一律平等"，"禁止对任何民族的歧视和压迫，禁止破坏民族团结和制造民族分裂的行为"。《中华人民共和国民族区域自治法》第48条规定："民族自治地方的自治机关保障本地方内各民族都享有平等权利。"十四世达赖集团的"高度自治"，根本无视西藏各民族的平等权利，是极端民族主义的表现。

其二，"高度自治"根本违背了中国现行国家结构。中华人民共和国在建立时就继承了单一制的国家结构，全国拥有统一的宪法和法律体系。在中国，构成国家整体的组成部分是地方行政区域而不是成员政府。《中华人民共和国宪法》第57条规定，全国人民代表大会是最高国家权力机关；第58条规定，全国人民代表大会和全国人民代表大会常务委员会行使国家立法权。各级地方政府都是中央政府的下级，必须服从中央政府的管理，不存在任何与中央政府法理上地位平等的权力主体。"高度自治"否定全国人大的最高权力，无视中央政府的权威，要求获得相当于国家层面的立法权，把地方对中央的隶属关系说成是政治实体之间的"合作"关系、对等关系。在中国，不存在中央和地方对等"谈判"、征得相互"同意"、建立"合作解决的途径"的问题。

其三，"高度自治"根本违背了中国特色社会主义基本政治制度。如前所述，民族区域自治制度是中国的一项基本政治制度。在自治区域内，各族公民享有平等的权利，各族公民权利受到宪法和法律的保障。各民族自治地方都是中华人民共和国领土不可分离的一部分。民族自治地方的人民政府是一级地方国家行政机关，同时也是自治地方的自治机关。《中华人民共和国民族区域自治法》第15条规定："各民族自治地方的人民政府都是国务院统一领导下的国家行政机关，都服从国务院。"西藏作为中国的一个自治区，自然在中央政府的领导之下。十四世达赖集团企图通过"高度自治"根本否定中国的民族区域自治制度。

佛教教义中的"中观"思想原本是主张摒弃"实有"和"恶趣空"两种偏见，不走极端。然而，十四世达赖集团的政治主张，只是借"中间道路"之名，行"西藏独立"之实。十四世达赖的二哥嘉乐顿珠、弟弟丹增曲嘉以及其重要骨干桑东等"藏独"头目曾表示："我们先求自治，然后再把中国人赶走！自治将是个起步。""第一步先让西藏在自治的名义下半独立；第二步过渡到西藏独立"。所谓的"西藏流亡政府"新头目也对印度《对话》杂志表示："西藏独立与西藏自治的观点并不矛盾，从辩证角度看，西藏独立是原则目标，西藏自治是现实目标。"为推行"中间道路"，分阶段实现"西藏独立"，十四世达赖集团极力包装自己，佯装迎合"世界潮流"，假借诸如"第三条道路""民族自决""民族自治""非暴力""双赢"等国际话语，把"藏独"诉求粉饰成追求公平正义与民主自由。然而，由于彻底脱离中国国情与西藏实际，根本违背中国宪法、法律和基本政治制度，不管怎么包装都是徒劳的。

四、"和平""非暴力"的假象

多年来，十四世达赖集团在兜售"中间道路"时，总是借"和平""非暴力"等时髦话语来粉饰自己，掩盖其暴力和武装的本质，造成"慈善"假象，骗取国际社会的同情和支持。然而，在"和平""非暴力"等充满温情字眼的背后，人们不难发现，自 1959 年发动武装叛乱以来，十四世达赖集团始终是暴力和"非暴力"两手并用，借"非暴力"之名行暴力之实。"和平"与"非暴力"，不过是十四世达赖集团欺世盗名的遮羞布，他们从未放弃过使用暴力推行"西藏独立"的路线。

——十四世达赖集团为达到"西藏独立"的政治目的，从来没有放弃过暴力

1959 年，十四世达赖集团发动大规模武装叛乱，武装袭击中央政府驻藏工作人员，大量残杀支持民主改革的藏族同胞。十四世达赖对此不但知情而且还明确鼓励。十四世达赖在其"自传"中曾这样写道：他们"每个人都是全副武装，甚至我的私人厨子也扛着一枚火箭筒，腰间挂满了炮弹。他是个曾受美国中央情报局训练的年轻人"。十四世达赖出逃印度后，重新组建武装部队，伺机"打回西藏"。1960 年，十四世达赖集团在尼泊尔北部的木斯塘重新组建"四水六岗卫教军"。1962 年，十四世达赖集团在外部势力的支持下，组建以流亡藏人为主的"印藏边境特种部队"。1961—1965 年间，十四世达赖集团共偷越边境 204 次，疯狂袭扰中国边防军队和边境地区的平民。

十四世达赖集团曾经得到了美国中央情报局的武装支持。美国公开的档案资料显示，十四世达赖集团在 1951 年西藏和平解放之际即与美国政府建立了联系。在西藏武装叛乱期间，美国中央情报局不仅派特工帮助十四世达赖逃亡，而且专门训练了从事"藏独"活动的武装分子，并空投大量武器装备。2012 年 6 月 8 日，德国《南德意志报》发表《神圣的表象》评论说，"纯粹和平主义的代表人物达赖喇嘛对中情局在西藏活动的了解，很可能比他迄今承认的多得多。如今，巨大的阴影落到了这位神王的头上"。这篇评论指出，十四世达赖与美国中央情报局的直接关系与其"最高道德权威的身份完全不符"。

20 世纪 70 年代末之后，随着国际形势的变化，十四世达赖集团公开实行暴力日益不得人心，迫于形势压力，开始采用两手策略：一手是连续制造暴力事件，向中央政府施压；一手是宣扬"非暴力"，欺骗世人，掩盖暴力行径。在十四世达赖集团的策划煽动下，20 世纪 80 年代，西藏接连发生暴力事件。1987 年 9 月 21 日，十四世达赖在美国国会演讲，鼓吹"藏独"思想。9 月 27 日，暴徒在拉萨大昭寺广场呼喊分裂口号，围攻民警，并打伤多人。10 月 1 日，暴徒在八廓街抢砸派出所，烧毁 7 辆汽车，数十名民警受伤。暴徒们声称："达赖喇嘛要搞西藏独立，我们都要跟着干，谁要不跟着游行就砸谁的家。"1988 年 3 月 5 日，拉萨传召大法会期间，一批暴徒在大昭寺、八廓街等地，冲击党政机关和公安派出所，砸烧汽车、商店等，造成民警、民众共 299 人死伤。1989 年 3 月 5 日至 7 日，拉萨再次出现骚乱，暴徒使用枪支袭击民警，造成 1 名民警死亡，40 名民警受伤，107 家商户、24 个政府机关、小学和居委会被捣毁。1992 年 3 月 11 日，9 名"藏独"分子用燃烧弹袭击中国驻印度使馆。

更为严重的暴力事件发生在 2008 年 3 月 14 日。这天，一群暴徒在拉萨市中心城区多点以石块、刀具、棍棒等为武器，对无辜路人、车辆、商铺、银行、电信营业网点和政府机关实施打砸抢烧，当地社会秩序受到严重破坏，给民众生命财产造成重大损失。

在事件中，暴徒纵火 300 余处，拉萨 908 户商铺、7 所学校、120 间民房、5 座医院受损，砸毁金融网点 10 个，至少 20 处建筑物被烧成废墟，84 辆汽车被毁，18 名无辜群众被烧死或砍死，受伤群众达 382 人，其中重伤 58 人。大量事实表明，"3·14"事件是十四世达赖集团精心策划和煽动的。事件发生后，十四世达赖通过其私人秘书处发表声明，将暴力事件美化为"和平抗议"。3 月 16 日，十四世达赖接受英国 BBC 记者采访时表示："不论藏人在何时做何事，我都会尊重他们的意愿，不会要求他们停下来。"与此同时，深受达赖影响的"西藏青年大会"（以下简称"藏青会"）通过"立即组建游击队秘密入境开展武装斗争"的决议。"藏青会"头目称，为了彻底胜利，已经准备好至少再牺牲 100 名藏人。

——十四世达赖集团破坏象征和平的奥运会，充分暴露其"非暴力"的虚伪性

奥运会是人类和平、友谊和进步的象征，为各国人民所欢迎和珍重。十四世达赖集团对北京奥运会进行滋扰破坏，是对其所谓"非暴力"形象的极大讽刺。

2007 年 5 月，"藏独"势力和国际反华势力在比利时首都布鲁塞尔举行"第五届国际声援西藏组织大会"，时任"西藏流亡政府"头目桑东出席了这次会议。这次会议通过了一个《战略计划》，决定启动抵制 2008 年北京奥运会的运动。之后在美国的"藏独"组织提出了"西藏人民大起义"构想。他们认为 2008 年是实现"西藏独立"的最后一次机会，决定利用奥运会前国际社会关注中国的"有利时机"，图谋"通过唤醒、协调西藏境内的行动给中国制造危机"。

2007 年年底，"藏青会""西藏妇女协会"（以下简称"藏妇会"）等"藏独"激进组织在印度召开会议，宣称将发起"西藏人民大起义运动"。2008 年 1 月 4 日、25 日，7 个"藏独"组织在印度新德里组织新闻发布会，公布《"西藏人民大起义运动"倡议书》，并在 100 多个网站上传播，称"将从 2008 年 3 月 10 日开始，举行不间断的大规模的'西藏人民大起义运动'"。3 月 10 日，十四世达赖发表讲话，鼓动中国境内的不法分子采取暴力行动。"藏青会"在同一天发表声明称，"目前应紧紧抓住过去独立斗争中从未有过的重要契机，即今年的奥运会"，为了"西藏独立"，"不惜流血和牺牲生命"。

在十四世达赖集团的策划组织下，2008 年北京奥运会筹办期间，"藏独"势力在国际上制造了一系列干扰破坏活动。"藏独"分子多次破坏奥运会的重要仪式，包括冲击希腊的圣火采集仪式，在多国抢夺传递中的奥运火炬等野蛮行为，引起国际社会极大愤慨。

——十四世达赖集团漠视普通藏人生命，蛊惑纵容僧俗信众自我施暴

2011 年 8 月，所谓的"西藏流亡政府"新头目上台后明确提出"创新非暴力"运动。自此，十四世达赖集团开始通过多种途径煽动境内藏族僧俗、信众自焚，造成中国部分地区接连发生自焚事件。2012 年 5 月 29 日，在"藏青会"为自焚藏人举行的烛光集会上，其头目宣称，"西藏独立不会从天上掉下来，也不会从地上长出来，而要靠我们的努力和行动，要付出代价"。2012 年 9 月 25 日至 28 日，十四世达赖集团召开第二次"全球流亡藏人特别大会"，明确将自焚视为"最高形式的非暴力行动"，将自焚者视为"民族英雄"，为其建造纪念堂、筹措专项基金。此后的一段时间，十四世达赖集团大肆鼓吹"自焚不违背佛法""自焚属于殉教行为，是菩萨行"，诱骗藏区信众特别是一些阅世不深的青少年走上不归路，导致自焚事件陡增。

　　中国公安机关侦破的一系列自焚案件，清楚地说明自焚事件是十四世达赖集团一手操纵和制造的。位于四川省阿坝藏族羌族自治州的格尔登寺是自焚事件发生最多的地方，事实证明，该寺发生的自焚事件与十四世达赖集团的策动有着密切关系。十四世达赖集团组织自焚一般通过四条途径：一是通过格尔登系寺庙和印度格尔底寺"新闻联络小组"联络，遥控策划自焚；二是由"藏青会"成员非法入境，煽动组织自焚；三是通过境外回流人员教唆自焚；四是利用网络和"藏独"媒体炒作造势鼓动自焚。

　　十四世达赖集团还发布操弄自焚行为的《自焚指导书》，有系统地煽动、教唆境内藏人自焚。该书作者署名拉毛杰，曾连任过两届"流亡议会""议员"。《自焚指导书》共分四部分：第一部分鼓吹自焚者是"无畏的英雄，很伟大很光荣"，怂恿"男女英雄们"时刻准备牺牲生命；第二部分是教授如何做"自焚准备"，详细指导自焚者"时间上要选择重要日子"，"环境要选择重要的地方"，"留下书面或录音遗言"，"托一两个信得过的人帮助录像或照相非常重要"；第三部分是"自焚口号"，教唆自焚者呼喊统一的口号；第四部分是配合自焚的其他行动。《自焚指导书》完全是一部教唆他人自我施暴、制造恐怖气氛的死亡指南。撰写并传播《自焚指导书》，无疑犯有杀生的罪孽，与藏传佛教教义完全相悖。

　　在公共场合的自我施暴本身就是暴力行为，目的是制造恐怖氛围和传导恐怖心理。在这个是非明确的问题上，十四世达赖扮演了不光彩的角色。2011年11月8日，自焚事件发生初期，他在接受媒体采访时说："问题在这里，自焚需要勇气，非常大的勇气。"这实际上是对自焚者表示赞赏和肯定。2012年1月3日，他又为自焚辩解称，"自杀从表面看是暴力行为，但区分暴力与非暴力最终在于动机和目的，源于愤怒和憎恨的行为才是暴力"。显然，在他看来，自焚是"非暴力"行为。2012年10月8日，他在接受专访时还说，"我非常肯定的是，那些自焚者之所以牺牲自己是因为怀揣着真挚的动机，是为了佛法和人民的福祉，从佛教的观点来看，是积极的"。在此，他已十分清楚地对自焚给予肯定和赞扬。达赖还利用其宗教领袖身份，亲自主持"法会"，带头为自焚者"超度""念经""祈福"，这对具有朴素宗教感情的信众很具煽动性和蛊惑力。

　　尊重生命，反对暴力，是佛教的基本主张。佛教既反对杀生，也反对自杀，主张慈悲为怀，善待、爱惜、救护一切生命。不自杀，为佛陀所制定的重戒。在佛教经典中，自杀与教人自杀，皆属大恶。佛教《四分律》、《弥沙塞五分戒本》、《十戒律》等比丘戒律都规定：若比丘亲手自杀，或请别人杀死自己，或教别人自杀，此比丘便犯了杀生重戒，失去作比丘的资格，须驱出僧团。佛教还认为，劝诱、鼓励、赞叹自杀，及为自杀行为提供条件和方便，是一种严重的罪业。十四世达赖集团对藏人自焚的态度和做法，就是在教唆、诱导别人自杀，属犯罪行为。此种行为不仅违背了人类的基本良知和道德，而且严重践踏了佛教教义，与佛教生命观完全相悖。中国政府为维护人民权利，捍卫法律尊严，采取多方面措施制止自焚事件，挽救无辜生命，并对自焚事件中的违法犯罪分子依法惩处，挫败了十四世达赖集团利用自焚实现"藏独"的图谋。

　　——十四世达赖集团煽动民族仇恨，培养崇尚暴力的"藏独事业"接班人

　　多年来，十四世达赖集团为实现"西藏独立"，始终没有停止在藏族和中国其他民族之间制造隔阂和矛盾，挑拨离间民族关系，煽动民族仇恨。自1959年发动叛乱失败后，十四世达赖在讲话中不断宣称："赤色汉人"是"怀中之蛇和令人生厌的东西"；

"汉人就像一个神经不正常的人";"汉人把藏人看成牲口一般,进行残酷的折磨";"自从汉人来了以后,西藏的痛苦就增多了,因此痛苦增多的根源在于汉人";"汉人残酷、无情、凶狠,千方百计地消灭藏族","中共屠杀了 100 多万藏人"。近年来,十四世达赖集团还利用自焚事件强化仇恨教育,在所办学校展示自焚照片,强迫孩子们向自焚者致敬,攻击中央政府治藏政策,强化民族隔阂和仇恨心理。

成立于 1970 年的"藏青会",是直接听命于十四世达赖的"藏独"激进组织,目的是为"藏独事业"培养"接班人"。"藏青会"章程规定,"遵从怙主达赖喇嘛的正确领导和指引","致力于西藏自由、独立的正义事业","不惜生命代价"。"藏青会"自成立之日起就不断制造暴力和恐怖活动。"藏青会"多届主席都曾经声称:"武装斗争和使用暴力是西藏获得完全独立的必由之路","恐怖活动可以用最低成本获得最大效果","恐怖活动可以获得广泛影响,吸引国际社会对西藏问题的关注"。2003 年 7 月 3 日,时任"藏青会"主席的格桑平措在接受媒体采访时说:"只要是为了我们的事业,我们不惜使用任何手段,无论是暴力还是非暴力"。多年来,"藏青会"不仅策划和煽动不明真相的普通群众参与暴力事件,还积极培训其武装和后备力量。他们在印度达兰萨拉设立了武装训练基地,组建"西藏自由战士协会",进行武装破坏活动,并派人与国际恐怖组织接触,寻求相互支持。在西藏和其他地方发生的很多暴恐事件,都与"藏青会"有直接关系。

十四世达赖集团出于培养"藏独"接班人的政治目的,制造"藏族孤儿"事件,导致骨肉分离,酿成人间悲剧。据瑞士《新苏黎世报》报道,20 世纪 60 年代,十四世达赖与瑞士商人勾结,强行将近 200 名藏族儿童从亲生父母身边夺走,谎称其为"孤儿",安排瑞士家庭领养。十四世达赖此等所为,公然违背人伦道德,严重践踏儿童权利,为人类正义和善良所不容。

十四世达赖集团为维系权威,排除异己,对政治和宗教上的不同意见者采取暗杀、毒害等手段,实施政治和宗教迫害。20 世纪 90 年代末期功德林活佛在家中被刺成重伤,赤江和松布两个年轻活佛遭到"死亡威胁"。这些事件都与十四世达赖集团有着直接的关系。

五、中央政府对十四世达赖的政策

60 多年前,中央政府从维护祖国统一和民族团结的大局出发,积极争取十四世达赖的合作,实现西藏和平解放。1959 年十四世达赖叛逃国外后,中央政府始终是仁至义尽、给予出路。然而,十四世达赖在这 60 多年里则一而再、再而三地作出了与中央政府和西藏人民的愿望背道而驰的选择。

——达赖喇嘛的历史合法性源自中央政府,十四世达赖在西藏和平解放过程中,曾作过一些有益的事,但最终背离了自己的正确选择

达赖喇嘛这个藏传佛教格鲁派大活佛的称号及其历史地位和影响与中央政府的封授密不可分。1653 年,五世达赖应召进京朝见清朝顺治皇帝,被册封并授予金册金印。从此达赖喇嘛的封号及其在西藏的政教地位得以确立。1793 年,清朝颁布《钦定藏内善后章程二十九条》,确立达赖喇嘛转世的金瓶掣签制度。1940 年 2 月 5 日,国民政府颁布"府字第 898 号"令,批准青海省湟中县祁家川 5 岁男童拉木登珠为第十三世达赖喇嘛转世,并根据西藏地方政府免于金瓶掣签的请求,特准继任为第十四世达赖喇

嘛，拨付坐床大典所需经费四十万元。2 月 22 日，循历史定制，中央政府代表吴忠信与热振活佛一起主持了十四世达赖的坐床典礼。拉木登珠成为十四世达赖，其合法性来自中央政府关于达赖喇嘛制度的规定和国民政府的批准认可。

1949 年中华人民共和国成立后，为争取和平解放西藏，中央政府组织开展了大量的政治争取工作。1950 年 11 月，西藏地方政府主张亲帝和分裂的摄政达扎·阿旺松饶被迫下台，十四世达赖提前亲政，新中国领导人对他表示祝贺。在中央政府民族平等政策与和平解放西藏方针的感召下，十四世达赖和西藏地方政府派出以阿沛·阿旺晋美为首席代表的代表团到北京谈判。西藏实现和平解放后，中央人民政府驻藏代表带着新中国领导人毛泽东写的亲笔信抵达中印边境小城亚东，劝导在那里观望形势的十四世达赖返回拉萨。新中国领导人在信中指出："这个协议是符合西藏民族和人民的利益，同时也符合于全中国各族人民的利益。从此西藏地方政府和西藏人民在伟大祖国大家庭中，在中央人民政府统一领导下，得以永远摆脱帝国主义的羁绊和异族的压迫，站起来，为西藏人民自己的事业而努力。我希望你领导的西藏地方政府认真实行关于和平解放西藏办法的协议，尽力帮助人民解放军和平开进西藏地区。"7 月 21 日，十四世达赖启程返回拉萨。10 月 24 日，十四世达赖代表西藏地方政府公开声明完全接受《十七条协议》。

——西藏和平解放后，中央政府尊重十四世达赖的固有地位，给予其崇高荣誉并积极争取他为建设新中国作贡献，但他当面一套，背后又是一套

《十七条协议》规定："达赖喇嘛的固有地位和职权，中央亦不予变更"。和平解放后，中央政府给予十四世达赖很高的政治待遇。1953 年，十四世达赖当选为全国佛教协会名誉会长。1954 年，十四世达赖参加中华人民共和国第一届全国人民代表大会第一次会议，讨论国家大事，拥护和赞成第一部宪法草案。十四世达赖在会上发言，充分肯定三年多来执行《十七条协议》取得的成绩，对民族区域自治的原则和规定表示热烈拥护。他还说："敌人造谣共产党、人民政府毁灭宗教，现在这种谣言已经完全破产了，西藏人民已经切身地体会到在宗教信仰上是有自由的。"在这次会议上，十四世达赖当选为第一届全国人大常委会副委员长，这是西藏地方领导人历史上在中央政府担任的最高职务。在北京期间，新中国领导人多次接见十四世达赖，与他谈心。十四世达赖撰写《毛主席颂》，歌颂新中国领导人毛泽东的丰功伟绩。1956 年，西藏自治区筹备委员会成立，十四世达赖担任筹委会主任。他在筹备委员会成立大会上致辞时表示，《十七条协议》使西藏人民"充分享受到民族平等的一切权利，开始走上了自由幸福的光明大道"，"自治区筹委会的成立，不仅是适时的，而且是必要的"。在执行《十七条协议》、人民解放军进藏、十世班禅返藏、自治区筹委会成立等问题上，他一度做出了积极姿态。

然而，在分裂分子和帝国主义势力的拉拢和支持下，十四世达赖罔顾作为佛教徒的基本戒律和伦理，辜负中央政府的期望，对中央政府阳奉阴违，暗中从事分裂国家活动。1959 年，十四世达赖集团为抗拒废除农奴制的民主改革，撕毁《十七条协议》，发动全面武装叛乱。对于十四世达赖的两面派手法，中央政府早有洞察。新中国领导人毛泽东指出："达赖要叛乱的阴谋从 1955 年由北京回去就开始了。1957 年初他从印度回来，到 1958 年布置了两年。"十四世达赖对自己阳奉阴违的做法直言不讳，他在 1965 年曾称，在 1951 年至 1959 年的九年间，"一边在口头上说我们为能回到祖国大家庭而高兴，为能同祖国大家庭中的人民一道建设社会主义社会而高兴之类的话的时候，在心

中也隐藏着一句话","此话就是：西藏要自由独立"。

——发动武装叛乱后，中央政府对十四世达赖仁至义尽，在一段时间内仍采取耐心等待的态度，但他在背叛祖国的道路上越走越远

西藏发生武装叛乱后，中国人民解放军在西藏各族人民的拥护和支持下，迅速平息了叛乱，同时开展了民主改革运动。对十四世达赖的叛逃，中央政府决定不加阻拦，并以其被劫持的说法，为其留有余地。同时，对他采取了耐心等待的态度，他的全国人大常委会副委员长职务一直保留到 1964 年。1959 年 10 月，新中国领导人毛泽东在同印度共产党代表团谈话时说："如果达赖赞成我们的主张，我们希望达赖回来。只要赞成两条，第一，西藏是中国的一部分，第二，在西藏要进行民主改革和社会主义改革，他就可以回来。"

然而，叛逃后的十四世达赖在叛国途中即公开撕毁《十七条协议》，矢口否认其曾经表示的爱国立场和作出的爱国承诺，公然与中央政府决裂，走上背叛国家和民族的道路。1959 年 6 月，十四世达赖在印度穆索里发表声明，声称"西藏实际上一向是独立的"。1963 年，十四世达赖在印度达兰萨拉召开"西藏人民代表大会"，成立所谓"西藏流亡政府"，颁布所谓"宪法"，规定"由达赖任国家元首"，"大臣由达赖任命"，"政府的一切工作均由达赖同意方被认可"。

1964 年 12 月 17 日，中国国务院第 151 次全体会议通过《关于撤消达赖职务的决定》，指出："达赖在 1959 年发动叛国的反革命武装叛乱，逃亡国外后，组织流亡伪政府，公布伪宪法，支持印度反动派对我国的侵略，并且积极组织和训练逃往国外的残余叛乱武装骚扰祖国边境。这一切证明他早已自绝于祖国和人民，是一个死心塌地为帝国主义和外国反动派作工具的叛国分子。"

——中国改革开放后，中央政府为十四世达赖改正错误指明出路，提出了"爱国一家，爱国不分先后"的方针，但他始终围绕"西藏独立"兜圈子

爱国是中央政府对十四世达赖和海外藏胞提出的一个基本要求。为增进十四世达赖和海外藏胞对祖国建设成就的了解，从 1979 年 8 月到 1980 年 9 月，中央政府有关部门接待了十四世达赖先后派出的三批参观团和两批亲属回国参观。十四世达赖在国外的大部分亲属曾回国参观、探亲。令人遗憾的是，十四世达赖非但没有接受中央的善意和提供的宝贵机遇，反而顽固坚持"藏独"立场，变本加厉地进行分裂破坏活动，丧失了与中央政府和解的时机。十四世达赖派出的回国参观团利用中央政府"来去自由"政策，四处鼓吹"西藏独立"，煽动民族仇恨，非法干扰和破坏社会正常的生产生活秩序。

从 1979 年开始，中央政府应十四世达赖方面的请求，开始不定期地与十四世达赖的私人代表进行接触商谈。1979 年 2 月，中国领导人邓小平在接见十四世达赖的二哥嘉乐顿珠时就达赖回国问题指出，"西藏是中国的一部分，他们回国只能作为内部问题来谈，不能作为国家与国家对话，这是根本问题"。"只要达赖公开承认西藏是中国的一部分，就可以与中央对话，爱国不分先后。根本问题是西藏是中国的一部分，对与不对，要用这个标准来判断"。

1989 年后，随着苏联、东欧形势发生剧变，十四世达赖错误地估计形势，宣称"西藏独立的日子即将来临"，声称"不和一个即将垮台的政权谈判"。1989 年十世班禅大师圆寂后，经中央政府同意，中国佛教协会邀请达赖回国参加班禅大师的追悼活

动。十四世达赖拒绝了这次邀请。1993 年，十四世达赖单方面宣布中断与中央政府的接触。1995 年，十四世达赖公然否定历史定制和宗教仪轨，认定其所谓的十世班禅转世灵童。

即使如此，中央政府仍然向十四世达赖指明出路。1997 年，中央政府指出："只要达赖真正放弃分裂祖国的立场，停止分裂祖国的活动，公开承认西藏是中国不可分割的一部分，承认台湾是中国不可分割的一部分，承认中华人民共和国政府是代表全中国的唯一合法政府，就可以与达赖喇嘛就其个人前途问题进行接触商谈。"迄今为止，中央仍坚持这一基本原则。2003 年，中央再次指出：在西藏要坚持中国共产党的领导，坚持社会主义制度，坚持民族区域自治制度。"三个坚持"是中国宪法明确规定的，是西藏最大的政治现实，也是接触商谈的根本政治原则。中央一再强调，接触商谈的两个基本点是：第一，接触的对象只能是达赖喇嘛的私人代表。"流亡政府"，不管名称如何变化，由谁掌管，都只是一个背叛祖国的分裂主义政治集团，代表不了西藏人民，没有任何合法性，没有任何同中央"对话"的资格。第二，接谈的内容只能是达赖喇嘛的个人前途问题，至多加上他身边个别人前途问题，也就是达赖喇嘛如何彻底放弃分裂主义主张和行为，争取中央和全国人民谅解，以解决其余生怎么办的问题，西藏的政治地位和政治制度是中国宪法和法律规定的，根本不可能讨论什么"西藏问题""高度自治"问题。

从 1979 年至 2002 年，中央政府 13 次接待十四世达赖的私人代表，2002 年至 2010 年 1 月，又 10 次同意他们回国。然而，十四世达赖屡屡辜负中央期望，不但始终坚持"中间道路"那一套违反中国宪法、实质分裂祖国的主张，而且策划制造了暴力干扰北京奥运会、拉萨"3·14"事件和自焚事件等破坏活动。2011 年，十四世达赖宣布政治"退休"，与中央政府接触的私人代表不久也宣布辞职。此后，十四世达赖集团公然宣称以所谓"政府"名义与中央政府进行谈判，公然破坏接触商谈基础，造成接触商谈无法进行。

30 多年来，十四世达赖集团根据国内外形势的变化，不断改变、调整策略，几次擅自终止与中央的接触商谈。当他们认为国内外形势对其不利时，就要求与中央进行接触；当他们认为国内外形势对其有利时，就中止与中央的接触。即使是在接触的过程中，他们也始终围绕"西藏独立"兜圈子，始终没有停止在国内外的分裂祖国活动。

中国共产党第十八次全国代表大会以来，以习近平同志为总书记的党中央再次重申，"中央对十四世达赖本人的政策是一贯的、明确的，达赖只有公开声明西藏自古以来就是中国不可分割的一部分，放弃'西藏独立'的立场，停止分裂祖国的活动，才谈得上改善与中央的关系。"中央政府希望十四世达赖喇嘛在有生之年能够丢掉幻想，正视现实，改正错误，选择客观理性道路，为流亡海外的藏族同胞做些有益的事。

结束语

历史车轮滚滚向前，时代潮流不可阻挡。

西藏的发展道路是历史的选择，人民的选择。实践证明，只有坚持团结、反对分裂，坚持进步、反对倒退，坚持稳定、反对动乱，西藏才会有光明前途。任何人和任何势力企图逆历史潮流而动，其结果只能被历史和人民所抛弃。

十四世达赖集团鼓吹的"中间道路"，以"西藏独立"为政治目的，背离中国国情和西藏实际，违反中国宪法和中国国家制度。十四世达赖集团只有承认西藏自古是中国的一部分，放弃"西藏独立"的主张，停止分裂中国的活动，真正做些对国家和对西藏有益的事情，才会有出路。

西藏的未来属于西藏全体人民，属于整个中华民族，西藏的明天将更加美好。在未来的岁月里，西藏各族人民将同祖国大家庭各族人民一道，继续沿着中国特色社会主义道路前进，为建设团结、民主、富裕、文明、和谐的社会主义新西藏，为实现中华民族伟大复兴的中国梦而不懈奋斗！

民族区域自治制度在西藏的成功实践

（2015 年 9 月）

2015 年 9 月 6 日，国务院新闻办公室发表《民族区域自治制度在西藏的成功实践》白皮书。① 全文如下：

民族区域自治制度在西藏的成功实践

（2015 年 9 月）

中华人民共和国国务院新闻办公室

目录

前言

前　言

民族区域自治，是中国特色社会主义的一项基本政治制度，是中国解决民族问题的基本政策。

中国的民族区域自治，是指在国家的统一领导下，各少数民族聚居地方实行区域自治，设立自治机关，行使自治权。中国民族自治地方的设立是根据当地民族关系、经济发展等条件，并参酌历史情况而确定的。目前，中国的民族自治地方依据少数民族聚居区人口的多少、面积的大小分为自治区、自治州、自治县三级，行政地位分别相当于省、设区的市和县。

在中国，西藏是一个藏族占多数的民族聚居区，目前总人口 317.55 万，其中藏族占 92% 以上；除藏族外，西藏还有汉族、蒙古族、回族、纳西族、怒族、独龙族、门巴族、珞巴族以及僜人、夏尔巴人等 40 多个民族成分。根据中国宪法，国家在西藏实行民族区域自治制度，建立西藏自治区，并设有门巴、珞巴、纳西等民族乡，依法保障

---

① 该白皮书源自新华网，2015 年 9 月 6 日发布。

西藏各族人民平等参与管理国家和地方事务的政治权利。

自1959年实行民主改革和1965年实行民族区域自治制度以来，西藏不仅建立起全新的社会主义制度，而且实现了经济社会发展的历史性跨越。西藏成功地走上了与全国各族人民共同团结奋斗、共同平等发展、共同繁荣进步的光明大道。藏民族作为中华民族大家庭的一员，实现了平等参与管理国家事务的权利，成为管理西藏地方社会事务、主宰自己命运的主人，成为西藏社会物质财富、精神财富的创造者和享有者。

虽然西藏自治区从成立至今只有50年，但带来了翻天覆地的巨大变化。今日的西藏，是其历史上最为辉煌的时期。

一、旧西藏的黑暗与落后

直至20世纪50年代，西藏社会依然处于政教合一的封建农奴制统治之下。这种存在了几百年的黑暗制度，扼杀人权，摧残人性，是人类社会最为落后的制度。在这种制度下，人民既无民主权利，也无经济、社会、文化权利，各项基本人权根本得不到保障。旧西藏与现代文明的距离，十分遥远。

在封建农奴制度统治之下，农奴遭受残酷的政治压迫，没有任何人身自由，丧失了基本人权。

旧西藏实行以《十六法典》《十三法典》为代表的法律，对广大农奴实行野蛮压迫。这些《法典》将人分成"三等九级"，大贵族、大活佛和高级官员被认为是天生高贵的人，处于最上等地位，而广大农奴则被划为下等人。命价也有高低不同，上等人"命价为与尸体等重的黄金"，屠夫、铁匠等下等下级的人，"命价仅值一根草绳"。不同等级的人触犯同一刑律，量刑标准和处置方法也不相同。仆人使主人受伤的，要砍掉仆人的手或脚；主人打伤仆人，则不付给任何赔偿费。农奴主和农奴在法律上的地位极其不平等，农奴主拥有对农奴和奴隶的生杀予夺权，他们用剜目、割肉、割舌、断手、剁脚、抽筋、戴铐等野蛮刑罚，来维护对农奴和奴隶的统治。

旧西藏的噶厦政府规定，农奴只能固定在所属领主的庄园土地上，不得擅自离开，绝对禁止逃亡。"人不无主、地不无差"，三大领主强制占有农奴人身，农奴世世代代依附领主，作为土地的附属物束缚在土地上。凡是人力和畜力能种地的，一律得种差地，并支乌拉差役。农奴一旦丧失劳动能力，就收回牲畜、农具、差地，降为奴隶。三大领主还把农奴当作私有财产随意支配，用于赌博、抵债、赠送、转让和买卖。农奴的婚姻必须取得领主的同意，不同领主的农奴婚嫁要缴纳"赎身费"。农奴生小孩要到领主那里缴纳出生税，登记入册，注定终身为奴。农奴如果被迫流落外地谋生，要向原属领主交"人役税"，持交税证明，才不至于被当作逃亡户处理。

1940年前往主持十四世达赖喇嘛坐床的国民政府蒙藏委员会委员长吴忠信在《奉使办理藏事报告书》中，对旧西藏统治者对人民的压迫以及人民的悲惨痛苦处境有这样的描述："西藏因地处高寒，农产稀少，人民生活本极困难，而西藏当局压迫剥削更无所不用其极，使藏民生活堕入人间地狱，其苦乃不可言。西藏当局视人民直如奴隶牛马，照例不付代价，即伙食马料亦须由人民自备，而差徭纷繁几无宁日，人民受扰之剧可以想见。政府复可一纸命令无代价的征收人民之财产，或将此种财产赏给寺庙或贵族中之有功者。总之，在西藏境内，人民已失去其生存与自由之保障，其生活之痛苦实非言语所可形容也。"

在封建农奴制度统治之下，农奴没有生产资料，生存权受到严重威胁。

旧西藏，占人口只有5%的三大领主（官家、贵族、寺庙上层僧侣）及其代理人，几乎占有全部的耕地、牧场、森林、山川、河流、河滩以及大部分牲畜，而占人口多达95%的农奴，包括"差巴"（领种份地，向农奴主支差役的人）、"堆穷"（意为冒烟的小户）、"朗生"（一无所有，世代为奴），却不掌握生产资料，遭受残酷的经济剥削。

农奴遭受的第一重剥削是地租。在庄园里，农奴主把土地分成两部分：大部分为农奴主的自营地，一小部分是以奴役性的条件分给农奴耕种的"份地"。农奴为了领得"份地"，必须自带工具和口粮，在农奴主的自营地上无偿服劳役。这些无偿的劳动，就是缴纳给农奴主的劳役地租。而农奴在"份地"里收获的大部分粮食最终又都被领主收走了。"差巴"一年所得不过二三百斤，连糊口都不够，主要靠吃野菜和野草，再掺上一点粮食过日子。除了通过劳役缴纳沉重的地租外，农奴还必须缴纳名目繁多的税费。

农奴遭受的第二重剥削是乌拉差。乌拉差是一种包括徭役、赋税、地（畜）租在内的含义十分广泛的差税总称。旧西藏仅地方政府征收的差税就达200多种。农奴为地方政府和庄园领主所支的差，一般要占农奴户劳动量的50%以上，有的高达70%—80%。乌拉差役又有内、外差之分。内差是农奴向直接依附的领主及其代理人支的差役。外差是农奴给西藏地方政府及其下属机构支的差役。其中农奴负担最重的是运输差。西藏地广人稀，交通不便，各种物资的运输全靠人背畜驮。农奴长年累月跋山涉水为地方政府运输物资，支差之苦正如谚语所言："靴子无底，牛背无毛。"

农奴遭受的第三重剥削是高利贷。在旧西藏，三大领主都是大大小小的高利贷剥削者。西藏地方政府设有放债机构，放债、收息成为各级官员的行政职责。西藏很多寺庙也参与放债，高利贷盘剥的收入占三大寺总收入的25%—30%。贵族绝大多数也放高利贷，债息在其家庭收入中一般要占15%。农奴为了活命不得不频繁举债，欠债的农奴占农奴总数的90%以上。农奴所负的债务，形式上分为新债、子孙债、连保债、集体摊派债等等。其中1/3以上是子孙债，也称旧债，是祖祖辈辈欠下的。这种债由于利上加利，永远也还不完。

政教合一的封建农奴制度严重阻碍着社会进步。直到1951年和平解放前，西藏没有现代工商业，现代科技、教育、文化、卫生事业几乎是空白，没有一条现代意义上的公路，西藏与外界几乎隔绝；农业生产长期处于原始耕作状态，劳动工具原始简单，牧业基本是自然游牧方式，农牧品种单一且退化，整个生产力水平和社会发展十分低下，社会发育程度极低。

法国旅行家亚历山大·大卫·妮尔在《古老的西藏面对新生的中国》一书中这样描写当时人民的情形："这些可怜的人们只能永远待在他们贫瘠的土地上。他们完全失去了一切人的自由，一年更比一年穷。"广大人民没有基本的生存权，更没有发展权。他们被剥夺了受教育的权利，不能学习民族的语言文化，到20世纪50年代时，西藏仅有2000多贵族子弟在旧式官办学校和私塾学习，青壮年文盲率高达95%。广大人民没有经济发展权，三大领主只从农奴那里榨取暴利，却不更新生产工具，农奴没日没夜地劳作，也不能创造更多的社会产品，没有社会再生产的能力。

旧西藏政教合一的封建农奴制度之野蛮、残酷、落后，犹如黑暗的欧洲中世纪。1904年到过拉萨的英国随军记者埃德蒙·坎德勒在《拉萨真面目》中有这样的描述：

当时的西藏"人民还停留在中世纪的年代，不仅仅是在他们的政体、宗教方面，在他们的严厉惩罚、巫术、灵童转世以及要经受烈火与沸油的折磨方面是如此，而且在他们日常生活的所有方面也都不例外"。

二、走上发展进步道路

西藏走上民族区域自治道路，经历了和平解放、民主改革和自治区成立三个重要历史发展阶段。这一历史发展过程，是人民翻身解放、实现当家作主的正确选择，符合西藏各族人民的根本利益。

——驱逐帝国主义势力，实现和平解放

1840 年鸦片战争后，帝国主义侵华日甚一日，中国逐步沦为半殖民地半封建社会。中国的西藏地区也遭到了帝国主义的侵略。1888 年和 1904 年，面对英国的侵略，西藏军民进行了英勇的抵抗，但由于清朝政府的腐败、国力的衰落和封建农奴制度的没落，抵抗以失败告终。英国通过强迫当时的清朝政府甚至绕开清朝政府直接胁迫西藏地方政府与其签订不平等条约，在西藏攫取了严重损害中国主权的一系列特权。经济上开设商埠，强行通商，划定江孜、亚东为商埠，常驻英国商务代表，设立固定的官方机构。军事上驻扎军队，在江孜常驻一个连，在亚东常驻一个排。建立由英国人管理、经营并为掠夺服务的基础设施，包括邮电设施和驿站等，长期为英、印人员和少数西藏分裂分子提供服务。

摆脱帝国主义侵略，是西藏各族人民和上层爱国人士的迫切愿望。1949 年 10 月 1 日新中国成立，对西藏人民产生巨大鼓舞，他们热切盼望中央人民政府早日解放西藏，驱逐帝国主义势力。十世班禅于中华人民共和国成立当日，致电毛泽东主席和朱德总司令，表示热忱拥护中央人民政府，请求人民解放军早日解放西藏。1949 年 12 月，遭受亲英势力迫害而逃往内地的原西藏摄政热振活佛的近侍堪布益西楚臣，到青海西宁向人民解放军控诉帝国主义破坏西藏内部团结的罪行，要求迅速解放西藏。著名藏传佛教大师喜饶嘉措在西安发表谈话，谴责帝国主义策划拉萨当局进行所谓"独立"的阴谋。

在中央政府和西藏人民的共同努力下，1951 年 5 月 23 日签订了《中央人民政府和西藏地方政府关于和平解放西藏办法的协议》（简称"十七条协议"）。"十七条协议"第一条便是："西藏人民团结起来，驱逐帝国主义侵略势力出西藏，西藏人民回到中华人民共和国祖国大家庭中来。"在"十七条协议"中，西藏地方政府也承诺，"积极协助人民解放军进入西藏，巩固国防。"5 月 25 日中央人民政府人民革命军事委员会主席毛泽东发布进军训令，全面拉开进军西藏序幕。西藏各族人民衷心拥护、热烈欢迎人民解放军进藏，支持帮助进藏部队。

中国人民解放军进军西藏，驱逐帝国主义势力出西藏，废除帝国主义强加给西藏人民的不平等条约，是实现包括藏族人民在内的中华民族解放和独立的重大历史事件，自此彻底改变了西藏的历史命运，为实现西藏各族人民翻身当家作主提供了根本保障。

——废除封建农奴制，实现人民翻身作主

20 世纪 50 年代中叶，西藏政教合一的封建农奴制度走到了尽头。1959 年 3 月 10 日，西藏反动上层为永保政教合一的封建农奴制度不变，公然撕毁"十七条协议"，在拉萨地区发起全面武装叛乱。22 日，中共中央发出《关于在西藏平息叛乱中实行民主改革的若干政策问题的指示（草案）》，要求在平息叛乱的战斗中，必须同时坚决地放手发动群众，实行民主改革。28 日，周恩来总理发布国务院命令，决定解散西藏地方政府，由西藏自治区筹备委员会行使西藏地方政府职权，由十世班禅额尔德尼代理西藏自治区筹备委员会主任委员职务。与此同时，中央人民政府提出"边平叛边改革"的方针，领导西藏人民掀起了波澜壮阔的民主改革运动。通过民主改革，彻底摧毁了政教合一的封建农奴制度，实现了人民翻身解放，为建立民族区域自治制度，创造了重要社会历史条件。

废除封建农奴制度，建立起人民政权，为在西藏实行民族区域自治，提供了制度条件。到 1960 年底，全区成立乡级政权 1009 个，区级政权 283 个；78 个县（包括县级区）和 8 个专区（市）也成立了人民政权。与此同时，有 4400 多名翻身农奴和奴隶出身的基层干部成长起来。乡级干部全是藏族，区级干部 90% 以上是藏族，并且有 300 多名藏族干部担任了县以上领导职务。

1961 年 4 月，西藏各地乡一级基层普选开始，百万翻身农奴开始行使从来没有过的民主权利。1965 年 8 月，西藏乡县选举工作完成，有 1359 个乡、镇进行了基层选举，有 567 个乡、镇召开了人民代表会议代行人民代表大会职权，西藏大约 92% 的地方建立了以翻身农奴和奴隶为主的乡人民政权，54 个县召开了第一届人民代表会议，选出了正副县长，建立了县人民委员会，并选出了人民代表大会代表。

废除农奴主的经济特权，人民成为生产资料的主人，极大地解放了生产力，保障了西藏人民的生存权利，为实行民族区域自治，奠定了物质基础。封建农奴制度不仅侵犯人权，摧残人性，而且严重阻碍社会生产力发展，人民连基本的温饱都没有保障。民主改革中，约 2 万朗生安了家，得到安家粮 504 万斤。民主改革解放和发展了西藏的社会生产力，西藏劳动人民再不受农奴主的沉重差税和高利贷剥削，劳动果实全部留归自己，生产积极性空前高涨。

废除农奴主的宗教特权，打碎了精神枷锁，为实行民族区域自治，提供了思想文化条件。在"政教合一"的制度下，宗教直接掌握在农奴主手中，被异化为实施统治压迫人民的工具。三大领主为了使封建特权神圣化，从精神上奴役人民，凡是与其意志相违背的任何新思想、新文化和科技知识，都被视为异端邪说，禁锢人们的思想，阻碍教育的普及和科学文化的发展。民主改革后，西藏废除一切封建特权，实行宗教信仰自由政策，实行政教分离，宗教不得干预政治、经济、文化和社会生活，人民群众从政教合一的精神枷锁中解放出来。

——成立自治区，走上社会主义道路

实行民族区域自治制度，是西藏广大人民的共同愿望。"十七条协议"中规定："根据中国人民政治协商会议共同纲领的民族政策，在中央人民政府统一领导之下，西藏人民有实行民族区域自治的权利。"1954 年第一届全国人民代表大会闭幕后，中央政府领导人毛泽东接见十四世达赖和十世班禅，并告诉他们，"今后西藏不成立军政委员会，而直接成立西藏自治区筹备委员会，为实行民族区域自治做准备。"两人均表示同意。之后，根据宪法中关于实行民族区域自治制度的规定，中央着手西藏自治区成立事宜。1954 年 11 月，中央提出了成立西藏自治区筹备委员会的意见。1955 年 3 月，国务院第七次全体会议专题研究了成立西藏自治区筹备委员会和西藏建设的有关问题。此后，中央对西藏自治区筹备委员会的成立进行了具体指导。1956 年 4 月 22 日，西藏自治区筹备委员会成立大会在新落成的拉萨大礼堂隆重举行，包括西藏各地区、各民族、各阶层、各教派和各群众团体在内的 300 多名代表参加或列席了大会，这是西藏历史上第一次有如此广泛代表性的人士欢聚一堂，民主协商、共议大事。十四世达赖为西藏自治区筹备委员会主任委员，十世班禅为西藏自治区筹备委员会第一副主任委员。西藏自治区筹备委员会是一个具有政权性质的协商办事机构，是西藏实行民族区域自治的重要步骤。西藏自治区筹备委员会的成立，使自治区成立工作得到积极推进，但 1959 年武装叛乱的发生，严重影响了自治区成立工作的进行。平息叛乱后，自治区成立工作得到顺利进行。

1965 年 9 月 1 日，西藏自治区第一届人民代表大会第一次会议在拉萨开幕。西藏自治区第一届人民代表大会选举产生了西藏自治区机关及其领导人，阿沛·阿旺晋美当选为自治区人民委员会主席，一大批翻身农奴担任了自治区各级政权机关的领导职务。西藏自治区的成立，标志着西藏建立了人民民主政权，开始全面实行民族区域自治制度。自此，西藏人民享有了自主管理本地区事务的权利，走上了发展进步的社会主义道路。

三、符合国情的政治制度

在西藏实行民族区域自治制度，符合中国统一的多民族国家基本国情。

中国是一个统一的多民族国家，除汉族外，还有蒙古、回、藏、维吾尔、壮、朝鲜、满等 55 个少数民族。中华民族是一个多元一体的大家庭，各民族都对祖国的发展和中华文化的创造作出了贡献。中国各民族的起源和发展有着本土性、多元性、多样性的特点。中国各民族形成和发展的情况虽然各不相同，但总的方向是发展成为统一的多民族国家，汇聚成为统一稳固的中华民族。早在先秦时期，中国先民的"天下"观念和"大一统"理念便已形成。公元前 221 年，秦朝实现了中国历史上第一次大一统，在全国设郡县加以统治。汉朝（公元前 206 年—公元 220 年）及汉以后的历代中央政权发展和巩固了统一的多民族国家的格局。中国历史上虽然出现过短暂的割据局面和局部分裂，但国家统一始终是主流和方向。

西藏自古就是中国的一部分，藏族是中华民族命运共同体的一员。藏族和其他民族的祖先，从远古就生活在西藏高原上，并与中国内地建立了广泛的联系，为中华民族命运共同体的形成与发展作出了重要贡献。自 13 世纪元朝将西藏纳入中央政府行政管辖起，直至 1949 年中华人民共和国成立前，中国历代中央政权在将西藏纳入统一国家的前提下，还采取了"因俗而治""因事而治"等特殊的政策，在行政建制和治理方式上，采取与全国其他地方有所差异的措施。

元朝（1271—1368 年）时期，中央设置总制院（后改为宣政院），在西藏地区设立宣慰使司都元帅府，中央直接管理西藏军政事务。元朝派军驻扎西藏，在宣慰使司下设 13 个万户府、千户所等机构。元朝在西藏还设立大小驿站，通往大都；派官员入藏进行三次户口清查。元世祖忽必烈任命萨迦派八思巴为帝师。后来噶举派取代萨迦派的地位，元顺帝时封其首领强曲坚赞为"大司徒"。

明朝（1368—1644 年）时期，基本沿袭了元朝对西藏地方的管理制度。在政治上，实施多封众建，给西藏各地宗教领袖封以"法王""灌顶国师"等名号；在经济上，发展茶马互市，促进西藏与其他地区的贸易和往来；在机构设置上，在今西藏中部和东部设立"乌斯藏行都指挥使司""朵甘行都指挥使司"，隶属于陕西行都指挥使司，在西部设立"俄力思军民元帅府"。

清朝（1644—1911 年）时期，由理藩院（清末改为理藩部）主管西藏事务。1653年和1713年清朝皇帝册封兴起于明末的格鲁派达赖世系和班禅世系，后来又建立金瓶掣签制度，完善了活佛转世制度。1727 年，清朝中央在西藏建立驻藏大臣制度。1751年，乾隆皇帝授命七世达赖执政，建立噶厦，设噶伦四人。1793 年，颁布《钦定藏内善后章程二十九条》，加强了对西藏的管理。

中华民国（1912—1949 年）时期，中央政府继续对西藏实施主权管辖。1912 年，中央政府设立蒙藏事务局，1914 年改为蒙藏院，取代了清朝末年的理藩部职能，派驻藏办事长官履行驻藏大臣职权。1929 年，国民政府设立蒙藏委员会，行使对西藏的行政管辖。1940 年，国民政府在拉萨设立蒙藏委员会驻藏办事处。《中华民国国会组织法》规定了西藏地方民众参加选举的办法和被选举的议员直接参政的权利。十四世达赖和十世班禅的认定、坐床，均经当时的中华民国政府批准。

中国共产党从 1921 年诞生起就主张中国各民族平等团结，积极探索实现民族平等、解决民族问题的道路。1949 年中华人民共和国建立后，中国政府把坚持各民族一律平等、团结、互助、友爱和共同发展、共同繁荣作为解决民族问题、处理民族关系的基本原则。考虑中国的历史国情和近现代社会发展的实际条件，新中国在选择国家结构形式时，没有选择复合制的形式，而是选择了单一制的形式，确定在国家的统一领导下，在少数民族地区实行民族区域自治制度，保证少数民族在国家生活中享有当家作主的权利。

民族区域自治，是中国这样一个统一的多民族国家解决民族问题、处理民族关系的正确选择。中国的民族区域自治，是在国家统一领导下的自治，各民族自治地方都是国家不可分离的部分，各民族自治地方的自治机关都必须服从中央的领导。

同时，中国的民族区域自治制度又是中国社会主义制度的一个重要组成部分。在社会主义制度下，一切权力属于人民，国家保障广大人民的民主权利。各自治地方在国家生活中享有经济、政治、文化、社会、生态等自治权利，在自治地方有管理本地区事务的权利，这是社会主义民主在民族地区的具体体现。

在经历了 1951 年和平解放和 1959 年民主改革后，西藏于 1965 年成立自治区，正式建立起民族区域自治制度。在西藏实行民族区域自治制度，实现了统一和自治相结合、民族因素和区域因素相结合。这一制度既继承历史传统，又具有社会主义民主意义；既符合国家和西藏地方的历史传统，又符合各族人民的共同意志和根本利益。

目前，西藏自治区的人民代表大会和人民政府，既是自治机关，也是国家的一级地方政权机构，根据本地方的实际贯彻执行国家的法律政策。经过几十年的探索实践，在民族区域自治道路上，西藏自治区各民族人民实现了平等、团结、互助、和谐，这一制度得到了全国各族人民的衷心拥护。

四、保障人民当家作主

人民当家作主，是中国民族区域自治制度的核心和根本。实行民族区域自治制度，为西藏各族人民实现当家作主，真正成为国家和社会的主人，提供了制度性保障。

——西藏各族人民享有充分的选举权与被选举权

中国宪法规定，凡年满十八周岁的中华人民共和国公民，不分民族、种族、性别、职业、家庭出身、宗教信仰、教育程度、财产状况、居住期限，都有选举权和被选举权；但是依照法律被剥夺政治权利的人除外。同时，中国民族区域自治法对各民族代表人数、自治区人大常委会主任、人民政府主席等都做了规定。在西藏，各民族人民依法直接选举县（区）、乡镇人民代表大会的代表，这些代表又选举出席全国和自治区人民代表大会的代表。西藏人口较少的门巴族、珞巴族在全国人大及西藏各级人大中也均有自己的代表。

2012年至2013年1月，在四级人大换届选举中，西藏全区有94%以上的选民分别参加了县、乡直接选举。西藏现有各级人大代表34264名。其中，全国人大代表中藏族和其他少数民族代表占66.7%，自治区人大代表中藏族和其他少数民族代表占70.2%。自治区十届人大常委会组成人员45名，其中藏族和其他少数民族24名，常委会主任、副主任14名，其中藏族和其他少数民族8名。西藏自治区成立至今，历任自治区人大常委会主任和自治区人民政府主席均为藏族公民。

西藏各族人民充分享有自主管理本民族本地区事务的权利。按照中国宪法规定，西藏自治区的自治机关依法行使省级地方国家机关的职权，同时依法行使自治权。西藏自治区人民代表大会享有制定自治条例和单行条例的权力。自治区成立以来，自治区人民代表大会作为自治区最高权力机构，代表西藏人民依法行使了自主管理本民族本地区事务的权利，听取审议自治区人民政府的工作报告，自治区人大常委会、高级人民法院、人民检察院的工作报告，对上述国家机关的工作进行监督；制定重要地方性法规，对自治区经济、社会发展中的重大事项作出决议决定；审查、批准自治区国民经济和社会发展计划、财政预决算；选举产生自治区人大常委会组成人员，自治区主席、副主席，自治区高级人民法院院长、人民检察院检察长等。

截至2015年7月，西藏自治区人大及其常委会制定、批准地方性法规和作出具有法规性质的决议、决定共300件，其中现行有效的地方性法规123件，具有法规性质的决议、决定148件，废止29件，内容涉及政权建设、经济发展、社会稳定、文化教育、语言文字、文物保护、生态环保等各个方面。政协西藏自治区委员会，每年对自治区人民政府的《政府工作报告》《国民经济和社会发展计划报告》《财政预算报告》和自治区"两院"的工作报告进行协商讨论，先后组织委员参与西藏地方性法规（草案）的协商讨论，以全委会、常委会、主席会议、民主协商会议、专题座谈会议、委员视察、调研、提案及举办"经济发展论坛"等形式，为西藏自治区"八五""九五""十五""十一五""十二五"计划、规划的制定和实施提出意见和建议，代表西藏各界积极履行参政议政的职能。

中国民族区域自治法规定，上级国家机关的决议、决定、命令和指示，如有不适合民族自治地方实际情况的，自治机关可以报经该上级国家机关批准，变通执行或停止执行。如在执行全国性法定节假日的基础上，西藏自治机关还将"藏历新年""雪顿节"等藏民族的传统节日列入自治区的节假日。根据西藏特殊的自然地理因素，西藏自治区将职工的周工作时间规定为35小时，比全国法定工作时间少5小时。1981年，西藏自治区人民代表大会常务委员会从西藏少数民族历史婚俗等实际情况出发，通过了《西藏自治区施行〈中华人民共和国婚姻法〉的变通条例》，将《婚姻法》规定的男女法定婚龄分别降低两岁，并规定对执行变通条例之前已经形成的一妻多夫和一夫多妻婚姻关系，凡不主动提出解除婚姻关系者，准予维持。结合西藏实际情况，自治区还先后制定实施了多项国家有关法律的变通条例和补充规定。其中包括《西藏自治区文物保护条例》《西藏自治区环境保护条例》《西藏自治区人民代表大会常务委员会关于严厉打击"赔命金"违法犯罪行为的决定》等多部地方法规。

——少数民族干部队伍不断成长壮大

中国宪法规定，民族自治地方的人民代表大会常务委员会中应当有实行区域自治的民族的公民担任主任或者副主任；自治区主席、自治州州长、自治县县长由实行区域自治的民族的公民担任。为了保障西藏各民族特别是少数民族依照宪法规定，充分行使当家作主的权利，自治区历来非常重视少数民族干部的培养和使用。1965 年自治区成立初期，全区只有 7600 多名少数民族干部；到 1976 年少数民族干部已发展到 1.68 万人；到 1986 年底，全区有 3.1 万名少数民族干部；到 1994 年底，有 4.4 万名少数民族干部；到 2014 年底，全区少数民族干部已有 11 万多人，与自治区成立之初相比增长 13 倍多，占全区干部总量的 70% 以上。

目前，西藏自治区省级领导干部中有 33 名少数民族干部，地厅级干部中有 450 多名少数民族干部，地（市）、县（区）党政正职大部分由少数民族干部担任，乡镇（街道）党政班子中少数民族干部占 70% 以上，全区各级党政机关中都依法配备了少数民族领导干部。在自治区十届人大代表、政协委员中，少数民族代表、委员均占到 70% 以上。此外，还有一批优秀少数民族干部直接参与管理国家事务，在西藏十二届全国人大代表、全国政协委员中，藏族和其他少数民族均占 80% 以上。十世班禅、阿沛·阿旺晋美、帕巴拉·格列朗杰、热地、向巴平措等先后担任国家级领导职务。

——平等团结互助和谐的民族关系不断巩固和发展

没有各民族间的平等团结，就没有各民族人民的当家作主。实现民族平等团结，是中国共产党民族理论和民族政策的基本出发点和落脚点。西藏自治区成立 50 年来，中央政府和自治区坚持实行民族平等团结互助和谐的政策，通过保障各族人民当家作主的权利、加强少数民族干部的培养使用、各民族自发的交往交流交融和全国支援西藏经济社会发展等，形成了各民族在社会主义大家庭中和衷共济、和睦相处、和谐发展的良好局面。

中央政府历来高度重视西藏的发展，十分关心西藏各族人民的福祉，举全国之力支援西藏，以优惠的政策和强大的人力、物力、财力支持，推动西藏的发展进步。从 1952 年到 2014 年，中央政府对西藏的各项财政补助达 6480.8 亿元，占西藏地方公共财政支出的 92.8%。1980 年以来，中央先后六次召开西藏工作座谈会，从中国社会主义现代化建设全局出发，对西藏的发展建设作出整体规划。从 1994 年第三次西藏工作座谈会开始，中央实施对口支援西藏的政策，安排 60 个中央国家机关、18 个省市和 17 家中央企业对口支援西藏。20 年来，先后有七批 4496 名优秀干部、1466 名专业技术人才进藏工作，实施援藏项目 7615 个，投入援藏资金 260 亿元，主要用于改善民生和基础设施建设，为西藏经济社会发展作出了重要贡献。

1990 年，西藏自治区党委、政府确定每年 9 月为"民族团结月"。2010 年之前，自治区党委、政府先后召开了五次民族团结进步表彰大会，受到表彰的先进集体和个人达 1756 名，涌现出像孔繁森、李素芝等一大批民族团结先进典型。从 2012 年起，自治区各级党委、政府坚持每年召开一次民族团结进步模范表彰大会，共表彰模范集体 2089 个、模范个人 3224 名。2013 年，拉萨市成为创建"全国民族团结进步示范州

（地区、市、盟）"试点。近年来，西藏军区军史馆、江孜宗山抗英遗址、自治区博物馆、西藏民族学院、拉萨海关先后被国家民委命名为"全国民族团结进步教育基地"。"汉族离不开少数民族、少数民族离不开汉族、各少数民族也相互离不开"的思想深入人心，"团结稳定是福、分裂动乱是祸"成为全社会的广泛共识。

五、大力增进人民福祉

在民族区域自治制度下，西藏经济社会发展不断迈上新台阶，实现了跨越式发展。经济的快速发展和社会的全面进步，使西藏各族人民得到实实在在的好处，人民的生存权和发展权得到有效保障，社会和谐安宁。

——现代化发展水平日益提高

西藏生产总值由1965年的3.27亿元增加到2014年的920.8亿元，增长281倍。1994年以来，西藏地区生产总值连续20年保持两位数增长，年均增速高达12.4%。1965年西藏地方财政收入仅为2239万元，2014年达到164.75亿元，年均增长高达14.46%，自我发展的能力不断增强。全区工业增加值由1965年的0.09亿元增加到2014年的66.16亿元，增长735倍，年均增长14.4%。第二产业增加值在地区生产总值中的占比由1965年的6.7%提高到2014年的36.6%。2014年，全区社会消费品零售总额达364.51亿元，比1965年的0.89亿元增长了409倍，以年均13.1%的速度递增；进出口总额达22.55亿美元，比1965年的0.07亿美元增长了321倍，年均增长12.5%。

藏医药业、民族手工业、绿色食饮品和新能源等特色产业得到优先发展。目前，7个产业带初步形成，建设农业标准化示范区20个，培育地市级以上农牧业产业化龙头企业95家。建工、矿业、旅游、藏药、商贸等九大集团相继组建。藏药产业初具规模，全区藏药企业18家，藏药品种360多个。天然饮用水产量突破30万吨，成为新的经济增长点。2014年接待游客1553万人次，比旅游业起步时的1980年增长4436倍，年均增长28.0%；实现旅游总收入204亿元，增长20400倍，年均增长32.8%。

以公路、铁路、航空为主的综合交通运输体系基本形成，交通更加便利。以拉萨为中心，东连四川、云南，西接新疆，北连青海，南通印度、尼泊尔，地市相通，县乡连接的公路交通网络基本建成。2014年底，全区公路通车里程达到7.5万公里，次高级以上路面里程达到8891公里，占12.6%。全区74个县中65个县通了柏油路，占88%；690个乡镇通公路，通达率99.7%；5408个行政村通公路，通达率99.2%。格尔木至拉萨、拉萨至日喀则铁路相继通车运营，拉萨至林芝铁路开工建设。组建了西藏航空公司，区内通航机场5个，8家航空公司在藏运营，开通国内外航线48条，通航城市达33个，形成以拉萨贡嘎机场为中心，昌都邦达、林芝米林、阿里昆莎和日喀则和平机场为支线的五大民用机场网络。

以水电为主，地热、风能、太阳能等多能互补的新型能源体系全面建设。拉萨环网工程和输变电工程、青藏直流联网工程、川藏电网联网工程建成投入运行，结束了西藏电网孤网运行的历史；直孔电站、狮泉河电站、雪卡电站、羊八井地热电站、拉萨火力发电等应急电源项目建成发电，区内装机容量最大的水电项目藏木水电站发电，能源点建设加快推进。2014年全区电力装机规模达到169.7万千瓦，全年发电量32.2亿千瓦时。组织实施了那曲尼玛县、双湖县及阿里7县1镇无电地区电力建设项目，累计示范推广光伏系统 3 万套，建设光伏电站 90 座，太阳能路灯 1200 多盏，总装机容量 8000 千瓦。2012 年底，实现行政村全部通电，基本解决无电人口用电问题。

以光缆、卫星、网络为主的现代通讯网络体系已逐步建立健全。现在的西藏已进入了卫星、光缆、网络、信息新时代。全区光缆线路长度达到 9.7 万公里，其中长途光缆线路为 3 万多公里，累计实现 74 个县、668 个乡镇通光缆，乡镇通光缆率为 97.8%；实现 5261 个行政村移动信号覆盖。全区互联网用户达到 217.7 万户，普及率为 70.7%，农牧区移动互联网覆盖率达到 65% 以上。

——人民幸福指数大幅提升

城乡居民收入快速增长，人民生活更加充实富裕。2014 年，城镇居民人均可支配收入达 22016 元，比 1978 年的 565 元增长 38 倍，年均增长 10.7%；农牧民人均可支配收入 7359 元，年均增长 10.9%。城镇化水平不断提升。1982 年第三次人口普查时城镇人口所占总人口比重仅为 9.48%，1990 年提高到 11.52%，2000 年为 19.43%，2010 年达到 22.67%。随着人民生活逐步富裕，消费结构开始多样化，冰箱、彩电、电脑、洗衣机、摩托车、手机等消费品进入了寻常百姓家。富裕起来的农牧民盖起了舒适宽敞的新房，有的还购买了汽车。广播、电视、通信、互联网等现代信息传递手段，与全国乃至世界同步发展，已经深入到人民群众的日常生活之中。在国家统计局、中国邮政集团公司和中央电视台联合举办的"CCTV 经济生活大调查"中，拉萨市连续 5 年被评为中国幸福指数最高的城市。

城乡居民居住条件得到极大改善。为改善城乡居民居住条件，西藏从 2006 年起在全国率先提出全区实施农牧民安居工程，到 2013 年，全区累计投资 278 亿元，完成 46.03 万户的农牧民安居工程建设，使 230 万农牧民群众住上了安全适用的房屋，农牧民人均居住面积达到 30.4 平方米，生活条件得到历史性改善。自治区不断加大对周转房建设的投入力度，共建设周转房 66076 套，总建筑面积 404.42 万平方米，总投资 88.09 亿元。积极实施拉萨供暖工程，自 2012 年开工以来，建成燃气主干管网 63 公里、燃气次干管网 256 公里、庭院管网 1200 余公里，已完成居民小区及单位供暖项目建设 768 个、10.7 万户、2136 万平方米，拉萨城区基本实现供暖全覆盖，彻底结束了祖祖辈辈靠烧牛粪取暖的历史。

农牧民人居环境整洁美丽。大力实施水、电、路、气、通讯、邮政、广播电视、优美环境"八到农家"工程，基本解决农牧民的安全饮水问题。实现了村村通电话、村村通广播电视、乡乡通宽带，完成 4500 个行政村人居环境建设，近 24 万户农牧民用上了清洁的沼气能源，农牧区碘盐覆盖率达到 95% 以上。2010 年，自治区按照"清洁水源、清洁田园、清洁家园"的要求，开展人居环境和综合环境整治工作。截至目前，已完成投资 44 亿元，实施 4500 个行政村村容村貌及环境整治。

贫困人口大幅减少。2006—2014 年实施贫困户、大骨节病搬迁和"兴边富民行动"，使 11.63 万户贫困群众人均住房面积增加了 20%—30%。昔日许多低矮、阴暗、人畜混杂居住的土坯房变成了安全适用的住房。扶贫开发项目的实施，使 57.8 万户、260 万人受益。新修和维修乡村道路 3223 公里，水渠 3371.6 公里、水塘 347 座 232.94 万立方米，新增和改善灌溉面积 30 万亩，新建农用桥 883 座、12834 米，温室 4583 座，棚圈 3.5 万座。改良天然草场、草场围栏、人工种草 28.78 万亩，贫困地区生态环境进一步改善。农牧民收入明显增加，2003 年以来连续 12 年保持了两位数增长。生活在每人每年 2300 元（2010 年不变价）的国家农村扶贫标准下的全区农村贫困人口由 2010 年的 117 万人减少到 2014 年底的 61 万人，累计减少贫困人口 56 万人。贫困人口占全区农牧民人口比例，由 2010 年的 49.2% 下降至 2014 年的 23.7%。2006 年以来，直接、间接落实强农惠农补贴资金累计达到 706.36 亿元，落实粮食直补资金 1.89 亿元，落实农资综合补贴 3.58 亿元，落实家电、家具下乡补贴资金 3.4 亿元。这些补贴政策提高了农牧民群众收入，提高了农牧民的购买能力，提升了农牧民的生活品质。

社会保障事业不断迈上新台阶。实施积极的就业政策，就业率保持较高水平。2014 年，西藏城镇登记失业率控制在 2.5% 以内，新增就业 4.3 万人，提供高校毕业生公职岗位 1.1 万个，各援藏省市和中央企业共提供就业岗位 5335 个，1500 多名高校毕业生实现了区外就业，全区公益性岗位总量达 3 万个，通过公益性岗位安置就业 26018 人，2500 多户零就业家庭实现了动态消零，就业形势稳定。近年来，覆盖城乡居民的社会保障体系全面建立。继续加强"五大险种"保障制度，完善城乡居民社会养老保险制度，扩大最低生活保障，实施免费意外保险，建立了寺庙僧尼基本养老和医疗保险制度，全区各项社会保险参保达 260.6 万人次。企业退休职工基本养老金月人均水平达 3338 元，居全国前列。城市居民最低生活保障标准提高至每月 534 元，农村低保标准提高至每年 2231 元，五保户供养标准提高至每年 3873 元，分散供养标准提高至每年 3874 元，集中收养孤儿基本生活保障标准达到月人均 1200 元。及时发放城乡困难群众慰问金。2013 年底，全区各类社会福利机构共有 263 个，公办儿童福利院 8 所，民办儿童福利院 2 所。72% 有意愿的五保对象实现集中供养，5900 多名孤儿得到有效救助。

医疗卫生事业快速发展。目前，西藏已经建成了中、西、藏医结合，以拉萨为中心、遍布城乡的医疗卫生网。以免费医疗为基础的农牧区医疗制度覆盖全体农牧民，全区已建成 71 个县医院和 678 个乡镇卫生院，覆盖城乡的医疗卫生服务体系逐步完善。2014 年底，全区医疗卫生机构发展到 1430 所，每千人病床数和卫生技术人员数分别达到 3.79 张和 4.08 人，建成了覆盖县乡村三级的医疗卫生网络。城镇职工、城镇居民基本医疗保险年度最高支付限额分别提高到 30 万元、20 万元。城镇居民基本医疗保险财政补助标准提高到年人均 380 元，政策范围内住院费用支付比例达到 75% 左右。农牧民人口 100% 被纳入到以免费医疗为基础的医疗保障体系之中，农牧区医疗政府补助标准达到年人均 420 元，最高报销补偿限额达 6 万元，政策范围内报销补偿比例达到 80% 以上。寺庙僧尼等人群全部纳入基本医疗保险范围。取消了医疗救助起付线，率先在全国实现了医疗救助城乡一体化和社会全覆盖。对城乡居民实施免费健康检查，城乡居民健康档案建档率达 99%。2013 年，孕产妇死亡率和婴儿死亡率分别下降到 154.51/10 万人和 19.97‰。人均寿命由 20 世纪 50 年代的 35.5 岁增加到 68.17 岁。全区实现了基本消除碘缺乏病目标。

——各项社会事业全面发展

教育事业日新月异，实现学有所教。全区所有县（区）全面完成普及九年义务教育，一个涵盖学前教育、基础教育、职业教育、高等教育、成人教育、特殊教育的比较完整的现代教育体系已经形成。实现了从学前到高中阶段 15 年免费教育，农牧区义务教育学生营养改善计划全面落实，政策和资金覆盖率均达到 100%。"三包"（包吃、包住、包学习费用）政策覆盖学前教育到高中阶段所有农牧民子女和城镇困难家庭子女，且不断提高标准，年生均标准已提高到 3000 元。全面启动实施城镇三年、农牧区两年学前双语教育工程。2014 年底，幼儿园在园幼儿达 8 万多人，学前教育毛入园率达 60%。2014 年底，全区拥有普通高等院校 6 所；中等职业学校 9 所，在校生 1.7 万人；高级中学 22 所，完全中学 4 所，初级中学 93 所，十二年和九年一贯制学校各 3 所，小学 829 所。小学适龄儿童入学率达到 99.64%，青壮年文盲率下降至 0.57% 以内，人均受教育年限达到 8.6 年，新增劳动力受教育年限达到 12 年以上。1984 年，中央政府作出"在内地为西藏办学培养人才"的重大战略决策，现有 21 个省市办有西藏班（校），已累计为西藏培养了大中专毕业生 3.2 万余人。目前西藏不仅有了自己培养的硕士、博士，而且有了一批享誉全国的专家、学者，逐步建立了近 30 个科研院所，有各类专业技术人员 69709 人，学科领域涉及历史、经济、人口、语言、宗教和农业、畜牧、林业、生态、生物、藏医药、盐湖、地热、太阳能等数十个门类。其中，藏学、高原生态、藏医药等学科研究在全国处于领先水平，产生了一批有世界影响的学术成果。

公共文化服务覆盖城乡，人们精神生活不断丰富。全区已建成群众艺术馆 8 座、公共图书馆 5 座、博物馆 3 座，建成县综合文化活动中心 74 座，乡镇综合文化站 692 座，建成文化信息资源共享工程自治区分中心、7 个地市支中心、74 个县支中心、692 个乡镇基层点、5389 个村基层点，区、地、县、乡四级公共文化设施网络初步形成。投资近 13 亿元的"十二五"文化设施建设项目全面推进，到 2015 年底，西藏将基本实现"地市有公共图书馆和文化馆，馆藏文物丰富地区有博物馆，县县有图书馆、文化馆或综合性文化活动中心，乡乡有综合文化站，53% 的县国有艺术团有排练场"目标，公共文化设施总量将达到 790 个。建成 1600 余个文化广场，形成拉萨雪顿节等群众性、常态化品牌文化活动 90 个。全面启动了公共设施的免费开放工作，近 5 年来，全区公共文化设施共开展免费群众文化活动 4 万余场，受益群众达到 800 余万人次。全区专业文艺团体和县民间艺术团年均下乡演出近 1 万场次，送书下乡 10 万余册。

新闻出版事业迅速发展，文化产品日益丰富。西藏人民出版社、西藏藏文古籍出版社累计出版各类图书（教材）19052 种、2.8263 亿册。西藏音像出版社、雪域音像电子出版社 2014 年出版音像电子产品 115 种 37.96 万盘。报纸、期刊分别发展到 25 种、35 种。全区出版发行单位发展到 576 家，其中区、地、县新华书店 89 家，边境口岸新华书店 5 家，民营发行网点 482 家。2014 年全区共发行图书约 3395 万册，图书销售码洋 3.23 亿元。全区印刷企业 38 家，其中规模以上重点印刷企业 1 家。2014 年全区印刷业总产值 3.6 亿元。目前，全面建成 5609 个农家书屋、1700 多个寺庙书屋，实现所有行政村有农家书屋、寺寺有寺庙书屋，有效解决了农牧民群众和寺庙僧尼读书难、用书难问题。

广播影视事业得到长足发展。已累计新建、改扩建 100 瓦以上调频转播台 78 座，50 瓦以上电视转播发射台 78 座，中波广播发射台 27 座，卫星地球站 1 座，村村通广播电视站 9371 座，全区所有的 1787 座寺庙实现了广播影视全覆盖。目前，有省级广播电台 1 座 5 个频率，听众遍及世界 50 个国家和地区；有省级电视台 1 座 4 个频道，其中，藏语卫视已在尼泊尔、印度、不丹等周边国家部分落地，全台节目实现数字化，覆盖全国人口 7 亿多人；有地市级广播电台 6 座，电视台 1 座。目前，全区广播、电视综合覆盖率由 1965 年的 12% 和 0% 提高到现在的 94.78% 和 95.91%，90% 以上农牧户实现了"户户通"。通过直播卫星接收设备，农牧民每家每户能够收听收看到 40 至 70 多套数字广播电视节目。目前，全区共有 566 个电影机构，其中 478 个农村电影放映队全部实现数字化放映。

六、保护和弘扬优秀传统文化

在漫长的历史发展过程中，藏族人民创造了辉煌的藏文化。藏文化丰富了中华文化，是中华文化的重要组成部分。自治区成立 50 年来，在尊重、保护、传承和弘扬藏民族优秀传统文化方面，做了大量工作，取得显著成就。当今西藏，在传统与现代的交融中，藏文化不断焕发出新的活力。

藏语文的学习使用得到有效保护。《中华人民共和国宪法》和《中华人民共和国民族区域自治法》均明确规定，各民族都有使用和发展自己的语言文字的自由。西藏学校教育全面实行藏汉双语教育，藏语文在学习中传承。目前，农牧区和部分城镇小学实行藏汉语文同步教学，主要课程用藏语授课。中学阶段开设藏语文课（包括内地西藏中学），其他课程用汉语文授课。在高校和中等专业学校的招生考试中，藏语文作为考试科目，成绩计入总分。学前、中小学现有双语教师 30642 人，中小学校有藏语专任教师约 5800 人。西藏自治区已编译完成从小学到高中共 13 门学科的 821 种课本、410 种教学参考书、56 种教学大纲或课程标准和 73 种教学辅助用书。藏语文在使用中得到弘扬。自治区大型会议和行文坚持使用藏汉两种文字，司法机关在执法、法治宣传等工作中着重使用藏语文，农牧、科技等涉农部门也加强藏语文的使用。2014 年，西藏人民出版社、西藏藏文古籍出版社出版各类图书 547 种、1302.5 万册，其中藏文图书种数占比超过 80%；共有 14 种藏文期刊、11 种藏文报纸出版发行。目前，西藏人民广播电台共开办有 42 个藏语（包括康巴话）节目（栏目），藏语新闻综合频率每天播音达 21 小时 15 分钟，康巴话广播频率每天播音 18 小时，西藏电视台藏语卫视实现了 24 小时滚动播出。此外，藏语文在邮政、通讯、交通、金融等领域中也得到了广泛使用，有力地推动了全区经济社会的快速发展。

优秀传统文化得到保护传承。国家建立了西藏大学、西藏民族大学、藏医学院、中国藏学研究中心、西藏社会科学院、天文历算研究所等一批教育培训基地和门类齐全的研究机构。几十年来，西藏先后组织了大规模、有系统的普查、搜集、整理、研究和出版工作，收集各种音乐（歌曲）、曲艺一万多首，文字资料 3000 多万字，录制了大量音像资料，拍摄图片近万幅，发表有关藏民族传统文化学术论文 1000 多篇，整理出版了《中国戏曲志·西藏卷》《中国民族民间舞蹈集成·西藏卷》《中国民族民间器乐曲集成·西藏卷》等 10 大文艺集成志书和文艺研究专著 30 多部，抢救、整理、出版藏文古籍 261 部，诸多濒临灭绝的民族民间文化得到全面抢救和有效保护，重新焕发出光彩。2005 年西藏非物质文化遗产普查与保护工作正式启动以来，中央政府和西藏投资近 2 亿元，对藏戏、格萨尔、传统歌舞、手工技艺等重要非物质文化遗产进行了全面保护，基本形成了国家、自治区、市、县四级非物质文化遗产名录体系。目前，西藏各类非物质文化遗产项目 1000 余项，涵盖了非物质文化遗产包含的 10 个资源种类。其中，藏戏和《格萨尔》史诗入选联合国教科文组织人类非物质文化遗产代表作名录，国家级非物质文化遗产项目 89 个，国家级生产性保护示范基地 4 个，自治区级项目 323 个，代表性传习场所 113 处。国家级代表性传承人 68 名，自治区级传承人 350 名。国家珍贵古籍 158 部，全国古籍重点保护单位 4 个。"中国民间文化艺术之乡" 4 个，"西藏自治区民间文化艺术之乡" 65 个。拉萨雪顿节、山南雅砻文化节等一大批群众性文化传统节庆得到恢复和创新，成为地域性民族文化品牌。

文物得到有效保护。50 年来，国家不断加大对西藏文物保护的投入力度，重点实施了西藏自治区所辖的文物保护单位文物保护维修工程，及时修缮和保护了大批文物。投资 10 亿余元的"十二五"46 项重点文物维修保护项目，目前进展顺利。《西藏自治区文物保护条例》《西藏自治区布达拉宫保护管理办法》等一批文物保护地方性法规陆续出台。西藏重要历史和革命文物发掘工程有效加强，第三次全区不可移动文物普查工作全面完成，共调查录入近现代重要史迹及代表性建筑物 241 处，各类文物点 4277 处。首次可移动文物普查工作全面启动，初步统计，全区可移动文物将达数百万件。野外文物看管人员得到落实，全区文物安全进一步加强。贝叶经普查保护和研究工作取得阶段性成果，《西藏自治区珍藏贝叶经总目录》《西藏自治区珍藏贝叶经影印大全》等陆续整理出版。目前，全区有世界文化遗产 1 处 3 点，国家重点文物保护单位 55 处，自治区级文物保护单位 391 处，市县级文物保护单位 978 处，国家历史文化名城 3 座。

七、尊重和保护宗教信仰自由

中国宪法规定，宗教信仰自由是公民的一项基本权利。在今天的西藏，多种宗教并存，既有藏传佛教、苯教，也有伊斯兰教、天主教等。在藏传佛教内部，还存在不同教派。经过民主改革，西藏废除了政教合一制度，实行政教分离，恢复宗教的本来面目。多年来，中央政府和西藏自治区政府，充分尊重公民的宗教信仰自由权利，各种宗教、各个教派都平等地得到尊重和保护，正常的宗教活动和宗教信仰依法受到保护。

宗教活动得到尊重和保护。目前，西藏有各类宗教活动场所 1787 处，住寺僧尼4.6 万多人。西藏自治区和 7 个地市均设有佛教协会，中国佛协西藏分会办有西藏佛学院、藏经文印经院和藏文会刊《西藏佛教》。藏族和其他各少数民族都按照自己的宗教传统过宗教生活，进行社会宗教活动。在西藏自治区，各大宗教的各种传统节庆活动正常进行，大型宗教活动如转神山神湖活动、萨噶达瓦节、展佛节、跳神节、朝觐等 40 多种群众性重大宗教节庆活动得以保护和继承。信教群众家中几乎都设有小经堂或佛龛。每年到拉萨朝佛敬香的信教群众达百万人次。在西藏到处可以看到善男信女悬挂的经幡，以及堆积的刻有佛教经文的嘛呢堆。各大寺院内常年挤满了磕长头、转经、朝佛的信教群众。西藏信教群众享受开展正常宗教活动的充分自由。为满足不同信教群众的宗教需求，目前西藏还有清真寺 4 座，天主教堂 1 座。这些宗教也依法得到了尊重和保护，依法依规开展正常宗教活动，与其他宗教平等和谐相处。

藏传佛教文化得到尊重和保护。中央和西藏自治区政府始终把藏传佛教文化作为中华民族传统文化的重要组成部分，一直以来给予有效保护，不断加强对宗教典籍的收集、整理、出版和研究工作。中央政府支持 4000 多万元，组织上百名藏文专家，历时20 余年，完成了对藏文大藏经《甘珠尔》《丹珠尔》的校勘出版。20 世纪 90 年代以来，藏文《中华大藏经·丹珠尔》（对勘本）《藏汉对照西藏大藏经总目录》《因明七论庄严华释》《慈氏五论》《释量论解说·雪域庄严》等陆续整理出版。已经印出《甘珠尔》大藏经达 1490 多部，还印出大量藏传佛教的仪轨、传记、论著等经典的单行本，供给寺庙，满足僧尼和信教群众的学修需求。宗教研究机构、高僧、学者的有关佛教专著，如《贝叶经的整理、研究》《西藏拉萨现存梵文贝叶经的整理》《西藏宗教源流与教派研究》《活佛转世制度》《郭扎佛教史》《西藏苯教寺庙志》《中国藏传佛教寺庙》

《西藏佛教寺院壁画艺术》等，都正式出版发行。

寺庙得到维修和保护。20 世纪 80 年代以来，国家每年都拨专项资金和黄金、白银等用于寺庙的维修、修复和保护。20 世纪 80 年代以来，中央政府累计投入 14 亿多元对西藏文物和重点寺庙进行了大规模维修。国家资助专款 670 万元、黄金 111 公斤、白银 2000 多公斤及大量珠宝，修复了五世至九世班禅灵塔祀殿。为修建十世班禅灵塔祀殿，国家一次就拨专款 6620 万元、黄金 650 公斤。1994 年，国家又拨款 2000 万元，继续修复甘丹寺。从 1995 年开始，中央财政通过国家重点文物保护专项资金，对西藏布达拉宫、罗布林卡、萨迦寺等列入国家重点文物保护单位名单的寺庙维修与保护予以积极支持。

活佛转世有序进行。活佛转世制度作为西藏宗教特有的信仰和传承方式，得到国家和西藏自治区各级政府的尊重，国家制定出台了《藏传佛教活佛转世管理办法》。1995 年，西藏自治区按照宗教仪轨和历史定制，经过金瓶掣签，报国务院批准，完成了第十世班禅大师转世灵童的寻访、认定以及第十一世班禅的册立和坐床。据最新统计，西藏现有活佛 358 名，其中 60 多位新转世活佛按历史定制和宗教仪轨得到认定。

藏传佛教僧人学经制度不断完善。自治区制定出台《办好西藏佛学院分院的意见》《西藏佛学院学衔授予办法（试行）》，在北京和拉萨分别建有中国藏语系高级佛学院和西藏佛学院，作为藏传佛教高级宗教人才培养基地，系统招收培养藏传佛教教职人员。西藏 60 多座各教派寺庙开办有寺庙自办的学经班，完全按照传统习惯进行宗教学修和学位学衔的考核晋升。2005 年开始，每年在北京中国藏语系高级佛学院举行藏传佛教"拓然巴"高级学衔考试和授予仪式，在大昭寺和拉萨三大寺进行格西"拉让巴"学位考试。截至目前，已有 84 名学经僧人获得了格西"拉让巴"学位，46 名僧人获得了中国藏语系高级佛学院"拓然巴"高级学衔。

八、推进生态文明建设

西藏是中国重要的生态安全屏障。多年来，西藏自治区政府遵循经济规律、社会规律和自然规律，注重经济、社会、生态的和谐统一，坚持走可持续发展之路。近年来，自治区政府提出了建设西藏生态安全屏障以及建设生态西藏、美丽西藏的战略目标，对西藏的生态环境保护与建设进行全面规划和部署。

西藏生态安全屏障保护与建设规划全面实施。2009 年 2 月 18 日国务院第 50 次常务会议审议通过了《西藏生态安全屏障保护与建设规划（2008—2030 年）》（以下简称《规划》），提出投资 155 亿元，到 2030 年基本建成西藏生态安全屏障。截至目前，共落实投资 56.46 亿元，《规划》确定的天然草地保护工程、森林防火及有害生物防治工程、野生动植物保护及保护区建设工程、重要湿地保护工程、农牧区传统能源替代工程、防护林体系建设工程、人工种草与天然草地改良工程、防沙治沙工程、水土流失治理工程、生态安全屏障监测工程 3 大类 10 项工程得到全面实施。

生物多样性与重要生态功能区得到有效保护。目前，西藏已建立各级各类自然保护区 47 处，总面积 41.22 万平方公里，约占全区国土面积的 34.35%。建立生态功能保护区 22 个（国家级 2 个）、国家级风景名胜区 4 个、国家森林公园 9 个、国家湿地公园 10 个、地质公园 4 个（国家级 3 个），使西藏拥有的 141 种国家重点保护野生动物、38 种国家重点保护野生植物和 196 种西藏特有动物物种、855 种西藏特有植物物种以及重要生态系统得到了有效保护。西藏大中型野生动物种群数量居全国前列，藏羚羊种群数量由 1995 年的 5 万—7 万只上升到目前的 20 万只以上，黑颈鹤由 1995 年的 1000—3000 只上升到目前的 7000 只左右，野牦牛、藏野驴等珍稀濒危野生动物种群数量稳中有增。

林业和草原生态建设成效显著。据 2014 年第八次全国森林资源清查结果，西藏森林覆盖率已达 11.98%，森林面积 1471.56 万公顷，森林蓄积量 22.62 亿立方米，天然林蓄积 22.61 亿立方米、乔木林单位面积蓄积 267 立方米/公顷、重点公益林面积 1011.27 万公顷。西藏已经创造了人均森林面积、森林蓄积、天然林蓄积、乔木林蓄积、重点公益林面积 5 项指标全国第一。第四次与第三次全国荒漠化和沙化监测结果比较，西藏荒漠化土地减少了 7.89 万公顷，沙化土地减少了 6.57 万公顷，全区荒漠化和沙化土地扩展趋势得到遏制并首次出现逆转。截至 2014 年底，西藏有天然草地面积 8433 万公顷，其中可用天然草地面积 7067 万公顷。

生态补偿试点工作深入推进。中央在西藏实施森林、草地等生态补偿政策，每年全区落实各类补偿资金 40 余亿元。国家制定《西藏自治区森林生态效益补偿基金管理办法》，从 2010 年起，中央财政每年安排森林生态效益补偿资金 7.72 亿元，对全区生态公益林实施补偿。在 2009—2010 年 5 个县开展草原生态保护奖励机制试点工作的基础上，2011 年开始在全区 74 个县区全面实施草原生态保护补助机制政策，每年落实补助奖励资金 20.0981 亿元，既保护了草原生态环境，又促进了农牧民增收。国家实施了重点生态功能保护区转移支付政策，将西藏 18 个县纳入了国家重点生态功能区转移支付范围，2014 年落实资金 10.83 亿元。这些措施有效保护了国家和自治区重点公益林、基本草原及重要生态区域。

生态文明制度建设先行先试。2014 年，国家发展和改革委员会等六部门联合印发了《关于开展生态文明先行示范区建设（第一批）的通知》，西藏山南地区、林芝地区被列为首批生态文明先行示范区，将着力在独立进行环境监督和行政执法、完善污染物排放许可制和企业单位污染物排放总量控制制度、建立生态环境损害赔偿责任终身追究制等方面先行先试，探索自然生态资源丰富、生态区位重要、边疆民族贫困地区生态文明建设的有效模式。

中科院和相关部门的监测评估显示，西藏高原各类生态系统结构整体稳定，生态质量稳定向好。西藏生态系统类型拥有除海洋生态系统之外的所有陆地生态系统类型，仍然是中国和全球重要的生物物种基因库和生物多样性保护重点地区。水、气、声、土壤、辐射及生态环境质量均保持良好状态，全区的江河、湖泊、森林、草场、湿地、冰川、雪山和野生动植物等都得到了有效保护，大部分区域仍处于原生状态。

结束语

过去的 50 年，在中国共产党和中央政府的坚强领导下，通过实行民族区域自治制度，西藏从落后走向进步，从贫穷走向富裕，从封闭走向开放，社会制度实现了历史性跨越，社会面貌发生了翻天覆地的变化。实践充分证明，实行民族区域自治制度，是西藏历史发展和社会进步的客观要求，符合西藏各族人民的根本利益。民族区域自治制度，完全适合中国国情和西藏地方的实际，是西藏发展进步的正确选择。

实行民族区域自治制度，使西藏各族人民实现了当家作主，享有充分的民主权利和广泛的经济社会文化权利。然而，多年来，十四世达赖集团出于"西藏独立"的政治目的，不断鼓吹"中间道路"，大肆兜售"大藏区""高度自治"，否定民族区域自治制度，否定在民族区域自治制度下西藏的发展进步。十四世达赖集团的分裂行径，完全违背了中国宪法和中国国家制度，极大损害了西藏各族人民的根本利益，遭到了包括西藏各族人民在内的全体中国人民的坚决反对，注定逃脱不了失败的命运。

当前，西藏各族人民正与全国人民一道，为全面建成小康社会、实现中华民族伟大复兴的中国梦而奋斗。随着中国特色社会主义建设事业的不断发展，民族区域自治制度必将进一步发展和完善，西藏各族人民必将在更高的起点上谱写当家作主的新篇章。

国务院关于支持沿边重点地区开发开放
若干政策措施的意见

国发〔2015〕72 号①

各省、自治区、直辖市人民政府，国务院各部委、各直属机构：

重点开发开放试验区、沿边国家级口岸、边境城市、边境经济合作区和跨境经济合作区等沿边重点地区是我国深化与周边国家和地区合作的重要平台，是沿边地区经济社会发展的重要支撑，是确保边境和国土安全的重要屏障，正在成为实施"一带一路"战略的先手棋和排头兵，在全国改革发展大局中具有十分重要的地位。为落实党中央、国务院决策部署，牢固树立并切实贯彻创新、协调、绿色、开放、共享的发展理念，支持沿边重点地区开发开放，构筑经济繁荣、社会稳定的祖国边疆，现提出以下意见。

一、深入推进兴边富民行动，实现稳边安边兴边

（一）支持边民稳边安边兴边。加大对边境地区民生改善的支持力度，通过扩大就业、发展产业、创新科技、对口支援稳边安边兴边。积极推进大众创业、万众创新，降低创业创新门槛，对于边民自主创业实行"零成本"注册，符合条件的边民可按规定申请 10 万元以下的创业担保贷款。鼓励边境地区群众搬迁安置到距边境 0—3 公里范围，省级人民政府可根据实际情况建立动态的边民补助机制，中央财政通过一般性转移支付给予支持。加大对边境回迁村（屯）的扶持力度，提高补助标准，鼓励边民自力更生发展生产。以整村推进为平台，加快改善边境地区贫困村生产生活条件，因人因地施策，对建档立卡贫困人口实施精准扶贫、精准脱贫，对"一方水土养不起一方人"的实施易地扶贫搬迁，对生态特别重要和脆弱的实行生态保护扶贫，使边境地区各族群众与全国人民一道同步进入全面小康社会。对于在沿边重点地区政府部门、国有企事业单位工作满 20 年以上且无不良记录的工作人员，所在地省级人民政府可探索在其退休时按照国家规定给予表彰。大力引进高层次人才，为流动人才提供短期住房、教育培训、政策咨询、技术服务和法律援助等工作生活保障。加强沿边重点地区基层组织建设，抓好以村级党组织为核心的村级组织建设，充分发挥基层党组织推动发展、服务群众、凝聚人心、促进和谐的战斗堡垒作用，带领沿边各族人民群众紧密团结在党的周围。（人力资源社会保障部、财政部、教育部、国家民委、中央组织部、民政部、扶贫办负责）

（二）提升基本公共服务水平。加大对边境地区居民基本社保体系的支持力度，对

---

① 该文件源自中华人民共和国中央人民政府网，2016 年 1 月 7 日发布，但成文于 2015 年 12 月 24 日，故本《年鉴》收入。

于符合条件的边民参加新型农村合作医疗的，由政府代缴参保费用。提高新型农村合作医疗报销比例，按规定将边境地区城镇贫困人口纳入城镇基本医疗保险。以边境中心城市、边境口岸、交通沿线城镇为重点，加大对边境基层医疗卫生服务机构对口支援力度。在具备条件的地方实施 12 年免费教育政策。实行中等职业教育免学费制度。选派教师驻边支教，支持当地教师队伍建设。加大教育对外开放力度，支持边境城市与国际知名院校开展合作办学。加快完善电信普遍服务，加强通信基础设施建设，提高信息网络覆盖水平，积极培育适合沿边重点地区的信息消费新产品、新业态、新模式。提升政府公共信息服务水平，加快推进电子政务、电子商务、远程教育、远程医疗等信息化建设，为当地居民提供医疗、交通、治安、就业、维权、法律咨询等方面的公共服务信息。深入推进农村社区建设试点工作，提高农村公共服务能力。加强沿边重点地区基层公共文化设施建设，着力增加弘扬社会主义核心价值观的优秀文化产品供给。（卫生计生委、人力资源社会保障部、民政部、教育部、工业和信息化部、财政部、文化部、新闻出版广电总局负责）

（三）提升边境地区国际执法合作水平。推动边境地区公安机关在省（区）、市（州、盟）、县（旗）三级设立国际执法安全合作部门，选强配齐专职人员。建立边境地区国际执法合作联席会议机制，定期研判周边国家和地区安全形势，及时警示和应对边境地区安全风险。加大对边境地区开展执法合作的授权，支持边境地区公安机关与周边国家地方警务、边检（移民）、禁毒、边防等执法部门建立对口合作机制，进一步加强在禁毒禁赌以及防范和打击恐怖主义、非法出入境、拐卖人口、走私等方面的边境执法合作，共同维护边境地区安全稳定。加大边境地区国际执法合作投入。加强文化执法合作，强化文化市场监管，打击非法文化产品流入和非法传教，构筑边疆地区文化安全屏障。（公安部、外交部、文化部、宗教局负责）

二、改革体制机制，促进要素流动便利化

（四）加大简政放权力度。进一步取消和下放涉及沿边国家级口岸通关及进出口环节的行政审批事项，明确审查标准，承诺办理时限，优化内部核批程序，减少审核环节。加快推进联合审批、并联审批。加大沿边口岸开放力度，简化口岸开放和升格的申报、审批、验收程序以及口岸临时开放的审批手续，简化沿边道路、桥梁建设等审批程序，推进边境口岸的对等设立和扩大开放。创新事中事后监管，做到放管结合、优化服务、高效便民。（海关总署、质检总局、公安部、交通运输部、外交部、发展改革委负责）

（五）提高贸易便利化水平。创新口岸监管模式，通过属地管理、前置服务、后续核查等方式将口岸通关现场非必要的执法作业前推后移。优化查验机制，进一步提高非侵入、非干扰式检查检验的比例，提高查验效率。实施分类管理，拓宽企业集中申报、提前申报的范围。按照既有利于人员、货物、交通运输工具进出方便，又有利于加强查验监管的原则，在沿边重点地区有条件的海关特殊监管区域深化"一线放开""二线安全高效管住"的监管服务改革，推动货物在各海关特殊监管区域之间自由便捷流转。推动二线监管模式与一线监管模式相衔接。加强沿边、内陆、沿海通关协作，依托电子口岸平台，推进沿边口岸国际贸易"单一窗口"建设，实现监管信息同步传输，推进企业运营信息与监管系统对接。加强与"一带一路"沿线国家口岸执法机构的机制化合作，推进跨境共同监管设施的建设与共享，加强跨境监管合作和协调。（海关总署、商务部、公安部、交通运输部、财政部、税务总局、质检总局、外汇局、工业和信息化部负责）

（六）提高投资便利化水平。扩大投资领域开放，借鉴国际通行规则，支持具备条件的沿边重点地区借鉴上海等自由贸易试验区可复制可推广试点经验，试行准入前国民待遇加负面清单的外商投资管理模式。落实商事制度改革，推进沿边重点地区工商注册制度便利化。鼓励沿边重点地区与东部沿海城市建立对口联系机制，交流借鉴开放经验，探索符合沿边实际的开发开放模式。加强与毗邻国家磋商，建立健全投资合作机制。（发展改革委、商务部、外交部、工商总局负责）

（七）推进人员往来便利化。加强与周边国家出入境管理和边防检查领域合作，积极推动与周边国家就便利人员往来等事宜进行磋商。下放赴周边国家因公出国（境）审批权限，允许重点开发开放试验区自行审批副厅级及以下人员因公赴毗邻国家（地区）执行任务。在符合条件的沿边国家级口岸实施外国人口岸签证政策，委托符合条件的省（区）、市（州、盟）外事办公室开展领事认证代办业务。加强与毗邻国家协商合作，推动允许两国边境居民持双方认可的有效证件依法在两国边境许可范围内自由通行，对常驻沿边市（州、盟）从事商贸活动的非边境地区居民实行与边境居民相同的出入境政策。为涉外重大项目投资合作提供出入境便利，建立周边国家合作项目项下人员出入境绿色通道。结合外方意愿，综合研究推进周边国家在沿边重点地区开放设领城市设立领事机构。探索联合监管，推广旅客在同一地点办理出入境手续的"一地两检"查验模式，推进旅客自助通关。提高对外宣介相关政策的能力和水平。（外交部、公安部、旅游局、海关总署、质检总局、总参作战部、中央宣传部负责）

（八）促进运输便利化。加强与周边国家协商合作，加快签署中缅双边汽车运输协定以及中朝双边汽车运输协定议定书，修订已有双边汽车运输协定。推进跨境运输车辆牌证互认，为从事跨境运输的车辆办理出入境手续和通行提供便利和保障。授予沿边省（区）及边境城市自驾车出入境旅游审批权限，积极推动签署双边出入境自驾车（八座以下）管理的有关协定，方便自驾车出入境。（交通运输部、旅游局、外交部、商务部、公安部、海关总署、质检总局负责）

三、调整贸易结构，大力推进贸易方式转变

（九）支持对外贸易转型升级。优化边境地区转移支付资金安排的内部结构。有序发展边境贸易，完善边贸政策，支持边境小额贸易向综合性多元化贸易转变，探索发展离岸贸易。支持沿边重点地区开展加工贸易，扩大具有较高技术含量和较强市场竞争力的产品出口，创建出口商品质量安全示范区。对开展加工贸易涉及配额及进口许可证管理的资源类商品，在配额分配和有关许可证办理方面给予适当倾斜。支持具有比较优势的粮食、棉花、果蔬、橡胶等加工贸易发展，对以边贸方式进口、符合国家《鼓励进口技术和产品目录》的资源类商品给予进口贴息支持。支持沿边重点地区发挥地缘优势，推广电子商务应用，发展跨境电子商务。（商务部、发展改革委、财政部、工业和信息化部、海关总署、质检总局负责）

（十）引导服务贸易加快发展。发挥财政资金的杠杆作用，引导社会资金加大投入，支持沿边重点地区结合区位优势和特色产业，做大做强旅游、运输、建筑等传统服

务贸易。逐步扩大中医药、服务外包、文化创意、电子商务等新兴服务领域出口，培育特色服务贸易企业加快发展。推进沿边重点地区金融、教育、文化、医疗等服务业领域有序开放，逐步实现高水平对内对外开放；有序放开育幼养老、建筑设计、会计审计、商贸物流、电子商务等服务业领域外资准入限制。外经贸发展专项资金安排向沿边重点地区服务业企业倾斜，支持各类服务业企业通过新设、并购、合作等方式，在境外开展投资合作，加快建设境外营销网络，增加在境外的商业存在。支持沿边重点地区服务业企业参与投资、建设和管理境外经贸合作区。（商务部、财政部、海关总署、发展改革委、工业和信息化部、卫生计生委、人民银行、银监会、质检总局负责）

（十一）完善边民互市贸易。加强边民互市点建设，修订完善《边民互市贸易管理办法》和《边民互市进口商品不予免税清单》，严格落实国家规定范围内的免征进口关税和进口环节增值税政策。清理地方各级政府自行颁布或实施的与中央政策相冲突的有关边民互市贸易的政策和行政规章。（商务部、财政部、海关总署、税务总局负责）

四、实施差异化扶持政策，促进特色优势产业发展

（十二）实行有差别的产业政策。支持沿边重点地区大力发展特色优势产业，对符合产业政策、对当地经济发展带动作用强的项目，在项目审批、核准、备案等方面加大支持力度。支持在沿边重点地区优先布局进口能源资源加工转化利用项目和进口资源落地加工项目，发展外向型产业集群，形成各有侧重的对外开放基地，鼓励优势产能、装备、技术走出去。支持沿边重点地区发展风电、光电等新能源产业，在风光电建设规模指标分配上给予倾斜。推动移动互联网、云计算、大数据、物联网等与制造业紧密结合。适时修订《西部地区鼓励类产业目录》，对沿边重点地区产业发展特点予以充分考虑。（发展改革委、财政部、能源局、工业和信息化部、商务部、税务总局负责）

（十三）研究设立沿边重点地区产业发展（创业投资）基金。研究整合现有支持产业发展方面的资金，设立沿边重点地区产业发展（创业投资）基金，吸引投资机构和民间资本参与基金设立，专门投资于沿边重点地区具备资源和市场优势的特色农业、加工制造业、高技术产业、服务业和旅游业，支持沿边重点地区承接国内外产业转移。（发展改革委、财政部、工业和信息化部、商务部、证监会负责）

（十四）加强产业项目用地和劳动力保障。对符合国家产业政策的重大基础设施和产业项目，在建设用地计划指标安排上予以倾斜。对入驻沿边重点地区的加工物流、文化旅游等项目的建设用地加快审批。允许按规定招用外籍人员。（国土资源部、财政部、人力资源社会保障部负责）

五、提升旅游开放水平，促进边境旅游繁荣发展

（十五）改革边境旅游管理制度。修订《边境旅游暂行管理办法》，放宽边境旅游管制。将边境旅游管理权限下放到省（区），放宽非边境地区居民参加边境旅游的条件，允许边境旅游团队灵活选择出入境口岸。鼓励沿边重点地区积极创新管理方式，在游客出入境比较集中的口岸实施"一站式"通关模式，设置团队游客绿色通道。（旅游局、公安部、外交部、交通运输部、海关总署、质检总局负责）

（十六）研究发展跨境旅游合作区。按照提高层级、打造平台、完善机制的原则，深化与周边国家的旅游合作，支持满洲里、绥芬河、二连浩特、黑河、延边、丹东、西双版纳、瑞丽、东兴、崇左、阿勒泰等有条件的地区研究设立跨境旅游合作区。通过与对方国家签订合作协议的形式，允许游客或车辆凭双方认可的证件灵活进入合作区游览。支持跨境旅游合作区利用国家旅游宣传推广平台开展旅游宣传工作，支持省（区）人民政府与对方国家联合举办旅游推广和节庆活动。鼓励省（区）人民政府采取更加灵活的管理方式和施行更加特殊的政策，与对方国家就跨境旅游合作区内旅游资源整体开发、旅游产品建设、旅游服务标准推广、旅游市场监管、旅游安全保障等方面深化合作，共同打造游客往来便利、服务优良、管理协调、吸引力强的重要国际旅游目的地。（旅游局、交通运输部、公安部、外交部、海关总署、质检总局负责）

（十七）探索建设边境旅游试验区。依托边境城市，强化政策集成和制度创新，研究设立边境旅游试验区（以下简称试验区）。鼓励试验区积极探索"全域旅游"发展模式。允许符合条件的试验区实施口岸签证政策，为到试验区的境外游客签发一年多次往返出入境证件。推行在有条件的边境口岸设立交通管理服务站点，便捷办理临时入境机动车牌证。鼓励发展特色旅游主题酒店和特色旅游餐饮，打造一批民族风情浓郁的少数民族特色村镇。新增建设用地指标适当向旅游项目倾斜，对重大旅游项目可向国家主管部门申请办理先行用地手续。积极发展体育旅游、旅游演艺，允许外资参股由中方控股的演出经纪机构。（旅游局、财政部、公安部、外交部、国家民委、交通运输部、国土资源部、体育总局、海关总署、质检总局负责）

（十八）加强旅游支撑能力建设。加强沿边重点地区旅游景区道路、标识标牌、应急救援等旅游基础设施和服务设施建设。支持旅游职业教育发展，支持内地相关院校在沿边重点地区开设分校或与当地院校合作开设旅游相关专业，培养旅游人才。（旅游局、交通运输部、教育部负责）

六、加强基础设施建设，提高支撑保障水平

（十九）加快推动互联互通境外段项目建设。加强政府间磋商，充分利用国际国内援助资金、优惠性质贷款、区域性投资基金和国内企业力量，加快推进我国与周边国家基础设施互联互通建设。积极发挥丝路基金在投融资方面的支持作用，推动亚洲基础设施投资银行为互联互通建设提供支持。重点推动中南半岛通道、中缅陆水联运通道、孟中印缅国际大通道、东北亚多式联运通道以及新亚欧大陆桥、中蒙俄跨境运输通道、中巴国际运输通道建设。（发展改革委、商务部、外交部、财政部、人民银行、工业和信息化部、交通运输部、公安部、中国铁路总公司、铁路局、总后军交运输部负责）

（二十）加快推进互联互通境内段项目建设。将我国与周边国家基础设施互联互通境内段项目优先纳入国家相关规划，进一步加大国家对项目建设的投资补助力度，加快推进项目建设进度。铁路方面，实施长春—白城铁路扩能改造，重点推进四平—松江河、敦化—白河、松江河—漫江等铁路建设，推动川藏铁路建设，统筹研究雅安—林芝铁路剩余段建设，适时启动滇藏、新藏铁路以及日喀则—亚东、日喀则—樟木等铁路建设。公路水运方面，加快推进百色—龙邦高速公路、喀什—红其拉甫公路等重点口岸公路，以及中越、中朝、中俄跨境桥梁、界河码头等项目建设。加快完善沿边重点地区公路网络。（发展改革委、交通运输部、中国铁路总公司、铁路局、商务部、公安部、外交部、财政部、工业和信息化部、总后军交运输部负责）

（二十一）加强边境城市航空口岸能力建设。支持边境城市合理发展支线机场和通用机场，提升军民双向保障能力和客货机兼容能力；推进边境城市机场改扩建工程，提升既有机场容量；加强边境城市机场空管设施建设，完善和提高机场保障能力。支持开通"一带一路"沿线国际旅游城市间航线；支持开通和增加国内主要城市与沿边旅游目的地城市间的直飞航线航班或旅游包机。（发展改革委、民航局、交通运输部、财政部、公安部、外交部、旅游局、总参作战部、总后军交运输部负责）

（二十二）加强口岸基础设施建设。支持沿边重点地区完善口岸功能，有序推动口岸对等设立与扩大开放，加快建设"一带一路"重要开放门户和跨境通道。支持在沿边国家级口岸建设多式联运物流监管中心，进一步加大资金投入力度，加强口岸查验设施建设，改善口岸通行条件。统筹使用援外资金，优先安排基础设施互联互通涉及的口岸基础设施、查验场地和设施建设。以共享共用为目标，整合现有监管设施资源，推动口岸监管设施、查验场地和转运设施集中建设。尽快制定口岸查验场地和设施建设标准，建立口岸通关便利化设施设备运行维护保障机制，支持国家级口岸检验检疫、边防检查、海关监管等查验设施升级改造，建立公安边防检查站口岸快速查验通关系统，开设进出边境管理区绿色通道。按照适度超前、保障重点、分步实施的建设理念，建立和完善、更新边境监控系统，实现边检执勤现场、口岸限定区域和重点边境地段全覆盖，打造"智慧边境线"。（发展改革委、海关总署、公安部、商务部、质检总局、交通运输部、外交部、财政部、中国铁路总公司负责）

七、加大财税等支持力度，促进经济社会跨越式发展

（二十三）增加中央财政转移支付规模。加大中央财政转移支付支持力度，逐步缩小沿边重点地区地方标准财政收支缺口，推进地区间基本公共服务均等化。建立边境地区转移支付的稳定增长机制，完善转移支付资金管理办法，支持边境小额贸易企业能力建设，促进边境地区贸易发展。（财政部、海关总署、商务部负责）

（二十四）强化中央专项资金支持。中央财政加大对沿边重点地区基础设施、城镇建设、产业发展等方面的支持力度。提高国家有关部门专项建设资金投入沿边重点地区的比重，提高对公路、铁路、民航、通信等建设项目投资补助标准和资本金注入比例。国家专项扶持资金向沿边重点地区倾斜。（财政部、发展改革委、工业和信息化部、交通运输部、外交部、旅游局、民航局、中国铁路总公司负责）

（二十五）实行差别化补助政策。中央安排的公益性建设项目，取消县以下（含县）以及集中连片特殊困难地区市级配套资金。中央财政对重点开发开放试验区在一定期限内给予适当补助。继续对边境经济合作区以及重点开发开放试验区符合条件的公共基础设施项目贷款给予贴息支持。（财政部、发展改革委、商务部负责）

（二十六）加大税收优惠力度。国家在沿边重点地区鼓励发展的内外资投资项目，进口国内不能生产的自用设备及配套件、备件，继续在规定范围内免征关税。根据跨境经济合作区运行模式和未来发展状况，适时研究适用的税收政策。加强与相关国家磋商，积极稳妥推进避免双重征税协定的谈签和修订工作。（财政部、税务总局、海关总署负责）

（二十七）比照执行西部大开发相关政策。非西部省份的边境地区以县为单位，在投资、金融、产业、土地、价格、生态补偿、人才开发和帮扶等方面，享受党中央、国务院确定的深入实施西部大开发战略相关政策，实施期限暂定到 2020 年。（财政部、发

展改革委负责）

八、鼓励金融创新与开放，提升金融服务水平

（二十八）拓宽融资方式和渠道。鼓励金融机构加大对沿边重点地区的信贷支持力度，在遵循商业原则及风险可控前提下，对沿边重点地区分支机构适度调整授信审批权限。引导沿边重点地区金融机构将吸收的存款主要用于服务当地经济社会发展，对将新增存款一定比例用于当地并达到有关要求的农村金融机构，继续实行优惠的支农再贷款和存款准备金政策。培育发展多层次资本市场，支持符合条件的企业在全国中小企业股份转让系统挂牌；规范发展服务中小微企业的区域性股权市场，引导产业发展（创业投资）基金投资于区域性股权市场挂牌企业；支持期货交易所研究在沿边重点地区设立商品期货交割仓库；支持沿边重点地区利用本地区和周边国家丰富的矿产、农业、生物和生态资源，规范发展符合法律法规和国家政策的矿产权、林权、碳汇权和文化产品等交易市场。（人民银行、银监会、证监会负责）

（二十九）完善金融组织体系。支持符合条件的外资金融机构到沿边重点地区设立分支机构。支持大型银行根据自身发展战略，在风险可控、商业可持续前提下，以法人名义到周边国家设立机构。支持沿边重点地区具备条件的民间资本依法发起设立民营银行，探索由符合条件的民间资本发起设立金融租赁公司等金融机构。支持银行业金融机构在风险可控、商业可持续前提下，为跨境并购提供金融服务。（银监会、人民银行、外汇局负责）

（三十）鼓励金融产品和服务创新。研究将人民币与周边国家货币的特许兑换业务范围扩大到边境贸易，并提高相应兑换额度，提升兑换服务水平。探索发展沿边重点地区与周边国家人民币双向贷款业务。支持资质良好的信托公司和金融租赁公司在沿边重点地区开展业务，鼓励开展知识产权、收益权、收费权、应收账款质押融资和林权抵押贷款业务，扶持符合当地产业发展规划的行业和企业发展。依法探索扩大沿边重点地区可用于担保的财产范围，创新农村互助担保机制和信贷风险分担机制，逐步扩大农业保险覆盖范围，积极开展双边及多边跨境保险业务合作。加快推进沿边重点地区中小企业信用体系建设和农村信用体系建设。完善沿边重点地区信用服务市场，推动征信产品的应用。（人民银行、银监会、保监会、财政部、发展改革委负责）

（三十一）防范金融风险。在沿边重点地区建立贴近市场、促进创新、信息共享、风险可控的金融监管平台和协调机制。进一步加强沿边重点地区金融管理部门、反洗钱行政主管部门、海关和司法机关在反洗钱和反恐怖融资领域的政策协调与信息沟通。加强跨境外汇和人民币资金流动监测工作，完善反洗钱的资金监测和分析，督促金融机构严格履行反洗钱和反恐怖融资义务，密切关注跨境资金异常流动，防范洗钱和恐怖融资犯罪活动的发生，确保跨境资金流动风险可控、监管有序。（人民银行、银监会、外汇局负责）

沿边重点地区开发开放事关全国改革发展大局，对于推进"一带一路"建设和构筑繁荣稳定的祖国边疆意义重大。各地区、各部门要坚持扩大对外开放和加强对内监管同步推进，在禁毒、禁赌、防范打击恐怖主义等方面常抓不懈，坚决打击非法出入境、拐卖人口、走私贩私，避免盲目圈地占地、炒作房地产和破坏生态环境，抓好发展和安全两件大事，不断提高沿边开发开放水平。国务院有关部门要高度重视、各司其职、各

负其责，按照本意见要求，制定具体实施方案；密切配合、通力协作，抓紧修订完善有关规章制度；建立动态反馈机制，深入实地开展督查调研，及时发现问题，研究提出整改建议，不断加大对沿边重点地区开发开放的支持力度。对重点建设项目，发展改革、国土资源、环境保护、财政、金融等有关部门要给予重点支持。沿边省（区）和沿边重点地区要充分发挥主体作用，强化组织领导，周密安排部署，确保促进开发开放的各项工作落到实处。

附件：沿边重点地区名录

一、重点开发开放试验区（5个）

广西东兴重点开发开放试验区，云南勐腊（磨憨）重点开发开放试验区、瑞丽重点开发开放试验区，内蒙古二连浩特重点开发开放试验区、满洲里重点开发开放试验区。

二、沿边国家级口岸（72个）

铁路口岸（11个）：广西凭祥，云南河口，新疆霍尔果斯、阿拉山口，内蒙古二连浩特、满洲里，黑龙江绥芬河，吉林珲春、图们、集安，辽宁丹东。

公路口岸（61个）：广西东兴、爱店、友谊关、水口、龙邦、平孟，云南天保、都龙、河口、金水河、勐康、磨憨、打洛、孟定、畹町、瑞丽、腾冲，西藏樟木、吉隆、普兰，新疆红其拉甫、卡拉苏、伊尔克什坦、吐尔尕特、木扎尔特、都拉塔、霍尔果斯、巴克图、吉木乃、阿黑土别克、红山嘴、塔克什肯、乌拉斯台、老爷庙，甘肃马鬃山，内蒙古策克、甘其毛都、满都拉、二连浩特、珠恩嘎达布其、阿尔山、额布都格、阿日哈沙特、满洲里、黑山头、室韦，黑龙江虎林、密山、绥芬河、东宁，吉林珲春、圈河、沙坨子、开山屯、三合、南坪、古城里、长白、临江、集安，辽宁丹东。

三、边境城市（28个）

广西东兴市、凭祥市，云南景洪市、芒市、瑞丽市，新疆阿图什市、伊宁市、博乐市、塔城市、阿勒泰市、哈密市，内蒙古二连浩特市、阿尔山市、满洲里市、额尔古纳市，黑龙江黑河市、同江市、虎林市、密山市、穆棱市、绥芬河市，吉林珲春市、图们市、龙井市、和龙市、临江市、集安市，辽宁丹东市。

四、边境经济合作区（17个）

广西东兴边境经济合作区、凭祥边境经济合作区，云南河口边境经济合作区、临沧边境经济合作区、畹町边境经济合作区、瑞丽边境经济合作区，新疆伊宁边境经济合作区、博乐边境经济合作区、塔城边境经济合作区、吉木乃边境经济合作区，内蒙古二连浩特边境经济合作区、满洲里边境经济合作区，黑龙江黑河边境经济合作区、绥芬河边境经济合作区，吉林珲春边境经济合作区、和龙边境经济合作区，辽宁丹东边境经济合作区。

五、跨境经济合作区（1个）

中哈霍尔果斯国际边境合作中心。

注：国家今后批准设立的重点开发开放试验区、沿边国家级口岸、边境城市、边境经济合作区和跨境经济合作区自动进入本名录。

编 后 记

两年的酝酿，半年多的编纂、修改，《中国边疆学年鉴（2016）》就要和读者见面了！

《中国边疆学年鉴》是中国社会科学院中国边疆研究所主办的全国第一部中国边疆研究的学术年鉴。本卷为创刊卷，是全国边疆研究机构的支持和专家们的期待中诞生的。中国边疆研究经历了千年的积累、百年的探索，19世纪中叶以来出现过三次边疆研究的高潮，近年来构建"中国边疆学"已经成为我国边疆研究专家们的共识和心声。

当前，创建中国边疆学具备了"天时""地利""人和"的有利条件，我国边疆地区与周边形势发生新变化，党和国家对边疆研究提出新要求，边疆地区的安全、稳定与发展需要专家学者提供学术咨询，社会各界更加关注边疆问题，可以是说得"天时"。边疆各省区和内地一些高校、科研机构陆续设置以边疆研究方向的博士点，或成立"协同创新中心"，或设立非实体的"中国边疆研究中心"，可以说是得"地利"。2000年以来，特别是2013年"首届中国边疆学论坛"召开以来，各院校纷纷举办以边疆研究为主题的学术会议，老、中、青各年龄段的"边疆人"共同研讨，每次都是"群贤毕至，少长咸集"，大家对构筑"中国边疆学"充满期待和热情，这就体现了"人和"。

正是在我国学术界对构筑"中国边疆学"期待和呼吁之中，2014年、2015年中国社会科学院中国边疆研究所组织专家，两度讨论有关中国边疆研究学术年鉴的编纂问题。2016年3月9日，中国边疆研究所确定正式启动《中国边疆学年鉴》编纂工作。此后，经过半年多的讨论、征稿、修改，《中国边疆学年鉴（2016）》（以下简称"本卷"）基本完成。

一、栏目设置与体例、规范

作为《中国边疆学年鉴》的创刊卷，本卷编委会极为重视体例、栏目的设置问题，大家认为栏目设置既要符合学术年鉴的一般要求、规范，又反映中国边疆历史与现状研究的基本特点、规律。为此，编委会多次开会讨论，并请中国边疆研究所所领导、有关同行专家请教，同时多次与中国社会科学出版社年鉴分社张昊鹏社长、孙铁楠编辑沟通、协商。2016年6月23日，在多次修改、调整以后，编委会向中国边疆研究所学术委员会汇报了《中国边疆学年鉴》的进展，经过学术委员会审核，确定了包括栏目设置在内的相关安排，包括专题篇八篇（七大专题）和附录。

1. 学术综述

本卷中的学术综述包括两个部分，即第一篇《本刊特载》和第二篇《中国边疆研究综述（2010—2015）》，总计50多万字，构成了本卷的主体。

对于中国边疆研究的学术史研究，我国学术界已经发表多种论著，对近代以来至

2009 年关于各领域的研究进行了总结、分析，这些论著中的代表性成果包括：马大正、刘逖著《二十世纪的中国边疆研究——一门发展中的边缘学科的演进历程》（黑龙江教育出版社 1997 年 11 第 1 版），厉声、李国强主编《中国边疆史地研究综述（1989—1998 年）》（黑龙江教育出版社 2002 年 12 月第 1 版），《中国边疆史地研究》2009 年第 3 期"庆祝中华人民共和国成立 60 周年专栏"的 8 篇论文。因此，编委会经过讨论，本卷将在这些成果基础上，将《中国边疆史地研究》2009 年第 3 期的 8 篇论文作为第一篇《本刊特载》，重点撰写 2010 至 2015 年中国边疆历史与现状研究的学术综述。

在撰写《中国边疆研究综述（2010—2015）》过程中，编委会制定了体和规范：

（1）尽最大努力搜集国内外同行的研究成果，限于本卷的篇幅，重点介绍这 6 年间国内国学术界的成果，国外成果只介绍已经翻译为中文、已公开出版的成果。

（2）在研究领域方面，注重历史研究与现状研究、基础研究与应用研究的结合。在历史研究、基础研究方面，包括历史时期（从古代至 1949 年）的中国疆域变迁、边界问题、政区设置、边疆开发、边疆社会文化发展、边疆治理政策、思想、措施（含边疆地区民族政策、措施）等，具体范围参考前述《中国边疆史地研究综述（1989—1998 年）》。

在现状研究、应用研究方面，我们以中华人民共和国成立以来的边疆治理为主线，以边疆地区稳定与发展为重心，主要介绍当代中国边界领土的相关问题（如中国与邻国的边界划分、边界冲突与战争、海疆争端与维护国家主权），边疆地区政区变动（如绥远、西康、热河、察哈尔等省份的撤销）、边疆民族政策、边疆地区经济社会文化发展的政策、措施（如援疆、援藏研究，"一带一路"与边疆省区的稳定发展），以及维护稳定、促进发展重大事件、重要活动的研究（如新疆维吾尔自治区的反分裂斗争，西藏自治区的和平解放、民主改革和反分裂斗争）等领域研究的论文、著作，适度介绍 2010—2015 年间本领域研究召开的重要学术会议、新成立的学术会议以及有影响力的重要研究项目。

（3）撰写时引用的论文、著作应以公开发表为准。

（4）评述相关论著时要客观、公正，既要避免非学术性的贬低，又要避免无原则地赞扬、过度地拔高，还要避免堆砌材料。

2. 学术动态

学术动态主要介绍 20 世纪 80 年代以来国内学术界召开的有关中国边疆研究的重要会议。20 世纪 80 年代以来，中国边疆研究出现了第三次研究高潮，1988 年 10 月的"中国边疆史地学术讨论会"可以说是我国学术界首次召开以边疆研究为主题的综合性的大型学术研讨会，此后至 2006 年第二届、第三届中国边疆史地学术研讨会先后召开，而各高校、研究机构陆续召开专题性的研讨会，如 1998 年 6 月的全国首届高句丽学术研讨会，2002 年 3 月的西北边疆民族学术研讨会暨中国中亚文化研究会第三届年会，2006 年的马达汉新疆考察国际研讨会等。

与 2006 年以前相比，2007 年以来的近 10 年间，随着中国边疆研究的不断深化，我国学术界召开的相关学术会议呈现出四个特点，一是数量多，每年平均有 5—10 个相关会议，有的年份超过 10 个。二是专业化与综合性互动，主题更为广泛，不仅召开多次综合性的学术会议，专题性、地域性的研讨持续深化，而且不少研讨会、论坛每年或隔数年举办，力图建设连续性的、品牌性的学术平台。三是会议规模差异化特征显著，既有很多参会人数小规模的专题研讨会、论坛，又举办过多次参会人数超过 100 人的大型会议。四是国内学术界与国外同行交流、互动日益频繁，在国内学术界交流、研讨的同时，许多会议邀请不少国外同行参加，形成了互学互鉴、交流更为频繁的新局面。

　　30 多年来，学术研讨有力地促进了中国边疆研究的深化，加强了国内外学术界的交流。据不完全统计，仅仅 2007 至 2015 年，全国召开的中国边疆研究研讨会的各类研讨不少于 90 次。限于篇幅，本卷主要根据国内机构提供的资料，结合相关院校官网的公开信息，择要介绍 1980 年以来的数十次学术会议。

　　3. 刊物介绍

　　学术刊物是中国边疆研究成果发表、交流研讨的重要平台。本卷编委会委托《中国边疆史地研究》编辑部，向国内刊发中国边疆历史与现状研究成果的有关刊物发出协助函，并得到了兄弟刊物的积极回应和大力支持。至 2016 年 6 月，我们收到了 10 多种刊物的回复，因此本卷的《刊物介绍》先刊发这 12 种刊物的相关信息，包括《中国边疆史地研究》、《西域研究》、《西藏研究》、《黑龙江民族丛刊》、《云南师范大学学报》、《中国边疆学》、《中国边疆民族研究》、《西北民族论丛》、《边疆考古研究》、《元史及民族与边疆研究集刊》、《西南边疆民族研究》、《华西边疆评论》。

　　4. 论著撷英

　　本卷第五篇《论著撷英》主要介绍中国边疆研究的重要文献、有代表性的论文和著作，旨在为研究者提供相关的文献参考。在本卷中，相关介绍包括三部分，一是《大型边疆研究文献资料书目介绍》，由中国社会科学院中国边疆研究所闫芳馆员搜集、整理，介绍《清代蒙藏回部典汇》、《珲春副都统衙门档》、《民国藏事史料汇编》、《云南史料丛刊》等 15 种重要文献。二是《中国边疆研究相关书评辑选》，选录了 5 篇中国边疆研究领域的书评。三是《中国边疆研究论文、著作摘要》，主要介绍 2010 年以来的 50 多篇论文、22 种著作，由中国社会科学院中国边疆研究所《中国边疆史地研究》编辑部负责辑录，或请兄弟刊物供稿。第二、三部分均委托李大龙编审统筹，宋培军编审、刘清涛编辑承担具体工作，《中国边疆史地研究》、《西域研究》、《黑龙江民族丛刊》、《云南师范大学学报》、《中国边疆学》、《中国边疆民族研究》、《西北民族论丛》、《西藏研究》、《西南边疆民族研究》、《元史及民族与边疆研究集刊》、《华西边疆评论》11 个刊物的编辑部提供了相关资料。

　　5. 研究机构概况

　　近代以来，中国就出现了以边疆为研究对象的团体、机构，特别是 20 世纪三、四十年代中国边疆研究机构大量涌现，一些院校一度设置"中国边政学"。中华人民共和国成立后，在 20 世纪 50 年代以降特定社会条件下，中国边疆研究在帝国主义侵华史和中国民族史研究方面却得到了相当大的发展，但没有形成一定规模的研究机构。1983 年 3 月 19 日，中国边疆史地研究中心正式成立，这是新中国成立以来第一个以中国边疆为研究对象的专门研究机构，有力地推动了中国边疆研究第三次研究高潮的兴起。此后，特别是 2000 年以来，国内一些院校以中国边疆为研究对象的研究机构。

　　为便于更清晰的介绍近代以来的中国边疆研究机构，本卷第七篇分为两部分，一是请四川师范大学汪洪亮教授专门撰写了《近代中国边疆研究机构之演变及其概况》，简要论述了近代中国边疆机构的演变情况，择要介绍重要机构的主要情况，如成立时间、消失或终止活动时间、成立地点、主要负责人、重要成员、宗旨、刊物、重要活动等。

二是向国内近 30 个涉及中国边疆研究的主要机构发出了协商函，至 2016 年 6 月上旬共收到了 21 个机构的回复，因此《当代中国的边疆研究机构》暂时收录了 23 个机构的简介。这 20 多个机构包括三种类型：一是介绍以中国边疆为研究对象的实体研究机构，目前只有中国社会科学院中国边疆研究所一家。二是以中国边疆学为研究对象的虚体机构，或者研究中国边疆特定区域（中国西部边疆）、特定问题（如南海、高句丽、渤海国）的专门机构（含虚体机构），这类机构国内有 10 个，如中央民族大学中国边疆学研究中心、通化师范学院高句丽研究院、陕西师范大学中国西部边疆研究院、吉林大学高句丽渤海研究中心等。三是边疆省区的社科院主要研究中国边疆某一区域的历史与现状问题，特别是边疆省区的历史、稳定与发展问题，共有 9 个。四是以边疆问题为研究对象的"2011"协同中心、新型机构（智库），目前正式成立的主要有 3 人，即新疆智库、南京大学中国南海研究协同创新中心。五是所在机构长期有专家研究中国边疆史地问题，而且有较强学术力量的综合性院校或者该高校的专门机构（院系或研究中心、研究所），这类机构主要有云南大学、复旦大学中国历史地理研究所（历史地理研究中心）、内蒙古师范大学历史文化学院等。

6. 中国边疆研究大事记

本卷第八篇为《中国边疆研究大事记（1980—2015）》，重点介绍了 1980 年至 2015 年 12 月 31 日，与中国边疆研究密切相关的重要事件，主要包括：1. 重要研究机构的设置变化，重要学术刊物的创刊，重要学术著作的发表（含外文著作译成中文），重要会议的召开，重要的边疆调研活动；2. 边疆地区的重大事件（如海南设省等）。

7. 附录

本卷的《附录》包括两大部分，一是《中国边疆研究论著目录》，即包括闫芳馆员提供的《边疆史地》丛书、《当代中国边疆·民族地区典型百村调查》丛书、《中国边疆史地文库》、《中国边疆史地资料丛刊》、云南大学"中国边疆研究丛书"等 5 种丛书的书目，又包括各位专家在撰写《中国边疆研究综述（2010—2015）》过程中增补资料形成 2010 – 2015 年的《中国边疆研究主要著作目录》和《中国边疆研究主要论文目录》。二是《当代中国边疆治理重要文献》，因篇幅所限，仅收录了《新疆的历史与发展》（2003 年 5 月）、《新疆的发展与进步》（2009 年 9 月）、《黑龙江和内蒙古东北部地区沿边开发开放规划》（2013 年 8 月）《新疆生产建设兵团的历史与发展》（2014 年 10 月）、《西藏发展道路的历史选择》（2015 年 4 月）、《民族区域自治制度在西藏的成功实践》（2015 年 9 月）6 种。

二、本卷特色与今后规划

总体上看，本卷主要包括学术综述、学术动态、学术刊物、论著撷英、研究机构、中国边疆研究大事记，并附有中国边疆研究论著目录、当代中国边疆治理重要文献。这些内容相互关联，形成一个有机的整体：首先，第一篇、第二篇为学术综述，在《二十世纪的中国边疆研究——一门发展中的边缘学科的演进历程》、《中国边疆史地研究综述（1989—1998 年）》等论著基础上，较为系统地阐述中华人民共和国成立以来 66 年间中国边疆研究各领域的学术成果，《论著撷英》则择要介绍相关成果，《中国边疆研究论著目录》提供一定时期的研究成果索引，都为学术综述的阐述提供支持、补充。第二，《学术刊物》、《研究机构概况》分别介绍成果发表的平台及学术团体（团队）、机构，反映近代以来从事中国边疆研究的科研平台和组织机构。第三，《学术动态》、《中国边疆研究大事记》重点反映 20 世纪 80 年代以来的主要学术会议、重大事件，为学术综述、研究机构等提供补充。

当然，《中国边疆学年鉴》的编纂事属初创，又受篇幅所限，我们在征稿过程中不得不调整提纲，有些内容希望能够在今后的年鉴编纂中不断补充，主要涉及四个方面：一是学术综述方面在本卷以我国学术界的研究成果为主，且公开发表的学术专著、学术论文为主，较少涉及学位论文和内部成果，也未对国外同行有关中国边疆研究的成果进行相应较少，因此这些可以在今后设置专门的篇目加以增补。二是学术刊物、研究机构的介绍仅限于对目前得到回复的国内刊物、机构进行简要介绍，今后可以逐步扩大介绍范围，增强信息的深度、广度。三是《附录》的范围可以继续调整、扩大，比如介绍中国边疆研究的学位论文目录、国家社科基金项目等。

三、特别鸣谢

在编纂过程中，编委会多次讨论，努力把《中国边疆学年鉴》编成能够较为系统地、全面地提供 2015 年以前中国边疆研究综合信息的学术年鉴。同时，我们深知《中国边疆学年鉴》的编纂体大事繁，又是我国从事边疆研究的学者们的共同期待，因此主动向学界前辈、同行专家、兄弟机构、兄弟刊物和出版社的专家们求教、协商、沟通，并且得到了他们的大力支持、指导和帮助，在此向他们表示诚挚的谢意！

对于《中国边疆学年鉴》的编纂，吕一燃、马大正、方铁、周伟洲、耿铁华等许多前界前辈给予关心和指导，马大正先生在百忙之中赐文祝贺，强调"《中国边疆学年鉴》出版，是业界和社会各界双需求的必然产物，可谓正当其时矣"。学术界前辈们的指导、关心激励着我们努力做好编纂工作，为中国边疆学的构建添砖加瓦。

中国社会科学院中国边疆研究所领导多次听取《中国边疆学年鉴》编委会的汇报，给予学术上的指导、组织上的保障。国内 20 多个兄弟机构、10 多家兄弟刊物对此极其重视，并给予大力支持。在接到编委会的协助函后，这些机构、刊物的领导组织人员撰写文稿，不少专家亲自核实文献、提供资料，让我们非常感动。比如张云研究员、王欣教授、安介生教授、于向东教授、罗群教授亲自撰写文稿，甚至几次增补、调整。又如很多兄弟机构的办公室、科研处承担了文稿的撰写、资料的搜集工作，这些部门的同志为此在百忙之中加班加点，还不时打电话沟通，询问还需要增补、调整哪些材料。这些都说明各位领导、专家、朋友们对于《中国边疆学年鉴》给予高度的期待，使我们深受我们鼓舞！我们无法在此一一表示感谢，仅在本卷中设立学术指导委员会、编辑部，并特邀他们担任我们的学术指导委员会委员或编辑部特约编辑，期待他们对于《中国边疆学年鉴》更多的支持、帮助！

在《中国边疆学年鉴》讨论、撰写和修改过程中，中国社会科学院中国边疆研究所的全体同仁积极参与。无论是各研究室的科研人员，还是编辑部、办公室的同志，都分别承担了相应的工作——或参加编委会各项工作，或者撰写学术综述的相关内容，或者提供文献、资料，或者参与编辑部的协调、组织、保障工作——都为《中国边疆学年鉴》的编纂贡献了智慧。我们在此不再一一列出姓名，而每一篇目后的署名无疑都体现了大家的共同努力，反映了全体同仁的辛劳和做好编纂工作、构建中国边疆学的信心。

　　中国社会科学出版社对于《中国边疆学年鉴》的编纂、出版给予全力支持，赵剑英社长、总编辑对此非常关心，年鉴与文摘分社社长张昊鹏参加提纲的讨论并多次给予指导，孙铁楠编辑为此付出了辛勤劳动，他的编辑使本卷添彩、增色。在此，我们向中国社会科学出版社的领导、专家们深表感谢！

　　当前，我国哲学社会科学事业进入了繁荣、发展的春天，中国边疆学正沐浴着春风，在哲学社会科学百花园中含苞欲放。《中国边疆学年鉴》编纂工作恰恰是为中国边疆学的学科建设做基础性的准备工作，前辈专家表示"希盼《中国边疆学年鉴》的出版，将为推动中国边疆学屹立于社会科学学科分类一级学科之林成为现实的报春喜鸟"，这正是我国从事中国边疆研究的学者们的共同心声，我们会为此继续努力！

《中国边疆学年鉴（2016）》编委会

（孙宏年 执笔）

2016 年 11 月 26 日